Uni-Taschenbücher 2074

Eine Arbeitsgemeinschaft der Verlage

Wilhelm Fink Verlag München
A. Francke Verlag Tübingen und Basel
Paul Haupt Verlag Bern · Stuttgart · Wien
Hüthig Fachverlage Heidelberg
Verlag Leske + Budrich GmbH Opladen
Lucius & Lucius Verlagsgesellschaft Stuttgart
Mohr Siebeck Tübingen
Quelle & Meyer Verlag Wiesbaden
Ernst Reinhardt Verlag München und Basel
Schäffer-Poeschel Verlag Stuttgart
Ferdinand Schöningh Verlag Paderborn · München · Wien · Zürich
Eugen Ulmer Verlag Stuttgart
Vandenhoeck & Ruprecht in Göttingen und Zürich

Max Haller

Soziologische Theorie im systematisch-kritischen Vergleich

Leske + Budrich, Opladen 1999

Gedruckt auf säure- und chlorfreiem, altersbeständigem Papier

ISBN: 3-8252-2074-5 (UTB)
ISBN: 3-8100-2233-0 (Leske + Budrich)

Das Werk einschließlich aller seiner Teile ist urheberrechtlich geschützt. Jede Verwertung außerhalb der engen Grenzen des Urheberrechtsgesetzes ist ohne Zustimmung des Verlages unzulässig und strafbar. Das gilt insbesondere für Vervielfältigungen, Übersetzungen, Mikroverfilmungen und die Einspeicherung und Verarbeitung in elektronischen Systemen.

© 1999 by Leske + Budrich, Opladen
Einbandgestaltung: Alfred Krugmann, Stuttgart
Satz: Leske + Budrich, Opladen
Druck und Verarbeitung: Presse-Druck, Augsburg

Printed in Germany

Inhalt

Vorwort

I. Teil: Problemstellung und Zielsetzung 29

1. Elemente eines systematischen Theorienvergleichs in den Sozialwissenschaften 31
1.1 Theorienvielfalt als Stärke der Soziologie? 31
1.2 Erklärungsanspruch und Erklärungsleistung sozialwissenschaftlicher Theorien als analytisches Kriterium des Theorienvergleichs 38
(Drei allgemeine Typen von Theorien 38 – Theorienvergleich unter analytisch-epistemologischer Perspektive 40 – Empirischer Vergleich von Theorien 42 – Systematisch-kritischer Vergleich von Theorien, reguliert durch die Idee der Wahrheit 47 – Die vier Grundtypen sozialwissenschaftlicher Theorien 49 – Alternative Ansätze systematischer Theorienvergleiche 56 – Ein Beispiel für die systematische Fehlinterpretation sozialwissenschaftlicher Theorien aus der Sicht eines inhaltlich bzw. wissenschaftstheoretisch zu engen Ansatzes 59)
1.3 „Diagnosefähigkeit" als Korrelat einer erklärungskräftigen soziologischen Theorie 66
1.4 Die selektive Rezeption sozialwissenschaftlicher Theorien durch die gesellschaftliche Öffentlichkeit und ihre „Legitimationskapazität" 72
1.5 Ausblick auf die Darstellungsmethode der verglichenen Theorien 82

II. Teil: Sozialwissenschaftliche Theorien im Vergleich 89

2. Naturalistische Verhaltens- und Sozialtheorien 91
2.1 Einleitung und Überblick 91
2.2 Verhaltensforschung, Humanethologie
und Biosoziologie 93
a) Die Verhaltensforschung (Humanethologie) als
Naturwissenschaft mit dem Anspruch, auch Aussagen
über menschliches Verhalten treffen zu können 94
(Charles DARWIN als Stammvater der modernen Verhaltensforschung 95 – Grundannahmen der Verhaltensforschung 97)

b) Ethnische Differenzierung, Gruppenbildung
und Konflikte als Naturgegebenheiten menschlicher
Gesellschaften.. 100
(Die Geistesverwandtschaft zwischen der Verhaltensforschung und rassenbiologischen Vorstellungen 100 – Auswirkungen des naturalistischen Ansatzes auf fragwürdige eugenische Maßnahmen in vielen Ländern Westeuropas 103 – Der naturalistische Fehlschluß: Aussagen über tierisches Verhalten als unreflektierte, verkappte Annahmen über menschliches Verhalten 105 – Die genetische Basis von ethnischer Gruppenbildung und Ethnozentrismus 109 – Territorialverhalten bei Tier und Mensch 115)

c) Das Naturgesetz von der Ungleichheit unter den Menschen ... 121
(Funktionen der Allgegenwärtigkeit von Rangordnungen in tierischen und menschlichen Gesellschaften 121 – Die Vermengung von Verschiedenartigkeit und vertikal-hierarchischer Ungleichheit 123 – Die Vernachlässigung der kulturellen Überformung sozialer Ungleichheit 124 – Gibt es eine biologisch-natürliche Basis für die Entwicklung von moralischen Normen? 127)

d) Die problematischen Zeitdiagnosen der Verhaltensforschung.
Kritik von Konrad LORENZ' Buch *Die acht Todsünden
der zivilisierten Menschheit*... 131
(Konrad LORENZ als einer der erfolgreichsten populärwissenschaftlichen Schriftsteller und öffentlichen Meinungsbildner der Nachkriegszeit 132 – Vereinsamung und Vermassung, Verweichlichung und Verkindlichung des modernen Menschen 135 – Die mangelnde empirische Fundierung der Be-

hauptungen von LORENZ *139 – Das naturwissenschaftliche Menschenbild und die biologistisch-rassistische Terminologie als Ursache für die Attraktivität von* LORENZ *für die „Neue Rechte" 146)*

e) Zusammenfassende Bemerkungen zur Reichweite und zu den Grenzen der Humanethologie 154
(Der Nutzen der tierischen Verhaltensforschung für die Human- und Sozialwissenschaften 155 – Kritik der Grundannahmen der Verhaltensforschung in ihrer Anwendung auf menschliche Gesellschaften 157 – Kritik der Kausalitätsvorstellungen der Verhaltensforscher und Soziobiologen 162)

2.3 Die behavioristische Verhaltens- und Gruppentheorie von George C. HOMANS 165
a) Grundannahmen der Theorie des elementaren Sozialverhaltens... 165
b) Die Erklärung von Autorität und Führung aus verhaltenstheoretischer Sicht... 172
c) Die Grenzen und der beschränkte praktische Nutzen verhaltenswissenschaftlicher Erklärungen von Autorität... 176
Exkurs über Leistungsfähigkeit und Grenzen des Lern- und verhaltenstheoretischen Ansatzes in der Psychologie 178

2.4 Naturalistische Theorien der Sozialstruktur und sozialen Evolution 187
(Die „primitive Sozialstrukturtheorie" von Peter M. BLAU *187 – Kurzabriß weiterer naturalistischer Schichtungs- und Entwicklungstheorien 191 – Zusammenfassende Beurteilung der Ansätze 192)*

2.5 Zusammenfassende Würdigung und Kritik der naturalistischen Ansätze 194

3. Begriffliche Ordnungsschemata I. Strukturfunktionalistische Systemtheorien.................... 197
3.1 Die strukturell-funktionale Gesellschaftstheorie von PARSONS 198
a) Kodifikation des bestehenden Wissens in der Soziologie: die Grundintention und der „konstruktivistische" Charakter der PARSONSschen Theorie............................... 200
(„Konstruktivismus" als Entwicklung von Begriffen und Begriffssystemen 202 – Die Verwischung des Unterschiedes

zwischen den Natur- und Sozialwissenschaften 207 – Die Vermischung von empirischer (historischer) Beschreibung, funktionaler Deutung und kausaler Erklärung 210 – Das Beispiel der „Saatbett"-Gesellschaften Israel und Griechenland 212)

b) Die Beziehungen zwischen Wirtschaft und Gesellschaft aus der Sicht der PARSONSschen Systemtheorie, der Soziologie als Wirklichkeitswissenschaft (M. WEBER) und der neoklassischen Ökonomie (J.M. KEYNES)............... 217
(Die Wirtschaft als Subsystem der Gesellschaft und die Reformulierung wirtschaftstheoretischer Begriffe in Termini der Systemtheorie (PARSONS/SMELSER) 217 – Wirtschaftliches Handeln und die Vielfalt von Beziehungen zwischen Wirtschaft und Gemeinschaften: Die wirklichkeitssoziologische Perspektive (WEBER) 220 – Der typische Denkstil der neoklassischen Ökonomie am Beispiel von John M. KEYNES' Theorie der Beschäftigung 224 – Zwischenresümee 231)

c) Das biologistisch-naturalistische Element in PARSONS' Theorie.. 234
(Die These von der grundsätzlichen Kontinuität der Evolution von natürlicher und menschlich-sozialer Welt 234 – Klassifikation und Morphologie, Funktion und Evolution: vier gemeinsame, zentrale Begriffe der Naturwissenschaften bzw. Biologie und der Systemtheorie von PARSONS 237 – Das Verhältnis zwischen PARSONS und SPENCER: Paradebeispiel einer „wissenschaftlichen Vaterverleugnung"? 242 – Das Verhältnis zwischen Biologie und Sozialwissenschaften aus wissenschaftshistorischer Sicht: Wiederholung des „naturalistischen Fehlschlusses" im großen? 247)

d) Die *Pattern Variables* als systemtheoretische Abstraktion... 250
(Die pattern variables als typische Handlungsorientierungen (Berufsorientierungen in der modernen Gesellschaft als Anwendungsbeispiel der pattern variables 250 – PARSONS Rückschritt von theoretisch gehaltvollen Idealtypen zu abstraktblassen pattern variables 252)

3.2 Die Theorie der Interpenetration von Richard MÜNCH......... 261
a) Der Begriff der Interpenetration 262
b) Die europäische Einigung. Ein Anwendungsbeispiel der Theorie der Interpenetration 265
(Typische strukturfunktionalistisch-systemtheoretische Argumentationsmuster 267 – Ethnisch-nationale Konflikte und

Zerfall multinationaler Staaten als abwendbare „Naturereignisse"? 274)

c)	Zusammenfassende Beurteilung	278
3.3	Die relationale Soziologie von Pierpaolo DONATI	281
a)	Kritik der PARSONSschen Systemtheorie	282
b)	Die relationale Soziologie	285

(Die soziale Beziehung als Grundeinheit soziologischer Analyse 287 – Die Idee der „Gesellschaftsbürgerschaft" als Anwendung der relationalen Soziologie 289)

c)	Würdigung des Ansatzes von DONATI	291
3.4	Resümee	293
4.	**Begriffliche Ordnungsschemata II. Rational Choice-Theorien**	**305**
4.1	Darstellung, Würdigung und Kritik der Grundannahmen der RC-Theorie (das RREEMM-Modell)	307
a)	Grundannahmen der soziologischen Rational Choice-Theorie	308
b)	Die Fundierung der meisten Rational-Choice-Theorien auf psychologischen Annahmen und ihre Unfähigkeit zu einer wirklichen Überwindung der „Variablensoziologie"	312
c)	Die Rational Choice-Theorie als nützliches begriffliches Ordnungsschema, das jedoch kein wirkliches „Verstehen" beinhaltet	314
4.2	Die Erklärung ethnischer Differenzierung im Rational Choice-Ansatz von Hartmut ESSER	318
a)	Ethnische Gemeinschaftsbildung als quasi-natürliche, primordiale Form der Gemeinschaftsbildung. Der Rückfall in eine unvollständige funktionalistische Erklärung	318
b)	Eine wirklichkeitssoziologische Perspektive ethnischer Gemeinschaftsbildung und Mobilisierung	322
c)	Hat ethnische Mobilisierung und Gemeinschaftsbildung eine Zukunft?	328
4.3	Die individualistisch-rationalistische Sozial- und Vertragstheorie von James S. COLEMAN	329
a)	Grundannahmen der Sozialtheorie von J. COLEMAN	332

(Basisformen sozialer Interdependenz und das elementarste soziale System 332 – Haupttypen sozialer Interaktion, indivi-

dueller Ressourcen und sozialer Handlungen und Beziehungen 336)
b) Die Entstehung, Verteilung und Realisierung von Handlungsrechten und Normen.. 339
(COLEMANS soziologische Definition von Rechten 340 – Die „richtige" Verteilung sozialer Rechte 341 – Entstehung und Funktionen von Normen 343 – Die Grenzen der Anwendbarkeit des Konzepts eines „sozialen Optimismus" 347 – Entwicklung und Durchsetzung von Normen als (ausschließliches) Ergebnis einer Interessenabstimmung zwischen den Beteiligten? 353)
c) Kritik der theoretischen Grundannahmen und methodologischen Vorgangsweise von COLEMAN 356
(Eingeschränkter, rein nutzenbezogener Handlungsbegriff 357 – Fehlen einer systematischen makrosoziologischen bzw. „drittweltlichen" Theoriekomponente. Das Beispiel des Begriffs der „Verfassung" 359 – Die Beschränkung der Erklärungsleistung der RC-Theorie auf die Funktion der Systematisierung von Variablen. Die Konstruktion „künstlicher Probleme" und der illustrativ-selektive Umgang mit empirischen Daten als Indikatoren dafür 367)

4.4 Exkurs über ökonomische Erklärungen sozialen Verhaltens .. 370
a) Drei Grundtypen ökonomischen Denkens und Forschens.... 371
(Ökonomische Gesetzmäßigkeiten als Quasi-Naturgesetze 372 – Ökonomische Regelmäßigkeiten als funktionale Beziehungen. (Die neoklassische Ökonomie als „Modellwissenschaft") 374 – Ökonomische Gesetzmäßigkeiten als theoretisch fundierte, empirisch überprüfbare Verallgemeinerungen 377)
b) Die ökonomische Theorie der Ehe von Gary S. BECKER... 382
(Das Modell von BECKER 383 – Heiratet man freiwillig oder nur dazu, um in eine Lebensform einzutreten, die einem mehr Nutzen bringt? 386 – Determinanten des Ledigbleibens 388 – Tendenzen zur Homogamie 389 – Heiratsalter nach sozialen Merkmalen 390 – Tendenzen zur Homogamie bei Wiederverheiratung 392 – Resümee: ein „falsches Modell am falschen Platz" 392)
c) Die ökonomische Erklärung des Altruismus 394
d) Die Hauptschwäche rein ökonomischer Modelle sozialen Verhaltens... 396

Inhalt

4.5	Resümee: Leistungsfähigkeit und Grenzen der Rational Choice-Theorie..	399
5.	**Semantische Analyse der Gesellschaft. Die Theorie autopoietischer Systeme von Niklas LUHMANN und ihr fragwürdiger Anspruch auf den Status einer soziologischen Theorie**	**411**
5.1	Die funktionale Differenzierung moderner Gesellschaften...	412
a)	Die Ko-Evolution von gesellschaftlicher und semantischer Differenzierung.................................	413
b)	Der Übergang von vertikaler zu funktionaler Differenzierung..	416
c)	Veränderungen in der sozialen und politischen Struktur nationaler Gesellschaften und ihrer Einbettung in die „Weltgesellschaft"...	419
	Exkurs: Edward SHILS und Norbert ELIAS über den Wandel der sozialen Differenzierung beim Aufstieg moderner Gesellschaften..	420
5.2	Wirtschaft und Gesellschaft bei Niklas LUHMANN...............	434
a)	Die Funktionen der Wirtschaft für das Individuum und die Gesellschaft	435
	Exkurs über das Schicksal und Verhalten von „Robinson Crusoe" als Beispiel für die Bedeutung wirtschaftlichen Handelns von Menschen außerhalb jeder Gesellschaft........	437
b)	Die Wirtschaft als autopoietisches, sich selbst reproduzierendes System von Zahlungen............................	442
5.3	Die (mangelnde) Erklärungsleistung der Theorie autopoietischer Systeme aus wissenschaftstheoretischer Sicht..	446
5.4	Die autopoietische Systemtheorie als neo-scholastisches Sprachspiel	462
	Exkurs über einige erstaunlichen Parallelen zwischen LUHMANNS Ansatz und dem „Glasperlenspiel" im Roman von Hermann HESSE sowie über den allgemeinen Spielcharakter der autopoietischen Systemtheorie...............	466
5.5	Der Praxisbezug der LUHMANNschen Theorie autopoietischer Systeme – Ausweg aus dem Glasperlenspiel?......................	483
a)	Die Theorie der Selbstorganisation	484

(Anwendungsfelder und Ursprünge der Theorie der Selbstorganisation in den Human- und Sozialwissenschaften 484 – Typische Problemfelder als Ausgangspunkt für Theorien der Selbstorganisation 486 – Grundannahmen formaler und naturwissenschaftlicher Theorien der Selbstorganisation 487 – Theorie der Selbstorganisation und soziale Praxis 490)

b) Zum Verhältnis zwischen kausalwissenschaftlicher Forschung und praxisbezogener Anwendung von Forschungsergebnissen 493

c) Die Praxisfunktionen der LUHMANNschen Theorie autopoietischer Systeme 499
(Charakteristika der LUHMANNschen Variante der autopoietischen Systemtheorie 499 – Die Entlastungsfunktion der LUHMANNschen Systemtheorie in belastenden, Unsicherheit erzeugenden Berufssituationen 501 – Der blinde Fleck in der LUHMANNschen Systemtheorie aus der Sicht der Praxis 502)

5.6 Resümee 505

III. Teil: Soziologie als Wirklichkeitswissenschaft 509

3. Grundprinzipien einer erfahrungsbezogenen und praxisrelevanten soziologischen Theorie 513

6.1 Die Abgrenzung zwischen drei Ebenen der Realität und die Beziehungen zwischen ihnen 513
(Die drei (fünf) unterschiedlichen Ebenen der Realität 514 – Die Beziehung zwischen den drei (fünf) Welten 516 – Die „soziologischen Tatbestände" von DURKHEIM als Normen der Welt 3 520 – Zwei Hauptarten von Problemen und drei Haupttypen von Theorien und Begriffen 524)

6.2 Methodologische Grundprinzipien der Soziologie als Wirklichkeitswissenschaft 527

a) Die Komplementarität von Kausalerklärung und Sinnverstehen und die Bedeutung des Idealtypus 528
(Die Definition soziologischer Gesetze bei WEBER 530 – Kausalgesetze: keine ontologisch-deterministischen, sondern statistisch-probabilistische Zusammenhänge 532 – Sozialwissenschaftliches Verstehen: nicht subjektiv-psychologische Einfühlung, sondern intellektuelles Erfassen objektiv-geistiger Sinngebilde 535 – Die Beziehung zwischen Kausalerklärung und Sinnverstehen: kein Gegensatz, sondern notwendige Ergänzung 542

Exkurs: Erving GOFFMANS *Theorie des „Stigma"
als Beispiel für die Integration von Verstehen
und Erklären* 543
(Der Idealtypus als essentielles Instrument zur kausalen Erfassung von Sinnzusammenhängen 550)

b) Die zwei Seiten der Zurechnungsproblematik: Realisierung
und Schöpfung von Werten und Normen 555
*(Zurechnung von sozialem Handeln zu konkreten Normen, Werten und Ideen 556 – Beispiele für einen inflationären Gebrauch des Begriffes der „Kultur" in der zeitgenössischen Soziologie, Politikwissenschaft und Betriebswirtschaft 560)
Exkurs über Alexis de* TOCQUEVILLES *Theorie des
Zusammenhangs zwischen der Durchsetzung von
sozialer Gleichheit und politischer Demokratie* 567
(Alexis de TOCQUEVILLE *als Klassiker der Soziologie 567 – Der (struktur-ideologisch und subjektiv verankerte) Trend zu mehr Gleichheit als machtvolle Determinante gesellschaftlicher Entwicklung 569 – Die institutionelle Konkretisierung und Verankerung als Voraussetzung für die gesellschaftliche Wirksamkeit einer Idee) 571 – Die Unterlegenheit der Indianer und Neger Nordamerikas als Resultat gesellschaftlich-poliischer Unterdrückung 578 – Die Schöpfung von Werten, Normen und ethischen Verhaltensstandards als autonomer Prozeß von Individuen in ihrem sozialen Kontext 582)*

c) Die „Logik der Problemsituation" (POPPER) und
das Konzept der Identität 589
(Definition der „Situationsanalyse" und ihre Zentralität für die sozialwissenschaftliche Erklärung 590 – Die fehlende Berücksichtigung von Interessen als Mangel der Situationsanalyse? Das Beispiel des Einkaufsverhaltens 593 – Das Konzept der „Identität" als Instrument zur systematischen Berücksichtigung der Rolle des Individuums in der „Logik der Situation" 598)

d) Ein dynamisches Modell der Mehrebenenanalyse 603
(Basiselemente der Mehrebenenanalyse: Abgrenzung der Ebenen, Identifikation der relevanten Akteure 604 – Zeit und Raum als zentrale Aspekte der Mehrebenenanalyse 605 – Ein wirklichkeitssoziologisches Mehrebenenmodell adäquater Komplexität 608 – Typen von Effekten: direkte und indirekte Gestaltung, pluralistische Anpassung, strukturelle Begrenzung 610 – Die Überlegenheit des Modells gegenüber indivi-

dualistischen und strukturalistischen Konzeptionen der Mikro-Makro-Beziehung 612)

6.3 Soziologische Theorie als Wirklichkeitswissenschaft. Rückblick und Ausblick 616

(Die grundlegende Bedeutung strenger methodologischer Prinzipien für die Soziologie und ihre unzureichende Beachtung in den großen soziologischen Theorieentwürfen der Gegenwart 617 − Rückblick auf das Paradoxon der negativen Korrelation zwischen Diagnosefähigkeit und Legitimationskapazität sozialwissenschaftlicher Theorien 622 − Das Charakteristikum soziologischer Theorie: mittlere Reichweite, aber historisch-kulturelle Tiefe 629 − Kritische Aufklärung und humanistisch-lebenspraktische Orientierung als zentrale Aufgaben der Soziologie 635)

Literatur 639
Sachregister 679

Vorwort

Die Soziologie ist seit jeher durch eine große Vielfalt an theoretischen Ansätzen charakterisiert. Nachdem noch in den 70er und 80er Jahren heftige Kontroversen über die Stärke und Reichweite verschiedener Theorien ausgetragen wurden, scheint es heute eher so zu sein, daß man nur mehr von einem Nebeneinander sprechen kann. Die Vertreter der verschiedenen Schulen arbeiten weitgehend ohne ernsthafte Diskussion miteinander; nicht wenige sind fest davon überzeugt, ihr Ansatz sei allen anderen ohnehin klar überlegen. Dies ist meiner Meinung nach kein befriedigender Zustand.

Ich möchte in dieser Arbeit drei Thesen aufstellen und belegen. Die erste lautet, daß es sehr wohl klare Kriterien dafür gibt, anhand derer man die relative Qualität und Brauchbarkeit soziologischer Theorien beurteilen kann. Diese Kriterien, so meine erste These, erfordern es allerdings, daß man die Ebene der inhaltlich-soziologischen Theoriebildung überschreitet und sich auf die höhere Stufe einer allgemeinen Reflexion über Theorien und Wissen begibt, also eine „*analytische Perspektive*" einnimmt.

Die Grundprinzipien dieser Perspektive, so meine zweite These, lassen sich – ebenso wie jene der *Soziologie als Wirklichkeitswissenschaft* – aus den zentralen Annahmen der Wissenschaftslehre ableiten, wie sie vor allem Max WEBER ausformuliert, aber auch Autoren wie Emile DURKHEIM, Norbert ELIAS, Erving GOFFMAN und andere vertreten haben. Zusammen mit neueren wissenschaftstheoretischen Überlegungen zur *Logik der Situationsanalyse* von Karl R. POPPER ergeben diese Prinzipien meiner Meinung nach ein Fundament, das es völlig überflüssig macht, immer wieder „neue", umfassende theoretische Systeme zu erfinden. Ja, man kann sogar sagen, daß sämtliche der „großen" theoretischen Systeme der letzten Jahrzehnte, wie Strukturfunktionalismus, Systemtheorie oder Rational Choice-Theorie, einen deutlichen Rückfall hinter die Elemente einer Auffassung der Soziologie als Wirklichkeitswissenschaft darstellen, wie man sie aus der WEBER-POPPERSCHEN Tradition ableiten kann. Dem Nachweis der Schwächen dieser Theorien ist der Hauptteil meiner Arbeit gewidmet.

Die dritte These dieser Arbeit ist *wissenssoziologisch*. Sie lautet, daß soziologische Theorien auch eine erhebliche öffentliche Wirksamkeit besitzen; diese Wirksamkeit ist jedoch nur zum Teil eine Funktion ihrer wissenschaftlichen Stringenz und Aussagekraft. Zum Teil ist sie auch eine Folge vielfach unreflektierter Wertungen und Praxisbezüge, die den weltanschaulichen Strömungen des jeweiligen Zeitgeistes, der Kultur und der einflußreichen und mächtigen Eliten einer Gesellschaft entsprechen. Diese Fragestellung wird im Einleitungskapitel expliziert und im letzten Kapitel nochmals aufgenommen.

Die Interessen, die mit verschiedenen theoretischen und methodologischen Ansätzen und Schulen verknüpft sind, lassen es nicht als wahrscheinlich erscheinen, daß Bemühungen zu einer besseren Integration des Faches in absehbarer Zeit auf größeres Interesse stoßen werden (COLLINS 1996:341). Hintergrund meiner Überlegungen ist die Annahme, daß die Soziologie – zumindest ihrer Möglichkeit nach – ebenso wie andere Sozialwissenschaften eine sehr große Bedeutung für das Selbstverständnis des modernen Menschen und für die grundsätzliche Ausrichtung von Politik besitzt. Diese Annahme, die durchaus nicht selbstverständlich ist[1], ist darauf begründet, daß die Soziolo-

---

1 So schreibt etwa H. ESSER (1993:18): „Die Bedeutsamkeit der Soziologie für den Alltag der Menschen, über die sie Aussagen macht, wird meist sehr überschätzt. Viele Soziologen nehmen sich und die Wirksamkeit ihrer Aussagen wichtiger als sie es sind." Diese Aussage scheint mir zum ersten eine *defätistische Haltung* widerzuspiegeln. Letztlich ist alles, was man erreichen will oder tut, „nicht so wichtig", „in the end we are all dead". Zum zweiten ist es kein Zufall, daß eine solche Aussage von einem Vertreter der Rational Choice-Theorie gemacht wird; existentielle Probleme der Orientierung des Menschen in der Welt werden in diesem Ansatz grundsätzlich nicht diskutiert (vgl. dazu Kapitel 4). Die skeptisch-pessimistische Haltung von ESSER bezüglich der gesellschaftlichen Bedeutung der Soziologie kontrastiert im übrigen stark mit der Meinung führender Ökonomen bezüglich ihrer eigenen Disziplin. So schreibt etwa KEYNES (1955:323), die Gedanken der Ökonomen und Staatsphilosophen „sind viel einflußreicher, als gemeinhin angenommen wird. Die Welt wird in der Tat durch nicht viel anderes beherrscht.

Vorwort

gie sehr wohl einen wesentlichen Beitrag zum *Problem der Orientierungslosigkeit* vieler Menschen in der modernen Welt leisten kann, wie sie von C.W. MILLS (1959) schon vor vierzig Jahren diagnostiziert worden ist. Die von ihm genannten Phänomene – Individualisierung und Privatisierung, Arbeitslosigkeit, steigende Scheidungsraten, Aufstieg unpersönlicher Bürokratien, Globalisierung, Unterminierung traditionell hochgeschätzter Werte – haben an Bedeutung nichts verloren. In dieser Situation schreibt MILLS der „*soziologischen Phantasie*", dem soziologischen Denken, eine sehr große Bedeutung zu:

„It is now the social scientist's foremost political and intellectual task – for here the two coincide – to make clear the elements of contemporary uneasiness and indifference. It is the central demand made upon him by other cultural workmen – by physical scientists and artists, by the intellectual community in general. It is because of this task and these demands, I believe, that the social sciences are becoming the common denominator of our cultural period, and the sociological imagination our most needed quality of mind." (MILLS 1959:13)

Ich stimme MILLS in dieser optimistischen Sicht von der Bedeutung der soziologischen Perspektive voll zu; in Kapitel 8 werde ich näher ausführen, wie soziologisches Denken und Theoretisieren beschaffen sein sollte, um diesem Anspruch zu genügen.[2]

Den Anstoß zu dieser Arbeit haben eine Reihe unterschiedlicher persönlicher Erfahrungen im Laufe meiner wissenschaftlichen Tätigkeit gegeben. Die erste betraf das Problem der *didaktischen Vermittlung soziologischen Denkens* an Studierende, die nicht allzuviele Grundkenntnisse in Soziologie besaßen. Im Rahmen unseres soziologischen Instituts (Teil einer sozial- und wirtschaftswissenschaftlichen Fakultät mit rund 7.000 Studierenden) sind wir verpflichtet, für die Dissertanten – der größte Teil darunter Studierende der Betriebswirtschaftslehre – ein Seminar („Privatissimum") aus Soziologie anzu-

---

Praktiker, die sich ganz frei von intellektuellen Einflüssen glauben, sind gewöhnlich die Sklaven irgendeines verblichenen Ökonomen ... die Macht erworbener Rechte (wird) im Vergleich zum allmählichen Durchdringen von Ideen stark übertrieben".

2 Man muß in dieser Hinsicht natürlich klar unterscheiden zwischen der Bedeutung einzelner soziologischer Studien oder Arbeiten und der Bedeutung der Soziologie insgesamt. Die obigen Thesen von MILLS gelten für die Soziologie als Ganzes; einzelne Autoren und Werke können nur als Mosaiksteinchen darin betrachtet werden. Aber selbst als solche würde ich sie keineswegs als „wenig wichtig" bezeichnen.

bieten. Nach meiner Erfahrung stellte sich heraus, daß man in diesem Seminar am besten noch Texte zur soziologischen Theorie durcharbeiten konnte. Auch ohne umfassendere soziologische Vorbildung ergaben sich hier sehr fruchtbare Diskussionen, weil die Teilnehmerinnen und Teilnehmer an diesen Seminaren bereits ein Grundstudium erfolgreich abgeschlossen hatten, und oft auch von einer beruflichen Praxis her das Bedürfnis nach einer allgemeineren sozial- und wirtschaftstheoretischen Einordnung ihrer fachspezifischen Probleme mitbrachten. Daher hielt ich im Laufe der vergangenen zehn Studienjahre regelmäßig einmal pro Jahr solche Seminare ab, in denen wir gemeinsam Texte (meist wirtschaftssoziologischen Inhalts) von klassischen und zeitgenössischen Theoretikern durcharbeiteten. Den Teilnehmerinnen und Teilnehmern an diesen Seminaren verdanke ich nicht nur den Anstoß zu dieser Arbeit, sondern auch viele wichtige inhaltliche Anregungen. Die folgenden TeilnehmerInnen am letzten dieser Seminare im Sommersemester 1998 gaben mir auch schriftliche Kommentare zu einer Erstfassung dieser Arbeit: Edith Brandner, Peter Domajnko, Jakob J. Edler, Claudia Fiedler, Herwig Fink, Alexander Gosch, Hans-Jörg Hörmann, Oliver Kohl, Andreas Pölzl, Anna Schlager und Peter Tillich.

Ein zweiter Anstoß ergab sich im Rahmen meines hauptsächlichen Arbeitsbereiches der empirischen Sozialforschung. Zwei Erfahrungen ließen mich die grundlegende *Bedeutung der soziologischen Theorie für die empirische Sozialforschung* aus dieser Sicht immer nachdrücklicher empfinden. Zum einen die Tatsache, daß empirische Sozialforschung sich heute inhaltlich ungemein spezialisiert hat und die einzelnen Forscher jeweils auch stark auf spezifische Methoden festgelegt sind (z.B. qualitative Forschung, Surveyforschung, Schichtungs- und Mobilitätsstudien sozialstatistischer Art usw.).[3] Der Bezug zu wichti-

---

3   Ich möchte diese Tendenz nicht als bewußte Einseitigkeit oder Engstirnigkeit der Sozialforscher anprangern. Ich erlebte diesen Druck zur Spezialisierung in inhaltlicher und methodischer Hinsicht selbst, in meinem ersten Forschungsschwerpunkt im Bereich der Sozialstrukturanalyse und in den letzten zehn Jahren im Bereich der international vergleichenden Umfrage- oder Surveyforschung. Will man zu Fragen der Mobilität und Einkommensstruktur oder zu Einstellungen und Wertorientierungen wirklich verläßliche, internationale Vergleiche durchführen, ist dafür ein sehr hoher Aufwand an empirisch-methodischer und organisatorischer Vorarbeit zu leisten, der – wenn er nicht im Rahmen eines großen Projektverbunds erfolgt – für einen Einzelnen bzw. eine kleine Forschungsgruppe sehr schwer zu leisten ist.

gen inhaltlichen, über das eigene Spezialgebiet hinausweisenden Fragen, und insbesondere auch zur allgemeinen soziologischen Theorie, wird dabei vielfach immer schwächer (vgl. dazu auch BIRNBAUM 1971: 214ff.; TENBRUCK 1984; HEDSTRÖM/SWEDBERG 1996; GOLDTHORPE 1996; DOGAN 1997).[4] Diese Tendenz wird manchen Forschern zunehmend bewußt; ein konstruktiver Ausweg aus diesem Dilemma ist aus der oft sehr begrenzten Perspektive eines Spezialgebiets allein kaum möglich.[5]

Eine zweite Erfahrung in diesem Bereich war die folgende: Obwohl ich glaube, sagen zu können, daß jedes einzelne Forschungsprojekt, an dem ich als Mitarbeiter oder Leiter beteiligt war, für mich selber interessant und spannend war, entstand doch immer mehr das Gefühl einer Tätigkeit, die insoferne immer auch unbefriedigend ist, weil empirische Forschung stets mit harten Restriktionen hinsichtlich der verfügbaren Ressourcen leben muß und aus inhaltlicher Sicht eigentlich *nie zu einem Abschluß kommen kann*. Selbst in einem spezifischen Bereich, etwa dem der Familiensoziologie, der Soziologie der sozialen Ungleichheit usw., gäbe und gibt es über das hinaus, was man selbst erforschen kann, eine Unzahl weiterer interessanter und wichtiger Themen; die verfügbaren finanziellen und zeitlichen Mittel ermöglichen es einem oft nicht, das jeweilige Thema so gründlich zu bearbeiten, wie man es aus wissenschaftlicher Sicht gern tun würde. Gerade als empirischer Forscher braucht man etwas, das allgemeinere Gültigkeit über die einzelnen Themenfelder hinweg besitzt. Was, wenn nicht soziologische Theorie, könnte dies sein?[6] Auf diese beiden Aspekte, die die Relevanz von Theorie für die empirische Forschung

---

4   Eine ähnliche Kritik äußert KURZ (1997) an der modernen Nationalökonomie; in deren Ausbilddungsgängen hat die Marginalisierung der Theoriegeschichte nachteilige Effekte auf den Gehalt vieler zeitgenössischer Arbeiten.
5   Vgl. z.B. MAYER (1987), betreffend den Stand der Schichtungs- und Mobilitätsforschung oder GERHARDT (1989) betreffend den Stand der Medizinsoziologie.
    Der theoretische Neuansatz in letztgenanntem Werk wurde von der deutschen Medizinsoziologie allerdings kaum zur Kenntnis genommen.
6   Meine Erfahrung während der Niederschrift dieser Arbeit hat die Erwartungen in dieser Hinsicht zusehends stärker bestätigt. In vieler Hinsicht wurde mir immer mehr bewußt, daß es tatsächlich einen „roten Faden" gibt, der inhaltlich recht disparate Befunde aus unterschiedlichsten Sachbereichen miteinander verbindet.

und von empirischer Forschung für die Theorie betreffen, werde ich in der vorliegenden Studie denn auch den größten Nachdruck legen.

Die dritte Motivation für diese Arbeit ergab sich aus meinem eigenen Interesse an der soziologischen Theorie. Dieses schon seit Beginn meines Studiums vorhandene Interesse[7] blieb mir bis heute erhalten, obwohl ich mich aufgrund der hauptsächlichen Verpflichtungen in meinen bisherigen beruflichen Stellungen und Tätigkeitsschwerpunkten kaum mit Theorie an sich befassen konnte.[8] Seit Etablierung und Verfestigung der Soziologie in universitären Studiengängen scheint sich aber immer stärker eine neue, meiner Meinung nach *problematische Art der Arbeitsteilung zwischen sogenannten „Theoretikern" und „Empirikern"* herauszubilden[9]. Unter den ersteren befinden sich vor allem jene Lehrenden, die sich mit Geschichte und Theorie der Soziologie befassen, unter letzteren jene, die sich auf die Methoden

---

7   Ich trug ihm seinerzeit zumindest insoferne Rechnung, als ich mich im Herbst 1966 an der Philosophischen Fakultät der Universität Wien inskribierte, und nicht an der Sozial- und Wirtschaftswissenschaftlichen Fakultät, an der zu dieser Zeit gerade ein zum Mag.rer.soc.oec. führendes Studium eingerichtet worden war. In Erinnerung geblieben ist mir aus meiner Studienzeit auch ein kleiner, sehr anregender Arbeitskreis zu HABERMAS' 1968 erschienen Buch *Erkenntnis und Interesse*, den ich mit meinen soziologischen und ökonomischen Studienkollegen Anton Amann, Michael Wagner, Hannes Swoboda und Bernd Tichatschek (Marin) gemeinsam durchführte. Besonders erwähnen möchte ich in diesem Zusammenhang auch meinen seinerzeitigen philosophischen Studienkollegen Stefan Lochmann, der mich vor allem auf wichtige Autoren der sprachanalytischen englischen Philosophie (z.B. G. RYLE) aufmerksam machte.

8   Ich habe mich allerdings im Rahmen meiner Arbeiten zu inhaltlichen Themen (Sozialstrukturanalyse, Familie, usw.) immer um eine theoretische Fundierung bemüht (vgl. u.a. HALLER 1974; 1981a, b; 1983; 1986; 1987a; 1989a, b; 1993a). Eine solche Beschäftigung mit soziologischer Theorie (nur) im Zusammenhang mit inhaltlichen Fragestellungen entspricht auch meinem Grundverständnis von Soziologie, wie ich es in dieser Arbeit zu begründen versuche.

9   An manchen Universitäten mag sie auch als Fortbestand älterer, durchaus respektabler Traditionen weiterwirken. So wurde etwa an der Karl-Franzens-Universität Graz schon 1921 ein Seminar für Philosophische Soziologie an der Philosophischen Fakultät eingerichtet; an der heutigen Geisteswissenschaftlichen Fakultät gibt es eine „Abteilung für Philosophische Soziologie" (geleitet von Kurt SALAMUN; vgl. Das Institut für Soziologie, S. 6). Bemerkenswert erscheint mir in diesem Zusammenhang, daß es heute wieder Autoren gibt, die einen sehr engen Zusammenhang zwischen soziologischer Theorie und Philosophie sehen (vgl. HELLER 1987).

der Sozialforschung konzentrieren und selber empirische Forschungsprojekte durchführen. Da sich die (studierenden, lehrenden und forschenden) SoziologInnen inzwischen zu einer für Verlage nicht zu vernachlässigenden Größe entwickelt haben, steigt auch der Produktionsanreiz für schreibfreudige Theoretiker (ANDRESKI 1977). Hauptbasis für Forschung, Studium und Lehre dieser Gruppe aber werden immer mehr die klassischen und neueren Schriften *anderer Theoretiker*, aber nicht die Daten und Befunde, die die „Empiriker" in oft mühsamer und aufwendiger Weise erheben. Theorie und Empirie verlieren, so meine These, im Zuge dieser Spezialisierungs- und Entfremdungstendenzen aber beide an Substanz. Von seiten zeitgenössischer Soziologen, die sich stärker der Tradition der theoretischen Soziologie verpflichtet fühlen, wird manchmal – nicht zu Unrecht – der Vorwurf erhoben, der heutigen (österreichischen und deutschen) Soziologie sei im Zuge einer Beschränkung auf „empirische Faktenermittlung" der „Sinn für soziologische Theorie" überhaupt abhanden gekommen (ACHAM 1997:26).[10] Ich hoffe, derartigen Tendenzen mit der folgenden Studie etwas entgegenwirken zu können.

Einen vierten Anstoß bildete die *eigentümliche Rezeption der zeitgenössischen Soziologie in anderen sozialwissenschaftlichen Disziplinen*, wie den Wirtschaftswissenschaften, der Geschichtsschreibung, den Rechts- und Staatswissenschaften und anderen. Auf der einen Seite besteht in diesen Disziplinen wie in der allgemeinen Öffentlichkeit des deutschen Sprachraums seit jeher eine recht ambivalente Haltung zur Soziologie. Diese läßt sich zurückverfolgen bis ins 19. Jahrhundert und hat ohne Zweifel mit dem besonderen Gewicht des konservativen Denkens in diesen Ländern zu tun, das Soziologie weitgehend mit neuen, vor allem aus Frankreich kommenden system- und

---

10 Für die deutsche Nachkriegssoziologie, u.a. auch für René KÖNIG und Hans ALBERT, mag in der Tat gelten, daß sie mit ihrer radikalen Kritik der Geschichts- und Sozialphilosophie dazu tendiert haben, „das Kind mit dem Bade auszuschütten" und die Soziologie auf eine enge positivistisch-empiristische Fachdisziplin ohne historischen Bezug und ohne systematische, autonome Theoriebildung einzuengen versuchten; dabei wurde insbesondere die fruchtbare Weimarer historische Soziologie (mit Vertretern wie Max Weber, Werner Sombart, Alfred Weber, Karl Mannheim, Franz Oppenheimer u.a.) eher ausgeblendet (ACHAM 1995:306ff., 334). Allerdings hat etwa R. KÖNIG immer wieder in umfassenderer Weise auf ethnologisches Material zurückgegriffen und Hans ALBERT kann ohne Zweifel als profunder Kenner der soziologischen und wirtschaftswissenschaftlichen Klassiker gelten.

traditionskritischen Strömungen wie Aufklärung, Liberalismus und Sozialismus identifizierte.[11] Auf der anderen Seite scheint die Soziologie trotzdem eine eigentümliche Faszination auf die Angehörigen dieser Nachbardisziplinen auszuüben. „Soziologische Theorie" wird von ihnen heute aber vielfach geradezu identifiziert mit der LUHMANNschen Systemtheorie – ein ohne Zweifel ärgerliches Faktum, wenn man – wie der Autor dieser Zeilen – zum Schluß kommt, daß gerade diese Theorie dem Anspruch an eine moderne, empirisch fundierte und politisch-praktisch relevante sozialwissenschaftliche Theorie am wenigsten entspricht.[12]

Die vorliegende Publikation ging zunächst zurück auf den Versuch, diesem steigenden Unbehagen sowohl an der empirischen For-

---

11 Eine klassische Darstellung dieses Sachverhaltes hat Karl MANNHEIM in seinem Aufsatz „Das konservative Denken" gegeben (in MANNHEIM 1970:408-508). Er wurde auch von F. TÖNNIES (1963:XXVIff.) in der Einleitung zu „Gemeinschaft und Gesellschaft" sehr gut dargestellt. Auch TÖNNIES sah die besondere Vorherrschaft des konservativen Denkens in Deutschland als Teil der Reaktion auf die „große französische und die kleinen französischen und deutschen Revolutionen". Er konstatiert insbesondere eine Restauration der Staatswissenschaften auf Kosten der Naturrechtslehre und das Vordringen eines konservativ-absolutistischen Denkens im Gefolge von HEGEL. Als Paradevertreter bürgerlich-konservativen Denkens in Deutschland ist Wilhelm Heinrich RIEHL (1823-1897) zu nennen, der die empirischen Sozialwissenschaftler des 19. Jahrhunderts beißend kritisierte und – wie andere – die Soziologie in die Nähe des Sozialismus rückte und sie damit (wie diese) diffamierte (so Peter STEINBACH in der Einleitung zu RIEHL 1976:16). In der österreichischen Soziologie des 19. und frühen 20. Jahrhunderts war vor allem der Einfluß der katholischen Gesellschaftslehre und der damit zusammenhängenden, organischen und ständischen Gesellschaftstheorien (A. SCHÄFFLE, O. SPANN) bedeutsam. Die Ideenströmung des Rationalismus war in Österreich eher ökonomisch und psychologisch ausgerichtet, dagegen weniger soziologisch (vgl. dazu den Aufsatz „The Counter-Sociological Influence of Vienna", den John TORRANCE auf dem ISA-Weltkongreß 1974 präsentierte; allgemein LANGER 1988:11ff.; MIKL-HORKE 1989:61ff.). Nach 1945 setzte in Österreich allerdings eine Hinwendung der dem Katholizismus nahestehenden Soziologen zur empirischen Sozialforschung ein – eine Tendenz, die laut LANGER (1988:25) „die empirische Soziologie vor der Konkurrenz durch Gesellschaftstheorie geschützt" hat. Ich glaube allerdings, daß man den theoretischen Gehalt dieser frühen Studien (etwa von ROSENMAYR, BODZENTA, KREUTZ, VASKÓVICS und anderen) nicht unterschätzen sollte.

12 LUHMANN steht in dieser Hinsicht allerdings in einer alten, schon von MARX mit beißendem Spott bedachten Tradition spekulativ-abstrakten Denkens in Deutschland.

schung wie an der Entwicklung der zeitgenössischen soziologischen Theorie näher auf den Grund zu gehen. Zur eingehenderen Analyse der Theorieentwicklung motivierte mich auch die Empfindung, daß die Studierenden – ähnlich wie wir selber – vor einer Vielzahl und Vielfalt von soziologischen Theorien stehen, dadurch aber mehr verunsichert und frustriert als zu kreativem Denken angeregt werden. Angesichts dieses Sachverhalts erschien es vordinglich, einen Versuch zu machen, zu einer sachlich fundierten Bewertung der Reichweite und Leistungskraft der verschiedenen konkurrierenden Theorien zu kommen. Das Ziel dieser Arbeit liegt also nicht darin, eine mehr oder weniger systematische und vollständige, aber primär „beschreibende" Einführung in die verschiedenen theoretischen Ansätze der Soziologie zu geben. Dazu gibt es inzwischen eine beachtliche Reihe brauchbarer und lesenswerter Monographien.[13] Was diese zusammenfassenden Darstellungen aber meist nicht leisten, ist die Vermittlung eines *Problembewußtseins*, wie Hans ALBERT einmal festgestellt hat:

„So sind denn auch Lehrbücher im allgemeinen dogmatisch aufgebaut. Wenn man sie liest, gewinnt man den Eindruck, die Probleme seien im wesentlichen gelöst und man brauche diese Lösungen nur anzunehmen. Wie man etwa beurteilen könnte, ob und inwieweit die Problemlösungen adäquat sind, dafür pflegen keine Anhaltspunkte gegeben zu werden. Die Rolle der Kritik in der Wissenschaft erkennt man unter Umständen erst, wenn man wissenschaftliche Zeitschriften zur Hand nimmt und feststellen muß, daß gerade um die interessantesten Probleme heftige Kontroversen stattfinden. Das mag dann in der Tat ‚verwirrend' wirken, wenn man darauf nicht vorbereitet ist, etwa weil man in der Vorlesung und im Seminar aus ‚didaktischen' Gründen vor solcher ‚Verwirrung' sorgsam geschützt wurde. Solche Praxis erweckt den Eindruck, man komme auf die Universität nicht, um denken und damit methodisch zweifeln, sondern um glauben zu lernen." (ALBERT 1967:403)

---

13 Es ist auffallend, daß gerade österreichische SoziologInnen sich hier sehr stark beteiligt haben (vgl. MIKL-HORKE 1989; MOREL u.a. 1989; WEISS 1993; SCHÜLEIN/BRUNNER 1994; für eine zusammenfassende Besprechung einiger dieser Werke vgl. FÜRSTENBERG 1992). Vielleicht ist diese neue Schwerpunktbildung auch als Reaktion auf die vorher stark empirische Ausrichtung der österreichischen Soziologie zu erklären. Wenn ich im folgenden bei meiner Kritik von allgemeinen Einführungstexten häufiger österreichische Autoren nenne, hat dies nicht damit zu tun, daß ich diese Texte etwa als weniger gut als die entsprechenden deutschen oder anderssprachigen betrachte. Es ist aber ohne Zweifel so, daß man durch Arbeiten aus dem eigenen Umfeld besonders angeregt wird (durchaus auch in positivem Sinne).

Diese Feststellungen sind vielleicht etwas zu polemisch. Man darf auch nicht übersehen, daß ein Studienanfänger vielleicht noch mehr verunsichert würde, wenn die präsentierten Theorien sofort wieder in Frage gestellt würden. Es ist auch eine nicht zu unterschätzende Leistung, eine Reihe umfangreicher und komplexer Theorien möglichst vollständig auf einer begrenzten Anzahl von Seiten darzustellen. Notwendig erscheinen aber trotzdem – und heute mehr denn je, wie meine vorigen Ausführungen hoffentlich klargemacht haben – die verschiedenen Stränge soziologischer und sozialwissenschaftlicher Theorien systematisch miteinander zu konfrontieren und kritisch in Frage zu stellen. Der konkreten Lehr- und Forschungspraxis scheint die Einsicht in diese Notwendigkeit nämlich immer mehr abhanden zu kommen. Ließen sich früher unterschiedliche theoretische Schulen noch oft auf heftige Fehden ein, scheint heute, wie bereits oben festgestellt, – in einer fragwürdigen Auslegung des FEYERABENDschen Diktums *Laßt alle Blumen blühen* – die Devise zu gelten, es hätten alle theoretischen Paradigmen und methodischen Verfahren dieselbe Dignität, es solle jedermann jene Ansätze verwenden, die ihm am besten zusagen.

Das Ziel der vorliegenden Arbeit liegt also primär in einer Kritik der Reichweite und Erklärungskraft vor allem der heute scheinbar fest etablierten soziologischen Theorien. Zu diesem Zwecke erfolgt zunächst eine systematische Gegenüberstellung einiger der einflußreichsten sozialwissenschaftlichen Ansätze und Theorien anhand eines einheitlichen und zentralen analytischen (epistemologisch-wissenschaftstheoretischen) Kriteriums. Im Zentrum steht dabei die Frage, inwieweit die verschiedenen Theorien ihrem Anspruch gerecht werden, soziale Prozesse *erklären* zu können. Leitender Gesichtspunkt ist dabei die Idee einer *Soziologie als Wirklichkeitswissenschaft*, der sowohl die kausale wie die sinnorientierte Erklärung ein Anliegen ist. Was unter soziologischer Theorie in diesem Sinn zu verstehen ist und wie weit ihr Erklärungsanspruch reicht, wird in Kapitel 6 systematisch herausgearbeitet. Die Grundthesen dieses abschließenden Kapitels dienen im Grunde auch als Basis für die kritischen Überlegungen in den vorhergehenden Kapiteln.

Mein Ansatz zum sozialwissenschaftlichen Theorienvergleich eröffnet damit auch die Möglichkeit zu einer klaren *Bewertung* der *Reichweite und Grenzen der verschiedenen Theorien*. Ich werde argumentieren, daß man in dieser Hinsicht in der Tat eine sehr deutliche Beurteilung vornehmen kann – eine Beurteilung, die nicht einfach darin besteht, daß diese oder jene Theorie als „richtig" oder „gut", diese oder jene dagegen als „schlecht" oder „unbrauchbar" klassifiziert wird. Hauptziel ist vielmehr zu zeigen, daß die verglichenen Theorien aufgrund ihrer Anlage jeweils nur ganz bestimmte Formen von Aussagen treffen können, jeweils eine unterschiedliche Funktion in bezug auf empirische Fragestellungen und Daten erfüllen und schließlich auch einen unterschiedlichen Bezug zur alltäglichen Lebenswelt und zur politischen Praxis besitzen. Ich verstehe meine Arbeit daher vor allem als eine *notwendige Ergänzung* zu den vorhin genannten, allgemeinen Theoriedarstellungen[14] und – natürlich noch viel mehr – zu den Originaltexten der verschiedenen Theoretiker, deren Lektüre eine Sekundärarbeit nie ersetzen kann. Um den Lesern selber ein Urteil über die Richtigkeit meiner Thesen über die verschiedenen Theorien und Theoretikern zu ermöglichen, lasse ich diese immer wieder auch in relativ ausführlichen Zitaten direkt zu Wort kommen.

Zum Abschluß komme ich noch sehr gerne der Verpflichtung nach, all jenen Kolleginnen und Kollegen zu danken, die sich bereit erklärt haben, Erstfassungen dieser Arbeit durchzulesen. Die Mühe der kritischen Lektüre des gesamten Manuskriptes haben Gerald ANGERMANN-MOZETIC, Franz HÖLLINGER und Peter KOLLER (Graz), Tamas MELEGHY (Innsbruck) und Günter HILLMANN (Würzburg) auf sich genommen. Ihnen gilt für zahlreiche, wertvolle Verbesserungsvorschläge mein besonderer Dank. Die wichtigste Funktion solcher Kommentare liegt vielleicht gar nicht einmal darin, daß man auf Fehler aufmerksam gemacht wird, sondern moralische Unterstützung bei einem Unternehmen erhält, das einem oft nicht mehr als bewältigbar erscheint. Richard STURN (Graz), Helmut STAUBMANN (Innsbruck), Hermann STRASSER (Duisburg), Rudolf STICHWEH (Bielefeld) und Manfred LAUERMANN (Gütersloh) haben einzelne Kapitel kritisch durchgesehen; ihre Hinweise konnte ich zum Teil ebenfalls einarbeiten; zum Teil beharrte ich auf meine Interpretationen (die von den ihren

---

14 Ich werde im folgenden nur gelegentlich auf allgemeine Einführungen bzw. Lehrbücher zur Soziologischen Theorie zurückgreifen. In sehr vielen Fällen bestätigt sich leider die ALBERT'sche These, daß eine wirklich kritische Darstellung darin selten zu finden ist. Mit sympathischer Offenheit stellt dies etwa Annette TREIBEL (1997:13) in ihrer didaktisch sehr gut aufbereiteten *Einführung in soziologische Theorien der Gegenwart* dar: „... diese Einführung will keine wissenschaftstheoretisch-methodologische *Prüfung* existierender Theorien vornehmen".

manchmal auch abwich). Inhaltliche Anregungen erhielt ich durch Hinweise auf wichtige Literatur, Sonderdrucke eigener Arbeiten usw. auch von Karl ACHAM, Christian FLECK, Helmut KUZMICS, Gerold MIKULA, Manfred PRISCHING und Dieter REICHER (alle Graz). Für eine andere Art von Hilfestellung, die aber letztlich nicht weniger wichtig war, möchte ich Frau Irmgard HOLZSCHUSTER danken, die nach langjähriger Mitarbeit eine sehr wertvolle Fähigkeit in der Abschrift schwer leserlicher, mehrfach ineinandergeschachtelter Manuskriptteile entwickelt hat.

Eine letzte Bemerkung betrifft die Frage, ob und wann man eine Arbeit als „abgeschlossen" betrachten kann. Hierzu habe ich im Vorwort zu Friedrich HAYEKS *Die Verfassung der Freiheit* einige sehr plausiblen (und tröstlichen) Bemerkungen gefunden. Ich möchte sie wörtlich anführen:

„Wahrscheinlich ist es unvermeidlich, daß die Durchführung um so unzulänglicher wird, je anspruchsvoller die Aufgabe ist, die man sich gestellt hat. Bei einem so umfassenden Gegenstand wie dem dieser Arbeit, ist die Aufgabe, sie so gut zu machen, als man kann, nie vollendet, solange man noch Arbeitskraft besitzt. Wahrscheinlich werde ich bald entdecken, daß ich dies oder jenes hätte besser sagen sollen und daß mir Fehler unterlaufen sind, die ich selbst hätte verbessern können, wenn ich in meinen Bemühungen länger beharrt hätte. Der Respekt vor dem Leser verlangt gewiß, daß man ein einigermaßen abgeschlossenes Erzeugnis darbietet. Es scheint mir jedoch nicht, daß man deshalb warten soll, bis man keine weiteren Verbesserungen mehr erhoffen kann. Zumindest wenn es sich um Probleme handelt, an denen auch andere eifrig arbeiten, wäre es vielleicht sogar eine Überschätzung der eigenen Wichtigkeit, wenn man die Veröffentlichung aufschieben würde, bis man sicher ist, nichts mehr verbessern zu können." (HAYEK 1991:V)

Diesen Ausführungen ist nichts hinzuzufügen. Nicht ganz so sicher bin ich mir allerdings, ob ich auch HAYEKS weiterem Arbeitsprinzip gerecht wurde (wenngleich ich die meisten Kapitel mehrfach auf Kürzungsmöglichkeiten hin durcharbeitete), das er in Fortsetzung des obigen Zitats so umschreibt: „Ich will nur so viel sagen, daß ich an dem Buch gearbeitet habe, bis ich nicht mehr sah, wie ich das Hauptargument in kürzerer Form darstellen könnte" (HAYEK 1991, ebenda). Zu meiner (sophistischen) Rechtfertigung könnte ich anfügen, daß HAYEK für sein Buch 530 Seiten benötigte, die viel enger bedruckt sind als die des vorliegenden Bandes. Ein sachlicheres Argument für die Rechtfertigung des Umfanges dieses Bandes[15] liegt darin, daß mir bei

---

15 Kürze an sich scheint mir nicht notwendig ein Vorzug eines Textes zu sein, ebensowenig wie Länge an sich eine Schwäche.

der Ausarbeitung immer zwei Aspekte wichtig waren: Zum ersten der, inhaltlich-sachliche Argumente (z.B. im Hinblick auf bestimmte wissenschaftstheoretische Schwächen eines Autors) so ausführlich darzulegen, wie es mir nötig erschien; zum zweiten der, Argumente, wo möglich und notwendig, immer mit empirischen Beispielen zu illustrieren bzw. zu belegen. Diese beiden Prinzipien führen dazu, daß der Text immer wieder überarbeitet und ergänzt und natürlich auch länger wurde.[16]

Im Hinblick auf die Gestaltung dieses Textes bin ich auch dem Verleger, Herrn Edmund BUDRICH, zu Dank verpflichtet. Durch seine Bereitschaft, diesen Text in die UTB-Reihe aufzunehmen, wurde ich vor allem dazu veranlaßt, mir mehr Klarheit über sein Zielpublikum zu verschaffen. Ich würde dies definieren als all jene Studierenden, Lehrenden und sonstwie an soziologischer Theorie Interessierten (auch in anderen sozialwissenschaftlichen Disziplinen), die bereits über Grundkenntnisse dieser Theorie verfügen, diese jedoch erweitern, in Frage stellen und vertiefen möchten.[17]

---

16 Ich möchte mir auch hier einen Verweis auf einen großen Autor erlauben, diesfalls einen Schriftsteller. Im Schlößchen Saché in der Touraine, in welchem Honoré de BALZAC viele Sommer mit Schreiben zubrachte, sind einige Korrekturbögen von ihm ausgestellt. Nach meiner Erinnerung sind es große Blätter, etwa im Format DIN-A3, auf denen der gedruckte Text nur ca. ¼ der Seite ausmacht; der große restliche Teil wurde von BALZAC in kleinster Handschrift nahezu in allen Richtungen mit Text-Ergänzungen beschrieben. Er ist auch soziologisch ein faszinierender Schriftsteller; dies nicht nur, weil er als Begründer des „soziologischen Realismus", ein äußerst guter Beobachter sozialer Verhältnisse und Beziehungen war (MEYERS, Band 3, S. 432), sondern (für mich persönlich) auch deshalb, weil er, gezwungen durch eine aufwendige Lebensführung, ein rastloser literarischer Produzent war. Ich sehe in ihm eine Bestätigung meiner berufssoziologischen These, daß Arbeitsdruck und „Arbeitswut" für die Entfaltung eines „Genies" manchmal ebenso wichtig sind wie eine herausragende Begabung.
17 In diesem Sinne darf der vorliegende Band vielleicht den Charakter eines „kritischen Lehrbuches" beanspruchen. Da ein Lehrbuch immer auch eine gewisse Systematik aufweisen sollte, habe ich in manchen Fällen auch Hinweise auf wichtige Werke aufgenommen, die ich selber nicht systematisch durcharbeiten konnte.

I. Teil:
Problemstellung und Zielsetzung

Im folgenden ersten Teil dieser Untersuchung wird der Rahmen entwickelt, der es ermöglicht, einen systematischen Vergleich zwischen den verschiedenen Theorien in den Sozialwissenschaften durchzuführen. Dieser Vergleichsrahmen ist auf einer höheren Abstraktionsebene angesiedelt als es inhaltliche, realitätsbezogene Theorien sind: es geht nicht darum, empirische Phänomene zu erfassen und zu erklären, sondern darum, den Aufbau und die Logik von Begriffs- und Aussagesystemen (eben: Theorien) zu analysieren, die ihrerseits soziale Realität erklären wollen.

Das im ersten Kapitel entwickelte Schema zur systematisch-kritisch vergleichenden Betrachtung von sozialwissenschaftlichen Theorien beruht darauf, welche Erklärungsansprüche mit einer Theorie verfolgt werden. Es können dies sein (1) kausal-statistische Erklärungen, (2) sinnverstehende Erklärungen, (3) beide zugleich oder (4) keiner von beiden. Alle vier Typen von Theorien werden in der zeitgenössischen Soziologie von prominenten Autoren vertreten. Eine soziologische Theorie im engeren Sinne, die anknüpft an Max WEBER und Karl R. POPPER, stellt nach der hier vertretenen Auffassung allerdings nur Typ (3) dar.

Diese allgemeine Differenzierung zwischen unterschiedlichen Typen sozialwissenschaftlicher Theorien dient als Basis für den systematischen Vergleich zwischen verschiedenen Theorien in Teil II dieses Bandes. In Teil III wird dann näher eingegangen darauf, wie soziologische Theorie im engeren Sinne zu verstehen ist. Die Ausführungen in diesem letzten Teil waren in gewisser Weise allerdings implizit schon enthalten im Vergleich und bei der Beurteilung der sozialwissenschaftlichen Theorien in Teil II. Es wäre daher auch sinnvoll, Teil III schon vor Teil II zu lesen.

1. Elemente eines systematischen Theorienvergleichs in den Sozialwissenschaften

„In den gegenwärtigen Problemsituationen in der Philosophie sind nur wenige Dinge so wichtig wie die Beachtung des Unterschieds zwischen den zwei Problemarten – Herstellungsprobleme einerseits und Probleme, die mit den hergestellten Strukturen an sich verknüpft sind, andererseits... Wir sollten uns ständig den Unterschied vor Augen halten zwischen Problemen, die unsere persönlichen Beiträge zur Erzeugung wissenschaftlicher Erkenntnis betreffen, einerseits, und Problemen, die die Struktur der verschiedenen Erzeugnisse wie wissenschaftlicher Theorien oder wissenschaftlicher Argumente betreffen, andererseits." (POPPER 1973:117)

1.1 Theorienvielfalt als Stärke der Soziologie?

Noch vor kurzem stellte der Theorienvergleich in der deutschsprachigen Soziologie eine beliebte und vielbehandelte Fragestellung dar.[18] Man kann dies wissenschaftssoziologisch durchaus erklären. Nach dem Ende der Dominanz einzelner theoretischer Ansätze – wie des Strukturfunktionalismus in den 50er und frühen 60er Jahren, des Marxismus und anderer Varianten von „Konflikttheorien" in den späten 60er und 70er Jahren – erhoffte man sich vom Theorienvergleich einen Ausweg aus dem Dilemma der Existenz einer Vielfalt miteinander konkurrierender, für sich jeweils „teilweise" durchaus richtiger, in vielem einander jedoch widersprechender Theorien. Dies muß Forscher und Studierende in Unsicherheit stürzen, wenn man sich nicht einfach damit begnügt, die Theorien mehr oder weniger unvermittelt nebeneinander und lehrbuchmäßig darzustellen und abzuhandeln, ver-

---

18 Vgl. dazu vor allem HONDRICH/MATTHES, Theorienvergleich in den Sozialwissenschaften (1978).

bunden vielleicht mit partieller Würdigung und Kritik an einzelnen ihrer Annahmen.[19] Die interne wissenschaftliche Spezialisierung scheint, wie bereits angedeutet, darauf hinauszulaufen, daß die Teilnehmer an diesen theoretischen Debatten sich auch personell immer stärker als eigene Gruppe von den (auch) empirischen Soziologen und Soziologinnen abgrenzen. Neben „Theoretikern" und „Empirikern" entsteht tendenziell noch eine dritte Kategorie von Sozialwissenschaftler, die als Ziel nicht die Erarbeitung objektiven Wissens über soziale Prozesse sehen, sondern das Schreiben „interessanter, stimulierender, provokativer Essays" (BOUDON 1995:233).

Die grundlegende Problematik dieser Situation wird selten gesehen. So ist etwa die Feststellung von GIDDENS (1995:773), das Fehlen eines dominanten theoretischen Ansatzes in der Soziologie sei keine Schwäche, sondern eine Stärke, nur vordergründig plausibel: „Der Wettstreit zwischen den verschiedenen theoretischen Ansätzen und Theorien ist vielmehr ein Ausdruck der Vitalität des soziologischen Unterfangens. Beim Studium der Menschen, beim Studium unserer selbst, rettet uns die Vielfalt der Theorien vor dem Dogma." Hat schon jemand behauptet, die Einsteinsche Relativitätstheorie habe die moderne Physik zu einem dogmatischen Denken geführt? Der Verweis auf die positiv zu bewertende Lebendigkeit soziologischer Theoriedebatten weicht der grundsätzlichen Frage nur aus, die darin besteht, ob diese „wettstreitenden Theorien" tatsächlich alle dieselbe wissenschaftliche Dignität beanspruchen können.

Heute stellt sich die Situation so dar, daß es auf der einen Seite noch immer (oder schon wieder) theoretische Schulen gibt, die für sich beanspruchen, *die* Synthese schlechthin darzustellen; sie berufen

---

19 Beispiele dieser Art gibt es inzwischen sehr viele (vgl. etwa REIMANN u.a. 1977; WEISS 1993; MOREL u.a. 1989; SCHÜLEIN/BRUNNER 1994; SCAGLIA 1997). Im angelsächsisch-amerikanischen Raum hat der Theorienvergleich noch viel mehr Literatur hervorgebracht; hier überwiegen eher stärker problemorientierte Theoriedarstellungen bzw. Versuche zur Entwicklung eigenständiger theoretischer Ansätze (vgl. z.B. COHEN 1968; STINCHCOMBE 1968; REX 1970; RUNCIMAN 1983; WATERS 1994; sehr umfassend, eher im Stil der systematischen Theorienvergleiche RITZER 1992). Daneben gibt es die stärker an der Geschichte der soziologischen Denkschulen und Klassiker orientierten Einführungen (MARTINDALE 1961; JONAS 1968, 1969; KISS 1972); manchmal, wie in STRASSER 1976, wird auch ein systematisch-vergleichender Bezugsrahmen zu ihrer Darstellung entwickelt (Näheres dazu im Text oben).

sich dabei auf die Ansätze der Klassiker ebenso wie auf neueste Entwicklungen, auch in angrenzenden sozialwissenschaftlichen Disziplinen (etwa der Ökonomie). Während Vertreter des Marxismus diesen Anspruch – nach dem Scheitern des „realen Sozialismus" in Osteuropa – inzwischen kaum mehr laut vorbringen (oder vielleicht selber fallengelassen haben), wird er mit neuer Vehemenz erhoben von Vertretern der strukturell-funktionalen Theorie oder neuer Varianten davon (Jeffrey ALEXANDER, Richard MÜNCH, Niklas LUHMANN), aber auch von der immer stärker vordringenden Rational Choice-Theorie[20]. Die Leistungen dieser Theoretiker sind vielfach beeindruckend, nicht nur wegen des Umfangs,[21] sondern auch aufgrund der Systematik und Rigorosität und – z.T. – der empirischen Relevanz mancher dieser Ansätze. Bemerkenswert ist aber, daß auch diese Arbeiten trotz ihrer unbezweifelbaren Meriten in der *scientific community* bei weitem nicht jenen breiten Anklang finden, den sie nach Meinung ihrer Verfasser finden sollten. Zu manchen von ihnen gibt es inzwischen zwar eine Fülle von Auseinandersetzungen – Auseinandersetzungen, die aber bezeichnenderweise großteils mit sehr kritischen Folgerungen über die generelle Brauchbarkeit der jeweiligen Ansätze enden.[22] Andere dieser Autoren werden – gemessen an ihrer Produktivität – überhaupt nur wenig diskutiert oder außerhalb ihres eigenen Landes praktisch nicht zur Kenntnis genommen.[23]

---

20 Im deutschen Sprachraum schon früher Karl-Dieter OPP (1979), heute vor allem Hartmut ESSER (1991, 1993), in Frankreich schon früher Raymond BOUDON (1980), in Holland Siegwart LINDENBERG, in Amerika vor allem James COLEMAN.

21 So umfaßt allein COLEMANS Hauptwerk *Grundlagen der Sozialtheorie* über 1000 Seiten. Dies ist aber noch wenig im Vergleich zum gesammelten Oeuvre von Autoren wie Richard MÜNCH, Niklas LUHMANN und Anthony GIDDENS, das inzwischen nahezu unüberschaubar geworden ist. Ja, es ist wohl kaum übertrieben zu behaupten, die für die Lektüre wissenschaftlicher Arbeiten anderer verfügbare Zeit eines Sozialwissenschaftler würde heute allein durch das gründliche Lesen der jährlich neu erscheinenden Werke dieser Theoretiker in Anspruch genommen; eine im Grunde absurde Situation.

22 Die Sekundärliteratur zu Autoren wie LUHMANN ist inzwischen selbst schon ins nahezu Unüberblickbare ausgeufert; ähnliches gilt für GIDDENS (vgl. dazu die folgenden Abschnitte).

23 Letzteres gilt etwa für das umfangreiche und bedeutende Oeuvre von Richard MÜNCH. Es gilt auch für den bedeutenden italienischen Sozialtheoretiker Pierpaolo DONATI (Bologna). Die Erklärung für die geringe Bekanntheit des letzteren außerhalb Italiens ist sicherlich zum größten Teil auf die extrem

Die kaum mehr überschaubare Textproduktion vieler zeitgenössischer soziologischer Theoretiker (aber nicht nur dieser)[24] weist auf eine höchst *problematische Art der „Wissens"-Produktion* hin, nämlich zu nahezu jedem Thema der sozialen Realität in kürzester Zeit Abhandlungen in Buchlänge vorzulegen. Von solchen Elaboraten ist kaum zu erwarten, daß sie eine Originalität, Geschlossenheit und Dichte aufweisen, wie sie gerade die Werke unsere Klassiker ausgezeichnet hat, die bekanntlich oft jahrelang an Texten von der Länge eines Aufsatzes gefeilt haben![25] Von Max WEBER weiß man, wie lange er etwa an seinen *Soziologischen Grundbegriffen* arbeitete, bis sie zu jenem Text wurden, den ich – in Übereinstimmung mit der internationalen scientific community der Soziologen[26] – bis heute als den bislang wichtigsten soziologischen Text überhaupt betrachte. Karl R. POPPER (1979:115) berichtet, er habe es sich schon bei der Arbeit an seinem ersten Buch um 1930 „zur Gewohnheit gemacht, etwas Geschriebenes wieder und wieder umzuschreiben und es dabei ständig klarer und einfacher auszudrücken".

Die heutige, *massenhaft-industrielle Form der sozialwissenschaftlichen Textproduktion* hat auch negative Konsequenzen für den Studienbetrieb, da man sich trotz der Fülle an Publikationen immer schwerer tut, konzise, grundlegende, vom Umfang her bewältigbare

---

einseitigen wissenschaftlichen Kommunikationsflüsse zurückzuführen, die fast eine Einbahnstraße [USA ⇒ Großbritannien, Frankreich, Deutschland ⇒ Rest der Welt] darstellen. Die vergleichsweise schwache Rezeption der Arbeiten von Richard MÜNCH erkläre ich mir u.a. durch die Tatsache, daß MÜNCH weltanschaulich keiner bestimmten Richtung zugeordnet werden kann und auch darauf verzichtet, seinen Arbeiten einen hochabstrakt-philosophischen Anstrich zu geben.

24 Es ist eine aus der Wissenschaftssoziologie bekannte Tatsache, daß das enorme Wachstum der Zahl der wissenschaftlichen Publikationen keineswegs mit einer entsprechenden Steigerung der Zahl wirklich neuer wissenschaftlicher Erkenntnisse verbunden ist (KUHN 1967; ANDRESKI 1977; ARMSTRONG 1998).

25 Bedeutende klassische Autoren sind hier bekanntermaßen anders vorgegangen. So schreibt TÖNNIES beispielsweise, von seinem erstmals 1881 verfaßten Werk *Gemeinschaft und Gesellschaft* sei bis zur Drucklegung 1887 „kaum eine Spur übrig geblieben" (TÖNNIES 1963:XXV).

26 Nach einer Umfrage der ISA unter SoziologInnen in aller Welt wurde Max WEBER's *Wirtschaft und Gesellschaft* an die erste Stelle unter jenen 10 Büchern gesetzt, von denen sie selber am stärksten beeinflußt wurden (MEYER 1998; vgl. auch Kap. 6).

Texte zu finden.[27] Die „Massenproduktion" der zeitgenössischen soziologischen Theoretiker ist ein Teilaspekt der generellen Tendenz des modernen Wissenschaftsbetriebs zur Industrialisierung und Kommerzialisierung der Forschungs- und Publikationstätigkeit, die ANDRESKI (1977) treffend herausgearbeitet hat. Dabei mögen Selbstdarstellungs- und Prestigebedürfnisse der Wissenschaftler ebenso eine Rolle spielen wie kommerzielle Gewinninteressen von Verlegern (die wissen, daß sie von jedem Buch eines der „großen" Autoren zig-Tausend Exemplare absetzen werden), wie auch die Beschaffungspolitik von Hochschulbibliotheken, die diese Werke unbesehen bestellen.

Ich möchte hier die These aufstellen, daß die theoretische Buntheit, Vielfalt und Unübersichtlichkeit in der heutigen Soziologie – die doch einigermaßen kontrastiert mit der Situation in der Psychologie oder Ökonomie[28] – in hohem Maße damit zusammenhängt, daß das, was in gängigen Texten unter „soziologischer Theorie" firmiert, wissenschaftstheoretisch und substantiell sehr unterschiedliche Formen von Theorien umschließt. Mein Argument lautet, daß man diese Theorien in vier voneinander deutlich unterscheidbare Typen subsumieren kann und muß – Typen, die sowohl aus wissenschaftstheoretischen wie aus inhaltlichen Gründen *nicht* in eine Theorie höheren Allgemeinheitsgrades integrierbar sind. Mit dieser These verbinde ich auch die Behauptung, daß das relativ unvermittelte Nebeneinanderstehen so unterschiedlicher theoretischer Ansätze und Paradigmen eine für die Soziologie insgesamt ungünstige Situation darstellt. Es ist nicht zuletzt

---

27 Ein Beispiel aus der allgemeinen Soziologie ist die als weltweit führendes Standardwerk angepriesene *Einführung in die Soziologie* von Anthony GIDDENS, die in der deutschen Übersetzung gut 1000 Seiten umfaßt und schon von daher Studierenden kaum empfohlen werden kann. Diese Arbeit ist zwar sehr flüssig geschrieben, interessant und gut lesbar; was ihr jedoch fehlt, ist ein systematisch-integrierender Bezugsrahmen, sodaß die Auswahl der Fragestellungen und die jeweils angeführten Erklärungen vielfach ad hoc bleiben oder unverzichtbare Aspekte ausblenden.

28 Man sollte allerdings auch den Grad der theoretischen Einheitlichkeit dieser Disziplinen nicht überschätzen. Man braucht hier nur an die tiefe Kluft zwischen den naturwissenschaftlich-experimentellen und tiefenpsychologisch-verstehenden Ansätzen in der Psychologie zu denken, oder an die immer wieder auftretende Kritik prominenter Ökonomen an der Inhaltsleere des dominanten neoklassischen Paradigmas in der Nationalökonomie. Ich werde auf die Probleme dieser Disziplinen noch an verschiedenen Stellen zurückkommen.

dieser Sachverhalt, der zu den immer wieder auftretenden Klagen über die *Krise der Soziologie*[29] beiträgt. Dieser unbefriedigende Zustand wurde erst jüngst wieder stark herausgestellt vom Präsidenten der *International Sociological Association* (ISA), Immanuel WALLERSTEIN, mit der wörtlichen Aussage, das Image unserer Disziplin sei schlecht, sie stehe „zersplittert, ohne Zentrum und allgemeinverbindliche, gemeinsame Orientierung" da.[30] In eine ähnliche Kerbe schlägt die These, daß soziologische Praktiker es oft ablehnen, genau zu definieren, worauf sie ihre Praxis stützen. Es sei daher nicht verwunderlich, wenn viele die Soziologie als einen unscharfen (wenn vielleicht auch interessanten) „Brei" (mush) betrachten.[31] Ich stimme also weitgehend mit dem Urteil des griechisch-englischen Soziologen an der *London School of Economics*, Nicos MOUZELIS (1995), überein, der seiner außerordentlich fundierten und konzisen neuen Studie den Titel gab: *Sociological Theory: What Went Wrong?*

Mit meiner These, daß die verschiedenen sozialwissenschaftlichen Theorien nicht in *ein* umfassendes großes Paradigma integriert werden können, nehme ich eine explizite Gegenposition ein zu Karl-Otto HONDRICH (1978:314), der in dem von ihm herausgegebenen Band zum Theorienvergleich in der Soziologie argumentiert hat, die Vielfalt der soziologischen Paradigmen dürfe nicht darüber hinwegtäuschen, „daß es nur *eine* soziologische Theorie gibt." HONDRICH kommt zu dieser These – soviel sei bereits hier vorweggenommen – aufgrund der Annahme, zwischen Natur- und Sozialwissenschaften bestünde kein Unterschied. Mit dieser Annahme stellt er sich allerdings in eindeutigen Gegensatz zu den grundlegenden Aussagen und den inhaltlichen wissenschaftlichen Arbeiten soziologischer Klassiker von DURKHEIM und WEBER bis ELIAS und GOFFMAN (ich werde dies im folgenden näher belegen):[32]

---

29 Als eines der bekannteren Werke dieses Genres vgl. GOULDNER 1974.
30 Das Zitat im Wortlaut: „„... our public esteem is not very high. And our self-esteem leaves something to be desired. I say this in the light of the comments that I have heard repeatedly over the last five years, and virtually everywhere, that the discipline is splintered, has no center, and has no collective direction." (WALLERSTEIN 1996:1).
31 Allan G. JOHNSON, *Thinking Sociologically*, ASA-Footnotes, March 1997, vol. 25/3.
32 So ist auch HONDRICHS Definition von „Theorie" im Zusammenhang seines oben zitierten Aufsatzes so allgemein gehalten („eine Menge von Definitionen und Postulaten, von denen gewisse Theoreme oder Gesetze über ... beob-

„Soziale Systeme bewirken gerade, daß Menschen in ihren Handlungen und Interpretationen nicht unbeschränkt, sondern aufgrund der Tatsache des Zusammenlebens sozial eingeengt, unter sozialer Kontrolle sind; wodurch kollektive Phänomene (nicht im gleichen Maße individuelle Handlungen) vorhersehbar sind. ... Das Verstehen von individuellen Motiven und sozialen Normen einschließlich der Gefahr, daß der Forscher dabei, sei es durch zu starke, sei es durch zu geringe Beteiligung Fehler macht, ist im Prinzip nicht schwerer und risikoreicher als die Aufgabe des Naturwissenschaftlers, über chemische oder physikalische Eigenschaften seiner Materie Vermutungen anzustellen und zu überprüfen." (HONDRICH 1978:324)

Mit meiner Grundannahme stelle ich mich auch explizit gegen GIDDENS, der die Gegenposition zu HONDRICH vertritt, wenn er schreibt[33], daß soziologische Theorien in gewisser Hinsicht „eindeutig miteinander kollidieren" und es einige grundlegende (unlösbare?) theoretische Dilemmas gebe (GIDDENS 1995:760f.). Bei näherer Betrachtung erweisen sich diese Dilemmas allerdings nicht als wirkliche Probleme einer modernen soziologischen Theorie, sondern als recht abstrakte philosophisch-metaphysische Grundfragen, von denen ich annehme, daß sie überhaupt unbeantwortbar sind.[34]

---

achtete Faktoren logisch abgeleitet werden können..."; HONDRICH 1978: 316), daß sich unter sie natürlich zwanglos sozial- und naturwissenschaftliche Theorien subsumieren lassen.

33 Übrigens in Gegensatz zu seiner eigenen Behauptung im gleichen Buch wenige Seiten später (S. 773), wo er von einem positiven „Wettstreit" zwischen den verschiedenen soziologischen Theorien spricht; vgl. dazu auch meine Ausführungen weiter vorne.

34 Die von GIDDENS genannten Dilemmas sind: der Widerspruch zwischen kreativen Handeln von menschlichen Akteuren und sozialer Struktur; der Widerspruch zwischen Konflikt und Konsens; die Frage, inwieweit wirtschaftliche oder andere Faktoren gesellschaftliche Entwicklung bestimmen; das Problem der soziologischen Erfassung von Geschlechterbeziehungen angesichts der Tatsache, daß die bisherigen soziologischen Theoretiker Männer waren. Für eine klassische Darlegung der Sinnlosigkeit solcher Problemstellungen vgl. ELIAS 1971.

1.2 Erklärungsanspruch und Erklärungsleistung sozialwissenschaftlicher Theorien als analytisches Kriterium des Theorienvergleichs

Drei allgemeine Typen von Theorien

Nachdem der Begriff der „Theorie" in diesem Bande eine zentrale Stellung einnimmt, mögen zunächst einige allgemeinen Begriffsklärungen dazu angebracht sein.

Man kann den Begriff der „Theorie" in zumindest drei unterschiedlichen Weisen verstehen. Die erste davon ist die fundamentalste und wohl auch am wenigsten kontroverse. Mit Abraham KAPLAN (1964:294ff.) kann man sagen, daß der Begriff der *Theoriebildung* sich ganz allgemein auf den *symbolischen Aspekt* der menschlichen Erfahrung bezieht, im Gegensatz zur bloßen Wahrnehmung von Fakten. Menschliches Verhalten besteht nicht nur in erlernten Reflexen und Gewohnheiten, sondern beinhaltet neue und kreative Formen des Handelns in Situationen, denen man noch nie vorher begegnet ist. In diesem Sinne gilt:

„A theory is a way of making sense of a disturbing situation so as to allow us most effectively to bring to bear our repertoire of habits, and even more important, to modify habits or discard them altogether, replacing them by new ones as the situation demands. In the reconstructed logic, accordingly, theory will appear as the device for interpreting, criticizing, and unifying established laws, modifying them to fit data unanticipated in their formulation, and guiding the enterprise of discovering new and more powerful generalizations. To engage in theorizing means not just to learn by experience but to take thought about what is there to be learned." (KAPLAN 1964:295)

Man kann sagen, daß Theoriebildung in diesem Sinne „die wichtigste und charakteristischste" Tätigkeit des Menschen überhaupt ist; dieser Aspekt macht auch die Faszination jeder interessanten Theorie aus. Man kann ohne Zweifel sagen, daß aus dieser Sicht alle in diesem Bande besprochenen Ansätze als „Theorien" zu bezeichnen sind.

Eine stärkere Differenzierung zwischen verschiedenen Typen von Theorien stellen zwei weitere Unterscheidungen dar. Hier kann man einerseits sprechen von stark an empirischen Befunden orientierten, durch ihre Verallgemeinerung ausgearbeiteten, *„verknüpften Theorien"* (concatenated theories; KAPLAN 1964:268), andererseits von *„hierarchischen Theorien"*, die stärker deduktiv aus einer begrenzten Menge allgemeiner Prinzipien abgeleitet sind. Beispiele für die ersteren wären die Evolutionstheorie (die etwa DARWIN aus einer Vielzahl von Beobachtungen ableitete) oder allgemeine Lern- und Verhaltenstheorien, für die letztere die Relativitätstheorie von EINSTEIN, die neoklassische ökonomische Theorie oder Systemtheorien.

Zwei ähnliche Typen unterscheidet BOCHENSKI (1965: 104ff.), ausgehend von einer Klärung bekannter methodologischer Prinzipien der Naturwissenschaften. Demnach spricht man von *Hypothesen*, die dazu dienen, spezifische empirische Beobachtungen, die in „Protokollaussagen" formuliert wurden, zu erklären. Nach einer wiederholten *Verifikation* von Hypothesen (d.h. der empirischen Prüfung und ev. Bestätigung verschiedener weiterer Hypothesen, die aus der ursprünglichen abgeleitet wurden) werden diese zu *Gesetzen*. Man kann des weiteren schließlich auch Gesetze selbst „erklären", indem man eine dritte Stufe von Aussagen bildet, aus denen die Gesetze ableitbar sind. Sind diese Aussagen sehr allgemein und erklären sie viele Gesetze, nennt man sie *Theorien*.

Nun besteht zwischen *Naturwissenschaft* auf der einen Seite, der *historischen Wissenschaft* auf der anderen Seite ein Unterschied insoferne, als nur die ersteren raumzeitlich unabhängige, allgemeingültige Gesetze formulieren, während es bei den letzteren primär um singuläre historische Ereignisse, Tendenzen und Strukturen geht. Wir werden sehen, daß eine als „Wirklichkeitswissenschaft" verstandene Soziologie ziemlich genau *zwischen* diesen beiden Wissenschaften steht, indem es ihr sowohl um konkrete historisch-kulturelle Phänomene und Aussagen als auch um Verallgemeinerungen geht. Wichtig ist hier zunächst nur festzuhalten, daß zwischen Natur- und historischen Wissenschaften insoferne *kein* Unterschied besteht, als es ihnen beiden um Aussagen über beobachtbare Phänomene geht (nicht nur um „Deutungen", wie es manche Methodologen der „Geisteswissenschaften" behaupten). In diesem Sinne sind beide *empirische Wissenschaften* (BOCHENSKI 1965: 131).

Daran anknüpfend, möchte ich hier vorläufig und in gewissem Sinne noch unscharf, eine sozialwissenschaftliche oder soziologische Theorie bestimmen als ein System von allgemeinen Aussagen, das einen systematischen Bezug zu empirisch beobachtbaren sozialen Phänomenen aufweist.[35]

---

35 BUNGE (1996:15) bezeichnet die Sozialwissenschaften als *„factual sciences"* im Gegensatz zu *Formalwissenschaften* wie Mathematik und Logik. Eine

Versuchen wir nun, ausgehend von dieser ersten groben Begriffsbestimmung, näher zu klären, welche Kriterien es gibt, um zwischen fruchtbaren und weniger fruchtbaren sozialwissenschaftlichen Theorien unterscheiden zu können.

Theorienvergleich unter analytisch-epistemologischer Perspektive

Ich gehe davon aus, daß man einen fruchtbaren sozialwissenschaftlichen Theorienvergleich vor allem unter einer *analytisch-epistemologischen bzw. wissenschaftstheoretisch-philosophischen Perspektive* durchführen muß. Eine solche Perspektive orientiert sich nicht (primär) an inhaltlichen Fragen (Wie gut erklärt Theorie A im Vergleich zu Theorie B das Phänomen X?), sondern nimmt die grundlegenden Zielsetzungen, die logische Struktur und den Aufbau der Theorien ins Visier.[36] Es geht hierbei vor allem um die für jede reflektierte Wissenschaft zentrale Frage, *auf welche Ebene der Verallgemeinerung sich bestimmte Aussagen beziehen und in welchem Bereich sie gültig sind*. Geht es um Aussagen über tatsächliche oder nur vermutete empirische Fakten, um Definitionen von Begriffen, um Hypothesen über Zusammenhänge, um Bewertungen bestimmter Sachverhalte, um Aussagen über die logische Stringenz einer Theorie? In seiner scharfen und treffenden Kritik an der strukturell-funktionalen Theorie von PARSONS hat C.W. MILLS (1959: 34) zu Recht argumentiert, die Fähigkeit, sich zwischen unterschiedlichen Ebenen der Abstraktion hin- und herbewegen zu können, ohne sie zu vermengen, stelle ein wesentliches Kennzeichen eines phantasievollen und systematischen Denkers dar.

Von zentraler Bedeutung ist in diesem Zusammenhang die äußerst wichtige Unterscheidung zwischen den „*Drei Welten*" von K.R. POPPER (1973). Demnach sind Theorien als Bestandteile von *Welt 3* ob-

---

meiner Thesen in diesem Buch lautet, daß die Theorie der autopoietischen Systeme von LUHMANN ein den „Formalwissenschaften" nahestehender Typ von sozialwissenschaftlicher Theorie ist.

36 In diesem Sinne auch MATTHES 1978:9. Die Philosophie definiert „analytisch" oder „analytisch wahre Sätze" als alle durch *logische Vereinbarungen* festgelegten Sätze; als „synthetisch wahr" alle *inhaltlich* wahren oder falschen, empirisch begründeten Sätze (MITTELSTRASS 1980:105f.); auch in diesem Artikel wird aber auf die Unschärfe dieser Trennung hingewiesen (vgl. allgemein dazu auch ACHAM 1983a; HOLLIS 1995:76ff.). Zurück geht die Unterscheidung wohl auf KANT (1968[1781]:52ff.).

jektive, geistige Gehalte, die eine Existenz sui generis besitzen und auch für sich selber analysiert werden müssen, unabhängig davon, wie sie zustandegekommen sind oder auf welchen speziellen Bereich der Realität sie sich beziehen (vgl. dazu auch das diesem Kapitel als Motto vorausgestellte Zitat von POPPER). Die Ergebnisse einer solchen Analyse der Struktur von Theorien kann man auch bezeichnen als *„transzendentales Wissen"*, das der Innsbrucker Philosoph Wolfgang RÖD (1997) kürzlich als einen eigenständigen Typ von Wissen herausgehoben hat. Er unterscheidet diese Art der Erkenntnis von zwei spezifischeren, quasi eine Ebene tiefer liegenden Formen der Erkenntnis[37] und definiert es als „Wissen von Prinzipien, die die Systematisierung von Gesetzen im Rahmen einer Theorie bzw. die Einbettung speziellerer in allgemeinere Theorien ermöglichen" (RÖD 1997: 4f.). Es ist evident, daß eine Diskussion von Problemen dieser Art nicht mehr (nur) der Sozialwissenschaft zuzuordnen ist, sondern essentiell *philosophische Elemente* enthält (POPPER 1992; BUNGE 1996: 1ff.).

Eine systematische Unterscheidung von Theorietypen aus dieser Sicht des *Grades der Allgemeinheit* bzw. Reichweite trifft BUNGE (1996: 122); sie ist als Hintergrund für unsere Problematik sehr nützlich. Es gibt demnach: *spezielle Theorien* oder *Modelle* (Typ 1), die einen begrenzten Sachverhalt betreffen (z.B. eine bestimmte Verwandtschaftsstruktur); *allgemeine Theorien* (Typ 2) die universeller anwendbar sind (z.B. die Bezugsgruppentheorie, die Keynesianische Wirtschaftstheorie); *Supertheorien* (*hypergeneral theories*, Typ 3), wie die Evolutionstheorie oder die neoklassische Ökonomie, die ein ganzes System, nicht nur Teile davon betreffen; *Gerüsttheorien* (scaffolding theories, Typ 4) sind noch allgemeiner, ihre Variablen bleiben oft unbestimmt, sie sind empirisch nicht direkt überprüfbar (Beispiele sind die Spieltheorie, die allgemeine Systemtheorie, Rational Choice-Theorien).

Der Streit über die inhaltliche Reichweite bzw. „Güte" der verschiedenen Theorien muß (bis auf wenige Ausnahmen) meiner Meinung nach noch aus einem weiteren Grund unfruchtbar und letztlich unbeantwortbar bleiben. Hier gilt dies deshalb, weil die von mir dar-

---

37 Diese sind „das Wissen von den Dingen und den sie betreffenden Vorgängen" und das „Wissen von Gesetzen, mit deren Hilfe die Vorgänge erklärt werden können" (RÖD 1997:4f.).

gestellten Theorietypen unterschiedliche Fragestellungen und Phänomene mit unterschiedlichen Begriffen und Grundannahmen, Erklärungsstrategien und Methoden angehen. Zu behaupten, die symbolisch-interaktionistische Theorie „erkläre" Phänomene sozialer Abweichung *besser* als die behavioristische Verhaltenstheorie, ist – um es pointiert auszudrücken – eine *inhaltlich sinnlose Aussage* in ähnlicher Weise wie die Behauptung, man könne die Temperatur auf der Sonne mit einem Fernglas besser messen als mit einer Waage. Der symbolisch-interaktionistischen Theorie geht es nämlich in erster Linie (bei den eher beschränkten Geistern unter ihren Vertretern: ausschließlich) um den Sinngehalt eines Phänomens sozialer Abweichung, der behavioristischen Verhaltenstheorie dagegen ausschließlich um die Herstellung eines kausalen Zusammenhangs zwischen einer bestimmten Ursache und einer bestimmten Form abweichenden Verhaltens. Von der strukturell-funktionalen Theorie von PARSONS oder den Rational Choice-Theorien schließlich behaupte ich, daß sie empirisch überhaupt nicht widerlegt werden können, weil sie gar keine inhaltlichen Hypothesen formulieren.

Empirischer Vergleich von Theorien

Aus den dargestellten Thesen folgt, daß es aufgrund der wissenschaftstheoretisch grundlegenden Differenzen zwischen den verschiedenen Typen von Theorien nicht ohne weiteres möglich ist, etwa durch systematische empirische Anwendungen, zu entscheiden, welche davon besser oder schlechter, oder gar „richtig" oder „falsch" ist. Dies ist deswegen der Fall, weil konkrete empirische Fakten oder partielle Zusammenhänge und Effekte sehr wohl für verschiedene Theorien zugleich sprechen können. Ich werde im folgenden zwar auch inhaltliche Aussagen und Erklärungen verschiedener Theorien untersuchen. Dabei geht es mir aber stets nur um eine *exemplarische Betrachtung*: es soll jeweils gezeigt werden, inwieweit der von einer Theorie erhobene Erklärungsanspruch zu Recht besteht oder nicht, indem der logische Aufbau, die Form der Begriffsbildung, der Bezug zur Empirie usw. jeweils genau untersucht werden. Es mag jedoch angebracht sein, der Frage des empirischen Theorienvergleich etwas genauer nachzugehen.

Ein interessanter und ohne Zweifel verdienstvoller neuer Ansatz dazu ist das ZUMA-Informationssystem, das ein systematisches Verfahren zur Explikation der Annahmen verschiedener Theorien, ihrer

Formalisierung, statistischen Modellierung und empirischen Operationalisierung und Überprüfung beinhaltet. SCHMIDT u.a. (1997) wenden dieses System an, um zu überprüfen, ob die „Ethnozentrismustheorie" oder die Theorie der autoritären Persönlichkeit eher in der Lage sind, Phänomene wie Ausländerfeindlichkeit und Antisemitismus zu erklären. Die Gegenüberstellung dieser beiden Hypothesen liegt aber offenkundig auf einer konkreteren, empirienäheren Ebene als allgemeine Sozialtheorien, wie die Rational Choice-Theorie, die Lerntheorie, die marxistische Gesellschafts- und Persönlichkeitstheorie usw. Das Resultat der Autoren – daß ein signifikanter Effekt der autoritären Unterwürfigkeit auf Antisemitismus und Diskriminierungstendenz gegen Ausländer besteht – könnte meiner Meinung nach aber wohl im Rahmen *aller* vorhin angedeuteten generellen Sozialtheorien sinnvoll interpretiert werden.

Einen recht umfassenden Versuch zum empirischen Theorienvergleich haben Karl-Dieter OPP und Reinhard WIPPLER (1990) durchgeführt und publiziert. Für dieses Werk hatte sich ein interuniversitärer Verbund von Forschern gebildet, um unterschiedliche Theorien allgemeiner und spezifischer Art systematisch mit empirischen Befunden zu konfrontieren und zu sehen, ob sich daraus Folgerungen für die relative Güte der alternativen Theorien ableiten lassen. Die Gründe, die die Autoren generell dafür anführen, warum man sich in der empirischen Forschung auf Theorien beziehen sollte, sind sehr plausibel und wichtig. Sie nennen fünf Gründe (OPP/WIPPLER 1990: 4f.):

— bessere *Nutzung des vorhandenen Wissens*, weil bereits vorhandene Erkenntnisse nicht immer wieder neu „erfunden" werden;
— bessere *Integration bereichsspezifischen Wissens*, weil Theorien ein breiteres Feld an Fragestellungen abdecken als ein Forschungsprojekt;
— *Präzisierung des Geltungsbereichs* von Hypothesen;
— *Verbesserung* oder überhaupt erst Ermöglichung der *praktischen Verwertbarkeit von Hypothesen*; Einzelhypothesen sind praktisch kaum umsetzbar, weil unklar bleibt, wie breit ihr Geltungsbereich ist;[38]

---

38 Zu dieser Problematik vgl. auch Kapitel 5, Abschnitt 5.5.

– *Verbesserung der Theorien:* durch die empirischen Erkenntnisse können die Theorien selber modifiziert und weiterentwickelt werden.

Interessant sind sodann drei allgemeine *praktische Erfahrungen*, die diese Autoren bei ihrem empirischen Theorienvergleich machten:

1. Es zeigte sich, daß *Theorien* vielfach *nicht präzise genug* formuliert sind, um empirisch angewandt werden zu können;
2. diese Anwendung erfordert in jedem Fall eine *problemspezifische Ausarbeitung* der Theorie, also eine Formulierung spezieller Hypothesen für den zu untersuchenden Bereich;
3. die systematische Anwendung einer Theorie erfordert u.U. einen erheblich *größeren Erhebungsaufwand* als die Überprüfung einzelner Hypothesen.

Was waren die Befunde aus diesem Vergleich? Diese Autoren gingen generell von individuenzentrierten Theorien aus, im speziellen von der *Nutzentheorie* (auch SEU-Theorie oder Wert-Erwartungstheorie) und der sozialpsychologischen *Theorie mentaler Inkongruenzen*. Diese Theorie macht Aussagen über das mentale System von Personen (beinhaltend Normen und Kognitionen) und ihre Handlungssituation, wobei Effekte von Diskrepanzen zwischen den Standards (Normvorstellungen) und den Kognitionen untersucht werden (es geht dabei vor allem um Inkongruenzen). Die Ergebnisse sind hier besonders interessant auch deshalb, weil ich die Nutzentheorie in Kapitel 4 ausführlich diskutieren werde. Es zeigte sich auch in dieser Studie, wie in anderen ähnlichen Projekten:[39]

1. Im Gegensatz zu vielfach geäußerten Behauptungen ist es tatsächlich möglich, Theorien empirisch zu vergleichen;
2. wenngleich die Ergebnisse gewisse Hinweise darauf geben, daß eine der Theorien eine bessere Erklärung geben kann als die andere (in diesem Fall erklärte die Theorie der mentalen Inkongruenzen mehr als die Nutzentheorie), kann man doch keineswegs definitive

---

39 Vgl. die oben besprochene Studie von SCHMIDT u.a. (1997) oder eine neue Studie an der Universität Graz, in der jugendlicher Drogengebrauch durch drei alternative theoretische Konzepte (Belastungsmodell, Vulnerabilitätsmodell und Modell normativer Orientierungen) empirisch erklärt wurde (GASSER-STEINER 1998).

Schlüsse ziehen. Generell ist z.B. die durch die jeweiligen Variablenbündel erklärte Varianz in den abhängigen Variablen sehr gering und es geht allenfalls um Gradunterschiede in der Erklärungskraft der verschiedenen Theorien. In aller Regel tragen bei solchen Versuchen *alle* verglichenen Theorien mehr oder weniger gut (genauer gesagt: schlecht) zur Erklärung der jeweiligen Sachverhalte bei.

Der Nutzen von empirischen Theorienvergleichen wird damit nicht grundsätzlich in Frage gestellt, aber die bisherigen Resultate sind doch eher enttäuschend. Warum ist dies so? Es gibt dafür zumindest zwei Gründe.

Zum ersten muß man sagen (dies wird bei OPP/WIPPLER auch sehr deutlich herausgearbeitet), daß der Weg von einer allgemeinen Theorie bis zu ihrer konkreten empirischen Umsetzung in den Sozialwissenschaften ein sehr komplexer, mehrstufiger Prozeß ist: abstrakte theoretische *Konzepte* müssen in empirienähere *Konstrukte* (Tests, Skalen usw.), diese wiederum in meßbare Einzelitems übersetzt werden (vgl. dazu z.B. DIEKMANN 1995). Die Beziehung zwischen dem theoretischen Konzept und der empirisch erfaßten Variable ist also keineswegs eindeutig; gleiche Variablen und Indikatoren mögen oft auch für unterschiedliche allgemeine Konzepte brauchbar sein. Wenn dazu noch (wie häufig in solchen Studien) die erklärte Varianz in der abhängigen Variable unter 10% liegt – 90% also unerklärt bleiben! – wird deutlich, welch enormes Feld für nicht erfaßte Ursachen, für „Störfaktoren" usw. noch vorhanden ist.

Ein zweiter Grund für den geringen Grad an „Schlüssigkeit", den empirische Theorievergleiche ergeben, hängt mit der grundlegenden Unterscheidung zwischen sehr allgemeinen, dem Modell der Naturwissenschaften folgenden, raum- und zeitunabhängigen Theorien einerseits, und soziologischen Theorien, die sich am Konzept der Soziologie als Wirklichkeitswissenschaft orientieren, andererseits zusammen. Den letzteren Theorien geht es nicht um die Formulierung und Überprüfung allgemeiner Gesetze (eine Absicht, die wohl hinter den oben besprochenen empirischen Theorienvergleichen stand), sondern um die Entwicklung von Typen und „Gesetzes-" Aussagen, die konkret in Raum und Zeit verankert sind. Der Empirie geht es hier nicht um die definitive Bestätigung oder Widerlegung einer sehr allgemeinen Aussage, sondern um die Erarbeitung von empirischer Evidenz, mit deren Hilfe die *Plausibilität* bestimmter Idealtypen, Handlungsstrategien usw. überprüft werden kann. Unterschiedliche Interpretationen realer Zusammenhänge können hier also nicht ohne weiteres als „richtig" oder „falsch", sondern allenfalls als mehr oder weniger wahrscheinlich oder glaubwürdig erwiesen werden.

Was folgt aus einer solchen Unterscheidung für die Frage des definitiven „Tests" von soziologischen Theorien? Muß man folgern, eine solche sei prinzipiell unmöglich? Ich glaube, diese pessimistische Folgerung trotzdem ausschließen zu können. Notwendig ist allerdings, bei der Frage der Bewährung oder Verwerfung sozialwissenschaftlicher Theorien einen umfassenderen *Problem- und Zeithorizont* ins Auge zu fassen als bei ganz spezifisch überprüfbaren naturwissenschaftlichen Theorien. Gerade bei den „großen" sozialwissenschaftlichen Paradigmen kann sich eine Bestätigung oder Widerlegung erst im Laufe von (Wissenschaftler-) Generationen und im Zuge einschneidender historischer Erfahrungen herausstellen.

Nur zwei Beispiele dafür: die umfassenden, naiv-fortschrittsgläubigen (oder auch „pessimistischen") Evolutionstheorien des 18. und 19. Jahrhunderts, von HEGEL und COMTE bis zu SPENGLER und SPANN, sind sowohl durch strengeres, diszipliniertes wissenschaftliches Denken als auch durch die tatsächliche historische Entwicklung[40] überholt worden. Allerdings ist hier an eine sehr geistreiche Bemerkung des Sprachphilosophen und HEGEL-Kritikers Otto Friedrich GRUPPE zu erinnern: „Darum aber hat dann auch gerade nur der Irrtum durch alle verschiedenen Philosophen wirklichen inneren Zusammenhang und ich möchte sagen Fortschritt: die Wahrheit dagegen ist meist einzeln und zusammenhanglos" (GRUPPE 1914: 46). Dasselbe würde ich für die marxistische Theorie (vielleicht nicht im Ganzen, so doch für ihren ökonomischen Kern, die Arbeits- und Mehrwerttheorie, und für ihre Staatstheorie) nach dem faktischen Zusammenbruch des Staatssozialismus in Osteuropa behaupten.

Man kann also sagen, daß man langfristig sehr wohl auch in den Sozialwissenschaften von einem erkennbaren wissenschaftlichen Fortschritt sprechen kann. Die Gültigkeit dieser These erweist sich im Falle sozialwissenschaftlicher Theorien darin, daß große, nichtsdestowe-

---

40 Hier wäre etwa der säkulare Abstieg der ehemals führenden Weltmacht Großbritannien ebenso zu nennen wie der wirtschaftliche, politische und kulturelle Aufstieg vieler Länder der ehemaligen „Dritten Welt", die man noch im 19. Jahrhundert geradezu als „kulturunfähig" angesehen hat.

niger problematische Denksysteme (das naturalistische Denken, biologisch-funktionalistische Modelle usw.) immer wieder auftauchen. Diese Denksysteme enthalten „metaphysische Theoriekerne", die mit grundlegenden Wertsysteme, Menschenbildern und Gesellschaftsvorstellungen zusammenhängen (GIESEN 1980; STERBLING 1991). Gegenüber diesen Systemen besteht der wissenschaftliche Fortschritt zum guten Teil nur darin, daß wir uns der Grenzen unserer möglichen Kenntnisse und der Unbeantwortbarkeit vieler „großer" Fragen der Vergangenheit bewußt werden.

Systematisch-kritischer Vergleich von Theorien, reguliert durch die Idee der Wahrheit

Kehren wir nochmals zurück zur Frage des empirischen Theorienvergleichs. Es gibt hier noch eine andere Strategie, die SCHÜLEIN/BRUNNER vorgeschlagen haben, nämlich für unterschiedliche Phänomene jeweils die am besten „passende" Theorie heranzuziehen: „Wenn man etwa die formale Struktur einer Behörde untersucht, ist man besser mit der funktionalistischen Theorie bedient. Wenn man dagegen die Riten von Fußballfans näher analysieren wollte, bietet sich eher der Symbolische Interaktionismus oder die Ethnomethodologie an" (SCHÜLEIN/BRUNNER 1994: 199). Diese Empfehlung scheint mir eher problematisch zu sein aufgrund der Tatsache, daß verschiedene Theorien bzw. Theorietypen grundsätzlich anders angelegt sind. Daß eine derartige Selektivität meist nur zur Bestätigung der vom Forscher ausgewählten Theorie führt, ist nicht überraschend.

Notwendig wären demgegenüber *kritische Experimente*, die in der Geschichte der Naturwissenschaften öfters durchgeführt werden konnten und zur Bestätigung völlig neuer Theorien (bzw. zur Widerlegung ihrer Vorläufertheorien) führten.[41] Tendenziell sind solche kritischen

---

41 Ein solches „experimentum crucis" war etwa die Tatsache, daß zwei voneinander unabhängige Beobachtungsgruppen in Nordbrasilien und im Golf von Guinea anläßlich einer dort gut beobachtbaren Sonnenfinsternis im Jahre 1916 nachweisen konnten, daß „die von benachbarten Fixsternen ausgesandten Lichtstrahlen tatsächlich abgelenkt wurden, wenn sie das Schwerefeld der Sonne passierten. Diese Lichtablenkung war von der Allgemeinen Relativitätstheorie vorausgesagt worden. Einstein hatte eine Ablenkung von 1,75 Bogensekunden errechnet... Durch diese Ergebnisse wurde Einsteins Ruhm in der ganzen Welt verbreitet. Für die Physiker war es ein Markstein in der Geschichte der Wissen-

Experimente auch in den Sozialwissenschaften vorstellbar, wobei sich die Wissenschaft revolutionäre Wandlungsprozesse zunutze machen könnte.[42] Ein *kritischer Test* der strukturell-funktionalen Theorie wäre in diesem Sinne, die funktionalistische Rollentheorie, wenn schon, dann in einem eher informellen, wenig strukturierten Kontext zu prüfen, oder mit dem symbolischen Interaktionismus nachzuweisen, daß auch die scheinbar klaren und starren Hierarchien und Verfahren in einer Bürokratie in der sozialen Realität viel weniger festgefügt und eindeutig sind als es von außen erscheinen mag.[43]

Allerdings kann die Beurteilung der Aussagekraft verschiedener Theorien auch nicht rein analytisch, losgelöst von ihrem Bezug zur Realität, quasi im luftleeren Raum erfolgen. Im Gegensatz zur Mathematik und Logik ist *Sozialwissenschaft* ja dadurch definiert, *daß sie inhaltliche Aussagen über die soziale Realität macht*. Daher müssen ihre theoretischen Begriffe und Sätze – im Minimalfall – zumindest die Möglichkeit eines solchen Bezuges aufweisen. Wünschenswert – und dies ist meiner Meinung nach auch praktisch einlösbar – ist, daß sie einen solchen Bezug auch tatsächlich aufweisen. Wir werden bei der Diskussion der verschiedenen Theorien daher immer wieder auf den Gehalt, die Aussagekraft und die Gültigkeit ihrer Aussagen aus empirischer Sicht eingehen müssen. Es wird sich dabei zeigen, daß die Behauptungen der Theoretiker und die daraus ableitbaren

---

schaft..." (WICKERT 1972:79). Eine interessante Darstellung der Bedeutung derartiger kritischer Experimente in den Naturwissenschaften bietet Carl DJERASSI'S Roman *Cantors Dilemma* (1991).

42 So könnte man in der neueren Gesellschaftsgeschichte etwa mehrere „kritische Ereignisse" benennen, die zur Falsifizierung ganzer Ideensysteme führten. Als solche könnte man etwa die grundlegende Diskreditierung eines radikalen Manchester-Liberalismus bezeichnen, die durch die erste große Wirtschaftskrise in den 1880er und die zweite in den 1930er Jahren erfolgte. Dasselbe könnte man vom Kollaps des Kommunismus in Osteuropa 1989/90 sagen (vgl. dazu auch LENSKI 1978, der den Kommunismus insgesamt als ein „Experiment im Großen" bezeichnet). Nach diesem epochalen Ereignis und den in seiner Folge zutage getretenen Fakten über das wahre Gesicht des „realen Sozialismus" wird die marxistische (und noch mehr die leninistische) Theorie nie mehr in so naiv-gutgläubiger Weise vertreten werden können, wie es manche westlichen Marxisten – trotz schon seinerzeit massiver Gegen-Evidenz – noch bis in die jüngste Zeit taten.

43 Zur zentralen Bedeutung derartiger kritischer Experimente (Beobachtungen, Vergleiche) siehe auch die beispielhaft klaren Ausführungen von DURKHEIM (1965:167) in seinen *Regeln der soziologischen Methode*.

Folgerungen oft selbst grundlegenden, allgemein bekannten empirischen Fakten und Befunden widersprechen. Aufgrund der bereits erwähnten Tatsache, daß sich die meisten „Theoretiker" heute primär an anderen Theorien, aber nicht an den neuesten Befunden der empirischen Sozialforschung orientieren, ist dies nicht allzu überraschend.

Im Hinblick auf die Frage der Beziehung zwischen Theorie und empirischer Realität schließe ich mich Karl R. POPPER (1994) an, der die rein instrumentalistisch-pragmatistische Auffassung, Theorien seien nichts als Instrumente oder Werkzeuge, entschieden zurückweist. Zwar ist auch für den Fortschritt der Sozialwissenschaft die *kritische Diskussion von Theorien* und der *kritische Vergleich zwischen Theorien* entscheidend. Die regulative Idee, welche uns letztlich allein hilft zu entscheiden, welches nun die bessere (oder beste) Theorie ist, ist aber die *Idee der Wahrheit*:

„Thus although we can judge theories only ‚relatively' in the sense that we compare them with each other (and not with the truth, which we do not know), this does not mean that we are relativists (in the sense of the famous phrase that ‚truth is relative'). On the contrary, in comparing them, we try to find the one which we judge comes nearest to the (unknown) truth. So the idea of truth (of an ‚absolute' truth) plays a most important part in our discussion. It is our main regulative idea. Though we can never justify the claim to have reached truth, we can often give some very good reasons, or justification, why one theory should be judged to be nearer to it than another." (POPPER 1994: 161)

Eine der wichtigsten und überzeugendsten Formen der Kritik von Theorien, so POPPER weiter, ist der Rekurs auf Beobachtung, Experiment und Messung. Wenn wir zeigen können, daß die aus einer Theorie ableitbaren Folgerungen nicht mit gewissen Fakten übereinstimmen, können wir die Theorie verwerfen. Dies gilt insbesondere dann, wenn ein falsifizierendes Experiment durch eine konkurrierende Theorie erklärt werden kann. Genaugenommen heißt dies, daß Beobachtungen, Messungen und Experimente nur im Kontext der kritischen Diskussion einer Theorie von Interesse sind (POPPER 1994: 161ff.).

Die vier Grundtypen sozialwissenschaftlicher Theorien

Ich gehe davon aus, daß man aus analytischer Perspektive zwischen vier grundlegenden Typen sozialwissenschaftlicher Theorien unterscheiden kann. Die Unterscheidung beruht auf zwei logisch voneinander klar abgrenzbaren Kriterien (vgl. *Übersicht 1.1):*

1. Zum ersten auf der Frage, ob eine Theorie zu Recht beanspruchen kann, soziale Realität zu *erklären* oder nicht. Unter einer „*kausalen Erklärung*" verstehe ich dabei, dem allgemeinen Sprachgebrauch in der Wissenschaftstheorie folgend, die *deduktive Ableitung* eines Satzes, der einen Vorgang beschreibt, aus einem (oder mehreren) allgemeinen *Gesetz(en)* und aus bestimmten *Randbedingungen* (POPPER 1969: 31; 1994c: 177). Es besteht wohl auch in den Sozialwissenschaften weitgehend Einhelligkeit darüber, daß ihr Hauptziel die Entwicklung solcher Erklärungen ist. Ich behaupte, daß es heute sogar einen einflußreichen Theorietyp gibt, der nicht einmal beansprucht, Erklärungen zu liefern, nämlich die autopoietische Systemtheorie von LUHMANN. Das Hauptobjekt dieser Theorie ist die Frage, wie sich Gesellschaften selber beobachten und beschreiben; ich bezeichne sie daher – in Übereinstimmung mit LUHMANN selber – als eine „*semantische Analyse der Gesellschaft*". Wenn in *Übersicht 1.1* eine Theorie unter der Rubrik „Erklärungsanspruch: nein" (oder: ja) angeführt ist, soll dies heißen, daß sie faktisch nicht in der Lage ist, Erklärungen zu liefern, obwohl ihre Vertreter es selber vielleicht beanspruchen.

   Beansprucht eine Theorie (zu Recht), daß sie Erklärungen liefern kann, so wird weitergefragt, ob sie nur kausal-statistische Erklärungen oder auch sinnverstehende Erklärungen zu geben beabsichtigt; ersteres führt zu naturalistischen Verhaltens- und Gesellschaftstheorien, letzteres zu soziologischen Theorien im Sinne einer Soziologie als Wirklichkeitswissenschaft.

2. Es gibt einen zweiten, umfassenden und einflußreichen Strang von Theorien, die zwar selber z.T. vehement beanspruchen, Erklärungen zu liefern, dies – entgegen den Behauptungen ihrer Vertreter – in Wirklichkeit ebenfalls nicht leisten können. Diese Ansätze – ich nenne sie „begriffliche Ordnungsschemata" – leisten in aller Regel aber zumindest etwas anderes, nämlich einen Beitrag zur *Systematisierung des Denkens* in bezug auf die Vielfalt und Komplexität der sozialen Realität. Man könnte diese Theorien noch weiter danach unterscheiden, ob sie in diese Systematisierung auch inhaltliche Annahmen über gesellschaftliche Prozesse und Entwicklungen einfließen lassen, oder sich eher nur auf die formalen Elemente dieser Prozesse beschränken. Ersteres ist der Fall bei der strukturell-funktionalen Theorie von PARSONS und seinen heutigen Vertretern, letzteres bei der Rational Choice-Theorie.

Übersicht 1.1: Die vier Grundtypen sozialwissenschaftlicher Theorien

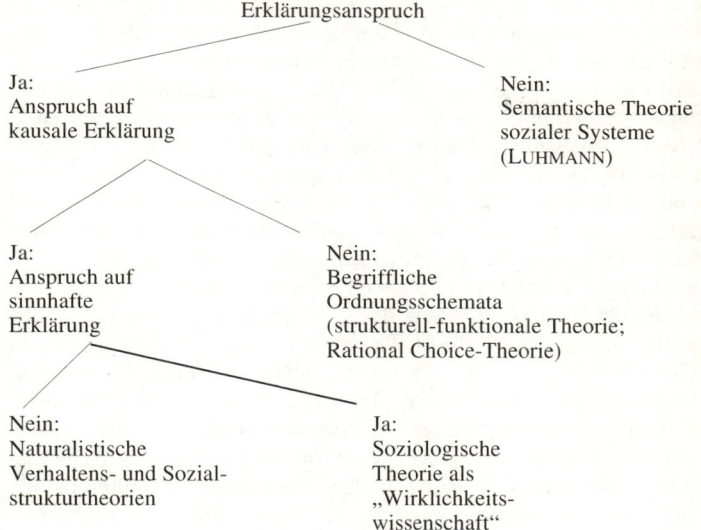

Bei der Unterscheidung dieser Grundtypen sozialwissenschaftlicher Theorien gehe ich nach der WEBERschen Methode der Typenbildung vor, die man als „*kompositorisch*" bezeichnen kann. Hierbei werden zunächst anhand eines Grundbegriffes und seiner Dimensionen Klassen gebildet und diese dann weiter in Subklassen zerlegt, aber jeweils nur für die sinnvollen, relevanten Typen; es werden nicht mechanisch alle logisch möglichen Fälle in einer Vier- oder Mehrfeldertafel aufgelistet (ALLERBECK 1982).[44]

Es fehlt hier insbesondere ein recht umfassender Strang von Theorien, denen in Lehrbüchern meist eigene Kapitel gewidmet werden. Es sind dies Richtungen wie der *symbolische Interaktionismus, phäno-*

---

44 Die letztere Vorgangsweise ist unter zeitgenössischen soziologischen Theoretikern weit häufiger; eine Paradebeispiel ist – nach PARSONS – heute GIDDENS, dessen Bücher voll von derartigen Schematas sind, bei denen man jedoch vielfach kaum den Eindruck hat, daß sie inhaltlich-systematisch viel Erkenntnisgewinn bringen.

menologische Soziologie, Ethnomethodologie usw. Schon diese Bezeichnungen zeigen, daß es sich hier um ein Sammelsurium aus inhaltlichen, begrifflichen und methodologischen Abgrenzungskriterien handelt. Grundsätzlich gilt für alle diese „Ansätze", daß ihnen der Status einer eigenständigen Theorie nicht zukommt.

So stellen etwa die von Herbert BLUMER (1973: 81) herausgearbeiteten drei Grundprinzipien des symbolischen Interaktionismus − (1) Menschen handeln Dingen gegenüber aufgrund der Bedeutung, die diese für sie besitzen, (2) die Bedeutung dieser Dinge ergibt sich aus der sozialen Interaktion und (3) diese Bedeutungen entstehen und verändern sich in einem ständigen Interpretationsprozeß − im besten Falle soziologische Selbstverständlichkeiten. Setzt man diese drei Thesen jedoch absolut, so implizieren sie eine unhaltbare *idealistische Position*, die zu einer Trennung der symbolischen von den materiellen Handlungsdeterminanten führt. Tatsächlich gilt: Symbole stehen nicht für sich allein, sondern sind ohne Bezug auf eine Realität, die sie repräsentieren, unverständlich; soziale Fakten sind nicht nur ein Ensemble von Symbolen; unsere Interpretation der Handlungen anderer ist nicht die einzige Determinante des Handelns; daneben gibt es zahlreiche materielle (natürliche und soziale) Handlungszwänge (BUNGE 1996: 289).[45]

Gegen den symbolischen Interaktionismus wurde eine Reihe von Einwänden erhoben, die jedoch großteils gegenstandslos sind, wenn man diesen nicht als eine eigenständige Theorie betrachtet, sondern lediglich als eine spezifische Orientierung, die als Korrektiv gegen abstrakte, statische „grand theories" oder theorieloses Sammeln quantitativer Daten durchaus nützlich sein mag.[46] Manche Einwände treffen dagegen nur bestimmte Vertreter dieser Schule, aber keineswegs die theoretisch und empirisch anspruchsvolleren unter ihnen.[47] Was die radikal-militanteren Vertreter von phänomenologischen Ansätzen, die

---

45   Wollte man den symbolischen Interaktionismus in *Übersicht 1.1* integrieren, müßte man dort eine zusätzliche Kategorie „Anspruch auf kausale Erklärung: nein/Anspruch auf sinnhafte Erklärung: ja" einführen.
46   Einer der typischen (meiner Meinung nach irrelevanten) Einwände lautet hier, daß der symbolische Interaktionismus Makrostrukturen und -prozesse nicht beachtet (vgl. RITZER 1992:228ff.).
47   So kritisiert H. WEISS (1993:90ff.) an GOFFMAN, daß seine Kategorien nur für Beschreibungen, nicht jedoch für Erklärungen dienen könnten. Ich werde in Kapitel 6 (Abschnitt 6.2) anhand einer detaillierten Analyse von GOFFMANS Buch *Stigma* zeigen, daß genau das Gegenteil der Fall ist.

sich vielfach auf E. HUSSERL und A. SCHÜTZ berufen, betrifft, sei hier nur ein (vielleicht zu hartes) Urteil von M. BUNGE angeführt:

„In sum, phenomenology has contributed the following to social studies: impenetrable, pretentious jargon, lack of rigour, subjectivism, contempt for empirical research, and exclusive interest in the minutiae of everyday life at the expense of their social and historical context. This is particularly evident in the case of ethnomethodology." (BUNGE 1996: 295)

In diesem Zusammenhang ist auch einer der heute bekanntesten deutschen Soziologen, Jürgen HABERMAS, zu erwähnen. Auf diesen ohne Zweifel sehr bedeutenden Theoretiker bin ich in meiner Studie (abgesehen von Zeit- und Raumgründen) aus zwei Gründen nicht eingegangen. Zum ersten, weil viele Werke von HABERMAS nicht direkt als soziologisch-inhaltliche Analysen anzusehen sind. Dies kommt schon zum Ausdruck in den soziologisch unbeantwortbaren sozialphilosophischen Grundfragen, die dem vielschichtigen Denken von HABERMAS laut WEISS (1993: 188) zugrundeliegen, nämlich: „..... ist die Entwicklung der Gesellschaftsstrukturen ... ohne Einbezug des Elements ‚freien' menschlichen Handelns denkbar? Liegt die Erklärung der Veränderungen des menschlichen Daseins in strukturimmanenten Mechanismen (systemtheoretischer Art) oder in einem Handeln, das nicht zur Gänze an die Strukturen gebunden ist?" Darüberhinaus kann man sagen, daß die größeren Arbeiten von HABERMAS (*Erkenntnis und Interesse*, *Theorie des kommunikativen Handelns*; HABERMAS 1968, 1981) als soziologisch-philologische Arbeiten zu bezeichnen sind, die primär eine Reinterpretation älterer Texte, denn eine Auseinandersetzung mit aktuellen Problemen darstellen. So wird HABERMAS' Werk auch als eine große „Rekonstruktion des historischen Materialismus" bezeichnet (RITZER 1992: 151).

Der zweite Grund liegt darin, daß man viele Arbeiten von HABERMAS aus wissenschaftstheoretischer Sicht eher als *normative Theorien* bezeichnen muß. Dies gilt insbesondere für sein letztes großes Werk, *Theorie des kommunikativen Handelns* (HABERMAS 1981)[48], aber im

---

48 Sehr deutlich ist dies etwa in den Ausführungen darüber, was „Rationalität", „verständigungsorientiertes" und „kommunikatives Handeln" sind (HABERMAS 1981/1:15ff., 384ff.). Es geht um die abstrakte Definition „idealer" Bedingungen, die gegeben sein müssen, damit man von solchen Prozessen sprechen könne. Wenn HABERMAS seine Arbeit daher als Beitrag zur „Gesell-

Grunde auch schon für das frühe Werk über den *Strukturwandel der Öffentlichkeit* (vgl. auch DONATI 1992: 59). Normative Theorien dieser Art haben durchaus eine eigenständige Bedeutung (ich werde darauf an verschiedenen Stellen zurückkommen). Ihre Attraktivität für Leser und breite Öffentlichkeit beziehen sie nicht zuletzt auch daraus, daß darin explizite *Wertungen* enthalten sind. Eine Theorie, die in Aussicht stellt, die „innere Kolonisierung" in der Bundesrepublik, „pathologische Nebenwirkungen des monetär-bürokratischen Komplexes" und andere „Sozialpathologien" aufzuzeigen (HABERMAS 1981/2: 548f.), kann heute wie 1968 mit hoher Aufmerksamkeit bei „kritischen" Intellektuellen und Studierenden wie auch in qualitativ „gehobenen" Medien rechnen. Dies umso mehr, als die Theorie zugleich beansprucht, zu *„erklären*, was es für die symbolische Reproduktion der Lebenswelt bedeutet, wenn kommunikatives Handeln von mediengesteuerten Interaktionen abgelöst, wenn Sprache in ihrer Funktion der Handlungskoordinierung, ersetzt wird durch Medien wie Macht und Geld" (HABERMAS 1981/2: 549).[49]

Bei der Darstellung der verschiedenen Theorien werde ich im folgenden jeweils auf einzelne Theoretiker bzw. ausgewählte Werke von ihnen eingehen. Dies erfolgt aus zwei Gründen: Zum ersten ist der Bezug auf konkrete Autoren wichtig, weil *unterschiedliche Autoren* selbst innerhalb einer einzigen theoretischen Richtung oft recht *unterschiedliche Positionen* vertreten.[50] Darüberhinaus werde ich auch mehrfach belegen, daß die in Lehrbüchern kodifizierten Darstellungen verschiedener theoretischer Ansätze den originellsten Vertretern dieser Theorien oft gar nicht gerecht werden. Zum zweiten bespreche ich Original-Autoren und -studien und nicht nur das allgemeine „Gerippe" be-

---

schaftstheorie" bezeichnet, ist dies – zumindest im üblichen Verständnis dieses Begriffs – irreführend.

49 Ich möchte allerdings festhalten, daß mir eine Theorie, die diese normativen Voraussetzungen relativ offen auf den Tisch legt, viel sympathischer ist als *kryptonormative Theorien*, die diese Implikationen (ob absichtlich oder nicht), durch einen scheinbaren Objektivitätsanspruch verdecken; letzteres scheint mir bei allen Funktionalisten von PARSONS bis LUHMANN, aber auch bei den Rational Choice-Theoretikern der Fall zu sein. Neuerdings hat C. BENDER (1998) auf viele Ähnlichkeiten in der Theorieanlage von HABERMAS und LUHMANN hingewiesen.

50 Ein gutes Beispiel dafür ist E. GOFFMAN, dessen praktische Forschung in bestimmter Weise dem Stereotyp völlig widerspricht, das vom symbolischen Interaktionismus weithin besteht (vgl. Kapitel 6).

stimmter soziologischer Theorien, weil soziologische Theorien auch *inhaltliche Aussagen* über gesellschaftliche Phänomene treffen müssen. Ob dies der Fall ist, kann man nur anhand inhaltlich-soziologischer Studien eines Autors feststellen. Zugleich ist es aber meist auch ausreichend, *eine* solche Arbeit zu betrachten, da in ihr der grundsätzliche Charakter des Denkens eines Autors in der Regel deutlich zum Ausdruck kommt.

Festzustellen ist allerdings, daß die Theoretiker, die ich im folgenden für die einzelnen Theorietypen exemplarisch darstellen werde, keineswegs in all ihren Arbeiten bzw. in allen Teilen ihrer Ansätze diesen vollständig oder ausschließlich zuzuordnen sind. In dieser Hinsicht überschreitet fast jeder Theoretiker – in mehr oder weniger starkem Grade – den Bereich seines spezifischen Ansatzes und inkorporiert Elemente anderer Ansätze. Eine bestimmte Gruppe von Theorien ist geradezu gekennzeichnet dadurch, daß sich deren Vertreter einzelner Elemente und Teilstücke aus den verschiedensten Theorietypen bedienen, damit allerdings vielfach zu Aussagen gelangen, die schon von ihrer Anlage her inkonsistent und widersprüchlich sein müssen.

Die soeben skizzierten, hauptsächlichen Theorietypen bezeichne ich folgendermaßen:

– soziologisch-wirklichkeitswissenschaftliche, kausal erklärende *und* sinninterpretierende Theorien,
– naturalistische, nur kausal-statistisch erklärende Verhaltenstheorien,
– (ausschließlich) sinninterpretierende Theorien (diese werden nicht eigens behandelt),
– systematisierende begriffliche Ordnungsschemata,
– semantische Gesellschaftstheorie bzw. autopoietische Theorie sozialer Systeme.

Diese Theorien – so meine These – können aus inhaltlichen wie logisch-analytischen Gründen weder zwanglos miteinander verknüpft noch in eine allgemeine Synthese auf einer höheren Abstraktionsebene überführt werden. Allerdings hat (fast) *jede* dieser Theorien ihren Stellenwert und kann wichtige Einsichten in die soziale Realität vermitteln bzw. ihre wissenschaftliche Erforschung anleiten. Jede davon hat allerdings auch ihre klaren Grenzen und kann nicht *mehr* leisten als in ihr jeweils angelegt ist. Ich denke, daß ich mit dieser These eine Position vertrete, mit der sich die Proponenten dieser unterschiedlichen Theorien durchaus anfreunden könnten – geht es mir doch nicht darum, pauschal deren „Richtigkeit" oder „Falschheit" zu beweisen. Es sollte dies auch deshalb der Fall sein, weil ich mich bei der Charakterisierung der Intentionen und der Grenzen der Leistungskraft der verschiedenen Ansätze vielfach auf explizite Aussagen ihrer Proponenten selbst stütze.

Eine präzise Abgrenzung zwischen diesen vier Typen von Theorien – so meine These – ermöglicht eine sehr klare Bestimmung ihrer jeweiligen Reichweite. Wir können auf ihrer Basis die Stärken ebenso wie die grundlegenden Grenzen der Aussagekraft aller sozialwissenschaftlichen Theorien besser sehen. Ich argumentiere natürlich auch, daß die von mir vorgeschlagene Klassifizierung der Theorien eine bessere Basis zu einer solchen synthetisch-zusammenfassenden Bewertung liefert als bisher vorliegende Ansätze. Ich möchte zwei dieser Ansätze als Kontrast zu meinem eigenen kurz darstellen. Es ist dies die synthetische Klassifikation von Theorien bei George RITZER (1992), sowie die Gegenüberstellung von Ordnungs- und Konflikttheorien mit jeweils charakteristischen Erkenntnisinteressen (sozialtechnologisch und konservativ vs. sozialemanzipatorisch und progressiv) bei Hermann STRASSER (1976).

Alternative Ansätze systematischer Theorienvergleiche

Der amerikanische Soziologe George RITZER[51] geht von zwei Dimensionen als Basis für die Klassifizierung soziologischer Theorien aus. Es sind dies einerseits unterschiedliche Ebenen der Analyse, das *mikro-/makrosoziologische Kontinuum*, das von den kleinsten Einheiten – den Individuen – bis zu den größten – der Weltgesellschaft – reicht; und andererseits die Unterscheidung zwischen *subjektiven und objektiven Phänomenen*: „Subjective here refers to something that occurs solely in the realm of ideas, whereas objective relates to real, material events" (RITZER 1992: 529).

Aus einer Kreuzklassifikation dieser beiden Dimensionen ergeben sich nach RITZER vier Typen soziologischer Analyse, denen auch bestimmte theoretische Paradigmatas zugeordnet werden können:

---

51 RITZER ist durch eine Reihe theoriegeschichtlicher Arbeiten und eine originelle Analyse der Gegenwartsgesellschaft (RITZER 1992) hervorgetreten.

1. die *makrosoziologisch-objektive Ebene*, die Phänomene untersucht wie Gesellschaft, Recht, Bürokratie, Technologie, Sprache; ihr ordnet er das „social facts"-Paradigma von DURKHEIM zu;
2. die *makro-subjektive Ebene*, die sich bezieht auf Phänomene wie Kultur, Normen und Werte;
3. die *mikro-objektive Ebene*, die sich auf Verhaltens- und Interaktionsmuster bezieht;
4. die *mikro-subjektive Ebene*, die sich auf die verschiedenen Aspekte der Konstruktion sozialer Realität bezieht. Den drei letzteren Ebenen werden jene soziologischen Theorien zugeordnet, die sich auf die soziale Definition von Situationen bzw. das Verhalten konzentrieren.

Nun zeigt schon ein erster Blick auf diese scheinbar logisch-vollständige Typologie, daß sie soziologisch-inhaltlich nicht konsistent ist und vielen Theorien bzw. Phänomenen Gewalt angetan werden muß, um sie den verschiedenen Ebenen zuordnen zu können. Wie kann man etwa die eminent „kulturellen" Phänomene Recht und Sprache als „objektiv" („material") klassifizieren und unter eine andere Rubrik subsumieren als den Bereich „Kultur"? Wie kann man bei Normen und Werten von „makrosubjektiven Phänomenen" sprechen, da subjektive Phänomene sich doch keineswegs nur auf das menschliche Bewußtsein beziehen? Werte als Teil des „Reichs der Ideen", wie sie verkörpert sind in Gesetzbüchern, heiligen Schriften usw., sind aber eindeutig „objektive" Phänomene mit einer „realen, materiellen Existenz" (RITZER 1992: 532).[52] Als Folge dieser Unklarheiten erscheint RITZERs Klassifikation der soziologischen Theorien in drei grundlegende Paradigmen („social facts paradigm"; „social definition paradigm" und „social behavior paradigm") wenig überzeugend und tut den diesen zugeordneten Theoretikern (etwa DURKHEIM als Vertreter eines „social fact"-Paradigmas) entschieden Gewalt an.

Einen anderen Zugang zu einer systematischen Klassifikation der soziologischen Theorien hat Hermann STRASSER (1976) in seinem Werk *The Normative Structure of Sociology* gewählt (vgl. auch STRASSER 1985). Er geht einerseits aus von der Dimension des „Vokabulars sozialer Erklärung", wobei er ordnungs- und konfliktorientierte Para-

---

52 Die essentielle Unterscheidung zwischen unterschiedlichen Ebenen der Realität und ihre Implikationen werden im Anschluß an POPPER in Kapitel 6 detailliert ausgeführt.

digmen unterscheidet; andererseits unterscheidet er zwei normative Interessen, ein sozial-emanzipatorisches (fortschrittliches) und ein sozial-technologisches (konservatives) Interesse. Kombiniert man diese zwei Dimensionen, erhält man die folgenden vier Grundtypen soziologischer Theorien:

1. Der *Strukturfunktionalismus* verwendet ein Ordnungsvokabular und ist sozialtechnologisch orientiert. Darunter subsumiert STRASSER „klassische" Funktionalisten wie COMTE und SPENCER, jüngere soziologische Denker wie DURKHEIM, PARSONS und MERTON, aber auch den (staats-) sozialistischen Funktionalismus.
2. Die *konservative Konflikttheorie*, die ein Konfliktvokabular verwendet und ein sozialtechnologisches Erkenntnisinteresse verfolgt (darunter fallen Autoren wie GUMPLOWICZ, SIMMEL, DAHRENDORF, COSER).
3. Die *radikale Konflikttheorie* mit einem Konfliktvokabular und einem progressiven Erkenntnisinteresse; neben Marx und Engels wird sie repräsentiert durch FERGUSON und MILLAR, die Frankfurter Schule und andere zeitgenössische „kritische" Autoren (wie GOULDNER).
4. Die „*transitional systems theory*" ist emanzipatorisch ausgerichtet, verwendet jedoch ein Ordnungsvokabular; zu ihr rechnet STRASSER ältere Autoren wie die Liberalen T. BURKE und A. SMITH, oder (den vielseitigen) SAINT-SIMON.

Diesem Ansatz ist eine gewisse Plausibilität sicherlich zuzusprechen. Es gibt in der Tat dominante Orientierungen inhaltlicher und wertend-normativer Art in den verschiedenen soziologischen Schulen. Andererseits sind Zuordnungen dieser Art, die auch von anderen Autoren getroffen werden, doch immer wieder unbefriedigend. Wahrscheinlich wäre es nicht schwer, bei jedem einzelnen der verschiedenen, in jeweils ein Kästchen eingeordneten Theoretiker abweichende Auffassungen oder Interpretationsmöglichkeiten zu finden, die die Zuordnung als fraglich erscheinen lassen.[53] Im Grunde ist die Zuordnung

---

53 Besonders pointiert und mit kritischem Unterton vorgetragen wurde eine solche Zuordnung in den 60er und 70er Jahren an der strukturell-funktionalen Theorie von PARSONS, die von vielen jüngeren Soziologen als ordnungsunterstützend, systembejahend-affirmativ, unfähig, sozialen Wandel zu begreifen, eingestuft (und abgelehnt) wurde. Aber all diese Einwände, seinerzeit

nach den vorherrschenden Erkenntnisinteressen für einen wirklich produktiven Theorienvergleich deshalb nicht weittragend genug, weil die hinter einer Theorie stehenden (mit ihr vielfach nur locker verbundenen) Werte und Interessen klar zu trennen sind vom epistemologischen und inhaltlichen Aufbau und Gehalt einer Theorie.

Mit dem oben skizzierten, systematischen Theorienvergleich bietet sich dagegen ein (zumindest partieller) Ausweg aus dem derzeit sicherlich unbefriedigenden Dilemma des Nebeneinanderbestehens vieler, miteinander teilweise konkurrierender Theorieschemata. Die Unterscheidung zwischen den vier Grund-Typen läßt sich zum Teil auch auf die der Soziologie benachbarten sozialwissenschaftlichen Disziplinen der Psychologie und Ökonomie anwenden. Es eröffnet sich damit auch die Möglichkeit zu einer genaueren Bestimmung der Beziehungen zwischen diesen Disziplinen und der Soziologie, also dessen, was „Interdisziplinarität" im Rahmen der Sozialwissenschaften realistischerweise heißen kann.[54]

Ich habe oben die These aufgestellt, daß eine adäquate Beurteilung unterschiedlicher theoretischer Ansätze aus der Sicht eines bestimmten inhaltlichen Ansatzes nicht möglich ist. Um diese These zu belegen, soll abschließend ein solcher Versuch exemplarisch darstellt werden.

Ein Beispiel für die systematische Fehlinterpretation sozialwissenschaftlicher Theorien aus der Sicht eines inhaltlich bzw. wissenschaftstheoretisch zu engen Ansatzes

Ich möchte hier einige Passagen des Buches *Geschichte der soziologischen Theorie* von Gerhard HAUCK (1984) besprechen, dessen Autor zunächst durchaus von einer ähnlichen Intention ausgeht, wie ich sie hier verfolge. Er stellt sich die Aufgabe, „einen roten Faden durch die

---

    am schärfsten von DAHRENDORF (1962:79ff.) formuliert, erwiesen sich letztlich nicht als besonders stichhaltig.

54 Eine weitere Strategie des Theorienvergleichs verfolgt WATERS (1994), der davon ausgeht, daß jede gute soziologische Theorie vier allgemeine Elemente berücksichtigen muß, nämlich die Begriffe von Akteuren, Rationalität, Struktur und System. Daraus ergibt sich eine recht systematische Darstellung aller klassischen und zeitgenössischen Ansätze. Das Fehlen eines stringenten analytischen Bezugsrahmens zum Theorievergleich zeigt sich aber auch in diesem ansonsten sehr lesenswerten Werk.

verwirrende und scheinbar zusammenhanglose Vielfalt von soziologischen Theorien" zu finden. Er argumentiert, eine „Unparteilichkeit" im relativistischen Sinne, „nach der jeder Standpunkt gleich möglich ist", sei ebenso unhaltbar wie ein Standpunkt, der glaube, „in der schlichten Synthese verschiedener Lehrmeinungen ein Patentverfahren zur Gewinnung wissenschaftlicher Wahrheit sehen zu können" (HAUCK 1984: 9f.). Aus inhaltlicher Sicht würde es diese Schrift vielleicht nicht unbedingt verdienen, daß man sich länger mit ihr auseinandersetzt. Wie in anderen Fällen, auf die ich in dieser Abhandlung eingehen werde, handelt es sich aber auch hier offenkundig um ein Werk, das eine starke Verbreitung gefunden[55] und damit vermutlich eine große Wirkung zumindest in der soziologischen Zunft und beim studentischen Nachwuchs erlangt hat. Aus wissenschaftssoziologischer Sicht erscheint es daher durchaus angebracht, darauf näher einzugehen.

Das Buch, so verrät der Autor im „Vorwort", „nimmt Partei in der Auseinandersetzung zwischen den Klassen. Es geht mit ALTHUSSER davon aus, daß der Klassenkampf auch in der Theorie stattfindet und stattfinden muß....." (HAUCK 1984: 10). Der Autor bemüht sich zwar, die Positionen auch von nichtmarxistischen Gründervätern, Klassikern und jüngeren Theoretikern der Soziologie wie Comte, Spencer, Morgan, Weber, Durkheim, Homans und Parsons zunächst zumindest einigermaßen objektiv darzustellen. In ihrer Beurteilung verfällt er allerdings meist in so holzschnittartige Simplifizierungen, daß sich der Verdacht leider bestätigt, daß hier ein alter „68er" über einen (seinerzeit vielleicht noch verständlichen) orthodox-dogmatischen Marxismus nicht hinausgekommen ist.

Was sich bei genauerer Betrachtung nämlich zeigt, ist kein systematischer Theorienvergleich, sondern eher eine neoscholastische Form der Einordnung, Zuordnung und entsprechende „Aburteilung" von konkurrierenden Theorien. Einige mehr oder weniger willkürlich herausgegriffene Kostproben dazu. In einem Abschnitt über „Aufstieg, Fall und Wiedergeburt des gesamtgesellschaftlichen Evolutionismus" wird abschließend argumentiert, auch „im jüngsten Stadium in der Geschichte der soziologischen Theorie" seien „Analysen der gesamtgesellschaftlichen Entwicklung wieder zur Mode geworden"

---

55 Nach den Angaben im Buch selbst wurde es im August 1993 im 10. bis 11. Tausend gedruckt.

(HAUCK 1984: 21ff.). So sei durch die Unterscheidung zwischen „traditionellen" und „modernen" Gesellschaften nicht nur in der Entwicklungssoziologie, sondern auch in der „Modernisierungstheorie" der alte Evolutionismus wiedergekehrt:

„Alle Institutionen und Bestandteile ‚traditioneller' Gesellschaften sind für sie (die Modernisierungstheorie, M.H.) durch Traditionalismus gekennzeichnet, alle Institutionen moderner Gesellschaften durch Modernität. Sie ist evolutionistisch im alten, naiven Sinn: Sie sieht Entwicklung als Fortschritt von niedrigen zu immer höheren Stadien – deren höchstes und letztes selbstredend in der US-amerikanischen Gesellschaft erreicht ist...

Der ethnozentrische Charakter dieses Ansatzes ist offenkundig (......): Paläolitische und neolitische Gesellschaften, Pygmäenhorden, die Stämme der Maori, das Pharaonische Ägypten, Byzanz und das China des 18. Jahrhunderts sind für die Modernisierungstheorie alle dasselbe: ‚traditionelle Gesellschaften', während in der amerikanischen Gesellschaft der letzten 100 Jahre die restlichen vier Stadien der Menschheitsgeschichte unterschieden werden müssen." (HAUCK 1984: 22f.)

Für den Autor hat die Entwicklung der Modernisierungstheorie offenkundig im Jahre 1975 geendet, als er einen einschlägigen Aufsatz verfaßte. Souverän ignoriert er umfangreiche und bedeutende Werke, die seither erschienen sind (vgl. z.B. ZAPF 1991; GIDDENS 1991[56]). Aber auch damals bereits vorliegende Werke, die die obige Aussage als grobe Simplifizierung erscheinen lassen, werden völlig außer Acht gelassen. Ich nenne hier nur beispielhaft die Werke von S.N. EISENSTADT (*The Political Systems of Empires*, 1963; *Modernization. Protest and Change*, 1966), Gerhard LENSKI'S *Macht und Privileg* (1973), oder Reinhard BENDIX'S *Könige oder Volk* (1980); in all diesen Werken wird in größtem Detail nicht nur auf die Unterschiede zwischen „traditionellen" und „modernen" Gesellschaften, sondern auch auf die Differenzierungen innerhalb der sog. „traditionellen" Gesellschaften eingegangen.[57]

---

56 Daß der Verfasser dieser Einführung offensichtlich seit Mitte der 70er Jahre die einschlägige Entwicklung nicht mehr verfolgt hat, zeigt auch die Tatsache, daß er die Diskussion auf dem Deutschen Soziologentag von 1974 noch erwähnt, aber nicht mehr jenen von 1990 und das obige Werk (ZAPF 1991), das für seine Behauptung von zentraler Bedeutung wäre.
57 Für eine Kritik der Modernisierungstheorie, die zwar auch aus einer ähnlichen Perspektive verfaßt, aber doch wesentlich systematischer ist, vgl. WEHLING 1992.

Daß HAUCK selber im Grunde einem naiven Evolutionismus und Fortschrittsglauben huldigt, wird ihm nicht bewußt. So schreibt er am Ende seiner Einschätzung der Aktualität von MARX, es sei nicht zu bestreiten, daß sich einige von dessen Prognosen nicht bewahrheitet hätten. Insbesondere für den Westen habe sich seine Hoffnung, die ständige Wiederkehr der Krisen müsse den Arbeitern die Augen über die Tatsache der Ausbeutung öffnen, als zu optimistisch erwiesen:

„Was MARX unterschätzt hat und in seiner Zeit wohl auch unterschätzen mußte, ist die ideologische Integrationsfähigkeit des Kapitalismus gegenüber den Arbeitern – sei es durch ‚Vergoldung der Ketten', durch massenpsychologische Manipulation oder durch faschistischen Terror. Man sollte aber ebensowenig vergessen, daß sich auch die bürgerliche Revolution nicht an einem Tag – etwa des Jahres 1789 – weltweit durchgesetzt hat. Sie erstreckte sich über einige Jahrhunderte, erlitt ständig Rückschläge und hat selbst heute noch nicht überall gesiegt. Ähnliches müssen wir realistischerweise auch vom Übergang zum Sozialismus erwarten." (HAUCK 1984: 70)

Man kann nur den Kopf schütteln darüber, daß solche Sätze noch 1997 – nachdem bekannt geworden ist, um wievieles schlechter nicht nur die materiellen und sozioökonomischen Lebensverhältnisse im „realen Sozialismus" waren, sondern auch, welch unfaßbaren politischen und geistigen Terror er ausüben mußte, um die Massen von seinen Idealen zu „überzeugen" – in einem Einführungsbuch für Tausende von Studierende unverändert abgedruckt werden.[58]

Ärgerlich ist es auch, wenn die Position wichtiger Autoren in einer irreführenden, ja falschen Weise dargestellt wird. So heißt es von DURKHEIM, dieser sei noch „überzeugt gewesen von der heilenden und harmonisierenden Macht des freien Marktes, wenn nur die Chancengleichheit garantiert sei" (HAUCK 1984: 107); diese Behauptung verkennt offenkundig die zentrale Intention DURKHEIMS, welche bekanntlich darin bestand, die Unhaltbarkeit einer rein ökonomischen, marktbezogenen Erklärung wirtschaftlich-gesellschaftlicher Prozesse zu belegen. Fragwürdig sind viele weitere Behauptungen über DURKHEIM, dem vorgeworfen wird, nach seiner Auffassung sei „nichts ernsthaft faul in der Gesellschaft" (was „faul" in Anwendung auf eine

---

58 Die „Verdummung", die hier erfolgt, ist vielleicht nicht einmal in erster Linie dem Autor anzulasten (niemand kann gezwungen werden, ein einmal aktuelles Buch immer wieder zu überarbeiten und zu aktualisieren) als dem ansonsten doch sehr angesehenen Verlag, der eine solche Publikation ohne jede Umarbeitung immer wieder auflegt.

Gesellschaft bedeuten könnte, wird wohlweislich nicht gesagt); dessen Insistieren auf der Bedeutung des Individuums sei „völlig vereinbar mit der ‚absoluten Vorherrschaft' des ‚Geistes der Unterordnung'„; sein Denken sei gekennzeichnet durch eine „positivistische Arroganz" und „engstirnig pharisäischen Moralismus", seine Bücher „voll von plattesten Gemeinplätzen und Metaphern" (HAUCK 1984: 108f.).

Tendenziös bzw. schlicht falsch ist auch HAUCKs Einschätzung der wissenschaftstheoretischen Position von POPPER. Dieser ist für ihn *der* Gründervater eines borniertes Positivismus, der naturwissenschaftliche Methoden und Erklärungsprinzipien Eins-zu-Eins auf die Sozialwissenschaften übertragen will. Die Popperianer, so HAUCK,

„wenden sich gegen alle theoretischen Ansätze, welche eine Besonderheit der sozialwissenschaftlichen Methode im ‚Verstehen' von menschlichen Handlungen sehen zum Unterschied vom bloßen ‚Erklären' in sich unverständlicher Fakten in den Naturwissenschaften…

Alles in allem gibt es also für die Popperianer keinerlei methodologische Besonderheiten wissenschaftlich legitimer Art, welche die Sozialwissenschaften von den Naturwissenschaften unterscheiden. Wenn die Soziologie sich nicht damit begnügen will, soziale Erscheinungen zu beschreiben, sondern sie auch zu erklären sucht (was sie sollte), dann muß sie in genau der gleichen Weise vorgehen wie die Naturwissenschaften bei der Erklärung natürlicher Phänomene." (HAUCK 1984: 11f.)

Ich werde in Kapitel 6 darlegen, daß gerade POPPER einen wichtigen Beitrag dazu geleistet hat, das Spezifikum der sozialwissenschaftlichen Erklärung im *Unterschied* zur naturwissenschaftlichen (aber auch ohne falsche Frontstellung zu dieser) zu erfassen. Irreführend, ja schlicht falsch ist es weiters, wenn HAUCK in seiner Diskussion (und Zurückweisung) des WEBERschen Prinzips der Wertfreiheit schreibt, WEBER sei zu pessimistisch gewesen bezüglich der Möglichkeit, „Brücken über die fraglos bestehende Kluft zwischen Werturteilen und Tatsachenaussagen zu schlagen"; Tatsachenaussagen würden als wissenschaftlich objektiv gelten, wenn sie den Test der freien intersubjektiven Diskussion bestanden hätten… Werturteile könnten ja dem gleichen Test unterworfen werden und es sei nicht einzusehen, warum ihnen der Charakter der Wissenschaftlichkeit abgesprochen werde, wenn sie ihn bestehen (HAUCK 1984: 91).

Es überrascht daher auch nicht, daß HAUCK der empirischen Sozialforschung (die er in der Überschrift zum einschlägigen Kapitel [HAUCK 1984: 117ff.] nur in Anführungszeichen nennt!) insgesamt und der quantifizierenden Forschung im besonderen wenig Wert abgewinnen kann, da diese sich durchwegs zum „Glauben an die neopositivistische Wissenschaftslehre" bekenne. Die Darstellung der Prinzipien dieser Forschungsmethoden ist wieder voll von Ungenauigkeiten und irreführenden Behauptungen: so bestehe „Gültigkeit" im Prinzip darin, alle Aussagen dem ‚Test der Bewährung an den Tatsachen' auszusetzen; die Forderung der „Präzision" übersetze „das Ideal, die Unschärfe der Alltagssprache nach dem Vorbild der theoretischen Physik durch mathematische Formulierungen zu überwinden"; für die Sicherung der Gültigkeit der Ergebnisse würden von der heutigen empirischen Sozialforschung unstandardisierte Pretest-Verfahren sowie standardisierte Verfahren der Datenerhebung vorgeschlagen. Daß durch derartige Verfahren nur die Verläßlichkeit oder Reproduzierbarkeit von Ergebnissen, nicht aber ihre Gültigkeit gesichert werden kann, daß für die Sicherung der letzteren (oder zumindest ihrer Voraussetzungen, wie einer eindeutigen Dimensionalität) Skalierungsverfahren entwickelt wurden, scheint dem Verfasser schlicht unbekannt zu sein. Ebenso unbekannt scheint ihm die umfangreiche Forschung über das „Interview als soziale Situation" zu sein; sonst würde er kaum das einschlägige Stereotyp wiederholen, der strukturell gleichartige Charakter der Interviewsituation würde bei den Interviewten die Tendenz erzeugen, „konforme und oberflächliche Antworten zu geben" (ebenda, S. 120). Sein abschließendes Verdikt ist nicht überraschend:

„Der Weg von einem allgemeinen theoretischen Begriff wie ‚Konservatismus' hin zu konkreten Fragebogen-Antworten ist jedoch gar zu weit. Durch welche konkreten Antworten die theoretischen Begriffe operational definiert werden, ist völlig ins Belieben des Forschers gestellt. Es gibt keine logisch zwingenden Verfahren zur Ableitung adäquater operationaler Definitionen aus allgemeineren Begriffen. Die Ergebnisse sind deshalb weitgehend willkürlich manipulierbar...
   Bei diesem Programm ist es kein Wunder, daß die empirische Sozialforschung im Laufe der Jahre Milliarden von irrelevanten, aber mathematisch präzisen Daten akkumuliert hat..." (HAUCK 1984: 119, 118).

Daß es keine „logisch zwingenden Verfahren" der Ableitung operationaler Definitionen aus allgemeineren Begriffen gibt, ist ohne Zweifel richtig; gäbe es sie, könnten wir die Soziologie und Sozialforschung den Logikern und Wissenschaftstheoretikern überlassen. Es ist nicht verwunderlich, daß angesichts von Behauptungen wie diesen nicht wenige Studierende oft eine irrational anmutende Abneigung insbesondere gegen quantitative Methoden der Sozialforschung entwickeln, da durchaus anzunehmen ist, daß ähnliche Auffassungen auch in den Veranstaltungen von Lehrenden der Soziologie wiedergegeben werden.[59] Max WEBER ist schon 1919 aufgefallen, in den Kreisen der Jugend sei „die Vorstellung sehr verbreitet, die Wissenschaft sei ein Rechenexempel geworden, das in Laboratorien oder statistischen Kartotheken mit dem kühlen Verstand allein und nicht mit der ganzen Seele ‚fabriziert werde, so wie in einer Fabrik'" (WEBER 1973: 312). Daß es hier nicht nur um abstrakt-akademische und wissenschaftstheoretische Fragen geht, gilt vor allem deshalb, weil der Sinn einer wissenschaftlichen Disziplin zur Debatte steht. Diese Frage stellt die akademische Jugend zu Recht immer wieder. Bei HAUCK (1984: 91) aber lernt sie etwa, daß „bürgerliche Entwicklungstheorie" ausschließlich im Interesse der reichsten 5% der Bevölkerung der armen Länder liegt, daß diese Theorien „für alle an sofortiger Verbesserung der Lage der Armen Interessierten absolut nutzlos" sind. Denn es gibt in diesem Bereich „zwei Wissenschaften: eine im Interesse der reichen Minderheit und eine im Interesse der armen Mehrheit" (HAUCK 1984: 91).

Bezeichnend ist, daß HAUCK insgesamt zu einer Beurteilung der empirischen Sozialforschung kommt, die ganz ähnlich jener von LUHMANN ist, die in Kapitel 5 dargestellt wird. LUHMANN zieht allerdings die meiner Meinung nach konsequentere Folgerung aus seiner Geringschätzung der empirischen Sozialforschung, nämlich die, sie überhaupt für irrelevant zu erklären und nicht zu hoffen, daß durch das Eintreten des Forschers in einen wirklichen Dialog mit den Beteiligten die objektivierend-mystifizierende Tendenz der Sozialforschung überwunden und somit vermieden werden könne, „daß die Wissenschaft zur Dienstmagd von Partei- und Geschäftsleuten" verkomme (HAUCK 1984: 120).

---

59 Eine andere Folge dieser Situation kann sein (wie der Autor dieser Zeilen kürzlich erfuhr), daß *Absolventen* eines Studiums der Soziologie äußern, ihnen seien im Laufe des Studiums zuwenig Kenntnisse in den praxisrelevanten Methoden der Umfrageforschung vermittelt worden. Für jemanden, der sich als Vortragender selber jahrelang abgemüht hat, solche Methoden zu vermitteln, aufwendige Erhebungen durchzuführen und Daten zur Verfügung zu stellen, mit denen Reanalysen durchgeführt werden können, ist dies natürlich nicht besonders erfreulich.

Es erweist sich an diesem Beispiel[60] also sehr deutlich: Geht man von einer ganz bestimmten inhaltlichen Theorie aus, so ist man zwar sehr gut in der Lage, bestimmte Einzelschwächen anderer Theorien zu sehen, man kann diese jedoch kaum umfassend würdigen, weil man gar nicht sieht, daß sie von grundlegend anderen Voraussetzungen ausgeht als die eigene.

1.3 „Diagnosefähigkeit" als Korrelat einer erklärungskräftigen soziologischen Theorie

Eine weitere These, die ich hier aufstellen möchte, betrifft die „Diagnose-" oder „Prognosefähigkeit" sozialwissenschaftlicher Theorien. Gerade von der Soziologie wird ja vielfach erwartet, daß sie Aussagen zu aktuellen Problemen liefert und Prognosen über zu erwartende gesellschaftliche Trends und „Megatrends" tätigen kann. Einige wenige Vertreter unseres Faches sind mit Aussagen dieser Art auch in hohem Maße bekannt und – so würde ich behaupten – gesellschaftlich wirksam geworden (auf einige davon wird noch zurückzukommen sein). Gleichzeitig ist auffallend, daß gerade diesen Vertretern von seiten der soziologischen Fachwelt erhebliche Skepsis entgegengebracht wird – was eigentlich erstaunlich ist, da auf der anderen Seite häufig die Klage laut wird, daß es der Soziologie an öffentlicher Anerkennung mangle. Im Rahmen des hier entwickelten Ansatzes zum Theorienvergleich wird dieser doch einigermaßen paradoxe Sachverhalt besser verständlich.

---

60 Ich behaupte, daß man anstelle eines prononciert neomarxistisch ausgerichteten Autors auch irgendeinen überzeugten Anhänger eines anderen theoretischen Paradigmas hätte heranziehen können um zu zeigen, daß von seinem eigenen Ansatz grundsätzlich abweichende, andere Ansätze nicht adäquat gewürdigt werden (können). Vor allem manche militanten Verfechter der Lerntheorie, der Rational Choice-Theorie oder der autopoietischen Systemtheorie sind meist voll überzeugt, im Besitze der einzig richtigen Theorie zu sein und machen sich nicht ernsthaft die Mühe, andere Theorien wirklich zu verstehen. In der Methode einer souveränen Herabwürdigung anderer Theorien, ohne diese auch überhaupt nur ernsthaft zur Kenntnis zu nehmen, ist Niklas LUHMANN einsame Spitze, wie in Kapitel 5 ausführlich zu belegen sein wird.

Wenn wir über die „Diagnosefähigkeit" verschiedener sozialwissenschaftlicher Ansätze und Theorien sprechen, müssen wir als erstes klären, was unter diesem Begriff überhaupt zu verstehen ist. Ich gehe von der Annahme aus, eine *soziologische Diagnose* bestehe darin, daß *fundierte, d.h. plausible, gehaltvolle und tendenziell zutreffende („wahre"[61]) Aussagen über aktuell wichtige Prozesse bzw. über zukünftig zu erwartende gesellschaftliche Trends gemacht werden*. Bevor wir auf eine genauere Bestimmung dieser Definition eingehen, sollen Diagnosen dieser Art abgegrenzt werden von drei anderen, verwandten Typen von Aussagen.

Ein erster Typus sind hier *globale Entwicklungs-, Stadien- und Zyklustheorien* von Gesellschaft und Kultur, wie sie noch der Geschichts- und Sozialphilosophie bis in das späte 19., frühe 20. Jahrhundert hinein zugrundelagen (man denke hier an Autoren wie COMTE, SPENCER, HEGEL, SPENGLER usw.), wie sie aber auch hinter den sozialreformerischen und sozialrevolutionären, utopischen Bewegungen und Denksystemen des 19. Jahrhunderts standen (vgl. KÖNIG 1973). Theorien dieser Art werden heute als weitgehend obsolet betrachtet, weil sie das Faktum der grundsätzlichen Offenheit langfristiger gesellschaftlicher Entwicklungen mißachten. Gleichwohl spielen zentrale Elemente dieser Denkrichtungen auch in zeitgenössischen soziologischen Ansätzen noch eine erhebliche Rolle, wie im folgenden zu zeigen sein wird.

Ein zweiter Typus sind mehr oder weniger *exakte Zukunftsprognosen*, d.h. Voraussagen über kurz-, mittel- oder langfristig zu erwartende gesellschaftliche Entwicklungen oder sogar (Einzel-) Ereignisse.[62]

---

61 „Wahr" verstehe ich hier im klassischen Sinne, d.h. als Übereinstimmung zwischen wissenschaftlichen Aussagen/Prognosen und empirischen Zusammenhängen/Abläufen. In bezug auf Zukunftsprognosen kann man Wahrheit aber auch relativ definieren: „wahrer" wären demnach jene Diagnosen, denen eine höhere Wahrscheinlichkeit des Eintreffens zukommt als anderen.
62 Hier ist zu denken z.B. an Prognosen demographischer oder ökonometrischer Art, die aufgrund exakter quantitativer Daten und relativ genau bestimmbarer Zusammenhänge *Zukunftsextrapolationen* vornehmen. So kann man etwa prognostizieren, daß die Entwicklung der erwachsenen Bevölkerung (und vieler damit zusammenhängender Strukturen, wie der Arbeitsmarktlage, der Belastung von Pensionssystemen usw.) in den kommenden Jahrzehnten eine bestimmte Form annehmen wird, wenn man die jüngste Entwicklung der Geburten kennt. Vgl. dazu auch den Exkurs über Denkstile und Forschungsansätze in der Ökonomie in Kapitel 4.

Während Prognosen dieser Art früher auf eher obskur-mythischen Annahmen (etwa der Astrologie) beruhten[63], stützen sie sich heute auf solide empirische Fakten und statistische Methoden, etwa in der Demographie oder Ökonometrie. Gegen Prognosen dieser Art ist nichts einzuwenden, solange sie den probabilistischen Charakter ihrer Vorhersagen deutlich machen. Problematisch werden sie, wenn sie als Mittel zur Legitimation politischer Entscheidungen und Strategien eingesetzt[64] oder wenn sie als unbedingte Voraussetzungen formuliert werden (POPPER 1958, 1963: 336ff.). Auch für Prognosen gilt jedoch: deren Akzeptanz durch politische Entscheidungsträger und durch die Öffentlichkeit hängt nicht nur oder nicht so sehr von ihrer Treffergenauigkeit ab, als von dem jeweiligen Prestige einer sozialwissenschaftlichen Disziplin bzw. ihrer Eignung dafür, politische Entscheidungen zu legitimieren.[65]

Aus dieser Sicht ist evident, daß Disziplinen wie die Rechtswissenschaft und die Wirtschaftswissenschaften einen leichteren Stand haben als die Sozialwissenschaften im engeren Sinne (Politikwissenschaft, Soziologie, Kommunikationswissenschaften usw.). In den Augen der „Herrschenden" macht sich insbesondere die Soziologie verdächtig, wenn sie sich als „Oppositionswissenschaft", „kritische Auf-

---

63 So wurden etwa bei großen Zeitenwenden von einem Jahrhundert oder Jahrtausend zum nächsten regelmäßig umwälzende Ereignisse, Katastrophen bis hin zum Weltuntergang „prognostiziert".

64 Dies war der Fall etwa im Zuge der Volksabstimmung über den EU-Beitritt Österreichs im Juni 1994, vor dem die beiden führenden österreichischen Wirtschaftsforschungsinstitute, das Österreichische Institut für Wirtschaftsforschung (WIFO) und das Institut für Höhere Studien (IHS) in Wien, laufend konkrete „Prognosen" veröffentlichten, die beweisen sollten, daß Österreich durch einen EU-Beitritt in den kommenden Jahren einen bestimmten Zuwachs an Wirtschaftswachstum, Arbeitsplätzen usw. erlangen würde, bzw. bei einem Nichtbeitritt erhebliche Einbußen zu befürchten haben würde. Der Wiener Ökonom und Finanzwissenschaftler Egon MATZNER hat diese Indienstnahme wissenschaftlicher Expertisen für politische Zwecke zu Recht scharf kritisiert (vgl. seine Beiträge in der Tageszeitung „Der Standard" vom 25.-27.10. und 28.10.1996). Ich selber habe in einem Sammelband über die europäische Integration und ihre Bedeutung für Österreich die Problematik derartiger Indienstnahme der Wissenschaft für politisch von vornherein festgelegte Ziele kritisiert (HALLER 1994b; vgl. allgemein zu dieser Problematik auch KNORR 1980; KNORR/HALLER/ZILLIAN 1981).

65 Zur Beurteilung ökonometrischer Prognosen aus dieser Sicht vgl. Kapitel 4, Abschnitt 4.4.

klärungswissenschaft" oder „reflexive Wissenschaft" versteht, die annimmt, daß „diejenigen, die die institutionelle Entwicklung der Soziologie am stärksten unterstützen, dieselben (sind), die ihre Suche nach Wissen am stärksten gefährden" (GOULDNER 1974: 585).[66] Darüberhinaus muß man sich auch hier der Tatsache bewußt sein, daß die „gebildete" Öffentlichkeit und ihre Medien „unbedingte Prognosen" von Wissenschaftlern oft geradezu einfordern oder ihnen derartige Prognosen oft einfach unterstellen. Nur wenige von uns würden solchen Versuchungen widerstehen, wie etwa POPPER in der folgenden köstlichen Szene im Rahmen eines Interviews mit einem SPIEGEL-Reporter:

Spiegel: Herr Popper, mit dem Zusammenbruch des Sowjetkommunismus erfüllt sich eine Prophezeiung, die Sie bereits vor einem halben Jahrhundert abgegeben hatten. Ist das der Triumph des kritischen Rationalismus über die Feinde der offenen Gesellschaft?

Popper: Ich habe keine solche Prophezeiung gemacht, weil ich der Ansicht bin, man soll keine Prophezeiungen machen. Ich halte die Einstellung für vollkommen verfehlt, die einen Intellektuellen danach einschätzen, ob er gute Prophezeiungen macht." (POPPER 1994: 283)

Im gleichen Interview bezeichnet POPPER dann auch völlig zu Recht die Thesen vom „Ende der Geschichte" des Amerikaners Francis FUKUYAMA (1989) als „Phrasen, dumme Phrasen". Diese These, die nichts anderes als eine unbedingte, noch dazu für eine unendlich lange Zeit „gültige" Prognose darstellt, wurde ausschließlich durch das Interesse der sogenannten „Qualitätsmedien" weltweit bekannt; ihre inhaltliche Begründung ist mehr als dürftig.[67]

---

66 Mit den obigen kritischen Bemerkungen möchte ich das Potential der Sozialwissenschaften auch nicht abwerten. So schreibt etwa Hedwig RUDOLPH (1996: 21) über die Rolle der Wissenschaften im Tranformationsprozeß in Osteuropa: „Für die sozialwissenschaftliche Forschung ist ebenfalls die Rücknahme von Ansprüchen angesagt. Ihre Stärke liegt in der plausiblen Deutung der Dynamiken laufender oder gelaufener sozio-ökonomischer Prozesse. Die Transformationen boten die säkulare Chance begleitender Analysen von tiefgreifenden gesellschaftlichen Umbrüchen und damit die Dokumentation der Genealogie sozialer Regulierungsmuster. Es gibt eine Fülle von Beispielen dafür, daß diese Chance erfolgreich genutzt wurde...."
67 Vgl. dazu den außerordentlich informativen Artikel von K.H. REHBERG (1994), *Ein postmodernes „Ende der Geschichte"*. Darin wird gezeigt, daß die zentralen Thesen von FUKUYAMA erstens von A. KOJÈVE stammen, und zweitens bei Kultur- und Zeitkritikern unterschiedlichster Provenienz von

Ein dritter Typus, von dem soziologische Diagnosen abzugrenzen sind, ist die *Skizzierung von möglichen Zukunftsszenarien*, mit oder ohne Angabe dessen, wie wahrscheinlich oder unwahrscheinlich diese Szenarien jeweils sein mögen. Ich werde weiter unten zeigen, daß eine bestimmte Form solcher Zeit- und Zukunftsdiagnosen nicht nur in soziologisch interessanten und relevanten Zukunftsromanen wie *Brave New World* (A. HUXLEY) oder *1984* (G. ORWELL), sondern auch bei manchen zeitgenössischen soziologischen Autoren vorkommt.

Wir können den Begriff der „*Diagnosefähigkeit*" damit genauer bestimmen. Eine soziologische Gesellschafts- und Zeitdiagnose beinhaltet das Aufzeigen faktisch ablaufender sozialer Prozesse und der sie bestimmenden Kräfte und Mechanismen sowie „Voraussagen" über mittel- und langfristige zukünftige Entwicklungen. Dabei geht es zum einen um bereits *sichtbare Tendenzen*, die langfristig von enormer Bedeutung werden können (wie z.B. der Geburtenrückgang oder die Zunahme der durchschnittlichen Lebenserwartung), die als solche in ihrer Bedeutung von der Öffentlichkeit aber noch nicht zureichend gewürdigt werden. Zum anderen geht es um aktuelle *latente Tendenzen*, die kaum auffallen und quasi „unter der Oberfläche" Gestalt annehmen, aber mittel- und langfristig ebenfalls von großer Bedeutung werden können. Ein Beispiel dieser Art könnten neue Formen von Partnerschaft und familiärem Zusammenleben sein, die momentan noch lediglich einen sehr geringen Anteil unter allen Haushalts- und Familienformen aufweisen (vgl. dazu SCHULZ 1983; NAVE-HERZ 1988). Diagnosen beiderlei Art basieren – wie soziologische Theorie im eigentlichen Sinne – einerseits auf einem *Wissen über kausale Zusammenhänge*, die durch empirische Forschung festgestellt wurden, zugleich aber auch auf einem Wissen über die Motive, Zielsetzungen und Wertorientierungen der jeweils beteiligten Akteure, kurz gesagt, auf einem *Verständnis des Sinnes bestimmter Strategien des sozialen Handelns*.

Gesellschaftliche Prozesse und Tendenzen, so meine These, sind weder als bloße Resultate „naturwüchsiger" Strukturen und Kräfte zu verstehen, noch als bloße Änderungen in den dominanten Formen gesellschaftliche Selbstbeschreibung, sondern sie ergeben sich aus dem

---

NIETZSCHE, SPENGLER und GEHLEN bis zu den zeitgenössischen „Theoretikern" der Postmoderne in Deutschland, Frankreich und den USA in abgewandelter Form immer wieder auftauchen.

Zusammenwirken von „natürlichen" sozialen Bedingungen und Prozessen mit den sinnhaften, kulturellen Zielsetzungen, Interpretationen und aktiven Beeinflussungen dieser Prozesse durch (individuelles und kollektives) menschliches Handeln. Eine *soziologische Zeitdiagnose* kann man daher auch bezeichnen als *wissenschaftliche Reflexion gesellschaftsgestaltenden Handelns*, d.h. des Handelns individueller und gesellschaftlicher Akteure, das – bewußt oder unbewußt – auf Veränderung und Gestaltung der sozialen Wirklichkeit in Gegenwart und Zukunft abzielt. Soziologische Zeitdiagnose, *gesellschaftliche Selbstreflexion* oder *Selbstaufklärung*[68], erscheint also gerade dann als wichtig und unentbehrlich, wenn die mittel- und langfristigen Wirkungen individuellen oder kollektiven Handelns den beteiligten Akteuren selber nicht oder noch kaum bewußt sind. Es wird evident, daß hier vor allem *soziologische Phantasie* (C. W. MILLS) gefordert ist.

Die Unterscheidung zwischen den oben skizzierten, vier unterschiedlichen Typen von Theorien ermöglicht auch eine adäquate Bestimmung der Diagnosefähigkeit der Soziologie. Dabei behaupte ich auch, daß unterschiedliche theoretisch-analytische Ansätze in der Soziologie jeweils höchst unterschiedliche Kapazitäten im Hinblick auf Zeitdiagnosen beinhalten. Meine erste These in diesem Zusammenhang lautet, *daß nur der erste der oben genannten vier Typen sozialwissenschaftlicher Theorien, nämlich soziologische Theorien aus der Perspektive einer Soziologie als Wirklichkeitswissenschaft, eine adäquate Basis für Gesellschafts- und Zeitdiagnosen im vorhin definierten Sinne darstellt*. Ich möchte behaupten, daß die Beziehung zwischen dem sozialwissenschaftlichen Wissen selber und den zeitdiagnostischen Aussagen bei allen anderen Theorien deutlich schwächer ist als bei soziologischen Theorien im engeren Sinne.

Inwieweit diese These zutrifft, werden wir am Ende unseres *Tour d'horizon* über die verschiedenen sozialwissenschaftlichen Theorien in Teil II dieses Bandes beurteilen können. Ich werde im dritten Teil daher nochmals auf sie zurückkommen.

---

68 Vgl. dazu auch Kapitel 6.

1.4 Die selektive Rezeption sozialwissenschaftlicher Theorien durch die gesellschaftliche Öffentlichkeit und ihre „Legitimationskapazität"

Meine zweite These in diesem Zusammenhang bezieht sich auf die Frage, inwieweit soziologische Erklärungen und Zeitdiagnosen von der nichtwissenschaftlichen gesellschaftlichen Öffentlichkeit wahrgenommen und aufgegriffen werden. Die These lautet, daß das Ausmaß dieser Rezeption nicht in erster Linie durch die wissenschaftliche Fundiertheit und Qualität der verschiedenen Ansätze und ihrer Vertreter bedingt wird, sondern durch einen Faktor, den ich als *Legitimationskapazität sozialwissenschaftlicher Theorien und Erklärungen* bezeichnen möchte. Die Problematik der Legitimation bestehender sozialer Verhältnisse gewinnt in demokratischen Gesellschaften zunehmende Bedeutung, wie schon Max WEBER (1964/I: 157ff.; WEBER 1988b) aufgezeigt hat. Man kann hier von einem *doppelten Anspruch auf Legitimität* sprechen:

„Auf der einen Seite tritt die *staatliche Obrigkeit* gegenüber den Bürgern mit einem Anspruch auf Legitimität auf: Sie behauptet die Richtigkeit der bestehenden Ordnung, um die Folgebereitschaft der Bürger zu mobilisieren. Auf der anderen Seite erheben aber auch die *Bürger* gegenüber dem Staat einen Legitimationsanspruch: Um den Gefahren des Mißbrauchs der staatlichen Macht zu begegnen, fordern sie eine Ordnung, die anerkannten Maßstäben der Nützlichkeit und der Gerechtigkeit entspricht.

Beide Ansprüche schaffen in entwickelten Gesellschaften einen erheblichen Legitimationsbedarf, der einen öffentlichen Diskurs über die Maßstäbe einer richtigen, d.h. allgemein annehmbaren politischen Ordnung mit sich bringt. Dieser Diskurs ist auch in seinen Wirkungen ein zweischneidiges Schwert. Insoweit er dazu beiträgt, die Zustimmung der Bürger gegenüber der bestehenden Ordnung zu mobilisieren, hat er zum einen eine *stabilisierende Funktion*. Zum anderen verkörpert er aber auch ein *kritisches Potential*, das gegen diese Ordnung ausschlagen kann." (KOLLER 1997: 93)

Die Sozialwissenschaften spielen im Prozeß dieser Legitimationsbeschaffung eine zunehmend einflußreiche Rolle. Ja, man kann sagen, daß sie in dieser Hinsicht religiöse und säkular-politische Weltanschauungen ablösen (MANNHEIM 1970; BELL 1976; ILLICH 1978; BERGER/BERGER/KELLNER 1987).[69]

---

69 Die Relevanz soziologischer Theorien für Zwecke der gesellschaftlichen Legitimation wird pointiert herausgearbeitet von Friedrich TENBRUCK (1984;

Von einer hohen Legitimationskapazität sozialwissenschaftlicher Theorien kann man sprechen, wenn ihre Erklärungen und Aussagen (a) den ideologischen Bedürfnissen von einflußreichen gesellschaftlichen Gruppen, oder (b) dem „Zeitgeist" einer ganzen Epoche oder Gesellschaft entsprechen und ihm daher zu Diensten stehen können.[70] Es kann sich dabei sowohl um eine positiv-affirmatorische Legitimationskapazität handeln, also die Fähigkeit, bestehende Verhältnisse zu rechtfertigen, wie auch um eine gesellschaftskritische Haltung (in ihrem Falle müßte man von einer „Delegitimationskapazität" oder – positiv formuliert – von einer „Kritikfähigkeit" sprechen). Hohe Legitimationskapazität wird sicherlich noch von einer Reihe weiterer Aspekte abhängen. Ein besonders wichtiger davon ist ohne Zweifel die Frage, wie klar und pointiert die Vertreter eines Ansatzes in der Lage sind, dessen praktische Relevanz aufzuzeigen, wie stark die schriftstellerische Begabung eines Autors ist und wie prominent er (sie) in der Öffentlichkeit allgemein ist. Wer „die Unwissenheit bekämpfen und die Wahrheit schreiben will", muß nach Bert BRECHT (1972) nicht nur die Klugheit haben, sie zu erkennen, und den Mut, sie zu schreiben; er muß die Wahrheit auch „als eine Waffe handhabbar machen", sich gezielt an jene wenden, die damit etwas anfangen können und List anwenden, um sie unter vielen zu verbreiten. Leider sind in all diesen Aspekten oft jene Autoren fähiger, die Un- oder Halbwahrheiten schreiben und das Denken eher verwirren als erhellen.

Hier möchte ich als zweite allgemeine These folgendes postulieren: *Je höher die legitimatorische Kapazität eines sozialwissenschaftlichen*

ähnlich auch SCHELSKY 1975). Seine These, *die dominante Soziologie* schlechthin sei ein neues Weltbild, ist aber viel zu grobschlächtig und übersieht die entscheidenden Unterschiede zwischen verschiedenen soziologischen Schulen und Theorien. Allerdings trifft sich seine Folgerung mit meiner Auffassung, wenn er meint, die Soziologie als Wirklichkeitswissenschaft dürfe nicht mehr beanspruchen, als *einer* unter vielen möglichen Deutungsversuchen der Realität zu sein; daher müsse sie auch die Erkenntnisleistungen anderer Wissenschaften, insbesondere der Geisteswissenschaften, wie überhaupt der „Kulturintelligenz", anerkennen (TENBRUCK 1984:301ff.). Für den späten SCHELSKY, der die gesamte deutsche Soziologie in Bausch und Bogen verurteilt (TENBRUCK nimmt davon immerhin die WEBERSCHE Tradition aus), gilt Ähnliches; vgl. dazu MOZETIC (1985a).

70 Man könnte in bezug auf diesen in einer Gesellschaft bzw. Epoche vorherrschenden Zeitgeist mit K. MANNHEIM (1970) auch von der „Totalität der Weltanschauung" sprechen.

Ansatzes, desto stärker wird er von der allgemeinen Öffentlichkeit rezipiert. Ich würde darüberhinaus sogar vermuten, daß zwischen der wissenschaftlichen Qualität von Zeitdiagnosen und ihrer Legitimationskapazität tendenziell ein negativer Zusammenhang besteht in der Weise, daß Theorien und Ansätze, die in der Lage sind, besonders treffsichere Zeitdiagnosen zu liefern, von der Öffentlichkeit eher *weniger* wahrgenommen werden als jene, die dies nicht sind.

(Soziologisches) Theoretisieren, so die Implikation meiner These, ist also alles andere als ein abstraktes und reines, „unschuldiges" Denken.[71] Manche Theoretiker mögen selber im Hinblick auf die moralisch-ethischen und politisch-praktischen Implikationen ihrer Theorien durchaus zurückhaltend oder einfach äußerst „unbedarft" sein. (Ein sehr prominentes Beispiel dafür war Konrad LORENZ, wie ich in Kapitel 2 zeigen werde.) Viele Autoren, die man als „Wissenschaftspublizisten" bezeichnen könnte, oder auch intelligente Politiker selber, sind jedoch durchaus nicht so „naiv" und erkennen sehr wohl die politisch-praktische Relevanz, das legitimatorische Potential und die meinungsbildende Kraft und Öffentlichkeitswirksamkeit bestimmter Theorien. Bei manchen Theorien – wie jenen der Humanethologie und Biosoziologie[72] – liegen diese ideologischen Implikationen nahezu auf der Hand. Bei anderen – wie den Rational Choice-Theorien, dem Strukturfunktionalismus oder der autopoietischen Systemtheorie – bedarf es einiger Reflexion, um sie zu erkennen.

Diese mehr oder weniger deutlich zutage tretenden ideologischwertenden Elemente spielen auch in der Lehre eine erhebliche Rolle. Vor allem – aber nicht nur – Studienanfänger scheinen es als Mangel zu empfinden, wenn in einer Vorlesung abstrakte Begriffe, Theorien und Sachverhalte relativ „neutral" dargestellt werden. Tatsache ist, daß zu den erfolgreichsten Lehrern oft solche Professoren gehören, deren Theorien ein schwer durchschaubares Amalgam von neuen, originellen Begriffen und Ideen, empirischen Belegen und massiven im-

---

71 Soziologisch wurde oben bewußt in Klammer gestellt, weil diese These für Theoretisieren in *allen* sozialwissenschaftlichen Disziplinen gilt. Man kann allerdings diese nochmals danach unterscheiden, wieweit sie ihre eigenen impliziten Werte selber reflektieren oder nicht (vgl. dazu am Beispiel der Betriebswirtschaft, PREGLAU 1983). Ich werde auf diese Thematik in Kapitel 6 zurückkommen.
72 Vgl. dazu Abschnitt 2.2.

pliziten Wertungen enthalten.[73] Es ist daher auch nicht überraschend, daß die öffentliche Rezeption bestimmter Theorien starken Schwankungen im Zeitablauf unterliegt.[74] Dasselbe gilt für die Attraktivität und Wirkung von Theorien auf die Studierenden.[75]

Ein spezifischer Aspekt der Legitimationskapazität sozialwissenschaftlicher Theorien bezieht sich auch auf ihre *nationale und kulturelle Einbettung*. Daß es eine starke „Färbung" von Theorien auch in dieser Hinsicht gibt, die ihre Rezeption in der Öffentlichkeit stark mitbestimmt (Beispiele dafür werde ich in Kapitel 6 geben), steht außer Zweifel. Darin sehe ich kein grundsätzliches Problem. Eine reflektierte Sozialwissenschaft sollte sich diese Einbettung aber bewußt machen und sie kritisch verarbeiten. So wurde vor kurzem eine Kontroverse darüber geführt, ob man von einer spezifisch „europäischen" im Gegensatz zu einer spezifisch „amerikanischen" Soziologie sprechen könne. Hier muß man wohl ohne Zweifel Jeffrey ALEXANDER (1995) zustimmen, der diese u.a. von M. ALBROW und R. MÜNCH (in NEDELMANN/SZTOMPKA 1993) vertretene These stark in Frage stellt und auf die äußerst engen wechselseitigen Beziehungen zwischen der europäischen und amerikanischen Soziologie hinweist. Zuzustimmen ist ALEXANDER vor allem insoferne, als es völlig verfehlt wäre, aus

---

73 Ein Paradebeispiel dafür war der österreichische Nationalökonom und Soziologe Othmar SPANN (1878-1950). Seine Vorlesungen zogen die Studenten magisch an, seine Bücher erlebten Hunderttausende von Auflagen, seine Theorie der berufsständischen Staatsverfassung, die voller weltanschaulichwertender Elemente ist, hatte erhebliche Bedeutung für den Austrofaschismus.

74 Ein Beispiel dafür war das Werk A. de TOCQUEVILLES *Über die Demokratie in Amerika*, das beim Tode seines Autors in ganz Europa berühmt war, dann ein halbes Jahrhundert in Vergessenheit geriet und seither wieder eine enorme Renaissance erlebt (JARDIN 1991: 495). Ähnliche „Konjunkturschwankungen" kann man in der öffentlichen Rezeption der individualistisch-liberalistischen und der interventionistischen Wirtschaftstheorien beobachten.

75 Ein Beispiel dafür war der junge Student Max WEBER, der in seinem ersten Studienjahr in Heidelberg an einer Vorlesung zum Römischen Recht am Professor beklagte, dieser gebe „zu viel Kontroverses und Stoff, zu wenig feste Punkte. An jeder einzelnen Stelle muß er konstatieren, daß die Durchführung des Systems hier noch völlig zurück sei .. ohne eine eigene Ansicht vorzutragen, die man sich doch vorläufig halten könnte" (FÜGEN 1985:28). Später widerfuhr WEBER als Lehrendem selber Ähnliches, als seine Vorlesung über soziologische Grundbegriffe an der Universität München den Studenten viel zu abstrakt war und die Hörerzahl schnell auf eine kleine Gruppe zusammenschrumpfte.

diesem Gegensatz bewertende oder sogar normative Schlußfolgerungen abzuleiten, die eine oder andere als die „bessere" darzustellen, der man eher nacheifern sollte.[76]

Man kann zwei weitere Argumente als zusätzliche Unterstützung für die These anführen, daß die Legitimationsfähigkeit eines theoretischen Ansatzes seine öffentliche Rezeption fördert. Zum einen gilt, daß *auch falsche wissenschaftliche Theorien und „Gesetze" als Basis für praktisches Handeln dienen können* (BLOOR 1980: 24); man kann „aufgrund falscher Prämissen zu richtigen Folgerungen gelangen und durch falsche Methoden die richtigen Antworten erhalten. Und wenn tatsächlich etwas fehlschlägt, sind die Zusammenhänge praktischen Handelns so kompliziert, daß die Fehlerquelle stets umstritten bleibt" (ebenda). Auch im Alltagsleben können falsche Vorstellungen oft nützlich sein (DURKHEIM 1965: 116). Wenn Entscheidungsträger, in welchen Bereichen auch immer, daher Theorien finden, die ihre (häufig bereits getroffenen) Entscheidungen legitimieren können, werden sie diese gerne heranziehen, unabhängig davon, welche wissenschaftliche Dignität sie besitzen (vgl. dazu auch KNORR/HALLER/ZILIAN 1981).

Das zweite Argument bezieht sich auf eine eigentümliche „*Gespaltenheit" der Einstellungen zu neuem Wissen*, auf die Norbert ELIAS (1985) hingewiesen hat. Während wir heute ein hohes Vertrauen in naturwissenschaftlich-technisches Wissen haben, die Beziehung zwischen Mensch und Natur als weitgehend entmythologisiert gelten kann und die Menschen in ihrer Beziehung zu Naturkräften gewohnt

---

[76] Zusammen mit David LANE habe ich mich 1987-1990 mit Erfolg bemüht, eine „Europäische Gesellschaft für Soziologie" zu begründen. Das Motiv dahinter war in keiner Weise ein „Eurochauvinismus" in der Weise, daß wir beabsichtigten, amerikanische Soziologen von der europäischen Soziologie fernzuhalten, sondern ausschließlich das positive Ziel, die Kommunikation innerhalb der europäischen Soziologie zu intensivieren. Heute besteht ja vielfach die sehr unbefriedigende Situation, daß man z.B. mit Kollegen in den USA, Japan oder Australien viel engere Kontakte hat als z.B. – um von meiner Grazer Situation aus zu sprechen – mit Kollegen in Nachbarstädten, in denen durchaus sehr respektable Leistungen erbracht werden, wie z.B. Ljubljana, Zagreb, Udine oder Budapest. Umso betrüblicher war es für mich, nach dem 1. Europäischen Kongreß für Soziologie in Wien 1990 in den *ASA-Footnotes* einen langen Artikel lesen zu müssen, in dem uns genau dieser Vorwurf eines neuen Eurozentrismus gemacht wurde. Mein Replik auf diesen Artikel druckten die *Footnotes* leider nicht ab.

sind, in erster Linie von ihrer Vernunft Gebrauch zu machen, trifft dies für Wissen über Prozesse und Gesetzmäßigkeiten in menschlichen Gesellschaften nicht im gleichen Maße zu. Hier ist es noch in hohem Maße notwendig, sich von Wünschen und Phantasien zu befreien, und zu erkennen, daß immense Gefahren, wie jene der Selbstzerstörung durch einen Atomkrieg, durch das Verhalten der Menschen selber heraufbeschworen werden, und nicht durch naturwissenschaftlich-technische Entwicklungen als solchen. Norbert ELIAS schreibt dazu:

„Gefühlsmäßig legen manche Menschen in der Gegenwart den Naturwissenschaftlern die Tatsache zur Last, daß sich Staaten mit Kernwaffen von bisher einzigartiger Zerstörungskraft bedrohen. Aber das ist einer der Mythen, mit denen man sich die gesellschaftliche Realität verstellt. Den Antrieb zur Entwicklung von militärisch brauchbaren Kernwaffen gab der Rüstungswettlauf des Krieges, dessen Abschluß wir heute feiern. [ELIAS bezieht sich hier auf den 40. Jahrestag des Endes des 2. Weltkriegs, M.H.] ...

Unser Verhältnis zur nichtmenschlichen Natur ist durch eine sehr weitgehende Entmythisierung und Säkularisierung des sozialen Wissens von den Naturzusammenhängen geprägt. Die hohe Realitätskongruenz dieses Wissens macht eine weitgehende Kontrolle des Naturgeschehens und dessen immer umfassendere Gestaltung entsprechend den menschlichen Bedürfnissen möglich. Das Verhältnis der Menschen zu ihrem Zusammenleben miteinander in der Form von Gesellschaften auf verschiedenen Ebenen dagegen wird noch weitgehend durch Wunsch- und Furchtbilder, durch Ideale und Gegenideale, kurzum, durch mythisch-magische Vorstellungen bestimmt." (ELIAS 1985: 23ff.)

Ich werde im letzten Teil dieser Arbeit ausführlich auf die These von ELIAS zurückkommen, daß wir an einem gravierenden Mangel an Realitätsbezogenheit und Rationalität des Denkens gerade in bezug auf die zwischenstaatlichen Beziehungen leiden. Hier ist festzuhalten, daß ein Mangel an Realitätsbezug von Wissen über gesellschaftliche Zusammenhänge, also auch von sozialwissenschaftlichen Theorien, für die Öffentlichkeit kein Hindernis sein muß, derartiges „Wissen" und derartige Theorien als relevant zu betrachten. Festzustellen ist leider, daß auch viele Sozialwissenschaftler dieser Nachfrage von Seiten der Öffentlichkeit gerne nachkommen und (erfolgsträchtige) „Zeitdiagnosen" bereitstellen, in denen genuin wissenschaftliche Aussagen und wertende Stellungnahmen eine fragwürdige Verbindung eingehen. Auch für sie gilt die folgende Feststellung von Norbert ELIAS:

„Die Unterscheidung zwischen einer solchen soziologischen Distanzierung (d.h. von einem um die eigene Person oder Gruppe zentrierten Gesellschaftsbild, M.H.) und einem weltanschaulichen oder ideologischen Engagement, das kurzfristige Gegenwartsprobleme und -ideale in den Mittelpunkt des gesamten Gesellschaftsbildes treten läßt, ist für viele Menschen heute noch im Denken wie im Handeln unvollziehbar." (ELIAS 1971: 170)

In dieser Hinsicht sollte der vorliegende Theorienvergleich auch eine *wissenssoziologische und ideologiekritische Funktion* erfüllen. Die Grundthesen der Wissenssoziologie lauten nach dem klassischen Werk von Karl MANNHEIM (1970), daß sich Erkenntnisprozesse (1) nicht nur nach „immanenten", sachlichen und logischen Gesetzen entwickeln, sondern daß auch außertheoretische Faktoren („Seinsfaktoren") die Entstehung und Geltung bestimmter Denkgebäude beeinflussen und (2) daß diese Faktoren nicht nur die Entstehung, sondern auch die Inhalte und Formen der Wissensgehalte mitbestimmen.

Für die Beurteilung soziologischer Theorien folgt aus einer wissenssoziologischen Perspektive dreierlei: (1) Sozialtheorien sind Teil allgemeinerer gesellschaftlicher Denk- und Interpretationsprozesse, wobei auch vorwissenschaftliches Denken, religiöse Werthaltungen und anderes mitspielen können; (2) es gibt eine immanente Tendenz zur Herausbildung einer relativen Konsistenz zwischen den verschiedenen Elementen eines Denkgebäudes, einer Weltanschauung und natürlich auch einer Theorie; (3) zugleich sind Denksysteme immer auch intern in gewisser Weise differenziert; diese Differenzierung hängt eng mit der sozialen Differenzierung zwischen ihren verschiedenen Trägerschichten und Vertretern zusammen.[77]

Eine reflektierte wissenssoziologische Perspektive dieser Art ist also ebenso weit entfernt von einem simplifizierenden Basis-Überbau-Schema, wie es selbst in soziologischen Lehrbüchern heute noch zu finden ist (ein Beispiel dafür wurde ja bereits besprochen), wie von einem „totalen Ideologieverdacht", einem völligen Relativismus, der hinter jeder sozialwissenschaftlichen Theorie verborgene Interessen

---

77 Am extremsten ausgeprägt war bzw. ist diese interne Differenzierung wohl im Falle des Marxismus, wo es neben mehreren unterschiedlichen offiziellen bzw. herrschenden Doktrinen (z.B. orthodoxer Sowjet-Marxismus, chinesischer Marxismus, kubanischer Marxismus) bis vor kurzem auch zahlreiche, voneinander erheblich abweichende theoretische Schulen gab (z.B. orthodoxer westlicher Marxismus, französischer struktureller Marxismus, „humanistischer" Marxismus etwa eines GRAMSCI in Italien usw.).

wittert. Die hier vertretene Position, besagt vielmehr, daß – in mehr oder weniger starkem Maße – in *jeder* Theorie vorwissenschaftliche Elemente, lebenspraktische Interessen usw. eine gewisse Rolle spielen. Zwischen diesen Interessen und dem begrifflichem Apparat, den Axiomen und den zentralen Thesen einer Theorie besteht aber keine direkte, leicht erkennbare Beziehung. Allerdings ist jede gute Theorie in der Lage, diese unmittelbaren Interessen zu transzendieren und zu hinterfragen. Vor allem aber hat jede gute Theorie auch einen systematischen Bezug zur empirischen Realität, und damit ein externes Kriterium, das sie über den Status einer bloßen Ideologie erhebt und vor einem totalen Relativismus bewahrt.

Kehren wir jedoch zurück zur Frage der *Diagnosefähigkeit der verschiedenen theoretischen Ansätze in den Sozialwissenschaften*. Ich würde hier die folgende tentative Zuordnung treffen (vgl. *Übersicht 1.2*):

1. Die höchste diagnostische Leistungskraft besitzt soziologische Theorie im engeren Sinne, wie ich sie in Teil III definieren und an konkreten Vertretern darstellen werde. Dies ist deshalb der Fall, weil es sich soziologische Theorie in diesem Sinne ja explizit zur Aufgabe setzt, soziale Strukturen und Prozesse in konkreten Gesellschaften sinnverstehend und kausal erklärend zu erfassen.
2. Eine gewisse Fähigkeit zur Zeitdiagnose würde ich auch den „systematisierenden Theorieschemata", wie der strukturell-funktionalen Theorie und den Rational Choice-Theorien, zubilligen. Diese Theorien versuchen jeweils relativ umfassend und systematisch relevante Faktoren bzw. Variablenbündel zur Erklärung sozialer Prozesse zu benennen.
3. Eher eingeschränkte Fähigkeiten zur Zeitdiagnose weisen jene Ansätze auf, die auf Erklärung im doppelten obigen Sinne verzichten und sich – wie die naturalistischen Verhaltenstheorien – auf Kausalerklärungen beschränken, oder – wie die semantische Gesellschaftstheorie von LUHMANN – überhaupt nicht auf Erklärungen einlassen.

In einer vorläufigen und groben Zuordnung stellt sich dieser Zusammenhang so dar, daß vier Felder – hohe Diagnosefähigkeit/hohe Legitimationskapazität (Feld 1), hohe Diagnosefähigkeit/niedrige Legitimationskapazität (Feld 3), mittlere und niedrige Diagnosefähigkeit/niedrige Legitimationskapazität (Felder 6 und 9) leer sind. Feld 1 ist leer, weil hohe Diagnosefähigkeit einer Theorie unmöglich ist ohne kritische Distanz zu gesellschaftlichen Gruppen und Interessen, sodaß eine problemlose Indienstnahme solcher Theorien für gesellschaftliche Interessen nicht möglich ist. Durch ihren Wahrheitsgehalt ist eine „gute" Theorie aber natürlich für praktische Interessen immer interessant und sie enthält daher auf jeden Fall ein gewisses legitimatorisches Potential (daher ist Feld 3 leer). Komplementär dazu ergibt sich die Annahme, daß Theorien mit geringer Diagnosefähigkeit auf Dauer auch nicht als Legitimationsbasis taugen (daher sind die Felder 6 und 9 leer).

Übersicht 1.2: Hypothetische Zuordnung unterschiedlicher theoretischer Ansätze in den Sozialwissenschaften nach ihrer Diagnosefähigkeit und Legimitationskapazität

Diagnose-fähigkeit	Legitimationskapazität		
	hoch	mittel	niedrig
hoch	1	2 Soziologische Theorie i.e.S.	3
mittel	4 „Akademischer" Marxismus; Strukturfunktionalismus	5 Rational Choice-Theorien; Naturalistische Verhaltenstheorien	6
niedrig	7 Verhaltensforschung; orthodoxer Marxismus-Leninismus	8 Autopoietische Systemtheorie	9

Man könnte für beide Fälle eine plausible Erklärung geben. Sozialwissenschaftliche Ansätze mit hoher Diagnosefähigkeit haben eine geringere Legitimationskapazität, weil sie tendenziell eher gesellschaftskritisch sind bzw. sein müssen. Zum zweiten beinhalten sozialwissenschaftliche Theorien mit hoher Diagnosefähigkeit immer auch statistisch-quantitative Elemente. An solchen besteht aber nur geringes Interesse von Seiten jener, die großen Einfluß auf die öffentliche Meinungsbildung haben. Dies hat Bert BRECHT in seinem brillanten, schon vorhin zitierten Aufsatz *Fünf Schwierigkeiten beim Schreiben der Wahrheit* festgestellt: „Ist die Wahrheit etwas Zahlenmäßiges, Trockenes, Faktisches, etwas was zu finden Mühe macht und Studium verlangt, dann ist es keine Wahrheit für sie, nichts, was sie in Rausch versetzt" (BRECHT 1972: 530).[78]

Auf der anderen Seite kann man sagen, daß für die Entwicklung wissenschaftlich wertloser (also diagnoseunfähiger) und auch für die allgemeine Öffentlichkeit uninteressanter Theorien weder ein wissenschaftsinterner noch -externer Anreiz besteht.[79] „Uninteressant" ist dabei durchaus in einem breiten Sinn zu verstehen. „Interessant" kann eine Theorie für Medien und „gebildete" Öffentlichkeit auch dann sein, wenn sie zwar wenig neue Erkenntnis bringt, aber doch ein völlig neues Vokabular und scheinbar revolutionäre neue Perspektiven eröffnet. Die autopoietische Systemtheorie von LUHMANN scheint mir ein Paradebeispiel für eine solche Theorie zu sein (vgl. Kapitel 5).

---

78 Auch in der Wissenschaft spielen diese von BRECHT hervorgehobenen Faktoren eine wesentliche Rolle, wenn es um die Durchsetzung bestimmter Lehrmeinungen in der *scientific community* wie in der Öffentlichkeit und Politik geht. In der Ökonomie ist dies vielleicht noch deutlicher als in der Soziologie, weil die dominanten ökonomischen Lehrmeinungen (Liberalismus, Staatsinterventionismus usw.) ja oft massive direkte Auswirkungen auf die Wirtschaft haben. So wurde Milton FRIEDMAN, dessen wirtschaftsliberalistisches Credo die Politik von THATCHER und REAGAN in den 70er und 80er Jahren wesentlich inspirierte, selber als ein überzeugter und hocheffizienter Apologet seiner eigenen Lehrmeinungen beschrieben; in regelmäßigen Zeitungskolumnen und Fernsehkommentaren übte er von Mitte der 60er bis Mitte der 80er Jahre einen „persuasive journalism" aus (PALGRAVE DICTIONARY 2, S. 426).
79 Diese These wäre allerdings in gewisser Hinsicht einzuschränken. Im Zeitalter der Massenproduktion sozialwissenschaftlicher Bücher und der kontinuierlichen Neugründung von Zeitschriften besteht natürlich auch ein erheblicher Anreiz zum Ausarbeiten von Texten, deren Hauptzweck fast nur mehr darin liegen mag, die Publikationsliste ihrer Autoren zu verlängern und die Seiten der Reader und/oder Zeitschriften zu füllen.

1.5 Ausblick auf die Darstellungsmethode der verglichenen Theorien

Im folgenden (zweiten) Hauptteil dieser Arbeit werden vier große, sozialwissenschaftliche Paradigmen oder Theorien dargestellt, nämlich die naturalistischen Ansätze, die strukturell-funktionale Systemtheorie, die individualistischen (Rational Choice-) Ansätze und die autopoietische Systemtheorie. In meiner Charakterisierung der Hauptabsichten dieser Theorien halte ich mich in erster Linie an die von den jeweiligen Autoren selbst geäußerten Intentionen – wenngleich diese selbstverständlich auch kritisch hinterfragt werden müssen. Die Beurteilung und Kritik dieser Ansätze erfolgt auf dem Hintergrund einer Auffassung von Soziologie und soziologischer Theorie, wie sie meiner Meinung nach vor allem von Max WEBER begründet wurde, aber auch in den soziologischen Werken von DURKHEIM, ELIAS und anderen Soziologen, sowie in wissenschaftstheoretischen Überlegungen von K.P. POPPER enthalten ist.

Dieser Ansatz wird in Kapitel 6 dargestellt. Dabei wird für zwei Autoren, A. de TOCQUEVILLE und E. GOFFMAN, exemplarisch gezeigt, daß ihre inhaltlich-soziologischen Analysen dem Konzept einer Soziologie als Wirklichkeitswissenschaft weitgehend entsprechen. Der Hauptteil dieses Kapitels ist dem Versuch einer systematischen Darstellung dessen gewidmet, wie eine wirklichkeitssoziologische Theoriebildung vorgehen sollte. Nachdem dies nicht das Hauptziel dieses Buches ist, versteht es sich von selbst, daß dies nicht mehr als ein erster Entwurf sein kann. Dieses Kapitel wird abgeschlossen durch eine wissenssoziologische Betrachtung, die die Fragestellung des ersten Kapitels wieder aufnimmt, welches die wesentlichen Faktoren für stärkere oder geringere Breitenwirkung unterschiedlicher soziologischer Theorien, Autoren und/oder Bücher sind.

Nochmals deutlich klarzustellen ist hier, was mit der folgenden Darstellung der Haupttypen sozialwissenschaftlicher Theorien erreicht werden soll. Nicht einlösen kann man in einer Abhandlung den Anspruch, alle Einzeltheorien systematisch, in all ihren theoretischen Verästelungen bei den verschiedensten Vertretern darzustellen. Es geht mir, wie bereits festgestellt, nicht um eine lehrbuchartige, chronologische Darstellung aller „wichtigen" soziologischen Theoretiker und Theorien, sondern vielmehr um die Herausarbeitung und Gegenüberstellung unterschiedlicher sozialwissenschaftlicher Denkstile und ihrer charakteristischen Fragestellungen und Forschungsprogramme. Dies erscheint viel besser möglich, wenn man sich auf ausgewählte Autoren und ihre Arbeiten konzentriert. Wenn ich im folgenden sicherlich weder die ganze Breite des Denkens einzelner Autoren, und noch viel weniger die einer ganzen Schule abdecken kann, glaube ich doch den grundsätzlichen Anspruch der Theorien exemplarisch darstellen und beurteilen zu können. Ich würde sogar argumentieren, daß man aus den Arbeiten der klassischen Vertreter einer Schule viel genauere Hinweise auf die wirklichen Intentionen dieser Schule entnehmen kann, als aus den zusammenfassenden, den jeweiligen Ansatz „kodifizierenden" Abhandlungen und Lehrbüchern, weil diese das tatsächliche Potential eines Ansatzes meist stark vereinfacht und manchmal sogar verfälscht darstellen.[80]

Bei der Auswahl der in diesem Band besprochenen Ansätze habe ich mich primär vom Gesichtspunkt leiten lassen, *Ansätze von sehr allgemeiner Bedeutung* darzustellen und zu diskutieren. Allgemein verstehe ich hier in einer doppelten Hinsicht: in wissenschaftshistorischer Sicht gibt es funktionalistisch-holistische, sowie individualistische (Rational Choice-) Theorien schon so lange wie es sozialwissenschaftliches Denken überhaupt gibt. Darüberhinaus gilt jedoch: diese Ansätze spielen nicht nur in der Soziologie, sondern in allen anderen Human- und Sozialwissenschaften, von der Psychologie bis zur Wirtschaftswissenschaft, ja z.T. auch in den Naturwissenschaften (so insbesondere in der Biologie) eine bedeutende Rolle. Mit Mario BUNGE (1996: 273) bin ich auch der Meinung, daß eine spezielle Sozialwissenschaft wie die Soziologie, nie selbstgenügsam sein kann, sondern Probleme stets in enger Kooperation mit Nachbardisziplinen bearbeiten sollte.

Die möglichst systematische Diskussion dieser großen, traditionellen und multidisziplinären theoretischen Paradigmen erscheint mir daher wichtiger als die Diskussion mancher zeitgenössischer soziologischer Theoretiker, deren Arbeiten in unserer Disziplin zwar aktuell mit Abstand am meisten diskutiert werden, die aber theoretisch trotzdem keinen entscheidenden Fortschritt über die genannten großen Pa-

---

80 SCHMIDT u.a. (1997:78) weisen etwa zu Recht darauf hin, daß die heute immer häufiger übliche Rezeption von Theorien nur über Sekundärliteratur die Wahrscheinlichkeit von Fehlzuschreibungen und Mißinterpretationen erhöht.

radigmen hinaus gebracht haben. Diese *multidisziplinäre Perspektive* ist auch deshalb wichtig, weil wir sehen werden, daß einflußreiche theoretische Stränge in prestigereichen benachbarten Sozialwissenschaften, wie insbesondere Psychologie und Wirtschaftswissenschaft, im Grunde von einem sehr eingeengten, den Naturwissenschaften nachempfundenen Denkmodell ausgehen. Diese Denkmodelle können daher keineswegs (wie es manche ihrer Vertreter behaupten), als Vorbild für die Soziologie angesehen werden.[81] Trotz dieser hier nur angedeuteten Kritik muß man sagen, daß beide diese Autoren eine Reihe äußerst origineller empirischer bzw. historisch orientierter Studien vorgelegt haben, in denen die Rolle von Akteuren, bewußten Strategien usw. sehr wohl berücksichtigt wird.[82]

Relevant ist in diesem Zusammenhang eine kritische Analyse der Soziologiegeschichte, die R.W. CONNELL (1997) kürzlich veröffentlicht hat. Er zeigt anhand einer systematischen Analyse der inhaltlichen Schwerpunkte in den Publikationen und in der wechselseitigen Wahrnehmung der verschiedenen sozialwissenschaftlichen Autoren

---

81 Ich denke hier vor allem an Autoren wie Anthony GIDDENS und Pierre BOURDIEU, die nicht nur bedeutende Theoretiker sind, sondern – wie vor allem BOURDIEU – auch sehr originell empirisch arbeiten. Die Hauptschwäche beider Autoren, die man als *strukturalistische Theoretiker* bezeichnen kann, liegt darin, daß sie theoretisch nicht in der Lage sind zu erfassen, wie Akteure sich von strukturellen Regeln distanzieren und innovative, strukturüberwindende und –verändernde Strategien entwickeln können (MOUZELIS 1995:124ff.). So impliziert etwa BOURDIEUS zentrales Konzept des *Habitus* ein quasi-automatisches Handeln innerhalb vorgegebener Statusrollen und Klassenstrukturen (BOURDIEU 1970, 1987; zur Darstellung von BOURDIEUS Theorie vgl. MÜLLER 1992:238ff.; zur Kritik GARTMAN 1991). In ähnlicher Weise vermengt GIDDENS' Zentralbegriff der „*Strukturierung*" als Vermittlung von objektiven Strukturen (Regeln und Ressourcen von Handeln und Interaktion) und „sozialem System" (die charakteristischen, faktischen Interaktions- und Handlungsmuster) die Ebene der sozialen Akteure mit jener der Struktur; auch er kann damit autonomes Handeln von Akteuren nicht erfassen (vgl. GIDDENS 1984; zur Kritik die Aufsatzsammlung HELD/THOMPSON 1989).
82 Die Hauptgründe, warum ich diese beiden Autoren hier nicht *in extenso* behandeln kann, war erstens der Wunsch, den Abschluß des Manuskripts nicht zu lange hinauszuzögern, zweitens die Notwendigkeit, seinen Umfang nicht ungebührlich anschwellen zu lassen. Ähnliches gilt für die Nichtbehandlung einer Reihe anderer bedeutender zeitgenössischer Sozialtheoretiker (z.B. Margaret ARCHER, Peter M. BLAU, Randall COLLINS, Amitai ETZIONI, Michel FOUCAULT, Hans JOAS, Michael MANN, Claus OFFE, W.G. RUNCIMAN, Arthur STINCHCOMBE, Alain TOURAINE).

Ende des 19., Anfang des 20. Jahrhunderts in Westeuropa und Amerika, daß die heute herrschende Auffassung von dem herausgehobenen „Dreigestirn" soziologischer Klassiker – MARX, DURKHEIM und WEBER – der Wahrnehmung der damaligen zeitgenössischen Sozialwissenschaftler in keiner Weise entsprach. Neben diesen Autoren gab es viele andere, die von den Zeitgenossen als ebenso bedeutend angesehen wurden. Auch war die zentrale Fragestellung dieser Klassiker nicht der Prozeß der Industrialisierung und Modernisierung der westlichen Welt, sondern der Vergleich zwischen dieser und den „primitiven" Völkern und Stämmen der unterentwickelten, kolonisierten Welt. Die Kanonisierung des erwähnten „Dreigestirns" zu *den* Klassikern der Soziologie erfolgte erst in der Nachkriegszeit, nicht zuletzt nach der Entstehung eines neuen Massenpublikums, der Schüler und Studenten des expandierenden höheren Bildungswesens, vor allem in den USA (die wichtigste Lesergruppe der Werke der früheren Generation von Sozialwissenschaftlern war noch in viel stärkerem Maße das allgemeine intellektuelle Publikum). Vor allem T. PARSONS und in jüngerer Zeit A. GIDDENS[83] haben wesentlich zu dieser Kodifizierung beigetragen. Ein nicht unwesentlicher Grund für die dabei unterstellte (in Wirklichkeit aber (vor allem beim Vergleich von MARX mit DURKHEIM und WEBER) nur begrenzt gegebene Vereinbarkeit der Grundpositionen dieser drei Klassiker war die Möglichkeit, damit die eigene Position als systematische Weiterführung und Krönung der Tradition darstellen zu können (TURNER 1998).

Bemerkenswert ist weiters, wie CONNELL anmerkt, daß die Arbeiten dieses klassischen Dreigestirns in der empirischen Forschungspraxis der gegenwärtigen Soziologie nur eine untergeordnete Rolle spielen.[84] Dasselbe kann man wohl auch von den Arbeiten jener zeit-

---

83 Vgl. z.B. die einleitenden Sätze von GIDDENS (1991:VII) in seinem frühen und bekannten Buch über *Capitalism and Modern Social Theory*: „This book is written in the belief that there is a widespread feeling among sociologists that contemporary social theory stands in need of a radical revision. Such a revision must begin from a reconsideration of the works of those writers who established the principal frames of reference of modern sociology. In this connection, three names rank above all others: Marx, Durkheim and Max Weber." Auch Jeffrey ALEXANDER'S umfangreiches, vierbändiges Werk stellt zum größten Teil eine Auseinandersetzung mit Marx, Durkheim, Weber (und Parsons) dar.
84 Dies gilt ganz offenkundig nicht für Alexis de TOCQUEVILLE, den ich als einen echten „Klassiker" der Disziplin betrachte und daher auch eigens kurz darstelle (vgl. Kapitel 6).

genössischen soziologischen Theoretiker sagen, deren Arbeitsschwerpunkt in einer Exegese der Arbeiten der „Klassiker" liegt. Betrachtet man eine enge Verbindung zwischen Theorie und empirischer Forschung als sehr wichtig, ist dies eine recht problematische Situation.

Für die oben dargestellte Strategie, das Erklärungspotential unterschiedlicher theoretischer Paradigmen in den Sozialwissenschaften anhand konkreter, ausgewählter Autoren bzw. einzelner ihrer Werke darzustellen, läßt sich auch eine wissenschaftstheoretische Begründung geben. Ich bin davon ausgegangen, daß der sozialwissenschaftliche Theorienvergleich in erster Linie von einer *analytischen Perspektive* aus erfolgen soll, d.h., durch einen Vergleich der grundlegenden begrifflichen, theoretischen und methodologischen Annahmen der verschiedenen Ansätze. Nun ist, wie ebenfalls bereits angedeutet, die dabei zugrundeliegende Unterscheidung zwischen rein logisch-analytischen Aussagen einerseits, empirisch fundierten und gehaltvollen, „synthetischen" Aussagen andererseits, wissenschaftstheoretisch nicht unumstritten. In seiner Studie *Metaphysik, Wissenschaft, Skepsis* stellt sie Wolfgang STEGMÜLLER (1954) grundsätzlich in Frage. Seine Argumentation und die Konklusion daraus sind hier wichtig:

„Was ein analytischer Satz oder ein analytisches Urteil ist, konnte bis heute niemand sagen, weder für nichtformalisierte Gedankengänge noch in bezug auf formalisierte Sprachen. Es ist daher zwecklos, etwa zu sagen: metaphysische Sätze sind jene synthetischen Aussagen, deren Wahrheit man ohne Heranziehung der Erfahrung feststellen kann.

Das Problem der Metaphysik zieht sich auf die Frage zusammen, ob es eine *Evidenz* gibt oder nicht...

Worüber sprechen wir überhaupt? Was ‚Evidenz' ist, kann nur an Beispielen erläutert werden ....

Man muß bereits wissen, was man von dieser oder jener Evidenz zu halten hat, um zu wissen, ob man dieser oder jener im Verlauf einer Untersuchung trauen soll...

Evidenz ist auch außerhalb der Wissenschaft noch für vieles andere erforderlich; z.B. auch für die Antwort auf die Frage, ob die Welt einen Sinn habe oder nicht. Auch hier muß man sich mit Erläuterungen begnügen. Die Frage nach dem Weltsinn kann durch andere Fragen erläutert werden, z.B. die, ob ich weiterleben will oder nicht und warum das eine oder andere." (STEGMÜLLER 1954: 384ff.; kursive Hervorhebung von mir, M.H.)

Wir sind hier also in überraschender Weise wieder zurückverwiesen auf die konkrete Darstellung und den Vergleich inhaltlicher sozialwissenschaftlicher Theorien und ihrer Aussagen, um zu allgemeinen Folgerungen über deren Brauchbarkeit gelangen zu können.

Um nun tatsächlich eine *Vergleichbarkeit* zwischen der Aussagekraft unterschiedlicher Theorien zu erreichen, ist es notwendig, daß sich die verglichenen Theorien jeweils auch auf einen *vergleichbaren Gegenstandsbereich* beziehen müssen. Das heißt, wir müssen ihre Aussagen und Erklärungen hinsichtlich dieses Gegenstandsbereiches miteinander konfrontieren können. Nun ist es, wie bereits festgestellt, ein Faktum, daß sich unterschiedliche Theorien und Ansätze häufig auf recht unterschiedliche Gegenstandsbereiche konzentrieren. Um die sich daraus ergebende Schwierigkeit eines systematischen Theorienvergleiches zu umgehen, habe ich einige wenige, spezifische inhaltliche Gegenstandsbereiche ausgewählt, die im Rahmen der Soziologie bzw. Sozialwissenschaft generell eine zentrale Rolle spielen. Es sind dies die Problematik der gesellschaftlichen Differenzierung, insbesondere des Verhältnisses zwischen Wirtschaft und Gesellschaft, die Problematik der sozialen Ungleichheit und jene der ethnischen Differenzierung.

Für jeden dieser Gegenstandsbereiche kann man zumindest einen Vertreter der soziologischen Theorie im Sinne einer Auffassung von Soziologie als Wirklichkeitswissenschaft finden, der sich mit ihm beschäftigt hat. Damit wird es dann auch möglich, die Behandlung desselben Gegenstandsbereiches durch Vertreter anderer sozialwissenschaftlicher Theorien systematisch darzustellen und deren Begrenzungen aus soziologischer Sicht aufzuweisen.

Abschließend möchte ich noch zwei Anmerkungen zum Titel dieser Arbeit machen. Ursprünglich war dieser Titel in Form einer Frage formuliert „Was ist soziologische Theorie?" Es sollte damit zum Ausdruck gebracht werden, daß soziologische Theorie im engeren Sinne grundsätzlich offen und dynamisch angelegt, das heißt, fähig sein sollte, Fragestellungen und Befunde aus anderen Disziplinen aufzunehmen, neueren Entwicklungen sozialer Strukturen wie auch unseres Wissens davon Rechnung zu tragen. Vor allem sollte dieser Titel auch darauf hinweisen, daß soziologische Theorie kein systematisch geschlossenes oder jemals vollständiges Gebäude oder System darstellt, wie es sich die sogenannte *grand theory* (vgl. dazu auch MIKL-HORKE 1989) vorstellt. Die Einheit der soziologischen Theorie – und der Soziologie überhaupt – ergibt sich nach dieser Auffassung (die vor allem Max WEBER begründet hat), eher aus einer ganz spezifischen Perspektive, aus spezifischen Fragestellungen und Methoden, die in vielen unterschiedlichen Sachbereichen in gleicher Weise angewandt werden können. Den jetzigen kürzeren Titel wählte ich auf Anraten des Verlegers, damit wurde auch der vorgesehene, längere Untertitel überflüssig.

Abschließend noch eine Bemerkung zum Begriff der „soziologischen" bzw. „sozialwissenschaftlichen Theorie": Ich verwende diese beiden Begriffe hier weitgehend austauschbar, wenngleich das Konzept der „sozialwissenschaftlichen Theorie" (oder auch „Sozialtheorie") allgemein umfassender verwendet wird und auch sozialpsychologische, ökonomische u.a. Theorien einschließt. Die hier diskutierten großen theoretischen Paradigmen werden jedoch primär am Beispiel soziologischer Vertreter dargestellt; sie werden vielfach auch in angrenzenden Disziplinen (etwa der Politikwissenschaft, Betriebswirtschaftslehre, Sprach- und Kommunikationswissenschaft, Volkskunde usw.) als soziologische Theorien rezipiert. In dieser Hinsicht kann man der Soziologie durchaus eine zentrale Position im Rahmen dieser Sozialwissenschaften zuschreiben. Ich verwende den Begriff der „soziologischen Theorie" hier aber auch noch in einem engeren Sinne, jenem der WEBERschen Auffassung von Soziologie als Wirklichkeitswissenschaft, die in Kapitel 6 dargestellt wird. Damit soll natürlich nicht behauptet werden, daß die in Teil II behandelten großen Paradigmen nicht auch als soziologische Theorien anzusehen sind.

II. Teil:
Sozialwissenschaftliche Theorien im Vergleich

In diesem Teil werden eine Reihe wichtiger theoretischer Ansätze in den heutigen Sozialwissenschaften vergleichend dargestellt. Das Auswahlkriterium für die behandelten Ansätze und Theoretiker ist nicht das übliche soziologie-historische, wo meist begonnen wird mit den Vorläufern und Gründervätern der Soziologie (*Comte, Marx, Spencer* usw.), um dann über die klassischen Autoren (*Durkheim, Weber, Simmel* usw.) zu neueren und zeitgenössischen Theoretikern zu kommen. Es ist vielmehr der im ersten Kapitel entwickelte systematische Gesichtspunkt, der davon ausgeht, inwieweit die verglichenen Theorien beanspruchen können, kausale und/oder sinnbezogene Erklärungen zu liefern oder nicht. Es wird sich zeigen, daß die solcherart unterscheidbaren Ansätze in der Geschichte der Sozialwissenschaften immer wieder auftreten. Elemente des positivistisch-kausalistischen oder des funktional-tleologischen Denkens, wie sie den naturalistischen Ansätzen einerseits, den funktionalistisch-systemtheoretischen Ansätzen andererseits zugrundeliegen, sind in der Geschichte des abendländischen gesellschaftsphilosophischen und -sozialwissenschaftlichen Denkens seit der frühen Neuzeit durchaus nichts Neues. Ja, man könnte ihre Ursprünge vielleicht sogar zurückverfolgen bis zu den ersten bedeutenden Sozialphilosophen im alten Griechenland.

Obwohl die zeitgenössischen Vertreter dieser verschiedenen Ansätze auf älteren Vorbildern aufbauen, muß man sich trotzdem immer wieder mit ihnen auseinandersetzen. Die klassischen Denkfiguren über Mensch und Gesellschaft treten heute durchaus in *neuer Gestalt* auf; die Steigerung der wissenschaftsinternen Rationalisierung wie auch der Fortschritt der wissenschaftlichen Spezialisierung und die Verfeinerung der Forschungsmethoden führen dazu, daß *alle* Ansätze sich älterer metaphysisch-mystischer Elemente entledigen und auch über einen kumulativen Schatz an theoretischen Konzepten und z.T. auch empirischer Evidenz verfügen. Es ist daher besonders faszinierend zu sehen, wie sich alte, scheinbar längst überholte Denkmuster und -figuren des 18. und 19. Jahrhunderts auch in zeitgenössischen Sozialtheorien wiederfinden. Besonders zu erwähnen sind hier die biologistisch-naturalistischen Auffassungen, wie sie meiner Meinung nach auch noch hinter modernen Evolutions- und Systemtheorien stehen. Dies ist auch einer der Gründe dafür, daß es als berechtigt erscheint, den Ansatz der Verhaltensforschung bzw. Biosoziologie, in dessen Rahmen dieses Denken besonders unverhüllt zutage tritt, ausführlich zu behandeln, obwohl diese Forschungsrichtung üblicherweise nicht als Teil der Soziologie gesehen wird.

In bezug auf die *Form der Darstellung* der verschiedenen Ansätze ist nochmals festzuhalten, daß nicht der Anspruch erhoben wird, die ausgewählten Theorien jeweils in voller Breite und Tiefe darzustellen. Die Darstellung konzentriert sich vielmehr jeweils auf ganz bestimmte, inhaltlich allerdings zentrale, Grundannahmen und Hauptthesen der jeweiligen Ansätze. Behandelt werden auch immer konkrete Beispiele und Anwendungsfelder einer Theorie. Auf diese Weise soll dem Leser, insbesondere den Studierenden, vor allem ein Gefühl dafür vermittelt werden, auf welchen „Fundamenten" eine Theorie ruht, welche Instrumente sie zur Verfügung stellt, welchen charakteristischen Typus von Erklärungen sie anbietet.

2. Naturalistische Verhaltens- und Sozialtheorien

„[Es ist] viel vortrefflicher und unserer Erkenntnis würdiger (...), das Tun der Menschen zu betrachten als das der unvernünftigen Tiere." (SPINOZA, Die Ethik, IV. Teil, Folgesatz 2)

2.1 Einleitung und Überblick

Unter dem Oberbegriff *„naturalistische Ansätze"* fasse ich hier zum einen all jene soziologischen Theorien zusammen, die soziale Prozesse ausschließlich durch Rekurs auf quasi-naturgesetzliche Abläufe, und damit kausalwissenschaftlich, erklären wollen.[85] Hierunter fallen der Behaviorismus, bestimmte Ansätze der Kleingruppentheorie, sowie die Verhaltensforschung bzw. Humanethologie. Zum anderen verstehe ich darunter jene Theorien, die zwar den Aspekt des Sinnbezugs menschlichen Handelns einbeziehen, dabei jedoch von sehr vereinfachenden Annahmen ausgehen und nur einen kleinen Ausschnitt aus der Vielfalt der möglichen Sinngehalte und menschlichen Motivationen berücksichtigen. Dies ist das Machtstreben bei den Konflikttheoretikern (GUMPLOWICZ, LENSKI), materielle Interessen und Profitstre-

---

85 Der Begriff „naturalistisch", den ich hier verwende, ist klar abzugrenzen von einer Verwendung des gleichen Begriffes im Rahmen der qualitativen Sozialforschung bzw. des symbolischen Interaktionismus. Hier wird unter „natural sociology" die möglichst realistische ethnographisch-anthropologische Beschreibung der Lebenswelt verstanden, „empirisches Arbeiten in natürlichen sozialen Feldern und zwar mit Methoden, die den zu untersuchenden Mitgliedern des Feldes alltäglich vertraut sind" (LAMNEK 1988: 44). In diesem Sinne spricht auch GOFFMAN (1974: 10) von einer „naturalistischen Interaktionsethologie".

ben bei den Marxisten; Autoren dieser Provenienz bezeichnen ihre Theorie selber explizit als „naturalistisch".[86]

Theorien dieser Art können soziales Verhalten ein Stück weit durchaus kausal erklären, allerdings auch nur ein Stück weit. Was bei ihnen fehlt, ist eine Einordnung der quasi-natürlichen Gesetzmäßigkeiten in konkrete, historisch-kulturelle Kontexte, in die vom Menschen selbst geschaffene „Umwelt". Daher lassen sich aus ihnen zwar gesellschaftsdiagnostische Folgerungen ableiten; diese bleiben jedoch in einem hypothetischen Raum stehen – als *Begrenzungen* von sozialem Handeln und gesellschaftlichen Entwicklungen.[87] Wahrscheinlichkeiten zukünftiger, mittel- oder langfristiger Trends lassen sich aus ihnen nicht ableiten. Wenn ihre Vertreter es dennoch tun – und einige von ihnen taten und tun es in extensiver Weise – haben sie zum Teil verhängnisvolle und gesellschaftspolitisch-ethisch höchst fragwürdige Irrtümer begangen. Letzteres gilt nicht nur für die Erwartungen und Prognosen von Karl MARX, etwa in bezug auf das Absterben des Staates in der kommunistischen Gesellschaft, sondern auch für prominente zeitgenössische Vertreter der Verhaltensforschung, insbesondere Konrad LORENZ.

Wir können als Kennzeichen dieser Theorien im Einzelnen festhalten:

---

86 Daß auch MARX in hohem Maße dieser naturalistischen Denkweise verpflichtet war, steht außer Zweifel. So heißt es im 1. Band des „Kapital" etwa: „Diese minutiösen Bestimmungen, welche die Periode, Grenzen, Pausen der Arbeit so militärisch uniform nach dem Glockenschlag regeln, waren keineswegs Produkte parlamentarischer Hirnweberei. Sie entwickeln sich allmählich aus den Verhältnissen heraus, *„als Naturgesetze der modernen Produktionsweisen"* (MARX 1971: 299). An anderer Stelle heißt es noch deutlicher: „Kasten und Zünfte entspringen *aus demselben Naturgesetz, welches die Sonderung von Pflanzen und Tieren in Arten und Unterarten regelt*, nur daß auf einem bestimmten Entwicklungsgrad die Erblichkeit der Kasten oder die Ausschließlichkeit der Zünfte als gesellschaftliches Gesetz dekretiert wird" (ebenda, S. 360; Hervorhebungen von mir, M.H.). Diese eindeutig naturalistische Grundhaltung war es denn auch, die MARX zur Verabsolutierung der von ihm entdeckten Zusammenhänge, insbesondere der Bedeutung der ökonomischen Faktoren, führte und zugleich zur verhängnisvollen Unterschätzung geistiger und politischer Faktoren. Die Auffassung vom nicht(sozial)wissenschaftlichen Charakter wesentlicher Teile des MARXschen Denkens kann sich auf viele bedeutende Denker berufen (vgl. z.B. POPPER 1958; TUCKER 1963; TOPITSCH 1958: 254ff.).

87 In diesem Sinne auch WEBER 1964/I, Kap. 1; vgl. auch ACHAM 1983a: 43.

Sie erheben den Anspruch, *kausale Zusammenhänge* zu theoretisieren und empirisch zu überprüfen. Unter „kausalen Zusammenhängen" ist ganz allgemein zu verstehen, daß eine Variable einen ursächlichen Effekt auf eine andere ausübt. Genauer formuliert: in einem bestimmten Kontext kann eine Änderung im Wert einer Variable durch eine Veränderung des Wertes einer anderen Variable hervorgerufen werden, ohne daß irgendeine andere Veränderung in diesem Kontext stattfindet (STINCHCOMBE 1968: 31).

Sie erheben den Anspruch, daß diese Aussagen über kausale Zusammenhänge und Prozesse *allgemeingültig*, von Zeit und Raum weitgehend unabhängig sind. Sie *abstrahieren vom „Sinn" des Handelns* der involvierten Akteure, damit in weiterer Folge von Geschichte und Kultur. Viele davon sehen daher auch keinen wesentlichen Unterschied zwischen natur- und sozialwissenschaftlichen Phänomenen (vgl. dazu auch ACHAM 1983: 36ff.).

Hier sollen drei Theorien dieser Art exemplarisch dargestellt werden, nämlich die Verhaltensforschung (Humanethologie, Biosoziologie), die behavioristische Verhaltenstheorie von G. HOMANS und eine Gruppe von naturalistischen Sozialstruktur- und Evolutionstheorien.

2.2 Verhaltensforschung, Humanethologie und Biosoziologie

Die Verhaltensforschung ist eine bedeutende neuere Forschungsrichtung, die zwar üblicherweise – zumindest im deutschen Sprachraum[88] – nicht der Soziologie im engeren Sinne zugeordnet wird, hier aus zwei Gründen trotzdem behandelt werden soll: erstens, weil sie auch auf die Soziologie erheblichen Einfluß ausübte; und zweitens, weil sich ihre Vertreter häufig in massiver und in der Öffentlichkeit stark wirksamer Weise gerade zu den hier in Frage stehenden Themen, der sozialen Ungleichheit und der ethnischen Gemeinschaftsbildung, äußerten. Man kann die Verhaltensforschung meiner Meinung nach daher auf keinen Fall übergehen, wenn man wichtige sozialwissen-

---

88 In Amerika hat sich in den letzten Jahrzehnten ein Teilgebiet dieser Forschungseinrichtung unter der Bezeichnung „biosociology" dagegen auch als eigene Forschungsrichtung in der Soziologie selbst etabliert. Näheres dazu im Text weiter unten.

schaftliche Paradigmata und ihre Zeit- und Gesellschaftsdiagnosen behandelt.

Im folgenden soll der Ansatz der vergleichenden Verhaltensforschung zunächst kurz generell skizziert werden; im Anschluß daran gehe ich auf zwei inhaltliche Bereiche ein, jene der ethnischen Differenzierung und der sozialen Ungleichheit. Im Anschluß daran soll ein Beispiel einer von der soziologischen Profession eher wenig beachteten, in der allgemeinen Öffentlichkeit jedoch ungeheuer einflußreich gewordenen „Zeitdiagnose" besprochen werden, nämlich das Werk *Die acht Todsünden der zivilisierten Menschheit* von Konrad LORENZ. Abschließend wird in einem Resümee die Bedeutung der Verhaltensforschung für soziologische Erklärungen zusammengefaßt.

a) Die Verhaltensforschung (Humanethologie) als Naturwissenschaft mit dem Anspruch, auch Aussagen über menschliches Verhalten treffen zu können

Die Verhaltensforschung kann im Prinzip als eine naturwissenschaftliche Disziplin, als ein Teilgebiet der Physiologie, Biologie und Zoologie betrachtet werden. Als ihr Begründer gilt der österreichische Nobelpreisträger Konrad LORENZ (1903-1989), wenngleich bereits Ende des 19., Anfang des 20. Jahrhunderts wichtige Grundlagen und Vorarbeiten geleistet wurden (u.a. von C.O. WHITMAN, W. CRAIG und O. HEINROTH, dem Lehrer von LORENZ).[89] Die methodische Vorgangsweise und wissenschaftstheoretische Grundorientierung der Verhaltensforschung ist ausdrücklich dem *naturwissenschaftlich-kausalen Prinzip* verpflichtet: durch genaue Beobachtung, Beschreibung und Analyse komplexer tierischer Verhaltensabläufe und durch experimentelle Variation von Umweltgegebenheiten sollen Einblicke in den Charakter und die Ursachen tierischen Verhaltens gewonnen werden. In dieser Hinsicht konnten durch Jacob von UEXKÜLL, Konrad LORENZ, Nicolas TINBERGEN und andere tatsächlich bahnbrechende Erkenntnisse hinsichtlich der Formen und Ursachen von Verhaltensweisen hochentwickelter Tiere wie Prägung, Paarverhalten und komple-

---

89 Vgl. hierzu und zum folgenden das Stichwort „Verhaltensforschung" in MEYERS ENZYKLOPÄDISCHES LEXIKON IN 24 BÄNDEN, Bd. 24, 1979, S. 466-472, sowie EIBL-EIBESFELDT 1967, S. 15-23.

xe, instinktbezogene und formkonstante Verhaltensabläufe gewonnen werden.

Die Perspektive der vergleichenden Verhaltensforschung in ihrer Anwendung auf menschliche Gesellschaften, in enger Berührung zur Psychologie und Soziologie, wird heute durch eine starke „zweite Generation" von Wissenschaftlern dieser Schule weitergetragen. Im deutschen Sprachraum sind hier u.a. zu nennen Wolfgang WICKLER, Irenäus EIBL-EIBESFELDT und Otto KOENIG. Als eine eigenständige Fortsetzung dieser Tradition kann die neue Richtung der *Soziobiologie* im angelsächsischen Sprachraum gelten, begründet durch E.O. WILSON (1975; für eine gute Einführung in deutscher Sprache vgl. VOLAND 1993). Zwischen Verhaltensforschung, Humanethologie und Soziologie bestehen fließende Übergänge. Unter *Humanethologie* wird die Anwendung der Erkenntnisse der tierischen Verhaltensforschung auf den Menschen verstanden. Dieser im deutschsprachigen Raum gebräuchliche Begriff entspricht weitgehend dem angelsächsischen Terminus „*biosociology*", womit wir uns mitten in den Sozialwissenschaften befinden.[90]

Charles DARWIN als Stammvater der modernen Verhaltensforschung

In ihrer ganzen Orientierung ist die Verhaltensforschung in hohem Maße dem Denken des großen englischen Naturforschers Charles DARWIN (1809-1882) verpflichtet (vgl. auch WUKETITS 1990: 41ff.).[91] Dieser hat selber umfangreiche, vergleichende stammesgeschichtliche Beobachtungen bei pflanzlichen und tierischen Populationen durchgeführt. Der folgende Satz aus DARWIN'S bahnbrechendem Werk *Die Entstehung der Arten* (zuerst 1859) könnte geradezu von Konrad LORENZ stammen:

---

90 LORENZ selber stand der Soziobiologie negativ gegenüber, aber primär aus Gründen persönlicher Feindseligkeit gegen bestimmte ihrer Vertreter (BISCHOF 1991: 23).

91 „Basis der modernen Verhaltensforschung bildet die Evolutionstheorie DARWINS, der erkannte, daß Instinkte für das Überleben einer Art ebenso wichtig sind wie morphologische Strukturen und, daß sie in gleicher Weise der stammungsgeschichtlichen Evolution (s. Selektionstheorie) unterliegen" (MEYERS ENZYKLOPÄDISCHES LEXIKON, Bd. 24, 1981, S. 466).

„Schon beim Beginne meiner Beobachtungen schien mir ein sorgfältiges Studium der Haustiere und Kulturpflanzen die beste Aussicht auf eine Lösung dieser schwierigen Aufgabe [der Erkenntnis der Mittel, durch die Umänderungen in den tierischen Arten erreicht werden, M.H.] zu bieten. Und ich habe mich nicht getäuscht ... Ich stehe nicht an, meine Überzeugung von dem hohen Werte solcher Studien auszudrücken, obgleich sie von den Naturforschern ziemlich allgemein vernachlässigt worden sind." (DARWIN o.J.: 8)

Mit seiner evolutionstheoretischen Perspektive und der These von der *„natürlichen Selektion"*, d.h. der im Laufe der Evolution erfolgenden Ausbildung bzw. Aussonderung von Merkmalen und Verhaltensweisen, die der jeweiligen Umwelt einer Tierart am besten entsprechen, hat Darwin die bis heute gültige Grundorientierung der Verhaltensforschung vorweggenommen (vgl. auch WUKETITs 1990: 41ff.). In dieser Hinsicht, so meine zentrale These im folgenden Kapitel, sind (menschliche) Verhaltensforschung und Biosoziologie dem darwinistischen Denken in viel höherem Maße verpflichtet, als sie es heute zuzugeben bereit sind. Ich beziehe mich hier auf die Kernthese von DARWIN, wonach die Veränderung alter und Entstehung neuer Arten dem *Kampf ums Dasein* und der *natürlichen Zuchtwahl* durch das *Überleben der der Umwelt am besten angepaßten Individuen*[92] zu erklären ist:

„Da viel mehr Individuen jeder Art geboren werden, als möglicherweise fortleben können, mithin das Ringen um die Existenz beständig wiederkehren muß, so folgt daraus, daß ein Wesen, welches in irgend einer vorteilhaften, wenn auch noch so geringen Weise von den übrigen abweicht, unter den zusammengesetzten und zuweilen sich abändernden Lebensbedingungen mehr Aussicht auf Fortdauer hat und also von der Natur selbst zur Nachzucht auserkoren wird." (DARWIN o.J.: 8)

Bei Konrad LORENZ ist die Anknüpfung an die zentrale These von DARWIN, die Frage nach der arterhaltenden Leistung aller tierischen (und menschlichen) Verhaltensweisen in der Tat selbstverständlich, wie er etwa im Buch *Das sogenannte Böse*, aber auch an vielen anderen Stellen schreibt:

---

92 Diese berühmt gewordene These DARWIN'S vom *„survival of the fittest"* bedeutet also keineswegs (wie Vulgär-Darwinisten es gerne haben möchten), daß die Intelligentesten, Tüchtigsten, Leistungsfähigsten überleben, sondern nur, daß jene Arten überleben, deren biologische Ausstattung den jeweiligen Umweltbedingungen am besten entspricht. Ganze Tierarten sind ausgestorben, nicht, weil sie faul, träge und feig geworden wären, sondern weil Umweltveränderungen (in Klima, Vegetation und Fauna) dazu führten, daß ihnen ihre bisherigen Nahrungsgrundlagen abhanden kamen.

"Als gute Darwinisten ... fragen wir zunächst nach der arterhaltenden Leistung, die das Kämpfen gegen Artgenossen unter natürlichen, oder besser gesagt vorkulturellen, Bedingungen vollbringt und die jenen Selektionsdruck ausgeübt hat, dem es seine hohe Entwicklung bei so vielen höheren Lebewesen verdankt.....
Die Frage nach dem Arterhaltungswert des Kämpfens hat bekanntlich schon DARWIN selbst gestellt und auch schon eine einleuchtende Antwort gegeben: Es ist für die Art, für die Zukunft, immer von Vorteil, wenn der stärkere von zwei Rivalen das Revier oder das umworbene Weibchen erringt." (LORENZ 1963: 47)

Für die Entwicklung der Biologie bedeutete die Arbeit von Charles DARWIN einen bahnbrechenden Fortschritt (vgl. dazu auch POPPER 1979: 243-262). DARWIN's Evolutionstheorie übte auf das politische und philosophische Denken seiner Zeit einen ungeheuren Einfluß aus (KLIEMT 1985: 156ff.). Die Anwendung einer „darwinistischen Perspektive" auf menschliche Gesellschaften erscheint jedoch in vielfacher Hinsicht als problematisch, ja gefährlich. Hier ist der Schritt nicht weit von der Auffassung der arterhaltenden Leistung bestimmter Verhaltensweisen zur These, auch in menschlichen Gesellschaften gebe es den „natürlichen" Entwicklungsbedingungen besser und schlechter angepaßte, ja auch niedriger und höher stehende Völker und Rassen.[93] Ich werde auf diese äußerst wichtige Problematik in Abschnitt 2.2d ausführlich eingehen.

Grundannahmen der Verhaltensforschung

Einleitend zunächst einige Hinweise auf die Grundannahmen bei der Übertragung von Befunden aus der tierischen Verhaltensforschung auf menschliches Verhalten und menschliche Gesellschaften. Paul LEYHAUSEN (1979) nennt hier vier Aspekte (vgl. auch LORENZ 1963)[94]:

- Im Tierreich haben zahlreiche, auf den ersten Blick rein destruktive Phänomene, wie z.B. die Aggression, vielfach nicht (nur) schädliche, sondern auch *nützliche Funktionen* für die Selbsterhaltung des

---

93 Wobei es sehr häufig der Fall ist, daß Völker, die sich ihrer Umwelt gut angepaßt haben (wie etwa Eskimos, Indianer, afrikanische Ureinwohner usw.) aus westlicher Sicht als „unterentwickelt" bezeichnet werden. Dabei schwingt häufig nicht nur eine Abwertung mit, es wird auch vergessen, daß diese Völker vielfach eine Kenntnis ihrer natürlichen (physischen, pflanzlichen und tierischen) Umwelt besaßen, die der eines heutigen Durchschnittsmenschen weit überlegen war.

94 Vgl. auch VOLAND 1993: 14ff.; ich werde am Ende dieses Abschnitts auf die Kritik dieser Argumente zurückkommen.

Individuums und die Arterhaltung der Gruppe. (Dies ist auch das Hauptthema in LORENZ' berühmtem Buch *Das sogenannte Böse*, 1963.)
- Die vielfach absolut gesetzte *Differenz zwischen Natur und Kultur* wird *relativiert*; höhere tierische Lebewesen und auch der Mensch weisen nicht weniger, sondern mehr Instinkte auf als niedrigere.[95]
- *Beim Menschen garantieren Instinkte* geradezu die *Freiheit*, da er ohne diese eigenen inneren Antriebe völlig auf Lernen und damit auf äußeren Zwang und Anpassung angewiesen wäre.
- Die *Ähnlichkeiten zwischen Tier und Mensch sind mehr als bloße Analogien*. Der Mensch ist als Teil der Natur in hohem Grade instinktbasierten Gesetzmäßigkeiten unterworfen; insbesondere im Bereich der Prägung menschlichen Verhaltens durch die Umwelt liegt nach Ansicht der Verhaltensforscher ein großes und vielversprechendes Forschungsfeld.[96]

Auf der Basis dieser Annahmen erhebt die Verhaltensforschung explizit den Anspruch, *gesellschafts- und zeitdiagnostische Aussagen* treffen zu können. So können wir in einem Lehrbuch von I. EIBL-EIBES-FELDt lesen:

„Die vergleichende Verhaltensforschung (Ethologie) hat in den letzten Jahren *eine weit über die Biologie hinausgehende Bedeutung* erlangt. Die Erkenntnis, daß stammesgeschichtliche Anpassungen das Verhalten von Tieren in definierbarer Weise determinieren, führte auch die Wissenschaften vom Verhalten des Menschen in zunehmendem Maße dahin, nach den biologischen Grundlagen menschlichen Verhaltens zu forschen. Alle Wissenschaften vom Verhalten basieren auf der Einsicht, *daß man bei ausreichender Kenntnis der Umstände Prognosen machen kann*...

Wir wissen, daß auch das menschliche Verhalten in gewissem Umfang durch stammesgeschichtliche Anpassungen bestimmt wird, und das *ist für die Wissenschaften vom Menschen von allergrößter praktischer und theoretischer Bedeutung*, man denke etwa an die *Folgerungen, die sich für die Pädagogik und Soziologie* daraus ergeben." (EIBL-EIBESFELDt 1967: 11; Hervorhebungen von mir, M.H.)

In einer umfassenden Arbeit über ethnische Gemeinschaftsbildung heißt es in ähnlicher Weise, alle Forschungsbereiche, wie „Ethologie",

---

95 VOLAND (1993: VI) formuliert dies so: „Soziobiologie räumt kräftig auf mit der *vermeintlichen* Sonderstellung des Menschen im Reich der Organismen ..." (Hervorhebung von mir, M.H.).
96 P. van den BERGHE (1981: 38) spricht hier von „kultureller Ökologie".

„Verhaltensbiologie" und „Biosoziologie", arbeiteten mit einem neodarwinistischen Bezugsrahmen. Ein solcher Bezugsrahmen werde immer wichtiger für das *biologische Überleben* der Menschheit, da wir durch unsere technisch-wirtschaftliche Erfolge die Umwelt so sehr verändert (und geschädigt) haben, daß dadurch unsere biologische Anpassungsfähigkeit immer mehr überfordert wird (van den BERGHE 1981: 11).

In seinem Buch *Sind wir Sünder?* schreibt Wolfgang WICKLER (1969: 32): „Wenn es im Menschen *biologisch vorgeplantes natürliches Verhalten* gibt, dann muß derjenige es kennen, der das menschliche Verhalten ändern oder beeinflussen will." Dies lasse sich am besten durch einen Vergleich mit der Medizin zeigen; auch dort gehe es darum, „Abweichungen von einer Norm zu beheben" (ebenda).

Nicht alle Verhaltensforscher gehen so forsch vor, wenn es um die Übertragung von Befunden aus der tierischen Verhaltensforschung auf menschliche Gesellschaften geht, wie die genannten LORENZ-Schüler und einige amerikanischen Biosoziologen. Klaus IMMELMANN (1983: 202ff.) trennt die Frage der Anwendbarkeit von Ergebnissen der Verhaltensforschung auf den Menschen sehr klar von den Ergebnissen der tierischen Verhaltensforschung als solchen und verweist auf die große Bandbreite der Positionen zu dieser Frage (vgl. auch BEZZEL 1967). HENDRICHS (1973: 38) stellt sogar die folgende These auf (der man schwerlich wird widersprechen können): „Befunde an einer Tierart – streng gelten sie nur für die untersuchte Population, nicht für die ganze Art – dürfen nie auf eine andere Art übertragen werden, geschweige denn auf den Menschen." Ich werde auf diese Problematik in Abschnitt 2.2c zurückkommen.

Wie oben bereits angedeutet, spielen zahlreiche Probleme menschlicher Vergesellschaftung, die im Grunde immer und überall relevant sind, als Themen der Verhaltensforschung eine zentrale Rolle. Besonders zu nennen sind hierbei aber die Problematik der ethnischen Differenzierung und Gruppenbildung und die der sozialen Ungleichheit. Betrachten wir näher, was die Verhaltensforscher zu diesen Themen zu sagen haben und worauf sie ihre Argumente stützen.

b) Ethnische Differenzierung, Gruppenbildung und Konflikte als Naturgegebenheiten menschlicher Gesellschaften

Die ethnische Differenzierung ist ein naheliegendes Thema der vergleichenden Verhaltensforschung, eröffnet sich hier doch ein unmittelbarer Ansatz zu einer Verknüpfung zwischen biologischen und sozialen Aspekten der menschlichen Natur und menschlicher Gesellschaften. Bevor ich darauf eingehe, mag eine Vorbemerkung über die erstaunliche Nähe der Verhaltensforschung zu biologistisch-rassistischen Vorstellungen angebracht sein.

Die Geistesverwandtschaft zwischen der Verhaltensforschung und rassenbiologischen Vorstellungen

Wie schon angedeutet, befaßt sich die Verhaltensforschung mit menschlichem Verhalten vor allem unter dem Aspekt des Menschen als einer spezifischen „Art" oder „Gattung", so wie es im Tierreich eine Vielzahl von Arten gibt. Nichts war für diese Forschungsrichtung daher naheliegender, als sich mit den Unterschieden zwischen den verschiedenen Rassen und ethnischen Gruppen auf der Welt zu befassen und Gemeinsamkeiten und Unterschiede in deren Verhalten herauszuarbeiten. Dabei ist es nicht verwunderlich, daß die Verhaltensforschung immer wieder in die Nähe *biologistisch-rassistischer Vorstellungen* geraten ist und gerät. Zu verweisen ist hier auf zwei Tatsachen.

Es ist dies zum einen das historische Faktum, daß selbst der Begründer der Verhaltensforschung und hochangesehene Nobelpreisträger Konrad LORENZ in zwei Aufsätzen Anfang der 40er Jahre „unverhohlen der nationalsozialistischen Rassenpolitik in die Hand" arbeitete, indem er argumentierte, „eine wissenschaftliche Rassenpolitik müsse eiligst den drohenden Niedergang des Volkes aufhalten; entsprechend der tumorähnlich zerstörenden Wirkung der verfallsbehafteten Gesellschaftselemente ist ihre scharfe Abgrenzung und Ausscheidung für jedes Volk lebenswichtig..." (TSIAKALOS 1990: 227).

Ein langjähriger Mitarbeiter von LORENZ faßt dessen seinerzeitigen Grundgedanken in den folgenden Punkten zusammen: (1) der frühe Mensch im Naturzustand war infolge der Unbilden der Natur einem Selektionsdruck auf Anständigkeit und Heldentum ausgesetzt, was sich physiognomisch in der Entwicklung athletischer, ästhetisch schöner Körperformen ausdrückte; (2) unter Bedingungen moderner, großstädtischer Überzivilisation liegt auf diesen positiven Sozialeigenschaften keine Fortpflanzungsprämie mehr; (3) dies führt dazu, daß früher ausgemerzte „Ausfallsmutanten" weiterleben und sich wie Krebsgeschwüre im Organismus oder „Volkskörper" ausbreiten können; (4) diese Degenerationserscheinungen äußern sich in Maßlosigkeit und sozialer Desintegration, auf der Ebene des Individuums im Ausfall feinerer sozialer Motive (einer „Gefühlsschwäche"), in einer Hyptertrophie von Sexualität und Freßsucht; die Folge ist die *„Verhausschweinung"* des Menschen – Entwicklung von Fettleibigkeit und anderen physischen Häßlichkeiten; (5) die nicht Befallenen reagieren mit Abscheu auf diese Involutionserscheinungen; das „gesunde Volksempfinden" empfindet diese Menschen als häßlich und empört sich gegen den Abbau der mitmenschlichen Gefühle bei asozialen Elementen.

LORENZ war zwar weder Rassist noch Antisemit; mit Sätzen wie diesen erwies er sich aber als eindeutiger Ideologe der antihumanen eugenischen Praxis des Nationalsozialismus. Diese und andere Sätze lesen sich in der Tat „geradezu wie eine Anstiftung zum Pogrom", wobei noch ein „schwer erträglicher serviler Stil der Präsentation" kommt, eine „Anbiederung an die Machthaber", die „weit über den damals bestehenden Konformitätszwang" hinausging (BISCHOF 1991: 36f.).

Es geht mir mit diesen Hinweisen auf diese dunkle Periode in LORENZ' Schaffen nicht darum, einen wissenschaftlich höchst innovativen und weltweit geachteten Wissenschaftler nachträglich als Person herabzusetzen. Worum es geht – und warum mir dieser Hinweis in diesem Kontext als notwendig erscheint – sind zwei sachliche, wissenschaftssoziologische Gründe.

Zum ersten ist zu zeigen, wohin unreflektierte Verallgemeinerungen auf der Basis eines naturalistischen Ansatzes führen können. Bei dieser unfaßbaren Denkhaltung handelt es sich nicht nur um eine zeitbedingte Entgleisung von LORENZ, vielmehr wurden ähnliche Äußerungen von ihm auch noch in den Siebziger Jahren getan. (Ich komme darauf im folgenden zurück.) Dies ist doch ein deutliches Indiz dafür, daß ein auf Menschen angewandter naturalistischer Ansatz aus inhaltlichen Gründen zu höchst problematischen Folgerungen führen kann (wenn nicht sogar muß).

Der zweite Grund liegt darin, daß man problematische Äußerungen von herausragenden Wissenschaftlern ganz besonders kritisch unter die Lupe nehmen muß, weil gerade solche Persönlichkeiten einen kaum zu unterschätzenden Einfluß auf die öffentliche Meinung ausüben können. Prominente Wissenschaftler und Intellektuelle wirken in der Öffentlichkeit viel länger nach, als es selbst manche Regierungschefs tun.[97] Angesichts der generellen Tendenz, die Leistungen herausragender Wissenschaftler (und Persönlichkeiten) zu überhöhen (GOODE 1978),[98] ist eine kritische Geisteshaltung, die das spezifische

---

97 Ein interessanter Vergleich, der dies belegt, wurde gezogen, als im Jahre 1972 zwei namhafte Österreicher – der ehemalige Bundeskanzler Alfons GORBACH und der Kommunist und Intellektuelle Ernst FISCHER (er war kurzzeitig 1945 auch Erziehungsminister) – zugleich starben. Während der erstere der „Neuen Züricher Zeitung" gerade eine Notiz wert war, wurde dem letzteren ein ausführlicher Nachruf gewidmet. In BERTELSMANN NEUES LEXIKON stehen über GORBACH 4,5 Zeilen, über FISCHER 10,5 Zeilen (Bd. 3, S. 293 und Bd. 4, S. 63).
Ein aktuelles Beispiel für die enorme Publikumsresonanz, die Wissenschaftler und Intellektuelle finden können, ist Niklas LUHMANN. Zu seinem 70. Geburtstag am 8.12.1997 versäumte es wohl keine Zeitung des deutschen Sprachraums, die sich einem gehobenen Standard verpflichtet fühlt, ihn ausführlich zu würdigen.

98 Einer der wenigen wirklich großen Wissenschaftler, der diese Tendenz erkannt und kritisch gesehen hat, war Albert EINSTEIN. Er schrieb dazu um 1930: „Mein politisches Ideal ist das demokratische. Jeder soll als Person respektiert und keiner vergöttert sein. Eine Ironie des Schicksals, daß die andern Menschen mir selbst viel zuviel Bewunderung und Verehrung entgegengebracht haben, ohne meine Schuld und ohne mein Verdienst. Es mag wohl von dem für viele unerfüllbaren Wunsch herrühren, die paar Gedanken zu verstehen, die ich mit meinen schwachen Kräften in unablässigem Ringen gefunden habe. Ich weiß zwar sehr wohl, daß es zur Erreichung jedes organisatorischen Zieles nötig ist, daß einer denke, anordne und im Großen die Verantwortung trage. Aber die Geführten sollen nicht gezwungen sein, sondern den Führer wählen können. Ein autokratisches System des Zwanges degeneriert nach meiner Überzeugung in kurzer Zeit. Denn Gewalt zieht stets moralisch Minderwertige an, und es ist nach meiner Überzeugung Gesetz, daß geniale Tyrannen Schurken als Nachfolger haben. Aus diesem Grunde bin ich stets leidenschaftlicher Gegner solcher Systeme gewesen, wie wir es heute in Italien und Rußland erleben. Was die im gegenwärtigen Europa herrschende demokratische Form in Mißkredit gebracht hat, ist nicht der demokratischen Grundidee zur Last zu legen, sondern dem Mangel an Stabilität der Spitzen der Regierungen und dem unpersönlichen Charakter des Wahlmodus" (EINSTEIN 1981: 8f.).
EINSTEIN spricht hier zwar primär von der Politik, meint aber auch den Bereich des Geistes, wo man sich seine Weltansicht ebensowenig von anderen vorgeben lassen sollte. Diese Ausführungen EINSTEINS sind besonders be-

Kennzeichen der Wissenschaft ausmacht (WEBER 1973; POPPER 1969, 1973) hier ganz besonders notwendig.

Auswirkungen des naturalistischen Ansatzes auf fragwürdige eugenische Maßnahmen in vielen Ländern Westeuropas

Diese Problematik ist brisant und aktuell nicht nur für jene Länder, in den der Nationalismus die Eugenik zur Rechtfertigung mörderischer Exzesse mißbraucht hat. Hinzuweisen ist hier auf die vor kurzem (im Sommer 1997) zutage getretenen historischen Tatsachen über die *eugenischen Maßnahmen* zur Vervollkommung des eigenen „Volkskörpers", die in der ersten Hälfte des 20. Jahrhunderts auch in Schweden, der Schweiz und anderen demokratischen Ländern Westeuropas, aber auch in den USA, getroffen wurden und überall Betroffenheit ausgelöst haben.[99] So wurden etwa in Schweden zwischen 1920 und 1976, vor allem in den 30er Jahren, ca. 600.000 Menschen zwangssterilisiert:

„Zu den Opfern zählten ‚Mischlinge' und geistig Behinderte, aber auch Menschen, die aufgrund sozialer Probleme als ‚Belastung' für den Staat angesehen wurden, wie Kriminelle oder alleinstehende Mütter mehrerer Kinder. 1946 wurden in Schweden mehr Menschen sterilisiert als in jedem anderen Land der Erde. 1947, ein Jahr vor der Einführung des allgemeinen Kindergeldes, wurden pro Tag 6 Personen ihrer Fortpflanzungsfähigkeit beraubt. Makabre Parallele: Während im ‚Dritten Reich' die Nazis für diese Art der ‚Volksreinigung' standen, lief der Aufbau des ‚gereinigten Wohlfahrtsstaates' unter Regie der Sozialdemokraten. ‚Darin liegt schon eine Logik', sagt die Historikerin Maja Runcis, auf deren Studie sich *Dagens Nyheter* zu großen Teilen stützt. ‚Die Sozialdemokraten hatten ein kollektivistisches Menschenbild, man arbeitete für das Beste der Gemeinschaft. Außerdem glaubte man stark an die Möglichkeiten der modernen Wissenschaft'. Eifrige ideologische Vorarbeit hatte das ‚Rassenbiologische Institut' in Uppsala geleistet, 1921 als erstes seiner Art in der Welt gegründet. In schwedischen Lexikas sucht man vergebens danach. Die in den 30er und 40er Jahren verabschiedeten Gesetze zur Zwangssterilisierung wurden erst 1976 außer Kraft gesetzt" (Der Standard, Wien, 27.8.1997, S. 4).

Auch im schweizerischen Kanton Waadt war 1928 ein Gesetz zur Sterilisation von geistig Behinderten erlassen worden; die Deutschen

---

merkenswert im Kontrast zu den kulturkritisch-reaktionären Thesen von LORENZ', auf die ich im Text weiter unten ausführlich eingehe.
99 Sozialwissenschaftler haben diese Maßnahmen damals im übrigen nicht nur toleriert, sondern sogar theoretisch unterstützt (vgl. dazu CONNELL 1997: 1523).

hatten angeblich 1934 eine Abschrift des Gesetzes als Vorbild für die Nazi-Rassengesetze angefordert. Auch in der früheren Tschechoslowakei habe es Zwangssterilisierungen gegeben, vor allem an Roma (Der Standard, 28.8.1997, S. 5).

Maßnahmen dieser Art werden heute in allen westlich-demokratischen Ländern ohne Zweifel grundsätzlich abgelehnt. Trotzdem, so meine These, eröffnet die Anwendung des naturwissenschaftlich-verhaltenstheoretischen Ansatzes auf menschliches Verhalten immer noch Möglichkeiten zu stark mißverständlichen Behauptungen und praktischen Folgerungen. Darüberhinaus eröffnet die medizintechnische Entwicklung heute zahlreiche neue Bereiche, in denen solche Folgerungen zur Anwendung kommen könnten.[100]

Nach den schrecklichen Erfahrungen der nationalsozialistischen Rassenpolitik distanzieren sich die Verhaltensforscher heute eindeutig von rassenbiologischen Vorstellungen. Damit verwandte Vorstellungen spielen aber noch immer oder schon wieder eine erhebliche Rolle im öffentlichen Diskurs. G. TSIAKALOS (1990) hat gezeigt, daß die Berichterstattung der Medien in der Bundesrepublik der 80er Jahre häufig ethologische Argumente („Befunde" wäre zuviel gesagt) heranzieht, um konservative politische Maßnahmen zu rechtfertigen.[101] So wurde etwa das Phänomen des *„Fremdelns"* von Kleinkindern bemüht, um Fremdenfeindlichkeit zu erklären. In einer Titelgeschichte des „Spiegel" im Jahre 1980 wurde dazu der Verhaltensforscher EIBL-

---

100 Man denke hier z.B. an die Verbesserung der Fürsorge für werdende Mütter und der Techniken der Geburtshilfe, die das Überleben von oft schwer behinderten Säuglingen ermöglichen; an die Verbesserung der Unfallchirurgie, die es ermöglicht, selbst schwerste Verletzungen zu überleben – allerdings um den Preis oft lebenslanger Behinderung; und vor allem an die allgemeine Verbesserung der Lebensbedingungen sowie die enormen Fortschritte der präventiven und kurativen Medizin, die zu einer starken Verlängerung der Lebensdauer, zugleich aber auch zu einem Anstieg des Anteils älterer und hochbetagter Menschen geführt hat, deren Aktionsfähigkeit und Gesundheitszustand oft stark beeinträchtigt sind. In all diesen Fällen steht die Medizin vor der außerordentlich schwierigen Entscheidung, ob der Einsatz kostspieliger Behandlungsverfahren, Operationstechniken oder Rehabilitationsmaßnahmen noch gerechtfertigt ist. Ein mögliches Entscheidungskriterium könnte hier lauten, ob sich der Einsatz aufwendiger Verfahren in solchen Fällen aus wirtschaftlichen Erwägungen heraus noch „lohnt" (vgl. auch LEACH 1973).
101 Ich werde weiter unten zeigen, daß auch verschiedene Schriften von LORENZ sich offensichtlich sehr gut in diesem Sinne anwenden lassen.

EIBESFELDt mit der Aussage zitiert, Fremdenfurcht entwickle sich bei Kleinkindern in einem bestimmten Alter automatisch; Belege für diese Behauptung finden sich in der einschlägigen Forschung keine. Kurz darauf berichteten mehrere Medien fast gleichzeitig von einer angeblich „gesicherten ethologischen Erkenntnis" des Ethologen G.H. NEUMANN an der Universität Münster, daß Xenophobie bei Menschen universell vorkomme und angeboren sei. Nähere Nachforschungen ergeben einen – für viele Äußerungen von Verhaltensforschern geradezu paradigmatischen – Befund: Professor NEUMANN hatte Experimente bei 16 Vogel- und 4 Säugetierarten durchgeführt[102], über *Menschen* aber überhaupt nicht geforscht![103] Neumann selber verfaßte einen Zeitungsartikel, der geradezu einen Schlüssel zu einer ganz anderen Interpretation der Analogien zwischen tierischem und menschlichem Verhalten liefert:

„Die *menschliche Neigung, auf Außenseiter aggressiv und ablehnend zu reagieren*, findet sich auch bei sozial lebenden Wirbeltieren... Vergleichbare Untersuchungen bei zwanzig verschiedenen Tierarten lassen den Schluß zu: es spricht vieles dafür, daß auch beim Menschen die Neigung zu Außenseiterreaktionen zum großen Teil angeboren ist." (TSIAKALOS 1990: 232; Hervorhebung M.H.)

Es ist vielleicht kein Zufall, daß dieser Verhaltensforscher *mit einer Beschreibung der menschlichen Verhaltensweisen beginnt*, und erst dann auf diejenigen der Tiere zu sprechen kommt. Wir können aus dieser Beobachtung eine wichtige allgemeine Folgerung für die Interpretation der wissenschaftlichen Dignität der Aussagen der tierischen Verhaltensforscher über menschliches Verhalten ableiten.

Der naturalistische Fehlschluß: Aussagen über tierisches Verhalten als unreflektierte, verkappte Annahmen über menschliches Verhalten

Als Interpretation legt sich hier unmittelbar nahe: NEUMANN hat nicht von tierischem auf menschliches Verhalten geschlossen, sondern umgekehrt, *vom menschlichen Verhalten auf das tierische Verhalten*, die-

---

102 So wurde z.B. ein Tier durch Färbung in eine Außenseiterposition gebracht, worauf dann die Reaktionen der anderen Tiere beobachtet wurden.
103 G.H. NEUMANN hatte in seiner wissenschaftlichen Karriere im übrigen primär an einer Verallgemeinerung und Verbreitung von Thesen der Verhaltensforschung gearbeitet, aber selber eher wenig geforscht.

ses also in Analogie zum menschlichen interpretiert oder „erklärt" (auch BEZZEL 1967: 9 und FLEISCHER 1987: 144 weisen nachdrücklich auf diesen Sachverhalt hin).[104] Wir können uns hier die von DURKHEIM und MAUSS schon 1903 formulierte Grundeinsicht zu Nutze machen, daß *mit der Klassifikation von Dingen häufig die Klassifikation von Menschen reproduziert wird* (BLOOR 1980). Wenn dies sogar für technisch-naturwissenschaftliche Klassifikationen gilt, wird es in umso höheren Grade für Begriffsbildungen und Typologien im Bereich der Biologie und Zoologie gelten, da diese Bereiche sich ja selber mit sozialen Phänomenen befassen (man spricht hier ja auch von „Tiersoziologie").

Nun ist die Erklärung tierischen Verhaltens durch ein *homologisierendes Denken* nicht grundsätzlich abzulehnen, ja bis zu einem gewissen Grade sogar notwendig und fruchtbar (POPPER 1994: 134ff.). Das tierische Verhalten läßt sich, vor allem in evolutionärer Perspektive, vielfach tatsächlich besser verstehen, wenn man anerkennt, daß z.B. „Hunde und Affen etwas haben, das unserem menschlichen Wissen entspricht" (POPPER 1994: 135). POPPER kennzeichnet tierisches (ja sogar pflanzliches) „Wissen" als *Erwartungen* über bestimmte Ereignisse.

Komplexer und problematischer wird der Sachverhalt jedoch angesichts der Schlußfolgerungen, die die Verhaltensforscher aus ihren Studien über Tiere für das menschliche Verhalten ableiten. Diese Fol-

---

104 Nach Niederschrift dieser Überlegungen stellte ich fest, daß denselben Gedanken bereits Max WEBER (1964/I: 12f.) klar formuliert hat, als er zur Frage, ob uns das Verhalten von Tieren „sinnhaft verständlich" sein könne, folgendes schrieb: „Wir haben aber *sichere* Mittel, den subjektiven Sachverhalt beim Tier festzustellen, teils gar nicht, teils in nur sehr unzulänglicher Art: die Probleme der Tierpsychologie sind bekanntlich ebenso interessant wie dornenvoll... Ein kontrollierbares Bild der Psyche dieser sozialen Tierindividuen auf der Basis sinnhaften ‚Verstehens' erscheint selbst als ideales Ziel wohl nur in engen Grenzen erreichbar. Jedenfalls ist nicht von da aus das ‚Verständnis' menschlichen sozialen Handelns zu erwarten, sondern grade umgekehrt: *mit menschlichen Analogien wird dort gearbeitet und muß gearbeitet werden.*" (Hervorhebung von mir, M.H.)
Die Tatsache, daß wir immer wieder dazu neigen, Tieren menschliche Verhaltensweisen zu unterstellen, zeigt sich auch daran, daß wir besonders herausragende und bewunderte oder besonders verachtenswerte menschliche Eigenschaften sprichwörtlich mit Tieren in Verbindung bringen. Dafür gibt es zahllose Beispiele: „Schweinehund", „affengeil", „mutig wie ein Löwe", „Weltkatze" usw. usw.

gerungen sind keineswegs so simpel-einlinig, wie sie sich dies selber vorstellen. Sie sind vielmehr als eine Art von *zirkulärer Argumentation* zu betrachten, die zumindest drei Elemente bzw. Phasen enthält (vgl. *Übersicht 2.1*): Die Verhaltensforscher gehen zunächst aus von einem (meist wenig reflektierten) Menschen- und Gesellschaftsbild; daraus leiten sie dann Hypothesen ab und stellen Beobachtungen über tierisches Verhalten an; die dabei feststellbaren Gesetzmäßigkeiten werden schließlich auf menschliches Verhalten rückübertragen.[105] Der Begriff „*naturalistischer Fehlschluß*" scheint mir für diese Tendenzen recht geeignet zu sein.

Übersicht 2.1: Die Beziehung zwischen tierischem und menschlichem Verhalten

a) *aus der Sicht der Verhaltensforscher*

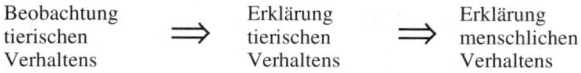

| Beobachtung tierischen Verhaltens | ⇒ | Erklärung tierischen Verhaltens | ⇒ | Erklärung menschlichen Verhaltens |

b) *aus wirklichkeits- und wissenssoziologischer Sicht*

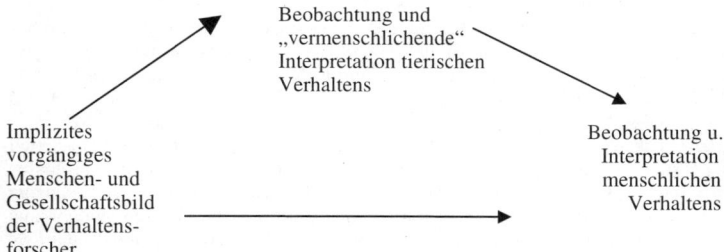

---

[105] In einem sehr lesenswertem Buch über das Verhalten von Haushunden und deren Beziehungen zum Menschen schreibt D. MORRIS (1987: 9): „Der Gedanke mag ernüchternd sein, aber Hunde und Katzen sind im allgemeinen loyaler, vertrauenswürdiger und verläßlicher als Menschen." Diese Aussagen sind aber sicherlich nur metaphorisch zu verstehen; der Hund ist nicht aus einem ethisch-moralischem Prinzip heraus verläßlich, sondern aufgrund von Instinkten und Domestikation. Hunde, die öfters schlecht behandelt werden, werden selber bösartig; Hunde, deren Halter immer wieder für sie unverständliche emotionale Botschaften aussenden (wie Choleriker), können sogar neurotisch werden (FLEISCHER 1987: 148). In diesem Falle ist die Verhaltenstheorie also tatsächlich direkt anwendbar!

Festzuhalten ist hier auch, daß die Behauptung der Verhaltensforscher, zwischen tierischem und menschlichem Erleben und Verhalten bestünde nicht nur eine Analogie, sondern weitgehende Gleichheit[106], unhaltbar ist. Betrachtet man etwa die Fähigkeit von Tieren zu Gefühlsempfindungen und –äußerungen, so kann man sagen, daß diese Gefühle viel einfacher (wenngleich vielfach auch unmittelbarer und heftiger) sind als die des Menschen. Menschliche Gefühle sind in der Regel „Denkgefühle" (KLINKENBERG 1993: 140f.): Sie sind nicht nur differenzierter und nuancierter, sondern können durch Denken beeinflußt, ja sogar erzeugt werden: „Indem wir an die Liebste oder an einen lieben Verstorbenen denken, werden wir glücklich oder traurig" (ebenda). Man kann wohl auch einen großen Teil der Literatur und insbesondere des Dramas als eine Methode bezeichnen, menschliche Empfindungen, Emotionen und Leidenschaften so darzustellen, daß die Zuhörer davon selber „ergriffen" werden.[107] Dem liegt die Tatsache zugrunde, daß es „keinen Affekt gibt, von dem wir nicht irgendei-

---

106 Vgl. dazu insbesondere den Aufsatz von LORENZ „*Haben die Tiere ein subjektives Erleben*" (in LORENZ 1965, Bd. II, S. 359-374). Manche Verhaltensforscher (wie IMMELMANN 1983) bzw. Soziologen sind hier vorsichtiger; auch VOLAND (1993: VII) schreibt, es gehe „einzig um Analogien" und Soziobiologen würden nur deshalb nicht „auf den Komfort einer anthropomorphen Umgangssprache verzichten", um nicht durch Erfindung neuer Begriffe als „elitäre Obskurantisten" zu erscheinen. In seinem Buch hält sich VOLAND aber selbst mehrfach nicht an diese Beschränkung (vgl. dazu den Text).

107 Auch hier gilt aber: die Größe von Schriftstellern oder Dramatikern äußert sich gerade darin, daß sie menschliche Verstrickungen und Leidenschaften nicht als quasi-natürliche Prozesse darstellen, sondern gerade die *Spannung und Konflikte* zwischen „natürlichen" Antrieben und Leidenschaften und universellen moralisch-kulturellen Normen und Werten herausarbeiten. So schreibt Walter MUSCHG in diesem Sinne über Friedrich SCHILLERS Lyrik, diese spreche „keine persönlichen Stimmungen an, verschmäht alles Private und Ungefähre"; und über seine Dramen: „Seine Hauptsorge war die *Reinigung seiner Werke von allen zufälligen, subjektiven, naturalistischen Elementen*" (MUSCHG in SCHILLER o.J.: 14). MUSCHG fordert daher, SCHILLERS Dramen dürfe man nicht „im Tonfall bombastisch-sentimentaler Gefühlsergüsse" aufführen, „sondern mit der Disziplin, die eine Bachsche Fuge verlangt" (ebenda). Im gleichen Geiste hat ein neuerer großer deutscher Dramatiker, Bert BRECHT, seine Werke verfaßt. Von ihm schreibt Claude DAVID, der Zuschauer solle bei dessen Dramen „von der Handlung nicht gepackt, sondern dazu gebracht werden, über sie zu reflektieren" (DAVID 1959: 262). Vermutlich könnte man Ähnliches auch über andere große Dramatiker, wie z.B. SHAKESPEARE, sagen.

nen klaren und deutlichen Begriff zu bilden vermöchten" (SPINOZA 1955: 275).

Eine wichtige Erhellung der Problematik von Gefühlsäußerungen beim Hund und ihren Ähnlichkeiten und Differenzen zu jenen von Menschen ergibt sich aus einer semiotischen Analyse der *Kommunikationssysteme bei Tieren und Menschen*. Der Mensch, der vor allem sprachlich-geistig kommuniziert, nimmt viele Signale, die ein Hund aussendet, gar nicht wahr. Umgekehrt nimmt ein Hund zahlreiche (Körper-)Signale des Menschen wahr (u.a. mit seinem Geruchssinn), die diesem selber gar nicht bewußt sind. Hunde reagieren daher sehr sensitiv auf die emotionale Befindlichkeit der ihnen nahestehenden Menschen – sogar stärker, als dies umgekehrt der Fall ist (FLEISCHER 1987). An der Tatsache, daß die Gefühle eines Hundes dennoch viel unmittelbarer und direkter, aber auch unreflektierter sind als die der Menschen, ändert dieser Sachverhalt nichts.

Kehren wir zurück zur Problematik der ethnischen Gemeinschaftsbildung. Hierzu gibt es eine Reihe von neueren Arbeiten im angelsächsischen Sprachraum im Rahmen der neuen Forschungsrichtung der *Soziobiologie*.

Die genetische Basis von ethnischer Gruppenbildung und Ethnozentrismus

In seinem Buch *The Ethnic Phenomenon* hat Pierre van den BERGHE (1981) diese Position sehr konzise dargelegt. Analog zu den Verhaltensforschern um Konrad LORENZ geht er von der Feststellung aus, daß die Theorie der ethnischen und Rassenbeziehungen seit den 20er und 30er Jahren des 20. Jahrhunderts stark einseitig in Richtung der Umwelttheoretiker geprägt war (was seinerseits eine Reaktion war auf den bis dahin vorherrschenden genetischen Determinismus und Sozialdarwinismus, und dann auch auf den Rassenwahn des Nationalsozialismus). Die drei Hauptthesen der Vertreter dieses Paradigmas von der primären Umweltdeterminiertheit der Menschen (laut van den BERGHE waren dies T.W. ADORNO, G. MYRDAL, C. LEVI-STRAUSS, W.L. WARNER u.a.) nach Meinung von BERGHE lauteten: alle Menschen sind Teil einer Spezies, innerhalb derer es keine signifikanten Unterarten gibt; die Unterschiede innerhalb der menschlichen Populationen sind größer als jene zwischen ihnen; Rassismus und Ethnozentrismus sind irrationale, dysfunktionale Haltungen, zu denen vor allem rigide, autoritäre Persönlichkeiten neigen; man kann sie überwinden durch eine „Sozialtherapie", die statusgleiche Kontakte zwischen den verschiedenen ethnisch-rassischen Gruppen fördert. Hinter dieser Theorie stand daher auch die „*melting-pot*"-*Ideologie* der Rassenbeziehungen, nach der sich die Differenzen zwischen Rassen in multiethnischen und multikulturellen Gesellschaften früher oder später auflösen würden.

Hinter all diesen Annahmen stehe jedoch, so P. van den BERGHE, eine Übertreibung der Einmaligkeit des Menschen und seiner Natur gegenüber der Tierwelt; die Ansicht der meisten Sozialwissenschaftler, menschliches Verhalten sei nahezu unbegrenzt modifizierbar, sei unhaltbar. Um „die Natur der menschlichen Natur" bestimmen zu können, müsse man das menschliche Verhalten mit jenem nichtmenschlicher Lebewesen vergleichen.

Van den BERGHE selber geht davon aus, daß menschliches Verhalten als Resultante von Prozessen auf drei Ebenen, der genetischen, ökologischen und kulturellen Ebene, zu sehen ist. *Biologisch* hat sich der Mensch zunächst durch natürliche Selektion entwickelt; auch die Kultur basiert auf genetischen Prädispositionen. Zum zweiten entwickelte sich der Mensch in Anpassung an eine Vielfalt von *Umweltbedingungen*; der Phänotypus des Menschen (äußere Erscheinung und Verhalten) ist das Resultat der Interaktion zwischen Genotyp (der genetischen Ausstattung) und Umweltfaktoren (entsprechend DARWINs Evolutionstheorie); zwischen Vererbung und Umwelt besteht kein Gegensatz, sondern eine Komplementarität. Die dritte Ebene ist die *Kultur*, die in umfassender und vielfältiger Weise die Umwelt des Menschen modifiziert; Kultur wird nicht durch natürliche Selektion erzeugt und weitergegeben, sondern durch Lernprozesse.

Eine zentrale These der Soziobiologen, mit der sie über die Verhaltensforscher hinausgehen, lautet, daß die *Gene* das Grundelement der *biologischen Selektion* darstellen; *Gene bzw. ihre Vehikel* klumpen ihrerseits wieder zu Zellen, diese zu Lebewesen zusammen. Die Gene sind die entscheidenden Steuerungsmechanismen für das Verhalten der Organismen. Da Organismen als „Überlebensmaschinen für Gene" (ebenda, S. 7) betrachtet werden können, breiten sich jene Gene stärker aus, deren Trägerorganismen im Überlebenskampf erfolgreicher sind. VOLAND (1993: 3) formuliert dies so: die Gene sind *Replikatoren*, in denen die stammesgeschichtlich erworbene Information gespeichert ist, und deren potentielle Unsterblichkeit die Kontinuität des

Lebens sichert; sie benutzen die (tierischen und menschlichen) Individuen als kurzlebige *Vehikel* mit dem einzigen Zweck, ein optimales Medium für ihre eigene Replikation zu liefern.

Die Grundthese der Soziobiologen besagt nun, daß Gene Organismen so programmieren, daß diese mit Organismen mit unterschiedlichen Genen *konkurrieren*, mit solchen mit ähnlichen Genen jedoch *kooperieren*. Der Grad der Kooperation zwischen Organismen ist eine direkte Funktion der Zahl der Gene, die sie gemeinsam besitzen. Wann immer Kooperation zwischen Lebewesen die individuelle Anpassungsfähigkeit (fitness) erhöht, erfolgt eine genetische Auswahl von nepotistisch eingestellten Organismen in der Weise, daß Verwandte gegenüber Nichtverwandten bevorzugt werden. Je näher verwandt zwei Organismen, desto mehr Gene haben sie gemeinsam (Prinzip der *bevorzugten Selektion von Verwandten – Nepotismus*).

Außerdem ist auch das Prinzip der *Reziprozität* wichtig, das zu einer Zusammenarbeit zwischen Angehörigen unterschiedlicher Arten führen kann, wenn beide davon profitieren (etwa in symbiotischen Beziehungen). In dieser Hinsicht schließt van den BERGHE an die neuere Forschungsrichtung der *Soziobiologie* an, die *Gruppenselektion* als das entscheidende Prinzip der Evolution betrachtet (VOLAND 1993: 3ff.). Stellt man das Prinzip der *Gruppen-* oder *Verwandtenselektion* in den Mittelpunkt, so wird besser verständlich, warum altruistisches Verhalten entstehen kann; dies ist immer dann der Fall, wenn die Kosten eines solchen Verhaltens für den „Altruisten" geringer sind als der Nutzen für den Vorteilsnehmer (VOLAND 1993: 4). Mit der Konzentration auf Verwandtschaftsgruppen (anstelle von ganzen Populationen) haben die Biosoziologen einen wichtigen Fortschritt gegenüber LORENZ gemacht. Sie erliegen aber selber vielfach wieder einer neuen einseitigen *„genozentrischen Weltsicht"*, wenn sie behaupten, für alle spezifischen Merkmale und Verhaltensweisen eines Menschen werde sich letztlich ein bestimmtes Gen identifizieren lassen. Gene bestimmen bei weitem nicht so eindeutig, was aus einem Lebewesen wird; die Erbinformation von Menschen und Schimpansen ist beispielsweise zu 98% identisch, und sie sehen trotzdem völlig verschieden aus.[108]

---

108 So ein emeritierter Molekularbiologe der Universität Stanford, Richard STROHMANN, in einem Interview (Der Standard, 16.4.1998, S. 25).

Der deutsche Molekulargenetiker P. STARLINGER stellt im Hinblick auf die Argumentation der Soziobiologen mit dem Faktor „Genetik" folgendes fest:

„Der Genetiker ist beim Studium solcher Arbeiten überrascht. Nur weniges von dem, was bei Tieren erarbeitet wird und nichts von dem, was über den Menschen ausgesagt wird, entspricht den Standards, die Genetiker in ihrer Arbeit anzulegen gewohnt sind. *Stattdessen wird sehr häufig mit Plausibilitätsargumenten gearbeitet.* Wir wissen, daß die Enzyme von Fliegen und auch von Menschen durch Gene kodiert werden. Wir wissen, daß die Unterschiede in der Körpergröße von Menschen weitgehend durch Gene bestimmt werden. *Wenn dies so ist, so meinen viele Soziobiologen, so wird auch alles andere genetisch festgelegt sein.* Bei der Beschreibung des nach diesen Voraussetzungen festgelegten genetischen Verhaltens ist man wiederum überrascht, zu sehen, wie *stark die Beschreibungsmuster solchen Theorien entliehen sind, die menschliche Gesellschaften beschreiben.* Die Theorie der Spiele aus der Wahrscheinlichkeitsrechnung oder die Grenznutzentheorie der Ökonomen werden mehr oder weniger *unbesehen zur Grundlage soziobiologischer Überlegungen gemacht.* Auf dieser Basis wird dann sehr häufig theoretisch gearbeitet, zum Beispiel mit mehr oder weniger komplizierten mathematischen Modellen. In manchen Fällen wird auch in der Natur beobachtet. In aller Regel wird aber keine genetische Analyse vorgenommen." (STARLINGER 1989: 211; Hervorhebungen von mir, M.H.)

Die Erklärung ethnischer Gemeinschafts- und Gruppenbildung durch van den BERGHE lautet recht einfach: ethnische und rassische Zusammengehörigkeitsgefühle sind Ausdruck von *Beziehungen zwischen Blutsverwandten*. *Ethnozentrismus* ist eine erweiterte Form von *Nepotismus* – der Neigung, Verwandte zu bevorzugen. Es gibt auch beim Menschen – wie im Tierreich – die Tendenz, sich jenen anderen gegenüber positiver zu verhalten, die einem biologisch näherstehen. Dieses *Theorem der Verwandtenbevorzugung* (auch als *Altruismustheorem* bezeichnet) ist die Basis aller Sozialität bei Tieren und Menschen.[109] Tiere verhalten sich in vielen Fällen altruistisch, weil dies der Reproduktion der Art nützt (daher spricht man auch vom Theorem der „inclusive fitness"); genetisch gesehen, ist ihr Verhalten egoistisch. Die „*goldene Regel der Biologie*" (BERGHE 1981: 20) lautet: Hilf anderen in dem Ausmaß, in dem sie dir nahestehen![110] Der (genetische)

---

109 Nach BISCHOF (1991: 27) stellt dieses Theorem einen wichtigen und notwendigen Schritt der Soziobiologie über die Verhaltensforschung hinaus dar; diese glaubte noch fälschlicherweise, altruistisches Verhalten im Tierreich sei generell auf die eigene Art gerichtet.
110 Wie aktuell all diese Thesen politisch auch heutzutage (noch) sind, mag mit der folgenden Tatsache illustriert werden: Im Oktober 1997 argumentierte

Nutzen einer Hilfestellung für einen nahen Verwandten ist höher als jener für einen Fernerstehenden. Dieses einfache Prinzip erklärt – so van den BERGHE – warum sich Eltern für ihre Kinder aufopfern; warum Vermögen an Verwandte vererbt wird; es erklärt Heiratsmuster (Endogamie- und Exogamieregeln) und vieles andere mehr. Die ursprüngliche ethnische Einheit (primordial ethnie) ist im Grunde eine erweiterte Familie: eine Gruppe von Verwandten, die enge Beziehungen zueinander haben und einander vertrauen. Dabei versuchen insbesondere die Männer, die Frauen ihrer Gruppe für sich zu monopolisieren, wenngleich sie selber jede Gelegenheit sexuellen Zugangs zu Frauen anderer Gruppen ausnützen, um damit ihre eigenen Gene breiter zu streuen.[111]

Die Basis ethnischer Beziehungen besteht nach dieser Theorie also in *Abstammung* und *Blutsverwandtschaft*, ihre „Essenz" im Kampf um knappe Ressourcen. Van den BERGHE konzediert sehr wohl, daß in größeren ethnischen Einheiten die Verwandtschaftsgrade zwischen ihren Mitgliedern oft nur mehr sehr schwach sind, äußerlich-körperliche, rassische Kriterien sich nicht nur verwischen, sondern überhaupt wenig über „genetische Fitness" aussagen.[112] Er ist in seinen diesbezüglichen Folgerungen eigentlich so vorsichtig, daß aus ihnen selber die *geringe gesellschafts- und zeitdiagnostische Kapazität des soziobiologischen Ansatzes* mehr als deutlich hervorgeht: „Our theory says nothing about racial differences between human groups – much

---

Dr. Jörg Haider, der Vorsitzende der Freiheitlichen Partei Österreichs (FPÖ), die Bevorzugung von Inländern gegenüber Ausländern sei ein Gebot der christlichen Nächstenliebe! Für die nichtösterreichischen Leser zur Information: Die FPÖ ist drauf und dran, mit fast einem Viertel der Wählerstimmen zur zweitgrößten politischen Kraft in Österreich aufzusteigen! Relevant ist auch die Tatsache, daß in fast allen wohlhabenden westlichen Ländern in den letzten Jahren die Einwanderungs- und Einbürgerungsgesetze massiv verschärft, d.h. restriktiver ausgestaltet wurden.

111 Man erkennt in diesen Ausführungen eine frappierende Ähnlichkeit mit der Gruppen- und Rassentheorie von GUMPLOWICZ, der zu seiner Theorie von ganz anderen Überlegungen und Fakten (nämlich historischen Betrachtungen menschlicher Gesellschaften) her gekommen ist (vgl. dazu Abschnitt 2.4c).

112 In diesem Sinne weist er für seinen soziobiologischen Ansatz den Vorwurf des „Rassismus" zu Recht zurück (S. 29). In einem allgemeineren Sinne bin ich mir jedoch nicht sicher, ob dieser Vorwurf nicht doch Berechtigung besitzt, wenn man behauptet, daß genetische Faktoren immer und überall die entscheidenden letzten Determinanten des Verhaltens sind (Näheres dazu im Text oben).

less about invidious racial differences between them. On the contrary, it stresses a common biological propensity, not only of all humans, but also of all social animals to favor kin over nonkin... The sociobiological model, therefore, does not predict that fellow ethnics will always stick together, or that enmity and conflict will always prevail between ethnies. Behavioral outcomes are mediated through a vast number of environmental variables" (van den BERGHE 1981: 29f., 37; vgl. auch VOLAND 1993: 93).

Van den BERGHE argumentiert des weiteren, Rassismus entstehe tendenziell nur, wenn – z.B. infolge weiträumiger Wanderung ethnischer Gruppen – die Unterschiede in der physischen Erscheinung zwischen verschiedenen Gruppen sehr deutlich erkennbar seien. Benachbarte Ethnien seien dagegen einander äußerlich meist recht ähnlich.[113]

Man könnte noch und noch Beispiele anführen, die zeigen, daß die soziobiologische Sicht ethnischer Differenzierung in der Tat allenfalls einen allgemeinen Hintergrund für das Verständnis und die Diagnose menschlich-gesellschaftlicher Entwicklungen liefern, die spezifischen Merkmale dieser aber nicht erfassen kann. Man denke hier an Fragen der folgenden Art: Warum variiert das Verhältnis zwischen Eltern und Kindern interkulturell und historisch so enorm (so wurden Kinder noch im Altertum bekanntlich vielfach ausgesetzt)? Kann man verwandtschaftlich-genetische Faktoren dafür angeben, daß die Deutschen, Italiener usw. im 19. Jahrhundert für einen eigenen Nationalstaat kämpften, oder dafür, daß die meisten Österreicher und Schweizer sich der deutschen Einigungsbewegung nicht anschließen wollten? Gibt es irgendeine Evidenz dafür, daß das unglaubliche religiöskulturelle Beharrungsvermögen der Juden mit genetischen Variablen zu tun hat? Ich glaube, daß dies in keiner Weise möglich ist. Vielmehr gilt, daß die These von der jüdischen „Rasse" erst eine Erfindung der Neuzeit ist, die entwickelt wurde, als man erkannte, daß sich die alten,

---

113 Dies ist eine durchaus plausible These. So kann man wahrscheinlich sagen, daß zwischen manchen Südeuropäern (insbesondere Portugiesen) und Nordafrikanern geringere Unterschiede bestehen als zwischen den Arabern, Berbern und Tuaregs Nordafrikas und den negriden Völkern und Stämmen Zentralafrikas (wie z.B. Bantus, Buschmännern und Pygmäen). Vgl. dazu die sehr ausgewogene und systematische Studie von JORDAN (1988).

religiös-theologisch begründeten Vorwürfe gegen die Juden nicht mehr halten ließen.[114]

Mit der Entstehung des *homo sapiens* vollzog sich ein „kultureller Entwicklungssprung": „sobald die Kulturfähigkeit des Menschen voll entwickelt war, konnten – völlig unabhängig von Veränderungen des Genotyps – eine Vielzahl kultureller Unterschiede und Übereinstimmungen sowohl entstehen als auch vergehen" (HARRIS 1989: 40). Der größte Teil des Verhaltensrepertoires einer menschlichen Gruppe kann allein durch Lernprozesse, ohne geringsten Austausch oder Mutation von Genen, erfolgen (ebenda, S. 45f.).

Territorialverhalten bei Tier und Mensch

Ich möchte hier noch kurz auf einen weiteren Grundbegriff der Verhaltensforschung eingehen, der mit der ethnischen Differenzierung eng verknüpft ist, nämlich auf das *Territorialverhalten*. Dieser Thematik haben LORENZ und LEYHAUSEN (1968) einen eigenen Aufsatz gewidmet und er spielt in der Verhaltensforschung generell eine wichtige Rolle.[115] LORENZ/LEYHAUSEN gehen aus von der Beobachtung, daß sämtliche Tierarten für sich ein bestimmtes „*Revier*" in Anspruch nehmen und verteidigen, innerhalb dessen sie sich vor allem bewegen, Nahrung und Zuflucht suchen usw. Die Funktion dieses Reviers ist biologisch sehr einfach und wichtig: es führt dazu, daß sich die Angehörigen einer Tierart so über den Raum verteilen, sodaß für jedes von ihnen genügend Nahrung verfügbar bleibt.

Dieses Verhalten gilt nach Meinung der Verhaltensforscher weitgehend auch für den Menschen. Dessen Instinktausstattung wurde, so LORENZ/LEYHAUSEN (1968: 127), in jenen vielen urzeitlichen Jahrtausenden entwickelt, als der Mensch zwar gesellig, „aber weder in grö-

---

114 Salcia LANDMANN (1981: 32) schreibt dazu: „Man konnte die Juden nur dann mit ruhigem Gewissen total eliminieren, wenn man nachwies, daß sie nicht durch ein bestimmtes Glaubensbekenntnis oder einen – ebenfalls ablegbaren – Beruf, sondern von Natur verderbt und böse waren, daß also gegen ihre Gefährlichkeit schlechthin kein Kraut gewachsen war. Das neue Schlagwort, mit dem man gegen die Juden – und zwar auch und gerade die getauften unter ihnen – vorzugehen beschloß, war das der ‚Rasse'".
115 „Vergleichendes über die Territorialität bei Tieren und den Raumanspruch des Menschen", in: LORENZ/LEYHAUSEN, 1968: 118-130; vgl. dazu auch EIBL-EIBESFELDt 1967: 306ff; van den BERGHEN 1981: 37ff.; VOLAND 1993: 93ff.

ßeren Verbänden noch in räumlicher Enge (lebte). Die Versammlung der kleinen Familiengruppen der Jäger und Sammler beschränkt sich auf die Nachtstunden und einige besondere Anlässe. Bei der täglichen Nahrungssuche verstreuen sich die einzelnen Mitglieder mehr oder weniger weit..." (ebenda).[116] In der Folge aber gilt:

„Im Laufe der Kulturentwicklung hat sich die Bevölkerung auf der Flächeneinheit vervielfacht. Die Instinktausstattung des Menschen aber dürfte im wesentlichen ... unverändert geblieben sein (...). Dies gilt sicher auch für den Raum und den sozialen Abstand, dessen der einzelne zu seinem Glück und zu seiner Zufriedenheit bedarf. Mit zunehmender Bevölkerungsdichte eines Gebietes steigt ... die Tendenz des einzelnen bzw. der Familie, den ihnen verbliebenen Rest an Raum um so schärfer abzugrenzen, Zäune und Mauern um Grundstücke zu ziehen und feste Wohnbauten zu errichten, Haustüren zu verschließen und jedes Eindringen Fremder – ‚Unberufener' , wie es so schön heißt – mit Mißtrauen, ja mit offener Feindseligkeit aufzunehmen. Unter solchen Verhältnissen wird durch die ‚unbiologisch' große, ständige Nähe des Nachbarn und durch häufig das Revier kreuzende Fremde die instinktive Reaktion der ‚Revierverteidigung' dauernd übermäßig gereizt. Der Zwang sozialer Konventionen verhindert aber fast jede offene Äußerung derselben oder ächtet sie doch. So sind seelische Schäden auf die Dauer unvermeidbar." (LORENZ/LEYHAUSEN 1968: 127f.)

Wir haben hier einen Paradefall einer „Zeitdiagnose" vor uns, die auf den ersten Blick höchst plausibel erscheint, bei näherer Betrachtung aber von vagen Vermutungen, unbewiesenen Verallgemeinerungen bis hin zu schlicht falschen Behauptungen strotzt. Zur Überprüfung der These von den negativen Effekten großer Siedlungsagglomerationen in *menschlichen Gesellschaften* werden praktisch keine oder allenfalls wenig überzeugende Belege angeführt – was für die Verhaltensforschung schlechthin typisch ist.[117] Die Ausführungen der Verhaltensforscher erscheinen vielfach so unmittelbar überzeugend, ein-

---

116 Woher diese Information stammt, geben die Autoren nicht an; die Behauptung ist ohne Zweifel in das Reich reiner Spekulation zu verweisen. Ebenso plausibel erscheint die Annahme, daß die Urhorden den größten Teil ihrer Zeit auf sehr engem Raum gemeinsam verbrachten, um sich so gegen die Unbilden der Umwelt zu schützen.

117 EIBL-EIBESFELDt und andere haben zwar auch zahlreiche vergleichende Beobachtungen in einfachen und fortgeschrittenen menschlichen Gesellschaften durchgeführt, jedoch wurden dabei in aller Regel nur einzelne Verhaltensabläufe (wie Grußzeremonien usw.) beobachtet, aber nicht komplexe Prozesse oder Situationen, wie die oben angesprochenen. Daß auch Konrad LORENZ' Zeitdiagnosen von unbelegten Behauptungen strotzen, wird in Abschnitt d) gezeigt.

leuchtend und für den Leser nachvollziehbar, daß sie es oft gar nicht notwendig haben, vom Menschen zu sprechen, um durch ihre Ausführungen nicht doch zu suggerieren, daß das, was für die Tiere gilt, genauso auch für den Menschen gilt.

Für diese Tendenzen stellt Konrad LORENZ selber ein paradigmatisches Beispiel dar. Man lese unter dieser Perspektive etwa die folgende Passage aus seinem bekannten Werk *Das sogenannte Böse*, die das Territorialverhalten mit der Problematik der Aggression in Zusammenhang bringt:

„Die Gefahr, daß in einem Teil des zur Verfügung stehenden Biotops eine allzu dichte Bevölkerung einer Tierart alle Nahrungsquellen erschöpft und Hunger leidet, während ein anderer Teil ungenutzt bleibt, wird am einfachsten dadurch gebannt, daß die Tiere einer Art einander *abstoßen*. Dies ist, in dürren Worten, die arterhaltende wichtigste Leistung der intraspezifischen Aggression...

Es ist im ökologischen Interesse aller ortsansässigen Arten, daß jede von ihnen die räumliche Verteilung ihrer Individuen für sich und ohne Rücksicht auf andere Arten vollzieht." (LORENZ 1963: 48)

Kein Wort fällt hier über das Verhalten von Menschen, es wird ausschließlich über Tiere gesprochen; und doch suggerieren die Sätze und verwendeten Begriffe: alle diese Fakten gelten auch für menschliche Gesellschaften. Auch diese weisen ja häufig eine „allzu *dichte Bevölkerung*" auf, sie „*leiden* unter Erschöpfung der Nahrungsquellen und Hunger" usw. Von ähnlichen, suggestiv-*vermenschlichenden* Darstellungen und Interpretationen ethologischer Befunde leben zum großen Teil auch Zeitungen und Zeitschriften und deren Lesepublikum, wenn sie von solchen „Befunden" berichten. Stellt ein Verhaltensforscher irgendwo fest, daß bei einer bestimmten Tierart ein Paar lebenslang monogam zusammenlebt, sagt sich der Leser: ja, eheliche Treue ist doch ein hohes Gut! Stellt ein anderer Verhaltensforscher fest, daß der eine oder andere Partner dieses Tierpaares ab und zu doch „fremdgeht", denken sich jene unter den Lesern, die das auch tun (oder gerne tun würden): man sieht ja doch, lebenslange eheliche Treue ist unmöglich![118]

In dieser Denktradition steht auch das Buch *Sind wir Sünder? Naturgesetze der Ehe* von W. WICKLER (1969). Ausgangspunkt ist die (nicht unberechtigte) Kritik an der Enzyklika *Humanae Vitae* von

---

118 Eine Meldung genau diesen Inhalts ging vor einiger Zeit (1996) durch die Medien.

Papst Paul VI aus dem Jahre 1968, die die (aus katholischer Sicht) „rechte Ordnung und Weitergabe des menschlichen Lebens" darstellt. Darin wird die bewußte Geburtenkontrolle selbst in der Ehe untersagt unter Hinweis auf eine angeblich „natürliche" Einheit des sexuellen Paarungsverhaltens (das die wichtige Funktion der Verstärkung des sozialen Zusammenhalts des Paares hat) mit der Funktion der Fortpflanzung. WICKLER hat mit seiner Kritik Recht, daß sich der Papst hier auf ein gar nicht existentes „Naturgesetz" berufen habe; er selber aber begeht den umgekehrten Fehler, Moralgesetze aus (scheinbaren) Naturgesetzen ableiten zu wollen. Man vergleiche dazu etwa seine folgenden Ausführungen:

„Im Wesen des Menschen liegt es, daß er mehr kann, als er darf. Die Naturwissenschaft und im besonderen die Biologie vermag anzugeben, was ihm biologisch nützlich ist, und sie kann die von anderer Seite aufgestellten ethischen Normen daraufhin prüfen, ob sie mit den biologischen Gesetzen in Einklang stehen....
.... wenn man wissen will, was für die Paarbindung wesentlich ist, dann muß man möglichst verschiedene Tierformen vergleichen, die unabhängig voneinander die Einehe ‚erfunden' haben. Diese Methode liefert sowohl die Naturgesetze, denen das Linsenauge gehorcht, wie auch die Naturgesetze der Ehe. Erst wenn man diese erkannt hat, kann man versuchen, sie mit den menscheneigenen Mitteln besser zu verwirklichen." (WICKLER 1969: 12, 38)

Wir finden hier mehrere problematischen Ingredienzien der „Humanethologie": Tiere haben anscheinend die „Einehe" erfunden; es gibt „Naturgesetze der Ehe" – ein völliger Nonsens, da der Begriff „Ehe" eine ausschließlich von Menschen geschaffene, kulturelle Institution bezeichnet.[119] In einem klassischen, soziologischen Werk über die Ehe heißt es hierzu lapidar und treffend:

„Das Tier paart sich, aber der Mensch heiratet. Die Bedeutung dieser Unterscheidung ist einfach und klar. Sich paaren ist biologisch, heiraten ist sozial und kulturell. Heiraten stellt eine Zeremonie dar, eine Verbindung mit Sanktionen, die Anerkennung von Verpflichtungen gegenüber der Gemeinschaft, die von denen übernommen werden, die diese Verbindung eingehen." (BURGESS et al. 1953: 1)

---

119 Die folgende lapidare Begründung WICKLER'S für seinen Begriffsgebrauch kann nur naive Leser überzeugen: „Das Wort ‚Ehe' steht hier rein beschreibend für die Bindung zwischen geschlechtsverschiedenen Partnern und ist auch auf Tiere angewendet. In allgemein verständlicher naturwissenschaftlicher Literatur ist das üblich und will weder dem Menschen übernatürliche Besonderheiten seiner Ehe absprechen noch Tieren solche unterschieben" (WICKLER 1969: 18).

Kommen wir jedoch auf die obigen Thesen zur Bedeutung des Territorialverhaltens. Der einzige empirische Beleg aus menschlichen Gesellschaften, den LORENZ/LEYHAUSEN als Bestätigung für die scheinbar so große Relevanz dieses Verhaltens auch beim Menschen anführen, sind Beobachtungen in einem Gefangenenlager. Diese zeigten angeblich, daß beim Aufbau eines solchen Lagers als „allererstes" jeder einzelne sich seinen Platz zum Schlafen suchte und diesen „gegen jeden anderen Anspruch erbittert" verteidigte. Aufgrund der Enge des Zusammenlebens seien jedoch immer wieder sporadische, heftige Streitereien zwischen Bettnachbarn zu beobachten gewesen. Einige daran anschließenden, zeitdiagnostischen Folgerungen der Autoren verdienen es, ausführlicher zitiert zu werden:

„Wenn nun auch in unserem heutigen zivilisierten Dasein nicht solche Extrembedingungen herrschen wie im Gefangenenlager, so sind sie doch besonders in unseren großen Städten bereits schlimm genug. Viele, oft unglaublich anmutende Meldungen über das Verhalten Einheimischer gegenüber Vertriebenen, die in ihre Wohnungen eingewiesen wurden, beweisen nur allzu deutlich, mit welcher Kraft sich die Abwehr solcher ‚Eindringlinge' gegen jede Einsicht und Vernunft durchsetzt, wie tief im instinktiven Kern des menschlichen Charakters sie wohl wurzeln muß.

Der moderne Mensch wird im Hinblick auf die Duldung anderer, oft vieler anderer, im Bereich seines eigenen, unmittelbaren Revier- und Platzanspruchs sozial dauernd schwer überfordert. Dies beginnt bereits im Kindergarten, wo man den drohenden seelischen Schäden (Hospitalismus) heute durch das ‚Raumteilverfahren' (...) zu begegnen sucht. Viele soziale Schwierigkeiten, ja Neurosen des einzelnen sind im Grunde weiter nichts als die seelischen Auswirkungen des Raummangels. Dieselben Menschen, die sich auf der Treppe eines Mietshauses bei den täglichen Begegnungen oft kaum grüßen, nicht selten nur gehässig anstarren und über jede Kleinigkeit im Hause in lauten Streit geraten können, würden einander innig lieben, wenn sie in kilometerweitem Abstand als ‚nächste' Nachbarn lebten...

Wenn man heute ausrechnet, daß die Erde bei genügender Ausnutzung aller Hilfsquellen zehn oder noch mehr Milliarden Menschen ernähren könne, so ist es höchste Zeit, sich auch die Frage zu stellen, ob diese Welt für die zehn Milliarden noch erlebenswert sein wird oder ob man nicht zehn Milliarden seelisch verkrüppelter, neurotischer, unglücklicher Menschen ernähren wird." (LORENZ/LEYHAUSEN 1968: 129f.; Hervorhebungen von mir, M.H.)

Den ersten Teil dieser Passage, der ganz offen von einer angeborenen Fremdenfeindlichkeit bei Menschen spricht, würden die Autoren heute, nach den zahlreichen gewaltsamen Ausschreitungen gegen Ausländer in Deutschland, wohl kaum mehr schreiben. Von diesen ist ja durchwegs zu sagen, daß sie nicht nur spontaner, „natürlicher" Wut Einzelner entsprangen, sondern oft von ganzen Dorfgemeinschaften gefördert und von Polizei und anderen Autoritäten geduldet wurden.

Zum zweiten Teil des Zitats – der angeblich krankmachenden Qualität des Lebens in Großstädten und den absoluten Grenzen der möglichen Bevölkerungsdichte der Erde – ist wieder festzustellen, daß es sich um völlig ungeprüfte Behauptungen handelt[120], die man, da sie auch massive Wertungen implizieren, als klassische *Vorurteile* bezeichnen muß.[121]

Hierzu ein kleines Beispiel, das zwar sicher nicht das Gegenteil definitiv beweist, das aber doch in krassem Widerspruch zu den Behauptungen von LORENZ/LEYHAUSEN steht. In den Niederlanden leben heute auf 42.000 km^2 rund 15 Millionen Menschen, also 363 Menschen pro km^2, in den USA auf 9,3 Millionen km^2 255 Millionen Menschen, 27 Menschen pro km^2, in Kanada auf 28 Millionen km^2 nur 10 Millionen Menschen, d.h. nur mehr 3 Menschen pro km^2. Daraus würde folgen, daß die Kanadier und US-Amerikaner weit weniger aggressiv, dafür viel zufriedener sein müßten als die Niederländer. De facto scheint das Gegenteil der Fall zu sein: Die Zahl der Ehescheidungen auf 1000 Ehen beträgt in Kanada 2,9, in den USA 4,7, in den Niederlanden aber nur 1,8; die Zahl der Selbstmorde von Männern auf 100.000 männliche Einwohner beträgt in Kanada und den USA 20,4, in den Niederlanden 13,5.[122]

Noch schlagender ist der Vergleich zwischen Nordamerika (USA) und Japan. Japan besitzt einige der größten und dichtesten Bevölkerungsagglomerationen der Erde; im Großraum Tokio-Osaka leben, reisen und arbeiten die Menschen so nahe beisammen wie kaum an-

---

120 Die obigen Behauptungen von LORENZ/LEYHAUSEN für den Fall des angeblich latenten Hasses der Bewohner von Hochhäusern gegeneinander widersprechen häufig selbst alltäglicher Erfahrung der dort lebenden Menschen. Dazu ein kleines Beispiel aus meinem persönlichen Bekanntenkreis: Eine Mutter mit mehreren Kindern, die schon längere Zeit in einem Einfamilienhaus lebt, sagte mir, sie sei mit ihrer Familie eigentlich nie so glücklich gewesen wie in den ersten Jahren ihrer Ehe, als sie noch in einem Hochhaus lebten! Vielleicht würden die Verhaltensforscher einwenden, daß sie unter „Hochhaus" ein mehrere Dutzende Stockwerke umfassendes Gebäude verstehen und nicht eines mit nur 10-15 Stockwerken, wie es bei den Grazer Hochhäusern der Fall ist.
121 Zur Problematisierung der These von der scheinbar angeborenen Fremdenfurcht vgl. SCHWAGERL 1993: 126ff.)
122 Die Daten zur Fläche und Einwohnerzahl wurden entnommen dem FISCHER WELTALMANACH 1995, jene zu den Scheidungs- und Selbstmordziffern dem Statistischen Jahrbuch für die Republik Österreich 1996 (sie beziehen sich auf die Jahre 1990/91).

derswo (Bevölkerungsdichte in Tokio: rund 15.000 Ew./qm). Trotzdem liegt die japanische Kriminalitätsrate weit unter denen der westlichen Länder: in den USA gibt es fünfmal mehr Morde, zehnmal mehr Vergewaltigungen und siebzehnmal mehr Diebstähle als in Japan. 1979 gab es in New York 279mal mehr Diebstähle, vierzehnmal mehr Vergewaltigungen und zwölfmal mehr Morde als in Tokio. London und Tokio haben eine bei weitem geringere Gewaltverbrechensrate als weniger bevölkerungsreiche amerikanische Städte wie Chicago, Philadelphia oder St. Louis (HARRIS 1989: 413).

c) Das Naturgesetz von der Ungleichheit unter den Menschen

Die Verhaltensforschung scheint auch sehr viel zu sagen zu haben zum zweiten zentralen Beispiel, an dem ich die Diagnosefähigkeit sozialwissenschaftlicher Theorien illustrieren möchte, nämlich der Problematik der sozialen Ungleichheit. Einer der Ausgangspunkte der einschlägigen Forschung war 1932 die Entdeckung des dänischen Psychologen SCHJELDERUP-EBBE, daß Hühner untereinander eine Pick- und Rangordnung ausbilden, die entscheidet, welches Huhn zuerst zum Futtertrog kommen kann. In der Folge wurde die annähernde *Universalität derartiger Rangordnungen in der Tierwelt* nachgewiesen für Dachse, Paviane, Schimpansen (hier durch J. van LAWICK-GOODALL), sowie vielen anderen Tierarten. LORENZ stellte bei Graugänsen sogar fest, daß Rangordnungen tradiert werden, indem der Nachwuchs ranghoher Eltern sich sehr viel mehr herausnehmen kann als andere Jungtiere, ihre spätere hohe Rangstellung ihnen damit quasi anerzogen wird (EIBL-EIBESFELDt 1973: 100).

Funktionen der Allgegenwärtigkeit von Rangordnungen in tierischen und menschlichen Gesellschaften

Die Ubiquität der Existenz von Rangordnungen dieser Art legt nahe, daß sie wichtige Überlebensfunktionen für die jeweilige Art erfüllen, vor allem für die Neutralisierung der Aggressionen innerhalb der Gruppe und die Ausbildung arbeitsteilig differenzierter Gruppen. Aufgrund der bisherigen Ausführungen wohl kaum mehr überraschend ist die weitere Folgerung der Verhaltensforscher: „Bei der weiten Verbreitung der sozialen Rangordnung unter den höheren Säugern ist zu erwarten, daß dem Menschen eine Disposition dazu eben angeboren ist" (ebenda, S. 101). Als Hinweise dafür werden genannt die Allgegenwart von Rangordnungen in sämtlichen menschlichen Kulturen und die Entwicklung der merkwürdigsten Sitten als Folge des Strebens nach Rang und Ansehen. Dieses Streben wird hinter allen möglichen sozialen Einrichtungen georted; so wird behauptet, Vereine würden vor allem erfunden, damit bestimmte Personen darin führende Rollen (z.B. als Präsidenten) spielen können. Aber auch die Bereitschaft zur Unterordnung ist nach Meinung der Verhaltensforscher dem Menschen angeboren.

EIBL-EIBESFELDt (1995: 422) konstatiert – wohl treffend – einen eigentümlichen Widerspruch der modernen Menschen, einerseits nach einer freien Gesellschaft freier und gleicher Menschen zu streben, andererseits sich bereitwillig Leitbildern und Autoritäten unterzuordnen. In seinem großen Lehrbuch *Die Biologie menschlichen Verhaltens* nennt er (ebenda, S. 422ff.) als positive Funktion von Rangordnungen, die Reduktion von Aggression innerhalb von Gruppen sowie die Tatsache, daß alle Gruppenmitglieder von den Fähigkeiten der Führenden profitieren. Dominanzstreben sei ein genetisch angelegtes, „altes Erbe" des Menschen, das durch egalisierende Kulturnormen gezügelt werden müsse. Er weist allerdings auch auf andere Verhaltensforscher hin, die das antidominante Verhalten (wie es etwa Helmut SCHOECK, 1966, in seinem Buch *Der Neid* ausführlich dargestellt hat) als biologisch-genetisch fundiert ansehen.[123] Diese widersprüchlichen Aussagen sind ein deutlicher Hinweis auf die häufig recht hohe Beliebigkeit derartiger *funktionalistischer Erklärungen* für die Entstehung sozialer Verhaltensweisen und Institutionen.

Der amerikanische Wissenschaftsschriftsteller Robert ARDREY hat dieser Thematik ein sehr flüssig geschriebenes Buch mit dem Titel *Der Gesellschaftsvertrag. Das Naturgesetz von der Ungleichheit des Menschen* gewidmet. Zur Problematik der naturgegebenen Ungleichheit unter den Menschen scheint ein längeres Zitat daraus angebracht:

„Bei jeder sich geschlechtlich fortpflanzenden Spezies ist Gleichartigkeit der Individuen von Natur aus unmöglich. Daher ist *Verschiedenartigkeit* das oberste Gesetz aller sozialen Gruppen, der menschlichen wie der tierischen Gesellschaften. Bei den Wirbeltieren lautet dann das zweite Gesetz: Gleichheit der Möglichkei-

---

123 Dieses sei für altsteinzeitliche Jäger- und Sammlergesellschaften überlebenswichtig gewesen.

ten... Abgesehen von einigen ganz seltenen Arten ist jedem Wirbeltier die Möglichkeit gegeben, seine Genialität oder seine Einfalt unter Beweis zu stellen.

Ist eine *Gemeinschaft von Gleichen* – seien es Affen oder Krähen, Löwen oder Menschen – eine Unmöglichkeit, so ist anderseits eine gerechte Gesellschaft durchaus zu verwirklichen...

In einer gerechten Gesellschaft, so wie ich sie verstehe, herrscht so viel Ordnung, daß ihre Mitglieder – wie immer sie von der Natur ausgestattet sein mögen – geschützt sind; es herrscht aber auch genügend Unordnung, um jedem Individuum die Entfaltung seiner spezifischen Begabungen zu gestatten...

Der Mensch hat versagt, weil er ein biologisches Gebot mißachtet hat. Obwohl wir zu den Wirbeltieren zählen, haben wir seit Anbeginn unserer Kultur das Gesetz der gleichen Möglichkeiten ignoriert. Obwohl wir Lebewesen sind, die sich geschlechtlich fortpflanzen, leugnen wir heute das Gesetz der Ungleichheit.

Unser Traum von der Gleichheit hat uns Menschenmassen befreien und – noch größere – Menschenmassen in die Sklaverei schicken lassen..

Es ist uns sogar gelungen, die – großartige, wenn auch falsche – Vision von der menschlichen Gleichheit, wie sie das 18. Jahrhundert gekannt hatte, auf eine einfachere Formel zu reduzieren: auf das allgemeine Mittelmaß, das jeder Größe entbehrt." (ARDREY 1974: 9f.; Hervorhebungen von mir, M.H.)

Auch in dieser Passage finden wir alle Stärken und Schwächen der Verhaltensforschung in ihrer Anwendung auf den Menschen: eine eindrucksvolle, bilderreiche Sprache; die Tendenz zur *„Vermenschlichung"* *der Tiere*, d.h., zur Verwendung von Begriffen, die dem Verhalten der Tiere menschliche Empfindungen unterlegen (Tiere können ihre *„Genialität"* oder *„Einfalt"* unter Beweis stellen); die Verwendung allgemeiner, aber unscharfer Begriffe, deren Bedeutungsgehalt nicht spezifiziert wird („Gleichheit", „Gerechtigkeit"); und schließlich die *Formulierung abstrakt-genereller Aussagen*, die letztlich weder verifizierbar noch falsifizierbar sind. So ist es selbst für Leser mit sehr unterschiedlichen Auffassungen leicht, ihre vorgängigen Meinungen in diesen Aussagen bestätigt zu finden. Zwei zentrale Aspekte dieser Argumentation sollen explizit herausgehoben werden.

Die Vermengung von Verschiedenartigkeit und vertikal-hierarchischer Ungleichheit

Die erste davon betrifft die Tendenz zu einer *irreführenden Vermengung, ja Gleichsetzung* der beiden Begriffe *„Ungleichheit"* und *„Verschiedenartigkeit"*.[124] Es leuchtet jedermann ein, daß zwischen den

---

124 In den Begriffen der Schichtungstheorie könnte man bei „Verschiedenartigkeit" auch von horizontalen Unterschieden oder horizontaler Differenzie-

Menschen eine ungeheure Vielfalt an *Unterschieden* besteht (vgl. dazu auch DARLINGTON 1980). Viele davon sind augenfällig und objektiv unbestreitbar: Körpergröße und Aussehen, Geschlecht, aber auch Persönlichkeitsmerkmale wie Intelligenz, Charakter, Temperament usw. Trotz der Tatsache, daß es manchmal auffallende Ähnlichkeiten in Aussehen oder Verhalten zweier Menschen geben kann („Doppelgänger"), kann man wahrscheinlich mit Fug und Recht behaupten, daß es selbst unter den heute fünf bis sechs Milliarden Einwohnern der Erde keine zwei Menschen gibt, die sich einander gleichen „wie ein Ei dem anderen".

Diese ungeheure, wohl nur in der menschlichen Gattung anzutreffende Vielfalt und *Verschiedenartigkeit* aller Menschen voneinander ist aber klar zu trennen von der zweiten, völlig anderen Problematik der *sozialen Ungleichheit* im Sinne *vertikaler Rangordnungen und Hierarchien*. Selbstverständlich unterscheiden sich – in Denken und Verhalten – intelligente von weniger intelligenten Menschen, Männer von Frauen usw. Ob intelligente Menschen, Männer usw. in einer Gesellschaft auch die einflußreicheren oder ökonomisch vorteilhaften Rollen und Positionen einnehmen müssen, ist noch lange nicht gesagt. Außerdem gilt: Mit der bloßen Feststellung, daß es solche Hierarchien bei allen uns bekannten menschlichen Gesellschaften gibt und gegeben hat, ist noch wenig gewonnen, da es sich hierbei offenkundig um so etwas wie eine „universelle Konstante" menschlicher Gesellschaften handelt. Die Soziologie (im Unterschied etwa zur Anthropologie[125]) aber beginnt erst da, wo es um *Unterschiede* im Verhalten von Menschen in verschiedenen Gruppen, Kulturen oder Epochen geht.

Die Vernachlässigung der kulturellen Überformung sozialer Ungleichheit

Die zweite große Schwäche der Verhaltensforschung in ihrer Anwendung auf menschliche Gesellschaften liegt darin, daß sie die Analyse sozialer Ungleichheiten unter Menschen reduziert auf die Betrachtung

---

rung, bei „sozialer Ungleichheit" von vertikalen, hierarchischen Differenzierungen oder Rangordnungen sprechen.

125 Selbst die (vor allem philosophische) *Anthropologie* gerät immer wieder in Probleme, wenn sie versucht, zu „Verallgemeinerungen und Verabsolutierungen über die weithin imaginäre ‚Natur' des Menschen und seiner natürlichen Bedürfnisse" zu gelangen (MEYERS, Bd. 2, S. 299).

der mehr oder weniger direkt ins Auge fallenden, *objektiven Verhaltensweisen* und Bräuche. Aus der Sicht der Beobachtung von *Verhaltensmustern* gibt es Rangordnungen bei höher entwickelten Säugetieren ebenso wie bei Menschen. Wie Hühner im Hühnerstall ihre relative Position zu wahren wissen bzw. respektieren müssen, müssen auch Angehörige einer Organisation deren „Hackordnung" respektieren: ein Untergebener muß das tun, was ihm der Vorgesetzte befiehlt; er darf auch nicht unangemeldet dessen Zimmer betreten (umgekehrt vielleicht sehr wohl), er muß ihn mit seinem Titel ansprechen usw. usw.

Aus (wirklichkeits-)soziologischer Sicht muß man allerdings sagen, daß mit Beobachtungen oder Feststellungen dieser Art noch nicht viel anzufangen ist. So stellt etwa EIBL-EIBESFELDt (1995: 442f.) fest, Status- und Rangstreben oder Folgebereitschaft an sich seien keine Übel, sondern nur deren Auswüchse. Er schreibt dann weiter: „Rein auf Macht basierende Herrschaftssysteme sind ebenso abzulehnen wie ererbte Führungsansprüche oder Kastensysteme..., da sich die Dominanzbeziehung in solchen Fällen weder rational begründen läßt, noch auf Zuneigung beruht" (ebenda, S. 443). Wer würde dieser Aussage nicht zustimmen? Ihr Problem liegt darin, daß sie so allgemein ist, daß ihre Begründung weder umfangreicher empirischer Forschungen bedarf, noch daß daraus konkrete persönliche Handlungsanleitungen oder politische Empfehlungen abgeleitet werden können. Die interessanten, auch persönlich-praktisch und politisch relevanten Fragestellungen beginnen damit erst. Es sind dies Fragen wie die folgenden: Wie groß ist die Distanz zwischen niedriger und höher Gestellten in einem bestimmten Kontext (etwa einer Organisation oder einer Gesellschaft insgesamt)? Welche Verhaltensbereiche werden davon tangiert? Werden Symbole (Titel, Bezeichnungen, Uniformen usw.) – und wenn ja: welche – verwendet, um die Rangordnung zu veranschaulichen? Wann erscheint es (etwa aus der Sicht der Organisationsgestaltung und -entwicklung) geboten, hierarchische Unterschiede faktisch und durch entsprechende Symbole (Titel usw.) deutlich zum Ausdruck zu bringen, wann sollten sie eher in den Hintergrund gestellt oder überhaupt abgeschafft werden?

Obwohl wir wissen, daß alle Gesellschaften soziale Rangordnungen aufweisen, erlebt man als Besucher (oder Einwanderer) in fremden Ländern wieder enorme Überraschungen, die darauf basieren, daß in der Form und Verhaltensrelevanz derartiger Rangordnungen tiefgehende interkulturelle Unterschiede bestehen. Soziologie als Wirklichkeitswissenschaft setzt bei der Frage nach den Ursachen und Folgen dieser internationalen und interkulturellen Variationen oder auch bei ihren Variationen innerhalb einer Gesellschaft überhaupt erst an.[126] „Natürliche", physische und biologische Unterschiede (Verschiedenheiten) zwischen Menschen, etwa Geschlecht, Körpergröße, Aussehen, gesundheitliche Konstitution, angeborene Intelligenz usw. spielen für die Entstehung von *sozialen Ungleichheiten* auch innerhalb menschlicher Gesellschaften zweifellos eine sehr wichtige Rolle. Sie tun dies jedoch nie direkt oder unvermittelt, sondern immer nur vermittelt über die kulturellen Werte und sozialen Institutionen einer Gesellschaft. Mit der Betrachtung und Analyse dieser *Vermittlung* beginnt die soziologische Analyse erst. Sie muß sich fragen, wann in bestimmten Gesellschaften körperlich oder geistig wenig leistungsfähige oder behinderte Menschen ausgesondert, ja vielleicht sogar beseitigt werden, während sie in anderen Gesellschaften als „normale" Mitglieder betrachtet, vielleicht sogar speziell gefördert werden; sie muß sich ebenso fragen, warum Hochbegabte und von der Natur sonstwie Privilegierte in manchen Gesellschaften noch zusätzlich gefördert und belohnt werden.[127]

---

126 Erhebliche Unterschiede in Form und Bedeutung solcher Rangordnungen bestehen schon innerhalb Europas, wenn man etwa Nordwesteuropa mit Süd- oder Osteuropa vergleicht. So hat O'CONNOR (1979) gezeigt, daß die osteuropäischen Gesellschaften trotz ihrer sozialistischen Wirtschaftsordnung durch relativ stark ausgeprägte Muster der Hierarchie gekennzeichnet waren. Noch deutlicher treten derartige Unterschiede hervor, wenn man Europa mit den „neuen Gesellschaften" Amerikas vergleicht. Der ungezwungenere Umgang zwischen niedriger und höher gestellten Amerikanern ist z.B. keine bloße äußerliche oder nebensächliche Verhaltensfacette, sondern hat viel zu tun mit grundlegend anderen Einstellungen der Amerikaner zu Obrigkeiten, Staat und sozialen Ungleichheiten generell (die klassische Studie dazu stammt von Alexis de TOCQUEVILLE; sie wird in Kapitel 7 näher dargestellt; für die jüngere Geschichte vgl. z.B. MARWICK 1980). Noch deutlicher wird die völlig unterschiedliche Ausformung, soziale und kulturelle Bedeutung sozialer Rangordnungen, wenn man außereuropäische Gesellschaften wie Japan oder Indien betrachtet, in denen Ungleichheit im Sinne hierarchischer Rangordnungen ungleich differenzierter ausgebildet ist als im europäisch-amerikanischen Kulturbereich, bzw. sogar religiös überhöht und „begründet" wurde, wie sie es bis in die frühe Neuzeit ja auch in Europa noch wurde (vgl. für Indien als klassische Studie DUMONT 1972, für die neuere Situation z.B. SCHMITT 1982; zu Japan u.a. NAKANE 1970).

127 Das Extrembild einer solchen Gesellschaft wäre eine „*Meritokratie*", in der die Intelligentesten schon von der frühesten Jugend an selektiert und geför-

Gibt es eine biologisch-natürliche Basis für die Entwicklung von moralischen Normen?

Wir müssen hier nochmals auf die oben angeführte These von W. WICKLER (1969: 32ff.) zurückkommen, die besagte, daß der Naturwissenschaftler ebenso wie der Mediziner von *„Normen" des Sozialverhaltens* ausgehen könne, deren Verletzung oder Übertretung als „Krankheit" diagnostiziert werden könne. Worin bestehen diese Normen aber? WICKLER läßt den Leser schon bezüglich der Medizin selber im Unklaren; er betont lediglich, daß die Norm nicht einfach von der Mehrheit, dem statistisch „Normalen", abhängen könne.

Implizit, aber doch mehr oder weniger deutlich behauptet er dann allerdings, „Gesundheit" und „Krankheit" könnten beim Menschen objektiv, durch eine ärztliche Diagnose, bestimmt werden. „Setzen wir also voraus, der Mediziner wisse, was ein gesunder Mensch ist. Abweichungen von diesem Leitbild sind dann Krankheit, und es gilt, diese Abweichungen zu beheben" (WICKLER 1969: 32). Dies ist ein Trugschluß. So gibt es selbst in bezug auf objektiv erfaßbare und meßbare Funktionen des menschlichen Organismus (wie z.B. Körpergewicht, Blutdruck usw.) keine klaren Kriterien oder Grenzen, jenseits derer man von einem „krankhaften" Zustand sprechen könne. Noch viel weniger gilt dies für die „Gesundheit" oder „Krankheit" eines Menschen insgesamt: hier spielt das Element des *subjektiven gesundheitlichen Befindens* eine wesentliche Rolle. In dieses Befinden aber gehen auch sozial mitbestimmte, ethisch-normative Vorstellungen darüber ein, wann es gewissermaßen „erlaubt" ist, krank zu werden und wann nicht (einen klassischen Beitrag dazu schrieb PARSONS 1965; vgl. auch HALLER 1981b).

Mir scheint, es gibt nur einen Grund, aus dem die meisten Verhaltensforscher die Leser eher im Unklaren darüber lassen wollen, wie ethisch-moralische Prinzipien aus den „Naturgesetzen" des menschli-

---

dert, die weniger Intelligenten dagegen bewußt nur auf einfachere Tätigkeiten vorbereitet würden. Die heutigen Befürworter einer frühzeitigen Förderung der „Hochbegabten" sind sich der gesellschaftspolitisch und ethisch verhängnisvollen Konsequenzen ihrer Auffassung wohl selten bewußt. Eine amüsante soziologische Kritik der Ideologie der „Meritokratie" hat der englische Soziologe Michael YOUNG (1961) verfaßt; eine bedrückende Zukunftsvision aus schriftstellerischer Sicht entwarf HUXLEY in seinem berühmten Roman *Brave New World* (erschienen 1932).

chen Verhaltens abgeleitet werden können. WICKLER scheut wohl vor der Tatsache zurück, daß für ihn eine ethische Norm nicht anderes ist als *die Funktion einer Verhaltensweise für das Überleben der Gattung des Menschen.*

Genau dieselbe Grundtendenz – nämlich der Versuch, letztlich alle ethischen und moralischen Prinzipien aus angeblichen naturbedingten Notwendigkeiten des Überlebens der „Gattung Mensch" abzuleiten – findet sich auch bei Konrad LORENZ als durchgehendes Motiv, wenn er es auch nie sehr deutlich ausspricht. So ist das ganze Buch über *Das sogenannte Böse* nichts anderes als ein Versuch zu zeigen, daß Aggression an sich nicht nur nichts Böses, sondern oft geradezu etwas Gutes und (im Interesse der Art) Notwendiges ist.

Im Vorwort von WICKLER'S Buch spricht Konrad LORENZ selber recht klar aus, was beim Menschen „natürlich", „gesund" und letztlich auch „gut" und „böse" sei. Dort schreibt LORENZ:

„Die Frage, was niedriger und was höher sei, ist ebenso sinnvoll wie die andere Frage, ob ein Lebensgeschehen krankhaft gestört oder gesund sei. Bei der Betrachtung von Vorgängen des menschlichen Kulturlebens werden wir oft in die Lage versetzt, diese Fragen entscheiden zu müssen. Besonders die Beantwortung der zweiten ist dann oft schwierig und legt uns große Verantwortung auf. *Gesund und Krank sind Begriffe, die nur in bezug auf den Lebensraum des betreffenden Organismus definiert werden können.* ..." (LORENZ, in WICKLER 1969: 12f.; Hervorhebungen von mir, M.H.)

Bei den Menschen, so LORENZ weiter, ergeben sich allerdings größere Schwierigkeiten, wenn man bestimmen will, welches Verhalten als umweltadäquat und damit „gesund" bzw. als „krank" bezeichnet werden könne. In einer Passage über die Beziehung zwischen Natur und Kultur im Bereiche von Sexualität und Familie schreibt er dazu:

„Die Urtümlichkeit und die sprichwörtliche Macht sexueller Antriebe sind sehr dazu angetan, das Verhalten des Individuums in Konflikt mit den Anforderungen zu bringen, die das Gemeinwesen an es stellt. Deshalb ist in allen menschlichen Kulturen gerade das Geschlechtsleben durch sehr bestimmte traditionelle Normen geregelt, deren Sinn ganz offensichtlich in erster Linie darin liegt, die *Kinder* zu gesunden und kulturell vollwertigen Mitgliedern der Gemeinschaft heranzuziehen. Es ist eine immer noch und für alle Kulturen gültige Weisheit, daß die Familie der elementare Träger von Volk und Kultur ist. Diese Normen sind in verschiedenen Kulturkreisen weitgehend voneinander verschieden, woraus man schließen darf, daß der Mensch kein in allen Einzelheiten festgelegtes, stammesgeschichtlich angepaßtes ‚Programm' für den Aufbau der Familie besitzt. Gleichzeitig aber haben alle Familien aller Völkerschaften doch auch wieder eine ganze Reihe gemeinsamer Züge, die deutlich auf das Vorhandensein gewisser kultur-unabhängiger, allgemein menschlicher und instinktiver Grundlagen hinweisen." (LORENZ, in WICKLER 1969: 14)

Es wird hier auf der einen Seite zwar betont, Sexualität und Familie beim Menschen seien nur von der Kultur her zu verstehen, zuletzt ist aber – in offenem Widerspruch dazu – wieder von „kultur-unabhängigen, allgemein menschlichen und instinktiven Grundlagen" der Familie die Rede. LORENZ und viele seiner Schüler scheinen in dieser Hinsicht doch von einer (zumindest partiellen) eindeutigen Determiniertheit auch der menschlichen Lebensformen und Kultur durch seine angebliche „natürliche Ausstattung" auszugehen. In der erkenntnistheoretisch-philosophischen Arbeit *Die Rückseite des Spiegels* heißt es hierzu (wobei bemerkenswert ist, daß ebenfalls nur eher allgemein-vage und verschlüsselt von „Kultur" die Rede ist):

„Die Erkenntnis, daß sich Kulturen in analoger Weise wie Tier- und Pflanzenarten, jede für sich, auf eigene Rechnung und Gefahr entwickeln, ist verhältnismäßig spät in die Geschichtsphilosophie eingedrungen. Wie schon .... gesagt wurde, verläuft die Kulturentwicklung ebenso wie die Entwicklung aller anderen lebenden Systeme ohne jeden präexistenten Plan." (LORENZ 1973a: 289f.)

Am ehesten vertritt noch Irenäus EIBL-EIBESFELDt (1995: 955ff.) in dieser Hinsicht eine relativ ausgewogene Position. In einem Kapitel mit der Überschrift „Der Beitrag der Biologie zur Wertlehre" schreibt zwar auch er, Normen seien letztlich „Regeln, die in zentralen angeborenen oder erworbenen Referenzmustern vorgegeben sein müssen; das offenbar universell vorhandene Gerechtigkeitsgefühl in bestimmten Situationen sei „eine Gefühlsmoral" (im Unterschied zu einer „Vernunftsmoral"); letztlich sei auch moralisches Handeln ein „biologisches Erbe", gebe es „biologische Normenfilter" bzw. „biologische Normen", die etwa das Töten anderer Menschen verbieten (EIBL-EIBESFELDt 1995: 955ff.)[128] EIBL-EIBESFELDt (1995: 956ff., 965, 970) betont aber doch auch deutlich, daß der Mensch im Unterschied zum Tier vernunftbegründet moralisch handeln könne; daß die Befolgung gruppenspezifischer Normen nicht zur Schädigung anderer Gruppen führen dürfe. Er hat auch Recht mit seinen Hinweisen darauf, daß die Übertreibung (scheinbar) moralischen Handelns zu Untugenden führen könne, oder die Loyalität zu Großgruppen (wie staatlichen Gemeinschaften) anerzogen werden müsse.

---

128 An einer anderen Stelle bezeichnet er aber auch das „Kriegsethos" als „biologische Norm"!

Es sind im übrigen nicht nur die Verhaltensforscher, die eine Kontinuität zwischen biologischen „Notwendigkeiten" und kulturell normativen Prinzipien sehen. Ganz ähnlich heißt es bei den Biologen Humberto MATURANA und Francisco VARELA, daß auch Tiere sowohl „egoistisch" wie „altruistisch" handeln können (letzteres tun sie angeblich, wenn sie Verhaltensweisen zeigen, die ihnen selber offensichtlich schaden, der Gruppe als Ganzes aber nutzen); daß es eine „unentrinnbare Ethik" gibt, die sich aus der „Bewußtheit der biologischen und sozialen Struktur des Menschen ergibt"; und daß das einzige ethische Prinzip das der „Liebe" ist – allerdings einer rein formalen Liebe, die nur darin besteht, daß auch der andere ein Recht hat, neben uns zu existieren (MATURANA/VARELA 1984: 213, 264ff.). Niklas LUHMANN baut mit seiner autopoietischen Systemtheorie direkt auf diesen Autoren auf.

Was bei EIBL-EIBESFELDt letztlich ebenso unklar bleibt wie bei LORENZ und allen anderen Biologen und Verhaltensforschern sind die drei folgenden Tatsachen: (1) bei ethisch-moralischem Verhalten spielt Vernunft *immer* eine Rolle; wäre es ein rein instinktiv-emotionales Verhalten, so würde ihm die spezifisch *menschlich-kulturelle Dimension* fehlen; (2) man kann trotz des Fehlens eines linearen Fortschritts in der kulturellen Entwicklung sehr wohl von *„kulturellen Universalien"* sprechen, das heißt, grundlegenden ethischen, moralisch-normativen und ästhetischen Prinzipien, die von Menschen und Völkern aller Zeiten und Kulturen anerkannt und hochgeschätzt werden[129]; (3) dasselbe gilt von einer *immanenten Logik der kulturellen Evolution*, die diesen universellen Prinzipien wie dem Prinzip der Rationalität überhaupt, immer stärker zum Durchbruch verhilft (vgl. dazu NAROLL 1982, MÜNCH 1986, EDWARDS 1995, TÖNNIES 1995; sowie die Ausführungen und Literaturangaben in Kapitel 6).[130] Auf diese

---

129 Was nicht bedeuten muß, daß sie auch lückenlos, in allen Situationen oder von allen Angehörigen einer Gesellschaft befolgt werden!
130 LORENZ ist daher zu Recht gerade aus theologischer Sicht vielfach kritisiert worden (vgl. z.B. JANSER 1987), da seine Erkenntnistheorie im Grunde tatsächlich als rein materialistisch zu bezeichnen ist. Sie steht in krassem Gegensatz zu den moralisch-ethischen Grundprinzipien aller großen Weltreligionen, die besagen, daß der Mensch sich *nicht* in erster Linie von seinen Eigeninteressen bzw. denen seiner Verwandtschaftsgruppen, seiner Nation usw. leiten lassen soll, sondern von allgemeinen Moralprinzipien, die die Würde und die Lebensbedürfnisse jedes Menschen auf der Erde für gleich wichtig betrachten.

Tatsachen und ihre Implikationen für die soziologische Theoriebildung wird in Kapitel 6 – im Anschluß an WEBER und POPPER – ausführlich einzugehen sein.[131]

d) Die problematischen Zeitdiagnosen der Verhaltensforschung. Kritik von Konrad LORENZ' Buch „Die acht Todsünden der zivilisierten Menschheit"

Es sollte bereits deutlich geworden sein, wie leicht sich die Anwendung der tierischen Verhaltensforschung auf Probleme menschlicher Gesellschaften dazu eignet, massiv wertende und höchst problematische subjektive Meinungen, ja eindeutige soziale Vorurteile als „wissenschaftlich fundierte Erkenntnisse" zu verkaufen. Dieses Faktum soll abschließend am Beispiel des Büchleins *Die acht Todsünden der zivilisierten Menschheit* von Konrad LORENZ ausführlicher und systematisch dargestellt werden. Diese Publikation eignet sich dafür in besonderer Weise.[132] Wir können in ihr wie auch in ihrer öffentlichen Rezeption die problematischen Aspekte der Humanethologie nahezu in „Reinkultur" am Werke sehen: die scheinbare Bestätigung einer höchst fragwürdigen Theorie durch ein enormes Publikumsinteresse; die Verbreitung nur dürftig kaschierter, konservativ-kulturkritischer

---

131 Bemerkenswert ist in diesem Zusammenhang, daß sich LORENZ verschiedentlich (so insbesondere seinem erkenntnis-theoretischen Werk *Die Rückseite des Spiegels*) auf POPPER beruft. Dieser selber stellte dazu fest, seine Auffassung sei von der LORENZ'schen „total verschieden": „Zu sagen, wie Konrad LORENZ tat, daß das kantische, angeborene, apriorische Wissen ursprünglich Wahrnehmungswissen war, das uns angeboren ist, weil es uns von unseren Urahnen vererbt wurde, heißt, die ungeheuer wichtige kantische Grundeinsicht zu ignorieren, daß Wahrnehmungswissen ohne apriorisches Wissen unmöglich ist" (POPPER 1994: 128).

132 LORENZ hat sich durchaus nicht in allen seinen Werken zu so problematischen Spekulationen hinreißen lassen wie in diesem Buch. Eine Auseinandersetzung etwa mit seinen bedeutenden erkenntistheoretischen Überlegungen in *Die Rückseite des Spiegels* soll in Kapitel 6 erfolgen. Ich möchte auch in keiner Weise die bahnbrechenden Leistungen LORENZ' in der tierischen Verhaltensforschung in Frage stellen. Aber gerade weil LORENZ aufgrund dieser Leistungen ein so hohes Ansehen erreichte, müssen auch seine fragwürdigen Publikationen sehr kritisch unter die Lupe genommen werden. Gerade die Irrtümer sehr großer Denker können, wie die Geschichte zeigt, oft viel Schlimmes anrichten.

Ideologien in einer scheinbar wissenschaftlich-objektiven, sachlichen Sprache; das Aufstellen zunächst plausibler, bei näherer Betrachtung außerordentlich schlichter, empirisch in keiner Weise belegter Behauptungen; und schließlich eine oft kaum verhüllte biologistisch-rassistische Terminologie und Argumentationsweise.[133] Betrachten wir diese fünf Punkte im einzelnen und etwas näher.[134]

Konrad LORENZ als einer der erfolgreichsten populärwissenschaftlichen Schriftsteller und öffentlichen Meinungsbildner der Nachkriegszeit

Lesen wir, was Konrad LORENZ selber zur Entstehungsgeschichte seines nur rund 100 Seiten umfassenden Buches im Jahre 1972 schrieb:

„Die vorliegende Abhandlung ... ist eine Jeremiade, eine an die ganze Menschheit gerichtete Aufforderung zu Reue und Umkehr ....
Wir leben aber in einer Zeit, in der es der Naturforscher ist, der gewisse Gefahren besonders klar zu sehen vermag. So wird ihm das Predigen zur Pflicht. Meine Predigt, die über den Rundfunk verbreitet wurde, fand einen Widerhall, der mich erstaunt hat. Ich bekam unzählige Briefe von Leuten, die nach dem gedruckten Text verlangten, und schließlich wurde ich von meinen besten Freunden kategorisch aufgefordert, die Schrift einem weiten Leserkreis zugänglich zu machen." (LORENZ 1996: 7)

LORENZ hat bei der Darstellung dieser starken Publikumsnachfrage sicherlich nicht übertrieben.[135] Bis zum Jahre 1996 hat sein Büchlein

---

133 Mit der ausführlichen Diskussion von LORENZ' Publikation möchte ich nicht suggerieren, dieser sei der einzige Verfasser kulturkritisch-tendenziöser, wissenschaftlicher Befunde und Wertungen vermengender Schriften gewesen. Solche gab und gibt es immer wieder, auch von eher liberalen und „linken" Autoren (vgl. z.B. MARCUSE'S Schrift *Der eindimensionale Mensch*, 1967, Schriften von Autoren wie David RIESMAN, Vance PACKARD und anderen). Einmalig an LORENZ ist zum ersten die Tatsache, daß er seine Ausführungen immer wieder unter Berufung auf die vermeintlich „natürlichen" Voraussetzungen menschlichen Daseins begründet und zum zweiten seine fragwürdigen, antihumanen Implikationen.

134 Ein Werk ähnlichen kulturkritischen Zuschnitts ist das neuere Buch von LORENZ mit dem Titel *Der Abbau des Menschlichen* (1986), jedoch sind seine Aussagen darin deutlich zurückhaltender als in dem oben besprochenen Werk.

135 In diesem Vorwort unterschlägt LORENZ aber die Tatsache, daß sein enger Mitarbeiter Norbert BISCHOF das Manuskript des Buches durchlas und ihn in massiver Weise vor den darin enthaltenen Einseitigkeiten und Vorurteilen

nicht weniger als 24 (!) Auflagen erlebt, es wurden insgesamt eine halbe Million Exemplare gedruckt.[136] Dies sind höchst erstaunliche Zahlen – Zahlen, von denen ein durchschnittlicher Sozialwissenschaftler nur träumen kann, dessen Bücher normalerweise nur in einigen hundert oder, wenn es hoch geht, einigen Tausend Exemplaren aufgelegt werden. Der spektakuläre Erfolg dieses Bändchens ist kein Sonderfall; auch die übrigen Schriften von LORENZ erlebten äußerst hohe Auflagen.[137] Es ist darüberhinaus noch anzunehmen, daß LORENZ auch einer der meistzitierten Autoren in den Sozialwissenschaften der Nachkriegszeit ist, ein Autor, dessen Bedeutung auch darin zu erkennen ist, daß seine Schriften weit über sein Fachgebiet der Verhaltensforschung hinaus Bekanntheit und Einfluß erlangten.

Der wissenschaftliche und publizistische Erfolg von LORENZ hat ohne Zweifel mit seinen unbestreitbaren, originären wissenschaftlichen Leistungen, wie auch mit seiner hohen schriftstellerischen und erzählerischen Begabung zu tun.[138] Hier möchte ich jedoch behaupten

---

warnte. Aus der zehn Druckseiten umfassenden Kritik (vgl. BISCHOF 1991: 114ff.) übernahm LORENZ allerdings einzelne, weniger anfechtbare Neuformulierungen wörtlich, ohne sie als solche zu kennzeichnen.

136 Der Piper-Verlag in München hat mir am 24.11.1997 freundlicherweise die Auflagenzahlen folgender Bücher von K. LORENZ mitgeteilt: *Die acht Todsünden der zivilisierten Menschheit*: 494.569; *Über tierisches und menschliches Verhalten*, Bd. I: 159.730 Exemplare; Bd. II: 119.973 Exemplare. Allein diese drei Bücher zusammen erschienen also in drei Viertel Millionen! Die Auflagenhöhe des ebenfalls stark verbreiteten Buches *Das sogenannte Böse* im Deutschen Taschenbuch Verlag konnte ich leider nicht erfahren; eine Erstauflage bei Piper betrug 5.000 Stück.

137 Signifikant ist in diesem Zusammenhang auch die Tatsache, daß selbst Bücher von LORENZ mit recht komplexen und für den „Normalleser" sperrigen wissenschaftlichen Abhandlungen eine massenhafte Verbreitung erlangten. (Ob sie von den jeweiligen Käufern auch gelesen wurden, erscheint in diesem Falle eher als unwahrscheinlich.) So erschienen 1965 seine zweibändigen „Gesammelten Abhandlungen" mit dem Titel *Über tierisches und menschliches Verhalten* zugleich mit der zweibändigen Originalausgabe (und einer einbändigen Sonderausgabe) des Piper-Verlages (München) zeitgleich in mindestens drei Buchgemeinschaften: der „Europäischen Bildungsgemeinschaft" des Bertelsmann Verlages, der „Buchgemeinschaft Donauland" bei Kremayr & Scheriau (Wien) und beim „Deutschen Bücherbund" (Stuttgart). Für jedes zentral herausgestellte Buch dieser Buchgemeinschaften ist ein Absatz in Tausenden, wenn nicht Zehntausenden von Exemplaren garantiert.

138 Vgl. dazu etwa sein Tierbuch *Er redete mit dem Vieh, den Vögeln und den Fischen*. Das ausgeprägte Erzähltalent und die Mühelosigkeit, mit der LO-

– und damit einen Beleg für die in Kapitel 1 aufgestellten These liefern – daß dieser Erfolg ganz wesentlich auch damit zusammenhing, daß LORENZ in der Lage war, mit seinen Schriften das *Sensationsbedürfnis der Medien*, sowie ein starkes *ideologisches Bedürfnis breiter Bevölkerungskreise* und einflußreicher *geistig-politischer Strömungen zu befriedigen*. Zum einen kann man beobachten, daß sich immer wieder, wenn ein Verhaltensforscher ein bisher unbekanntes Phänomen tierischen Verhaltens, oder eine neue Tierart entdeckt, aus der sich vermeintliche Rückschlüsse auf menschliches Verhalten ziehen lassen, Journalisten und Medien begierig darauf stürzen, vor allem wenn es um so interessante oder politisch brisante Themen geht wie sexuelle Treue oder Fremdenfeindlichkeit. Zum anderen gilt, daß humanethologische Schriften dieser Art in hohem Maße geeignet sind, das „geistige Unterfutter" für fragwürdige neokonservative, ja reaktionäre geistig-politische Zielsetzungen und Bewegungen zu liefern. Ich denke hier an Bestrebungen, die dahin gehen, einige der wichtigsten Probleme der heutigen Weltgesellschaft – Armut und Unterentwicklung in der Dritten Welt, internationale Migration, Fremdenfeindlichkeit, neue soziale Probleme in den Großstädten der westlichen Welt – auf Verletzungen von scheinbaren „Naturgesetzen" zurückzuführen und auf sie mit primär restriktiven Maßnahmen (Einwanderungsstops, politisch verordneten Geburtenkontrollen, Reduktion sozialer Unterstützungen) zu reagieren.[139]

Zur Begründung meiner Thesen soll im folgenden zunächst der stark konservativ-kulturkritische Gestus von LORENZ' Büchlein dargestellt werden.

RENZ für jede These empirische Beispiele finden konnte, hatten in wissenschaftlicher Hinsicht auch Schattenseiten. Es führte nicht nur dazu, daß er empirische Beobachtungen manchmal geschönt darstellte, sondern hing auch mit einer ausgesprochenen Schwäche zu systematischer Abstraktion zusammen (BISCHOF 1991: 19ff.)

139 Einige Belege dafür seien hier angeführt. SCHWAGERL (1993: 145) zitiert u.a. einen rechtsgerichteten Autor, der sich in seiner Polemik gegen „ethnischreligiöse Mischkulturen" ausdrücklich auf LORENZ beruft. LORENZ selber machte in einschlägigen Interviews eher ausweichende oder widersprüchliche Aussagen, ebenso wie EIBL-EIBESFELDt (SCHWAGERL 1993, Fußnote 111, S. 222f.). Der Führer der offen ausländerfeindlichen „Freiheitlichen Partei Österreichs" (FPÖ), Dr. Jörg HAIDER, bezeichnete LORENZ als einen seiner Lieblingsschriftsteller (SCHARSACH 1992: 95).

Vereinsamung und Vermassung, Verweichlichung und Verkindlichung des modernen Menschen

Man braucht sich nur LORENZ' Ausführungen im Wortlaut vor Augen führen, um diese Tendenz zu belegen. So schreibt er, „das Zusammengepferchtsein von Menschenmassen in den modernen Großstädten trage einen großen Teil der Schuld daran, wenn wir in der Phantasmagorie der ewig wechselnden, einander überlagernden und verwischenden Menschenbilder das Antlitz des Nächsten nicht mehr zu erblicken vermögen. Unsere Nächstenliebe wird durch die Massen der Nächsten, der Allzunahen, so verdünnt, daß sie schließlich nicht einmal mehr in Spuren nachweisbar ist" (LORENZ 1996: 20). Das Zusammenleben auf engem Raume zwinge die Großstadtmenschen dazu, sich vor emotionaler Verstrickung zu hüten, sich absichtlich gegen menschliche Kontakte abzuschirmen. Diese Abschirmung aber führt

„im Verein mit den später zu besprechenden Erscheinungen der Gefühlsverflachung zu jenen entsetzlichen Erscheinungen der Teilnahmslosigkeit, von denen die Zeitungen uns alltäglich berichten. Je weiter die Vermassung der Menschen geht, desto dringender wird für den einzelnen die Notwendigkeit ‚not to get involved', und so können heute gerade in den größten Großstädten Raub, Mord und Vergewaltigung bei hellem Tage und auf dicht belebten Straßen vor sich gehen, ohne daß ein ‚Passant' einschreitet." (LORENZ 1996: 20f.)

Das „Zusammengepferchtsein vieler Menschen", so LORENZ weiter, führt zu „Entmenschlichung" und aggressivem Verhalten; man wisse aus Tierversuchen, daß „innerartliche Aggression durch Zusammenpferchung gesteigert werden kann" (ebenda). In Kriegsgefangenenlagern, aber auch großen Bahnhöfen erreiche die „allgemeine Unfreundlichkeit" erschreckende Grade.[140]

Die zivilisierte Menschheit, so heißt es weiter (S. 25ff.), verwüste und bedrohe „in blinder und vandalischer Weise" die lebende Natur.

---

140 Ich schreibe diese Zeilen heute, am 14.11.1997, während eines fahrplanbedingten, fünfstündigen Zwischenaufenthaltes auf dem Flughafen Frankfurt am Main, auf der Reise von Graz nach Amsterdam, zu einer Vorstandssitzung der European Sociological Association. Obwohl dies einer der größten Passagierflughäfen der Erde ist, finde ich LORENZ' Behauptung in keiner Weise bestätigt. Wie unbeteiligt oder unpersönlich die vorbeieilenden oder auf Ruhebänken wartenden Passanten auch dreinblicken mögen – von einer „erschreckenden allgemeinen Unfreundlichkeit" kann ich nicht das Geringste bemerken. Vom Hauptbahnhof Frankfurt könnte ich aus meiner persönlichen Erfahrung auch nicht viel anderes berichten.

Alles, was der heranwachsende Mensch um sich sehe, sei „Menschenwerk, und zwar sehr billiges und häßliches". „Hochhäuser und chemische Atmosphärentrübung" verhüllen uns den Blick auf das gestirnte Firmament", das Vordringen der Zivilisation geht einher mit einer „bedauernswerten *Verhäßlichung von Stadt und Land*". In Großstädten und Hochhäusern werden Menschen analog wie Leghornhennen in Batterien gehalten – nur bei Hühnern aber gilt dies als „Tierquälerei und Kulturschande". Eine moderne Vorstadt mit ihren „Einheits-Häusern, die von kulturverarmten Architekten ohne viel Vorbedacht und in eiligem Wettbewerb entworfen wurden", gleicht dem „histologischen Bild der völlig uniformen, strukturarmen Tumorzellen" (S. 29). Die Folge der erzwungenen Nähe in Großstädten ist daher künstliche Abkoppelung, „Vereinsamung und Teilnahmslosigkeit am Nächsten", ja, der *„emotionelle Wärmetod"* überhaupt (S. 30, 46).

Hauptübel der modernen Gesellschaft sind *Utilitarismus* und *Wettbewerbsdenken*: „Als Wert wird von der erdrückenden Mehrzahl der heute lebenden Menschen „nur mehr das empfunden, was in der mitleidslosen Konkurrenz erfolgreich und geeignet ist, den Mitmenschen zu überflügeln" (S. 34). „Geldgier", „zermürbende Hast", „Gier nach Besitz und höherer Rangordnung", sowie Angst, im Wettlauf überholt zu werden, untergraben die Gesundheit moderner Menschen und berauben ihn der Fähigkeit zur Reflexion, mit sich selbst allein zu sein.

Die moderne Zivilisation hat des weiteren zu gefährlichen *„Störungen der Lust-Unlust-Ökonomie"* geführt. Das Leben der frühen Menschen als Jäger und Fleischfresser war noch hart und gefährlich; konnte einmal ein Großtier erlegt werden, galt es, „sich so voll zu fressen wie nur irgend möglich"; bei diesen Menschen waren „Fraß und Völlerei eine Tugend".[141] Der moderne, zivilisierte Mensch trägt zwar noch diese alten Instinkte in sich, die den Urmenschen einerseits „in einen Dauerzustand höchster Alarmbereitschaft und Angst" leben ließen, andererseits aber auch lange Perioden des Nichtstuns und der „Faulheit" gewährten. Heute aber führt das früher sinnvolle Prinzip der Vermeidung unnötiger Verausgabung und Gefahren-Aussetzung

---

141 Empirische, archäologische oder anthropologische Belege für diese abstruse Behauptung beizubringen wäre völlig unmöglich, da wir über das, was jene „Urmenschen" als Laster und Tugend ansahen, nicht die mindesten Hinweise besitzen. Denkbar wäre genausogut das Gegenteil dessen, was LORENZ behauptet, nämlich die Existenz strenger Vorschriften, die übermäßiges „Vollfressen" aus gesundheitlichen und sozialen Gründen untersagten.

zu *Trägheit*, zu einer „gefährlichen, wahrscheinlich sogar oft zum Untergang einer Kultur führenden *Verweichlichung*", zu „tödlicher Langeweile" (S. 44).

Der moderne Mensch werde immer unfähiger, echte Liebe zu erleben, vor allem auch deshalb, weil er dem mit tiefen Liebesbindungen unvermeidlich verbundenen Leid aus dem Wege zu gehen trachte. Dasselbe gilt für Trauer und Tod, ja sogar für das Böse: „Man ist versucht zu sagen, der moderne Zivilisationsmensch sei zu blutlos und blasiert, um ein markantes Laster (!) zu entwickeln" (S. 48). Die Folge des zunehmenden Mangels an echten und tiefen Erlebnissen sei die Jagd nach immer neuen, oberflächlichen Reizen, eine „*Neophilie*", die dazu führt, daß man immer wieder umzieht, seinen gesamten Hausrat ohne weiteres verkauft, in die Kleider- und Autoerzeugung das Prinzip der „eingebauten Veraltung" einführt.

Hinzuweisen ist auf die charakteristische Argumentationsfigur, die LORENZ hier anwendet. Sie stellt eine interessante Nebenvariante der im Text oben dargestellten Strategie der Humanethologen dar, die glauben, menschliches Verhalten aus Erkenntnissen über tierisches Verhalten erklären zu können, wobei sie in Wirklichkeit aber den Tieren oft nur pseudomenschliche Verhaltensweisen unterschieben. LORENZ unterstellt hier den frühen Menschen im Grunde „tierische" Verhaltensweisen (d.h., ein rein an der unmittelbaren Triebbefriedigung und Arterhaltung ausgerichtetes Verhalten), um dann behaupten zu können, der moderne Mensch sei demgegenüber „degeneriert".

Höchst problematisch erscheint LORENZ auch die Entwicklung der öffentlichen Meinungsbildung, der modernen Demokratie schlechthin. Die Einstellung zum Verbrechen ist dafür symptomatisch: das „*natürliche Rechtsgefühl*", das dem Täter die Hauptschuld an einem Verbrechen anlastet, wird ersetzt durch die Schuldzuschreibung an Eltern, an soziale Umstände usw. Man neigt hier zu einem Exzess, der in der Gegenrichtung des anderen Extrems liegt, das der Nationalsozialismus vertrat; heute ist die „Zerrform der liberalen Demokratie" entstanden, die zu ständigen, „maßlosen Rebellionen" (von Schwarzen, Jugendlichen usw.) führt.

Diese „ideologischen Oszillationen" zeigen eine gefährliche Neigung, sich zu einer „Reglerkatastrophe", einer „Teufelsschwingung" aufzuschaukeln. Denn „die Revolution der heutigen Jugend ist von *Haß* getragen", sie reagiert auf die ältere Generation in einer Art von „Nationalhaß", so wie „sonst eine Kulturgruppe oder ‚ethnische'

Gruppe auf eine fremde und feindliche reagiert" (S. 71). Einen Indikator für die Tatsache, daß die Jugend beginne, die ältere Generation als eine „fremde Pseudospezies" zu behandeln, sieht LORENZ in der Tatsache, daß heute zunehmend auch rebellierende Jugendliche *Trachten* und *Uniformen* auszubilden beginnen, wie es früher etwa Dorfgemeinschaften an der ethnisch gemischten, ungarisch-slowakischen Grenze taten, die ihre Trachten angeblich mit der Hauptabsicht trugen, „die Mitglieder der anderen ethnischen Gruppen zu ärgern" (S. 73).

Wenn die genetisch bedingte Selektion und der daraus entstehende Druck auf die Auswahl des „Tüchtigsten" wegfällt, zeigen sich beim Menschen dieselben *problematischen Folgen der Domestikation* wie beim Haustier. Bei diesem führt sie dazu, daß es „eine böse Karikatur seines Herrn" wird, und Merkmale wie dieser entwickelt: „Muskelschwund und Fettansatz samt resultierendem Hängebauch, Verkürzung der Schädelbasis und der Extremitäten" (S. 62). Domestizierten Tieren und Menschen gemeinsam ist auch eine „merkwürdige Kombination von geschlechtlicher Frühreife und dauernder Verjugendlichung". Für dieses „dauernde Verharren in einem Jugendzustand" verwendet LORENZ den Begriff der „*Neotenie*"; auch der Begriff der „Retardation" scheint ihm angebracht. Heute sei „eine fortschreitende Infantilisierung und wachsende Jugend-Kriminalität des Zivilisationsmenschen" zu beobachten, die auf „genetischen Verfallserscheinungen" beruhe.[142]

Vor allem der Irrglaube, der Mensch sei in erster Linie ein Resultat seiner Umwelt, also von Konditionierungsprozessen, muß „übelste Auswirkungen haben". Es ist genau diese „*pseudodemokratische Dok-*

---

142 So wird jede Leserin und jeder Leser in ihrem/seinem Bekanntenkreis Menschen kennen, die an starkem Übergewicht usw. leiden und zugleich auch viel zu viel essen, zuwenig körperliche und sportliche Aktivitäten ausüben usw. Man kann solche Phänomene in gewisser Weise als Folgen einer übertriebenen „Domestikation" sehen. (Nicht wenige dieser Menschen sitzen tatsächlich nur mehr in ihrer Wohnung herum und/oder verbringen die Freizeit großteils vor der Fernseh-„Glotze".) Entscheidend ist aber, daß keinesfalls alle oder auch nur der größte Teil der Menschen heute unter derartigen „Domestikationsschäden" leiden, sondern nur eine Minderheit. Die Entwicklung des modernen Sports, des viel höheren Gesundheitsbewußtseins und vor allem die objektiv eindeutige Verbesserung des Gesundheitszustandes der Menschen im Laufe der Evolution widerlegen die These von LORENZ ganz eindeutig.

trin", die „einen erklecklichen Teil der Schuld" trägt „an dem drohenden moralischen und kulturellen Zusammenbruch der Vereinigten Staaten, der höchst wahrscheinlich die ganze westliche Welt mit in seinen Strudel reißen wird" (S. 94).

Es ist evident, daß man bei diesen Aussagen von einer empirisch einigermaßen soliden Fundierung nicht sprechen kann. Betrachten wir diesen Aspekt etwas näher.

Die mangelnde empirische Fundierung der Behauptungen von LORENZ

Zum ersten ist hier festzuhalten, daß die These LORENZ' von den angeblichen *Domestikationsschäden der Haustiere und der Menschen* schlichter Unsinn ist. Dies gilt schon deshalb, weil Haustiere, wie etwa Hunde, nicht als „domestizierte Wölfe"[143], sondern viel eher als *neue und eigenständige Spezies* zu betrachten sind. Die von LORENZ in einem bekannten Beitrag aufgeworfene Frage „Wie kam der Mensch auf den Hund?" ist also falsch gestellt; nicht der Mensch kam auf den Hund, sondern dieser auf den Menschen, oder genauer gesagt: zu ihm.[144]

---

143 LORENZ selber behauptete, der Haushund stamme vom Schakal ab. In der einschlägigen, neueren Literatur gilt aber als erwiesen, daß der Hund vom Wolf abstammt (MORRIS 1987a: 18-28; KLINKENBERG 1993: 136). Dies nicht nur wegen der hohen äußerlichen Ähnlichkeit zwischen bestimmten Hunderassen und Wölfen, sondern vor allem deshalb, weil die sozialen Verhaltensweisen und die hohe Lernfähigkeit von Hunden sehr große Ähnlichkeiten mit jenen der Wölfe aufweisen; als Rudel- oder Meutetiere sind Wölfe soziale Lebewesen par excellence.

144 KLINKENBERG (1993: 138f.) macht dies folgendermaßen plausibel: Als der Mensch vor 10.000 bis 20.000 Jahren immer stärker die Erde besiedelte, wurden die wilden Tiere zusehends zurückgedrängt und vielfach in ihrer Art gefährdet. So mußten sich auch die Wölfe zurückziehen. Für einige von ihnen eröffnete sich jedoch eine neue Versorgungs- und Überlebensnische in der Weise, daß sie in der Nähe menschlicher Siedlungen herumstreunten und sich von den Abfällen dieser ernährten. Jene ersten „Wildhunde" und Wildhundmeuten, die es nun – trotz grundsätzlicher Feindschaft zum Menschen – wagten, dauerhaft in seiner Nähe zu bleiben, kamen immer mehr mit diesen in Kontakt, bis sie schließlich von den Menschen als Gefährten akzeptiert und in deren Gemeinschaft aufgenommen wurden. Auch KLINKENBERG meint, damit habe die „Domestikation" begonnen. Er interpretiert diesen Prozeß jedoch völlig anders als LORENZ: „Man kann sagen, daß die durch eine Veränderung in den Erbanlagen bedingte Entwicklung zu einem mehr

Eine zweite, soziologisch wichtige Anmerkung betrifft die Tatsache, daß man *die Tendenz zu einer Verlängerung des Kindes- und Jugendalters* beim Menschen genausogut positiv sehen kann, als wichtige Voraussetzung für die kulturelle Höherentwicklung des Menschen, und nicht als Zeichen eines genetischen und soziokulturellen Verfalls. Der von Leopold ROSENMAYR (1976) geprägte Begriff der *„verlängerten Adoleszenz"* bezeichnet die Tatsache, daß jugendliche Mittelschüler deutlich später Verhaltensweisen von Erwachsenen annehmen als jene Jugendliche, die als Lehrlinge und Berufstätige schon früher über eigenes Geld verfügen. Diese „verlängerte Adoleszenz" aber ist keine problematische Erscheinung, sondern ein Vorzug, der es den jungen Gymnasiasten ermöglicht, sich länger und intensiver ihrer Ausbildung und Persönlichkeitsentfaltung zu widmen (ROSENMAYR/ KREUTZ/KÖCKEIS 1966, ROSENMAYR 1976).

Eine dritte Anmerkung betrifft die angebliche Tendenz von gesellschaftlichen Subgruppen, wie Jugendlichen, sich als neue „Spezies" (insbesondere gegenüber den Erwachsenen) zu empfinden mit der Tendenz, andere Gruppen nicht mehr als vollwertige Menschen zu behandeln. Auch hier überzieht LORENZ die Analogie zwischen menschlich-kulturellen und naturhaften Segregations- und Selektionsprozessen in eindeutiger Weise. Er erwähnt zwar, daß die Tendenz von Dorfgemeinschaften oder Volksgruppen, eigene Trachten zu entwickeln, ihrer Selbstbestätigung und ihrem Stolz diene, sieht darin jedoch nur einen Nebeneffekt. Aus der Sicht der Kulturanthropologie und Volkskunde ist dies aber der zentrale Effekt.[145] Die Plausibilität der These, daß *Trachten*

---

phantasiebegabten Tier die Entstehung der neuen Form *Canis lupus forma familiaris* aus dem Wolf einleitete." (KLINKENBERG 1993: 138; Hervorhebung im Original). Gegen die These, daß Hunde eine neue Spezies darstellen, spricht allerdings das Faktum, daß sie sich anscheinend mit Wölfen paaren und Nachkommen zeugen können.

145 Trachten lokaler Gemeinschaften sind ursprünglich „erwachsen aus der Begrenzung der materiellen Möglichkeiten und als Folge eines der Gemeinschaft eigenen Stilwillens, der sich auch im täglichen Gebrauch äußert" (BERTELSMANN NEUES LEXIKON 1996, Bd. 9, S. 454). Die von LORENZ postulierte Primärfunktion der Hervorhebung einer aggressiven Haltung zu Nichtangehörigen der eigenen Gruppe wird hier nicht erwähnt. Bemerkenswert ist übrigens, daß sich LORENZ mit seiner Behauptung von der primär aggressiven Funktion ethnisch-nationaler Symbole einreiht in die *„linken"* Kritiker der Idee einer eigenständigen und positiven Funktion von Ethnizität und Nationalität (vgl. zu den letzteren vgl. HALLER u.a. 1996a).

primär die *positive Funktion der Entwicklung und Festigung der soziokulturellen Identität* einer Gemeinschaft erfüllen, wird heute dadurch deutlich, daß sich die Trachtenvereine unterschiedlichster Regionen und Kulturkreise häufig zu gemeinsamen Feiern und Festen treffen.

Von einer schwachen empirischen Fundierung muß man auch bei der ersten und gravierendsten der acht „Todsünden" der modernen Zivilisation sprechen, ihrer scheinbar unaufhaltsamen „*Übervölkerung*": „Mittelbar trägt die Übervölkerung zu sämtlichen Übelständen und Verfallserscheinungen bei, die in den folgenden sieben Kapiteln besprochen werden sollen" (LORENZ 1973: 22). Es wurde bereits oben dargestellt, daß LORENZ im großstädischen „Zusammengepferchtsein" der modernen Menschen die Hauptwurzel ihrer abnehmenden Sozialität sieht – eine ziemlich fragwürdige Behauptung, die durch wenig oder kaum beweiskräftige Evidenz (Folgen des Zusammengepferchtseins in Gefangenenlagern) belegt wird. Was ist aber „Übervölkerung" wirklich? Dies ist offenbar ein eindeutig wertender Begriff, der seinen Sinn nur dadurch erhält, daß man ein Kriterium dafür zu besitzen glaubt, wann die Bevölkerung eines umgrenzten Gebietes eine „normale Dichte" aufweist, d.h., eine Dichte, bei der die Versorgung mit den notwendigen Nahrungsmitteln, das erträgliche Zusammenleben usw. gerade noch gesichert sind.

Eine problematische Begleiterscheinung der Übervölkerung ist ein verhängnisvoller „*wirtschaftlicher Wettlauf der Menschen mit sich selbst*": Meinungs- und Werbeforschung können darauf bauen, daß „die große Masse der Konsumenten ... dumm genug" ist, um sich eine wirkliche „Lenkung" gefallen zu lassen. Dies führt zu einer progressiven Steigerung der Bedürfnisse und hat seinerseits wieder verhängnisvolle Konsequenzen:

„Die Luxusbildungen, die als Folge des Teufelskreises einer rückgekoppelten Produktions- und Bedürfnissteigerung auftreten, werden den westlichen Ländern, vor allem den USA, früher oder später dadurch zum Verderben werden, daß ihre Bevölkerung gegen die weniger verwöhnte und gesündere der östlichen Länder nicht mehr konkurrenzfähig wird." (LORENZ 1973: 38)

Beide der oben behaupteten Fakten lassen sich kaum nachweisen. Bezüglich der von LORENZ postulierten *Effekte der modernen Werbung* ist die empirische Forschung weit zurückhaltender. Sie konstatiert, daß der Werbung infolge ihrer Interessensgebundenheit auch erhebliches Mißtrauen entgegengebracht werde; am ehesten effizient scheint sie noch im Bereich von „Bagatellgütern" zu sein (KUTSCH/WISWEDE 1986: 232).

Zur Widerlegung der Behauptung von der anscheinend „gesünderen" Bevölkerung der „östlichen Länder" reicht es, sich die folgenden Daten vor Augen zu führen. Die durchschnittliche Lebenserwartung sah im Jahre 1992 in ausgewählten westlichen Ländern folgendermaßen aus: Österreich 75.7 Jahre, Deutschland 75.6, USA 75.6; dagegen in Ungarn 70.1, Polen 71.5, Russische Föderation 70.0, China 70.5, Indonesien 62.0, Indien 59.7 Jahre; nur in Japan betrug sie mit 78.6 Jahren mehr als in Westeuropa und Nordamerika (UNDP 1994: 157f.).[146]

Grundsätzliche Vorbehalte sind weiters auch anzubringen bezüglich LORENZ' impliziter Behauptung, die moderne Menschheit steuere möglicherweise auf eine Katastrophe zu, da sie nicht in der Lage sei, das *ungezügelte Bevölkerungswachstum* zu stoppen. In einer systematischen Übersicht über die Bevölkerungsentwicklung auf der Erde seit Beginn der Neuzeit wird die Möglichkeit von säkularen Katastrophen (Atomkriegen, bakteriologischen Seuchen usw.) als „malthusianischen" Formen der „natürlichen Regulierung des Bevölkerungswachstums" nicht völlig ausgeschlossen. Trotzdem schließen die Autoren mit der optimistischen Feststellung, es sei absehbar, daß nach der Phase der Bevölkerungsexplosion die Menschheit in der Lage sein werde, eine adäquate Balance zwischen Bevölkerungszahl und Lebensraum zu finden; weitere wissenschaftlich-technische Fortschritte würden darüberhinaus ein zusätzliches Bevölkerungswachstum ermöglichen (Mc EVEDY/JONES 1978: 350f.).

Neben der Verlangsamung des Bevölkerungswachstums gilt aber auch, daß starkes Bevölkerungswachstum oder hohe Bevölkerungsdichte nicht an sich und notwendig zu den problematischen Phänomenen von Unterernährung, Armut, Kriminalität usw. führen müssen. Einzelne Entwicklungsländer bzw. Regionen der Dritten Welt haben es sehr wohl geschafft, auch bei einem relativ bescheidenen Entwicklungsniveau ihrer Länder eine ausreichende Grundversorgung aller Menschen zu sichern. In anderen Regionen oder in bestimmten Perioden war bzw. ist wiederum Hungersnot inmitten eines Überschusses

---

146 Verhaltensforscher könnten einwenden, daß höheres Alter oft mit schlechterer Gesundheit verbunden sei. Dies ist sicher richtig, widerlegt aber nicht meine These, daß die Bevölkerung heute im Durchschnitt weit gesünder ist als früher (sonst wäre ja auch die Lebenserwartung nicht so spektakulär gestiegen).

an Nahrungsmitteln festzustellen.[147] Entscheidend ist vor allem, wie die Ressourcen eines Landes *verteilt* werden; dies wiederum heißt, wie Gemeinschaften, Regierungen usw. auf Ressourcenknappheit reagieren bzw. mit ihr umgehen. Genau diese Frage ist zentrales Objekt einer Soziologie als „Wirklichkeitswissenschaft".

Eine in diesem Zusammenhang ebenfalls relevante, nicht weniger problematische Tendenz besteht darin, daß LORENZ anerkannte wissenschaftliche Autoritäten oder klassische Studien in fragwürdiger Weise und in Kontexten, die oft irreführend sind, als Belege für seine Thesen zitiert. Ein Beispiel ist sein Hinweis auf den bedeutenden Psychoanalytiker und Sozialwissenschaftler Erik ERIKSON. Die Frage betrifft das bereits besprochene Problem der Bestimmung von „gut" und „böse", des Zusammenhangs zwischen Naturgesetzen, Moral und Ethik. LORENZ (1973: 16) meint hier, Phänomene wie Haß, Liebe, Treue, Mißtrauen usw. könne man gar nicht nach den Kriterien von „gut" oder „schlecht" beurteilen, schon eine derartige Frage sei „ohne jedes Verständnis für die Systemfunktion dieses Ganzen gestellt und genauso dumm, als früge einer, ob die Schilddrüse nun gut oder schlecht sei". Vielmehr gelte, daß selbst Liebe schlecht, Haß gut sein könne:

„Zu große Liebe verdirbt unzählige hoffnungsvolle Kinder, zum verabsolutierten Selbstwert erhobene ‚Nibelungentreue' hat infernalische Wirkungen gezeigt, und Erik Erikson hat jüngst in zwingender Argumentation die Unentbehrlichkeit des Mißtrauens demonstriert." (LORENZ 1973: 16)

Der kritische Leser wird hier wohl stutzig werden und sich fragen, was unter „zu großer Liebe" zu verstehen sei. Es macht wohl wenig Sinn, Überbehütung und -versorgung, ja symbiotisches Kleben an den eigenen Kindern als „zu große Liebe" zu bezeichnen. Ich würde in der Tat meinen, daß LORENZ hier den Begriff der „Liebe" weit überzieht, da es einer echten „Liebe" ja primär um das Objekt und nicht um sich selbst, um ein Haben- oder Besitzen-Wollen geht.[148] Besonders ärger-

---

147 Dies war der Fall bei einer großen Hungersnot in Bengalen 1943, bei der 2 bis 3 Millionen Menschen um ihr Leben kamen, weil die Lebensmittelpreise während des 2. Weltkrieges plötzlich explodiert waren und die Regierung nichts gegen die Hortung von Lebensmitteln durch profitgierige Händler unternahm (UNDP 1994, S. 33).
148 E. FROMM (1956) bezeichnet dieses letztere als eine „unreife Form" von Liebe. Echte „Liebe" definiert er als ein aktives Verhältnis zu anderen Menschen, das vier Elemente beinhaltet: gegenseitige Zuneigung (Sympathie),

lich erscheint es aber, daß LORENZ hier Erik ERIKSON als Kronzeugen für seine Auffassung anführt.[149] In ERIKSONS berühmtem Buch *Kindheit und Gesellschaft*[150] finde ich nicht den geringsten Beleg dafür, daß Mißtrauen ein „unentbehrliches Element" in der Entwicklung des Kindes oder der Menschheit sei und demzufolge nicht als „schlecht" angesehen werden könne. Das Gegenteil scheint der Fall zu sein, wenn auch ERIKSON selber die Bezeichnungen „gut" und „schlecht" in diesem Kontext nicht verwendet. Lesen wir, was ERIKSON selber dazu geschrieben hat:

> „In den allmählich länger werdenden Zeiten des Wachseins erwecken die Abenteuer, die ihm seine Sinne vermitteln, im Kinde immer mehr das Gefühl des Vertrauten und der Koinzidenz mit etwas, das sich im Inneren gut anfühlt. Daher kann man es als die erste soziale Leistung des Kindes bezeichnen, wenn es die Mutter aus seinem Gesichtsfeld entlassen kann, ohne übermäßige Wut oder Angst zu äußern...
> Das dauernde Erproben und Abtasten der Beziehungen zwischen innerer und äußerer Welt tritt mit den Zornausbrüchen der Beiß-Phase in ein kritisches Stadium, wenn das Zahnen dem Kinde von innen her Schmerz bereitet, die äußeren Freunde sich aber entweder als nutzlos erweisen oder sich dem einzigen Akt entziehen, der Erleichterung verschafft: dem Beißen. Ich möchte annehmen, daß in dieser Erfahrung die Wurzel der masochistischen Tendenz zu suchen ist...
> Hier entspringt das Urgefühl des Nicht-Gutseins, des Bösen und Feindlichen in der Welt, nämlich das Gefühl des möglichen potentiellen Verlustes alles dessen, was gut ist..." (ERIKSON 1957: 228f.)

Man kann sicherlich sagen, daß ERIKSON Schmerzen, Trennungen usw. als notwendige Erfahrungen sieht, die jedes Kind und jeder Mensch machen muß. Es scheint mir aber kein Zweifel daran zu bestehen, daß das Gefühl sicherer Bindungen, das *„Grundvertrauen"*, das notwendig ist, damit ein Kind ein selbständiges und aktives Mitglied einer Gesellschaft werden kann, für ERIKSON als etwas *Gutes*, ja als das Gute schlechthin, ansieht.

---

gegenseitiges Verstehen (Empathie), kontinuierliche Interaktion und Bereitschaft zu gegenseitiger Fürsorge.

149 Ein großzügiger Umgang mit Quellen und dem geistigen Eigentum anderer ist bei sehr bedeutenden Autoren häufig anzutreffen. Bei LORENZ war diese Tendenz besonders ausgeprägt; sein Biograph N. BISCHOF (1991: 142ff.) vergleicht ihn mit der Figur des „Tricklers", eines Jugendlichen vor Eintritt in die Pubertät, der durch eine unersättliche Wißbegierde, aber auch sozioemotionale Inkompetenz und eine achtlos-unernste Lebenseinstellung gekennzeichnet ist.

150 LORENZ gibt bezeichnenderweise nicht an, auf welche Arbeit von ERIKSON er sich bezieht.

Fragwürdig erscheint auch LORENZ' Berufung auf die bekannten Arbeiten von René SPITZ über die Phänomene der *"Hospitalisierung"* bei Kindern. Hier argumentiert LORENZ, die Strukturveränderungen der modernen Familie führten zu einer kontinuierlichen *Schwächung der Eltern-Kind-Beziehungen*:

„Dies beginnt schon in der Säuglingszeit. Da die Mutter heutzutage niemals ihre volle Zeit dem Kleinkind widmen kann, entstehen in stärkerem oder geringerem Grade fast stets die Erscheinungen der von René Spitz so genannten Hospitalisierung. Ihr bösestes Symptom ist eine schwer oder nicht reversible Schwächung der menschlichen Kontaktfähigkeit." (LORENZ 1973: 77)

Tatsächlich hatte SPITZ in den 40er Jahren nachgewiesen, daß Säuglinge und Kleinkinder in einer sozial depravierten Umgebung, ohne kontinuierliche und warme „mütterliche" Betreuung, nach einem Jahr nicht nur eine erheblich ungünstigere Entwicklung aufwiesen, sondern sogar unter gravierenden psychischen Störungen litten, verglichen mit Kindern, die in „Normalfamilien" aufwuchsen. Nun muß man allerdings wissen, daß die Untersuchungen von René SPITZ sich auf psychische Schädigungen von Kleinkindern bezogen, die ihr ganzes erstes Lebensjahr in Krankenhaus- oder Heimumgebung verbrachten. Sie lebten also „in ganz besonders ungünstigen psychologischen Verhältnissen nicht nur, weil eine einzige Pflegerin etwa sieben Kinder betreuen mußte, sondern auch, weil sie aus hygienischen Gründen isoliert in Bettchen und Laufställen gehalten wurden, was einer Einzelhaft gleichkommt" (BOWLBY 1973: 25).[151] Aus einer Studie über psychische Schädigung von Kleinkindern, die unter extrem schlechten Bedingungen aufwuchsen (Bedingungen, wie es sie heute selbst in Kinderheimen und Kinderkrankenhäusern nicht mehr gibt) leitet

---

151 Die von SPITZ schon in den 40er und 50er Jahren durchgeführten Studien waren insoferne bahnbrechend, als sie erstmals auf systematischen Beobachtungen der Entwicklung von Kindern beruhten (und nicht nur auf Rückerinnerungen von Erwachsenen, auf die sich FREUD vor allem stützte). Trotzdem läßt sich auch SPITZ selber z.T. auf fragwürdige Schlußfolgerungen von seinen Studien über stark depravierte Kinder auf ähnliche, gravierende Effekte des „fortschreitenden Verfalls der väterlichen Autorität" und der „progressiven Zersetzung der Mutter-Kind-Beziehung" auf eine fortschreitende Untergrabung der Familie, steigende Zahl von Neurosen und Psychosen, Jugendverwahrlosung und Kriminalität ein (SPITZ 1960: 126).

LORENZ also ab, daß ähnliche Schädigungen auch bei Kindern erwerbstätiger Mütter auftreten müssen![152]

Das naturwissenschaftliche Menschenbild und die biologistisch-rassistische Terminologie als Ursache der Attraktivität von LORENZ für die „Neue Rechte"

Abschließend ist noch auf den am stärksten problematischen Aspekt von LORENZ' Schrift einzugehen. Es ist dies sein im Grunde rein naturwissenschaftliches Weltbild sowie die mehrfach hervortretende, höchst fragwürdige Terminologie, in der Anklänge an biologistisch-rassistisches Denken deutlich erkennbar sind.[153]

Zu erwähnen ist hier zunächst die *biologistische Triebtheorie* von LORENZ. Im Zusammenhang mit dem besprochenen „ethnischen Haß", den Teile der heutigen Jugend anscheinend gegen die Erwachsenen entwickeln, argumentiert er, daß „vermünftige Erwägungen einen weit schwächeren Antrieb darstellen als die elementare, instinktmäßige Urgewalt der tatsächlich dahinterstehenden Aggression" (LORENZ 1973: 80). Der Drang von Jugendlichen, an „kollektiver Aggression" teilzuhaben, sei genauso stark wie „phyologenetisch programmierte Antriebe", wie Hunger oder Sexualität. Sie alle können durch Einsicht und Lernvorgänge zwar eine „Fixierung auf ein bestimmtes Objekt erhalten", niemals aber „als Ganzes von der Vernunft beherrscht oder gar unterdrückt werden" (S. 81). Gleich im folgenden bemüht er sich zwar, diese Aussage abzuschwächen durch den Hinweis darauf, im „tiefsten Wesen des Menschen als des natürlichen Kulturwesens" sei es begründet, nur in der Kultur eine „voll befriedigende Identifizierung zu finden". Daß dies aber eher nur als beschwichtigende Bemerkung zu verstehen ist, wird klar durch die bald darauf folgende, weitere Bemerkung, man könne von einer „Wahllosigkeit" sprechen, „mit der gestaute Triebe an erstaunlich unpassenden Objekten abreagiert werden" (ebenda).

---

152 Zur Kritik der These, daß Erwerbstätigkeit von Müttern für Kleinkinder schädlich ist, vgl. den Beitrag von R. SÜSSMUTH in NAVE-HERZ 1988: 222.
153 Insofern stimmt die entschuldigende Behauptung des LORENZ-Biographen WUKETITS (1990: 111) nicht, dieser habe nur „in den späten dreißiger und frühen vierziger Jahren das Vokabular seiner Zeit" gebraucht. Noch unhaltbarer ist die von ihm in diesem Zusammenhang aufgestellte Behauptung, Begriffe an sich seien „über jeden Verdacht erhaben".

LORENZ' Vorstellung ist also die folgende: der Mensch verfügt über ein gewisses (weit größeres, als üblicherweise angenommenes) Quantum an Triebenergie; dieses muß sich „entladen" können; ansonsten entstehen Neurosen, Verdrängungen, aggressive Ersatzhandlungen. Diese biologistisch-mechanistische Auffassung, der zum Teil auch FREUD anhing, ist nicht nur mit einem modernen Menschenbild, sondern auch mit dem derzeitigen Stand der psychologischen Motiv- und Persönlichkeitsforschung grundsätzlich unvereinbar. Noch weniger sind dies die anti-ethischen Folgerungen, die LORENZ daraus ableitet. Dies können schon einfachste Überlegungen plausibel machen. Wie ist etwa – um beim Sexualtrieb zu bleiben – die Tatsache zu erklären, daß die katholische Kirche für ihren Klerus das Gebot des Zölibats aufrechterhalten kann, obwohl dies nach LORENZ' Auffassung doch auf eine eindeutige Vergewaltigung der menschlichen Natur hinauslaufen müßte?[154] Eine ebenso klare Widerlegung ist die Tatsache, daß auch heute, einem Zeitalter der völlig freien Partnerwahl und einer weitgehend freien Sexualität, es eine erhebliche Zahl freiwillig alleinlebender Menschen gibt, von denen anzunehmen ist, daß ebenfalls ein nicht kleiner Teil auf das „Ausleben" von Sexualität verzichtet.

In diesem Zusammenhang besonders signifikant ist des weiteren, was LORENZ über „*genetischen Verfall*" und „*Sozial-Parasiten*" in tierischen und menschlichen Gesellschaften schreibt. Von einem „genetischen Verfall" könne man sprechen, wenn innerhalb einer Art einzelne Individuen Verhaltensweisen entwickeln, die zwar ihnen selber nützen, der Gruppe als Ganzes aber schaden bzw. sie ausnützen. An-

---

154 Die Verhaltensforscher werden natürlich sofort einwenden, ein klarer Beweis für ihre Thesen sei die Tatsache, daß viele Priester tatsächlich nicht in der Lage seien, sich an den Zölibat zu halten bzw. als dessen Folgen neurotisch oder homosexuell würden. Wir brauchen hier nicht in Spekulationen darüber eintreten, wie hoch der Anteil jener katholischen Priester ist, die sich tatsächlich an den Zölibat halten. Es reicht als Widerlegung für LORENZ' These die Tatsache, daß es außer Zweifel steht, daß ein erheblicher Teil der Priester dies tatsächlich kann und dies, ohne daß deswegen zu psychisch verkrüppelten, neurotischen Persönlichkeiten deformiert zu werden. Auch die Tatsache, daß bei nicht wenigen Priestern charakteristische psychosoziale Probleme und Kindheitserfahrungen auftreten (so stellte REY 1969 etwa eine besondere Fixierung vieler Priester auf ihre Mütter fest; vgl. auch MOSER 1992), kann meiner Meinung nach die deterministische Triebtheorie von LORENZ nicht bestätigen.

stoß an „asozialem Verhalten" werde erstaunlicherweise nur in bei Tiersozietäten auf einem relativ niedrigen Niveau (wie bei Ameisen) oder auf dem höchsten Entwicklungsniveau, beim Menschen, genommen. Hier sieht sich LORENZ daher gezwungen, eine Parallele zwischen physiologischen Prozessen auf einer sehr niedrigen Ebene und dem Menschen herzustellen:

„Die Immunologen haben die höchst bedeutsame Tatsache herausgefunden, daß ein enger Konnex zwischen der Fähigkeit zur Antikörperbildung und der Gefahr des Auftretens bösartiger Geschwülste besteht. Ja, man kann die Anschauung vertreten, daß die Bildung spezifischer Abwehrstoffe überhaupt erst unter dem Selektionsdruck ‚erfunden' wurde, den bei langlebigen und vor allem auch lange weiterwachsenden Organismen die ständige Gefahr ausübte, daß den unzähligen Zellteilungen durch sogenannte Sproßmutation gefährliche ‚asoziale' Zellformen entstehen...
Bei uns Menschen besitzt das normale Sozietätsmitglied höchst spezifische Reaktionsweisen, mit denen es auf asoziales Verhalten anspricht. Wir sind ‚empört' darüber, und der Sanfteste reagiert mit tätlichem Angriff, wenn er Zeuge wird, wie ein Kind mißhandelt oder eine Frau vergewaltigt wird. Eine vergleichende Untersuchung der Rechts-Struktur verschiedener Kulturen zeigt eine Übereinstimmung, die bis in Einzelheiten geht und sich nicht aus kulturhistorischen Zusammenhängen erklären läßt." (LORENZ 1973: 52f.)

LORENZ führt vier Erklärungen für die Strukturähnlichkeiten zwischen verschiedenen Rechtssystemen der Welt an: eine metaphsisch-naturrechtliche („vitalistische"), eine historische (Ideenaustausch durch Diffusion), eine ökologische (Anpassung an die Umweltbedingungen), und eine psychologische Erklärung (es gibt einen Rechts-Instinkt, entwickelt schon in frühester Kindheit). Nur die letztere findet die Zustimmung von LORENZ; als Beleg zitiert er aus einem Brief des Rechtspsychologen EHRENZWEIG in Berkeley den Satz, „daß es sich bei diesem mysteriösen ‚Rechtsgefühl' (...) weitgehend um typisch angeborene Verhaltensweisen handelt" (LORENZ 1973: 54). Er weist dann zwar darauf hin, daß der „zwingende Nachweis" für diese These sehr schwierig sein werde, schreibt aber im weiteren den folgenden bemerkenswerten Satz:

„Was immer aber uns die zukünftige Forschung ... mitteilen wird, als wissenschaftlich feststehend können wir betrachten, daß die Art Homo sapiens über ein hochdifferenziertes System von Verhaltensweisen verfügt, das in durchaus analoger Weise wie das System der Antikörperbildung im Zellenstaat der Ausmerzung gemeinschaftsgefährdender Parasiten dient." (LORENZ 1973: 54; Hervorhebung von mir, M.H.)

Auch in der modernen Kriminologie sei die Frage zentral, „welche Anteile kriminellen Verhaltens auf *genetischen Ausfällen* von angeborenen sozialen Verhaltensweisen und welche aus Störungen in der kulturellen Überlieferung sozialer Normen zu erklären" seien (ebenda). Genetisch bedingte „*Defekte*" von Kriminellen seien nur begrenzt durch „gezieltes Training" korrigierbar; die Aussichten, die „sogenannten Gemütsarme" zu sozialen Menschen zu machen, seien gering. Man kann diese Armen auch gar nicht verantwortlich für ihr Verhalten machen, denn es gilt: „Ein Mensch, der durch das Ausbleiben der Reifung sozialer Verhaltensnormen in einem infantilen Zustand verharrt, wird *notwendigerweise zum Parasiten der Gesellschaft*" (LORENZ 1973: 65, hervorgehoben von mir, M.H.). Es sind heute „überall *wie maligne Tumoren vordringende Erscheinungen der Entmenschlichung*" zu sehen (S. 104). Die zivilisierte Menschheit hat sich bei dieser ganzen Problematik in eine „Aporie" verirrt, „die Forderungen der Menschlichkeit gegenüber dem einzelnen geraten mit den Interessen der Menschheit in Widerspruch":

„Unser Mitleid mit dem asozialen Ausfallbehafteten, dessen Minderwertigkeit ebensogut durch irreversible, frühkindliche Schädigung (Hospitalisation!) verursacht sein kann wie durch erbliche Mängel, verhindert, daß der Nicht-Ausfallbehaftete geschützt wird. Man darf nicht einmal die Worte ‚minderwertig' und ‚vollwertig' auf Menschen angewendet, gebrauchen, ohne sofort verdächtigt zu werden, man plädiere für die Gaskammer." (LORENZ 1973: 58)

Sicherlich kann man LORENZ nicht unterstellen, er plädiere für Gaskammern. Was aus seinen obigen, für mich schlechthin unfaßbaren Termini und Aussagen jedoch ganz klar folgt, wären Maßnahmen wie Zwangs- oder Arbeitslager, in die man asoziale Elemente sperren bzw. zu denen man sie verpflichten müßte, um die Gemeinschaft zu „schützen", um „*der Infiltration der Sozietät durch asoziale Artgenossen entgegenzuwirken*" (ebenda, S. 63).

In einem kritischen Buch über den populistischen „neurechten" Vorsitzenden der „Freiheitlichen Partei Österreichs", Jörg Haider, wurde die Frage gestellt, was diesen mehr dazu veranlaßt haben möge, Konrad LORENZ zu seinem „Lieblingsschriftsteller" zu erwählen, – der späte LORENZ als bedeutender ökologischer Denker und Kämpfer für die Bewahrung der Umwelt, oder der frühe LORENZ, der sich noch in „menschenverachtender Eindeutigkeit" zu einer „Ausschaltung der Durchmischung mit Fremden" bekannt und vor einer Durchdringung des gesunden Volkskörpers mit „sozial minderwertigem Menschenmaterial" gewarnt habe (SCHARSACH 1992: 95)? Angesichts der oben zitierten, derartig „eindeutigen" Begriffe und Andeutungen von LO-

RENZ auch noch in seinen letzten Schaffensjahren müssen wir feststellen, daß es neben diesen beiden noch einen dritten LORENZ gibt: einen Autor, der sich ohne Zweifel von der alten nationalsozialistischen Ideologie distanziert hat, der aber weiterhin eine Terminologie verwendet, die dem unseligen Geist jener Bewegung in erschreckendem Maße nahesteht. Die Attraktion von LORENZ für die neue Rechte heute[155] ist daher nicht schwer zu verstehen: es ist seine bis zuletzt eindeutig sozialdarwinistische Grundhaltung und sein weiterhin ungebrochenes Bekenntnis zu einer mit ethisch-humanistischen Grundprinzipien unvereinbaren Haltung gegenüber Fremden, „Asozialen" und „Sozialparasiten". Höchst auffallend ist auch die Ähnlichkeit der Terminologie von LORENZ mit jener der Neuen Rechten; Vergleiche von politischen Gegnern mit wenig sympathischen Tieren (Flöhe, Wanzen, „Maden im Speck" usw.) kommen darin ebenso häufig vor wie Appelle an die Neidgenossenschaft, der Begriff der „sozialen Schande", der „Sozialschmarotzer, Faulenzer", das Konzept der ethnischen Überfremdung usw. (vgl. HALLER 1995). Das Dritte Reich hat mit seinen brutalen eugenischen Maßnahmen zur Höherentwicklung des „Volkskörpers" diesen damals durchaus in ganz Europa verbreiteten Geist in einer von kaum jemandem für möglich gehaltenen, unmenschlichen Weise verwirklicht.[156]

---

155 Für diese Attraktivität gibt es neben den in Fußnote 139 oben zitierten noch weitere Belege. So wurde LORENZ z.B. der deutsche Schiller-Preis angetragen und auch verliehen (krankheitsbedingt vertrat ihn dabei sein Sohn Thomas). Es stellte sich heraus, daß der Preis von einer der NPD nahestehenden Organisation gestiftet worden war (WUKETITS 1990: 190). Zur Ehre von LORENZ muß gesagt werden, daß er den Preis zurückgab und das Preisgeld sogar aus eigener Tasche refundierte, nachdem er es zuerst schon Amnesty International gespendet hatte, wogegen die Preisverleiher protestiert hatten.
156 Als schlaglichtartige Illustration des „Geistes" der nationalsozialistischen Ideologie, die zum Völkermord an Millionen von Juden und anderen rassisch und sozial Minderwertigen geführt hat, mag der folgende Auszug aus einem Artikel des österreichischen Schriftstellers Antonio FIAN dienen, den dieser anläßlich der Eröffnung der Ausstellung „Verbrechen der Wehrmacht 1941-44" in Wien 1995 verfaßte. Er wurde gebeten, aus Dokumenten und Briefen von Wehrmachtsangehörigen vorzulesen. Über den Inhalt jener Briefe, in denen auch Massenerschießungen erwähnt wurden, schreibt er: „Was diese Mörder antrieb, war nicht Haß gegen Feinde oder Fremde, sondern eine herrenmenschliche Form von Hygienebewußtsein, nicht aus Lust am Töten töteten sie, sondern weil sie es für ihre Pflicht hielten zu ‚säubern', der Euphemismus war ihnen zum Wahrwort geworden. Sie gingen nicht vor gegen

Wie eine wissenschaftlich so herausragende, humanistisch gebildete und von allen Mitarbeitern und Kollegen[157] als konfliktscheue und äußerst liebenswürdig beschriebene Persönlichkeit wie Konrad LORENZ[158] zu derart fragwürdigen Thesen gelangen konnte, erscheint geradezu als Rätsel. Das Psychogramm seines Charakters und der Familienkonstellation, in der LORENZ aufwuchs, kann hier allerdings einiges aufklären. Trotz äußerlich günstigster Umständen beinhaltete diese Konstellation in emotionaler Hinsicht eine geradezu tragische Situation.[159]

Vertreter der Spezies Mensch, sondern gegen ‚Schädlinge', ‚Ungeziefer', das zertreten werden mußte, und nicht wenige erzählten von ihren Greueltaten sachlich und heiter, im Tonfall von Kammerjägern nach einem langen Arbeitstag. Der Satz von Pascal, den Heinar Kipphardt 1983 seinem letzten Stück, dem ‚Bruder Eichmann' vorangestellt hat, ‚niemals tut man so vollständig und so gut das Böse, als wenn man es mit gutem Gewissen tut': Schwerlich besser als durch diese Briefe hätte sich bestätigen lassen wie zutreffend er ist." (Der Standard, 29./30.11.1997, S. 39: „Das Gefühl einer anderen Dimension").

In seiner Untersuchung *Warum Auschwitz?* zeigt G. HEINSOHN (1995), daß dieses unfaßbare Verbrechen von Hitler deshalb systematisch vorbereitet und durchgeführt wurde, weil die jüdische Ethik erstmals und am konsequentesten das Recht aller Menschen auf Leben herausgestellt hatte – ein Prinzip, das Hitlers Eroberungs- und Vernichtungsfeldzug nach Osten radikal im Wege stand.

157 Vgl. dazu die Sammlung von Aufsätzen von Schülern, Freunden und Kollegen von LORENZ in SCHLEIDT 1988.

158 LORENZ hatte vor dem Studium der Zoologie auch Medizin studiert und bei Karl BÜHLER Vorlesungen aus Psychologie besucht, bevor er sich auf die Verhaltensforschung konzentrierte. Sein erster Lehrstuhl in Königsberg war benannt mit „vergleichender Psychologie". Alle Schriften von LORENZ zeigen, daß er auch später aus einem reichen Fundus an literarischer und wissenschaftlicher Allgemeinbildung schöpfen konnte. Der langjährige persönliche Mitarbeiter und Biograph von LORENZ, Norbert BISCHOF, stellt fest, LORENZ sei ein äußerst guter Beobachter und Analytiker des menschlichen Verhaltens im Alltagsleben gewesen.

159 Rein äußerlich schien die Kindheit von Konrad LORENZ als Sohn des sehr erfolgreichen und international renommierten Orthopäden Adolf LORENZ und einer gebildeten und selbstbewußten Mutter außerordentlich günstige Entwicklungsbedingungen zu bieten. In Garten und Umgebung der schloßähnlichen väterlichen Villa in Altenberg an der Donau, nordwestlich von Wien, entwickelte sich seine Leidenschaft, die Beobachtung von Vögeln, Wasserbewohnern und anderen Tieren, schon von klein auf. In der quasi „offiziellen" LORENZ-Biographie von WUKETITS (1990: 23ff.) im Piper Verlag wird diese Jugendzeit tatsächlich in den rosigsten Farben dargestellt. Bei näherer

Es geht mir bei dieser Diskussion, um dies nochmals in aller Deutlichkeit klarzustellen, nicht darum, die zweifellos außerordentlich bedeutenden wissenschaftlichen Leistungen von LORENZ durch den Verweis auf seine ethisch-politisch so fragwürdigen Thesen in einigen stärker populärwissenschaftlich geprägten Werken herabzusetzen. Umgekehrt darf es wissenschaftlich und politisch aber auch nicht toleriert werden, diese Äußerungen zu übersehen, zu verharmlosen oder gar zu entschuldigen. Einen absonderlichen Versuch dieser Art unternimmt der LORENZ-Biograph Franz WUKETITS. Dieser sieht die Problematik der einschlägigen Äußerungen von LORENZ aus den 4oer Jahren ebenso wie in seinem neueren Buch *Die acht Todsünden der zivilisierten Menschheit* sehr wohl[160], schreibt dazu aber folgendes:

> Betrachtung zeigt sich jedoch, daß LORENZ trotz – und gerade *wegen* – der Überbehütung und Überversorgung durch Tanten und Kinderfrau an einem starken Mangel an emotionaler mütterlicher Zuwendung litt. Zugleich blieb der Vater ihm gegenüber zeitlebens distanziert bis gleichgültig, wodurch sich LORENZ seinem um 18 Jahre älteren Bruder Albert gegenüber stark zurückgesetzt fühlte. Dies führte nach LORENZ' eigener Äußerung manchmal zu einem „tiefen Ressentiment gegen den Vater" (WUKETITS 1990: 33). Mangelnde väterliche Anerkennung und mütterliche Nestwärme führten einerseits zu einer lebenslangen Hemmung, eigene Gefühle auszudrücken (so auch in seiner äußerlich ebenfalls vorbildlichen Ehe mit Margarete, einer drei Jahre älteren Spielgefährtin aus der frühen Kindheit), andererseits zu einer widersprüchlichen Verinnerlichung des (eugenisch geprägten) Männlichkeits- und Gesundheitsideals, das der großdeutsch-nationalistisch geprägte Vater vertrat. Ein nachgerade beklemmendes Detail dieser Beziehung ist eine Äußerung in der 1953 veröffentlichten Autobiographie des Vaters von Konrad LORENZ, in der er – unter Anspielung auf die Tatsache, daß sein zweiter Sohn Konrad eine Frühgeburt war, deren Überlebensfähigkeit, auch wegen des relativ hohen Alters der Mutter bei der Geburt, von vielen angezweifelt worden war – feststellt, schwächliche Neugeborene sollte man nicht künstlich am Leben erhalten (BISCHOF 1991: 49ff.). Höchst bezeichnend ist in diesem Zusammenhang die Tatsache, daß LORENZ sein Verhältnis zum Vater mehrfach mit dem zwischen Abraham und Isaak verglich (WUKETITS 1990). Die häufig wiederkehrende Redewendung in LORENZ' zivilisationskritischen Schriften vom „Wärmetod des Gefühls" in der heutigen Zeit wie auch seine ansonsten kaum verständlichen sozialdarwinistischen Auslassungen (unverständlich deshalb, weil LORENZ selbst in den 40er Jahren, wie bereits festgestellt, weder Rassist noch Antisemit im herkömmlichen Sinne war) werden auf dem Hintergrund dieser Fakten doch einigermaßen verständlich.

160 Allerdings entschuldigt er diese sofort, wenn er schreibt, „mit seiner Verharmlosung verschiedener politischer Ereignisse in den Vorkriegsjahren" sei LORENZ nicht alleine dagestanden (WUKETITS 1990: 101). Was eine solche

„Es ist nicht zu bestreiten, daß LORENZ mit der Diskussion all dieser Probleme sehr heikle Stellen berührt hat. Wenige haben eine so offene Zivilisationskritik geübt wie er, und es gehört zweifelsohne Mut dazu, das zu tun; auszusprechen, was zwar viele denken, aber eben nicht auszudrücken wagen, ist immer eine mutige Leistung." (WUKETITS 1990: 201)

Hier muß sich WUKETITS selber zumindest[161] den Vorwurf machen lassen, eine *Sekundärtugend* – den Mut zum Aussprechen einer kontroversiellen Ansicht – zu einer *Primärtugend* erhoben zu haben. Eine derartige Rechtfertigung klingt nicht anders als der Bezug auf die Gehorsamspflicht, die viele willfährige Diener der Nationalsozialisten für ihre aktive Mitarbeit bei einem der größten Verbrechen der Menschheit nachträglich immer wieder vorgebracht haben (vgl. dazu ARENDT 1963; GOLDHAGEN 1996). WUKETITS macht sich hier der gleichen *politischen Naivität* schuldig, die auch bei LORENZ selber von allen seinen Biographen immer wieder beobachtet wurde. Ein Verhaltensforscher, der über menschliches Verhalten gültige Aussagen treffen will, sollte aber wissen, daß Ewiggestrige und ihnen geistesverwandte moderne Reaktionäre nur darauf warten, daß eine prominente Persönlichkeit Äußerungen in ihrem Sinne von sich gibt, damit auch sie ungestraft aus ihren Löchern hervorkriechen und mit den alten Thesen an die Öffentlichkeit treten können. Die Folge ihrer Agitation kann sein, daß sich die öffentliche Meinung insgesamt entscheidend im Sinne der reaktionären Geisteshaltung verändert.[162]

Aussage unterschlägt, ist die Tatsache, daß erstens ein großer Teil der Sozialwissenschaftler vor Hitler ins Ausland emigrierte und zweitens unter den in Deutschland Verbliebenen nur die wenigsten so weit gingen, die „Ausmerzung Asozialer durch den Volksarzt" gutzuheißen.

161 „Zumindest" deshalb, weil er weiter vorne (WUKETITS 1990: 21) sich mit den Thesen von LORENZ identifiziert, indem er feststellt, LORENZ habe der Menschheit ihre acht Todsünden vorgehalten, „weil er etwas zu sagen hatte, was gesagt werden mußte (und heute nicht minder gesagt werden muß)".

162 Man kann wohl annehmen, daß eine solche Verschiebung der öffentlichen Meinung in ganz Europa stattgefunden hat. Inwieweit dabei Autoren wie LORENZ eine Rolle spielten, wäre eine eigene Untersuchung wert; daß die neurechten bis neofaschistischen Parteien in Italien, Frankreich, Österreich und anderen Ländern dafür erhebliche Bedeutung besaßen, steht außer Zweifel. Die österreichischen Fremdengesetze, obwohl verabschiedet von einer Koalition aus Christlich-Sozialen und Sozialdemokraten, gehören heute zu den restriktivsten in Westeuropa überhaupt (allgemeine, allerdings nicht besonders kritische, Übersichten über diese Problematik geben BAUBÖCK 1994 und FASSMANN/MÜNZ 1995). Die Praktiken der Fremdenpolizei sind hierzu-

e) Zusammenfassende Bemerkungen zur Reichweite und zu den Grenzen der Humanethologie

Versuchen wir uns abschließend nochmals zusammenfassend Klarheit über die Relevanz der Verhaltensforschung an Tiersozietäten für menschliche Gesellschaften zu verschaffen. In seiner ausgewogenen Darstellung dieser Fragestellung betont IMMELMANN (1983: 202), wie bereits einleitend erwähnt, nicht nur die große Vielfalt der Meinungen, sondern auch die vielen Mißverständnisse und Spekulationen, die bei der Beantwortung dieser Frage auftreten. Dabei handelt es sich, so müssen wir hier hinzufügen, vielfach nicht nur um höchst gewagte, sondern aus soziologischer Sicht auch höchst irreführende Spekulationen. Seit jeher hat sich gerade die Biologie gut dazu geeignet, pseudowissenschaftliche Auffassungen und Behauptungen unter dem Deckmantel „naturwissenschaftlicher Befunde" zu transportieren (STARLINGER 1989). Bezüglich der Verallgemeinerbarkeit von Ergebnissen der Verhaltensforschung an Tieren für menschliche Gesellschaften stellt IMMELMANN fest:

„Unser gegenwärtiger Erkenntnisstand läßt es als sicher erscheinen, daß auch im Verhalten des Menschen Anteile vorhanden sind, die als ehemalige Anpassungen stammesgeschichtlich entstanden und mit entsprechenden Verhaltenseigenschaften nichtmenschlicher Organismen vergleichbar sind. Diese Überlegung darf jedoch nicht darüber hinwegtäuschen, daß das Tatsachenmaterial, das uns zur Stützung dieser Annahme zur Verfügung steht, nur – wenn auch durchaus deutliche – Hinweise, nicht aber unmittelbare Beweise enthält." (IMMELMANN 1983: 209)

Ein Vergleich zwischen Tier und Mensch, so IMMELMANN (ebenda), erscheine am ehesten noch bei solchen Organismen möglich, denen auch der Mensch biologisch zuzuordnen sei. Aber selbst bei höheren Tierarten, wie Säugetieren und Primaten, dürfen Ergebnisse nie direkt übertragen werden: „Vielmehr sollten die aus der Verhaltensforschung an Tieren gewonnenen Erkenntnisse stets nur als *Arbeitshypothesen* angesehen werden, die die Humanpsychologie zur Fahndung nach möglichen parallelen Erscheinungen im menschlichen Verhalten anregen können" (IMMELMANN 1983: 202; Hervorhebung von mir, M.H.; vgl. dazu auch DURKHEIM 1981: 38). Wir müssen also davon ausgehen, daß kein auch noch so gut gesichertes Ergebnis der tieri-

---

lande vielfach so inhuman, daß sie schon von UNO-Behörden als in Widerspruch mit deren Prinzipien stehend verurteilt wurden.

schen Verhaltensforschung umstandslos auf den Menschen übertragbar ist.

Der Nutzen der tierischen Verhaltensforschung für die Human- und Sozialwissenschaften

Was läßt sich, positiv betrachtet, aus den Ergebnissen dieses zweifellos innovativen und wichtigen neuen Forschungszweigs für die Sozialwissenschaften ableiten? Wir könnten hier inhaltliche und methodologische Befruchtungen anführen.

In inhaltlicher Hinsicht gibt die Untersuchung des tierischen Verhaltens – aufgrund der in den vorigen Abschnitten dargestellten Spekulationen von Verhaltensforschern eher eine als paradox zu bezeichnende Tatsache – vor allem Hinweise darauf, *wie sich der Mensch vom Tier unterscheidet*. BEZZEL (1967: 140f.) nennt hier, im Anschluß an LORENZ, als beispielhaft die folgenden drei Tatsachen: zum ersten die beim Menschen sehr viel stärker ausgeprägte *Fähigkeit zu räumlichen Vorstellungen* und Raumorientierung, die eine wichtige Grundlage für menschliches Denken überhaupt darstellt; zum zweiten das Fehlen spezieller körperlicher Anpassungen (*somatische „Entspezialisation"*), das den Menschen zur Entwicklung „künstlicher" Bekleidung, Behausung und Werkzeuge zwingt, ihm damit aber auch das Überleben unter höchst unterschiedlichen Umweltbedingungen ermöglicht; zum dritten das *Neugierverhalten*, gewissermaßen die „positive Seite" des viel geringeren Gewichts der Instinkte beim Menschen.

IMMELMANN (1983: 202) führt zwei Möglichkeiten methodologischer Natur an, die als wichtige Anregungen der tierischen Verhaltensforschung für die menschliche Sozialforschung angesehen werden können. Die erste davon ist die Möglichkeit, *Tierversuche quasi als Modell* dort durchzuführen, wo aus ethischen Gründen entsprechende Versuche mit Menschen nicht möglich sind. Ein Beispiel dafür sind die von HARLOW durchgeführten Studien zur Entwicklung der Mutter-Kind-Bindung bei Rhesus-Affen. HARLOW trennte junge Rhesus-Affen frühzeitig von ihrer Mutter und zog sie mit Mutterattrappen auf; die Befunde zeigten, daß sehr bald gravierende Entwicklungsstörungen auftraten. Dieses Phänomen des „Hospitalismus" spielt auch bei Menschen eine große Rolle und wir haben gesehen, wie stark etwa K. LORENZ in seinen kulturkritischen Überlegungen darauf Bezug nimmt.

Die Variation der Form der Attrappen (weiche Stoffattrappen versus Drahtgitter, die jedoch Milch spendeten) zeigte, daß nicht sosehr die „Belohnung" des Jungen durch Nahrung, sondern der enge körperliche Kontakt mit der Mutter wichtig ist. Man sieht hier auch die Relevanz der *experimentellen Methode*, die vor allem in der neueren Verhaltensforschung zu Recht große Bedeutung besitzt.

Eine zweite Möglichkeit zur Befruchtung der Forschung in den Human- und Sozialwissenschaften durch die tierische Verhaltensforschung sieht IMMELMANN in der Möglichkeit der „Einbringung des vergleichenden und stammesgeschichtlichen Aspekts". Diese Forschung kann *kulturvergleichend* vorgehen und nach Gemeinsamkeiten in menschlichen Verhaltensweisen wie Begrüßungsritualen, Aggressionshandlungen usw. suchen. In dieser Hinsicht hat I. EIBL-EIBESFELDt (1967, 1973) sehr interessante Befunde zusammengetragen. Adolf PORTMANN (1964: 333ff.) sieht in verschiedenen Formen von *Riten* eine der wichtigsten Gemeinsamkeiten zwischen Tier und Mensch: „Wir finden das rituale, das zeremoniell geordnete Verhalten stets als Bändigung des Triebablaufes, als dessen Lenkung in gestalthaft geordneten Handlungen, die der Erhaltung einer Gruppe dienen." Tier und Mensch gemeinsame Triebrichtungen, die ritual gebändigt werden, sind der Sozialtrieb, Aggressionstendenzen, der Fortpflanzungstrieb, die Brutpflegetriebe. Der Ritus beim Menschen ist allerdings, so PORTMANN (ebenda, S. 338) weiter, kein archaischer Rest, er wird nicht vererbt, sondern durch intergenerationales Lernen weitergegeben und überindividuell gestaltet und stimmungsmäßig überhöht (durch Verwendung von Elementen wie Farben, Musik, Düften, Bewegungen usw.).

Der vergleichende Aspekt betrifft auch *Studien an Neugeborenen*, die noch keine Lernmöglichkeiten hatten, deren Verhaltensweisen also weitgehend als erblich vorprogrammiert anzusehen sind (vgl. dazu auch LORENZ 1996: 231ff.). Ähnliches gilt von Menschen, denen als Folge des Ausfalles bestimmter Sinnesorgane gewisse Erfahrungen dauerhaft vorenthalten sind (Blinde oder Taubstumme). Hier kann man gezielt nach Verhaltensweisen suchen, die trotzdem normal und spontan auftreten. In dieser Hinsicht ist der von Anne M. SULLIVAN untersuchte Fall der taubstummen und blinden Schülerin Helen Keller berühmt geworden, die ohne diese Sinneswahrnehmungen offenkundig aus einem eigenen starken Bedürfnis heraus lesen und schreiben lernte. Auch die Analyse von Familiengeschichten und Zwillingsstudien sind in diese Kategorie einzuordnen.

Versuchen wir jedoch, die Grenzen der Anwendbarkeit von Befunden und Methoden der Verhaltensforschung auf menschliche Gesellschaften klar herauszuarbeiten. Hier sind grundsätzliche Einwände zu erheben, die zwei Problemkreise betreffen.

Kritik der Grundannahmen der Verhaltensforschung in ihrer Anwendung auf menschliche Gesellschaften

Wir kommen zunächst nochmals auf die eingangs dargestellten vier Grundthesen zurück, von denen die Verhaltensforscher bei der Übertragung ihrer Befunde auf menschliche Gesellschaften ausgehen (vgl. Abschnitt 2.2a).[163]

Die *erste These* besagt, daß *viele destruktiven Phänomene im Tierreich für die Arterhaltung nützliche Funktionen haben*, und zwar auch solche, die sich gegen Artgenossen richten. Sie erreicht dies in dreierlei Hinsicht, wie LORENZ ausführt:

„Der Lebensraum wird unter den Artgenossen in solcher Weise verteilt, daß nach Möglichkeit jeder sein Auskommen findet. Der beste Vater, die beste Mutter wird zum Segen der Nachkommenschaft ausgewählt. Die Kinder werden beschützt. Die Gemeinschaft wird so organisiert, daß einigen weisen Männern, dem Senat, diejenige Autorität zukommt, die vorhanden sein muß, um Entscheidungen zum Wohl der Gemeinschaft nicht nur zu treffen, sondern auch durchzusetzen." (LORENZ 1963: 71)

Diese typisch anthropomorphen Ausführungen, die den Eindruck erwecken, es gehe um menschliche Gesellschaften, mögen für diese vielleicht zutreffend sein. Man muß sich nämlich vor Augen halten, in welchem Sinn LORENZ hier vom „besten Vater", der „besten Mutter", von „weisen Männern", ja sogar von einem „Senat", reden kann. Er kann dies nur insofern, als „gut", „weise" usw. auf die Verbesserung der Überlebenswahrscheinlichkeit einer „Tierfamilie", eines Tierrudels oder einer ganzen Tierart bezogen werden; alles, was diese Überlebenswahrscheinlichkeit fördert, ist „gut" oder „weise". Daß eine solche Auffassung einem Bild vom Menschen als geistig-moralischem Wesen diametral gegenübersteht, braucht kaum gesagt zu werden. Über diese zutiefst antihumanistische Position kann auch die Klage von LORENZ (1963: 64) über die „verderbliche Wirkung" von aggres-

---

163 Die wichtige kritische Studie von Hanna-Maria ZIPPELIUS (1992) über LORENZ kam mir erst nach Abschluß dieses Kapitels zur Kenntnis.

siven Verhaltensweisen, die beim Menschen „ins Groteske und Unzweckmäßige übersteigert werden" können (dafür nennt er den Krieg als Extrembeispiel), nicht hinwegtäuschen. Ebensowenig gilt dies für seinen Hinweis, daß der Zweck intraspezifischer Aggression beim Menschen nicht die völlige Vernichtung, sondern nur die Einschüchterung des Aggressionsobjektes sei.[164]

Die erste allgemeine These der Verhaltensforscher, destruktive Phänomene könnten auch nützliche Funktionen erfüllen, ist für menschliche Gesellschaften in dieser pauschalen Form kaum haltbar. Der Begriff der „*Nützlichkeit*", wie er hier verwendet wird, kann als solcher eben nur in der Biologie verwendet werden, wo es legitim ist, eine bestimmte Verhaltensform ausschließlich unter dem Aspekt ihrer Funktion für das Überleben einer bestimmten Spezies oder Art zu betrachten. Sie wäre allenfalls dann akzeptabel, wenn man den Begriff der „Destruktivität" eingrenzen würde auf gezielt dosierte Verhaltensweisen mit einem aggressiven Unterton, deren Zweck darin besteht, die Ernsthaftigkeit eines sehr wichtigen Hinweises zu unterstreichen, eine starke emotionale Spannung zum Ausdruck zu bringen oder jemanden aus einer akuten Gefahrensituation zu befreien. Niemandem würde es jedoch einfallen, eine emotional gefärbte Attacke auf einen Diskussionspartner, der einem nicht und nicht zuhören will, oder einen Vater oder eine Mutter, die ihr Kind mit einer Ohrfeige vom heißen Küchenherd entfernen, als „destruktiv" zu bezeichnen.

Die zweite These besagte, *die Differenz zwischen Natur und Kultur werde durch den Nachweis der Instinktbasiertheit auch des menschlichen Verhaltens stark relativiert*. Die Tatsache, daß auch menschliches Verhalten in hohem, möglicherweise höherem Maße als meist angenommen, instinktbedingt und vererbt ist, relativiert die qualitative Differenz zwischen Tier und Mensch allerdings in keiner Weise. Diese Differenz besteht darin, daß es dem Menschen eben immer nicht nur möglich, sondern für ihn sogar konstitutiv ist, instinktbedingte Antriebe und Bedürfnisse kulturell in bestimmte Bahnen zu lenken.

---

164 Auch in dieser Hinsicht hätte LORENZ sich Studien über Ursachen und Formen aggressiven Verhaltens bei Menschen selber ansehen sollen. So zeigen etwa Studien über Gewalt in der Familie, daß es hier in den allermeisten Fällen um weit mehr als nur Einschüchterung des Opfers (meist der Frau) geht, nämlich oft um jahrelange brutale körperliche Mißhandlung bis hin zum Totschlag, der häufig nach der Tat nicht bereut wird (vgl. als neuere Studie zu dieser Thematik HALLER u.a. 1998).

Dies impliziert keineswegs die Annahme, menschliches Verhalten werde immer oder großteils durch Normen, Werte und Institutionen gesteuert. Sie impliziert jedoch sehr wohl, daß die ethisch-moralische Fundierung des menschlichen Handelns diesem eine völlig neue Qualität verleiht, daß es ethisch-moralische Grundsätze gibt, die absolute, universelle Gültigkeit beanspruchen können, und die keinesfalls aus „Naturgesetzen menschlicher Evolution" abgeleitet werden können (vgl. allgemein dazu POPPER 1973; SCHWEITZER 1981; MÜNCH 1986; HARRIS 1989: 32ff.; TÖNNIES 1995).[165]

Eine solche Auffassung von „Kultur" – als „Inbegriff der geistigen Werte, die durch den in einem geschichtlichen Lebenszusammenhang stehenden Menschen verwirklicht werden"[166] – ist nicht nur für eine bestimmte philosophische oder sozialwissenschaftliche Tradition typisch, sondern gehört nachgerade zum Selbstverständnis moderner Gesellschaften. Aus dieser Sicht erscheint es daher unakzeptabel, wenn die Soziobiologen behaupten, wesentlich für das Vorhandensein von Kultur sei es, ob bestimmte erlernte Verhaltensweisen bei einer Population über Generationen hinweg übertragen werden, man also von einer *Traditionsbildung* sprechen könne (ebenso MATURANA/VARELA 1984: 218). Dies kommt in der Tat bei Tierpopulationen vor, sodaß man von kulturellem Verhalten auch bei Vögeln und Altweltaffen sprechen könne.[167] Völlig übersehen wird hierbei auch die

---

165 Aus dieser Sicht ist auch die erkenntnistheoretische Position von LORENZ fragwürdig, die er in seinem mit umfangreichen Bezügen auf philosophische Autoritäten versehenen Werk *Die Rückseite des Spiegels* (LORENZ 1973a) entwickelt. Er stellt darin die These auf, der menschliche Geist und menschliche Kultur entwickelten sich „in analoger Weise wie Tier- und Pflanzenarten, jede für sich ...." (LORENZ 1973a: 289). Seine berechtigte Kritik an den idealistischen Auffassungen, die von einer kontinuierlichen, geplanten und planbaren Höherentwicklung der Kultur ausgehen, verfällt jedoch in das gegenteilige Extrem einer Leugnung der Existenz einer unabhängigen Ebene von Werten (Welt 1 nach POPPER) und der darin gültigen, eigenen Gesetze sachlicher, logischer und ästetischer Gültigkeit, Zweckmäßigkeit und Vollkommenheit.
166 Universal-Lexikon, Bd. 2, S. 1022.
167 Als sensationell werden in Kreisen der Verhaltensforscher und Soziobiologen die neueren Studien von Jane GODALL über Schimpansen (z.B. in: *The Chimpanzees of Gombe. Patterns of Behavior*, Cambridge 1986) gewertet, weil sie bei diesen u.a. einen weit intelligenteren Gebrauch von Werkzeugen feststellte, als man dies bislang glaubte. Dies aber als „kulturelles Verhalten" zu betrachten, ist unzulässig; sicherlich sind Werkzeuge und alles, was später

Möglichkeit von *Entwicklung* und *Fortschritt*, die für menschliche Kultur im Gegensatz zu natürlicher Evolution charakteristisch ist. Für „seelisches und geistiges Geschehen" gilt:

> „Neues kann verwirklicht werden, ohne daß das Alte aufgegeben werden muß. Das Alte bildet den Horizont für das Neue und Seele und Geist werden immer voller und reicher. Bei einem Tier ist die Entwicklung zu Ende, wenn es die größte Vollkommenheit der Art erreicht hat." (HENDRICHS 1973: 77)

In Frage zu stellen ist auch die *dritte These*, die besagt, *daß beim Menschen erst Instinkte die Freiheit garantierten*, da er ansonsten einzig auf Lernen, und damit auf äußeren Zwang und Anpassung, angewiesen wäre. Freiheit, so würde ich demgegenüber meinen, kann wohl nicht nur bedeuten, daß man sich von äußeren, sozialen Zwängen freimachen kann. Sie bedeutet ebensosehr, daß man die Abhängigkeit von vorprogrammierten *Instinkten* reduzieren, daß man jeweils entscheiden kann, ob man diesen folgen will oder nicht. Eine klassische Formulierung dieses Prinzips hat SPINOZA in seiner *Ethik* gegeben:

> „Die menschliche Ohnmacht im Mäßigen und Bezwingen der Affekte nenne ich Unfreiheit; denn der den Affekten unterworfene Mensch befindet sich nicht in seiner eigenen Gewalt, sondern in der des Schicksals, in dessen Macht er so gefangen ist, daß er oft gezwungen wird, dem Schlechteren zu folgen, obgleich er das Bessere einsieht." (SPINOZA 1955[1677]: 190)

In der Rechtsphilosophie werden *vier Formen von Beschränkungen der menschlichen Freiheit* unterschieden: interne und externe natürliche Beschränkungen sowie interne und externe soziale Beschränkungen (KOLLER 1998: 482). *Interne natürliche Beschränkungen* betreffen Handlungsgrenzen, die aus den Anlagen der Menschen resultieren, ihren physischen, psychischen und intellektuellen Fähigkeiten. Die Rechtsphilosophie befaßt sich mit diesen viel weniger als mit sozialen Beschränkungen (sozialen, gesellschaftlichen Handlungszwängen). Sie sollte es meiner Meinung nach aber durchaus tun, da man eine klare Tendenz dahingehend sehen kann, daß physische Merkmale (körperliche Behinderung, Geschlecht usw.) oder vermutete physisch-biologische Wirkungen (z.B. des Rauchens) zum Ausgangspunkt oft weitreichender sozialpolitischer Kompensationsregelungen und –maß-

---

daraus folgte (die ganze Technik), ein zentrales Element menschlicher Kultur; dazu müssen aber vor allem noch geistige Fähigkeiten und Phänomene kommen, wie Sprache, geistige und wissenschaftliche Entwicklungen und Traditionen.

nahmen gemacht werden. Grundannahmen bezüglich der Rolle von „natürlichen" Trieben sind auch für Reformen des Strafrechts von größter Bedeutung. (Soll man Sexualstraftäter resozialisieren, wegsperren oder sogar hinrichten?)

Eine ähnliche fragwürdige These wird aufgestellt hinsichtlich der Kontinuität zwischen höheren Tieren und Menschen. Ganz im Geiste der Verhaltensforscher behaupten die Biologen MATURANA und VARELA (1984: 229), es sei lange Zeit ein „Dogma" unserer Kultur gewesen, die *Sprache* als ein „absolutes Privileg" des Menschen zu sehen. Faktum sei, daß Tiere, wenn sie „einer reichen sprachlichen Koppelung ausgesetzt werden, ... imstande sind, daran teilzunehmen" (ebenda, S. 235). Die Evidenz, die sie dafür anführen, ist mehr als dürftig. Sie besteht eigentlich nur in der Behauptung, daß Affen und Delphine „mit viel reicheren Möglichkeiten des kommunikativen Handelns ausgestattet sind, als wir bereit waren, ihnen zuzugestehen" (ebenda, S. 229). Des weiteren verweisen sie auf einen einzigen Versuch, in dem das Ehepaar Gardner in den USA einem Schimpansen ca. 200 Gesten einer Gebärdensprache beibrachte (nachdem die gemeinsame Erziehung eines anderen Schimpansen mit dem eigenen Sohn mit dem Ziel, dem Schimpansen die Sprache beizubringen, fehlgeschlagen war). MATURANA/VARELA müssen allerdings selber zugeben, daß es noch heiß umstritten sei, ob das Verstehen und Benützen von Gebärden (das ja auch dressierte Zirkustiere beherrschen) schon als Sprache zu bezeichnen sei.

Was die angebliche „Naturhaftigkeit" des Menschen betrifft, müßte man mit Karl POPPER (1958: 113) festhalten: selbst die Tatsache, daß eine bestimmte Verhaltensweise im Tierreich vorkommt, muß noch nicht unbedingt beweisen, daß sie *instinktbedingt* ist. So kommt die Furcht vor Schlangen anscheinend nicht nur bei fast allen Menschen vor, sondern auch den meisten Affen. Die Tatsache, daß diese Furcht weder bei jungen Menschen noch bei jungen Affen vorkommt, scheint jedoch zu belegen, daß diese Furcht anerzogen und daher nicht „natürlich", sondern als Ergebnis von Umwelteinflüssen, zu erklären ist.

Aufgrund all dieser Überlegungen und Fakten erscheint daher auch die *vierte These* der Verhaltensforschung, die *Ähnlichkeiten zwischen Tier und Mensch seien mehr als bloße Analogien,* sehr mißverständlich zu sein. Wie schon vorher festgestellt wurde, kann aus der Tatsache der starken Prägung menschlichen Verhaltens durch angeborene Instinkte und durch die Umwelt nicht gefolgert werden, der Mensch reagiere auf derartige Prägungen tatsächlich gleich wie manche Tiere. Würde ein Mensch dies tatsächlich tun, würde ihm die Menschlichkeit abhanden kommen – eine Möglichkeit, die die lateinische Sprache durchaus sah.[168]

Kritik der Kausalitätsvorstellungen der Verhaltensforscher und Soziobiologen

Ein zweiter grundlegender Einwand gegen die Übertragbarkeit von Befunden von tierischen auf menschliche Gesellschaften hat mit der Kausalitätsvorstellung der Verhaltensforscher zu tun.

Die Verhaltensforscher und Soziobiologen machen hier zwei Annahmen, die für die soziologische Perspektive unhaltbar sind. Zum einen spielen bei ihnen – wie in der Biologie generell – *funktionalistisch-teleologische Erklärungen* durchgängig eine zentrale Rolle. Aus biologischer, evolutionstheoretischer Perspektive sind solche Erklärungen durchaus sinnvoll: man kann dann sagen, daß ein bestimmtes Merkmal einer Population (z.b. lange Schnäbel von Störchen) sich deshalb herausgebildet habe, weil sie Tieren mit solchen Merkmalen einen evolutiven Vorteil verschafft haben gegenüber jenen, die sie nicht besitzen (z.B. beim Fangen von Fischen in sumpfigen Gewässern). Völlig falsch wäre es jedoch, die Evolution selber als eine Art zielgerichteten Prozeß anzusehen. Der Selektionsprozeß selber folgt ausschließlich dem Prinzip des *Zufalls*: durch zufällige Mutationen erhalten eben jene Individuen bessere Überlebenschancen, die mit Merkmalen ausgestattet sind, die in einer bestimmten Umwelt für das Überleben günstig sind.

Dieser von der Soziobiologie seit DARWIN erkannte Prozeß wirkt jedoch völlig anders, wenn es um menschliche Gesellschaften geht. Zwar kann auch die Entwicklung dieser nicht als langfristig zielgerichteter Prozeß betrachtet werden. Der Mensch kann aber – und er tut es auch – kontinuierlich und bewußt in den „natürlichen Selektionsprozeß" eingreifen und damit immer wieder den Zufall außer Kraft setzen. Jon ELSTER (1987: 46) hat diesen Sachverhalt sehr prägnant formuliert, wenn er schreibt, mit der Erschaffung des Menschen habe sich die natürliche Auslese selbst tranformiert. Tiere, auch wenn sie

---

168 „Hominem ex homine tollere – ihm die Menschlichkeit nehmen" (PETSCHENIG/SKUTSCH 1958: 242)

sich intelligent verhalten (z.B. ein Affe, der die Technik erfindet, Körner durch Auswaschen vom Sand zu trennen), eine Art *learning by doing* zu praktizieren, können dies nur im Rahmen lokaler Umwelten und auf kurze Sicht, während Menschen „global maximieren" können, in neuartigen Situationen sich orientieren und neue Strategien entwickeln. Dieses Faktum wird in der sozialwissenschaftlichen Grundeinsicht festgehalten, daß gesellschaftlich-geschichtliche Entwicklung insgesamt als ein ungeplantes und unvorhersehbares Resultat vieler im einzelnen bewußter und zielgerichteter Entscheidungen und Handlungen zu sehen ist; vor allem POPPER und ELIAS haben diesen Sachverhalt immer wieder betont. Für funktionalistisch-teleologische Erklärungen gilt daher, daß sie in den Sozialwissenschaften – wenn überhaupt – allenfalls als *heuristische Ausgangshypothesen* brauchbar sein, aber niemals eine Kausal- und Sinnerklärung ersetzen können. Wir werden der Verwechslung dieser beiden Formen von Erklärung, die schon DURKHEIM (1965) und WEBER (1964) angeprangert haben, insbesondere bei der Betrachtung der strukturfunktionalistischen Theorien in Kapitel 3 wieder begegnen.

Neben dieser Vermengung von kausalen und funktionalen Erklärungen behauptet die Verhaltensforschung auch noch, so etwas wie *kausal letztgültige* Erklärungen im Unterschied zu nur *vordergründig vermittelten Ursachen* anbieten zu können. Dazu schreibt Eckart VOLAND in seinem *Grundriß der Soziobiologie*:

„Ultimative Zweckerklärungen beziehen sich auf den Anpassungswert und Selektionsvorteil eines Verhaltens. Auf die Frage: ‚Warum beginnen im Frühjahr die männlichen Frösche zu quaken?' lautet eine um ultimate Ursachen bemühte Antwort: ‚Weil sie dadurch Weibchen anlocken, was ihnen Fortpflanzung ermöglicht'. Eine *proximate Erklärung* desselben Verhaltens stellt auf den Zusammenhang von Tageslänge, Gonadenentwicklaung und Sexualhormonspiegel ab und behandelt damit den physiologischen Regelmechanismus des Quakens. Beide Antworten widersprechen sich selbstverständlich nicht, sondern greifen lediglich auf unterschiedlichen Erklärungsebenen." (VOLAND 1993: 11)

Als Beispiel einer „ultimaten Erklärung" im Bereich menschlicher Gesellschaften nennt VOLAND, wenn man die Kindestötung bei Eskimos (Inuit) „als Ausdruck einer auf genetische Fitnessmaximierung hin ausgerichteten Reproduktionsstrategie" betrachte, wogegen als „proximate Gründe", also nur modifizierende, „intermediäre", kurz, nicht wirklich „letzte Ursachen", genannt werden könnten: normative Regelungen, kulturelle Milieus und spezifische Sozialisationsbedingungen. Dies ist aber äußerst irreführend oder sogar ident mit einem „*normativen Biologismus*", von dem sich VOLAND (ebenda, S. 19f.) selber distanzieren möchte.

Hier geht es aber vor allem um die wissenschaftstheoretische *Problematik der Gültigkeit unterschiedlicher Typen von Kausalerklärungen*. Auch aus dieser Sicht ist der Soziobiologie zumindest der Vorwurf zu machen, daß sie sich einer erheblichen begrifflichen Unschärfe, ja Schlampigkeit schuldig macht. Schon aus dem obigen Zitat von VOLAND wird nicht klar, was mit „ultimaten Erklärungen" wirklich gemeint ist. An anderer Stelle heißt es, die Soziobiologie sei eine „deskriptive und analytische" Wissenschaft (VOLAND 1993: 19). Was soll die Biologie als „analytische Wissenschaft" aber sein? Der allgemeine Sprachgebrauch versteht unter „analytisch" eine Perspektive, der es nicht um inhaltliche Wahrheit oder Gültigkeit von Aussagen, sondern nur um ihre wissenschaftstheoretisch-logische Form, also die Konsistenz, Widerspruchsfreiheit usw. geht. (In diesem Sinne habe ich den Begriff auch in Kapitel 1 definiert und meinem Theorienvergleich zugrundegelegt.) Dies kann wohl nicht gemeint sein.

Letztlich steht hinter dem vagen Begriff von „ultimaten Ursachen" wohl nichts anderes als die selbe Vorstellung, die etwa marxistische Sozialwissenschaftler haben, wenn sie die ökonomischen Produktionsverhältnisse als die „*in letzter Instanz*" entscheidenden Determinanten der gesellschaftlichen Entwicklung bezeichnen. Eine solche Auffassung ist aber fragwürdig. Wie in Kapitel 6, vor allem im Anschluß an Max WEBER, zu zeigen sein wird, können in der sozialen Realität immer wieder andere und fernere „letzte" Ursachen dinghaft gemacht werden. Es können dies einmal materielle, einmal geistige Faktoren sein; es kann ein- und derselbe Faktor einmal als Ursache wirken, einmal als Folgeerscheinung auftreten oder betrachtet werden. Es ist aus soziologischer Sicht daher sinnlos, eine Ursache aus zeitlicher Perspektive als die wirklich „letzte" zu bezeichnen; der Regreß auf wieder frühere Ursachen könnte unendlich weitergeführt werden.

Welchen Sinn hat die Beschäftigung mit der tierischen Verhaltensforschung für die Soziologie? Im Sinne des SPINOZA-Zitats, das diesem Kapitel als Motto vorangestellt wurde, möchte ich sagen: wenig oder keinen. Norbert ELIAS (1987: 50) brachte den Sachverhalt so auf den Punkt: „Während Menschen zum Teil wie andere Tiere funktionieren, funktionieren und verhalten sie sich als ganze Menschen wie kein anderes Tier." Wenn ich dieser Forschungsrichtung hier trotzdem so viel Raum gewidmet habe[169], so deshalb, weil die Verhaltensforscher und Biosoziologen offenkundig immer wieder glauben, auch *sozialwissenschaftliche* Aussagen treffen zu können und weil sie damit offenkundig großen Anklang unter dem allgemeinen Publikum finden. Und es sind nicht nur die Verhaltensforscher selber, die sich auf Gebiete begeben, für die sie nicht kompetent sind. „Die Anziehungskraft, die biologische Analogien gerade auf Sozialwissenschaftler ausüben, scheint so groß zu sein, daß sich selbst die größten Geister irreführen lassen" schreibt Jon ELSTER (1987: 33) dazu. Wie recht er damit hat, wird sich noch mehrfach zeigen. Vor allem PARSONS und LUHMANN haben das soziologische Denken durch die Adaptierung von Analogien zu biologischen Prozessen meiner Meinung nach auf einen grandiosen Holzweg geführt. Auch von daher rechtfertigt sich die relativ ausführliche Behandlung der Verhaltensforschung in diesem Kapitel.

2.3 Die behavioristische Verhaltens- und Gruppentheorie von George C. Homans

Die Arbeiten von George Caspar HOMANS stellen einen Meilenstein in der Entwicklung der Soziologie dar; sie stehen nicht nur paradigmatisch für die theoretische Richtung, die ich in diesem Abschnitt darstellen möchte, sie können auch im Hinblick auf ihre Geschlossenheit und Rigorosität bis heute als beispielhaft gelten. Hier möchte ich in knapper Form die Grundthesen und -annahmen darstellen, die HOMANS in seinem zweiten Hauptwerk *Social Behavior. Its Elementary Forms* (1961; deutsch 1968) entwickelt hat. Diese Grundannahmen können in sieben Schritten dargestellt werden.

a) Grundannahmen der Theorie des elementaren Sozialverhaltens

(1) Hauptziel der Soziologie ist es, kausale Erklärungen (allgemeingültige Gesetze) von der Form „x variiert in Abhängigkeit von y" zu entwickeln.

---

169 Mehrere wohlmeinende Leser früherer Fassungen dieser Arbeit rieten mir, dieses Kapitel noch weiter zu kürzen oder ganz zu streichen.

Mit dieser These wendet sich HOMANS gegen umfassende, abstrakte theoretische Schemata („grand theories"), wie sie vor allem sein großer Zeitgenosse Talcott PARSONS entwickelt hat. Seine Kritik in dieser Hinsicht besteht meiner Meinung nach zu Recht:

„Ein großer Teil der modernen soziologischen Theorie scheint mir jede Art von Tugend zu besitzen, nur nicht die, etwas zu erklären. Die Schwierigkeit liegt teilweise darin, daß viele soziologische Werke aus Systemen von Kategorien oder Schubfächern bestehen, in die der Theoretiker verschiedene Aspekte sozialen Verhaltens einschachtelt. Keine Wissenschaft kann ohne ihr System von Kategorien oder Begriffen arbeiten, aber dies allein ist eben noch nicht genug, um ihr Erklärungskraft zu geben. Ein begrifflicher Bezugsrahmen ist noch keine Theorie. Die Wissenschaft bedarf auch eines Satzes allgemeiner Aussagen über die Beziehungen zwischen den Kategorien, denn ohne solche Aussagen ist eine Erklärung unmöglich. Keine Erklärung ohne allgemeine Aussagen! Viele soziologische Theoretiker scheinen aber ganz zufrieden zu sein, wenn sie ihren begrifflichen Bezugsrahmen aufgestellt haben. Der Theoretiker füllt verschiedene Aspekte des Verhaltens in seine Schublade, ruft dann ‚Aha' und – damit hört er auf. Er hat das Wörterbuch einer Sprache ohne Sätze geschrieben. Er hätte besser daran getan, mit den Sätzen zu beginnen." (HOMANS 1968: 9)

Betrachtet man konzeptuelle Schemata als Theorie, „so ist mein Buch kein theoretisches Buch", so HOMANS wörtlich (ebenda, S. 11); es ist vielmehr ein „Buch von Erklärungen" elementaren sozialen Verhaltens. In der Entwicklung von Erklärungen unterscheidet er eine induktive und eine deduktive Phase: in der induktiven Phase versucht man, basierend auf empirischen Studien, allgemeine Aussagen der Form „x variiert wie y" zu entwickeln; dieser Phase entsprach seine Studie *The Human Group*. In der zweiten, deduktiven Phase muß man sich fragen, *warum* diese empirischen Verallgemeinerungen gelten. Hier ist beispielsweise zu fragen, warum ein positiver Zusammenhang zwischen dem Status eines Menschen in einer Gruppe und seinem Grad der Konformität mit den Gruppennormen besteht. HOMANS betont hierbei auch, daß er Aussagen der Form „x ist eine Funktion von y", aber auch „x ist eine bestimmte Funktion von y" (z.B. $x=\log y$), vermeiden wolle; die erstere, weil sie sehr wenig aussage, die letztere, weil sozialwissenschaftliche Messung praktisch nie so exakt sei, um genaue funktionale Zusammenhänge spezifizieren zu können.

(2) Objekt der Theorie von HOMANS ist „elementares soziales Verhalten", das heißt aktuelles, beobachtbares Verhalten einer Person, das in direkter Abhängigkeit vom Verhalten einer anderen Person steht.

Es geht HOMANS nur um beobachtbares Verhalten in face-to-face Situationen (er nennt es auch „informelles Verhalten"). Konsequenterweise interessieren ihn daher geistig-seelische Zustände an sich wenig, da sie nicht oder kaum meßbar sind. Ein Sozialwissenschaftler sollte immer mehr an dem interessiert sein, was Menschen tun, als an dem, was sie darüber sagen – so, wie ein General sich nicht über die Beschwerden seiner Soldaten kümmert, solange sie nur kämpfen (S. 266). Die Ergebnisse über die Häufigkeit von soziometrischen Wahlen können als Indikatoren für Gefühlsbeziehungen zwischen Menschen in einer Gruppe angesehen werden (S. 154); „Zufriedenheit" ist ein „verbales Verhalten", daher aus der Sicht der empirischen Erfassung ein „tricky thing" (S. 265). Die „Befriedigungsmenge" (satisfaction quantity) kann jedoch objektiv definiert werden als jenes Ausmaß an einer bestimmten Befriedigung, das ein Individuum noch nicht erhalten, aber eigentlich gewünscht hat (S. 275).

HOMANS (1968: 3) interessieren aber auch institutionelle und andere kontextuelle oder makrosoziologische Rahmenbedingungen nicht primär; allgemeinere Regeln dieser Art erfordern nur eine „ausführlichere Beschreibung" als das elementare Sozialverhalten.

(3) Im elementaren sozialen Verhalten bestehen keine grundsätzlichen Unterschiede zwischen Menschen und (höherentwickelten) Tieren. Daher kann man die großteils auf Tierversuchen beruhenden Ergebnissen der Verhaltenspsychologie auch auf die Menschen übertragen.

Wenn auch ein Mensch sehr viel mehr unterschiedliche Aktivitäten erlernen kann als etwa eine Taube, besteht zwischen dem elementaren sozialen Verhalten beider doch kein grundsätzlicher Unterschied:

„So groß sind diese Unterschiede, daß daraus, wenn wir wollen, ein qualitativer Unterschied im Verhalten wird. Dennoch kann man trotz unterschiedlichen Lernstoffs und unterschiedlicher Lernkapazität das Verhalten beider Organismen sich in dem gleichen, was nach dem Lernen stattfindet. Die Ähnlichkeit des Verhaltens kann namentlich so weit gehen, daß eben jene Aussagen belegt werden, die wir in diesem Kapitel dargelegt haben: Aussagen über die Beziehung zwischen der Häufigkeit von Aktivitäten und dem Zustand des Organismus. Zumindest das menschliche Verhalten wird mit diesen Aussagen nicht unvereinbar sein." (HOMANS 1968: 25)

Daher werden „Aussagen über Tauben auf die Situation des Menschen übertragen...". Wenn auch die Verallgemeinerungen vom tierischen auf das menschliche Verhalten über die experimentellen Befunde hinausgehen, auf denen sie beruhen, und „wir keinen Moment behaupten, daß das Verhalten von Mensch und Tier gleich ist" (S. 17), gehen diese Verallgemeinerungen „doch nicht weit darüber hinaus; eine Familienähnlichkeit bleibt bestehen" (S. 31). Die Bezeichnung „Lernen" (wie sie im Begriff der „Lerntheorie" enthalten ist) ist dabei eher irreführend. Wenn ein Verhaltenspsychologe wie SKINNER sieht, daß ein Verhalten gelernt wurde, interessiert ihn nicht mehr, wie dies erfolgte; alles, was ihn interessiert, ist „daß bestimmte Variablen Veränderungen in der Emissionsrate des konditionierten Verhaltens bewirken" (S. 19). Man benötigt hierbei nur drei Begriffe oder Variablen und die Zusammenhänge zwischen ihnen: Stimulus, Aktivität und Verstärker (S. 23). Kurz und vereinfacht gesagt, gilt: Verhalten, das belohnt wird tritt häufiger, Verhalten, das bestraft wird, seltener auf. Zu beachten ist dabei natürlich, wie oft eine Belohnung unmittelbar hintereinander erfolgt; mit jeder Wiederholung einer Belohnung sinkt ihr subjektiver Wert – entsprechend dem ökonomischen Gesetz vom abnehmenden Grenznutzen.

(4) Objekt der Soziologie ist individuelles Verhalten; es gibt kein spezifisch „soziales Verhalten". Daher beruht die Soziologie auf denselben Prinzipien wie die Verhaltenspsychologie und die „elementare Ökonomie".

Wenn auch das primäre Objekt von HOMANS das (elementare) soziale Verhalten ist, sind dafür doch keine anderen Annahmen und Erklärungen notwendig als für individuelles Verhalten. Vielmehr läßt sich soziales Verhalten vollständig aus den Regeln individuellen Verhaltens ableiten. Daher auch die Nähe, ja strukturelle Ähnlichkeit zwischen Erklärungen der behavioristischen Verhaltenspsychologie und der „elementaren Ökonomie":

„Die Aussagen der Verhaltenspsychologie stammen meist aus experimentellen Tierstudien, gewöhnlich Studien nicht-sozialer Situationen. Sie müssen auf den Menschen und auf eine ganz bestimmte soziale Situation abgestimmt werden: eine Situation, in der das Verhalten einer Person wiederum dasjenige einer anderen Person beeinflußt und umgekehrt. In der Nationalökonomie handelt es sich um diejenigen Aussagen, welche das Verhalten von Personen beschreiben, die in einem sogenannten perfekten Markt Güter austauschen, einem Markt, in dem das Verhalten eines Käufers oder Verkäufers wenig Wirkung auf das Preisniveau hat. Die elementare Nationalökonomie handelt von Personen und von einer sozialen Situation, denn der Tausch ist ganz offensichtlich soziales Handeln. Wenn man mit ihr elementares soziales Verhalten erklären will, muß man sie auf andere Weise anwenden als die Verhaltenspsychologie. Man muß mit ihr so verfahren, daß ihre Aussagen beispielsweise von Äpfeln, Dollars, Gütern und Geld auf den Austausch von aus Wertschätzung heraus geleisteten Diensten in einem bei weitem nicht perfekten Markt übertragen werden können. Es scheint mir, daß bei der Anwendung der Aussagen der Verhaltenspychologie und der elementaren Nationalökonomie zum genannten Zweck beide ineinandergreifen und so einen einzigen Satz von Aussagen bilden." (HOMANS 1968: 11)

HOMANS stellt sich daher explizit gegen DURKHEIM und dessen These, soziologische Erklärungen seien nicht auf psychologische reduzierbar (S. 12). Die Soziologie müsse sich auch davor hüten (und hier würde ich ihm wieder zustimmen), die Gesellschaft an sich als etwas „Großes" zu sehen, das bestimmte „Funktionen" erfülle. Auch ist die Rede von „kulturellen Universalien" wenig sinnvoll; das einzige universale Kulturelement ist die menschliche Natur (S. 384). Mit der Entwicklung komplexer Institutionen verschwindet elementares soziales Verhalten nicht und dieses wird auch nicht von jenen angetrieben; vielmehr besteht es neben ihnen fort und gerät oft sogar mit ihnen in Konflikt. Das Ergebnis derartiger Konflikte zwischen dem Subinstitutionellen und den Institutionen ist nicht die Rückkehr zum rein elementaren Verhalten, sondern die Entwicklung neuer Institutionen (S. 395).

(5) Objektiv-materielle Umstände haben direkte Effekte auf das soziale Verhalten von Menschen.

In einem Kapitel mit der Überschrift *The nature of the Givens* diskutiert HOMANS u. a. die Rolle des Faktors „Raum" für soziales Verhalten. Hier stellt er eine Studie von FESTINGER und Mitarbeitern dar, die feststellten, daß die räumliche Nachbarschaft von Familien in einer neuerrichteten Siedlung direkt damit zusammenhing, wen die verschiedenen Familien als ihre engsten Freunde bezeichneten (S. 205ff.). Physische Distanz steuert offensichtlich soziometrische Wahlen. Als „givens" bezeichnet HOMANS die physische Struktur der Gebäude, weil sie aus sozialwissenschaftlicher Sicht selber nicht näher erklärt werden muß. Die Erklärung für den positiven Zusammenhang zwischen räumlicher Nähe und Sympathie besteht einfach darin, daß Menschen, die näher beieinander wohnen, eine höhere Chance haben sich zu treffen und über irgendetwas zu reden; häufige Interaktion (die nicht negativ besetzt ist) aber führt zu positiven gegenseitigen Gefühlen.

(6) Auch sehr komplexe, typische humane, „sinnhafte" soziale Phänomene sind aus der Verhaltensperspektive zu betrachten.

Als Paradebeispiel ist hier der für HOMANS grundlegende Begriff des „*Wertes*" zu nennen, den eine Aktivität für ein Individuum hat. Dieser Wert ist aber nichts, das etwa – wie bei anderen Soziologen – auf grundlegende, universale Werte zu beziehen wäre. Vielmehr hat er auch bei Menschen die gleiche Bedeutung wie jener Wert, den ein Getreidekorn für eine Taube hat; das heißt, daß eine Aktivität in einer bestimmten Situation für einen Menschen einen umso höheren Wert hat, je mehr sie in der Lage ist, eines seiner Bedürfnisse zu befriedigen und je weniger er davon vorher gerade erhalten hat (S. 42ff.). Dieser Wertbegriff ist daher nahezu identisch mit dem ökonomischen Begriff des „*Nutzens*"; diesen will HOMANS jedoch nicht verwenden, weil er impliziert, daß alles, was für einen Menschen einen Wert habe, ihm auch (objektiv) von Nutzen sei. Das Beispiel des Tabaks (dessen Genuß langfristig gesundheitsschädlich sein kann) zeige, daß dies nicht immer der Fall sein muß (S. 39f.). Man kann die Werte von Menschen daher „genauso einfach erfassen wie jene von Tauben: indem man die Vergangenheit und Geschichte der einzelnen Taube und ihrer Spezies im Verhältnis zu ihren derzeitigen Umständen untersucht... Wie Tauben haben auch Menschen bestimmte Werte aus ihrer genetischen Vergangenheit ererbt: Nahrung, Wasser, Sexualität, ein Obdach usw." (HOMANS 1968: 42). Die höhere Komplexität der menschlichen Werte schafft kein großes Problem, weil in einer konkreten Situation jeweils nur wenige Alternativen vorhanden sind.

Rein verhaltenszentriert wird auch „*esteem*" (Wertschätzung, Achtung) definiert: je mehr Belohnungen jemand für andere Mitglieder bereitstellen kann, desto höher die Anerkennung und Hochschätzung, die er durch die anderen erfährt. Oder positive Zuneigung (*sentiment*) zu einem anderen: diese ist umso höher, je wertvoller eine Einheit der Aktivität des anderen ist, die dieser ihm zugutekommen läßt (S. 181).

Auch der Begriff der „Norm" wird ausschließlich aus der Sicht der Verhaltensrelevanz gesehen. Eine *Norm* ist eine Aussage von Mitgliedern einer Gruppe, daß sie es gerne haben, wenn sie und andere mit einem bestimmten Verhalten übereinstimmen (S. 46, 114ff.). Normen entstehen, wenn sich nur viele Menschen oft genug in einer bestimmten Weise verhalten: „Sobald eine Anzahl von Menschen bei einer genügend großen Anzahl von Todesfällen klagen, fangen sie an, daraus eine Norm zu machen..." Andere halten sich dann an die Verpflichtung des Klagens, weil die Nichtbeteiligung zu Sanktionen führen würde. Kein Wort ist nötig über die sozialen und kulturellen Funktionen von Klagezeremonien. Die Entstehung aller Institutionen dieser und anderer Art kann lerntheoretisch völlig ausreichend erklärt werden:

„Zweifellos ist der Ursprung vieler Institutionen von dieser Art. Das Verhalten, das einmal bei manchen Leuten auf die Weise verstärkt worden ist, die ich primär nenne, wird bei einer großen Zahl von Leuten durch andere Formen der Verstärkung aufrechterhalten, besonders durch so allgemeine Verstärker wie beispielsweise soziale Anerkennung. Da sich das Verhalten bei diesen anderen nicht auf natürliche Weise einstellte, mußte ihnen gesagt werden, wie sie sich zu verhalten haben – daraus folgt die verbale Beschreibung des Verhaltens, die Norm." (HOMANS 1968: 328f.)

Man sieht hier eine direkte Analogie zu Einsichten (oder besser: Behauptungen) der tierischen Verhaltensforschung. So besagt der Begriff der *„Ritualisierung"*, daß bestimmte Bewegungsweisen von Tieren (z.B. Drohverhalten gegenüber Fremden) „im Laufe der Phylogenese ihre eigentliche, ursprüngliche Funktion verlieren und zu rein ‚symbolischen' Zeremonien werden"; solche Zeremonien wirken dann als neue Antriebe eigener Art (LORENZ 1963: 89). Allgemein schreibt Konrad LORENZ in dieser Hinsicht:

„Wenn hochkomplexe Normen des Verhaltens, wie etwa Sich-Verlieben, Freundschaft, Rangordnungs-Streben, Eifersucht, Gram usf. bei Graugans und Mensch nicht nur ähnlich, sondern bis in lächerliche Einzelheiten schlechthin gleich sind, so sagt uns dies mit SICHERHEIT, daß jeder dieser Instinkte eine ganz bestimmte arterhaltende Leistung entfaltet, und zwar jeweils eine solche, die bei der Graugans und beim Menschen ganz oder nahezu gleich ist." (LORENZ 1963: 307)

(7) Die Gesetze des elementaren sozialen Verhaltens gelten überall und immer, unabhängig von Raum und Zeit, historischen und soziokulturellen Umständen.

Diese Implikation dürfte nach dem bereits Gesagten evident sein. So wendet sich HOMANS ganz allgemein – diesfalls gebe ich ihm wieder z.T. Recht – gegen die Tendenz von Anthropologen, die kulturelle Einmaligkeit von Gesellschaften zu sehr zu betonen (S. 383).

Um ein inhaltliches Beispiel zu nennen: Der positive Zusammenhang zwischen sozialer Gleichheit und Interaktion, insbesondere im Freizeitverhalten, „ist ein auffallendes Merkmal von Status-, Klassen-

und Kastensystemen zu allen Zeiten und an allen Orten" (HOMANS 1973: 326). Wir könnten hier hinzufügen: und wohl auch von tierischen Gesellschaften. Rangordnungen und die damit zusammenhängenden Verhaltensweisen sind charakteristische Elemente aller höheren Tierarten, wie zuerst SCHJELDERUP-EBBE an der Hackordnung von Hühnern gezeigt hat (LORENZ 1963: 66; ARDREY 1974).

HOMANS könnte ohne Zweifel auch der These von Konrad LORENZ (1963: 104f.) zustimmen, daß einfache tierische Traditionen, wie sie durch den Prozeß der Ritualisierung entstehen, mit den höchsten kulturellen Überlieferungen des Menschen das Element der *Gewohnheit* gemeinsam haben.

b) Die Erklärung von Autorität und Führung aus verhaltenstheoretischer Sicht

Der verhaltenstheoretische Ansatz von George C. HOMANS soll nun an einem speziellen inhaltlichen Problem näher illustriert werden, nämlich jenem der Erklärung von Einfluß, Autorität und Macht. Dieses Thema eignet sich hiefür in besonderer Weise: zum einen, weil es auch als ein zentrales wirtschaftssoziologisches Problem angesehen werden kann, zum anderen, weil das gleiche Thema auch von anderen Autoren aus deren theoretischer Perspektive behandelt wird (so insbesondere von James COLEMAN; vgl. dazu Kapitel 4), sodaß sich die Möglichkeit eines direkten Theorienvergleiches ergibt.

HOMANS (1968: 240ff.) geht zunächst davon aus, daß es häufig der Fall ist, daß bestimmte Menschen besonderen *Einfluß* auf mehrere andere ausüben; man spricht dann davon, daß dieser Mensch über „größere Führungsqualifikation, Macht oder Autorität" verfüge als die anderen. Die Begriffe von Einfluß und Autorität werden dabei als relativ austauschbar verwendet. Die Ausgangsfragen lauten: Wie erwirbt ein Mensch Autorität in diesem Sinne? Welche Auswirkungen hat seine Autorität auf das Verhalten der anderen, über die er Autorität ausübt? Da es um elementares soziales Verhalten geht, betrachtet HOMANS vor allem Determinanten von Autorität, wie sie sich aus direkten Handlungen bzw. Interaktionsbeziehungen erschließen lassen, und nicht sosehr „ererbte" oder strukturell-positionale Autorität. Die teilweise sehr differenzierten Überlegungen HOMANS zu diesem Thema können im folgenden nur verkürzt wiedergegeben werden, was jedoch ausreichen sollte, um die allgemeine Strategie seiner Erklärung zu sehen und ihre Stärken und Schwächen aufzeigen zu können.

Ausgangspunkt ist eine einfache Überlegung: ein zweiter Mensch (Alter), der den Rat oder Vorschlag eines ersten (Ego) annimmt und dafür – in irgendeiner Weise – belohnt wird, wird von dieser ersten Person auch in Zukunft öfters einen Rat annehmen. Die Belohnung kann dabei in unterschiedlichster Weise erfolgen, nicht nur materiell, sondern auch durch Ausdrücken von Anerkennung. Dabei sieht HOMANS – was durchaus als plausibel erscheint – ein Kontinuum zwischen einem relativ offenen, unverbindlichen „Vorschlag" und einem „Befehl". Auch für Ego bedeutet die Annahme des Vorschlags durch Alter ein positives Erlebnis; diese Erfahrung wird ihn oder sie ermuntern, auch in Zukunft Alter wieder Vorschläge zu machen.

Von eher zufälligen, fallweisen Einflüssen dieser Art zu persistenteren *Autoritätsstrukturen* kommt man, wenn man Gruppenstrukturen betrachtet, in denen bestimmte Mitglieder immer wieder höhere *Wertschätzung* erfahren als andere. Hierbei gilt:

„... (wir) stellten ... fest, daß in jeder Gruppe die Zahl der Mitglieder, die eine relativ seltene Fähigkeit besitzen, anderen wertvolle Dienste zu leisten, relativ gering ist, und daß aus demselben Grund diejenigen, die diese Dienste schätzen, relativ zahlreich sind. Wenn die ‚happy few' ihre Fähigkeiten dazu verwenden, die Masse der anderen zu belohnen, zollen diese ihnen hohe Wertschätzung und werden sich bei künftigen Gelegenheiten um so eher an sie wenden und Belohnungen erbitten. ... Die Minderheit (hat) damit gleichzeitig die Fähigkeit erworben, die Mehrheit zu beeinflussen...

Was wir Autorität nennen, hängt ... von diesem Beeinflussungsschema (ab)...

Definieren wir dann Autorität folgendermaßen: die Autorität eines einzelnen Gruppenmitglieds ist umso größer, je mehr andere Mitglieder es regelmäßig beeinflussen können. Den Mann mit der größten Autorität werden wir Führer nennen...

... die erste Aussage, die wir über Autorität aufstellen wollen, lautet: je höher die Wertschätzung ist, die eine Person in einer Gruppe genießt, umso höher wird wahrscheinlich ihre Autorität sein." (HOMANS 1968: 242)

Wir sehen hier wieder sehr deutlich die Denkweise, die schon im vorigen Abschnitt dargestellt wurde: Es geht HOMANS darum, sehr allgemeine Aussagen zu entwickeln, Aussagen, die in allen möglichen Kontexten anwendbar sind. Seine Definition von Autorität als Fähigkeit, andere beeinflussen zu können, steht durchaus im Rahmen des üblichen soziologischen Sprachgebrauchs, etwa von WEBERS Definition von Macht als der Chance, seinen eigenen Willen auch gegen den Widerstand anderer durchsetzen zu können. Als Kern der Führungsqualifikation sieht auch HOMANS die Fähigkeit, koordinierte Aktionen einer größeren Anzahl von Menschen herbeiführen zu können. Akzeptabel erscheint auch HOMANS Insistieren darauf, daß Führerschaft nicht als individuell-psychologisches Merkmal zu verstehen ist, wie in Theorien, die postulieren, daß es besondere Führungsqualitäten oder -eigenschaften gebe, die nur wenige Menschen besäßen.

Die Frage ist nun, welche Art von Belohnungen und welche situativen Umständen dazu führen, daß bestimmte Personen sich zu Führern entwickeln, andere dagegen nicht. HOMANS referiert hierzu experimentelle Studien über Autorität in militärischen Gruppen; Beobachtungsstudien über die Entwicklung von Machtdifferentialen bei Jungen in einem Sommerlager; und eine Studie über die Entwicklung von Wertschätzung in einem bürokratischen Kontext (hier bezieht er sich auf die bekannte Organisationsstudie von P. BLAU). Alle diese Studien zeigen seiner Meinung[170] nach, daß Autorität letztlich auf der tatsächlichen Fähigkeit einer Person beruht, andere belohnen oder bestrafen zu können: Jene Unteroffiziere konnten den wirksamsten Einfluß auf ihre Untergebenen ausüben, die auch „inoffizielle Autorität" besaßen, d.h. hohe persönliche Wertschätzung erfuhren; mächtigere Jungen waren auch körperlich stärker; hochgeschätzte Beamte waren auch inhaltlich-sachlich kompetenter als andere mit weniger Autorität.

Weitere Überlegungen von HOMANS beziehen sich auf die *Wahrscheinlichkeit des Gehorsams* gegenüber Autoritätspersonen. Hier sieht er zwei Aspekte als relevant: zum einen die Wahrscheinlichkeit, daß der Gehorchende einen Gewinn aus dem Gehorsam zieht, zum anderen die Chance, daß der Autoritätsperson Folge geleistet wird. Beides erhöht die Wahrscheinlichkeit, daß auch weiteren Anweisungen gehorcht wird und sich eine immer stärker verfestigte Autoritätsstruktur herausbildet.

HOMANS führt sodann eine Reihe weiterer, interessanter Gesichtspunkte ein. Ein erster davon betrifft die Bedeutung von *Gerechtigkeit*. So betrachtet er es als eine Hauptaufgabe eines Führers, nach innen

---

170 Ich schreibe hier bewußt „seiner Meinung nach", weil ihre methodische und inhaltliche Darstellung durch HOMANS es für den Leser vielfach nicht genau nachvollziehen läßt, wie die Studien wirklich angelegt waren und was sie zeigten. Weiter unten (vgl. die folgende Fußnote) werde ich sogar ein Beispiel dafür geben, wo die Befunde einer Studie den inhaltlichen Thesen von HOMANS offen widersprechen! Dieser Sachverhalt ist auch für die Beurteilung der ganzen Autoritätstheorie von HOMANS wichtig, baut er sie doch zum großen Teil quasi induktiv, von den empirischen Befunden ausgehend, auf.

gerecht zu sein; dies erhöhe seine „Beliebtheit" und seinen Status unter den Gruppenmitgliedern am meisten. Allerdings entwickelt sich kaum je wirkliche *Sympathie* zwischen Führern und Geführten. Da die Erteilung von Weisungen für die Betroffenen oft unangenehm ist, und Führung immer auch Ausübung von Kontrolle bedeutet, entwickeln Untergebene oft ambivalente Einstellungen gegen ihre Führer. Untergebene sind daher eher bestrebt, den direkten Kontakt mit dem Vorgesetzten oder Führer auf das Nötige zu beschränken. Die Divergenz zwischen Führungsqualitäten und erhaltenen Sympathiewerten versucht HOMANS mit einem Experiment von BALES zu belegen, das mir bei genauerer Betrachtung allerdings wenig überzeugend zu sein scheint.[171] Geradezu *Feindseligkeit* entsteht gegenüber Führern, wenn diese besonders häufig Befehle erteilen und das Befolgen ihrer Befehle den Gehorchenden wenig Nutzen bringt.

Einen letzten, interessanten Aspekt thematisiert HOMANS schließlich mit der sprichwörtlichen These „*Vertraulichkeit erzeugt Verachtung*" (familiarity breeds content). Der Führer muß seinerseits eine gewisse Distanz zu seinen Untergebenen wahren, um sich deren Respekt erhalten zu können. Hier wird eine Reihe von Studien von F. E. FIEDLER über verschiedenste Gruppen (Basketballteams, Bomberbesatzungen, Arbeiter in Stahlwerken) als Beleg angeführt, die gezeigt haben, daß Gruppen dann am effizientesten arbeiten, wenn ihre Führer hohe Anerkennung genießen, zwischen Führern und Geführten aber geringe Ähnlichkeit[172] besteht. Auch emotionale Distanz zwischen Führern und Geführten habe positiv mit Effizienz korreliert.

---

171 Es handelt sich um ein Experiment, in dem der Rang von vier Personen in vier Dimensionen dargestellt wird: im Hinblick auf ihre Leistung und die Anzahl guter Einfälle einerseits, im Hinblick auf die Häufigkeit ihrer Wahl als sympatischste und antipathischste Person andererseits. Die Abbildung der vier Kurven (HOMANS 1968: 259) zeigt nun zwar, daß die als leistungsstärkste eingestufte Person zwar etwas weniger gute Werte in der Dimension Sympathie erhielt, im großen und ganzen besteht eine *positive*, nicht negative Korrelation zwischen Position in der Dimension der Leistung und der Sympathie. HOMANS erwähnt dies im Text auch selbst (ohne den Widerspruch zu seiner verallgemeinernden Aussage zur Kenntnis zu nehmen), schwächt aber gleich ab, die Beziehung sei nicht linear.
172 Worin die Ähnlichkeit bzw. Unähnlichkeit bestanden haben soll, wird nicht näher angegeben. Die Rede ist nur von der von den Befragten „angenommenen Ähnlichkeit" zwischen den Gruppenmitgliedern (HOMANS 1968: 267).

Alle diese Überlegungen von HOMANS scheinen nicht nur sehr plausibel zu sein und mit alltäglichen Erfahrungen übreinstimmen, die jedermann immer wieder machen kann; die verwendeten Begriffe entsprechen im großen und ganzen auch dem soziologischen Sprachgebrauch. Sie scheinen auch erhebliche praktische Bedeutung zu besitzen, da es sich bei all diesen Gesetzen ohne Zweifel um eine Art von Grundregeln handelt, die ein Führer nicht ohne Schaden vernachlässigen darf. Meine These lautet allerdings, daß es sich bei dieser Art von sozialwissenschaftlicher Erklärung *nicht* um soziologische Theorie sensu strictu handelt und, daß aus ihnen nur sehr begrenzte praktische Folgerungen abgeleitet werden können. Im folgenden möchte ich diese These, die zunächst alles andere als einsichtig scheint, zunächst am Fall der Erklärung von Autorität und dann aus allgemeiner Sicht begründen.[173]

c) Die Grenzen und der beschränkte praktische Nutzen verhaltenswissenschaftlicher Erklärungen von Autorität

Der erste Problemkreis betrifft hier die Frage, ob diese auf sehr hohem Abstraktionsgrad formulierte Theorie der Autorität tatsächlich so gut

---

173 Auch in der Beurteilung der verhaltenstheoretischen Soziologie findet man in Lehrbüchern zur soziologischen Theorie vielfach nur unbefriedigende Stellungnahmen. Als Beispiel seien hier die abschließenden Bemerkungen von M. SCHMID in den ansonsten sehr lesenswerten Kapitel „Verhaltens- und Lerntheorie" in REIMANN et al. (1977: 119f.) angeführt: „Eine solche Sprache (von ‚Kosten', ‚Gewinnen', ‚Belohnungsmaximierung' usw.; M.H.) wird nun nicht allein in der Verhaltenstheorie benutzt, sondern selbstverständlich auch in den Wirtschaftswissenschaften selbst, daneben aber auch in der Psychologie, der politischen Wissenschaft, ja sogar in der Moral. Damit steht also die Verhaltenstheorie offenkundig in einem größeren Zusammenhang. Es kann sich nämlich herausstellen, daß im Rahmen einer solchen ökonomischen Sprache eine gemeinsame Basis für zahlreiche wissenschaftliche Disziplinen gefunden werden kann, so daß man alle diese Teilbereiche unter einem Dach zusammenfassen oder integrieren kann. (Hervorhebung im Original, M.H.). Jene, die ein solches Programm für sinnvoll halten, setzen sich also für eine *Integration der Sozialwissenschaften* ein. Ein solches Programm klingt aus vielen Gründen überzeugend. Wir werden uns aber erst noch überzeugen lassen müssen. Denn es kann nicht ausgeschlossen werden, daß im Lichte eines solchen Programms sehr viel im Dunkel belassen wird, was sonst durchaus sichtbar wäre und eine Beschäftigung lohnen würde."

erklären kann, wie sie es vorgibt. Ich möchte dies durchaus bezweifeln. Denn es scheint hier einerseits eine gewisse Tendenz zu allgemeinen, oft unscharf definierten Begriffen[174] und Aussagen vorzuherrschen, die bei genauerer Betrachtung auf eine *Tautologisierung* des ganzen theoretischen Systems hinauslaufen; andererseits scheint häufig ein implizierter Reduktionismus bzw. eine eigentümliche Tendenz zu einer *Problemverlagerung* bzw. *-verschiebung* vorzuliegen (vgl. auch BOGNER 1986).

Eine zentrale Funktion im Erklärungsmodell von HOMANS nimmt der Begriff des *Nutzens* ein. Was Nutzen aber wirklich ist, wird nur fallweise inhaltlich angedeutet (z.b. Anerkennung durch andere). Die Definition dieses zentralen Begriffes wird aber nur umgangen bzw. auf eine andere Ebene verschoben, wenn es heißt, daß der *Wert* einer Aktivität „in der stärkeren oder schwächeren Belohnung oder Bestrafung (besteht), welche eine Aktivität einer Person einbringt" (HOMANS 1968: 34). Für einen Masochisten ist auch die Zufügung von Schmerz ein Nutzen oder ein Wert. Es zeigt sich hier eine ganz ähnliche begriffliche Diffusität bzw. Tendenz zu inhaltsleeren Aussagen, wie wir sie auch im Rahmen der Rational Choice-Ansätze kennenlernen werden.

Eine bloße Problemverschiebung scheint auch vorzuliegen, wenn HOMANS meint, die *Messung des Wertes* eines Verhaltens oder Objektes könne nicht durch Befragung oder ähnliches erfolgen, sondern nur *durch Beobachtung des Verhaltens* einer Person (hat jemand öfters Hilfe von einem anderen erhalten, so ist ihm diese mehr wert) bzw. ihrer Vorgeschichte. Hier entsteht offenkundig das Problem, ob es wissenschaftlich überhaupt sinnvoll ist, eine Eigenschaft zu postulieren, die man selbst gar nicht messen kann, sondern die lediglich aus dem Verhalten indirekt erschlossen wird. In dieser Hinsicht zeigt sich vielleicht die größte Schwäche der Verhaltenstheorie von HOMANS und verwandten Ansätzen überhaupt; man muß ihr in dieser Hinsicht geradezu *tautologischen Charakter* zuschreiben.

---

174 So zeigt sich nicht selten, daß HOMANS wichtige Begriffe nicht konsistent definiert und verwendet. So unterscheidet er hypothetisch zwischen Sympathie und Wertschätzung und argumentiert, Führern werde in der Regel zwar hohe Wertschätzung, aber kaum Sympathie entgegengebracht (HOMANS 1968: 256). An anderer Stelle heißt es aber, er sei besonders daran interessiert, „in welchem Maße die anderen den Führer sympathisch fanden, das heißt, welche Wertschätzung sie ihm entgegenbrachten" (HOMANS 1968: 246).

Ein weiteres Problem der Erklärung des Phänomens der Autorität durch HOMANS besteht in einer häufig auftretenden, charakteristischen Tendenz zu einer *Problem- bzw. Begriffsverschiebung*. So betont HOMANS einerseits, Autoritätsbeziehungen nicht psychologisch, durch Rückführung auf individuelle Persönlichkeitsmerkmale erklären zu wollen. Die von ihm referierten Studien und die von ihm angebotenen Erklärungen für die Entstehung von Autorität laufen aber eindeutig wieder auf solche Merkmale hinaus: es sei letztlich die körperliche Stärke von Jungen, die Sachkompetenz von Beamten usw., die diesen hohe Wertschätzung und in der Folge überlegenen Status und Autorität verschaffe. Seine tatsächliche Erklärungsstrategie entspricht dem propagierten Erklärungsmuster also nicht unbedingt.

Exkurs über Leistungsfähigkeit und Grenzen des lern- und verhaltenstheoretischen Ansatzes in der Psychologie

Der verhaltenswissenschaftliche Ansatz hat starke Anhänger vor allem in der Psychologie.[175] Wie mehrfach dargestellt, berufen sich auch die soziologischen Vertreter dieses Ansatzes sehr häufig auf Annahmen und Befunde der Psychologie. Die naturwissenschaftlich-experimentelle Auffassung von der menschlichen Psyche hat auch in der akademischen Psychologie – zumindest im deutschen Sprachraum – außerordentlich großen Einfluß.

So schrieb etwa der in den 50er und 60er Jahren einflußreichste österreichische akademische Psychologe, Hubert ROHRACHER, über die „Entwicklung des Trieblebens":

„Die Arbeitsweise der vitalen Triebfunktionen ist bei Mensch und Tier im großen und ganzen gleich. Nahrungsaufnahme, Stoffwechsel und Fortpflanzung vollziehen sich, von relativ geringfügigen Verschiedenenheiten abgesehen, nach denselben Prinzipien; es ist ein Mund da, durch den die Nahrung aufgenommen und zerkleinert wird, ein Verdauungsapparat, der ihr die lebensnotwendigen Stoffe entnimmt, und ebenso ein organischer Apparat, der Eier und Samen bildet. Die weitgehende Gleichheit des Aufbaues und der Funktionsweise der Organe, die der vitalen Triebbefriedigung dienen, berechtigt zu der Annahme, daß auch die psychische Seite des Trieblebens zwischen Mensch und höherem Tier nicht sehr verschieden ist; ohne diese psychische Seite käme es ja niemals zu einer Triebbefriedigung..."

---

175 Nach SCHÖNPFLUG/SCHÖNPFLUG (1995: 54) gibt es drei „große" psychologische Theorien: den Kognitivismus, die Psychoanalyse und den Behaviorismus.

Damit ist die Funktionsweise der Triebe im wesentlichen schon beschrieben: jeder Trieb ist ein erlebter Drang zu einer bestimmten Verhaltensweise... Mit der einfachen Methode, einen starken Drang, begleitet von kräftigen Unlustgefühlen, in das Bewußtsein zu schicken, erreicht die Natur bei Mensch und Tier ihre Ziele." (ROHRACHER 1965a: 365f.)

Hubert ROHRACHER war als Ordinarius für Psychologie an der Universität Wien Verfasser einiger weitverbreiteter Standardlehrbücher zur Psychologie (ROHRACHER 1965a, b; die *Einführung in die Psychologie* und die *Kleine Charakterkunde* erschienen in zahlreichen Auflagen) und er habilitierte eine große Anzahl bedeutender Psychologen, die späten Lehrstühle im ganzen deutschen Sprachraum besetzten. Der außerordentliche Einfluß von ROHRACHER auf die deutschsprachige Psychologie der Nachkriegszeit ist u.a. auch zurückzuführen auf sein Insistieren auf rigoroser Wissenschaftlichkeit und Verzicht auf alle Spekulation bei der Erklärung der psychischen Prozesse und der Persönlichkeit, seine ausgewogene, klare und verständliche Darstellung aller Probleme und seine umfassende Kenntnis der zeitgenössischen psychologischen Forschung. Was aber ebenfalls sehr deutlich ist, ist die naturwissenschaftliche Orientierung, die ROHRACHERS Psychologie zugrundeliegt.[176] Dies zeigt sich nicht nur in der starken Betonung der naturwissenschaftlich-neurophysiologischen und neuropsychologischen Teile in der Ausbildung der Studierenden, sondern auch darin, daß die Institute für Psychologie häufig an den Naturwissenschaftlichen Fakuläten angesiedelt sind.[177]

---

176 In den Vorworten zur achten und zur ersten Auflage der *Einführung in die Psychologie* (diese erschien schon 1946) macht ROHRACHER klar, daß seine diesbezüglichen Ausführungen wörtlich, und nicht nur metaphorisch verstanden wissen will: „Gleich geblieben ist die naturwissenschaftliche Grundhaltung des Buches. Das bewußte Erleben wird als besonderer, von bestimmten Gehirnvorgängen abhängiger Bereich des Naturgeschehens aufgefaßt". Ferner heißt es hier: „die Entwicklung des Menschen aus dem Tiere, die Abhängigkeit alles psychischen Geschehens von organischen Prozessen, die Bestimmung der Einzelpersönlichkeit durch Anlage und Umwelt sind Tatsachen, die das seelisch-geistige Geschehen in strenge Gesetzlichkeiten einordnen" (ROHRACHER 1965a: X,XII). In diesem Sinne weist er auch darauf hin, daß sich der „stammesgeschichtliche Gesichtspunkt" als sehr fruchtbar erwiesen habe und sich unter den behandelten Ergebnissen nicht nur „viele Ergebnisse der Tierpsychologie, sondern auch ausführliche Schilderungen der organischen Grundlagen des psychischen Geschehens" befinden (ebenda, S. XI).

177 Dies ist der Fall etwa an meiner eigenen Universität, der Karl-Franzens-Universität Graz. Die Zahl der Studierenden der Psychologie machte hier

Es erscheint daher angebracht, kurz auf das Schicksal dieses Ansatzes in dieser wichtigen, der Soziologie unmittelbar benachbarten Sozialwissenschaft einzugehen. Selbstredend kann ich in dieser Hinsicht keinerlei Vollständigkeit der Darstellung beanspruchen. Es soll jedoch gezeigt werden, daß dieser Ansatz in der Psychologie nur eine begrenzte Schar von Anhängern hat und auch hier in seiner Erklärungs- und Aussagekraft klare Grenzen aufweist.

Ich möchte hier einer recht konzisen Auseinandersetzung mit der Lerntheorie in der Psychologie folgen, die sich in einem älteren, noch durchaus lesenswerten Lehrbuch der Persönlichkeitspsychologie, verfaßt von Hans THOMAE, einem Doyen der deutschen Psychologie, findet (THOMAE 1968: 65ff.). THOMAE geht zunächst aus von der Annahme der Lerntheoretiker, menschliches Verhalten sei irgendwann wissenschaftlich restlos vorhersagbar, so etwas wie eine „komplexe Theorie der Persönlichkeit" werde in Zukunft, wenn die allgemeine Theorie des Verhaltens weit genug entwickelt sei, überflüssig werden. Dabei werden, so THOMAE, der Persönlichkeitstheorie jedoch unrichtige Annahmen unterstellt; so etwa jene, daß sie eine letztlich nicht weiter hinterfragbare „Autonomie der Persönlichkeit" unterstellen müßte, oder jene, nicht-lerntheoretische Persönlichkeitstheorie sei gleichbedeutend mit einer Lehre von der „introspektiv erfaßten reichen Innerlichkeit des Individuums". Die Grundthese der lerntheoretischen Persönlichkeitstheorie lautet demgegenüber, daß Persönlichkeit ein System von Gewohnheiten darstellt, in dem bestimmte Reize (Signale) und Reaktionen relativ dauerhaft miteinander verkoppelt worden sind. Die Grundeigenschaften der Persönlichkeit werden nach den Prinzipien der Verstärkung und Extinktion, der Reizgeneralisation und des Unterscheidungslernens erworben.

Diese Anwendung der Lerntheorie beruht aber, so THOMAE, auf mehreren stillschweigend gehegten impliziten Voraussetzungen. Eine erste Gruppe betrifft die Existenz einer Reihe angeborener Grundausstattungen der menschlichen Natur. Dies sind zum ersten verschiedene *physiologische Reflexe* (Fußsohlenreflexe, Reflexreaktionen auf Licht,

---

1995/96 mit rund 1780 Studierenden fast ein Drittel aller Studierenden der Naturwissenschaftlichen Fakultät aus. An der Universität Wien ist das Institut für Psychologie – mit (1995/96) rund 5700 Studierenden! – zwar an der Philosophischen Fakultät lokalisiert, jedoch gibt es auch dort Stimmen, die es an die naturwissenschaftliche Fakultät verlegen möchten.

Lärm usw.), zum zweiten *angeborene Hierarchien des Verhaltens* (so tendiere ein Kind dazu, sich zuerst einem schädlichen oder schmerzhaften Reiz zu entziehen), und schließlich *physiologische „Primärtriebe"* (Hunger, Sexualität usw.). Lernprozesse führen sodann dazu, daß die Auslösebasis für die angeborenen Reaktionen sich erweitert, die Reaktionen selber vielfältiger werden, Sekundärmotive (wie Angst, Scham usw.) entstehen und bestehende Assoziationen zwischen Reizen und Reaktionen ausgelöscht werden. Entscheidend sind die Vorgänge der Reaktionsauslöschung durch Schlüsselreize und die Reaktionsfolge „Belohnung" oder „Nichtbelohnung": „Belohnung bedeutet immer ‚Triebreduktion' (Hull). Sie ist die eigentliche Ursache einer Verstärkung der Verbindungen zwischen Reiz und Reaktion" (THOMAE 1968: 67).

Hier wird Persönlichkeitsforschung also als Anwendung lerntheoretischer Prinzipien auf „komplexes" Verhalten gesehen. Dies, so meint THOMAE (1968, ebenda), sei durchaus diskutierenswert, jedoch gehöre die Gleichsetzung von Persönlichkeit und komplexem Verhalten „zu jenen nicht unrichtigen Behauptungen, deren Erkenntniswert nicht sonderlich hoch zu veranschlagen" sei. Besonders bemerkenswert ist die folgende grundlegende Kritik, weil sie meiner vorne entwickelten Argumentation weitgehend entspricht:

„Im übrigen verhindert die genannte Theorie des Konflikts ebenso ein echtes Verständnis der humanpsychologischen Probleme dieser Motivationslage, wie die Angsttheorie von Taylor-Spence [einem Lerntheoretiker, M.H.] den Zugang zu einem wirklichen Verständnis der Angst verschließt. Insofern mutet eine Darstellung der behavioristischen Beiträge zur Persönlichkeitstheorie ... eher wie eine Eliminierung des Menschen auch aus der Persönlichkeitsforschung und einer Reduzierung von deren Problematik auf *einige vage Annahmen über Voraussetzungen tierischen* (und auf sehr spezielle experimentelle Situationen beschränkten menschlichen) *Verhaltens* an." (THOMAE 1968: 67; Hervorhebung von mir, M.H.)

Demgegenüber, so THOMAE, müsse sich die persönlichkeitspsychologische Forschung „auf die Erfassung menschlichen Verhaltens in seiner Komplexität unter möglichst kontrollierten Bedingungen und in möglichst unreduzierter sowie durch Vorannahmen unbeeinflußter Form" konzentrieren.[178]

---

[178] Eine fundierte Kritik der Grenzen der Anwendbarkeit biologisch-physiologischer Gesetzmäßigkeiten auf menschliches Verhalten findet sich in L. SÈVE's Werk „Marxismus und Theorie der Persönlichkeit" (1973, S. 177ff.); zur Kritik eines naturwissenschaftlich-biologischen Verständnisses der Psychologie vgl. auch PARSONS 1951, S. 546.

Von der heutigen akademischen Psychologie im deutschen Sprachraum kann man sagen, daß sie sich durchaus nicht mehr (nur) einem engen naturwissenschaftlichen Paradigma verpflichtet fühlt. So heißt es im anerkannten Lehrbuch *Psychologie* von SCHÖNPFLUG/SCHÖNPFLUG (1995: 29), die Psychologie komme nicht umhin, körperliche Prozesse einzubeziehen, wenn man unter „Leben" auch körperliche Prozesse verstehe und an die Einheit von Körper und Seele glaube. Zum Verständnis des Körpers gehöre aber eine Vertrautheit mit Anatomie, Physiologie, Genetik, Biophysik und Biochemie. In diesem Sinne hätten „naturwissenschaftliche Auseinandersetzungen mit Problemen des menschlichen Lebens" durchaus ihren Platz.[179] Dieser Arbeitsbereich, die *Biopsychologie*, ist aber nicht als Schwerpunkt der Psychologie anzusehen. Im Hinblick auf die Problematik der Gesundheit schreiben diese Autoren weiter:

„Es ist richtig: Psychologie bevorzugt höhere geistige Prozesse und überläßt die körperlichen Prozesse der Ernährung, der Sauerstoffversorgung, der Fortpflanzung usf. der Biologie und Physiologie. Richtig ist aber auch: Das Denken des Menschen kreist um seinen Körper, um körperliche Gesundheit und Krankheit. Oft ist es das Verhalten der Menschen, das über ihr körperliches Wohlbefinden entscheidet. Daher sind die Vorbeugung von körperlichen Erkrankungen sowie die Wiederherstellung von körperlicher Gesundheit sehr wohl Themen der Psychologie. Ihnen widmen sich vor allem die Gesundheitspsychologie und die Klinische Psychologie.

Gesundheitspsychologie und Klinische Psychologie verzichten weitgehend darauf, die mit Krankheiten einhergehenden körperlichen Veränderungen selbst aufzuklären – z.B. den Infektionsvorgang bei AIDS, die Verdauung bei Magersucht. Doch bemühen sie sich, das Erleben von Krankheit und Gesundheit zu erfassen und Verhaltensprogramme zum Erhalt von Gesundheit und zur Behandlung von Krankheit zu erproben und anzuwenden – z.B. Programme zur kontrollierten Ernährung (....) sowie zur Heilung der Brechbarkeit (....)". (SCHÖNPFLUG/ SCHÖNPFLUG 1995: 30)

Eine solche Bestimmung des Verhältnisses zwischen „natürlichen" und „höheren" Komponenten (dem persönlich-sozialen Sinn, der kulturellen Bedeutung) menschlichen Erlebens und Verhaltens ist sehr gut vereinbar mit meiner allgemeinen These, daß naturgegebene Voraussetzungen als wichtige Rahmenbedingungen sozialen Verhaltens

---

179 Für eine ausgezeichnete Darstellung des neuesten Forschungsstandes der neurobiologischen Erkenntnissen zur menschlichen Intelligenz und ihrer Relevanz für die Psychologie vgl. GARDNER 1991.

zu betrachten sind.[180] Sie ist auch vereinbar – ja schreit geradezu danach – daß Psychologie und Soziologie bei der Erforschung vieler Probleme sehr eng zusammenarbeiten sollten. Ja, man könnte sagen, daß die zentralen Erscheinungen des menschlichen Lebens, die die Psychologie betrachtet – Denken, Wahrnehmen, Handeln, Sprechen (SCHÖNPFLUG/SCHÖNPFLUG 1995: 31) – ebensogut zentrale Objekte der Soziologie sind. Daß diese beiden Disziplinen sehr viel enger kooperieren müßten, als sie es tatsächlich tun[181], liegt auf der Hand. Ich möchte mit diesen kritischen Bemerkungen keineswegs unterstellen, daß die Soziologen mehr Kenntnis von Wissen und Methoden der Psychologen nehmen als umgekehrt. Auch die Soziologen sollten dies selber in viel stärkerem Maße tun, insbesondere in der Motivations- und Einstellungsforschung, wo empirische Sozialforscher häufig immer wieder ad hoc neue „Instrumente" entwickeln.[182]

– • –

Kehren wir zurück zum Versuch einer generellen Bewertung der verhaltenswissenschaftlichen Erklärung von Autorität. Der wichtigste und entscheidende Einwand aus der Sicht einer Soziologie als Wirklichkeitswissenschaft lautet hier: die „elementaren Gesetzmäßigkeiten", die HOMANS entdeckt hat (oder entdeckt zu haben glaubt), stellen gewissermaßen nur „*Randbedingungen*" dar, an denen sich sinnhaftes soziales Handeln von Menschen orientieren *kann*. Man kann sie durchaus als „Gesetze" im Sinne von überall gültigen Zwängen, Tendenzen o.ä. betrachten. Man muß ihnen im konkreten Handeln aber

---

180 Als Beispiel für eine soziologische Betrachtung von Gesundheit und Krankheit aus einer solchen Sicht vgl. HALLER 1981b.
181 Nur ein kleines Indiz für die geringe Beachtung der Soziologie von Seiten der Psychologie: in ihrer Diskussion relevanter Nachbarwissenschaften erwähnen die beiden oben genannten Lehrbuchautoren zwar die Sprachwissenschaft, Rechtswissenschaft und Wirtschaftswissenschaft, nicht jedoch die Soziologie. Wenn es nicht Geringschätzung der Soziologie ist, ist dies doch ein sehr auffallender blinder Fleck, behandeln diese beiden Disziplinen doch weithin nahezu identische Problemfelder und dies sogar mit identischen Methoden! So ist die Befragung auch in der Psychologie eines der am häufigsten verwendeten Forschungsinstrumente (vgl. dazu Zentralarchiv für empirische Sozialforschung, Köln, *Empirische Sozialforschung*, erscheint jährlich).
182 G. MOZETIC (1998: 152) spricht im Zusammenhang theoretischer Debatten zu Recht von einer „Ignoranz gegenüber dem, was in den sogenannten ‚Nachbardisziplinen' oder ‚verwandten Fächern' vor sich geht".

keineswegs immer folgen. Eine Nichtbeachtung dieser fundamentalen Regeln kann nicht nur unbewußt erfolgen und somit das ungewollte Scheitern eines Führers zur Folge haben, sie kann auch ganz bewußt erfolgen. Es kann Führer geben, die ihren Anhängern ganz bewußt *keine* Belohnungen für den Gehorsam in Aussicht stellen; man braucht hier nur an charismatische religiöse Führer zu denken. Praktisch mögen die von HOMANS postulierten Gesetzmäßigkeiten, die zur Effizienz von Führung beitragen, also durchaus weitgehend (wenn auch nicht in jeder Hinsicht!) zutreffen. Ob sie von einem Führer tatsächlich beachtet und eingesetzt werden, bleibt trotzdem dessen bewußter Entscheidung vorbehalten. Es mag z.B. Führer geben, die eine oder mehrere dieser elementaren Gesetzmäßigkeiten durchaus klar verletzen, deren Gruppen oder Einheiten aber trotzdem sehr effizient sind, etwa deshalb, weil sie in anderen Aspekte hervorragende Leistungen erbringen. Diese Führer werden sich wahrscheinlich sagen, die Beachtung derartiger Führungsregeln sei für sie völlig unnötig, ja sie seien überhaupt lächerlicher Unfug.

Wir können aus dieser Sicht also sagen: die Regeln des Führungsverhaltens, die HOMANS thematisiert, mögen durchaus in vielen Kontexten ihre Gültigkeit besitzen; als spezifische Regeln sozialen Handelns können sie trotzdem nicht gelten, weil es eine offene Frage ist, ob sich soziales Handeln tatsächlich nach ihnen ausrichtet oder nicht. Sie sind – in Termini einer wirklichkeitswissenschaftlichen Soziologie – nichts anderes als *naturhafte Rahmenbedingungen*, die ein sinnhaftes soziales Handeln als eine objektive Gegebenheit vorfindet und mit der es in sehr unterschiedlicher Weise umgehen kann.

Die entscheidende Frage in bezug auf die Relevanz von Autorität muß daher folgendermaßen lauten: *Wann, unter welchen Umständen* richtet sich Führungsverhalten an diesen „naturwüchsigen" Regeln aus, wann nicht? Hier wird man aus soziologischer Sicht sofort sehen, daß diese Regeln in unterschiedlichen sozialen und wirtschaftlichen, historischen und kulturellen Kontexten ein sehr unterschiedliches Gewicht besitzen. Betrachten wir als Beispiel die Frage, welches Ausmaß an *sozialer Distanz* zwischen Führer und Geführten notwendig ist um den (für Führer potentiell gefährlichen) Effekt „Vertraulichkeit erzeugt Verachtung" zu vermeiden. Dieses Ausmaß wird beispielsweise sehr stark variieren danach, ob es sich handelt um

- eine militärische Organisation, um ein wissenschaftliches Forschungsinstitut oder eine soziale Dienstleistungseinrichtung;
- um ein privates, in einem scharfen internationalen Wettbewerbsdruck stehendes Unternehmen, oder um ein Unternehmen in einem geschützten staatlichen oder halbstaatlichen Bereich;
- um einen paternalistisch-autoritär geführten Industriebetrieb des 19. Jahrhunderts oder ein modernes Industrieunternehmen, das High-Tech-Produkte herstellt.

In all diesen Kontexten wird wahrscheinlich im jeweils zuerst genannten Fall eine deutlich größere Distanz zwischen Führern und Geführten nötig sein als in den letzteren Fällen.

Diese Beispiele ließen sich ohne Mühe fortsetzen. Ich wollte mit ihnen vor allem einen Punkt herausheben: Für einen Unternehmer, Manager oder sonstigen Führer wird es unverzichtbar sein, in allererster Linie den spezifischen soziokulturellen Kontext, in dem sich eine Organisation befindet, zu berücksichtigen. Ein Abteilungsleiter, der seine Untergebenen wie ein Unteroffizier anschnauzt, wird ebenso Schiffbruch erleiden, wie ein Offizier, der sich mit den gemeinen Soldaten nach Dienstschluß auf Zechtouren begibt.[183]

Ich hoffe, daß mit diesen Beispielen auch deutlich geworden ist, welche Relevanz der naturalistischen Autoritätstheorie aus der Sicht des Praxisbezugs und der gesellschaftlichen Diagnose- und Prognosefähigkeit zukommt. Ein *Praxisbezug* ist ihr sicherlich nicht abzustreiten: die Beachtung der von HOMANS herausgearbeiteten Regelmäßigkeiten kann einem Führer sicherlich manche Hilfestellungen bieten, um seine Führungsaufgaben *besser* zu erfüllen. Es handelt sich aber eindeutig nur um so etwas *wie instrumentelle Regeln*, die hier angeboten werden. Die Beachtung dieser Regeln allein wird noch sicher keinen großen Unternehmer hervorbringen, ebensowenig wie einen großen Heerführer. Dazu sind in allererster Linie innovative technische und/oder kaufmännische Fähigkeiten, ein herausragendes strategisches Wissen und Können usw. notwendig – Dinge, die mit der Art und Weise, wie man seine Untergebenen behandeln soll, direkt zunächst überhaupt nichts zu tun haben.

Nahezu eindeutig negativ ist die Frage zu beantworten, *welches gesellschaftsdiagnostische bzw. prognostische Potential* die naturalisti-

---

183 Nicht umsonst haben alle Armeen eigene Offizierskasinos und -restaurants.

sche Führungstheorie besitzt. Hier geht es um Fragen wie die folgenden: Wie sind neue Führungsstile aus der Sicht der starken sozialstrukturellen Umschichtungen und Prozesse des Wertwandels der Gegenwart zu beurteilen? Wie läßt sich der langfristige Erfolg von Unternehmen prognostizieren? Welche Führungsmodelle werden in den wirtschaftlich besonders erfolgreichen Nationen bevorzugt? Es liegt auf der Hand, daß eine Theorie von generellen Regeln menschlichen Verhaltens, die unabhängig sind von Raum und Zeit, hier wenig aussagen kann.

Praktisch wird hier in dieser Hinsicht heute etwa allenthalben nach Führungsmodellen gesucht, die eine möglichst weitgehende Einbeziehung der Mitarbeiter und die Förderung ihrer kreativen Eigenleistungen zu kombinieren gestatten mit einer Steigerung der Effizienz des Gesamtunternehmens. Heute grasen Organisationstheoretiker und Managementschriftsteller die ganze Welt nach erfolgreichen Unternehmen und Organisationsmodellen ab, um sie dann den eigenen Landsleuten als die zukunftsträchtigsten zu verkaufen. Waren in den 60er Jahren noch Bücher über die „amerikanische Herausforderung" (so der Titel eines bekannten Buches von J-.J. SERVAN-SCHREIBER) noch sehr erfolgreich, so wurden es in den 70er und 80er Jahren Bücher über japanische Organisations- und Unternehmensmodelle. All diesen Büchern geht es gerade *nicht* um den Nachweis interkulturell und historisch *konstanter Gesetzmäßigkeiten effizienter Führung*, sondern darum nachzuweisen, daß in bestimmten Ländern und zu bestimmten Epochen spezifische und neue Modelle entwickelt wurden, die auch für andere Länder erfolgversprechend angewandt werden könnten oder sollten. Dabei ist nicht (notwendig) impliziert, daß die Einführung dieser Modelle die Führungsprobleme ein- für allemal lösen wird. In der Logik dieser Literatur liegt es viel eher, daß auch die heute praktikablen und erfolgreichen Managementmodelle morgen, unter gewandelten Verhältnissen, selber wieder von neuen abgelöst werden können und sollen (vgl. als Beispiele für solche Publikationen BARTLETT/GHOSHAL 1990; WOMACK et al. 1994).

Abschließend möchte ich zumindest noch einen Hinweis darauf geben, wie man sich eine Analyse von „Führung" und „Autorität" aus wirklichkeitssoziologischer Sicht vorstellen könnte. Ich möchte diese Frage durch den Hinweis auf bereits vorliegende Fallstudien beantworten, die als hervorragende Beispiele dafür gelten können. Man könnte hier nennen etwa die sozialhistorische Studie von Alfred CHANDLER (1962) über den Wandel der internen Organisationsstrukturen in den amerikanischen Großunternehmen vom Ende des 19. bis zur Mitte des 20. Jahrhunderts; die Studie von Richard EDWARDS (1981) über die Entwicklung unterschiedlicher Formen der industriell-bürokratischen Kontrolle in Industriebetrieben vom Beginn der Industrialisierung bis heute; oder die Studien von Michael BURAWOY über Arbeitsverhältnisse und Einstellungen der Industriearbeiter in den USA und in kommunistischen Ländern (BURAWOY 1979). Relevant sind natürlich auch international bzw. interkulturell vergleichende Studien über Formen der beruflichen und organisatorischen Arbeitsteilung (vgl. z.B. MAURICE et al. 1980, sowie HALLER 1989a, wo an MAURICE angeknüpft wird), sowie all jene Studien, die sich direkt mit dem historisch-kulturellen Kontext von industrieller und wirtschaftlicher Unternehmensführung befassen (vgl. z.B. SCHOENBERGER 1997).

2.4 Naturalistische Theorien der Sozialstruktur und sozialen Evolution

Ein bedeutender und interessanter Strang soziologischen Denkens, der ebenfalls den in diesem Kapitel besprochenen Ansätzen zuzuordnen ist, sind Sozialstruktur- bzw. Evolutionstheorien, die davon ausgehen, daß bestimmte „strukturelle Parameter", „technologische Faktoren" usw. wichtige Determinanten menschlichen Verhaltens bzw. gesellschaftlicher Entwicklung darstellen. Ich beschränke mich hier zunächst auf eine sehr knappe Skizzierung eines dieser Ansätze und einen Hinweis auf einige weiteren ähnlichen Konzepte und Forschungstraditionen.

Die „primitive Sozialstrukturtheorie" von Peter M. BLAU

Einer der bedeutendsten Autoren dieser Schule ist der aus Österreich gebürtige amerikanische Soziologe Peter M. BLAU. In einem konzisen Aufsatz *Parameters of Social Structure* (seinem Festvortrag als Präsident der American Sociological Association) geht er aus von der These, daß er Sozialstruktur nicht als rein theoretisch-abstraktes Konzept[184] zu verstehen sei, sondern als ein System konkreter sozialer Be-

---

184 Eine solche Auffassung vertritt etwa C. LEVI-STRAUSS (1971), wenn er von komplexen Verwandtschaftsregeln in einfachen Gesellschaften spricht, die

ziehungen zwischen den unterschiedlichen Elementen oder Teilen einer Gesellschaft.[185] Ausgangspunkt ist eine recht einfache Definition der relevanten sozialen Einheiten und ihrer Beziehungen zueinander. Solche Einheiten können sein: Männer, Frauen, ethnische Gruppen, soziale Schichten usw. Die Definition einer Sozialstruktur lautet dann: Sozialstruktur ist die Verteilung der Bevölkerung nach sozialen Positionen, welche nach unterschiedlichen Kriterien definiert sind; diese Positionen beeinflussen die Interaktionen und Rollenbeziehungen zwischen den Menschen.

Eine Sozialstruktur wird nach BLAU konkret definiert durch ihre *Parameter*: als solcher wird ein jedes Merkmal bezeichnet, das dazu führt, daß Menschen bei ihren Interaktionen soziale Unterscheidungen treffen. Dies gilt ganz offensichtlich für die genannten Parameter Alter, Geschlecht, Status usw. Man kann dann sprechen von der Altersstruktur, der Geschlechtsstruktur, der Schichtstruktur einer Gesellschaft. Die Bedeutung der einzelnen Parameter variiert danach, wie stark sie die Interaktion determinieren.

Es gibt nun unterschiedliche Formen von Parametern, wobei zwei Typen grundlegend sind:

(1) *Nominalparameter* (auch *horizontale Parameter*), wie z.B. Geschlecht oder Religionszugehörigkeit, teilen die Bevölkerung in klar unterscheidbare Subgruppen ein, ohne daß sie zwischen ihnen eine Rangordnung herstellen;
(2) *Gradationsparamter* (auch *Schichtungsparameter* oder *vertikale Parameter*) stellen eine solche Rangordnung her, die kontinuierlich, aber auch diskontinuierlich sein kann. Beispiele sind: Bildung, Einkommen, Macht, ev. auch Alter.

Es wird sodann angenommen, daß Nominalparameter soziale Interaktion in der Weise beeinflussen, daß Interaktion innerhalb von Gruppen häufiger ist als zwischen Gruppen, Gradationsparameter derart, daß die Interaktionshäufigkeit umgekehrt proportional zum Abstand zwischen den Gruppen ist. Generell gilt auch: Nominalparameter erzeu-

---

den Beteiligten selber oft gar nicht bekannt sind (ähnlich wie grammatikalische Regeln, die die Benutzer einer Muttersprache in der Praxis zwar beherrschen, aber oft nicht im Detail kennen).
185 In einer späteren Arbeit hat BLAU (1977) diesen Ansatz in extenso ausgearbeitet.

gen horizontale Differenzierung oder *Heterogenität*, vertikale Parameter erzeugen Statusungleichheit oder *soziale Schichtung*.

Das Ausmaß der Heterogenität bzw. Schichtung einer Gesellschaft in einem bestimmten Parameter variiert erstens danach, wieviele Kategorien ein Parameter aufweist (je mehr, desto höher ist die Heterogenität), zweitens danach, wie sich die Bevölkerung auf die verschiedenen Kategorien verteilt (hier ist hohe Heterogenität gegeben, wenn sie sich gleichmäßig auf viele Kategorien verteilt). Aufgrund dieser Kriterien lassen sich ganz konkrete Maße z.B. für das Ausmaß der Einkommensungleichheit einer Gesellschaft ableiten (Streuungsmaße, Konzentrationsmaße usw.). Ziel der strukturellen Analyse ist es, eine Gesellschaft nach ihren Markmalen (Parametern) und ihrer Verteilung auf diese detailliert zu beschreiben und das Verhalten der Menschen (vor allem ihre Interaktionsmuster) danach zu erklären.

Es lassen sich aus diesen einfachen Begriffen eine Reihe interessanter Folgerungen für die verschiedenen gesellschaftlichen Strukturtypen ableiten. So kann man etwa feststellen, daß sich aus der Kombination von Nominal- und Gradationsparametern *Quasi-Kasten* ergeben können. Dies ist dann der Fall, wenn z.B. zwischen religiösen oder ethnischen Gruppen (die an sich nur nach einem Nominalparameter unterschieden sind), auch eine vertikale Rangordnung besteht. Dies ist meist der Fall in rassisch gemischten Gesellschaften, in denen die rassisch-ethnischen Subgruppen nicht regional konzentriert leben, sondern vermischt mit allen anderen auf dem Territorium des Landes.[186] Interessant ist weiters das Konzept der *Konsolidierung sozialer Ungleichheiten*: eine solche ist immer dann gegeben, wenn verschiedene Parameter untereinander stark korreliert sind, wenn also die hohe Position in einer Dimension (z.B. Bildung) immer auch mit einer hohen Position in anderen Statusdimensionen (Beruf, Einkommen usw.) zusammenhängt. Dies führt zu hoher Statuskonsistenz (bei vertikalen Parametern) bzw. zu allgemein hoher Schicht-Integration oder *struktureller Konsolidierung* einer Gesellschaft. Ein Beispiel war die klassische kapitalistische Gesellschaft des 19. Jahrhunderts, in der die Arbeiterklasse in vielen Aspekten (Bildung, Lebenslage, Einstellungen) eine große, homogene Bevölkerungsschicht darstellte. Eine in dieser

---

186 Ich habe dies in einem Aufsatz zu dieser Thematik als „*plurietnische Gesellschaften*" bezeichnet (HALLER 1992b, 1993a).

Form integrierte Sozialstruktur reduziert die Häufigkeit gruppenübergreifender Interaktionsprozesse.

Umgekehrt gilt: bei *multiformer Heterogenität* einer Gesellschaft, d.h. der Existenz vieler unterschiedlicher Strukturparameter und geringerer Interkorrelation dieser Parameter wird die Wahrscheinlichkeit gruppenübergreifender Interaktionen häufiger. Die Ursache dafür ist, daß jede Gruppe relativ klein ist, sodaß ihre Angehörigen gezwungen sind, in einer Reihe von Lebensbereichen Beziehungen zu Angehörigen anderer Gruppen aufzunehmen.

Ähnliche Folgerungen lassen sich in bezug auf einzelne Parameter und die Verteilung der Bevölkerung auf diese ableiten. So ist etwa die *Geschlechtsproportion* einer Gruppe, eines Betriebes, einer Gesellschaft soziologisch relevant: mikrosoziologisch verhalten sich Männer und Frauen in einer Gruppe anders, je nachdem, ob beide Geschlechter annähernd gleich darin vertreten sind, oder ob ein Geschlecht deutlich oder sehr stark unter- oder überrepräsentiert ist usw. Im letzteren Falle wird das nur sehr schwach vertretene Geschlecht – es können dies z.b. auch Männer in einem weiblich geprägten Beruf sein – sich immer in einer auffälligen Position befinden. Gesamtgesellschaftlich kann man sagen, daß eine starke Überrepräsentation von Männern oder Frauen signifikante Folgen für die Beziehungen der Geschlechter zueinander hat.[187]

Alle diese Konzepte und Überlegungen erscheinen durchaus plausibel und fruchtbar. Ihre Verwandtschaft vor allem mit der naturalistischen Verhaltenstheorie von HOMANS ist evident: auch BLAU geht es um die Formulierung sehr allgemeiner, raumzeitlich zunächst universell gültiger Gesetzmäßigkeiten. Mit wenigen Grundbegriffen scheint es möglich zu sein, inhaltlich plausible und empirisch sehr gut faßbare und testbare Hypothesen zu entwickeln. Besonders positiv ist auch zu vermerken, daß in diesem Ansatz an sich keine verdeckte Ideologie transportiert wird, wenngleich er sich durchaus auch zu politisch-praktischen Folgerungen eignet (etwa im Hinblick darauf, wie gut

---

187 So haben etwa GUTTENTAG und SECORD (1983) in einer interessanten historisch-soziologischen Studie argumentiert, daß der persistente Frauenmangel im Amerika des 19. Jahrhunderts dazu führte, daß die Frauen dort – obwohl ihre berufliche Integration vergleichsweise schwach war – eine gesellschaftlich starke Stellung erringen konnten.

unterschiedliche Formen sozialer Differenzierung für die Integration von Gesellschaften zu bewerten sind).[188]

Kurzabriß weiterer naturalistischer Schichtungs- und Entwicklungstheorien

Die Bedeutung dieses Ansatzes zeigt sich auch daran, daß es eine beachtliche Tradition von Arbeiten gibt, in denen ähnliche Theorien entwickelt wurden. Dem Ansatz von BLAU recht verwandt sind etwa neuere Ansätze zur Analyse der Sozialstruktur, wie sie Stefan HRADIL (1987) und andere in Deutschland entwickelt und in den späten 80er Jahren geradezu als dominante deutsche Schichtungstheorie etablieren konnten. Ausgehend von der Statuskonsistenz- und Sozialindikatorenforschung wurde von HRADIL das Konzept der *„sozialen Lagen"* oder *„Milieus"* geprägt, dessen Ziel darin besteht, anhand aller relevanten Kriterien der objektiven sozialen Lage und der subjektiven Wahrnehmung und Befindlichkeit der verschiedenen Bevölkerungsgruppen (in diesem Aspekt geht dieses Konzept tendenziell über BLAU hinaus) möglichst homogene gesellschaftliche Subgruppen zu bilden, die dann als Basis weiterführender Analysen dienen können. Die These lautet, daß in modernen, hochdifferenzierten „Risikogesellschaften" (BECK 1986) auch differenziertere Sozialstrukturkonzepte notwendig sind, die alten, einfachen Klassen- und Schichtschemata nicht mehr ausreichen.

Ein anderer Strang von Arbeiten dieser Richtung befaßt sich mit dem Effekt des *technologischen Wandels* auf gesellschaftliche Entwicklung und Ungleichheitsstrukturen. Größere Werke dazu stammen von Gerhard LENSKI (1973) und Jonathan TURNER (1984). Die Argumente dieser Autoren lauten, daß das technologische Niveau einer Gesellschaft eine sehr grundlegende Determinante der Sozialstruktur ist. So argumentiert etwa LENSKI in seiner Arbeit *Macht und Privileg*, daß das Ausmaß der Ungleichheit einer Gesellschaft eine direkte Funktion des technologischen Entwicklungsniveaus ist: in sehr einfa-

---

[188] BLAU selber scheint etwa in bezug auf die Beurteilung der amerikanischen Gesellschaft doch ein recht positiv gefärbtes Bild zu vertreten, da er ihre „multiforme Heterogenität" hervorhebt; eine ähnliche Beurteilung zeigt sich auch in der großen, einflußreichen Mobilitätsstudie, die er gemeinsam mit DUNCAN durchführte (BLAU/DUNCAN 1967).

chen Gesellschaften, die nur das Allernötigste produzieren können, werden die vorhandenen Güter und Dienste weitgehend nach dem Bedarf der Gesellschaftsmitglieder verteilt; bei technologischem Fortschritt wird ein wachsender Teil des „Surplus" auf der Basis von Macht verteilt. „Indem wir also Gesellschaften auf der Basis der Technologie klassifizieren, kontrollieren wir effektiv gleichzeitig viele andere wichtige Variablen völlig oder teilweise", schreibt LENSKI (1973: 75); er kann sich dabei auch auf eine respektable Tradition in der Ethnologie stützen (HOBHOUSE u.a.).

Jonathan TURNER (1984) entwickelte, in Anknüpfung an LENSKI, eine formalisierte universelle Theorie der sozialen Schichtung, ausgehend vom Basisprinzip, daß der Grad der Konzentration des Reichtums einer Gesellschaft eine direkte Funktion des Niveaus der Produktivität, der Anzahl der organisatorischen Untereinheiten und der sozialen Hierarchien in der betreffenden Gesellschaft ist. Würde man allein die Produktivität betrachten, müßte im Laufe der Evolution von einfachen Jäger- und Sammler- über Agrar- bis zu industriellen Gesellschaften eine zunehmende Konzentration des Reichtums zu beobachten sein, da die Produktivität rasant ansteigt. Dies ist nicht der Fall, weil mit der Produktivität zugleich die Arbeitsteilung zunimmt. Damit nimmt auch die Zahl der beruflich-organisatorischen Subeinheiten der Gesellschaft zu, die ihrerseits a) Ressourcen zu ihrer eigenen Reproduktion verbrauchen, b) selber Macht erlangen und gegen eine zu hohe Konzentration des Reichtums agieren.

Zusammenfassende Beurteilung der Ansätze

Wie kann man all diese Ansätze aus der Sicht einer sozialwissenschaftlichen Wissenschaftstheorie im allgemeinen und einer Sicht der Soziologie als Wirklichkeitswissenschaft im besonderen beurteilen? Ich habe bereits einige positive Aspekte erwähnt; abschließend sollen drei kritische Argumente angeführt werden.

1. Zum ersten muß man sagen, daß die allgemeine begriffliche und logische Stringenz dieser Theorien nicht so hoch ist, wie es auf den ersten Blick scheint. Insbesondere ist kaum zu übersehen, daß auch bei diesen Theorien – wie schon bei HOMANS – oft eine fast zirkuläre Argumentation vorliegt. Dies ist etwa der Fall, wenn BLAU feststellt, daß er Parameter danach definiert, ob sie signifikante Ef-

fekte auf soziales Verhalten (Interaktionshäufigkeit) ausüben, dann aber für diese Parameter wieder in Anspruch nimmt, mit ihnen als „unabhängigen Variablen" Verhalten zu erklären. Die Einführung der als relevant betrachteten Variablen bzw. Schichtungsdimensionen (etwa bei HRADIL) erfolgt oft eher ad hoc, ohne theoretische Begründung.
2. Die Definition der Parameter ist keineswegs so evident, wie es auf den ersten Blick erscheint. Woher weiß man, daß gerade Alter und Geschlecht, aber nicht andere biosoziale Merkmale (z.b. Körpergröße) zentrale Parameter in einer Gesellschaft sind? Woher weiß man, daß ein Parameter als horizontal oder vertikal zu bezeichnen ist? Natürlich kann man das Verhalten beobachten, um diese Frage zu beantworten; man gerät aber dann wieder in den unter (1) genannten Zirkelschluß. Auch bezüglich der Variable Technologie sind ähnliche Fragen zu stellen. Wie soll Technologie definiert werden? Man kann sie sehr eng definieren – als die verfügbaren Werkzeuge, Maschinen, wissenschaftlichen Verfahren – oder sehr weit, und auch berufliche Qualifikation, Organisationswissen usw. einschließen; im letzten Falle wird die Variable aber so breit, daß sie wieder kaum brauchbar ist.
3. Man sieht deutlich, daß diese Sozialstruktur- und Entwicklungstheorien in einer Hinsicht prinzipiell die gleiche Schwäche aufweisen wie die Verhaltenstheorien mit universellem Erklärungsanspruch: die Frage der historischen und kulturellen Bedeutung der als zentral angesehenen Dimensionen – Parameter, Technologie usw. – wird nicht von vornherein thematisiert, sondern allenfalls erst später ad hoc eingeführt. Es werden nicht in erster Linie soziales Handeln und soziale Prozesse und deren kulturelle Einbettung in Betracht gezogen, sondern relativ abstrakt definierte „Variablen". Deren Analyse erfolgt zunächst eher mechanisch, und wird erst später – im besten Fall – angereichert durch historisch-soziologische Komponenten; das Ganze bleibt aber eher ad hoc und deskriptiv.

2.5 Zusammenfassende Würdigung und Kritik der naturalistischen Ansätze

In knapper Form sollen abschließend nochmals die Stärken und Schwächen der naturalistischen Ansätze zusammengefaßt werden.

Eine erste Stärke dieser Ansätze sehe ich in ihrem strikten Bezug auf die empirische Realität als der unverzichtbaren und letzten Basis für die Begründung wissenschaftlicher Aussagen, Hypothesen und Theorien. Diese Haltung unterscheidet die Vertreter dieser Ansätze positiv sowohl von den in den folgenden beiden Kapiteln zu besprechenden Ansätzen, die ich als „systematisierende Theorieschemata" bezeichne wie auch von der semantisch-systemtheoretischen Gesellschaftsbeschreibung eines Niklas LUHMANN. Erstere betonen zwar durchaus die Bedeutung empirischer Fakten, stellen jedoch de facto meist nur sehr selektive, oft wenig stringente Zusammenhänge zwischen theoretischen Begriffen und Hypothesen und der empirischen Realität her; letzterer betrachtet empirische Forschung im Bereich der Sozialwissenschaft geradezu als überflüssig.

In ihrer Hervorhebung der Bedeutung der Erkenntnis der empirischen Realität können wir zwei Zugangsweisen der naturalistischen Ansätze als wichtig auch für eine wirklichkeitssoziologische Perspektive anerkennen. Der erste Beitrag ist seine hohe Bewertung auch eines *induktiven Zugangs*, paradigmatisch im Bereich der tierischen Verhaltensforschung realisiert etwa durch Konrad LORENZ. Dessen Grundhaltung bestand darin, daß man durch gezielte, sorgfältige und genaue Beobachtung der Realität, zusammen mit dem Phänomen der „Gestaltwahrnehmung", durchaus zu sozialwissenschaftlichen Verallgemeinerungen voranschreiten kann. Dieser Zugang ist eng verknüpft mit der Hervorhebung der *vergleichenden Methode*. Man kann ohne Zweifel sagen, daß diese Methode einen „Königsweg" auch für die Erforschung menschlicher Gesellschaften und Kulturen darstellt (vgl. dazu insbesondere DURKHEIM 1965).

Der zweite, wichtige Zugang, den gerade die naturalistischen Ansätze erschlossen und angewandt haben, besteht im Aufweis der Fruchtbarkeit der *experimentellen Methode* auch für die Verhaltens- und Sozialwissenschaften. So erschließen sich in dieser Hinsicht in letzter Zeit auch die Wirtschaftswissenschaften ganz neue Felder von Fragestellungen und Forschungen (vgl. dazu auch Abschnitt 4.4).

Zusammenfassende Würdigung und Kritik der naturalistischen Ansätze 195

Der dritte, wichtige Beitrag der naturalistischen Ansätze besteht in ihrem inhaltlichen Befund, daß es in der Tat gewisse „Naturgegebenheiten" oder „naturbedingte" Prozesse gibt, die auch menschliches Verhalten in vielen Bereichen stark beeinflussen. Die Problematik einer rein naturalistischen Betrachtungsweise liegt hier darin, daß man sehr häufig glaubt, von der Existenz derartiger naturwüchsiger Zusammenhänge und Prozesse mehr oder weniger umstandslos auf menschlich-soziales Verhalten schließen zu können. „Naturgegebene" Prozesse, die etwa schon bei höheren Lebewesen nachweisbar sind, oder „natürliche" Parameter individuellen und gruppenbezogenen Verhaltens, wie die numerisch-demographische Zusammensetzung sozialer Gruppen, sind aus wirklichkeitssoziologischer Sicht aber nur als *Rahmenbedingungen* menschlichen Handelns zu sehen – im Prinzip nicht anders, als physische, physiologisch-biologische und andere Rahmenbedingungen. Menschliches Handeln kann sich von ihnen beeinflussen oder steuern lassen, muß es aber nicht. Die biologische Ausstattung des Menschen durch seine Sinnesorgane eröffnet z.B. Möglichkeiten, wie sie auf der Ebene höherer Tiere noch völlig undenkbar sind (vgl. dazu auch GEHLEN 1956; PLESSNER 1970; ELIAS 1971: 110ff.). Zugleich zeigen Studien über Menschen mit einem partiellen oder totalen Ausfall einzelner oder sogar mehrerer Sinnesorgane, daß biologische Defizite oft in unglaublicher Weise durch andere Lernprozesse kompensiert werden können. Die Aufgabe einer Soziologie als Wirklichkeitswissenschaft besteht genau darin, systematisch herauszuarbeiten, inwieweit natürlich gegebene Voraussetzungen menschliches Handeln ermöglichen, fördern oder hemmen.

3. Begriffliche Ordnungsschemata I. Strukturfunktionalistische Systemtheorien

„Ja unsere Wünsche sind die gefährlichsten Gegner unserer Wissenschaft, weil die geheimsten, innersten stets wachen. Was wohl aber wünschten wir mehr, als alles das, was nach gegenwärtigem Stande der Wissenschaften noch einzeln und unverbunden bleiben muss, vor unsern Augen aus einem einzigen Prinzip entspringen zu sehen; ein Verlangen, das Ihr Brief mit den lebhaftesten Farben malt. Die empirischen Wissenschaften gehen demselben zu langsam, auf einen Sprung möchten wir das ersehnte oder geträumte Ziel erreichen. Dieser an sich höchst anerkennenswerte Drang des Wissens bewog schon viele Köpfe, die in einer ernsten, aber freilich nur schrittweisen Forschung etwas hätten leisten können, sich lieber einer trüben Mystik hinzugeben." (GRUPPE 1914: 39)

In diesem Kapitel soll der in der Geschichte der jüngeren Soziologie umfassendste und anspruchsvollste theoretische Ansatz, der klassische Strukturfunktionalismus von Talcott PARSONS, besprochen werden. Im Anschluß daran werden auch zwei zeitgenössische Vertreter dieser Theorie, Richard MÜNCH und Pier-Paolo DONATI, kurz dargestellt und diskutiert; sie haben einige Aspekte der PARSONSschen Theorie konstruktiv weiterentwickelt bzw. versucht, deren Mängel auszugleichen. Auf diese beiden PARSONS-"Nachfolger" beschränke ich mich, weil sie unter den wenigen sind, die gegenüber PARSONS selber eine kritische Haltung einnehmen und sich in einer Reihe von Publikationen auch bemühten, empirische Befunde über zeitgenössische Gesellschaften theoretisch zu verarbeiten.[189]

---

189 Viel weniger gilt dies für den engagiertesten Neoparsonianer, den Amerikaner Jeffrey ALEXANDER (1982a, b; 1983; 1984). Dessen voluminöses Werk ist praktisch nur eine philologische Exegese von Klassikern, vor allem von WEBER und PARSONS, ermangelt aber einer kritischen Haltung weitgehend und beinhaltet eine Reihe unhaltbarer wissenschaftstheoretisch-methodologischer Prämissen (vgl. BURGER 1986).

3.1 Die strukurell-funktionale Gesellschaftstheorie von PARSONS

Die strukturell-funktionale Theorie des amerikanischen Soziologen Talcott PARSONS (1902-1979) stellte von den 40er bis in die 70er Jahre hinein *die* soziologische Theorie schlechthin dar. Dies galt sowohl von ihrem umfassenden Anspruch her – PARSONS verstand seine Theorie bekanntlich als die große, „definitive" Synthese der bedeutendsten Einsichten von PARETO, DURKHEIM und WEBER – wie auch von ihrer Breitenwirkung. Nach vielfach heftigen Angriffen ist es inzwischen um sie eher still geworden. Es wäre aus diesen Gründen vielleicht gar nicht mehr angebracht, den Ansatz von PARSONS in diesem Band zu behandeln; man könnte ihn bereits zu den „Klassikern" zählen (HARTFIEL/HILLMANN 1982: 571f.) oder auch zu den (vielleicht nicht mit Unrecht) eher vergessenen Autoren der Vergangenheit. Als aktuell wichtig erscheint mir dieser Ansatz aber aus zwei Gründen.

Zum ersten, weil es heute in verschiedenen Ländern (wieder) bedeutende Theoretiker gibt, die den Ansatz von PARSONS weiterhin vertreten bzw. direkt auf ihm aufbauen. Zu nennen sind hier – neben dem frühen LUHMANN – vor allem Jeffrey ALEXANDER in den USA, Richard MÜNCH in Deutschland und Pier-Paolo DONATI in Italien. Auf die beiden letzteren möchte ich auch im Anschluß an die Darstellung von PARSONS ausführlicher eingehen. Darüberhinaus gibt es nicht wenige Forscher, die in wichtigen Aspekten ihrer eigenen Ansätze auf PARSONS Bezug nehmen (z.B. HABERMAS 1981/II: 295ff.) oder den PARSONSschen Bezugsrahmen für ihre inhaltlichen Arbeiten anregend und nützlich finden (vgl. z.B. JENSEN 1984; TURNER 1994; STAUBMANN 1995; GERHARDT 1996).

Eine Beschäftigung mit PARSONS ist zum zweiten auch deshalb wichtig, weil seine Art des evolutionistisch-funktionalistischen Denkens in der Geschichte der Sozialtheorie seit dem 18./19. Jahrhundert bis heute eine sehr bedeutende Rolle spielt. Man denke hier an so einflußreiche Autoren wie Herbert SPENCER, die Sozialdarwinisten des späten 19. Jahrhunderts, die Funktionalisten in der Anthropologie (B. MALINOWSKI, A.R. RADCLIFFE-BROWN), die Verwendung des Begriffs in der Soziologie (E. DURKHEIM, R.K. MERTON), bis hin zum modernen Neoevolutionismus und -funktionalismus in Biologie und

Humanwissenschaften. Ich möchte behaupten, daß auch zeitgenössische Denker, wie Niklas LUHMANN, dieser Tradition viel stärker verpflichtet sind, als sie es selber zuzugeben bereit sind.

Im Falle von PARSONS stellt sich das Problem der Selektion dessen, was man in einer vergleichenden Darstellung zeitgenössischer soziologischer Theorien diskutieren kann, in noch schärferer Weise als für alle anderen behandelten Autoren. Auch PARSONS schrieb so viel, daß es kaum jemanden geben dürfte, der all seine Arbeiten „vollständig gelesen und systematisch ... durchdacht hat" (JENSEN 1976: 10).[190] Darüberhinaus gibt es zu PARSONS bereits eine äußerst umfangreiche Sekundärliteratur, die einigermaßen zu überschauen nur mehr den PARSONS-Spezialisten möglich ist.[191]

Ich werde mich in diesem Abschnitt daher auf zwei Fragestellungen konzentrieren: zum einen sollen einige der zentralen Grundannahmen und methodologischen Prinzipien von PARSONS Theoriegebäude dargestellt werden; zum anderen wird ein ausgewählter inhaltlicher Problembereich, die Problematik der Beziehung zwischen Wirtschaft und Gesellschaft, diskutiert und hinterfragt. Für Übersichten über PARSONS' wichtigste Beiträge zur Soziologie sei auf die eingangs zitierten allgemeinen Einführungen verwiesen. Ich werde mich in meinen Ausführungen sehr eng an Originaltexte von PARSONS halten, um dem berechtigten Einwand zu begegnen, daß PARSONS' Theorie oft ohne sorgfältige eigene Lektüre nur in Bausch und Bogen kritisiert wird.

---

190 Man muß hinzufügen, daß die meisten Werke von PARSONS infolge ihres abstrakten Charakters auch vielfach äußerst trocken und schwer lesbar sind. Zu den Rezeptionsproblemen beim Werk von PARSONS vgl. auch STAUBMANN (1995:16).
191 Als Monographien bzw. Reader über PARSONS seien hier (ohne Anspruch auf Vollständigkeit) genannt: CLEMENZ 1970; SCHWANENBERG 1970; KELLERMANN 1967; GOULDNER 1974; STRASSER 1976; MÜNCH 1982; ALEXANDER 1984; HAMILTON 1992.

a) Kodifikation des bestehenden Wissens in der Soziologie: die Grundintention und der „konstruktivistische" Charakter der PARSONSschen Theorie

Ich möchte hier die These aufstellen, daß die Grundintention von PARSONS' Theoriebildung – die „Kodifikation" des (bestehenden) Wissens – von ihm selber nie klar expliziert, ja oft mißverständlich interpretiert worden und daher von seinen Kritikern (verständlicherweise) vielfach mißverstanden worden ist. Dies ist ein anderer Einwand als jener, der häufig gegen PARSONS erhoben wird, nämlich er sei ein rein theoretisch abstrakter Denker gewesen, dessen Begriffe und Taxonomien wenig Berührung mit und Relevanz für die empirische Forschung hätten. Victor LIDZ (1986) untersucht die Frage in einem ausführlichen Beitrag und zeigt (ebenso wie B. BARBER in einem kürzeren Beitrag zum gleichen Band) im Detail, daß PARSONS in allen Phasen seines Denkens immer in hohem Maße an empirischer Forschung und ihren Ergebnissen interessiert war. Er vergleicht die lebenslange Arbeit von PARSONS mit dem kontinuierlichen Auf-, Aus- und Umbau eines vielräumigen, komplexen Gebäudes, in dem die wichtigsten theoretischen Konzepte zahlreicher Denker, nicht nur sozialwissenschaftlicher, sondern auch philosophischer und naturwissenschaftlicher Provenienz, in ein komplexes System integriert wurden, dazu auch die Ergebnisse aus einer Vielzahl historischer, ethnologischer und soziologischer Studien. Dem ist durchaus zuzustimmen; die Frage ist jedoch, ob die PARSONSsche Synthese tatsächlich so schlüssig und so fruchtbar ist, daß sie für die Soziologie allgemein als ein (oder sogar *das*) tragfähiges Gerüst gelten kann.

Betrachten wir die Intention der Wissenskodifikation, wie sie zum Ausdruck kommt im programmatischen, einleitenden Statement des ersten, grundlegenden Werkes *Toward a General Theory of Action*, verfaßt von PARSONS gemeinsam mit dem Soziologen Edward SHILS und sieben weiteren namhaften zeitgenössischen Soziologen, Psychologen und Anthropologe. PARSONS und SHILS schreiben hier, in den Sozialwissenschaften habe Theorie drei Funktionen:

„Sie sollte *erstens* bei der *Kodifikation des bestehenden, konkreten Wissens* helfen. Sie kann dies, indem sie allgemeine Hypothesen für die systematische Reformulierung bestehender Fakten und Einsichten bereitstellt, indem sie die Reichweite spezifischer Hypothesen erweitert, und indem sie es ermöglicht, unterschiedliche Beobachtungen unter einheitliche Begriffe zusammenzufassen. Durch

Kodifikation fördert die allgemeine Theorie in den Sozialwissenschaften den Prozeß des kumulativen Wissensfortschritts...

Allgemeine Theorie in den Sozialwissenschaften sollte *zweitens* eine *Anleitung zur Forschung* geben. Durch Kodifikation ermöglicht sie es, die Grenzen unseres Wissens und Nichtwissens genauer zu bestimmen und zu definieren. Kodifikation hilft bei der Auswahl von Problemen... Darüberhinaus sollte die allgemeine Theorie Hypothesen bereitstellen, die bei der Erforschung dieser Probleme angewandt und geprüft werden können...

Allgemeine Theorie sollte *drittens*, als Ausgangspunkt für spezialisierte Forschung in den Sozialwissenschaften, die *Kontrolle von Lücken der Forschung und Interpretation* erleichtern, die derzeit durch die Zersplitterung von Lehre und Forschung in den Sozialwissenschaften bestehen." (PARSONS/SHILS 1951: 3; Übersetzung und Hervorhebungen von mir, M.H.)

Der zentrale Begriff ist hier „*Kodifikation des Wissens*". Was heißt dies wirklich? Meiner Meinung nach wurde diese zentrale Absicht vielfach mißverstanden und in PARSONS Theorie mehr hineininterpretiert, als sie wirklich zu leisten beabsichtigte. Allerdings bleibt auch PARSONS selber hinsichtlich der Bedeutung und Leistung dieser Aufgabe vielfach unklar und überzieht sie immer wieder (vor allem durch die Vermengung von beschreibender, funktionaler und kausaler Analyse, wie ich unten zeigen werde).[192] Ich bin in dieser Hinsicht also durchaus der Meinung eines (sympathetischen) PARSONS-Interpreten wie Stefan JENSEN, der schreibt, Hauptziel von PARSONS sei es gewesen, *Aussagen zu systematisieren*:

„Ein erheblicher Teil der Arbeiten Parsons' sind explizit als Versuch zu verstehen, eine systematische Ordnung, die auf ein axiomatisches System abzielt, aufzubauen. Die Aufgabe dieser Theorie ist es, eine *Rekonstruktion der empirischen Erfahrungswelt* zu liefern. Dabei wird nicht die ganze Welt rekonstruiert, sondern lediglich ihr sozialwissenschaftlich thematisierbarer Aspekt. Es handelt sich also um einen Versuch einer *Rekonstruktion der ‚Lebenswelt'*." (JENSEN 1976: 13; Hervorhebungen von mir, M.H.)

Aufgrund dieser zentralen Intention von PARSONS, so JENSEN, könne sein Ansatz als *konstruktivistisch* bezeichnet werden. Wir werden in der Tat sehen, daß diese konstruktivistische Vorgangsweise bei allen PARSONS-Schülern, auch bei Niklas LUHMANN, eine zentrale Rolle

---

192 Insofern ist es vielleicht kein Zufall, daß sich PARSONS nie systematisch mit wissenschaftstheoretisch-methodologischen Fragen befaßte (MIKL-HORKE 1989:211). Hätte er es getan (wie etwa Max WEBER), wäre er vielleicht auf manche Mängel seiner Arbeiten in dieser Hinsicht aufmerksam geworden.

spielt; sich über ihren Sinn und ihre Reichweite klar zu werden, ist daher von größter Bedeutung.

„Konstruktivismus" als Entwicklung von Begriffen und Begriffssystemen

„Konstruktivistisch" bezieht sich zunächst auf eine grundlegende philosophisch-wissenschaftstheoretische Position hinsichtlich des Verhältnisses zwischen Realität und Erkenntnis. Eine *realistische Position* nimmt an, daß die äußere Welt ein objektives Faktum darstellt, das durch wissenschaftliche Beobachtungen mehr oder weniger genau erfaßt bzw. durch wissenschaftliche Theorien erklärt werden kann. Dem widerspricht die zumindest seit KANT unbestreitbare Tatsache, daß Wahrnehmungen immer nur über allgemeine Begriffe möglich sind, daß nie die gesamte Welt erfaßbar und erkennbar ist, und daß zahlreiche Begriffe zeit- und kulturspezifisch sind. Angesichts dieser Fakten nimmt die *idealistische Position* an, die Erkenntnis der Welt sei eine reine Funktion unseres Bewußtseins und Handelns; hier wird letztlich die Existenz einer äußeren Welt überhaupt geleugnet.

Beide Positionen sind aus der Sicht einer empirisch orientierten (Sozial-) Wissenschaft unhaltbar. Die *„konstruktivistische" Lösung* von PARSONS besteht nun darin, daß die Begriffe „jeweils durch eine methodologische Regel oder eben per Konstruktion" eingeführt werden, wie JENSEN (1976: 14) schreibt. Dahinter steht die durchaus plausible Idee, daß der menschliche Verstand auch von sich aus eine aktive Leistung, eben die Erfindung neuer Begriffe, erbringen muß, damit er die äußere Welt erkennen kann. Wie schon das Sprichwort sagt, muß etwas „auf den Begriff gebracht werden". JENSEN schreibt hierzu:

„Die meisten Arbeiten von Fachwissenschaftlern beschäftigen sich ausschließlich mit dem zweiten Problem, der Systematisierung von Aussagen, während sie das Problem der Systematisierung von Begriffen in der Regel der Wissenschaftstheorie überlassen (10). Dies trifft auch für Parsons zu. Er hat zwar eine große Zahl von Begriffen in seinem System eingeführt, jedoch weder erklärt, welches die Grundbegriffe seien noch wie die anderen Begriffe aus diesen hergeleitet werden sollen. Parsons hat auch niemals ausdrücklich auf diese Probleme Bezug genommen." (JENSEN 1976: 13)

Meine These lautet: die Grenzen dieses konstruktivistischen Ansatzes – und der strukturell-funktionalen Systemtheorie insgesamt – liegen zunächst schon darin, daß es hier nicht primär um wissenschaftliche

Probleme geht, sondern nur um *Begriffe* und *Begriffssysteme*. Damit begibt sie sich von Beginn an auf einen Weg, der nicht sehr produktiv sein kann, ja, der aus der Sicht einer wissenschaftstheoretischen Auffassung, die die moderne Sozialwissenschaft mit K.R. POPPER als *Erfahrungswissenschaften* versteht, als Sackgasse bezeichnet werden muß. POPPER schreibt zu diesem Sachverhalt im Anschluß an eine Übersicht, in der er als zwei Komponenten allgemeiner Ideen auf der linken Seite Begriffe anführt, auf der rechten Seite Aussagen oder Theorien:

„Meine These ist: Die *linke Seite der Tabelle ist uninteressant* im Vergleich zur rechten. Uns sollten Theorien interessieren: die Wahrheit, das Argument. Wenn so viele Philosophen und Wissenschaftler immer noch glauben, Begriffe und Begriffssysteme (und Probleme ihrer Bedeutung oder der Bedeutung von Wörtern) seien ähnlich wichtig wie Theorien und theoretische Systeme (und Probleme ihrer Wahrheit oder der Wahrheit von Aussagen), dann leiden sie noch unter Platons Hauptfehler. Denn Begriffe sind teils Mittel zur Formulierung von Theorien, teils Mittel, sie zusammenzufassen. Auf jeden Fall haben sie hauptsächlich eine instrumentelle Bedeutung; und man kann sie immer durch andere Begriffe ersetzen." (POPPER 1973: 127f.)

Daß es PARSONS in allererster Linie um die Entwicklung eines Begriffssystems geht und nicht um *Probleme*, läßt sich an einer Vielzahl von Zitaten belegen. Betrachten wir etwa die folgenden Ausführungen aus *Towards a General Theory of Action*:

„Die vollständige Analyse eines Handlungssystems würde eine Beschreibung sowohl des Zustands eines Systems zu einem bestimmten Moment wie auch der Veränderungen im System über die Zeit beinhalten, einschließlich von Veränderungen in den Beziehungen der konstituierenden Variablen. Diese dynamische Analyse würde die Prozesse des Handelns betreffen und sie ist das angemessene Ziel der Begriffs- und Theoriebildung. Wir glauben aber, daß es unökonomisch ist, Veränderungen in einem System von Variablen zu beschreiben, bevor die Variablen selber isoliert und beschrieben worden sind; wir haben uns daher dafür entschieden, mit der Untersuchung bestimmter Kombinationen von Variablen zu beginnen und erst dann zu einer Beschreibung dessen fortzuschreiten, wie sich diese Kombinationen wandeln, sobald eine feste Begründung für diese Analyse geliefert wurde." (PARSONS/SHILS 1951: 6; Hervorhebungen von mir, M.H.)

Die Art dieser Aussage ist typisch für PARSONS und sie kehrt an vielen Stellen wieder: „an sich" wäre es das Ziel der Theoriebildung, Erklärungen für dynamische Prozesse zu leisten; derzeit aber oder – im ersten Schritt – ist dies jedoch (leider noch) nicht möglich... Selbst bei der Betrachtung von Veränderungen geht es zunächst nur um die *Beschreibung* von *„Strukturmustern"* – ein Begriff, der in PARSONS'

Schriften immer wiederkehrt. Ein bezeichnender Hinweis auf PARSONS' Ambivalenz in dieser Frage ist der Wechsel vom Konjunktiv in den Indikativ im letzten Satz des obigen Zitats: eine dynamische Analyse „würde" Prozesse betreffen, sie „ist" aber das eigentliche Ziel der Theoriebildung...

Ich behaupte, daß es prinzipiell unmöglich ist, von diesem vielbeschworenen „ersten Schritt" der *Beschreibung* irgendwann später weiterzugehen zu einer dynamischen Analyse. Durch die Festlegung auf das Ziel einer Identifizierung der relevanten Variablen und ihrer Beziehungen zueinander quasi im „Ruhezustand" eines sozialen Systems gibt PARSONS die Möglichkeit auf, wirkliche *Erklärungen* für soziale Prozesse, d.h. für Veränderungen, entwickeln zu können. Um zu kausalen Hypothesen und Erklärungen (d.h., Aussagen über *Ursachen* bestimmter Ereignisse) zu gelangen, muß man sofort mit Problemstellungen beginnen, die Zusammenhänge zwischen Variablen und Veränderungen in diesen Variablen („Variable" = veränderliche Größe!), also dynamische Phänomene, d.h. Prozesse betreffen. Es erscheint geradezu als logisch unmöglich, eine Theorie eines statischen Zustands zu entwickeln!

Daß es sich hier um eine wissenschaftstheoretische Ausgangsposition handelt, die aus der Sicht einer an *Erklärungen* orientierten Wissenschaftsauffassung in eine Sackgasse führen *muß*, wurde m.M. nach in der PARSONS-Kritik weithin übersehen. Der häufig gemachte Vorwurf an PARSONS, er konzentriere sich nur auf *Systeme im Gleichgewicht*, behandle sozialen Wandel nicht oder sei überhaupt ein Verteidiger des status quo ist – als inhaltlicher Vorwurf – in der Tat falsch. Es lassen sich nicht nur zahllose Einzelbelege in PARSONS' Werk finden, in denen er auf die Bedeutung des Wandels hinweist und sich mit ihm beschäftigt, sondern er widmet diesem Thema auch ganze Abschnitte in wichtigen Werken.[193] Stefan JENSEN (1976: 38) stellt hier – gegen viele unzutreffende Kritiken gerichtet – richtig fest, daß es in PARSONS' Systemtheorie um reine Strukturzusammenhänge geht, um eine *strukturalistische Betrachtung*, die nicht mit einer *statischen* (im Gegensatz zu einer *dynamischen*) *Analyse* verwechselt werden darf

---

193 Vgl. z.B. Kap. XI in *The Social System* (PARSONS 1951:480-535); *Das Problem des Strukturwandels* in PARSONS 1976; sowie die Bücher *Gesellschaften. Evolutionäre und komparative Perspektiven* (PARSONS 1975), sowie *Das System moderner Gesellschaften* (PARSONS 1972).

(ähnlich auch ALEXANDER 1984). Sozialsysteme sind für PARSONS nicht zu verwechseln mit faktischen sozialen Systemen und Strukturen; sie sind rein normativ-kulturelle Muster, sie sind „Programme oder Regeln für Verhalten", „Schemata des Handelns" (JENSEN ebenda, S. 39).

Ich bin allerdings durchaus der Meinung vieler Kritiker, daß PARSONS sozialen Wandel nicht adäquat erfassen könne (KELLERMANN 1967; DAHRENDORF 1974: 213ff.; GOULDNER 1974/1). Zuwenig scheint mir jedoch in diesen früheren Kritiken von PARSONS der wahre Grund dafür erkannt worden zu sein, nämlich die Tatsache, daß sein Denkansatz sich von vornherein auf die Entwicklung von Begriffen und Taxonomien konzentriert und darin verhaftet bleibt. Mit diesen Begriffen kann er zwar durchaus auch Wandel „erfassen", aber eben nur „abbilden" oder „rekonstruieren", aber nicht wirklich erklären.[194] Was PARSONS dabei macht, ist im Grunde nichts anderes als eine statische Betrachtung von Entwicklungs- und Wandlungsprozessen, in dem der Wandlungsprozeß selber in eine Kette von Stadien zerlegt und der Reihe nach beschrieben wird (vgl. zur Charakterisierung dieser Methode ACHAM 1983b: 4, der sich hier auf Theodor GEIGER bezieht). So geht es PARSONS auch bei Prozessen des Wandels nicht wirklich darum, dessen Dynamik oder Kräfte zu erfassen, sondern nur darum, die Strukturmuster des Wandels selber zu beschreiben. So heißt es z.B., im Rahmen der strukturell-funktionalen Theorie könne man den Begriff des Systems gebrauchen, „auch ohne ein vollständiges Wissen der Gesetze zu besitzen, die die Prozesse innerhalb des Systems bestimmen" (PARSONS 1951: 483).

Diesem Mangel könne man aber, heißt es weiter, dadurch abhelfen, daß man *Strukturkategorien* verwendet. Durch ihre Hilfe sei es möglich, „eine systematische und präzise Beschreibung der Zustände des Systems, der Variationen des Zustandes von Systemen über die Zeit und der Ähnlichkeiten und Differenzen zwischen verschiedenen Systemen zu leisten" (ebenda). Zentral ist in diesem Zusammenhang die folgende Feststellung:

---

194 So sah z.B. DAHRENDORF (1974:242) das Hauptdefizit von PARSONS' Theorie offenkundig nur in der mangelnden Erfaßbarkeit des Wandels, da er einen Aufsatz über ihn mit folgendem Urteil abschließt: „Daß er (d.h., PARSONS) in wesentlichen Punkte ergänzt werden wird, tut weder seiner inhaltlichen Formulierung noch vor allem seiner Intention Abbruch. Seit Parsons ist die Soziologie dem Status einer reifen Wissenschaft näher als je zuvor".

„Es ist außerordentlich wichtig sich klar darüber zu sein, daß das, was wir in diesen zwei Kapiteln präsentiert haben, ein *Paradigma* darstellt und nicht eine Theorie, im üblichen Sinne dieses Begriffes als einem System von Gesetzen. Dies ist fast nur eine andere Art und Weise zu sagen, daß wir die Gesetze der Motivation als Mechanismen, nicht als Gesetze formulieren mußten." (PARSONS 1951: 485)

Ein *Paradigma*, so PARSONS weiter, hat durchaus einen Bezug zu Gesetzen im üblichen Sinne; diese Gesetze sind aber, bezogen auf die Komplexität der empirischen Welt, fragmentarisch und unvollständig. Das Paradigma hilft, relevante Gesetze ausfindig zu machen und es stellt Regeln (canons) bereit, um Forschungsprobleme zu formulieren:

„Insoweit als ein Paradigma nicht direkt Wissen über Gesetze beinhaltet, stellt es einen Satz von Regeln für die Formulierung von Problemen dar und zwar derart, daß sichergestellt wird, daß die Antworten Fragen von allgemeinerer Bedeutung betreffen, weil sie sich auf Beziehungen zwischen den fundamentalen Variablen des Systems beziehen." (PARSONS 1951: 485f.; Übersetzung von mir, M.H.)

Dieser Aussage könnte man im Prinzip wohl zustimmen; es kann durchaus als sinnvoll erscheinen, ein allgemeines Begriffsschema zu besitzen, das einem hilft, die Vielfalt der empirischen Realität bzw. unserer Beobachtungen von ihr zu ordnen. Ganz ähnlich wie WEBER argumentiert auch PARSONS, daß es problematisch wäre, irgendwelche allgemeinen Aussagen über die Zusammenhänge zwischen materiellen, ökonomischen und Interessenfaktoren auf der einen Seite und ideellen und kulturellen Faktoren auf der anderen Seite zu machen: „Eine allgemeine Theorie über die Priorität bestimmter Faktoren im sozialen Wandel würde, beim derzeitigen Stand des Wissens, die Frage der empirischen Interdependenz, die erst aufzuweisen ist, präjudizieren" (PARSONS 1951: 494).[195]

Die Auffassung von PARSONS über die Aufgabe der Sozialwissenschaft hängt eng zusammen mit seiner Vorstellung über ihr Verhältnis zu den Naturwissenschaften. Es erscheint angebracht, sich damit kurz auseinanderzusetzen.

---

195 Viele dieser Kritikpunkte an PARSONS – die unilineare Evolutionstheorie, der Mangel an eigener Forschung usw. – sind schon sehr klar in der scharfen Kritik des Kulturanthropologen Franz BOAS an den amerikanischen Evolutionstheoretikern seiner Zeit formuliert worden (vgl. dazu die umfassende Grazer Diplomarbeit von B. WEILER 1997).

Die Verwischung des Unterschiedes zwischen den Natur- und Sozialwissenschaften

In *The Structure of Social Action* setzt sich PARSONS (1968/II: 594ff.) ausführlich mit den methodologischen Prinzipien der Sozialwissenschaften auseinander, wie sie u.a. von Max WEBER dargelegt wurden. Er wendet sich darin gegen WEBERs Unterscheidung zwischen Natur- und Sozialwissenschaften, die nach seiner Meinung viel zu rigide gezogen ist. Den Naturwissenschaften ist nach WEBER (ich folge hier PARSONS' Darstellung) ein *Kontrollinteresse* gemeinsam: es geht darum, allgemeine, universell gültige Naturgesetze durch Anwendung in Form von Technologien, dem Menschen nutzbar zu machen. In den Sozialwissenschaften geht es nach WEBER jedoch um Menschen, deren Aktionen und Kulturbeziehungen. An menschlichen Handlungen haben wir insofern Interesse, als sie mit Werten in Zusammenhang stehen; diese *Wertbeziehung* stellt das entscheidende Selektionskriterium für empirische Fragen und Forschung dar. Für den Sozialwissenschaftler steht also ein Individuum im Mittelpunkt, allerdings nicht ein konkretes, sondern ein historisches, typisiertes Individuum. Da es aber viele solcher historischer Individuen gibt – wie es auch viele unterschiedliche Wertstandpunkte und –beziehungen gibt – kann man Begriffe und Gesetze in den Sozialwissenschaften nicht als allgemein-universelle formulieren wie in den Naturwissenschaften, sondern muß diese aus der Analyse und dem Vergleich „historischer Individuen" miteinander entwickeln. Daher gibt es in den Sozialwissenschaften nicht einen einzigen Satz von allgemeinen Begriffen und Theorien, sondern so viele, wie es auch Werte und Wertbeziehungen gibt: „There can be no universally valid system of general theory in the social sciences" (PARSONS 1968: 593). Die Sozialwissenschaft könne nur zu „fiktiven", idealtypischen, aber nicht wirklich allgemeinen, raumzeitlich unabhängig gültigen Begriffen gelangen.

An diesem Faktum bzw. dieser These von WEBER stößt sich PARSONS. Er möchte es widerlegen, indem er das Verhältnis zwischen Natur- und Sozialwissenschaften anders darstellt. Zum einen, so meint er, stimme ohne Zweifel die WEBERsche These, daß in den Naturwissenschaften ein Kontrollinteresse sehr wichtig sei. Dies gelte aber auch für die Sozialwissenschaften; man wolle auch hier Wissen oft anwenden, um bestimmte Ziele zu erreichen. Es erscheine daher evident, so PARSONS (ebenda, S. 595), daß auch in den Sozialwissenschaften „das letzte Ziel der Forschung die Entwicklung eines oder mehrerer Systeme einer gültigen allgemeinen Theorie sei, die gleicherweise anwendbar sei auf jede spezifische Situation".

So sei evident, daß es in der Natur- wie in der Sozialwissenschaft neben dem instrumentellen (Kontroll-) Interesse auch noch ein weiteres gebe, nämlich eine *„desinteressierte Werthaltung"*, der es nicht darum gehe, wie Objekte gebraucht werden könnten, sondern welche Haltung man zu ihnen habe; es gehe auch hier um die *Wertbeziehung* im WEBERschen Sinne. Diese sei in den Sozialwissenschaften ohne Zweifel besonders relevant, sie sei aber auch in den Naturwissenschaften wichtiger, als WEBER es sich vorstellte. Dies begründet PARSONS damit, daß eine vergleichende Studie der Naturinterpretationen in verschiedenen Zivilisationen mit sehr unterschiedlichen Wertsystemen sehr große Unterschiede feststellen würde (PARSONS 1968: 596).

Es ist evident, daß PARSONS' Argumentation hier ein logischer Fehler unterläuft. WEBER geht es um die Unterscheidung der Sozialwissenschaft von den modernen Natur*wissenschaften*, und nicht um allgemeine kulturelle Auffassungen von der Natur, die PARSONS anführt. Bezüglich der letzteren hat PARSONS ohne Zweifel recht, bezüglich der ersteren These wird man ihm in keiner Weise zustimmen können. Die modernen Naturwissenschaften sind ja geradezu definiert dadurch, daß sie sich in ihrer Naturbetrachtung aller religiöser, kultureller und anderer wertendee Elemente entledigen und rein objektiv-sachlich vorgehen. Die Naturwissenschaft wird umso erfolgreicher sein, je mehr ihr dies gelingt. Die Sozialwissenschaft kann dies gar nicht; hier werden Aussagen umso leerer und trivialer, je allgemeiner sie sind (WEBER 1964: 4ff.; vgl. dazu auch die Ausführungen zu den Verhaltenstheorien in Kapitel 2 sowie Kapitel 6).

PARSONS führt noch zwei weitere Argumente gegen WEBER an, die aber ebensowenig überzeugen können. So meint er, ein Wertinteresse müsse nicht immer auf eine konkrete historische Individualität gerichtet sein; so habe eine religiöse Motivation (Lerne Gott in seinen Werken kennen!) zur Zeit des Puritanismus sogar zur Entwicklung der Naturwissenschaft beigetragen. Dazu ist wieder festzustellen, daß die religiöse Motivation nur den Anstoß zur naturwissenschaftlichen Arbeit gab; innerhalb dieser selbst mußte sie selbstverständlich wieder zurücktreten.

Darüberhinaus, so PARSONS, gebe es eine „inhärente Tendenz in den theoretischen Strukturen aller Wissenschaften, sich zu logisch geschlossenen Systemen zu entwickeln." Wissenschaftlich relevantes Wissen sei generell vor allem dadurch bestimmt, wie es in die allgemeinen begrifflichen Schemata hineinpaßt, die wir entwickelt haben: „Observation is always in terms of a conceptual scheme" (PARSONS 1968: 597). Der Bezug auf konkrete, historische Individualitäten, ein relativistischer Standpunkt, sei sowohl in den Sozial- wie in den Naturwissenschaften möglich, genauso wie es der verallgemeinernde, analytische Standpunkt sei. Man müsse daher besser von *individualisierend-historischen Wissenschaften* einerseits, und *analytischen Wissenschaften* andererseits sprechen. So gehe etwa auch die naturwissenschaftliche Disziplin der Geologie individualisierend-historisch vor, wenn sie nach den Ursachen der Entstehung bestimmter Gebirgsformationen frage (zu deren Erklärung sie auch allgemeine Gesetze aus der Physik, Chemie usw. heranzieht). Auf der anderen Seite sei nicht nur die theoretische Physik oder Biologie eine analytische Wissenschaft, sondern auch die theoretische Ökonomie, insoferne sie ein allgemeines Theoriesystem entwickelt, das auf einen breiten Bereich empirischer Phänomene angewendet werden könne.

Auch diese Thesen von PARSONS sind teilweise falsch und in dieser Allgemeinheit nicht haltbar. In den fortgeschrittensten Naturwissenschaften, etwa der modernen Physik, gilt, daß man keineswegs von einem geschlossenen Theoriesystem sprechen kann, sondern viel eher von einem relativ losen Nebeneinander vieler Teiltheorien sprechen muß (vgl. dazu auch Kapitel 6). Es ist evident, daß PARSONS den Naturwissenschaften eine Tendenz bzw. einen Zustand nur unterschiebt, die seiner Auffassung von einer „reifen" Sozialwissenschaft entsprechen würde, nämlich der Entwicklung eines mehr oder weniger geschlossenen, abstrakten theoretischen Systems. Auch entsprechen die allgemeinen theoretischen Systeme der modernen Nationalökonomie keineswegs dem „allgemeinen Theorieschema", das er sich selbst als Höhepunkt der Entwicklung in den Sozialwissenschaften vorstellt. (Ich werde dies im folgenden Abschnitt zeigen). Eine besonders problematische Implikation der PARSONSschen Vorstellung von soziologischer Theorie soll im folgenden dargestellt werden.

Die Vermischung von empirischer (historischer) Beschreibung, funktionaler Deutung und kausaler Erklärung

PARSONS vertritt mit seiner oben dargestellten „konstruktivistischen" Position – Kodifikation des Wissens als Hauptziel der Theoriebildung – eine Haltung, die kausale Erklärungen überhaupt nicht als (zentrale) Aufgabe der „allgemeinen Theorie" definiert. Damit begibt er sich jedoch auf ein Terrain, das inhaltlich und empirisch unfruchtbar bleiben muß. Tatsächlich hält er sich in seinen eigenen inhaltlichen Studien keineswegs an diese Beschränkung. Was diese Arbeiten charakterisiert, ist nicht eine systematische Verbindung, sondern eine kontinuierliche *Vermischung* von historischer und empirischer Beschreibung, funktional-evolutionistischer Deutung und kausaler Erklärung sozialer Sachverhalte.

Diese fortlaufende Verwischung zwischen historisch-soziologischer Beschreibung, funktionaler Deutung und kausaler Analyse läßt sich als das typische Denk- und Argumentationsmuster von PARSONS schlechthin bezeichnen.[196] Seine Argumentationsfigur sieht meist so aus, daß ein sehr umfassender, komplexer historisch-kultureller Zusammenhang zunächst beschreibend dargestellt wird, dann aber zugleich als „funktional notwendig" interpretiert und, gewissermaßen unter der Hand, schließlich auch als kausal erklärt suggeriert wird. Auf allen drei Stufen der Argumentation werden sehr vage Begriffe hinsichtlich der Aspekte der Beschreibung, der funktionalen Deutung und der kausalen Erklärung des jeweiligen Sachverhaltes verwendet, sodaß es schwer fällt bzw. nachgerade unmöglich ist, dem Autor wirkliche „Fehler" nachzuweisen.[197] Sehr treffend hat auch Victor WILLI in seiner umfassenden Studie über *Grundlagen einer empirischen Soziologie der Werte und Wertsysteme* auf diese Schwäche von PARSONS hingewiesen:

---

196 Daß die zentrale Aufgabe der empirischen Forschung darin besteht, die Bedeutung ganz spezifischer Zusammenhänge zu erfassen und von allen anderen möglichen Effekten zu isolieren, scheint PARSONS gar nicht erkannt zu haben (vgl. dazu schon GRUPPE 1914, S. 47ff. gegen HEGEL).

197 Man könnte auch behaupten, daß viele zentrale Begriffe bei PARSONS (wie „Konstruktivismus", „analytische Perspektive" usw.) schon rein sprachlich gesehen unklar sind; für ihn gilt aus dieser Sicht genau die gleiche Kritik, die O.F. GRUPPE (1914:45ff.) gegen HEGEL gerichtet hat.

> „Weil er weder nur von der Theorie noch nur von der Wirklichkeit verschiedenartiger Wertsysteme ausgeht und nicht zur wirklich vorhandenen weitgehenden Sinn-Notwendigkeit tieferliegender Kulturelemente vorstößt, scheint Parsons, der bewußt die Kluft zwischen Wirklichkeit und Spekulation überbrücken möchte, bei seiner Typologie unbewußt gleichsam zwischen zwei Stühle zu fallen. Sie dient als *Basis weder für eine theoretisch saubere Modelltypologie noch für einen faktisch sauberen Überblick der Wirklichkeit*. Sie will zu viel und erreicht deshalb wenig." (WILLI 1966: 247)

Jeffrey ALEXANDER (1984: 8ff.) hat also ebenso wie V. LIDZ (1986), den ich bereits oben zitiert habe, durchaus Recht, wenn er argumentiert, PARSONS habe sehr wohl großes Interesse an empirischer Forschung gehabt. Es stimmt auch, daß seine theoretischen Arbeiten häufig Bezüge zu empirischen Befunden aufweisen und manche seiner meistdiskutierten Arbeiten direkt empirische Fragen betrafen (so etwa seine medizinsoziologischen Aufsätze, auf die ich noch kurz eingehen werde). Was PARSONS aber definitiv von DURKHEIM und WEBER – wie von *jedem* anderen großen Theoretiker, so würde ich behaupten – unterscheidet, ist die Tatsache, daß er selber nie eine eigene gründliche empirische Arbeit durchführte.[198] ALEXANDER, der dies zugibt, sieht in dieser „postpositivistischen" Haltung aber sogar eine Stärke: sie habe es PARSONS ermöglicht, sich dafür umso systematischer mit der spezifischen und anspruchsvollen Arbeit der Theoriebildung zu befassen. Wenn man eine solche Haltung auch nicht grundsätzlich ablehnen kann, muß man im Fall einer sozialwissenschaftlichen Theorie im allgemeinen und von PARSONS im besonderen doch ein großes Fragezeichen dahinter setzen. Ganz allgemein schreibt der Wissenschaftstheoretiker Mario BUNGE (1996: Xii) in seinem ausgezeichneten neuen Werk *Finding Philosophy in Social Science*, ein Philosoph der Sozialwissenschaften müsse sehr gut mit der neuesten sozialwissenschaftlichen Literatur vertraut sein, ja er sollte idealerweise selber Forschungen durchgeführt haben. Er selber habe dies gemacht – und er teile im übrigen auch EINSTEINs Verachtung für alle Formen „in-

---

[198] V. LIDZ (1986) schreibt dazu, daß PARSONS drei Anläufe nahm, selber an empirischen Projekten mitzuarbeiten (das erste betraf die Arzt-Patient-Beziehung, das zweite soziale Mobilität, das dritte die amerikanische Universität). Das Resultat war in allen Fällen dasselbe: es entstanden innovative theoretische Essays und Interpretationen, die empirischen Befunde wurden jedoch nie so detailliert ausgearbeitet, wie es geplant gewesen war; PARSONS zog sich meist bald aus der empirischen Arbeit zurück (LIDZ 1986:168ff.).

tellektueller Akrobatik", die nur nützlich sei für akademische Karrieren. Im konkreten Falle von PARSONS erscheint mir die Abstinenz von eigener empirischer Forschung deshalb als besonders problematisch, weil sie bei ihm – wie im folgenden detailliert belegt werden wird – vielfach einhergeht mit einer wissenschaftlich untragbaren Sorglosigkeit im Umgang mit empirischen Befunden. Die These von J. ALEXANDER (1984: 10), PARSONS sei dem Ideal wissenschaftlicher Objektivität und Wertfreiheit auch bei seiner Verwendung empirischer Befunde stets treu geblieben, kann ich daher nicht zustimmen.

Das Beispiel der „Saatbett"-Gesellschaften Israel und Griechenland

Für meine These, daß PARSONS immer wieder Beschreibung, Analyse und Bewertung vermengt, sei ein Beispiel aus dem Büchlein *Gesellschaften. Evolutionäre und komparative Perspektiven* gegeben, in dem PARSONS die Rolle der beiden „Saatbett"-Gesellschaften Israel und Griechenland für die soziokulturelle Evolution der Menschheit beschreibt. Er geht hier aus von der folgenden allgemeinen These: „Je niedriger die sozio-kulturelle Evolution eines Systems, desto koextensiver und weniger unabhängig sind seine gesellschaftlichen und kulturellen Systeme in empirischer Hinsicht" (PARSONS 1975: 149). Schon dieser Satz ist typisch für die Vermengung von theoretisch-analytischen Aussagen und empirischen Behauptungen. Als „analytische" Aussage (im diffusen Sinne, wie PARSONS selbst diesen Begriff gebraucht) ist dieser Satz nichts als eine Wiederholung seiner generellen These über den Prozeß der soziokulturellen Evolution, den er im gleichen Band als Fortschreiten von „niedrigeren" zu „höheren" Formen der sozialen Differenzierung definiert hat:

„Wenn die Differenzierung ein ausgeglichenes, höher entwickeltes System erreichen soll, dann muß jede sich neu differenzierende Substruktur (...) eine verbesserte Anpassungsfähigkeit zur Erfüllung ihrer *primären* Funktion im Vergleich zur Erfüllung *dieser* Funktion innerhalb der vorhergehenden, diffuseren Struktur aufweisen." (PARSONS 1975: 40; Hervorhebungen im Original)

So stellt die Ausdifferenzierung von eigenen Produktionsstätten – Fabriken, Büros usw. – eine evolutionäre Höherentwicklung dar, weil das Produzieren dadurch effizienter erfolgen kann als vorher im Haushalt, wo es mit privat-familiären Funktionen vermischt war. Es ist dies der klassische funktionalistische Topos, wie wir ihn schon seit Herbert SPENCER kennen (Näheres dazu im folgenden Abschnitt). Die begriffliche Schlampigkeit von PARSONS kommt deutlich zum Ausdruck im letzten Teil des weiter oben zitierten Satzes „... desto unabhängiger sind seine gesellschaftlichen und kulturellen Systeme *in empirischer Hinsicht*": Hier wird suggeriert, daß die *analytische* Bestimmung der Beziehung zwischen Evolutionsniveau und Differenzierungsgrad einer Gesellschaft eben nicht nur „analytischen" Charakter hat, sondern auch empirisch vorfindlich ist!

Kommen wir zurück zur Darstellung, Interpretation und Erklärung der Rolle der Saatbett-Gesellschaften[199] Israel und Griechenland. Zunächst wird festgestellt, daß von den großen Religionen der Erde zwar der Buddhismus die „tiefgreifendsten Wirkungen" außerhalb seiner eigenen Entstehungsgesellschaft zeigte; da er jedoch „nicht zur Modernität führte, und da er für die westliche Gesellschaft kaum fundamentale Bedeutung gewann, haben wir ihn nicht ausführlich diskutiert" (PARSONS 1975: 149). Auch diese Entscheidung ist charakteristisch: PARSONS entschließt sich deshalb, ein religiöses System nicht weiter zu behandeln, weil es historisch-empirisch nicht so folgenreich war wie andere. Also nicht sein theoretisch-analytisches Kriterium ist entscheidend dafür, ob eine „Variable" – wie Religion – relevant ist oder nicht, sondern allein das empirische Faktum, ob sie historisch für den Westen folgenreich wurde oder nicht. Dies ist ein klassisches Beispiel für eine post-hoc „Erklärung", die jedoch in Wirklichkeit diese Bezeichnung nicht verdient. Diese Form der „Erklärung" steht offenkundig auch im eindeutigen Widerspruch zu dem ansonsten – zumindest verbal immer wieder betonten – Prinzip PARSONS', soziologische Analyse streng nach „analytischen" Gesichtspunkten durchzuführen.

Das Faktum, daß gerade die Kultur der beiden kleinen, politisch bedeutungslosen Gesellschaften Israel und Griechenland historisch so folgenreich wurde, wirft laut PARSONS zwei Probleme auf: Zum einen das Problem der *Bedingungen für die Entstehung* dieser kulturellen Neuerungen, zum anderen das Problem ihrer *Diffusion*, d.h. ihrer Verbreitung in Gebiete und Gesellschaften, die weit entfernt von ihrem Ursprung liegen und ihrer tiefgreifenden Folgewirkungen für diese Gesellschaften. Dazu stellt er fest:

---

199 Im Deutschen wäre auch der Begriff „Saatbeetgesellschaften" anwendbar; ich halte mich hier an den in der deutschen Übersetzung verwendeten Begriff.

„Hinsichtlich des ersteren Problems halten wir diese kulturellen Neuerungen für so radikal, daß deren Träger sie unmöglich auf dem weiten Territorium und gegen die verschiedenen begründeten Interessen der großen ‚Imperien' jener Zeit hätten durchsetzen können. Diese Prozesse mußten in kleinen Gesellschaften mit einem ungewöhnlichen Maß an Unabhängigkeit stattfinden. Außerdem bedingten diese Neuerungen in beiden Fällen notwendig, daß jeweils unter der Führung der wichtigsten Schichten eine Differenzierung der *Gesellschaft als ganzer* von den übrigen, ihnen nahe stehenden Gesellschaften eintrat. Damit entstand ein neuer *Gesellschaftstypus*, nicht bloß ein neues Subsystem innerhalb eines bereits existenten Typus." (PARSONS 1975: 150; Hervorhebung im Original)

Die erste terminologische Schlampigkeit in dieser Passage: PARSONS spricht davon, man müsse die gesellschaftlichen Bedingungen definieren, die diese kulturellen Neuerungen in Israel und Griechenland ermöglichten. Was er damit meint, ist aber offensichtlich nicht eine *Definition*, sondern die Bestimmung „unabhängiger Variablen", also eine Spezifikation eines *kausalen Zusammenhangs*, eine Hypothese!

Er gibt dann auch unter der Hand eine kausale Erklärung in diesem Sinne, wenn er argumentiert, radikale Neuerungen wären nicht durchsetzbar auf einem „weiten Territorium" und gegen die „herrschenden Interessen" in einer Großmacht – welche Interessen dies sein könnten, wird nicht gesagt. Genaugenommen hat er damit aber nur vage angedeutet, warum diese Neuerungen in den Großstaaten *nicht* erfolgt sind, aber noch lange nicht gesagt, warum sie in Israel und Griechenland *schon* erfolgt sind! Der Hinweis auf die Notwendigkeit der „Kleinheit" eines Territoriums als Voraussetzung für die Durchsetzung radikaler religiöser Neuerungen erscheint mir eher als trivial: eine radikale Neuerung, die von einem Religionsstifter und seinen Anhängern ausgeht, kann zunächst ja nicht anders erfolgen als in einem kleinen Territorium – wie sollte sie je zugleich auf mehreren Orten eines riesigen Reiches stattfinden oder wie könnte sie sofort in alle Regionen eines solchen Reiches diffundieren?

Schließlich ist zu fragen, ob die historische Evidenz der These von Parsons tatsächlich entspricht. Wenn man auch den Buddhismus und den Konfuzianismus als revolutionäre kulturelle Neuerungen betrachtet, konnten solche auch in großen Reichen entstehen. Ein anderes Beispiel ist das *Recht*: von diesem gilt allgemein, daß es im Römischen Reich seine entscheidende erste Ausgestaltung erfuhr; die Tatsache, daß dieses Reich sich immer mehr ausdehnte und immer neue Völker unter römische Herrschaft gebracht wurden, machte es notwendig, für diese auch neue staatsrechtliche Kategorien zu entwikkeln. Ein erstrangiger Kenner des Römischen Rechts (STEIN 1996: 11f.) spricht hier von einer tausendjährigen ungebrochenen Tradition einer Rechtsentwicklung, in deren Verlauf das Recht bestimmte Züge annahm, die seinen Charakter für die Zukunft prägten: „Während dieser 1000 Jahre ... entwickelte sich Rom von einem kleinen Stadtstaat zum Weltreich. Seine Verfassung wandelte sich von der Monarchie zur Republik und dann ... zum Kaiserreich. Parallel dazu wurde das Recht den Erfordernissen der sich stets wandelnden sozialen Lage angepaßt". Auch die von Anfang an bestehenden, spezifischen Verfahren der Rechtsfindung und –sprechung und die Entwicklung professionalisierter Rechtsberufe hatten einen wesentlichen Anteil daran, daß das Römische Recht bis zum Ende des Altertums und dann wieder ab dem späten Mittelalter die Rechtsentwicklung in ganz Europa (für Deutschland vgl. dazu HATTENHAUER 1980: 1ff.) und darüberhinaus entscheidend prägen konnte (und heute wieder als Modell für Rechtsinterpretation in der EU gelten kann). Trotzdem kann man sagen, daß die Entwicklung der Großmacht Rom eine ausschlaggebende Ursache zu seiner Ausdifferenzierung war.

In typisch PARSONSscher Diffusität verbleibt auch der zweite Teil der oben zitierten „Erklärung", wenn es heißt, diese Neuerungen „bedingten notwendig", daß diese Gesellschaften als ganze ungewöhnlich unabhängig sein mußten.

Betrachtet man die faktisch-historische Evidenz, so erweisen sich fast alle diese Behauptungen als fragwürdig. Durch wieviele Perioden seiner Geschichte war der Staat oder das Volk Israel wirklich „außerordentlich unabhängig"? Warum konnte sich das Christentum, nach jahrhundertelangen Verfolgungen, letztlich doch (im Jahre 380) als Staatsreligion im riesigen römischen Reich durchsetzen? Hatten sich „die Interessen" in dieser Großmacht nun wesentlich verändert? Wurde dieses Reich bzw. diese Gesellschaft nun selber ein „anderer Gesellschaftstyp", ähnlich dem alten Israel oder Griechenland?

Man kann die Strategie PARSONS' hier wie an vielen anderen Stellen auf einen recht einfachen Nenner bringen. Sie besteht in nichts anderem als einem nicht schwer durchschaubaren *Induktivismus*: zuerst wird die faktisch abgelaufene, historisch-kulturelle Entwicklung betrachtet, und sodann werden die scheinbar „wesentlichen" Kausalfaktoren herausgehoben, die zu dieser Entwicklung geführt haben. Fast wörtlich spricht PARSONS dieses Prinzip in der Folge der oben zitierten Passage aus:

„Eingedenk dieser Erwägungen wollen wir uns nun einen gewissen Überblick über die entscheidenden Tatsachen verschaffen und dann versuchen , *jene Faktoren* zu formulieren, die beiden Beispielen dieses Typus der Evolution gemeinsam waren. Es geht uns dabei nicht primär um den besonderen kulturellen Beitrag jeder dieser Gesellschaften und dessen spezifische Bedeutung für die folgende Evolution ... Hier geht es uns in erster Linie *um das Wesen jenes Prozesses*, durch den so radikale Neuerungen entstehen ... " (PARSONS 1975: 150f.; Hervorhebung von mir, M.H.)

Es legen sich noch zwei weitere Bemerkungen zu diesem Zitat nahe. Die erste Bemerkung: durch die Ausklammerung der inhaltlichen Bedeutung des Judentums bzw. Christentums und der hellenischen Zivilisation vergibt sich PARSONS die zentrale, soziologisch interessante Frage, die bekanntlich Max WEBER zu seiner bahnbrechenden Studie über den Protestantismus und den Geist des Kapitalismus inspiriert hat. Auch die asketischen, protestantischen Sekten, der Calvinismus, Puritanismus usw. entwickelten sich zuerst in kleinen Gemeinschaften und Stadtstaaten. Aber nicht dies war nach WEBER der entscheidende Faktor für ihre kulturelle Breitenwirkung, sondern der *Inhalt ihrer Lehren* mit der völlig neuartigen Betonung der individuellen Verantwortlichkeit eines Gläubigen für sein Seelenheil (WEBER 1905, 1988a).

Die zweite Bemerkung: mit dem Hinweis auf „das Wesen jenes Prozesses" begibt sich PARSONS auf ein philosophisch-ontologisches Territorium, auf dem sich vielleicht trefflich diskutieren und streiten läßt[200], von dem jedoch schwerlich zu sehen ist, daß es für eine Soziologie als Wirklichkeitswissenschaft irgendwelche Bedeutung besitzt.

Im folgenden soll nun an einem konkreten Beispiel, der Analyse der Beziehungen zwischen Wirtschaft und Gesellschaft, etwas ausführlicher gezeigt werden, welche „Leistungsfähigkeit" die PARSONSsche Systemtheorie aufzuweisen hat im Vergleich zu einer wirklichkeitssoziologischen und einer ökonomischen Erklärung.

---

200 „Wesensnotwendig ist", etwa nach Nicolai HARTMANN, „das, was einer Sache auf Grund ihrer idealen Struktur zukommt" (STEGMÜLLER 1960:1259). Eine große Bedeutung spielt die Vorstellung der „Wesenschau" in der HUSSERLschen Phänomenologie, an die wiederum LUHMANN anknüpft (vgl. dazu Kapitel 5). Auch hier zeigt sich wieder die sehr enge geistige Verwandtschaft zwischen PARSONS und LUHMANN (die letzterer eher relativiert wissen möchte).

b) Die Beziehungen zwischen Wirtschaft und Gesellschaft aus der Sicht der PARSONSschen Systemtheorie, der Soziologie als Wirklichkeitswissenschaft (M. WEBER) und der neoklassischen Ökonomie (J.M. KEYNES)

Es kann auch in diesem Abschnitt nur darum gehen, am Beispiel einiger Beziehungen zwischen Wirtschaft und Gesellschaft das PARSONSsche Denkmuster exemplarisch aufzuzeigen. Im Falle von PARSONS und WEBER werden untersucht: die Definition der Wirtschaft und die Beziehungen zwischen Wirtschaft und Gesellschaft; im Falle der neoklassischen Ökonomie werden einige Aspekte der Theorie der Beschäftigung von KEYNES angesprochen, in denen enge Bezüge zu soziologischen Fragestellungen enthalten sind.

Die Wirtschaft als Subsystem der Gesellschaft und die Reformulierung wirtschaftstheoretischer Begriffe in Termini der Systemtheorie (PARSONS/SMELSER)

Beginnen wir mit der Position von PARSONS, wie sie in der mit N. SMELSER verfaßten Monographie *Economy and Society* dargestellt wird (PARSONS/SMELSER 1984, zuerst erschienen 1956).

Sucht man in diesem Werk nach einer Definition von „Wirtschaft", so ist zunächst auffallend, daß des Langen und Breiten von den *Disziplinen der Ökonomie* und *Soziologie*, von *Theorien über die Wirtschaft* usw. die Rede ist, aber nicht davon, was die Wirtschaft selber nun wirklich sei. Aufgabe der soziologischen Betrachtung der Wirtschaft sei es, die Grenze zwischen den Territorien der Ökonomie und Soziologie aus der Sicht der Soziologie zu bestimmen. Es scheint also gar nicht in erster Linie um eine soziologische Analyse der Wirtschaft zu gehen, sondern um eine begriffliche Analyse der ökonomischen und soziologischen Wirtschafts*theorien*; genau dies bringt auch der Untertitel des Werkes, *A Study in the Integration of Economic and Social Theory*, zum Ausdruck. Dieses Ziel wird auch explizit formuliert und in vier Schritte aufgegliedert:

„First, it is necessary to demonstrate that there *is* a general conceptual scheme available under which we may regard economic theory (in its main system of categories) as a special case. Second, we must show that economic theory can be derived from general theory by introducing the appropriate logical restrictions. Third, it is necessary to show that economic theory does not stand alone, but is one family of special cases on a cognate level. Finally, we must show that systematic analysis of the *relations* between the economic and certain areas of the noneconomic cases illuminates the boundaries of the economic field." (PARSONS/SMELSER 1984: 7)

Es scheint also in der Tat nicht um inhaltliche Fragen zu gehen, sondern in erster Linie um Fragen der Beziehungen zwischen begrifflichen Schematas, um logische Restriktionen, um die Abgrenzung zwischen wissenschaftlichen Disziplinen, die durch die beabsichtigte Analyse „aufgehellt" oder „erleuchtet" werden soll (was immer dies heißen mag). Meine These zu diesem Unterfangen, die ich im folgenden belegen möchte, lautet: mit dieser Zielsetzung begeben sich PARSONS und SMELSER auf ein eher unfruchtbares wissenschaftliches Terrain. Ihnen gerät dadurch nicht nur der Reichtum an inhaltlichen Beziehungen zwischen Wirtschaft und Gesellschaft aus dem Blick, wie ihn Max WEBER herausgearbeitet hat, sondern sie verzichten auch auf jede Art dynamisch-kausaler Analyse, die sowohl für WEBER wie für die ökonomische Theorie einen unverzichtbaren Stellenwert besitzt (unabhängig davon, wie gut sie ihn jeweils einzulösen imstande sind).

Die Definition der Wirtschaft, die PARSONS/SMELSER in der Folge dann doch geben, bezieht sich erwartungsgemäß darauf, die Wirtschaft als ein *Subsystem der Gesellschaft* zu bezeichnen: Sie wird als jenes Subsystem der Gesellschaft bestimmt, daß sich mit der *Funktion der Adaptation* oder *Bestandserhaltung* befaßt, einem der vier funktionalen Imperative eines jeden Systems. Wir müssen uns hierzu vergegenwärtigen, was ein „soziales System" ist.[201] Ein System ist keine handelnde Einheit, wie ein Kollektiv (Paradefall dafür ist eine Organisation), sondern betrifft nur ein System von interagierenden Individuen mit systemspezifischen Handlungsorientierungen: Wo und wann immer jemand primär wirtschaftlich handelt, ist seine Handlung (nicht er selbst als ganze Person!) Teil des wirtschaftlichen Subsystems. Man ist dies etwa als Konsument, wenn man im Kaufhaus einkauft; aber schon nicht mehr als Verbraucher der eingekauften Güter, wenn man diese zuhause konsumiert (wohl jedoch, wenn man dies in einem Restaurant tut). Nicht alle „objektiv" wirtschaftlichen Aktivitäten sind daher als „wirtschaftlich" im systemtheoretischen Sinne zu bezeichnen.

---

201 Vgl. dazu grundlegend PARSONS 1951, sowie die eingangs und in Fußnote 191 zitierte Primär- und Sekundärliteratur von bzw. über PARSONS.

Wie jedes Subsystem, muß auch die Wirtschaft ihrerseits wieder die vier Systemimperative (die AGIL-Funktionen der Zielerreichung, Anpassung, Integration und Erhaltung der latenten Strukturmuster) erfüllen. Das Ziel der Wirtschaft für die Gesamtgesellschaft (das umfassende Sozialsystem) ist die Maximierung der Funktion der Produktion im Vergleich zu allen anderen institutionalisierten Funktionen und Wertsystemen einer Gesellschaft. Der „Nutzen", den das Subsystem „Wirtschaft" produziert, besteht aus all jenen Gütern und Diensten, die es bereitstellt; er besteht *nicht* in seiner Funktion für die individuelle Bedürfnisbefriedigung von Konsumenten, sondern in seiner Funktion als Mittel, um die Anpassungsprobleme des Sozialsystems insgesamt zu lösen (PARSONS/SMELSER 1984: 22).

Ökonomische Bewertung ist jener Prozeß, in dem der spezifische Wert, den bestimmte Ressourcen für Individuen und Kollektive haben, verallgemeinert wird hinsichtlich seiner Bedeutung für das System als Ganzes. Wirtschaftliche Werte sind gesellschaftliche Werte, die – in Begriffen der modernen Persönlichkeitstheorie[202] – von Individuen im Prozeß der Sozialisation internalisiert werden; es sind dies „soziale Werte", und keinerlei individuelle „Neigungen". Diese Auffassung, so PARSONS/SMELSER (ebenda, S.23), widerspricht der dominanten Schule der Ökonomie, die von einem auf Individuen bezogenen Nutzenbegriff ausgeht; in ihrem Extrem laufe diese auf einen psychologischen und soziologischen Atomismus hinaus. Ihre eigene Position entspreche jedoch den Ansätzen von MARSHALL, WEBER und DURKHEIM – eine Behauptung, die im folgenden zu prüfen sein wird.

Betrachten wir noch einige der begrifflichen Feststellungen, die PARSONS und SMELSER im Hinblick auf das Verhältnis zwischen Ökonomie und Soziologie treffen, bevor wir zu einer kurzen Skizzierung der Position von WEBER übergehen. Zunächst kann man feststellen, daß der spezifisch ökonomische Aspekt der Theorie der Sozialsysteme als Teil der allgemeinen Systemtheorie zu betrachten ist (PARSONS/SMELSER 1984: 6ff.). Die ökonomische Theorie kann daher als Spezialfall aus der allgemeinen Theorie abgeleitet (!) werden, wie es im oben angeführten Zitat wörtlich heißt; es besteht eine „direkte Korrespondenz" zwischen der allgemeinen Systemtheorie und zentralen

---

202 PARSONS/SMELSER (1984, S.23) geben nicht an, welche „moderne Persönlichkeitstheorie" sie meinen; sie beziehen sich aber wohl auf die FREUDsche Theorie der Internalisierung.

Kategorien der ökonomischen Theorie. So kann etwa die ökonomische Unterscheidung zwischen Angebot und Nachfrage in Termini der Systemtheorie gesehen werden als Spezialfall der Unterscheidung zwischen Leistung und Gratifikation/Sanktion (performance/sanction). Ebenso kann das zentrale ökonomische Theorem einer funktionalen Beziehung zwischen Angebot und Nachfrage in Termini der allgemeinen Systemtheorie so ausgedrückt werden, daß das Ausmaß der Sanktion oder Belohnung eine Funktion des Leistungsbeitrags ist. Ebenso kann die ökonomische Unterscheidung zwischen Gütern, Diensten und dem Faktor „Technik" oder „Wissen" allgemein formuliert werden als Unterscheidung zwischen physischen Objekten, sozialen Objekten und kulturellen Objekten (Information).

Wirtschaftliches Handeln und die Vielfalt von Beziehungen zwischen Wirtschaft und Gemeinschaften: Die wirklichkeitssoziologische Perspektive (WEBER)

Wir können uns in der Charakterisierung des wirtschaftssoziologischen Zugangs von Max WEBER kurz halten, nicht nur deshalb, weil er weitgehend bekannt ist, sondern auch deshalb, weil die völlig andere Denkweise WEBERs sehr rasch zum Ausdruck kommt.[203]

Für WEBER stellt die Wirtschaft kein abstraktes Subsystem der „Gesellschaft" dar – im Gegenteil. Er stellt dazu lapidar fest: „,... die Formulierung, daß ein ‚funktioneller' Zusammenhang der Wirtschaft mit den sozialen Gebilden bestehe, ist ein historisch nicht allgemein begründbares Vorurteil, wenn darunter eine eindeutige gegenseitige Bestimmtheit verstanden wird" (WEBER 1964: 259). Wie definiert WEBER „Wirtschaft"? Er grenzt sich zunächst ab von (eher in der Ökonomie gängigen) Definitionen, die darauf abstellen, daß Wirtschaft alles zweckrationale Handeln sei, oder Handeln, das sich an der Maxime eines „Optimums" orientiere, d.h. mit geringstem Aufwand größtmöglichen Erfolg zu erzielen. Positiv bestimmt er Wirtschaft als jenen Bereich sozialen Handelns, in dem einem Bedürfnis oder Kom-

---

203 Ich beziehe mich hier nur auf die ersten Abschnitte des 2. Kapitels in *Wirtschaft und Gesellschaft* über „Wirtschaftliche Beziehungen der Gemeinschaften (Wirtschaft und Gesellschaft) im allgemeinen" (in WEBER 1964, S. 257ff.). Zu WEBERs Wirtschaftssoziologie vgl. auch BADER u.a., 1976:193ff.; SCHLUCHTER 1988:23ff.

plex von Bedürfnissen ein (nach dem subjektiven Bewußtsein der Beteiligten) knapper Vorrat an möglichen Mitteln und möglichen Handlungen zu seiner Deckung gegenübersteht und dieser Sachverhalt Ursache eines spezifischen Handelns wird. Es wird sodann zwischen zwei Formen des Wirtschaftens unterschieden: einmal zur Deckung des eigenen Bedarfs (Bedarfsdeckungswirtschaft), einmal zum Erwerb, wobei die Knappheit begehrter Güter ausgenutzt wird, um einen eigenen Gewinn zu erzielen (Erwerbswirtschaft).

Wir können schon anhand der beiden Definitionen von Wirtschaft entscheidende Unterschiede zwischen WEBER und PARSONS feststellen. Bei WEBER spielen individuelle Interessen der an der Wirtschaft beteiligten Akteure eine zentrale Rolle; diese wollen durch wirtschaftliches Handeln ja ihre Bedürfnisse befriedigen. Bei PARSONS/SMELSER ist dies nicht der Fall: hier geht es um „Bedürfnisse" oder funktionale Imperative eines „sozialen Systems", konkret „der Gesellschaft".[204] Sehr deutlich wird hier die Grunddifferenz, die man mit den Stichworten (methodologischer) Individualismus hier – Holismus bzw. Kollektivismus dort, umschreiben kann.

Zu Recht ist an PARSONS/SMELSER die Frage zu stellen: Was sind „Bedürfnisse" eines Systems"? Lassen sich irgendwelche objektiven Kriterien etwa dafür angeben, in welchen Mengen und in welchen Anteilen Lebensmittel, Wohnungen, Luxusgüter, Waffen usw. von einer Wirtschaft jeweils zu produzieren wären, um „optimal" zur Zielerreichung der Gesellschaft beizutragen? Eine Antwort von PARSONS/ SMELSER würde wohl lauten, daß dies von der Umwelt und vom dominanten Wertsystem einer Gesellschaft abhängen wird: eine bedrohte Gesellschaft wird mehr Waffen benötigen bzw. produzieren als eine nichtbedrohte. Das Ausmaß der Bedrohung ließe sich vielleicht noch objektivieren und empirisch feststellen.[205] Schwieriger zu bestimmen wird der Grad an „Friedlichkeit" oder „Aggressivität" einer Gesell-

---

204 Eher in einer Nebenbemerkung stellen PARSONS/SMELSER (1984:9) fest, eine „Gesellschaft" sei der theoretische Grenzfall eines sozialen Systems, das alle wichtigen Rollen von Personen und Kollektiven seiner Mitglieder umfasse; dieser Begriff werde „zum Beispiel näherungsweise" durch eine nationale Gesellschaft dargestellt.
205 Man könnte daraus auch plausible Folgerungen ableiten, etwa die historisch geringe Stärke und Bedeutung der Armee im Inselstaat Großbritannien im Vergleich zu kontinentaleuropäischen Staaten wie Frankreich, Deutschland und Rußland.

schaft sein, wenn das Argument hier nicht überhaupt tautologisch wird. Darüberhinaus tauchen zahllose weitere Fragen auf: Wer bestimmt – im Namen „der Gesellschaft" – wie stark die Bedrohung einzustufen ist? Wieviel für Waffen im Vergleich zu zivilen Produkten und Konsumgütern auszugeben sein wird usw.? Es liegt auf der Hand, daß dies alles heißumkämpfte Fragen sind, – Fragen, bei denen Interessen, Machtkonstellationen usw. eine zentrale Rolle spielen, und nicht nur (wenn überhaupt) die „Bedürfnisse" oder das „Wertsystem" einer Gesellschaft.

Kehren wir zurück zur Frage, wie WEBER die Beziehungen zwischen Wirtschaft und Gesellschaft bzw. zwischen wirtschaftlichem und sozialem Handeln sieht. Er stellt dazu zunächst fest, diese Beziehungen könnten sehr verschiedenartig sein. Ist ein Gesellschaftshandeln (also ein Handeln, das auf rationalen gemeinsamen Interessen beruht, nicht auf einer subjektiv gefühlten Zusammengehörigkeit der Beteiligten, wie ein Gemeinschaftshandeln) auf rein wirtschaftlichen Erfolg ausgerichtet, dann begründet es eine *Wirtschaftsgemeinschaft*. Es kann auch Wirtschaften als Mittel für andere Ziele ansehen (etwa ein Verein); dann ist es eine *wirtschaftende Gemeinschaft*; oder es kann beides zugleich der Fall sein.

In seiner Entstehung kann aber auch ein Gemeinschaftshandeln wirtschaftlich (mit-) bedingt sein. So gibt es *wirtschaftsregulierende Gemeinschaften*, wie etwa eine Fischereigenossenschaft; darunter fallen auch religiöse und vor allem die politische Gemeinschaft – das, was wohl am nähesten dem kommt, was PARSONS/SMELSER unter dem übergreifenden „Sozialsystem" verstehen (vgl. Fußnote 204 oben). Zwar gibt es, laut WEBER, auch Gemeinschaften, die ökonomisch nicht relevant bzw. determiniert sind (so erwähnt er einen gemeinsamen Spaziergang als Beispiel eines „Gemeinschaftshandelns"), jedoch sind solche höchst selten (WEBER 1964: 259).

Auch Strukturformen des Gemeinschaftshandelns besitzen „ihre Eigengesetzlichkeit", wenngleich „an irgendeinem Punkt für die Struktur fast aller ... Gemeinschaften der Zustand der Wirtschaft *ursächlich bedeutsam*, oft ausschlaggebend wichtig, zu werden" pflegt (ebenda; meine Hervorhebung, M.H.). Es wird aber auch die Wirtschaft durch die Form des Gemeinschaftshandelns beeinflußt. Darüber läßt sich jedoch, so WEBER, nichts Allgemeines von Belang aussagen. Dies könne man einzig im Hinblick auf den „Grad der *Wahlverwandtschaft* konkreter Strukturformen des Gemeinschaftshandelns mit konkreten Wirtschaftsformen, d.h. darüber: ob und wie stark sie sich gegenseitig in ihrem Bestande begünstigen oder umgekehrt einander hemmen oder ausschließen: einander ‚adäquat' oder ‚inadäquat' sind" (WEBER 1964: 259; meine Hervorhebung, M.H.).

Dieser letztere Ansatz hat unter anderem zu einer interessanten Forschungsrichtung im Grenzbereich von Ökonomie und Sozialwissenschaften geführt, der idealtypischen Charakterisierung und dem Vergleich verschiedener *„Wirtschaftsstile"* (MÜLLER-ARMACK 1944, 1981; SCHEFOLD 1994). Diese Forschungsrichtung knüpft einerseits an die historische Schule der deutschen Nationalökonomie der Zeit vor dem Ersten Weltkrieg an (G. SCHMOLLER, Werner SOMBART und anderen), andererseits bezieht sie sich explizit auf Max WEBER. Ihr geht es um den Nachweis der Beziehungen zwischen Wirtschaft, Gesellschaft und Kultur, wobei als leitende Idee die Vorstellung dient, daß diese Beziehungen ein mehr oder weniger kohärentes Ganzes darstellen.

Betrachten wir abschließend noch einige der Überlegungen WEBERs zu den Beziehungen zwischen Wirtschaft und Gesellschaft. Der zweite Abschnitt des einschlägigen Kapitels befaßt sich mit *„offenen"* und *„geschlossenen Wirtschaftsbeziehungen"*. Dabei geht WEBER (1964: 260ff.) aus von der allgemeinen These, daß der Wettbewerb um ökonomische Chancen bei vielen Formen von Gemeinschaften eine große Rolle spielt. Wenn die Konkurrenz zunimmt, wächst bei den Beteiligten das Interesse daran, die Konkurrenz einzuschränken; diese Einschränkung kann an alle möglichen Merkmale und Kriterien anknüpfen, wie Rasse, Sprache, Konfession, örtliche und soziale Herkunft usw. Aus den gemeinsam handelnden Konkurrenten wird dadurch eine *„Interessentengemeinschaft"*, aus dieser wird eine *Rechtsgemeinschaft*, wenn sie – als politische Gemeinschaft – eine fest gesatzte Ordnung und eine Exekutive zur Kontrolle dieser Ordnung schafft. Es erfolgt damit ein Prozeß der *„sozialen Schließung"*, der verschiedenste Formen annehmen kann: eine genossenschaftliche Organisation, die Bildung beruflich-professioneller Interessenverbände usw. Die Schließung kann unterschiedlich weit gehen; innerhalb des Kreises der Teilnehmer offen bleiben oder auch nicht. Besonders folgenreich wird diese Schließung, wenn es um Qualifikationen oder Amtsstellungen geht; es kann dann zur Bildung von Zünften, zur Entstehung von Berufen usw. kommen. Die damit zusammenhängenden monopolistischen Tendenzen können der Ausbreitung von Gemeinschaften Grenzen setzen, umgekehrt können Menschen auch wirtschaftlich von der Existenz von (nicht primär wirtschaftlich ausgerichteten) Gemeinschaften profitieren, dadurch langfristig die Gemeinschaft sich zu einer Vergesellschaftung fortentwickeln.

Man kann aus diesen Zusammenfassungen zumindest drei zentrale Elemente des WEBERschen Denkens erkennen:

1. es werden eindeutig identifizierbare kausale Faktoren bzw. Beziehungen postuliert (hier sind es in erster Linie „ökonomische Interessen");
2. diese Beziehungen liegen jedoch nicht auf einer allgemeinen, generalisierenden Ebene, sondern betreffen stets ganz bestimmte Formen von Beziehungen, Kontexten usw.;
3. für diese Beziehungen und Kontexte werden spezifische soziologische Begriffe eingeführt, die z.T. dem Sprachgebrauch des Alltags oder anderer Wissenschaften entnommen („Zünfte", „Berufe"), zum Teil auch neu geschaffen werden („Erwerbswirtschaftsgemeinschaft", „wirtschaftsregulierende Gemeinschaften"). Einige dieser Begriffe, wie insbesondere jener der „sozialen Schließung", erweisen sich bis heute als sehr fruchtbare Konzepte für theoretische und empirische Studien;[206]
4. die Aufstellung irgendwelcher allgemeiner Kausalgesetze in den Beziehungen Wirtschaft-Gesellschaft wird dezidiert abgelehnt; alles, was möglich sei, sei die Feststellung von „Wahlverwandtschaften", d.h. gewissen strukturellen Entsprechungen.

Der typische Denkstil der neoklassischen Ökonomie am Beispiel von John M. KEYNES' Theorie der Beschäftigung

Um die Eigenart des PARSONSschen Ansatzes noch prägnanter herausstellen zu können, soll nun auch der typische Denkstil der neoklassischen Ökonomie am Beispiel von John M. KEYNES berühmtem Werk *Allgemeine Theorie der Beschäftigung, des Zinses und des Geldes* (zuerst veröffentlicht 1935/36, hier zit. nach der deutschen Ausgabe

---

206 Den Begriff der „sozialen Schließung" hat vor allem die an WEBER orientierte Klassen- und Schichttheorie und -forschung häufig und mit Erfolg angewandt (vgl. MÜLLER 1975; PARKIN 1979; GIDDENS 1979; HALLER 1983, 1986; MURPHY 1988; KRECKEL 1992).

von 1955) illustriert werden.[207] Auch hier geht es weder darum, die zentralen Thesen dieses Werkes darzustellen, noch darum, diese einer mehr oder weniger systematischen Kritik aus der Sicht der (Wirtschafts-) Soziologie zu unterwerfen. Worum es geht ist lediglich, anhand einiger Begriffe und Thesen von KEYNES die typische Art seines Denkens darzustellen. Man kann zumindest vier charakteristische Merkmale dieses Denkstils herausheben.

1. Die Theorie ist auf empirische Realität bzw. Erfahrung bezogen und soll die faktische wirtschaftliche Realität erklären helfen.

Diese Einstellung von KEYNES hervorzuheben, ist vielleicht nicht ganz trivial, da die neoklassische Ökonomie oft als reines Modelldenken bezeichnet wird. Sie kommt gleich im kurzen ersten Kapitel zum Ausdruck (auf weitere Belege kann ich verzichten). Darin stellt er fest, die klassische Theorie der Beschäftigung setze einen Sonderfall der Wirtschaft voraus, der von denen der gegenwärtigen wirtschaftlichen Verhältnisse stark abweiche; die klassischen Lehren „werden daher irreführend und verhängnisvoll, wenn wir versuchen, sie auf die Tatsachen der Erfahrung zu übertragen" (KEYNES 1955: 3).

2. Die zentralen Begriffe der Theorie sind relativ abstrakte, häufig aggregierte Größen: die Zusammenhänge zwischen diesen werden als ein relativ umfassendes und geschlossenes System von statistisch-quantitativen Beziehungen dargestellt, in deren Rahmen ein „Sinnverständnis" im soziologischen Sinne nicht mehr möglich ist.

Um diese These zu illustrieren, sei eine kurze, rudimentäre Darstellung einiger zentraler Thesen von KEYNES' Beschäftigungstheorie gegeben (seiner eigenen Zusammenfassung auf den S. 23-27 folgend). Ein zentrales Thema von KEYNES' Theorie ist die Erklärung von *„unfreiwilliger Arbeitslosigkeit"* – ein Konzept, das er bei den klassischen Ökonomen völlig vermißt.[208] Radikal-liberale Markttheoretiker

---

207 Man kann wohl annehmen, daß KEYNES trotz seiner pointierten Absetzung von manchen zentralen Thesen der bis dahin geltenden neoklassischen Theorie in seiner eigenen Arbeit nicht grundsätzlich vom neoklassischen Denkstil abweicht (vgl. dazu PALGRAVE DICTIONARY, Bd. 3; TAYLOR 1960).
208 Zur Thematisierung und Untersuchung dieses Phänomens war KEYNES ohne Zweifel durch die Massenarbeitslosigkeit der späten 20er, frühen 30er Jahre inspiriert worden. KEYNES' Theorie, die erstmals eine umfassende Erklärung der Arbeitslosigkeit im Rahmen der „klassischen" Wirtschaftstheorie sowie

sahen in der katastrophalen Wirtschaftskrise dieser Zeit ja eher eine Folge ungebührlicher staatlicher Eingriffe, denn einer Entgleisung autonomer wirtschaftlicher Prozesse (etwa eines kriminellen Spekulantentums; vgl. dazu AUSCH 1968 für Österreich). Bereits fertig ausgearbeitete und aus heutiger Sicht vernünftige Eingriffe und Steuerungsmaßnahmen des Staates wurden deshalb hintertrieben. Arbeiter sind laut KEYNES (1955: 13) „unfreiwillig arbeitslos, wenn im Falle einer geringen Preissteigerung von Lohngütern im Verhältnis zum Geldlohn sowohl das gesamte Angebot von Arbeit, die bereit wäre, zum laufenden Geldlohn zu arbeiten, als auch die gesamte Nachfrage nach Beschäftigung zu diesem Lohn größer wäre als die bestehende Beschäftigungsmenge." Es handelt sich hier also um eine sehr komplexe, „synthetische" Definition einer quantitativen Aggregatvariable, die sich selbst wieder aus zwei anderen, selbst schon recht abstrakten Größen errechnet.

Einige zentrale Aussagen der Theorie lauten nun: Nimmt die Beschäftigung in einer Wirtschaft zu, nimmt auch ihr gesamtes Realeinkommen zu. Mit dessen Zunahme steigt auch der Verbrauch, jedoch nicht im gleichen Maße wie das Einkommen. Hier gilt das „*psychologische Gesetz*", daß der Anteil des Einkommens, der für den Verbrauch ausgegeben wird, tendenziell sinkt, wenn das Einkommen steigt. Daß ein Teil der gestiegenen Einkommen nicht sofort verbraucht werden darf, ist notwendig, damit den Unternehmern ein Teil des Einkommens für weitere Investitionen (und für einen Gewinn) verbleibt. Bei gegebenem Hang zum Verbrauch hängt das „Gleichgewichtsniveau der Beschäftigung" (bei dem die Unternehmer keinen Grund haben, mehr oder weniger Beschäftigung anzubieten) von der Menge der Investition ab. Diese wiederum hängt von der „Veranlas-

---

konkrete wirtschaftspolitische Vorschläge zur ihrer Beseitigung präsentierte, wurde daher nicht nur von den (vor allem jüngeren) zeitgenössischen Ökonomen enthusiastisch begrüßt. Es wäre jedoch naiv anzunehmen, daß es erst KEYNES' Theorie war, die hier ein Umdenken bewirkte (genauso wie es in den 70er Jahren nicht Milton FRIEDMANs liberalistisch-monetaristische Theorie [allein] war, die wieder einen Pendelschlag in die entgegengesetzte Richtung bewirkte). So entsprachen zwar die Maßnahmen, die Präsident ROOSEVELT in seinem „New Deal" in den USA zur Eindämmung der Wirtschaftskrise getroffen hatte, weitgehend den Empfehlungen von KEYNES; sie waren von ROOSEVELT jedoch schon vor und unabhängig von der Veröffentlichung der KEYNESschen Theorie durchgesetzt worden (vgl. TAYLOR 1960:504).

sung zur Investition" ab, die ihrerseits bestimmt wird durch das Verhältnis zwischen der „Grenzleistungsfähigkeit des Kapitals"[209] und den Zinssätzen.

Es handelt sich hier also durchwegs um sehr komplexe Begriffe und Beziehungen. Vereinfacht formuliert[210] kann man sagen, daß KEYNES im Gegensatz zur klassischen Theorie die Möglichkeit marktimmanenter Ungleichgewichte der wirtschaftlichen Zusammenhänge zwischen Angebot und Nachfrage, und insbesondere dem Angebot an Beschäftigung sieht. Wichtige Variablen dabei sind die Zinssätze, die Güternachfrage, und die Geldnachfrage (wobei er verschiedene Formen von Geld [„Kassen"] unterscheidet, nämlich Transaktions-, Vorsichts- und Risikokassen). So kann eine „Unzulänglichkeit der Güternachfrage" die Zunahme der Beschäftigung zum Stillstand bringen, bevor Vollbeschäftigung erreicht ist; damit kann auch das „Paradox der Armut mitten im Überfluß" erklärt werden. Die Tendenz zur Vergrößerung der „Kluft zwischen der wirklichen und potentiellen Erzeugung" wird sogar tendenziell stärker, je reicher ein Gemeinwesen; umso „augenscheinlicher und empörender (daher) die Mängel unserer wirtschaftlichen Ordnung" (KEYNES 1955: 26). Auch die Frage der *Verteilung* hängt daher eng mit den Fragen der Produktion und Beschäftigung zusammen; auch hier nimmt KEYNES eine gegenüber der klassischen Theorie seiner Zeit „kritische" Position ein, indem er eine sehr ungleichmäßige Verteilung als möglichen Störfaktor einer an Wachstum und Vollbeschäftigung orientierten Wirtschaft sieht.

Alle diese Annahmen erscheinen – verglichen mit der klassischen Gleichgewichtstheorie – auch aus soziologischer Sicht durchaus plausibel. Festzuhalten sind jedoch einige weitere Charakteristika, die schon in dieser Zusammenfassung zum Ausdruck gekommen sind:

3. Die Theorie setzt eine Reihe von Ausnahmen als gegeben voraus, die nicht weiter hinterfragt werden. Aus soziologischer Sicht sind diese jedoch historisch-kulturell in hohem Maße variabel und müssen daher in die Erklärung einbezogen werden.

---

209 „Grenznachteil" des Kapitals bezeichnet, analog zum „Grenznachteil der Arbeit", jenen Grenzertrag, ab dem man für sein Kapital weniger zurückerhalten würde, als wenn man es nicht investieren würde.
210 Für eine systematische Zusammenfassung der gesamten ökonomischen Konjunktur- und Makrotheorie von KEYNES vgl. STREISSLER/STREISSLER 1986, S.250-255.

Dieses Charakteristikum des KEYNESschen Denkens steht in engem Zusammenhang mit einem weiteren, das man folgendermaßen umschreiben kann:

4. Die „Beweise" für bestimmte Zusammenhänge stellen oft nur begriffliche Umformulierungen oder „Gedankenexperimente" dar, aber keine schlüssigen logischen Deduktionen oder empirischen Belege.

In dieser letzteren Hinsicht ist KEYNES ein durchaus orthodoxer Ökonom im Rahmen der neoklassischen Tradition. Auch in seinem Werk finden sich an vielen Stellen Einleitungs- und Rechtfertigungssätze der Art „Es kann leicht gezeigt werden..." (S. 39), „aufgrund unserer Kenntnisse der menschlichen Natur als auch der Erfahrungstatsachen"[211] usw. Die tatsächliche Demonstration der Gültigkeit dieser Aussagen beinhaltet dann aber entweder unhinterfragte Annahmen oder besteht nur darin, daß Gleichungssysteme aufgestellt, umgeformt und somit neue Größen „abgeleitet" werden.[212] Manche dieser „Gesetze" und Ableitungen sind aber alles andere als „unmittelbar einsichtig".

Betrachten wir etwa die Begründung des für KEYNES so wichtigen „psychologischen Gesetzes" von der relativen Abnahme der Verbrauchsausgaben bei steigendem Einkommen:

„Mit einer Zunahme des Realeinkommens vermindert sich nicht nur der Druck der gegenwärtigen Bedürfnisse, sondern vergrößert sich auch der frei verwendbare Teil über der bestehenden Lebenshaltung; und mit einer Abnahme des Realeinkommens trifft das Gegenteil zu. Es ist somit natürlich – jedenfalls in bezug auf den Durchschnitt des Gemeinwesens –, daß sich der laufende Verbrauch bei einer Zunahme der Beschäftigung ausdehnt, aber um weniger als der ganzen Zuwachs des Realeinkommens, und daß er bei einer Abnahme der Beschäftigung abnimmt, aber um weniger als die ganze Abnahme des Realeinkommens." (KEYNES 1955: 210)

---

211 Diese Umschreibung findet sich in der Begründung für das „grundlegende technische Gesetz", „daß die Menschen in der Regel und im Durchschnitt geneigt sind, ihren Verbrauch mit der Zunahme in ihrem Einkommen zu vermehren, aber nicht im vollen Maß dieser Zunahme" (S.83); es ist dies das oben erwähnte „psychologische Gesetz" des tendenziellen Abnahme des Anteils der Konsumausgaben bei steigendem Einkommen.

212 ROUTH (1975:286) charakterisiert KEYNES' Denken (durch ein Zitat von BEVERIDGE) sinngemäß folgendermaßen: KEYNES geht nicht von Fakten, sondern von Definitionen aus, schreitet fort zu weiteren Begriffen und deren Definitionen, kommt aber kaum zur Frage nach der empirischen Gültigkeit seiner Theorien.....

Als weitgehend richtig erscheint der erste Teil dieser Ausführungen: bei höherem Einkommen hat man mehr Dispositionsfreiheit über sein Einkommen. Allerdings ist auch dies keineswegs so selbstverständlich: es setzt voraus, daß es fixe „*Grundbedürfnisse*" gibt, die jeder Mensch befriedigen muß und „*Luxusbedürfnisse*", die er befriedigen kann. Nun kann man die Befriedigung von Grundbedürfnissen wie Essen, Kleidung und Wohnen allerdings auf qualitativ äußerst unterschiedliche Weise und zu höchst unterschiedlichen Preisen sicherstellen. Ebenso ist es alles andere als einfach, „Luxusbedürfnisse" zu definieren: Ist ein Auto heute dazuzurechnen, wenn ein Pendler ohne ein solches vielleicht gar nicht zu seiner Arbeitsstätte gelangen kann? In KEYNES' Basisthese oder –gesetz sind also so viele „Unbekannte" enthalten, daß man ihr kaum den behaupteten Status eines „Grundgesetzes" zuschreiben kann.

Ist schon der erste Teil der Theorie fraglich, trifft dies auf die weiteren Folgerungen noch stärker zu. Mit steigendem Einkommen könnten die Ansprüche an Grund- und Luxusbedürfnissen genausogut konstant bleiben, ja sogar steigen. Was aber noch wichtiger ist: im Verlaufe der vergangenen Jahrzehnte – einer Periode enorm steigender Einkommen – scheint sich ein eindeutiger Trend dahingehend zu zeigen, daß die Bereitschaft zum Sparen – bei einem durchaus hohen Niveau (KUTSCH/WISWEDE 1986: 102ff.) – generell eher abzunehmen, jene zum Konsum, auch auf Kredit, dagegen zuzunehmen scheint (vgl. für empirische Evidenz KLAGES 1984; HILLMANN 1986; zur allgemeinen Diskussion der Problematik BELL 1976; KUZMICS 1989). Dafür gibt es auch plausible soziologische Argumente: der Konsum spezialisiert sich heute und übernimmt zusehends Funktionen der individuellen und kollektiven Identitäts- und Statussicherung; einem solchen Konsum sind aber keine „natürlichen" Grenzen gesetzt (HIRSCH 1980; LASH 1990: 39ff.).

Wieviel KEYNES an soziologisch zu hinterfragenden Randbedingungen generell voraussetzt, geht konzis aus seinen folgenden Ausführungen hervor, die er der „Neufassung der allgemeinen Theorie der Beschäftigung" im 24. Kapitel voranstellt und mit denen ich die Belege für These (3) abschließen möchte:

„Als gegeben setzen wir voraus die bestehende Geschicklichkeit und die Menge der verfügbaren Ausrüstung, die bestehende Technik, den Grad der Konkurrenz, die Geschmacksrichtungen und Gewohnheiten der Verbraucher, den Nachteil verschiedener Intensitäten der Arbeit und der Tätigkeit der Leitung und Organisation sowie den gesellschaftlichen Aufbau einschließlich der Kräfte, welche die Verteilung des Volkseinkommens bestimmen, sofern sie nicht unter den unten angeführten veränderlichen Größen eingereiht sind. Das heißt nicht, daß wir diese Faktoren als beständig voraussetzen, sondern lediglich, daß wir an dieser Stelle und in diesem Zusammenhang die Wirkung und Folgen von Änderungen von ihnen außer Acht und außer Berechnung lassen." (KEYNES 1955: 205)

Indirekt – aber doch recht klar – geht aus diesen Ausführungen auch hervor, daß KEYNES' gesamte Theorie sich weitgehend im Rahmen eines Bildes von Menschen und sozialen Beziehungen bewegt, das diese als angetrieben (nur) von ökonomischen Interessen und geleitet durch rationale Kalkulation der (wirtschaftlichen) Folgen ihres Handelns betrachtet. Es ist dies eine idealtypische Vorstellung, wie wir sie im Rahmen der Rational Choice-Theorien im folgenden Kapitel ausführlich diskutieren werden.

Kritische Vorbehalte sind auch anzubringen hinsichtlich der empirischen Gültigkeit bzw. Praktikabilität mancher der abschließenden Betrachtungen im Werk von KEYNES – wenngleich man als Soziologe auch hier seiner folgenden Diagnose – die (schon wieder) eine hohe Aktualität besitzt – voll zustimmen wird: „Die hervorstechendsten Fehler der wirtschaftlichen Gesellschaft, in der wir leben, sind ihr Versagen, für Vollbeschäftigung Vorkehrung zu treffen und ihre willkürliche und unbillige Verteilung des Reichtums und der Einkommen" (KEYNES 1955: 314).

Eine erste Folgerung lautet, daß eine gezielte Reduktion der ökonomischen Ungleichheit, etwa durch direkte Besteuerung oder Erbschaftssteuern, durchaus angebracht sein kann, um die Entstehung von zu großen Ungleichheiten zu verhindern. (Eine gewisse Ungleichheit erscheint KEYNES aus Gründen der Motivierung wirtschaftlicher Aktivität durchaus notwendig.) Besonders wichtig erscheint ihm jedoch für die Aufrechterhaltung oder Herbeiführung von Vollbeschäftigung eine Reduktion des Zinsfußes; die Gefahr, daß dadurch der Anreiz zum Sparen zurückgeht, erscheint ihm vernachlässigenswert, da Kapitalzinsen heute keine notwendige Belohnung mehr für ein Opfer seien. Ja, er sieht überhaupt die „Rentnerseite des Kapitalismus als eine vorübergehende Phase" (ebenda, S. 317), der „*sanfte Tod des Rentners*" wird ganz von selber und ohne Revolution vor sich gehen. Angesichts des am Ende der 90er Jahre zu beobachtenden, gewaltigen Booms des Kapital und der Kapitalspekulation erscheint diese Prognose mehr als fragwürdig.

Dasselbe scheint für die weitergehende Empfehlung von KEYNES zu gelten, der Staat müsse bereit sein, einen „leitenden Einfluß auf den Hang zum Verbrauch" auszuüben, etwa durch das Steuersystem und durch die Festlegung des Zinsfußes, zum Teil aber auch durch „eine ziemlich umfassende Verstaatlichung der Investition", die sich „als das einzige Mittel zur Erreichung einer Annäherung an Vollbeschäftigung erweisen wird" (ebenda, S.319); die Zentralregierungen müßten verpflichtet werden, „eine Gesamtmenge der Erzeugung festzusetzen, die mit Vollbeschäftigung so nah als durchführbar übereinstimmt". Auch in dieser Hinsicht ist evident, daß das dominante wirtschaftstheoretische und -politische Credo am Ende des 20. Jahrhunderts völlig umgeschlagen hat: die vorherrschenden Parolen sind Privatisierung, Rückzug des Staates aus allen Bereichen, in denen Private Leistungen anbieten können usw. Der äußerst folgenreiche Prozeß der europäischen Einigung scheint geradezu eine Realisierung dieser, und ein vollkommener Gegensatz zu den KEYNESschen Empfehlungen zu sein: Freisetzung der Märkte von den allerorts als „hemmend" gebrandmarkten Fesseln und Belastungen, die staatliche Gesetze, Steuern, Wohlfahrtseinrichtungen und -leistungen usw. darstellen (vgl. dazu Beiträge aus unterschiedlichen Disziplinen in HALLER/SCHACHNER-BLAZIZEK 1994, 1998).[213]

Die kritischen Einwände gegen diese konkreten empirischen Prognosen und Empfehlungen von KEYNES scheinen mir allerdings weniger gewichtig als das positive Urteil, das man in dieser Hinsicht seiner Theorie – im Vergleich zu jener von PARSONS – zubilligen muß. Es ist dies ganz einfach die Tatsache, daß KEYNES sich durchaus auf empirische Verallgemeinerungen, die auch gewichtige politisch-praktische Implikationen beinhalten, einläßt. Solche Aussagen können natürlich auch falsifiziert werden, was meiner Meinung nach jedoch nicht *gegen*, sondern *für* sie spricht!

Zwischenresümee

Wir können in den folgenden drei Aspekten Gemeinsamkeiten und Differenzen zwischen den in diesem Abschnitt betrachteten Denkstilen sehen:

1. Nur bei WEBER kann man sagen, daß die verwendeten *Begriffe* nicht nur eindeutig definiert, sondern auch einen deutlich nachvoll-

---

213 Für eine Diskussion der empirischen Gültigkeit von KEYNES' Konjunkturtheorie vgl. STREISSLER/STREISSLER 1986: 254.

ziehbaren Bezug zur sozialen Realität, eine „Sinnkomponente", aufweisen. (Typisch für WEBER ist etwa, daß er auch alltagssprachlich gebräuchliche Begriffe verwendet, diese jedoch für wissenschaftliche Zwecke schärfer umschreibt). Bei KEYNES sind Begriffe oft hochkomplex, nur aus dem ganzen System heraus verständlich und oft wohl schwer (wenn überhaupt) operationalisierbar. Bei PARSONS scheinen Begriffe auf einer so hohen, abstrakten Ebene angesiedelt zu sein, daß ihre Umsetzung im Rahmen empirischer Forschung überhaupt als fraglich erscheint.
2. Parsons hat wiederum mit Keynes (aber nicht mit Weber) gemeinsam, daß er seine Theorie als ein komplexes *System* von Begriffen und Beziehungen zwischen diesen versteht. Ein signifikanter Unterschied zwischen ihnen besteht darin, daß das theoretische System von Keynes tendenziell auch ein empirisch nachvollziehbares, statistisch-quantitativ operationalisierbares System von kausalen Beziehungen darstellen soll, während es bei Parsons nur ein System von begrifflichen Klassifikationen und Typologien bildet, deren wissenschaftstheoretischer Status weithin unklar bleibt.
3. *Kausalerklärung* im Sinne des Aufweises statistisch-quantitativer Beziehungen zwischen sozialen Phänomenen (Variablen) spielt nur für WEBER und KEYNES, nicht jedoch – oder nicht primär bzw. in systematischer Weise – für PARSONS eine zentrale Rolle. Damit hat auch zu tun, daß man bei WEBER und KEYNES viel eher deutliche Stellungnahmen mit einem Wertbezug (etwa bezüglich des Interessenbezuges bestimmter Handlungsweisen, bezüglich des Ausmaßes an wünschenswerter oder tolerierbarer wirtschaftlicher Ungleichheit usw.) findet als bei PARSONS.
4. Damit hängt auch die Tatsache zusammen, daß nur bei WEBER konkrete *individuelle* und *kollektive Akteure* eine wichtige Rolle im Rahmen der theoretischen Konzepte spielen. Es sind die subjektiven Bedürfnisse konkreter Konsumenten, die Interessen spezifischer kollektiver Akteure (wie Berufsgruppen), die Tendenzen zur Monopolisierung usw. erklären. Bei KEYNES spielen soziale Akteure nur in schemenhafter Form, als „Durchschnittstypen" (der typische Konsument, Unternehmer usw.) eine Rolle, bei PARSONS tauchen Akteure überhaupt nicht auf.

Victor LIDZ schreibt in seinem Essay *PARSONS and Empirical Sociology*:

„In the aggregate, Parsons's topical writings give his theory a far richer empirical makeup. They show that he addressed empirical problems within the terms of his basic conceptual scheme. They demonstrate that the functional propositions of the theory, despite their high level of abstraction, were capable of generating strong explanations of specific empirical situations. Contrary to what many critics have claimed, action theory, in its later versions especially, was far from being a mere classificatory scheme. It was a powerful explanatory device as well, largely because it was based on formally universal procedures for the analytical classification of elements of social action." (LIDZ 1986: 173)

Diesem positiven Urteil kann man insoferne zustimmen, als PARSONS in der Tat sehr viel empirische Befunde in seine Theorie integrierte, daß die Entwicklung seiner Konzepte und Hypothesen sich immer wieder stark an der faktischen sozialen Realität orientierte. Anzuerkennen ist auch, daß PARSONS' systemtheoretischer Ansatz es ermöglichte, eine bis dahin noch nicht dagewesene Fülle an Problemen systematisch zu behandeln, und daß sich dabei in vielerlei Hinsicht in der Tat neue Aspekte und Fragestellungen ergaben, die ein Spezialist oder ein empirischer Forscher allein oft kaum gesehen hätte. Insoferne ist ohne Zweifel zu konstatieren, daß die strukturell-funktionale Systemtheorie ein wichtiges und fruchtbares theoretisches Instrument darstellt.

Nicht teilen kann man jedoch das Urteil von LIDZ im Hinblick darauf, daß das funktionalistische Schema von PARSONS in der Lage gewesen sei, „starke Erklärungen spezifischer empirischer Sachverhalte" anzubieten, das Schema auch ein „leistungsfähiges Erklärungsinstrument" darstelle. PARSONS bietet zwar immer wieder kausale Erklärungen an, jedoch werden diese in aller Regel nur ad hoc und unsystematisch eingeführt. Die ständige Vermengung zwischen funktionaler und kausaler Analyse, von systemtheoretischer Betrachtung und empirisch-kausaler Erklärung ist es auch, was beim Lesen der Schriften von PARSONS immer wieder Unbehagen erzeugt. Die saubere Trennung zwischen diesen beiden, für sich jeweils wichtigen Methoden, ist eine Grundvoraussetzung für die positive Chrakterisierung der Art und Weise, wie eine moderne soziologische Theorie aufgebaut sein sollte. Wir werden in Kapitel 6 noch systematisch darauf zurückkommen.

c) Das biologistisch-naturalistische Element in PARSONS' Theorie

Hier möchte ich die Behauptung belegen, daß ein zentrales Problem in PARSONS' Denken sich aus seiner immer wiederkehrenden, expliziten und impliziten Anknüpfung an biologische Denkmuster ergibt. Auch dieser grundlegende Sachverhalt wurde in der bisherigen PARSONS-Kritik meiner Meinung nach viel zu wenig hervorgehoben.[214] Seine Berücksichtigung ermöglicht aber nicht nur eine schlüssigere und adäquatere Interpretation der Stärken und Schwächen von PARSONS' Theorie, sondern zeigt auch die weitgehende strukturelle Kontinuität zwischen dem Denken von PARSONS und älteren und neueren Funktionalisten und Evolutionstheoretikern.

Die These von der grundsätzlichen Kontinuität der Evolution von natürlicher und menschlich-sozialer Welt

PARSONS betont an verschiedenen Stellen zwar die Diskontinuität zwischen tierischen und menschlichen Gesellschaften, unter Hinweis auf die nur beim Menschen auftretende Kultur[215], jedoch bleibt dies offenkundig Lippenbekenntnis. Einige Belege dafür.

Ganz offen deklariert PARSONS die Anknüpfung an biologische Denkmodelle im Rahmen seiner Evolutionstheorie. In *Gesellschaften. Evolutionäre und komparative Perspektiven* schreibt er: Die evolutionäre Perspektive

„**begreift den Menschen als integralen Bestandteil der organischen Welt** und meint die menschliche Gesellschaft und Kultur zweckmäßigerweise mit Hilfe eines Lebensprozeß angemessenen Begriffsrahmens analysieren zu können. Ob das Adjektiv ‚biologisch' benutzt wird oder nicht – es ist eine feststehende Tatsache, daß das Evolutionsprinzip auf die Welt des Lebenden Anwendung findet. Hierzu gehört auch der soziale Aspekt des menschlichen Lebens. *Fundamentale*

---

214 Ein Autor, der diesen Aspekt *en passant* mehrfach erwähnt, ist Pier-Paolo DONATI (vgl. DONATI 1992:47, 190, 240).
215 Schon die Begrifflichkeit, die PARSONS dabei verwendet, weist auf die Halbherzigkeit der Distanzierung hin: „Der Abstand zwischen dem Menschen und anderen Arten, obgleich seit Darwin neu definiert, bleibt entscheidend. Der Mensch ist das einzige *kulturelle* Tier, und seine Kultur .... unterscheidet seine soziale Organisation erheblich von der anderer Arten..." (PARSONS 1975:54; Hervorhebung im Original)

Begriffe der organischen Evolution wie Variation, Auslese, Anpassung, Differenzierung und Integration sind, wenn sachgemäß an den sozialen und kulturellen Gegenstand angepaßt, *zentrale Bestandteile unserer Terminologie.*" (PARSONS 1975: 10; Hervorgehoben von mir, M.H.)

Ähnlich eindeutig heißt es im Schlußkapitel des gleichen Werks:

„Die Fortschritte, welche die Biologie etwa seit den Tagen Herbert Spencers machte, haben völlig neue Auffassungen über die fundamentale Kontinuität zwischen der allgemeinen organischen Evolution und der sozio-kulturellen Evolution zutage gefördert. Da die frühe Evolutionstheorie, soweit sie Gesellschaft und Kultur behandelte, die Kausalität von Milieufaktoren innerhalb des alten dichotomischen Rahmens ... von Vererbung *contra* Milieu festmachte, mußte sie notwendig die organische und die ‚kulturelle' Evolution als radikal diskontinuierlich begreifen...

Unsere Perspektive impliziert eindeutig evolutionäre Feststellungen – z.B., daß intermediäre Gesellschaften fortgeschrittener sind als primitive Gesellschaften und daß moderne Gesellschaften ... fortgeschrittener sind als intermediäre. Dabei versuchte ich, mein Hauptkriterium mit dem in der biologischen Theorie verwendeten in Übereinstimmung zu bringen, indem ich solche Systeme als ‚fortgeschrittener' bezeichne, die eine größere allgemeine Anpassungsfähigkeit aufweisen." (PARSONS 1975: 168f.)

Aus dieser Anknüpfung an die biologische Evolutionstheorie ergibt sich für PARSONS die bereits oben angesprochene, sehr wichtige Implikation bzw. Folgerung des *Vorrangs der strukturellen Analyse vor jeder Art von „Prozeßanalyse"*:

„Hinsichtlich der Methoden unserer Studie gibt es eine weitere äußerst wichtige Parallele oder Kontinuität zwischen der organischen und der sozio-kulturellen Evolution: die strukturelle Analyse muß einen gewissen Vorrang vor der Analyse von Prozeß und Veränderungen haben. Dieser Satz gilt vielleicht nicht für alle Sozialwissenschaft, doch für den Gegenstand unseres Buches ist seine Geltung kaum zu bezweifeln. Man braucht nicht erst eine wirklich entfaltete allgemeine Analyse der wesentlichen Prozesse der sozialen Veränderung anzustellen, um allgemeine Aussagen über die strukturelle Form der evolutionären Entwicklung machen zu können. In der Biologie, wo die Morphologie, einschließlich der vergleichenden Anatomie das ‚Rückgrat' der Evolutionstheorie darstellt, gilt dies als feststehende Tatsache." (PARSONS 1975: 171)

PARSONS argumentiert hier weiter, DARWIN habe keine Theorie des Evolutionsprozesses entwickelt, sondern lediglich „Fakten gruppiert und erklärt, die überwiegend die Struktur" (d.h. die Arten in der Tierwelt) betreffen. Im Gegensatz zu Soziologen, die nur einer „dynamischen Analyse von Veränderungen" sozialwissenschaftliche Dignität zusprächen, sei für ihn die „Einordnung der Strukturtypen und ihrer Verbindung in Sequenzen eine Angelegenheit von *höchster* Bedeutung" (PARSONS 1975: 171).[216] Auch in dieser Hinsicht ist auffallend, wie ähnlich das Denken in der Biologie ist. So entwickelte z.B. R. SHELDRAKE (1985) eine „Theorie des morphogenetischen Feldes", die annimmt, daß morphologische Formen und Verhaltensweisen sich über Generationen wiederholen. Er betont allerdings, daß die Entstehung *neuer* Formen und Muster durch diese naturwissenschaftliche Theorie nicht erklärt werden könne. Es ist eigentlich schwer verständlich, warum die PARSONS-Rezeption diesen Aspekt, den er selber ja so klar als zentral hervorhebt, bislang so wenig beachtet hat.

Er schreibt dann weiter, auch die soziokulturelle Evolution schreite „durch Variation und Differenzierung von einfachen zu immer komplexeren Formen fort". Die ganze Evolution kann (und muß) *funktional* erklärt werden – ebenfalls ein Konzept, das im Grunde nur im Bereich der Biologie anwendbar ist (vgl. ELSTER 1987: 63ff.).

Das allgemeine Prinzip, das laut PARSONS gesellschaftliche Evolution steuert, läßt sich sehr einfach auf die folgende Weise darstellen:

„Wir müssen uns nun den allgemeinen Linien zuwenden, nach denen die gesellschaftliche Differenzierung meist fortschreitet. Die kybernetische Natur gesellschaftlicher Systeme vorausgesetzt, müssen diese Linien *funktional* sein. Die zunehmende Komplexität der Systeme ... beinhaltet die Entwicklung von Subsystemen, die auf spezifische Funktionen innerhalb der Operation des Systems als Ganzem spezialisiert sind, sowie von Integrationsmechanismen, welche die funktional differenzierten Subsysteme miteinander verbinden." (PARSONS 1975: 43)

Und weiter heißt es:

„Eine evolutionäre Perspektive impliziert sowohl ein Kriterium der Richtung der Evolution als auch ein evolutionäres Stufenschema. Den Richtungsfaktor haben wir als eine Zunahme der allgemeinen Anpassungsfähigkeit dargestellt, *wobei wir ihn bewußt aus der Theorie der organischen Evolution übernahmen.*" (PARSONS 1975: 46; Hervorhebung von mir, M.H.)

Die Evolution faßt PARSONS allerdings nicht, wie es eine strenge Analogie zur biologischen Evolution nahelegen würde, als einen kon-

---

216 In der Folge dieser Passage inkorporiert PARSONS dann umstandslos Max WEBER als einen seiner Vorläufer einer solchen Art von „struktureller Analyse" (Webers „strukturelle Theorie"), wirft ihm dann aber einen „Typenatomismus" vor, da die Vielzahl unterschiedlicher Typen bei WEBER mehr oder weniger zusammenhanglos nebeneinander stünde. Nur die funktionale Analyse könne Ordnung in diese Vielfalt bringen. Es ist klar, daß PARSONS die Intentionen von WEBERs Typenbildung völlig mißinterpretiert (vgl. dazu auch Kapitel 6).

tinuierlichen Prozeß auf, sondern als eine Abfolge von Stufen, wobei eine primitive, intermediäre und moderne Stufe unterschieden werden. Der Schritt von der ersten zur zweiten Stufe wird durch die geschriebene Sprache markiert, jener von der zweiten zur dritten durch die Entstehung von Gesetzen. Diese garantieren die Unabhängigkeit der normativen Komponente der gesellschaftlichen Entwicklung von politischen und wirtschaftlichen Interessen; dabei spielen wiederum vor allem die formale Rationalität und die Bedeutung von objektivierten Verfahrensprinzipien eine zentrale Rolle.

*Klassifikation und Morphologie, Funktion und Evolution:
vier gemeinsame, zentrale Begriffe der Naturwissenschaften
bzw. Biologie und der Systemtheorie von* PARSONS

Evident wird die grundlegende Bedeutung, die biologische Denkmuster und Forschungsansätze für das Denken von PARSONS haben, wenn wir vier Grundbegriffe betrachten, die bei beiden von zentraler Bedeutung sind.

Ich habe oben dargestellt, daß das von PARSONS an allererster Stelle genannte wissenschaftliche Ziel seiner Theorie die *Kodifikation des Wissens* im Bereich des Sozialen ist. So heißt es in *Toward a General Theory of Action*: „Der Anfang einer solchen Analyse [einer vergleichenden Analyse struktureller Variationen sozialer Systeme] ist *Klassifikation*... Die *Konstruktion einer Klassifikation von Typen sozialer Systeme* ist eine so riesige Aufgabe, daß sie im Rahmen eines Werkes wie diesem nicht sehr weit durchgeführt werden kann". Ganz am Anfang dieses programmatischen Werkes schreiben die Autoren: „Die komplette Analyse eines Handlungssystems würde sowohl eine *Beschreibung* des Zustandes des Systems zu einem gegebenen Zeitpunkt wie auch der Veränderungen im System über die Zeit hinweg beinhalten...." (PARSONS/SHILS 1951: 204f., Übersetzung und Hervorhebungen von mir, M.H.).

Genau dies war seit jeher ein Hauptziel der Naturwissenschaften: die erste und größte Aufgabe dieser Wissenschaften seit ihrer Entstehung im 18. und 19. Jahrhundert war die sorgfältige Erfassung und systematische *Klassifikation* der ungeheuren Vielfalt der Phänomene der Natur, der Gestirne des Universums, der Mineralien-, Pflanzen- und Tierwelt auf der Erde. Dies gilt insbesondere für die Biologie, jene Wissenschaft, an die PARSONS[217] ja explizit anknüpft; hier führt eine Linie von der Botanik und Zoologie zur Anthropologie. Die wichtigsten Probleme der „Lebenslehre", so heißt es in einem einschlägigen Werk, „gruppieren sich um die morphologischen Zusammenhänge" (STEINER 1938: 2). Der Grund für die zentrale Bedeutung der morphologischen Betrachtung ist – und der Autor zitiert hier den Philosophen Eduard von HARTMANN –

„die Tatsache, daß alle Typen des Tier- und Pflanzenreiches untereinander eine gewisse Aehnlichkeit oder Verwandtschaft aufweisen, und dass dieselben, nach dem Grade ihrer Verwandtschaft geordnet, ein zusammenhängendes System bilden, welches eben deshalb, weil es den konkreten Erscheinungen nicht künstlich und gewaltsam auferlegt, sondern nur aus ihnen herausgelesen wird, ein *natürliches* System heißt." (STEINER 1938: 2)

Dieser Biologe verwendet dann – genau wie PARSONS – auch explizit den Begriff des „Wesens": Gerade weil es sich hier um naturgebene Arten und Muster handelt, könne der *intellectus agens* deduktiv „aus einem einzigen Exemplar die einem Individuum zugrunde liegende Wesenidee begrifflich erfassen" (ebenda).

Heute sehen die biologischen Wissenschaften den Schwerpunkt ihrer Forschungstätigkeit allerdings nicht mehr (nur) im Beschreiben und Klassifizieren. Dies nicht nur deshalb, weil diese Aufgabe – die vollständige Beschreibung aller vorkommenden Arten – praktisch vollendet wurde, da es kaum mehr unbekannte Pflanzen- und Tierarten gibt, sondern wohl auch deshalb, weil man erkannt hat, daß bloße Beschreibung und Klassifikation allein wissenschaftlich noch nicht sehr weit führt.[218]

Eng mit der systematischen Beschreibung und Erfassung der Vielfalt der Arten hängt auch der zweite Grundbegriff zusammen, der in den biologischen Wissenschaften wie in PARSONS' Systemtheorie wichtig ist, nämlich die *Morphologie*. In der Biologie versteht man unter „Morphologie" (auch: Formenlehre, Gestaltlehre) jene Teildisziplin, die sich mit dem Aufbau und den Lageverhältnissen der Organe von Lebewesen befaßt (Lexikon der Biologie, Bd. 6, S. 42). Geprägt wurde der Begriff von niemand anderem als J. W. von GOETHE,

---

217 Dasselbe gilt für die in Kapitel 2 dargestellte Verhaltensforschung, und die autopoietische Systemtheorie von LUHMANN.
218 Insofern kann man sagen, daß sich PARSONS an einem bereits überholten Modell biologischen Forschens orientiert.

der dazu auch selber bedeutende Studien in vielen Bereichen der Naturwissenschaften durchführte. Auch die morphologische Betrachtungsweise ist in der modernen Biologie durchaus aktuell, wobei die enge Beziehung dieses Begriffes zu jenem der „Funktion" betont wird.[219]

Auch PARSONS verwendet den Begriff der Morphologie wörtlich, so etwa in *The Social System*. Hier meint er implizit, weil die Analyse von dynamischen Prozessen so schwierig sei, müsse man zuerst mit Beschreibung und Klassifikation beginnen (eine Auffassung, die ich für grundsätzlich verfehlt halte, wie oben gezeigt):

„Ein Hauptinteresse dieser Arbeit muß deshalb der *Kategorisierung der Struktur sozialer Systeme*, den Arten der strukturellen Differenzierungen innerhalb solcher Systeme, und der Reichweite der Variabilität jeder Strukturkategorie im Vergleich zwischen Systemen gelten. Genau wegen des fragmentarischen Charakters unseres dynamischen Wissens ist die *sorgfältige und systematische Beachtung dieser Probleme von der höchsten Dringlichkeit für die Soziologie*. Zugleich sollte man jedoch klarmachen, daß dieses *morphologische Interesse* kein eigenes, letztes Ziel, sondern nur ein unverzichtbares Werkzeug für andere Zwecke darstellt."
(PARSONS 1951: 21; Übersetzung und Hervorhebungen von mir, M.H.)

Weiter oben habe ich ein Zitat aus PARSONS' Buch *Gesellschaften* angeführt, in dem er ebenfalls explizit auf die zentrale Bedeutung der Morphologie für die biologische Evolutionstheorie verweist. Der Begriff, der bei PARSONS immer wieder auftaucht und jenem der „Morphologie" in der Biologie entspricht, ist der der *Strukturmuster (patterns)*. Der Begriff der „Morphologie" oder allgemeiner, die Typenbildung, ist für die Sozialwissenschaften ohne Zweifel essentiell. PARSONS' Gebrauch dieses Konzepts weist jedoch zwei problematische Charakteristika bzw. Differenzen zum Gebrauch bei anderen Wissenschaftlern auf.

Zunächst spielt dieser Begriff bekanntlich auch in der *Kultur- und Sozialanthropologie* eine große Rolle, von der PARSONS' Denken ebenfalls stark geprägt wurde. Es lassen sich hier jedoch zwei charakteristische Unterschiede feststellen.

---

219 Vgl. den Begriff der *„Konstruktionsmorphologie"* in SCHMIDT-KITTLER/VOGEL 1991 (S. 1ff.). Diese Autoren wollen damit hervorheben, daß es heute vor allem um jene Prozesse geht, die bestimmte organismische Formen hervorbringen. Für die traditionelle, beschreibende und vergleichende Morphologie erscheint ihnen der Begriff *„Morphographie"* besser geeignet.

Zum ersten siedelt PARSONS den Begriff der „Strukturmuster" auf einer relativ hohen Abstraktionsebene an und entwickelt inhaltlich stark verallgemeinerte „Idealtypen" von Mustern (so etwa im Begriff der „patterns variables", vgl. unten). In der Kulturanthropologie wird der Begriff des „Musters" dagegen in einem viel umfassenderen und „unbestimmteren" Sinn verwendet. So heißt es in einem neueren Lehrbuch der *Kulturanthropologie* (HARRIS 1989: 28ff.), das *universelle Strukturmuster*, das man dem Vergleich von Kulturen zugrundelegen müsse, beinhalte drei Hauptbereiche: 1. die Infrastruktur (die elementaren Produktions- und Reproduktionsformen), 2. die Struktur der arbeitsteilig organisierten wirtschaftlichen und politischen Prozesse, und 3. die Superstruktur einer Gesellschaft (alle ihre künstlerischen, spielerischen, religiösen und intellektuellen Verhaltensformen und Einrichtungen).

Die kulturanthropologischen Begriffe von „Kulturmustern" werden von ihren Autoren des weiteren jeweils quasi erst als Endresultat einer tiefgehenden eigenen Erforschung einiger weniger Kulturen herausgearbeitet. So nimmt in dem erfolgreichen Werk *Patterns of Culture* von Ruth BENEDICT (1946) die detaillierte Beschreibung der drei Gesellschaften bzw. Kulturen der Zuni-Indianer Neu Mexikos, der Kwakiutl-Indianer an der mexikanischen Nordwestküste und der Dobuaner in Neu Guinea den größten Teil des Werkes ein; eine dieser Kulturen erforschte die Autorin selber, über die anderen lagen detaillierte Schilderungen vor und sie sprach mit mehreren Forschern, die über sie Studien gemacht hatten.[220]

Die PARSONSsche Verwendung des Begriffes der Kulturmuster ist also einerseits stärker auf allgemeine Typenbildung hin orientiert, zugleich werden diese Typen aber so generalisiert und der in klaren Typen enthaltenen Polarität und Widersprüchlichkeit beraubt, so daß sie soziologisch wenig Aussagekraft mehr besitzen. Auf diesen Aspekt komme ich noch zurück.

Zwei weitere Grundbegriffe, die PARSONS mit den biologischen Wissenschaften teilt, sind jene der *Funktion* und der *Evolution*. Eine evolutionäre Erklärung, schreibt Reinhard MÜNCH (1976: 128), „bezieht sich nicht auf Bewußtseinsvorgänge. Sie wird allein von dem

---

220 So charakterisiert R. BENEDICT (1946:44) die früheren klassischen Anthropologen als „armchair students", weil sie über kein Wissen aus erster Hand über die von ihnen untersuchten Gesellschaften verfügt hätten.

Prinzip der zufälligen Mutation und nachfolgenden natürlichen Selektion geleitet... Erklärt wird ..., daß überlebende Systeme oder Systemmerkmale eine spezifische Identität besitzen müssen". Die Idee ist, anknüpfend an DARWINs Abstammungstheorie, daß Lebewesen mehr Nachkommen produzieren als überleben können (DALLMANN 1994: 83). Diese weisen zahllose, zufallsbedingte Unterschiede auf, wobei dann jene im Konkurrenzkampf überleben, die den Umweltbedingungen am besten angepaßt sind; es kommt dadurch zu einer *natürlichen Selektion*. Durch räumliche Trennung in ökologisch adäquate Umwelten entstehen allmählich unterschiedliche Arten, die sich nicht mehr mischen.[221]

Diese biologischen Vorstellungen (die in dieser Form selbst in der Biologie nicht mehr unbestritten gelten) wurden von PARSONS zwar nicht direkt übernommen, das grundlegende Erklärungsmuster bleibt jedoch dasselbe. So schreibt PARSONS (1975: 40) in *Gesellschaften – Evolutionäre und komparative Perspektiven*, die Ausdifferenzierung einer neuen Substruktur müsse eine verbesserte Anpassungsfähigkeit zur Erfüllung ihrer primären Funktion bewirken. Die ökonomische Produktion wurde aus den Haushalten ausgelagert, weil sie dadurch leistungsfähiger wurde. PARSONS spricht hier von einer „steigenden Anpassung des evolutionären Veränderungszyklus" (ebenda).

Funktionale Erklärungen sind in den Sozialwissenschaften zwar nicht grundsätzlich auszuschließen, ist menschliches Handeln doch bewußt auf Verwirklichung von Zielen gerichtet, von denen her es dann auch erklärt werden kann (STINCHCOMBE 1968: 57ff.). Problematisch werden solche Erklärungen jedoch, wenn man sie auf abstrakte Systeme oder ganze Gesellschaften anwendet. Die strukturfunktionalistische Gesellschaftstheorie von PARSONS bis MÜNCH und LUHMANN macht dies *in extenso*, wie man auch aus ihren Einteilungen aller menschlichen Gesellschaften in der Geschichte in primitive, intermediäre und moderne (oder: segmentäre, geschichtete und funktional differenzierte) klar erkennt.

---

221 Vgl. dazu auch Stichwort „Evolution" in *Lexikon der Biologie*, 3. Band, S. 238ff.

Das Verhältnis zwischen PARSONS und SPENCER: Paradebeispiel einer „wissenschaftlichen Vaterverleugnung"?

Stimmt meine These, daß PARSONS in viel höherem Maße als bislang gesehen Denkmuster aus der Biologie übernimmt, so würde daraus folgen, daß sein Denken eine hohe Affinität zu Herbert SPENCER, dem berühmten englischen Psychologen, Sozialwissenschaftler und Philosophen des 19. Jahrhunderts, aufweisen müßte. SPENCER war ja jener Autor, der die darwinistische Evolutionstheorie – mit ungeheurem Erfolg – auf alle Bereiche menschlichen Handelns übertragen hat, dabei aber zum Teil eine wilde Mischung von biologistischen und wertenden Gesichtspunkten einbrachte, sodaß er heute zu Recht nicht als einer der Gründerväter der wissenschaftlichen Soziologie figuriert (vgl. z.B. TIMASHEFF 1955: 30ff.).

PARSONS selber hat sich von SPENCER bekanntlich weitgehend distanziert, zitiert ihn in seinen eigenen Arbeiten praktisch kaum je positiv und erwähnt ihn auch in seiner Autobiographie (PARSONS/SHILS/LAZARSFELD 1975: 1ff.) überhaupt nicht als einen Autor, der für ihn wissenschaftlich bedeutsam gewesen wäre.[222] Die Distanzierung von SPENCER erfolgt an einer strategischen Stelle, in den ersten Sätzen des großen Werkes *The Structure of Social Action*:

„Who now reads Spencer? It is difficult for us to realize how great a stir he made in the world... He was the intimate confidant of a strange and rather unsatisfactory God, whom he called the principle of Evolution. His God has betrayed him. We have evolved beyond Spencer. Professor Brinton's verdict may be paraphrased as that of the coroner, ‚Dead by suicide or at the hands of person or persons unkown.' We must agree with the verdict. Spencer is dead." (PARSONS 1949: 3)

---

[222] In einem Text weist PARSONS sehr wohl auf die Bedeutung zentraler Ideen SPENCERs für die Soziologie (d.h. für seinen eigenen Ansatz) hin, nämlich seiner „Introduction" zu SPENCERs *The Study of Sociology*, Ausgabe 1961 (S. Vf.). Dort schreibt er, SPENCER habe drei wichtige positive Ideen gehabt: die der Gesellschaft als selbstregulierendes System; die der funktionalen Differenzierung und die der Evolution. Überhaupt äußert er sich hier fast nur positiv über SPENCER; so habe dieser die Entwicklung der Soziologie sehr genau vorausgesehen und die Wiederveröffentlichung seines Buches passe „hervorragend" in diese Zeit. Die Tatsache, daß PARSONS die Grundideen von SPENCER so gut bekannt waren, weist nochmals darauf hin, wie seltsam es ist, daß er SPENCER in offiziellen Selbstdarstellungen überhaupt nicht als intellektuellen Vorläufer erwähnt.

Vielleicht ist es kein Zufall, daß PARSONS selber sich nicht direkt negativ über SPENCER äußert, sondern dazu andere Autoren zitiert, denen er dann zustimmt; hatte er dabei vielleicht doch ein schlechtes Gewissen? Auf der nächsten Seite wirft PARSONS dann SPENCER vor, dieser habe eine einlinige Evolutionstheorie vorgetragen, die einen linearen, auf immer höhere Entwicklungsstufen hinauslaufenden Entwicklungsprozeß des Menschen postuliert. Dies ist meines Erachtens z.T. ungerechtfertigt, da SPENCER durchaus differenzierte Ansichten über die Vor- und Rückschläge im Prozeß der Evolution vertrat. So wies er auf negative Seiten moderner Gesellschaften hin und kritisierte die seinerzeitige Gesetzgebung und sozialen Maßnahmen Englands als extremer Liberalist und „Sozialdarwinist" scharf (vgl. auch KELLERMANN 1976). Besonders bemerkenswert scheint mir PARSONS' Vorwurf an Spencer, dieser habe angenommen, der (bisherige) Höhepunkt der Entwicklung der Menschheit sei in der seinerzeitigen industriellen Gesellschaft Westeuropas erreicht worden. Betrachten wir dazu, was PARSONS selber über seine Gesellschaft, die Vereinigten Staaten der Nachkriegszeit, in der Studie *Das System moderner Gesellschaften* schreibt:

„Der neue Typ gesellschaftlicher Gemeinschaft, wie wir ihn in den Vereinigten Staaten vor uns haben, rechtfertigt mehr als jeder andere Einzelfaktor, daß wir ihr die Führung in der jüngsten Modernisierungsphase zuschreiben. Wir haben angenommen, daß sie zu einem hohen Grad jene Chancengleichheit herbeigeführt hat, die im Sozialismus betont wird. Sie setzt ein Marktsystem, eine starke, von der Regierung relativ unabhängige Rechtsordnung und einen ‚Nationalstaat' voraus, der sich von spezifischer religiöser oder ethnischer Leitung und Kontrolle befreit hat. Wir haben die Bildungsrevolution besonders hinsichtlich ihrer Betonung des Vereinigungsmusters und wegen ihrer Chancenoffenheit als entscheidende Neuerung angesehen. Vor allem hat sich die amerikanische Gesellschaft weiter als jede andere vergleichbare große Gesellschaft von den älteren zugewiesenen Ungleichheiten entfernt und die Institutionalisierung eines grundsätzlich egalitären Musters vorangetrieben." (PARSONS 1972: 146)

Ist dies nicht reinster Evolutionismus im Sinne von SPENCER (zumindest wie ihm dies PARSONS zuschreibt)? Stellt PARSONS hier nicht für die amerikanische Gesellschaft genau das fest, was er SPENCER vorwirft, nämlich die These, die eigene sei die bis dahin am höchsten entwickelte Gesellschaft überhaupt (vgl. auch WILLI 1966: 248)?

Kehren wir jedoch zurück zum Verhältnis von PARSONS zu SPENCER. Wie ist die Distanzierung PARSONS' von einem Autor zu erklären, der mit ihm doch bis zu einem hohen Maße geistesverwandt ist?

Ja, man könnte sogar fragen, warum PARSONS überhaupt eine Notwendigkeit dafür sieht, sich 1949 (!) von SPENCER zu distanzieren, waren dessen Ideen doch schon um die Jahrhundertwende weitgehend in Mißkredit geraten. Man muß wohl sagen, daß diese Ablehnung eindeutig wissenschaftspolitisch-strategische Gründe gehabt hat und dem tatsächlichen Einfluß von SPENCERs Denken auf PARSONS in keiner Weise entsprach. Daß wissenschaftspolitische Überlegungen im Falle von PARSONS eine große Rolle spielten, wurde bereits gezeigt.[223] Für den Fall des „Vergessens" von SPENCER durch PARSONS lassen sich zumindest zwei plausible Gründe anführen.

Wissenschaftsstrategisch war es für PARSONS in seiner Situation als junger Professor an der Harvard University weit günstiger, sich an anerkannten ökonomischen und sozialwissenschaftlichen Autoritäten, wie A. MARSHALL, V. PARETO, aber auch WEBER und DURKHEIM, zu orientieren, als an einem Autor, der zu dieser Zeit wegen der Pseudowissenschaftlichkeit vieler seiner Aussagen zu Recht überhaupt kein Ansehen mehr genoß. Charles CAMIC hat in einer Serie von wissenschaftshistorischen Arbeiten dargestellt, daß PARSONS in seinen eigenen Darstellungen seiner wichtigsten intellektuellen Vorläufer systematische Auslassungen durchführte und nur solche Autoren anführte, die in seinem professionellen Umfeld angesehen waren, sodaß die Anknüpfung an sie wissenschaftspolitisch als opportun erschien (vgl. dazu auch STAUBMANN 1995). Es waren dies vor allem die bereits genannten großen, europäischen Wirtschafts- und Sozialwissenschaftler, wie DURKHEIM, WEBER, PARETO und MARSHALL (CAMIC 1992). CAMIC zeigt jedoch, daß PARSONS in seiner Studienzeit am Amherst College unter starkem Einfluß des institutionalistisch orientierten amerikanischen Ökonomen Walton H. HAMILTON und des ebenfalls institutionalistisch denkenden Philosophen und Sozialwissenschaftlers C. E. AYRES stand.[224] Beide vertraten, u.a. auch in Anknüpfung an VEBLEN, Auffassungen, die denen des späteren PARSONS sehr nahestanden: ei-

---

223 Auch Paul KELLERMANN (1993) hat in einem neueren Beitrag auf die enge Verwandtschaft des Denkens von SPENCER und PARSONS hingewiesen.
224 In seiner Charakterisierung der zeitgenössischen amerikanischen Wirtschafts- und Sozialwissenschaft als positivistisch, empiristisch usw. unterschlägt PARSONS diese Richtungen explizit, wie CAMIC zeigt (vgl. auch STAUBMANN 1995:127ff.). Kurze, aber rein negative Hinweise auf den Institutionalismus in der amerikanischen Ökonomie finden sich in PARSONS, SMELSER, 1984, S. 5f., 102.

ne Kritik der klassischen Ökonomie als extrem individualistisch, positivistisch und utilitaristisch, sowie die These, daß soziale Ordnung nur möglich sei, weil Menschen gemeinsame Werte vertreten, die in Institutionen verkörpert werden. Beide hatten in ihrer scientific community jedoch geringen Einfluß (sie verließen deshalb die Universität später sogar); der institutionalistische Ansatz wurde von den einflußreichen Kollegen PARSONS' in Harvard überhaupt sehr gering geschätzt (so auch von SCHUMPETER, mit dem PARSONS in Harvard engen Kontakt hatte).

Für meine eigene These, daß auch das Denken von SPENCER de facto erheblichen Einfluß auf PARSONS ausübte, ist des weiteren der Hinweis von CAMIC (1992: 439) relevant, daß PARSONS auch den Einfluß jener Sozialwissenschaftler, die ihn an der London School of Economics beeindruckten, nicht erwähnt, so insbesondere H. LASKI und L. T. HOBHOUSE. Interessant ist, daß auch der Sozialphilosoph und Anthropologe HOBHOUSE (1864-1929) ein ausgeprägter Evolutionist war. Er wies zwar den extremen Sozialdarwinismus zurück, bemühte sich jedoch, objektive Kriterien für den evolutionären Fortschritt menschlicher Gesellschaften zu finden; darunter nannte er u.a. die Größe, die Effizienz (die adäquate Koordinierung der verschiedenen gesellschaftlichen Funktionen), Freiheit, sowie eine Ausgewogenheit zwischen den Leistungen und Gratifikationen in den verschiedenen sozialen Beziehungen (TIMASHEFF 1955: 133f.).

Was nun SPENCER betrifft, möchte ich behaupten, daß sich tatsächlich klar belegen läßt, daß PARSONS in seinem Denken inhaltlich mit ihm eindeutig „geistesverwandt" ist. Grundlegend ist zunächst schon die SPENCERsche Idee der *Kontinuität zwischen organisch-biologischer und gesellschaftlicher Entwicklung* und die zentrale Rolle von *Differenzierung* und *Spezialisierung* im Prozeß der Evolution (vgl. auch KELLERMANN 1976: 172ff.). Dazu ein Originalzitat von SPENCER:

„Gegenseitige Abhängigkeit der Theile ist das, was Organisation jeglicher Art hervorbringt und erhält... Die Veränderungen, durch welche diese structurlose Masse eine gebildete Masse wird, welche die aus einem sogenannten Organismus eigenen Merkmale und Kräfte besitzt, sind Veränderungen, durch welche die Theile desselben ihre ursprüngliche Gleichheit verlieren; und dies thun sie, indem sie die ungleichen Arten der Thätigkeit beginnen, für welche ihre bezügliche Stellung zueinander und zu umgebenden Dingen sie geschickt macht. Diese Unterschiede der Verrichtung und die daraus folgenden Unterschiede der Structur, anfangs schwach markirt, gering an Grad und wenig an Art, werden mit fortschreitender Organisation bestimmt und zahlreich, und im Verhältniss, als sie dies thun, wird den Anforderungen besser entsprochen. In ganz derselben Sprechweise auszudrückende Bildungszüge unterscheiden niedrigere und höhere Typen der Gesellschaft voneinander, sowie die frühern Stufen jeder Gesellschaft von den spätern ..." (SPENCER 1875: 163f.)

Wir finden hier den einfachen, grundlegenden Topos aller funktionalistischen Evolutionstheoretiker, den z.T. auch noch DURKHEIM in seinem Buch über Arbeitsteilung vertritt, und der bis hin zu LUHMANNs Topos von der Ablösung der vertikal-hierarchischen durch die funktional-horizontale Arbeitsteilung in modernen Gesellschaften immer wieder aufgegriffen wird (vgl. Kapitel 5). SPENCER selber entwickelte sieben spezifische „Gesetze", die jedoch alle im Gesetz der Evolution, der Entwicklung vom Undifferenzierten, Homogenen zum Differenzierten zusammenlaufen. Inhaltlich diagnostizierte SPENCER zwei Hauptrichtungen der Evolution, zum einen von einfachen zu komplexen Gesellschaften, zum anderen von militärischen zu industriellen Gesellschaften (TIMASHEFF 1955: 30ff: , KELLERMANN 1976; HARRIS 1989: 436ff.; MIKL-HORKE 1989: 23ff.). Die drei großen Entwikkungsstufen des Universums sind die unorganische, die organische und die superorganische Evolution; Objekt der Soziologie ist die letztere.

SPENCER kann jedoch, wie bereits angedeutet, nicht ohne weiteres als Vertreter eines naiven Fortschrittsglaubens bezeichnet werden, der annimmt, daß die universalhistorische Entwicklung der Menschheit, die Evolution, zu immer höheren Stadien führt. Dies hat mit seiner weltanschaulichen Position zu tun, aufgrund derer er als herausragender „Sozialdarwinist" zu bezeichnen ist. Als solchem sind ihm z.B. die meisten wohlfahrtsstaatlichen Maßnahmen von Grund auf suspekt. Diese sozialdarwinistische Seite in SPENCERs Denken ist ein charakteristischer Zug des englisch-amerikanischen Denkers überhaupt (vgl. auch KLIEMT 1985: 163ff.). Seine Ursprünge und Charakteristika hat Gottfried EISERMANN sehr schön zusammengefaßt:

„England ist weniger als mehrere andere Länder vom Geist der Französischen Revolution, aber auch weniger von ihrem Gegenspieler, der Romantik, geprägt worden. In ununterbrochener Kontinuität verknüpfte es anderwärts einander entgegenstehende Elemente wie historische Mentalität und kaufmännische Konkurrenzgesinnung, verbunden mit Unterjochung nicht-okzidentaler Völker und technischer Beherrschung der Naturkräfte. All dies wird noch gestützt und verstärkt durch die Wirkung calvinistisch-anabaptistischer Religiosität. Sie betrachtet die Erwählten als zur Beherrschung der Verdammten berufen; den ersteren erlaubt sie den letzteren gegenüber alles, erblickt im Sieg innerhalb eines unlimitierten Konkurrenzsystems einen Beweis des Begnadetseins und in der Vernunft, die sich in Naturwissenschaft, Technik, Messung und Statistik dokumentiert, ein gottgewolltes Mittel des Sieges der Erwählten über die Verworfenen. Nun behält aber eine Gruppe, die sich von ihrem ursprünglichen religiösen Glauben abwendet, notorisch die durch jenen Glauben mitbedingte Sozialethik bei, und so erwächst als säkularisierter Linksprotestantismus der englisch-amerikanische soziologische Darwinismus." (EISERMANN 1958: 12)

Das individualistische und der Biologie angelehnte „brutale" sozialdarwinistische Denken wird also gemildert durch eine religiös untermauerte Sozialethik; beide zusammen führen zu einem charakteristischen Bewußtsein, eine spezifische Mission oder Sendung zur Verbesserung der Welt erfüllen zu müssen, sei es durch besondere wissenschaftlich-technische Leistungen, durch die Förderung der Demokratie oder des wirtschaftlichen Wachstums und Wohlstands (vgl. dazu für SPENCER: KELLERMANN 1976: 166ff.; für die Amerikaner: GORER 1956[225]; WILLI 1966: 37ff.). Auch bei PARSONS selbst, Sohn eines protestantischen Pastors, ist dieses Element ja immer wieder unverkennbar.

Das Verhältnis zwischen Biologie und Sozialwissenschaften aus wissenschaftshistorischer Sicht: Wiederholung des „naturalistischen Fehlschlusses" im großen?

Ich habe in Kapitel 2 (Abschnitt 2.2b) herausgearbeitet, daß die biologische Verhaltensforschung immer wieder in Versuchung gerät, den Tieren und ihrem Verhalten Merkmale zuzuschreiben, die im Grunde nur bei Menschen vorkommen bzw. deren Annahme nur für menschliches Verhalten Sinn macht. Äußerst interessant scheint es mir nun zu sein, daß dieser *naturalistische Fehlschluß* sogar in der Geschichte der Sozialwissenschaften eine bedeutende Rolle gespielt zu haben scheint. Zumindest scheint sich dies im Falle von SPENCER nahezulegen.[226]

---

225 Das erste Kapitel in GORERs völkerpsychologischer Studie über *Die Amerikaner* heißt: „Europa und die Verwerfung des Vaters". Vielleicht kann man auch in PARSONS' BEURTILUNG VON SPENCER etwas Ähnliches sehen, nämlich die Einschätzung europäischer Ideen als antiquiert, unmodern, „nichtamerikanisch" – und dies, obwohl man selber stark darauf aufbaut.
226 Ich kann diese These aufgrund des begrenzten Raumens hier nur andeuten. Die Belege für sie scheinen mir jedoch so evident zu sein, daß es der Mühe

SPENCER kann als einer der Hauptvertreter der weltanschaulich-politischen Position des *Sozialdarwinismus* angesehen werden. Dies ist eine gesellschaftstheoretisch-politische Haltung, die – im Gegensatz dazu, was der Name suggeriert – keineswegs vom großen Naturforscher Charles DARWIN (1809-1882) begründet wurde, sondern von *Sozialwissenschaftlern* und zwar vor allem in Großbritannien (neben SPENCER ist hier Walter BAGEHOT zu nennen) und in den USA (Graham SUMNER, F. GIDDINGS u.a.).[227] Der Sozialdarwinismus geht aus von DARWINs Lehre von der natürlichen Auslese (*survival of the fittest*), die besagt, daß jene tierischen Arten überleben, die sich ihrer Umwelt am besten anpassen und überträgt sie auf menschliche Gesellschaften (TAX/KRUCHOFF 1968: 402ff; die folgende Zusammenfassung nach Meyers Enzyklopädisches Lexikon, Bd. 22, S.151f.). Es wird angenommen, daß die Menschen von Natur aus ungleich sind, was zur Bildung gesellschaftlicher Hierarchien führt, wobei sich im „Lebenskampf" die Tüchtigsten durchsetzen, während sich die weniger Starken unterordnen müssen, wenn sie nicht untergehen wollen. Gesellschaftliche Entwicklung ist daher ein Prozeß natürlicher Anpassung und Auslese sowohl zwischen Individuen als auch zwischen Gruppen und Rassen; gesellschaftliche Ungleichheit ist natürlich und unumgänglich, sozialstaatliche Eingriffe sind abzulehnen, wenn sie Schwache auf Kosten der Tüchtigen fördern (zu letzterem vgl. z.B. SPENCER 1875: 179ff.).

Daß eine so „häßliche" gesellschaftspolitische Ideologie selbst im liberalistischen Amerika der 30er und 40er Jahre nicht mehr salonfähig war, SPENCER daher kein geeigneter geistiger „Ahnvater" von PARSONS sein konnte[228], liegt auf der Hand. Hier möchte ich jedoch besonders auf den bereits angedeuteten Aspekt der geistigen Herkunft des „Sozialdarwinismus" hinweisen. Im zweiten Band seiner *Einleitung in das Studium der Soziologie* macht SPENCER die folgende Fest-

---

wert erschiene, sie zum Gegenstand einer eigenen wissenschaftshistorischen Studie zu machen.

227 Ein bedeutender Vertreter dieser Theorie im deutschen Sprachraum war der Grazer Soziologe polnischer Herkunft, Ludwig GUMPLOWICZ (1838 – 1909), der jedoch mehr Beziehungen zur angelsächsischen als zur deutschen Soziologie seiner Zeit pflegte (vgl. dazu auch MOZETIC 1985).

228 Man denke hierbei etwa an die Tatsache, daß mit dem „New Deal" von Präsident ROOSEVELT in den 30er Jahren sozialstaatliches Denken sich erstmals auch in den USA in breiterem Maßstab durchsetzte.

stellung im Hinblick auf das Verhältnis zwischen Biologie und Soziologie, die geradezu faszinierend ist:

„Wenn nun diese fundamentale Verwandtschaft besteht, so kann eine rationelle Erfassung der Wahrheiten der Sociologie nicht eher stattfinden als bis eine rationelle Erfassung der Wahrheiten der Biologie erreicht worden ist. *Die Dienste der beiden Wissenschaften sind in der That wechselseitig.* Man braucht nur auf den Fortschritt der Biologie zurückzublicken, um zu erkennen, *dass dieselbe die Grundidee, welche wir hervorgehoben haben, der Sociologie verdankt,* dass sie aber, *nachdem sie der Sociologie diese Erklärung der Entwickelung entnommen,* dieselbe der Sociologie bedeutend an Bestimmtheit vermehrt, durch zahllose Belege bereichert und zur Ausdehnung in neuen Richtungen geeignet zurückgibt." (SPENCER 1875: 168; Hervorhebungen von mir, M.H.)

SPENCER behauptet hier nicht mehr und nicht weniger, als daß die Sozialwissenschaften, d.h. also auch er selber, die Grundideen der biologischen Evolution, also die Idee der evolutionären Anpassung durch Differenzierung usw., entwickelt hätten. Er verweist hier auf die „lichtvolle Vorstellung" von der „*physiologischen Arbeitsteilung*", die der Volkswirtschaft schon lange bekannt sei und besage, daß eine Gesellschaft durch fortschreitende berufliche Arbeitsteilung insgesamt große Vorteile gewinne. Er hätte wohl auch auf die durch HOBBES und LOCKE begründete angelsächsische Theorietradition des „*Besitzindividualismus*" verweisen können, die erstmals angenommen hat, daß in einer Eigentumsmarktgesellschaft zwischen allen, auf sich allein gestellten Menschen, Konkurrenz- und Aggressionsbeziehungen bestehen (MACPHERSON 1973: 304). Tatsächlich kann man sagen, daß SPENCERs sozialdarwinistische Ideologie des Liberalismus vom Typ des ‚Jeder ist seines Glückes Schmid' und die biologistische Gesellschaftslehre mit den Thesen von Adam SMITH, Thomas Robert MALTHUS, Jean LAMARCK und Charles DARWIN auf engste verwoben sind (KELLERMANN 1976: 180).

Mir ging es hier nicht um eine ideologiekritische Analyse des Werkes von SPENCER an sich, als um einen Hinweis auf die überraschende Tatsache, daß sich auch in der Entwicklung der Biologie und Sozialwissenschaften möglicherweise ein ähnlich paradoxer Effekt zeigt, wie wir in ihn im aktuellen Verhältnis von biologischer Verhaltensforschung und naturalistischer Soziologie in Kapitel 2 beobachten konnten. Es scheint in der Geschichte der Wissenschaften in der Tat eine immer wiederkehrende Tendenz zu geben, der belebten Natur Zusammenhänge unterzuschieben, die in dieser Form nichts anderes sind als eine bestimmte einseitige oder verzerrte Form von gesellschaftlichen Beziehungen, die eher als ein ideologisch verbrämtes Bild oder Modell zu bezeichnen ist. Der (oft vielleicht gar nicht klar bewußte) Hauptzweck derartiger Vorstellungen liegt darin, daß dann wieder eine „Rückübertragung" vorgenommen werden kann in der Weise, daß die anscheinend in der Natur vorkommenden Phänomene und Verhaltensweisen bei den Menschen als quasi-natürlich dargestellt und legitimiert werden können.

d) *Die* Pattern Variables *als systemtheoretische Abstraktion*

Eine zentrale Rolle in der Entwicklung der PARSONSschen Sozialtheorie nehmen die sogenannten *pattern variables* ein. Es erscheint sinnvoll, sich mit diesem Konzept auseinanderzusetzen, obwohl seine Ausarbeitung von PARSONS später nicht weitergeführt bzw. teilweise im bekannter gewordenen AGIL-Schema aufging (JENSEN 1976: 91). Es lassen sich daran einige Schwächen der PARSONSschen Theorie besonders deutlich zeigen.

Die pattern variables als typische Handlungsorientierungen

PARSONS' Ausgangspunkt ist die systemtheoretische Festlegung auf *Handlungen* – nicht einzelne Personen – als der zentralen Einheit der Betrachtung (PARSONS 1951: 3ff.; PARSONS/SHILS 1951: 53ff.). Damit rückt die Handlungs*orientierung* in den Mittelpunkt, die sich ihrerseits auf eine bestimmte *Situation* bezieht. Dabei geht es nicht um die Beziehung der Handlungen zu den inneren Antrieben oder Bedürfnissen der Person und ihres Organismus. (In diesem Fall vermeidet PARSONS bewußt eine Anknüpfung an biologisch-organische Erklärungen). Entscheidend ist vielmehr, daß der Akteur ein *System* von Erwartungen hinsichtlich der verschiedenen Objekte der Situation entwickelt. Insbesondere bei sozialen Objekten spielen symbolische Systeme eine Rolle; für PARSONS sind diese theoretisch insofern relevant, als es sich um *kulturelle Elemente* handelt. Ein *soziales System* besteht definitionsgemäß aus einer Mehrheit von Akteuren, die in einer bestimmten physischen Umwelt miteinander interagieren und durch eine Tendenz zur Optimierung ihrer Gratifikationen gekennzeichnet sind. Ihre Beziehung zur Situation und zueinander wird durch ein System kulturell vorgebener und geteilter Symbole bestimmt (PARSONS 1951: 6f.).

Handeln selber enthält drei Komponenten. Die erste ist der Gratifikationsaspekt der Bedürfnisdispositionen der Akteure (der *kathektische Aspekt*); er betrifft das, was ein Akteur aus der Interaktion erhält. Zum zweiten geht es um die Art, wie der Akteur sich zu anderen orientiert (*der kognitive Aspekt*). Ein dritter Aspekt betrifft die geordnete Wahl zwischen den vorhandenen Alternativen; dies ist der *bewertende Aspekt*. PARSONS spricht hier auch von kathektischen Interessen, kognitiver Definition der Situation und wertbasierter Selektion.

Diese drei Aspekte werden später (PARSONS 1951: 12) wieder unter dem Oberbegriff einer *motivationalen Orientierung* zusammengefaßt, da sie sich direkt auf die Bedürfnisorientierung der Akteure beziehen. Von dieser wird eine zweite Ebene unterschieden, die der *Wertorientierung (value-orientation)*, die sich auf den Inhalt der Selektionsstandards selber bezieht; mit ihrer Hilfe soll die Beziehung zwischen kulturellem System und Handlungssystem erfaßt werden. Auch hier werden wieder die drei Typen der kognitiven, bewertenden und moralischen Standards der Orientierung unterschieden. Dabei betont PARSONS, daß auch kathektische, d.h. bedürfnis- oder interessenbezogene Orientierungen, eine normative Komponente enthalten.

Hier entwickelt PARSONS nun ein systematisches System von Bezugspunkten für mögliche Typen von Wertorientierungen; diese kann man bezeichnen als *generelle kulturelle Regeln* oder *Standards*, die bei der Bewertung von Handlungsalternativen benutzt werden (JENSEN 1976: 61). Jede Handlungssituation stellt einen Akteur demnach vor eine Entscheidung (auch als „Dilemma" bezeichnet), in der jeweils unterschiedliche Alternativen kulturell vorgegeben sind.[229] Diese sind (PARSONS/SHILS 1951: 76ff.; PARSONS 1951: 58ff.):

- Affektivität versus affektive Neutralität (das Dilemma unmittelbare Gratifikation vs. Disziplin);
- Selbstorientierung vs. Kollektivorientierung (das Dilemma des privaten vs. kollektiven Interesses);

---

229 Es handelt sich hierbei, genaugenommen, um bewertende Aspekte der Handlungsorientierung des Akteurs; durch diese bewertenden Aspekte werden die kognitiven und kathektischen Orientierungen quasi „ausbalanciert", wie JENSEN es ausdrückt.

- Universalismus vs. Partikularismus (das Dilemma der Wahl zwischen universalen und partikularen Wertstandards);
- Spezifizität vs. Diffusität (die Art des Interesses am Objekt, spezifisch oder diffus-allgemein).

Jedes soziale Handeln kann nun, so PARSONS/SHILS (1951: 78), mit Hilfe dieser (und nur dieser) Begriffe systematisch beschrieben und analysiert werden. Genau dies scheint mir aber der kritische Punkt zu sein. Was heißt Beschreibung bzw. Analyse hier? Betrachten wir genauer, was PARSONS darunter versteht.

Die *pattern variables* sind nützlich auf beiden systemtheoretischen Betrachtungsebenen: man kann empirisch den Grad der Konformität eines bestimmten Handelns mit ihnen beschreiben; man kann sie auch auf die normativen Standards, die Kultur einer Gesellschaft beziehen.

Berufsorientierungen in der modernen Gesellschaft als Anwendungsbeispiel der pattern variables

Ein noch ungenaues Anwendungsbeispiel (mit einem „elliptischen" Element in sich, wie PARSONS selber formuliert) wäre die Aussage: „Die amerikanische Berufsstruktur ist universalistisch, leistungsorientiert und funktional spezifisch ausgerichtet" (PARSONS/SHILS 1951: 79). Eine genauere Feststellung wäre:

„Verglichen mit anderen Möglichkeiten die Arbeitsteilung zu organisieren, führen die vorherrschenden Normen, die in der amerikanischen Gesellschaft institutionalisiert wurden und die die darin vorherrschenden kulturellen Wertorientierungen verkörpern, zur Erwartung, daß Berufsrollen von ihren Inhabern und von jenen, die mit ihnen zu tun haben bezüglich der Ausübung, als universalistisch, funktional spezifisch und leistungsorientiert behandelt werden." (PARSONS/SHILS 1951: 79; Übersetzung von mir, M.H.)

In dieser umständlichen Formulierung kommt die Leistungskraft und Grenze der funktionalistischen Perspektive deutlich zum Ausdruck. Zunächst muß man feststellen, daß PARSONS und SHILS hier nicht ganz eindeutig sind im Hinblick darauf, ob sie nur eine Norm oder ein tatsächliches Verhalten meinen. Es wird ja nur von einer *Erwartung* gesprochen, die die Mitglieder der amerikanischen Gesellschaft gegenüber Inhabern von Berufsrollen angeblich haben.

Wenn es aber auch nur um Erwartungen bzw. *Normen* geht, sind damit aber doch sicherlich Normen gemeint, die von Menschen aktuell geteilt werden. Dies wird im Satz, der vor dem oben angeführten Zitat steht, klar zum Ausdruck gebracht:

„Die Strukturmuster [pattern variables] beziehen sich auf den *normativen* oder idealen Aspekt der Struktur von Handlungssystemen; sie betreffen einen Teil ihrer Kultur. Sie sind gleicherweise nützlich in der empirischen Beschreibung des Grades der Übereinstimmung mit oder Nichtübereinstimmung eines konkreten Handelns mit den Mustern der Erwartung oder Aspiration." (PARSONS/SHILS 1951: 79; Übersetzung von mir, M.H.)

Es folgt dann der oben zitierte Hinweis auf das „elliptische Element" in der Interpretation, wenn man die Beschreibung einerseits auf eine Norm, andererseits auf ein tatsächliches Verhalten bezieht. So heißt es dann auch in einem nächsten Abschnitt, daß diese Kategorien „zugleich zur Beschreibung des aktuellen Verhaltens wie auch der normativen Erwartungen dienen können" (ebenda, S. 79).

Auf die grundlegende Problematik dieser Gleich- oder In-Eins-Setzung von Normen und Verhalten werde ich noch zurückkommen. Hier können wir zunächst davon ausgehen, daß PARSONS/SHILS mit ihrer Aussage sehr wohl die faktische Berufsstruktur der amerikanischen Gesellschaft beschreiben wollen. Man muß sich dabei fragen: Stimmt es tatsächlich, daß Berufsrollen in Amerika – im Vergleich zu anderen – Gesellschaften, primär nach Leistungsgesichtspunkten orientiert sind? Bei genauerer Betrachtung erheben sich eine ganze Reihe von Fragen. Drei davon sind:

(1) Mit welchen anderen Gesellschaften wird die amerikanische Gesellschaft hier verglichen? Die Aussage scheint ohne Zweifel zu stimmen, wenn man sie auf „einfache Gesellschaften" (was das ist, sei zunächst dahingestellt) bezieht. Stimmt sie jedoch, wenn man sie auf andere fortgeschrittene Gesellschaften bezieht? Empirische Evidenz dafür läßt sich nicht ohne weiteres beibringen.

Im Vergleich mit der Bevölkerung von zehn anderen Ländern erweisen sich die Amerikaner vor allem als höher in einer Dimension, die man als „Aktivismus" bezeichnen könnte (vgl. auch WILLI 1966): Sie möchten zwar gerne mehr Zeit für berufliche Arbeit aufwenden, zugleich aber auch für die Familie und für die Freizeit. Im Hinblick auf verschiedene Fragen zur Bedeutung des Berufes und der beruflichen Leistungsorientierung heben sich die Amerikaner von der Bevölkerung verschiedener anderer Länder kaum ab, ja liegen teilweise sogar dahinter (HALLER/HESCHL 1993). Man könnte hier auch Max

WEBER zitieren, der etwa bezüglich der Leistungs- und Erwerbsorientierung der Amerikaner feststellte: „Auf dem Gebiet seiner höchsten Entfesselung, in den Vereinigten Staaten, neigt das seines metaphysischen Sinnes entkleidete Erwerbsstreben heute dazu, sich mit rein agonalen Leidenschaften zu assoziieren, die ihm nicht selten geradezu den Charakter des Sports aufprägen" (WEBER 1905: 109). Darüberhinaus muß man sehen, daß Befragte und insbesondere Angehörige einflußreicher und privilegierter Berufsgruppen in hohem Maße auf kollektive kulturelle Wirklichkeitsdeutungen zurückgreifen, wenn sie – wie die amerikanischen Manager – ihren Erfolg auf Tüchtigkeit und Leistung zurückführen (vgl. dazu auch WALTER 1963; HANSEN 1992).

(2) Auf einer grundsätzlicheren Ebene ist zu fragen: ist der Vergleich mit „einfachen" Gesellschaften – nur für diese scheint die PARSONSsche Aussage ja auf jeden Fall zu gelten – überhaupt sinnvoll? Man kann ja argumentieren, daß es in solchen Gesellschaften Berufsrollen im modernen Sinne gar nicht gibt; die Rolle des Vaters, Haushaltsvorstandes, Landwirtes usw. ist in einer einfachen Gesellschaft ja noch gar nicht unterscheidbar, da Familie, Haushalt und Arbeitsstätte nicht klar voneinander getrennt werden. Aber selbst die Behauptung der geringeren Leistungsorientierung der Menschen in einfachen Gesellschaften ist fragwürdig. So gibt es durchaus Gesellschaften auf einem einfachen Entwicklungsniveau, die in bestimmten Bereichen durch hohe Offenheit ihrer Sozialstruktur und hohe Leistungsorientierung ihrer Mitglieder gekennzeichnet sind, ebenso wie es andererseits hochentwickelte Gesellschaften gibt, die in manchen Teilsystemen eine relativ geschlossene Struktur, stark askriptiv geprägte Mechanismen der Statuszuweisung und geringe Wandlungsbereitschaft aufweisen (SEIBEL 1980: 87ff.). Auch zeitgenössische Entwicklungstendenzen, wie die Expansion des Bildungswesens, Bürokratisierung und Professionalisierung und Konzentration von Unternehmen, können als Tendenzen sozialer Schließung und damit einer Einschränkung von Leistungsprinzipien verstanden werden (WEBER 1964/I: 257ff., 1964/II: 678ff.; HALLER 1983, 1986).

(3) Wenn es auf dieser allgemeinen Ebene fraglich ist, von Berufsrollen zu sprechen, könnte man doch von ganzen Gesellschaften sprechen und diese hinsichtlich ihrer Leistungsorientierung vergleichen. Stimmt es, daß „moderne Gesellschaften" *generell* stärker leistungsorientiert sind als einfache Gesellschaften? In den folgenden Aussa-

gen von PARSONS in seinem Buch *Das System moderner Gesellschaften* ist dies eindeutig impliziert:

„Die Entwicklung der modernen Gesellschaft führt ... zu einem wesentlich neuen Schichtmuster. Die wichtigsten geschichtlichen Grundlagen legitimer Ungleichheit haben ... Zuweisungscharakter gehabt. Die Wertgrundlage des neuen Egalitarismus erfordert jedoch eine andere Legitimationsbasis. In der als System begriffenen [modernen] Gesellschaft muß diese Basis, allgemein ausgedrückt, *funktional* sein. Die jeweiligen Ergebnisse des nach Konkurrenzprinzipien ablaufenden Bildungsprozesses müssen daher durch das gesellschaftliche Interesse an den Beiträgen besonders kompetenter Leute legitimiert sein; besonderes Können ist zumindest eine Funktion hoher angeborener Fähigkeiten und ‚guter Ausbildung'. Außerdem hat die Gesellschaft Interesse an hoher Produktivität, ohne vorauszusetzen, daß jede einzelne oder kollektive Einheit gleich produktiv sein wird..." (PARSONS 1972: 152f.)

Ähnlich eine andere Aussage im gleichen Band, die sich auf eine besonders leistungsorientierte (oder –verpflichtete) Gruppe bezieht, die Manager:

„Die Verberuflichung und Fachorientierung des Managements haben eine ungeheure Hebung des Bildungsstandards, der Erwartungen und der durchschnittlichen Verwirklichung zur Folge gehabt, wobei starke Erfolgsmotivationen unter den Beteiligten erforderlich sind... Obwohl die formalen Arbeitsstunden vermindert worden sind und die Bemühungen bei einigen Arbeitsarten vielleicht etwas nachlassen, bleibt die Verpflichtung zu beruflichen Leistungen hoch. Sehr wahrscheinlich ist sie sogar, besonders auf den höchsten Berufsebenen, stärker geworden. Die oberen Berufsgruppen in der modernen Gesellschaft sind weit davon entfernt, eine ‚leisure class' darzustellen, sondern gehören im allgemeinen zu den ‚Arbeits'-Gruppen, die in der Menschheitsgeschichte am intensivsten gearbeitet haben... Die harte Arbeit der oberen Gruppen besteht nicht hauptsächlich in Muskelanstrengung... sondern in der Lösung schwieriger, oft scheinbar unlösbarer Probleme und der Übernahme von Verantwortung für diese Lösungen." (PARSONS 1972: 143)

Ich hätte hier auch irgendein Zitat aus den PARSONSschen Beiträgen zur Schichtungstheorie (PARSONS 1964) anführen können, die durchwegs durch eine ähnliche *Diffusität* der Aussagen gekennzeichnet sind. Diese Diffusität ist kein Zufall, sondern hängt zusammen mit den evolutionistischen Grundprinzipien des PARSONSschen Denkens. Der entscheidende Unterschied zwischen traditionellen und modernen Gesellschaften besteht nicht darin, daß Ungleichheit in den ersteren auf der Basis von *Zuschreibung* (ascription), in den letzteren auf der Basis von *Leistung* (achievement) legitimiert wird. Der entscheidende Punkt ist, daß moderne Gesellschaften soziale Ungleichheit und Schichtung generell ablehnen, daß die *universalistische Idee der Gleichheit* (ebenso wie jene der Freiheit) etwas Neues und Revolutionäres ist, wodurch jede Form der Ungleichheit in Frage gestellt wird (TÖNNIES 1997: 192). All diese Unterschiede weisen darauf hin: Traditionelle und moderne Gesellschaften sind *anders*, sie können überhaupt nicht auf einem Kontinuum verortet und verglichen werden. Bei Alexis de TOCQUEVILLE hätte PARSONS diese Einsicht in klarer Form nachlesen können:

„Man muß sich also sehr hüten, die werdenden Gesellschaft aufgrund von Ideen zu beurteilen, die man den verschwundenen Gesellschaften entnimmt. Das wäre ungerecht, denn diese Gesellschaften, die voneinander im höchsten Maße verschieden sind, lassen sich nicht vergleichen." (de TOCQUEVILLE 1976: 829)

Kehren wir zurück zu den Ausführungen von PARSONS über moderne Gesellschaften. Wir können festhalten: In all diesen Aussagen kommen die typischen Vagheiten der funktionalistischen Argumentationsweise klar zum Ausdruck:

- ein ständiges Hin- und Herwechseln zwischen Behauptungen über faktische Verhältnisse oder Zusammenhänge, die entweder a) so allgemein gehalten sind, daß sie geradezu trivial sind (die oberen Berufsgruppen sind keine „leisure class"), oder b) gleich („wahrscheinlich") oder sofort nachher wieder relativiert (und damit gegen Kritik immunisiert) werden;
- es werden Aussagen über funktionale Erfordernisse bzw. nur vage spezifizierte funktionale Zusammenhänge gemacht, bei denen von einem nebulosen Interesse der „Gesellschaft" gesprochen wird;
- und schließlich werden Aussagen über normative (wünschenswerte) Prinzipien getroffen, die implizit starke Werturteile beinhalten oder bei denen suggeriert wird, daß sie auch tatsächlich befolgt werden (für Manager „bleibt die *Verpflichtung* zu beruflichen Leistungen hoch").

So wird implizit ein Pol der *pattern variables* – die universalistische, affektiv neutrale und spezifische Orientierungsform – als „modern", der andere als „nichtmodern" angesehen.

Meine Folgerung aus diesen kritischen Einwänden lautet: Die *pattern variables* – und die strukturell-funktionale Theorie insgesamt – mögen einen gewissen heuristischen Wert dafür besitzen, unsere Betrachtungen empirischer sozialer Verhältnisse zu strukturieren. Sie sind jedoch reine *Ordnungsschemata* und besitzen für sich *keinerlei Erklärungskraft*. Jede inhaltliche Aussage darüber, ob ein Akteur oder eine Gesellschaft mehr zum einen oder zum anderen Pol der verschiedenen Orientierungsalternativen tendiert, stellt einen Schritt über sie hinaus und erfordert neue, eigenständige theoretische Bemühungen. Das gleiche gilt für jeden Versuch (a) zu erklären, warum sich in einer bestimmten Gesellschaft die eine oder andere Form durchgesetzt hat und (b) die Folgen der einen oder anderen Orientierung herauszuarbeiten.

Anhand einer detaillierten Analyse ausgewählter Schriften bzw. Textstellen von PARSONS konnten wir einige immer wiederkehrenden Schwächen seines Denkstils aufzeigen. Abschließend sollen nochmals einige Grundprobleme der PARSONSschen Theorie angesprochen werden, die erklären, warum PARSONS selber immer wieder Beschreibung und Analyse, funktionale Deutung und kausale Erklärung vermischt, und warum er immer wieder zu biologistischen Positionen tendiert, obwohl er sich mit seinem ganzen theoretischen Ansatz bewußt das Ziel gesetzt hatte, soziale und kulturelle Phänomene als eigenständige Ebenen klar von der Ebene biologischer und psychologischer Phänomene abzugrenzen.

Ich sehe die Gründe für diese fragwürdigen Tendenzen in PARSONS' Denken vor allem in zwei grundlegenden Schwächen seiner Theorie: zum einen in der Abstraktheit der Konzepte zur Erfassung unterschiedlicher Werttypen; zum anderen im Mangel seiner Theorie, die Relevanz sozialer Akteure neben jener des Systems adäquat zu berücksichtigen.[230]

PARSONS' Rückschritt von theoretisch gehaltvollen Idealtypen zu abstrakt-blassen pattern variables

Die entscheidende Schwäche der pattern variables ist neuerdings von Sybille TÖNNIES (1997: 183ff.) in ihrer Studie *Der westliche Universalismus* sehr klar herausgearbeitet worden. Objekt der Studie von

---

[230] Diese Schwächen wurden z.T. schon in der älteren Parsons-Kritik herausgehoben; in den Ausführungen dieses Abschnittes kann ich mich auch auf einige sehr gute, neuere Arbeiten stützen; so von Sybille TÖNNIES (1997) bezüglich der Abstraktheit der „pattern variables", und auf Nicos MOUZELIS (1995) bezüglich des Fehlens der Akteursperspektive.

TÖNNIES sind alle zeitgenössischen Theorien, die glauben, den „Dualismus zwischen dem, was wirklich ist, und den darüberschwebenden Sätzen, „wie sein sein soll" durch etwas Besseres ersetzen zu können. Ein solcher Ansatz ist der des *Kommunitarismus*, der einen Weg zurück zu einem „intrinsisch guten, auf natürliche Nähe und Solidarität gegründeten Lebens" propagiert (TÖNNIES 1997: 11). Ein ebensolcher, wenn auch weniger deutlich erkennbarer Weg ist die *Systemtheorie*, die auf andere Weise behauptet, „eine adäquate Philosophie für die hochdifferenzierte, moderne Gesellschaft zu sein, deren Komplexität die universalistischen Festlegungen nach ihrer Ansicht nicht gerecht werden" (ebenda).

Einen entscheidenden Schritt in dieser Richtung vollzog PARSONS mit seiner *Wende vom polaren* zum *systemtheoretischen Denken* (TÖNNIES 1997: 183ff.). Bei den oben dargestellten generellen Typen von Handlungsorientierungen (pattern variables) orientierte sich PARSONS bekanntlich an Ferdinand TÖNNIES' Gegenüberstellung von „Gemeinschaft" und „Gesellschaft" als zwei polar unterschiedlichen, dichotomischen Gesellschaftstypen (TÖNNIES 1963). Das jeweils erste Orientierungsmuster in PARSONS' *pattern variables* ist dem Typus der Gemeinschaft zuzuordnen (affektiv, funktional diffus, partikularistisch, zugeschrieben und kollektiv), die jeweils zweite dem Typus der Gesellschaft (affektiv neutral, funktional spezifisch, universalistisch, leistungsorientiert, selbstorientiert). Nun sind aber bestimmte Institutionen in modernen Gesellschaften, so PARSONS, weder eindeutig dem Gemeinschafts- noch dem Gesellschaftstypus zuzuordnen. Ein Paradebeispiel hierfür ist seiner Meinung nach der akademische Beruf der Ärzte. Während die wissenschaftliche Komponente dieses Berufes mit ihrem universalistischen Charakter ein typisches Kennzeichen einer modernen Gesellschaft sei, beinhalte die Verpflichtung des ärzlichen Ethos, allen zu helfen, die der ärztlichen Hilfe bedürftig seien, eine altruistisch-gemeinschaftliche Komponente. Eine adäquate Erfassung der medizinischen Profession sei also nur möglich, wenn man davon ausgehe, daß die verschiedenen Orientierungsmuster unterschiedlich, ja beliebig kombinierbar seien. Damit war der Schritt zur systemtheoretischen Betrachtungsweise vollzogen.

Nun zeigt Sybille TÖNNIES meiner Meinung nach überzeugend, daß PARSONS hier ein Mißverständnis sowohl bezüglich der Struktur von „Gemeinschaft" wie auch bezüglich des modernen, angeblich „altruistischen" ärztlichen Berufsethos unterlaufen ist:

„Die in der Gemeinschaft gepflegte Uneigennützigkeit kommt nicht dem abstrakten Menschen, sondern nur den vertrauten Mitgliedern der eigenen Gruppe zugute. Wenn das medizinische Berufsethos den Ärzten gebietet, nicht in erster Linie an die eigene Tasche zu denken, sondern der Gesundheit zu dienen, handelt es sich um eine ganz andere Werthaltung, die keineswegs ‚collectivity-oriented' ist im Sinne von gemeinschaftsbezogen, sondern eine moderne, aufgeklärte, humanitäre Gesinnung, die nicht etwa auf die Grenzen des eigenen Kollektivs beschränkt ist, sondern im Gegenteil zur Hilfe gegenüber jedem, der Menschenantlitz trägt, verpflichtet und keinen Unterschied in der Zugehörigkeit zu irgendeinem Kollektiv macht." (TÖNNIES 1997: 185f.)

Das ärztliche Berufsethos ist also nicht gemeinschaftlich-altruistisch zu verstehen, sondern eine universalistische ethische Orientierung, genauso wie die wissenschaftliche Seite des Arztberufes! Der Irrtum von PARSONS besteht darin, alles, was zur Gemeinschaft gehört, als altruistisch, alles was zur Gesellschaft gehört, als egoistisch zu bezeichnen. Beides ist nicht zutreffend. In einer Gesellschaft herrscht nicht nur Egoismus, in einer Gemeinschaft „kein ethisch begründeter Altruismus, sondern primitive Verwobenheit, Kollektivität aus Mangel an Individualisierung", oder auch „Sitte im Gegensatz zur rational-ethisch fundierten Sittlichkeit" (TÖNNIES 1997: 86). Daher unterwerfen sich Gemeinschaften nach außen auch oft keinen sittlichen Maßstäben, wie TÖNNIES im Anschluß an WEBER (1905) feststellt.[231] Mit steigender sozialer Differenzierung, Auflösung lokaler Gemeinschaften und Zerbröckeln ihrer Traditionen steigt zwar in gewisser Weise der Egoismus, es steigt aber auch die Fähigkeit zu einer abstrakten Ethik.

Gesellschaft ist zwar, wie Ferdinand TÖNNIES schrieb, einerseits „der Sieg des Egoismus, der Frechheit, der Lüge und Künstelei, der Geldgier, der Genußsucht, des Ehrgeizes, aber freilich auch der beschaulichen, klaren, nüchternen Bewußtheit, mit welcher Gebildete und Gelehrte den göttlichen und menschlichen Dingen gegenüberzustehen wagen" (TÖNNIES 1963; hier zitiert nach TÖNNIES 1997: 187).

Die modernen Gebote der ärztlichen Ethik sind keine Relikte einer traditionellen Gemeinschaft, sondern Pflichten, die nicht nur für einen engen Kreis Gültigkeit haben. Sie stellen über-individuelle Werthaltungen dar, die den Arzt verpflichten, sich gegenüber *jedem* Patienten

---

231 Dieses Problem ist ein zentraler Anknüpfungspunkt für Richard MÜNCHs Theorie der Interpenetration, auf die ich im folgenden Abschnitt eingehen werde.

in der gleichen Weise zu verhalten. Diese ärztliche Verpflichtung, jeden zu heilen, der dessen bedarf, ergibt sich nicht aus gruppenspezifischer Affektivität oder Zugehörigkeit, sondern aus einem *universellen Berufsethos*; sie steht damit in der Tradition des Rationalismus, einer vernunftorientierten, universalistisch-humanistischen Haltung (TÖNNIES 1997: 198).

Die Umdeutung der polaren TÖNNIESschen Typen Gemeinschaft-Gesellschaft in ein mehrdimensionales kontinuierliches Feld von kreuzweise kombinierbaren *pattern variables* durch PARSONS verdirbt das ursprüngliche Konzept, wie Sybille TÖNNIES meiner Meinung nach zutreffend schreibt. Die Stärke der polaren Gemeinschafts-Gesellschafts-Typologie liegt in der *historischen Dimension*: „sie liegt darin, daß sie einen tragischen Sachverhalt reflektiert: die Tatsache, daß man die Vorzüge des einen Typs aufgeben muß, um die des anderen zu genießen – die Elemente sind leider nicht beliebig kombinierbar, sondern nur en bloc zu haben" (TÖNNIES 1997: 191). Auch die Tragik der großen historischen Evolution liegt darin, daß man die naturhafte Geborgenheit der Gemeinschaft aufgeben muß zugunsten der Individuierungs- und Freiheitschancen in der modernen Welt.

Wenn PARSONS einfache und komplexe Gesellschaften auf einem Kontinuum von Orientierungen verortet und vergleicht, verwischt er die wirklichen Eigenheiten beider. In einer Gemeinschaft wägt der Handelnde nicht zwischen verschiedenen Orientierungsformen rational ab – er handelt gewohnheitsmäßig und traditionsgebunden. Zu einer *rationalen Abwägung* kommt es erst in modernen Gesellschaften. Heute kann jeder (Taufschein-) Christ entscheiden, ob er die Sonntagsmesse besucht oder nicht; in einem katholischen Dorf konnten die Personen, die den Gottesdienst nicht besuchten, an einer Hand abgezählt (und entsprechend diskriminiert) werden. PARSONS begeht bei seiner verallgemeinernden Betrachtungsweise genau denselben Fehler wie jenen, den wir oben konstatiert haben, wo er die Leistungsorientierung des modernen Managers mit der Leistungsorientierung von Menschen in einfachen Gesellschaften vergleicht. Auch dieser Vergleich hinkt gewaltig, weil es in einfachen Gesellschaften so etwas wie eine berufliche Karriere- und Leistungsorientierung gar nicht gab, ebensowenig wie ausdifferenzierte Berufe und Karrieren im modernen Sinne.

Mit der Einführung der *pattern variables*, die der soziologischen Analyse ein scheinbar viel allgemeineres, universell anwendbares

Schema liefern sollten, hat PARSONS den Sinn und Nutzen von Typenbildung überhaupt verkannt und verfehlt. Dieser liegt darin, daß *polare, einander entgegenstehende Typen* entwickelt werden. S. TÖNNIES (1997: 194) zitiert hier WEBERs Objektivitätsaufsatz, in dem dieser feststellt, daß der Idealtypus gewonnen werde „durch einseitige *Steigerung eines* oder *einiger* Gesichtspunkte und durch Zusammenschluß einer Fülle von diffus und diskret ... vorhandener *Einzel*erscheinungen, die sich jenen einseitig herausgehobenen Gesichtspunkten fügen, zu einem in sich einheitlichen Gedankenbilde." Genau wie WEBER bezeichnete auch J.W. von GOETHE den Vorgang der morphologischen Typenbildung als „Steigerung und Polarität"; er sah hierin sogar „die zwei großen Triebräder der Natur" (TÖNNIES 1997: 195).

Wenn PARSONS die Polarität Gemeinschaft-Gesellschaft auflöst, indem er zahlreiche Übergangs- und Mischformen postuliert, macht er sie erkenntnistheoretisch wirkungslos. Die Stärke von Idealtypen als Hilfsmitteln der Erkenntnis sozialer Realität besteht darin, daß man konkrete Vergesellschaftungen daran messen, sie ihnen aber nie völlig zuordnen kann. Die Existenz von Mischformen reduziert ihre Brauchbarkeit und Gültigkeit nicht und macht es auch nicht nötig, zu ihrem Verständnis ein Kontinuum von Typen zu entwickeln.

3.2 Die Theorie der Interpenetration von Richard MÜNCH

Richard MÜNCH ist ohne Zweifel, wie T. SCHWINN (1996: 253) feststellt, „einer der fleißigsten deutschen Soziologen". SCHWINN weist auch auf das Faktum hin, daß die Rezeption von MÜNCH erstaunlicherweise viel weniger stark ist als jene von LUHMANN, obwohl beide an der gleichen Thematik arbeiten und dabei an PARSONS anknüpfen.[232] Die Arbeiten von MÜNCH, veröffentlicht in gut einem Dutzend z.T. sehr umfangreicher Bücher und zahlreichen Artikeln – umfassen einerseits primär theoretisch ausgerichtete Arbeiten (MÜNCH 1976, 1982), zum anderen, sehr breit angelegte inhaltliche Studien. Darin wird die strukturelle

---

232 SCHWINN gibt keine Erklärung für dieses erstaunliche Mißverhältnis. Ich werde darauf noch zurückkommen.

und kulturelle Entwicklung von vier fortgeschrittenen Gesellschaften – Deutschland, Frankreich, Großbritannien und Vereinigte Staaten – vergleichend dargestellt (MÜNCH 1986, I/II) sowie die Frage der Entstehung einer europäischen Gesellschaft (MÜNCH 1993) diskutiert. Die Lektüre dieser letztgenannten Arbeiten, vor allem der zwei Bände *Die Kultur der Moderne*, ist sehr anregend und eröffnet zahlreiche neue Einsichten. Trotzdem beschleicht einen bei ihrer Lektüre oft das gleiche Unbehagen wie jenes, das man im Falle vieler PARSONS-Schriften hat: die behaupteten Zusammenhänge erscheinen nicht unplausibel, man hat jedoch oft das Gefühl, daß auch das Gegenteil der Fall sein könnte. Die Art, wie die empirischen „Beweise" präsentiert werden, läßt ein Urteil über ihre Stichhältigkeit nicht zu. Ich werde für diese Behauptung noch ausführliche Belege bringen.[233]

In diesem Abschnitt möchte ich zunächst den Begriff bzw. die Theorie der Interpenetration darstellen (wobei klar ist, daß dies nur ein Teilaspekt des komplexen Werkes von MÜNCH ist). Im Anschluß daran soll ihre Anwendung auf die Problematik der europäischen Integration untersucht werden, um zuletzt zu einer zusammenfassenden Beurteilung zu kommen.

a) *Der Begriff der Interpenetration*

Das Konzept bzw. die Theorie der Interpenetration wurde u.a. im Buch *Theorie des Handelns* entwickelt. MÜNCH (1982: 501ff., 1980a, b) geht hier aus von der These, daß gesellschaftliche Entwicklung stets die Herausbildung neuer Ordnungen bedeute, deren zentraler Aspekt die Institutionalisierung neuer normativer Ordnungen im Sozialsystem sei. Die Erklärung der Art und Weise, wie sich diese Ordnungen durchsetzen, sei Hauptaufgabe der Theorie der Evolution. Er geht aus von der oben dargestellten PARSONSschen Unterscheidung

---

233 Zu fragen wäre auch, warum MÜNCH in den zwei Bänden über *Die Kultur der Moderne* nur die oben genannten vier Gesellschaften vergleicht, aber nicht erheblich andere, aber doch wohl auch als „modern" zu bezeichnende Gesellschaften wie Italien oder Spanien, oder die skandinavischen Länder oder Japan einbezieht. Eine Vermutung ist, daß er sich bei der Beschränkung auf die genannten Länder auch dadurch leiten ließ, daß es in diesen seit jeher einfach mehr (bzw. leichter zugänglich) soziologische Literatur gibt als in den anderen.

zwischen stärker „dynamisierenden" und stärker „steuernden" Subsystemen des Handelns. Sind die Handlungen der Akteure in einem System stark vorgegeben, so handelt es sich um ein geordnetes System; sind die Handlungen nicht stark festgelegt, handelt es sich um ein offenes, „dynamisierendes" System. Das PARSONSsche Schema der vier Funktionen bzw. Teilsysteme (AGIL) kann dieser Unterscheidung zugeordnet werden: die größte Offenheit und damit eine dynamisierende Wirkung auf alle anderen Systeme besitzt das A-Feld, das ökonomische System; das I-System (das Gemeinschaftssystem) ist am stärksten geordnet und wirkt auf alle anderen Systeme steuernd; das L-System (das soziokulturelle System) und das G-System (Politik) üben auf die jeweils weniger geordneten Systeme einen steuernden, auf die stärker geordneten Systeme einen dynamisierenden Einfluß aus.

Nach der strukturell-funktionalen Differenzierungstheorie kann man jedes gesellschaftliche System selbst wieder in die vier AGIL-Subsysteme ausdifferenzieren und gleichzeitig ist das soziale System als Teil des umfassenderen Handlungssystems zu sehen (genauer: als dessen I-System; die übrigen sind das Persönlichkeits-, das Verhaltens- und das kulturelle System). Die Aufgabe des Theoretikers besteht nun darin, durch die fortgesetzte Wiederholung des „Herunterbrechens" von einer höheren zu einer niedrigeren Systemebene eine „möglichst präzise theoretische Konstruktion der Realität" zu leisten (MÜNCH 1982: 505). Man sieht, daß MÜNCH hier der Theorie genau dieselbe Aufgabe zuschreibt wie PARSONS, nämlich Begriffe und Typen zu *konstruieren*, in die sich spezifische Bereiche der Realität dann *einordnen* lassen. Dazu ein Zitat:

„Der Sinn dieses Herunterbrechens des analytischen Schemas besteht darin, daß man immer präziser bestimmen kann, wie ein bestimmter Aspekt der Realität zunächst durch die ihn unmitelbar auf gleicher Abstraktionsstufe umgebenden Subsysteme, durch die diese Subsysteme umgebenden Systeme auf der nächsten Abstraktionsstufe usw. bis an die jeweiligen Horizonte des gesamten Handlungsraumes bestimmt wird und wie er selbst vermittelt über die verschiedenen Abstraktionsstufen bis an diese Grenzen des Handlungsraumes Wirkungen entfaltet.
Die Anwendung dieses analytischen Schemas zielt nicht unmittelbar auf eine funktionalistische Erklärung ab. Eine solche Erklärung könnte beispielsweise behaupten, jedes soziale System sei auf die Erfüllung der vier AGIL-Funktionen angewiesen. Dies ist jedoch nicht die primäre und alleinige Erklärungsrichtung...."
(MÜNCH 1982: 506)

Ziel dieser theoretisch-analytischen Arbeit sei es vielmehr, so MÜNCH, „ein Kräftefeld" zu konstruieren, „innerhalb dessen ein Aspekt der Realität eine bestimmte Lage einnimmt".

Diese recht abstrakte Methode, die MÜNCH selber in verschiedenen Schriften, auch in graphischer Form, *in extenso* vorgeführt hat, erhält mehr Plausibilität durch das Konzept der Interpenetration. Hier geht MÜNCH aus von der These, daß die *Theorie der sozialen Differenzierung* allein nicht ausreiche, um die Entstehung moderner Gesellschaften zu erklären, die ja nicht nur durch ausdifferenzierte Sphären mit je spezifischer Eigensetzlichkeit und eigenen Normen gekennzeichnet sind. (So ist das Teilsystem „Wirtschaft" durch die Prinzipien der ökonomischen Rationalität, der Neutralität, der Profitmaximierung gekennzeichnet, das Teilsystem „Politik" durch Regeln der Regierung auf Zeit, der Trennung der politischen Gewalten usw.). Notwendig sei vielmehr auch, daß zwischen diesen ausdifferenzierten Sphären wieder ein Mindestmaß an Integration hergestellt wird, da die Gesellschaft ansonsten in miteinander unverbundene, ja sogar gegensätzliche und in Konflikt stehende Subsektoren zerfallen würde. Die funktionale Interdependenz zwischen den Subsystemen wäre allein dafür nicht ausreichend, weil auch Austausch bereits gemeinsame Basisnormen voraussetzt. Diese Leistung kann jedoch die *Interpenetration* erbringen, durch die die politische, ökonomische und kulturelle Sphäre einander „durchdringen". So müssen sich z.B. die Sphäre der Gemeinschaft und des ökonomischen Austausches wechselseitig durchdringen, sodaß eine neue *Marktgemeinschaft* entsteht. Erst in ihr wird ein Austausch möglich, in dem kein Partner ständig fürchten muß, vom anderen übervorteilt zu werden (wie es früher beim Austausch mit Menschen außerhalb der eigenen Gemeinschaft der Fall war). Was meint hierbei die Interpenetration? Lassen wir dazu MÜNCH selber zu Wort kommen:

„Interpenetration ist eine besondere Form der Beziehung zwischen Subsystemen des Handelns, durch welche die Grenzen der Entfaltung eines Subsystems überschritten werden, die sonst durch die Entfaltung anderer Subsysteme gesetzt würden. Die Interpenetration von Gemeinschaft und Wirtschaft ermöglicht die Ausdehnung der Solidarität und die Ausbreitung der ökonomischen Rationalität zugleich, ohne daß das eine zu Lasten des anderen ginge. Das Handeln kann in diesem Sinne zugleich moralischer, solidarischer und ökonomisch rationaler werden, die Zunahme der Solidarität ist sogar eine Bedingung des ökonomisch rationalen Handelns, das nun nicht mehr das rein utilitaristische Handeln ist, sondern ethisch geregeltes ökonomisches Handeln." (MÜNCH 1982: 519)

In analoger Weise müssen sich Wirtschaft und Politik durchdringen, damit beide auf einen höheren Niveau wieder integriert werden können: die Politik muß Rücksicht auf die Ökonomie nehmen (z.B. keine zu hohen Steuern festsetzen; mit den Steuermitteln selber „wirtschaftlich" umgehen), die Ökonomie muß die Rahmenvorgaben der Politik akzeptieren (z.B. die gesetzlichen Arbeitsschutzbestimmungen einhalten, sich der direkten Einmischung in die Politik enthalten usw.). Diese Ideen scheinen durchaus plausibel zu sein.

Dies gilt auch für die wichtige Implikation, daß soziale Differenzierung aus dieser Sicht die wichtige *Trennung zwischen Funktionsbereichen und ihren Trägern* ermöglicht. Wirtschaftliches Handeln, politische Ämter, kulturelle Funktionen werden nicht mehr nur von einer bestimmten Schicht, Klasse oder Kaste (etwa: Sklaven, Priestern, Adeligen) ausgeübt, sondern können auf Zeit vergeben werden; ökonomischer Tausch kann auch innerhalb der Mitglieder einer Gemeinschaft erfolgen usw. Es müssen sich letztlich alle vier Subsysteme gegenseitig durchdringen, was vor allem durch die Entwicklung universeller Handlungsprinzipien erfolgt wie sie das Recht, die politische Macht und höhere Standards der Rationalität im kulturellen Bereich darstellen.

b) *Die europäische Einigung. Ein Anwendungsbeispiel der Theorie der Interpenetration*

Bevor wir zu einer Würdigung und Kritik der Basisidee von MÜNCH kommen, soll auch hier ein konkretes Beispiel besprochen werden, nämlich seine neuere Studie *Das Projekt Europa. Zwischen Nationalstaat, regionaler Autonomie und Weltgesellschaft* (MÜNCH 1993). Die Thematik der europäischen Einigung eignet sich hervorragend für eine Erprobung der Theorie der Interpenetration zwischen verschiedenen Systemen, geht es bei diesem Prozeß doch nicht nur um die historisch einmalige Herausbildung einer umfassenderen neuen Markt- und Wirtschaftseinheit – dafür sind die Weichen faktisch bereits weitgehend gestellt –, sondern auch um die Entstehung einer neuen kulturellen und politischen Einheit. Dies alles geschieht vor dem Hintergrund des Zusammenbruchs des Staatssozialismus in Osteuropa sowie einer massiven Verdichtung der weltweiten Verflechtungen, von wirtschaftlichem Austausch, Verkehrs- und Kommunikationsprozessen im Zuge der Globalisierung.

Das Buch von MÜNCH ist in fünf Kapitel gegliedert, wobei vier davon – entsprechend dem systemtheoretischen Rahmen – die Ökonomie, die Politik, die gesellschaftliche Gemeinschaft (unter der Überschrift „Solidarität") und die Kultur darstellen. Als ein aus systemtheoretischer Sicht „neues" Thema wird an erster Stelle auch die Thematik der „Identität" behandelt (sogar mit dem Kapitel „Solidarität" das mit Abstand umfangreichste)[234]. Es geht mir hier nicht um eine Zusammenfassung des Inhalts des Buches, sondern es soll exemplarisch an verschiedenen Einzelaussagen, aber auch an den generellen Folgerungen, gezeigt werden, was die Theorie der Interpenetration leistet und wie der typische Argumentationsstil von MÜNCH aussieht.

Ohne Zweifel positiv ist an der ganzen Studie zu vermerken, daß sie eine Fülle von theoretischen Ansätzen, insbesondere von klassischen Autoren (SPENCER, MARX, DURKHEIM, ELIAS, WEBER, SIMMEL, ELIAS, PARSONS)[235], von Erkenntnissen anderer Disziplinen (z.B. von Ökonomen) und von empirischen Befunden aus den unterschiedlichsten Quellen verarbeitet. Entsprechend der systemtheoretischen Logik geschieht dies in einer recht systematischen Form. Es zeigt sich insoferne sehr deutlich die Nützlichkeit dieses theoretischen Rahmens bzw. Begriffsschemas.

Aus inhaltlicher Sicht kann man zunächst feststellen, daß MÜNCH (1993: 319) ein außerordentlich optimistisches Bild von der Erklärungskraft der heutigen Soziologie zeichnet und von ihrer Fähigkeit, die Einsichten der „Klassiker" und der zeitgenössischen Forschung in einer kumulativen Weise zu verarbeiten. Sie kann damit zu einer kontinuierlichen Erweiterung unserer Erkenntnis beitragen:

„Auf den Schultern der Klassiker läßt sich etwas weiter in die Zukunft sehen... Die Soziologie hat ein Wissen akkumuliert, das sich ohne Zweifel auch auf die neue Entwicklungsstufe der modernen Zivilisation anwenden läßt, die wir heute im aktuellen Prozeß der europäischen Einigung erreicht haben. Die Anwendung dieses Wissens zur Deutung und Erklärung des vermutlichen Verlaufes dieser Entwicklung und der dabei auftretenden Widersprüche und Probleme trägt ihrerseits zu dessen Qualifizierung und Weiterentwicklung bei. Dabei können wir natürlich auch aus der reichhaltigen Forschung zu Einzelproblemen und aus neuen Theo-

---

234 Ich finde diese Thematik als außerordentlich bedeutsam (vgl. Kapitel 6), jedoch scheint mir, daß sie im systemtheoretischen Rahmen eigentlich keinen systematischen Platz hat, obwohl MÜNCH diese Thematik in seinen Werken immer wieder erwähnt (z.B. in MÜNCH 1982).
235 Diese Autoren werden am Ende des Buches [S. 318] von MÜNCH explizit als die geistigen „Ahnväter" angeführt.

rieentwicklungen schöpfen und den aktuellen Forschungsstand einbringen." (MÜNCH 1993: 319)

Die Gesamtheit des von MÜNCH in der Studie verarbeiteten und dargestellten empirischen Materials (historische und statistische Daten, Ergebnisse der empirischen Sozialforschung usw.), aber auch des theoretischen Wissens ist beeindruckend. Wenn sich jemand darüber, was die Soziologie zur Frage der europäischen Einigung zu sagen hat, einen Überblick verschaffen möchte, erhält er ihn mit diesem Buch ohne Zweifel.

Liest man das Buch jedoch kritischer, vielleicht auf der Basis eigener Kenntnisse im einen oder anderen Bereich, so sieht das Urteil nicht mehr so günstig aus. Um die wichtigste Kritik vorwegzunehmen: die Studie scheint durch zahlreiche Charakteristika gekennzeichnet zu sein, die ich bereits an den Schriften von PARSONS kritisch vermerkt habe. Es ist dies zum ersten eine häufige Vermischung von faktischen, hypothetischen und als „Gesetzen" dargestellten Aussagen, zum zweiten eine nur oberflächliche Integration von wissenschaftlichen Erklärungen und empirischen Daten unterschiedlichster Provenienz, und zum dritten eine außerordentliche Vagheit im Hinblick auf die angebotenen Erklärungen, Aussagen und Prognosen.

Ich möchte meine diesbezügliche Kritik an einer Reihe von Textstellen zeigen, wobei zuerst einzelne, typische und dem systemtheoretischen Ansatz MÜNCHs inhärente Argumentationsfiguren hervorgehoben werden, und dann zwei ausgewählte, von MÜNCH behandelte inhaltliche Problembereiche näher betrachtet werden.

Typische strukturfunktionalistisch-systemtheoretische Argumentationsmuster

Ein erstes typisches Argumentationsmuster, das sich in MÜNCHs Werk immer wieder findet, sind *dialektisch-widersprüchliche Aussagen*: hier finden sich immer wieder Sätze, die selber aus mehreren Teilaussagen bestehen, die jeweils gegenteilige Tendenzen zugleich implizieren. Es bleibt daher unklar, ob – und wenn, ja – welche der Tendenzen tatsächlich eintreffen werden. Man kann nicht unbedingt behaupten, daß solche Aussagen inhaltsleer sind, werden doch jeweils tatsächlich empirische Tendenzen beschrieben; unklar bleibt jedoch – und dies erwartet der Leser doch wohl am meisten – welche der angedeuteten Tendenzen jeweils stärker bzw. wahrscheinlicher sein werden. Typische Aussagen dieser Art finden sich in der Zusammenfassung am Ende des Bandes. Betrachten wir einige dieser Aussagen näher:

„Der Prozeß der Europäisierung und Globalisierung des modernen Lebens ist eine neue Entwicklungsstufe der Moderne, auf der sich die Dialektik des Fortschritts ... in neuer und noch weiter verschärfter Form beobachten läßt: Europäische Identität bildet sich auf Kosten nationaler Identitäten, die jedoch zugleich zum Widerstand gegen die neue Entwicklung angestachelt werden...

Regionale Identitäten gewinnen an Bewegungsfreiheit, gehen dieser aber auch wieder in den weiter gespannten Beziehungsgeflechten verlustig.

Ökonomisches Wachstum wird auf Kosten von Einbußen des ökonomischen Wohlergehens, des ökologischen Gleichgewichts, der politischen Regierungsfähigkeit, der Solidarität und der *kulturellen Artenvielfalt*[236] erzielt.

Größere politische Einheiten setzen sich durch und erweitern die Reichweite politischer Konfliktbewältigung, erzeugen neue Konflikte, verlieren zugleich an politischer Entscheidungskraft und entziehen kleineren politischen Einheiten ihre Selbstbestimmung." (MÜNCH 1993: 320; Hervorhebungen von mir, M.H.)

Die Zusammenfassung geht in ähnlichem Ton fort und fort („... die großräumige Ausbreitung der modernen Kultur bringt die Ideale der Moderne zu einer breiteren Geltung"; aber es gilt auch: sie „opfert die Kultur so einer allumfassenden Ökonomie"; oder: „Europa entwickelt sich zu einer neuen Einheit ... gleichzeitig verstärkt sich ... die Differenz zwischen den Nationalstaaten"). Was sich nun wirklich herausbilden wird – ein voll integrierter Markt, ein neuer Bundesstaat, eine echte europäische Kultur – bleibt unklar. Die Abstinenz von solchen „Prognosen" müßte kein Manko sein – sind sozialwissenschaftliche Prognosen doch generell etwas Problematisches (vgl. Kapitel 1). Man ist allerdings doch enttäuscht, wenn man als Antwort auf die Grundfragen des Buches fast nur Hinweise auf *mögliche konträre Entwicklungsszenarien* bekommt.[237]

---

236 Dieser Begriff der „kulturellen Artenvielfalt" taucht häufiger auf und ist wohl ein deutlicher Hinweis auf den biologistischen Hintergrund der Systemtheorie in der PARSONSschen Variante, auf den ich oben (vgl. Abschnitt 3.1c) ausführlich eingegangen bin.

237 Der systemtheoretischen Logik entspricht dies allerdings durchaus. So scheint MÜNCH (1993:318) am Beginn des Schlußkapitels für seine Arbeit denn auch in der Tat keinen anderen Anspruch zu erheben, als die *Vielfalt der möglichen Entwicklungsszenarios* herauszuarbeiten: „Unsere Betrachtungen haben gezeigt, daß wir aus der Entwicklung der europäischen Nationalstaaten durchaus ableiten können, welch widersprüchlichen Verlauf der europäische Einigungsprozeß nimmt, welche Probleme auf uns zukommen, welche Lösungen der Probleme möglich sind und mit welchen Folgeproblemen sie be-

Ein zweiter, charakteristischer Typus von Argumenten in MÜNCHs Studie sind *vage, hypothetische*, manchmal tendenziell *inhaltsleere Aussagen*. Einige Beispiele:

„Eine ökonomische Schwäche Europas würde sich zunehmend in politische Schwäche und diese wiederum in solidarische und kulturelle Schwäche umsetzen, wenn sich die europäischen Staaten diesen Herausforderungen nicht gewachsen zeigten" (MÜNCH 1993: 34).

Die These, daß wirtschaftliche Schwäche sich irgendwann auch in politische und kulturelle Schwäche umsetzen kann (muß?), wäre durchaus eine interessante, wenn auch inhaltlich diskutable These.[238] Der Zusatz „... wenn sich die europäischen Staaten nicht...", macht sie aber tautologisch.

„Die großräumige Verflechtung erweitert den Aktionsraum von Unternehmen, die ihre Produkte in größerer Stückzahl und damit günstiger absetzen können. Deshalb haben große Unternehmen mit großem Umsatz bessere Überlebenschancen auf dem vergrößerten Markt" (S. 107).

Abgesehen vom teilweise tautologischen Charakter dieser Aussage kommen hier noch zwei fragwürdige Implikationen zum Ausdruck: Zum ersten die problematische Vorstellung, daß Größe an sich schon gleich Stärke sei[239]; zum zweiten die „*Subjektlosigkeit*" der Systemtheorie, auf die noch zurückzukommen sein wird. Die Erweiterung der Märkte wird hier als quasiautomatischer Prozeß dargestellt, während sie in Wirklichkeit erst erfolgt durch gezielt-strategische Aktionen vor allem der multinationalen Unternehmen (aggressive Marktbearbeitung, Aufbau von beherrschenden Marktstellungen durch Zusammenschlüsse und Aufkäufe von Konkurrenten usw.).[240]

Weitere Aussagen ähnlicher Art betreffen *neue politische Konfliktlinien* innerhalb Europas und in der Welt:

---

haftet sein werden." Für ein inhaltlich verwandtes Beispiel eines anderen Werkes, dessen Autor die Herausarbeitung solcher Szenarien ebenfalls brillant beherrscht, vgl. PRISCHING 1996.
238 Widerspricht sie nicht fundamental MÜNCHs Grundthese (entnommen von WEBER und PARSONS), daß die Kultur der „Saatbettgesellschaften" Israel und Griechenland trotz wirtschaftlicher und politischer Bedeutungslosigkeit weltgeschichtlichen Einfluß erlangt hat?
239 Zur theoretischen und empirischen Kritik dieser These vgl. AIGINGER/TICHY o.J.; KOHR 1983.
240 Vgl. dazu allgemein WALTER 1963; GALBRAITH 1968; ARNDT 1980; HIRSCH/ROTH 1986.

„Der ... Asylkompromiß zwischen Regierung und Opposition könnte bei aller moralischen Fragwürdigkeit wenigstens dazu beitragen, Asylsuche und Einwanderung wieder zu entflechten und den Mißbrauch des Asylrechts zu verhindern" (S. 233);[241]

„Das EG-Zentrum wird mit der ihm zugewachsenen Macht auch die Verantwortung für die innere und äußere Sicherheit Europas übernehmen müssen, wenn es seine Machtstellung bewahren und in der Konkurrenz mit den USA und Japan bestehen will" (S. 238f.).

„Je mehr die großräumigen Interessenverflechtungen und –kollisionen zunehmen und in je schnellerer Abfolge externe Negativeffekte und Konflikte über die Nationalstaatsgrenzen hinaus produziert werden, um so weniger lassen sich die Konflikte noch durch bilaterale oder auch multilaterale zwischenstaatliche Auseinandersetzungen und/oder Verhandlungen bewältigen" (S. 134).[242]

Auch dies ist eine diskutable Aussage, die die recht fragwürdige, seit einiger Zeit modische These von der Konkurrenz zwischen den drei großen neuen Machtblöcken übernimmt.

Auch zur *Kultur* werden Aussagen gemacht, über die lange zu diskutieren wäre. Eine Auswahl davon:

„Kultur ist entwurzelt und wird nur noch an ihrem kurzfristigen Erlebniswert gemessen, der sich umso schneller verbraucht, je mehr allein noch Neuigkeit und Exklusivität den Wert der Kultur bestimmen" (S. 305).

Zu den Folgen der zunehmenden internationalen Verflechtungen für die Kultur heißt es (als Ableitung aus der Theorie der Interpenetration?):

„Das Zusammenwachsen Europas und der ganzen Welt läßt nicht nur einen europäischen und globalen Wirtschaftsraum und entsprechende großräumige politische

---

241 Dies scheint mir eine in zweifacher Hinsicht problematische Aussage zu sein: (1) Ansonsten betont MÜNCH ja immer die Notwendigkeit universalistischer Normen und ihrer Durchsetzung (Interpenetration) in allen gesellschaftlichen Bereichen; im obigen Satz nimmt er eine offene Nichtdurchsetzung aus staatspolitisch-"machiavellistischen" Motiven jedoch in Kauf; zum zweiten übernimmt er die in der offiziellen politischen Sprachregelung übliche, soziologisch unhaltbare Unterscheidung zwischen den zwei (braven) Gruppen der legalen Einwandern bzw. „schuldlosen" politischen Flüchtlingen, von denen man die „Illegalen", d.h. die bösen Einwanderer, die sich als Flüchtlinge tarnen, klar trennen könne.

242 Hier wäre einzuwenden, daß die von MÜNCH an anderen Stellen behauptete Herausbildung einer neuen Dominanz der „großen Drei" bzw. der „führenden" G7-Industrienationen sehr wohl multilaterale Verhandlungen und Entscheidungen nur zwischen diesen als ausreichend erachten lassen würde (so wie die Welt nach dem Zweiten Weltkrieg bilateral durch die USA und die Sowjetunion in Einflußsphären aufgeteilt wurde).

Einheiten und Solidaritätsnetzwerke entstehen, sondern auch einen einheitlichen europäischen und globalen Kulturraum" (S. 276).

„Trotzdem hat die Dominanz amerikanischer Unterhaltung auf europäischen Bildschirmen Folgen für die europäische Kultur. Sie wird zwangsläufig amerikanisiert im Sinne der schleichenden Durchsetzung von US-amerikanischen Formen der Kulturproduktion und des Kulturkonsums und von US-amerikanischer Lebenssicht und Lebensart. Sie nisten sich via Flimmerkiste, Video und CD-Platte stereophon vor allem in den Köpfen und Verhaltensweisen von Kindern und Jugendlichen ein" (S. 296).

Das letzte Zitat könnte man auch einem weiteren Argumentationstypus zuordnen, den man als *übertreibende, dramatisierende Aussagen* bezeichnen kann. Ein Beispiel dafür ist die zunehmende Umweltbelastung durch „weltweites Anschwellen der Verkehrsströme" (S. 123):

„Die zunehmende Verkehrsdichte zu Lande, Wasser und Luft summiert sich am Ende zur Dauervergiftung und zum flächendeckenden und unausweichlichen Dauerlärm, wenn auch die Schadstoffe und der Lärm in den Spitzenwerten das eine oder andere Mikrogramm oder Dezibel vermindert worden sind...".

Eine Thematik, die MÜNCH ebenfalls zu drastischen Äußerungen veranlaßt, ist die der skrupellosen Werbung: [243]

„Die mit der totalen Kommerzialisierung einhergehende Enttabuisierung von Sex und Gewalt wird inzwischen selbst von den progressivsten Streitern für die Befreiung von aller ‚Repression' mit Schrecken registriert. Im unerbittlichen Kampf um Konsumenten findet eine grenzenlose Steigerung der Reize statt. Die dadurch hervorgerufene Abstumpfung der Sinne verlangt nach immer aberwitzigeren Formen der Reizung. Die grenzenlose Gesellschaft droht im Sumpf der völlig entfesselten Triebe zu ersticken, und wir wundern uns, daß die Entfesselung der Triebe nirgendwo haltmacht, auch nicht vor den Schultoren, hinter denen sich inzwischen die medial vorgeführte Welt von Sex und Gewalt in bisher nicht gekannten Formen der Genußsucht, des Vandalismus, des Faustrechts und der Gewalttätigkeit widerspiegelt" (S. 296f.).

Zu den grundsätzlichen Perspektiven sozialer Integration in modernen Gesellschaften wird die Frage gestellt: „Läßt sich in der vollkommen individualisierten und mobilisierten Gesellschaft der schleichenden Entwertung des Rechts und der entsprechenden Erosion der Sozialordnung überhaupt noch in irgendeiner Form beikommen?" Eine bemerkenswerte „Ausdifferenzierung" der These von der „Zweidrittelgesellschaft" findet sich im folgenden Satz: „In Europa kündigt sich nach der Herausbildung der nationalen Zweidrittel-, Dreiviertel-, Vier-

---

243 Dieses Thema wurde schon von K. LORENZ in ähnlicher Weise dramatisiert (vgl. Kapitel 2).

fünftel- oder auch Neunzehntelgesellschaften des Zentrums schon die europaweite Zweidrittel-, Dreiviertel- oder Vierfünftelgesellschaft an..." (S. 242).

Im Abschnitt „Vom nationalen zum globalen Klassenkonflikt" (S. 243ff.) wird die „Bevölkerungsexplosion" problematisiert, die „in einem atemberaubenden Tempo", in „expontiellem Wachstum" vor sich geht; beides erinnert stark an die düsteren Prognosen von LORENZ und es gelten auch hier die schon dort vorgebrachten Argumente und Zahlen, die belegen, daß diese „katastrophale Entwicklung" sich inzwischen bereits als weit weniger bedrohlich darstellt als noch vor wenigen Jahrzehnten.[244] Nicht zuletzt wegen dieses unkontrollierten Bevölkerungswachstums verbreitere sich die Schere zwischen Arm und Reich im Weltmaßstab immer mehr und MÜNCH (1993: 251) fragt sich rhetorisch: „Welchen Sinn hat das Programm der Moderne, wenn es sich am Ende in das Gegenteil verkehrt, statt des besseren das schlechtere Leben bringt?"

Die Lösung, die MÜNCH für das „unkontrollierte" Bevölkerungswachstum in der Dritten Welt und die dadurch ausgelösten Folgeprobleme vorschlägt, ist allerdings – gelinde gesagt – äußerst erstaunlich. Sie läuft auf eine „milde", aber umso effizientere *Despotie neuer Art* im Weltmaßstab hinaus. Ihr Ziel ist, die Menschen durch Bevormundung von oben (bzw. durch die fortgeschrittenen Länder) zu versorgen, sie damit aber in eine „geregelte, milde und friedsame Knechtschaft" zu zwingen (de TOCQUEVILLE 1976: 814f.). Wie bei PARSONS werden auch in den folgenden Ausführungen von MÜNCH faktische und normative Aussagen nicht klar getrennt:

„Die Industrieländer werden im Angesicht der drohenden Katastrophe dazu übergehen müssen, ihre Entwicklungshilfe nur noch für nachgewiesene Gegenleistungen auf den Gebieten der Geburtenkontrolle, Bildung, Arbeitsqualifizierung, Gleichstellung von Mann und Frau und Kürzung der Militärausgaben zu gewähren... Das alles kann ohne Kontrollmaßnahmen nicht abgehen. Das Zentrum wird immer mehr globale Verantwortung an sich reißen und die Länder der Peripherie ihrer Souveränität berauben... Weltweit bilden Europa, die USA und Japan ein tripolares Zentrum, das mehr und mehr die Verantwortung für die ganze Welt übernimmt und dadurch seine Herrschaft auf die ganze Welt ausdehnt. Die Tatsache, daß dieses tripolare Zentrum die ihm zugewachsene Verantwortung noch völlig unzureichend ausübt, drängt zur Bildung und Nutzung globaler Institutionen... Die Gruppe der sieben führenden Industrienationen der Welt, die sogenannte G7 ... wird in diese Rolle hineinwachsen ..." (MÜNCH 1993: 253).

---

244 Vgl. Kapitel 2, Abschnitt 2.2c.

Die Theorie der Interpenetration von Richard Münch 273

Was werden kleinere, aber nichtsdestoweniger bedeutende westliche Länder, was werden aber vor allem aufsteigende Schwellenländer, wie Brasilien, Indien, China und andere, dazu sagen, daß sie nach der Pfeife der „großen Drei" oder der reichen G7 tanzen sollen? Denkt man die bei MÜNCH angedeutete Vorstellung weiter, müßten sich die wenigen „Großen" z.B. militärisch wohl eher noch stärker bewaffnen als sie es z.T. bereits sind, und (alle) anderen zur Abrüstung zwingen; weltweite generelle Abrüstung, vor allem auch der Atom-Supermacht USA, wäre kein Thema.[245] Man muß wohl feststellen, daß eine solche Argumentation eine deutliche Affirmation der weltweit derzeit bestehenden (extrem ungleichen) Machtverhältnisse impliziert.

Mit all den genannten Argumentationsfiguren hängt die Tatsache zusammen, daß in der Studie von MÜNCH *empirische Daten* zwar oft in großen Massen, aber vielfach nur *illustrativ und wenig systematisch* herangezogen werden. So werden gleich am Beginn der Arbeit zahllose Daten über Wohlstandsindikatoren präsentiert (S. 9f.), sodann Daten über eine Vielzahl von Meinungsumfragen zum Maastrichter Vertrag (S. 37ff.), zum Nationalstolz, zu Einstellungen gegenüber Ausländern (S. 79f.), zu sozialen „Defensivausgaben" (S. 118f.) usw. Auf der anderen Seite werden recht fragwürdige empirische Behauptungen aufgestellt, für die keine Daten präsentiert werden. Zwei Beispiele dafür:

„Die freiwilligen Vereinigungen sorgen nur noch in kleinen homogenen Gemeinden und Nachbarschaften für eine inselhafte Ordnung. Sobald man sie verläßt, befindet man sich in einer anderen Welt, in der andere Gesetze herrschen" (MÜNCH 1993: 197).

„Im Weltmaßstab sind die Probleme der Ungleichheit in den hochentwickelten Industriegesellschaften des Zentrums – so gravierend sie auch subjektiv noch erfahren werden mögen – inzwischen zu einer Kleinigkeit geworden. Das Problem von Ungleichheit und Inklusion läßt uns zwar nicht los, aber jetzt auf einer ganz anderen Ebene, auf der wir noch gar nicht erkennen können, ob es überhaupt eine Lösung gibt" (ebenda, S. 251).

Wie ist, angesichts von 18 Millionen Arbeitslosen in der EU, eine solche Aussage zu bewerten?

---

245 Eine solche Strategie schiene mir durchaus in der Linie des ehemaligen deutschen Bundeskanzlers Helmut SCHMIDT zu liegen; einen *Zeit*-Aufsatz von diesem (*Aus Rio kommt die Rettung nicht*), der sich als Polit-Pensionist sehr aktiv weiterhin um politische Propaganda bemüht, zitiert MÜNCH im obigen Zusammenhang mehrfach und zustimmend.

Bei der Präsentation und Interpretation dieser Daten durch MÜNCH ist häufig auch festzustellen, daß sie nicht wirklich das belegen, was belegt werden soll. So soll durch die statistischen Daten zum Wachstum der Wirtschaft und des Wohlstands in den EU-Ländern (S. 9ff.) belegt werden, daß dieses zurückzuführen sei auf „das Zusammenwachsen Europas unter dem dynamischen Schub des EG-Binnenmarktes", es bestehe kein Zweifel, daß dieses Zusammenwachsen auch in Zukunft in der gleichen Richtung weiterwirken werde. Die vorgelegten, zweifellos richtigen Daten belegen dies aber keineswegs. Dies zeigen schon einfache Fakten wie folgende: (1) das enorme Wirtschaftswachstum der Nachkriegszeit hat auch in allen späteren EU-Ländern schon *vor* Gründung der EG bzw. vor dem Beitritt zu ihr eingesetzt; (2) auch europäische Länder, die bis heute *nicht* Mitglied der EU sind (Schweiz, Norwegen), haben einen spektakulären Wachstumsprozeß durchgemacht. Die Wiedergabe dieser Daten ist also nicht mehr als eine *suggestive Illustration* zu bezeichnen, durch welche die These des Autors belegt werden soll. Daß es auch Daten geben könnte, die ihr widersprechen könnten, wird vom Autor nicht erwähnt und vom weniger gut informierten oder kritischen Leser somit gar nicht erkannt.

Noch problematischer scheint mir die Argumentationsweise von MÜNCH zu werden, wenn sich die oft nur etwas übertreibenden Aussagen zu *fragwürdigen*, ja sogar *falschen Behauptungen* verdichten. Diese scheinen mir zumindest in einem Beispiel vorzuliegen; dieses hat auch mit theoretisch fragwürdigen Grundannahmen zu tun, auf die ich genauer eingehen möchte.

Ethnisch-nationale Konflikte und Zerfall multinationaler Staaten als abwendbare „Naturereignisse"?

Im Kapitel „Solidarität" wird die Bedeutung von *ethnisch-nationalen Konflikten* diskutiert. Hier konstatiert MÜNCH (1993: 235ff.) zunächst den erstaunlichen Widerspruch zwischen dem freiwilligen Aufgehen der Nationalstaaten in der Europäischen Union in Westeuropa, und dem Wiedererwachen des Strebens nach nationaler Selbstbestimmung in Osteuropa. Die Erklärungen, die er dafür anbietet, scheinen mir allesamt fragwürdig zu sein.

So meint MÜNCH zunächst, daß die Bedingungen für Nationalstaatsbildung in Osteuropa „völlig anders" waren als in Westeuropa;

Großbritannien, Frankreich und die USA hätten sich „als staatsbürgerliche Gemeinschaft von Individuen, unabhängig von ihrer sonstigen Gruppenzugehörigkeit und Herkunft, ausgebildet". Dies ist eine genauso diskutable Behauptung[246] wie jene, daß sich in Mitteleuropa (Deutschland und Italien) ebenso wie in Westeuropa die neuen Nationalstaaten „durch den Zusammenschluß kleinerer Herrschaften zu einem Großstaat unter Anknüpfung an eine gemeinsame ethnisch-kulturelle Herkunft" herausgebildet hätten. Fragwürdig ist hier sowohl die These, daß sich die vier großen Nationalstaaten in West- und Mitteleuropa als völlig freier Zusammenschluß gleicher Kleinstaaten herausgebildet hätten,[247] wie auch die – für Deutschland und Italien – aufgestellte These, daß die Grundlage für die Einigung die „ethnisch-kulturelle Gemeinsamkeit ihrer Bevölkerungen gewesen sei.[248]

Schlicht falsch erscheinen mir schließlich die folgenden Behauptungen, hinsichtlich Österreich-Ungarn:

„In Osteuropa herrschten bis zum Ende des Ersten Weltkrieges Großreiche über kleine Volksgruppen: das Osmanische Reich, das Habsburgische Reich, das Großrussische Reich. Hier bedeutete Nationenbildung nach dem Ersten Weltkrieg die Befreiung der Volksgruppen von der Unterdrückung durch Fremdherrschaft und

---

246 Sie ist selbst für die USA fragwürdig, wo die sog. „WASPs" (White Anglosaxon Protestants) seit jeher die dominante Rolle im wirtschaftlichen, gesellschaftlichen und politischen Leben spielen.
247 Zur These vom „gleichberechtigten Zusammenschluß" vieler Kleinstaaten in die großen Nationalstaaten Großbritannien, Frankreich, Deutschland und Italien: dieser Zusammenschluß erfolgte in allen vier Nationen unter eindeutiger *Dominanz* einer militärisch führenden, bereits mittelgroßen Macht (nämlich der Engländer; der französischen Könige, die vor allem ihre Herrschaft über den Süden, das Languedoc, nur in jahrhundertelangen Bemühungen sichern konnten [dieser konflikreiche Einigungsprozeß wird soziologisch-historisch nachdrücklich analysiert in ELIAS 1976]; der Preußen und der Piemontesen. In drei dieser vier Fälle (die Ausnahme ist Deutschland) gingen ihm erbitterte interne Unterwerfungskämpfe voraus. So mußten in Süditalien selbst nach der vollendeten Einigung Italiens erhebliche Streitkräfte stationiert werden, um die *briganti* niederzuhalten, die sich durch bewaffneten Widerstand gegen die Vereinigung mit dem Norden wehrten! Vgl. dazu GRUNER/TRAUTMANN 1991.
248 Die „kulturelle" Gemeinsamkeit mag vielleicht noch stimmen (wenn man die Sprache als Hauptindikator einer Kultur sieht), von einer ethnischen Gemeinsamkeit kann nicht die Rede sein. Dann hätten sich viel eher die süddeutschen Staaten, die Schweiz und Österreich, oder, jeweils getrennt, die Oberitaliener und Süditaliener (vielleicht sogar: Sizilianer, Sarden) in eigene Staaten zusammenschließen müssen.

die Selbstfindung und Selbstbestimmung in nationalstaatlicher Eigenständigkeit ..." (MÜNCH 1993: 236).

Eine erstklassige historische Autorität in dieser Frage stellt fest, daß mehr Argumente dafür sprechen, daß das Habsburgerreich von außen zerstört wurde als daß es durch interne (ethnisch-nationale Konflikte) zugrundegegangen sei (KANN 1993: 463). Als kleiner, aber indikativer Beleg mag die Tatsache angeführt werden, daß sogar die Tschechen – oft als „Totengräber der Monarchie" bezeichnet – und ihr geistig-politischer „Vater" G. Masaryk noch 1917 gar nicht die Auflösung des Reiches anstrebten, sondern dessen Umformung in einen Bundesstaat. Fragt man die Tschechen heute, ob sie der sicherlich harten, aber die These von MÜNCH recht gut wiedergebenden Aussage zustimmen „Die Monarchie war ein Gefängnis für die Nationen und Völker, die zu ihr gehörten", so stimmen zwar 32% zu, aber 40% lehnen sie explizit ab (HALLER u. Mitarb. 1996: 414).

Der theoretisch fragwürdige Hintergrund für diese Behauptungen wird deutlich, wenn man sich die Ausführungen von MÜNCH (ebenda, S.237ff.) zu den jüngsten ethnisch-nationalen Konflikten in Osteuropa und ihren Lösungsmöglichkeiten ansieht. In bezug auf diese Länder schreibt er: „Die Zugehörigkeit zu einer ethnisch-nationalen Gruppe ist nach wie vor der erste Bestimmungsgrund der Identität der einzelnen Menschen. Friedliches Zusammenleben wird deshalb nur möglich sein, wenn es gelingt, ethnisch homogene Nationalstaaten zu bilden." Dieser Satz widerspricht eindeutig der Tatsache, daß in vielen multinationalen Ländern Osteuropas – so insbesondere in Jugoslawien bzw. Bosnien – die Bevölkerung tatsächlich mehr oder weniger friedlich zusammenlebte; es waren nahezu ausschließlich aggressive politische und militärische Eliten und Führer, die sich die im Zuge des Zusammenbruchs der kommunistischen Systeme erwachenden Nationalgefühle zunutze machten und sie in Sezessionsbewegungen, aggressive Aktionen gegen Minderheiten und kleinere Nationen und in ethnische Purifizierungen ummünzten.[249] Bis zur Trennung der Tschechen und Slowaken in zwei getrennte Staaten waren die Bürger *beider* Landesteile *mehrheitlich gegen* eine Auflösung der Tschechoslowakei!

---

249 Die strategische Rolle dieser Eliten und Führungspersönlichkeiten habe ich in HALLER (1996a) theoretisch zu erfassen versucht und mit zeithistorischen Beispielen belegt.

MÜNCH (1993: 237) schreibt in der obigen Passage dann zwar weiter: „Wo dies [die Schaffung ethnisch homogener Nationalstaaten] aufgrund ethnischer Gemengelage nicht erreichbar ist, wäre eine stabile staatliche Einheit nur zu verwirklichen, wenn es eine von der Mehrheit anerkannte Unantastbarkeit von Minderheitsrechten gäbe. Dies ist jedoch auf mittlere Sicht nicht zu erwarten." Dem ersten Satz kann man ohne Zweifel zustimmen; der zweite ist wieder nachweislich falsch. Neue Staaten mit erheblichen Minderheiten – Bosnien, Kroatien, die baltischen Staaten mit ihren großen russischen Minoritäten – haben schon seit längerem neue Verfassungen ausgearbeitet, in denen – wie schlecht und recht auch immer – der Schutz der neuen Minderheiten garantiert ist (MARKO/BORIC 1991).

Höchst fragwürdig – weil sie erstens nichts als eine post-hoc Erklärung darstellen, und zweitens sogar auf eine *Rechtfertigung* unglaublicher Exzesse hinauslaufen – scheinen mir die folgenden Ausführungen zu sein:

„Es ist nicht überraschend, daß *die unterdrückten Nationalitäten* überall nach staatlicher Souveränität streben, während die ehemaligen Unterdrücker an den größeren politischen Einheiten festhalten wollen. Die *unvermeidliche Folge dieses Gegensatzes sind die jetzt zu beobachtenden kriegerischen Auseinandersetzungen.* Sie sind insofern *kein Anachronismus*, als die bislang unterdrückten Nationalitäten erst einmal zu einer Selbstbestimmung kommen müssen und die Unterdrücker zu einer Selbstbeschränkung, bevor später einmal neue Formen der Zusammenarbeit entstehen können." (MÜNCH 1993; Hervorhebungen von mir, M.H)

Hier wird suggeriert, daß in Osteuropa unter dem Kommunismus Verhältnisse geherrscht hätten wie im späten Mittelalter, als Aufstände aller Art (z.B. der Bauern) mit blutigen Mitteln niedergeschlagen wurden. Die Realität – zumindest in Jugoslawien – entsprach diesem Bild in keiner Weise. Kroatien und Slowenien wurden von den zentralen (serbisch dominierten) Stellen in Belgrad vielleicht wirtschaftlich überproportional belastet (z.T. allerdings auch zugunsten einer Umverteilung in den armen Süden Jugoslawiens!) und politisch bevormundet; von einer „Unterdrückung" konnte aber wohl keine Rede sein.[250] Die Abtrennung Kroatiens und Sloweniens wäre ohne Zweifel früher oder später auch auf friedlichem Wege möglich gewesen. Damit hätte vielleicht

---

250 Ich habe mehrfach Kollegen und Freunden z.B. in Slowenien die Frage gestellt, ob sie durch die Serben unterdrückt worden seien; keiner konnte mir dies bestätigen oder belegen.

das für die zweite Hälfte des 20. Jahrhunderts in Europa völlig anachronistische Blutvergießen und die Vertreibung von über einer Million Menschen aus Bosnien vermieden werden können. Wie so oft, gilt auch hier die wichtige These, daß es oft nicht sosehr darauf ankommt, *ob* ein Wandel erfolgt, sondern *wann, wie schnell und unter welchen Umständen* er erfolgt.

c) Zusammenfassende Beurteilung

Hat das Konzept der Interpenetration von MÜNCH einen wesentlichen Fortschritt gegenüber dem strukturell-funktionalen Theoriegebäude von PARSONS gebracht? Schon die kursorische Betrachtung der exemplarischen Studie von MÜNCH über Europa läßt diese Frage eher verneinen. Eine systematischere Analyse aller zentralen Aspekte von MÜNCHs Arbeiten kommt zu einem ähnlichen Ergebnis. Man muß hier, ohne Anspruch auf Vollständigkeit und in aller Kürze, zumindest vier kritische Einwände erheben (vgl. auch SCHWINN 1996).

(1) *Idealistische Geschichtskonstruktion*: Auch die MÜNCHsche Interpenetrationstheorie läuft letztlich, nicht anders als PARSONS' *grand theory*, auf eine idealistische Geschichtskonstruktion hinaus. Ökonomische und politische materielle Interesssen tauchen nur auf den unteren Systemebenen auf, sie besitzen im Rahmen der hierarchischen Steuerungsstruktur des ganzen Systemaufbaus der Realität selbst keine Steuerungsdynamik. Eine gelungene Interpenetration zwischen den Systemen im Laufe der zunehmenden Differenzierung ist immer ein Wertverwirklichungsprozeß (SCHWINN 1996: 258). Dieser sich auf immer höheren Ebenen verwirklichende Systembildungsprozeß muß letztlich ein weltumspannend-globaler sein. So heißt es auch in *Projekt Europa* (wenngleich wieder in typisch systemtheoretischer Mehrdeutigkeit):

„Legen wir die Maßstäbe nationaler Gesellschaften an, dann ist es sicherlich verfrüht, von der Existenz einer europäischen oder gar globalen Gesellschaft zu sprechen. Dennoch verflechten sich die Kommunikationen auf dieser Ebene in einem Maße, daß diese Einheiten in Umrissen erkennbar werden. Die Rede von den sich herauskristallisierenden Gesellschaften auf europäischer und globaler Ebene soll diese neue Qualität unseres Daseins zum Ausdruck bringen. In der zusammenwachsenden Welt werden wir uns daran gewöhnen müssen, in gesellschaftlichen Einheiten zu leben, die keinesfalls über die Geschlossenheit, die stabile Identität sowie den assoziativen, demokratischen und kommunikativen Unterbau verfügen wie die Nationalstaaten, aber dennoch unser Handeln organisieren..." (MÜNCH (1993: 321)[251]

(2) *Vermischung von Modell und Realität*: Auch MÜNCH vermengt, genauso wie PARSONS, fortlaufend sein Modell einer idealen Ordnung mit der konkreten historischen Wirklichkeit (vgl. auch SCHWINN 1996: 260ff.). Die konkrete kulturell-historische Entwicklung des Abendlandes kann nur in einem „idealtypisch eingeschränkten Sinne" verstanden werden; so dient dieser Kulturvergleich für WEBER auch nur der „gesichtspunktabhängigen, idealtypischen Herausarbeitung der okzidentalen Entwicklung" (SCHWINN 1996: 261; SCHLUCHTER 1988). MÜNCH dagegen benutzt den historischen Vergleich nur zu illustrativen Zwecken, sein theoretisches Modell „läßt sich durch die Empirie nicht wirklich belehren" (SCHWINN, ebenda). Genau dies haben wir auch beim Gebrauch von aktuellen statistischen und anderen Daten durch MÜNCH festgestellt.

(3) *Tendenz zur Affirmation, ja Legitimation bestehender Verhältnisse und Tendenzen:* Die Tendenz zur bloß selektiv-illustrativen Präsentation von Daten haben wir anhand der Analyse der Studie *Projekt Europa* mehrfach festgestellt (es ließen sich noch viele andere Stellen dafür zitieren). Einige Beispiele für solche Tendenzen in MÜNCHs Arbeit waren: die wirtschaftliche Integration Europas war die Ursache für die Steigerung des Wohlstands; sie wird letztlich auch zu einer – eindeutig positiv zu bewertenden – politischen Integration Europas führen; „partikularistische" regionale, nationale und andere Bindungen werden dadurch abnehmen usw. Wir haben weiters festgestellt, daß manchmal sogar konkrete politische Maßnahmen, die eindeutig universell-modernen Normen widersprechen (wie die Restriktion der Rechte von Asylbewerbern und Zuwanderern), als positiv bejaht werden.

(4) *Fehlen von Handlungssubjekten*: Evident wurde auch die Tatsache, daß historische und politische Akteure im theoretischen Modell von MÜNCH praktisch nicht vorkommen (vgl. dazu auch SCHIMANK

---

251 Auch dieses Zitat ist wieder voller Widersprüche und unhaltbarer impliziter Annahmen (z.B. im Hinblick auf die behauptete „ideale" Struktur der „ehemaligen" Nationalstaaten), auf die ich hier nicht mehr näher eingehen möchte.

1985). Die Globalisierung der Weltwirtschaft ist ein (technisch-wirtschaftlich?) mehr oder weniger automatischer, unaufhaltsamer Vorgang; dasselbe gilt für den Aufstieg der „großen Drei" oder der reichen G7-Industrienationen; für den Ausbruch blutiger ethnischnationaler Konflikte nach dem Zusammenbruch des Kommunismus in Osteuropa usw. Davon, daß es ganz konkrete Interessenten und Träger dieser Wandlungsprozesse gibt – Kapitaleigentümer und Manager multinationaler Konzerne, nach Publicity und Einfluß dürstende Intellektuelle, karriere- und machtgierige Politiker, brutal ihre Militärmacht ausspielende Großmächte usw. – erfährt man nichts. Es gibt nur anonyme Ereignisse, Mächte und Akteure: so z.B. „kriegerische Auseinandersetzungen", die „die Entwicklung von den kleineren zu den größeren politischen Einheiten" vorantreiben (S. 17); „überzeugte Ökonomen", die „glauben, daß der Markt alle Probleme lösen wird" (S. 124); „das Zentrum", das ... immer mehr globale Verantwortung an sich reißen" wird (S. 253).[252]

Man kann dem Werk von Richard MÜNCH trotz all dieser Probleme nicht absprechen, daß es sich um konkrete inhaltlich-soziologische Analysen wichtiger zeitgenössischer Probleme bemüht; er verarbeitet dafür, wie festgestellt, auch eine Fülle aktueller empirischer Befunde. Warum wird sein Werk in der *scientific community* und in der allgemeinen Öffentlichkeit trotzdem viel weniger diskutiert als beispielsweise jenes von LUHMANN? Die Begründung dafür scheint ziemlich evident zu sein; sie liegt in der inneren Struktur der Theorie selber.

Ein theoretisch-begriffliches Schema, das im Grunde nicht mehr leistet, als mehr oder weniger bekannte Fakten über die Wirklichkeit in einer – vielleicht recht systematischen Weise – neu zu ordnen, das aber darauf verzichtet, konkrete inhaltliche Hypothesen zu ihrer Interpretation heranzuziehen, kann weder bei Wissenschaftlern noch bei Laien brennendes Interesse wecken oder vehementen Widerspruch provozieren. Dies kann eine extrem wirklichkeitsfremde Theorie, wie jene von LUHMANN, natürlich in viel stärkerem Grade. Es können dies aber auch kausal orientierte (wirklichkeits-) soziologische Theorien, die das Risiko nicht scheuen, daß eine prägnante These sich auch

---

252 Die Verbannung des Subjekts aus der Theorie ist ein Kennzeichen *aller* funktionalistischen Ansätze und gilt auch für LUHMANN. Wie man – bezüglich des letzteren – feststellen kann, diese Verbannung sei philosophisch völlig gerechtfertigt (BARBEN 1996:238), ist mir unverständlich.

einmal als falsch herausstellen kann. MÜNCH hat selbst einmal folgendes geschrieben: „Die Darstellung historischer Details langweilt den Soziologen und läßt ihn stets nach dem Zusammenhang mit einer generellen Linie der Entwicklung fragen, nach der Bedeutung eines Details für die Prägung einer Kultur und nach einer theoretischen Erklärung der dargestellten Details" (aus *Die Kultur der Moderne*, hier zit. nach SCHWINN 1996: 261). Historische und empirische Details sind nur dann *langweilig*, wenn sie nicht neu sind oder nur dazu dienen, in ein „konstruktivistisches"[253] begriffliches Schema „eingepaßt" zu werden. Handelt es sich aber um *neue oder bislang so nicht gesehene Details* – wie sie etwa de TOCQUEVILLEs Studien über Amerika und die alten europäischen Gesellschaften, FREUDs Erkenntnisse über den Traum, ELIAS' Studien über den Zivilisationsprozeß in einer großen Fülle enthalten – können sie auf größtes Interesse bei Wissenschaftlern *und* Laien stoßen und ganze wissenschaftliche Disziplinen revolutionieren oder neu begründen.

3.3 Die relationale Soziologie von Pierpaolo Donati

Pierpaolo DONATI, Professor für Soziologie an der Universität Bologna, Autor von rund einem Dutzend, teilweise in mehreren Auflagen erschienenen Büchern zu Themen wie Familie, Gesundheit, Sozialpolitik, Wohlfahrtsstaat und vor allem zu soziologischer Theorie (vgl. u.a. DONATI 1984,1989,1992), kann meiner Meinung nach als zumindest ebenso bedeutend wie viele andere in diesem Band besprochenen Autoren bezeichnet werden. Daß er im deutschen und angelsächsischen Sprachraum kaum bekannt ist, hat ausschließlich mit dem *einseitigen Fluß der Kommunikation in der scientific community* zu tun, auf den ich bereits in Kapitel 1 verwiesen habe. Sozialwissenschaftliche Autoren tendieren immer dazu, andere Autoren ihres eigenen Landes bzw. Kulturkreises sowie jene aus wissenschaftlich „höher" entwickelten bzw. aus angelsächsischen Ländern überproportional häufiger, solche aus weniger „entwickelten" Ländern seltener oder (meist)

---

253 Im Sinne von PARSONS, wie oben dargestellt.

überhaupt nicht zu zitieren.[254] Dieser Abschnitt sollte auch ein kleiner Beitrag zur Überwindung dieser Einseitigkeit sein.

Die Darstellung einiger Hauptideen von Pierpaolo DONATI scheint mir aus zwei Gründen auch inhaltlich geboten: zum ersten, weil er, stärker als die meisten anderen PARSONS-Nachfolger, eine kritische Haltung gegenüber PARSONS selber einnimmt; zum zweiten, weil er theoretisch innovative eigene Ideen entwickelt und diese in seinen Schriften konkret auf Praxisfelder anzuwenden versucht (vgl. oben). Hier soll zunächst ein zentraler Kritikpunkt von DONATI an PARSONS, und dann seine Idee der „gesellschaftlichen Bürgerschaft" dargestellt werden; zuletzt soll der Ansatz kritisch gewürdigt werden.

a) Kritik der PARSONSschen Systemtheorie

Pierpaolo DONATI kann, wie schon durch seine Darstellung in diesem Kapitel nahegelegt wird, als ein Neo-Parsonianer angesehen werden. Wie bereits festgestellt, nimmt er in seiner Adaptation PARSONSscher Konzepte durchaus eine recht kritische Position ein. In der für seinen eigenen theoretischen Ansatz wichtigsten Publikation *Teoria relazionale della società* ist DONATI insbesondere der Meinung, das bekannte Systemmodell von PARSONS, das davon ausgeht, daß jedes System die vier AGIL-Funktionen (Adaptation, Goal attainment, Integration, Latent pattern maintenance) erfüllen müsse, stelle durchaus einen wichtigen und nützlichen *Kompaß* dar, der einem die Orientierung in der theoretischen wie empirischen Arbeit ermögliche (DONATI 1992: 178). In der Konzeption von PARSONS bestünden jedoch mehrere ungelöste Probleme und Schwachstellen.

Ursprünglicher Ausgangspunkt ist PARSONS' Ziel, für die Soziologie eine elementare Einheit zu finden, wie sie die Physik im Atom hat.[255] Dies ist für PARSONS die *elementare Handlung* (unit act). Ursprünglich beinhaltet diese elementare Handlung vier Aspekte: Akteure, Ziele, eine Situation (bestehend ihrerseits aus Bedingungen und

---

254 Das häufigere Bezugnehmen auf Autoren des eigenen Landes ist – zumindest bis zu einem gewissen Grade – auch gar nicht zu kritisieren, da die Soziologie sich nach einer wirklichkeitssoziologischen Auffassung ja in allererster Linie mit den konkreten, historisch-kulturell bedingten Gegebenheiten eines Landes beschäftigen soll.

255 Bei diesen Ausführungen folge ich der PARSONS-Darstellung durch DONATI.

Mitteln) und eine bestimmte Modalität der Beziehungen zwischen Elementen (ein normatives Element). Im Laufe der Entwicklung der PARSONSschen Theorie verschwindet der Akteur jedoch zusehends aus dem Modell; er wird als jener Motor, der das Ganze in Bewegung bringt, einfach vorausgesetzt.

Die Handlung selber wird in einem Kontinuum zwischen materiellen Bedingungen und Ideen/Werten eingeordnet; im Gegensatz zu MARX und WEBER möchte PARSONS keiner der beiden Seiten mehr Gewicht zuschreiben.[256] Die Frage ist nun, wie die Elemente (Mittel, Zwecke, Normen, Werte) zusammenwirken, wie Handeln die Aufrechterhaltung sozialer Ordnung bewirken kann? Dieses Problem löst PARSONS durch eine systemtheoretische Perspektive, die zweierlei Typen von Beziehungen postuliert.

Zum ersten gibt es eine *Homologie* zwischen den Ebenen der Handlung und des Systems. Auch einzelne Handlungen stellen Systeme dar. Es gibt hierbei eine *kybernetische Hierarchie*: auf der einen Seite stehen Systeme mit maximaler Energie und minimaler Kontrolle, auf der anderen Seite Systeme mit umgekehrten Eigenschaften, wie in Übersicht 3.1 dargestellt.

Übersicht 3.1: Die kybernetische Hierarchie von Handeln und Systemen bei PARSONS

Ressourcen	Ziele	Normen	Werte
Organismus -	Persönlichkeit -	soziales System -	Kultur
maximale Energie	→		minimale Energie
minimale Kontrolle	←		maximale Kontrolle

Quelle: DONATI 1992, S. 182 (Übersetzung von mir, M.H.)

Mit diesem Modell und seiner Parallelsetzung von Ressourcen mit der Ebene des Organismus, von Zielen mit Persönlichkeit, von Normen mit dem sozialen System und Werten mit Kultur wird es möglich, die gesamte Realität in einem kohärenten System zu erfassen, vom Organismus (der später „Verhaltenssystem" genannt wird), über das Persönlichkeits- und soziale System bis zum kulturellen System. Die vier Grundfunktionen, die jedes System erfüllen muß (AGIL, siehe oben), gelten für Systeme auf allen Ebenen (Organismus, Persönlichkeit, soziales und kulturelles System).

---

256 Daß WEBER hier fälschlicherweise als Idealist gesehen wird, ist evident.

Hier entsteht, so DONATI, ein Problem und ein Widerspruch. Die Frage ist, was die vier Teilkomponenten eines jeden Systems (die AGIL-Subsysteme) zusammenhält. PARSONS ist hier unklar: einerseits betont er, daß es eine normative Integration der Systeme insgesamt gebe; andererseits soll ein spezielles normatives (das Integrations-) Subsystem diese Integrationsfunktion für das Gesamtsystem erfüllen.

PARSONS gerät in diese Schwierigkeiten aus zwei Gründen, wie DONATI zutreffend feststellt:

– zum ersten, weil er Systeme völlig unterschiedlicher Art (Handlung, soziales System, kulturelles System usw.) als homolog betrachtet;
– zum zweiten, weil unklar bleibt, ob die Integration als eine analytische Annahme oder als ein empirisches Faktum betrachtet werden soll. Hier kritisiert DONATI (1992: 187) an PARSONS denselben Punkt, den ich oben ausführlich behandelt habe, nämlich die Vermischung der empirischen und theoretisch-analytischen Ebene; sein Konzept eines „analytischen Realismus" führe nur zu Konfusionen.

PARSONS selber, so DONATI (ebenda, S. 188) sei sich der Probleme dieser Gleichsetzung von Handlungs- und Systemebene bewußt gewesen. Die Lösung, die er dafür fand, sei zwar genial, sie verleihe seinem theoretischen Modell aber einen noch stärker formalistischen Charakter. Die Lösung bestand in der Idee der *verallgemeinerten symbolischen Kommunikationsmedien*: Geld ist das Medium der Integration der Ökonomie, Macht jenes der Politik, Normen/Einfluß jenes des integrativen Systems und Werte jenes des Strukturerhaltungssystems (des Teilsystems, das PARSONS als „Treuhandkomplex" bezeichnet). Die Rolle von Werten und Normen paßt aber überhaupt nicht in das Vier-Felder-Schema, sie sind die „schwarze Bestie" (DONATI 1992: 190) in PARSONS' System.

Zusammenfassend konstatiert DONATI vier hauptsächliche ungelöste Probleme in PARSONS' Systemtheorie:

1. Die Kriterien für die *Unterscheidung* zwischen den *analytischen und empirischen Komponenten* des Systems ist unklar.
2. Unklar ist weiters, wie man das Subjekt, die *sozialen Akteure*, in das Handlungssystem integrieren soll.
3. Nicht eindeutig ist weiters, was das *spezifisch „Soziale"* ausmacht. Einerseits differenziert es PARSONS deutlich von normativen Aspekten, andererseits soll es wieder das gesamte soziale System umfassen.

4. Eine weitere Frage lautet: Kann man das AGIL-Schema wirklich *auf alle Ebenen* soziologischer Analyse *anwenden* von der elementaren sozialen Interaktion zwischen zwei Menschen bis hin zum gesamtgesellschaftlichen System? Es sei nicht überraschend, so DONATI, daß sich die Soziologen nach PARSONS bald wieder in die zwei Lager der Handlungs- und der Systemtheoretiker gespalten haben, weil PARSONS eine Integration dieser beiden Aspekte nicht wirklich gelungen sei.

Das Hauptproblem dabei war, so DONATI, daß PARSONS nicht in der Lage war, die soziale Beziehung als solche theoretisch adäquat zu erfassen. Die Folge sei, daß das AGIL-Schema entweder zu rigid sei oder ein zu leeres Modell bleibe. Als Hauptaufgabe seines eigenen Ansatzes sieht DONATI daher, eine theoretische Grundlegung des Konzeptes der „sozialen Beziehung" als Basis der Soziologie zu leisten. Betrachten wir, inwieweit ihm dies gelingt.

b) Die relationale Soziologie

Als Ausgangspunkt konstatiert DONATI zunächst die Notwendigkeit einer *„relationalen Wende"* in der Soziologie. Er geht aus von der Beobachtung, daß sich das „Soziale" in der zeitgenössischen, postmodernen Gesellschaft zusehends zu verflüchtigen scheint (DONATI 1992: 11ff.) – indiziert durch Schlagwörter wie *Die neue Unübersichtlichkeit* (HABERMAS), das *Ende der Ideologie* usw.; der Kern dieser Probleme sei, daß die Gesellschaft heute über keine umfassende und allgemein anerkannte symbolische Repräsentation mehr verfüge. Zugleich findet P. DONATI im zeitgenössischen Denken in verschiedenen Disziplinen Ansätze zu einer „relationalen Wende"; die traditionell dominanten handlungs- und systemtheoretischen Paradigmen berücksichtigten die soziale Beziehung nicht ausreichend. Sie stellen entweder den (mehr oder weniger isolierten) individuellen Akteur, oder aber ein abstraktes „System" in den Mittelpunkt. Notwendig erscheint ihm hier eine radikale Wende zu einer Soziologie, die die soziale Beziehung zum Ausgangspunkt all ihrer Überlegungen macht.

Dies scheint zunächst eine durchaus plausible Ausgangsposition zu sein und einer häufigen Frustation beim Lesen mit soziologischer Literatur wie alltäglichen Beobachtungen zu entsprechen: Was wir im realen Leben sehen, was Menschen von klein auf prägt und bestimmt, sind nicht irgendwelchen abstrakten „Systeme" oder Strukturen, sondern ihr konkretes soziales Umfeld, das sich wiederum in den quasi „elementaren Einheiten" der direkten zwischenmenschlichen Beziehungen verkörpert. Dabei ist evident, daß wir uns bei alltäglichen Erfahrungen, Zuschreibungen usw. auch von gesellschaftlich vorgeprägten Bildern leiten lassen. DONATI führt als Beispiel zwei mit Kindern spazierengehende Erwachsene unterschiedlichen Geschlechts an, die wir als eine „Familie" interpretieren. Was ist eine Familie? Ein rein kulturell vorgegebenes Bild? Oder ein von ihren Mitgliedern nur idiosynkratisch definiertes System von Beziehungen, wie es die Thesen von der Auflösung der modernen Familie implizieren? Weder das eine noch das andere. Die Familie ist, meint DONATI (1992: 79) „eine Beziehung sui generis", die die Reziprozität zwischen den Geschlechtern sowie zwischen den Generationen entsprechend dem jeweiligen Kontext sicherstellen muß.

Was ist nun diese „*soziale Beziehung*" (*relazione sociale*), die als die Grundeinheit der Gesellschaft betrachtet werden soll? Hier werden von DONATI zunächst eine Reihe von klassischen Autoren daraufhin diskutiert, inwieweit der Begriff bei ihnen eine Rolle spielte. MARX habe erstmals klar herausgearbeitet, daß das zentrale Objekt der Sozialwissenschaften soziale Beziehungen sind; allerdings habe er nur die materialistische Seite der Beziehungen gesehen (vor allem im Kapital, das er richtig als Beziehung definiert habe). WEBER habe sich zwar um eine zentrale Position von „Beziehungen" im Rahmen seiner Theorie bemüht, er habe sich aber letztlich ein adäquates Verständnis von Beziehungen durch seine Konzentration auf das individuelle soziale Handeln verbaut (als Kronzeugen für diese WEBER-Kritik zitiert DONATI hier N. ELIAS 1971). Eine klare „relationale Wende" habe dagegen Georg SIMMEL vollzogen; dieser habe erstmals gesehen, daß die *Wechselwirkung* zwischen Menschen, die Essenz einer sozialen Beziehung, sich nicht aus den einzelnen Subjekten ableiten lasse. Das Problem bei SIMMEL ergebe sich jedoch aus seiner an sich genialen Idee, im *Geld* den Prototyp der verallgemeinerten sozialen Beziehung der modernen Gesellschaft zu sehen. Geld stellt aber nur eine neutrale, sachliche Beziehung zwischen Menschen her und repräsentiert damit nur eine vieler möglichen Formen von Beziehungen. Ganz allgemein bleibe bei SIMMEL der Begriff der „Beziehung" logisch-abstrakt; seine Theorie gleite letztlich ab in einen bloßen Formalismus.

Die soziale Beziehung als Grundeinheit soziologischer Analyse

Wie kann man die soziale Beziehung nun inhaltlich-soziologisch definieren? DONATI (1992: 25ff.) nennt zunächst eine Reihe von Merkmalen, die sie allgemein umschreiben:

- Der Begriff der „Beziehung" ist ein auf nichts anderes mehr zurückführbarer soziologischer Grundbegriff (*relatio* als Akt, in dem etwas von einem zu einem anderen gebracht wird);
- begrifflich-theoretisch ist der Begriff der „Beziehung" als *Medium* der (konkreten) Beziehung zu verstehen;
- die Beziehung kann je nach Blickwinkel unterschiedlich betrachtet werden, als logisch-intellektueller Verstehensakt, als Akt der Persönlichkeit, des sozialen Systems usw.;
- im Vergleich zu den Begriffen Struktur und Lebenswelt ist der Gehalt des Begriffs der sozialen Beziehung reicher; er enthält zumindest drei Elemente (die beiden involvierten Akteure und die Beziehung selbst), ist „unitas multiplex"; eine Beziehung ist ein emergentes Phänomen (nicht auf die Eigenschaften der Beteiligten zurückführbar);
- soziale Beziehungen können nach der Ebene unterschieden werden, auf der sie bestehen (auf der Ebene von Interaktionen, Organisationen, Gesellschaft);
- eine soziale Beziehung besitzt immer eine Dauer, und sie hat auch einen normativen Gehalt.

Eine systematische positive Bestimmung der sozialen Beziehung wird sodann in folgenden Schritten durchgeführt (DONATI 1992: 68ff.):

1. Die soziologische Theorie muß soziale Beziehungen als Realität *sui generis* betrachten, als eine auf nichts anderes reduzierbare Ebene. Diese These besitzt eine empirisch-erfahrungsmäßige Begründung: der Mensch braucht Beziehungen zum Überleben so dringend wie der Organismus Luft oder Nahrung; er braucht sie auch, um die Beziehung zu sich selbst zu definieren, um eine *Person* zu werden.
2. Worin besteht eine Beziehung? DONATI führt hier die Farben als Analogie an: diese sind nichts den Objekten oder den Lichtwellen Inhärentes, sondern man muß sagen: wir sehen mit Hilfe des Lichtes Farben, das Sehen der Farben ist ein Verhältnis zwischen zwei

Lichtintensitäten. Ähnlich ist das Soziale eine *Relationseigenschaft*, die sich auf das Verhältnis zwischen Beobachter und Beobachtetem bezieht; die Beobachtung ist in diesem Fall kein physikalischer, sondern ein kommunikativer und interpretativer Akt.
3. Beziehungen können nur erfaßt werden, wenn man die *Selbstbeobachtung* einschließt. Hier zitiert DONATI (1992: 70f.) Heinz von FOERSTER, für den ein wissenschaftlich-kritischer Standpunkt es notwendig macht, die ichbezogene Perspektive zu verlassen und einen „dritten" Vergleichsgesichtspunkt anzunehmen. So erfordere auch die relationale Optik in der Soziologie, sich auf eine unsichtbare, aber trotzdem reale dritte Ebene – eben jene des *tertium* der Beziehung als solcher – zu begeben.
4. Die Relationalität besteht nicht nur auf der Ebene des Sozialen, sondern auch in den Beziehungen zwischen unterschiedlichen Ebenen der Realität (der biologischen, wirtschaftlichen, politischen usw.). Die Beziehung ist nicht nur „Medium" (Objekt?), sondern ein Gesichtspunkt, unter dem jedes Objekt der Soziologie definiert werden muß. Soziale Fakten sind immer als soziale Beziehungen zu sehen.
5. Die konkrete empirische Analyse von Beziehungen hat gezeigt: die drei einzelnen Komponenten der Beziehung – der Effekt von Ego auf Alter, der Effekt von Alter auf Ego und der Interaktionseffekt – sind beobachtbar und meßbar. Dafür sind jedoch *Netzwerkmodelle* (modelli di rete) notwendig. Dabei können die Abgrenzungen zwischen Individuum und Kontext klar bestimmt werden, das Selbst geht nicht in der Beziehung auf.
6. Auf der epistemologischen Ebene folgt, daß die Beziehung als *soziale Primärform* in gewisser Weise die Gesellschaft überschreitet (eccede); Beziehungen sind nicht kontingent wie die Gesellschaft (die jeweils auch anders sein könnte); nur die Beziehung als solche ist notwendig. Die Gesellschaft wird aus dieser Sicht nicht unter Paradigmen wie Teil/Ganzes oder System/Umwelt, sondern als ein *Netz* verstanden. Beziehungen sind reichhaltiger, konkreter als Systeme.
7. Es ergibt sich hieraus auch eine andere *Praxisbeziehung*, wobei vor allem *Netzwerkinterventionen* in den Mittelpunkt treten.

DONATI (1992: 362ff.) illustriert den neuen Praxisbezug, den dieses Konzept ermöglicht, am Beispiel von chronisch Kranken. Deren Situation könne weder mit dem traditionellen medizin-therapeutischen Modell (Krankheit als Folge individueller organischer, psychosomatischer u.a. Störungen) noch mit dem systemtheoretischen Modell (Krankheit als Strategie, durch die Krankenrolle mit der eingeschränkten gesellschaftlichen Funktionalität zurechtzukommen bzw. damit bestimmte Strategien zu spielen und Ziele zu erreichen) zureichend erfaßt werden. Die relationale Sichtweise zeige, daß chronisch Kranke mit ihrer Krankheit oft „spielen", sie für unterschiedliche Zwecke einsetzen, wobei Bezugspersonen zentrale Bedeutung besitzen. Die vielen neuen systemischen Therapien riskieren, sich in einem Chaos zu verlieren, allenfalls Funktionen der Tröstung und Anpassung zu erfüllen (vgl. dazu auch Abschnitt 5.5c). Die relationale Perspektive führt, auf der Basis eines Konzeptes der „Reziprozität" aller Beziehungen, zu einer stärker dialogischen, reflexiven, das Subjekt fördernden Analyse und Intervention. Es wird auch auf die Eigenlogik und wechselseitige Verständigung zwischen den jeweils relevanten Normen des Therapeuten, des Patienten usw. geachtet und nicht alles nur auf „Systemnormalität" zurückgeführt.

Mir erscheinen diese Überlegungen durchaus plausibel und von empirischer und praktisch-politischer Relevanz. Bevor wir zu einer kurzen Würdigung des Beitrages von DONATI kommen, soll ein weiteres Konzept von ihnen näher besprochen werden.

Die Idee der „Gesellschaftsbürgerschaft" als Anwendung der relationalen Soziologie

In einer neueren umfangreichen Studie über *La Cittadinanza Societaria* hat sich Pierpaolo DONATI (1993) systematisch mit der Problematik des Verhältnisses zwischen Politik und Gesellschaft und insbesondere mit der Bedeutung der Staatsbürgerschaft in „postmodernen" Gesellschaften auseinandergesetzt. Ausgangspunkt seiner Studie sind Probleme, die heute von vielen Autoren diskutiert werden: das abnehmende Vertrauen der Bürger in das politische System und die politischen Eliten, die zunehmende „Unregierbarkeit" moderner Gesellschaften, die ungelöste Frage der Integration von Zuwanderern usw.[257]

---

[257] Es ist evident, daß alle diese Probleme in einem seit jeher häufig als „unregierbar" bezeichneten Land wie Italien von besonderer Aktualität sind. Daß sie gerade ein italienischer Soziologe zum zentralen Thema seiner Arbeit

Die Krise der Politik eröffnet, so DONATI, allerdings auch neue Chancen. Um diese wahrnehmen zu können, müsse man sich aber zuallererst von den bislang etablierten und dominierenden Vorstellungen trennen. Es war dies zum einen das liberale Staats- und Gesellschaftsmodell, das dem Staat nur eine „Nachtwächterfunktion" zuschreibt; zum anderen das sozialistische Modell des Wohlfahrtsstaats, das eine umfassende Vorsorge für alle von oben vorsieht.[258] Beide würden der Realität komplexer, moderner Gesellschaften nicht gerecht, in der es eine Vielzahl von intermediären Gemeinschaften, sozialen Vereinigungen und Assoziationen zwischen bzw. neben Markt und Staat gebe. Sie seien auch aus normativ-politischer Sicht unzureichend, da man einerseits die Bürger politisch nicht nur versorgen dürfe, sondern von ihnen auch aktive Beiträge zum Gedeihen der politischen Gemeinschaft erwarten müsse. Dabei müsse man auch der Vielzahl der intermediären Assoziationen wichtige Rollen zuweisen.

Die gegenüber der rein politisch definierten traditionellen Staatsbürgerschaft erweiterte Konzeption der *Gesellschaftsbürgerschaft* würde *einen Anspruch auf umfassendere Zugehörigkeit bedeuten, der nicht mehr nur zugeschrieben sei und eine Vielzahl an selbst gewählten Bindungen und Verpflichtungen beinhalten* (DONATI 1993: 33). Gesellschaftliche Bürgerschaft würde also einen deutlichen Bezug sowohl zur Vielfalt von sozialen Einheiten und Gruppen wie auch zu gestiegenen individuellen Wahlfreiheit, aber auch gesellschaftlichen Verantwortung beinhalten. Sie würde damit dazu beitragen, das Verhältnis Bürger-Gesellschaft-Staat auf eine ganz neue Ebene zu bringen, sicherzustellen, daß die derzeit stattfindende Übertragung von staatlicher Macht auf übernationale und lokale Einheiten nicht zu einem Vakuum führt. Die entscheidende „Leitdifferenz" in einer solchen Gesellschaft wäre nicht mehr jene zwischen öffentlich vs. privat,

---

macht, ist daher sicherlich kein Zufall. Ich sehe darin kein Problem, würde aber doch meinen, daß manche der kritischen Argumente DONATIs gegen die bestehenden Formen von Demokratie nur für Italien, aber nicht unbedingt für politisch besser funktionierende Demokratien zutreffen. Ähnliches gilt für die Idee der „Zivilgesellschaft", die nicht zufällig im späten „Realsozialismus" Osteuropas entstanden ist, also in Gesellschaften, deren Bürger mit ihrem bisherigen System völlig unzufrieden waren, die aber auch in der westlichen Marktwirtschaft und Demokratie kein Idealmodell sahen.

258 DONATI subsumiert diese beiden Modelle auch unter dem Begriff des „lib-lab-Modells".

sondern zwischen „Humangesellschaft" und „technischer Gesellschaft".[259]

Was bedeuten diese Ideen, wenn man versucht, sie konkret auf bestimmte Problembereiche anzuwenden? Zwei Beispiele seien hier genannt. Bezüglich der Problematik der *sozialen Gleichheit* ergibt sich, laut DONATI (1993: 35), daß diese nicht mehr nur im Verhältnis der Bürger zum Staat definiert wird, sondern als Form der Anerkennung und Einbeziehung aller relevanten sozialen Merkmale der Bürger, z.B. auch des Alters und des Geschlechtes. Ziel einer Gleichheitspolitik wäre es, die notwendigen Chancen und die volle Teilhabe einer/eines jeden je nach ihren/seinen Voraussetzungen zu sichern. Ein anderes Beispiel ist die Frage der Integration von *Ausländern*. Auch hier eröffne die Idee einer abgestuften gesellschaftlichen Bürgerschaft viel mehr Optionen und Möglichkeiten als die jetzige Konzeption der Staatsbürgerschaft.

c) Würdigung des Ansatzes von DONATI

Kommen wir zu einer kurzen Beurteilung dieses Ansatzes von Pierpaolo DONATI. Ich möchte hier zunächst zwei durchwegs positive, dann zwei kritische Aspekte anführen.

1. Zunächst ist festzuhalten, daß DONATI einige markanten Schwachstellen in PARSONS' allgemeiner Systemtheorie deutlich erkannt und aufgezeigt hat. Dies betrifft vor allem das Verschwinden des Akteurs und die damit zusammenhängende unzureichende Erfassung sozialer Beziehungen.
2. Grundsätzlich positiv und konstruktiv erscheint die Idee von DONATI, soziale Beziehungen in das Zentrum der soziologischen Analyse zu stellen. Die konkreten Beispiele für die Umsetzung dieser Idee im Bereiche der Forschung (erwähnt wurde hier kurz die Analyse der Krankenrolle) wie auch der politischen Theorie erscheinen originell und plausibel.

---

259 Diese Unterscheidung erinnert natürlich stark an die HABERMASsche Differenzierung System-Lebenswelt; im obigen Kontext wird HABERMAS von DONATI zwar nicht explizit zitiert; ansonsten hat DONATI jedoch zahlreiche Arbeiten von HABERMAS rezipiert.

Nicht ganz so überzeugend erscheinen mir die Überlegungen und Vorschläge von DONATI in zweierlei Hinsicht.

1. Aus der Kritik an PARSONS werden meiner Meinung zuwenig radikale Konsequenzen gezogen. Wenn DONATI das AGIL-Schema weiterhin als unentbehrlichen „Kompaß" für soziologische Theorie und Forschung bezeichnet, schreibt er ihm mehr Leistungsfähigkeit zu, als es tatsächlich besitzt. Bei genauerer Lektüre von DONATIs eigenen, interessanten und weiterführenden Ausführungen scheint das AGIL-Schema aber praktisch kaum eine bedeutende Rolle zu spielen.
2. Fraglich erscheint mir auch, ob das Konzept der sozialen Beziehung tatsächlich so weitreichend ist, daß es für sich allein als *die* neue Basis für die Soziologie bezeichnet werden kann. Konzentriert man sich allein auf den Begriff der „sozialen Beziehung" und seine formalen Komponenten (Ego, Alter, Wechselwirkung), so besteht die Gefahr neuer Einseitigkeiten. Zum ersten gilt auch hier WEBERs Argument, daß die Konzentration auf eine inhaltlich nicht spezifizierte Form von Beziehung[260] soziologisch nicht sehr weit führt. Notwendig wäre es, Konzepte und Hypothesen über ganz spezifische Formen von sozialen Beziehungen zu entwickeln. Ein zweites offenes Problem in DONATIs Soziologie der sozialen Beziehungen besteht darin, ob die wichtige Ebene der gesellschaftlichen Normen und Werte adäquat in die Analyse integriert werden kann. DONATI kritisiert selber an PARSONS völlig zu Recht, daß dieser die Ebene der Normen verabsolutiere und nicht klar zwischen Normen und faktischen Beziehungen unterscheide. Soziologisch erscheint es aber auch als problematisch, gesellschaftliche Werte, die über Individuen wie auch über Assoziationen stehen, nicht von vornherein *mit* als einen zentralen Aspekt der soziologischen Analyse zu betrachten, wie es in der *Zurechnungsproblematik* im Rahmen einer Soziologie als Wirklichkeitswissenschaft geschieht. Ein Hinweis auf diese Schwäche ist die Tatsache, daß DONATI bei den besprochenen Anwendungsbeispielen oft recht abstrakt bleibt, wie etwa bei der Frage der Gesellschaftsbürgerschaft der Ausländer.

---

260 Für Max WEBER ist z.B. auch der allgemeine Begriff der „Macht" ebenso wie jener der „Herrschaft" soziologisch zu amorph und daher unbrauchbar (WEBER 1964/I:38, 1964/II:692).

3.4 Resümee

Zwei Fragen sollen hier nochmals aufgegriffen und diskutiert werden: Welche Bedeutung kann der strukturell-funktionalen Systemtheorie aus heutiger Sicht zugeschrieben werden? Auf welche Aspekte von PARSONS' Version dieser Theorie sollte man eher verzichten, um die Systemtheorie als ein nützliches Instrument der Sozialwissenschaft betrachten zu können?

Wie ist die strukturell-funktionale Systemtheorie im allgemeinen, und PARSONS' Werk im besonderen, zu bewerten? So umfassend und anspruchsvoll dieser Ansatz, so beeindruckend das Oeuvre von PARSONS selber, gibt es doch wenige andere Autoren in der Soziologie, deren Werk so umstritten ist. Bedeutende zeitgenössische Autoren von C.W. MILLS (1959) und Alwin GOULDNER (1974) bis zu H. ESSER (1993) sind der Ansicht, PARSONS' „Theorie" sei im Grunde nichts anderes als ein aufgeblähter Begriffsapparat, der soziologisch triviale Erkenntnisse in eine für Laien wie Wissenschaftler schwer verdauliche sprachliche Form transponiert. Während viele Soziologen diese Fundamentalkritik vielleicht nicht teilen, sind doch auch sie von einer erheblichen Skepsis gekennzeichnet.[261] Auf der anderen Seite gibt es weiterhin enthusiastische Bewunderer von PARSONS, die in seinem Werk – wie PARSONS selber – die Krönung der Ansätze unserer Klassiker und die nicht zu umgehende Grundlage für alle zukünftige Theoriebildung in der Soziologie sehen, wie etwa Jeffrey ALEXANDER.[262] Dieser behauptet, daß eine starke Umstrittenheit für das Werk *aller* großen Autoren und Klassiker in der Soziologie gilt oder galt; die Kontroversen um PARSONS belegten daher eher, daß er

---

261 Insoferne würde ich MÜNCH (1982:11) nicht zustimmen, der meint, daß „über Gewicht und den Umfang von PARSONS' Beitrag zur Handlungstheorie unter Soziologen der unterschiedlichsten Richtung völlige Übereinstimmung besteht".

262 Man kann recht positive Würdigungen des Werkes von PARSONS auch in Lehrbüchern finden; so etwa bei MIKL-HORKE (1989:213), die resümierend schreibt, „mit Hilfe der PARSONSschen Theorie komme man zu alternativen Deutungen und Erklärungen gesellschaftlicher Strukturen und Prozesse, die nicht aus Gesellschaftstheorien früherer Zeiten hergeleitet werden, sondern ... auch zu Erklärungen führen, die der modernen Gesellschaft entsprechen. Diesen Anspruch bestätigt Jeffrey Alexander ....". Kurz vorher verweist diese Autorin (ebenda, S. 212) durchaus auch darauf, daß PARSONS' Werk „von Abstraktion und Formalismus geprägt" sei.

tatsächlich ein Klassiker sei. Dies ist nur teilweise zutreffend. DURKHEIM und seine Schule wurden zweifellos vielfach kritisiert und angefeindet. Der Grund dafür war aber wohl nur teilweise derselbe wie bei PARSONS, nämlich eine Unklarheit einiger grundlegender Begriffe und Konzepte. Das Konzept des *science collective* bietet in der Tat bis heute Angriffspunkte, einfach weil es nicht klar definiert ist und dazu führen kann, DURKHEIM als Kollektivisten zu bezeichnen. Ebenso bot und bietet Max WEBERs These über den inneren Zusammenhang zwischen dem Geist des Protestantismus und dem Aufstieg des Kapitalismus bis heute Stoff für hitzige Kontroversen (vgl. MARSHALL 1982; ROSE 1985).

Die Debatten um diese beiden Autoren unterscheidet jedoch eines deutlich von jenen um PARSONS: bei DURKHEIM und WEBER werden in erster Linie ganz spezifische, tatsächlich nicht klar definierte Begriffe oder konkrete einzelne Thesen[263] in Frage gestellt, nicht jedoch das Gesamtwerk. Ihre großen Einzelwerke, wie DURKHEIMs Studien über den Selbstmord und über das religiöse Leben (DURKHEIM 1973, 1981), oder WEBERs Studien über den Protestantismus und die anderen großen Weltreligionen (WEBER 1905, 1988a) stellen Meilensteine der Sozialwissenschaften dar, aus denen man noch heute inhaltliche Anregungen beziehen und lernen kann, wie eine kreative und systematische Verzahnung von Theorie, Methoden und empirischer Sozialforschung aussehen kann.

Ich möchte hier die These aufstellen, daß eine derartige *enge Verbindung zwischen Theorie und eigener empirischer Forschung* für alle großen, kreativen Wissenschaftler in den Natur- und Sozialwissenschaften charakteristisch ist. Ich habe bereits in Kapitel 2 auf Charles DARWIN, einen der größten Naturforscher aller Zeiten verwiesen; er hat mit unheimlicher Akribie die Planzen- und Tierwelt auf vier Kontinenten erhoben, klassifiziert und untersucht. Für die größten Sozialwissenschafter gilt dies nicht minder. Karl MARX' Werk ist voll von empirischen sozialhistorischen und zeitgenössischen sozialstatistischen und –ökonomischen Daten und Fakten; Sigmund FREUDs Werk

---

263 Wobei diese Thesen oft simplifizierend dargestellt werden, um dann umso leichter angegriffen werden zu können. Dies gilt vor allem für WEBERs Protestantismusthese, die fälschlicherweise immer wieder so interpretiert wird, als hätte WEBER einen *Kausalzusammenhang* zwischen religiöser Ethik und Aufstieg einer neuen Wirtschaftsform behauptet (vgl. dazu u.a. SCHLUCHTER 1988).

wäre unmöglich gewesen ohne seine Praxis als Therapeut, die ihm ein reiches Material von Fallgeschichten verschaffte. Wie fragwürdig die Art der von diesen erhobenen Daten und gezogenen Folgerungen aus heutiger Sicht auch sein mag, eines ist sicher: für sie waren die Daten nicht bloß eine „Illustration", ein Auffüllen eines „begrifflichen Schemas"; sie wollten damit ihre zentralen, *kausalen Thesen* über die Wirkungen ökonomischer Interessen und Verhältnisse, über psychische Prozesse *beweisen*. Dies gilt nicht minder für einen primär als Theoretiker zu bezeichnenden Physiker wie Albert EINSTEIN. Wie ich in Kapitel 6 zeigen werde, war auch für ihn die *empirische Bestätigung* der Theorie nicht bloß eine willkommene ergänzende Unterstützung, sondern geradezu ein *existentielles Bedürfnis*. Auf der anderen Seite gibt es eine Reihe von Beispielen einflußreicher Sozialwissenschaftler, die – ähnlich wie PARSONS – große Systeme geschaffen und umfangreiche Werke hinterlassen haben, deren Gesamtbeurteilung heute aber weit weniger positiv ausfällt als bei vielen ihrer Zeitgenossen. Beispiele dafür reichen von August COMTE und Herbert SPENCER im 19. bis zu Oswald SPENGLER und Othmar SPANN im 20. Jahrhundert.

Was Autoren dieses Typs mit PARSONS gemeinsam haben, ist die Intention ihrer Theorie: Wie oben herausgearbeitet, geht es PARSONS nicht in erster Linie um die Entdeckung wirklich neuer Probleme und Zusammenhänge, sondern primär um „Kodifikation", d.h. systematische, übersichtliche *Zusammenfassung des bestehenden Wissens*. Man könnte hier von einer *Lehrbuchsoziologie* sprechen: auch Lehrbüchern geht es in allererster Linie um eine möglichst übersichtliche Darstellung eines umfangreichen Stoffes. Da sie dabei einen gewissen Grad an Vollständigkeit der Behandlung aller wichtigen Themen aufweisen müssen, ist es unerläßlich, daß ein Autor bestimmte allgemeine Gesichtspunkte entwickelt, anhand derer er seinen Stoff gliedert und Prioritäten setzt. Diese müssen aber allgemein genug sein, um eine Einordnung und Darstellung sämtlicher Bereiche der sozialen Realität möglich zu machen.

Da es PARSONS in erster Linie um die *Kodifikation des bestehenden Wissens* geht, und nicht darum, neues Wissen, neue Zusammenhänge zu generieren, ist es richtig und auch verständlich, daß er stark an empirischen Befunden aller Art interessiert war, dagegen wenig an Kontroversen über deren theoretische Interpretation. Daß PARSONS' theoretisches Schema nur in begrenzter Weise zu wirklich *neuen* Fragestellungen und Erklärungen führt, zeigt sich auch in der Wirkungsgeschichte seines Werks. Auch hier kann man ein charakteristisches Muster erkennen, das sich von der Rezeption *theoretisch innovativer Sozialwissenschaftler* deutlich unterscheidet. Während die Konzepte und Thesen der letzteren Anlaß für zahlreiche andere Forscher sind, sich deren empirische Brauchbarkeit zunutze zu machen bzw. deren Gültigkeit durch eigene Folgestudien zu überprüfen,[264] gibt es nur sehr wenige PARSONS-Schüler, von denen man dasselbe sagen könnte.[265] Typisch für die Sozialwissenschaften nach PARSONS ist dagegen eine Polarisierung: einige wenige Autoren sind in seine Fußstapfen getreten und haben selber wieder umfassende Oeuvres vorgelegt; mit MÜNCH und DONATI habe ich zwei in diesem Kapitel kurz dargestellt; mit LUHMANN werden wir in Kapitel 5 noch ein weiteres Werk dieser Art diskutieren. Für diese Autoren aber gilt dasselbe wie für PARSONS: auch ihre Werke bleiben, trotz ihrer beeindruckenden Systematik und ihres Umfangs, in der *scientific community* umstritten. Auch ihr Werk leistet im Grunde nur Ähnliches wie PARSONS' Werk selber, nämlich eine Kodifikation des Wissens. Auch für sie ist empirische Forschung primär Illustration, Auffüllung von Konzepten, Herstellung von begrifflichen Beziehungen zwischen unterschiedlichen Bereichen der sozialen Realität, aber nicht Anleitung zu neuen Fragen, Problemen, Hypothesen. Auch sie haben selber kaum systematische empirische Forschung betrieben, obwohl sie in ihren Werken eine Vielzahl *bekannter* empirischer Fakten verarbeiten (und dies oft in einer leider nur recht oberflächlichen Weise).

Warum ist dies so? Aufgrund einer ganz einfachen Tatsache: wenn eine Theorie es wirklich ermöglicht, neue Probleme zu sehen, neue Fragen zu stellen oder neue Zusammenhänge zu vermuten, so wird ein Theoretiker auch selber stark daran interessiert sein zu prüfen, ob diese Anwendung seiner Theorie tatsächlich gegeben ist. Ist dies nicht

---

264 Bezüglich der zahllosen Folgestudien zu MARX, DARWIN und FREUD – Autoren, die für ihre Zeit völlig neue, zu den herrschenden Traditionen *in klarem Widerspruch* stehende Theorien entwickelten –, brauche ich hier nicht viele Worte zu verlieren. Aber auch zu den zentralen Thesen und Studien von DURKHEIM und WEBER gibt es eine Vielzahl empirischer Studien, die direkt an sie anknüpfen – egal, ob sie die Thesen der beiden bestätigen oder widerlegen wollen.

265 Zwei ältere Studien dieser Art stammen von DAHEIM (1967) und SMELSER (1972).

der Fall, so besteht ein solcher Anreiz in viel geringerem Grade; vor allem aber besteht kaum ein Anreiz für andere Forscher, die begrifflichen Schemata allein als Grundlage für empirische Studien zu nehmen.

Wie ist angesichts dieser Sachlage der Wert der strukturell-funktionalen Systemtheorie zu beurteilen? Lohnt es sich überhaupt, diesen Ansatz als ein wichtiges und fruchtbares Instrument der „normalen" Sozialwissenschaften und Sozialforschung (im Sinne von KUHN 1967) zu betrachten? Aus der hier (sicherlich nur sehr grob) skizzierten Wirkungsgeschichte der strukturell-funktionalen Systemtheorie könnte man ja auch die Folgerung ziehen, daß dieser *approach* offensichtlich ganz bestimmter, enzyklopädisch denkender Wissenschaftlerpersönlichkeiten bedarf, um in einer fruchtbaren Weise angewandt werden zu können.

Thomas SCHWINN kommt als Fazit einer Reihe sorgfältiger eigener Studien über PARSONS, MÜNCH und LUHMANN zum Schluß, der Systembegriff müsse überhaupt fallengelassen werden und man solle stattdessen mit einer Kombination von Handlungs- und Strukturtheorie arbeiten (SCHWINN 1996: 276; 1993). In der bereits mehrfach zitierten neuen Studie *Finding Philosophy in the Social Sciences* argumentiert der Wissenschaftstheoretiker Mario BUNGE (1996: 264ff.) dagegen, der systemtheoretische Ansatz[266] sei auch in den Sozialwissenschaften außerordentlich bedeutsam, ja unverzichtbar, weil er die einzige Alternative zu den gleicherweise unzureichenden individualistischen und kollektivistischen Ansätzen darstelle. In ihrer alltäglichen Arbeit, so BUNGE, verwendeten nahezu alle Sozialwissenschaftler implizit diesen Ansatz, wenngleich sie ihn explizit oft ablehnen, allerdings aus falschen Gründen.[267]

---

266 BUNGE verwendet die Begriffe „systemism" und „systemic approach", worunter er einen recht allgemeinen systemtheoretischen Ansatz versteht. Er grenzt diesen Begriff ab einerseits von der „systems theory" in der Mathematik, Statistik, Automatentheorie usw.; andererseits von den holistischen (soziologischen) Systemtheorien, worunter er auch PARSONS subsumiert (ohne sich allerdings lange mit ihm aufzuhalten).
267 Nur ein einziger Einwand gegen die Systemtheorie ist laut BUNGE (1996: 265) ernstzunehmen und zwar jener, daß er so allgemein und trivial gebraucht werden könne, daß er von einem „Holismus" nicht mehr unterscheidbar sei.

Mir scheint die These von der Nützlichkeit (vielleicht nicht unbedingt: Unverzichtbarkeit) des systemtheoretischen Begriffsapparates durchaus einleuchtend. Um dieses Begriffsschema wirklich fruchtbar anwenden zu können, muß man allerdings zunächst mögliche falsche Vorstellungen ausschließen. Typische Fehlverständnisse hier sind etwa die folgenden vier (BUNGE 1996: 265):

– Systeme stellen eine Art *„organischer Ganzheit"* dar; dies ist falsch, weil auch Atome und Unternehmen Systeme darstellen, jedoch nichts Organisches beinhalten;
– *Gesamtgesellschaften sind keine Systeme* (BUNGE zitiert hier M. MANN [1998] mit einem solchen Ausspruch); diese These ist falsch, weil sie übersieht, daß es unterschiedlich stark integrierte Systeme und Systeme auf unterschiedlichen Ebenen gibt; eine Gesamtgesellschaft kann als „Supersystem", als ein umfassendes System, das selber wieder aus vielen (in sich z.T. stärker integrierten) Teilsystemen besteht, verstanden werden;
– *der systemtheoretische Ansatz ist unfähig, Wandel und Konflikt zu erfassen*; dieser Vorwurf trifft nur auf falsche, zu enge Systemtheorien (wie jene von PARSONS) zu; eine adäquate Systemtheorie könne Wandel sehr gut erfassen;
– *die Systemtheorie kann sämtliche sozialen Fakten erklären*, empirische Forschung wird dadurch eigentlich überflüssig; diese These ist falsch, weil eine Systemtheorie nur ein begriffliches Rahmenschema (skeleton) darstellt, das stets durch inhaltliche empirische Hypothesen und Daten aufgefüllt werden muß, die das jeweils untersuchte konkrete System betreffen.

Wir sind hier also zurückverwiesen auf die grundlegende Unterscheidung zwischen den *zwei unterschiedlichen Typen von Theorien*, die in Kapitel 1 getroffen wurde: (1) spezifischen, auf bestimmte inhaltliche Zusammenhänge bezogenen, kausal orientierten Theorien; (2) allgemeinen theoretischen oder begrifflichen Schemata, die unsere Vorstellungen von der komplexen Realität ordnen und strukturieren helfen, diese aber nicht wirklich kausal erklären können. Solche Begriffsschemata können den Sozialwissenschaftler bei der Erforschung einer bestimmten inhaltlichen Fragestellung anleiten; sie können helfen, die Vielfalt der möglichen Beziehungen systematisch zu erfassen; und sie können Anstöße dazu geben, Hypothesen über mögliche Zusammenhänge zu entwickeln. Begriffliche Ordnungsschemata dieser

Art können also Anhaltspunkte für die Entwicklung konkreter Hypothesen und soziologischer *Tiefentheorien* liefern, wie ich sie nennen möchte (vgl. Kapitel 6).

Die Schwäche der strukturfunktionalistischen Systemtheorie von PARSONS und seinen Nachfolgern und die Ursache für die fortlaufenden Kontroversen um diese Theorien wird damit evident. Es ist dies die Tatsache, daß diese Autoren diese beiden Ebenen ständig verwechseln, daß sie glauben, die – vielfach durchaus nützliche – *begriffliche Ordnung* der Beziehungen zwischen verschiedenen Bereichen der sozialen Realität stelle auch schon eine *inhaltliche Erklärung* dar. Recht bemerkenswert ist, daß ein späterer PARSONS-Anhänger diese Problematik in einem seiner frühen Werke sehr klar erkannt hat. In *Theorie sozialer Systeme* hat Richard MÜNCH 1976 (noch) geschrieben:

„Die Vorgehensweise von Parsons hat zur Folge, daß die Untersuchung sozialer Zusammenhänge häufig auf begrifflichen und logischen Konstruktionen beruht, die in der Realität keine Entsprechung finden (1). Parsons' Theorie bezieht sich nach seinem eigenen Sprachgebrauch fast durchgehend auf analytische Systeme und nicht auf empirische Systeme.....

Aus dieser schematischen Einteilung gesellschaftlicher Phänomene ergibt sich die Tendenz, daß Untersuchungen auf die Erfindung von Begriffen zur Abdeckung der Differenzierungen und Unterdifferenzierungen und der notwendigen Medien der Kommunikation hinauslaufen, die in der Realität keine Entsprechung finden. Es werden insofern imaginäre Austauschprozesse zwischen Systemen analysiert, die gar nicht als ausdifferenzierte Systeme bestehen und mit Hilfe von generalisierten Kommunikationsmedien, die ebenfalls nicht als solche existieren." (MÜNCH 1976: 147-149)

Wie müßte eine allgemeine Systemtheorie aussehen, wenn man sie als ein *heuristisches Ordnungsschema* in diesem Sinne versteht? Ich möchte hier, ohne dies näher auszuführen, die Vorschäge von Mario BUNGE referieren; wir werden auf die Brauchbarkeit systemtheoretischer Konzepte jedoch in Kapitel 6 nochmals zurückkommen.

Zunächst ist klar, daß die Systemtheorie als ein begriffliches Ordnungsschema oder eine „*Supertheorie*" nur sehr allgemeine Aussagen philosophisch-wissenschaftstheoretischer Art machen kann – Aussagen, die im Grunde für alle Wissenschaften gelten; es ist ja auch ein Kennzeichen der Systemtheorie, daß sie in den Natur- und Sozialwissenschaften gleichermaßen anwendbar ist.[268] Objektbereich der Sy-

---

268 Die These von der Anwendbarkeit der Systemtheorie auf Natur- und Sozialwissenschaften verwischt den Unterschied zwischen den beiden nicht, da ich

stemtheorie ist die Gesamtheit aller möglichen Probleme der Welt, kognitiver wie praktischer Art; ihre Ziele sind Beschreibung, Verstehen, Vorhersage und Kontrolle der Realität. Die Nichtanwendung des systemtheoretischen Ansatzes hat laut BUNGE Übersehen von Problemen, inhaltliche Einseitigkeiten oder Analyse bedeutungsloser Probleme zur Folge; dagegen fördert der Systemansatz interdisziplinäres und multidisziplinäres Denken. So würde ein Soziologe eine wichtige Komponente der für ihn relevanten Systeme verfehlen, wenn er entweder die Bedürfnisse der einzelnen Menschen oder aber die Merkmale der Makrosysteme vernachlässigen würde, in denen diese leben. Realistische Modelle einer Ökonomie können nicht entwickelt werden, wenn neben den individuellen Komponenten des Systems und ihren Beziehungen zueinander nicht auch Umweltzwänge und die Wirkungen politischer und kultureller Rahmenbedingungen beachtet werden. Besonders evident scheint mir die These zu sein, daß die Systembetrachtung auch eine notwendige – wenngleich noch nicht hinreichende – Bedingung für erfolgreiche Politik ist: neue Gesetze werden nur erfolgreich sein, wenn man ihre Rückwirkungen auf die betroffenen Personen und auf die Umwelt berücksichtigt, also die biologisch-psychischen, kulturellen, ökonomischen und politischen Aspekte mitbedacht werden.

Der allgemeinste Grundsatz eines solchen Systemansatzes lautet:

„Jedes reale Phänomen ist entweder ein System oder eine Komponente eines Systems; jedes Konstrukt ist eine Komponente zumindest eines begrifflichen Systems; jedes Symbol ist eine Komponente zumindest eines symbolischen Systems; und jeder Forschungsbereich ist eine Komponente des Systems des menschlichen Wissens." BUNGE 1996: 266; übersetzt von mir, M.H.).

Man kann aus dieser allgemeinen Grundthese jeweils weitere allgemeine Thesen ableiten, die sich beziehen (1) auf die Art und Weise, wie die soziale Realität strukturiert ist; (2) auf die Frage, von welchen methodologischen Prinzipien sich Soziologie und Sozialforschung leiten lassen soll; und (3) auf das Problem, welche ethisch-moralischen Leitideen hinter dem Systemansatz stehen.

(mit BUNGE) ja die weitere These aufstelle, daß konkrete Wissenschaften noch zusätzliche inhaltliche Annahmen treffen müssen, um zu gehaltvollen kausalen Hypothesen und Theorien zu gelangen; so muß die Soziologie als Wirklichkeitswissenschaft insbesondere auch historische und kulturelle „Faktoren" einbeziehen (vgl. Kapitel 6).

Die drei Grundthesen bezüglich der *Sozialontologie des Systemansatzes* lauten nach BUNGE: (1) die Gesellschaft besteht aus sich wandelnden Subsystemen; (2) als System hat die Gesellschaft systemische oder globale („emergente") Eigenschaften, die nicht auf die Eigenschaften seiner individuellen Komponenten zurückführbar sind; (3) die Interaktion zwischen zwei Systemen erfolgt als Interaktion von zwei Individuen, die jeweils ihr System repräsentieren; die Mitglieder eines Systems können direkt aufeinander einwirken, wobei das Verhalten jedes Individuums sowohl durch seine individuellen Eigenschaften wie durch seine Position im System bestimmt wird. Jeder soziale Wandel ist ein Wandel auf der Ebene des Individuums und auf der des Systems.

Analog formuliert BUNGE (ebenda, S.268) drei Grundsätze der *Systemepistemologie* oder *–methodologie*: (1) Sozialwissenschaft ist das Studium von sozialen Systemen und ihrem Wandel; (2) soziale Fakten müssen durch Bezug auf die Eigenschaften von Individuen und Systemen zugleich erklärt werden; (3) sozialwissenschaftliche Hypothesen und Theorien müssen durch Daten auf der Systemebene (demographische, ökonomische, soziologische, politische und kulturelle Daten) und auf der individuellen Ebene erklärt werden (Prinzip der *Mehrebenenanalyse*).

Interessant sind schließlich auch die drei *moralisch-ethischen Grundprinzipien* des Systemansatzes, die BUNGE (ebenda) formuliert. Sie lauten: (1) obwohl alle Individuen einen Wert in sich haben können, sind jene Individuen höher zu bewerten, die nützliche Leistungen für andere erbringen; (2) die Erfahrung persönlichen (biopsychosozialen) Wohlbefindens und die Bereitschaft und Fähigkeit anderen zu helfen sind die zwei höchsten Güter; (3) die einzige legitime Funktion eines sozialen Systems ist es, das Wohlbefinden seiner Mitglieder oder anderer Systeme zu fördern, ohne dabei irgendjemanden an der Befriedigung seiner Grundbedürfnisse zu hindern.

Zwei wichtige Aspekte werden evident, wenn man den Systemansatz in diesem Sinne versteht. Zum ersten gilt, daß darin keinerlei fragwürdige ontologische Vorannahmen getroffen werden, etwa im Hinblick auf die „Priorität" des Individuums oder der Gesellschaft; diese werden stets beide *gleichzeitig* als relevant gesehen; die Interaktion zwischen ihnen zu erforschen, ergibt sich geradezu als zentrales Forschungsprogramm! Ebenso werden keinerlei problematischen inhaltlichen Vorannahmen getroffen im Hinblick auf die Art der Beziehungen zwischen verschiedenen Typen und Ebenen von Systemen, in bezug auf die Rolle von Normen und Werten usw. Ja, selbst die Frage der Strukturiertheit einer sozialen Einheit *als System* wird nicht von vornherein begrifflich-theoretisch präjudiziert, sondern ist jeweils – je nach Art der betrachteten Einheit – erst begrifflich-theoretisch zu präzisieren und empirisch zu untersuchen.

Ich möchte hier kurz ein Beispiel zur Verdeutlichung dieser allgemeinen Konzeption von „Systemtheorie" im Unterschied zu jener von PARSONS ansprechen. Das Beispiel ist die PARSONSsche Analyse der *Krankenrolle*. Auf der einen Seite kann man sagen, daß PARSONS' systemtheoretischer Bezugsrahmen ihn in der Tat auf die sehr originelle Idee gebracht hat, die gesamte Situation des „Krankseins" auf die in einer Gesellschaft vorherrschenden Erwerbs- und Leistungsnormen zu beziehen. Zugleich engte er aber mit der Begrenzung der Betrachtung auf diesen Aspekt *allein* seine Analyse gleich (und unnötigerweise) ein. Wichtige andere Aspekte des Verhaltens in bezug auf Gesundheit und Krankheit kommen damit nicht mehr in den Blick. Hier kann Pierpaolo DONATI (vgl. umfassend dazu DONATI 1989) mit seinem Ansatz ein viel breiteres Feld von Problemen aufzeigen, wie oben angedeutet wurde (Funktionen des Krankseins für das Individuum, die Rolle von Bezugspersonen und von Konflikten in Beruf, Familie und anderen privaten Kontexten als Auslöser von Krankheit, als Unterstützungsfaktoren im Heilungsprozeß usw.).

Aus der Sicht eines solchen verallgemeinerten Systembegriffes wird sehr klar, worin die unhaltbaren Prämissen der PARSONSschen strukturell-funktionalen Systemtheorie bestehen. Es sind dies die folgenden vier Aspekte, die zum Teil bereits in den Kritiken von MÜNCH und DONATI an PARSONS als ungelöste Fragen formuliert wurden:

1. Als Einheiten sozialer Systeme können nur Individuen betrachtet werden, aber nicht Normen, Kommunikationsmedien usw.
2. Verschiedene Systemebenen dürfen nicht „analytisch" gleichgesetzt, als analog behandelt werden. Das Individuum kann zwar auch, ebenso wie die Kultur, als System betrachtet werden; dabei handelt es sich jedoch um ein System völlig anderer Art.
3. Fragwürdig wird damit die Strategie von PARSONS und seinen Schülern, insbesondere MÜNCH, das AGIL-Schema auf qualitativ unterschiedliche Systemebenen gleichermaßen anzuwenden und es mehr oder weniger mechanisch von der größten bis zur kleinsten

oder innersten Einheit (letztlich unendlich oft!) „herunterzubrechen". Greifen wir das Beispiel der „Zielerreichung" aus den AGIL-Funktionen heraus: diese Funktion muß sicherlich auch ein Individuum (wenn man es als System betrachtet) erfüllen; dafür entwickelt es aber kein eigenes Subsystem (wie die Gesellschaft es mit der Wirtschaft tut); auf der Ebene der Kultur ist es überhaupt sinnlos, von „Zielerreichung" zu sprechen. Aus dieser Sicht wird es auch fraglich, ob das AGIL-Schema tatsächlich einen sehr nützlichen generellen „Kompaß" (DONATI) für die soziologische Analyse darstellt.

4. Aus all dem folgt, daß weder MÜNCHs Versuch, durch die Theorie der Interpenetration die Schwächen von PARSONS' Ansatz zu überwinden, wirklich weiterführt, noch DONATIs Versuch, ihn durch die Konzentration auf soziale Beziehungen „anzureichern". MÜNCH bleibt viel zu sehr dem theoretisch-epistemologisch zweideutigen Ansatz von PARSONS verhaftet (Vermischung unterschiedlicher Ebenen der Konzeptualisierung der sozialen Realität). DONATI erkennt zwar klar zentrale Schwächen der PARSONSschen Theorie und insistiert mit gutem Grund auf der Zentralität der „Beziehungen" als Objekt der Soziologie; er ist aber doch nicht in der Lage, eine wissenschaftstheoretisch und soziologisch befriedigende Alternative anzubieten.

Wir können zusammenfassend festhalten: die Systemtheorie kann in den Sozialwissenschaften durchaus eine bedeutende Rolle als ein allgemeiner, konkrete Fragestellungen strukturierender Bezugsrahmen spielen. Damit sie dies tut, sind jedoch zwei Voraussetzungen zu erfüllen: Die erste ist, daß sie in einer ganz einfachen, theoretisch „unspektakulären" Form formuliert werden muß: es sind konkrete Individuen, menschliche Akteure, die die Einheiten sozialer Systeme bilden; Akteure selber dürfen nicht auf „Handlungssysteme" reduziert werden. Bezüglich der Systeme selber, ihrer Zusammensetzung, Größe, Funktionen, usw. muß die Theorie weitgehend offen bleiben. Die zweite Voraussetzung ist, daß die systemtheoretischen Hypothesen in der konkreten sozialwissenschaftlichen Analyse stets ergänzt werden müssen durch zusätzliche, inhaltlich-kausal orientierte Begriffe und Hypothesen, die sich auf ganz spezifische Systeme beziehen und deren historischen und sozialen Kontext einbeziehen müssen.

4. Begriffliche Ordnungsschemata II. Rational Choice-Theorien

„Die Abstrahierung eines allgemeinen Modells der wissenschaftlichen Methode von jenen spezifischen Forschungsverfahren [der physikalischen Wissenschaften, M.H.] und der für dieses Modell oft erhobene Anspruch, es sei das ausschlaggebende Kriterium jeder genuin wissenschaftlichen Forschung, haben dazu geführt, daß weite Problemfelder auch der Sozialforschung, die sich für eine Untersuchung mit Hilfe dieser Methode nicht eignen, vernachlässigt oder sogar ganz aus dem Bereich systematischer Untersuchung ausgeschlossen werden. Um diese Art von Methode anwenden und um sich so vor den Augen der Welt als wissenschaftlich ausweisen zu können, werden Forscher häufig dazu verleitet, irrelevante Fragen zu stellen und andere von vielleicht größerer Relevanz unbeantwortet zu lassen. Sie werden verleitet, ihre Probleme so zuzuschneiden, daß sie zu ihrer Methode passen, anstatt Methoden zu entwickeln, die sich zur Lösung relevanter Probleme eignen." (ELIAS 1987: 35f.)

Besonders einflußreich wurde in den letzten Jahren der Strang der Rational Choice-Theorien (rationale Entscheidungs- oder Handlungstheorien; im folgenden abgekürzt RC-Theorie). Man kann geradezu sagen, daß er – neben der Systemtheorie von LUHMANN – der einzige ist, der heute in der Soziologie eine Art Hegemonieanspruch erhebt, nachdem Strukturfunktionalismus und Marxismus stark an Prestige verloren haben bzw. von der realen Entwicklung diskreditiert worden sind (vgl. auch MOZETIC 1998). Zusätzliche Unterstützung erhalten die Vertreter des Rational Choice-Ansatzes durch die Tatsache, daß diese Theorie auch in anderen sozialwissenschaftlichen Disziplinen, so insbesondere in der Volkswirtschaftslehre, seit jeher sehr bedeutsam ist und in letzter Zeit noch an Einfluß gewonnen hat.[269]

---

269 Als Vertreter verwandter Ansätze sind hier zu nennen insbesondere der amerikanische Ökonom Milton FRIEDMAN mit seiner politisch äußerst einflußreich gewordenen monetaristisch-marktliberalistischen Theorie, die zur weitgehenden Abwendung vom Keynesianismus geführt hat, sowie der Humankapitaltheoretiker Gary S. BECKER; beiden wurde der Nobelpreis für Wirtschaftswissenschaften verliehen. Daß der wirtschaftende Mensch sich (zweck-)

Die RC-Theorie ist jedoch kein einheitlicher, geschlossener Ansatz. Man kann ihre verschiedenen Varianten mit John GOLDTHORPE (1997) danach klassifizieren, ob sie

1. starke oder schwache Annahmen hinsichtlich der Rationalität des Handelns treffen;
2. eher die Rationalität der Situation oder die Rationalität von Verfahren betonen;
3. eine allgemeine oder eine spezifische Handlungstheorie beinhalten.

Ein Beispiel für einen Vertreter mit starken inhaltlichen Annahmen ist der amerikanische Ökonom und Nobelpreisträger Gary S. BECKER (1976), der mit seiner ökonomischen Theorie alles menschliche Verhalten, auch nichtökonomisches, erklären zu können beansprucht; im Abschnitt 4.4 soll eine seiner diesbezüglichen Theorien besprochen werden. Eher im Zentrum des dreidimensionalen Raumes, den man anhand der oben genannten Dimensionen bilden kann, stehen der französische Soziologe Raymond BOUDON (1980, 1996) und der niederländische Soziologe Siegwart LINDENBERG (1990). Den letzteren kann man mit dem deutschen Ökonomen Bruno S. FREY (1992) und dem amerikanischen Sozialwissenschaftler (und Nobelpreisträger) Herbert SIMON (1982) auch als Vertreter einer *verhaltenswissenschaftlich orientierten Ökonomie* betrachten, die diese Disziplin als eine allgemeine Sozialwissenschaft versteht. Noch stärker verhaltenswissenschaftlich orientiert ist der schon seit längerem durch eigenständige Beiträge hervorgetretene deutsche Soziologe Karl R. OPP (1979); OPP steht damit in der Nähe der in Kapitel 2 besprochenen naturalistischen Verhaltenstheorien. Sie können als Hauptvertreter des sogenannten RREEMM-Modells angesehen werden (Näheres dazu im folgenden).

Ich werde hier vor allem zwei Autoren besprechen, die in jüngerer Zeit durch umfassende Arbeiten im Rahmen des RC-Ansatzes hervorgetreten sind: den deutschen Soziologen Hartmut ESSER (1991, 1993) und den viel zu früh verstorbenen, bedeutenden amerikanischen Soziologen James S. COLEMAN (1990).[270] ESSER kann als führender Ver-

---

„rational" verhält, ist wohl eine Grundannahme der Ökonomie überhaupt (zum Begriff vgl. STREISSLER/STREISSLER 1986: 17).

270 James COLEMAN lehrte auch mehrfach am Institut für Höhere Studien in Wien und war lange Zeit Mitglied des wissenschaftlichen Beirates dieses In-

treter des RC-Ansatzes im deutschen Sprachraum betrachtet werden, während COLEMAN in manchen Aspekten eine typisch amerikanische, vertragstheoretisch fundierte Variante der RC-Theorie entwickelt hat.

4.1 Darstellung, Würdigung und Kritik der Grundannahmen der RC-Theorie (das RREEMM-Modell)

Die Grundintention der RC-Theorie („Theorie der rationalen Wahl"), die eine starke Nähe zu Theorien der kognitiven Psychologie und der neoklassischen Ökonomie aufweist, liegt darin, eine kausal erklärende, möglichst einfache, gleichwohl genügend komplexe Theorie des sozialen Verhaltens zu entwickeln. Die Hervorhebung dieser Grundsätze ist gerade in der Soziologie sehr wichtig, da diese seit jeher charakterisiert ist durch ein unvermitteltes Nebeneinander von sehr allgemeinen, umfassenden Theorien auf der einen Seite (wobei diese Theorien, wie bereits einleitend festgestellt, selber miteinander oft in Widerspruch stehen), und einer Vielzahl „spezieller Soziologien" mit einer immer stärker anschwellenden Menge empirischer Detailstudien und -befunde auf der anderen Seite, deren inhaltliche Integration aber oft zu wünschen übrig läßt.

Ausgangspunkt der RC-Theorie ist die Annahme, daß soziales Verhalten durch nomologische, raum-zeitlich allgemeingültige Gesetze von der Art Wenn-Dann zu erklären ist (im Sinne eines statistischen Nachweises von zeitlich spezifizierten Ursache-Wirkungs-Zusammenhängen). Das Grundprinzip ist, von einigen wenigen, plausiblen und klar ausformulierten Grundannahmen über menschliches Verhalten bzw. Handeln auszugehen und auf diesen aufbauend ein lo-

---

stituts. Er hatte damit auch einen direkten Einfluß auf die österreichische Soziologie. Vielleicht bestand auch von seiten COLEMANS eher eine gewisse Affinität zu der immer stark empirisch orientierten österreichischen Soziologie (soweit man von einer solchen sprechen kann), als zu der bei ihren führenden Vertretern doch sehr spekulativen deutschen Soziologie (HABERMAS, LUHMANN). So wäre es auch kein Zufall, daß COLEMAN in der Bundesrepublik Deutschland m.W. Kontakte vor allem zum österreichisch-deutschen Soziologen Henrik KREUTZ in Erlangen-Nürnberg pflegte und in dessen Zeitschrift „Angewandte Soziologie" publizierte.

gisch konsistentes und inhaltlich möglichst „sparsames" System theoretischer Aussagen abzuleiten. Dieses System – man kann hier auch von einem *Modell* der sozialen Realität sprechen – ist explizit nicht darauf angelegt, die Wirklichkeit möglichst „naturgetreu" abzubilden; es sollen vielmehr ganz bestimmte Aspekte pointiert herausgegriffen werden. Ein weitergehender Anspruch zumindest einiger Vertreter dieses Ansatzes (so insbesondere von H. ESSER) liegt darin, daß dieses Ziel verknüpft wird mit dem Anspruch, auch den Aspekt der Sinnhaftigkeit des sozialen Handelns systematisch einzubeziehen. Insofern scheint dieser Ansatz durchaus einer soziologischen Erklärung i.e.S. zu entsprechen, wie ich sie in Kapitel 6 verstehe.

Im folgenden werden zunächst die Grundannahmen der RC-Theorie dargestellt; sodann wird gezeigt, daß die RC-Theorie – zumindest in der von ESSER u.a. vertretenen Version – explizit auf psychologischen Annahmen beruht und nicht zu einer wirklichen soziologischen Handlungs-Typisierung gelangt; abschließend wird dargelegt, daß der Wert der RC-Theorie wissenschaftslogisch angemessen und durchaus auch positiv gewürdigt werden kann, wenn man sie als systematisierendes Theorieschema im eingangs dargelegten Sinne interpretiert.

a) *Grundannahmen der soziologischen Rational Choice-Theorie*[271]

Grundlage für jede Erklärung sozialen Verhaltens ist nach der RC-Theorie das individuelle Verhalten; auch kollektive Phänomene müssen letztlich daraus abgeleitet werden. Die RC-Theoretiker sind also explizite Vertreter der Position des *methodologischen Individualismus*, wie er vor allem mit dem Namen von Karl R. POPPER verbunden wird. Das Problem der Erklärung sozialer Phänomene stellt sich für die RC-Theorie in drei Schritten bzw. auf drei Ebenen:

---

[271] Unter Rational Choice-Theorien subsumiere ich hier in erster Linie die soziologischen Varianten, wie sie von ESSER, COLEMAN und anderen vertreten werden. Bei einer Einbeziehung von RC-Theorien in anderen Disziplinen (insbesondere in der Ökonomie) müßte man manche Argumente sicherlich etwas modifizieren. Die grundlegende Einschätzung würde sich meiner Meinung nach damit aber nicht ändern. Eine gute Darstellung des Ursprungs der Rational Choice-Theorie in der englischen Philosophie (T. HOBBES) und ihrer Anwendung in der klassischen Nationalökonomie (A. SMITH, D. RICARDO) gibt D. REICHER (1998).

1. auf der Ebene der *Logik der Situation*, in der sich Handelnde befinden;
2. auf der Ebene der *Logik der Selektion*, d.h., der Frage, welche Möglichkeiten ein Handelnder tatsächlich auswählt;
3. auf der Ebene der *Logik der Aggregation*, d.h. der Notwendigkeit der Ableitung struktureller gesellschaftlicher Phänomene aus dem Handeln der Individuen.

An den „*handlungstheoretischen Kern*" der Theorie werden die folgenden Forderungen gestellt (ESSER 1991: 50f.): er sollte möglichst wenige, von Informationen über einzelne Individuen unabhängige Parameter erfordern; er sollte in unkomplizierter Weise die Formulierung von *Brückenhypothesen* (dies sind Zusatzhypothesen, die die jeweiligen speziellen Umstände und Bedingungen eines Handelns mit der allgemeinen Handlungstheorie verbinden) sowie die Einbeziehung von Zusatzhypothesen ermöglichen; die Parameter der Handlungstheorie sollten präzise benannt, eine explizite Beziehung zum Handeln als der „abhängigen Variable" aufweisen und empirisch gut bestätigt sein.

In der bisherigen Sozialwissenschaft gab es vor allem zwei solcher Modelle, die scheinbar große Erklärungskraft mit begrifflich-theoretischer Sparsamkeit verbanden. Das eine war das Modell des *homo oeconomicus*, der sich im Handeln vom individuellen Nutzen leiten läßt, stabile und geordnete Präferenzen und mehr oder weniger vollständige Information über die Mittel, Umweltbedingungen und Realisierungschancen seiner Handlungen bzw. Handlungsziele besitzt. Das andere war das Modell des *homo sociologicus*, das annimmt, der Mensch folge in seinem Handeln vor allem sozialen Normen, Regeln und Rollenverpflichtungen.[272] Beide Modelle sind unzureichend und werden durch ein umfassenderes Modell des handelnden Akteurs, ersetzt das RREEMM-Modell (LINDENBERG 1985; ESSER 1993: 237ff.).

---

272 ESSER (1993: 232) und LINDENBERG (1985) unterscheiden drei Subvarianten dieses Modells: das Modell des rollenkonformen Individuums (wie es vor allem PARSONS vertrat); das OSAM-Modell der empirischen „Variablensoziologie", das annimmt, das Handeln folge vor allem aus Einstellungen und sozialen Merkmalen der Untersuchten; und das Modell der interpretativen (oder symbolisch-interaktionistischen) Soziologie („homo symbolicus"): Handeln wird hier gesehen als Resultat einer jeweils spezifischen Situationsdefinition durch die Individuen.

Dieses Modell postuliert fünf grundlegende Eigenschaften des menschlichen Akteurs: er besitzt bestimmte Ressourcen (*Resourceful*), ist in seinen Möglichkeiten eingeschränkt (*Restricted*), er erwartet bestimmte Ergebnisse oder Gratifikationen aufgrund bestimmter Handlungen (*Expecting*), er bewertet diese verschiedenen Ergebnisse (*Evaluating*) und er versucht sein Handeln so zu maximieren, daß er mit gegebenen Ressourcen den größtmöglichen Nutzen für sich erreicht (*Maximizing*). Man kann den Vertretern dieses Ansatzes sicherlich zugestehen, daß ein solches Modell des Akteurs sehr umfassend ist und vor allem die Einseitigkeiten des rein ökonomischen oder rein normativ-soziologischen Modells überwindet. Es besagt, daß der Mensch in seinem Handeln immer bestimmte Ziele zu verwirklichen sucht, daß sein Handeln immer deutlichen Restriktionen unterliegt (zu diesen können auch soziale Normen und Institutionen gehören), daß er nicht immer über vollständige Informationen für seine Entscheidungen verfügt usw.

Die spezielle Theorie, die die „Logik der Selektion" am besten spezifiziert, ist die *Wert-Erwartungs-Theorie* (auch SEU-Subjective Expected Utility-Theorie). Diese besagt, daß Menschen aus den verfügbaren Handlungsalternativen jene wählen, die angesichts der situativen Umstände die Erreichung bestimmter Ziele am ehesten versprechen. Das SEU- bzw. RREEMM-Modell des Handelns ist nach Ansicht von ESSER dem Modell des *homo sociologicus* überlegen, weil es nicht annimmt, daß Handeln völlig von Normen festgelegt sei bzw. als reine Folge der Umwelt oder Sozialisation zu verstehen ist; es sei auch dem Modell des *homo oeconomicus* überlegen, das einen Spezialfall des RREEMM-Modells darstelle, weil es von sicheren Erwartungen und stabilen Bewertungen ausgehe.

Ich möchte in bezug auf diesen Ansatz die folgenden vier Thesen aufstellen und belegen:

1. Die Rational Choice-Theorie ist *keine genuin soziologische Theorie*, wie ich sie hier verstehe, sondern „erklärt" soziale Phänomen im Grunde psychologisch. Sie stellt in dieser Hinsicht – entgegen ihren behaupteten Intentionen (vgl. ESSER 1991: 2) – keine substantielle Neuerung gegenüber älteren Versionen des „methodologischen Individualismus" dar, die noch auf stark vereinfachenden behavioristischen bzw. rationalistischen Verhaltensannahmen (wie in der neoklassischen Ökonomie) beruhten. Entgegen ihrer Intenti-

on, soziales Handeln zu *verstehen*, wird es durch sie doch wieder in „Variablen" zerlegt; eine wirkliche soziologische „Typisierung" sozialen Handelns und institutioneller Bedingungen leistet sie nicht.

2. Berechtigung und Nützlichkeit kann man dieser Theorie zusprechen, wenn man sie als ein *begriffliches Ordnungsschema* versteht, das dem Sozialwissenschaftler hilft, die zur Erklärung eines Phänomens notwendigen Variablen systematisch zu ordnen und zu berücksichtigen. Dies äußert sich sehr deutlich in der Inhaltsleere ihre Grundbegriffe (Ressourcen und Beschränkungen, Erwartungen, Ziele und Werte usw.). Als ein solches Ordnungsschema kann sie aber weder „bestätigt" noch „widerlegt" werden, sondern allenfalls mehr oder weniger zweckmäßig sein.

3. Aus dem Vorherigen folgt logisch, daß die Rational Choice *keine wirklich kausalen Erklärungen* liefern kann. Dies ist nicht zuletzt deshalb der Fall, weil sie die soziologische Struktur der „Makroebene" mißinterpretiert. Dabei macht sie zwei Fehler: zum einen erkennt sie nicht, daß auch auf dieser Ebene „Akteure" im strengen Sinn des Wortes eine entscheidende Rolle spielen. Zum anderen erzeugt sie eine begriffliche Verwirrung, wenn sie „kollektive Phänomene" als ihr Erklärungsobjekt bezeichnet. Die Phänomene, die sie darunter versteht (wie Heiratsraten usw.) stellen jedoch reine Aggregatphänomene dar und sind als solche prinzipiell durch keine einzelne Theorie „erklärbar". Völlig übersehen werden von der RC-Theorie jedoch jene makrosozialen Phänomene, die tatsächlich das zentrale Objekt soziologischer Konzeptualisierung und Erklärung sind, nämlich die inhaltliche Struktur, der „Sinn" sozialer Normen und Institutionen. Diese Einwände sollen auch hier anhand einer Diskussion zweier ausgewählter inhaltlicher Themen näher ausgeführt und illustriert werden, der Erklärung ethnischer Differenzierung und der Interpretation des Aufstiegs der modernen juristischen Körperschaften und Großorganisationen.

b) Die Fundierung der meisten Rational Choice-Theorien auf psychologischen Annahmen und ihre Unfähigkeit zu einer wirklichen Überwindung der „Variablensoziologie"

Betrachten wir zunächst einige Belege dafür, daß das RREEMM-Modell letztlich auf psychologische Erklärungen rekurriert, aus Schriften von ESSER:

„Die [allgemeine Handlungs-] Theorie selbst soll – sowohl als ‚psychologische' Theorie wie in ihrer ‚soziologischen' Verwendung – gut bestätigt sein..." (ESSER 1991: 51);

„... die Wert-Erwartungs-Theorie [der Kern der Rational Choice-Theorie! vgl. Text oben] ... entstammt einer Reihe von Konvergenzen aus einer jahrzehntelangen psychologischen Forschung..." (S. 53);

„Und die Theorie kann als gut bestätigt gelten (...; vgl. z.B. die bereits bei ATKINSON 1975[273] zusammengefaßten Resultate empirischer Überprüfungen des ‚psychologischen' Teils der Theorie") (S. 59f.);

„Wichtig ist, daß ... Modifikationen im Prinzip im Rahmen der ursprünglichen Theorie behandelt werden und ... daß man sich ... an Resultaten und Entwicklungen in den mit den entsprechenden Problemen speziell befaßten Disziplinen orientiert. Dies ist im diskutierten Zusammenhang vor allem die kognitive Psychologie ... „ (ESSER 1991: 74)

Die Tendenz der RC-Theoretiker, letztlich auf psychologische Annahmen und Erklärungen zu rekurrieren[274], zeigt sich im übrigen auch in der (neoklassischen mainstream-) Ökonomie, die ja durchwegs von einem individualistischen Menschen- und Gesellschaftsbild geprägt ist.[275]

---

273 Das hier zitierte Werk von John W. ATKINSON (Einführung in die Motivationsforschung, Stuttgart 1975) ist als genuin psychologische bzw. sozialpsychologische Arbeit zu bezeichnen.

274 Nicht alle soziologischen RC-Theoretiker begründen ihre Theorie so explizit auf psychologischen Annahmen wie ESSER. Dies gilt insbesondere für den Ansatz von J. COLEMAN, der im folgenden dargestellt wird, aber auch für S. LINDENBERG und andere Soziologen, die stärker kognitiv ausgerichtete, der neoklassischen Ökonomie nahestehende, Ansätze entwickelt haben.

275 Dazu nur zwei Beispiele. In der umfassenden Studie von R. STURN, die sich in sehr komplexer Weise mit der Begründung des individualistischen Ansatzes in der Ökonomie befaßt, kommen im Stichwortverzeichnis 14 Begriffsverbindungen mit „Psycho-" vor, aber nur eine mit „Soziologie". In der Einleitung zur ökonomischen Studie über „Altruismus" von D. COLLARD (1981: Xiff.) werden nur die Sozialpsychologie und Psychologie aber nicht die Soziologie als relevante benachbarte Disziplinen erwähnt. Im Lehrbuch von SAMUELSON (1981: 30) wird die Soziologie gemeinsam mit der Psychologie,

Meine zweite These ist komplementär zur ersten; sie besagt, daß die Rational Choice-Theorie keine wirkliche soziologische Typisierung von sozialem Handeln, sozialen Situationen und Institutionen leisten kann, sondern letztlich immer wieder darauf hinausläuft, Handlungsprozesse in determinierende unabhängige und abhängige „Variablen" zu zerlegen. Auch die RC-Theorie muß daher als „*Variablensoziologie*" bezeichnet werden kann, was immer dies sein mag (vgl. dazu auch ESSER 1991: 49):

„Nun sind aber Soziologen .... nicht an den Einzelheiten des Problemlösungsverhaltens selbst interessiert, sondern an der Erklärung des Verhaltens in Abhängigkeit von bestimmten ‚sozialen Bedingungen'..." (S. 42);
„Die *Parameter* der Handlungstheorie sollen möglichst *präzise* benannt sein und es muß eine *explizite funktionale Beziehung* zwischen den Parametern und der ‚abhängigen Variablen' – der zu erklärenden ‚Handlung' – angegeben werden" (ESSER 1991: 51; hervorgehoben im Orig.).

Daß die RC-Theorie mit einer Konzeption der Soziologie als Wirklichkeitswissenschaft nicht vereinbar ist, ergibt sich auch daraus, daß die Typisierung von Strategien sozialen Handelns, gesellschaftlichen Situationen und Institutionen – das zentrale Moment jeder soziologischen Analyse – in ihrem Rahmen gar nicht als Problem gesehen wird, sondern eher dem Bereich der „*Brückenhypothesen*" bzw. der *empirischen Deskription* zugeordnet wird. Dazu ein paar Belege (Hervorhebungen in den Zitaten von mir):

„Die Grundüberlegung bei der Aufspaltung der Erklärung soziologischer Phänomene (...) beginnt damit, daß zunächst die ‚Logik der Situation' der Akteure untersucht wird... Dies setzt die Abgrenzung eines ‚Interaktions-Systems' von (...) Akteuren einer Umwelt ... voraus. Von ganz zentraler Bedeutung ist bei dieser Rekonstruktion die *genaue, detaillierte und ‚vollständige' Deskription der historisch-institutionellen Besonderheiten* des jeweiligen Interaktionssystems." (ESSER 1991: 46)
„Der dritte Schritt betrifft die ‚Logik der Aggregation' auf der Grundlage der ... Handlungs-Selektionen der Akteure im betrachteten Interdependenzsystem. Bei dieser ‚Transformation' individueller Selektionen (...) in ‚kollektive Effekte' spielen wiederum *deskriptive Elemente eine überragende Rolle* (z.B. die Kenntnis der ‚Geltung' von Regeln und Konventionen etwa über ein Wahlsystem...)" (ebenda, S. 47)

In diesen Passagen wird sehr deutlich, daß die Strategie der RC-Theorie der Strategie der Bildung von Idealtypen bei WEBER und SCHÜTZ völlig konträr läuft; letztere betonen ja ausdrücklich, bei der Bildung

---

immerhin als Nachbardisziplin der Ökonomie erwähnt. STREISSLER und STREISSLER (1986: 7) bezeichnen die Ökonomie explizit als Sozialwissenschaft.

von Idealtypen müsse der Soziologe ganz bewußt *selektiv* vorgehen und es sei völlig verfehlt, eine mehr oder weniger vollständige, detailgenaue „Abbildung" der Wirklichkeit anzustreben.[276] Man könnte natürlich einwenden, daß auch die soziologisch erweiterte Konstruktion des rational handelnden Menschen einen Idealtypus darstellt (vgl. in diesem Sinne auch WEBER). Für soziologische Typenbildung im Sinne von WEBER ist aber wesentlich, daß die Idealtypen des sozialen Handelns von Anfang an eine Berücksichtigung der jeweiligen Handlungskontexte beinhalten sollen. Ja, es gibt wichtige Idealtypen, die sich sogar ausschließlich auf solche (institutionellen) Kontexte beziehen. Einer der berühmtesten davon ist WEBERs Bürokratiebegriff. Ein anderes Beispiel sind die vergleichenden Analysen von Alexis de TOCQUEVILLE, die zeigen, daß gerade die Kenntnis und Typisierung von *Wahlsystemen* eine wesentliche soziologisch-theoretische Leistung darstellt, und viel mehr beinhaltet als bloß genaue Deskription (vgl. Kapitel 6).

c) *Die Rational Choice-Theorie als nützliches begriffliches Ordnungsschema, das jedoch kein wirkliches „Verstehen" beinhaltet*

Meine dritte These besagt, daß Leistungsfähigkeit und Grenzen der RC-Theorie erst dann deutlich werden, wenn man sie nicht als eine inhaltliche soziologische Theorie interpretiert, sondern als *ein die Vielfalt der realen sozialen Welt strukturierendes und systematisierendes Ordnungsschema*. Dieser Anspruch wird von ihren Vertretern selber erhoben und man kann ihnen dabei durchaus recht geben:

„Bemerkenswert bei dieser Konzeption [der Zentralität der Annahme, daß sich alltägliches Handeln von subjective expected utilities leiten läßt] ist, daß sie ganz

---

276 Diese meine These wird auch nicht widerlegt durch folgenden Satz von ESSER (1991: 56) im obigen Kontext: „Allerdings wird für die Zwecke der weiteren Analyse in aller Regel eine typisierende Abstraktion und Modellierung der Logik der Situation unvermeidlich sein." Denn durch seine weiteren Ausführungen wird klar, daß er dabei eher an induktiv-deskriptive bzw. formalisierende Typisierungen denkt; so verweist er auf Spieltheorie und Netzwerkanalyse als Hilfsmittel, aber an keiner Stelle auf historisch-kulturelles „Kontextwissen", das in der verstehenden Soziologie eine zentrale Rolle spielt.

offenkundig auf sehr verschiedenen Ebenen ‚anschlußfähig' und ‚offen' ist: Sie integriert die Erklärungsmuster, wie sie in einer Reihe von Nachbardisziplinen ... üblich sind (wie z.B. in der Ökonomie, in den Geschichtswissenschaften und in der {Sozial-}Psychologie. Und sie ist in der Lage, einige keineswegs unbegründete Anmahnungen der diversen soziologischen ‚Paradigmen' systematisch aufzugreifen und als Vertiefung bzw. Spezialfall des allgemeinen Modells zu konzipieren (...)." (ESSER 1991: 4)

Man kann ESSER darin durchaus zustimmen, daß die „Anschlußfähigkeit" der soziologischen Theorie an benachbarte sozialwissenschaftliche Disziplinen prinzipiell wünschenswert ist. Offenkundig ist aber, daß die Form des Anschlusses, wie sie die RC Theorie vorschlägt, im Grunde auf eine eindeutige Abkehr vom Programm einer soziologischen Theorie sui generis hinausläuft, wie es de TOCQUEVILLE, DURKHEIM, WEBER, ELIAS und andere entwickelt haben (vgl. dazu Kapitel 6).

Die These, daß die RC-Theorie nur ein begriffliches Ordnungsschema zur Systematisierung der empirischen Realität bzw. zur Klassifikation beobachteter Phänomene darstellt, wird eindeutig bestätigt, wenn man die in der „RREEMM"-Formel enthaltenen Grundbegriffe näher betrachtet. Alle fünf darin benannten „Faktoren" oder „Dimensionen" sind rein formaler Natur. Sie sind zwar inhaltlich „auffüllbar", treffen aber selber keinerlei Aussage weder über die Bedeutung, die sie haben, noch über die Effekte, die sie ausüben. Für alle ist vielmehr charakteristisch – und dies stellt nach den Vertretern der RC-Theorie ja auch ihre Stärke dar! – daß sie rein abstrakt-allgemeiner Natur sind: dies betrifft die Ressourcen von Menschen, die von physischen, materiellen usw. bis hin zu symbolischen Ressourcen (z.B. „Humankapital") gehen können, ebenso wie die Erwartungen, die Restriktionen der Umwelt und die Selektion des Handelns nach der Regel der „Maximierung". „*Maximierung*" soll heißen, daß ein Mensch in der Regel jene Handlungsoption wählen wird, die eine maximale Befriedigung seiner Bedürfnisse oder Ziele in Aussicht stellt. Die Nähe zum ökonomischen Konzept des „Nutzens" ist bei diesem Begriff unverkennbar, und auf ihn trifft daher auch die Legion von Einwänden zu, die gegen das Nutzenkonzept erhoben wurden.[277] Unhaltbar ist auch die These, daß es „eine präzise Funktion zwischen den Parametern der

---

[277] PREISENDÖRFER (1985: 71) kommt in einer ausführlichen Diskussion zu folgendem Schluß: „Das nutzentheoretische Modell allein ist wenig hilfreich. Die ‚bloße' Nutzentheorie ist weder informativ, noch empirisch testbar, noch besonders interessant."

Theorie und der zu erklärenden Handlung" gebe (ESSER 1991: 60). Die von ESSER (1984) in diesem Zusammenhang als Beispiel genannten „Modellierungen von Interviewsituationen" mögen zwar formal genauere Darstellungen sein als verbale Beschreibungen, sie enthalten jedoch keineswegs theoretisch abgeleitete, nach Richtung und Quantität eindeutig spezifizierte und empirisch abgesicherte Relationen.

Daß es sich bei diesen Konzepten um rein *formale Hülsen* handelt, die erst nach einer inhaltlichen Auffüllung durch konkrete inhaltliche Begriffe, Hypothesen und Theoreme den Status einer soziologischen Theorie erreichen würden[278], zeigt auch die Tatsache, daß die als empirische Bestätigungen der Theorie genannten „Beispiele"[279] keine empirische Fundierung aufweisen, sondern lediglich *Formalisierungen der verbalen Überlegungen* bzw. *modelltheoretische Überlegungen* darstellen.

Als unbegründet ist daher auch das vehement vorgetragene Argument anzusehen, die Rational Choice-Theorie sei mit der „verstehenden Soziologie" im Sinne von WEBER und Alfred SCHÜTZ (1960) vereinbar. So meint ESSER (1991: 57ff.) etwa, auch die RC-Theorie könne annehmen, daß sich das Handeln von Individuen an stabilen und typisierten Situationen orientiere, und daß Individuen sich nur im Grenzfall – etwa bei vollkommener Information, in neuen Situationen usw. – „maximierend" und „kalkulierend" im Sinne der Zweckrationalität verhalten. Der Alltagsmensch sei in der Tat durch eine begrenzte Rationalität („bounded rationality" im Sinne von Herbert SIMON) gekennzeichnet, und er müsse sich immer nur schrittweise und dann nur zwischen wenigen, deutlich erkennbaren Alternativen entscheiden. Auch im Falle des Abweichens des Handelns von Routinen gelte:

„Je geringer der Nutzen aus der neuen Alternative verglichen mit dem aus der Routinehandlung; je höher die zusätzlichen Kosten der Informationsbeschaffung und die Entscheidungsfindung; und je geringer die Wahrscheinlichkeit, eine solche ‚bessere' Alternative zu finden, umso größer ist die Wahrscheinlichkeit, daß alles beim alten bleibt." (ESSER 1991: 67f.)

---

278 Genau in diesem Sinne auch die Kritik von G. MOZETIC (1998: 158f.).
279 Vgl. das „Beispiel" auf S. 55 (ESSER 1991), in dem – unter einer Reihe vereinfachender Annahmen – unterschiedliche subjektive Evaluationen von Handlungspräferenzen eines Befragten im Interview dargestellt werden.

ESSER übersieht hier nicht nur die grundsätzlichen (meiner Meinung nach letztlich unlösbaren) Probleme in der empirischen Einlösung von Variablen wie jener des „*Nutzens*" bestimmter Handlungen für das Individuum, sondern verkennt auch die ganz andere Erkenntnisabsicht einer verstehend-typisierenden Soziologie. Diese liegt nicht in der Erklärung des individuellen Verhaltens isoliert gedachter Individuen (oder der aggregierten Effekte dieses Verhaltens, wie sie sich in Scheidungsraten usw. zeigen), sondern im Aufweis systematischer Beziehungen zwischen typischen sozialen Situationen und ihnen entsprechenden typischen menschlichen Verhaltensweisen oder –strategien (vgl. auch SRUBAR 1992).

Um es nochmals zu wiederholen: einer wirklichkeitssoziologischen Perspektive geht es nicht darum, vom Individuum und dessen partikularen Situationswahrnehmungen, Werten usw. ausgehend mathematisch-statistische Wahrscheinlichkeitskalküle dafür zu entwickeln, inwieweit sich Handeln von Nutzenüberlegungen, Werten oder Emotionen leiten läßt. Es geht vielmehr darum, *die Interaktion, das „Zusammenpassen" von Werten, Situationen und individuellen Handlungsstrategien zu erfassen und zu typisieren*. Als soziologisch in dem von mir gemeinten Sinn kann eine Analyse erst dann bezeichnet werden, wenn sie charakteristische und typische Strategien der ethnischen oder nationalen Gemeinschaftsbildung, unterschiedliche kulturell-institutionell verankerte Muster der Partnerbeziehung und Ehe und die diesen jeweils entsprechenden individuellen Handlungsmuster, die damit typischerweise verbundenen Emotionen usw., herausarbeitet.

Es mag daher richtig sein, daß Rational Choice und verstehende Soziologie insofern übereinstimmen, daß sich beide auf das Handeln von individuellen Akteuren beziehen (ESSER 1991: 76). Irreführend ist es jedoch, wenn ESSER meint (ebenda), beide Ansätze seien dem „methodologischen Individualismus" in dem Sinne verpflichtet, daß „kollektive" oder „aggregierte" Begrifflichkeiten allenfalls eine „Kurzschrift" darstellten, die das Verständnis individuellen Verhaltens oft eher verstellen als zu ihrer Erklärung beizutragen. Für „kollektive" Phänomene, wie sie ESSER als Hauptobjekt soziologischer Erklärungen ansieht – Geburten- oder Scheidungsraten und deren Veränderungen über die Zeit usw. – gilt dies in der Tat. Das Objekt einer erklärenden und verstehenden Soziologie sind jedoch ganz andere Arten „kollektiver Phänomene": nämlich objektiv existente, gesellschaftlich und kulturell geschaffene und typisierte Wissenssysteme, Interessen,

Normen und Institutionen usw. und die ihnen entsprechenden typischen Handlungsmuster der Menschen in bestimmten Gesellschaften und Kulturen oder in besonderen gesellschaftlichen Subgruppen und sozialen Kontexten (vgl. dazu auch POPPER 1973). Phänomene dieser Art können in keiner Weise aus dem Verhalten vieler einzelner Individuen „abgeleitet" werden, sondern verlangen eine direkte Betrachtung und eine spezifische Form von Analyse.

4.2 Die Erklärung ethnischer Differenzierung im Rational Choice-Ansatz von Hartmut ESSER

Die soeben dargestellten allgemeinen Argumente in bezug auf Reichweite und Grenzen des Rational Choice-Ansatzes sollen nun anhand einer von ESSER selber mehrfach behandelten inhaltlichen Fragestellung illustriert werden, nämlich der ethnischen Gemeinschaftsbildung und Mobilisierung.[280]

a) Ethnische Gemeinschaftsbildung als quasi-natürliche, primordiale Form der Gemeinschaftsbildung. Der Rückfall in eine unvollständige funktionalistische Erklärung

In seinem Beitrag mit dem programmatischen Titel „Ethnische Differenzierung und moderne Gesellschaft" geht ESSER (1988) aus von einem scheinbaren Widerspruch zwischen der „klassischen" Theorie der Modernisierung und der Lebendigkeit ethnischer Gemeinschaftsbildung in der modernen Welt. Hätte man aufgrund der Theorie der Modernisierung ein allmähliches Verschwinden dieser vormodernen, askriptiven Formen von Gemeinschaftsbildung erwartet, gewinnen separatistische Bewegungen, Regionalbewegungen, aber auch askriptiv fundierte soziale Bewegungen wie der Kampf der schwarzen Bürgerrechtler in den USA oder die Frauenbewegung immer stärker an Aktualität.

---

280 ESSER hat auch andere, damit verwandte Themenstellungen selber empirisch untersucht, so etwa die Problematik der Migration.

Modernisierung wird von ESSER definiert als *zunehmende funktionale Differenzierung* im Doppelsinn einer zunehmenden Arbeitsteilung, Urbanisierung, Bildung usw. einerseits, einer steigenden Formalisierung, Rationalisierung und Generalisierung sozialer Beziehungen und Positionszuweisungen andererseits. *Ethnische Differenzierung* wird als „*Vergemeinschaftung*" bezeichnet, beruhend auf „gemeinsamen subjektiven Überzeugungen von Personen, der gleichen Abstammung zu sein und sich diesbezüglich und bezüglich anderer Merkmale qualitativ von anderen Personen zu unterscheiden" (S. 236). Diese Merkmale können höchst unterschiedlicher Art sein (Blutsverwandtschaft, Rasse, Sprache, Religion, gemeinsames politisches Schicksal, Habitus usw.). ESSER betont sodann, – und ich stimme ihm hierin zu, - „daß ethnische Gemeinschaften nach *besonderen Anlässen* jeweils *kreierte* und *definierte* Gruppierungen sind, also ihre Ausbildung als *eine Reaktion auf besondere Erfahrungen, Zielsetzungen und erlebte Regelhaftigkeiten* zu sehen ist" (S. 237; Hervorhebungen im Original). Die Merkmale der ethnischen Gemeinschaftsbildung und Mobilisierung – „Selbstgenügsamkeit, Partikularismus, interne und externe Grenzziehungen, nicht-markterzeugte Ungleichheit, eng vernetzte Vergemeinschaftungen, monopolistische Schließungen" – aber widersprechen dem allgemeinen Trend der gesellschaftlichen Entwicklung, wie er von der Theorie der Modernisierung postuliert wird. Ethnische Differenzierung und Gemeinschaftsbildung werde von „traditionellen Klassikern" wie Karl MARX, Max WEBER und von den strukturfunktionalistischen Theoretikern eher als traditionelles „Relikt, Residuum oder Störfaktor" im Prozeß der Modernisierung gesehen (S. 237).[281]

ESSER skizziert sodann eine alternative Erklärung. Zunächst betont er nochmals, daß ethnische Vergemeinschaftung die Existenz sozialer Beziehungen bedeute, die „auf subjektiv gefühlter Zusammengehörigkeit der Beteiligten" (WEBER) beruhten und zum Ausdruck kommen in „Interaktionsnetzwerken, Hilfeleistungsbeziehungen, Heiratsregeln und Definitionen von Zusammengehörigkeit und personaler Identität in einem solchen Verband" (S. 239). Der wichtigste Anlaß

---

281 Die Belege, die ESSER für WEBER angibt, wirken allerdings nicht überzeugend. So meint er, bei WEBER eine „deutliche Prognose" dahingehend gefunden zu haben, daß sich die Grundlagen für ethnische Vergemeinschaftungen abschwächen werden. Dafür gibt er aber u.a. ein Zitat aus WEBERS „Wirtschaft und Gesellschaft" an, in dem dieser nur von einem „inneren Zersetzungsprozeß des Hauskommunismus" spricht.

zur Bildung solcher Vergemeinschaftungsformen sei die mit der Modernisierung einhergehende „allgemeine Mobilisierung":

„Migrationen, Kolonisationen, Sozialstrukturänderungen und Ent-Standardisierung von Rollendefinitionen und biographischen Schemata führen sämtlich zu einer nachhaltigen De-Stabilisierung von Routinen, Selbstverständlichkeiten und Selbstverständnissen... Die in der abgeschiedenen Selbstgenügsamkeit feudaler Segmentation, wie auch die in räumlicher Segregation (...) oder sozialer Definition (...) stabilisierten Routinen geben ... keinen Anlaß zu einer die Segmentation ... übergreifenden Vergemeinschaftung. Erst mit dem Verlassen des Dorfes, der Auflösung der Isolation der Parzellenbauern, dem Ausbruch aus dem Ghetto, der Migration in urbanisierte Verhältnisse ... entsteht ein neuer Problemlösungsbedarf, für den die alten Rezepte nicht mehr wirksam sind. Eine Lösung (...) ist die Re-Segmentation in der ‚ethnischen Schicksalsgemeinschaft'. Wenn und insoweit (durchaus zufälligerweise) Personen mit ähnlichen Merkmalen (z.B. Sprache, Kleidung, regionale Herkunft, externe Stigmatisierung u.a.) sich so wiederfinden, ist die Neuaufnahme von sozialen Beziehungen auf derartigen askriptiven Grundlagen die durchaus ‚rationale' Reaktion." (ESSER 1988: 240)

Hier liegt offenkundig ein vertrautes Erklärungsmuster vor: mit dem Untergang der alten, einfachen, überschaubaren „Gemeinschafts-" Welt bekommen die entwurzelten Menschen zusehends Probleme der Orientierung und sozialen Vernetzung und ergreifen – gewissermaßen als „rettenden Strohhalm" – neue Möglichkeiten zu gemeinschaftlicher Verankerung. Eine vereinfachte Darstellung dieses Modells wird in *Übersicht 4.1* gegeben.

So häufig diese Denkfigur von Evolutionstheoretikern aller Art vertreten wurde und so plausibel sie auf den ersten Blick auch scheinen mag – als soziologische Erklärung scheint sie mir doch denkbar schwach zu sein. Der einzige klar erkennbare „Erklärungsfaktor" wäre demnach ein diffuses Unbehagen, ein Gefühl des Entwurzeltseins, das Bedürfnis nach Nähe und Anschluß an andere Menschen, das zur Herausbildung ethnischer Gemeinschaftsbeziehungen führt. Empfindungen dieser Art mögen vielleicht eine gewisse Rolle spielen, so insbesondere bei kollektiven Wanderungsprozessen über weite Distanzen, wo sich immer wieder zeigt, daß der Pflege verwandtschaftlicher und „landsmannschaflicher" Netzwerke große Bedeutung zukommt (zusammenfassend dazu HECKMANN 1992: 96ff.). Überhaupt nicht erklärt werden können damit die folgenden, von ESSER angesprochenen, auch meiner Meinung nach sehr wichtigen *neuen Formen ethnischer Mobilisierung*:

"Die ethnischen revivals (z.B. in den USA seit den 60er Jahren), die regionalistischen und separatistischen Bewegungen in Belgien, Spanien, Großbritannien, Kanada, USA u.a., die (mindestens teilweise) neu entstandenen ethnischen Kolonien in den westeuropäischen Industrieländern als Folge der Arbeitsmigrationen in den 60er und 70er Jahren, die Konflikte zwischen Zentrum und Peripherie in den neuen Nationalstaaten der Dritten Welt, ebenso wie die (teilweise religiös und nationalistisch fokussierten) Konflikte zwischen der Ersten (bzw. Zweiten) und Dritten Welt, aber auch die immer sichtbarer werdenden Bewegungen auf der Grundlage aller möglichen anderer askriptiver ‚Marken' und Grenzziehungen (...), die Frauenbewegung, Graue Panther, Neuer Regionalismus u.a. lassen sich als Vergemeinschaftungen, Schichtungen oder Mobilisierungen unterscheiden." (ESSER 1988: 239)

Übersicht 4.1: Das Rational Choice-Modell ethnischer Gemeinschaftsbildung und Mobilisierung im Zuge der gesellschaftlichen Modernisierung von H. ESSER (1988)

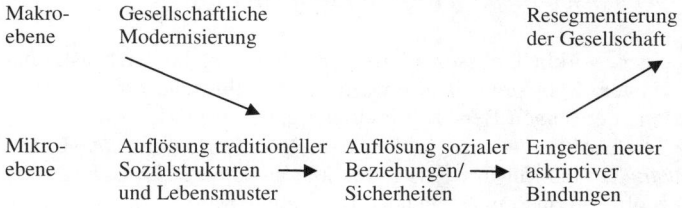

Makroebene	Gesellschaftliche Modernisierung		Resegmentierung der Gesellschaft
Mikroebene	Auflösung traditioneller Sozialstrukturen und Lebensmuster →	Auflösung sozialer Beziehungen/ Sicherheiten →	Eingehen neuer askriptiver Bindungen

Von nahezu keiner dieser Bewegungen läßt sich behaupten, daß sie aus dem Bedürfnis *einzelner Menschen* (nur von diesen will die Rational Choice Erklärung sozialen Verhaltens ja ausgehen) nach Zugehörigkeit und Orientierung erklärt werden können. Was sie dagegen praktisch alle[282] gemeinsam haben, ist ein eminent *politisches Element*. Dieses Element übersieht ESSER nahezu völlig und dieses Manko läßt ihn auch die Zufälligkeit der „ethnischen markers" betonen, was jedoch inhaltlich völlig unbefriedigend ist.

---

282 Als Ausnahme könnte man hier die neuen „ethnischen Kolonien" in Westeuropa nennen, die sich im Zuge der Süd-Nord Gastarbeiterwanderungen in den 60er und 70er Jahren mehr oder weniger spontan vor allem in verschiedenen Großstädten (etwa Berlin, Paris u.a.) gebildet haben. Aber auch diese „Kolonien" werden nur überdauern, wenn sie sich kulturell und politisch „organisieren", etwa durch Errichtung von Kirchen bzw. Moscheen, Einrichtung von Schulen usw. Dies ist zum Teil bereits im Gange.

Geht man dagegen von der Zentralität der *politischen Dimension* in der ethnischen Gemeinschaftsbildung aus, stellen sich sofort zwei selbst wieder eng miteinander zusammenhängenden Fragen:

1. Warum knüpft die ethnische Gemeinschaftsbildung gerade an dieses eine oder an diese wenigen Merkmale an und nicht an andere?
2. Was bezwecken die Beteiligten mit dem Prozeß der kollektiven Mobilisierung?

Versuchen wir – quasi in einem Vorgriff auf Kapitel 6 – eine befriedigendere soziologische Perspektive zu entwickeln.

b) *Eine wirklichkeitssoziologische Perspektive ethnischer Gemeinschaftsbildung und Mobilisierung*

Aus einer „wirklichkeitssoziologischen" Sicht ergeben sich ganz andere Fragen. Man stellt dann etwa fest, daß ethnische Mobilisierung im Sinne der obigen Beispiele in aller Regel eine *Folge wirtschaftlicher, soziokultureller oder politischer Benachteiligung oder Unterdrückung* ist; daß für ihre Auslösung klar angebbare „*kritische Ereignisse*" oft von ausschlaggebender Bedeutung waren; daß *Eliten und Persönlichkeiten* eine zentrale Rolle für die Mobilisierung der Angehörigen der ethnischen Gruppe und für ihren Erfolg spielen.[283] Eine solche Perspektive betont also viel stärker all jene Elemente, die z.T. gerade die Rational Choice-Theorie zu erfassen prätendiert, nämlich die *inhaltlichen Zielsetzungen* und die *spezifischen Formen der kollektiven Organisation der jeweiligen Gemeinschaftsbildungen*. Eine „ethnische Gruppe", die sich auf der Basis der gemeinsamen Sprache als solche organisiert, wird dies dann tun, wenn diese Sprache bedroht wird[284]; eine ethnische Gruppe, die sich nach religiösen Kriterien defi-

---

283 Einige Elemente einer derartigen Theorie ethnisch-nationaler Mobilisierung habe ich in mehreren Aufsätzen entwickelt und auf das Beispiel der Entstehung der neuen Nationen in Osteuropa sowie die Frage der Europäischen Integration angewandt; vgl. HALLER 1992a; 1993a; 1994a; 1996a; HALLER/ RICHTER 1994.

284 Genau dies war der Fall in Südtirol, wo der italienische Faschismus den Gebrauch der deutschen Sprache radikal ausmerzen wollte, damit aber nur den Widerstandsgeist der Bevölkerung und ihrer Eliten (insbesondere der religiösen) weckte. Noch heute erfolgt die politisch-staatsrechtliche (und damit für

niert, wird dieses Merkmal als zentral herausstellen und ein anderes Verhältnis zur Mehrheit haben, als eine „Sprachminderheit".[285] Die Bildung einer ethnischen Gruppe kann auch auf politische Unterdrükkung, Freiheitskämpfe und andere kriegerische Erfahrungen zurückgehen oder mehrere dieser Elemente zugleich umfassen – ein Fall, der zu besonders langwierigen und blutigen Auseinandersetzungen führen kann.[286] Alle diese für eine soziologische Erklärung hochbedeutsamen Unterschiede werden in der These von ESSER ausgeblendet.

Eine solche Perspektive entspricht der WEBERschen Sicht von ethnischer Mobilisierung viel eher als die ihm von ESSER zugeschriebene. So betont Max WEBER immer wieder die Zentralität des *politischen Elements* in der ethnischen Gemeinschaftsbildung:

„Eindeutig wird der ‚Stamm' nach außen natürlich da begrenzt, wo er Unterabteilung eines politischen Gemeinwesens ist. Aber dann ist diese Abgrenzung auch meist künstlich von *der politischen Gemeinschaft her geschaffen...*

Dieser Sachverhalt: daß das ‚Stammesbewußtsein' der Regel nach primär durch *politisch gemeinsame Schicksale* und nicht primär durch ‚Abstammung' bedingt ist, dürfte ... eine sehr häufige Quelle ‚ethnischen' Zusammengehörigkeitsglaubens sein...

Das *potentielle Aufflammen des Willens zum politischen Handeln* ist demnach nicht die einzige, aber eine derjenigen Realitäten, welche hinter dem im übrigen inhaltlich vieldeutigen Begriff von ‚Stamm' und ‚Volk' letztlich steckt..." (WEBER 1964: 311f.; Hervorhebungen von mir, M.H.)

Ein Modell für die Erklärung ethnischer Bewußtseins- und Gemeinschaftsbildung, das auf einem *wirklichkeitssoziologischen Ansatz* im Sinne von WEBER beruht, wird dargestellt in *Übersicht 4.2*. Im Vorgriff auf Kapitel 6 werden hier zunächst drei Ebenen der Wirklichkeit nach K.R. POPPER unterschieden: die Ebene der objektiven geistigen Ideen, Werte, Normen und Institutionen (Welt 1); die Welt der sub-

---

die Bevölkerung relevante) Definition der „ethnischen Gruppen" in Südtirol eindeutig nach Sprachgrenzen und sonst gar nichts (die deutschen, italienischen und ladinischsprachigen Südtiroler).

285 Letzteres war offenkundig bis zu einem erheblichen Grad der Fall in Irland. Man sieht, daß die Feindschaft zwischen Mehrheit und einer religiös definierten Minderheit viel langwieriger und blutiger sein kann als im Falle eines „bloßen" Sprachkonflikts wie in Südtirol.

286 Offenkundig war dies im Falle des Konfliktes zwischen Serben und Kroaten, die trotz gleicher Sprache unterschieden sind durch religiöse Zugehörigkeit und – was besonders explosiv wirkte – eine tiefgehende historische Feindseligkeit, die auf Ausschreitungen während der nationalsozialistischen Besetzung und im 2. Weltkrieg zurückzuführen war.

jektiven Bewußtseinszustände (Welt 2); die physikalische und biosoziale Welt (Welt 3). Die erste These im Rahmen dieses Ansatzes lautet, daß jede dieser drei Ebenen[287] Gesetzmäßigkeiten eigener Art gehorcht, die nicht auf jene einer anderen Ebene reduziert werden dürfen. Die zweite Annahme dieses Ansatzes lautet, daß kausale Effekte nur von einer Ebene auf die nächste erfolgen können, also nur von der Welt der Ideen auf jene des Bewußtseins und von dieser auf die biosoziale Welt (und umgekehrt, aber nicht von der biologischen (oder physikalischen) Welt direkt auf die Welt der Ideen (oder umgekehrt).

Abbildung 4.2: Ein wirklichkeitssoziologisches Modell ethnischer Gemeinschaftsbildung und Mobilisierung im Zuge der Modernisierung

Realitätsebene	Sklavenhaltergesellschaft	Umbruch, Mobilisierung	Post-Sklavengesellschaft
Welt 3 (Ideen)	Rassismus; Sklaverei	Befreiungsideologien; Ideologie der Menschenrechte	Durchsetzung der Menschenrechte; Apartheid-System
Welt 2 (Soziales Bewußtsein)	Herrenbewußtsein bei Weißen; Fatalismus bei Schwarzen	Systemkritik der Intellektuellen; Aufgeklärtes Verhalten einzelner Weißer; Sklavenrebellionen; Kollektive Mobilisierung	Anerkennung der formalen Gleichstellung; Persistenz von sozialer Abwertung und Vorurteilen
Welt 1 (biosoziale und physikalische Welt)	Faktische Beziehungen und Kooperation Herren-Sklaven	Wirtschaftlich-technischer Fortschritt; Massenflucht und Verelendung der Schwarzen	Berufliche, räumliche und soziale Segregation

Welt 3: Welt der objektiv bestehenden Ideen, Werte und Institutionen
Welt 2: Welt der subjektiven Bewußtseinszustände
Welt 1: Physikalisch-technische, biologische und biosoziale Welt

Die Hauptfrage im Rahmen eines solchen Ansatzes lautet also nicht (nur), wie man von der Makroebene sozialer Strukturen und Prozesse auf die Mikroebene des Handelns einzelner Individuen schließen kann, sondern ist einerseits komplexer, andererseits aber auch logisch-analytisch besser erfaßbar. Die Frage lautet, wie sich eine *Korrespondenz* her-

---

[287] Aus Gründen der Einfachheit unterscheide ich hier nur 3 Ebenen; in Kapitel 6 werden noch genauere Unterscheidungen getroffen.

stellt zwischen Prozessen (1) im Bereich der Entwicklung von Ideen, Werten und Normen, (2) im Bereich des menschlichen Denkens und bewußten und zielgerichteten Handelns, und (3) dem Bereich „natürlicher", biologischer (und physikalischer) Gesetze, denen auch der Mensch unterworfen ist.

Ein grundlegender Wandel der Stellung einer ethnischen Gruppe – in *Abbildung 4.2* wird als exemplarischer Fall jener der Schwarzen in den Vereinigten Staaten und in Südafrika betrachtet – erfordert zunächst einen Wandel der entsprechenden Ideen, Werte, Normen und Institutionen. So war die der Unterdrückung der Schwarzen (in den USA bis in das Zweite Drittel des 19. Jahrhunderts hinein) zugrundeliegende Ideologie jene des *Rassismus*, die ihr entsprechende Institution die der *Sklaverei*. Dieser Ideologie von *Sklavenhaltergesellschaften* korrespondierte auf der Ebene des Bewußtseins der einzelnen Gesellschaftsangehörigen ein *Herrenbewußtsein* auf Seiten der Weißen, ein *fatalistisches Unterlegenheitsgefühl* der Schwarzen, wie es in Harriet BEECHER STOWE'S berühmtem Roman *Onkel Tom's Hütte* (erschienen 1851/52) die Hauptfigur *Uncle Tom* paradigmatisch repräsentiert. Was die biosoziale Ebene betrifft, kann man z.B. feststellen, daß es in einer Sklavenhaltergesellschaft zum Beispiel durchaus sexuelle Beziehungen zwischen Herren- und Sklavenrasse geben kann; diese erfolgen jedoch typischerweise auf einer völlig inegalitären Basis, mit der schwarzen Frau als bloßem Lustobjekt des weißen Mannes und einer entsprechenden Diskriminierung daraus hervorgehender Kinder.

Ein Aufbrechen dieser Form von Beziehungen zwischen Schwarzen und Weißen erfordert Veränderungen und Neubewertungen auf allen drei Ebenen.[288] Im Bereich der Ideen muß eine *Ideologie der allgemeinen Menschenrechte* entwickelt werden, die der Hautfarbe und anderen Rassenmerkmalen soziale und politische Relevanz abspricht; zur Entwicklung und sozialen Ausbreitung solcher Ideologien haben politische, philosophische und religiöse Schriftsteller ebenso beigetragen wie Romanautoren. Ihre revolutionären Ansichten bewirken ein allmähliches Umdenken nicht nur bei den gesellschaftlichen Eliten, sondern auch in der breiten Bevölkerung; Ideen können in dieser Wei-

---

288 Aus Raumgründen wurde in *Abbildung 4.2* auf das Eintragen von Pfeilen (als Hinweis auf kausale Effekte) verzichtet; man muß sich diese vor allem vorstellen von Welt 1 auf Welt 2 und von Welt 2 auf Welt 3, sowie in umgekehrter Richtung.

se kausale Effekte auf das Bewußtsein der Menschen ausüben.[289] Es gilt aber auch umgekehrt: persönlich-subjektive Erfahrungen können wesentlich zur Entwicklung von Ideen beitragen. So war gerade die Literatur über die Lage der Schwarzen in Amerika vielfach getragen durch eine tiefe, persönliche Empörung der jeweiligen Autoren (Hauptwerke der amerikanischen Literatur, 1995: 20).

Eine Umdeutung der grundlegenden Auffassungen über den Wert der verschiedenen Rassen kann schließlich auch Effekte auf die biosoziale Ebene haben, allerdings nur vermittelt über das Bewußtsein des Menschen. Sexuelle Beziehungen zwischen Weißen und Schwarzen müssen nun denselben Status erhalten wie jene unter Weißen selber; ebenso dürfen schwarze Diener oder Arbeitskräfte nicht mehr wie „intelligente Haustiere", sondern müssen als gleichberechtigte Menschen behandelt werden. Die Anerkennung dieser für sie neuen, revolutionären Werte und Normen auch im Verhalten ist für die Menschen in Sklavenhaltergesellschaften (besonders für die dominanten Weißen) ein äußerst schmerzlicher und langwieriger Prozeß. Dieses Faktum erklärt, warum auf die Aufhebung der Sklaverei zunächst eine *Verstärkung der räumlich-sozialen Segregation* erfolgt – in Südafrika sogar eine rechtliche Institutionalisierung dieser Segregation im System der *Apartheid* (BILGER 1976).

Ethnische Mobilisierung involviert nach diesem Modell also viel mehr als nur die Auflösung traditioneller Sozialstrukturen und die Suche nach neuen Sicherheiten durch Eingehen neuer Bindungen auf der Basis askriptiver Merkmale. Sie erfordert gleichzeitige Veränderungen und kreative Innovationen im Bereich der grundlegenden Werte und Normen einer Gesellschaft, im Bereich ihrer Institutionen, wie auch im Bereich des Bewußtseins ihrer Eliten und der Bevölkerung als Ganzes. Damit Ideen das subjektive Bewußtsein verändern kön-

---

289 So soll Abraham LINCOLN den Ausspruch getan haben, durch den Roman *Onkel Tom's Hütte* sei der amerikanische Bürgerkrieg ausgelöst worden (Hauptwerke der amerikanischen Literatur, 1995: 170). Unbestritten ist, daß dieser weitverbreitete und viel diskutierte (auch vielfach angefeindete) Roman einen erheblichen Effekt auf die Diskussion um die Verleihung der Bürgerrechte an die Schwarzen in Amerika ausübte. Bezeichnend dafür, daß auch im Bereich der Ideen eine *Fortentwicklung* zu konstatieren ist, ist die Tatsache, daß dieser gleiche Roman bei den militanten schwarzen Bürgerrechtskämpfern der neueren Zeit in starken Mißkredit geraten ist, weil die Autorin den Schwarzen als Verhaltensideal quasi ein gottergebenes Sich-in-das-Schicksal-Fügen empfiehlt.

nen, müssen auch bei diesem schon Lebensformen problematisiert, Umstände und Erfahrungen in Frage gestellt werden. Die sich neu herausbildenden gesellschaftlichen Strukturen und Institutionen stellen keine bloße Wiederholung älterer Formen („Resegmentierung") dar, sondern stellen die Beziehungen zwischen Mehrheit und Minderheit auf eine völlig neue Basis. Auch in modernen, demokratischen Gesellschaften entstehen immer wieder Konflikte zwischen ethnischen Gruppen; sie sind jedoch von einer ganz anderen Art als in früheren Epochen. Neu sind diese Beziehungen heute deswegen, weil es weltweit (zumindest verbal) anerkannte Menschenrechte gibt und weil viele Minderheiten innerhalb einer Nation auf einen Bündnispartner in Form eines anderen, selbständigen Nationalstaates zählen können, in dem die Angehörigen der eigenen ethnischen Gruppe die Mehrheit stellen und/oder politische Macht innehaben.

In einem solchen wirklichkeitssoziologischen Modell ethnischer Mobilisierung ist die künstliche, theoretisch prinzipiell nicht schlüssig überbrückbare, Unterscheidung zwischen Makro- und Mikroebene überflüssig. Überflüssig ist auch die Spezifikation komplexer statistisch-mathematischer Gleichungen und Modelle, in die jeweils spezifische Einzelvariablen bzw. Größen eingesetzt werden um zu erklären, unter welchen Bedingungen eine kollektive ethnische Bewegung erfolgreich sein und viele Anhänger gewinnen wird.[290] Nicht zu übersehen ist auch, daß die RC-Theorie ethnischer Mobilisierung hinsichtlich der von ihr spezifizierten Variablen und Zusammenhänge sehr verschwommen und unklar bleibt. Dies betrifft vor allem den umfassenden („catch-all"), letztlich aber doch vagen Begriff der *„Modernisierung"*. Ist die Auflösung traditioneller Sozialstrukturen, die hier als Folge von Modernisierung gesehen wird, nicht selbst ein *Teilaspekt* der Modernisierung?

---

290 ESSER referiert hier ein Modell von HECHTER u.a. Darin ist die abhängige Variable (y) die Tendenz eines Einzelnen zur Beteiligung an einer kollektiven Bewegung, die unabhängigen Variablen sind: der kollektive Nutzen bei Erfolg einer Bewegung; der private Nutzen bei Erfolg der Bewegung; die Wahrscheinlichkeit des Erfolgs der Bewegung; der private Nutzen der Teilnahme unabhängig vom Erfolg; die privaten Kosten bei einem Fehlschlag; die privaten Teilnahmekosten; die privaten Kosten der Nicht-Teilnahme. Ich würde behaupten: (1) die meisten dieser „Variablen" sind empirisch nicht erfaßbar; (2) selbst wenn dies der Fall wäre, würde das Modell noch auf der nicht unbedingt die Entstehung und den Erfolg ethnischer Mobilisierung kollektiv-globalen Ebene erklären.

c) Hat ethnische Mobilisierung und Gemeinschaftsbildung eine Zukunft?

Abschließend ist noch auf den diagnostischen bzw. prognostischen Gehalt der Rational Choice-Theorie ethnischer Gemeinschaftsbildung einzugehen. Zunächst kann man hier konzedieren, daß ESSER durchaus die aktuelle Relevanz des Phänomens anerkennt.[291] Anders sieht es jedoch aus, wenn man seine diesbezüglichen Zukunftsprognosen betrachtet:

„.... mit Fortfall der Problemlagen, mit der Stabilisierung der Identitäten (z.B. durch Einbezug in andere Sinn-Sphären als die ethnische), auch durch Steigerung von Individualität als Handlungskompetenz, mit Standardisierung und Routinisierung von Mobilität, mit Gewöhnung an das Ungewöhnliche u.a. entfallen die Grundlagen der Tendenzen zur (eng ethnisch definierten) Vergemeinschaftung. Es ist danach zumindest denkbar, daß die gegenwärtig erlebte Phase ethnisch orientierter Ent-Differenzierungen lediglich eine kurzzeitige und vergängliche Reaktion auf besonders rasche Wandlungsprozesse bzw. auf den plötzlichen Einbezug neuer und weiterer Bereiche in den fortschreitenden Modernisierungsprozeß ist, nicht aber unbedingt eine dem Prozeß der funktionalen Differenzierung inhärente Gegenbewegung darstellt..." (ESSER 1988: 240)

Die Diagnose läuft also doch wieder darauf hinaus, daß ethnische Gemeinschaftsbildung nur ein vorübergehendes, zwar mit dem jetzigen Modernisierungsprozeß direkt verknüpftes, bei weitergehender Modernisierung aber dann doch endgültig zum Verschwinden verurteiltes Phänomen sei.[292] Man sieht auch hier wieder eine frappierende Ähnlichkeit mit der Argumentation der „traditionellen" Theorie (zu einer ähnlichen Kritik vgl. auch NASSEHI 1990).

Aus der von mir vertretenen Position ergibt sich eindeutig eine andere Konklusion. Sie lautet: Nachdem Prozesse der wirtschaftlichen, politischen und kulturellen Unterdrückung und Benachteiligung in der Welt auf absehbare Zeit nicht verschwinden werden, werden auch die

---

291 Ich schreibe hier bewußt nur „anerkennt", und nicht „erkennt", weil ich ja oben argumentiert habe, daß seine Theorie nicht wirklich in der Lage ist, die Entstehung ethnischer Mobilisierung zu erklären. Man könnte seine These von der Aktualität ethnischer Differenzierungen in modernen Gesellschaften daher als Beispiel für eine *richtige Folgerung aus einer falschen Theorie* sehen.

292 Weiter unten schreibt ESSER allerdings: „So gesehen kann man insgesamt in der Tat davon sprechen, daß Prozesse der Modernisierung die Wahrscheinlichkeit kollektiver (ethnischer) Bewegungen eher erhöhen statt sie zu vermindern." (ESSER 1988: 243)

gegen sie gerichteten Prozesse der kollektiven Mobilisierung immer wieder auftreten. Der Modernisierung inhärente Prozesse – hier vor allem die Steigerung der Bildung und die Ausbreitung der Massenkommunikation – wirken dahingehend, daß traditionell legitimierte Ungleichheiten, hierarchische Beziehungen und Verhältnisse immer weniger akzeptiert werden. Wirtschaftliche und politische Globalisierungs- und Integrationsprozesse lassen fortlaufend neue Ungleichheiten und Abhängigkeiten entstehen. Ein hochaktuelles Beispiel ist die europäische Integration. Hier könnte die ökonomische und politische Zentralisierung über kurz oder lang dazu führen, daß die seit jeher bestehenden (oder als Folge der Integration selber neu entstehenden) regionalen Ungleichheiten zwischen den auch kulturell unterschiedenen Einheiten (Ländern, Regionen) immer weniger toleriert werden und sich neue antizentralistische, ethnisch-nationale und regionalistische Bewegungen bilden (vgl. auch HALLER 1994a). Starke und sogar für die nationale Einheit bedrohliche Kräfte dieser Art sind in den Vereinigten Staaten als Folge der massiven Immigration aus Lateinamerika bereits am Werk.

4.3 Die individualistisch-rationalistische Sozial- und Vertragstheorie von James S. COLEMAN

Der theoretische Ansatz des amerikanischen Soziologen James S. COLEMAN (1926 – 1995), der an der University of Chicago lehrte[293], verdient hier aus einer Reihe von Gründen besondere Aufmerksamkeit; James COLEMAN kann in der Tat als einer der international bedeutendsten Soziologen und Sozialwissenschaftler der Nachkriegszeit überhaupt angesehen werden.[294] Sein Werk umfaßt mehrere umfangreiche

---

293 Dies hier festzustellen ist deswegen von Interesse, weil der von COLEMAN vertretene Rational Choice-Ansatz auch im Rahmen der Ökonomie in der Person des Nobelpreisträgers Gary S. BECKER und anderen Disziplinen herausragende Vertreter hatte.
294 Meiner Meinung nach wäre COLEMAN ein durchaus würdiger Nobelpreis-Kandidat gewesen, jedoch ist es dazu nicht gekommen, da es für die Sozialwissenschaften keinen Preis gibt – eine Tatsache, die selber durchaus kritisch zu sehen ist. Erste Nachrufe zur Person von J. COLEMAN erschienen in den FOOTNOTES (Nr. 5/25, May/June 1997) der American Sociological Association.

und beispielhafte empirische Studien[295], international bahnbrechende Standardwerke zur mathematischen Soziologie (COLEMAN 1964) und schließlich bedeutende Beiträge zur soziologischen Theorie (COLEMAN 1974, 1982, 1990). In all seinen empirischen Arbeiten, die inbesondere die Bereiche der Ungleichheit der Bildungschancen, der Jugend-, Bildungs- und Medizinsoziologie betrafen und von denen einige (z.B. die Studie *Adolescent Society* von 1961) zu den meistzitierten Werken der Nachkriegssoziologie gehören, hat sich COLEMAN um eine theoretische Fundierung seiner Forschungen bemüht. Auffallend ist dabei jedoch, daß die Theoreme, die er in diesen Arbeiten entwickelt hat, mit der in seinem großen theoretischen Spätwerk (*Foundations of Social Theory*) entfalteten Variante der Rational Choice-Theorie inhaltlich nur schwach oder überhaupt nicht zusammenhängen (MAYER 1997). Nicht zuletzt aufgrund dieser Tatsache gilt daher, daß meine folgende Kritik an dieser Theorie das Urteil in keiner Weise beeinträchtigt, daß das soziologische Gesamtwerk von James COLEMAN als äußerst bedeutsam einzuschätzen ist.

Was COLEMAN in all seinen Arbeiten insbesondere zugute zuhalten ist, ist die Tatsache, daß er stets versuchte, seinen theoretischen Ansatz so klar wie möglich herauszuarbeiten und rigoros auf das jeweilige Problemfeld anzuwenden.[296] Dies gilt in besonderer Weise für sein „Hauptwerk" *Foundations of Social Theory* (1990). Das im Original rund 1000 Seiten starke Werk[297] umfaßt fünf Teile: im ersten und zweiten Teil werden die Grundbegriffe, Grundannahmen und -thesen der

---

295 Hier sind vor allem zu erwähnen die Studie über *Union Democracy*, die COLEMAN mit LIPSET und TROW durchführte, sowie die im Auftrag des amerikanischen Kongresses durchgeführte, umfassende Studie über *Equality of Educational Opportunity* (COLEMAN et al. 1966). Diese Studie hat in den späten 60er, frühen 70er Jahren heftige öffentliche Debatten über die Ursachen der rassenbezogenen Ungleichheit im Bildungssystem der USA ausgelöst und später zu einer massiven Kritik, ja Diskriminierung von COLEMAN durch seine soziologischen Kollegen selber geführt, nachdem er kompromißlos auf gegenteilige, die angepeilte Chancengleichheit konterkarierende Effekte des „Busing", d.h. der bewußten Durchmischung der Schulen durch schwarze und weiße Schüler, hingewiesen hatte (vgl. dazu ausführlich HUNT 1991: 678ff.; DIEKMANN 1995: 36ff.).
296 Für eine Zusammenstellung enthusiastischer Urteile über COLEMAN vgl. CLARK (1996).
297 In der deutschen Ausgabe wurde es auf drei Bände aufgeteilt (vgl. COLEMAN 1991-93).

Theorie dargelegt (es sind dies die Begriffe von Akteuren und Ressourcen, von Handlungsrechten, einfachen und komplexen Austauschsystemen, von sozialen Normen und sozialem Kapital); im dritten und vierten Teil werden Probleme öffentlicher Güter und Entscheidungen, korporativer Akteure, und moderner Sozialstrukturen diskutiert; der fünfte Teil, „The Mathematics of Social Action", beinhaltet eine Formalisierung zahlreicher Theoreme.

Ich kann hier nur auf einige Grundbegriffe und -thesen von COLEMANs Werk eingehen. Dies erscheint aber ausreichend, da es mir nicht um eine umfassende und erschöpfende Darstellung der theoretischen Ansätze geht, sondern um eine exemplarische Herausarbeitung der Stärken und Schwächen ausgewählter, wichtiger Theorien und ihrer Vertreter. Die Diskussion des Ansatzes von COLEMAN ermöglicht es, einige weitere Stärken und Schwächen der Rational Choice-Theorie herauszuarbeiten. Im Unterschied zu ESSER verzichtet COLEMAN auf eine psychologische Fundierung der soziologischen Theorie und entwickelt stattdessen eine streng *kognitiv-rationale Sozialtheorie*, in der *Normen und Rechte* eine zentrale Rolle spielen. Er steht damit der alten und respektablen angelsächsischen Tradition individualistischer Vertragstheoretiker (von Thomas HOBBES und John LOCKE bis zu James BUCHANAN; vgl. auch REICHER 1998) nahe[298] und liefert einen sehr eigenständigen Ansatz dazu. Wir werden aber sehen, daß auch der Ansatz COLEMAN's, bei all seiner Systematik und Rigorosität, fundamentale Schwächen des Rational-Choice Ansatzes teilt. In mancher Hinsicht kann man sagen, daß er diesen Ansatz überzieht, während die Behandlung anderer Probleme (etwa der Thematik des „sozialen Kapitals") nur schwach mit der Rational Choice-Theorie zusammenhängt (vgl. FRANK 1992). Nicht zu übersehen ist schließlich, daß auch COLEMAN – ähnlich wie ESSER – von der Leistungskraft und dem innovativen Charakter seiner eigenen Theorie selber in einem Maß eingenommen ist, das manchmal durchaus an Überheblichkeit grenzt.[299]

---

298 R. STURN (1997a: 61) bezeichnet etwa T. HOBBES sozialtheoretische Staatsbegründung als „extrem *rational-choice-*‚konstruktivistisch" (Hervorhebung im Original).

299 So nimmt COLEMAN kaum je systematisch Bezug auf Theorien klassischer Soziologen (vgl. auch SICA 1992). Dies ist nicht ganz überraschend, da er gleich eingangs im Vorwort schreibt: „‚Sozialtheorie', wie sie an den Universitäten gelehrt wird, besteht zum größten Teil aus der Geschichte sozialwis-

a) Grundannahmen der Sozialtheorie von J. COLEMAN

Basisformen sozialer Interdependenz und das elementarste soziale System

Objekt der Soziologie sind nach COLEMAN (1990: 28ff.) Individuen insoferne, als sie ein interdependentes soziales System bilden. „System" wird dabei aber in einem sehr fundamentalen Sinn verstanden: man kann von einem solchen immer dann sprechen, wenn mindestens zwei Akteure in eine *Beziehung* eingehen und eine *wechselseitige Abhängigkeit der beiden Akteure voneinander (Interdependenz)* entsteht.

Im Anschluß an den Spieltheoretiker J. W. FRIEDMAN unterscheidet COLEMAN zwischen drei grundlegenden Formen von Interdependenzen zwischen Akteuren:

1. Strukturelle Interdependenz ist gegeben, wenn die Handlung eines Akteurs unabhängig von der eines (individuellen) anderen ist, die soziale Umwelt als mehr oder weniger fix angesehen werden kann. Dies ist etwa der Fall bei Marktbeziehungen, wo z.B. die Festle-

---

senschaftlicher Ideen. Ein böswilliger Kritiker würde die gegenwärtige Praxis in der Sozialtheorie so beschreiben, daß man alte Weisheiten wiederkäut und Theoretiker des neunzehnten Jahrhunderts beschwört" (COLEMAN 1991: XI-II). Während ich dem ersten Satz von COLEMAN zustimme, ist seine weitere Behauptung, es handle sich bei den Ideen der soziologischen Klassiker nur um überholte „alte Weisheiten" deshalb ärgerlich, weil er selber diese Ideen häufig unrichtig und verzerrt wiedergibt; dies trifft insbesondere auf seine Darstellung zentraler Thesen von WEBER zu.

Wenn ich oben eher kritisch vermerke, daß COLEMAN in seinen Schriften seine Leistungen nicht unter den Scheffel stellt, muß hinsichtlich seines persönlichen Auftretens festgehalten werden, daß dies äußerst unprätentiös war. So wird berichtet, daß er sich auch als führender mathematischer Soziologe nicht zu schade war, jahrzehntelang Einführungskurse in Statistik zu veranstalten. Als ich ihn zum letztenmal persönlich traf, erkundigte er sich sofort, ob ich schon sein neuestes Werk (eben die *Foundations of Social Theorie*) kenne. Diese Frage war aber keineswegs in einem Ton gehalten, der sich nur eine positive Antwort oder Selbstbestätigung erwartet, sondern durchaus in einem offenen, fragenden Ton, d.h., er wäre durchaus bereit gewesen, auch Kritik anzuhören. Diese Haltung COLEMANS zu wissenschaftlicher Kritik von anderen scheint sich deutlich zu unterscheiden etwa von der eines PARSONS, von dem berichtet wird, daß er zwar immer sehr an neuen empirischen Befunden interessiert war, dagegen wenig Lust zeigte, in Diskussionen über seine Theorie einzutreten.

gung von Preisen praktisch unabhängig vom Handeln (d.h. dem Kaufen oder Nichtkaufen) eines einzelnen Marktteilnehmers ist. In diesen Fällen ist eindeutig definiert, was *Rationalität* ist: es kann entweder Rationalität unter Sicherheit sein (wenn ein bestimmtes Resultat mit Sicherheit auf eine Handlung folgt) oder Rationalität unter Unsicherheit bzw. Risiko (wenn das Resultat nicht immer auf die Handlung folgt).
2. *Verhaltensinterdependenz* ist gegeben, wenn die Handlungen eines Akteurs bedingt oder abhängig sind von früheren Handlungen eines anderen Akteurs. Hier muß ein Akteur *komplexere Folgen* einkalkulieren nicht nur für sich selbst, sondern auch für das Verhalten anderer Akteure und von diesen rückwirkende, weitere (indirekte) Folgen für sich selbst. Hier wird die Erklärung von Handeln und Handlungssequenzen erheblich komplizierter und die Frage, was für einen Akteur rational ist, hängt von seiner *Information über die Wahrscheinlichkeit und Folgen verschiedener Handlungsstrategien* ab.
3. *Evolutionäre Interdependenz* schließlich ist gegeben, wenn über lange Zeit hinweg Verhaltensinterdependenzen zwischen ein- und denselben Personen oder Personengruppen bestehen, sodaß sich im Laufe der Zeit – durch „selektive Auslese" – eine mehr oder weniger stabile Mischung bzw. ein *„Gleichgewicht" von Handlungsstrategien* herausbildet. (Diese Idee wird auch in der evolutionären Biologie angewandt.)

Überraschend erscheint bereits hier, daß COLEMAN die Reichweite seiner Theorie weitgehend auf Typ 1 begrenzt sieht und damit anscheinend das zentrale Objekt soziologischer Theorie – direkte Interaktionsbeziehungen zwischen Menschen – außer Betracht läßt.

COLEMAN geht nun davon aus, daß die einfachste soziologische Erklärung bzw. ein minimales theoretisches System nur die Annahme von zwei Basiselementen und zwei Basisformen von Beziehungen zwischen diesen benötige: die Elemente sind einerseits „*Akteure*", andererseits *Objekte*, über die die Akteure Kontrolle erlangen möchten; er nennt diese „*Ressourcen*" oder „*Ereignisse*" (Kapitel 2, S. 28ff.).[300]

---

300 In meiner eigenen Lektüre und Arbeit zu COLEMAN habe ich mich auch auf die amerikanische Originalausgabe von *Foundations of Social Theory* gestützt und zwar nicht nur deshalb, weil diese weit preiswerter ist als die deutsche, sondern weil die deutsche Übersetzung bestimmter Begriffe und schwie-

Die Basisbeziehungen zwischen beiden sind „*Kontrolle*" und „*Interesse*".

Würde ein Individuum alle Ressourcen kontrollieren, so wäre nicht viel zu erklären: es würde seine Interessen mehr oder weniger direkt befriedigen. Die Grundannahme, die COLEMAN hier trifft, lautet also: jedes Individuum strebt danach, so viele seiner Interessen wie möglich zu befriedigen. In der Realität gilt aber, daß Ressourcen, an denen ein Individuum interessiert ist, auch von anderen Menschen kontrolliert werden. Die Akteure müssen daher in Interaktion mit anderen treten, um an die Ressourcen heranzukommen; dadurch entstehen *Interdependenzen*. Daraus ergibt sich das einfachste System von interdependenten Akteuren (vgl. *Abbildung 4.3*): In diesem System kontrolliert Akteur 1 das Ereignis (oder die Ressource) 1, hat aber Interesse an Ereignis 2; das umgekehrte gilt für Akteur 2. Es besteht für beide Akteure daher ein natürliches Interesse daran, in *Austausch* zu treten; dies geschieht in der Weise, daß Akteur 1 auf einen Teil seiner Kontrolle über Ereignis 1 zugunsten von Akteur 2 verzichtet und im Austausch dafür eine gewisse Kontrolle über Ereignis 2 erhält. Es handelt sich hier also um einen paarweisen Austausch privater, teilbarer Güter.

COLEMAN unterscheidet sodann zwei sozial relevante Hauptformen von Handlungen, die dem Grundziel jedes Handelnden entsprechen, seine Interessen möglichst weitgehend zu befriedigen.[301] Am häufigsten kommen Handlungen vor, bei denen man seine Kontrolle über eigene Ressourcen, die einem nicht sehr wichtig sind, benützt, um Kontrolle über andere, begehrtere zu erlangen. Hier handelt es sich um *Austauschprozesse*, die im sozialen Leben eine große Rolle spielen und auch von soziologischen Theoretikern umfassend behandelt wurden (etwa von HOMANS 1958 und BLAU 1964).

---

rigerer Passagen oft nicht als optimal bezeichnet werden kann. Um die Leser nicht zu verwirren, verwende ich bei wörtlichen Zitaten im Text aber doch die vorliegende deutsche Übersetzung.

301 Der erste Basistyp eines solchen Handelns wäre jener, in dem man die Kontrolle über die Ressourcen, an denen man interessiert ist, selber innehat. Diese Form sei aber sozial trivial, meint COLEMAN.

Abbildung 4.3: Ein minimales System von Akteuren, die bestimmte Ereignisse (Ressourcen) kontrollieren und an ihnen Interesse haben

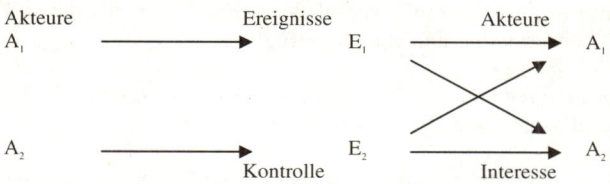

Quelle: COLEMAN 1990, S. 30

Die zweite Grundform des Handelns besteht darin, daß man die Kontrolle über Ressourcen, an denen man interessiert ist, von sich aus (einseitig) anderen überträgt, weil man erwartet, daß man die Ressourcen dann selber besser nutzen kann. Man kann hier von einem *Transfer der Ressourcenkontrolle* sprechen. Dieser Transfer kann auch die *Übertragung von Rechten* einschließen. Dadurch ergibt sich ein sehr breites Anwendungsfeld für die COLEMANsche Theorie, das von *einfachen Autoritätsbeziehungen* bis zu *komplexen Autoritätssystemen* reicht und vor allem den für moderne Gesellschaften völlig neuen Typus des korporativen Handelns bzw. der *korporativen Akteure* umfaßt. Auf diese Typen soll weiter unten eingegangen werden.

Man muß sich sodann fragen, welche *Grundtypen von Ressourcen* es gibt. Hier unterscheidet COLEMAN u.a. vier Formen: die von der Volkswirtschaftslehre als „private, teilbare Güter" bezeichneten Ressourcen; Kontrolle über Ereignisse, die für viele Konsequenzen haben können (z.B. über politische Entscheidungen); Kontrolle über eigene Handlungen und Attribute (Fertigkeiten, Schönheit); Kontrolle über Ressourcen, an denen andere zwar nicht direkt interessiert sind, die aber das Resultat von Prozessen bestimmen, an denen andere interessiert sind. Als wichtige *Eigenschaften von Ressourcen*, die zu deren Analyse relevant sind: *Teilbarkeit*; *Veräußerlichkeit* (die Kontrolle über physische oder psychische Eigenschaften bzw. Handlungen einer Person ist selber nicht an andere veräußerlich, wohl jedoch das Recht zu ihrer Kontrolle); *Erhaltbarkeit* („conservation"; diese Eigenschaft besitzt ein Gut, von dem nur eine begrenzte Menge vorhanden ist; dies ist meist bei Gütern der Fall, nicht jedoch bei Information – diese verbleibt mir, auch wenn ich sie weitergebe); *zeitliche Verfügbarkeit* ("time of delivery"); *Fehlen von Externalitäten* (diese sind gegeben, wenn eine Handlung Konsequenzen für viele andere hat). Relevant ist auch die von Ökonomen verwendete Unterscheidung zwischen *privaten* und *öffentlichen Gütern*; erstere haben keine Externalitäten und sind teilbar, konservierbar und aktuell verfügbar.

Haupttypen sozialer Interaktion, individueller Ressourcen und sozialer Handlungen und Beziehungen

Aufbauend auf diesen Grundbegriffen entwickelt COLEMAN sodann eine Klassifikation aller möglichen Strukturen bzw. Kontexte von Handlungen. Die Gesamtheit aller Handlungen, die wissenschaftlich von Interesse sind, bezeichnet COLEMAN (1990: 35) als „zielgerichtete (purposeful) Handlungen". Ein großer (Rest-) Bereich darin sind *„private Handlungen"*, die keinen Bezug zu Mit-Akteuren aufweisen.[302] Handlungen, die soziologisch von Interesse sind, können von zweierlei Art sein: Zum einen sind es *Handlungen mit Folgen für andere* (in diesem Fall werden meist Verhaltensnormen oder Mechanismen für kollektive Entscheidungsverfahren entwickelt, wie etwa im Bereich der Politik). Zum anderen sind es Handlungen, in denen man *eigene Rechte oder Ressourcen an andere überträgt*, also *Austauschbeziehungen*. Diese können wieder untergliedert werden in (1) „reine" Austauschbeziehungen, d.h. *Marktbeziehungen*; (2) in Beziehungen, bei denen Rechte zur Kontrolle eigener Handlungen übertragen werden, d.h. *Autoritätsbeziehungen*; und (3) Beziehungen, in denen ein Partner dem anderen einseitig, von sich aus Ressourcen überträgt; man kann hier von *Vertrauensbeziehungen* sprechen. Die Überschneidungsbe-

---

302 Was genau unter solchen „privaten Handlungen" zu verstehen ist, diskutiert COLEMAN nicht weiter. Zu vermuten ist allerdings, daß auch ein erheblicher Teil der Handlungen, die man für sich allein ausübt, als „soziales Handeln" zu verstehen ist (weil es sich in seinem Sinngehalt an anderen orientiert). COLEMAN (S. 36) meint, derartiges Handeln sei nicht sozial, da es weder einen Austausch darstelle noch Konsequenzen für andere habe; seine Untersuchung sei daher nur eine Aufgabe der kognitiven Psychologie, die hier ev. Abweichungen von rationalem Handeln diagnostizieren könne. Demgegenüber würde ich meinen, daß sich ein großer Teil auch dieses scheinbar „privaten" Handelns nur verstehen läßt, wenn man es als Weiterführung, Folge oder Vorbereitung für Interaktionen mit anderen Menschen versteht. Auch moralisches Handeln setzt z.B. nicht notwendig direkte Interaktion mit anderen voraus.

reiche zwischen diesen drei Mengen von Beziehungen konstituieren jeweils wieder komplexere Typen ähnlicher Beziehungen.[303]

Zumindest kurz darzustellen ist hier noch COLEMANs wichtiger, im zweiten Kapitel nur knapp angerissener Begriff vom *„sozialen Gleichgewicht"* bzw. *„sozialen Optimum"* (COLEMAN 1990: 40-42). Seine Idee des sozialen Gleichgewichts steht den Austauschtheorien von HOMANS und BLAU recht nahe. Sie besagt, daß sich sozialer Austausch zwischen Menschen aufgrund ihrer komplementären Interessen mehr oder weniger automatisch ergibt und nur solange und in einer solchen Form weitergeführt wird, als dies im Interesse aller Beteiligten liegt. Von einem *sozialen Gleichgewicht* kann man sprechen, wenn durch weiteren Austausch keine Verbesserung des Verhältnisses zwischen den Interessen an bestimmten Ereignissen und Ressourcen sowie deren Kontrolle mehr erreicht werden kann. In diesem Fall kann man sagen, daß ein *optimales Ergebnis* vorliegt:

„Nach einer Austauschhandlung kontrolliert jeder Akteur gemäß der Tauschkraft seiner ursprünglichen Ressourcen diejenigen Ereignisse, die ihn am meisten interessieren, und da er diese Kontrolle mit dem Ziel ausüben wird, das von ihm bevorzugte Resultat zu erlangen, wird auf diese Weise die größtmögliche Befriedigung von Interessen erzielt, die die ursprüngliche Verteilung von Kontrolle und Interessen erlaubte. In diesem Sinne ist das Ergebnis optimal." (COLEMAN 1991: 49)

„Sozial optimal" ist eine Ressourcen- und Kontrollverteilung also dann, wenn jede(r) Teilnehmer(in) an einer Interaktion so viel davon unter seine Kontrolle gebracht hat, wie es seiner ursprünglichen Ausstattung entspricht. COLEMAN meint, dieser These könnte derselbe Fehlschluß vorgeworfen werden, wie der utilitaristischen Wohlfahrtsökonomie, die geglaubt habe, sie könne von außen her einen über alle Güter hinweg vergleichbaren Maßstab zum Vergleich des Nutzens

---

[303] Beziehungen, die Übertragung von Kontrollrechten und einseitige Übertragung von Ressourcen beinhalten, bezeichnet COLEMAN als *„verbundene (conjoint) Autoritätsbeziehungen"*; kommt auch noch ein systematisiertes oder institutionalisiertes Austauschsystem dazu, spricht er von *„verbundenen Autoritätssystemen"*. Eine *„einfache Autoritätsbeziehung"* oder –system unterscheidet sich von einer *„verbundenen Autoritätsbeziehung"* insofern, als im ersten Fall die Übertragung von Rechten zur Kontrolle der eigenen Handlungen einseitig erfolgt, d.h. ohne Erwartung einer direkten Kompensation, im zweiten Fall nur *mit* einer solchen. (Ersteres ist etwa der Fall bei der Mitgliedschaft in einer Kommune, letzteres bei der Zugehörigkeit zu bzw. Mitarbeit in einem Wirtschaftsbetrieb.)

bzw. des Ausmaßes der Befriedigung verschiedener Personen entwikkeln. Im Unterschied dazu werde der Begriff des „*sozialen Optimums*" jedoch aus den Austauschprozessen selber abgeleitet. Als Beispiel führt COLEMAN folgendes an:

„Setzt man als Sytem z.b. eine patriarchalische Familie voraus, wird bei der Errechnung der maximalen aggregierten Befriedigung die Befriedigung des männlichen Familienoberhauptes stärker bewertet als die seiner Frau, weil er eine größere Kontrolle über Ressourcen ausübt. Solche Maximierungen können nur innerhalb der Menge der Werte, die sich aus der ursprünglichen Verteilung von Kontrolle unter den Akteuren des Systems ergeben, normativ gerechtfertigt werden." (COLEMAN 1991: 49)

Die Idee ist also, daß in einer patriarchalischen Familie die optimale Verteilung familiärer Ressourcen stärker zugunsten des männlichen Familienoberhauptes ausfallen wird als in einer partnerschaftlichen Familie. Diese Verteilung stellte auch ein „soziales Optimum" dar, weil alle Beteiligten es so wollen und damit einverstanden sind, dies also der impliziten „Verfassung" eines solchen Familiensystems entspricht.

COLEMAN nennt hier die Ökonomie als Vorbild; diese könne aufgrund der Annahme, daß das Verfolgen des Eigeninteresses, der individuellen Nutzenmaximierung, letztlich zum wirtschaftlichen Wohle aller führe (nach dem Prinzip der „unsichtbaren Hand" von A. SMITH), *normative Folgerungen* aus ihrer Theorie für die Praxis der Wirtschaftspolitik ableiten. Man könne dies – was ja sehr wünschenswert sei – auch in der Soziologie tun, wenn man in den unterschiedlichen Typen von Handlungssystemen (Austauschbeziehungen, Autoritätsbeziehungen usw.) genau angebe, worin das soziale Optimum jeweils bestehe. Bei einen Austausch von Ressourcen in einem Wettbewerbsmarkt hänge das soziale Optimum von der ursprünglichen Ressourcenverteilung ab; bei Handlungen mit externen Effekten auf andere Akteure, die keine Kontrolle über diese Handlungen haben, hänge es davon ab, welche Interessen die stärkeren sind; bei Handlungen mit externen Effekten für viele andere sei es gegeben, wenn „das Resultat des Ereignisses dem entspricht, welches von der stärkeren Interessengruppe favorisiert wird" (COLEMAN 1991: 52).

Diese hier nur stichwortartig angedeuteten Thesen (ich komme auf einige davon noch zurück) laufen letztlich alle auf die Behauptung hinaus, jener Zustand sei als „soziales Optimum" anzusehen, der sich aus der am Anfang bestehenden ungleichen Machtbalance der verschiedenen beteiligten Akteure empirisch-faktisch ergeben hat. Damit kann der Anspruch COLEMANs, aus dem Begriff des sozialen Optimums eine „Bewertung verschiedener sozialer Konstellationen", einen „Beurteilungsmaßstab für den ‚besseren' oder ‚schlechteren'" Zustand eines Systems" abzuleiten (ebenda, S. 53), aber in keiner Weise eingelöst werden. Im Grunde ist diese Argumentation als Zirkelschluß zu bezeichnen, in dessen Rahmen das faktisch Bestehende auch als das normativ Richtige dargestellt wird.[304] Diese äußerst problematische Behauptung ganz am Beginn der umfangreichen Arbeit steht nicht für sich allein, sondern in engem Zusammenhang mit der systematischen Ausblendung vor allem von Normen und Werten bzw. „wertrationalem Handeln" als zentralen und unverzichtbaren, eigenständigen Elementen der soziologischen Theorie. COLEMAN behandelt Normen im Rahmen seiner Theorie zwar sehr ausführlich, sieht sie jedoch ausschließlich als abhängige, zu erklärende Faktoren. Betrachten wir seine diesbezüglichen Annahmen näher.

b) Die Entstehung, Verteilung und Realisierung von Handlungsrechten und Normen

Der Begriff der „*Handlungsrechte*" nimmt zusammen mit jenem der „*Normen*" in COLEMANs Theorie einen zentralen Stellenwert ein. Ich bin durchaus der Meinung, daß COLEMAN hierin nicht nur Originalität beanspruchen kann, sondern auch einen sehr fruchtbaren Ansatzpunkt gefunden hat, der Anschlußmöglichkeiten zu vielen anderen sozialwissenschaftlichen Disziplinen (der Ökonomie, Rechtswissenschaft, Sozialphilosophie u.a.) ermöglicht. Man kann, wie bereits festgestellt, auch sagen, daß er mit diesem Element in der klassischen angelsächsischen Tradition der „Vertragstheoretiker" steht. Skizzieren wir auch hier zunächst die Grundlinien seiner Argumentation.[305]

---

304 In der Ökonomie wird hiefür auch der Begriff des *Panglossianismus* verwendet (nach einer Figur in Voltaire's *Candide*), womit eine Haltung gemeint ist, die das faktisch Bestehende auch für das Beste hält („What is, is best") bzw. „die unsichtbare Hand des Marktes mit sozialer Harmonie und dem *progress of improvement* identifiziert" (STURN 1997a: 26).
305 Die entsprechenden Ausführungen COLEMANs sind enthalten in den Kapiteln 3 (Rights to Act), 10 (The Demand for Effective Norms) und 11 (The Reali-

COLEMANs soziologische Definition von Rechten

Im Anschluß an die vorhin dargestellten Überlegungen geht COLEMAN davon aus, daß Austausch zwischen Menschen nicht nur physische Güter beinhalten kann, sondern auch – und sehr häufig – *Verfügungsrechte*; diese können sich beziehen auf den Gebrauch, den Konsum oder die Verfügung über Güter. Die Verteilung derartiger Rechte ist komplizierter, wenn es sich um schwer teilbare Güter oder um Güter mit mehrfachen Nutzungsmöglichkeiten handelt (wie etwa einen Waldboden, der Holz liefert, auf dem Pilze wachsen, in dem man Spaziergehen oder Mountain-Bike fahren kann usw.). Rechte können auch zeitlich aufgeteilt werden (z.b. Besuchsrecht für den Ex-Partner bei getrennten Eltern). Bei kollektiven Entscheidungen (z.b. Wahlen) werden die Rechte auf viele aufgeteilt und es wird dann nach einer bestimmten Regel (z.b. dem Mehrheitsprinzip) entschieden, wie die endgültige Verteilung erfolgt. Auch Fragen der Innovation im Bereich der Rechte und Probleme der Einschränkung von Rechten sind wichtig. Generell gilt, wie COLEMAN (1990: 48) feststellt – und wir können ihm hierin ohne Zweifel zustimmen –, daß die *Allokation von Rechten* eine zentrale Frage für jedes soziale System darstellt.

Was sind Rechte? COLEMAN unterscheidet zunächst zwischen einem formal oder verfassungsmäßig definierten Rechtsbegriff und einem weiteren, soziologischen Begriff. Ein *formales Recht* ist gegeben, wenn eine Person etwas tun kann, ohne daß rechtliche Autoritäten intervenieren. Die *soziologische Definition des Rechts* auf die Ausführung einer Handlung lautet: dieses ist dann gegeben, wenn all jene, die durch die Ausübung dieses Rechts betroffen werden, die Handlung ohne Widerspruch akzeptieren (COLEMAN 1990: 50). Recht wird also als etwas Subjektives, nicht Objektives, definiert. Das Problem, daß die Beteiligten subjektiv unterschiedliche Auffassungen vom jeweils geltenden Recht haben können, wird nach COLEMAN gemildert durch eine allgemeine Tendenz, daß die unterschiedlichen Vorstellungen verschiedener Personen über die Verteilung der Rechte sich im Laufe der Zeit einander annähern. Der Prozeß, in dem dies erfolgt, wird gesteuert durch zwei Faktoren: durch die *relative Macht* und durch die *freiwillige Anerkennung* (den *Konsens*) der Beteiligten.

---

zation of Effective Norms) von der „*Foundations of Social Theory*" sowie in COLEMAN 1993.

Die „richtige" Verteilung sozialer Rechte

Aus diesen Überlegungen ergibt sich im Hinblick auf die *richtige Verteilung von Rechten* eine Folgerung, die jener bezüglich des „sozialen Optimums" entspricht, die oben dargestellt wurde:

> „...welche Verteilung von Rechten ist die *richtige*? Aus unserer Theorie folgt, daß die Frage nicht allgemein zu beantworten ist; sie läßt sich nur im Kontext eines spezifischen Handlungssystems beantworten, und dort lautet die Antwort, daß die existierende Verteilung von Rechten die richtige ist. Darüber hinauszugehen, würde bedeuten, daß man einen Ansatzpunkt außerhalb des betreffenden Systems voraussetzt, und die Theorie macht explizit, daß es einen solchen Ansatzpunkt nicht gibt. *Was richtig ist, wird innerhalb des Systems selbst durch die Interessen und die relative Macht der Akteure definiert.* Die Theorie impliziert, daß Moralphilosophen, die die rechte Verteilung von Rechten erforschen wollen, in Wolkenkuckucksheim nach dem Stein der Weisen suchen." (COLEMAN 1991: 66; längere Hervorhebung von mir, MH).

Wieder ergibt sich: die empirisch-faktisch gegebene Verteilung von Rechten ist – sofern sie der gegebenen Machtverteilung und dem Konsens der Beteiligten entspricht – auch normativ als die richtige anzusehen. Zu dieser meiner Meinung nach fragwürdigen Konklusion ist folgendes anzumerken.

Zunächst ist COLEMAN durchaus zuzustimmen insoferne, als man bei einer soziologischen Analyse von Rechten dem Rechts- oder Unrechtsempfinden der Beteiligten einen zentralen Stellenwert einräumen muß.[306] Richtig erscheint auch seine These von der Aussichtslosigkeit der Suche von Rechtsphilosophen nach einem allgemeinen Ge-

---

[306] Man kann COLEMAN aus dieser Sicht auch als Vertreter eines extremen *Rechtsrealismus* sehen, einer Auffassung, die das Wesentliche der Rechtsordnung in Regelmäßigkeiten tatsächlichen Verhaltens und den sie begleitenden subjektiven Vorstellungen davon sieht. Dem gegenüber steht ein extremer *Normativismus*, der Rechte unter Ausschaltung aller soziologischen und sonstigen Fakten „‚rein' als Ordnung objektiver Normen begreifen will", – einer Auffassung, in deren Nähe H. KELSEN stand (MEYERS ENZYKLOPÄDISCHES LEXIKON, 1981, Bd. 19, S. 661; in diesem Lexikon wird Recht lapidar folgendermaßen definiert: „Recht – Bezeichnung für eine Ordnung menschlichen Zusammenlebens, die dieses so regelt, daß Konflikte weitgehend vermieden werden."). Worauf es mir – im Gegensatz zu COLEMAN – jedoch ankommt, ist nicht bloß die rein formale Objektivität des Rechts, sondern auch die inhaltlich-überzeitliche Gültigkeit oder Universalität grundlegender rechtlicher und moralischer Normen aus inhaltlicher Sicht. Darüber Näheres im Text weiter unten.

rechtigkeitsprinzip schlechthin, aus dem sich konkrete Folgerungen für die Gerechtigkeit oder Ungerechtigkeit gegebener sozialer Zustände ableiten lassen.[307]

Trotz dieser partiell richtigen Einsichten muß man auch hier wieder feststellen, daß COLEMANs „normative Theorie" nichts anderes als eine Überhöhung der Realität darstellt, die dem allgemeinen Verständnis dessen, was ein „Recht" wirklich darstellt, deutlich widerspricht. Wenn Vorstellungen von „Recht" und „Gerechtigkeit" auch ohne Zweifel historisch-kulturell spezifisch ausgeformt sind (KOLLER 1993, 1994a), sind sie doch immer auch als etwas zu sehen, das über den konkreten Verhältnissen steht, als etwas Allgemeines und Grundsätzliches (vgl. auch ELSTER 1989). Auf ein Recht in diesem Sinne kann sich jemand auch berufen, wenn er völlig machtlos ist oder wenn seine ganze Umgebung anderer Meinung ist. Dieser Aspekt des Allgemeinen, Universellen ist für F.A. von HAYEK (1991: 180ff.) der zentrale Aspekt des Rechtes überhaupt; Recht kann bezeichnet werden „als ein Befehl für allemal"; „mit der Beobachtung einer [gesetzlichen] Regel dienen wir nicht jemandes anderen Zwecken, noch sind wir seinem Willen unterworfen" (ebenda, S. 184). Die Wirkungen von Gesetzen auf das Handeln sind *Naturgesetzen* vergleichbar: man kann die Folgen seines Handelns voraussehen und sie einplanen. Von Gesetz und Recht kann man in diesem Sinne sagen, daß sie *herrschen*.

Ein Recht in diesem Sinne kann daher auch etwas Explosives, Revolutionäres an sich haben, das sich begründet auf einer universellen Fähigkeit des Menschen zu moralischer Empörung und Gefühlen der Ungerechtigkeit, die sich ihrerseits letztlich auf Maßstäbe und Normen berufen können, die universell und überzeitlich sind (MOORE 1982). Die Idee der „Gerechtigkeit" ist eine Grundlage des Rechts (KOLLER 1997a: 61). Dieses Element wird in COLEMANs Definition völlig außer Acht gelassen. Ich werde auf diese Problematik und die Möglichkeit einer alternativen soziologischen Konzeption in Kapitel 6 zurückkommen. Betrachten wir jedoch auch noch kurz, wie sich COLEMAN die *Entstehung von Normen* vorstellt.

---

307 In Kapitel 6 werde ich kurz darauf eingehen, daß ein wirklichkeitssoziologischer Ansatz, der sich jeweils auf ganz bestimmte gesellschaftliche Bereiche bzw. Handlungsfelder bezieht, auch einen viel besseren Ansatz zu einer Theorie der Gerechtigkeit bietet (etwa im Sinne von WALZER 1992).

Entstehung und Funktionen von Normen

COLEMAN geht hier zunächst aus von der These – der man weitgehend zustimmen kann – es sei soziologisch unbefriedigend, die Existenz von Normen als Element des sozialen Systems bzw. von normkonformem Verhalten der Menschen als gegeben anzunehmen; ersteres wirft er DURKHEIM, letzteres inbesondere der strukturell-funktionalen Theorie von PARSONS zu Recht vor. Im Rahmen dieser Theorien hat die Annahme des normbezogenen Verhaltens der Menschen quasi den Status eines soziologischen Axioms[308] (vgl. dazu auch HALLER 1987a). COLEMAN begründet seine Theorie demgegenüber auf der bewußt getroffenen Annahme, daß Menschen zunächst normfrei und rein aus Eigeninteresse handeln (COLEMAN 1990: 31, 241ff.). Dabei erkennt er durchaus an, daß Normen für menschliches Verhalten zentrale Bedeutung haben; die Befolgung von Normen wie auch die Entstehung von Normen auf der Systemebene dürfe jedoch nicht vorausgesetzt, sondern müsse *erklärt* werden.

Auch COLEMANs Definition von *Normen* kann man folgen. Soziale Normen geben an, daß bestimmte Handlungen bestimmter Personen richtig oder falsch sind; sie werden bewußt geschaffen und ihre Übertretung wird normalerweise durch Sanktionen bestraft. Wer eine Norm unterstützt, beansprucht das Recht, diese Sanktionen zu setzen oder setzen zu lassen; die einer Norm Unterworfenen erkennen die Norm in der Regel an. Eine Norm bezüglich einer bestimmten Handlung besteht nach COLEMAN (1990: 243) dann, wenn das soziale Recht zur Kontrolle der Handlung nicht der Handelnde selber, sondern andere innehaben. Dies setzt einen Konsens im betreffenden sozialen System voraus; eine Norm in diesem Sinne kann auch ohne ein formelles Recht bestehen (ja, mit einem solchen sogar in Konflikt geraten).

---

308 COLEMAN (1990: 242) zitiert hier zu Recht als Beispiel Ralf DAHRENDORFs Aufsatz „Über den Ursprung der Ungleichheit unter den Menschen", in dem dieser seinerzeit in PARSONSscher Manier schrieb: „Der Ursprung der Ungleichheit unter den Menschen liegt also in der Existenz von mit Sanktionen versehenen Normen des Verhaltens in allen menschlichen Gesellschaften... Recht (ist) die notwendige und die zureichende Bedingung der Ungleichheit in der Gesellschaft. Weil es Recht gibt, gibt es Ungleichheit, wenn es Recht gibt, muß es auch Ungleichheit unter den Menschen geben... ... die Existenz von Normen und die Notwendigkeit von Sanktionen (kann), zumindest im Rahmen der soziologischen Theorie als axiomatisch angesehen werden ..." (DAHRENDORF 1974: 370, 372).

Man könnte schon hier allerdings einen leisen Einwand erheben insoferne, als COLEMAN eine wesentliche Instanz für die Kontrolle eines normentsprechenden Handelns übersieht, nämlich das *Gewissen* des Einzelnen.[309] Dies ist kein Zufall: für COLEMAN sind Normen etwas ausschließlich sozial Geschaffenes und sozial Kontrolliertes. Dabei übersieht er aber das *universelle Element*, das vor allem grundlegende Normen beinhalten (Näheres dazu in Kapitel 6). Daraus folgt auch seine Nichtbeachtung des individuellen moralischen Bewußtseins, das in Form eines *„guten"* oder *„schlechten Gewissens"* auch eine persönlichkeitsinterne Sanktionierung darstellt – völlig unabhängig von (ja manchmal sogar in Widerspruch zu) dem, was „die Leute" sagen.[310]

Die einseitige, rationalistisch-instrumentalistische Normtheorie COLEMANs wie anderer RC-Theoretiker hat auch mit der Vernachlässigung von *Gefühlen* zu tun. Seit jeher und mit gutem Grund wird in der Sozialtheorie ein enger Zusammenhang zwischen einem *Mitgefühl* für andere Menschen und der Entstehung von *sozialem Verantwortungsbewußtsein* gesehen. Berühmt und wohl noch heute weitgehend gültig ist das Werk von Adam SMITH (1994 [1757]) über die Theorie der ethischen Gefühle; demnach entstehen Werturteile über das Handeln einer Person auf der Basis einer emotional basierten, positiven kognitiven Rollenidentifikation (durch „Sympathie"). Unter den drei elementaren Tugenden – „prudence" (das wohlverstandene Eigeninteresse), „justice" (zielt auf Einhaltung von Regeln, sodaß bei der Verfolgung des Eigeninteresses niemandem geschadet wird) und „bene-

---

309 Das „Gewissen" ist wohl auch gemeint, wenn KLIEMT (1985: 210ff., 224; 1986: 180) aus rechtsphilosophischer Sicht argumentiert, man müsse neben einer *externen*, interessenbezogenen Motivation für das Befolgen von Regeln auch eine *interne Motivation* annehmen, nämlich die Bereitschaft, Regeln zu befolgen, einfach weil sie bestehen.
310 In Meyers Enzyklopädischem Lexikon (Bd. 10, S. 306) wird „Gewissen" definiert als eine „Urteilsbasis zur (zweifelsfreien) Begründung der allgemeinen persönlichen moralischen Überzeugungen und Normen insbesondere für die eigenen Handlungen und Zwecke....". Zu konzedieren ist allerdings, daß auch das individuelle Gewissen in starkem Maße sozial anerzogen ist. Menschen, die in äußerst depravierten Verhältnissen aufwuchsen (z.B. 10-15jährige Kinder, die sich völlig allein „auf der Straße" durchschlagen, was inzwischen sogar in mitteleuropäischen Städten häufig vorkommt), scheinen den Unterschied zwischen „gut" und „böse" kaum mehr zu kennen.

volence" (Güte, Wohlwollen gegenüber anderen) – nimmt die letztere den höchsten Rang ein.[311]

Die Entstehung von Normen impliziert einen Übergang von der Mikro- zur Makroebene – einer für COLEMAN wie für die gesamte Rational Choice-Theorie zentralen Problematik. Normen sind für ihn Makrophänomene, sie entstehen jedoch durch individuelles Handeln; sobald die Norm einmal besteht, übt sie jedoch ihrerseits autonome Effekte auf individuelles Handeln aus. Es handelt sich also im ersten Schritt um einen Mikro-Makro-Übergang, im zweiten Schritt um einen Makro-Mikro-Übergang.

Die erste Bedingung, die zu einem *Bedarf* oder zu einer *Nachfrage nach einer Norm* führt, ist die Tatsache, daß eine Handlung für viele andere ähnliche *externe Effekte* (Externalitäten) aufweist. Es ist aber (1) nicht oder nur schwer möglich, daß einer der Betroffenen direkt und allein den Verursacher von seinem Verhalten abbringt, und es ist (2) auch nicht möglich, Märkte für Kontrollrechte einzurichten; auch ist kein einzelner Akteur in der Lage, sich im Austausch für etwas anderes Kontrollrechte anzueignen. Kurz gesagt, es gilt, daß die Externalitäten nicht durch einfache Transaktionen beseitigt werden können.

Es kann sich hierbei um *negative* und *positive Externalitäten* handeln. Vielen Menschen wird ein Schaden zugefügt (etwa durch das Rauchen in einem Lokal, die Umweltverschmutzung durch einen Betrieb), sodaß eine Norm entwickelt wird, die das schädigende Verhalten verbietet oder einschränkt (es etwa auf Raucherzonen begrenzt oder Maßnahmen zur Luftreinhaltung vorschreibt). Es kann auch ein Interesse an „positiven", ein Verhalten vorschreibenden oder fördernden Normen entstehen: wenn alle Mitglieder eines Colleges Nutznießer eines herausragenden Footballteams sind, kann eine Norm entstehen, die begabte Sportler zur Entwicklung ihrer Fähigkeiten anspornt. Es gibt auch Beispiele für Normen, die mehrere positive Externalitäten erzeugen (oder sogar dann entstehen, wo überhaupt keine Externalitäten vorhanden sind, bevor die Norm besteht). Beispiele sind Vorschriften über richtige Bekleidung oder angemessenes Verhalten (Etikette), die für den Einzelnen ein Zugehörigkeitsgefühl erzeugen und für die Gruppe als Ganzes ein Differenzierungskriterium darstellen.

---

311 Hier zusammengefaßt nach MEYERS, Bd. 21, S. 833f.; vgl. auch KURZ 1991.

Es kann auch um einfache Situationen mit nur zwei Handelnden gehen (wie im Gefangenendilemma). Hier führt eine gemeinsam geteilte Norm zu einem abgestimmten Verhalten, das für beide vorteilhafter ist als ein nur am Eigeninteresse orientiertes Verhalten, das dem einzelnen zwar im Erfolgsfalle größeren Nutzen bringt, im Mißerfolgsfalle jedoch auch größeren Schaden. Das Interesse an der Entstehung einer Norm kann auch bei Interaktionsbeziehungen zwischen wenigen Akteuren entstehen und zwar dann, wenn die paarweise Abstimmung zwischen zwei Partnern kein soziales Optimum hervorbringen kann; dies ist dann der Fall, wenn es notwendig ist, daß mindestens zwei kooperieren müssen, damit es sich für den dritten lohnt, einer gemeinsamen Strategie beizutreten.

In diesem Zusammenhang ist für COLEMAN (1990: 260) wieder die Vorstellung eines *"sozial effizienten Zustands"*[312] oder *sozialen Optimums* relevant. Dazu führt er die Unterscheidung zwischen *konjunkten Normen* und *disjunkten Normen* ein; bei den ersteren sind die Gruppen, die sich an die Norm halten müssen, und die Nutznießer der Norm dieselben, bei disjunkten Normen sind sie verschieden. Ein soziales Optimum ist bei homogenen Gruppen als Zustand definiert, in dem die Vorteile, die jeder aus der Ausführung einer Handlung beziehen könnte, geringer sind als die Kosten, die ihm entstehen, wenn auch alle anderen die Handlung ausführen. In einem solchen Falle stehen alle besser da, wenn es die Norm gibt, als wenn es sie nicht gibt.

COLEMAN argumentiert hier in einer Fußnote, sein Begriff eines sozial effizienten Zustands oder sozialen Optimums sei das Analog zum Begriff der *"ökonomischen Effizienz"* bei den Ökonomen und zwar nicht nur dem schwächeren Konzept eines Pareto-Optimums.[313] Diese Aussagen COLEMANs über die Existenz eines angeblichen „sozialen Optimums" stellen sich aber bei näherer Betrachtung, wie bereits oben angedeutet, als recht fragwürdig heraus. Betrachten wir genauer was Ökonomen unter „Effizienz" verstehen.

---

312 Der COLEMANSCHE Begriff „social efficiency" wird in der deutschen Ausgabe (COLEMAN 1991: 335) eher problematisch übersetzt mit „soziale Wirksamkeit".
313 Ein PARETO-Optimum ist „ein Zustand, in dem kein Wirtschaftspartner besser gestellt werden kann, ohne daß mindestens einer schlechter gestellt wird" (STREISSLER 1986: 115).

Die Grenzen der Anwendbarkeit des Konzepts eines „sozialen Optimismus"

Zunächst ist festzustellen, daß man einen COLEMAN's Begriff des „sozialen Optimums" entsprechendes, umfassendes Konzept eines „ökonomischen Optimums" in der Ökonomie gar nicht findet. Wenn Ökonomen von „Effizienz" sprechen, dann nur in dem sehr viel eingeschränkteren Sinne, daß bestimmte Ziele ohne Mittelverschwendung verwirklicht werden.[314] Der Begriff der „Effizienz" spielt vor allem in der Wohlfahrtsökonomie bzw. der Ökonomie des öffentlichen Sektors und der öffentlichen Güter eine wichtige Rolle. Als „effizient" wird ein Markt definiert, wenn in seinem Rahmen genau das produziert wird, was es wert ist, produziert zu werden. Dies heißt wiederum (nur), daß irgendjemand bereit ist genau so viel zu bezahlen, wieviel diese produzierten Güter kosten (STURN 1997b: 3).

Die Wirtschaftswissenschaft definiert *Pareto-effiziente* oder *Pareto-optimale Ressourcenverteilungen* zunächst als Verteilungen, bei denen keine weitere Umverteilung zur Verbesserung der Lage von irgendjemandem möglich ist, ohne daß dadurch andere schlechter gestellt würden. Dieser Sachverhalt läßt sich durch eine von links oben nach rechts unten gekrümmte Nutzenkurve darstellen, wobei jeder Punkt auf der Nutzenkurve durch den (vollkommenen) Wettbewerbsmarkt realisiert wird (STIGLITZ 1988: 63ff.).

Die beiden *Basistheoreme der Wohlfahrtsökonomie* lauten dann:

1. Jedes Wettbewerbsgleichgewicht stellt (in einem perfekten Wettbewerbsmarkt) ein Pareto-Optimum dar;
2. jedes Pareto-Optimum ist als Wettbewerbsgleichgewicht dezentralisierbar. Dies heißt: werden die Ausgangs- oder Rahmenbedingungen geändert (z.B. durch Umverteilungsmaßnahmen), so pen-

---

314 So explizit STREISSLER (1986: 14). In den Stichwortverzeichnissen der großen Lehrbücher von LIPSEY (1972) oder SAMUELSON (1981) finden sich die Begriffe von „efficiency" oder „optimum" überhaupt nicht. Man könnte natürlich sagen, ein wirtschaftliches System habe sein „Optimum" erreicht, wenn es die Realisierung des „magischen Vierecks" von Vollbeschäftigung, Preisstabilität, angemessenem Wirtschaftswachstum und außenwirtschaftlichem Gleichgewicht erreicht habe (vgl. zu diesen Grundzielen der staatlichen Wirtschaftspolitik PIERENKEMPER 1980: 204ff.). Ein solcher Zustand ist jedoch, vor allem weil es hier nicht nur um private, teilbare Güter geht, in keiner Weise theoretisch eindeutig bestimmt (vgl. auch MATZNER 1994, 1997).

delt sich ein neues (Preis-) System ein, das wieder einem Pareto-Optimum entspricht.

Das zweite Theorem impliziert insbesondere, daß die Annahme falsch ist, daß der Markt an sich ungerecht ist bzw. zu ungerechten Verteilungen führt.

Dies alles sind natürlich nur sehr formale Definitionen. Daß eine Verteilung „Pareto-optimal" ist, sagt nichts darüber aus, wie „gut" (etwa aus der Sicht einer Perspektive sozialer Gerechtigkeit) sie ist. Was jedoch essentiell ist, damit Aussagen dieser Art wissenschaftlich sinnvoll sind – und ich möchte dies nicht bestreiten – ist die weitere Annahme der Ökonomen, daß es ein Idealmodell eines *perfekten Wettbewerbs* zumindest als Denkmöglichkeit gibt. Auf einem solchen Wettbewerbsmarkt vergleicht jedes Individuum seinen marginalen Nutzen mit seinen marginalen Kosten und entscheidet sich dann dementsprechend (STIGLITZ 1988: 65). Dies aber ist eine Annahme, die für soziales Verhalten im weiteren Sinne wenig Sinn ergibt bzw. allenfalls als eine schwache, wissenschaftlich nicht sehr weit führende Analogie betrachtet werden kann.[315] Ich möchte dies zunächst an zwei Beispielen darstellen.

Aus volkswirtschaftlicher Sicht kann es als „ineffizient" erscheinen, wenn viele Leute sehr lange mit alten Autos fahren, da diese erheblich mehr Benzin verbrauchen und mehr Schadstoffe an die Umwelt abgeben als neue. Die raschere Verschrottung alter Autos würde der Umwelt daher nützen und auch den Konsumenten zumindest nicht schaden, wenn die Kosten für die Anschaffung neuer Autos nicht so hoch wären, daß sich die lange Nutzung älterer Fahrzeuge eher lohnt. Um diese *Pareto-Verbesserung* herbeizuführen, braucht man aus Sicht der Ökonomen nicht die Marktbedingungen selber ändern, man braucht lediglich die Ressourcenausstattung oder Kosten der individuellen Marktteilnehmer ändern (STIGLITZ 1988: 65). Genau dies hat

---

315 Amartya SEN (1970) zeigt im übrigen sehr klar, daß das Prinzip der PARETO-Optimalität ebenso wie andere „reine", aber sehr allgemeine Regeln für konkrete kollektive Entscheidungen wenig hilfreich ist. Seine Folgerung lautet, daß es ein „ideales" System kollektiver Entscheidungen nicht gibt und eine Bewertung der Brauchbarkeit bestimmter derartiger Systeme stets vom Typ der jeweiligen Gesellschaft abhängt. Dies ist eine Folgerung, die völlig kongruent ist mit einer Auffassung der Soziologie als „Wirklichkeitswissenschaft", deren Hauptziel darin besteht, für konkrete Gesellschaften und Kontexte Verallgemeinerungen zu treffen, die nicht zu abstrakt bleiben dürfen.

z.B. die italienische Regierung gemacht, indem sie Besitzern älterer Autos eine Prämie auszahlte, wenn sie ihr Vehikel verschrotten ließen und dafür ein neues kauften.[316]

Betrachten wir einen analogen Fall aus dem Bereich des sozialen Verhaltens. Es ist bekannt, daß der starke Geburtenrückgang der letzten Jahrzehnte mittel- und langfristig mit enormen gesellschaftlichen Folgeproblemen verbunden sein wird (Nachfragerückgang bei Kindergärten und Schulen, in der Folge schwindende Beschäftigungschancen in diesen Bereichen, steigende Belastung der Erwerbstätigen durch Abgaben für die Pensionsversicherungen; schwierige soziokulturelle Integration der Immigranten, die für den Arbeitsmarkt benötigt werden, usw.). Eine Verbesserung der Ressourcenausstattung von Erwachsenen, die bereit sind, Kinder in die Welt zu setzen und aufzuziehen, wäre eine entsprechende naheliegende Maßnahme; man weiß ja, daß Kinder erhebliche finanzielle Belastungen für die Eltern mit sich bringen. Die österreichische Regierung unter KREISKY setzte in den 70er Jahren mehrere solcher Maßnahmen (etwa eine Heiratsprämie und eine Prämie bei der Geburt eines Kindes).

Obwohl beide Maßnahmen recht ähnlich motiviert zu sein schienen, wie der vorher dargestellte Anreiz zur Altfahrzeugverschrottung, wird man wohl kaum behaupten können, daß sie tatsächlich derselben Logik gefolgt sind. Hätte man die einmalige Kinderbeihilfe tatsächlich als eine ökonomische „Gebärprämie" verstanden (wie die Prämie für die Verschrottung des Altautos), und wären die dementsprechenden Effekte tatsächlich eingetreten, hätte man sich wahrscheinlich in gröblicher Weise „verrechnet". Aus ökonomischer Sicht würde jemand völlig unlogisch handeln, wenn er für relativ bescheidene einmalige Beiträge langfristige Kosten in Kauf nehmen würde, die ein Vielfaches davon ausmachen.[317] Ein gravierender negativer Effekt einer solchen Maßnahme aus gesellschaftlicher Sicht wäre aber, daß vor allem jene Eltern zusätzliche Kinder in die Welt setzen würden, deren elterliches Verantwortungsbewußtsein eher unterentwickelt ist. Die Folge wäre ein Geburtenzuwachs in genau jenen Familien, in denen

---

316 Daß dieses häufig das eines großen italienischen Autoherstellers war, mag ein nicht unerwünschter Nebeneffekt der Maßnahme gewesen sein.

317 Nimmt man den – nicht ganz unrealistischen – Betrag von 4.000,- Schilling an, den ein Kind bis zum 20. Lebensjahr im Durchschnitt für die Eltern „kostet", kommt man auf einen Betrag von 960.000 Schilling. Die KREISKY'sche „Geburtsprämie" betrug 15.000 Schilling!

Kinder die ungünstigsten Erziehungsbedingungen vorfinden würden. Soziale Probleme, wie vorzeitiger Schulabbruch, Verwahrlosung usw. würden überproportional ansteigen.

Man sieht also: bei der Bestimmung dessen, was ein „soziales Optimum" sein könnte, muß man von vornherein in Rechnung stellen, daß es dabei um viel mehr als nur um individuelle Präferenzen und Ressourcen geht, die sich in *Geldeinheiten* ausdrücken lassen. Dies scheint mir ein erstes, essentielles Argument gegen die Übertragbarkeit ökonomischer Denkfiguren und Modelle auf die Soziologie zu sein. Wenn die Ökonomie von *sozialen Wohlfahrtsfunktionen* und *sozialen Indifferenzkurven* spricht, so hat sie dabei immer Güter und Dienste im Auge, für die eine *monetäre Bewertung*, ein *Preis*, tatsächlich existiert (oder zumindest existieren könnte).[318] Sehr klar weisen die Ökonomen STREISSLER/STREISSLER (1986) auf die Bedeutung dieses Sachverhaltes hin:

„In Geld ausgedrückte Summen sind im Alltagsleben quantifizierte Größen. Preise und Mengen treten dem Ökonomen ebenfalls bereits quantifiziert entgegen. Somit findet der Wirtschaftswissenschaftler schon gemessene Größen vor, Größen, um deren Quantifizierung er sich nicht erst wissenschaftlich bemühen muß." (STREISSLER/STREISSLER 1986: 8)

Dieser Aussage ist – mit einer gewissen Einschränkung[319] – grundsätzlich zuzustimmen.

Beim größten Teil jener Güter, die die Soziologie untersucht, ist dies nicht der Fall. Man kann zwar vom „Nutzen einer Liebesbeziehung" sprechen,[320] ja sogar vom „Nutzen eines ewigen Lebens", den ein Frommer höher ansetzen mag als jenen Nutzen, den er dadurch erzielen könnte, daß er sich angenehme, aber ethisch fragwürdige Handlungen leistet. Die wesentlichen Elemente der Bedeutung derar-

---

318 Analog zu einer individuellen Indifferenzkurve wird eine *soziale Indifferenzkurve* definiert als jene Kombination von Nutzenwerten verschiedener Güter und verschiedener Individuen, hinsichtlich derer eine Gesellschaft indifferent ist (STIGLITZ 1988: 103).
319 Einzuwenden ist, daß auch wichtige ökonomische Maßzahlen, wie das Bruttosozialprodukt/Kopf, sehr wohl erst wissenschaftlich definiert werden müssen, wie die Messung der Intelligenz in der Psychologie oder des Konservatismus in der Politologie (Beispiele, die STREISSLER/STREISSLER im folgenden anführen).
320 Vgl. dazu Abschnitt 4.4b unten, zur ökonomischen Theorie der Ehe von Gary S. BECKER.

tiger Motive, Beziehungen und Verhaltensweisen würden dabei jedoch verfehlt. Die von der Ökonomie untersuchte Fragestellung „Ist eine bestimmte Ressourcenverteilung ökonomisch effizient?" ist sinnvoll und kann auch wissenschaftlich erhellt werden, da es um die Frage geht, ob bei gegebenen Bedürfnissen und Wünschen („Nutzenfunktionen") der Marktteilnehmer die entsprechend finanziell bewerteten Güter/Dienste so effizient bereitgestellt werden, daß alle möglichst viel davon erhalten.

Eine entsprechende Frage nach einer *effizienten sozialen bzw. institutionellen Struktur* ist dagegen nicht wirklich beantwortbar, weil die hier auftauchenden Nutzen- und Kostenfaktoren gar nicht in monetären Größen ausgedrückt, die verschiedenen individuellen „Nutzen" also nicht interindividuell meßbar und vergleichbar sind (die Voraussetzungen für die Erstellung einer „sozialen Wohlfahrtsfunktion"; vgl. STURN 1997b: 24). Es besteht natürlich die Möglichkeit, daß man derartige Präferenzen und Nutzenfunktionen nicht in streng quantitativer Form, sondern lediglich in *Präferenz-* und *Rangordnungen* zum Ausdruck bringt (KLIEMT 1986: 59ff.). Damit wird das Problem der Meßbarkeit entschärft, aber nicht das grundlegende Problem beseitigt, daß es in der Realität nicht nur um ökonomische Größen geht. Die Soziologie bestreitet nicht, daß Menschen manchmal ausschließlich von ökonomischen Erwägungen geleitet werden können. Letztlich würde dies zu absurden und ethisch fragwürdigen Folgerungen führen. Schlagende Beispiele lassen sich aus dem Bereich der Gesundheitsversorgung anführen. Nach ökonomisch-zweckrationalen Erwägungen müßte man die heute enorm hohen Kosten für aufwendige Behandlungs-, Heilungs- und Rehabilitationsverfahren vor allem der jungen Generation und den (noch) Erwerbsfähigen zugute kommen lassen. Wo würde die „sozial optimale Balance" liegen zwischen den Maßnahmen für diese „produktiven" Gesellschaftsmitglieder einerseits und Ausgaben zur Erhaltung der Gesundheit von Pensionisten und alten Menschen (vor allem für die wenig zahlungskräftigen darunter), für körperlich oder geistig chronisch Kranke, für Behinderte usw. andererseits (vgl. dazu auch LEACH 1973: 373ff.)? Die Soziologie würde ihre Existenzberechtigung verlieren, wenn sie nicht annehmen würde, daß bei wichtigen individuellen und kollektiven Entscheidungen *potentiell immer auch nichtökonomische Motive des Handelns* (Werte, Traditionen, Emotionen) *eine Rolle spielen können und sollen*. Zu bestimmen, ob und bis welchem Grunde dies tatsächlich der Fall ist, betrachte ich als die Hauptaufgabe der Soziologie (vgl. dazu ausführlich Kapitel 6).[321]

Ein drittes Argument gegen die Übertragbarkeit des Begriffes des Pareto-Optimums auf ganze Gesellschaften lautet: die Gesellschaft als Ganzes kann nur metaphorisch als Akteur bezeichnet werden, der um seines Vorteiles willen handelt (KLIEMT 1986: 350ff.). Spontane moralische Selbstbindungen von Individuen erfolgen nur in Kleingruppen (wie z.b. Familien), in denen durch kontinuierlich wiederkehrende Interaktion alle Beteiligten davon profitieren, wenn man sich an bestimmte Reziprozitäts- und andere Normen hält. Umfassende gesellschaftliche Normen und Institutionen können dann durch Kooperation und Vernetzung vieler solcher Kleingruppen entstehen (KLIEMT, ebenda).

Es gibt noch ein viertes Argument gegen die Übertragbarkeit des Begriffes der „ökonomischen Effizienz" bzw. des „ökonomischen Optimums" auf soziale Verhältnisse im weiteren Sinne. Die schwerwiegendste Einschränkung des Paretoprinzips ist nach Meinung der Ökonomen selber seine Indifferenz gegenüber dem *Verteilungsproblem* (STIGLITZ 1988: 93ff.). Demnach würde z.B. in einer sehr ungleichen Gesellschaft die Zunahme des Reichtums der sehr wenigen

---

321 Richard STURN (1997a: 33ff.) schließt sich in seiner tiefschürfenden Studie *Individualismus und Ökonomie* der These an, die Ökonomie sei berechtigt, den Führungsanspruch unter den Sozialwissenschaften zu erheben (in diesem Sinne auch SAMUELSON 1981: 20 und implizit viele andere renommierte Ökonomen). Er begründet dies mit dem eigentlich soziologischen Argument, daß das Prinzip der instrumentellen (ökonomischen) Rationalität heute de facto die gesamte Gesellschaft dominiere. Mir scheint dies zwar ein durchaus interessanter, manchen Trends auch entsprechender Gedanke zu sein; *in toto* erscheint er mir aber trotzdem unhaltbar zu sein. So gibt es neben Trends zu einem Vordringen instrumentell-rationalen Denkens und Verhaltens auch Gegentrends eines Vordringens neuer Werte, antirationalistisch-antiökonomischer, religiös und politisch orientierter Strömungen und Bewegungen (wie etwa der ökologischen Bewegung, der Frauenbewegung, der Esoterik usw.; zu den Grenzen des technisch-rationalen Denkens in der modernen Gesellschaft vgl. BERGER/BERGER/KELLNER 1987; KUZMICS 1989. Darüber hinaus gibt es auch alte und neue Bereiche des Sozialverhaltens, die primär nicht von instrumentell-zweckrationalem Verhalten gekennzeichnet sind (vgl. dazu insbesondere ETZIONI 1994) und es gewinnen postmaterialistische, freizeit- und erlebnisbezogene, sowie expressiv-ästhetische Orientierungen und Lebensformen an Bedeutung (INGLEHARDT 1989; BELL 1991; SCHULZE 1992; STAUBMANN 1995).

Reichen eine Pareto-Verbesserung darstellen, wenn dadurch die Armen nicht weniger erhalten würden. Für die Soziologie wurde jedoch behauptet – und ich stimme dieser These zu – daß ihr zentrales Problem das der *sozialen Ungleichheit*, also der Verteilung, ist (DAHRENDORF 1974: 352ff.). Die soziologische Analyse der Ungleichheit begnügt sich aber nicht mit der Darstellung und Analyse objektiver Verteilungen und faktischer Einkommen verschiedener Gruppen, sondern beginnt eigentlich erst mit der Analyse der *relativen sozioökonomischen Lage* der verschiedenen sozialen Klassen, Schichten und Gruppen ihrer Erklärung und normativen Legitimation (vgl. VEBLEN 1971; RUNCIMAN 1966). Das heißt nichts anderes, als daß ein an das Konzept der „ökonomischen Effizienz" angelehntes Konzept der „sozialen Effizienz" die Grundfrage der Soziologie verfehlt.

Entwicklung und Durchsetzung von Normen als (ausschließliches) Ergebnis einer Interessenabstimmung zwischen den Beteiligten?

Kehren wir zurück zur Frage, wie COLEMAN die Entstehung und Durchsetzung von sozialen Normen erklärt. Zunächst kann man ohne Zweifel seiner These zustimmen, daß die Existenz von Normen das Zusammenleben für alle erleichtert. Der viel mehr beinhaltende Begriff eines „sozialen Optimums" suggeriert jedoch, es gebe einen Satz von Normen, der tatsächlich objektiv als ein „optimaler" bestimmt werden könne. Wenn es diesen in bestimmten Bereichen aber gibt, warum wird er dann aber nicht überall realisiert? So steht außer Zweifel, daß starke Geschwindigkeitsbeschränkungen die Zahl der Verkehrsunfälle und Verkehrstoten drastisch reduzieren können.[322] Warum sind bis jetzt aber nur die US-Amerikaner so vernünftig gewesen, diese Binsenweisheit in entsprechend strenge und wirksame Normen und Kontrollen umzusetzen?

---

322 Beweisen ließe sich dies etwa durch die unterschiedlichen Unfallzahlen in verschiedenen Ländern (wobei allerdings wichtige Rahmenbedingungen zu kontrollieren wären, wie etwa die Tatsache, daß in weniger entwickelten Ländern auch meist schlechtere Fahrzeuge gefahren werden, die Straßen in schlechterem Zustand sind usw.). Einen objektiven, außer Zweifel stehenden Beweis lieferte die Tatsache, daß die Unfallzahlen in Ländern, die im Zuge der Ölkrise drastische Geschwindigkeitsbeschränkungen einführten (wie z.B. Italien), die Unfallzahlen signifikant sanken und nach Aufhebung der Beschränkungen wieder stiegen.

Daß Normen für bestimmte gesellschaftliche Gruppen nützliche Funktionen erfüllen können, daß es also ein Interesse an effizienten, d.h. sanktionsgestützten, Normen gibt, ist noch keine zureichende Bedingung dafür, daß sie auch tatsächlich eingeführt werden. Es geht hier also um das Problem der *Bedingungen für die Realisierung von Normen*. Die ausführliche Diskussion von COLEMAN dazu (1990, Kap. 11, S. 266-299), die hier nicht im Detail wiedergegeben werden kann, läuft darauf hinaus, daß eine Abstimmung zwischen allen an der Norm Interessierten notwendig ist, diese sich organisieren müssen, um ihr zur Durchsetzung zu verhelfen. Er argumentiert auch hier in deutlicher Analogie zum *Effizienzprinzip* in der Ökonomie, das nicht mehr und weniger besagt als folgendes: Wenn Menschen effektiv miteinander verhandeln und das Ergebnis ihrer Verhandlungen in wirksame Entscheidungen umsetzen können, wird das Resultat der ökonomischen Aktivität effizient sein (MILGROM/ROBERTS 1992: 24). Es entsteht dabei vor allem das Problem, wer die *Sanktionierung* übernimmt – wie in der berühmten Fabel ÄSOPs vom „Konzil der Mäuse". Diese hatten bekanntlich den genialen Einfall, einer Katze eine Glocke umzuhängen, sodaß jede Maus das Herannahen der Katze hören könnte. Es fand sich dann nur leider keine Maus bereit, dies zu tun. Eine solche Konstellation beschreibt COLEMAN als ein „Problem öffentlicher Güter zweiter Ordnung": niemand ist bereit, Kosten im Interesse der Allgemeinheit auf sich zu nehmen.

Hier wirft COLEMAN auch das Problem des *Übereifers* auf, das einer Theorie rational-nutzenorientierten Verhaltens diametral zu widersprechen scheint. Ein Beispiel dafür ist die freiwillige Verpflichtung zum Kriegsdienst oder sogar zum Frontdienst, die eine hohe Gefährdung des eigenen Lebens beinhaltet. Dieses Phänomen kann man seiner Ansicht nach jedoch genauso erklären wie das Free-Rider Verhalten: wenn mehrere Personen Interesse an einem bestimmten Ergebnis haben, entwickeln sie eine Norm, die auch positive Sanktionen beinhaltet und dadurch das entsprechende Verhalten fördert. Die Person, die das Ergebnis tatsächlich herbeiführt, erfährt dann zwei Gratifikationen: den direkten Nutzen aus dem erzielten Ergebnis selber, und den Nutzen aus der Anerkennung durch alle anderen. Allgemein gilt, daß es vor allem die Existenz *sozialer Netzwerke* ermöglicht, Übereifer hervorzurufen, weil im Rahmen von Netzwerken eine Vielzahl an Gratifikationen vergeben werden kann. Ein Netzwerksystem in diesem Sinne habe ein Verstärkungspotential wie Elektrizität.

Zur Frage, wie Abweichungen von Normen sanktioniert werden, diskutiert COLEMAN u.a. die Funktion des *Klatsches*. Klatsch setzt ein Netzwerk eng miteinander bekannter Personen voraus, die gemeinsame Normen vertreten; oft macht der Klatsch die Existenz dieser Normen erst klar und er verursacht geringe Kosten. Klatsch sanktioniert die davon Betroffenen zwar nicht direkt, kann für sie aber doch soziale Bedeutung besitzen.

Ähnlich argumentiert COLEMAN hinsichtlich der *Bereitschaft an Wahlen* teilzunehmen. Hier, so scheint mir, wird die Tendenz der Rational Choice-Theoretiker besonders deutlich, ein Problem aufzuwerfen und dann elegant theoretisch zu „lösen", wobei das vermeintliche „Problem" aus einer anderen theoretischen Perspektive jedoch gar keines darstellt (vgl. auch REICHER 1998). Betrachten wir zunächst das „Problem":

„Der Akt des Wählens stellt Wissenschaftler, die das rationale Kalkül des Verhaltens erforschen, vor ein schwerwiegendes Problem. Wenn man einen Wähler als rationalen Akteur betrachtet, der ein Interesse am Ausgang der Wahl hat, für den aber der Akt des Wählens selbst mit geringem Zeitaufwand und wenig Mühe verbunden ist, muß der Wahlakt nicht zwangsläufig erfolgen, selbst wenn der Akteur ein sehr großes Interesse am Wahlergebnis hat. Einfache Überlegungen werden den Wähler überzeugen, daß seine eigene Stimme, falls viele andere ebenfalls ihre Stimme abgeben, nur mit einer äußerst geringen Wahrscheinlichkeit das Wahlergebnis beeinflussen wird. Die geringfügigen Kosten an Zeit und Mühe, die das Wählen erfordert, werden mit Sicherheit größer sein als die minimale Chance, daß das Abgeben der Wählerstimme gewinnbringend sein wird". (COLEMAN 1991: 375)

Das auch von anderen RC-Theoretikern (z.B. A. DOWNS) diskutierte angebliche „*Wahlparadox*" lautet also: warum beteiligen sich so viele Personen an Wahlen, obwohl es als irrational erscheint, dies zu tun? Schon hier könnte man als grundsätzlichen Einwand festhalten: als „irrational" erscheint Wahlverhalten nur deshalb, weil als „rational" per definitionem nur solche Handlungen gelten, die dem Handelnden einen unmittelbaren Nutzen bringen. Betrachtet man jedoch auch ein Handeln als rational, das sich an allgemeinen Werten orientiert (in diesem Fall dem Wert: politische Partizipation), stellt sich gar kein Problem oder zumindest kein „Paradox" (vgl. dazu auch KLIEMT 1986: 178ff.).

COLEMAN löst sein „Problem" mit der folgenden Argumentation: der Ausgang von Wahlen ist vielen wichtig, daher ist ihnen auch das Verhalten anderer Menschen wichtig. Dies führt zur Nachfrage nach einer Norm: Wenn nun enge Beziehungen zwischen den Wählern oder

Wählergruppen bestehen, werden diese in der Lage sein, die Entstehung bzw. Aufrechterhaltung einer solchen Norm zu fördern, etwa durch Äußerung von Mißbilligung (bei Nichtwählen) oder Anerkennung (bei Wahlteilnahme). Eine weitere, darin enthaltene Implikation besagt, daß Wahlteilnahme umso eher gefördert wird, je enger die Netzwerke zwischen den Unterstützern bestimmter Kandidaten oder Parteien sind.

Diese letzteren Überlegungen sind wiederum sehr plausibel. Sie beseitigen jedoch nicht den Haupteinwand gegen alle diese Überlegungen COLEMANs, der darin besteht, daß es nicht ausreichend sein kann, sich die Entstehung sozialer Normen als Resultat von nutzenorientierten Kalkulationen bzw. markt- oder vertragsähnlichen Tausch- und Aushandlungsprozessen zwischen den beteiligten Individuen und Gruppen vorzustellen (vgl. auch PRISCHING 1985; MOZETIC 1998: 161). Allgemein zustimmungsfähige Moralprinzipien und Normen können durch individuelle Entscheidungsrationalität (d.h., die bewußte Abstimmung zwischen Personen und Gruppen) vor allem dann nicht erzeugt werden, wenn es eine *asymmetrische Machtverteilung* zwischen den Beteiligten gibt (KOLLER 1994b: 309). Unter einer solchen Voraussetzung ist weder die Forderung nach Unparteilichkeit des moralischen Standpunktes noch jene nach wechselseitiger Anerkennung aller Betroffenen als gleichen und freien Personen erfüllt; beide sind aber notwendig zur Begründung einer universellen Moral. Erforderlich ist ein Verfahren, das eine kontrafaktische Unterstellung gleicher Ausgangsbedingungen für alle vornimmt, sodaß die Moralprinzipien auch für alle akzeptierbar werden. Beispiele solcher Moraltheorien sind die Ethik von J. KANT, die Theorie der distributiven Gerechtigkeit von John RAWS und die Diskursethik von J. HABERMAS.

c) *Kritik der theoretischen Grundannahmen und methodologischen Vorgangsweise von COLEMAN*

Versuchen wir, die hiermit bereits angesprochenen kritischen Einwände gegen die Version der Rational Choice-Theorie, wie sie von COLEMAN entwickelt wurde, abschließend nochmals systematisch zusammenzustellen.

Eingeschränkter, rein nutzenbezogener Handlungsbegriff

COLEMAN verwendet einen sehr restriktiven, ansonsten vor allem in der Modellwelt der neoklassischen Ökonomie verwendeten Handlungsbegriff, wenn er davon ausgeht, individuelles „rationales" Handeln sei ausschließlich von Eigeninteresse geleitet, und im Prinzip nicht durch Normen beeinflußt (COLEMAN 1990: 31; vgl. dazu auch STINCHCOMBE 1992; LINDENBERG 1993). Er unterstellt diesem ökonomischen Ansatz eine Leistungsfähigkeit im Hinblick auf die Begründung einer normativen Theorie, die ihm nicht zukommt. Die Tatsache, daß die Verfolgung der Eigeninteressen unter bestimmten, sehr restriktiven Umständen, zu einer Verbesserung der Situation aller an einem Austausch Beteiligten führen könne, ohne einen davon schlechter zu stellen, habe zur Begründung der ökonomischen Theorie auf das Prinzip der Nutzenmaximierung geführt und erlaube ihr – wie auch einigen Theoretikern der politischen Philosophie (namentlich RAWLS, NOZICK und GAUTHIER) –, normative Folgerungen für wirtschaftliches Handeln abzuleiten. Er empfiehlt daher auch der Soziologie, dem Prinzip der Nutzenmaximierung in der Ökonomie analoge Grundannahmen hinsichtlich des (menschlichen) sozialen Handelns zu treffen (COLEMAN 1990: 41).

Damit vertritt COLEMAN allerdings eine sehr restriktive Konzeption und steht in explizitem Gegensatz zu einem viel reichhaltigeren soziologischen Handlungsbegriff, wie ihn WEBER (1964; vgl. auch ARON 1971: 177ff.) entwickelt hat. Nach WEBER gibt es bekanntlich vier unterschiedliche Formen des sozialen Handelns, nämlich zweckrationales, wertrationales, traditionales und affektgeleitetes Handeln. Wesentlich hierbei scheint mir zu betonen, daß auch wertbezogenes, traditionsverhaftetes, ja in gewissem Sinne sogar emotionales Handeln (Näheres zu diesem in Kapitel 6) als Formen *rationalen Handelns* zu betrachten sind. Daß dies so ist, steht außer Frage: wenn ich mich etwa für ein Handeln entsprechend einer ethisch-moralischen Norm, oder für ein Handeln nach hergebrachten Mustern entscheide, setze ich dafür rationale Überlegungen ein. Ich setze dann eben den Wert „Befolgung von Normen" oder den Wert, etwa die Natur zu schützen oder überlieferte Lebensformen weiterzuführen, *bewußt* als wichtiger an als etwa den ökonomischen Nutzen, mit neuen Produktionstechniken mehr erzeugen zu können, durch Verzicht auf den Besuch eines Sonntagsgottesdienstes länger schlafen zu können usw. Solche Entscheidungen mögen nicht als „zweckrational" erscheinen; rational sind sie trotzdem ohne Zweifel, und zwar in einem noch „höheren" Sinne als das zweckrationale Handeln im engen Sinne (vgl. dazu insbesondere HABERMAS 1981).[323]

Die Einführung des Prinzips der „Nutzenmaximierung" in die Soziologie würde in der Tat, wie ein Kritiker COLEMANs feststellte, darauf hinauslaufen, die ganze soziale Welt als eine Art „Buchhaltungsbüro" darzustellen; dies würde nicht einmal der Auffassung von Adam SMITH entsprechen (SICA 1992; MEYER 1979; ETZIONI 1996)[324]. Die Komplementärtheorie der „*sozialen Sympathie*", die Adam SMITH parallel zu seiner Theorie über das rationale ökonomische Handeln entwickelt hat (vgl. dazu auch KURZ 1991), läßt COLEMAN außer Acht. Ein Kritiker hat dies folgendermaßen und – nicht zu Unrecht – etwas polemisch formuliert:

„Economics takes individual wants ‚as a given' and then calculates what people will do to get them... Economists feel scientifically chaste and politically democratic because they accept whatever is desired as ‚reasonable,' and work their equations from there. Sociologists are not so lucky. It is empirically the fact that certain behaviors, and more of them all the time it seems, damage other people, environments, social relations, and the prospects for a human future. It is against this background that social theorists today must labor. Coleman's book shows

---

323 Selbstloser beruflicher Einsatz, Erziehungsarbeit und andere persönlich oft schwierigste familiäre Leistungen (z.B. Pflege alter Angehöriger) wären ohne diesen Bezug unverständlich. Das gleiche gilt für das Tun folgender Menschen: Der Mann, der sich in einen Fluß stürzt, um einen Ertrinkenden herauszuziehen (obwohl er dabei sein eigenes Leben riskiert); die Frau, die ein Kind austrägt und zur Welt bringt, obwohl die Ärzte ihr sagen, daß dies für sie selber ein hohes Gesundheitsrisiko darstellt; der Feuerwehrmann, der in die Flammen vordringt, um seine Berufspflicht zu erfüllen; der mir völlig unbekannte Tankwart, der mir nachläuft, um mir Restgeld herauszugeben, obwohl er merken mußte, daß ich den 50.000-Lire-Schein für einen 10.000-Lire-Schein gehalten hatte (so erlebt bei einem Urlaub in der Toskana); die Tatsache, daß zehn Bergleute bei extremer Gefährdung des eigenen Lebens in einen über 100 Meter tiefen Schacht einfahren, um diesen zu sichern und einen eingeschlossenen Kollegen zu retten, wobei sie alle den Tod finden, während ihr Kollege wie durch ein Wunder nach neun Tagen gerettet wird (so geschehen zur Zeit der Niederschrift dieses Textes im Juli 1998 in Lassing in der Steiermark). Alle diese Fälle illustrieren, wie absurd eine Sozialtheorie ist, die annimmt, derartiges Handeln sei „irrational".
324 Ebensowenig ist die Behauptung COLEMANS haltbar, die Sozialphilosophen RAWLS und NOZICK würden ein enges, nutzentheoretisches Rationalitätsprinzip vertreten, wie er es SMITH unterstellt.

only rhethorical awareness of this. By adopting the credo of marginal utility – the consumer knows best – his general program for social thought begins to assume the shape of a handbook for cost-benefit analysis, and little more. This is a step backward into the land of Alfred Marshall and W. S. Jevons, before Weber (*inter alii*) took the trouble to illustrate that studying human action, individually or in the round, was much harder than drawing supply and demand curves. The ultimate goal of social theory is to understand and interpret what humans do to themselves and their surroundings." (SICA 1992: 253)

Praktisch ausgeklammert wird durch einen derart eingeschränkten Handlungsbegriff der für eine Soziologie als „Wirklichkeitswissenschaft" zentrale Begriff des *Sinnes des Handelns*. Dieser kann, wie in WEBERS Typen der Rationalität angedeutet, sehr vielfältig sein. Übergangen wird die Grundintention der Klassiker der Soziologie, die zu zeigen versuchten, daß es keine rein individuell bestimmbaren Bedürfnisse und Ziele gibt, sondern daß diese immer schon sozial vorgeformt und strukturell limitiert sind.[325]

Fehlen einer systematischen makrosoziologischen bzw. „drittweltlichen" Theoriekomponente. Das Beispiel des Begriffs der „Verfassung"

Es wurde bereits an ESSER kritisiert, daß im RC-Ansatz eine eigenständige Begriffs- und Theoriebildung in bezug auf globale, makrosoziologische Strukturen fehlt. Diese Kritik trifft auch auf COLEMAN zu. So merkt A. STINCHCOMBE (1992: 190ff.) an, COLEMANs Analyse des Wahlverhaltens vernachlässige die Tatsache, daß nur ein geringer Teil der Wählenden tatsächlich abschätzen könne, welche Folgen ein bestimmter Wahlausgang haben werde; noch weniger könne er eine klare Strategie verfolgen, wie man einem bestimmten Kandidaten zum Sieg verhelfen könne. Entscheidend sind hier vielmehr die *Strategien von Parteien als korporativen Akteuren*, und nicht Kosten-Nutzen

---

325 MARX' Hauptintention war, die Idee des rational handelnden ökonomischen Subjekts bei den Ökonomen des 19. Jahrhunderts als eine Fiktion aufzuzeigen; DURKHEIM zeigte u.a., daß Selbstmord nicht aus individualpsychologischen Neigungen erklärbar ist; WEBER argumentierte, daß individuelles Handeln immer vor dem Hintergrund der Wertsysteme einer Gesellschaft zu sehen ist, ja, Individuen den Sinn ihrer Handlungen immer im Zusammenhang mit den bestehenden Gruppennormen sehen müssen (WARFIELD RAWLS 1992: 222); zu einer eingehenden Diskussion dieser Thematik aus ökonomischer Sicht vgl. STURN 1997a.

Überlegungen individueller Wähler; allenfalls Abgeordnete, aber kaum Wähler sind als „rationale politische Lebewesen" zu bezeichnen. *Wahlsysteme*, die von COLEMAN zu Recht als sehr wichtig herausgestellt werden, haben in erster Linie Effekte auf die Struktur und Repräsentanz der politischen Parteien und nur über diese auf die individuellen Wähler; ein Vergleich zwischen Großbritannien und den USA auf der einen, Italien auf der anderen Seite (mit Mehrheits- versus Verhältniswahlsystemen) zeigt dies auf den ersten Blick.[326]

COLEMAN hat allerdings mit dem Konzept der „*Verfassung*" als einem Normenkomplex, der für formalisierte soziale Systeme, also korporative Einheiten, gültig ist (COLEMAN 1990: 325ff.), einen sehr wichtigen und fruchtbaren Begriff eingeführt. Dieser würde es im Prinzip erlauben, die Ebene des Kontextes im soeben genannten Sinne adäquat zu erfassen. Diese Chance vergibt er sich allerdings dadurch, daß er auch die Entstehung von Verfassungen – die er als Analog zu informellen Normensystemen in kleinen, geschlossenen sozialen Systemen sieht – nur als Ergebnis individueller bzw. gruppenspezifischer Aushandlungsprozesse sieht. Er geht hierbei von zwei in der Realität nicht existenten Idealtypen aus – analog zur entsprechenden Unterscheidung zwischen „konjunkten" und „disjunkten Normen". Den ersten Typ der Verfassung bezeichnet er als „*konjunkte Verfassung*" und meint, ihre Entstehung entspreche dem HOBBESschen Modell des „Sozialkontrakts": Dabei tun sich mehrere Gleiche zusammen und erlassen eine Verfassung, in der sie sowohl Verfassungsgeber wie von der Verfassung Betroffene sind; sie entspricht ihren gemeinsamen Interessen am besten. Als Beispiele nennt er freiwillige Mitgliedschaftsgruppen und Organisationen, aber auch die demokratischen Verfassungen Polens, Frankreichs und der USA. Eine „*disjunkte Verfassung*" entsteht dagegen, wenn eine Gruppe von Verfassungs- oder

---

326 Der Effekt eines Mehrheitswahlsystems auf die Parteienstruktur ist ein zweifacher: zum ersten verdrängt er Kleinparteien, weil diese nie eine realistische Chance haben, allein zu einer regierungsfähigen Mehrheit zu gelangen; zum zweiten führt er zu einer ideologischen Annäherung der Programmatik der Parteien, weil diese als große Massenparteien gezwungen sind, die Interessen sehr breiter Bevölkerungskreise zu repräsentieren. Zum Teil werden diese Tendenzen in der „ökonomischen Theorie der Demokratie" von Anthony DOWNS (1968), die ebenfalls als eine Variante der Rational Choice-Theorie betrachtet werden kann, gut erfaßt. Ansonsten weist auch diese Theorie die typischen Schwächen der Rational Choice-Ansätze auf (Individualisierung sozialer und kollektiver Prozesse; unzureichende Berücksichtigung von Werten usw.).

Gesetzgebern die Verfassung erläßt, eine andere Gruppe ihr unterworfen ist. Als Beispiele hiefür werden genannt: die Verfassung der Feudalgesellschaft, in der der Adel die Gesetze erließ, denen sich die übrigen Klassen zu unterwerfen hatten; eine Schule, deren Regeln von Lehrern, Eltern und Staat festgelegt werden, jedoch von den Schülern zu befolgen sind. Sinngemäß könnte man im ersten Fall von gemeinsam vereinbarten (demokratischen, selbstauferlegten) Verfassungen, im zweiten Fall von aufoktroyierten Verfassungen sprechen.

Diese Dichotomisierung erlaubt es, die Entstehung von Verfassungen auf zwei einfache Grundprinzipien zurückzuführen: entweder auf einen Konsens der Beteiligten (im ersten Fall), oder auf Zwang (im zweiten Fall). Sie ermöglicht es COLEMAN (1992) auch, analog zum „sozialen Optimum", von „*optimalen Verfassungen*" zu sprechen, aus seiner Theorie also normative Aussagen abzuleiten. Er unterscheidet hierbei drei Typen von Optimalität: „*individuelle Optimalität*" einer Verfassung ist gegeben, wenn die Interessen jedes Mitgliedes als Erlasser oder Nutznießer der Verfassung ebenso stark sind wie jene, die es als Objekt der Verfassung hat; „*utilitaristische Optimalität*" ist gegeben, wenn zwar alle Akteure sowohl Verfassungsgeber wie –objekte sind, einzelne Akteure durch die Etablierung der Verfassung aber mehr gewinnen als andere; Optimalität besteht hier, wenn die ersteren auch die mächtigeren sind; „*auferlegte Optimalität*" ist gegeben, wenn Verfassungsgeber und –objekte unterschiedliche Personengruppen sind, die Verfassung aber so gestaltet wird, daß sie die Interessen der Stärkeren zur Geltung bringt.

COLEMAN kommt hier also zum gleichen, paradoxen Ergebnis, wie wir es oben in bezug auf die Definition des „sozialen Optimums" gesehen haben: Eine Verfassung ist letztlich, so kann man vereinfacht sagen, dann optimal, wenn sie den Interessen der Mächtigen am besten entspricht! Wenn es COLEMAN selber primär wahrscheinlich nur um eine neutrale wissenschaftliche Hypothese bzw. Erklärung ging, ist doch unverkennbar, daß eine solche Erklärung auch massive ideologische Implikationen hat. Es handelt sich meiner Meinung nach um eine eindeutig „*machiavellistische*" *Position*, nämlich eine Position, die bestehende (Macht-)Strukturen unhinterfragt akzeptiert[327]:

---

327 In der Ökonomie wird eine Position, die die unsichtbare Hand des Marktes mit sozialer Harmonie gleichsetzt, als „*Panglossianismus*" bezeichnet (vgl. dazu STURN 1997a: 26).

„Demnach ist eine Verfassung optimal, wenn in dem entstehenden System die Rechte für jede einzelne Klasse von Handlungen in Übereinstimmung mit den Interessen derer zugeteilt werden, die, nach Formulierung der Verfassung, nach Macht gewichtete Interessen besitzen, die stärker sind als die konkurrierenden nach Macht gewichteten Interessen.

Eine optimale Verfassung kann umfassende Rechtsbeschränkungen beinhalten, weil verschiedene Akteure unterschiedliche unveräußerliche Ressourcen besitzen....

... eine *erzwungene Optimalität* (kann) eine großenteils, wenn auch nicht völlig, willkürliche Rechtsallokation hervorrufen." (COLEMAN 1992: 43; Hervorhebung von mir, MH)

Es ist schwer zu fassen, daß COLEMAN als ein Sozialwissenschaftler, der die autoritär-totalitären Verhältnisse im ehemaligen kommunistischen Osteuropa sehr gut kannte, hier implizit feststellt, daß die Verfassungen dieser Länder „optimal" waren! Er merkt im Zusammenhang mit den obigen Ausführungen zwar an, daß auch die auferlegte Verfassung nicht alles erzwingen könne. So könne sie insbesondere die unveräußerlichen persönlichen Ressourcen der Zielakteure der Verfassung (wie sozial nützliche persönliche Fertigkeiten und Erfahrungen) auf Dauer nicht ignorieren, da dies schließlich zu „Sklavenaufständen, Meutereien und anderen Formen von Revolten" führen würde. Über die Bedingungen dafür erfahren wir aber ebensowenig wie über die konkurrierenden ethisch-moralischen Grundprinzipien der „erzwungenen optimalen Verfassungen" und ihrer Kritiker und Opponenten.[328]

Wie kann ein so scharf denkender, auch sehr gesellschaftskritischer Theoretiker wie COLEMAN zu Schlüssen dieser Art kommen? Ich denke, einfach deshalb, weil er der Logik seines Systems so stark vertraut, daß er annimmt, auch anscheinend unerwünschte oder von den meisten zu mißbilligende Folgerungen daraus ableiten zu müssen. Wo liegt der Denkfehler in diesem Fall? Er liegt zunächst schon in der Gegenüberstellung seiner beiden Verfassungs-Idealtypen (gemeinsam erlassene versus oktroyierte Verfassung). Ich möchte behaupten, daß diese Unterscheidung irreführend ist, daß diesen Idealtypen keine Realität entspricht und sie auch nicht als idealisierte Konstrukte

---

328 Zumindest mißverständlich ist auch die in anderem Zusammenhang getroffene Feststellung von COLEMAN, wonach sozialistische Staaten „globale Existenzfähigkeit" aufweisen, was eigentlich implizieren würde, daß aus Sicht dieser Staaten die Möglichkeit bestand, „Verluste in einer Beziehung mit Gewinnen aus anderen" auszugleichen (COLEMAN 1992: 138, 146). Die Implikation wäre, daß sozialistische Staaten nicht untergehen können (vgl. auch FRANK 1992: 157)!

brauchbar sind, an denen man Variationen der empirischen Realität messen könnte. Der letzte Grund dafür, warum diese beiden Idealtypen nicht ausreichend sind, liegt in der aktivistisch-rationalistischen Art und Weise, wie sich COLEMAN die Entstehung von Verfassungen vorstellt. Betrachten wir zunächst seine Beispiele näher.

Für konsensuell-demokratische Verfassungen, wie etwa jene, die sich die USA im Jahre 1787/89 gaben, gilt nicht nur, – wie COLEMAN selber zugesteht, – daß sie ihrem Ideal, jedermann als Bürger mit gleichen Rechten zu behandeln, aufgrund bestehender Ungleichheiten praktisch nicht gerecht werden konnten. Es gilt auch, daß etwa die US-Verfassung dieses Ideal nicht einmal verfolgte: die Verfassung sah das Wahlrecht von vornherein nur für Männer, für Besitzende, für Weiße usw. vor (vgl. BEARD 1941).

Eine nicht nur zu stark typisierende, sondern grundsätzlich fragwürdige Darstellung der faktischen Verhältnisse ist auch im Falle der von COLEMAN genannten Beispiele für oktroyierte Verfassungen zu konstatieren. Die Verfassungen der *mittelalterlichen Feudalgesellschaften* etwa wurden zwar sicherlich von den Adeligen geschaffen, sie hatten als Objekte aber nicht nur die Nichtadeligen (Bauern, Leibeigenen usw.), sondern vor allem die Adeligen selber, indem sie genaue Verpflichtungen über die Gefolgschaften und Loyalitäten zwischen den verschiedenen Stufen der Adelshierarchie festlegten. So wird unter „*Feudalismus*" vor allem die Tatsache verstanden, daß es sich dabei um ein „mehrschichtiges System der Vasallität (Lehnsketten) mit dem König an der Spitze der Lehnspyramide" handelt, um eine „durch Stufenfolgen von Gefolgschafts- und Schutzverpflichtungen gekennzeichnete politische und soziale Ordnung", die letztlich zwar ihre Grundlage in der Verfügung über hörige Bauern hatte, die aber auch die verschiedenen Stufen der Adeligen aneinander band.[329] Wichtig ist darüber hinaus die Tatsache, daß die Entstehung dieser Verfassung nicht allein, oder vielleicht überhaupt nicht primär, aus der ständischen „Klassenstruktur" und den Interessen des Adels erklärt werden kann, sondern einen grundlegenden Wandel der herrschenden Werte bzw. Ideologien in der frühmittelalterlichen Gesellschaft berücksichtigen muß. Es erscheint angebracht, dazu eine historische Autorität ausführlicher zu Wort kommen zu lassen:

---

329 BERTELSMANN NEUES LEXIKON, Bd. 3, S. 270f.

„Das Feudalwesen zeichnet sich in erster Linie durch den *Verfall der monarchischen Autorität* aus. Die Verteidigung des Landes, die ursprüngliche Funktion des Königtums, ging rapide und unwiderruflich in die Hände der regionalen Fürsten über. Diese eigneten sich die königlichen Vorrechte, die an sie delegiert worden waren, an... Doch mit der Zeit zerfielen die großen Fürstentümer selbst, genau wie zuvor die Königreiche zerfallen waren...

Die Unterteilung in immer kleinere territoriale Einheiten, und die damit einhergehende Aufsplitterung bestimmter Funktionen und Rechte, wie etwa zu befehlen, zu bestrafen oder *Frieden und Gerechtigkeit im Volke zu erhalten*, wurde im Grunde den konkreten Möglichkeiten gerecht, effektive Autorität auszüben...

Sie erfolgte gleichzeitig mit der Verankerung eines neuen Begriffs von Krieg und Frieden. Die ersten Phasen der Feudalisierung wurden in der Tat Schritt für Schritt von der Entwicklung einer neuen Ideologie, der Ideologie des ‚Gottesfriedens' begleitet...

Ihre Prinzipien sind recht einfach: Gott hatte *den gesalbten Königen den Auftrag erteilt, für Frieden und Gerechtigkeit zu sorgen*. Da die Könige sich als unfähig erwiesen, diese Pflicht zu erfüllen, nahm Gott die Befehlsmacht wieder in seine ordnende Hand und übertrugt sie seinen Dienern, den Bischöfen, die von den Territorialfürsten unterstützt werden sollten. So berufen die Prälaten in allen Provinzen Konzile ein. Teilnehmer sind die Großen und ihre Krieger. Diese Versammlungen sollten die Gewalt wieder unter Kontrolle bringen und *bindende Verhaltensregeln für die Waffenträger erlassen*. Zu diesem Zweck stützten sich die Konzile auf *moralische und spirituelle Zwänge*. Alle *Krieger des Landes müssen sich* in einem gemeinsamen Schwur *verpflichten, gewisse Verbote einzuhalten*; *Überschreitungen werden unter die Strafe der Exkommunikation*, das heißt der göttlichen Rache, *gestellt*." (DUBY 1977: 166f.; Hervorhebungen von mir, M.H.)

In diesem Zitat wurden alle Hinweise darauf, die den Adeligen selber ethisch-moralische Verpflichtungen auferlegen, hervorgehoben. Wie man sieht, sind diese zahlreich und eindeutig und ihre Übertretung wird mit einer scharfen Sanktion, der Exkommunizierung, bedroht.

Die Institution des „*Gottesfriedens*" hatte „erhebliche Auswirkungen" auf das Verhalten der Menschen und die tieferen Strukturen des ökonomischen Lebens: sie begründete die erste „kohärente Kriegsmoral der Geschichte". So wurden insbesondere die aggressiven Kräfte der Feudalgesellschaft von innen nach außen, gegen die Feinde der Christenheit, gelenkt; Waffenzüge dieser Art, die Kreuzzüge, wurden als heilbringend definiert. Erst die Moral des Gottesfriedens verhalf der Dreiständetheorie zu voller Blüte und verlieh ihr Geschlossenheit und Legitimität: „Die einen haben den Auftrag, für das Heil aller zu beten; die anderen sind berufen, zum Schutz des gesamten Volkes zu kämpfen; und die Mitglieder des dritten Standes ... sind dazu da, die Geistlichen und die Krieger durch ihre Arbeit zu erhalten" (DUBY 1977: 168). Allerdings muß man auch hier wieder sehen, daß Werte und Ideologien nicht aus dem Nichts entstehen, sondern selber wieder u.a. durch Interessen gestützt werden (müssen). So wurden die Kreuzzüge von den Päpsten ganz bewußt ins Leben gerufen und propagiert, um ihre Stellung als Oberhaupt der Christenheit zu festigen. Sobald diese Interessenbezogenheit zu offensichtlich wurde und Kreuzzüge auch gegen christliche Herrscher, aufsässige Adelige und abtrünnige Sekten ausgerufen wurden, verloren sie an Wirkung.[330]

An diesen Fakten zeigt sich wieder die Tendenz COLEMANs (und anderer Rational Choice-Theoretiker) zu einem sehr oberflächlichen, ja irreführenden Gebrauch von empirischen und historischen Beispielen. Diese Tendenz ist auch kein Zufall, handelt es sich bei COLEMANs Argumentation ja prinzipiell eher um eine rationale Rekonstruktion *möglicher* interessenfundierter Gründe, denn um eine empirisch-historische Untersuchung der damals tatsächlich geltend gemachten Gründe für die Einführung der Verfassung. Tatsächlich muß man aber auch diese *kennen*, um demonstrieren zu können, daß es ihnen an Plausibilität mangelte oder daß sie nur vorgeschoben wurden, um Interessen zu verbergen (KRIELE 1980: 41). Jedermann erscheint es auf den ersten Blick einleuchtend, daß die Kriegerkaste der mittelalterlichen Adeligen dem Rest der Bevölkerung eine Verfassung aufzwingen konnte und es auch tat. Die genauere historische Analyse zeigt aber, daß diese Vorstellung allein irreführend ist: auch dem Adel selber wurden dadurch moralische Einschränkungen und Verpflichtungen auferlegt. Ja, man kann in gewisser Weise sogar sagen, daß die Ständestrukturen und –privilegien sich erst aus diesen neuen ethisch-moralischen Verpflichtungen abgeleitet haben und nicht umgekehrt, wie es die individualistisch-materialistische Sozialtheorie COLEMANs suggeriert. Im übrigen gilt auch für die Beziehungen zwischen Adel und Grundherren einerseits, Bauern und Hörigen andererseits, daß diese nicht nur Ausbeutungsbeziehungen darstellten. Der Grundherr mußte auch die Existenz der hörigen Bauern sichern, der Adel hatte die Verpflichtung zur militärischen Sicherung des Landes.[331]

---

330 Vgl. dazu die umfassende Studie von Steven RUNCIMAN (1995), aber auch ELIAS (1976).
331 Die Bedeutung dieser Verpflichtung trat vor allem in Grenzregionen hervor, wie z.B. in der Steiermark, die jahrhundertelang Objekt der Einfälle von Türken und anderen Völkerschaften aus dem Osten war (vgl. Die Steiermark. Brücke und Bollwerk, 1986). Daß die Adeligen dieser Verpflichtung oft

Eine ähnliche Einseitigkeit zeigt sich auch im anderen Beispiel, das COLEMAN für eine oktroyierte Verfassung gibt, jenem *der Schule*. Auch hier gilt nicht – wie er behauptet – daß Eltern und Lehrer eine Verfassung entwerfen, die dann (nur) von den Schülern zu befolgen ist, sondern es gilt ebenso, daß auch die Lehrer selber in hohem Maße Verpflichtungen unterworfen werden. Es sind ja gar nicht die Eltern und Lehrer selber, die die Schulverfassung entwickeln, sondern das Parlament als politischer Repräsentant der ganzen Gesellschaft. Man könnte auch sagen, daß das Parlament in dieser Hinsicht als Vertreter des „kollektiven Willens" der Gesamtgesellschaft bzw. des „Gemeinwohls" fungiert. Ich würde hier die These aufstellen, daß im Grunde eine *jede* Verfassung derartige „Gemeinwohl"-Komponenten enthält, d.h., *allen Beteiligten Rechte und Pflichten auferlegt* (vgl. auch ARENDT 1974; LOEWENSTEIN 1975).[332]

Zusammenfassend können wir also sagen: eine Verfassung kann nicht zureichend verstanden werden, wenn man sie (wie COLEMAN) ausschließlich als ein vertragliches Übereinkommen zwischen den Mächtigen sieht, die damit ihre gemeinsamen Interessen fördern.[333] Eine Verfassung enthält immer auch (a) einen Bezug auf universelle Werte und Normen und – als unmittelbare Implikation davon – (b) Regeln und Vorschriften, die auch die Mächtigen selber binden und ihnen Verpflichtungen zum Schutze der Unterworfenen auferlegen (vgl. dazu auch die soziologische Verfassungstheorie von Alexis de TOCQUEVILLE, die in Kapitel 6.2b dargestellt wird). Unter der Bedingung großer Menschenzahlen ist es nicht mehr möglich, daß Betroffene allein Normen vereinbaren, die allen gemeinsam von Vorteil sind. Es bedarf eines *Rechtes*, das von gesellschaftlichen Herrschaftseinrichtungen bereitgestellt und dessen Geltung durch *organisierten*

---

nicht nachkamen, sich in ihren Burgen verschanzten und die Bevölkerung ihrem Schicksal überließen, steht auf einem anderen Blatt.

332 Eine sehr differenzierte Analyse der Komplexität unterschiedlicher Konstellationen und Bedingungen für die Entstehung von Normen im allgemeinen findet sich in KOLLER (1993); dabei werden rechts- und sozialphilosophische wie auch spieltheoretische Überlegungen einbezogen.

333 In Jon ELSTERS *Subversion der Rationalität* (1987: 195ff.) findet sich eine sehr interessante Diskussion der Tatsache, daß Verfassungen und politisches Handeln vielfach indirekte (positive) Auswirkungen haben, die sich oft erst langfristig einstellen und von den Beteiligten als solche gar nicht angezielt wurden. ELSTER zitiert insbesondere de TOCQUEVILLE und Hannah ARENDT als Autoren, die solche Effekte als sehr wichtig betrachteten.

Zwang garantiert wird (KOLLER 1993: 292). Dieser Zwang muß aber von den Betroffenen als *rechtmäßig* anerkannt werden.

Der Begriff der *Legitimität* bildet daher, neben jenem der *Souveränität* (der Durchsetzungsmacht der Staatsgewalt), den Grundschlüssel zum Verständnis fast aller Probleme der Staats- und Verfassungslehre (KRIELE 1980: 19; HELLER 1927) und die Basis für die soziologische Klassifikation von Herrschaftsformen (WEBER 1964/I: 157). Der seit der amerikanischen Revolution in Gang gesetzte Entwicklungsprozeß zum modernen Rechts- und Verfassungsstaat stellt in erster Linie eine Bewegung und Tendenz zur Einschränkung und Kontrolle der Mächtigen dar (HAYEK 1991: 221ff.). Hierin ist auch das zentrale *universelle Element* aller Verfassungen, ihr Bezug auf die Ebene der objektiven Welt geistiger Ideen und Werte enthalten (Näheres dazu in Kapitel 6). Nicht zufällig wird vor allem unabhängigen Weisen und Philosophen die Fähigkeit zum Entwurf neuer, idealer Verfassungen zugesprochen.

Die Beschränkung der Erklärungsleistung der RC-Theorie auf die Funktion der Systematisierung von Variablen. Die Konstruktion „künstlicher Probleme" und der illustrativ-selektive Umgang mit empirischen Daten als Indikatoren dafür

Die Vorgangsweise COLEMANs beim Heranziehen empirischer bzw. historischer Beispiele als scheinbaren „Belegen" für die Erklärungskraft seiner Theorie wurde oben mit Absicht ausführlich dargestellt. Es handelt sich dabei nicht nur um Einzelfälle, in denen von COLEMAN etwa bewußt nur *ein* Aspekt einer bestimmten Problematik beleuchtet wurde, sondern – so möchte ich hier argumentieren – um eine generelle Strategie der RC-Theoretiker. Die Charakteristika dieser Strategie zeigen sehr klar, daß der umfassende Erklärungsanspruch, den sie für ihren Ansatz erheben, nicht wirklich begründet werden kann. Betrachten wir hierzu nochmals die Problematik der Entstehung der Feudalverfassung und ein weiteres Beispiel.

In seiner „Erklärung" für die Entstehung der Feudalverfassung als einem paradigmatischen Beispiel für eine durch „Zwang" aufoktroyierte Verfassung blendet COLEMAN nicht zufällig einen zentralen Aspekt vollkommen aus: Es ist dies der Aspekt des *Inhalts der Verfassung*. Hätte er sich diesen angesehen, so wäre er sofort auf den von mir hervorgehobenen Aspekt gestoßen, nämlich die Tatsache, daß die Feudalverfassung nicht nur Verpflichtungen der Nichtadeligen (Bauern, Leibeigenen usw.)

gegenüber dem Adel festlegte, sondern auch Verpflichtungen des Adels gegenüber seinen Bauern und Hörigen, sowie – und vielleicht in allererster Linie – wechselseitige Verpflichtungen der verschiedenen Adelsschichten zueinander bzw. zwischen den Königen und dem Adel.

Der gleiche Einwand gilt für das andere Beispiel einer oktroyierten Verfassung, nämlich jenes, das die *Schule* und die *Schüler* betrifft. Auch hier werden nicht nur Verpflichtungen der Schüler in der Schule, zuhause usw. definiert, sondern ebenso Verpflichtungen der Lehrer und Eltern gegenüber den Schülern, wie auch Verpflichtungen der Lehrer untereinander.

So heißt es in einer älteren Fassung der österreichischen Schulgesetze, die Lehrer „haben den Obliegenheiten ihres Amtes pflichtgetreu und gewissenhaft" nachzukommen und „auf ein sittlich-religiöses Betragen der Schüler innerhalb der Schule hinzuwirken"; sie müssen einträglich zusammenwirken; Anweisungen gewissenhaft befolgen; den Verkehr mit den Eltern pflegen und dabei, sowie im Umgang mit den Schulbehörden „freundlich und entgegenkommend auftreten" usw. (DUSS 1954: 65ff., 80).

Die Selektivität in der Auswahl der jeweiligen Beispiele, die man bei COLEMAN – wie anderen RC-Theoretikern – feststellen muß, möchte ich hier noch an einem weiteren Beispiel illustrieren und diesem eine eigene Erfahrung gegenüberstellen, die genau das Gegenteil dessen belegt, was COLEMAN mit seinem Beispiel belegen will.

Als Beispiel für die Existenz von Normen werden in Kapitel 10 über „Das Bedürfnis nach wirksamen Normen" (COLEMAN 1991: 317) zwei Vorfälle beschrieben, die sich angeblich in Berlin und in New York zugetragen haben.[334]

Ein dreijähriges Kind, das mit seiner Mutter in Berlin über einen Bürgersteig geht, wickelt ein kleines Bonbon aus und wirft das Bonbonpapier auf den Boden. Eine ältere Frau, die vorbeigeht, schimpft das Kind aus, weil es das Papier hingeworfen hat, und macht der Mutter Vorhaltungen, weil sie ihr Kind nicht dafür bestraft hat. Ein dreijähriges Kind, das mit seiner Mutter in New York über einen Bürgersteig geht, wickelt ein Bonbon aus und wirft das Papier auf den Boden. Eine ältere Frau geht vorbei, sagt aber nichts, ja bemerkt nicht einmal, was das Kind tut. Dieses Beispiel wirft mehrere Fragen auf: Woher nimmt die Frau in Berlin das Recht, mit dem Kind zu schimpfen und die Mutter zur Rede zu stellen? Warum handelt eine Frau in New York unter ähnlichen Umständen nicht genauso? Ist die Frau in New York nicht der Überzeugung, daß sie ein Recht hat, mit dem Kind zu schimpfen, oder hat ihre Passivität andere Gründe? (COLEMAN 1991: 316).

---

334 Es ist mir nicht klar, ob COLEMAN hier wirklich beobachtete Vorfälle schildert oder bloß mögliche typische Verhaltensweisen meint; wäre das letztere der Fall, so hätte er es zumindest sagen müssen.

Die individualistisch-rationalistische Sozial- und Vertragstheorie

Dem Leser, der eine Standardvorstellung von Berlin als einer typisch deutsch-europäischen Stadt und von New York als einer typisch amerikanischen Stadt haben mag, werden die zwei Beispiele sicherlich als plausibel erscheinen: hier die Nichtbeachtung eines umweltschädigenden Verhaltens, dort die selbst in einer Großstadt relativ engmaschige soziale Kontrolle. Entsprechen diese Beispiele aber tatsächlich einer sozialen Realität, oder sind sie vielleicht eher als Ausfluß einer soziologisch-schriftstellerischen Phantasie zu sehen, in die zwar eine erhebliche Menge an „verwissenschaftlichter Primärerfahrung" (KÖNIG 1973) eingeflossen sein mag, die aber nichtsdestotrotz nicht unbedingt als verläßliche objektive Information anzusehen ist? Das folgende Beispiel aus meiner eigenen Erfahrung scheint eher letzteres zu belegen.

Im Juli 1995 fuhr ich, im Anschluß an einen Forschungsaufenthalt an der University of Waterloo (Kanada) mit meiner Frau und zwei Söhnen mit einem Mietauto zu einem mehrtägigen Aufenthalt nach New York. Auf der Suche nach einer preiswerten, relativ zentral gelegenen Unterkunft stießen wir auf das Hotel Days Inn in Manhattan. Während ich mich zur Rezeption begab, um Auskünfte über Unterkunftsmöglichkeiten und Preis einzuholen, warteten Frau und Kinder in dem abgestellten Auto. Während des Wartens stößt der ältere (15jährige) Sohn (vielleicht aus Ärger über die frustrierende Suche) eine leere Plastikflasche aus der offenen Autotür auf die an dieser Stelle mit Abfall ohnehin recht verunreinigte Straße. Daraufhin eilt sofort ein Mann von der anderen Straßenseite herbei und beginnt fürchterlich auf ihn einzuschimpfen.

Was zeigt der Unterschied zwischen den zwei Beispielen? Das konkrete Problem ist in diesem Fall sicherlich nicht allzu wichtig. Bezeichnend scheint mir jedoch die generelle Strategie der RC-Theoretiker bei den empirischen „Belegen", die sie heranziehen: Es werden (fiktive) Beispiele oder Probleme dargestellt (oder konstruiert), und es wird sodann nicht nach der tatsächlich plausibelsten Ursache gesucht, sondern es wird nur eine mögliche Ursache oder ein möglicher Effekt hervorgehoben. Dieser mag an sich als durchaus plausibel erscheinen; über seine faktische Wahrscheinlichkeit – kausale Relevanz! – wird jedoch nicht wirklich etwas Definitives ausgesagt. So wird im Falle der Berlinerin, die das Kind sanktionierte, vermutet, daß sie die Sanktion – obwohl sie in der betroffenen Situation keine unmittelbare Unterstützung durch andere Sanktionsträger erfuhr – aus folgendem Grund setzte:

„Es wäre denkbar, daß die alte Frau in Berlin mehrere Abende mit Gleichgesinnten verbracht hatte, mit denen sie die Pflichtversäumnisse der jüngeren Generation bei der Kindererziehung diskutieren und zu einem Konsens darüber gelangen konnte, was rechtens ist, und die alte Frau in New York mehrere Abende allein in ihrer Wohnung gewesen war." (COLEMAN 1991: 37)

Selbstverständlich *wäre dies denkbar* – nur würde es den Leser, der von der Soziologie (auch) kausale, wahrscheinlichkeitsbezogene Aussagen erwartet, vor allem interessieren, ob dies tatsächlich der Fall war bzw. meistens oder typischerweise der Fall ist.[335] Als besonders problematisch erscheint vor allem die Tatsache, daß die vermeintlichen „Probleme" bei näherer Betrachtung sich als inexistent herausstellen. Wenn Wegwerfen von Abfall auf der Straße in beiden Städten, in Berlin wie in New York, als Fehlverhalten gesehen und unmittelbar sanktioniert wird, ergibt sich gar nicht das Problem, wie man den *interkulturellen Unterschied* erklären kann. Wenn die Teilnahme an Wahlen nicht primär aus dem Interesse daran erfolgt, welche direkten (materiellen) Folgen der Wahlausgang für den Wähler haben wird, stellt sich gar nicht das „paradoxe" Problem der Emergenz von Wahlnormen.

4.4 Exkurs über ökonomische Erklärungen sozialen Verhaltens

Die Hauptvertreter des individualistisch-nutzentheoretischen Denkens, wie es die soziologischen Rational Choice-Theoretiker auszeichnet, finden sich in der Ökonomie. Es ist wohl kein Zufall, daß James COLEMAN seine Theorie an der University of Chicago entwickelte, – dem Ort, an dem so prominente ökonomische Vertreter dieses Paradigmas lehrten wie Milton FRIEDMAN oder Gary S. BECKER.[336] Der letztere hat sein ökonomisches Paradigma für so aussagekräftig gehalten, daß er es auch auf genuin „soziale" Bereiche angewandt hat; einen davon werde ich in diesem Abschnitt diskutieren. Andere Autoren sind ihm darin gefolgt und haben ökonomische Erklärungen für nahezu sämtlichen menschlichen Verhaltensweisen entwickelt (MCKENZIE/TULLOCK 1984).

---

335 Im übrigen ist auch COLEMAN's Vermutung wahrscheinlich objektiv falsch, ältere Frauen wären in den USA häufiger allein als in Deutschland (vgl. HÖLLINGER/HALLER 1990: 116).
336 Mit diesen führte COLEMAN auch gemeinsame Seminare durch.

Es erscheint angebracht, daß wir uns zur Abrundung der Diskussion über die Leistungsfähigkeit der Rational Choice-Theorien auch kurz einige Charakteristika und Beispiele ökonomischer Erklärungen sozialer Verhaltensweisen ansehen. Die Ökonomie wird ja vielfach als die höchstentwickelte und politisch-praktisch bedeutsamste Sozialwissenschaft angesehen. Sind vielleicht herausragende Ökonomen besser in der Lage, soziales Verhalten durch ihr Paradigma zu erkären als Soziologen, die dieses Paradigma auf ihre Weise soziologisch erweitert und modifiziert haben?

In diesem Abschnitt sollen zunächst kurz einige Haupttypen ökonomischen Denkens und Forschens dargestellt und mit der soziologischen Betrachtungsweise konfrontiert werden; im Anschluß daran wird an zwei ausgewählten Beispielen, der Theorie der Ehe von BECKER und der Konzeption von „Altruismus", gezeigt, wieweit der Erklärungsanspruch ökonomischer Sozialtheorien reicht.

a) Drei Grundtypen ökonomischen Denkens und Forschens

Ich möchte mit der folgenden Darstellung nicht den Anspruch erheben, ein definitives Urteil über die Leistungsfähigkeit und Grenzen ökonomischer Erklärungen und Modelle zu geben. Eine kurze Darstellung der Haupttypen von Erklärungen in dieser Disziplin erscheint jedoch nützlich deshalb, weil wir diese in Beziehung setzen können zu den unterschiedlichen Typen soziologischen Denkens, wie sie in dieser Untersuchung dargestellt werden. Wir werden sehen, daß die Ökonomie über Voraussetzungen verfügt, die in dieser Weise in der sozialen Welt bzw. in der soziologischen Forschung nicht gegeben sind, sodaß sich von daher eine klare Arbeitsteilung nahelegt. Auf der anderen Seite wird sich zeigen, daß in mancherlei Hinsicht durchaus Ähnlichkeiten zwischen bestimmten ökonomischen und soziologischen Ansätzen zu konstatieren sind. Daraus folgt, daß die Überlegungen zu den soziologischen Theorien auch für die entsprechenden ökonomischen Ansätze eine gewisse Gültigkeit besitzen. Im übrigen gibt es auch eine Fülle ökonomischer Literatur,[337] die sich kritisch mit der grundsätzlichen Frage der Erklärungskraft ökonomischer Modelle und Theorien auseinandersetzt.

---

337 Einige davon werde ich im folgenden zitieren, jedoch können diese Hinweise bei weitem nicht vollständig sein.

Ökonomische Gesetzmäßigkeiten als Quasi-Naturgesetze

„Obgleich viele ökonomische Gesetze approximativen Charakter haben, gibt es in der Nationalökonomie eine Reihe von wichtigen naturgesetzähnlichen Beziehungen", schreibt Paul A. SAMUELSON (1981: 28) in seinem Standardlehrbuch zur „Volkswirtschaftslehre". Mit dieser Auffassung trifft er sich mit vielen anderen (wenngleich keineswegs allen!) Vertreterinnen und Vertretern der ökonomischen Disziplin.[338] Betrachtet man Beispiele für derartige „naturgesetzähnliche" Beziehungen, scheint die Aussage auch durchaus Plausibilität zu besitzen.

Ein Basisbeispiel ist das Gesetz der Knappheit. Voraussetzung zu seiner exakten Formulierung ist der Begriff der Kapazitätslinie: ausgehend von der Tatsache, daß aufgrund der begrenzten Produktionsmittel einer Gesellschaft eine Wahl notwendig wird, welche Güter in ihr produziert werden, gibt die Linie an, wieviel von welchen Gütern bei gegebenen Produktionsmitteln produziert werden kann. Bei nur zwei Gütern – z.B. Butter und Kanonen – ergibt sich eine Kapazitätslinie (gekrümmte Kurve), die von der maximal möglichen alleinigen Produktion von Butter zur maximal möglichen alleinigen Produktion von Kanonen reicht und alle unterschiedlichen Kombinationsmöglichkeiten (Anteile) der beiden Güter zeigt (vgl. Abbildung 4.4). Jeder Punkt unterhalb der Kurve (wie z.B. U) bedeutet, daß nicht alle Produktionsmittel in der bestmöglichen Weise eingesetzt werden.

Daß hier eine Wahl notwendig ist, „kann anhand einfacher Rechenbeispiele und geometrischer Darstellungen leicht *illustriert* werden" (ebenda, S. 37; illustriert habe ich hier bewußt hervorgehoben, weil sich damit ein erster Hinweis auf ein Charakteristikum ökonomischen Denkens ergibt).

Hieraus ergibt sich die folgende Bestimmung von Knappheit:

„Güter sind ‚wirtschaftlich knapp', weil es nur begrenzte Mengen menschlicher und sachlicher Produktionsmittel gibt, mit deren Hilfe in Verbindung mit dem besten verfügbaren technologischen Wissen auch nur begrenzte Mengen von jedem Gut hergestellt werden können. Das bringt die Kapazitätslinie deutlich zum Ausdruck. Bisher ist noch nirgendwo in der Welt das Güterangebot so reichlich oder der Bedarf so gering, daß jedermann mehr hat, als er sich wünscht." (SAMUELSON 1981: 41).

---

338 So betont z.B. R.G. LIPSEY (1972: 11ff., 94ff.) in seiner Einführung in die Ökonomie im gleichen Sinne, wie ich es in Kapitel 6 machen werde, daß ökonomische Gesetze rein probabilistischen Charakter haben.

Abbildung 4.4: Die Kapazitätslinie einer Wirtschaft bei der Wahl zwischen der Produktion zweier Güter (aus SAMUELSON 1981: 38)

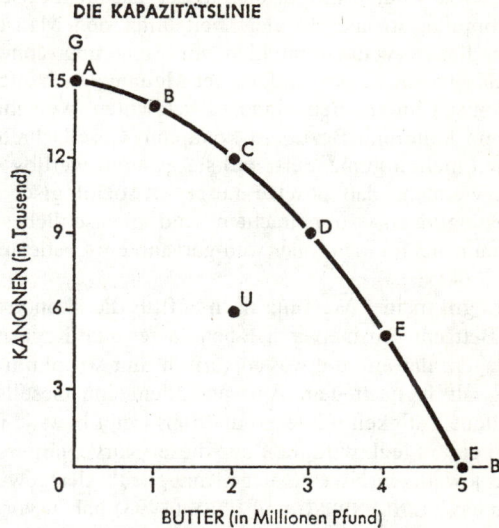

Daß es sich hier um ein „Gesetz" handelt, erscheint unmittelbar einsichtig: der postulierte Zusammenhang bzw. Tatbestand ist nahezu logisch wahr, empirisch auf jeden Fall zutreffend. Andere ökonomische Gesetze, auf deren Darstellung ich hier verzichte, sind: das grundlegende (weil die Angebots-Nachfragekurven und in der Folge den „Gleichgewichtspreis" begründende) Gesetz der abnehmenden Nachfrage (mit steigendem Preis eines Gutes sinkt die Nachfrage); das Gesetz der abnehmenden Grenzrate der Substitution; das Gesetz der wachsenden Staatstätigkeit usw. (SAMUELSON 1981; STREISSLER/ STREISSLER 1986). Manche dieser Gesetze haben geradezu „logischen Charakter" (wie das Gesetz der abnehmenden Nachfrage), andere (wie das Gesetz der wachsenden Staatstätigkeit, auch Wagnersche Gesetz) sind eher als empirische Verallgemeinerungen anzusehen.

Welches Verhältnis besteht zwischen ökonomischen Gesetzen dieser Art und soziologischen Gesetzen? Gibt es in der Soziologie ähnliche „Gesetze"? Zunächst kann man sagen, daß diese ökonomischen

Grundgesetze den Kapitel 2 dargestellten naturalistischen soziologischen Theorien verwandt sind. Auch den Vertretern dieser Ansätze geht es darum, allgemeingültige, auch logisch „plausible" Gesetzmäßigkeiten zu finden. Es gilt dies in der Tat für die Gesetze wie jenes der Ubiquität sozialer Ungleichheit unter den Menschen; jenes der Notwendigkeit von Hierarchien zur Steuerung von Organisationen usw. Gesetze dieser Art sind meiner Meinung nach allerdings nicht als soziologisch im engeren Sinne zu betrachten, weil ihnen der historische und kulturelle Bezug zu konkreten Gesellschaften fehlt. Damit habe ich nicht argumentiert, daß sie generell wertlos sind. Die These lautete vielmehr, daß Gesetze dieser Art soziologisch quasi als „Rahmenbedingungen" zu betrachten sind: menschliches Handeln muß bzw. kann sich in mehr oder weniger starkem Grade an ihnen orientieren.

Dies gilt meiner Meinung nach auf für die ökonomischen Basisgesetze. Betrachtet man etwa die oben dargestellte Kapazitätslinie, könnte man sagen, daß diese etwas historisch und soziokulturell höchst Variables ist: Je nach dem Aufwand, den eine Gesellschaft für wirtschaftliche Tätigkeit (Güterproduktion) treibt bzw. je nach dem Wert, den sie darauf legt, wird die Lage dieser Kurve variieren; dasselbe gilt für die jeweiligen Niveaus der „Knappheit", der gewünschten Gütermenge usw. LINDENBERG und FREY (1993) haben vorgeschlagen, das ökonomische Gesetz der Nachfrage in Abhängigkeit vom Preis auf die Soziologie zu übertragen und davon auszugehen, daß auch soziales Verhalten immer mit dem relativen Preis bzw. der relativen Knappheit von Gütern/Diensten zusammenhängt. Die Hypothese, daß ein Gut dann durch ein anderes ersetzt wird, wenn sich die Preisrelationen zwischen ihnen ändern, ist in allgemeinem Sinne ohne Zweifel richtig und kann mancherlei Einsichten ermöglichen; die systematische, kulturelle und historisch-zeitliche Einbettung sozialen Verhaltens bleibt damit wieder ausgeklammert.

Ökonomische Regelmäßigkeiten als funktionale Beziehungen. (Die neoklassische Ökonomie als „Modellwissenschaft")

Neben quasi-naturgesetzlichen Zusammenhängen spielen – wie bereits angedeutet – funktionale Zusammenhänge eine zentrale Rolle im ökonomischen Denken. Der größte Teil der Aussagen der theoretischen Ökonomie betrifft derartige Beziehungen. Es werden Relationen zwischen zwei quantitativ spezifizierbaren Größen hergestellt, wie z.B. bei der Nachfragefunktion, die besagt, daß es „jederzeit eine bestimmte Relation zwischen dem Marktpreis eines Gutes und der nachgefragten Menge" gibt (SAMUELSON 1981: 85). Grundlegend ist die Spezifikation von Wenn-Dann-Beziehungen, wie in folgendem Beispiel: „Wenn die Kosten in einer bestimmten Weise mit dem Output variieren und wenn Unternehmer danach streben, so viel Profit wie möglich zu machen, dann wird eine Steuer auf die verkauften Güter bestimmte Effekte auf die Menge und den Preis der verkauften Güter haben" (LIPSEY 1972: 17). Die theoretische Wirtschaftswissenschaft, vor allem in ihrer angesehensten Form, der neoklassischen Theorie, formuliert derartige Beziehungen in immer höherer Komplexität zunächst verbal, zusehends aber in immer differenzierteren geometrischen und mathematischen Modellen; auch Ökonomen können, wenn sie mathematisch nicht sehr gut ausgebildet sind, Beiträge in theoretischen Zeitschriften nicht mehr verstehen. Die Ökonomie ist damit heute eine Modellwissenschaft par excellence (DEANE 1978; REICHER 1998). In dieser Hinsicht wird sie ohne Zweifel von keiner anderen Sozialwissenschaft errreicht, sie wird aber auch von Ökonomen selber gerade deshalb auch immer wieder kritisiert. „Saubere (aber leere) Modelle versus schmutzige (aber datenreiche) Hände" – so brachte ein Autorenteam den Gegensatz zwischen Ökonomie und Soziologie auf den Punkt (HIRSCH et al. 1990). Bei aller Eleganz der Modellbildung besteht jedoch grundsätzliche Uneinigkeit der Ökonomen hinsichtlich des „harten Kerns" ihrer Disziplin, wie Guy ROUTH (1975) in einer Studie über die Ursprünge der zentralen ökonomischen Ideen seit D. HUME und A. SMITH feststellt. Zahlreiche prominente Vertreter der Disziplin (wie BOULDING, LEONTIEF, ROBINSON, GALBRAITH u.a.) hielten bei feierlichen Anlässen Reden, in denen sie der orthodoxen neoklassischen Theorie vorwarfen, irrelevant-abstrakte Modelle zu entwickeln und zentrale Probleme zeitgenössischer Wirtschaftsgesellschaften nicht verstehen zu können oder zu übersehen.

Der deutsche Ökonom H. ARNDT (1979) konstatiert drei grundlegende Mängel der dominanten neoklassischen Wirtschaftstheorie: (1) sie schließe die „Knappheit" grundsätzlich aus ihrer Analyse aus, unterstelle absolute Maßstäbe und verwende implizit außerökonomische Begriffe; (2) sie verwende Modelle, die von Raum und Zeit abstrahieren und prozessuale Verläufe in Gleichgewichtslagen transformiere; (3) sie neige dazu, Schlußfolgerungen, die aus speziellen Annahmen gewonnen wurden, zu verallgemeinern bzw. aktuelle Phänomene für allgemeingültig zu erklären. Eine Studie unter Doktoratsstudenten der Ökonomie an der Universität Harvard zeigte, daß die angehenden Ökonomen dieser Spitzenuniversität durch ein erhebliches Ausmaß an Zynismus gekennzeichnet waren, begründet darin, daß sie einen starken Widerspruch zwischen dem in der Öffentlichkeit hohen Status der Ökonomie und ihrem tatsächlichen Wissensgehalt empfanden, der ihnen als formalistisch und praxisirrelevant erschien (KLAMER/COLANDER 1990). Auch von KEYNES, jenem modernen Ökonomen, dessen Theorie als besonders praxisbezogen angesehen wird, wurde festgestellt, daß er weder von empirischen Fakten ausgehe noch zu ihnen zurückkehre, sondern ein Konzept nach dem anderen definiere, sich aber kaum je frage, welche empirische Relevanz diese haben (ROUTH 1975: 286). Für einen spezifischen Bereich moderner Wirtschaftstheorie, die neue Wachstumstheorie, stellt H. D. KURZ (1998) fest, man sei in diesem Bereich bis heute „über die Einsichten eines Adam Smith oder David Ricardo nicht nennenswert hinausgekommen".

Mit diesen kritischen Ausführungen über die Leistungsfähigkeit des modelltheoretischen Denkens der neoklassischen Ökonomie möchte ich, wie gesagt, kein (negatives) Pauschalurteil über sie fällen. Ich möchte damit jedoch deutlich machen, daß mir eine Übertragung dieses Ansatzes in direkter oder indirekter Form auf die Soziologie nicht zielführend erscheint. Die Argumente dafür sind:

1. Die (neoklassische) theoretische Ökonomie betrachtet primär quantitative Größen (Preisen, Mengen) und klar spezifizierte, funktionale Zusammenhänge, die in der Soziologie in dieser Form nicht gegeben bzw. möglich sind. Man kann die von der Ökonomie aufgestellten Sätze auch als *idealtypische Konstruktionen* im Sinne von Max WEBER (1964: 7) betrachten. Als solche stellen sie dar, wie „ein bestimmt geartetes, menschliches Handeln ablaufen *würde, wenn* es streng zweckrational, durch Irrtum und Affekte ungestört, und *wenn* es ferner ganz eindeutig nur an einem Zweck (Wirtschaft) orientiert wäre" (Hervorhebungen im Original). Daß auch wirtschaftliches Handeln nur in seltenen Fällen so abläuft, wie von WEBER festgestellt, entwertet den Nutzen solcher abstrahierenden Konstruktionen nicht.

2. Es geht nicht nur um die Spezifikation und empirische Überprüfung von kausalen (oder auch nur statistisch-probabilistischen) Zusammenhängen, sondern auch um *mögliche* Beziehungen. „Die einzi-

ge, immer richtige Antwort auf jede ökonomische Frage lautet: ‚Das kommt darauf an ...'," formulieren STREISSLER und STREISSLER (1986: 39) treffend. In der Soziologie vertreten funktionalistische Autoren, wie PARSONS oder LUHMANN, eine ähnliche Perspektive; diese ist jedoch in mehrfacher Hinsicht problematisch (vgl. Kapitel 3 und 5). Ich werde in Kapitel 6 argumentieren, daß man auch eine gewisse statistische Wahrscheinlichkeit eines Zusammenhangs (neben der sinnhaften „Plausibilität") angeben können muß, um von einem soziologischen „Gesetz" sprechen zu können.
3. Der Sinngehalt der postulierten Zusammenhänge wird ausgeklammert. Diese Tatsache zeigt sich schon darin, daß bei ökonomischen Zusammenhängen und Gesetzen in der Regel nur *Aggregatbeziehungen* betrachtet werden. Es ist noch möglich, das Gesetz der sinkenden Nachfrage auf ein individuelles wirtschaftliches Handeln zurückzuführen; unmöglich wird dies beim „Gleichgewichtspreis", da diese sich aus der Interaktion zweier Kurven ergibt. Wenn DURKHEIM von einem „anomischen Selbstmord", oder WEBER von der „charismatischen Herrschaft" als sozialen Phänomenen sprechen, so ist es immer noch möglich, dahinter individuelle Akteure auszumachen, deren Verhalten diesem sozialen Muster oder Typus entspricht. In der (Wirtschafts-) Soziologie werden ökonomische Größen systematisch nach ihrem sozialen Sinngehalt hinterfragt. *Geld* wird z.B. nicht nur als neutraler Wertmaßstab und Zahlungsmittel gesehen, sondern es wird z.B. auch gefragt, wie das Vordringen des Geldgebrauches die Qualität zwischenmenschlicher Beziehungen verändert (SIMMEL 1907).

Für die ökonomischen Modelle gilt in aller Regel die „ceteris-paribus-Klausel", d.h. die Annahme, daß sie von Raum und Zeit als quasi unabhängig gedacht werden.

Ökonomische Gesetzmäßigkeiten als theoretisch fundierte, empirisch überprüfbare Verallgemeinerungen

Die Ökonomie besitzt, insgesamt betrachtet, durchaus einen „polyparadigmatischen Charakter" (STREISSLER/STREISSLER 1986: 3; vgl. auch STURN 1997a) und so gibt es neben dem dominanten, neoklassischen Paradigma auch erheblich andere Ansätze. Einige davon bemühen sich viel stärker um eine empirische Fundierung ihrer Aussagen und stehen damit auch der Soziologie, wie ich sie hier verstehe, recht nahe. Hier kann man mehrere Sub-Varianten unterscheiden, die ich in Stichworten anführe:

- Die *wirtschaftshistorisch fundierte Ökonomie*, die sich z.B. mit Fragen des Wirtschaftswachstums (S. KUZNETS) oder dem wirtschaftlichen Strukturwandel (C. CLARK, A.B. FISCHER) befaßt; letztere wurde als „Theorie der postindustriellen Gesellschaft" (BELL 1975; vgl. dazu auch HALLER 1982) auch direkt von Soziologen aufgegriffen. Beispielhaft, theoretisch informiert und empirisch fundiert, haben in dieser Tradition Autoren wie Karl POLANYI (1977), mit seiner Studie über die Ursprünge und Begleiterscheinungen der industriellen Revolution in England, oder Alfred D. CHANDLER (1962) mit seiner Studie über den Wandel der inneren Strukturen großer Unternehmen in der USA, gearbeitet.
- Die *institutionalistische Ökonomie*, in deren Rahmen vor allem Autoren wie J. SCHUMPETER, T. VEBLEN und andere zu nennen sind. Neuerdings wird dieser Ansatz als „*Sozioökonomie*" wiederaufgegriffen und weiterentwickelt, wobei die Integration unterschiedlicher sozialwissenschaftlicher Perspektiven ein erklärtes Ziel ist (ALTHALER u.a. 1995; ETZIONI 1996).[339] Als eine verwandte, stärker formalisierte Variante ist hier die *Neue institutionalistische Ökonomie* zu nennen, die systematisch die Bedeutung organisatorischer, rechtlicher und staatlicher Regulierungen von wirtschaftlich-sozialen Verhaltensweisen mit einem an die klassische Ökonomie angelehnten Begriffsapparat zu erfassen versucht (vgl. z.B. WILLIAMSON 1985).
- Der forschungstechnisch und wirtschaftspolitisch sehr bedeutsam gewordene Zweig der *quantitativ-empirischen Wirtschaftsforschung*,

---

339 Bezüglich der Zielsetzung, Ökonomie, Soziologie und vielleicht noch weitere nahe verwandte sozialwissenschaftliche Disziplinen in eine neue Einheitsdisziplin „*Sozioökonomie*" zu integrieren, wäre ich allerdings aufgrund der im Text dargestellten inhaltlichen und methodischen Differenzen zwischen diesen Disziplinen doch eher skeptisch. Betrachtet man z.B. die Entstehungsgeschichte von Max WEBERS Hauptwerk *Wirtschaft und Gesellschaft*, so zeigt sich, daß auch WEBER zunehmend zur Betonung der Eigenständigkeit der Soziologie gelangte, und der Begriff „Sozialökonomie" eher nur eine zeitweise angepeilte Zielvorstellung darstellte bzw. eher nur als Überbegriff für die gemeinsame Behandlung nahe verwandter Probleme durch unterschiedliche Disziplinen diente (vgl. dazu SCHLUCHTER 1998).

insbesondere der *Ökonometrie*, die sich mit Problemen wie Konjunkturprognosen für die gesamte Volkswirtschaft oder einzelne Wirtschaftszweige, mit Beziehungen zwischen verschiedenen demographischen, sozialen und volkswirtschaftlichen Größen (etwa in der volkswirtschaftlichen Gesamtrechnung), mit der Entwicklung von Aktienkursen usw. befassen. Diese Prognosen gründen sich in der Regel auf Modelle, in die wiederum grundlegende theoretische Annahmen eingehen können. Die Ökonomen geben allerdings selber zu, daß der Bezug zwischen zugrundeliegender Theorie und Spezifikation der statistischen Modelle (meist komplexen multiplen Regressionsgleichungen) vielfach schwach ist; die faktisch verwendeten Prognosemodelle gründen sich u.a. auf simplen Fortschreibungen von Zeitreihen, Befragungen von Unternehmern über ihre Zukunftserwartungen, Stimmungsberichten von Vertretern usw. (SAMUELSON 1981: 332). Das allgemeine Urteil über die Leistungsfähigkeit dieser Forschung wird relativiert, wenn Ökonomen selber feststellen, daß die auf diesen Modellen basierenden Prognosen alles andere als genau sind und oft auch krasse Fehlprognosen gemacht werden (SAMUELSON 1981: 331; SCHLEICHER/ DEISTLER 1984: 70ff.; auf den bescheidenen Wissenszuwachs durch die „neue Wachstumstheorie" im Vergleich zu den ökonomischen Klassikern wurde bereits hingewiesen).[340] Wenn die Ökonomie in der wissenschaftlichen und allgemeinen Öffentlichkeit einen deutlich höheren Status genießen kann als die Soziologie, ist dies nicht nur auf ihren höheren „wissenschaftlichen Reifegrad" zurückzuführen.[341]

---

340 Genaugenommen muß man sagen, daß ökonometrische Prognosen *nahezu immer* falsch sind. So lautet eine fast regelmäßige Meldung bei der Veröffentlichung der neuesten Konjunkturprognosen des Österreichischen Instituts für Wirtschaftsforschung und des Instituts für Höhere Studien in Wien, daß die zuletzt gemachte Prognose (die meist nur ein halbes Jahr zurückliegt), um so und so viel revidiert werden müsse. Problematisch erscheint mir nicht diese Tatsache an sich, sondern die wirtschaftspolitische Gebrauch, den man von solchen Prognosen macht. So wurde etwa für den Beitritt Österreichs zur Europäischen Union mit dem Argument geworden, dadurch würden 45.000 neue Arbeitsplätze geschaffen. Der Nobelpreisträger James BUCHANAN, mit dem ich nach einem Vortrag in Graz anläßlich eines Abendessens zufällig darüber sprechen konnte, fand dies nachgerade unglaublich.
341 Eine andere Erklärung für das höhere Ansehen der Ökonomie im Vergleich zur Soziologie liegt darin, daß die „Klienten" der Wirtschaftswissenschaften

- Hier ist auch die neue Richtung der *experimentellen Wirtschaftsforschung* zu nennen, die an die Tradition der verhaltenswissenschaftlichen Soziologie anschließt und sich bemüht, konkrete theoretische Hypothesen in experimenteller Form zu überprüfen. Hierbei spielen auch soziologische Begriffe und Variablen wie soziale Normen, subjektive Zufriedenheit usw. eine wichtige Rolle (vgl. allgemein dazu HEY 1994; als konkrete Beispiele aus der Arbeitsmarktforschung MATZNER/STREECK 1991; FEHR/GÄCHTER 1998).
- Last but not least ist hier schließlich die *wirtschaftssoziologische Tradition innerhalb der Ökonomie* zu nennen (SWEDBERG 1991). Hier ist in allererster Linie der österreichische Ökonom und Sozialwissenschaftler Josef SCHUMPETER (1883-1950) anzuführen, der neben genuin soziologischen Beiträgen (z.B. zur Klassentheorie und Finanzsoziologie) in seiner umfassenden *History of Economic Analysis* auch die bis dahin vorliegenden wirtschaftssoziologischen Arbeiten ausführlich darstellte (zu SCHUMPETER als Soziologe vgl. auch ACHAM 1984; PRISCHING 1992). Diese Tradition hängt eng mit der oben genannten *institutionalistischen Schule* in der Ökonomie zusammen. In der Nachkriegszeit sind hier bekannte Ökonomen einzuordnen wie J.K. GALBRAITH, dessen Arbeiten über Wirtschaft und Gesellschaft der USA (z.B. GALBRAITH 1968) jenen eines Soziologen wie Daniel BELL sehr ähnlich sind, oder Gunnar MYRDAL, der umfassende, genuin sozialwissenschaftliche Studien über die Diskriminierung der rassischen Minderheiten in der USA, Armut und Unterentwicklung in der Welt und ähnliche Themen verfaßt hat (vgl. z.B. MYRDAL 1980). Zu nennen sind hier auch Ökonomen wie Fred HIRSCH, der neben einer soziologisch inspirierten Theorie der *Grenzen des Wachstums* (HIRSCH 1980) z.B. auch sozialwissenschaftliche Studien zur Inflation initiierte (HIRSCH/GOLDTHORPE 1978).

---

gesellschaftliche Eliten sind, die über große Macht bzw. finanzielle Möglichkeiten verfügen (Wirtschafts- und Finanzpolitiker, Unternehmer usw.). Die Wirtschaftswissenschaften sind daher in viel stärkerem Maße als „Legitimationswissenschaften" gefragt als die Soziologie, deren Fragestellungen und Klienten (Ungleichheit, soziale Probleme, Benachteiligte aller Art) viel weniger durchschlags- und zahlungskräftig sind (vgl. dazu auch KNORR/HALLER/ZILIAN 1981).

Ich beschließe damit die Diskussion der in der Ökonomie feststellbaren typischen Denk- und Forschungsrichtungen. Sie sollte zum einen gezeigt haben, daß es in dieser bedeutenden sozialwissenschaftlichen Nachbardisziplin durchaus ähnliche Denkrichtungen und Ansätze, aber auch ähnliche wissenschaftstheoretische Probleme gibt wie in der Soziologie. Zum anderen sollte sie auch gezeigt haben, daß wir voll berechtigt sind, die Eigenständigkeit der Soziologie zu betonen; diese wird zwar nie den hohen Formalisierungsgrad und die „Exaktheit" der neoklassischen Ökonomie erreichen (wenngleich sie davon rein formal durchaus lernen könnte!), sie kann dafür aber eine stärkere Realitätsnähe ihrer Theorien und Erklärungen vorweisen. Die folgende, selbstkritische Bemerkung von Richard G. LIPSEY, einem bedeutenden englisch-kanadischen Ökonomen, liest sich geradezu wie eine Wiederholung meiner kritischen Ausführungen zur Beziehung zwischen Theorie, Empirie und Praxis in der Soziologie im Vorwort. LIPSEY schreibt dazu:

„Eine der unglücklichsten Tendenzen in der Lehre der Ökonomie ist die, eine deutliche Trennlinie zu ziehen zwischen ökonomischer Theorie und angewandter Ökonomie. Viel zu oft wird die ökonomische Theorie als rein logische Analyse gelehrt und wird, im besten Fall, nur vage mit der Welt verknüpft, während die angewandte Ökonomie zu einem theoretisch unaufgeklärten Beschreiben verkommt." (LIPSEY 1972: XIV)

Insbesondere wird man feststellen könne, daß eine wirklichkeitswissenschaftliche Soziologie, in deren Rahmen eine systematische Einbettung der Befunde über soziale Verhaltensweisen in historische und kulturelle Kontexte erfolgt, auch für die Ökonomie und andere, stark generalisierende Human- und Sozialwissenschaften (wie etwa die Psychologie) eine wesentliche Ergänzung darstellen kann. Es steht außer Zweifel, daß gerade dann, wenn man die wissenschaftliche Spezialisierung nicht grundsätzlich ablehnt, eine *interdisziplinäre Kooperation* unabdingbar ist, wenn es um zureichende inhaltliche Antworten auf wichtige Probleme geht. Oft kommen bestimmte Aspekte eines Problems überhaupt erst zu Bewußtsein, wenn man die Perspektive und Forschungsmethoden einer anderen als der eigenen Disziplin einnimmt bzw. anwendet.[342]

---

342 Als Beispiel sei hier die Erforschung von Arbeitslosigkeit und ihren Folgen genannt. Ökonomen betonen hier, durchaus zu Recht, die große Bedeutung des „Humankapitels", in stärker sozialwissenschaftlich orientierten ökonomischen Ansätzen werden auch die subjektiven Aspekte von Arbeitslosigkeit

Nach diesen allgemeinen Überlegungen gehe ich über zur Darstellung eines spezifischen ökonomischen Erklärungsansatzes für soziale Phänomene, nämlich der ökonomischen Theorie der Ehe von Gary S. BECKER. Es lassen sich dadurch die Unterschiede im ökonomischen und soziologischen Denken nochmals deutlicher herausarbeiten.

b) Die ökonomische Theorie der Ehe von Gary S. BECKER[343]

Kritikern der kapitalistischen Wirtschafts- und Gesellschaftsordnung ist die Vorstellung, daß Partnerwahl und Eheschließung ökonomisch motivierte Verhaltensweisen darstellen, seit langem bekannt. So schrieb schon August BEBEL in seinem vor über 100 Jahren erschienenen, weitverbreiteten Buch *Die Frau und der Sozialismus*: „Von der großen Mehrzahl der Frauen wird die Ehe als eine Art Versorgungsanstalt angesehen, in die sie um jeden Preis eintreten müssen. Umgekehrt betrachtet auch ein großer Teil der Männerwelt die Ehe von dem reinen Geschäftsstandpunkt aus, und werden aus materiellen Gründen alle Vorteile und Nachteile genau abgewogen und berechnet ...." (BEBEL 1895: 104).

Ähnliches konstatiert Erich FROMM für unsere heutige Gesellschaft: „In einer Kultur, in der der kaufmännische Sinn vorherrscht und in der der materielle Erfolg von überragendem Wert ist, gibt es eigentlich keinen Grund, davon überrascht zu sein, daß die menschlichen Liebesbeziehungen den gleichen Grundzügen folgen, die den Waren- und Arbeitsmarkt beherrschen" (FROMM 1956: 17f.).

---

für die Betroffenen einbezogen (FEHR/GÄCHTER 1998). Eine neue amerikanische Langzeitstudie von Soziologen über Arbeitslose zeigte, daß diese nicht nur durch einen Mangel an Ausbildung charakterisiert waren, sondern bereits in der frühen Kindheit unter sozial weniger günstigen Verhältnissen aufwuchsen (CASPI et al. 1998). Erfaßt man diese frühen Deprivationen nicht zugleich mit dem Aspekt des Humankapitals, überschätzt man den Effekt des letzteren.

343 Der Kern dieses Abschnitts basiert auf meinem Habilitationsvortrag vor den Vereinigten Konventen der Fakultäten für Volkswirtschaftslehre und Sozialwissenschaften an der Universität Mannheim am 21.12.1983.

Das Modell von BECKER

Der berühmte US-Ökomom und Nobelpreisträger Gary S. BECKER geht in seiner in einer Serie von Artikeln vorgelegten „ökonomischen Theorie der Ehe" von zwei Grundannahmen aus:

1. Da die Eheschließung praktisch immer freiwillig erfolgt, kann die ökonomische Theorie der subjektiven Präferenzen angewandt werden. D.h. es ist zu erwarten, daß Personen, die heiraten, ihr Nutzenniveau (utility level) über jenes steigern können, über welches sie bei Nichtheirat verfügen würden.
2. Da bei der Partnersuche und Partnerwahl viele Männer und Frauen konkurrieren, kann man annehmen, daß ein Heiratsmarkt existiert.

Die Theorie des Heiratsverhaltens entwickelt BECKER im Anschluß an diese Grundannahmen in zwei Schritten (vgl. auch MEYER 1979). Zum ersten untersucht er, welche Faktoren die Heiratsentscheidung zweier Individuen bestimmen. Ehe, so eine wichtige Zusatzannahme, soll in diesem Zusammenhang lediglich bedeuten, daß zwei Personen unterschiedlichen Geschlechts den gleichen Haushalt miteinander teilen. Im Anschluß an die Ökonomie des Haushalts nimmt BECKER an, daß der Gesamt-Nutzen, den zwei Individuen aus der Aufrechterhaltung eines gemeinsamen Haushalts beziehen, abhängig ist von der Gesamtheit der von diesem Haushalt produzierten Güter und Dienste. Diese Haushaltsgüter setzen sich zusammen einerseits aus Marktgütern und –diensten, andererseits aus dem Zeitaufwand für direkte *Haushaltsproduktion* seiner Mitglieder. Der Umfang dieser haushaltsproduzierten Güter und Dienste ist groß und er umschließt, so BECKER (1974: 301) wörtlich, „die Qualität von Mahlzeiten, die Qualität und Anzahl von Kindern, Prestige, Erholung, Gefährtenschaft (companionship), Liebe und gesundheitliches Befinden". Infolgedessen können diese Haushaltsgüter auch nicht mit Konsum oder Output im üblichen Sinne gemessen werden, da sie einen viel breiteren Bereich menschlicher Aktivitäten und Ziele umfassen.

BECKER nimmt jedoch an, daß sie trotzdem alle in einem einzigen Aggregatausdruck Z zusammengefaßt werden können. Hinreichende Bedingungen für die Aggregierung mit festen Gewichten für die einzelnen Komponenten sind nach seiner Auffassung:

1. daß alle Güter bei konstantem Input konstante Erträge erbringen,

2. die Faktoren in gleicher Proportion verwendet und
3. in derselben Weise durch produktivitätserhöhende Variablen, wie z.B. Bildung, beeinflußt werden.

Unter Verwendung der festen relativen Güterpreise ist es dann möglich, die unterschiedlichen Güter als untereinander konvertierbar zu betrachten. Die Maximierung des Nutzens eines individuellen Haushaltsmitglieds besteht nun darin, den Betrag Z, den es erhält, zu maximieren. In diesem Sinne hat jeder Haushalt eine Produktionsfunktion Z:

$Z = f(x_1, ... x_m; t_1, ... t_k; E)$,
wobei $x_i =$ Marktgüter und –dienste
$t_j =$ Zeitinputs der verschiedenen Haushaltsmitglieder für direkte Haushaltsproduktion
$E =$ „Umweltvariable".

Die Gesamtheit der erwerbbaren Marktgüter und –dienste ergibt sich aus dem Produkt Zeitaufwand für Lohnarbeit x Lohnrate (wage rate) der verschiedenen Haushaltsmitglieder plus allfälliges Vermögenseinkommen.

Hieraus lassen sich nun notwendige Bedingungen dafür angeben, daß der Gesamtoutput Z eines Haushalts optimiert wird und zwar in der Hinsicht, daß ein jedes Haushaltsmitglied seine Zeit in gewissen Proportionen auf Markt- und Hausarbeit aufteilen muß. Eine notwendige Bedingung dafür, daß ein Mann und eine Frau eine Ehe eingehen, besteht, wie festgestellt, darin, daß das vom Haushalt insgesamt produzierte Güter- und Dienstleistungsvolumen größer ist als jenes, welches der Mann oder die Frau jeweils für sich allein produzieren könnten.

„Die naheliegendste Erklärung für Eheschließungen zwischen Männern und Frauen", so BECKER (1974: 304) wörtlich, „liegt im Wunsch, eigene Kinder großzuziehen und in der physischen und emotionalen Anziehungskraft zwischen den Geschlechtern". Es sind also nicht nur „*economies of scale*", welche zwei Personen zum Zusammenleben veranlassen, sondern auch die Tatsache der *Komplementarität* von Mann und Frau in bezug auf die Kinderaufzucht.

Für eine Eheschließung werden sich zwei Individuen entscheiden, wenn der Gewinn daraus höher ist als die damit entstehenden Kosten (z.B. für die Partnersuche). Die Bedeutung des Besitzes eigener Kinder impliziert, daß sowohl Mann und Frau vom Eingehen der Ehe profitieren, weil sie in dieser Hinsicht nicht füreinander oder durch

Marktdienste substituierbar sind. Man kann dies auch so ausdrücken, daß der „Schattenpreis" einer Stunde „Hausarbeit" der Frau für einen Mann höher ist als das von der Frau erzielbare Marktlohneinkommen und der Schattenpreis einer Stunde „Hausarbeit" des Mannes für die Frau niedriger als der Marktlohnpreis des Mannes.

Im Hinblick auf die Frage der Wahl von Ehepartnern mit gleichen oder ungleichen Merkmalen (Intelligenz, Ausbildung, Beruf, Einkommen usw.) aus der Sicht des gesamten Heiratsmarktes argumentiert BECKER zunächst, daß der Heiratsmarkt generell nicht zu einer Optimierung der Güterproduktion eines bestimmten einzelnen Haushaltes führt, sondern zu einer maximalen Summe der Haushalts-Outputs über alle Ehen. Jede Ehe kann in dieser Hinsicht als ein Unternehmen betrachtet werden, wo ein Ehepartner den anderen für ein bestimmtes Einkommen „anheuert" und dafür einen bestimmten Profit erzielt. Personen mit gleichen oder ungleichen Merkmalen heiraten einander dann, wenn dadurch die Güterproduktion der Haushalte über alle Ehen maximiert wird. Wahl von Gleichen – also eine Tendenz zur *Homogamie* – ist zu erwarten, wenn die jeweiligen Merkmale Komplemente darstellen, d.h. wenn die Kombination von hohen Werten beider Partner zu höherer Gesamtproduktivität führt als die Produktivität, die sie getrennt erreichen können.

Die Wahl von Ungleichen – eine Tendenz zur *Heterogamie* – ist zu erwarten, wenn die Merkmale Substitute darstellen. Die Folgerung, die BECKER hieraus ableitet, möchte ich wörtlich zitieren: „Die Wahl von Gleichen – positiv übereinstimmende Partnerwahl – ist außerordentlich häufig, wird sie nun gemessen durch Intelligenz, Größe, Hautfarbe, Alter, Bildung, familiäre Herkunft oder Religion. ...... Dies legt nahe, daß diese Merkmale typischerweise, wenn auch nicht immer, Komplemente darstellen" (BECKER 1974: 312).

In der Diskussion der Leistungsfähigkeit der BECKERschen Theorie möchte ich nun auf der einen Seite relevante empirische Befunde diskutieren, auf der anderen anderen Seite auf verschiedene wissenschaftslogische Schwächen der Argumentation hinweisen. Die empirischen Befunde betreffen fünf Bereiche des Heiratsverhaltens und der Partnerwahl:

– Die Entscheidung zur Heirat,
– Determinanten des Ledigbleibens,
– Tendenzen zur Homogamie,

— Heiratsalter nach sozialen Merkmalen,
— Tendenzen zur Homogamie bei Wiederverheiratung.

Heiratet man freiwillig oder nur dazu, um in eine Lebensform einzutreten, die einem mehr Nutzen bringt?

Die erste empirische Frage lautet, inwieweit die Entscheidung zur Heirat als eine freiwillige betrachtet werden kann. Die Annahme der Freiwilligkeit stellt, wie gesagt, eine Grundvoraussetzung des markttheoretischen Ansatzes dar. In 21% aller 30.966 Eheschließungen, welche im Jahre 1982 in der Bundesrepublik erfolgten, wurde bereits innerhalb der ersten 7 Monate nach der Heirat ein Kind geboren, war also vorehelich konzipiert worden.[344] Im Zeitablauf hat sich dieser Anteil tendenziell reduziert, jedoch besteht kein eindeutiger linearer Trend zu einer Abnahme. Im internationalen Vergleich bildet die Bundesrepublik keineswegs eine Ausnahme; für andere europäische Länder werden sogar Raten vorehelich gezeugter Kinder bis zu 40% berichtet (KÖNIG 1969: 246, 263; HÖHN 1989: 202).

Ich sehe in diesen Fakten einen Hinweis auf die Tatsache, daß ein erheblicher Teil der Eheschließungen nicht freiwillig oder aber aus Gründen erfolgt, die wenig mit dem steigenden Nutzen der beiden Partner durch einen gemeinsamen Haushalt zu tun haben. Damit wird eine Grundannahme des markttheoretischen Heiratsmodells verletzt. Ich möchte diese Behauptung mit weiteren empirischen Befunden untermauern.

In einer soziologischen Befragung von rund 1400 jungen, verheirateten Frauen in Österreich wurde die Ehezufriedenheit der Frauen in Abhängigkeit von Ehedauer und Anwesenheit von Kindern untersucht. Zwei Befunde sind hier relevant:

1. die mit ihrer Ehebeziehung mit Abstand zufriedensten waren die erst kurz verheirateten Frauen (Ehedauer bis zu 2 Jahren), die noch keine Kinder hatten;
2. die Ehedauer korrelierte bei kinderlosen Frauen signifikant mit der Ehezufriedenheit: waren diese schon länger verheiratet, so war sie deutlich niedriger (HALLER 1973).

---

344 Ich beziehe mich hier auf eine unveröffentlichte Tabelle, die mir vom Statistischen Bundesamt seinerzeit freundlicherweise zur Verfügung gestellt wurde.

Diese Ergebnisse können so interpretiert werden, daß eine Eheschließung ohne den Druck eines bereits zu erwartenden Nachwuchses ein höheres Ausmaß an Freiheit in der Ehescheidung für die Heirat implizierte und daher höhere Zufriedenheit mit der Ehe zur Folge hatte. In diese Richtung weist auch die Tatsache, daß bei Angestellten mit Kindern ein signifikanter Zusammenhang zwischen Ehedauer und Erwartung der letzten Schwangerschaft bestand: bei 74% aller Angestellten, die bereits innerhalb der ersten beiden Jahre nach der Eheschließung ein Kind bekommen hatten, war diese Schwangerschaft „unerwartet" gewesen (so der Wortlaut der Frage). Der Anteil der Frauen mit Kindern, deren letzte Schwangerschaft „unerwartet" gekommen war, betrug in keiner einzigen Gruppe weniger als 50%!

Ein anderer Grund für die Entscheidung zur Heirat, der schwer mit „Freiwilligkeit" und individuellen Nutzenerwägungen in Verbindung gebracht werden kann, betrifft die Existenz von gesellschaftlichen Normen das Heiraten betreffend.

Hier gibt es zum ersten empirische Hinweise darauf, daß soziale Normen dahingehend existieren, daß sich erwachsene Personen im Falle längeren Zusammenlebens verheiraten sollten. In der „Allgemeinen Bevölkerungsumfrage in den Sozialwissenschaften (ALLBUS)", einer jedes zweite Jahr durchgeführten, repräsentativen Befragung von rund 3000 erwachsenen Personen in der Bundesrepublik, wurden im Jahre 1982 zwei Fragen gestellt, die hier einen gewissen Aufschluß geben. Die erste Frage lautete: „Glauben Sie, daß man eine Familie braucht, um glücklich zu sein – oder glauben Sie, man kann alleine genauso glücklich leben?" 78% der Befragten antworteten, man brauche eine Familie, 14% man könne allein genauso glücklich leben und nur 7% waren ohne Meinung. Auf die Frage „Meinen Sie, daß man heiraten sollte, wenn man mit einem Partner auf Dauer zusammenlebt?" antworteten 65%, man solle heiraten, 23% verneinten sie und 11% waren unentschieden oder verweigerten die Antwort. Heute ist die öffentliche Meinung im Hinblick auf Lebensgemeinschaften ohne Trauschein weit toleranter geworden. Ein Faktum zeigt sich jedoch noch immer: das Heiraten, also das Eingehen einer Ehe, wird dann als wichtig angesehen – und in den meisten Fällen auch realisiert, wenn ein Kind unterwegs ist (vgl. den Begriff der „kindorientierten Ehegründung", geprägt von NAVE-HERZ 1988: 67). Das heißt nichts anderes, als daß man sicherstellen möchte, daß die Kinder in der gesellschaftlich anerkannten und legitimierten Intistitution „Ehe" bzw.

„Familie" aufwachsen.[345] Damit besitzt auch die Aussage von René KÖNIG (1969: 263), daß „das Reproduktions- und Aufzuchtmonopol der Familie ... in allen Liberalisierungen des Geschlechtsverkehrs ganz und gar unangetastet" bleibt, d.h., daß es stets normativ-kulturell überformt wird, auch heute noch Gültigkeit.

Aus diesen Befunden folgt: Die Entscheidung zur Heirat ist häufig entweder nicht (ganz) freiwillig oder sie erfolgt, um gesellschaftlich-institutionellen Ansprüchen gerecht zu werden, vor allem im Hinblick auf die Kinder. Beide Fälle können durch eine Nutzentheorie des Haushalts nicht erfaßt werden.

Determinanten des Ledigbleibens

Betrachtet man die Häufigkeit des Ledigbleibens nach sozialstrukturellen Merkmalen, so zeigt sich ein besonders auffallender Befund: vor allem Frauen mit höherer Ausbildung bleiben überdurchschnittlich häufig unverheiratet. Beträgt der Anteil der Ledigen in der Altersgruppe der 50- bis 55-Jährigen – also einer Gruppe, in welcher nur mehr sehr wenig heiraten – bei Männern im Durchschnitt 6% und bei Frauen 11%, so steigt er bei weiblichen Hochschulabsolventen auf 25% (CARTER/GLICK 1970: 310ff.; FINDL 1982: 331). Bei Männern zeigen sich dagegen weder nach Bildung noch beruflicher Position annähernd so große Differenzen.

Hier scheint die klassische Theorie des Heiratsmarktes einen echten Erklärungsbeitrag liefern zu können. BECKER (1974: 307f.) argumentiert, daß ein Anstieg der weiblichen Lohnrate im Vergleich zu jener des Mannes den Gewinn aus der Eheschließung reduzieren müßte, da der Gewinn aus einer Substitution der für Lohnarbeit aufgewandten Arbeitszeit der Frau durch jene des Mannes um so größer ist, je ungleicher das Verhältnis von Frauen- zu Männerlöhnen ist. Mit steigender Bildung nehmen die Einkommenschancen und die ökonomische Selbständigkeit der Frauen zweifellos zu.

---

345 Aus dieser Sicht ist es irreführend, von einem Wandel von Ehe und Familie von einer „Institution" zu einem System der „Gefährtenschaft" (BURGESS et al. 1953) bzw. einem System von Teilbeziehungen (SCHULZ 1983) zu sprechen. Genaugenommen müßte man sagen, daß sich der *Charakter* der Institutionen Ehe und Familie wandelt; die Richtung dieses Wandels – zu stärkerer Betonung der Einzelinteressen der Beteiligten, zu mehr Gleichheit usw. – wird von den genannten Autoren durchaus zutreffend beschrieben.

Trotzdem müssen wir uns auch in diesem Falle fragen, ob diese Erklärung nicht durch Elemente einer institutionalistischen Erklärung zumindest ergänzt werden muß. Zu verweisen ist hier auf die aus berufs- und familiensoziologischen Studien wohlbekannten Tatsachen, daß mit steigender Ausbildung und beruflicher Qualifikation die Ansprüche und Erwartungen von Frauen sowohl im Hinblick auf den Beruf als auch im Hinblick auf die Familie steigen (MCKINLEY 1964; HALLER 1973). Eine niedrigere Heiratsquote unter hochgebildeten Frauen wird aus dieser Perspektive auch dadurch bestimmt, daß diese einerseits hohen Wert auf eine abgeschlossene Ausbildung und eine qualifizierte berufliche Tätigkeit legen, andererseits auch differenziertere Ansprüche an die Qualität der Interaktion im Rahmen einer Ehe stellen. Darauf weist auch die Tatsache hin, daß zwischen Kinderzahl und Bildungsniveau bei verheirateten Frauen ein kurvilinearer Zusammenhang besteht: Frauen mit Grundschulbildung, aber auch jene mit Hochschulbildung haben mehr Kinder als Frauen mit mittleren Bildungsabschlüssen (FINDL 1982: 346).

Tendenzen zur Homogamie

Betrachten wir die Frage, inwieweit eine Tendenz zur Homogamie besteht, also zur überproportional häufigen Heirat zwischen Personen mit ähnlichen sozialen Merkmalen. Die ökonomische Theorie des Heiratsmarktes macht in dieser Hinsicht nicht ganz eindeutige Aussagen.

Ich habe bereits erwähnt, daß BECKER eine Tendenz zur Homogamie in bestimmten Merkmalen erwartet, wenn diese Komplemente darstellen, dagegen eine Tendenz zur Heterogamie, wenn sie Substitute sind. Ganz bewußt habe ich wörtlich BECKERs Folgerung zitiert, das starke Vorherrschen von Homogamie deute darauf hin, daß die meisten dieser Merkmale eher Komplemente als Substitute darstellen. Dies ist jedoch eine wissenschaftslogisch problematische Argumentation. Der Bedeutungsgehalt bestimmter empirischer Beobachtungen wird hierbei offenkundig erst nachträglich in einer für die Theorie günstigen Weise festgelegt!

Ich glaube, daß die klassische Theorie des Heiratsmarktes in diesem wichtigen Punkte letztlich nur eine sehr ambivalente Haltung einnehmen kann. Aus dieser Theorie folgt im Hinblick auf den Prozeß der Partnerwahl, daß die daraus resultierende Gesamtproduktion des Haushalts dann optimal ist, wenn sich die Partner im Hinblick auf Nichtmarkt-Kapazitäten eher ähnlich, im Hinblick auf Markt-Kapazitäten jedoch eher unähnlich sind. Nach Meinung von BECKER würde dies bei Variablen wie Intelligenz oder Ausbildung Homogamie, beim „Einkommenspotential" beider Partner jedoch eher Heterogamie implizieren. Ausbildung und Einkommenschancen korrelieren jedoch sehr stark und positiv miteinander, sodaß man in dieser Hinsicht auch für die Ausbildung eher Heterogamie erwarten müßte (andere Theoretiker scheinen diese Folgerung denn auch in der Tat zu ziehen; vgl. LEMENNICIER 1979: 205). Diese Erwartung widerspricht also der empirischen Realität ganz eindeutig (HALLER u.a. 1982: 369ff.).

Eine ältere amerikanische Studie liefert weitere Aufschlüsse zu dieser Frage. Darin wurden rund 1000 Paare von Verlobten im Hinblick auf eine Reihe von sozialen Merkmalen und Einstellungen verglichen (BURGESS/WALLIN 1943). Es ergab sich hier, daß das stärkste Ausmaß an Homogamie bei Konfessionszugehörigkeit und Häufigkeit des Kirchenbesuchs bestand, ein hoher Grad an Homogamie in Freizeitpräferenzen und Einstellungen zu verschiedenen ehelichen und familiären Tätigkeitsbereichen. Hohe Homogamiequoten in bezug auf die Konfession sind im übrigen auch in der Bundesrepublik feststellbar. Alle diese Befunde weisen darauf hin, daß die Tendenz zur Homogamie zumindest *auch* auf Werte und Normen, also institutionelle Aspekte, zurückzuführen ist (JAECKEL 1980: 24).

Heiratsalter nach sozialen Merkmalen

In bezug auf die Variation des Heiratsalters nach sozialen Merkmalen hat BECKER (1974: 307) die Hypothese aufgestellt, „daß eine Zunahme des Vermögenseinkommens notwendig und eine Zunahme des Lohneinkommens wahrscheinlich den Anreiz zur Heirat erhöht". Diese Implikation, so BECKER weiter, „widerspricht der landläufigen Meinung, daß arme Personen früher heiraten .... als reiche Personen".

Die sozialstatistische Evidenz im Hinblick auf das Heiratsalter nach sozialen Merkmalen ist recht klar. Es besteht ein eindeutig positiver, wenn auch nicht sehr starker Zusammenhang von Ausbildungsniveau und Heiratsalter: je höher die Ausbildung, desto höher das Heiratsalter. Ähnliches zeigt sich nach der beruflichen Position: Selbständige weisen das höchste, Angestellte und Beamte ein mittleres und Arbeiter das niedrigste durchschnittliche Heiratsalter auf (FINDL 1982: 333ff.). Diese Ergebnisse scheinen also eindeutig gegen die ökonomische Theorie des Heiratsmarktes zu sprechen.

Ich folgere aus diesen Befunden allerdings nicht, daß diese als gescheitert zu betrachten ist. Vielmehr leitet BECKER nach meiner Meinung falsche Konklusionen aus seinem eigenen theoretischen Ansatz ab. Ich stimme überein mit seiner These, daß höheres Einkommen den Wert von Kindern und damit den Anreiz zur Heirat generell erhöht.[346] In Anbetracht der Tatsache, daß derartige Einkommen in aller Regel jedoch erst in einem höheren Alter erzielt werden können, wäre für diese Berufs- und Sozialschichten ein höheres durchschnittliches Heiratsalter zu prognostizieren. Dafür würde ich jedoch nicht nur die rein utilitaristischen Nutzenerwägungen der Beteiligten im Hinblick auf den ökonomischen Wert von Kindern (Bedeutung als mögliche Erben!) heranziehen, sondern ein generell stärker ausgeprägtes „kommerzielles" Denken in diesen Gruppen unterstellen. Als empirischen Beleg für diese Hypothese möchte ich hier die Ergebnisse einer Analyse von Heiratsinseraten heranziehen (HALLER 1980). Wenn man die Verwendung eines Zeitungsinserates als Mittel zur Partnerfindung als Indikator für eine stärkere kommerzielle Orientierung betrachtet, so müßten sich aus der Zusammensetzung der Inserenten und den von ihnen als besonders wichtig erachteten eigenen Merkmalen Rückschlüsse auf die soeben angesprochene Fragestellung ziehen lassen.

Die Analyse dieser Heiratsinserate erbrachte die folgenden Ergebnisse: (a) Personen, die solche Inserate aufgeben, sind im Durchschnitt bedeutend älter als die Heiratenden insgesamt; (b) mittlere und höhere Bildungs-, Berufs- und Einkommensgruppen sind darunter überproportional häufig vertreten; (c) ökonomische Aspekte (eigenes Vermögen, hohes und sicheres Einkommen usw.) werden von den Inserenten an erster Stelle der besonders erwähnenswerten eigenen Merkmale genannt.

Ich glaube folgern zu können, daß diese Befunde die Berechtigung einer ökonomischen Erklärung auch des Heiratsverhaltens klar belegen – wenn auch in einer anderen Weise, als BECKER dies selbst vermutet hat. Man kann feststellen, daß eine deutlich ausgeprägte ökonomische Orientierung, wie sie BECKER *allen* Heiratenden unterstellt, nur unter ganz bestimmten Umständen bzw. in ganz bestimmten sozialen Gruppen auftritt. Die allgemeine Folgerung hieraus lautet: die ökonomische Analyse mag partiell richtig sein, sie muß jedoch grundsätzlich einge-

---

346 Allerdings könnte man auch die gegenteilige Hypothese aufstellen und argumentieren, daß Menschen in materiell bescheidenen Lebensumständen von Kindern mehr profitieren, da ihnen weniger andere Möglichkeiten offenstehen.

bettet werden in den größeren sozialen und kulturellen Klartext. Dies gilt im übrigen auch für die Erklärung ökonomischen Verhaltens (vgl. dazu GRANOVETTER 1985 und diverse Beiträge in HEINEMANN 1987).

Tendenzen zur Homogamie bei Wiederverheiratung

Betrachten wir als letzten empirischen Problembereich die Frage, welche Muster der Partnerwahl bei Personen festzustellen sind, die sich scheiden lassen und später wieder heiraten. Gary BECKER hat hierzu eine explizite Hypothese formuliert:

„(Unsere) Analyse .. sagt die Partnerwahl in einer Welt mit vollkommener Information voraus. Ehepaare, die von diesen Mustern abweichen, weil sie in ihrer Suche weniger erfolgreich waren, werden wahrscheinlich öfters als andere zur Auffassung gelangen, daß sie einen ‚Fehler' machten und sich trennen, wenn sie im Laufe der Ehe zusätzliche Informationen sammeln. Wenn sie sich wieder verheiraten, sollten sie weniger von diesen Mustern abweichen als in ihrer ersten Ehe. So sollten z.B. Ehepaare mit relativ großen Unterschieden in Bildung, Intelligenz, Rasse oder Religion, da sie weniger glückliche Sucher waren, sich häufiger trennen und kleinere Unterschiede aufweisen, wenn sie wieder heiraten." (BECKER 1974: 338)

Vergleicht man die Bildungshomogamie bei geschiedenen und wiederverheirateten Frauen mit jener bei allen Ehen, so zeigt sich das Gegenteil dessen, was BECKER prognostiziert hat. In einer Sonderauswertung einer österreichischen Mikrozensuserhebung aus dem Jahre 1976 betrug der Anteil der bei Unterscheidung von 5 Bildungsstufen homogamen Ehen unter allen Ehen 55,4%; bei zum zweitenmal verheirateten Frauen war er jedoch auf 49,1% gesunken. Auch Indizes, welche die Tendenz zur Homogamie unter Kontrolle der unterschiedlichen Bildungsverteilung von Männern und Frauen ausdrücken, weisen auf eine Abnahme der Tendenz zur Homogamie in allen Bildungsstufen hin. Dies weist darauf hin, daß rein utilitaristische Nutzenkalkulationen ebenso wie die Orientierung an einem äußeren sozial-normativen Druck im Laufe des Sammelns von eigenen Erfahrungen mit der Ehe an Gewicht eher verlieren.

Resümee: Ein „falsches Modell am falschen Platz"

Man muß wohl feststellen, daß einige der Grundannahmen und Vorgangsweisen des Ansatzes von Gary S. BECKER prinzipiell uneinlösbar und methodologisch fragwürdig sind:

1. Die Berechnung einer *Haushalts-Produktionsfunktion* ist prinzipiell *unmöglich*; es sind keine Methoden absehbar, welche eine quantitative Vergleichbarkeit zwischen Dimensionen wie der Qualität einer Liebesbeziehung oder von Kindern mit einer monetären Größe wie Einkommen ermöglichen könnten. „Liebe" ist keine individuelle, quantifizierbare Eigenschaft oder Ressource, sondern ein Relationsmerkmal (vgl. auch REICHER 1998: 72). Es ist auch absurd, eine wechselseitige Substituierbarkeit dieser Ressourcen anzunehmen: materielles Wohlergehen in der Ehe kann nicht wechselseitiges Verständnis und Liebe ersetzen; diese kann nicht durch Kinder ersetzt werden usw.
2. Von einem „*Heiratsmarkt*" kann man allenfalls nur in metaphorischer Weise sprechen. „Soziologisch betrachtet, stellt der Markt", um Max WEBER (1964: 489) zu zitieren, „ein Mit- und Nacheinander rationaler Vergesellschaftungen dar, deren jede insoferne spezifisch ephemer ist, als sie mit der Übergabe der Tauschgüter erlischt ....". Wenn sich die „leidenschaftliche Liebe" zwischen einem Paar nach der Eheschließung auch abkühlen mag, wird man doch schwerlich behaupten können, daß ihre Beziehung dann gänzlich eingestellt wird, wie es der Fall ist bei der Beziehung zwischen dem Käufer und Händler.
3. Die *Gleichsetzung von Haushalt und Ehe* – deren Problematik BECKER zwar sieht – ist unhaltbar. Mit einer begrifflichen Unschärfe (oder einem definitorischen Trick) wird die komplexe Institution „Ehe" auf die Wirtschaftsgemeinschaft „Haushalt" reduziert.[347] Damit werden alle mit der normativ-rechtlichen Überformung der Ehe als Institution verbundenen Aspekte einfach vom Tisch gewischt. Im Rahmen einer (polit-) ökonomischen Theorie der Familie ist es z.B. durchaus möglich, die massiven Effekte der Verstaatlichung der Kinderziehung und der Versorgung der alten Menschen zu berücksichtigen. Dies machen in einem sehr interessanten Buch HEINSOHN und KNIEPER (1974); auch sie verabsolutieren letztlich die ökonomische Erklärung, was sie zur Prognose des Untergangs der Familie führt.
4. Diese ganze Theorie weist eine Reihe *wissenschaftslogischer Schwächen* auf: die Beziehung zwischen den Basisaxiomen der Theorie,

---

[347] Der Haushalt ist durchaus auch aus soziologischer Sicht primär als eine *Wirtschaftsgemeinschaft* zu verstehen (vgl. WEBER 1964: 275ff.; HALLER 1983: 123ff.).

den daraus abgeleiteten Hypothesen und der empirischen Evidenz ist vielfach nicht schlüssig und erfolgt oft nur ad hoc; die Aufarbeitung empirischer Evidenz hat – wie bei allen RC-Theoretikern – mehr den Charakter einer selektiven Illustration denn einer systematischen Überprüfung der Theorie.

Betrachten wir noch ein zweites Beispiel dafür, wie Ökonomen soziale Sachverhalte erklären, nämlich das des Altruismus.

c) Die ökonomische Erklärung des Altruismus

In einem interessanten Band über *Altruism and Economy* geht der englische Ökonom David COLLARD (1981: Xff.) davon aus, daß auch altruistisches Verhalten, wie z.B. freiwilliges Spenden oder Verteilen von Geschenken, als ein „(nicht-selbstbezogenes) nutzenmaximierendes Verhalten" interpretiert werden könne (schon dies scheint mir eine reichlich widersprüchliche Definition zu sein). Die dabei involvierten Beiträge seien allerdings, im Vergleich zum Einkommen, meist recht gering. Diese Behauptung ist sicherlich richtig, wenn man sie auf Spenden für karitative Organisationen, oder für den Klingelbeutel im Rahmen einer katholischen Sonntagsmesse bezieht. Sie ist kaum richtig, wenn man altruistisches Schenken etwas weiter sieht.

So wurde festgestellt, daß in Frankreich Großeltern jährlich ca. 100 Milliarden Francs (etwa 10% des staatlichen Budgets) an ihre erwachsenen Kinder oder Enkel weitergeben; in den USA leistet die Generation der 70-74Jährigen einen jährlichen Netto-Transfer von 10 Mrd. Dollar an die Kinder- und Enkelgenerationen (ROSENMAYR 1998: 20). Ein anderes Beispiel: Aus der (alten) Bundesrepublik Deutschland fließen seit 1990 jährliche Nettotransfers von ca. 150 Milliarden DM in die neuen Bundesländer, um dort die Umstrukturierung der Wirtschaft zu unterstützen und allen Bürgern – Alten, Arbeitslosen, Kranken usw. – einen mit Westdeutschland vergleichbaren Lebensstandard zu sichern (IMMERFALL/FRANK 1998: 32).[348] Kehren wir jedoch zurück zur begrifflich-theoretischen Argumentation.

---

348 Ökonomen werden einwenden, daß der größte Teil dieses gewaltigen Transfers wieder Westdeutschland zugute kam. Dies ist richtig, entkräftet aber

Exkurs über ökonomische Erklärungen sozialen Verhaltens 395

COLLARD (1981: XII) schreibt weiter – und man kann ihm hierin völlig zustimmen – zu viel Altruismus wäre schlecht, weil dann die eigenen Interessen eines Menschen nie (oder nur unzureichend) erfüllt würden. Ein Beispiel wäre eine Frau, die auf eine eigene Ehe und Kinder verzichtet, um bei ihrer Mutter zu bleiben und sie im Alter pflegen zu können. Ein anderes Beispiel: wären in einer Gesellschaft mit zwei Klassen, Armen und Reichen, nur die ersteren altruistisch, würde dies u.U. zu einer weiteren Umverteilung hin zu den Reichen führen.

COLLARD argumentiert sodann, zur adäquaten Erfassung dieser Phänomene solle die Erklärung des Altruismus in die ökonomische Theorie interpretiert werden. Dies könne geschehen dadurch, daß man ihn als eine Form von „*Selbstliebe*" versteht; damit könne die ökonomische Grundannahme beibehalten werden, daß sich menschliches Verhalten grundsätzlich am Eigennutzen orientiere.[349] Diese Annahme impliziere keineswegs, daß das Individuum ein „Untier" oder ein genereller „Menschenfeind" sei. Es gelte lediglich folgendes:

„..... der homo oeconomicus (economic man) ist unfähig der Sympathie, des Wohlwollens und der Liebe. Aber er ist auch unfähig zu Neid, Übelwollen und Haß. Er ist, kurz gesagt, wundervoll neutral gegenüber anderen. Er ist *nur* interessiert an dem Bündel von Gütern und Diensten, das er erhalten kann. Man kann daher argumentieren, daß Selbstinteresse eine neutrale oder mittlere Annahme darstellt; sie ist sicherlich moralisch attraktiver als Neid, Bösewillen oder Haß." (COLLARD 1981: 6)

In diesem Zitat kommt sehr deutlich nicht nur die „imperialistische" Strategie mancher Ökonomen zum Ausdruck, nämlich eine Tendenz, bei der Erklärung nichtökonomischer Phänomene Erklärungsansätze anderer Disziplinen gar nicht erst anzusehen, sondern alles nur durch den eigenen theoretischen Bezugsrahmen zu erklären. Hier kommt auch ein aus soziologischer Sicht unhaltbares Menschen- und Weltbild zum Ausdruck. Definiert man Altruismus als „Selbstliebe", schließt man von vornherein das soziologisch zentrale Element aus, nämlich die *ethische Komponente*. Ich bin altruistisch nicht nur, weil es für die anderen und – in der Folge – meist auch für mich selbst

---

nicht meine These, daß die westdeutsche Bevölkerung und ihre Politiker in diesem Falle zu einem enormen Solidaritätsbeitrag bereit waren.
349 Dies scheint im übrigen eine Standardannahme der Ökonomen zu sein. Im einflußreichsten ökonomischen Lehrbuch können wir dasselbe lesen: „Altruismus läßt sich auffassen als langfristiges Eigeninteresse" (SAMUELSON 1981, Band I, S. 34).

nützlicher ist, sich so zu verhalten, als nur krud-egoistisch immer das Eigeninteresse zu verfolgen.[350] Altruistisch sein heißt auch, allgemeinen ethisch-moralische Prinzipien zu folgen. In diesem Sinne kann man sehr wohl sagen, daß auch die *Verfolgung eigener Interessen* moralisch bzw. normativ geradezu *vorgeschrieben sein kann*. Ein Individuum hat auch die Pflicht, seine eigenen Fähigkeiten, seine Persönlichkeit, so weit auszubilden und zu entwickeln, wie es ihm möglich ist. Wichtig ist hier auch das WEBERsche Konzept der *Verantwortungsethik*. In der sozialen Realität kann kein ethisch-moralisches Gebot *absolute Geltung* beanspruchen. In fast allen Entscheidungssituationen sind mehrere Werte relevant und ich muß abwägen, welchem ich den Vorzug (und bis zu welchem Grade) geben soll. Wenn eine Frau fast ihr ganzes Leben aufopferte, nur um ihrer Mutter ein angenehmeres Dasein zu ermöglichen, als ihr ohne dieses Opfer möglich wäre, widerspricht dies eindeutig dem Prinzip der Verantwortungsethik und der *Verpflichtung*, auch seine eigenen Interessen, seine eigene Persönlichkeit in angemessener Weise zu entfalten.

d) *Die Hauptschwäche rein ökonomischer Modelle sozialen Verhaltens*

Wir haben am Beginn dieses Kapitels mit GOLDTHORPE die Rational Choice-Ansätze danach unterschieden, ob sie starke oder schwache Annahmen hinsichtlich der Rationalität des Handelns treffen und ob sie eine eher allgemeine oder eine spezifische Handlungstheorie beinhalten.

Man kann sagen, daß die am Ende des vorigen Abschnittes vorgebrachten Einwände gegen die ökonomische Theorie der Ehe letztlich alle mit der zentralen Problematik eines „rein" ökonomischen Ansatzes zur Erklärung sozialen Handelns und Verhaltens zusammenhängen, wie ihn BECKER und andere Ökonomen (tendenziell aber auch

---

350 Der wechselseitige Nutzen eines kooperativen Verhaltens wurde vor allem von AXELROD (1984) herausgearbeitet. Er stellte in einer Reihe von Computer-Simulationen fest, daß sich bei mehrmaligen Interaktionen allmählich – auch bei prinzipiell egoistisch orientiertem Verhalten der Teilnehmer – eine bestimmte Strategie durchsetzte (TIT FOR TAT), bei der jeder ähnlich reagierte, wie sich der andere Partner vorher verhalten hatte. Dies war aber keineswegs eine aggressive Strategie, bei der die Teilnehmer vor allem auf unmittelbaren Gewinn auf Kosten der anderen abzielten.

Soziologen wie OPP 1978; LINDENBERG 1985) vertreten. Dahinter steht die Auffassung, daß es möglich sei, so etwas wie einen spezifischen „Objektbereich" der Ökonomie zu definieren, der diese von anderen Disziplinen eindeutig abgrenzt. Notwendig hierfür sind allerdings massive inhaltliche Annahmen, wie etwa jene, daß nutzenbezogenes Verhalten überall vorherrscht, oder jene, daß die individuellen Präferenzen weder über die Zeit, noch nach sozialen Schichten oder unterschiedlichen Kulturen differieren, wie BECKER (1979: 9) an anderer Stelle darlegt (zur Realitätsferne dieser Annahmen vgl. auch WEISE 1989). „Nun wissen wir heute", so hat Hans ALBERT (1967: 421f.) zu einem solchen Anspruch geschrieben, „aus Forschungsergebnissen anderer Sozialwissenschaften, vor allem der Soziologie und Sozialpsychologie, daß die Handlungen und Entscheidungen sozialer Rollenträger von Faktoren abhängig sind, die keineswegs den Charakter rein ‚ökonomischer' Tatbestände haben ..... Dabei handelt es sich vor allem um Faktoren dispositionalen Charakters, wie Motivstrukturen, Einstellungen, Wertorientierungen usw., sowie um den jeweiligen sozialen Kontext der betreffenden Verhaltensweisen .... , soweit er durch die bestehenden Institutionen definiert ist". Im übrigen wissen wir nicht erst seit Max WEBERs wirtschaftssoziologischen Arbeiten, daß auch Märkte und andere „rein" wirtschaftliche Bereiche sozialen Handelns einer Vielzahl institutionell-normativer Regelungen unterliegen (vgl. auch KÖNIG 1969: 197; HEINEMANN 1987; SWEDBERG et al. 1990; ETZIONI 1994). Ein (rein) ökonomisches Modell der Ehe ist nicht bloß eine Übervereinfachung[351], sondern eine Vereinfachung mit falschen Grundannahmen und Folgerungen.

Wissenschaftstheoretiker haben gezeigt, daß die scheinbare Exaktheit vieler neoklassischer modelltheoretischer Überlegungen nur dadurch zustande kommt, daß man „die leicht formalisierbaren Bestandteile möglicher nomologischer Hypothesen aus dem Zusammenhang löst und in ein Gleichungssystem verwandelt, dabei aber weder die Behauptung aufstellen möchte, daß dieses System immer erfüllt ist, noch auch die empirischen Bedingungen angibt, unter denen damit zu rechnen ist, daß es erfüllt ist" (ALBERT 1964: 33; vgl. auch PRISCHING 1983). In ähnlichem Sinne hat Max WEBER einmal ange-

---

[351] Dieser Vorwurf wird, wie KAPLAN (1964: 280ff.) anmerkt, oft viel zu schnell erhoben; Tatsache ist jedoch, daß Vereinfachung sogar das *Ziel* eines jeden Modells ist!

merkt, „daß die rein ökonomischen Erklärungsmethoden ... ebenso verführerisch wie anfechtbar sind".

Derartige „unvollständige" Aussagesysteme eignen sich zwar zu oft überraschenden ad hoc-Interpretationen, sie stellen jedoch noch lange keine Verifikation eines theoretischen Systems als Ganzes dar. „Läßt man die konstant zu haltenden Faktoren unbestimmt, so immunisiert man das betreffende (....) Gesetz vollkommen gegen die Tatsachen, da ja jeder zunächst als konträr erscheinende Fall sich letzten Endes als mit diesem Gesetz vereinbar erweisen muß" (ALBERT 1967: 411f.). Die angeführten empirischen Beispiele haben gezeigt, daß eine Reihe der theoretischen Annahmen, die BECKER im Hinblick auf das Heiratsverhalten trifft, allenfalls unter ganz spezifischen Bedingungen gültig sind. Genau diese aber spezifiziert er nicht.[352] Es ist daher nicht einzusehen, wie BECKER je in der Lage sein sollte, seinen hohen Anspruch einzulösen, mit dem von ihm skizzierten ökonomischen Ansatz den lang gesuchten, „einheitlichen Bezugsrahmen" zur Erklärung menschlichen Verhaltens in allen Lebensbereichen bereitstellen zu können. Hinsichtlich der Gesamtbeurteilung dieser und ähnlicher anderer „ökonomischer Erklärungen" kann man dem Urteil des jungen Grazer Soziologen Dieter REICHER (1998, S. 72: „ ein falsches Modell am falschen Platz") schwer widersprechen. Man könnte hier auch eine Bemerkung der Wiener Ökonomen STREISSLER und STREISSLER anführen, die schreiben, ein Modell für einen Bereich lasse sich nie auf einen anderen übertragen:

„Dies ist deshalb zu betonen, weil Modelle, die erfolgreich verwendet wurden, eine unter Umständen gefährliche Beharrungstendenz entwickeln können, zu einer Art Eigenleben erwachen: Ihr Erfolg birgt eine gewisse Versuchung in sich, sie zur Lösung anders gelagerter Probleme heranzuziehen, wobei dann eben des erfolgreichen Modells wegen gewisse Verzerrungen der aktuellen Fragestellungen oder der Annahmenwahl stattfinden können, zum Nachteil freilich der nunmehr gesuchten Lösungen." (STREISSLER/STREISSLER 1986: 10)

---

352 Ich habe am Beginn der Diskussion von BECKER Zitate von BEBEL und FROMM angeführt, die ebenfalls argumentieren, daß ökonomische Überlegungen für die Heirat wichtig sind. Diese beiden Autoren sprechen aber explizit von einer *historisch-kulturellen Tendenz*, die ihrer Meinung nach heute immer stärker hervortritt, d.h., sie sehen darin keinen generell gültigen Aspekt der Ehe.

4.5 Resümee: Leistungsfähigkeit und Grenzen der Rational Choice-Theorie

Die Anwendung der Rational Choice-Theorie im Bereich der Soziologie weist eine Reihe von Vorzügen auf, die man durchaus anerkennen muß. Sie lassen sich in formale und inhaltliche Aspekte zusammenfassen.

Unter *wissenschaftslogisch-formalen Aspekten* sind vor allem drei Stärken der RC-Theorie zu nennen:

1. Sparsamkeit und logische Stringenz.
  Die RC-Ansätze zeichnen sich dadurch aus, daß sie einige wenige Basistheoreme sehr klar formulieren und daraus spezifische Aussagen und Erklärungsmodelle ableiten. Dieser Vorzug wird auch belegt durch ihre Eignung zur Formalisierung in mathematischen Begriffen und Gleichungen, wie es besonders J. COLEMAN vorexerziert hat (vgl. auch FAVELL 1996).
2. Umfassende Anwendbarkeit.
  Hier ist zu nennen die Fähigkeit der Theorie, mehr oder weniger systematische Erklärungen für soziales Verhalten und soziale Phänomene im weitesten Sinne anbieten zu können. Es werden nicht jeweils ad hoc für unterschiedliche Phänomene spezifische Konzepte entwickelt und angewandt, sondern es wird ein charakteristischer und einheitlicher Typ von Konzepten und Erklärungsprinzipien durchgängig auf sehr unterschiedliche Phänomene angewandt.
3. Nützlichkeit als heuristisches Begriffsschema zur Systematisierung inhaltlicher Überlegungen und empirischer Forschung.
  Aus diesen beiden Stärken folgt die wichtigste positive Funktion, die RC-Theorien im Rahmen der Soziologie meiner Meinung nach erfüllen können. Sie besteht darin, daß sie bei der Bearbeitung eines inhaltlichen Problemfeldes helfen können, die vielfach unübersehbare Fülle von möglichen Fragestellungen (im Hinblick auf Ursachen, Funktionen und Folgen eines sozialen Phänomens) übersichtlich und systematisch zu ordnen.[353] Die Bedeutung dieser Leistung ist nicht zu unterschätzen, umfaßt doch gerade die Soziologie ein inhaltlich äußerst breites und vielfältiges Feld von Fragestellungen. Die Soziologie selber würde bald (oder wäre längst) in eine

---

353 Vgl. als Beispiel dafür neuerdings BLOSSFELD 1996 und weitere Beiträge in der gleichen Nummer der Zeitschrift *European Sociological Review*.

Vielzahl von Spezialdisziplinen zerfallen, wenn es nicht etwas gäbe, wodurch sich eine stringente Beziehung zwischen so disparaten Bereichen wie der Soziologie der Ästhetik, der Soziologie der Emotionen, der Betriebs- und Wirtschaftssoziologie, der Rechts- und Kriminalsoziologie, der soziologischen Theorie usw. herstellen läßt.

Die Rational Choice-Theorien weisen auch einige Charakteristika in *inhaltlicher Hinsicht* auf, die dem Ansatz einer Soziologie als Wirklichkeitswissenschaft im Sinne von M. WEBER durchaus nahestehen. Hier sind vor allem drei zu nennen.

1. Methodologischer Individualismus.
Die RC-Theorien sind dezidierte Vertreter einer wissenschaftstheoretischen Position, die (mit M. WEBER und K.R. POPPER) davon ausgeht, daß sozialwissenschaftliche Erklärungen sich letztlich immer auf das Handeln von konkreten, einzelnen Individuen beziehen müssen. Sie ist ein entschiedener Feind aller „holistischen Theorien", die glauben, kollektive soziale Einheiten könnten in irgendeiner Weise „handeln" oder besäßen eine von Menschen unabhängige Existenz.

2. Bild vom Menschen als rationalem Akteur.
Grundsätzlich positiv ist auch die Überzeugung der RC-Theoretiker zu beurteilen, wenn sie davon ausgehen, daß der Mensch nicht nur mit Vernunft ausgestattet ist, sondern sich in seinem Handeln in aller Regel von Vernunftprinzipien leiten läßt, in deren Rahmen er seine Ziele und Möglichkeiten gegeneinander abwägt. Eine solche Perspektive ist in der Soziologie – im Gegensatz zur Ökonomie – leider eher selten anzutreffen (ELSTER 1987: 12; HEDSTRÖM/SWEDBERG 1996). Ein nicht geringer Teil soziologisch-empirischer „Erklärungen" begnügt sich damit, ein Verhalten als erklärt zu betrachten, wenn es in Übereinstimmung mit (oft nur vage definiert) Werten und Einstellungen zu stehen scheint. Daß Einstellungen sich vielfach erst als *Folge* bestimmter Handlungszwänge oder –strategien herausbilden, wird dabei übersehen.[354] Aus dieser Sicht ist es auch grundsätzlich zu begrü-

---

354 Ähnlich naive oder partielle Erklärungen werden auf makrosoziologischer Ebene angeboten, wenn es z.B. heißt, die alte innereuropäische „kulturelle Bruchlinie" zwischen West- und Ostrom erkläre, warum es zwischen Serben und Kroaten nach dem Zusammenbruch des Kommunismus zum Krieg gekommen sei. Warum zwischen Völkern, die der römisch-katholischen (Kroaten, Slowenen) und der griechisch-orthodoxen (Serben) Kirche angehören,

ßen, wenn sich Soziologen ernsthaft mit dem ökonomischen Denken auseinandersetzen und versuchen, Verbindungen herzustellen (vgl. dazu auch GRANOVETTER 1985; LINDENBERG 1985; LINDENBERG/ FREY 1993; GOLDTHORPE 1996).

3. Vorstellung von der Gesellschaft als Ensemble von geregelten bzw. strukturierten Beziehungen und Verhältnissen.
Als grundsätzlich positiv an den RC-Theorien ist die Ablehnung jeder Art von soziologischem „Holismus" zu sehen. Das Konzept der „Logik der Aggregation", die Betonung der Wichtigkeit der Herausarbeitung klar erfaßbarer, überschaubarer „sozialer Mechanismen" (ELSTER 1987) sind hier wichtige Elemente. Sie stehen dem POPPER'schen Konzept der „Logik der Situationsanalyse" sehr nahe (vgl. Kapitel 6).

4. Die Betrachtung von Normen, Rechten und Verfassungen als von Menschen geschaffen und veränderbar.
In zutreffender Weise wird schließlich, vor allem in der COLEMANschen Variante der RC-Theorie, die große Bedeutung von Normen und Rechten, Gesetzen und Verfassungen für menschliches Zusammenleben hervorgehoben (vgl. auch COLEMAN 1993). Dies gilt auch für die Betonung des sozial konstruierten, auf zwischenmenschlichen Verhandlungen und Vereinbarungen beruhenden Charakters dieser Rechte. Gerade in zeitgenössischen „Wohlfahrtsgesellschaften" sind Tendenzen zur zunehmenden „Verrechtlichung" vieler Lebensbereiche und gesellschaftlichen Sektoren zu beobachten (KÜBLER u.a. 1985).[355]

Trotz dieser anerkennenswerten Eigenschaften können die RC-Ansätze nicht beanspruchen, als *die* Basis oder *das* Modell für eine mo-

---

ein so abgrundtiefer Haß bestehen sollte, daß es zu blutigsten Massakern kommen konnte, fragen sich die Vertreter derartiger Erklärungen nicht.

355 Es scheint allerdings kein Zufall zu sein, daß COLEMAN die negativen Aspekte dieser Verrechtlichungstendenzen kaum thematisiert. Es mag dies mit seinem generellen Optimismus im Hinblick auf die technokratische Steuerbarkeit von gesellschaftlichen Institutionen zu tun zu haben (vgl. dazu auch SRUBAR 1994: 119; SICA 1992: 252ff.). Auch in dieser Hinsicht ist ihm Max WEBER weit überlegen; vgl. etwa dessen Ausführungen zum Thema „Freiheit und Zwang in der Rechtsgemeinschaft" (abgedruckt in WEBER 1973: 76ff.). Hier weist WEBER insbesondere darauf hin, daß auch in formal stark verrechtlichten, riesigen bürokratischen Gebilden autoritärer Zwang stärksten Grades existieren kann.

derne, erfahrungsbasierte und kausalwissenschaftliche, zugleich den Sinnbezug sozialen Handelns berücksichtigende soziologische Theorie gelten zu können (vgl. dazu neuerdings umfassend BUNGE 1996: 383ff. und MOZETIC 1998). Dafür sind zumindest sieben Argumente anzuführen.

1. Der „homo rationalis" als eingeschränktes Modell der menschlichen Persönlichkeit.
Es ist unbestreitbar, daß auch hinter den neuesten Versionen soziologischer RC-Theorien letztlich ein Menschenbild steht, das seine Verwandtschaft mit dem Modell des „*homo oeconomicus*" nicht leugnen kann (vgl. auch ALEXANDER 1992). Die Bemühungen soziologischer RC-Theoretiker, nichtutilitaristische Motive des Handelns in die Betrachtung einzubeziehen, sind nicht überzeugend. Häufig wird die theoretische Relevanz von Nutzenkalkülen für Handlungserklärungen auch dadurch zunichte gemacht, daß „zirkelhaft von vorliegenden Handlungen auf vorgängige Nutzenkalküle geschlossen und umgekehrt deren Existenz mit dem Verweis auf die erfolgte Handlung ‚bewiesen' werden soll" (MOZETIC 1998: 156). Es bleibt deutlich, daß der „berechnend-rational" handelnde Mensch im Sinne der RC-Theorie letztlich doch nichts als seine eigenen Interessen, seinen eigenen Vorteil im Auge haben kann, so wie es die erste Bedeutung des Begriffes „ratio" impliziert.[356]

Eine solche Sicht der menschlichen Persönlichkeit ist soziologisch in mehrfacher Hinsicht unzureichend (vgl. auch HARTFIEL 1968; WEISE 1989; BUNGE 1996: 378ff.):

a) Es fehlt eine systematische Berücksichtigung nicht rein zweckrationaler, auf den individuellen Nutzen bezogener Handlungsorientierungen, insbesondere der von WEBER herausgearbeiteten Formen des wertbezogenen, aber auch des gewohnheits- und traditionsgeleiteten und emotionalen Handelns (vgl. auch COLLINS 1996).

b) Neben instrumentell-nutzenorientierten und wertbezogenen Handlungstypen bzw. Verhaltensweisen können auch Handlungstypen

---

356 Im lateinisch-deutschen Wörterbuch werden unter I. die folgenden Bedeutungen von „ratio" angegeben: 1. Rechnung, Rechenschaft; 2. Geschäft, Geschäftssache; 3. Vorteil, Interesse; 4. Berechnung, Erwägung; erst unter II. folgt die Bedeutung „Vernunft, Erwägung" (PETSCHENIG/SKUTSCH 1958: 416).

nicht zureichend erfaßt werden, die sich auf kreative, expressive und emotionale Erlebnis- und Ausdrucksformen beziehen, wie etwa das Spiel, künstlerische u.a. schöpferische Tätigkeiten (BOURDIEU 1970; FLAM 1990a, b; SCHEFF 1990). STAUBMANN (1995) spricht hier von einem „*homo aestheticus*", der als drittes Modell neben dem „homo oeconomicus" und „homo sociologicus" berücksichtigt werden müsse. Nicht erfaßt wird damit auch der emotional-expressive Untergrund[357], ohne den menschliches Handeln unverständlich bleibt. Ich werde im folgenden Kapitel argumentieren, daß sich der Erfolg der (meiner Meinung nach inhaltlich in eine Sackgasse führenden) autopoietischen Systemtheorie von N. LUHMANN aus einer solchen Sicht erklären läßt, wenn man sie nämlich als intellektuell-ästhetisches Spiel betrachtet.

c) Völlig fehlt ein Konzept zur Erfassung der Tatsache, daß der Mensch keine Addition von Einzelinteressen oder –motiven darstellt, sondern daß er versucht, sich kontinuierlich als integrierte Einheit zu entwickeln und darzustellen, wie es im Konzept der *Identität* thematisiert wird (vgl. auch FAVELL 1996: 295).

d) Die Rational Choice-Theorie behandelt nur Erwartungen, Präferenzen, Entscheidungsmöglichkeiten, aber nicht soziales *Handeln* (BUNGE 1996: 381f.). Sie erkennt gar nicht, daß zwischen Intentionen und Handlungen oft eine große Kluft besteht, wie vor allem Experimente zeigen.

Mit der quasi-ontogischen, ja deterministischen Behauptung von der Nutzenorientierung allen Handelns gerät die RC-Theorie „ironischerweise in die Nähe des von ihr kritisierten Funktionalismus von Talcott

---

357 Vgl. dazu als paradigmatisches Beispiel die Ausführungen von Max WEBER (1973) über „Wissenschaft als Beruf" und „Politik als Beruf", in denen er völlig zutreffend argumentiert, daß eine erfolgreiche und befriedigende Ausübung dieser Berufe ohne „Leidenschaft" unmöglich ist. Man kann die enorme Bedeutung dieses emotionalen Untergrunds zweckgerichteten Handelns aber auch im Bereich der Erziehung erkennen, wo eine „schlechte" Familienerziehung immer noch besser zu sein scheint als eine gute Heimerziehung. Nur jene Modelle von Heimerziehung leisten Ähnliches wie eine Familienerziehung, in denen sich auch eine enge emotionale Bindung zwischen Heimerzieher(in) oder –mütter und Kindern entwickeln kann. Ein Beispiel dafür sind die SOS-Kinderdörfer, in denen allein Frauen als „Kinderdorfmütter" für die Erziehung verantwortlich sind und mit den Kindern kontinuierlich in einem eigenen Haus zusammenleben.

Parsons, weil sie die Wert-Norm-Bindung des Menschen gleichsam funktional äquivalent durch die Nutzenmaximierung ersetzt" (MOZETIC [1998: 164] zit. hier BALOG 1997: 104).

2. *Der Mensch als „homo clausus" und die Unfähigkeit, seine soziale Einbettung theoretisch stringent zu erfassen.*
Was Norbert ELIAS (1971) der traditionellen Sozialtheorie immer wieder vorgeworfen hat, trifft auf die RC-Theorie in besonderem Maße zu. Eine ihrer grundlegendsten Schwächen besteht darin, daß sie sich den Menschen zunächst als ein quasi isoliertes Einzelwesen vorstellt, das mit bestimmten Attributen oder Merkmalen (Interessen, Ressourcen usw.) ausgestattet ist. Erst von Einzelindividuen ausgehend wird dann versucht, Interaktions- und Austauschbeziehungen zwischen Menschen zu erfassen und zu erklären. Man kann hier von einer *solipsistischen Anthropologie* sprechen (SRUBAR 1994: 118). Dies kann aber nicht wirklich gelingen, da man soziologisch ein individuelles soziales Verhalten nur verstehen kann, wenn dieses schon von Anfang an in seiner spezifischen Ausrichtung auf andere bzw. Einbettung in soziale Prozesse thematisiert wird. Individuelle Motive werden erst verständlich und für soziologische Erklärungen zugänglich, wenn sie zu öffentlich artikulierten, sozial und kulturell anerkannten Motiven werden.[358] Der Sozialtheoretiker und Sozialforscher hat keinen systematischen Anhaltspunkt zur Erfassung und Klassifikation gesellschaftlich relevanter individueller Motive, wenn diese nicht schon von vornherein auf einen sozialen Kontext bezogen werden. Handeln wird in vorgegebenen sozialen Zusammenhängen hervorgebracht und man kann erst in diesen Zusammenhängen Kriterien für ihre Angemessenheit finden: „Die Gegenüberstellung von Individuen und Kollektiven ist methodisch gesehen irreführend. Die Verknüpfung der Handlungen mit dem sozialen Kontext, in den sie eingebettet sind, ist für die Handlungen von vornherein konstitutiv ...." (BALOG 1989: 228f.).

Darüber hinaus gilt, daß die Klassifikation in „Ressourcen" und „Interessen" von Individuen zwar nützlich sein mag als ein allgemeiner Orientierungsrahmen; sie ist jedoch inhaltlich „leer" und bietet für sich allein keine Anleitung zur Entwicklung gehaltvoller soziologi-

---

358 Hierin sieht WARFIELD RAWLS (1992) zu Recht die Hauptidee von Max WEBERS Studie über die protestantische Ethik und den Geist des Kapitalismus.

scher Erklärungen. Eine solche Einbettung kann nur erfolgen, wenn man mit WEBER und SCHÜTZ den sozial typischen Charakter auch des alltäglichen sozialen Handelns herausarbeitet. Der ESSERsche Versuch, diesen Ansatz mit der Rational Choice-Theorie zu verknüpfen, kann nicht als gelungen bezeichnet werden (SRUBAR 1992).

3. Fehlen von Begriffen über Eigenschaften sozialer Beziehungen und Prozesse.

Die bereits aufgezeigten Schwächen und Mängel hinsichtlich der Erfassung sozialer Prozesse und Beziehungen lassen sich auch dadurch belegen, daß die RC-Theoretiker keine Begriffe für wichtige soziale Beziehungen besitzen oder die Eigenschaften von Beziehungen als individuelle Persönlichkeitsmerkmale umdeuten. Dafür nur zwei Beispiele.

Der Begriff der „Macht" wird etwa in ESSERs (1993) anspruchsvollem Werk *Soziologie. Allgemeine Grundlagen* überhaupt nicht systematisch eingeführt und abgehandelt.[359] Im Werk von COLEMAN wird „Macht" ganz klar definiert als „eine Eigenschaft eines Akteurs in einem System" (COLEMAN 1990: 133, 780); Macht wird gesehen als Funktion der Ressourcen von Akteuren. Daß Macht ein Charakteristikum von Beziehungen ist und nur besteht, solange sie auch von den der Macht Unterworfenen anerkannt wird (MULDER 1977; HOFSTEDE 1984: 70ff.), wird ebensowenig gesehen wie die Tatsache, daß das Ausmaß von Macht auch ein Systemmerkmal ist und ein Machtzuwachs für alle Mitglieder zugleich möglich ist (ARENDT 1974: 193ff.). Mit dem Fehlen derartiger Begriffe übersehen die RC-Theoretiker natürlich auch die faktische Bedeutung der Macht von Eliten, Regierungen, Behörden und Großunternehmen (BUNGE 1996: 383).

Ein anderes Beispiel: Der soziologisch sicherlich ebenso zentrale Begriff der *„Liebe"* taucht in diesen beiden umfangreichen Werken überhaupt nicht auf. Die damit verknüpften Konzepte der *„Soziabilität"* und *„Sozialität"* werden von ESSER (1993: 161) explizit als Eigenschaften von Menschen definiert.[360] Ähnliches gilt vom interes-

---

359 Im Inhaltsverzeichnis taucht er nicht auf; im Stichwortverzeichnis wird er zwar sehr häufig (rund 60mal) genannt; die Inspektion der betreffenden Stellen führt jedoch zu keiner systematischen Diskussion des Begriffs.

360 Als „Fähigkeit zur Aufnahme und zum Erhalt von sozialen Beziehungen" bzw. als „Angewiesenheit auf eine soziale Steuerung des Verhaltens" (ESSER 1993: 161)

santen Begriff des „sozialen Kapitals", den COLEMAN (1990: 300ff.) ausführlich verwendet, der im Rahmen seiner Theorie jedoch einen Fremdkörper darstellt.[361]

4. Irreführende Darstellung des Mikro-Makro-Problems in der Soziologie.

Eine weitere Implikation der Vorstellung vom Menschen als „homo clausus" ist eine irreführende Darstellung des Mikro-Makro-Problems bei den Rational Choice-Theoretikern. Es gibt keine isolierbaren „kollektiven (Makro-) Phänomene", wie einen Anstieg von Scheidungsraten (ESSER 1993: 32ff.), oder eine neue religiöse Ethik, die „Effekte" auf Individuen ausüben, diese zu bestimmten Handlungen veranlassen, als deren Folge sich wieder makrosoziale Strukturen wandeln (COLEMAN 1993: 8ff.; ESSER 1993: 32ff.). Individuelles Handeln und makrosoziale Phänomene sind vielmehr von Anfang an eng verschränkt: individuelles soziales Handeln orientiert sich immer schon an gemeinsam geteilten, sozial definierten Werten; Handeln und Werte wandeln sich in enger Interdependenz mit dem Wandel sozialer Strukturen; dieser ganze Prozeß ist weder ein rein mikro- noch ein rein makrosozialer Prozeß (vgl. SWEDBERG 1996 für eine systematische Diskussion dieses Problems und seiner Darstellung bei COLEMAN).

5. Der Mensch als „kulturloses Wesen" und die Unfähigkeit zur Thematisierung des zentralen soziologischen Problems der Zurechnung von sozialem Handeln zu Werten.

Eine weitere grundlegende Schwäche der Rational Choice-Theorien hat ihre Ursache darin, daß sie – wie auch andere Ansätze – nicht erkennen, daß die soziologische Analyse ausgehen muß von einer grundlegenden Differenz zwischen verschiedenen Ebenen der Realität, nämlich der physikalisch-biologischen Welt, der Welt des Bewußtseins und der Welt der objektiven geistigen Ideen.[362] Während die in Kapitel 2 behandelten naturalistischen Ansätze dazu tendieren, die Grenzlinie zwischen der Ebenen biologisch-sozialer und der Ebene der Bewußtseinsprozesse zu verkennen, übersehen die RC-Theoreti-

---

361 So die Kritik von S. LINDENBERG (1996), einem Vertreter der RC-Theorie selber. LINDENBERG hat den Rational Choice-Ansatz wohl am weitesten in Richtung einer echten Sozialtheorie entwickelt.
362 Näheres zu dieser vor allem von K.R. POPPER herausgearbeiteten Unterscheidung in Kapitel 6.

ker die fundamentale Differenz zwischen Phänomen, die das bewußte Handeln des Menschen betreffen, und jenen geistig-kulturellen Phänomenen (wie Ideen, Werten, Normen), von denen menschliches Handeln zwar gesteuert werden kann, und die durch menschliche Erkenntnis und Geistesarbeit zwar selbst weiterentwickelt werden können, die aber trotzdem eine vom Menschen unabhängige Existenz besitzen. Ein zentraler Bereich jeder Sozialtheorie, die Struktur der gesellschaftlichen Werte, Normen und Institutionen, kann von den RC-Theoretikern daher nur aus einer verengten Perspektive gesehen werden, nämlich der Abhängigkeit ihrer Entstehung von individuellen und gesellschaftlichen Interessen.

Ein solches rein interessenorientiertes Bild gesellschaftlicher Institutionen ist auch aus rechts- und sozialphilosophischer Sicht unvollständig. Es übersieht die Tatsache, daß die Befolgung von Regeln und Normen eine *eigenständige Motivation* des menschlichen Handelns darstellen kann; man muß auch eine Bereitschaft zu einem in der menschlichen Vernunft begründeten, inneren Motiv der Regelakzeptanz annehmen, um die Entstehung von Institutionen zureichend erklären zu können (KLIEMT 1985: 196, 203ff.). Einer rein auf Interessen bezogenen Erklärung von Normen und Institutionen entgeht auch das revolutionäre Potential und die zwingende innere Eigenlogik, die der Entwicklung von Normen und Institutionen ebenso innewohnen kann wie das Potential zu geistiger Erstarrung und zur Unterdrückung individueller Freiheit. Der Mensch selber wird von ihnen quasi als eine „*tabula rasa*", frei von jeder kulturellen Verfassung, gesehen – eine Vorstellung, die den meisten anderen theoretischen Paradigmen in den Sozialwissenschaften widerspricht.

6. Verkennung des spezifischen und eigenständigen Charakters sozialer Institutionen.
Implizit enthalten in den unter (4) und (5) genannten Schwächen ist schließlich die Tatsache, daß die Rational Choice-Theoretiker den spezifischen Charakter und die Eigenständigkeit sozialer Institutionen verkennen. Wenn Max WEBER etwa von der *Bürokratie* als einem historisch-kulturell bedeutsamen und spezifischen Instrument der Herrschaft spricht, postuliert er damit keinen „kollektiven Akteur", der unabhängig von den einzelnen Mitgliedern agieren würde. Wohl wird jedoch postuliert, daß das Handeln der Bürokraten durch diese Struktur entscheidend (mit-) bestimmt wird. Wenn James COLEMAN an die

Stelle der Bürokratie den Begriff der „formalen Organisation" bzw. „Körperschaft" (corporation) setzt, wird dieser historisch-kulturelle und politisch-praktische Bezug wieder fallengelassen und es ergibt sich wieder die (nicht stringent einlösbare) Notwendigkeit, von den individuellen Mitgliedern ausgehend die Interessen der Organisation zu bestimmen.

7. Die RC-Theorie ist statisch, die Variable „Zeit" fehlt völlig.
Damit wird es ihr unmöglich, überhaupt kausale Prozesse zu erfassen, weil diese zeitliche Abläufe voraussetzen.

Mario BUNGE, Autor von rund zwanzig Büchern zu wissenschaftstheoretischen Grundlagen der Physik, der Philosophie und Sozialwissenschaften, führt in seiner kritischen Beurteilung der Rational Choice-Theorien dreizehn negative Punkte an, die den vorhin angeführten weitgehend entsprechen. Er kommt zusammenfassend zu einem äußerst kritischen Urteil:

„By wishing to encompass everything rational choice theory leaves out almost everything – in particular, environmental constraints, social-structure, and people's passions, especially love and hate.......
In sum, rational choice theories are inadequate – that is, at variance with reality. We have found them wanting in being trapped within the individualist and utilitarian dogmas, in overrating the ‚rationality' (calculating and maximizing ability) of people, in containing fuzzy basic notions and untestable key assumptions, and in idealizing the free market." (BUNGE 1996: 378, 383f.)

In diesen Sätzen wird im Grunde genau jener Vorwurf wiederholt, den Norbert ELIAS im Motto am Beginn dieses Kapitels gegen viele Sozialwissenschaftler erhebt: die Rational Choice-Theoretiker gehen nicht primär von relevanten Problemen aus, sondern von einer bestimmten Auffassung von Theorie und von Wissenschaft, entwickeln dementsprechend zugeschnittene Konzepte und Methoden und schließen all jene Phänomene aus der wissenschaftlichen Betrachtung aus, die sie mit ihren Instrumenten nicht erfassen können. Dahinter steht – mehr oder weniger offen – das Vorbild der naturwissenschaftlichen Methode.[363]

Es gibt sechs Gründe, warum die Rational Choice-Theorie trotzdem so hohes Prestige genießt, so BUNGE (ebenda, S. 385): (1) sie ist

---

[363] Für die Ökonomie generell vgl. z.B. die folgende Aussage von SAMUELSON (1981: 20): „Im Jahre 1969 wurde ein Nobelpreis für Wirtschaftswissenschaft eingeführt – womit in gewisser Weise die Verwandtschaft der Volkswirtschaftslehre zur Naturwissenschaft unterstrichen wurde."

einfach; (2) sie setzt keinerlei Kenntnisse der experimentellen Psychologie, der Soziologie, der Politikwissenschaften und der Geschichte voraus; (3) sie benutzt extensiv kryptische Symbole, mathematische Ableitungen usw., die der Leser oder die Reviewer von Zeitschriftenbeiträgen beeindrucken, auch wenn es sich dabei nur um schlecht definierte Begriffe oder fragwürdige mathematische „Beweise" handelt (vgl. auch ARMSTRONG 1998); (4) sie vereinbart die Verherrlichung des Marktes mit intellektueller Respektabilität; (5) sie wird oft mit falschen Argumenten kritisiert (als zu intellektuell); (6) sie ist bislang von keinen ernsthaften Konkurrenten herausgefordert worden.

5. Semantische Analyse der Gesellschaft. Die Theorie autopoietischer Systeme von Niklas LUHMANN und ihr fragwürdiger Anspruch auf den Status einer soziologischen Theorie

"..... denn mögen auch in gewisser Hinsicht und für leichtfertige Menschen die nicht existierenden Dinge leichter und verantwortungsloser durch Worte darzustellen sein als die seienden, so ist es doch für den frommen und gewissenhaften Geschichtsschreiber gerade umgekehrt: nichts entzieht sich der Darstellung durch Worte so sehr und nichts ist doch notwendiger, den Menschen vor Augen zu stellen, als gewisse Dinge, deren Existenz weder beweisbar und wahrscheinlich ist, welche aber eben dadurch, daß fromme und gewissenhafte Menschen sie gewissermaßen als seiende Dinge behandeln, dem Sein und der Möglichkeit des Geborenwerdens um einen Schritt näher geführt werden."

Aus: Albertus Secundus, tract. de cristall.spirit. ed. Clangor et Collof.lib.I.cap.28, in Josef Knechts handschriftlicher Übersetzung [Hermann HESSE, Das Glasperlenspiel]

Ich untersuche in den folgenden zwei Abschnitten den Ansatz der autopoietischen Systemtheorie von LUHMANN zunächst exemplarisch an zwei inhaltlichen Themenstellungen. Die erste davon ist die These LUHMANNs vom Wandel des vorherrschenden Typus sozialer Differenzierung in modernen Gesellschaften, dem Übergang von stratifikatorischer zu funktionaler Differenzierung. Die zweite betrifft den wirtschaftssoziologischen Ansatz, wie ihn LUHMANN in seinem Werk *Die Wirtschaft der Gesellschaft* (1988) entfaltet. Hierbei sollen zwei Themenbereiche behandelt werden: (a) die Funktionen des Subsystems „Wirtschaft"; (b) die Konzeption der Wirtschaft als autopoietisches, sich selbst reproduzierendes System von Zahlungen. In den beiden folgenden Abschnitten diskutiere ich die generelle Frage der Erklärungsleistung der Theorie autopoietischer Systeme und die grundlegenden soziologischen (und philosophischen) Mängel dieser Theorie, die meiner Meinung nach der scholastischen Philosophie bzw. einem Sprachspiel vergleichbar ist. Im letzten Abschnitt wird die Frage der Praxisrelevanz des LUHMANNschen Ansatzes erörtert – ein Aspekt, der Kritikern dieses Ansatzes oft als eine positive Leistung entgegengehalten wird.[364] Ich konkretisiere meine Stellungnahme in acht pointierten Thesen.[365]

5.1 Die funktionale Differenzierung moderner Gesellschaften

Eine zentrale, immer wiederkehrende Problematik der Arbeiten LUHMANNs bezieht sich auf die gesellschaftliche Differenzierung und Evolution und die sich im Zusammenhang damit verändernden Wis-

---

364 Auch hier beabsichtige ich also nicht, wie schon bei PARSONS und anderen „großen" Theoretikern, eine mehr oder weniger umfassende Darstellung und Kritik aller zentralen Theoriestücke, der Entfaltung und des Wandels der Theorie zu geben. Bezüglich LUHMANN kann man diesbezüglich bereits auf eine Reihe einschlägiger Monographien verweisen (vgl. u.a. GRIMM 1974; KÜNZLER 1989; DALLMANN 1994; BARBEN 1996).

365 Eine besonders deutliche Herausarbeitung der Leistungsfähigkeit der Theorie LUHMANNs erscheint auch deshalb als besonders wichtig, weil die Haltung vieler SoziologInnen zu ihr vielfach recht unklar ist. Dies zeigt ein kurzer Blick in einige einschlägige Lehrbücher zur Soziologischen Theorie sehr nachdrücklich. In MOREL u.a. (1989: 173-193) werden LUHMANN immerhin 20 Seiten gewidmet; es wird die Vielfalt der Themen hervorgehoben, die „große Resonanz" und die „nicht unbeträchtliche Medien- und Öffentlichkeitswirksamkeit" erwähnt, zu der sie geführt hat; daraus (andere Gründe werden nicht genannt) wird gefolgert, sie habe „eine nicht mehr zu umgehende Bedeutung" erlangt (S. 192f.); schwer nachvollziehbar erscheint mir auch die einleitende Bemerkung, LUHMANNs Theorie beanspruche ein „schlichteres Anliegen als andere Soziologische Theorien und Schulen" (S. 173). MIKL-HORKE (1989: 273-283) stellt fest, LUHMANN und HABERMAS „strebten eine Neukonstruktion der Theorie in den Sozialwissenschaften an", ja sogar eine „Abschaffung der Erkenntnistheorie" (S. 273); eine Stellungnahme zum Erfolg eines so spektakulären Unternehmens unterbleibt weitgehend. Ansätze zu einer kritischen Beurteilung finden sich bei WEISS (1993: 42-48), wenn sie u.a. schreibt, „die Bestätigung der eigentlich neuen und interessanten gesellschaftlichen Sachverhalte, von denen die Theorie handelt", sei ausgeblieben.
Für Anhänger von LUHMANN ist die Sachlage natürlich eindeutig. Nur ein Beispiel dafür: „‚Die Gesellschaft der Gesellschaft' [LUHMANN's letztes großes Werk, auf das ich im folgenden nicht mehr systematisch eingehen kann, M.H.] ist *der glanzvolle Abschluß eines genialen Lebenswerks* – Abschluß, auch wenn davon auszugehen ist, daß noch Gewichtiges folgen wird" (Uwe SCHIMANK in der *Kölner Zeitschrift für Soziologie und Sozialpsychologie*, Nr. 1/1998, S. 176; Hervorhebung von mir, M.H.).

senssysteme der Gesellschaft. Dies ist ein soziologisch zentrales Thema, und es spielt auch bei anderen bedeutenden Sozialtheoretikern und Soziologen, die ich zum Teil noch besprechen werde (de TOQUEVILLE, DURKHEIM) eine große Rolle. Es erscheint daher sinnvoll, die Diagnose(un)fähigkeit der Theorie von Niklas LUHMANN exemplarisch zuerst an diesem Thema zu zeigen. Ich skizziere hier zunächst kurz die Begriffe der Differenzierung und Evolution, sodann die zentrale These LUHMANNs zum Übergang von der vertikalen zur funktionalen Differenzierung und schließlich seine These der Entstehung einer „Weltgesellschaft".[366]

a) Die Ko-Evolution von gesellschaftlicher und semantischer Differenzierung

In dem hier relevantesten, mehrbändigen Werk *Gesellschaftsstruktur und Semantik* geht LUHMANN (1980: 9ff.)[367] zunächst aus von der allgemeinen Beobachtung, daß gesellschaftliche Entwicklung und semantische Traditionen miteinander ko-variieren. Die bisherigen, älteren und neueren Sozialwissenschaften (Historismus, Funktionalismus, Aufklärung, Wissenssoziologie) seien aber mit dem zentralen Problem dabei nie richtig zu Rande gekommen, nämlich der Frage, wie gesellschaftliche Wissensbestände als verankert in Interessenlagen und damit von begrenzter Gültigkeit dargestellt und entlarvt werden können, ohne zugleich auch die eigene Position, ja den Anspruch auf „wahres" Wissen überhaupt, aufgeben zu müssen. Dies gelte auch für die moderne Wissenssoziologie, in der Wissen „als Ausdruck einer Interessenlage oder einer entwicklungsgeschichtlichen Situation bestimmter Gruppen, Schichten oder Klassen gesehen (wird), und dies auf einer kollektivistischen Basis, das heißt ohne Analyse der internen Kommunikationsstrukturen dieser Trägergruppen". Die Wissenssoziologie habe auch das *Zurechnungsproblem* nur vordergründig gestellt „das

---

366 Einen ausgezeichneten und kritischen Überblick zum Konzept der Differenzierung im allgemeinen und LUHMANNs Version im besonderen gibt H. TYRELL (1978); zu LUHMANN vgl. auch DALLMANN 1994; BARBEN 1996 (S. 100ff.).
367 Ausführungen dieser Art finden sich in auch zahlreichen anderen Werken LUHMANNs als einleitende Bemerkungen; auf sie kann ich hier nicht im Detail verweisen; zusammenfassende Darstellungen finden sich in LUHMANN 1977, 1987.

heißt nach Trägern des Wissens gefragt" und sich damit zufrieden gegeben, „wenn sie Trägergruppen identifizieren konnte." (LUHMANN 1980: 11, 15).[368] Demgegenüber stelle „die Frage nach einer Korrelation oder Kovariation von Wissensbeständen und gesellschaftlichen Strukturen theoretisch erheblich höhere Anforderungen" (ebenda, S. 15).

In Übereinstimmung mit gängigen soziologischen Grundannahmen geht LUHMANN dann davon aus, daß alles menschliche Erleben und Handeln „sinnförmig abläuft und sich selbst nur sinnförmig zugänglich ist"; in LUHMANNs systemtheoretischer Perspektive heißt dies dann, daß „‚das Ganze' der mitimplizierten Welt nicht als Fülle, sondern nur über Selektionen, über Reihungen oder über Aggregationen unter Verzicht auf Details zugänglich ist. Um diese Selektionen im Rahmen des sozial Erwartbaren und Anschlußfähigen zu halten, wird Sinn typisiert, nämlich je nach Bedarf zeitlich, sachlich und sozial generalisiert" (S. 17f.). „*Typifizierter Sinn*" dient also dazu, den Menschen soziale Realität und sozialen Wandel einsichtig, verständlich zu machen, ihnen Orientierungshilfen zu geben. Die Gesamtheit dieser Sinnbestände bezeichnet LUHMANN als „*Semantik einer Gesellschaft*", „ihren semantischen Apparat oder Vorrat an bereitgehaltenen Sinnverarbeitungsregeln," (ebenda, S. 19). Semantik kann als ein „höherstufig

---

368 Auch hier ist anzumerken, daß LUHMANN die von ihm als unzureichend betrachteten theoretischen Positionen vergröbernd und tendenziös-einseitig darstellt. So nennt er in einer Fußnote zum obigen Zitat u.a. Bernhard GROETHUYSEN, den Autor der umfassenden Studie über *Die Entstehung der bürgerlichen Welt- und Lebensanschauung in Frankreich* (1978), als jemanden, der „die Analyse der internen Kommunikationsstrukturen dieser Trägergruppen" nicht analysiert habe. Tatsache ist, daß in dessen Werk genau diese Frage eine zentrale Stelle einnimmt, so insbesondere die Auseinandersetzung des Bürgertums mit Vertretern kirchlich-katholischer Weltanschauungen. Auch sein Vorwurf an die Wissenssoziologie, diese sei zufrieden, wenn sie Trägergruppen bestimmter Wissensformen identifizieren könne, trifft diese in keiner Weise. So kritisiert etwa Karl MANNHEIM (1970: 376ff.) ausführlich eine vulgärmarxistische oder -sozialistische Wissenssoziologie als zu naiv und einseitig, die sich mit der Kategorie des „Interessiertseins" begnüge und „die Funktionalisierung der Ideengehalte auf soziales Sein hin allein in der Form der Interessenbezogenheit" wahrnehme. Notwendig sei vielmehr die Anerkennung der Tatsache, daß eine solche interessenmäßige Beziehung zu Ideengehalten nicht die einzig mögliche Form solcher Beziehungen sei (ein andere sei ein autonomes „Engagiertsein" an gewissen Ideen), sondern vor allem eine umfassende Analyse von Ideensystemen oder „Denkstilen" einer ganzen Epoche, also einer ganzen „Weltanschauungstotalität", notwendig sei.

generalisierter, relativ situationsunabhängig verfügbarer Sinn" bezeichnet werden; „*gepflegte Semantik*" sind von der Alltagssprache abgehobene, höhere Formen von Kommunikation. Begriffs- und ideengeschichtlichen Forschungen sind bereits um zwei Stufen von der Realität abgehobene Formen der Sinnverarbeitung, da sie die Geschichte der „gepflegten Semantik" reflektieren. Wichtig ist, daß diese Semantik eine Realität sui generis aufweist, und nicht nur – nach dem Basis-Überbau-Schema – als Widerspiegelung der Realität zu sehen ist. Wie die Gesellschaft, muß sich im Zuge der Evolution auch die Semantik ausdifferenzieren.

Der Zusammenhang zwischen gesellschaftlich-struktureller Differenzierung und semantischer Entwicklung stellt sich für LUHMANN folgendermaßen dar. Seine Grundbegriffe sind hier Komplexität und Systemdifferenzierung: ein System ist *komplex*, „wenn es nicht mehr jedes seiner Elemente mit jedem anderen verknüpfen kann", und es ist *differenziert*, „wenn es in sich selber Teilsysteme bildet, das heißt, in sich selbst Systembildung wiederholt" (S. 21). Zwischen Komplexität und Differenzierung besteht kein unilinearer Steigerungszusammenhang, vielmehr erfolgt die gesellschaftliche Evolution in Sprüngen: die Komplexität, die ein Gesellschaftssystem erreichen kann, hängt ab von der Form der Differenzierung, und zwar von der „primären Differenzierung" eines Gesellschaftssystems. Den Zusammenhang zwischen Differenzierung, Komplexitätssteigerung und Semantik stellt sich LUHMANN folgendermaßen vor:

„Veränderungen im Komplexitätsniveau der Gesellschaft erfolgen epigenetisch. Steigerung der Komplexität ist weder eine sinnvolle Zielvorstellung gesellschaftlichen Handelns noch ein normales, kontinuierlich eintreffendes Resultat gesellschaftlicher Evolution. Sie ist eine Nebenfolge von strukturellen Umlagerungen, vor allem von Änderungen der Differenzierungsform. Wenn das Komplexitätsniveau der Gesellschaft sich jedoch ändert, muß die das Erleben und Handeln führende Semantik sich dem anpassen, weil sie sonst den Zugriff auf die Realität verliert. Komplexität ist mithin eine – und wohl die weitreichendste – intervenierende Variable, die zwischen evolutionär ausgelösten Strukturänderungen und Transformationen der Semantik vermittelt." (LUHMANN 1980: 22).

Dieser Zusammenhang läßt sich graphisch sehr einfach darstellen:[369]

| Evolutionäre gesellschaftliche Strukturveränderung | ⇒ | Steigerung der gesellschaftlichen Komplexität | ⇒ | Transformation der gesellschaftlichen Semantik |

Dieser ganze Prozeß von Ausdifferenzierungen erfolgt – wie im Rahmen einer System- und Evolutionstheorie nicht anders zu erwarten – autonom, unabhängig von individuellen oder kollektiven Intentionen, quasi-automatisch. Diese Idee hat LUHMANN in seiner autopoietischen Kommunikations-Systemtheorie noch radikalisiert:

„Immer beruhen Gesellschaften auf kommunikativen Handlungen als letzten Elementen... Deshalb entwickeln sich ... semantische Strukturen, die bestimmte Selektionsleistungen wahrscheinlicher machen als andere, Sensibilitäten in bestimmten Richtungen verfeinern und in anderen abstumpfen. Es ist ... die akute Erfahrung von Komplexität, Kontingenz und Selektivität in Handlungsverknüpfungen, die solche übergreifenden Symbolkomplexe generiert; sie werden durch Selektionsdruck gezwungen, sich zu formieren." (LUHMANN 1980: 24).

b) Der Übergang von vertikaler zu funktionaler Differenzierung

In einem zweiten Strang seiner Überlegungen greift LUHMANN die bekannte Unterscheidung zwischen drei Formen sozialer Differenzierung auf: „Das natürlichste [sic!], aus demographischem Wachstum sich wie von selbst ergebende Prinzip[370] ist das der Bildung gleicher Einheiten, insbesondere Familien, Geschlechter oder Wohngemeinschaften bzw. Dörfer" (LUHMANN 1980: 25). Er bezeichnet diese Form als *segmentäre Differenzierung*: hier besteht eine Gesellschaft aus einer Vielzahl gleicher Einheiten oder Systeme; ihre Komplexität ist gering. Diese steigt mit dem Übergang zu *stratifikatorischer Differenzierung*: deren primäres Einteilungsprinzip sind ungleiche Schich-

---

369 Meine These ist, daß diese Darstellung keineswegs eine Simplifizierung der LUHMANNschen Position darstellt, wenngleich die Luhmann-Anhänger dies sicherlich behaupten werden.

370 Auch dieser Begriff und diese These von einem „natürlichen Differenzierungsprinzip" zeugt nicht von einem wirklich soziologischen Verständnis gesellschaftlicher Entwicklung, sondern verweist ganz klar auf das klassische evolutionär-mechanistische, ja naturalistische Denken, das hinter den Überlegungen LUHMANNs (auch) in diesem Zusammenhang steht.

ten, die intern wieder segmentär-horizontal (in Familien, Clans, Dorfgemeinschaften usw.) gegliedert sind. Mit dieser Form der Differenzierung steigt die Komplexität erheblich, es können viel mehr Rollen ausdifferenziert werden, die Oberschicht kann Ressourcen konzentrieren und ihre Verwendung kontrollieren und gezielt steuern; Religion und Moral werden generalisiert, die Schrift wird entwickelt, die Zeithorizonte der Gesellschaft erweitern sich enorm. Die Komplexitätsschranken dieses Differenzierungstypus liegen in der Schichtstruktur selber: die unentrinnbare Zugehörigkeit zu einer Schicht und die damit gegebenen Restriktionen im sozialen, wirtschaftlichen und politischen Leben begrenzen zwangsläufig die Expansionschancen ihrer Mitglieder.

Diese Grenze wird überwunden durch den Übergang zu jener Form der Differenzierung, die sich in modernen Gesellschaften durchgesetzt hat, die *funktionale Differenzierung*:

„Das Prinzip der Teilsystembildung ist jetzt ein für jedes Teilsystem besonderes Bezugsproblem, an dem es sein besonderes Handeln ausrichtet – also etwa wirtschaftliche Produktion, politische Ermöglichung kollektiv bindender Entscheidungen, rechtliche Streitregulierung, medizinische Versorgung, Erziehung, wissenschaftliche Forschung – um nur einiges zu nennen. Funktionen dieser Art können nicht in eine allgemein gültige Rangordnung gebracht, können also nicht wie Schichten hierarchisiert werden, weil sie für die Gesellschaft allesamt notwendig sind und ihr jeweiliger Vorrang oder Wichtigkeitsgrad nur situationsweise regeln läßt. ... Teilsysteme (erhalten) einen Funktionsprimat, der aber gesamtgesellschaftlich nicht institutionalisiert und nicht durchgesetzt werden kann." (LUHMANN 1980: 28).

In diesen Ausführungen ist die zentrale These LUHMANNs enthalten, aus der sich alle seine einschlägigen gesellschaftsdiagnostischen Äußerungen ergeben. Funktional differenzierte Gesellschaften weisen eine viel höhere Komplexität auf als geschichtete Gesellschaften, es werden nicht nur Subsysteme ausdifferenziert, sondern es variieren auch die Beziehungen zwischen diesen (aus ihrer eigenen Sicht sind es System-Umweltbeziehungen) und erhalten je nach Systembeziehung einen spezifischen Sinn. Die Teilsysteme müssen sich über *Leistungen* (Outputs und Inputs) rechtfertigen, da es keine gesamtgesellschaftliche „Grundsymbolik" von Hierarchie und direkter Reziprozität mehr gibt.

Eine grundlegende Änderung betrifft auch die Stellung der einzelnen Person in der Gesellschaft: sie gehört nicht mehr ausschließlich und in allen Teilen ihrer Existenz einer einzigen Schicht an, sondern es gilt das Prinzip der (zumindest potentiellen) *universellen Inklusion* aller in alle Teilsysteme; Wertpostulate wie Freiheit und Gleichheit idealisieren dieses Prinzip. Zugleich erfolgt eine „Gesamttransformation des semantischen Apparats der Kultur", „ein gesamtgesellschaftlich fungierender Konsens über das, was ist und was gilt, (wird) schwierig und eigentlich unmöglich..." (LUHMANN 1980: 33). Es gibt nur mehr „funktionsspezifische Realitätssynthesen", aber keine „Gesamtsicht der Welt". Dies gilt auch für die wissenschaftliche Analyse der sozialen Realität, denn die Beziehungen zwischen Gesellschaftsstruktur und Semantik laufen „nebeneinander her und und beeinflussen sich wechselseitig". Das aber „macht die Theoriebildung schon in der Formulierung von genauen Hypothesen, geschweige denn in der empirischen Verifikation schwierig.... Sinnbildung[371] auf Grund von Komplexitätsveränderungen sind unprognostizierbar und deshalb auch theoretisch nicht antizipierbar." (ebenda, S. 35).

Im letzten Satz äußert LUHMANN eigentlich selber, daß soziologische Diagnose nach dem in Kapitel 1 dargestellten Sinn unmöglich ist.[372] Ich möchte hier explizit die These aufstellen, daß LUHMANNs Überlegungen – bei all ihrer hohen Plausibilität, die sie vordergründig zu besitzen scheinen – auf einem soziologisch zu hohen und abstrakten Niveau angesiedelt sind, empirischer (historischer oder soziologischer) Überprüfung prinzipiell unzugänglich sind und daher auch keine gesellschaftsdiagnostischen Ableitungen im eingangs definierten Sinne ermöglichen. Als Gegenbeleg werde ich weiter unten auf eine ganz andere Interpretation dieser Entwicklungstendenzen bei zwei Autoren eingehen, die ich als exemplarische Vertreter einer „soziologischen Theorie" betrachte.

---

371 Müßte wohl heißen: „Sinnbildungen" (M.H.).
372 Allerdings ist hierbei zu konstatieren, daß seine Aussagen auch hier – wie in vielen anderen Fällen – wissenschaftstheoretisch und -logisch sehr unscharf bzw. unklar sind. Obwohl LUHMANN grundsätzlich – wie in der graphischen Abbildung oben – eine sehr klare kausale Beziehung zwischen sozialstruktureller Evolution, Komplexitätssteigerung und Transformation der gesellschaftlichen Semantik postuliert, nimmt er diese in den obigen Passagen wieder weitgehend zurück. So ist auch sein Hinweis auf die Schwierigkeit einer Theoriebildung und „empirischen Verifikation" eher nur als rhetorisch zu bezeichnen, da ihm eine empirische Überprüfung (wenn man „Verifikation" einmal in diesem Sinne interpretiert) seiner Begriffe und Thesen ja nie ein Anliegen ist.

c) Veränderungen in der sozialen und politischen Struktur nationaler Gesellschaften und ihrer Einbettung in die „Weltgesellschaft"

Ich möchte diese LUHMANNsche Theorie sozialstruktureller Differenzierung anhand einer näheren Untersuchung von vier immer wiederkehrenden speziellen Topoi noch näher kritisieren, nämlich (1) der These, moderne Gesellschaften verfügten über kein Zentrum und keine Spitze mehr; (2) die Nationalstaaten seien durch die Weltgesellschaft abgelöst worden; (3) da moderne Gesellschaften über kein Zentrum mehr verfügen, könnten sie auch nicht mehr „gesteuert" werden; und (4) der Begriff der „sozialen Klassen" sei obsolet geworden.

(1) *Moderne Gesellschaften haben kein Zentrum und keine Spitze.* Dies ist ein zentraler und immer wiederkehrender Topos in den Schriften von LUHMANN. Dahinter steht die These, daß innerhalb der modernen, nationalstaatlich verfaßten Gesellschaften die verschiedenen Funktionsbereiche der Gesellschaft – Wirtschaft, Politik, Kultur usw. – horizontal nebeneinander gelagert sind, aber keiner davon – vor allem auch nicht der der Politik – einem anderen als übergeordnet angesehen werden kann. Dieser These kommt auf den ersten Blick durchaus Plausibilität zu; sie kann bei genauerer Betrachtung jedoch – und dasselbe gilt, so meine Behauptung, auch für die folgenden Thesen LUHMANNs, – weder bestätigt noch widerlegt werden. Dies deshalb, weil er nie wirklich klar macht, was unter einem Zentrum und/oder einer Spitze wirklich zu verstehen wäre – ja weil letztlich sogar LUHMANN hier selber essentialistisch argumentiert und nicht die traditionelle sozialwissenschaftliche Theorie, der er dies immer wieder vorwirft.

Die These LUHMANNs, daß eine gesellschaftliche Instanz oder ein Funktionsbereich die übrigen an Bedeutung nie überragen kann, liegt nach seiner oben skizzierten Theorie der Differenzierung auf der Hand: moderne Gesellschaften sind ja geradezu definiert dadurch, daß sich alle Teilsysteme der Gesellschaft als voneinander emanzipiert und unabhängig etabliert haben, daß jedes nur in seinen spezifischen kommunikativen Codes (die Wirtschaft mit Geld/Zahlungen, die Politik mit Macht, die Wissenschaft mit Wahrheit usw.) operieren kann. Diese Systeme sind für LUHMANN *real existierende Systeme*, also nicht bloß gedankliche Modelle, die sich der Wissenschaftler schafft,

um die Realität besser verstehen zu können (vgl. dazu auch REESE-
SCHÄFER 1996: 27ff.)[373]:

„Die folgenden Überlegungen gehen davon aus, *daß es Systeme gibt.* Sie beginnen
also nicht mit einem erkenntnistheoretischen Zweifel. Sie beziehen auch nicht die
Rückzugsposition einer ‚lediglich analytischen Relevanz' der Systemtheorie. Erst
recht soll die Engstinterpretation der Systemtheorie als bloße Methode der Wirklich-
keitsanalyse vermieden werden... *Der Systembegriff bezeichnet also etwas, was wirklich ein System ist, und läßt sich damit auf eine Verantwortung für Bewährung seiner
Aussagen an der Wirklichkeit ein.*" (LUHMANN 1984: 30, Hervorhebung M.H.)

Dies sind in der Tat starke Aussagen, wenn man bedenkt, daß noch
PARSONS durchwegs den eher analytischen, also abstrakten, modell-
haften Charakter seiner Begriffe und Theorien betont und LUHMANN
selber an nahezu allen Stellen seiner Werke der Empirie nur einen
sehr geringen Stellenwert zumißt. Wir müssen uns also fragen, was es
in den Termini der „klassischen" Theorie bedeuten könnte, wenn man
einer Gesellschaft eine Hierarchie und ein Zentrum zuschreibt und wie
sich die Position LUHMANNs demgegenüber beurteilen läßt. Ich möchte
mich hier auf zwei anerkannte Soziologen berufen, Edward SHILS und
Norbert ELIAS. SHILS hat einen klassischen Aufsatz zu dieser Thematik verfaßt (SHILS 1982), ELIAS ist auf sie in seinem Hauptwerk immer
wieder zurückgekommen.

Exkurs: Edward SHILS und Norbert ELIAS über den Wandel der sozialen Differenzierung beim Aufstieg moderner Gesellschaften

Jede Gesellschaft, so SHILS (1982), hat ein Zentrum, das allerdings
nicht primär geographisch-territorial definiert ist, sondern das Zentrum der „Ordnung der Symbole, Werte und Glaubenssysteme darstellt, von denen sich eine Gesellschaft leiten läßt." Man kann dies
auch als die quasi- offizielle „Religion" einer Gesellschaft bezeich-

---

373 „Real" ist hier allerdings nicht im üblichen, objektivistisch-materialistischen
Sinne zu verstehen, also als Widerspiegelung einer äußerlich gegebenen Welt
im Bewußtsein, sondern eher (wenn auch nicht wirklich) in einem *konstruktivistischen* Sinne: „Der Begriff ‚real' wird von ihm umdefiniert. Das Prädikat ‚real'
wird nicht mehr einfach dem, was bezeichnet wird, zugesprochen (...), sondern
es ‚verlagert sich von der *Bezeichnung* (Referenz) auf die in aller Bezeichnung
mitaktualisierte *Unterscheidung*. Real ist das, was als Unterscheidung prakti-
ziert, durch sie zerlegt, durch sie sichtbar und unsichtbar gemacht wird: die
Welt'" (zit. nach REESE-SCHÄFER 1996: 28; LUHMANN-Zitat aus „Die Wissenschaft der Gesellschaft", 1990: 707; Hervorhebung im Original).

nen; an ihr orientieren sich die Entscheidungen der *Eliten* in ihren verschiedenen gesellschaftlichen Teilbereichen, wenn sie ihre spezifischen Entscheidungen treffen. Dieses zentrale Wertsystem gibt auch an, welche Qualitäten *Führungspersönlichkeiten* besitzen müssen. Dieses gesellschaftliche Zentrum, dessen Kern wiederum deutlich von der Politik bestimmt ist, beruht einerseits auf dem Bedürfnis jedes Menschen, neben seiner privaten und wirtschaftlichen Existenz auch einer politischen Ordnung anzugehören; es beruht andererseits auf der Notwendigkeit einer zentralen Autorität für die Koordination und Integration komplexer Gesellschaften. Die „schöpferische Macht" des Zentrums kommt zum Ausdruck auch in territorialer Grenzziehung in Autorität und Herrschaft. Sie kommt schließlich auch zum Ausdruck in Eliten und Führungspersönlichkeiten (also einer gesellschaftlichen „Spitze"); letztere werden zu solchen nicht nur durch die Übernahme der zentralen und höchsten Positionen, sondern auch aufgrund persönlicher und charismatischer Eigenschaften. Die verschiedenen Eliten gemeinsam bilden eine *„herrschende Klasse"*, jedoch ist der Grad der Homogenität und Geschlossenheit dieser Klasse höchst variabel. Das zentrale gesellschaftliche Wertsystem wird weithin geteilt, der Konsens ist aber nie vollständig; je weiter entfernt man vom Zentrum ist, desto schwächer wird seine Unterstützung, insbesondere wenn die Gesellschaft territorial sehr ausgedehnt ist. In modernen Gesellschaften, in denen wirtschaftliche Durchdringung, Verstädterung und Massenbildung die Bevölkerung stark vereinheitlicht haben, wird das zentrale Wertsystem aber stärker akzeptiert als dies in traditionellen Gesellschaften der Fall war. Der Grad der Konzentration variiert aber auch nach der politischen Verfassung einer Gesellschaft (demokratisch, oligarchisch usw.).

Wir finden hier eine in mehrfacher Hinsicht von LUHMANNs Systemtheorie völlig abweichende Position, die folgende Thesen beinhaltet: (1) wie in jeder anderen einigermaßen differenzierten, gibt es auch in modernen Gesellschaften ein gesellschaftlich-politisch-kulturell definiertes Zentrum und eine soziale Hierarchie mit einer klar erkennbaren Spitze (Oberschicht, herrschenden Klasse); (2) der Grad der Ausdifferenzierung, der Macht und des Einflusses dieses Zentrums und dieser Spitze sind aus historischer und vergleichender Sicht höchst variabel; man kann mit SHILS wohl sagen, daß die Erfassung und Erklärung dieser *Variabilität* die Hauptaufgabe der Soziologie darstellt; (3) in modernen Gesellschaften sind Zentrum und Spitze sogar noch deutlicher ausgeprägt als in traditionellen Gesellschaften.

Eine völlig andere – und meiner Meinung nach historisch weit besser fundierte – Interpretation des dominanten Differenzierungsprozesses beim Übergang von der mittelalterlichen zur neuzeitlichen Gesellschaft finden wir auch bei Norbert ELIAS (1976) in seiner Studie *"Über den Prozeß der Zivilisation"*. Darin schreibt ELIAS, die vielen einzelnen Königs- und Fürstenhöfe im späten Mittelalter und der frühen Neuzeit bildeten

„eine das Abendland umgreifende, höfische Aristokratie mit ihrem Zentrum in Paris, ihren Dependenzen an allen anderen Höfen, und ihren Ausläufern in allen übrigen Kreisen, die den Anspruch darauf erhoben, zur ‚Welt' und ‚Gesellschaft' zu gehören, vor allem auch in der Oberschicht des Bürgertums, z.T. selbst in breiteren Schichten des Mittelstands." (ELIAS 1976: 5)

Hier haben wir das Bild einer relativ eindeutigen und klaren gesellschaftlichen Hierarchie vor uns – einer Hierarchie, die nicht nur Frankreich, sondern nahezu das ganze Abendland umfaßt. Was folgte auf diese Hierarchie im Zuge der Erschütterung und des Sturzes der etablierten Aristokratien und Monarchien im „langen 19. Jahrhundert" von der französischen Revolution bis zum Ende des I. Weltkriegs? Hören wir dazu wieder ELIAS:

„Dann etwa, von der Mitte des 18. Jahrhunderts ab, in einem Land schon früher, im anderen vielleicht etwas später, jedenfalls im Zusammenhang mit dem immer stärkeren Aufstieg der Mittelschichten, mit der allmählichen Verlagerung des sozialen und politischen Schwergewichts von den Höfen in die verschiedenen, nationalen Bürgergesellschaften, lockern sich langsam die Kontakte zwischen den höfisch-aristokratischen Gesellschaften verschiedener Nationen, wenn sie auch nie ganz verschwinden. Das Französische weicht, nicht ohne heftige Kämpfe, auch in der Oberschicht, den bürgerlichen, den nationalen Sprachen. Auch die höfische Gesellschaft differenziert sich mehr und mehr in der Weise der bürgerlichen Gesellschaften, zumal mit der französischen Revolution die alte, *aristokratische Gesellschaft* endgültig *ihr Zentrum verliert*. Vor *der ständisch-sozialen Integrationsform* gewinnt die *nationale* das Primat." (ELIAS 1976: 6; Hervorhebung von mir, M.H.)

Bedeutet der Aufstieg der Nationalstaaten nun, daß das Prinzip der vertikal-hierarchischen Differenzierung, die Existenz eines gesellschaftlichen Zentrums, überhaupt obsolet wird, wie es LUHMANN in seinem Topos des Übergangs von der vertikalen zur horizontalen Differenzierung im Zuge der Modernisierung behauptet? Ich glaube, daß man dies eindeutig verneinen muß. Verbunden ist mit der Entwicklung nationalstaatlich integrierter Gesellschaften ohne Zweifel eine deutliche *Nivellierung der politischen Machtstrukturen und der gesellschaftlichen*

Lebensverhältnisse.[374] Wohl nie mehr seit der Zeit der absoluten Fürsten und Monarchen in der frühen Neuzeit gab es derartige Konzentrationen von Macht, Wohlstand und Prestige, wie sie in einer einzigen gesellschaftlichen Institution, ja einer Person, wie dem „Sonnenkönig" Ludwig XIV. und seiner Hauptstadt Paris, verkörpert waren.

Der Aufstieg vieler konkurrierender Nationalstaaten bedeutet aber keineswegs die Ablösung der Prinzipien der gesellschaftlichen Hierarchie und Zentralisierung überhaupt. Was erfolgt, ist zum einen *eine Differenzierung und Aufteilung der Macht an der gesellschaftlichen Spitze* auf mehrere Instanzen, ihre stärkere zeitliche, räumliche und gesellschaftliche Beschränkung und Diversifizierung. Zum anderen ist es eine *Verringerung des Abstandes der führenden von den mittleren und unteren Schichten der Bevölkerung* – ein Prozeß, in dem sich sowohl die unteren Schichten Verhaltensstandards der oberen aneignen, als auch die herrschenden Schichten stärker Rücksicht auf die unteren nehmen müssen, ja sogar Verhaltensweisen dieser übernehmen (ELIAS 1976: 340). Was jedoch durchaus erhalten bleibt, ja sogar noch verstärkt wird, sind die Prinzipien der sozialen und politischen Hierarchie und der gesellschaftlich-politischen Zentralisierung als solche. Dies gilt sowohl innerhalb der verschiedenen neuen Nationalgesellschaften wie auch in ihren Beziehungen zueinander. In der Phase des Absolutismus wurden diese Prozesse der gleichzeitigen Nivellierung und Hierarchisierung bereits vorbereitet. Die absolute Macht des „Sonnenkönigs" wie seiner vielen kleineren Nacheiferer in ganz Europa beruhte vor allem auch darauf, daß der traditionelle Adel (vor allem auf dem Land) entmachtet wurde und die neue Ideologie der „Nation" in den Dienst der monarchistischen Großmachtinteressen gestellt wurde.

Säkulare Tendenzen wie die Ausbreitung von Schriftkundigkeit und allgemeiner Bildung, die Einführung der allgemeinen Wehrpflicht und der Aufbau großer Volksheere, der Aufstieg des privatkapitalistischen Unternehmertums und ihrer großen Betriebe führen dazu, daß *innerhalb der einzelnen Nationalstaaten* das Prinzip der gesellschaftlichen Hierarchie sich nun viel durchgreifender, systematischer und effizienter durchsetzt als je zuvor. Es werden nun noch stabilere und noch mächtigere gesellschaftliche „Zentralorgane" erforderlich, um den im Zuge der steigenden gesellschaftlichen Arbeitsteilung, Diffe-

---

374 In dieser Diagnose stimmen Alexis de TOQUEVILLE und Norbert ELIAS weitgehend überein.

renzierung und Verflechtung enorm steigenden Koordinationsbedarf zu befriedigen. Zu dieser Diagnose kommt nicht nur Norbert ELIAS (1976: 320), sondern auch Alexis de TOQUEVILLE und Max WEBER, wie weiter unten noch zu zeigen sein wird.

Daß die vertikale Differenzierung nicht umstandslos durch eine horizontale abgelöst wird, zeigt sich aber auch in den *zwischenstaatlichen Beziehungen*. Auch hier darf der scheinbare Aufstieg gleichberechtigt nebeneinander stehender Nationalstaaten nicht den Blick dafür verstellen, daß nun das Abendland als Gesamtheit dahin tendiert, „eine Art von Oberschicht und Zentrum eines Verflechtungsnetzes zu werden, von dem sich Zivilisationsstrukturen über immer weitere Teile des besiedelten und unbesiedelten Erdballs außerhalb des Abendlandes hin ausbreiten" (ELIAS 1976: 341). In den Beziehungen zwischen den neuen politischen Nationalstaaten Westeuropas aber beginnt ein neuer Konkurrenz- und Ausscheidungskampf um die dominante Position – ein Ausscheidungskampf, der nach zwei verheerenden Weltkriegen bekanntlich dazu geführt hat, daß selbst die größten Nationen Westeuropas heute nur mehr eine zweitrangige Rolle innerhalb des Mächtegleichgewichts auf der Erde spielen. In der Folge dieser Tatsache haben sie bereits begonnen, durch einen neuerlichen Integrationsprozeß auf der gesamteuropäischen Ebene zumindest gemeinsam einen Teil der verlorenen Rolle wiederzugewinnen.

Aber auch die Sicherung und Förderung der internationalen wirtschaftlichen Verflechtungen erfordert zentrale Koordination auf einer neuen Stufenleiter. Die Aktualität der folgenden Ausführungen von ELIAS über das Steigen des Koordinationsbedarfes am Ausgang des Mittelalters im Übergang zur neuzeitlichen, marktwirtschaflich-kapitalistischen Gesellschaft liegt auf der Hand:

„Andererseits ist auch das Gedeihen der Arbeitsteilung selbst, die Sicherung von Wegen und Märkten über größere Gebiete hin, die Regelung der Münzprägung und des gesamten Geldverkehrs, der Schutz der friedlichen Produktion vor dem Einbruch körperlicher Gewalt und eine Fülle von anderen Koordinations- und Regulierungsmaßnahmen in hohem Maße von der Ausbildung größerer Monopol- und Zentralinstitute abhängig. Je mehr sich mit andern Worten die Arbeitsgänge, die gesamten Funktionen in einem Gesellschaftsverband differenzieren, je länger und komplizierter die Ketten der individuellen Aktionen werden, die ineinander greifen müssen, damit die einzelne Aktion ihren gesellschaftlichen Zweck erfüllt, desto ausgeprägter tritt an dem Zentralorgan ein ganz spezifischer Charakter hervor: *Der Charakter des obersten Koordinations- und Regulationsorgans für das Gesamte der funktionsteiligen Prozesse.*" (ELIAS 1976.225; Hervorhebung im Original)

Man hat geradezu das Gefühl, Norbert ELIAS habe hier bereits an die Europäische Union gedacht und deren Bestreben, zu einer Koordination der nationalen Ökonomien aller Mitgliedsländer auf einer neuen Stufe zu gelangen, nicht nur durch den forcierten Ausbau der innereuropäischen Verkehrs- und Kommunikationsnetze, sondern auch durch die bahnbrechende Einführung einer einheitlichen europäischen Währung. „Die Bildung von besonders stabilen und spezialisierten Zentralorganen für größere Gebiete ist eine der hervorstechendsten Erscheinungen der abendländischen Geschichte", schreibt ELIAS (1976: 226). Mit der Einrichtung der „Europäischen Zentralbank" in Frankfurt am Main können wir die Entstehung eines neuen „europäischen Zentralorgans" dieser Art direkt mitverfolgen. Und das folgende Zitat scheint geradezu einen Schlüssel zum Verständnis des Aufstiegs der Europäischen Union und ihrer Zentralgewalt, der Kommission, zu liefern:

„Die Stunde der starken Zentralgewalt innerhalb einer reich differenzierten Gesellschaft rückt heran, wenn die Interessenambivalenz der wichtigsten Funktionsgruppen so groß wird und die Gewichte sich zwischen ihnen so gleichmäßig verteilen, daß es weder zu einem entschiedenen Kompromiß, noch zu einem entschiedenen Kampf und Sieg zwischen ihnen kommt." (ELIAS 1976: 236)

Es wurde meiner Meinung nach zu Recht häufig konstatiert (u.a. von R. DAHRENDORF), daß sich die Entstehung der Europäischen Gemeinschaft als Interessenkompromiß in mehrfacher Hinsicht verstehen lasse: zwischen den großagrarischen Interessen Frankreichs und den industriellen Interessen (vor allem in Deutschland); zwischen den starken politischen Eliten Frankreichs und den starken wirtschaftlichen Eliten Deutschlands; zwischen jenen der kleinen und der großen Staaten Westeuropas usw.

Aber auch Phänomene und Ereignisse im Weltmaßstab, wie etwa der Golfkrieg, den man ohne Zweifel auch als Aktion zum „Schutz der friedlichen Produktion vor dem Einbruch von Gewalt" sehen kann, sind im Modell von ELIAS ohne weiteres verständlich. Alle diese zentralen Probleme gegenwärtiger Gesellschaften werden jedoch in ihrer Bedeutung völlig übersehen, wenn man sich moderne Gesellschaften und das moderne Weltsystem mit LUHMANN nur als ein nur vielfältig differenziertes, untereinander nur *horizontal* verflochtenes System vorstellt.

Die These von SHILS, daß es auch in modernen Gesellschaften „herrschende Klassen" gebe, ließe sich sofort bestreiten, wenn man sie *essentialistisch* oder *ontologisch* (miß-) verstehen würde. Eine „herrschende Klasse" läßt sich nirgends definitiv nachweisen; man kann mühelos Fakten finden, die zeigen, daß „herrschende Klassen" intern oft extrem gespalten sind; daß ihre vermeintlich eherne, durch riesige Militärdivisionen abgestützte Herrschaft binnen kurzem in Nichts zusammenfallen kann (siehe Osteuropa/Rußland 1989/90!) usw. usw. Nicht bestreiten – oder, besser gesagt, als fruchtbar können sie erscheinen, wenn man sie als *theoretische Annahmen* und *forschungsleitende Hypothesen* betrachtet. Sie lenken dann die Aufmerksamkeit auf Fragen wie die historisch noch nie dagewesene enorme Konzentration von wirtschaftlicher und politischer Macht in modernen Gesellschaften (wann hatte es ein Herrschender je in der Hand, mit der Entscheidung über den Einsatz von Atomwaffen nicht nur ein ganzes Land, sondern die Menschheit überhaupt zu vernichten?); auf die Tatsache, daß zwischen wirtschaftlichen, politischen und kulturellen Eliten in vielen Gesellschaften nicht nur ein enger Austausch, sondern auch eine starke Homogenität und Kooperation in ideologischer Hinsicht erfolgt; auf die Tatsache, daß die modernen Bildungssysteme in der Tat eine nahezu perfekte Hierarchisierung der Gesellschaft in soziokultureller Hinsicht erzeugen usw. (vgl. auch HALLER 1986, 1989b).

Als quasi-essentialistisch ist aber auch die Frage zu qualifizieren, die er in seinem sehr kenntnisreichen Aufsatz *Zum Begriff der sozialen Klasse* stellt, die lautet, durch welches *primäre Einteilungsmerkmal* moderne Gesellschaften gekennzeichnet seien, jenes der sozialen Klassen oder jenes der funktionalen Differenzierung (LUHMANN 1985: 151). In diesem Aufsatz argumentiert LUHMANN zunächst, daß der Klassenbegriff gerade in der Phase des Niedergangs der ständischen Ordnung im 19. Jahrhundert an Attraktivität als neuer gesellschaftlicher Ordnungs- und Kampfbegriff gewann. In modernen, funktional differenzierten Gesellschaften besitze der Klassenbegriff aber nur mehr sekundäre, stark abgeschwächte Bedeutung. LUHMANNs Argument, daß der Klassenbegriff nicht nur ein struktur- und interessenbezogenes Konstrukt darstellt, sondern auch als wichtige Komponente der gesellschaftlichen Selbstinterpretation und Semantik zu sehen ist, kann man durchaus akzeptieren; es entspricht auch dem Gebrauch dieses Begriffes bei DURKHEIM (LEE 1994). Mit diesem gehe ich jedoch davon aus, daß gesellschaftliche Bezeichnungen und Klassifikationen erhebliche Bedeutung für das Selbstbild und Handeln der Einzelnen haben können und, daß sie selber auch historisch und interkulturell geprägt sind. In dieser Hinsicht läßt sich zeigen, daß der Klassenbegriff in den letzten Jahrzehnten zwar in Deutschland in starkem Grade aus dem öffentlichen und wissenschaftlichen Diskurs verschwunden ist, aber keineswegs in anderen Ländern wie Frankreich oder England (HALLER 1997). Zu diesem Bedeutungsverlust des Klassenbegriffes in Deutschland aber hat ein so einflußreicher Autor wie LUHMANN selber in erheblichem Maße beigetragen. Zum übrigen sind in jüngster Zeit eine Reihe sorgfältiger Studien erschienen, die die These vom angeblichen Verschwinden der Klassen bzw. dem Bedeutungsverlust der Klassenlage als Determinante für soziales und politisches Verhalten klar widerlegen (HOUT et al. 1993; GEISSLER 1996; MÜLLER 1998).

(2) *Die nationalstaatlich verfaßten Gesellschaften sind heute durch die Weltgesellschaft abgelöst worden.* LUHMANN argumentiert hier, daß die nationalen (Staats-) Gesellschaften zusehends an Autonomie verlieren und im Kontext der in Entstehung begriffenen *Weltgesellschaft* auf den Status „*politisch konstituierter Regionalgesellschaften*" (LUHMANN 1975: 57) reduziert werden. Hierzu nennt er eine Reihe von plausiblen Phänomenen: weltweite Interaktion ist heute möglich (durch Urlaubsreisen, Heiratsbeziehungen, wissenschaftliche Kontakte usw.); das Wissen um das Leben auf anderen Teilen der Welt wächst unendlich an; es gibt eine weltweite öffentliche Meinung; es gibt weltweite wirtschaftliche Verflechtungen usw. Fraglich ist jedoch die darin enthaltene, essentialistische These: „Tatsache ist, daß das Phänomen eines faktisch vereinheitlichten Welthorizontes neu und in einer Phase irreversibler Konsolidierung begriffen ist. Diese Vereinheitlichung findet sich auf allen Ebenen intersubjektiver Erwartungsbildung..." (LUHMANN 1975: 54). Zu allen seinen Punkten (einige wurden oben angeführt) lassen sich faktisch-empirische Gegenargumente anführen: so ist die wirtschaftliche, aber auch die kommunikative Vernetzung der Weltgesellschaft noch immer extrem ungleichmäßig bzw. unvollständig und sie wird es wohl auch in aller Zukunft bleiben[375]; der Orientierungs-Horizont der überwiegenden Anzahl der

---

375 Letzteres zeigt das einfache Beispiel, daß auch im Bereiche der westlichen, fortgeschrittenen Welt bis heute keineswegs von einer kommunikativen Durchdringung gesprochen werden kann; was weiß ein durchschnittlicher Amerikaner des Mittelwestens oder an der Westküste über Europa? Was wissen die Europäer über inneramerikanische Verhältnisse? Selbst in der Europäischen Union kann man noch kaum von einer „öffentlichen Meinung"

Erdenbürger reicht nicht über ihre nationale, ja oft nicht einmal über ihre regionale Gesellschaft hinaus (HALLER und Mitarbeiter 1996a); überhaupt nicht absehbar und von keiner relevanten politischen Gruppierung angestrebt wird eine wirkliche „Weltregierung"; politisch-territoriale Grenzen haben durch moderne Massenkommunikations- und -verkehrsmittel ihren Stellenwert verändert, sind damit aber keineswegs obsolet geworden;[376] auch Prozesse der scheinbaren Überwindung des Prinzips der Nationalstaaten – wie jener der Europäischen Integration – laufen auf die Entwicklung neuer, umfassenderer und effizienterer *politischer Einheiten* hinaus bei Wahrung der Autonomie ihrer Mitgliedsstaaten und gerade *nicht* auf die Relativierung des *Prinzips der Staatlichkeit*.[377]

All diese Phänomene sind sogar vereinbar mit LUHMANNs These von der Existenz einer „*Weltgesellschaft*", wenn man darunter wieder – abweichend von ihm selber – nicht eine definitive, alles mehr oder weniger bereits bestimmende neue Einheit versteht, sondern spezifische Tendenzen der Vergesellschaftung, die nationalstaatliche Integrationsprozesse in vielfacher Weise ergänzen, überlagern und modifizieren kann. Der wesentliche Punkt ist: die zunehmende Vernetzung der Weltgesellschaft läßt sich ebensowenig verstehen, wenn wir nun diese neue Form verabsolutieren und als das alles Entscheidende definieren, wie sich moderne Gesellschaften verstehen ließen, wenn wir uns auf die National-Gesellschaft als den alleinigen, wesentlichen Rahmen von Gesellschaften beschränken.

Die „Weltgesellschaft" ist in einem bestimmten Sinne auch historisch gar nicht etwas so Neues, als das es LUHMANN darstellt. Es gab auch in der vormodernen Welt Kontakte zwischen verschiedenen Kulturen und wirtschaftliche Beziehungen über politische Grenzen hinweg, die gesellschaftliche Entwicklung auch innerhalb der einzel-

---

sprechen; Wissen und Interesse an EU-Themen in den einzelnen Nationalstaaten sind vielfach begrenzt (vgl. z.B. HADLER 1998).

376 Man denke hier an die aktuellen Bemühungen der wohlhabenden Länder auf der nördlichen Erdhalbkugel, ihre Grenzen gegen die Einwanderer- und Flüchtlingsströme aus den armen, südlichen Ländern rechtlich, politisch-militärisch und physisch zu befestigen und auszubauen.

377 Diese Tatsache übersehen zum Teil auch MARTIN/SCHUMANN (1996: 269ff.) in ihrem Bestseller *Die Globalisierungsfalle*, wenn sie in immer neuen Wendungen die Entmachtung der Staaten, den Niedergang der Politik, der Austrocknung der Staatsfinanzen, die zunehmende staatliche Impotenz usw. beschwören.

nen Gesellschaften entscheidend mitgeprägt haben. Das Spezifikum der letztlich zum Kapitalismus führenden Entwicklung Europas wurde sogar darin gesehen, daß einer Vielzahl autonomer politischer Einheiten ein umfassender, staatsübergreifender wirtschaftlicher Austausch gegenüberstand (BAECHLER 1975).

Die unter Umständen als Gesellschaftsdiagnose interpretierbaren Konklusionen LUHMANNs aus seiner These von der Durchsetzung der „Weltgesellschaft" stellen sich bei näherer Betrachtung als inhaltsleer heraus. Nach der bisherigen Darstellung seiner Theorie ist dies auch nicht ganz überraschend:

„Welt (ist) nicht (mehr) als Aktkorrelat, sondern als Interaktionskorrelat – und deshalb als Systemkorrelat zu begreifen. Erst in Interaktionen konstituiert sich Welt als objektivierbarer Horizont des Erlebens... In dem Maße, als universelle Interaktionsverflechtungen realisierbar und die Erlebnishorizonte des Menschen erwartbar werden, fließen als Bedingung der Erwartbarkeit des Erwartens alle Letzthorizonte zu einer Einheit zusammen. Die Menschheit realisiert ihre Einheit auf den beiden Ebenen der Welt und des Gesellschaftssystems. Zugleich trennen diese Ebenen sich stärker als zuvor...

Von hier aus liegt die Hypothese nahe, daß es die Kommunikationsstrukturen sozialer Systeme – letztlich der Gesellschaft – sind, die das Ausmaß der als Welt erscheinenden Kontingenz und Komplexität regulieren...

In diesem begrifflichen Bezugsrahmen könnte die Soziologie das umfassende Programm einer ‚kognitiven Kritik der bisherigen Geschichte' in Angriff nehmen... Sie könnte dann einer Vermutung nachgehen, die sich als Fazit unserer Überlegung aufdrängt: daß der prekäre unbalancierte Zustand der Weltgesellschaft weniger einem Versagen der ‚an sich zuständigen' politisch-rechtlichen Integrationsmechanismen zuzuschreiben ist (und also in Richtung auf einen Weltstaat hin gebessert werden könnte); sondern daß das Problem in einer weiten Diskrepanz von Möglichkeitsproduktion und Lernfähigkeit liegt..." (LUHMANN 1975: 65f.)

In dieser Passage sind mehrere Charakeristika des LUHMANNschen Denkens enthalten: (1) im ersten und zweiten Absatz wird als substantielle Aussage über die Welt bzw. als „Hypothese" dargestellt, was in Wirklichkeit nichts als Folge einer begrifflichen Vorentscheidung oder Festlegung ist (die Welt ist ein Interaktions- und Systemkorrelat; die Kommunikationsstrukturen regulieren Kontingenz und Komplexität); (2) die wenigen inhaltlichen Aussagen (die Menschheit realisiert ihre Einheit über die Einzelgesellschaften hinweg; zugleich trennen sich diese Ebenen aber wieder) sind entweder als dialektischer Gegensatz formuliert, so daß offen bleibt, welche davon zutrifft; oder sie nennen nur einen der „traditionellen" Lösungsvorschläge (Entwicklung eines Weltstaats), von dem mit Fug und Recht behauptet werden kann, daß er ungangbar ist; und sie enden schlußendlich (3) mit einer „Vermutung", die trivial ist und keinerlei neue Erkenntnis bringt („das Problem liegt in einer weiten Diskrepanz von Möglichkeiten und Lernfähigkeit").

(3) *Moderne Gesellschaften können nicht gesteuert werden.* Diese These ergibt sich logisch aus dem generellen Ansatz LUHMANNs sowie den dargestellten Thesen von der Autonomie und Unabhängigkeit aller Teilsysteme voneinander. LUHMANN zufolge zeige eine breite Diskussion in den Politik- und Staatswissenschaften, daß die noch vor wenigen Jahrzehnten vorherrschenden Planungseuphorie einem erheblichen Skeptizismus im Hinblick auf die politische Steuerungsfähigkeit komplexer Gesellschaften gewichen ist. Ein handlungstheoretischer Steuerungsbegriff, der von einem Subjekt, einem Objekt und einer Zielsetzung der Steuerung ausgehe, sei unzureichend, so LUHMANN, weil es stets ungesteuerte und prinzipiell unsteuerbare Effekte von Steuerungshandeln gebe; die Handlungstheorie erfasse daher nur einen Teil der Gesamtproblematik (LUHMANN 1988: 324). Hier setzt nun seine Systemtheorie an, die das Problem umformuliert durch Einbau des „Problems der Grenze mit Hilfe der Unterscheidung von System und Umwelt" (ebenda, S. 350). Sie nimmt an, daß Steuerung

„daher immer eine Operation (...) neben vielen anderen im System (ist), das dadurch reproduziert wird, und zwar unabhängig von der weiteren Frage, ob die Steuerung sich mit dem System selbst oder mit seiner Umwelt befaßt. In beiden Fällen geschieht gleichzeitig mit den (also auch: unbeeinflußbar durch die Steuerung) Steuerungsoperationen immer auch etwas anderes. Außerdem muß man die Operation der Steuerung, die eigene Effekte auslöst, unterscheiden von der Beobachtung dieser Operation, die ihrerseits eigene Effekte auslöst. Die Beobachtung der Steuerung kann, und wird typisch andere Unterscheidungen verwenden als die Steuerung selbst, etwa Zurechnungen von Erfolgen und Mißerfolgen anders vollziehen als der, dem das Steuern als Handeln zugerechnet wird. Kein Wunder, so gesehen, daß Gesellschaftssteuerung Gesellschaftskritik provoziert mit der *dialektischen Synthese einer gemeinsamen Resignation...*

In dieser Hinsicht *kann die Systemtheorie* zumindest *mit reformulierten Fragestellungen aufwarten* und die genannten Probleme aus dem Schattendasein erlösen, in das sie durch den Begriff der Handlung verbannt waren." (LUHMANN 1988: 31f.; Hervorhebungen, M.H.).

Auch hier wird wieder deutlich, daß die Systemtheorie nicht in der Lage ist, ja gar nicht beabsichtigt, Diagnosen über mittel- oder langfristige gesellschaftliche Entwicklungen aufzustellen. Sie zieht sich vielmehr zurück auf die Absicht, denen, die selber steuern wollen, die relative Aussichtslosigkeit ihres Tuns deutlich zu machen und allenfalls selber zu beobachten, welche Folgen deren Steuerungshandeln hat. Auch hier besitzen LUHMANNs Thesen auf den ersten Blick Plausibilität; auch hier kann man sie bei näherer Betrachtung aber entweder als reine Folgen aus seinen begrifflich-theoretischen (Voraus-) Setzungen erkennen, oder aber als unhaltbare empirische Behauptungen bzw. Verallgemeinerungen.

Ersteres gilt für seine These, daß Steuerung in der Form unmöglich ist, daß ein System direkt in das andere eingreift; diese These ergibt sich automatisch aus der Annahme, daß Systeme autonom und geschlossen sind. Daß der Staat, wenn er z.B. wirtschaftspolitisch steuern will, den Unternehmen nicht direkt vorschreiben kann, in welchem Ort oder in welches Produkt sie investieren sollen, sondern das Handeln der Unternehmen allenfalls über gesetzliche Regelungen, finanzielle Förderungen usw. indirekt beeinflussen kann, ist nichts Neues. Direkt ins Auge springt die rein begrifflich-zirkuläre Argumentation, wenn es heißt, der Organisationserfolg der Ausdifferenzierung des politischen Systems dürfe

„nicht zu der Illusion verleiten, daß die Politik die Gesellschaft repräsentieren oder gar steuern könne. Schon die Tatsache, daß die Gesellschaft in Funktionssysteme differenziert ist, die nicht nur verschiedene, jeweils eigenwillige, schwer zu kontrollierende Objekte sind, sondern verschiedene Weisen, die Gesamtgesellschaft in der Gesellschaft als Unterscheidung von Teilsystem und Teilsystemumwelt zu realisieren, schon das ist schwer mit Vorstellungen einer zentralen Steuerung zu vereinbaren. Auch das politische System ist danach nur ein System unter anderen...
Selbst relativ einfache Systeme wie etwa Familien bieten der Politik unübersteigbare Schwierigkeiten, wenn ihre Selbststeuerung nicht klappt... Sie (die Politik) kann allenfalls die behördliche Implementation eigener Programme zur Verfügung stellen, Frauenhäuser finanzieren, Scheidungen erleichtern oder erschweren, Versorgungslasten verteilen und damit Drohmittel schaffen oder auch von unbesonnenem Heiraten abschrecken – kurz: Politik machen. Die Familien selbst können damit nicht gesteuert werden." (LUHMANN 1988: 336f.)

Hinter LUHMANNs Argumenten steht offenkundig eine Vorstellung von politischer Steuerung, die eine mehr oder weniger direkte oder vollkommene Determination des Handelns von individuellen und kollektiven Akteuren beinhaltet. (Er definiert „Steuerung" ja an keiner einzigen Stelle einigermaßen klar.) Läßt man diese Vorstellung fallen und versteht man *politische Steuerung als Setzen von Rahmenbedingungen, die das Handeln der Akteure wesentlich beeinflussen können*, können die Beispiele in LUHMANNs obigem Zitat ohne weiteres als Steuerung bezeichnet werden. Man kann dann mit MAYNTZ und

SCHARPF (1995: 28) feststellen: „Grundsätzlich sind die staatlichen Akteure also in der Lage, die sektorale Leistungsstruktur durch einseitig-hierarchische Intervention zu beeinflussen. Die gleiche Kapazität kann jedoch auch zur Veränderung einer nichtstaatlichen sektoralen Regelungsstruktur eingesetzt werden. Insbesondere können die nichtstaatlichen korporativen Akteure selbst durch staatliche Intervention geschaffen und gefördert (...), aber auch ... beschränkt und behindert werden." Die Paradoxien der Planung, die LUHMANN als Argument für seine Position anführt, erweisen sich sämtlich im Rahmen der klassischen, akteursbezogenen Handlungs- und Steuerungstheorie als faßbar und überwindbar. Es sind dies die Thesen, Steuerung erreiche selten oder nie ihr Ziel (Vollzugsdefizit); (2) politische Steuerungsmaßnahmen hätten immer oder häufig unbeabsichtigte Nebenfolgen; und (3) Steuerung wirke oft als self-defeating prophecy. Alle diese Thesen beinhalten einen wahren Kern, sind jedoch falsch, wenn man sie verabsolutiert. Darüber hinaus gilt: alle diese Effekte erfordern auch *kausales Wissen* über Zusammenhänge, Effekte bestimmter Maßnahmen usw. Schließlich läßt sich auch die These von der Gleichrangigkeit aller gesellschaftlichen Teilsysteme, insbesondere des politischen Systems zurückweisen: Staat und Politik sind „über die Mechanismen der demokratischen Verantwortlichkeit auf gesamtgesellschaftliche oder Gemeinwohlkriterien verpflichtet", und sie verfügen – wie kein anderes gesellschaftliches Teilsystem – über gesamtgesellschaftlich wirksame und verbindliche Steuerungs- und Sanktionsmöglichkeiten wie die Kompetenzen der legalen Rechtssetzung, Steuererhebung und Rechtsdurchsetzung durch das Gewaltmonopol (MAYNTZ/SCHARPF 1995: 28).

(4) *Gesellschaftliche Entwicklung ist aufgrund des Charakters von Evolution als selbsttätigem Prozeß nicht prognostizierbar.* Ein letztes und das vielleicht gewichtigste Argument dafür, daß gesellschaftliche Diagnosen auf der Basis von LUHMANNs Systemtheorie unmöglich sind, beruht auf seinem Verständnis von *Evolution*. In einem einschlägigen Aufsatz zu diesem Begriff[378] grenzt sich LUHMANN zunächst in typischer Manier ab von „traditionellen" Konzepten, wobei diesen sofort einige unhaltbaren Positionen unterschoben werden. So werde seit Darwin Evolution „als eine Art gesetzmäßig ablaufender Kausalprozeß", als „einheitlicher Kausalprozeß" begriffen; die klassi-

---

378 „Evolution und Geschichte", in: LUHMANN 1975: 150ff.

schen, der Geschichte nahestehende Prozeßtheorien seien darüber hinaus immer wieder auf einen fast unendlichen Regreß verwiesen „insofern, als sie zur Erklärung des Späteren auf Früheres verweisen und dies Frühere, wenn sie es seinerseits erklären wollen, wiederum auf Früheres zurückführen müssen, um schließlich bei einem Anfang zu enden, der als Grund und Bedingung der Möglichkeit des Prozesses fungiert" (LUHMANN 1975: 150f.).

Zwar ist es richtig, daß Annahmen über Evolutions- und Entwicklungsprozesse (die letztlich auch hinter gesellschaftlichen Diagnosen stehen müssen!) kausale Zusammenhänge zwischen Früherem und Späterem annehmen. Unzutreffend ist jedoch, daß sie dabei eine Art von historischem „Universal-" oder „Totalprozeß" postulieren müssen, der annimmt, daß alles mit allem zusammenhänge und insgesamt eine Art von ganzheitlich determinierter, einheitlicher Entwicklung stattfinde. Eine adäquate, moderne Entwicklungstheorie wird vielmehr von einer Mehrzahl kausaler Teilprozesse ausgehen, deren *Summe* Verläufe und Resultate ergeben kann, die keineswegs eindeutig prognostizierbar sind – wenngleich sie auch keineswegs völlig unvorhersehbar sind[379]. Aus einer solchen Sicht entfällt auch der Zwang zu einem unendlichen Regreß nach vorne, zur quasi „letzten" kausalen Ursache; wenn es viele unterschiedliche Teilursachen gibt, reicht es für die Forschung – je nach Fragestellung – völlig aus, wenn man bis zu einer bestimmten Ursache vordringt – selbst wenn auch diese wieder durch früher liegende Ursachen erklärt werden könnte.

Die Evolutionstheorie LUHMANNscher Prägung ist demgegenüber einerseits bescheidener, andererseits (anscheinend) viel anspruchsvoller:

„Keine Evolutionstheorie kann Zustände des evoluierenden Systems erklären, von Prognose ganz zu schweigen. Die Evolutionstheorie formuliert ... keine kausalgesetzlichen Aussagen für ‚den' historischen Prozeß des gesellschaftlichen Wandels. Ihr Erkenntnisinteresse liegt primär in der Formulierung von Bedingungen und Folgen der Differenzierung evolutionärer Mechanismen. Ihre Hauptaussage ist: Wenn die Mechanismen für Variation, Selektion und Stabilisierung schärfer differenziert werden, wird Strukturänderung wahrscheinlicher, verändert sich die Gesellschaft also schneller." (LUHMANN 1975: 152)

Die Evolutionstheorie, wie LUHMANN sie skizziert, befaßt sich mit historischen Abläufen ausschließlich in der Vergangenheit, aber auch

---

[379] Eine besonders klare Darstellung einer solchen Position finden wir bei Norbert ELIAS (vgl. auch KORTE 1997).

hier nicht in kausal-erklärender Weise, wie die Geschichtsforschung, sondern sie konfrontiert tatsächlich stattgefundene Abläufe mit anderen möglichen Abläufen. LUHMANN nennt dies „*Kontingenzkausalität*" – die Annahme, daß tatsächliche Abläufe immer auch hätten anders stattfinden können, dient gewissermaßen als Leitfaden für ihre wissenschaftliche Betrachtung. Dies kann häufig sicherlich anregend sein. Man könnte hier mit Robert MUSIL von einem *Möglichkeitssinn* sprechen, den dieser folgendermaßen definiert hat:

„Wer ihn besitzt, sagt beispielsweise nicht: Hier ist dies oder das geschehen, wird geschehen, muß geschehen; sondern er erfindet: Hier könnte, sollte oder müßte geschehen; und wenn man ihm von irgend etwas erklärt, daß es so sei, wie es sei, dann denkt er: Nun, es könnte wahrscheinlich auch anders sein. So ließe sich der Möglichkeitssinn geradezu als die Fähigkeit definieren, alles, was ebensogut sein könnte, zu denken und das, was ist, nicht wichtiger zu nehmen als das, was nicht ist." (MUSIL 1970: 16)

Auch aus einer solchen Perspektive wird deutlich: Ziel der „Theorie" von LUHMANN ist nicht die Anleitung und Entwicklung realitätsbezogener Beobachtungen, Analysen und Voraussagen, sondern die Beobachtung, Beschreibung und *Rekonstruktion* sozialer Realität mit Hilfe des Begriffsinventars der autopoietischen Systemtheorie; ihr Zweck ruht weitgehend in sich selbst (vgl. auch SCHMID 1970; DALLMANN 1994; BARBEN 1996: 89ff.).

Wir können die Einwände gegen LUHMANNs Theorie der funktionalen Ausdifferenzierung moderner Gesellschaften damit in der folgenden These zusammenfassen:

1. These: LUHMANNs Thesen von der primär funktionalen Differenzierung moderner Gesellschaften, ihrer Enthierarchisierung, ihrer Auflösung in der Weltgesellschaft und ihrer Unregierbarkeit sind – wörtlich genommen – empirisch unhaltbar, wissenschaftstheoretisch betrachtet jedoch weder beweisbar noch widerlegbar, weil sie keine klaren Kausalzusammenhänge spezifizieren.

5.2 Wirtschaft und Gesellschaft bei Niklas Luhmann

Betrachten wir nun einen zweiten inhaltlichen Bereich exemplarisch, um die Aussagekraft des LUHMANNschen Ansatzes beurteilen zu können, nämlich die Frage der gesellschaftlichen Funktionen der Wirtschaft. Wir können hier auch Beziehungen zur Sichtweise dieser Problematik bei PARSONS herstellen (vgl. Kapitel 3).

Die erste Frage lautet, wie die Wirtschaft als Subsystem in bezug auf die anderen gesellschaftlichen Subsysteme abgegrenzt wird. Die zentrale Annahme der LUHMANNschen Systemtheorie besagt ja, daß *moderne Gesellschaften* primär als *funktional differenzierte Gesellschaften* zu verstehen sind, deren Basisprinzip nicht mehr die Hierarchie von Ständen und Schichten ist, sondern die horizontale Ausdifferenzierung von Subsystemen, die zwar Beziehungen zueinander aufweisen, zugleich aber jeweils für sich Autonomie besitzen.

a) Die Funktionen der Wirtschaft für das Individuum und die Gesellschaft

Die Bestimmung der Wirtschaft als einem autonomen Subsystem der Gesellschaft muß zunächst erfolgen nach den *Funktionen*, die sie für andere Subsysteme bzw. für die Gesellschaft insgesamt erfüllt. Diese Abgrenzung nimmt LUHMANN in einer ganz anderen Weise vor, als sie in der Wirtschafts- und Sozialtheorie meist üblich ist:

„In einer so systemtheoretisch festgelegten Theorie kann die Frage nach der Funktion der Wirtschaft nicht mehr mit dem Hinweis auf die Befriedigung von Bedürfnissen (und sei es nur ‚materiellen' Bedürfnissen) beantwortet werden. So unbestreitbar Bedürfnisse der Wirtschaft eine Rolle spielen und so sehr sie die Offenheit des Systems und seine Leistungen für die Umwelt strukturieren: sie sind zu sehr durch die Wirtschaft selbst bedingt, als daß man in ihrer Befriedigung die Funktion des Wirtschaftssystems sehen könnte. Grundsätzlich muß man in einem funktional differenzierten Gesellschaftssystem unterscheiden zwischen den Beziehungen zwischen den einzelnen Teilsystemen und der Beziehung eines Teilsystems zur Gesellschaft. Im erstgenannten Falle handelt es sich um Leistungen, in denen die Teilsysteme sich lernend und adaptiv danach richten, was von ihnen verlangt wird. In der Beziehung zur Gesellschaft dagegen sind sie autonom, weil sie hier sozusagen Richter in eigener Sache sind, nämlich eine Funktion für die Gesellschaft wahrnehmen. Die Befriedigung von Bedürfnissen kann demnach allenfalls als Leistung der Wirtschaft angesehen werden. Die Frage nach ihrer Funktion ist damit noch nicht beantwortbar." (LUHMANN 1988: 63f.)

Diese wichtige Passage enthält zwei (vielleicht nicht nur sprachliche) Unklarheiten bzw. diskutable Behauptungen. So wird oben (im zweiten Satz) die Frage nach der Relevanz von Bedürfnissen unzulässig eingeengt auf „Bedürfnisse *der* Wirtschaft", wo doch die zentrale Frage lautet, welche Funktion die „Wirtschaft" (an sich schon eine problematische Verallgemeinerung) für *andere* gesellschaftliche Subsysteme erfüllt.

Eine zweite begriffliche Unklarheit entsteht, wenn der Begriff der „*Leistung*" eingeführt und diese von jenem der „*Funktion*" völlig abgehoben wird. Die Begriffe „Funktion" und „Leistung" sind aber inhaltlich engstens aufeinander bezogen; Leistung meint u.a. „das durch eine Tätigkeit, ein Funktionieren (normalerweise) Geleistete", genauso wie umgekehrt „Funktion" u.a. eine „Tätigkeit, Aufgabe innerhalb eines größeren Zusammenhanges" bedeutet.[380] Wenn ich daher eine Leistung einer Institution kenne, kenne ich ohne Zweifel auch zumindest eine ihrer Funktionen. Wir können schon hier vermuten, warum LUHMANN diese künstliche Unterscheidung trifft: nämlich deshalb, um in der Folge „beweisen" zu können, daß die Wirtschaft Funktionen nur für sich selbst, aber nicht für die Gesamtgesellschaft oder andere Subsysteme erfüllt.

Ich habe damit jedoch schon vorgegriffen. Folgen wir der weiteren Argumentation LUHMANNs. Im Anschluß an die obige Passage bringt er ein wichtiges inhaltliches Argument:

„Gesellschaft bedeutet, daß Menschen in der Bestimmung und der Befriedigung dessen, was sie als Bedürfnis erfahren, nicht allein und nicht unabhängig voneinander operieren. Jeder stimuliert und stört den anderen. Daraus, und nicht aus der Unzuverlässigkeit der Natur, ergibt sich ein Vorsorgebedürfnis. Jeder muß, weil auch andere interessiert sind und interferieren werden, langfristig vorsorgen, und dieses Vorsorgen macht alle Güter knapp; denn nie jeder möchte für seine Zukunft reservieren, was ein anderer schon gegenwärtig braucht. Mit dem Vermehren zeitbeständiger, lagerfähiger Güter nimmt daher auch die Knappheit zu; und es muß ein sozialer Mechanismus erfunden werden, *der eine zukunftsstabile Vorsorge mit je gegenwärtigen Verteilungen verknüpft. Das ist die Funktion der Wirtschaft.*" (LUHMANN 1988: 64; hervorgehoben im Original)

Dies ist eine für das gesamte Werk von LUHMANN höchst charakteristische Passage. Wir werden zuerst belehrt, daß gängige und plausible Annahmen falsch sind, um dann in einer überraschenden Wendung die Mitteilung zu erhalten, daß die völlig neue Problemstellung durch den Ansatz der autopoietischen Systemtheorie adäquat erfaßt werden kann. Das Problem dabei ist, daß sich die Behauptungen LUHMANNs über die Charakteristika des Wirtschaftens bei näherer Betrachtung

---

380 Zitiert nach „Deutsches Wörterbuch", Stichworte „Funktion" und „Leistung", Bd. 30 (1979: 920) und 31 (1980: 1662) von MEYERS Enzyklopädischem Lexikon.

soziologisch als wenig sinnvoll herausstellen. In diesem Abschnitt sind drei solcher Behauptungen zu nennen und zu kritisieren.

2. These: Die Behauptung bzw. Annahme, daß sich wirtschaftliche Vorsorgebedürfnisse nur aus der Interaktion zwischen Menschen und ihrer wechselseitigen Konkurrenz um knappe Güter ergeben, ist unhaltbar bzw. nicht sinnvoll.

Man muß LUHMANN selbstverständlich insoferne Recht geben, als wirtschaftliches Handeln von Menschen, die in Gesellschaft von anderen leben, durch das Verhalten des anderen, durch die gesellschaftlichen Normen und Institutionen usw. wesentlich *mitbeeinflußt* wird. Der entscheidende Punkt ist jedoch: das Vorsorgebedürfnis, also das wirtschaftliche Handeln, ergibt sich nicht nur aus störenden Eingriffen der Mitmenschen, sondern es ergibt sich aus der Stellung des Menschen in der und zur Natur.

Dies kann sehr gut illustriert werden durch die Situation eines Menschen, der sich in völliger Isolation von anderen befindet und allein gegen die Widrigkeiten der Natur für seine Sicherheit und seinen Lebensunterhalt sorgen muß. Der englische Schriftsteller Daniel DEFOE (1660-1731) hat mit seinem Welterfolgs-Roman *Robinson Crusoe* genau diesen Fall dargestellt. Seine Schilderung ist so aufschlußreich, daß es sich lohnt, auf einige Passagen darin näher einzugehen. Alle Textstellen, die sich in den folgenden Auszügen direkt auf wirtschaftliches Verhalten bzw. wirtschaftliche Aspekte im Leben von Robinson Crusoe beziehen, wurden von mir durch Kursivschrift hervorgehoben.

Exkurs über das Schicksal und Verhalten von „Robinson Crusoe" als Beispiel für die Bedeutung wirtschaftlichen Handelns von Menschen außerhalb jeder Gesellschaft

Robinson Crusoe, ein junger Mann aus einer gutsituierten englischen Familie hat sich – gegen den Willen seines Vaters – zu Schiff auf eine abenteuerliche Weltreise begeben. Nach einem wilden Sturm wird das Schiff zerstört und an die Küste einer kleinen Insel geschleudert. Bis auf Robinson ertrinken alle Insassen. Sämtliche Gedanken und Handlungen Robinson Crusoes sofort nach seinem Erwachen aus einem tiefen Müdigkeitsschlaf kreisen ab nun fast nur mehr um ökonomische Fragen:

„Mein nächstes Ziel war jetzt, die Gegend zu durchforschen, einen geeigneten Platz *für meine Ansiedlung* zu suchen und *meine Habe in Sicherheit zu bringen*. Ich wußte ja nicht, ob ich mich auf dem Festlande oder auf einer Insel befinde, ob das Land bewohnt sei oder nicht und ob ich in Angst vor wilden Tieren leben müsse oder nicht... Ich verschanzte mich daher, so gut es eben ging, mit Kisten und Brettern ... und *erbaute* mir als Nachtquartier *eine Art von Hütte*. Wie ich *für meinen Unterhalt sorgen* sollte, wußte ich noch nicht." (DEFOE o.J.: 47)

In der Folge schleppt Robinson alles mögliche aus dem an den Strand geworfenen Schiffsrumpf, was ihm „nur *irgendwie von Nutzen* werden konnte...". Nachdem diese sich über Wochen hinziehende, schwere Arbeit erledigt war, stellt er fest: „Ich besaß *jetzt das größte Magazin aller brauchbaren Gegenstände*, die wohl je ein einzelner Mensch *angehäuft* hat..." (S. 47f.).

Sodann richtet sich seine Aufmerksamkeit auf die Bewältigung eines weiteren Problems:

„Jetzt waren meine Gedanken lediglich damit beschäftigt, für meine *Sicherheit* zu sorgen, sowohl gegen die Wilden, wenn sich solche etwa zeigten, als gegen Raubtiere..." Er erbaut sich sodann ein Zelt als Unterkunft: „In das Zelt schaffte ich nun *alle meine Vorräte*, welche durch Feuchtigkeit verdorben werden konnten..." (S. 53)

Einmal stürmt ein Gewitter mit Blitzschlägen über das Zelt und bringt eines seiner wertvollsten Besitztümer in Gefahr:

„Rascher noch als der Blitz durchzuckte mich der Gedanke: ‚Mein Pulver'! Das Herz krampfte sich mir zusammen, als ich daran dachte, daß ein einziger Blitz *meinen ganzen Vorrat* an Pulver zerstören könnte, den ich, ebensowohl *zu meiner Verteidigung* als auch *um meinen Lebensunterhalt zu erbeuten*, nötig hatte. Die eigene Lebensgefahr, in der ich schwebte, schuf mir nicht solche Angst." (S. 53)

Nahezu durch die ganze Erzählung zieht sich die Idee der möglichst umsichtigen, vorausschauenden und effizienten wirtschaftlichen Vorsorge, die Robinson unendlich erfinderisch macht. Aus ihr bezieht der Roman ohne Zweifel einen großen Teil seines Reizes, nicht nur für Buben. So stellt er bald fest, daß ihm wichtige Dinge wie Spaten, Hacken, Nadeln und anderes fehlen:

„Dieser *Mangel an Werkzeugen* erschwerte mir selbstverständlich *das Arbeiten*, und so brauchte ich ein Jahr, um meine kleine Umzäunung zu Ende zu führen... Alle meine *Reichtümer* waren innerhalb dieser Umzäunung und in der Felsenhöhle untergebracht." (S. 57, 59)

Ebenso erfindet er das Töpfern, was ihm unendliche Freude bereitet, da er nun warme Speisen zubereiten kann; baut Getreide an und errichtet Scheunen zu dessen Lagerung; fängt Ziegen ein und züchtet eine

Ziegenherde heran; mit deren Milch richtet eine kleine Milchwirtschaft ein, in der er Butter und Käse zubereitet. Dabei erfährt er immer wieder, daß gerade das *Fehlen* (und nicht das Vorhandensein!) von Mitmenschen und von gesellschaftlichen Institutionen, die einem beim Erwerb von Arbeitsfähigkeiten helfen können, Mangel und Knappheit – in diesem Falle von Zeit – erzeugen kann:

„Gar viele Stunden gingen aus *Mangel an Werkzeug, an Hilfe, an Übung und Erfahrung* verloren. So brachte ich beispielsweise zweiundvierzig Tage damit zu, ein Brett für ein Gesims anzufertigen, das ich für meinen Keller brauchte..." (S. 86)

Durch all diese Aktivitäten, die er in einem nach ökonomischen Überlegungen zeitlich streng strukturierten Tagesablauf durchführt, gewinnt er schließlich erhebliche Sicherheit, ein relativ annehmliches Leben und ein begrenztes Wohlbefinden. Dies gibt seinem Leben Sinn und erfüllt ihn schließlich sogar mit Dankbarkeit und einer gewissen Zufriedenheit:

„Dann erinnerte ich mich, wie *gut für meinen Unterhalt hier gesorgt* sei, und ich warf die Frage auf, was wohl mein Los gewesen wäre, wenn nicht zufällig das Schiff dem Ufer so nahe gekommen wäre, daß ich alle jene Dinge daraus zu holen vermocht hätte. ‚Besonders', so sprach ich zu mir, ‚was hätte ich ohne Gewehr, ohne Munition, ohne Handwerkszeug, ohne Kleidung, ohne Bett, ohne Zelt oder sonst ein schützendes Obdach beginnen sollen?' Jetzt *besaß ich alles* und dafür mußte ich dankbar sein." (S. 55)

Schmerzlich wird ihm aber auch klar, daß Besitz und „Reichtümer" in der Einsamkeit tatsächlich keinen so hohen Wert haben wie in einer Gesellschaft, als er im Innern seiner Insel ein besonders liebliches Tal entdeckt:

„Ich betrachtete es mit stiller Freude, in die sich allerdings auch wehmütige Gedanken mischten, indem ich mir sagte. ‚Das ist alles dein, du König und Herr dieses Landes. Wenn du dies Fleckchen nach einer bewohnlichen Gegend versetzen könntest, so würde es ein Gut ergeben, so groß, wie es nur ein englischer Lord oder Gutsbesitzer sein eigen nennt." (S. 71)

Der Erfolg dieses Romans war kein Zufall. Er beeindruckte das englische Lesepublikum der frühen Neuzeit nicht nur, weil DEFOE einer der ersten Schriftsteller war, der nach Art eines „Tatsachenreporters" schrieb, sondern auch deshalb, weil darin weltanschauliche Elemente enthalten waren, die damals wichtig und attraktiv wurden. Ein Literaturhistoriker schreibt dazu: „Dieser Schriftsteller redete als Wirtschaftstheoretiker zu Erwerbsnaturen; er bestärkte die puritanische Wirtschaftsmoral, die eine ersprießliche Bilanz als gott-wohlgefällig nicht nur empfand, sondern direkt ausgab. Außerdem befriedigte er das Verlangen nach Unterhaltung..." (LAATHS 1953: 14)

Man darf sicherlich nicht annehmen, daß jeder Mensch sich auf einer menschenleeren Insel unter gleichen Umständen gleich verhalten würde wie Robinson Crusoe und es ist auch klar, daß er all seine ökonomischen Aktivitäten nur entfalten konnte, weil er sie bereits aus seinem früheren Leben kannte.[381] Trotzdem illustriert dieser Roman überzeugend die allgemeine These, daß wirtschaftliches Handeln auch für einen Menschen in völliger Isolation unumgänglich notwendig ist. Es ist dies aus einer Reihe von Gründen der Fall, so um sich vor Raubtieren und den Unbilden der Witterung zu schützen, um Vorsorge für die Nahrungsbeschaffung zu treffen und um Werkzeuge, Möbelstücke, Wohnraum herzustellen, die ihrerseits erst Sicherheit in physischer Hinsicht, Unterhalt und Überleben garantieren.

Schließlich zeigt sich, daß ein umsichtiges wirtschaftliches Verhalten und Vorsorgen zu Selbstbestätigung und letztlich sogar zu einer gewissen Zufriedenheit führt. In einer Gesellschaft, und insbesondere in modernen Gesellschaften, bestimmen ohne Zweifel soziale Faktoren wirtschaftliches Handeln in höchstem Maße mit. Damit werden jene Grundfunktionen wirtschaftlichen Handelns, die dieses für die Existenzsicherung und -erhaltung und die Verbesserung der Lebensqualität des einzelnen Menschen erfüllt, aber keineswegs außer Kraft gesetzt.

Daß die These schlicht falsch ist, es sei erst das Vorsorgen der einen, das Güterknappheit bei anderen erzeuge und damit die Notwendigkeit, daß auch diese vorsorgen müssen, kann man auch durch eine nähere Betrachtung wirtschaftlichen Handelns in modernen Gesellschaften zeigen. Wenn Eltern für ihre Kinder vorsorgen (z.B. ein Haus bauen und ihnen vererben), ersparen sie diesen deren eigene entsprechende Vorsorge, nämlich das jahre- oder jahrzehntelange Ansparen auf eine Eigentumswohnung oder ein Eigenheim.[382] Wenn – was heute bei uns in massivem Umfang geschieht – der Staat durch Pensionen für seine

---

381 MARX (1971: 90ff.) hat im 1. Band des *Kapital* die bürgerlichen Wirtschaftstheoretiker dafür kritisiert, daß sie „*Robinsonaden*" lieben, d.h. einen einsamen Robinson CRUSOE erfinden, der sich ihrer Theorie entsprechend wirtschaftlich verhält.
382 Dieses Faktum der Vererbung von Vermögen gewinnt heutzutage immer größere Bedeutung, da die jetzigen Großeltern – und Elterngenerationen häufig erhebliches Vermögen (vor allem in Form von Hausbesitz) angehäuft haben.

alten Bürger vorsorgt, erspart er diesen freiwillige Eigenleistungen dafür. Damit werden Mittel für andere Konsumzwecke frei und nicht ein Zwang zur eigenen Vorsorge erzeugt.

3. *These: Die Vorstellung, daß Vorsorgen der einen die Knappheit von anderen erhöht, setzt eine unhaltbare Vorstellung von Wirtschaft als Nullsummenspiel voraus. Wenn im Laufe der wirtschaftlichen Entwicklung Knappheit zunimmt, dann ist es nicht die Knappheit an Gütern, sondern Zeitknappheit.*

Die Vorstellung von der Wirtschaft als einem Nullsummenspiel lag noch der MARXschen Klassen- und Revolutionstheorie zugrunde (hoher Profit der Kapitalisten bedeutet notwendig Ausbeutung und Verelendung der Arbeitenden). Sie ist in der heutigen Sozialwissenschaft längst überholt. Auch dies läßt eine augenfällige Überlegung klar werden: nicht die Länder mit der umfangreichsten Produktion von Gütern und Diensten sind jene mit der größten Knappheit[383], sondern die Länder mit der geringsten Produktion. Wenn ein Unternehmer ein neues Produkt hervorbringt, das starken Absatz erzeugt, kann dies zwar Kaufkraft von bestimmten Produkten abziehen; in Zeiten des Wirtschaftswachstums (die bislang im großen und ganzen immer vorherrschten) führt dies aber in der Regel dazu, daß mehr gekauft wird. Auch führt es dazu, *daß neue Güter und Dienste* entstehen, die zusätzliche Leistungen anbieten, und auch damit wieder das Wachstum ankurbeln.

Natürlich könnte man mit LUHMANN argumentieren, daß sich die Knappheit der Menschen in armen Entwicklungsländern nur oder vor

---

[383] Diese These LUHMANNs ist allenfalls insoferne richtig, als die Zahl der überhaupt vorstellbaren und wünschbaren Güter in einer hochentwickelten und reichen Gesellschaft höher ist als in einer einfachen und armen. Dies muß aber noch lange nicht bedeuten, daß die Vielzahl an verfügbaren Gütern für die Menschen in reichen Gesellschaften zu einem proportional steigenden Empfinden von Knappheit oder Mangel führen muß. Eher ist das Gegenteil der Fall, wie die (zumindest partiell richtige) These INGLEHARTS (1989) vom zunehmenden Vordringen postmaterialistischer Werthaltungen mit steigendem Wohlstand von Gesellschaften belegt. Allerdings muß bloße Steigerung des materiellen Lebensniveaus nicht unbedingt zu einer entsprechenden Reduzierung von Knappheit führen; auch in armen Ländern gibt es wichtige und wertvolle Wahlmöglichkeiten – die Entscheidung für eine demokratische Regierungsform, das Hochhalten wertvoller sozialer und kultureller Traditionen usw. (vgl. dazu Bericht über die menschliche Entwicklung 1994, S. 17).

allem auf einige wenige Güter und Dienste des menschlichen Grundbedarfs bezieht, während ein Mensch in einem reichen Land sich Tausende, ja Zehntausende der Güter, die hier auf den Markt angeboten werden, nicht leisten kann. Ein solches Argument vernachlässigt aber zwei wesentliche Punkte: (1) die *Dringlichkeit des Bedarfs*, die in einem armen Land und bei mangelnder Basisversorgung viel höher ist; (2) die *Entscheidungsmöglichkeiten* bei der Befriedigung des Bedarfs. Relativ wohlhabende Menschen können sich – innerhalb eines gegebenen Rahmens – zwar nicht alles kaufen, sie können aber – mehr oder weniger – frei entscheiden, *was* sie kaufen oder konsumieren.

Faktisch muß man davon ausgehen, daß im Laufe der wirtschaftlichen Entwicklung weniger die Knappheit an Gütern, sondern vor allem die *Zeitknappheit* zunimmt. Dieses Argument erfährt auch im Rahmen der Theorie des Übergangs zur Dienstleistungsgesellschaft starke Unterstützung. Es besagt, daß bei industriellen Gütern von der Nachfrageseite her irgendwann eine Sättigung eintritt, weil man einfach nicht mehr die Zeit hat, einen Zuwachs (etwa: ein Zweit- oder Dritthaus) seinen Kosten entsprechend zu nutzen (vgl. GERSHUNY 1981; OPASCHOWKI, 1997: 228ff.). Aus dieser Sicht ist *Zeit* in der Tat vielleicht die knappste Ressource von Menschen in modernen Gesellschaften (vgl. auch ELIAS 1984).

b) Die Wirtschaft als autopoietisches, sich selbst reproduzierendes System von Zahlungen

Kommen wir nochmals zurück auf die generelle Argumentation LUHMANNs bezüglich der Funktion der Wirtschaft. Die folgende Passage führt uns zur Definition der Wirtschaft als einem „autopietischen System":

„Formal gesehen orientiert sich alles Wirtschaften also an *Knappheit*. Der Bezug auf Knappheit reicht jedoch als Funktionsangabe nicht aus. Dies ergibt sich schon daraus, daß eine voll monetarisierte Wirtschaft es nicht nur mit einer, sondern mit zwei Knappheiten zu tun hat: mit der weltbedingten Knappheit der Güter und Leistungen und mit der artifiziellen Knappheit des Geldes. Dies hatten wir oben ‚Codierung' genannt. Die Funktion der Wirtschaft muß deshalb durch die Konditionierung der Beziehungen zwischen diesen beiden Knappheiten, vor allem also durch Preise, erfüllt werden; sie kann nicht einfach als Minderung der Knappheit oder als Mehrung des Reichtums begriffen werden...

... die gesellschaftstheoretische Analyse muß daher auch auf die eigentliche Funktion der Wirtschaft zurückgehen, und diese liegt gerade in der Erzeugung und

Regulierung von Knappheiten zur Entproblematisierung künftiger Bedürfnisbefriedigung. Das Bezugsproblem der Wirtschaft ist, mit anderen Worten, die je gegenwärtige Zukunft; man könnte auch sagen: die Reizbarkeit der Gegenwart durch die Zukunft; oder: das soziale Problem des gegenwärtigen Leidens an der Knappheit, die andere verursachen. Und die Problematik ergibt sich daraus, daß Zeitdimension und Sozialdimension quer zueinanderstehen und sich wechselseitig belasten." (LUHMANN 1988: 64f.)

Wir finden hier eine aufgrund ihrer sprachlichen Eloquenz zunächst äußerst beeindruckende, im Grunde aber sehr einfache, zu soziologisch unhaltbaren Konsequenzen führende Schlußfolgerung: das Subsystem „Wirtschaft" ist etwas rein Formales, Bedürfnisse und Interessen, Machtphänomene usw. müssen dabei völlig ausgeklammert werden. Die Wirtschaft ist definiert als „ein Netzwerk von selbstproduzierten Ereignissen, das ständig reproduziert wird oder andernfalls einfach aufhören würde zu existieren"[384] (S. 9; ähnlich S. 52). Die Wirtschaft entsteht als System – wie alle anderen Systeme – indem sie ein besonderes Kommunikationsmedium ausdifferenziert, nämlich *Geld*; die ihm entsprechende, typische Art der kommunikativen Handlungen bzw. selbst produzierten Ereignisse sind die *Zahlungen*. Hierzu noch ein längeres abschließendes Zitat:

„Die Wirtschaft gewinnt ihre Einheit als autopoietisches, sich selbst produzierendes und reproduzierendes System dadurch, daß sie eine eigene Typik von Elementen verwendet, die nur in der Wirtschaft vorkommen und nur in ihr, das heißt nur in rekursivem Bezug auf andere Elemente desselben Systems ihre Einheit gewinnen. Der ‚unit act' der Wirtschaft ist die *Zahlung*. Zahlungen haben als Eigenschaften eines autopoietischen Elements: Sie sind nur aufgrund von Zahlungen möglich und haben im rekursiven Zusammenhang der Autopoiesis der Wirtschaft keinen anderen Sinn, als Zahlungen zu ermöglichen. Die zunächst auf lebende Systeme (und zwar speziell auf Zellen) gemünzte Definition der Autopoiesis paßt auch auf diesen Fall: ‚Die autopoietische Organisation wird als eine Einheit definiert durch ein Netzwerk der Produktion von Bestandteilen, die erstens rekursiv an demselben Netzwerk der Produktion von Bestandteilen mitwirken, das auch diese Bestandteile produziert, und die zweitens ein Netzwerk der Produktion als eine Einheit in dem Raum verwirklichen, in dem die Bestandteile sich befinden'." (LUHMANN 1988: 52; hervorgehoben im Original)

Daß einem beim Lesen und angestrengten Nachdenken über diese Passagen fast schwindlig werden kann, sollte nicht darüber hinwegtäuschen, daß sie inhaltlich unhaltbar (oder genauer gesagt: sinnlos) sind. Dies gilt insbesondere für die Behauptung, soziale (Kommunika-

---

384 Es fällt schwer, diese Aussage nicht als tautogisch zu klassifizieren.

tions-) Systeme wiesen diesselbe Funktionsweise auf wie sie MATURANA, den LUHMANN zitiert[385], für biologische Systeme und insbesondere für Zellen dargestellt hat. Darauf wird am Ende dieses Kapitels noch zurückzukommen sein.

Nicht überraschend erscheint auf dem Hintergrund einer derart auf reine „Kommunikations-" oder Transaktions-Akte reduzierten Wirtschaft, daß sich für LUHMANN zentrale Fragen, die die Nationalökonomie und Wirtschaftssoziologie von ihren Anfängen bis heute beschäftigen,[386] in bedeutungslose Themen verwandeln. Diese radikale Neuausrichtung der Soziologie durch LUHMANN erinnert in der Tat stark an die Phänomenologie von Edmund HUSSERL (an den LUHMANN ja verschiedentlich anknüpft). Für diesen bedeutete die „*phänomenologische Wesensschau*", daß man durch „Einklammerung" oder „außer Aktion setzen" aller natürlichen Phänomene und aller speziellen fachwissenschaftlichen Erkenntnisse zu einer besonderen, „höheren" Form von Erkenntnis gelangen könne.[387]

---

385 Es ist dies das Werk *Erkennen: Die Organisation und Verkörperung von Wirklichkeit: Ausgewählte Arbeiten zur Epistemologie* von Humberto R. MATURANA (1985).
386 So schien für die Klassiker der Wirtschaftssoziologie außer Frage, daß Wirtschaften den Zweck hat, materielle Bedürfnisse zu erfüllen. Vgl. z.B. Max WEBER (1964, 1. Band, S. 43) oder Werner SOMBART (1919, 1. Band, S. 3ff.).
387 Vgl. dazu die folgenden Ausführungen von HUSSERL (1950: 68): „Also *alle auf diese natürliche Welt bezüglichen Wissenschaften*, so fest sie mir stehen, so sehr ich sie bewundere, so wenig ich daran denke, das mindeste gegen sie einzuwenden, *schalte ich aus*, ich mache *von ihren Geltungen absolut keinen Gebrauch. Keinen einzigen, der in sie hineingehörigen Sätze, und seien sie von vollkommener Evidenz, mache ich mir zu eigen, keiner wird von mir hingenommen, keiner gibt mir eine Grundlage* ... *Ich darf ihn nur annehmen*, nachdem ich ihm die Klammer erteilt habe... Das heißt: nur im modifizierenden Bewußtsein der Urteilseinklammerung, also gerade *nicht so, wie der Satz in der Wissenschaft ist, ein Satz, der Geltung beansprucht, und dessen Geltung ich anerkenne und benutze*." (Hervorhebungen im Original)
Zur Beurteilung der phänomenologischen Methode möchte ich hier nur den anerkannten Philosophen und Wissenschaftstheoretiker Wolfgang STEGMÜLLER zitieren: „In der zeitgenössischen Philosophie ist außerhalb des ziemlich engen Kreises von Phänomenologen keine Rede mehr von der Epoché (d.h., der Wesenschau oder „Einklammerung", MH) Husserls. Dies dürfte seinen Grund darin haben, daß Husserls phänomenologische Methode von den kritischen Erkenntnistheoretikern als ein *zweifacher Weg in die Mystik* oder *zumindest in eine neue Art von spekulativer Metaphysik* angesehen wird, die mit der Forderung nach Wissenschaftlichkeit ... nicht in Einklang steht... Was aber ist unter Berufung auf diese husserlsche Methode in der Folgezeit nicht

So kann nach LUHMANN von einer Steuerung der Wirtschaft durch die Politik keine Rede sein, da sich „ein System immer nur selber steuern (kann), weil alle Unterscheidungen systemeigene Konstruktionen sind" (S. 27); die Faktoren „Kapital" und „Arbeit" verlieren ihre in herkömmlichen Theorien grundlegende Bedeutung und sind zu ersetzen durch „den Begriff der Codierung von Information" (S. 46); die Befriedigung von Bedürfnissen ist keine Grundfunktion der Wirtschaft (S. 63; auf diesen Punkt sind wir bereits eingegangen); Geld und Zahlungen schließen, ebenso wie Wettbewerb, Konflikt und Kampf aus, ja, Konkurrenz ist überhaupt keine Interaktionsbeziehung, da die Beteiligten dabei nichts miteinander zu tun haben(!) (S. 69, 101f., 258); der Ruf nach „gesellschaftlicher Verantwortung der Wirtschaft" und einer Wirtschaftsethik ist illusorisch, angesichts der Differenz von reich und arm muß man „kühles Blut bewahren" (S. 83ff.); die These, daß „die sich selbst regulierende Marktwirtschaft ein Höchstmaß an Freiheit in der Realisierung individueller Bedürfnisse ... gewährleiste", ist ein Vorurteil, das aus der liberalen Ideologie stammt (S. 113)[388]; demgemäß muß man sich auch mit der befremdli-

---

alles für Wesenserkenntnis ausgegeben worden! Und zwar wie vieles, von dem Husserl selbst niemals zugestanden hätte, daß es diesen hochtönenden Namen für sich beanspruchen dürfe!" (STEGMÜLLER 1960: 89; Hervorhebung im Original)

388 Bei der Begründung dieser These tritt die dialektisch-scholastische Spitzfindigkeit der Argumentation LUHMANNs besonders deutlich hervor. Die strukturell gleiche Gängelung des Konsumenten in freien und preisgeregelten Marktwirtschaften begründet er folgendermaßen: „In beiden Fällen findet sich der Konsument jedoch normalerweise mit Preisen konfrontiert, die er nicht beeinflussen kann. Er kann nur, gleichgültig, wie der Preis zustande gekommen ist, kaufen oder nicht kaufen. Die Freiheit ist im einen Falle nicht größer als im anderen ... In jedem Falle ist geregelter oder liberaler Markt für ihn Umwelt, und die Unterschiede sind, was Freiheit betrifft, trivial..." (S. 113). Wie im Falle von HAUCK vorne (vgl. Kapitel 1) ist mir auch hier schlicht unbegreiflich, wie jemand gerade in Deutschland im Jahre 1988 so etwas schreiben kann – nach einem halben Jahrhundert Erfahrung mit dem Realsozialismus in der DDR und der Tatsache, daß Hunderttausende von Menschen unter Einsatz ihres Lebens von Ost- nach Westdeutschland flohen, nicht zuletzt deswegen, um als Konsumenten mehr Freiheit und Wahlmöglichkeiten zu gewinnen. Die in wohlhabenden Ländern häufig getroffene Unterscheidung zwischen (bloßen) „Wirtschaftsflüchtlingen" und (bewundernswerten) politischen Flüchtlingen hat diese Realität noch nie getroffen und trifft sie auch heute nicht; wirtschaftliche und politische Motive sind bei nahezu allen Flüchtlingsbewegungen engstens verflochten.

chen Vorstellung abfinden, „die Sowjetunion und die Vereinigten Staaten von Amerika seien Regionen ein und desselben Gesellschaftssystems" (S. 168f.); die „Gewerkschaften können mit einem Kampf um Pauschalverbesserungen die wirtschaftliche Situation des Arbeiters nicht wirklich ändern" (S. 165); Partizipationsforderungen in der Politik sind ein „grandioser Irrtum" (S. 348).

Wir können unsere kritischen Ausführungen dieses Abschnittes in der folgenden These zusammenfassen:

4. These: Die LUHMANNsche Konzeption der Wirtschaft als autopoietisches, sich selbst reproduzierendes System von Zahlungen widerspricht allen bisherigen sozialwissenschaftlichen Annahmen und Forschungsergebnissen über die gesellschaftliche Funktion der Wirtschaft, wie auch offenkundigen Erfahrungen mit und Einsichten in grundlegende Differenzen zwischen unterschiedlichen Wirtschaftssystemen und -strukturen im internationalen Vergleich.

Ich möchte die Diskussion des Problembereiches „Wirtschaft und Gesellschaft" hier abschließen und übergehen zu einer allgemeineren Untersuchung dessen, was LUHMANN unter „Theorie" versteht.

5.3 Die (mangelnde) Erklärungsleistung der Theorie autopoietischer Systeme aus wissenschaftstheoretischer Sicht

In diesem und dem folgenden Abschnitt soll die autopoietische Systemtheorie LUHMANNs nun aus allgemeinerer, „analytischer" Perspektive (im eingangs skizzierten Sinne) diskutiert werden. Ich möchte hier zum ersten belegen, daß die Begriffe „Beschreibung" und „Erklärung" von LUHMANN nicht nur abweichend vom allgemeinen Sprachgebrauch, sondern vielfach auch sehr vage verwendet werden und daß zum zweiten (infolge des mangelnden Empiriebezugs der autopoietischen Systemtheorie) auch keinerlei praxisrelevante Folgerungen aus seiner Theorie abgeleitet werden können. Als Ausgangspunkt sei formuliert:

5. These: Die Begriffe der „Beschreibung" und „Erklärung" werden von LUHMANN in fragwürdiger, vom wissenschaftstheoretisch üblichen Sprachgebrauch klar abweichender Weise verwendet. Bei näherer Betrachtung zeigt sich, daß er weder „Erklärungen" noch „Beschreibungen" im etablierten Sinn dieser Begriffe liefert, sondern lediglich „Interpretationen" der Realität im Lichte der autopoietischen Systemtheorie.

Dazu zunächst ein längeres wörtliches Zitat, das deutlich macht, daß LUHMANN die Begriffe „erklären" und „beschreiben" ganz anders als im herkömmlichen Sinne verwendet:

„Eine zweite Ambition bezieht sich auf Gesellschaftstheorie. ‚Die Wirtschaft der Gesellschaft' – das sagt auch, daß wir mit einer Analyse der Wirtschaft *etwas über die Gesellschaft erfahren können*... Für diese Zwecke muß die Begrifflichkeit so aufbereitet werden, daß sie sich ... auch auf andere Bereiche gesellschaftlicher Kommunikation anwenden läßt... Die Hintergrundannahme für einen solchen Vergleich lautet: daß die moderne Gesellschaft im Unterschied zu allen Vorläufern als primär funktional differenziertes System *aufgefaßt* werden kann. Das *erklärt* dann Unterschiede als bedingt durch den Unterschied der Funktionen und *erklärt* Vergleichbarkeiten durch die allgemeinen Erfordernisse der Partizipation an den besonderen Bedingungen funktionaler Differenzierung. Auch hierfür *zieht die Analyse ihre Ressourcen aus der allgemeinen Systemtheorie* und, soweit Geld in Betracht kommt, aus einer Theorie generalisierter symbolischer Medien. In dieser Hinsicht versucht der vorliegende Band nicht zuletzt, einen Beitrag zur Gesellschaftstheorie zu leisten. Denn wenn es gelänge, die wichtigsten Kommunikationsbereiche der Gesellschaft überzeugend als ausdifferenzierte, operational geschlossene Funktionssysteme zu *beschreiben* und Ähnlichkeiten wie Unterschiede *dingfest zu machen*, wird sich damit der Eindruck verfestigen, daß solche Übereinstimmungen nicht zufällig vorkommen, sondern *einer Konstruktion der modernen Gesellschaft*, die sich dieser theoretischen Instrumente bedient, *Plausibilität* verleihen können." (LUHMANN 1988: 10; Hervorhebungen von mir, M.H.)

Unter einer „Erklärung" wird wissenschaftslogisch üblicherweise verstanden, daß ein objektiv vorkommendes Phänomen (Ereignis, Strukturmerkmal) durch Heranziehung allgemeiner Gesetze und bestimmter Randbedingungen verständlich gemacht, eben erklärt wird[389]. Wesentlich dabei ist, daß sowohl das zu erklärende Phänomen (Explanandum) wie auch die allgemeinen Gesetze und Randbedingungen *empirischen Gehalt* haben müssen. Das Explanandum und die Randbedingungen beinhalten eine Beschreibung; aber auch die generellen Aus-

---

389 Vgl. dazu ALBERT, 1973: 75, im Anschluß an POPPER's *Logik der Forschung* 1969: 31ff.

sagen (Gesetze) müssen empirischen Gehalt haben, da sie ansonsten keine Ableitungen erlauben würden, die über das hinausgehen, was schon in ihnen und in den Randbedingungen festgestellt wird.

In dem oben angeführten Zitat von LUHMANN ist von einem solchen empirischen Bezug aber an keiner Stelle die Rede. Bei ihm ist „Erklären" offenkundig zu verstehen als ein *Interpretieren* der sozialen Realität: Die Gesellschaft wird eben *„aufgefaßt"* als differenziert in Teilsysteme, von diesen wird *angenommen*, daß sie unterschiedliche Funktionen haben und aus dieser Annahme *folgt sodann*, daß es zwischen dem wirtschaftlichen und anderen Teilsystemen der Gesellschaft Unterschiede und Ähnlichkeiten gibt.[390] Deutlich kommt dies auch in der folgenden Passage zum Ausdruck:

„In verschiedenen Hinsichten führt dieser Theorieansatz ... zu einer Steigerung des Auflöse- und Rekombinationsvermögens und zu erhöhten Ansprüchen an begriffliche Genauigkeit – und dies auf einem ganz anderen Wege als dem üblichen der Mathematik. Man kann dann zum Beispiel über Geld oder über den Markt nicht mehr so reden, als wüßte man, worum es sich handelt, und als sei nur noch ein Problem der Erklärung konkreter Erscheinungen zu lösen .... (LUHMANN 1988)

Die Frage ist auch hier wieder, was „begriffliche Genauigkeit" eigentlich bedeuten soll, wenn jeder empirische Bezug fehlt. Sie kann dann allenfalls (formale) *semantische Genauigkeit* im Rahmen des theoretisch-begrifflichen Schemas und dort allein bedeuten.

Ähnliches gilt für den Begriff der *„Beschreibung"*, wie er von LUHMANN verwendet wird. Auch damit ist nicht (wie im üblichen Sinne) eine empirische Bestandsaufnahme einer gegebenen Realität mit Hilfe bestimmter methodischer Instrumente gemeint, sondern in erster Linie eine Adaptation bzw. Anwendung des systemtheoretischen Begriffsinstrumentariums auf die „wichtigsten Kommunikationsbereiche der modernen Gesellschaft". Genau dies macht ja LUHMANN seit Jahrzehnten in einer kaum mehr überschaubaren Fülle von Publikationen:

---

390 A. KAPLAN (1964: 327ff.) unterscheidet in seiner äußerst gründlichen wissenschaftstheoretischen Studie drei Typen von „Erklärungen": (a) *semantische Erklärungen*, die eine Bedeutung eines Begriffes festlegen; (b) *wissenschaftliche Erklärungen*, die sich auf Fakten beziehen; und (c) *Interpretationen*, (beides beinhalten (wenn wir etwa nicht nur den Sinn einer Äußerung erklären, sondern auch die Tatsache, daß sie von einer bestimmten Person in einem bestimmten Zusammenhang gemacht wurde). LUHMANN's Begriff der Erklärung bzw. Interpretation entspricht allenfalls der ersten, aber nicht der zweiten oder dritten Variante.

Erklärungsleistung der Theorie autopoietischer Systeme

nämlich seinen systemtheoretischen Begriffsapparat, der den expliziten Anspruch der „Universalität" erhebt, d.h. sämtliche Bereiche des Sozialen erfassen zu können (LUHMANN 1984: 9), auch auf alle diese Bereich *anzuwenden,* alle diese Bereiche aus der Sicht der Theorie *neu zu interpretieren.* Es ist aber auch nur dies allein, was LUHMANN tut, denn man kann wohl guten Gewissens sagen, daß er in keinem einzigen seiner Bücher auch nur ansatzweise versucht, die Fülle der vorliegenden Ergebnisse der empirischen Sozialforschung einzubeziehen.[391]

Vielsagend ist auch der Hinweis LUHMANNs, durch seine Theorie werde moderne Gesellschaft erst „*konstruiert*". Dies ist wohl nicht wörtlich zu verstehen, da die Welt sicherlich schon vor LUHMANN und auch ohne ihn da war bzw. da wäre, sondern in dem übertragenen oder geistigen Sinne, den man mit dem Satz meint, man „konstruiere" sich einen Sachverhalt so zurecht, daß er einem passe.[392] Dies wird noch deutlicher im folgenden Zitat:

„Man kommt in der Wissenschaft ... zur Beobachtung ganz anderer Phänomene, wenn man nicht einen kybernetisch-systemtheoretischen Steuerungsbegriff, sondern einen handlungstheoretischen Steuerungsbegriff zugrundelegt... Ob der eine Steuerungsbegriff bessere Möglichkeiten empirischer Forschung erschließt als der andere, ist damit im übrigen noch nicht entschieden. Er *konstruiert* zunächst einmal nur andere Phänomene." (LUHMANN 1988: 27, Fußnote 19).

Begriffe gewinnen ihre Nützlichkeit nicht durch einen Bezug auf eine empirische Realität, die sie mehr oder weniger gut zum Ausdruck

---

391 Es scheint in dieser Hinsicht zumindest eine Ausnahme zu geben. So verarbeitet LUHMANN in seinem Buch *Liebe als Passion* (1982) eine Fülle von historisch-schöngeistiger Literatur zum Wandel der „Semantik der Liebe" seit der frühen Neuzeit, insbesondere in Frankreich. Das Studium und die Analyse der einige Dutzende von Titeln umfassenden Originalwerke in französischer Sprache aus dem 17. Jahrhundert stellt ohne Zweifel eine beeindruckende Leistung dar. Ob man die Aufarbeitung dieser Arbeiten als empirische Forschung im eigentlichen Sinne bezeichnen kann, ist allerdings eine andere Frage. So stellt der größte Teil der zitierten Arbeiten nicht „Originaltexte" (im Sinne von Romanen usw.) dar, sondern bereits Darstellungen und Zusammenfassungen (vielfach auch von neueren Autoren) von Trends in Roman-, Anstands- und anderen schöngeistigen Publikationen. Muß man bei Romanen fragen, inwieweit sie wirklich soziale Realität wiedergeben (oder dies überhaupt wollen), so müßte man bei Sekundärliteratur auch noch fragen, ob sie die literarischen Trends richtig wiedergeben.
392 So gibt es auch das Bonmot, ein Semiotiker finde zu jedem Begriff eine Wirklichkeit, die sich auf ihn bringen lasse.

bringen können[393], sondern *nur durch einen Bezug auf andere Begriffe im Rahmen der Systemtheorie*. Man erkennt hier deutlich, wie stark LUHMANN seinem Vorgänger PARSONS und dessen *konstruktivistischem Verständnis* von sozialwissenschaftlicher Theorie verpflichtet ist (vgl. Kapitel 3). Dazu heißt es in *Soziale Systeme* in entwaffnender Offenheit:

„Die Arbeit mit diesen Begriffen erfolgt also nicht ohne Bezug (...) auf vorgefundenes Theoriegut, aber *die Begriffe sollen sich*, soweit möglich, *aneinander schärfen*. Jede Begriffsbestimmung muß dann als Einschränkung der Möglichkeit weiterer Begriffsbestimmungen gelesen werden. Die Gesamttheorie wird so als ein sich selbst limitierender Kontext aufgefaßt... Bei einer großen Zahl solcher Begriffe wird es ... unmöglich, jeden Begriff mit jedem anderen zu verknüpfen. Es gibt bevorzugte Zusammenhangslinien... *Die Theorie schreibt sich entlang solcher Vorzugslinien selbst...*

Diese Theorieanlage erzwingt eine Darstellung in ungewöhnlicher Abstraktionslage. Der Flug muß über den Wolken stattfinden, und es ist mit einer ziemlich geschlossenen Wolkendecke zu rechnen. Man muß sich auf die eigenen Instrumente verlassen..." (LUHMANN 1984: 13; Hervorhebungen von mir, M.H.)

Auch hier ist nirgends von irgendeinem Bezug auf eine empirische soziale Realität die Rede; Begriffe „schärfen sich nur aneinander", was immer dies heißen mag. Die im nächsten Abschnitt folgende Forderung „Abstraktion darf jedoch weder als reine Artistik noch als Rückzug auf eine ‚nur analytisch' relevante, formale Wissenschaft mißverstanden werden", bleibt bloßes Lippenbekenntnis. Dasselbe gilt für die Forderung, daß der „Wirklichkeitsbezug" der Begriffe und Theorie gewahrt bleiben müsse.[394]

Nicht überraschend ist, daß sich – wie bereits oben festgestellt – in den Arbeiten LUHMANNs kaum je eine systematische Bezugnahme auf empirische Forschung finden läßt. Dies gilt auch für *Die Wirtschaft der Gesellschaft*, in deren Stichwortverzeichnis man Begriffe wie „Erklärung", „Empirie" oder „Forschung" vergebens sucht und empirische Forschung an nur ganz wenigen Stellen nebenher angesprochen wird.[395]

---

393 Daß man dabei nicht von einer einfachen „Abbildbeziehung" sprechen kann, versteht sich von selbst.
394 Auch in diesem Werk *Soziale Systeme* sucht man Begriffe wie „Erklärung", „Erfahrung", „Empirie" usw. im Stichwortverzeichnis umsonst.
395 So heißt es auf S. 67: „Daß dies (daß nämlich jeder, der in einer Geldwirtschaft Bedürfnisse befriedigen will, dafür zahlen muß, MH) funktioniert, ist empirisch gesehen, keine Frage"; auf S. 101, der empirische Status der These, das Prinzip der Marktwirtschaft sei der Wettbewerb, sei unklar; auf S. 121 wird auf „empirische Forschung" verwiesen (ohne sie aber anzugeben), die zeige, die Trennlinie zwischen akzeptabler und nicht akzeptabler Riskanz sei

Wenn er je von einer empirischen Überprüfung seiner Theorie spricht, sieht er die Schwierigkeiten dabei selber vor allem in der *Unschärfe seiner eigenen zentralen Begriffe*.[396] In vielen anderen Publikationen zeigt sich jedoch deutlich, daß LUHMANN den Stellenwert empirischer Forschung und empirischer Befunde für seine Theorie als sehr bescheiden, ja im Grunde eigentlich als unwesentlich und den für empirische Forschung notwendigen Aufwand eher als Zeitverschwendung ansieht.[397] Diese Einwände kann man in der folgenden These zusammenfassen:

6. These: LUHMANNs Wende von der kausalen zur funktionalen Analyse kann nicht einlösen, was sie verspricht, nämlich eine umfassendere Form sozialwissenschaftlicher Erklärung zu liefern als kausale Analysen. Ein deutliches Indiz dafür ist seine Geringschätzung der Bedeutung empirischer Forschung.

LUHMANN hat bekanntlich schon in seinem frühen Aufsatz *Funktion und Kausalität* (in LUHMANN 1972) die Wende vom PARSONschen „*Strukturfunktionalismus*" zu seinem eigenen „*Äquivalenzfunktionalismus*" vollzogen. In diesem Aufsatz argumentiert er, die traditionelle funktionalistische Analyse genüge den strengen Anforderungen an Wissenschaftlichkeit von Wissenschaftstheoretikern wie NAGEL und HEMPEL nicht, weil diese unterstellten, daß funktionale Beziehungen letztlich auch nur Kausalbeziehungen seien. Dies entspricht heutigen Auffassungen, wenn es etwa heißt, eine funktionale Erklärung sei eine solche, in der die Konsequenzen eines Verhaltens wesentliche Elemente ihrer Ursachen seien (STINCHCOMBE 1968: 80; ein Baby schreit, weil es Hunger hat und diesen stillen will). LUHMANN meint aber zu-

---

in hohem Maße subjektiv (hätte man etwas anderes erwartet?); auf S. 282 spricht LUHMANN von einer „Soziologisierung der Entscheidungstheorie", meint damit aber keineswegs ihre empirische Fundierung, sondern ihre Transformation in seine systemtheoretische Perspektive.
396 So heißt es in „Gesellschaftsstruktur und Semantik" sehr bezeichnend: „Eine weitere Präzisierung des theoretischen Apparats im Hinblick auf Möglichkeiten empirischer Überprüfung wäre erreichbar, wenn es gelänge, genauer zu bestimmen, was steigende Komplexität und steigender Selektionsdruck für die einzelnen Dimensionen jeweils bedeutet; wie mit anderen Worten kontingente Selektivität in sachlicher, zeitlicher und sozialer Hinsicht artikuliert und an das Alltagsleben der komplexer werdenden Gesellschaften herangetragen werden kann." (LUHMANN 1980: 37)
397 Darauf wird noch zurückzukommen sein.

treffend, die Funktion einer Handlung sei noch keine ausreichende Erklärung für ihr faktisches Vorkommen. (Ein Baby kann auch schreien, weil es Schmerzen hat.) Daher müsse die kausalwissenschaftlich orientierte Sozialwissenschaft problematische Hilfskonstruktionen (etwa: Rekurs auf Bedürfnisse oder auf eine Gleichgewichtstheorie) errichten, um die Wirkungen genauer zu bestimmen.

LUHMANN selber schlägt vor, die Priorität von kausalwissenschaftlicher und funktionalistischer Erklärungsmethode umzukehren: der Sinn funktionalistischer Aussagen liegt dann nicht mehr darin, Hinweise auf (erst genauer zu spezifizierende) kausalwissenschaftliche Zusammenhänge zu liefern, sondern „Einzelleistungen auf einen abstrakten Gesichtspunkt [zu beziehen], der auch andere Leistungsmöglichkeiten sichtbar werden läßt. Der Sinn funktionalistischer Analyse liegt mithin in der Eröffnung eines (begrenzten) Vergleichsbereichs" (LUHMANN 1972: 13f.). Sinn der (äquivalenz-) funktionalistischen Analyse sei nicht mehr die Erklärung des Vorkommens bestimmter funktionaler Leistungen, sondern das Hinweisen auf Möglichkeiten für die Lösung von gegebenen Problemen: Der Äquivalenzfunktionalismus „verwendet diejenigen Ursachen oder Wirkungen, die aus lebenspraktischen oder theoretischen Gründen einen Brennpunkt des Interesses bilden, als funktionale Bezugsgesichtspunkte, das heißt: er benutzt sie als konstanten Ausgangspunkt für die Frage nach äquivalenten Kausalbeziehungen" (ebenda, S. 17).

Soweit kann man LUHMANN durchaus zustimmen und konzedieren, daß die funktionale Methode einen fruchtbaren Ansatz zum Auffinden und Erkennen von möglichen Zusammenhängen bieten kann (vgl. auch STINCHCOMBE 1968). Fragwürdig wird jedoch schon die folgende Weiterführung dieser Sätze: „Setzt man eine Wirkung als Bezugsproblem an, ordnet sich in bezug darauf ein bestimmtes Ursachenfeld. Mehrere Ursachenkombinationen *werden sichtbar als ausreichend*, die Wirkung zu bewirken" (Hervorhebung von mir, MH). Genau das kann man eben nicht – nämlich von funktionalen Beziehungen auf kausale zurückschließen, wie es LUHMANN hier suggeriert, wenn er schreibt, unterschiedliche Ursachenkombinationen würden sichtbar als „*ausreichend*". Dies würde implizieren, daß man tatsächlich bereits kausale Zusammenhänge festgestellt hat. Die funktionale Analyse kann aber nicht mehr – und auch dies ist durchaus eine positive Leistung – als verschiedene Ursachen als *mögliche* herauszuarbeiten.

Der Fehlschluß LUHMANNs von funktionalen auf kausale Zusammenhänge wird noch deutlicher im Werk *Soziale Systeme* (1984). Die folgende Passage ist hier auch deshalb von Interesse, weil sie ein wirtschaftssoziologisches Beispiel beinhaltet:

„Die Ergiebigkeit der funktionalen Methode und der Erklärungswert ihrer Resultate hängen davon ab, wie die Beziehung zwischen Problem und möglicher Problemlösung spezifiziert werden kann. Spezifizieren heißt: engere Bedingungen der Möglichkeit angeben, und für empirische Wissenschaft heißt dies: Rekurs auf Kausalität. Allerdings besteht die funktionale Methode nicht einfach im Aufdecken von Kausalgesetzlichkeiten... Der Erkenntnisgewinn liegt gleichsam quer zu den Kausalitäten, er besteht in ihrem Vergleich. Man kann ihn erzielen, auch wenn Kausalitäten zunächst nur hypothetisch als nicht ausreichend erforscht unterstellt werden. Man muß dann nur die pure Hypothetizität der Kausalannahmen nicht vergessen, sondern in den Vergleich einbringen. Man kommt dann zu Aussagen wie: Wenn (es wirklich zutrifft, daß) Inflationen Verteilungsprobleme relativ konfliktfrei lösen (...), sind sie ein funktionales Äquivalent für politisch riskantere, weil konfliktreichere staatliche Planung. Und erst auf Grund eines solchen Aussagengerüstes erscheint es dann als lohnend, die zu Grunde liegenden Kausalitäten empirisch zu erforschen." (LUHMANN 1984: 84)

Man muß hier von einer *zirkulären Argumentation* sprechen: Wenn der Erkenntnisgewinn der funktionalen Methode im Vergleich von Kausalitäten liegt, muß ich mir doch sicher sein, daß es die Kausalitäten auch tatsächlich gibt. Solange ich dies nicht getan habe – und etwa nicht wirklich weiß, daß Inflationen Verteilungsprobleme tatsächlich relativ konfliktfrei lösen – bleibt die obige funktionalistische Aussage leer oder sinnlos: sie kann wahr oder auch falsch sein![398] Im Sinne von Hans ALBERT (1967: 333ff.) könnte man sagen, daß rein hypothetische Aussagen von der Art, wie sie LUHMANN hier im Auge hat, zwar einen *Realitätsbezug*, jedoch *keinen Informationsgehalt* aufweisen. Frägt man etwa jemanden nach dem Wetter, das morgen sein wird, so bezieht sich die Antwort „Entweder es bleibt so, wie es ist, oder es wird sich verändern" offenkundig auf mögliche Zustände; neue Erkenntnisse vermittelt sie aber nicht (sie kann daher auch nicht wahr oder falsch sein). Bezieht man auch mögliche Bedingungen für das Gleichbleiben oder Anderswerden ein („Wenn das Atlantiktief nicht zu uns kommt, bleibt es gleich, wenn es kommt, wird es sich verändern"), hat sich lediglich der Bereich dessen, worüber man sich Gedanken macht, erweitert. Ob das Wetter wirklich anders werden wird als heute, weiß ich jetzt genausowenig wie vorher!

---

398 Vgl. in diesem Sinne auch GRIMM 1974: 32; KÜNZLER 1987: 330.

Eine differenzierte Analyse der Brauchbarkeit funktionalistischer Erklärungen in der Soziologie hat Jan ELSTER (1987: 59) durchgeführt. Eine typische funktionalistische Aussage ist: Konflikt in bürokratischen Strukturen ist ein Mittel zur Vermeidung von Erstarrung (nach COSER). Der soziale Prozeß „Konflikt" (X) wird also erklärt durch seine Funktion Y (Vermeidung von Erstarrung) für die Organisation (Z). Damit man hier aber von einer wirklichen *Erklärung* sprechen kann, müssen fünf Bedingungen erfüllt sein (ELSTER 1987: 59):

„1. Y ist eine *Wirkung* von X;
2. Y hat einen *Nutzen* für Z;
3. Y ist von den Handelnden, die X hervorbringen, *nicht intendiert*;
4. Y (oder zumindest die kausale Beziehung zwischen X und Y) wird von den Handelnden in Z *nicht erkannt*;
5. Y erhält X durch eine kausale Rückkopplungsschleife („feedback loop"), die über Z verläuft."

Tatsächlich, so ELSTER, gibt es kaum eine soziologische Erklärung, die alle diese Bedingungen erfüllt.

Abgesehen von dieser formal-logischen Unvollständigkeit funktionalistischer Erklärungen argumentiert ELSTER – und ich stimme ihm hier völlig zu – beruhen funktionalistische Erklärungen „auf einer *falsch verstandenen Analogie mit der Biologie*" (ebenda). Nur in der Biologie gilt die regulative Idee, daß jede bestehende Struktur eine (vorteilhafte) Wirkung (Funktion) hat. In der Natur erfolgt natürliche Auslese durch Zusammenwirken von Zufall und Notwendigkeit. Das Zufallselement sind Mutationen von Eigenschaften, die meist sehr klein sind. Das Element der Notwendigkeit ist dadurch gegeben, daß eine Mutation dann übernommen wird, wenn sie den Nutzen größerer Reproduktionsfähigkeit aufweist (ELSTER, S. 37). Die Tierwelt oder tierische Evolution ist eine „lokal maximierende Maschine": immer neue Mutationen verändern (verbessern) die Umweltanpassung inkremental und sukzessiv. Daher gilt eben der obige Satz: „Eine bestehende Struktur hat eine vorteilhafte Wirkung", bei Tieren, aber nicht bei Menschen. Diese können Handlungschancen nicht erst ad hoc erfahren, sondern geistig antizipieren, untereinander vergleichen und bewußt bestimmte Ziele auswählen (H. WIESENTHAL, in der Einleitung zu ELSTER 1987, S. 16).[399]

---

399 D. BARBEN (1996: 37ff.) weist darauf hin, daß es zwei grundlegend verschiedene Arten gibt, den biologischen Begriff der Autopoiesis in der Sozi-

Zu einer kritisch-negativen Einschätzung der Brauchbarkeit der äquivenzfunktionalistischen Methode kommt auch Günther SCHMID (1970: 205ff.). Seiner Meinung nach sind systemtheoretisch gewonnene Bezugsprobleme und Vergleichsbereiche äquivalenter Leistungen für den politischen Praktiker aus drei Gründen nur indirekt brauchbar, weil

1. funktionale Äquivalente von Bezugsgesichtspunkten abhängen, deren wertmäßige Begründung die Praktiker selber festlegen;
2. das Abstraktionsniveau der Bezugsprobleme und Äquivalente zu hoch ist;
3. der Übergang von Äquivalenzmodellen zu Entscheidungsmodellen nicht nahtlos ist, sondern erst über die jeweilige Handlungssituation und nicht über das Bezugsproblem erfolgt.

Darüber hinaus bleiben eine Reihe wichtiger Fragen offen: die funktionalen Äquivalente sind nicht intersubjektiv und objektiv-regulative Sinnschemata; die Systemreferenzen weisen zahlreiche Blindstellen auf; Luhmann gibt keine operationale Anweisung, wie der Grad der Systemkomplexität festgestellt werden kann; das System-Umwelt-Verhältnis bleibt unzureichend geklärt.

Charakteristisch für LUHMANN ist auch in diesem Zusammenhang, daß Gegenpositionen nur sehr grob oder überhaupt falsch dargestellt werden, um sodann die eigene Position als die einzig richtige herausstellen zu können. So unterstellt er im oben zitierten Aufsatz „Funktion und Kausalität" den Vertretern der kausalwissenschaftlichen Methode eine ontologische Auffassung, wenn er von den „Grenzen der traditionellen ontologischen Kausalauffassung", deren „mechanischer Erklärung durch Ursachen", und deren scheinbarem Ziel der „Feststellung des Seins in Form von Wesenskonstanten" spricht (LUHMANN 1972: 9, 15, 27). Nichts davon ist haltbar, wenn man mit

---

alwissenschaft anzuwenden. Der erste besteht in einer direkten Anknüpfung, man versucht, die biologischen Begriffe zu generalisieren und damit auch menschliches Verhalten mehr oder weniger direkt zu erklären (BARBEN nennt dies die *Aufbaustrategie*; ihr folgt z.B. P.M. HEJL). Die zweite Anwendung besteht darin, zwar die Begrifflichkeit der Autopiesis-Theorie formal zu übernehmen, sie jedoch inhaltlich z.T. ganz anders zu gebrauchen. Diese letztere Form, die *Analogisierungsstrategie*, ist jene, die LUHMANN verfolgt. BARBEN (1996: 228) konstatiert, daß selbst bei einer solchen Verwendung zahlreiche Unklarheiten und Ungereimtheiten auftauchen.

POPPER (1969) die Bestätigung von Hypothesen und Theorien stets als etwas nur Vorläufiges ansieht, daher auch nur von der „*Falsifizierbarkeit*", nicht von der Verifizierbarkeit von Theorien spricht, wie es LUHMANN selber tut.[400] LUHMANN geht schließlich sogar so weit, die Möglichkeit der Feststellung von Kausalzusammenhängen überhaupt zu bestreiten, wenn er schreibt, daß jede Ursache unendlich viele Wirkungen haben könne und jede Wirkung unendlich viele Ursachen. Auch dieses Argument ist nicht nachvollziehbar bzw. beinhaltet neuerlich unhaltbare Zuschreibungen:

„Wenn man diese Problematik ins Auge faßt, verliert die ontologische Auslegung der Kausalität ihren Sinn. Es ist dann auch nicht mehr möglich, Ursache und Wirkung als bestimmte Seinszustände zu deuten und die Kausalität als invariante Ursache zwischen einer Ursache und einer Wirkung festzustellen. Der Ausschluß aller anderen Ursachen und Wirkungen ist nicht zu rechtfertigen. Gewiß kann man mit Hilfe der Voraussetzung ‚ceteris paribus' ... zu formal korrekten Aussagen kommen. Aber diese Aussagen besitzen keinen empirischen Wert, wenn die Ausschaltung aller anderen Kausalfaktoren faktisch nicht durchgeführt werden kann. Und das gelingt der Sozialwissenschaft typisch nicht.

Dagegen erleichtert es die Aufgabe, wenn man nicht mehr versucht, in Form eines Gesetzes eine Ursache und eine Wirkung zugleich konstant zu halten, sondern sich mit der Invarianz einer Ursache oder einer Wirkung begnügt..." (LUHMANN 1972: 16f.)

Falsch ist die Behauptung in dieser Passage, kausale Erklärungen versuchten, Ursache und Wirkung zugleich konstant zu halten; richtig ist vielmehr, daß beides nicht konstantgehalten, sondern bewußt manipuliert (als „experimenteller Stimulus" in der kausalwissenschaftlichen Methode par excellence) bzw. in den Folgen gemessen (also zunächst ebenfalls als „offen" angesehen) wird. Das moderne Experiment – und zusehends, dank der Entwicklung der multivariaten Statistik, auch die moderne Surveyforschung – ermöglicht in diesem Sinne sehr wohl die Feststellung kausaler Zusammenhänge zwischen eindeutigen Ursachen und Wirkungen bzw. die Überprüfung kausaler Hypothesen. Diese Hypothesen und Gesetzen besitzen jedoch keinerlei ontologischen und endgültigen, sondern immer nur vorläufigen Status.

---

400 „.... gemessen an den strengen Standards kausalwissenschaftlicher Verifikation", oder: „Die empirische Verifikation funktionalistischer Aussagen..." (LUHMANN 1972: 9, 23).

Angesichts dieser grundlegenden Abwertung kausal orientierter Forschung ist es, wie bereits festgestellt, kaum verwunderlich, daß empirische Sozialforschung im eigentlichen Sinn des Wortes für LUHMANN nicht nur als zu aufwendig, sondern überhaupt als ein aussichtsloses Unterfangen erscheint. So schreibt er in einer autobiographischen Skizze, nach fast zwanzigjähriger Hochschultätigkeit habe er den Eindruck, die Möglichkeiten zu interdisziplinärer Theoriebildung seien nicht genutzt worden:

„Diese Sachlage hat sicherlich eine Vielzahl von Ursachen... Zum Teil haben Wege, die man zu begehen versucht hatte, letztlich enttäuscht. Dies gilt nach meinem Eindruck ... ebenso für die Erwartungen, daß sich aufgrund massenhafter empirischer Sozialforschung im Laufe der Zeit Theorien größerer Reichweite herausdestillieren ließen... die Bewegungen gegen eine extrem aufwendige empirische Forschung, deren Resultate nicht einmal das Wissen erreichen, das Kennern des Milieus ohnehin zur Verfügung steht, lassen sich nicht mehr ignorieren..." (LUHMANN 1983: 155)

Und an einer anderen Stelle in ähnlichem Sinne:

„Eine im großen und ganzen recht erfolgreiche empirische Forschung hat unser Wissen vermehrt, hat aber nicht zur Bildung einer facheinheitlichen Theorie geführt. Als empirische Wissenschaft kann die Soziologie den Anspruch nicht aufgeben, ihre Aussagen an Hand von Daten zu überprüfen, die der Realität abgewonnen sind, wie immer alt oder neu die Schläuche sein mögen, in die man das Gewonnene abfüllt. Sie kann gerade mit diesem Prinzip jedoch die Besonderheit ihres Gegenstandsbereiches und ihre eigene Einheit als wissenschaftliche Disziplin nicht begründen." (LUHMANN 1984: 7)

Typisch ist für beide Passagen, daß LUHMANN der Soziologie als „empirischer Wissenschaft" unterstellt, sie glaube, von empirischer Forschung mehr oder weniger direkt zu Theorien gelangen, letztere aus der ersteren gewissermaßen ableiten zu können. Davon kann keine Rede sein – Theorie und Empirie stellen zwei voneinander weitgehend unabhängige, trotzdem aber unverzichtbar aufeinander angewiesene Bereiche der Soziologie dar!

Ich habe vorhin argumentiert, daß sich LUHMANN in einen Zirkel verwickelt, wenn er meint, man könne im Rahmen der äquivalenzfunktionalistischen Methode auf die empirische Feststellung von Kausalzusammenhängen zunächst verzichten, ja diese würde überhaupt erst sinnvoll, wenn zuerst eine Reihe möglicher alternativer funktionaler Zusammenhänge spezifiziert worden sei. Solange man nicht zumindest irgendeine empirische Evidenz für die Relevanz eines *möglichen* funktionalen Zusammenhanges hat, bleibt dieser Zusammenhang weitgehend im luftleeren Raum hängen. Sehr sinnvoll erscheint es aus wissenschaftstheoretischer Sicht natürlich, einen engen Konnex zwischen Theoriebildung und empirischer Forschung herzustellen in dem Sinne, daß man nach Durchführung empirischer Studien die Begriffe und Theorie modifiziert, zu weiterer Forschung schreitet usw. Wissenschaftstheoretisch wird dies als „*Abduktion*" bezeichnet, in Ergänzung wissenschaftlichen Methoden der „*Induktion*" (Ableiten theoretischer Aussagen aus empirischen Befunden) und „*Deduktion*" (logisches Ableiten spezifischer Aussagen aus allgemeinen Axiomen und Aussagen).

Wir müssen also feststellen, daß LUHMANNs theoretischer Bezugsrahmen genau dieselbe Schwäche aufweist, die wir bereits bei PARSONS und MÜNCH feststellten: das abstrakte Begriffssystem, die (ausschließlich) funktionalistische Perspektive läßt empirische Forschung zu einem Lieferanten von Datenmaterial verkommen, das zwar manche These illustrieren, jedoch nichts wirklich beweisen oder widerlegen kann.[401]

7. These: Das theoretisch-wissenschaftliche Arbeiten von LUHMANN ist eine begrifflich-taxonomische Übung, die keinen Erfahrungsbezug aufweist und auch zu keinen praktisch relevanten Folgerungen führt.

Mit den vorangegangenen Überlegungen wird evident, daß auch eine weitere, kühne Folgerung LUHMANNs unhaltbar wird, nämlich seine These, die äquivalenz-funktionalistische Methode erlaube die Ableitung praktischer Empfehlungen. Im Aufsatz „Soziologische Aufklärung" schreibt er dazu grundlegend:

„Systemtheorien haben im Vergleich zu Faktortheorien ein sehr viel größeres Potential für Komplexität. Sie begreifen soziale Gebilde jeder Art – Familien, Produktionsbetriebe, Geselligkeitsvereine, Staaten, Marktwirtschaften, Kirchen, Gesellschaften – als sehr komplexe Handlungssysteme, die eine Vielzahl von Problemen lösen müssen, wenn sie sich in ihrer Umwelt erhalten wollen. Über diese Probleme und über die funktionalen Leistungen, die sie lösen oder doch lösen

---

401 Diese fundamentale epistemologische Schwäche wird in der neuen Studie von Daniel BARBEN (1996: 236f.) überhaupt nicht erkannt, wenn es (ziemlich vage) heißt, bei LUHMANN finde man Forschungen „mit ausgeprägtem Sinn für das empirische oder historische Material" und selbst deduktionistische Ableitungen enthielten „empirisch starke Stellen", LUHMANN's Theorie halte sehr wohl „einen Realitätskontakt aufrecht".

Erklärungsleistung der Theorie autopoietischer Systeme 459

könnten, über die Folgeprobleme, die „Kosten" solcher Leistungen und die darauf bezogenen sekundären Leistungen, kann man Feststellungen treffen, ohne vorher genau geklärt zu haben, aus welchen Einzelursachen ein System kausal entstanden ist.

Die Systemtheorien stoßen zu einer neuartigen Konzeption der Latenz und damit auch zu einem neuartigen Stil von Aufklärung vor. Sie decken nicht latente Ursachen, sondern latente Funktionen und Strukturen auf. Auch das bleibt eine skeptische Kritik des Handelns, aber sie entlarvt die Vorstellungen des Handelnden nicht als eine trickreiche Scheinwelt, als bloße Verschönerung unedler Motive, sondern als unvollständige Selektion, als allzu drastische und grobe Vereinfachung einer sehr viel komplizierteren sozialen Wirklichkeit. Die Selbstdarstellung der handelnden Systeme wird nicht mehr rücksichtlos zu Fall gebracht, aber sie wird auf innere Widersprüche, auf mitspielende Gesichtspunkte, auf andere Möglichkeiten hingewiesen. Die Wissenschaft legt dem Handelnden nun nicht mehr nahe, sich als Vollzugsorgan eines einzigen beschämenden Grundmotivs zu begreifen, sie fordert ihm im Gegenteil eine sehr viel komplexere Handlungssicht ab, wohl wissend, daß er sie nicht leisten kann." (LUHMANN 1972: 70f.)

Aus diesen Überlegungen ergibt sich die Praxisrelevanz, die LUHMANN selber seiner Analyse zuschreibt: Sie soll darin bestehen, daß den Handelnden *unterschiedliche Möglichkeiten* von Optionen deutlich gemacht werden, ihre faktischen Handlungs- und Entscheidungsmöglichkeiten damit erweitert („rationaler") werden. Hier bezieht er auch Elemente der Entscheidungstheorie und der kybernetischen Systemtheorie ein. Insbesondere der kybernetische Begriff der „*Komplexität*" wird dann zentral; er erlaubte es, „sämtliche relevante Sachverhalte auf die Problematik von *Vergleich und Entscheidung* (Selektion) zu beziehen" (GRIMM 1974: 25; Hervorhebung im Original). Dies bleibt jedoch nur ein *Sprachspiel* und die praktischen Empfehlungen, die man mit seiner Hilfe ableiten kann, stellen sich bei näherer Analyse als völlig inhaltsleer heraus. Was ein wissenschaftlicher Politik- oder Organisationsberater auf der Basis einer solchen Theorie leisten kann, hat Günter SCHULTE treffend beschrieben:

„Der Systemtherapeut, der zur Paradoxiebehandlung antritt, maskiert sich selbst als Gorgo, die darum nicht nur ein Amulett gegen den Teufel, sondern auch eines für ihn ist. So dreht sich der Systemtherapeut aber im eigenen Kreis seiner Paradoxieabwehr. Aus der Aufklärung wird kompletter Latenzschutz. Die ‚Sthenographie' genannte Therapie läßt darum auch letztlich alles so, wie es ist: ‚Dein Problem ist schlimm, behandle es; es ist für Dich notwendig, ist Dir lieb, ist Dir teuer' (PDZ, 76), läßt Luhmann den systemtheoretisch aufgeklärten Therapeuten sagen." (SCHULTE 1993: 250)

Tatsächlich scheint LUHMANN im Grunde an relevanten praktischen Empfehlungen ebensowenig interessiert zu sein wie an einer empirischen Überprüfung seiner Theorie.[402] Auf die Frage, warum Therapeuten, Organisationsberater und andere der Theorie LUHMANN's anscheinend doch einiges abgewinnen können, werde ich in Abschnitt 5.4 zurückkommen.

Eine ähnliche Konklusion scheint sich aus der evolutionstheoretischen Perspektive LUHMANNs zu ergeben. So meint er in *Gesellschaftsstruktur und Semantik*, die Erforschung von „Korrelationen" zwischen Gesellschaftsstruktur und Semantik auf der Basis des gemeinsamen Nenners ‚Sinn' würde die Erkenntnis von möglichen Variationen der Evolution eröffnen. Was diese Erkenntnis aber bringen soll, bleibt schleierhaft, wenn er weiter schreibt: „Dann aber müßte es auch der soziokulturellen Evolution überlassen bleiben zu testen, welche Götzen bei soziologischer Aufklärung stürzen und welche latenten Strukturen sich bewähren, auch wenn man die Möglichkeit bereitstellt, sie zu durchschauen." (LUHMANN 1980: 71) Es ist zu vermuten, daß sich diese Unverbindlichkeit in bezug auf die gesellschaftliche Entwicklung daraus ergibt, daß ihre Grundlage eigentlich gar keine wirkliche Frage oder Hypothese darstellt. So postuliert LUHMANN in *Semantik und Gesellschaftsstruktur* einen Zusammenhang zwischen Komplexität und Systemdifferenzierung. Dabei gilt: „Ein System ist komplex, wenn es nicht mehr jedes seiner Elemente mit jedem anderen verknüpfen kann ... Ein System ist differenziert, wenn es in sich selbst Teilsysteme bildet." Die zentrale „inhaltliche" Hypothese ist, daß „Systemdifferenzierung Promotor von Komplexität" ist, „daß die Komplexität, die ein Gesellschaftssystem erreichen kann, abhängt von der Form seiner Differenzierung" (LUHMANN 1980: 21f.). Meiner Meinung nach klingt diese These sehr stark nach einer Tautologie: Systembildung kann ja wohl per se nichts anderes bedeuten als Erhöhung der Komplexität, wenn diese definiert ist als Einschränkung der Interaktionsmöglichkeiten zwischen den Elementen.

Mit seiner abstrakten Systemtheorie, die offenkundig eine klare Geringschätzung empirischer Forschung beinhaltet, hat sich LUH-

---

[402] Auch der Begriff „Praxis" findet sich in seinen Werken kaum, und wenn, dann höchstens pejorativ-abwertend (so z.B. in LUHMANN 1972: 25 und LUHMANN 1984: 235). Die verbal-theoretisch geübte Praxisabstinenz LUHMANNs widerspricht allerdings seinem tatsächlichen Verhalten in dieser Hinsicht. Vor allem trat LUHMANN sehr häufig bei politischen und wirtschaftsnahen Veranstaltungen als Fest-Redner auf, publizierte Essays (so z.B. in der CDU-Zeitschrift „Politische Meinung" und anderen Zeitschriften.

MANN meilenweit von einer modernen Wissenschaftsauffassung entfernt. Dies möchte ich abschließend belegen mit einer kurzen Charakterisierung von Albert EINSTEIN, dem wohl bedeutendsten *theoretischen* Physiker der Moderne, durch einen Biographen[403]. Die folgenden Ausführungen zeigen, daß EINSTEIN eine ganz andere Vorstellung vom Verhältnis zwischen Theorie und Empirie hatte:

„Ebenso bedeutend wie die Kenntnis moderner physikalischer Forschungen war für Einstein die Begegnung mit dem Experiment. Ein Gedanke Galileis machte auf den jungen Einstein tiefen Eindruck: ‚Die Erfahrung und die sinnliche Wirklichkeit verdienen vor aller Spekulation den Vorzug, auch wenn diese noch so begründet sein mag.' Diesen Satz suchte Einstein, der ein immer Spekulierender war, zu jeder Zeit seiner Forschung zu beherzigen.

Immer wieder lesen wir in seiner wissenschaftlichen Korrespondenz von den Bemühungen, seine Gleichungen zu verifizieren. Er ließ sich von dem Prinzip leiten, daß Begriffe und Aussagen, die keine empirische Verifikation zuließen, aus der theoretischen Physik ‚ausgemerzt' werden sollten. In seinem ganzen Denken gab Einstein der Erfahrung den Vorzug...

Im Bezug zur Erfahrung sah er den Anker, der seinem Denken Halt geben konnte. Die Ereignisse der Expeditionen von 1919 und 1949, welche die Aussagen der Relativitätstheorie experimentell bestätigen konnten, wurden zu Höhepunkten seines Lebens." (WICKERT 1972: 35f.)

Der entscheidende Punkt ist hier: EINSTEIN, ohne Zweifel als ein primär *theoretischer Physiker* zu bezeichnen, bezog den letzten, man könnte geradezu sagen: *existentiellen Antrieb* für sein wissenschaftliches Arbeiten aus der Tatsache, daß er damit offene empirische Probleme und Fragen beantworten konnte. Eine solche Haltung liegt konträr zu einer Einstellung, die in mühevoller empirischer Detailforschung anspruchslose, schablonenhafte Krämerarbeit sieht. Existentielle Unsicherheit, wie sie für EINSTEIN, aber auch für Philosophen wie POPPER[404] berichtet wird, muß einem wohl fremd bleiben, wenn man sich damit begnügt, die Welt nur im Lichte eines begrifflichen Sche-

---

403 Ich möchte damit nicht behaupten, daß zwischen Natur- und Sozialwissenschaften kein Unterschied bestehe, wohl jedoch bestreiten, daß empirische Forschung nur in der ersteren von zentraler Bedeutung sei; auf diese Frage gehe ich systematisch in Kapitel 6 ein (vgl. dazu auch HALLER 1987b, 1993b).

404 Was für den Substanzwissenschaftler die empirische Bestätigung, mag für den Philosophen die Bestätigung durch die wissenschaftliche Gemeinschaft bedeuten. So schreibt POPPER in einem autobiographischen Text, die Ablehnung seines Werkes *Die offene Gesellschaft und ihre Feinde* durch renommierte Verlage habe ihn in tiefste Verzweiflung gestürzt.

mas neu zu „interpretieren". So heißt es über EINSTEIN in der oben zitierten Passage weiter:

„Den Denkenden befällt oft ein Gefühl der Unsicherheit: *Das ahnungsvolle, Jahre währende Suchen im Dunkeln mit seiner gespannten Sehnsucht, seiner Abwechslung von Zuversicht und Ermattung und seinem endlichen Durchbruch zur Klarheit kennt nur der, der es selber erlebt hat.* Die Erfahrung, das heißt: allein die Bestätigung des durch Denken Gewonnenen bringt dem Theoretiker Ruhe. Einstein kannte dieses jahrelange, grüblerische Suchen: *Wer sie kennt* (gemeint ist die geistige Arbeit), *reißt sich nicht danach.* An seinen Freund Ehrat schrieb er: *Jetzt weiß ich, warum es so viele Leute gibt, die gerne Holz spalten. Bei dieser Tätigkeit sieht man nämlich immer sofort den Erfolg!* Allein die Herstellung einer Verbindung zwischen Gedachtem und der Erfahrung bedeutet Erfolg, läßt Zweifel schwinden und kann eine lange Gedankenarbeit beenden." (WICKERT 1972: 35f.; Texte von EINSTEIN im Original kursiv)

Könnte es sein, daß LUHMANN so wenig Interesse an einer empirischen Überprüfung seiner Theorie hat, weil diese Theorie gar keinen empirischen Gehalt hat, weil sie ein bloßes Spiel mit Begriffen ist? Eine solche Interpretation ist in der Tat schwer von der Hand zu weisen. Ich möchte sie im folgenden Abschnitt näher darlegen.

5.4 Die autopoietische Systemtheorie als neo-scholastisches Sprachspiel

Hier möchte ich zum ersten zeigen, daß die Anwendung des Begriffs des „autopoietischen Systems" in der Sozialwissenschaft grundlegend problematisch ist. LUHMANN überträgt den Begriff der „autopoietischen Systeme" aus der Biologie in die soziale Realität, wo er jedoch unbrauchbar ist. Der Begriff des Systems wird damit zu einem Quasi-Akteur hochstilisiert, die wirklichen Akteure – seien es individuelle Akteure (Menschen) oder kollektive Akteure (Korporationen, politische Einheiten) – verschwinden völlig und mit ihnen im Grunde sämtliche klassischen Fragen der Sozialwissenschaften. Zum zweiten möchte ich zeigen, daß der ganze Ansatz LUHMANNs erstaunliche Ähnlichkeiten mit der scholastischen Methode aufweist. Aus dieser Sicht muß das Denken LUHMANNs als eine Art „Glasperlenspiel" betrachtet werden. Während ich mich beim ersten Argument auf vorliegende Literatur stütze, ist der zweite Gesichtspunkt meines Wissens in der LUHMANN-Rezeption und -kritik bislang noch nicht hervorgehoben worden.

8. These: Die Übertragung des Begriffes der „autopoietischen Systeme" aus der Biologie in die Sozialwissenschaft ist aus soziologischer und philosophischer Sicht unzulässig.

Mit seiner Systemtheorie intendiert LUHMANN eine „Umstellung der Vernunft vom Subjekt aufs System, denn die gesellschaftliche Entwicklung ist selbst so verfahren" (SCHULTE 1993: 17). Der Begriff des Systems muß damit aber selbst neugefaßt werden, um plausibel machen zu können, wie Systeme heute der genuine Träger von Vernunft sein können. Der traditionelle Systembegriff (ein aus Teilen bestehendes Ganzes oder ein Regelkreis, der durch Inputs und Outputs mit der Umwelt verbunden ist) leistet dies nicht. Die wesentlich neue Fassung des Systembegriffs wird erreicht durch die Begriffe der *Selbstorganisation* und operativen *Geschlossenheit* von Systemen gegenüber der Umwelt. In seiner Studie „Der blinde Fleck in Luhmanns Systemtheorie" argumentiert der Kölner Philosoph Günter SCHULTE (1993: 18ff.) – meiner Meinung nach überzeugend –, daß LUHMANN damit in einen Zirkel gerät. Vorstellung und Begriff von objektiven, selbstreferentiellen und autopoietischen Systemen entlehnt LUHMANN vom Biologen MATURANA, der Zellen als solche Systeme beschrieben hat.

Betrachten wir kurz, was die Biologen MATURANA und VARELA selber zu dieser Problematik zu sagen haben; wir sind diesen Autoren ja bereits im 2. Kapitel begegnet. Ihre Ausgangs- und Basisthese besagt: Jeder Akt des Erkennens bringt eine neue Welt hervor, oder auch: jedes Tun ist Erkennen, jedes Erkennen ist Tun. Dies ist natürlich eine extrem „konstruktivistische" (man könnte auch sagen: idealistische) Position; äußere Erfahrungen spielen praktisch keine Rolle: „Menschen können über Gegenstände sprechen, da sie die Gegenstände, über die sie sprechen, eben dadurch erzeugen, daß sie über sie sprechen" (MATURANA 1985: 264). Die Idee zu dieser revolutionären These fanden sie in der kleinsten Einheit des Lebendigen, der Zelle: im zellulären Metabolismus (Stoffwechsel) werden Bestandteile erzeugt, die allesamt wieder in das Netz von Transformationen, das sie erzeugte, integriert werden. Kurz gesagt, Lebewesen sind dadurch charakterisiert, daß sie sich – buchstäblich – andauernd selbst erzeugen; es gibt keine Trennung zwischen Erzeuger und Erzeugtem, „das Sein und Tun einer autopoietischen Einheit sind untrennbar" (MATURANA/VARELA 1984: 50ff.).

Eine weitere, fundamentale These dieser beiden Autoren lautet: „Es besteht keine Diskontinuität zwischen dem Sozialen und dem

Menschlichen sowie deren biologischen Wurzeln. Das Phänomen der Erkenntnis ist eine Ganzheit, es ist in allen Aspekten in der gleichen Weise begründet" (ebenda, S. 33; vgl. auch MATURANA 1985: 291ff). Für MATURANA sind organische Systeme also auch Kognitionssysteme und ebenso gilt umgekehrt, daß der Mensch und soziale Systeme Teil der biologischen Welt sind.[405] Diese Idee übernimmt LUHMANN und garantiert damit psychischen und sozialen Sinnsystemen

„dieselbe Wirklichkeit oder Realität, wie sie die biologischen Systeme Maturanas schon haben.... Doch wie ist die empirische Wirklichkeit von Sinnsystemen tatsächlich faßbar? – In welcher Weise ist Sinn etwas empirisch Reales? – Sinn ist das Material, das die psychischen und sozialen Systeme verarbeiten; zugleich soll es das sein, aus dem sie selbst bestehen. Woher kommt die empirische Wirklichkeit von Sinn? – Nach Luhmann stammt sie aus der Welt der Materie und des Lebens. Sinn ist, wie die Psychen und die sozialen Systeme auch, eine ‚evolutionäre Errungenschaft'." (SCHULTE 1993: 18)

LUHMANN (1984: 92) argumentiert, psychische und soziale Systeme seien im Wege der „Co-Evolution" entstanden; diese habe zu einer „gemeinsamen Errungenschaft" geführt, die von beiden „benutzt wird", „für beide bindend ist als unerläßliche, unabweisbare Form ihrer Komplexität und ihrer Selbstreferenz"; es ist dies der „*Sinn*". Systemtheorie und Erkenntnistheorie fallen damit in eins. Dies hat zur Folge: „Die Systemtheorie erklärt sich aber nun schlicht mit sich selbst. Das macht überhaupt das Spezifische dieser Theorie, die Universalität aus: die Selbstreferentialität oder der Zirkel. Systeme weisen Selbstreferenz auf, wie sie sich in Maturanas autopoietischen Systemen (Zellen) findet; Selbstreferenz ist dabei ein anderes Wort für Selbstbezug oder Reflexion, und ‚Autopoiesis' für Selbsterzeugung" (SCHULTE 1993: 21). Dazu ein Zitat aus LUHMANN:

---

405 Humberto MATURANA scheint sich dieser These aber doch nicht so sicher zu sein. In einem Interview in Wien antwortete er auf die Frage, was er von LUHMANNs Übertragung des Begriffes der Autopoiese auf die Gesellschaft halte, folgendes: „Niklas Luhmann meint, daß soziale Systeme kommunizierende autopoietische Systeme sind. Ich bin mir nicht sicher, ob das zutrifft. Ich denke nicht, daß die Gesellschaft ein Kommunikationssystem ist. Gesellschaft besteht aus Menschen, aber Luhmann läßt die Menschen draußen. Ich würde dagegen behaupten, daß das soziale System vielmehr an Menschen, an lebende Systeme gebunden ist" (zitiert in *Heureka. Das Wissenschaftsmagazin im Falter*, 3/98, S. 17f.: „Einstein war blöd", von P. Almoslechner und K. Taschwer).

Die autopoietische Systemtheorie als neo-scholastisches Sprachspiel 465

„Es gibt in der Realität selbstreferentielle Systeme. Dies sind Systeme, die die Elemente, aus denen sie bestehen (zum Beispiel: Großmoleküle, Zellen, Nervenimpulse, Handlungen) selbst produzieren und deshalb in all ihren Operationen diese Ordnung der basalen Produktion und Reproduktion mitvollziehen müssen (...). Selbstreferenz ist demnach nicht nur eine Struktur des (subjektiven) Bewußtseins, geschweige denn eine Struktur der Erkenntnis. Vielmehr besteht einerseits die organische Realität, andererseits auch die gesellschaftlich geordnete Realität aus Systemen, die sich mit all ihren Operationen auch (oder sogar: nur) auf sich selbst beziehen und im Selbstkontakt den Modus finden, in dem sie Umweltbeziehungen realisieren..." (hier zit. nach SCHULTE 1993: 22f.)

Für LUHMANN ist im Laufe der Evolution die subjektive „Reflexion in die objektive Realität autopoietischer Systeme hinausgetreten – fast so, wie sich bei Hegel die reine Idee am Ende ihrer zunächst nur logischen Existenz dazu entschließt, ‚sich als äußerliche zu bestimmen'" (SCHULTE 1993: 23). Es erhebt sich natürlich die Frage, wie „Selbstbezug als einzig mögliche Operationsweise zugleich Fremdbezug oder Realitätserfahrung herstellen (kann), so daß sich Einheiten in einer sie umgebenden wirklichen Welt sehen können?" (ebenda). Diese berechtigte Frage führt zum entscheidenden „*blinden Fleck*" in LUHMANNs Theorie:

„Reflexion als *re-entry* soll diese Ausicht auf ein Jenseits der geschlossenen Welt der Systeme möglich machen – ohne blockierende Paradoxie. Mit ihr ist der Reflektierende zugleich in sich selbst eingeschlossen und doch auch mit einer Fähigkeit zur Übersicht über sich selbst ausgestattet, so daß er sich von anderem als von seiner Umgebung und von den anderen in seiner Umgebung unterscheiden kann...

Das Wissen um die Realität, *in* der sich ihre Autopoiesis abspielt, ist das eigentliche ‚Geheimnis' oder ‚Wunder' (...) der Luhmannschen Systeme. Es verhindert, daß die Systeme als bloße Tautologie und Paradoxie blockiert bleiben oder hilflos oszillieren bzw. überhaupt nicht entstehen. Erst durch ihre geheimnisvolle Fähigkeit, sich selbst zu enttautologisieren, zu entparadoxieren und dennoch an ihrer paradoxen Lebensweise festzuhalten, funktionieren sie.

Diese Fähigkeit beruht auf einer heilsamen Blindheit... (einer) distinguierte(n) Lüge... Mit dieser Lüge durchbrechen die Systeme ihren Begründungzirkel und können sich selbst als wirkliche, d.h. wie außen, sehen. Allerdings muß die Lüge versteckt werden – im blinden Fleck. Ohne die durch Blindheit verdeckte und geschützte Paradoxie gäbe es die sich selbst erzeugenden Systeme gar nicht...

Für die Unvollständigkeit oder Unschärfe, auch die Unwahrheit und Lüge der systemkonstitutiven Selbstreflexion steht der aus der Physiologie bekannte *blinde Fleck* (...). Der systemfunktionale *blinde Fleck* verdeckt die Stelle, an der sich die Selbstreflexion zur Paradoxie oder Tautologie zuspitzt und konzentriert." (SCHULTE 1993: 23f.; Hervorhebungen im Original)

9. These: Die systemtheoretischen Analysen LUHMANNs sind keine Analysen der sozialen Realität, sondern „Sprachspiele" bzw.

scholastische Gedankenübungen; als solche stellen sie einen Rückfall hinter die neuzeitliche, auf empirischer Erfahrung begründete Wissenschaft dar.

Den obigen Ausführungen ist inhaltlich nichts hinzuzufügen; sie besagen, daß der ungeheure Aufwand, den LUHMANN mit seinem „serial treatise"[406] veranstaltet, im Grunde nicht anders zu beurteilen ist als ein begrifflich-theoretisches „*Sprachspiel*", dessen Zweck darin liegt, die soziale Realität, so wie sie der Systemtheoretiker selber wahrnimmt, mit Hilfe eines vorgegebenen Schemas zu reinterpretieren, bzw. – genauer formuliert – eine bestimmte Art selbsterfundener geistiger Realität zu erschaffen. Man denkt hier unwillkürlich an eine Art von Geistesübung, wie sie Hermann HESSE in seinem Roman *Das Glasperlenspiel* beschrieben hat. Ein Exkurs in die Welt dieses belletristischen Werks scheint recht erhellend zu sein.

Exkurs über einige erstaunlichen Parallelen zwischen LUHMANNs Ansatz und dem „Glasperlenspiel" im Roman von Hermann HESSE sowie über den allgemeinen Spielcharakter der autopoietischen Systemtheorie

Es scheint eine ganze Reihe von Parallelen zwischen dem „Glasperlenspiel" und LUHMANNs Systemtheorie zu geben. Die erste betrifft die Tatsache, daß es sich (auch) beim Glasperlenspiel um eine *rein formale Übung* oder *Tätigkeit* handelt. HESSE beschreibt nie ganz genau, worin das Glasperlenspiel wirklich besteht, obwohl er darlegt, daß es vor allem aus der Musik und Mathematik hervorgegangen ist:

„Es entstand ... als Spielübung in jenen kleinen Kreisen von Musikgelehrten und Musikern, die in den neuen musiktheoretischen Seminaren arbeiteten und studierten....
  Das Spiel war zunächst nichts weiter als eine witzige Art von Gedächtnis- und Kombinationsübung unter den Studenten und Musikanten, und wie gesagt, wurde es sowohl in England und Deutschland gespielt, noch ehe es hier an der Musikhochschule von Köln ‚erfunden' wurde und seinen Namen erhielt... Perrot [einer der Erfinder, der sich erstmals der Glasperlen bediente] ... fand im Kölner Seminar eine von den Schülern schon ziemlich weit entwickelte Spielgewohnheit vor: sie riefen einander in den abkürzenden Formeln ihrer Wissenschaft beliebige Motive

---

406 So charakterisierte G. POGGI die sukzessive Anwendung des LUHMANNschen Paradigmas durch seinen Erfinder auf nahezu sämtliche Bereiche der sozialen Realität (vgl. LUHMANN 1983: 148).

oder Anfänge aus klassischen Kompositionen zu, worauf der Angerufene entweder mit der Fortsetzung des Stückes oder noch besser mit einer Ober- oder Unterstimme, einem kontrastierenden Gegenthema und so weiter zu antworten hatte. Es war eine Gedächtnis- und Improvisierübung, wie sie ganz ähnlich (wenn auch nicht theoretisch in Formeln, sondern praktisch am Cembalo...) möglicherweise einst bei eifrigen Musik- und Kontrapunktschülern in der Zeit von Schütz, Pachelbel und Bach mochte im Schwange gewesen sein." (HESSE 1970: 30)

Ein weiteres, uns bereits bekanntes Charakteristikum des Glasperlenspiels ist das Streben nach *Universalität*. Hier geht es um die Anwendung des Spiels (bzw. der Theorie) auf alle möglichen Bereiche menschlicher Erkenntnis:

„Was nun dem Glasperlenspiel zu jener Zeit noch fehlte, das war die Fähigkeit zur Universalität, das Schweben über den Fakultäten. Es trieben die Astronomen, die Griechen, die Lateiner, die Scholastiker, die Musikstudenten ihre geistvoll geregelten Spiele, aber das Spiel hatte für jede Fakultät, jede Disziplin ihre Abzweigungen, eine eigene Sprache und Regelwelt." (S. 35)

Bald konnte auch diesem Mangel abgeholfen werden:

„Ein Schweizer Musikgelehrter ... gab dem Spiel eine neue Wendung und damit die Möglichkeit zur höchsten Entfaltung.... Er erfand für das Glasperlenspiel die Grundsätze einer neuen Sprache, nämlich einer Zeichen- und Formelsprache, an welche die Mathematik und Musik gleichen Anteil hatten...
   Das Glasperlenspiel ... zog nun mehr und mehr alle wahrhaft Geistigen in seinen Bann. ... nun hat das Spiel sich rasch vollends zu dem entwickelt, was es heute ist: zum Inbegriff des Geistigen und Musischen, zum sublimen Kult, zur Unio Mystica aller getrennten Glieder der Universitas Litterarum.... Das Spiel wurde von allen Wissenschaften zeitweise übernommen und nachgeahmt, das heißt auf ihr Gebiet angewendet ... Jede Wissenschaft, die sich des Spiels bemächtigte, schuf sich zu diesem Zweck eine Spielsprache von Formeln, Abbreviaturen und Kombinationsmöglichkeiten..." (S. 32ff.)

Selbstverständlich ist eine so hochgeistige Tätigkeit keine Sache für gewöhnliche Menschen oder auf ihr Fach beschränkte Wissenschaftler, sondern ein *elitäres Unternehmen*:

„Herzlich blickte ihn der Alte an. ‚Wahrscheinlich ist das dein Weg, Josef. Du weißt, daß nicht alle mit dem Spiel einverstanden sind. Sie sagen, es sei ein Ersatz für die Künste, und die Spieler seien Belletristen, sie seien nicht mehr als eigentlich Geistige zu betrachten, sondern seien eben frei phantasierende und dilettierende Künstler... Die Künstlernaturen sind in dies Spiel verliebt, weil man darin phantasieren kann; die strengen Fachwissenschaftler verachten es ... , weil ihm jener Grad der Strenge in der Disziplin fehle, den die Einzelwissenschaften erreichen können." (S. 83)

Eine Ähnlichkeit scheint aber nicht nur zwischen dem Glasperlenspiel und der autopoietischen (und anderen) Systemtheorie(n)[407] zu bestehen, sondern auch zwischen den persönlichen Vertretern dieses Spiels bzw. dieser Theorien. nBeide scheint eine ausgesuchte *Höflichkeit*, ja geradezu *Bescheidenheit* im öffentlichen Auftreten zu charakterisieren:

„Bekanntlich verkehren die Spitzen unserer Hierarchie, die Magister und die Männer der Ordensleitung, untereinander nicht nur in einem sorgfältig eingehaltenen Zeremonialstil, sondern es herrscht unter ihnen ... auch die Neigung oder geheime Vorschrift oder Spielregel, sich desto strengerer, desto sorgfältiger ziselierter Höflichkeit zu bedienen, je größer die Meinungsverschiedenheiten und je wichtiger die umstrittenen Fragen sind, über welche man sich ausspricht. Vermutlich hat diese von alters her überkommene Höflichkeit... auch und vor allem die Funktion einer Schutzmaßregel: der äußerst höfliche Ton der Debatten schützt nicht nur die behütenden Personen vor der Hingabe an Leidenschaftlichkeit... er schützt und behütet außerdem die Würde des Ordens und der Behörde selbst, er umhängt sie mit Talaren des Zeremoniells und mit Schleiern der Heiligkeit ..." (S. 312f.)

Die Begründer der soziologischen Systemtheorie haben ja die feste Überzeugung, mit der eigenen Theorie ein völlig neues Fundament für die Soziologie geschaffen zu haben, das alle bisherigen Ansätze zur Makulatur werden läßt.[408] Es wäre verständlich, daß ein Wissenschaftler mit dieser Überzeugung es nicht als notwendig empfindet, für sie zu kämpfen, sondern seine Konkurrenten mit einer milden Herablassung behandeln kann.

Drei weitere Merkmale scheint das Glasperlenspiel nicht nur mit der autopoietischen Systemtheorie, sondern auch mit der scholastischen Philosophie zu teilen, auf die ich im folgenden eingehen werde. Das erste davon ist die *dialektische Methode*. Dies ist die Tendenz, Argumente als scharfe Gegensätze einander gegenüberzustellen, sie dann aber doch wieder in einer Synthese aufzuheben (in der Scholastik *pro-et-contra Methode* genannt):

---

407 Von PARSONS hörte ich einmal von einem Kollegen, der ihn aus persönlichem Umgang kannte, er sei wenig an Diskussionen mit anderen Theoretikern interessiert gewesen, viel mehr dagegen an empirischen Forschungsergebnissen, die in der Lage waren, seine Theorie zu bestätigen. Die Höflichkeit und das Fehlen von Überheblichkeit im Umgang mit Kollegen, die ohne Zweifel auch LUHMANN zugutezuhalten ist, kontrastiert aber eigentümlich mit seiner pauschalen und radikalen Verurteilung aller bisherigen soziologischen Theorie bzw. Nichtbeachtung der empirischen Forschung, wie sie in seinen Schriften festzustellen ist; vgl. dazu den weiter folgenden Text oben.
408 Belege, daß LUHMANN tatsächlich dieser Ansicht ist, gebe ich weiter unten.

Die autopoietische Systemtheorie als neo-scholastisches Sprachspiel 469

„Daß das Spiel Gefahren hat, ist gewiß. Eben darum lieben wir es, auf gefahrlose Stellen schickt man nur die Schwachen. Du sollst aber nie vergessen, was ich dir so oft gesagt habe: unsre Bestimmung ist, die Gegensätze richtig zu erkennen, erstens nämlich als Gegensätze, dann aber als die Pole einer Einheit." (S. 83)

Was der Glasperlenspieler (Scholastiker, autopoietische Systemtheoretiker) angesichts dieser Komplexität jedoch tun kann, ist dies: die gesamte Wirklichkeit mit dem eigenen Instrumentarium so systematisch wie möglich durchzuarbeiten, die *Anwendungsmöglichkeiten des Spiels bis ins letzte zu erproben*:

„Knechts Studienjahre galten nun nicht nur der Aufgabe, die im Spielplan enthaltenen Inhalte, Prinzipien, Werke und Systeme des genauesten kennenzulernen, im Lernen einen Weg durch verschiedene Kulturen, Wissenschaften, Sprachen, Künste, Jahrhunderte zurückzulegen; nicht minder hatte er sich die keinem seiner Lehrer bekannte Aufgabe gestellt, an diesen Objekten die Systeme und Ausdrucksmöglichkeiten der Glasperlenspielkunst auf das genaueste nachzuprüfen." (S. 131)

Eine dritte Folge oder Charakteristik dieser Methode ist allerdings, daß es „die" Wahrheit gar nicht geben kann, daß alles relativ ist. Es gibt *keine letzte Wahrheit*, Vergangenheit und Gegenwart bleiben unverständlich, die Zukunft unvorhersagbar:

„‚Ach, wenn man doch wissend werden könnte!' rief Knecht. ‚Wenn es doch eine Lehre gäbe, etwas, woran man glauben kann! Alles widerspricht einander, alles läuft aneinander vorbei, nirgends ist Gewißheit. Alles läßt sich so deuten und läßt sich auch wieder umgekehrt deuten. Man kann die ganze Weltgeschichte als Entwicklung und Fortschritt auslegen, und kann ebensowohl nichts als Verfall und Unsinn in ihr sehen. Gibt es denn keine Wahrheit? Gibt es keine echte und gültige Lehre?'
Der Meister hatte ihn noch nie so heftig reden hören. Er ging eine Strecke weiter, dann sagte er: ‚Es gibt die Wahrheit, mein Lieber! Aber die ‚Lehre', die du begehrst, die absolute, vollkommen und allein weise machende, die gibt es nicht. Du sollst dich auch gar nicht nach einer vollkommenen Lehre sehnen, Freund, sondern nach einer Vervollkommnung deiner selbst." (S. 85)

Es ist nicht verwunderlich, daß ein so hohes Spiel den Charakter von etwas Heiligem besitzt, schließlich *religiöse Züge* annimmt. Auch hier konvergiert das „Glasperlenspiel" mit der autopoietischen Systemtheorie, der LUHMANN selber *diabolische Züge* zuspricht.[409]

---

409 „Symbolisch generalisierte Kommunikationsmedien sind diabolisch generalisierte Kommunikationsmedien. Das, was verbindet, und das, was trennt, wird voneinander bewußt ..." (LUHMANN 1988: 259). „Diabolisch" wird in MEYERS „Deutschem Wörterbuch" (Bd. 30 von MEYERS Enzyklopädischem Lexikon, S. 523) umschrieben als „teuflisch-boshaft".

Insbesondere dieses letzte Charakteristikum mag dazu führen, daß den Hauptakteur des Romans, Josef Knecht, der als einer der herausragendsten „Ludi Magister" eine glänzende Karriere in der Gemeinschaft der Glasperlenspieler hinter sich hat, am Ende bohrende Zweifel an der Sinnhaftigkeit des Ganzen erfassen. Am Ende gibt es ja keinen anderen Beweis für die Sinnhaftigkeit des Spiels als den Glauben seiner Anhänger daran.[410] So wird ihm schmerzlich bewußt, daß selbst das höchste Gefühl geistiger Sicherheit[411] letztlich trügerisch sein kann. So wendet er sich schließlich endgültig vom Spiel und der Gemeinschaft der Spieler ab und legt sein Amt – gegen den Willen dieser Gemeinschaft – zurück:

„Wie eigentümlich stand es doch auch um ihn selbst, um Josef Knecht und seinen eigenen Geist! Hatte er nicht jene ihm eigene Art von Einsicht und Erkenntnis, jenes Erleben der Wirklichkeit, das er als Erwachen bezeichnete, in früheren Zeiten, ja gestern noch, als ein schrittweises Vordringen ins Herz der Welt, ins Zentrum der Wahrheit betrachtet, als etwas gewissermaßen Absolutes, als einen Weg oder ein Fortschreiten, das man zwar nur schrittweise vollziehen konnte, das aber in der Idee kontinuierlich und geradlinig war? War es ihm einst, in der Jugend, nicht als Erwachen, als Fortschritt, als unbedingt wertvoll und richtig erschienen, die Außenwelt zwar in der Gestalt Plinios anzuerkennen, sich aber bewußt und genau als Kastalier von ihr zu distanzieren?...

Es waren lauter kleine oder große Schritte auf einem scheinbar geradlinigen Weg gewesen – und doch stand er jetzt, am Ende dieses Weges, keineswegs im Herzen der Welt und im Innersten der Wahrheit, sondern auch das jetzige Erwachen war nur ein Augenaufschlagen und ein Sichwiederfinden in neuer Lage, ein Sicheinfügen in neue Konstellationen gewesen. Derselbe strenge, klare, eindeutige, gradlinige Pfad, der ihn nach Waldzell, nach Mariafels, in den Orden, in das Magisteramt geführt hatte, der führte ihn nun wieder hinaus. Was eine Folge von Akten des Erwachsens gewesen, war zugleich eine Folge von Abschieden... Und offenbar hatte er einstmals, als er das Gegenteil von dem dachte und tat, was er heute dachte und tat, doch schon etwas von dem fragwürdigen Sachverhalt gewußt oder doch geahnt... So war sein Weg denn im Kreise gegangen, oder in einer Ellipse oder Spirale, oder wie immer, nur nicht geradeaus, denn das Geradlinige gehörte offenbar nur der Geometrie, nicht der Natur oder dem Leben an." (S. 417)

Nicht zufällig steht das Glasperlenspiel, wie vorhin dargestellt, auch in besonderer Nähe zur Musik – insbesondere zur *kontrapunktischen*

---

410 Vgl. dazu auch das diesem Kapitel vorangestellte Zitat, mit dem Hermann HESSE seinen Roman *Das Glasperlenspiel* eröffnet.
411 Relevant ist hier die Tatsache, daß LUHMANN in seiner autopoietischen Theorie an die Phänomenologie von Edmund HUSSERL anknüpft, dessen Phänomenologische „Wesensschau" ein deutlich metaphysisches Element enthält; vgl. dazu auch Fußnote 387 oben.

Musik. Es erscheint lohnend, sich den Grund dafür näher anzusehen. Diese Frage betrifft auch das generelle Verhältnis zwischen Literatur, Kunst und Wissenschaft.

Unter „Kontrapunkt" wird musikwissenschaftlich die strenge *Gegeneinanderführung* zweier Stimmen verstanden – im Gegensatz zum *harmonischen* Tonsatz mit einer akkordisch-vertikalen („harmonischen") Zuordnung der Töne.[412] Der Kontrapunkt kennt selber wieder verschiedene Varianten – so die *Umkehrung*, in der ein Hauptthema gegenläufig zu einer Vorwärtsbewegung gebracht wird oder den *doppelten Kontrapunkt*, in dem Ober- und Unterstimme vertauscht werden. Alle diese Methoden beruhen auf dem Prinzip der Imitation oder Nachahmung. Als Höchstform des Kontrapunkt gilt die Kunst der Fuge, wie sie HÄNDEL und BACH im Spätbarock zur Vollendung gebracht haben. Der Reiz und die erhabene Schönheit für den Musikhörer ergibt sich beim Kontrapunkt weniger aus der Harmonie der Töne und Klänge, als vielmehr aus den immer wiederkehrenden Themen und deren oft überraschender Variation in neuen Abwandlungen und wechselnden Tonlagen, die oft durchaus „hart" und unharmonisch klingen können.

Vielleicht kann man aus dieser Analogie auch etwas vom Reiz verstehen, den LUHMANNs autopoietische Systemtheorie auf viele Leser und Schüler ausübt. Was aber in der Musik – und Kunst allgemein – als legitimes und wirksames Mittel eingesetzt werden kann, kann nicht ohne weiteres auf die Wissenschaft übertragen werden. So würde ich etwa die oft geäußerte Behauptung zurückweisen, Schriftsteller seien vielfach die „besseren Soziologen" als diese selbst. Obwohl man als Soziologe ohne Zweifel sehr viel aus Werken von Schriftstellern lernen kann, würde ich meinen, daß Schriftsteller nicht dasselbe, sondern etwas ganz anderes leisten können und wollen als das, was Sozialwissenschaft leisten will und kann. Schriftstellern geht es vor allem um eine pointierte Herausarbeitung typischer oder möglicher sozialer Situationen; ob diese tatsächlich in der Realität so stattgefunden haben, stattfinden könnten oder stattfinden werden, ist für sie nebensächlich. In der Terminologie meines im ersten Kapitel entwickelten, grundlegenden Ansatzes zum Theorienvergleich könnte man auch sagen: den Schriftstellern geht es in erster Linie um den Sinnaspekt

---

412 Ich folge hier dem Stichwortartikel „Kontrapunkt" in BERTELSMANN NEUES LEXIKON in 10 Bänden, Gütersloh 1996, Bertelsmann Verlag, 5. Band, S. 349.

menschlichen Handelns; der Kausalaspekt dagegen ist für sie nebensächlich.[413]

Ich möchte den Vergleich von LUHMANNs autopoietischer Systemtheorie mit einem „Glasperlenspiel" bzw. mit einer bestimmten Form von Musik auch nicht so verstanden wissen, als ob es sich bei diesem Ansatz um ein Unternehmen handeln würde, dem überhaupt kein wissenschaftlicher Wert zukäme. Dagegen spricht schon die Tatsache, daß Niklas LUHMANN ohne Zweifel als ein äußerst belesener, herausragender und brillanter Autor ist. So wurde er treffend als „doctor subtilis unserer Disziplin" bezeichnet (vgl. HAHN 1981: 349). Es wäre auch schwer verständlich, daß doch immer wieder namhafte Autoren seinen Ansatz so anregend finden, daß sie ihre eigene Arbeit auf seiner Theorie aufbauen. Ein immanent positives Element wurde ja bereits erwähnt. Dies ist die Tatsache, daß der MUSILsche *Möglichkeitssinn*, den die äquivalenzfunktionalistische Methode systematisiert, eine schöpferische Anlage darstellt, von der MUSIL weiter schreibt, sie lasse „bedauerlicherweise das, was die Menschen bewundern, falsch erscheinen und das, was sie verbieten, als erlaubt oder wohl auch beides als gleichgültig" (MUSIL 1970: 16). Es gilt für solche Möglichkeitsmenschen aber auch: sie leben „in einem feineren Gespinst, in einem Gespinst von Dunst, Einbildung, Träumerei und Konjunktiven" (ebenda).

Ein zweites positives Element enthält die LUHMANNsche Theorie insoferne, als sie sich tatsächlich auf das *sprachliche Verhalten* und seine Regeln anwenden läßt. Auch die Sprachwissenschaften sprechen – wie LUHMANN's Systemtheorie – von „Differenzen, nicht Dingen" (SCHWANITZ 1990: 18). Die Bedeutung (*Semantik!*) von Wörtern und Sätzen steht bei ihnen im Zentrum der Aufmerksamkeit. So war es denn auch einem Sprachwissenschaftler möglich, eine der interessantesten Anwendungen der LUHMANNschen Systemtheorie außerhalb der Soziologie vorzulegen, nämlich Dietrich SCHWANITZ (1990) mit

---

413 Das Argument, Schriftsteller seien die besseren Soziologen als diese selbst, ist im Grunde *sophistisch*, d.h. ein Argument, das eine implizite (richtige) These (daß nämlich viele Soziologen schlechte Wissenschaftler sind) mit einem falschen Argument belegen will. So wie es ohne Zweifel viele schlechte Soziologen gibt, gibt es ebenso viele (oder wahrscheinlich noch viel mehr) schlechte Schriftsteller, denen die Werke guter Soziologen vorzuziehen sind. Zu den Aufgaben von Dichtung vgl. auch die in Fußnote 422 unten zitierten Ausführungen von H. HESSE.

seiner Arbeit *Systemtheorie und Literatur.* Auch einige der interessantesten und inhaltlich überzeugendsten Arbeiten von LUHMANN selber liegen dort vor, wo es ihm vor allem um Aspekte der sprachlichen Benennung von sozialen Beziehungen und deren Wandel im Laufe der Zeit geht. So wird seiner Studie *Liebe als Passion* (LUHMANN 1982) zu Recht hoher Beifall gezollt – einer Studie, in der der Wandel der sprachlichen Ausdrucksformen, die sich auf Liebe und Erotik und Sexualität beziehen, im 17. und 18. Jahrhundert untersucht wird. Und doch bleibt die Analyse auch hier soziologisch letztlich unbefriedigend. Dies nicht nur deshalb, weil „Liebe" mehr beinhaltet als nur Kommunikation, sondern auch deshalb, weil die *Sprache* selber für LUHMANN den Sinn der Liebesbeziehungen nur teilweise trägt, ohne daß aber klar würde, welcher dies nun genau ist (vgl. allgemein dazu KÜNZLER 1987: 331). Darüber hinaus muß man hier auch gegen LUHMANN – ähnlich wie gegen HABERMAS' Konzept des „kommunikativen Handelns" – den Einwand erheben, daß der Begriff des Handelns unscharf wird und seine soziologische Aussagekraft tendenziell verliert, wenn Sprechen mit Handeln gleichgesetzt wird.[414]

Es müssen jedoch neben diesen beiden, durchaus positiven (wenn auch begrenzten) Leistungen der LUHMANNschen Systemtheorie noch weitere, bedeutsame Elemente in ihr enthalten sein, die einem entgehen, wenn man als Hauptziel der Soziologie bzw. Sozialwissenschaft den erfahrungsbasierten Erkenntnisfortschritt betrachtet (wie es der Autor dieser Zeilen tut). Ich glaube, daß hier drei Aspekte eine Rolle spielen. Es sind dies: die menschliche Neigung bzw. das Vergnügen an Spiel, Ästhetik und Systembau. Die folgende These faßt die zentrale Aussage zusammen:

10. These: Die menschliche Neigung zu Spiel und Abstraktion, die Ironie und der hintergründige Humor des Erfinders der autopoie-

---

[414] So wird im Alltagsverständnis recht scharf differenziert zwischen „bloßem Reden" und „wirklichem Handeln" (vgl. etwa das Sprichwort „Rede nicht, handle!"). Von einem fast inflatorischen Sprachgebrauch muß man heute in bezug auf den Begriff „Arbeit" sprechen („Trauerarbeit", „Beziehungsarbeit" usw.; vgl. dazu auch HUBER 1984: 71ff.). Nach der Unterscheidung von Hannah ARENDT (1981) könnte man sagen, daß das Handeln, in dem sich in hohem Maße die Einzigartigkeit einer Person ausdrückt, dabei tendenziell auf ein technisches „Machen, Fabrizieren, Herstellen" eingeengt wird.

tischen Systemtheorie sind eines der Geheimnisse der Attraktivität der LUHMANNschen Theorie.

Meine These lautet, daß die alten menschlichen Neigungen zum Spiel und zum abstrakten Denken hier eine wichtige Rolle spielen. Die große anthropologisch-kulturelle Bedeutung des *Spiels* hat der holländische Kulturhistoriker Johan HUIZINGA in seinem wegweisenden Werk *Homo Ludens* herausgearbeitet. Betrachten wir einige seiner Ideen, die hier direkt relevant sind.

Man findet schon in der Definition von Spiel durch HUIZINGA einige erstaunliche Ähnlichkeiten mit der autopoietischen Systemtheorie). Spie ist demnach eine *„freie Handlung"*,

„die ‚nicht so gemeint'' und außerhalb des gewöhnlichen Lebens stehend empfunden wird und trotzdem den Spieler völlig in Beschlag nehmen kann, an die kein materielles Interesse geknüpft ist und mit der kein Nutzen erworben wird, die sich innerhalb einer eigens bestimmten Zeit und eines eigens bestimmten Raums vollzieht, die nach bestimmten Regeln ordnungsgemäß verläuft und Gemeinschaftsverbände ins Leben ruft, die ihrerseits sich gern mit einem Geheimnis umgeben oder durch Verkleidung als anders von der gewöhnlichen Welt abheben." (HUIZINGA 1956: 22).

Obwohl in einem echten Spiel keinerlei Zweck außerhalb dem seiner selbst verfolgt wird, besitzt es doch größte Bedeutung sowohl in der individuellen Lebensgeschichte wie in der historischen Entwicklung menschlicher Gesellschaften und Kulturen. Im Spiel werden vielfältigste Formen sozialer Interaktion mit anderen, sprachliche und künstlerische Ausdrucksfähigkeit, kultureller, sportlicher, politischer, ja kriegerischer Wettbewerb eingeübt und entwickelt; das Spiel trägt damit bei zur sozialen und geistig-kulturellen Entwicklung des Menschen. HUIZINGA zeigt darüber hinaus, daß spielerische Elemente selbst in der Entwicklung der Philosophie und Wissenschaften eine wesentliche Rolle gespielt haben. Bei den griechischen Sophisten, ebenso wie bei den Rhetoren der Römer, den theologischen Turnieren (!) des Mittelalters, den Rätselwettstreiten des Hochmittelalters, bis hin zu den „Federwettstreiten" der frühen Neuzeit zwischen Pro- und Anticartesianern usw., standen Wissen, Geistesakrobatik und Spiel in einer untrennbaren Verbindung.

Ein spielerisches Element sieht HUIZINGA (1956: 219ff.) selbst noch in der modernen Wissenschaft, die – genau wie das Spiel – charakterisiert ist durch ihre „Isolierung innerhalb der Grenzen ihrer Me-

Die autopoietische Systemtheorie als neo-scholastisches Sprachspiel 475

thode und ihres Begriffs". Zwar könne man von ihr nicht mehr sagen, daß sie tatsächlich – wie das Spiel – „kein eigenes Ziel außer sich" habe, da sie ja Kontakt mit der Wirklichkeit sucht und fortwährend durch die Erfahrung „Lügen gestraft wird". Wir haben jedoch gesehen, daß LUHMANN diesen Charakter einer modernen Erfahrungswissenschaft im Hinblick auf die Systemtheorie durchaus in Frage stellt. Aber selbst wenn man Wissenschaft als erfahrungsbasiert, ihre Thesen und Theorien als falsifizierbar betrachtet, ist ihr Spielcharakter schwer bestreitbar:

> „Auch die feinste experimentelle Analyse kann dennoch im Spielerischen befangen sein. Die Begriffsbezeichnungen einer einmal ausgearbeiteten Spezialmethode können immer noch leicht als Spielfiguren gehandhabt werden. Dies hat man den Juristen von jeher vorgeworfen. Die Sprachwissenschaft hat diesen Vorwurf verdient, solange sie leichthin das alte Spiel der Worterklärung mitmachte, das seit dem Alten Testament und den Veden beliebt war...
>
> Ist es denn so sicher, daß die jüngsten, streng wissenschaftlichen syntaktischen Schulen nicht auf dem Wege zu einem neuen Spielhaftmachen sind? Wird nicht mehr als eine Wissenschaft durch die allzu bereitwillige und leichtsinnige Anwendung der Freudschen Terminologie durch Befugte und Unbefugte ins Spielhafte gezogen?
>
> Abgesehen von der Möglichkeit, daß der wissenschaftliche Fachmann oder Liebhaber mit den begrifflichen Mitteln seines Faches spielen geht, wird auch der Wissenschaftsbetrieb durch die Sucht nach Wettstreit in die Bahnen des Spiels gezogen..." (HUIZINGA 1956: 220)

Dieser Hinweis auf den Spielcharakter moderner Wissenschaft und Forschung[415] entspricht auch neueren wissenschaftssoziologischen Überlegungen, die den konstruktiven Charakter selbst naturwissenschaftlicher Arbeit betonen (KNORR 1980). HENDRICHS (1973: 21) weist darauf hin, daß der Prozeß der Modellbildung eine Eigendynamik besitzt, „die ihn aus sich heraus immer weiter treibt". O.F. GRUPPE (1914: 69f.) spricht hier, mit kritischer Spitze gegen spekulative Philosophie, von einer „*Energie der Einbildungskraft*", die es etwa Kindern als völlig nebensächlich erscheinen lasse, ob die Gegenstände weit unvollkommener sind, als sie sich in ihrer Phantasie darstellen.

Man kann hier noch eine weitere Parallele herstellen. In ihrer Studie über *The Cultural Crisis of the Firm* fand Erica SCHOENBERGER (1997: 147), daß bei strategischen Entscheidungen von Managern

---

[415] Eine ähnliche Idee findet sich in C.P. SNOW's Roman *The Search* (hier zitiert nach BERNAL 1986: 115f.). Hier nennt die Hauptperson, ein Wissenschaftler, als das vielleicht wichtigste Motiv für die Wahl des Berufes eines Wissenschaftlers jenes, einfach Spaß am Lösen von Rätseln zu haben.

„romantische" und „ästethische" Motive oft eine wichtige Rolle spielten. Sie ließen sich bei wichtigen Investitionen und unternehmerischen Neuorientierungen keineswegs immer nur von rein ökonomischen Kosten-Nutzen-Überlegungen leiten, sondern oft auch einfach davon, ob eine Anlage technisch sehr komplex und faszinierend war und dem modernsten Entwicklungsstand entsprach. Ein Autor, den sie in diesem Zusammenhang zitiert (M. ROPER), interpretiert industrielle Produktion als Möglichkeit zum Ausdruck von Männlichkeit: „Das Produkt wird in diesem Kontext femminisiert und ästhetisiert, sodaß sich eine beschützend-affektuelle Bindung zu ihm entwickelt" (SCHOENBERGER 1997: 149; Übersetzung von mir, M.H.).

Alle diese Überlegungen machen es plausibel, warum theoretisch-wissenschaftliche Ansätze, bei denen der romantisch-ästhetische Aspekt bzw. Spielcharakter stark im Vordergrund zu stehen scheint, für einen breiten Kreis von Lesern attraktiv erscheinen können. Sie weisen auch darauf hin, wie berechtigt es ist, in der soziologischen Theorie den Elementen der Kreativität und Ästhetik eine eigenständige Bedeutung neben jenen des instrumentell-nutzenorientierten und des wertbezogenen Handelns zuzuweisen (vgl. dazu allgemein VEBLEN 1971; BOURDIEU 1970; SCHULZE 1992; STAUBMANN 1995).

Ein dritter Aspekt, der hier zu berücksichtigen ist, betrifft den „Produktivitätsantrieb" beim Wissenschaftler selbst. Dieser Aspekt wurde von J.W. GOETHE – als Wissenschaftler weit unterschätzt (vgl. dazu SCHEFF 1990: 9ff., 147ff.) – in seinem brillanten Aufsatz *Der Versuch als Vermittler von Objekt und Subjekt* (zuerst 1793) herausgearbeitet. GOETHE (1957: 1092) nennt hier zwei Fehler, die in der Wissenschaft häufig gemacht werden. Der erste besteht darin, daß man oft glaube, mit einem einzelnen Versuch schon eine ganze Theorie beweisen zu können. Der zweite besteht darin, daß man zu abstrakter, von jeder Realität abgehobener Begriffs- und Theoriebildung neige, die dann zu einem bloßen Selbstzweck verkomme:

„Der Mensch erfreut sich nämlich mehr an der Vorstellung als an der Sache, oder wir müssen vielmehr sagen: der Mensch erfreut sich nur einer Sache, insofern er sich diese vorstellt; sie muß in seine Sinnesart passen, und er mag seine Vorstellungsart noch so hoch über die gemeine erheben, noch so sehr reinigen, so bleibt sie doch gewöhnlich nur ein Versuch, viele Gegenstände in ein gewisses faßliches Verhältnis zu bringen, das sie, streng genommen, untereinander nicht haben; daher die Neigung zu Hypothesen, zu Theorien, Terminologien und Systemen, die wir nicht mißbilligen können, weil sie aus der Organisation unseres Wesens notwendig entspringen." (GOETHE 1957: 1092)

Die autopoietische Systemtheorie als neo-scholastisches Sprachspiel 477

GOETHE argumentiert hier im Sinne von KANT, daß wir die Realität nie unmittelbar (als „Ding an sich"), sondern immer nur vermittelt über unsere (interessenbezogenen) Begriffe erfassen können und wendet diese Vorstellung auf das konkrete Verhalten des denkenden Menschen selber an. Begriffe, Modelle, Theorien erlangen, sobald sie einmal ausgearbeitet sind, selbst eine „objektive Realität" (POPPER 1973; vgl. auch Kapitel 6). Ist es verwunderlich, wenn sich Theoretiker, fasziniert von der von ihnen selber geschaffenen Welt, immer tiefer in sie hineinvergraben und –verirren? Denn, so GOETHE in der obigen Passage weiter, „die Kraft des menschlichen Geistes (strebt) alles, was außer ihr ist und was ihr bekannt ist, mit einer ungeheuren Gewalt zu verbinden...." In der Wissenschaft muß dies aber durchaus als eine *gefährliche Tendenz* bezeichnet werden:

„Es entstehen durch eine solche Bemühung meistenteils Theorien und Systeme, die dem Scharfsinn der Verfasser Ehre machen, die aber, wenn sie mehr, als billig ist, Beifall finden, wenn sie sich länger, als recht ist, erhalten, dem Fortschritte des menschlichen Geistes, den sie in gewissem Sinne befördern, sogleich wieder hemmend und schädlich werden....

Einem Manne, der so viel Verdienst hat, kann es an Verehrern und Schülern nicht fehlen, die ein solches Gewerbe historisch kennen lernen und bewundern und, insofern es möglich ist, sich die Vorstellungsart ihres Meisters eigen machen. Oft gewinnt eine solche Lehre dergestalt die Oberhand, daß man für frech und verwegen gehalten würde, wenn man an ihr zu zweifeln sich erkühnte. Nur spätere Jahrhunderte würden sich an ein solches Heiligtum wagen, den Gegenstand einer Betrachtung dem gemeinen Menschensinne wieder vindizieren, die Sache etwas leichter nehmen und von dem Stifter einer Sekte das wiederholen, was ein witziger Kopf von einem großen Naturlehrer sagt: er wäre ein großer Mann gewesen, wenn er weniger erfunden hätte." (GOETHE 1957: 1093)

Diese kritische Haltung GOETHEs gegenüber großen Verallgemeinerungen und Synthesen war es auch, die ihn – bei allem persönlichen Respekt – immer eine deutliche Distanz wahren ließ zu seinem großen Zeitgenossen HEGEL (LÖWITH 1969: 17ff.).

Kehren wir jedoch zurück zu LUHMANNs Theorie der autopoietischen Systeme. Ich habe bereits angedeutet, daß der *Sprachspielcharakter* der LUHMANNschen Theorie auch in seinen eigenen Äußerungen immer wieder deutlich zum Ausdruck kommt.[416] So benützt er wiederholt Wendungen wie: Es soll „*ausprobiert* werden, wohin eine Theorie

---

416 Neuerdings spricht auch Christiane BENDER (1998: 7) von einem *Sprachspiel der LUHMANN*schen Systemtheorie.

treibt"; mit diesen Theorien werden „analytische Instrumente anderer Provenienz *ausprobiert*"; „wir können *probeweise* einmal überlegen" (LUHMANN 1988: 9f., 11, 291, 343). Auch häufig verwendete Begriffe wie „Theorienkonstruktion" oder – noch komplizierter – „Theoriekonstruktionstechnik" (LUHMANN 1988: 235) weisen in diese Richtung. Alle diese Begriffe und Argumentationsweisen erinnern in der Tat stark an die bekannte Methode der mittelalterlichen Theologie und Philosophie, wie sie unter der Bezeichnung „*Scholastik*" zusammengefaßt wird.[417]

Aufgabe der Scholastik war es, „das, was als Glaube schon unumstößliche Wahrheit besaß, vernunftmäßig zu begründen und verstehbar zu machen"; ihre Methode war nicht, Wahrheit erst zu finden, sondern „sie mittels des vernunftmäßigen Denkens, also der Philosophie, zu *begründen* und auszulegen." (STÖRIG 1969: 240; unterstr. im Orig.). Das *Erkennen* hat für den Scholastika wesentlich *passivrezeptiven Charakter*; sein Ziel ist erreicht, „wenn das im Geiste vorhandene Bild mit der Wirklichkeit übereinstimmt" (ebenda, S. 263). Kurz und bündig charakterisiert POPPER (1973: 32) die Scholastik als „eine Neigung zum Argumentieren ohne ein ernsthaftes Problem". Für die Herstellung einer Übereinstimmung zwischen theologischer Weltvorstellung und sozialer Wirklichkeit wurde insbesondere die Methode der dialektischen Gegenüberstellung der Argumente für und gegen eine Auffassung (kurz „*pro et contra*"-*Methode*) verwendet.[418] Empi-

---

417 Ein eher beiläufiger Hinweis auf die These, LUHMANNs Werk könne mit der (Hoch-) Scholastik verglichen werden, findet sich schon in einem Aufsatz von Alois HAHN aus dem Jahre 1981, in dem es heißt, LUHMANN habe „auf geniale Weise das frühscholastische Zeitalter der Soziologie beendet" (HAHN 1981: 349). In diesem Beitrag kommt der Autor bei einer im einzelnen äußerst positiven Würdigung von LUHMANNs Werk „Gesellschaftsstruktur und Semantik" zum Schluß, LUHMANNs Programm der Aufbereitung von Ideengut sei „so abstrakt, daß die zu erwartenden Ergebnisse schließlich die nur äußerlich durch stilistische Idiosynkrasien zu komplizierende Schlichtheit von Binsenweisheiten annehmen dürften, wenn wirklich die vorgeschlagene Forschungsstrategie die einzige oder übliche würde" (ebenda, S. 359). Manfred LAUERMANN wies mich in einem Brief darauf hin, daß LUHMANN selber die Scholastik und das Mittelalter in seinen Vorlesungen immer wieder bewundernd erwähnte.

418 Die Ähnlichkeit zwischen dem systemtheoretischen Denken und der Scholastik geht so weit, daß man selbst die Verwendung der „pro-et-contra"-Methode bei LUHMANN nachweisen kann; so vermeidet er es stets, eine eindeutige Stellungnahme zu einer Problematik zu beziehen, beläßt es bei „An-

rische Beobachtung spielt dabei ebensowenig eine Rolle wie in der LUHMANNschen Systemtheorie:

„Der Eigenart der Scholastik entspricht es, daß die Argumente dabei in erster Linie nicht aus der unmittelbaren Beobachtung der Wirklichkeit und auch nicht aus vorurteilsloser vernunftgemäßer Erörterung entnommen werden, sondern aus den Aussprüchen der vorangegangenen Denker und Kirchenväter..." (STÖRIG 1969: 240)

Bei LUHMANN und seinen Anhängern ist genau dieselbe *Tendenz zur Schulbildung* erkennbar: LUHMANN selber nimmt bei allen inhaltlichen Diskussionen nur auf eigene, anderweitige Ausführungen zur Systemtheorie Bezug, seine Schüler berufen sich nur mehr auf ihren Meister.[419] Vor allem bei wenig eigenständigen LUHMANN-Schülern ist eine standardisierte Art und Weise des wissenschaftlichen Arbeitens erkennbar. Sie besteht darin, einige allgemein bekannte Wissensbestände von Historikern (etwa aus dem 18. oder 19. Jahrhundert) zu nehmen, sie mit dem systemtheoretischen Jargon wie mit einem Puderzucker zu überstreuen und das Ganze als revolutionäre neue Erkenntnis zu verkaufen.[420] Die Tatsache, daß LUHMANN selber anschei-

---

deutungen" (LUHMANN 1988: 67) usw. Diesbezüglich stellen MOREL u.a. (1989: 191) treffend fest, LUHMANN antworte auf die von ihm selbst vorgegebenen Fragen (in diesem Falle: die der ökologischen Gefährdung) nicht „mit einem klaren ja (oder nein), auch nicht mit einem: im Grunde genommen ja (oder nein) oder ja, wenn..." Noch offener tritt die pro-et-contra Methode zutage bei Schülern von LUHMANN, wie WILLKE, dessen Buch über politische Theorie voll ist von radikal-abstrakten Gegenüberstellungen: Der Staat ist „weder Leviathan noch Präzeptor", es ist einerseits „den gesellschaftlichen Herausforderungen nicht gewachsen", andererseits „eklatant erfolgreich" usw. (WILLKE 1996: 11ff.).

419 Vgl. dazu etwa die folgende bezeichnende Ausführung wieder beim LUHMANN-Schüler WILLKE: „Der schon länger anhaltende Stillstand der Staatstheorie kontrastiert merkwürdig mit der Dynamik gegenwärtiger politischer Entwicklungen... Die Staatstheorie klassischer Prägung ist verschwunden... (Aber:) Seitdem Niklas Luhmann begonnen hat, die Partitur für die Interpretation moderner Gesellschaften neu zu schreiben, schält sich immer klarer die Einsicht heraus, daß die zentrifugale Dynamik funktionaler Differenzierung eine Metamorphose des Ordnungsprinzips von Gesellschaft, eine durchdringende Umstellung auf heterarchische, polyzentrische und dezentrale Arrangements autonomer Teilsysteme vorantreibt. Ein solcher Strukturwandel mußte die Politikwissenschaft ins Mark treffen, entzieht er doch dem seit Machiavelli und Hobbes formulierten gesellschaftlichen Primat der Politik die Grundlage." (WILLKE 1996: 7; Einfügung von mir, MH)

420 Auch dies ist eine immer wiederkehrende Tendenz, die schon HEGEL in der *Phänomenologie des Geistes* kritisierte: „In Ansehung des Inhalts machen

nend wenig Wert auf die Bildung einer eigenen wissenschaftlichen „*Schule*" legte, ja sie durch sein Verhalten sogar ablehnte, sollte darüber nicht hinwegtäuschen.[421]

Neben der Schulgebundenheit ist auch *Esoterik* ein besonderes Charakteristikum der Scholastik: „Das scholastische Denken ist nicht durch Probleme der Lebensbewältigung bestimmt; die Möglichkeit, Wissenschaft in einem weithin autonomen Schulbereich zu betreiben, führt zur Verselbständigung der Themen, Kategorien und Methoden" (MEYERS, Bd. 21, S. 218). Hauptziel ist „die Überführung von Glaubensdogmen durch wissenschaftliches Argumentieren in eine begründete Erkenntnis" (ebenda, S. 219). Auch hier braucht man nur einsetzen: die Anwendung der Grundbegriffe der autopoietischen Systemtheorie auf die unterschiedlichsten Bereiche der gesellschaftlichen Realität. Was aber ein legitimes Stilmittel des Dichters oder Schriftstellers ist – die Verfremdung der Wirklichkeit in einer irrealen Welt[422] – dürfte in der Wissenschaft wohl kaum angebracht sein.

---

sich es die Anderen wohl zuweilen leicht genug, eine große Ausdehnung zu haben. Sie ziehen auf ihren Boden eine Menge Material, nämlich das schon Bekannte und Geordnete, herein und indem sie sich vornehmlich mit den Sonderbarkeiten und Kuriositäten zu tun machen, scheinen sie um so mehr das übrige, womit das Wissen in seiner Art schon fertig war, zu besitzen; zugleich auch das noch Ungeregelte zu beherrschen, und somit alles der absoluten Idee zu unterwerfen, welche hiemit in Allem erkannt und zur ausgebreiteten Wissenschaft gediehen zu sein scheint" (HEGEL 1967[1807]: 17f.).

421 Über detaillierte und frappierende Beobachtungen und Fakten in dieser Hinsicht berichtete Manfred LAUERMANN (Dresden) in einem hochinteressanten Vortrag an unserem Institut am 24.6.1998; der Vortrag hatte den treffenden Titel „Die Luhmann Schule – eine Schulbildung wider Willen?". Sein Hauptargument lautete, daß die Schulbildung in diesem Fall nicht über die Person LUHMANN – dieser nahm sich als Person bewußt stark zurück – sondern vor allem über seinen Denk- und Schreibstil erfolgte. Das Hauptkennzeichen für ein Mitglied der Schule war (ist) es, den Jargon der antopoietischen Systemtheorie zu beherrschen.

422 Interessant sind hier die Ausführungen von HESSE, die dieser anläßlich einer Umfrage der Neuen Zürcher Zeitung zum Thema „Verkannte Dichter unter uns?" vom 4.4.1926 niederschrieb: "... es (gibt) überhaupt keine anderen Dichter als verkannte... Denn ein wahres Erkennen, ein wirkliches Anerkennen des Poeten durch den Normalmenschen gibt es nicht... Der Dichter ist stets Metaphysiker, und er hat niemals mit der ‚Wirklichkeit' zu tun, sondern sein Wesen besteht darin, daß er den Menschen in seiner Zufälligkeit und Wandelbarkeit erkennt, und daß er an die Stelle der Realität ... seinen eigenen Traum vom Menschentum setzt... Verstünde aber die Menschheit ihre

In zwei Aspekten besteht allerdings ein wesentlicher Unterschied zwischen der mittelalterlichen Scholastik und der Anwendung der Theorie autopoietischer Systeme auf moderne Gesellschaften. Den ersten habe ich soeben genannt: LUHMANN geht es natürlich nicht um die intellektuelle Interpretation der Realität durch Glaubensdogmen, sondern um die Adaptierung seiner systemtheoretischen Konzepte. Ob das eine oder andere als „besser" oder „fruchtbarer" zu beurteilen ist, mag dahingestellt bleiben.

In der zweiten Differenz schneidet die Scholastik allerdings besser ab als die autopoietische Systemtheorie bzw. LUHMANN. Es ist dies die Frage, wie sorgfältig bereits vorliegende Konzepte und Theorien rezipiert werden. Ein durchgehendes Merkmal der LUHMANNschen Schriften ist, daß von einer ernsthaften Auseinandersetzung in dieser Hinsicht nicht gesprochen werden kann. Ich habe bereits weiter oben dargelegt, daß LUHMANN die wissenschaftstheoretischen Auffassungen einer kausal orientierten Sozialforschung verzerrt darstellt. Darüber hinaus gilt aber, daß fast sämtliche Aufsätze und Texte LUHMANNs mit kurzen, apodiktischen Feststellungen über das Versagen aller bisherigen (insbesondere: soziologischen) Theorie beginnen, um dann den revolutionären Charakter des eigenen Ansatzes umso leuchtender hervorheben zu können. Dazu nur einige Beispiele:

„Die Soziologie steckt in einer Theoriekrise. ... Vorherrschend kehren diejenigen, die sich für allgemeine Theorie interessieren, zu den Klassikern zurück... Die Einschränkung, durch die man sich das Recht verdient, den Titel Theorie zu führen, wird durch Rückgriff auf Texte legitimiert, die diesen Titel schon führen... Die Aufgabe ist dann, schon vorhandene Texte zu sezieren, zu exegieren, zu rekombinieren. Was man sich selbst zu schaffen nicht zutraut, wird als schon vorhanden vorausgesetzt..." (LUHMANN 1984: 7)

„Für die Beurteilung von Machtverhältnissen in der Gesellschaft findet man in der Soziologie kein ausreichend empirisches Wissen und keinen Konsens der Fachleute. Man kann fast sagen: Jeder sieht die Sache anders und hat andere Vorstellungen über Problemstellungen und Forschungsansätze..." (LUHMANN 1987: 117)

„Die Soziologie hat sich, besonders in neuerer Zeit, verhältnismäßig wenig an der Diskussion wirtschaftswissenschaftlicher Probleme beteiligt. Das liegt einerseits an der imposanten Dokumentation der wirtschaftswissenschaftlichen Forschung... Es mag aber auch an der theoretischen Inkompetenz der Soziologie selbst liegen. Die Art und vor allem der Grad an Abstraktion in den derzeit verwendeten Grundbegriffen der Soziologie ... reichen ganz offensichtlich nicht aus,

---

Dichter, nähme sie sie ernst und folgte sie ihnen, so ginge sie unter..." (abgedruckt in PFÄFFLIN 1977: 330f.)

um die Komplexität des wirtschaftlichen Geschehens zu erfassen..." (LUHMANN 1988: 13)

An praktisch keiner dieser Stellen findet man namentlich genannte Autoren oder irgendeinen konkreten Verweis auf ein Werk, in dem sich die monierten Schwachstellen finden. Bei genauerer Betrachtung läßt sich aber immer wieder zeigen, daß die Positionen, die LUHMANN seinen theoretischen Konkurrenten unterstellt, von diesen schon längst nicht mehr vertreten werden. So schreibt er etwa über seine Theorie der „soziokulturellen Evolution", diese habe „nicht mehr den Ehrgeiz..., einen universalhistorischen Prozeß, der nach angebbaren Gesetzen von Phase zu Phase abläuft, zu erklären" (LUHMANN 1980: 41). Jedem Studienanfänger in Soziologie wird heute beigebracht, daß die moderne Soziologie, wie sie DURKHEIM, SIMMEL, WEBER und andere begründet haben, in grundlegender Opposition gerade zu solchen geschichtsphilosophischen Schematas stand, wie sie Autoren wie HEGEL, MARX, SPENCER u.a. entwickelt haben. Mit ihrem Stil zweigt die LUHMANNsche Argumentation klar ab[423] von der klassischen scholastischen Methode, von der Philosophiehistoriker Hans STÖRIG schreibt:

Die Scholastik „registriert sorgfältig die einschlägigen Einsichten aller Vorgänger, stellt sie einander gegenüber und kommt nach Abwägung und kritischer Prüfung ihrer Stichhaltigkeit (und Autorität) schließlich zu einem oftmals vermittelnden und synthetisierenden Ergebnis. Dieses Verfahren wurde z.B. von Abälard selbst mit gewaltigem Fleiß für 150 verschiedene Punkte der christlichen Dogmatik durchgeführt...

Ein wenig von dieser Sorgfalt möchte man manchmal auch dem Schrifttum der Neuzeit wünschen, in dem oft Gedanken angesprochen werden ohne Vermutung oder Erwähnung dessen, daß sie von anderen früher und besser gesagt worden sind." (STÖRIG 1969: 240f.)

Ich möchte diesen kritischen Vergleich von LUHMANNs Denk- und Schreibstil mit einem scholastischen Begriffs- und Sprachspiel mit einem positiven Hinweis abschließen. Es ist dies die Tatsache, daß LUHMANNs Vorträge und Schriften immer wieder auch durch hintergründigen und tiefsinnigen *Humor und Ironie* gekennzeichnet sind.[424] Aus dieser Perspektive erscheint auch die von mir vorne kritisierte Haltung LUHMANNs, theoretische Begriffe und Hypothesen „versuchs-

---

423 Um einen bei LUHMANN selber beliebten sprachlichen Topos zu verwenden!
424 Auf diesen durchaus bedeutsamen Aspekt hat mich Manfred LAUERMANN aufmerksam gemacht; vgl. dazu auch LAUERMANN 1991.

weise anzuwenden", „auszuprobieren" usw. in einem positiveren Licht. Gerade der Wissenschaft scheint eine Haltung angemessen zu sein, die nicht alles für bare Münze oder tierisch ernst nimmt, „die in den Mißständen des Lebens menschliche Unzulänglichkeiten erkennt und lachend verzeiht"[425], sehr angebracht zu sein. Versteht man Humor etwa mit FREUD (1958: 186ff.) als „ersparten Gefühlsaufwand", wird deutlich, daß er auch in der Wissenschaft oft durchaus dazu betragen könnte, verhärtete Fronten und Diskussionen aufzubrechen.[426]

5.5 Der Praxisbezug der LUHMANNschen Theorie autopoietischer Systeme – Ausweg aus dem Glasperlenspiel?

Gegen Kritiker der autopoietischen Systemtheorie wird häufig eingewandt, die Stärke dieser Theorie komme nicht zuletzt darin zum Ausdruck, daß sie von Praktikern zunehmend als relevant betrachtet werde.[427] Wir müssen uns daher zumindest kurz, aber doch einigermaßen systematisch, mit diesem Aspekt auseinandersetzen. Man könnte die Relevanz der LUHMANNschen Theorie ansonsten ja auch polemisch gegen ein kausalwissenschaftliches Verständnis von Soziologie wenden und dieser vorwerfen, daß sie selber aus der Sicht der Praxis irrelevant sei. Die Untersuchung dieser Frage ermöglicht es auch, einige allgemeinen Überlegungen zum Verhältnis zwischen theoretischer Erklärung und praktischer Anwendung wissenschaftlicher Befunde anzustellen.

In diesem Abschnitt werde ich zunächst zeigen, daß Theorien der Selbstorganisation, worunter man auch LUHMANNs autopoietische Systemtheorie subsumieren kann, für bestimmte Praxisfelder in der Tat eine gewisse Relevanz besitzen. Man muß jedoch feststellen, daß

---

425 Stichwort „Humor" in Bertelsmanns Neues Lexikon, Bd. 4, S. 423.
426 Einige meiner positivsten persönlichen Erinnerungen an wissenschaftliche Vorträge und Debatten beziehen sich auf solche, in denen (gewollte oder ungewollte) Äußerungen einzelner Diskussionsredner zu starker Erheiterung aller Teilnehmer beitrugen.
427 Diesen Einwand erhoben auch mehrere wohlwollende Leser meines Manuskripts; nicht zuletzt deswegen habe ich mich entschieden, diesen Abschnitt auszuarbeiten.

484 Semantische Analyse der Gesellschaft

viele der Grundbegriffe in LUHMANNs Theorie, so neu sie in der Soziologie scheinen mögen, auch (oder sogar zuerst) in vielen anderen natur- und sozialwissenschaftlichen Disziplinen entwickelt wurden und Verwendung finden. Im Anschluß daran werde ich einige allgemeinen Überlegungen zum Verhältnis zwischen Theorie, empirischer Forschung, kausaler Erklärung und Praxisbezug anstellen. Die These lautet hier, daß diese Beziehung durchaus komplexer ist als in den klassischen wissenschaftstheoretischen Vorstellungen dargestellt; dies wird durch Beispiele aus unterschiedlichen Wissenschaftsdisziplinen bzw. Praxisfeldern belegt. Auf der Basis dieser Überlegungen kann schließlich deutlich gemacht werden, worin die Grenzen der praktischen Anwendbarkeit von Theorien autopoietischer Systeme liegen, wo ihre Anwendung u.U. sogar ideologischen Charakter annehmen kann.

a) Die Theorie der Selbstorganisation

Betrachten wir zunächst, in welchen Bereichen die Theorie autopoietischer Systeme entwickelt wurde, welche Fragestellungen sie behandelt und von welchen Grundannahmen und Modellen sie ausgeht.

Anwendungsfelder und Ursprünge der Theorie der Selbstorganisation in den Human- und Sozialwissenschaften

Man kann von einer Rezeption von systemtheoretischen Konzepten der Selbstorganisation vor allem in Praxisfeldern sprechen, in denen es um komplexe Interaktionen zwischen Menschen, um echte „soziale Systeme" im kleineren oder größeren Maßstab geht.[428] Es sind dies vor allem Partner-, Familien- und andere *Kleingruppenbeziehungen* und die darauf bezogenen Formen der Beratung und Therapie (wichtige Autoren sind u.a. M. BOOS, E. J. BRUNNER, T. GEHM, J. KRIZ, G. SCHIEPEK, F. SIMON, W. TSCHACHER; sehr innovativ ist hier eine Gruppe von Forschern in Mailand um L. CIOMPI und L. BOSCOLO); *Systeme psychosozialer Versorgung*, in denen zwischen Patienten bzw. Klienten, Professionellen (Pflegern, Ärzten, Therapeuten usw.) und administrativem Personal sehr komplexe Beziehungen bestehen; so-

---

428 Zur generellen Entwicklung der Theorie der Selbstorganisation in den Natur- und Sozialwissenschaften vgl. BARBEN 1996, S. 29ff.

wie die *Organisationsberatung und -entwicklung* und die *Betriebs- und Managementberatung* (mit Autoren wie D. BAECKER, K. BUCHINGER, R. KÖNIGSWIESER u.a).[429] Weitere Autoren, die zur Entwicklung des Konzeptes entscheidende Anstöße geleistet haben, kommen aus den Naturwissenschaften (etwa der Physiker Frijthof CAPRA, die Biologen Humberto MATURANA und Francisco VARELA, Psychophysiologen wie Z. KOWALIK und Herman HAKEN, dessen Theorie der Synergetik nach MANTEUFEL/SCHIEPEK [1998: 10] „die derzeit elaborierteste Theorie selbstorganisierter Systeme darstellt") ebenso wie aus den Sozialwissenschaften (hier sind vor allem der Kommunikationswissenschaftler Paul WATZLAWICK und der Ökologe und Planungswissenschaftler Frederic VESTER zu nennen).

Man kann mit MANTEUFEL/SCHIEPEK (sie zitieren dabei auch D. BAECKER) feststellen:

„Systemwissenschaften liegen im Trend. ‚Wir reden viel *über* unsere Schwierigkeiten, eine Sprache über komplexe Phänomene zu finden'... Aber ... wir reden kaum über die vielleicht noch größere Schwierigkeit, *in* komplexen Situationen die richtigen Worte und Handlungen zu finden... Zu viel ist schon über die Vernetztheit, Nichtvorhersehbarkeit, Eigendynamik und Komplexität der Praxis gesagt und geschrieben worden." (MANTEUFEL/SCHIEPEK 1998: 13)

Pychosoziales Handeln „als Handeln in komplexen Systemen zu charakterisieren", findet also weitgehende Zustimmung. Auch im Rahmen der Organisationsberatung, einem der am stärksten expandierenden Zweige neuer Dienstleistungen, steigt die Bedeutung systemischer Beratung – wenngleich sie im Vergleich zur traditionellen Fachberatung erst einen sehr kleinen Anteil ausmacht (GROTH 1996: 13ff.). Aber selbst die Unmenge des Angebotes an traditioneller Ratgeberliteratur, so MANTEUFEL/SCHIEPEK (ebenda, S.13), könne den Bedarf an Beratung nicht wirklich stillen, auch die Systemtheorien scheinen keine „wegweisende Spuren im Gestrüpp der Praxis hinterlassen zu haben". Was sind also die Grundannahmen der Theorie der Selbstorganisation, die sie für Praktiker in den oben genannten Feldern attraktiv macht?

---

429 Um die Literaturverweise nicht ausufern zu lassen, nenne ich im Text nur die Namen einiger wichtiger Autoren; die interessierte Leserin sei verwiesen auf die Einführungs- und Übersichtsdarstellungen von KRIZ 1999; MANTEUFEL/SCHIEPEK 1998.

Typische Problemfelder als Ausgangspunkt für Theorien der Selbstorganisation

Die Probleme, für welche Systemtheorien dieser Art nützlich erscheinen, lassen sich am Beispiel von psychosozialen Helfersystemen gut illustrieren (vgl. dazu MANTEUFEL/SCHIEPEK 1998: 13ff.). Ein zentrales Problem ist zunächst *Zeitdruck* und *Zeitknappheit*: vielfach wüßte man wohl, wie man Probleme lösen könnte, wenn man dafür nur genügend Zeit zur Verfügung hätte. Täglich drängen Routineaufgaben zur Erledigung; daneben kommen die Patienten zum Therapeuten; manche von ihnen leiden an akuten, andere an langwierigen Problemen, bei denen Besserungen kaum absehbar sind; trotzdem ist Geduld notwendig, weil Genesung nicht erzwingbar ist. Professionelle, Klienten, Teams arbeiten bzw. leben in unterschiedlichen Zeitrhythmen.

Zum zweiten ist die *Komplexität von Problemen* zu nennen: neben den psychosozialen Fragen gibt es auch finanziell-ökonomische, juristische und andere Probleme; Notfall- und Akutpatienten verlangen andere Behandlungsmethoden als Langzeitfälle. Es entsteht also ein großer *Bedarf an Koordination und Kooperation*:

> „Der Bedarf nach Koordination tritt besonders dann auf, wenn einfache, schematisierte Handlungsabläufe nicht ausreichen, um den angestrebten Zielen gerecht zu werden. Wo es um komplexe Kriterien wie Gesundheit, Lebensqualität, Fürsorge oder Behandlung geht, sind einfache Lösungswege meist nicht vorgezeichnet. Hinzu kommt, daß Helfersysteme oft derart untergliedert und bürokratisiert sind, daß die Zusammenarbeit innerhalb und zwischen den Helfersystemen immer bedeutsamer wird, vergleicht man die Zeit, die in Teamsitzungen, Supervisionen und Konferenzen verbracht wird, mit der Zeit, die für den unmittelbaren Kontakt mit Klienten verbracht wird." (MANTEUFEL/SCHIEPEK 1998: 19)

Ähnliche Erfahrungen ließen sich unschwer in anderen Praxisfeldern nachweisen. Auch ein moderner Industriebetrieb, ein großes Forschungsinstitut, eine Universität stehen vor der Frage, wie sie die Probleme der Angehörigen unterschiedlicher Professionen (Ingenieure und Techniker, Wissenschaftler, Verwaltungsangestellte usw.) unter einen Hut bringen können. Dabei sind nicht nur die stets drängenden Aspekte der Geld- und Zeitknappheit zu beachten, sondern vor allem auch die oft als kontraproduktiv erscheinende Starrheit und Eigendynamik der Interessen von einzelnen Berufsgruppen, Abteilungen usw. In all diesen Fällen sind lineare, monokausale Annahmen über Determinanten organisatorischer Abläufe unzureichend. Dies gilt zusehends auch für Praxismaßnahmen bzw. Strategien der Organisationsberatung, die etwa glauben, durch den Austausch oder die Auflösung des wichtigsten „Störfaktors" (z.B. eines unfähigen Vorgesetzten, einer ineffizienten Abteilung) Probleme lösen zu können.

Grundannahmen formaler und naturwissenschaftlicher Theorien der Selbstorganisation

Ein Ansatz zur Erfassung der Eigenlogik von Prozeßabläufen und Entscheidungssituationen wurde in der *Spieltheorie* gefunden. Ihre Stärke liegt darin, daß sie bestimmte Entscheidungssituationen oder einfache Regelsysteme klar herausarbeitet und die Handlungsmöglichkeiten und –zwänge der dabei Beteiligten von der Situation her objektiv-rational analysiert. In der Praxis erweisen sich die spieltheoretischen Modelle aber als zu begrenzt: sie setzen ganz bestimmte, restriktive Bedingungen bzw. Annahmen voraus (wie z.B. das Gefangenendilemma); die Realität sieht oft ganz anders aus.

Der Grundgedanke, von dem die Theorie der Selbstorganisation ausgeht, ist viel radikaler und lautet (MANTEUFEL/SCHIEPEK 1998: 37ff.): Komplexe Systeme sind von außen grundsätzlich nur bedingt steuerbar, sie entfalten sich in der Zeit mehr oder weniger autonom, über Wechselwirkungsprozesse *innerhalb* des Systems. Es handelt sich hier primär um *nichtlineare Prozesse* (z.B. multiplikative oder exponentielle Verstärkungs- und Wachstumsprozesse). Dabei spielt das Prinzip der *Iteration* eine zentrale Rolle: die Operationen eines Systems knüpfen immer an einen bestimmten Eingangswert an, und es gibt trotzdem immer eine „Eigenlösung", die unabhängig vom Ausgangswert ist. Ein System wird als *autopoietisch* bezeichnet, wenn es die Reproduktion und Erneuerung seiner eigenen Komponenten auf diese Weise selbst vornimmt. Wir haben diese u.a. auf MATURANA und VARELA zurückgehende Annahme bereits oben (vgl. Abschnitt 5.4 oben) kennengelernt. Ein System kann nicht anders arbeiten, als im Rahmen seiner Eigenlogik, es kann auch Umwelteinflüsse nur soweit „verstehen" und verarbeiten, als es sie in seine eigene „Sprache" übersetzen kann.

Die Verallgemeinerung zur soziologischen Systemtheorie liegt hier auf der Hand. Wir können dazu MANTEUFEL/SCHIEPEK mit einer Charakterisierung zitieren, die ebensogut von LUHMANN stammen könnte:

„Auch überindividuelle soziale Systeme, kommunikative Systeme oder Rechtssysteme nehmen fortdauernd auf ihre eigenen Komponenten Bezug, sind also selbstreferent (…). So knüpfen Kommunikationen an Kommunikationen an (ein

Wort ergibt das andere), Rechtsprechung an Rechtsprechung, Gedanken an Gedanken, Gefühle an Gefühle. Iteration garantiert die Fortdauer des Systems, Selbstreferentialität seine Autonomie. Damit sei nicht in Abrede gestellt, daß komplexe Systeme mit ihrer Umwelt in regelmäßigem Austausch von Energie und Materie stehen, also auch offen sind. Praktisch alle real existierenden Systeme sind in energetischer Hinsicht offen, psychische und soziale Systeme auch für sensorischen oder sinnbezogenen Input. Systeme agieren und reagieren jedoch, *betrachtet man sie als operativ geschlossen*, gemäß ihrer internen Operationslogik." (MANTEUFEL/SCHIEPEK 1998: 38; Hervorhebung von mir, M.H.)

Ein wichtiger Ausgangspunkt der autopoietischen Systemtheorie ist die von Hermann HAKEN begründete und so benannte *Synergetik*.[430] Ihr geht es vor allem darum, Szenarien des Übergangs zwischen verschiedenen Formen von dynamischer Organisation in komplexen Systemen (wie bei physikalischen Prozessen, etwa Lichtströmen, physiologischen Prozessen im menschlichen Gehirn, psychologischen Wahrnehmungsprozessen, sozialpsychologischen Interaktionsprozessen usw.) zu erfassen und zu modellieren. Ein Grundbegriff ist der der *Kreiskausalität*: es wird angenommen, daß nicht nur Elemente untereinander zusammenhängen und –wirken (wie es die traditionelle Systemtheorie tut), sondern daß kohärente Systeme von Elementen sich wechselseitig bedingen. So können etwa bestimmte Prozeßmuster auf der Mikroebene erst entstehen, wenn sich mehrere solcher Systemmuster-Prozesse auch auf der Makroebene zu einem bestimmten Muster vereinigen. Die Physiker bezeichnen die kohärenten Muster auf der Makroebene in Anlehnung an die entsprechenden sozialen Phänomene koordinierter Verhaltensweisen oder Einstellungen als „*Mode*". Beim Laserlicht zeigt sich z.B. das Phänomen, daß sich innerhalb einer Glasröhre in einem bestimmten Material Lichtwellen bilden, wobei in einem *selbstorganisierten Wettbewerb* (MANTEUFEL/SCHIEPEK 1998: 41) zwischen verschiedenen konkurrierenden Wellen die stärkste Lichtwelle verstärkt und beibehalten wird (und nicht, wie in gewöhnlichen Lampen, viele verschiedenen Wellen mit unterschiedlichen Amplituden und Frequenzen gleichzeitig nebeneinander bestehen). Erst aber einer bestimmten Höhe der Energiezufuhr von außen tritt in der Lichtröhre der Synchronisationsprozeß auf. Auch wenn die Energiezufuhr kontinuierlich erhöht wird, tritt das Laserlicht plötzlich, diskonti-

---

430 HAKEN hat den Ansatz selber auf die Funktionsweise des Gehirns, aber auch verschiedene sozialwissenschaftliche Fragestellungen angewandt; vgl. dazu MANTEUFEL/SCHIEPEK (1998: 39ff.).

nuierlich auf: „Haben die Elektronen kollektiv eine bestimmte kohärente Welle entstehen lassen, zwingt diese Welle umgekehrt alle Elektronen dazu, genau sie und keine andere Welle zu erzeugen. In der Synergetik wird dieser Vorgang ‚*Versklavung*' genannt, neuerdings schlägt Haken auch die Begriffe ‚*Konsensualisierung*' oder ‚*Einbindung*' vor..." (MANTEUFEL/SCHIEPEK 1998: 42).

Eine Zwischenbemerkung scheint hier angebracht bezüglich eines charakteristischen Phänomens. Wie die in Kapitel 2 besprochenen Verhaltensforscher neigen auch die aus der Physik, Physiologie und anderen Naturwissenschaften kommenden Systemtheoretiker dazu, für ihre zweifellos originären und bedeutsamen Entdeckungen im Bereich von *Naturprozessen* vermenschlichende und soziologisierende Begriffe zu verwenden (ich habe sie in den Zitaten kursiv hervorgehoben).

Die allgemeine Idee hinter diesen Analysen ist klar und sie ist ohne Zweifel wichtig und originell: es geht hier nicht bloß um linearkausale Beziehungen zwischen einzelnen Variablen in der Weise, daß man sagen kann, die Veränderung des Wertes in einer unabhängigen Variable führe zu einer prognostizierbaren Veränderung des Wertes in einer abhängigen Variable. Vielmehr geht es um die Art und Weise, wie ganze Systeme von Variablen miteinander interagieren. Dabei gelten ganz andere Zusammenhänge: die Funktionsweise eines umfassenderen Systems kann jene von eingeschlossenen Systemen „determinieren"; bestimmte Ordnungszustände können ab einem bestimmten Input oder dem Erreichen eines internen Grenzwerts plötzlich in einen völlig anderen Zustand umschlagen. Die Vorstellung von „Ordnung" wird grundsätzlich relativiert, auch hinter einem scheinbaren *Chaos* können bestimmte Gesetzmäßigkeiten stehen; Chaos kann überhaupt Anlaß für spontanes, kreatives Handeln werden.[431] Relevante Begriffe sind hier der des *Phasenübergangs* (z.B. das Verdamp-

---

431 MANTEUFEL/SCHIEPEK (1998: 25) beziehen sich hier auf typische Zustände in Akutkrankenhäusern oder auf Akutstationen, in denen zwar eine ständige Atmosphäre der Unberechenbarkeit und Notfallbereitschaft herrscht, was von den Mitarbeitern aber auch positiv gesehen wird als „Spielraum für Kreativität und Improvisationskunst". Eine ähnliche Idee hat der Schweizer Sozialwissenschaftler und Journalist Victor WILLI (1983) auf die ganze Gesellschaft Italiens angewandt; die scheinbar unausrottbare Schlampigkeit dieses Landes sieht er als einen Vorteil, weil sie mit einer hohen Improvisationskunst verknüpft ist. So gab er dem Buch den bezeichnenden Untertitel *Von der Herrschaft der Unordnung zu geordneter Anarchie* (ebenda, S. 394).

fen von Wasser ab einer bestimmten Temperatur); das der *kritischen Instabilität* oder der *kritischen Fluktuationen* (es kann ein kleiner Anstoß genügen, um eine Kugel in ein ganz anderes Bewegungsmuster zu bringen); das Konzept der *dynamischen Ordnung* (ein systematisch-dynamisches Verhalten mehrerer zusammenwirkender Ordnungsparameter in der Zeit, also eine Ordnung fern von einem thermodynamischen Gleichgewicht).

Theorie der Selbstorganisation und soziale Praxis

Der Grundgedanke bei der Anwendung des Modells der autopoietischen Systeme auf reale soziale Systeme lautet: auch das Verhalten von kleinen und großen, komplexen sozialen Systemen, wie Familien und sozialen Gruppen, Betrieben und Organisationen, psychosozialen Helfersystemen usw. kann weder durch das Verhalten oder die Merkmale einzelner Mitglieder noch durch einfache Ursache-Wirkungs-Ketten ausreichend erklärt werden. Es geht hier stets um komplexe Interdependenzen, wo gutgemeinte (Einzel-) Maßnahmen oft zu gegenteiligen Effekten führen können, als jenen, die man anzielte oder erwartete.[432] Krankheitssymptome einzelner Familienmitglieder, immer wiederkehrende Gruppenkonflikte, Ineffizienz und Versagen von Organisationen sind nie auf einzelne, klar identifizierbare Ursachen oder „Faktoren" zurückzuführen, sondern stets zu verstehen als Teil eines komplizierten „krankmachenden" oder persistent schlecht funktionierenden Systems, als interne, systemspezifische Routinen und „Blindheiten". Kausalwissenschaftlich orientierte Einzeltheorien können dabei nur bedingt helfen; oft sind es gerade erfahrene, der Theorie fernstehende Praktiker, die am ehesten in der Lage sind Lösungen zu finden.

Die Attraktivität der autopoietischen Systemtheorie für das Verständnis derartiger Prozesse besteht darin, daß sie zunächst grundsätzlich annimmt, daß Systeme Regelhaftigkeiten gehorchen, in deren Kontext Einzelsymptome und -prozesse einzuordnen sind. Um diese Regelhaftigkeiten zu verstehen, muß sich der externe Beobachter oder Berater einer Technik bedienen, die Systemtheoretiker wie Heinz von

---

432 Gutgemeinte Ratschläge können die „Halsstarrigkeit" eines Menschen mit einem psychosozialen Problem vertiefen, der bloße Austausch einer Führungspersönlichkeit kann die Mitarbeiter in ihrer Opposition gegen bestimmte Betriebsziele noch weiter verstärken usw.

FOERSTER als *Kybernetik 2. Ordnung* bezeichnen: der Berater darf sich nicht mehr als unabhängiger Beobachter objektiver Strukturen, Ursachen usw. sehen, sondern kann lediglich beanspruchen, *Beobachtungen zu beobachten*. D.h., er kann nur die Selbstwahrnehmungen und Selbstbeobachtungen der Systemmitglieder protokollieren und diesen helfen, diese zu relativieren (GROTH 1996: 36). Die Verabschiedung des Anspruchs, Sachverhalte in komplexen Systemen objektiv richtig erfassen zu können – eine Folgerung, die vor allem LUHMANN in radikaler Weise zieht –, scheint zwar letztendlich zu Beliebigkeiten zu führen (wir kommen darauf noch zurück); damit läßt die Kybernetik aber „jede Überlegenheitsgeste fallen" (LUHMANN).[433]

Als *Prinzipien einer systemischen Organisationsberatung* in diesem Sinne kann man festhalten (GROTH 1996: 22):

– die Organisation wird als sich selbst organisierendes System betrachtet;
– auch die Beratergruppe, ja die Beratungstätigkeit selbst, wird als zeitlich begrenzt bestehendes System betrachtet, das abzugrenzen ist vom System der Organisation;
– zentraler Wert wird auf Beobachtungen unterschiedlicher Art gelegt: wer in der Firma beobachtet was? Mit welchen Mitteln geschieht dies? Wie sehen unterschiedliche Beobachter den gleichen Sachverhalt? Es stehen also nicht Individuen im Mittelpunkt, sondern Kommunikationen, wechselseitige Erwartungen und Zuschreibungen;
– es wird nicht auf Veränderungen abgezielt, sondern lediglich auf die Ergründung der „Funktionalität" von Konflikten; dabei kann der Berater allenfalls bewirken, das System durch „Irritationen" zu Selbständerungen anzustoßen.

Als *Instrumente* in diesem Prozeß werden u.a. verwendet (GROTH 1996: 41ff.):

– das *zirkuläre Fragen*, entwickelt von der Mailänder Psychiatergruppe (BOSCOLO u.a.), in dem die Mitglieder einer Familie reihum über ihre Beziehungen zu den anderen Mitgliedern befragt werden; dadurch

---

433 Zitiert von GROTH (1996: 36) aus einem Aufsatz von LUHMANN über *Kommunikationssperren in der Unternehmensberatung*.

erhalten nicht nur der Therapeut, sondern auch die Familienmitglieder selber systematische bzw. neue Einblicke in das System;
- die *Hervorhebung positiver Konnotationen*, d.h. der positiven (und nicht nur negativen) Funktionen von Symptomen für das Familiensystem;
- die *Symptomverschreibung* und andere *paradoxe Interventionen;* dabei wird z.B. ein auffälliges Verhalten vorgeschrieben, wogegen sich das auf eine Pathologie eingespielte System wehren muß.

Der kybernetische bzw. synergetische Ansatz der Theorie der Selbstorganisation sozialer Systeme kann aber auch als *sozialwissenschaftliches Forschungsprogramm* gesehen werden. Damit haben sich vor allem MANTEUFEL/SCHIEPEK (1998: 64ff.) auseinandergesetzt und selber originelle Entwicklungen beigesteuert. Sie unterscheiden hierbei mehrere Möglichkeiten:

- *Fallstudien von konkreten Organisations-Entwicklungen*, bei denen ein Forscher als teilnehmender Beobachter den Prozeß laufend beobachtet und analysiert; die Metapher der Selbstorganisation wird hier als *Analogie* verwendet, um die komplexen Entwicklungsprozesse verstehen zu können.
- *Analyse von Zeitreihen* über Indikatoren von Selbstorganisationsprozessen in physiologischen (z.B. hormonellen Veränderungen bei Osteoporose) und psychologischen Prozessen (z.B. Befindlichkeitsratings schizophrener Patienten).
- *Computersimulationen* über Prozesse der Meinungsbildung in der Bevölkerung, makropolitische Veränderungsprozesse über längere Zeiträume (z.B. Abfolge von Staatsstreichen und Regierungsformen in Thailand).
- *Kleingruppenforschung*, etwa die Funktionsweise von Arbeitsgruppen unter dem Aspekt der Selbstorganisation.
- *Plan- und Systemspiele* als Simulationen realer sozialer Prozesse. Auch Spiele können als sich selbst organisierende Systeme betrachtet werden. In Erweiterung von Planspielen, die meist stark ergebnis- und zielorientiert sind und klare Erfolgskriterien aufweisen, wird der Spielfluß aus der Perspektive der Selbstorganisation weitgehend sich selbst überlassen. Systemspiele dieser Art haben – nicht unähnlich der *Aktionsforschung* (vgl. GUNZ 1986: 84ff.) – zwei Funktionen: zum einen können sie den Teilnehmerinnen

kontextbezogene Selbsterfahrung vermitteln, also ein Ausbildungsziel – stärkeren Praxisbezug – verfolgen. Zum anderen können sie, wenn sie wissenschaftlich begleitet werden, selbst wissenschaftliches Material zur Analyse von Prozessen der Selbstorganisation liefern.

Alle diese Modelle, Methoden und Instrumente sind ohne Zweifel nicht nur praktisch wertvoll, sondern können auch einen theoretisch-wissenschaftlichen Ertrag bringen. Es erheben sich zwei Fragen, auf die wir abschließend eingehen wollen. Die erste lautet, in welcher Beziehung diese Konzepte und Methoden zur klassischen wissenschaftlichen Methode der kausalorientierten Forschung stehen, die zweite, was die autopoietische Systemtheorie LUHMANNs zu diesen Prozessen der systemischen Gruppen- und Organisationsberatung beitragen kann.

b) *Zum Verhältnis zwischen kausalwissenschaftlicher Forschung und praxisbezogener Anwendung von Forschungsergebnissen*

Nach dem klassischen wissenschaftstheoretischen Schema (POPPER 1964: 94ff.) besteht zwischen Grundlagenforschung (d.h. der Suche nach bzw. Überprüfung von wissenschaftlichen Hypothesen und Gesetzen), Erklärung empirisch-praktischer Probleme und Prognose bzw. Anwendung wissenschaftlicher Befunde in der Praxis ein einfacher, konsistent-logischer Zusammenhang:

– in der wissenschaftlichen *Grundlagenforschung* geht es um die Suche nach bzw. Überprüfung von wissenschaftlichen Hypothesen, Gesetzen und Theorien; hier sind bestimmte Randbedingungen sowie bestimmte Ereignisse gegeben bzw. werden (im Experiment) künstlich hervorgerufen; das Resultat ist die Bestätigung oder Widerlegung einer Hypothese, d.h. die Entdeckung oder Prüfung eines wissenschaftliches Gesetz;
– in der *angewandten Forschung* geht es darum, ein problematisches Phänomen (Gewalt in der Familie, Arbeitslosigkeit in einem Land) zu erklären; dazu untersucht der Forscher die jeweils gegebenen Randbedingungen (z.B. die Belastungen in verschiedenen Typen von Familien) und zieht allgemeine Gesetze heran, um das jeweilige Phänomen zu erklären;

- bei der *praktischen Anwendung* wissenschaftlicher Befunde und Gesetze geht es darum, einem Praktiker (Familientherapeuten oder -berater, Sozial- oder Wirtschaftspolitiker) Hinweise zu geben, wie er einem Problem zu Leibe rücken kann; dazu untersucht der Forscher wieder die jeweiligen Randbedingungen und überlegt, welche allgemeinen Gesetze Relevanz besitzen könnten; auf der Basis beider gibt er Handlungsempfehlungen ab.

Aus den vorhergegangenen Ausführungen sollte offenkundig geworden sein, daß dieses einfache Modell bei der Analyse komplexer sozialer Prozesse in Gruppen und Organisationen versagen muß. Im Rahmen einer Familie, eines Betriebs, einer komplexen Organisation wirken eine Vielzahl von Ursache-Wirkungsketten zusammen; ihre Interaktion führt zu den bereits dargestellten Phänomenen der Unvorhersagbarkeit, der institutionellen Erstarrung (Sklerose), der scheinbaren Chaotizität usw.

Hinzu kommen zwei weitere Fakten. Es ist nicht nur so, daß theorieferne Praktiker sich in solchen komplexen Verhältnissen oft besser zurechtfinden als theoretisch geschulte Analytiker. Es zeigt sich oft auch, daß bestimmte Maßnahmen positive Wirkungen erzielen, ohne daß man genau weiß, warum dies so ist. Man könnte diese Tatsache als den *unerklärten (positiven) Effekt* bezeichnen. Beispiele dafür lassen sich aus den Naturwissenschaften, der Medizin, aber auch dem psychischen und sozialen Bereich anführen.

Aus der Medizin sei etwa der Fall des Medikamentes ASPIRIN genannt.[434] Die chemische Formel dafür (eine Acetylsalicylsäure) wurde vor ziemlich genau 100 Jahren (1897) von einem Chemiker der Firma Bayer entwickelt. Weder sein Erfinder noch die erzeugende Firma ahnten voraus, daß sie damit das weltweit erfolgreichste Medikament erfunden hatten: heute werden weltweit jährlich 50.000 Tonnen davon verbraucht; allein Bayer verkauft davon jährlich über 11 Millarden Tabletten in über 70 Ländern. Der Grund für diesen spektakulären Erfolg sind die vielfältigen Anwendungsgebiete der Wunderpille: sie wirkt nachweislich nicht nur bei sehr häufig vorkommenden alltäglichen Gesundheitsbeeinträchtigungen und Erkrankungen, wie Fieber, Schmerz oder Erkältungen; neuerdings wird sie sogar zur Herzinfarktprophylaxe und Vorsorge gegen Magen-Darm-Krebs empfohlen.

---

434 Ich folge hier aktuellen Berichten in der Tageszeitung „Der Standard" (Wien, 4.9.1998, S. 2) und dem Nachrichtenmagazin „Profil" (Wien, Nr. 37, 7.9.1998, S. 105).

Das Medikament hat u.U. zwar Nebenwirkungen (z.B. Magengeschwüre), jedoch scheinen diese die positiven Wirkungen offensichtlich nicht aufzuwiegen. Warum ASPIRIN so vielfältige, wundersame Wirkungen entfalten kann, ist noch keineswegs voll bekannt. So wurde erst 1991 entdeckt, daß beim zweigleisigen Wirkungsmechanismus zwei Enzyme zusammenwirken, wobei eines davon die negativen Folgewirkungen verursacht. Während der Fall von ASPIRIN positiv gesehen werden kann, gibt es viele andere, in denen die versuchsweise Anwendung neuer Medikamente nicht so erfolgreich war. Das Medikament CONTERGAN war nur eines unter einer Vielzahl von Fällen, in denen die theoretisch wenig durchdachte Anwendung einer neuen Mixtur[435] zu schrecklichen Folgen bei den (Versuchs-)Patientinnen führte (LANGBEIN u.a. 1981). Ich werde auf diese Problematik noch zurückkommen.

Ein anderer typischer Fall ist das Verhältnis zwischen naturwissenschaftlichen Entdeckungen und der *Entwicklung neuer Technologien*. Auch hier wurde festgestellt, daß die letzteren sehr häufig keineswegs Anwendungen neuer wissenschaftlicher Befunde darstellten, sondern von begabten Bastlern und Tüftlern eigenständig erfunden und entwickelt wurden (MULKAY 1981). Einer der größten technischen Erfinder der Neuzeit, der Amerikaner Thomas A. EDISON (1847-1931) – Erfinder u.a. der Glühlampe, des Phonographen, des ersten Telefons auf weite Entfernungen – war ein autodidaktischer Bastler.

Aus dem psychologischen Bereich kann man die Tatsache anführen, daß etwa die Verhaltenstherapie keineswegs eine direkte Anwendung der Verhaltenstheorie darstellt (MANTEUFEL/SCHIEPEK 1998: 31) – ein Faktum, das ein zusätzliches Licht auf die Schwäche dieser Theorien auch aus wissenschaftslogischer Sicht wirft (vgl. Kapitel 2).

Der Bereich der *betriebswirtschaftlichen Organisationsberatung* ist überhaupt ein Paradebeispiel für die schwache Beziehung zwischen Theorie und Praxis (vgl. dazu allgemein MOREL u.a. 1980; MICKLETHWAIT/WOOLDRIDGE 1988). Die typische Methode, durch welche viele „Organisationstheoretiker" zu ihren neuen Modellen von Führung und Organisation gelangen, besteht darin, daß sie sich die Strategien und Praktiken erfolgreicher Unternehmen anschauen, die we-

---

435 Sehr oft sind sogenannte „neue" Medikamente allerdings gar nicht neu, sondern lediglich Modifikationen altbekannter Substanzen (LANGBEIN u.a. 1981: 117ff.).

sentlichen Aspekte davon herausheben und diese dann als neuestes Modell der Organisation den Lesern und Praktikern verkaufen.[436] Typisch dafür etwa die Vorgangsweise in der berühmten Studie von C.A. BARTLETT und S. GHOSHAL (1990) über neue Formen der Organisation bei international tätigen Unternehmen. Mit diesem Buch wollen die Autoren „Managern in der Praxis Hinweise und Empfehlungen geben, wie sie sich am besten auf die Herausforderungen des 21. Jahrhunderts vorbereiten können" (S. 9). Zu diesen Empfehlungen sind vor allem dadurch gekommen, indem sie 236 Manager von neun führenden internationalen Industriekonzernen befragten, um deren Erfahrungen und Strategien zu erfassen. Man könnte also sagen, diese Autoren vermitteln die praktischen Rezepte von erfolgreichen Unternehmern an andere Unternehmer![437]

Es gibt ein zweites Faktum, das die Annahme einer einfachen Analogie zwischen wissenschaftlicher Erklärung und praktischer Anwendung von „Sozialgesetzen" in Frage stellt. Dies ist die Tatsache, daß soziale Praxis sich auch nach *normativen Theorien* richten kann, also Theorien, die nicht erklären, *warum* etwas so ist, sondern zu begründen versuchen, warum es so und nicht anders *sein sollte*. Aus diesem Grunde ist eine normative Disziplin wie die *Rechtswissenschaft* von größter Praxisrelevanz: für einen Wirtschaftstreibenden sind die Regelungen des Steuerrechts, des Arbeitsrechts usw. harte „Fakten", die er beachten muß. Es ist zu vermuten, daß ein solcher normativer Aspekt in allen sozialwissenschaftlichen Disziplinen eine gewisse Rolle spielt.[438] Hier liegt die Praxisrelevanz einer Theorie dann auch in einer *Legitimation* einer bestimmten Praxis. Daß gerade die autopoietische Systemtheorie sich dafür eignet, liegt auf der Hand. Eine Theorie, die „beweist", daß die Wirtschaft von der Politik heute weitgehend unabhängig ist, daß die Politik selber keine gesamtgesellschaftli-

---

436 Es gibt inzwischen bereits eine recht umfangreiche Literatur, die die Verlaufsformen, Ursachen und Folgen von „Managementmoden" untersucht; vgl. z.B. RAMSAY 1996.
437 In diesen Bereich ist auch die nahezu unüberschaubare Literatur zum „japanischen Erfolgsmodell" einzuordnen (vgl. dazu z.B. DEUBNER u.a. 1990).
438 Evident ist er etwa in den Wirtschaftswissenschaften, wo die „großen" Theorien (oder Doktrinen), wie die Neoklassik, stark normative Elemente enthalten.

che Steuerungskapazität mehr besitzt[439], „paßt" ausgezeichnet zu neoliberalen Wirtschaftstheorien und zu Theorien der Globalisierung, die politischen Einfluß auf wirtschaftliche Prozesse als unwirksam, ja schädlich betrachten.

Wir müssen also davon ausgehen, daß soziale Praxis keineswegs eine Eins-zu-Eins-Anwendung wissenschaftlicher Gesetze darstellt, sondern daß hier ein erheblich komplexeres Verhältnis besteht. Wie bereits in Kapitel 1 festgestellt, kann eine richtige Praxis auch mit falschen Theorien oder Modellen begründet werden (was noch der harmloseste Fall wäre). Generell gilt, daß fast jede Praxis mit unterschiedlichen theoretischen Modellen plausibel beschrieben bzw. begründet werden kann und daß zwischen Theorie und Praxis erheblich komplexere Beziehungen bestehen, als im oben dargestellten einfachen Modell angenommen.

Wir können aus dieser allgemeineren Perspektive die folgenden Funktionen von Theorien und Forschungsergebnissen für die Praxis hervorheben (MANTEUFEL/SCHIEPEK 1998: 33; vgl. auch ZETTERBERG 1973):

Beschreibung und Rekonstruktion der Praxis, sie nachvollziehbar, lehr- und lernbar machen;

Komplexitätsreduktion: Orientierungshilfen geben, Denken und Handeln fokussieren helfen;

heuristische Funktion: Anregungen geben, neue Aspekte und Sichtweisen bewußt machen;

Kritikfunktion: der Praxis zur Selbstreflexion verhelfen, unerwünschte Folgen und Wirkungen bestimmter Praktiken beachten lernen.

Das oben dargestellte einfache Umlegen der Beziehung zwischen Gesetzen und Randbedingungen in der theoretischen Erklärung auf die Anwendung in der Praxis ist nur ein Spezialfall: man könnte hier von der *Ingenieurfunktion* oder einer *technokratischen* Anwendung des Wissens sprechen. Beim Bau einer Brücke sind gewisse Gesetze der Statik unmittelbar relevant und genau zu beachten. Als Grenzfall kann dies auch im sozialen Bereich gelten: die Kenntnisse über die

---

439 In einem Vortrag LUHMANNs im Festsaal der Wiener Börse, den ich vor einigen Jahren hörte, stellte er sinngemäß fest, Regierungen kleiner Staaten könne man heute nur mehr als „lokale Administratoren" der weltweit agierenden multinationalen Konzerne betrachten.

optimale Größe bestimmter Gruppen kann helfen, wenn es um die Festlegung der Größe von Schulklassen, Trainingsgruppen usw. geht. Das komplexe Geschehen in solchen Gruppen im Laufe eines Jahres (oder mehrerer Jahre) kann mit der Kenntnis solcher Gesetze allein aber nicht mehr zureichend erfaßt werden.

Die Systemtheorie ist für Praktiker attraktiv, weil gerade sie „plausibel jene Praxiserfahrungen (beschreibt), die sich mit klassischen Modellen nur begrenzt nachvollziehen lassen. In der Theorie dynamischer Systeme stehen sie im Zentrum der Betrachtung und werden auf ihre Feindynamiken hin untersucht" (MANTEUFEL/ SCHIEPEK 1998: 35). Während etwa die akademische Psychologie einen „Pakt mit der deskriptiven Statistik" geschlossen habe und nur Verteilungen, statistische Erwartungen, fiktive Durchschnittstypen usw. betrachte, habe es die Praxis mit konkreten Einzelfällen, dem Besonderen, mit Ausnahmen usw. zu tun; sie suche nach „Modellen, die praxisnah und einzelfalltauglich sind"; diese „finden sie in den psychologischen Lehrbüchern kaum, am ehesten noch bei Außenseitern der akademischen Psychologie (z.B. E. Goffman, G. A. Kelly, G. H. Mead)" (ebenda). Bezeichnend erscheint, daß sich unter den drei hier als „Außenseiter der akademischen Psychologie" Genannten zwei Autoren (Mead, Goffman) befinden, die ich als paradigmatische Vertreter einer Soziologie als Wirklichkeitswissenschaft bezeichnen würde!

Hier ist allerdings anzumerken, daß die Kenntnis einfacher Kausalzusammenhänge auch in solchen komplexen Situationen ihre Bedeutung nicht verliert. Wenn man z.B. feststellt, daß in einer bestimmten Schulklasse große Disziplinierungsprobleme auftreten, wird man die reine Größe der Klasse als einen möglicherweise wichtigen Rahmenfaktor sehr wohl mitberücksichtigen müssen. Ebenso können und müssen auch partielle, jedoch gut gesicherte Erkenntnisse aus dem Bereich der Sozialpsychologie und Soziologie (hier etwa aus der Jugendsoziologie) herangezogen werden. Die systematische Betrachtungsweise allein gibt zwar einen allgemeinen Interpretationsrahmen; sie würde aber ohne Einbezug gesicherter Teileffekte und –zusammenhänge nur eine vage Orientierung bieten können. Hier liegt ein Defizit sehr oft wieder bei den (Grundlagen-) Wissenschaftlern, die zwar wissen, wie man Probleme erforscht, aber oft nicht wissen und fragen, welche Probleme auch praktisch relevant sind (ARMSTRONG 1998).

c) Die Praxisfunktionen der LUHMANNschen Theorie autopoietischer Systeme

Wir können damit zur letzten Frage dieses Kapitels kommen, jener nach der Praxisrelevanz der spezifisch LUHMANNschen Variante der Theorie der Selbstorganisation. Ich möchte hier zunächst eine „positive" Funktion hervorheben; dann jedoch zeigen, daß die Leistungsfähigkeit der LUHMANNschen Theorie auch aus dieser Sicht sehr begrenzt ist.

Charakteristika der LUHMANNschen Variante der autopoietischen Systemtheorie

Die LUHMANNsche Systemtheorie besitzt im Vergleich zu anderen sozialwissenschaftlich relevanten Theorien der Selbstorganisation zwei Charakteristika: Das erste davon ist die radikale Begründung der Systemtheorie auf der Ebene des Sinnes und seiner Vermittlung, der Kommunikation, das zweite die Betonung der Autonomie und Abgeschlossenheit der Systeme. Die vorhin dargestellten kybernetischen, synergetischen, spiel- und systemtheoretischen Modelle weisen den Praktiker auf die hohe Komplexität von sozialen Prozessen in Gruppen, Organisationen und Netzwerken hin und geben ihm Instrumente zum sensiblen Umgang mit dieser Komplexität in die Hand. Die LUHMANNsche Theorie leistet noch mehr: sie sagt dem Praktiker erstens, daß er eine „objektive Problemsicht" seines Handlungsfeldes, der zu beratenden Einheit, gar nicht erlangen kann. Er kann lediglich die Eigenbeobachtungen des Systems auf einer höheren Stufe beobachten, protokollieren und eventuell den Systemeinheiten (die jedoch keine Personen, sondern nur kommunikative Akte sind!)[440] wieder rückvermitteln. Sie sagt dem Therapeuten oder Berater, daß er letztlich auch gar nichts erreichen kann, weil sich Systeme nur selber ändern können (wenn sie es überhaupt wollen). Was Günter SCHMID schon für die äquivalenz-funktionalistische Theorie LUHMANNs (und deren Nähe zur Theorie von GEHLEN) feststellte, gilt genauso für seine autopoietische Systemtheorie (vgl. auch BENDER 1998):

---

440 Personen sind nach LUHMANN (1991a: 174, 170) nur "kommunikative Fiktionen", eine „individuell attribuierte Einschränkung von Verhaltensmöglichkeiten".

„Sowohl *Luhmann* wie *Gehlen* kehren ihre zunächst empirisch fundierten Betrachtungen in normative Auslegungsschemata um. Das führt zur partiellen Wirklichkeitsblindheit und zur Verharmlosung wichtiger Nebenfolgen. Die Entlastungs- bzw. Ausdifferenzierungshypothese in ihrer normativen Variante geht von der Prämisse aus, daß Differenzierung und Spezialisierung bzw. Arbeitsteilung unter reziproken Bedingungen erfolgen. *Die Möglichkeit stabilisierter Ausbeutungs- oder Herrschaftsverhältnisse zwischen den ausdifferenzierten Rollen wird in beiden Theorien nicht reflektiert.* Um an das oben angeführte Beispiel anzuknüpfen: Der Spezialist für Steinmesser ist, funktional betrachtet, von vornherein dem Jägerspezialisten unterlegen, da jener leichter Substitute (Äquivalente) für Steinmesser finden wird; ebenso ungleichgewichtig sind etwa die Verhältnisse Lehensträger-Vasall, Kapitalist-Proletarier, Informationsbeschaffer-Informationsauswerter etc." (SCHMID 1970: 210)

LUHMANN vertritt, so SCHMID, einen Opportunismus, der Werte und Zwecke zugunsten eines unendlichen Wertepluralismus pauschal als wahrheitsunfähig bezeichnet, sowie einen hedonistischen Utilitarismus, der annimmt, daß Werte eine Funktion des Grades der Wertebefriedigung sind. Dies ist eine „Grenznutzentheorie" des Wertes, die in überraschende Nähe zur Position eines Rational Choice-Theoretikers wie COLEMAN kommt. Man muß einer solchen Theorie wohl eine gehörige Portion *Zynismus*[441] zuschreiben (DONATI 1992: 47).

Zur Einsicht, daß eine solche Perspektive für Therapeuten und Berater, die an objektiv meßbaren Verbesserungen interessiert sind, wenig hilfreich ist, kommen auch Systemtheoretiker, die der LUHMANNschen Theorie ansonsten sehr viel abgewinnen können. Einer davon ist Torsten GROTH, der im zusammenfassenden Kapitel seines schönen Überblicks über Formen der systemischen Organisationsberatung die folgende Feststellung trifft:

„Mit der Annahme, Organisationen seien soziale Systeme, verabschiedet sich die Systemtheorie von der Möglichkeit der *gezielten* Intervention. Als autopoietische Systeme produzieren und reproduzieren Organisationen die Elemente und Strukturen, aus denen sie bestehen. Als selbstreferentielle Systeme nehmen sie immer auf sich selbst Bezug. Deshalb gibt es keine externen Kriterien des besseren Handelns, keine Rationalitäten, die von außen eingeführt werden können.....
Systemische Berater, für die Luhmanns Theorie mehr als Kosmetik ist, können die Gratwanderung zwischen produktiver Bearbeitung der Probleme, Unmöglichkeit der gezielten Intervention und Selbstüberschätzung der eigenen Tätigkeit auf einem theoretisch hohen Niveau reflektieren. Praktische Handlungsanweisungen lassen sich hieraus noch nicht ableiten." (GROTH 1996: 99, 111)

---

441 „Zynismus, eine Lebensanschauung, die aus vollendeter Skepsis, Lebens- oder Menschenverachtung alle Werte herabsetzt" (Bertelsmann Neues Lexikon, Band 10, S. 484).

Wenn Organisationsberater die Systemtheorie als Hilfestellung für ihre Beratung verwenden, entfernen sie sich von der LUHMANNschen Version und halten sich an Theorien, die Interventionsmöglichkeiten eröffnen, so derselbe Autor weiter (vgl. auch KRIZ 1999). Man kann den Glasperlenspielcharakter der LUHMANNschen Systemtheorie aus der Sicht der Praxis nicht besser belegen.

Wir müssen uns hier zwei Fragen stellen: Warum gibt es dennoch Praktiker, die die LUHMANNsche Version der Systemtheorie attraktiv finden? Worin liegt der Kern der Schwäche der LUHMANNschen Theorie aus der Sicht der Praxis?

Die Entlastungsfunktion der LUHMANNschen Systemtheorie in belastenden, Unsicherheit erzeugenden Berufssituationen

Zumindest ein Grund für die Attraktivität einer Theorie, die die paradoxe Botschaft vermittelt, daß sie für die Praxis keine Hilfestellung leisten kann, weil eine solche gar nicht möglich ist, liegt darin, daß soziale Praxis immer wieder starke Unsicherheit, ja Gefühle der Ohnmacht erzeugt. Dies ist meiner Meinung nach wohl ein Grund dafür, warum gerade Vertreter von Berufen, nach denen von Seiten der Praxis eine ungeheure Nachfrage besteht, auch zur LUHMANNschen Theorie als einem (vielleicht) rettenden Strohhalm greifen. Der Therapeut, zu dem immer wieder verzweifelte oder hartnäckige Klienten kommen, denen anscheinend niemand helfen kann; der Betriebsberater, der von ineffizienten Unternehmen immer wieder als Nothelfer (durchaus mit der Aussicht auf lukrative Vergütung) beigezogen wird – sie alle mögen zumindest eine gewisse Entlastung finden, wenn sie derartige Fälle und Systeme als letztlich unzugänglich und unverbesserbar ansehen können, wenn sie ihnen „Hilfe" anbieten, obwohl sie an deren Nutzen selber gar nicht glauben (können).

Im Falle der Attraktivität der LUHMANNschen Theorie für eine Disziplin wie die *Rechtswissenschaft* mag der Sachverhalt vielleicht ähnlich sein. Hier bietet sich eine Theorie an, die das ausschließliche Operieren im Rahmen der eigenen, komplexen Codes auch als das einzig Mögliche und Richtige darstellt. Die vor allem in Kontinentaleuropa noch immer zu beobachtende Tendenz des Rechtssystems und der Juristen zur Abkapselung von der sozialen Realität, von lästigen Fragen nach den materiellen Interessen hinter bestimmten juristischen Normen, nach der tatsächlichen Wirkung von Sanktionen usw., findet hier ihre theoretische Begründung. In Deutschland – und wohl auch in Österreich – scheint in dieser Hinsicht (zumindest noch vor wenigen Jahrzehnten) noch ein erhebliches Defizit zu bestehen, wie ein bedeutender Vertreter dieses Faches schrieb:

„Unsere zwanzig Kapitel wollen vielmehr die tödliche Isolation beschreiben und überwinden helfen, in der Recht heute lebt, oder korrekter: langsam dahinsiecht, als Leistung der politischen Gesellschaft und für die politische Gesellschaft funktional leer läuft, als Kulturphänomenen nicht ernst genommen wird; kurzum: Verständnis für ‚Recht heute' läßt sich schlechterdings nicht schon aus dem Selbstverständnis eben dieses Rechts vermitteln, das nahezu ausnahmslos seiner selbst überhaupt nicht bewußt ist. Unser Recht ist bewußtlos, und niemand hilft ihm zum Bewußtsein zurück, der diesen Zustand verschweigt. Um im Bilde zu bleiben: Der Patient ‚Recht' bedarf der Ärzte und Kliniken, Selbstbehandlung ist angesichts des Zustandes unmöglich, Naturheilung angesichts der Symptome aussichtslos." (WIETHÖLTER 1968: 27)

Die Situation mag sich in den letzten dreißig Jahren sicherlich verbessert haben. Die Theorie von LUHMANN, so meine These, bietet dafür allerdings nicht das optimale Instrument – im Gegenteil. Hier wird die Abnabelung des Rechts von der Gesellschaft, aber auch von übergeordneten, universellen ethisch-moralischen Prinzipien theoretisch legitimiert:

„Das Rechtssystem ist ein *normativ geschlossenes System*. Es produziert die eigenen Elemente als rechtlich relevante Einheiten dadurch, daß es ihnen mit Hilfe ebensolcher Elemente normative Qualität verleiht .... Es gibt keinen Import von normativer Qualität aus der Umwelt in das System, und zwar weder aus der Umwelt im allgemeinen (Natur), noch aus der innergesellschaftlichen Umwelt (etwa Religion, Moral)." (LUHMANN 1983a: 356ff.)

Der blinde Fleck in der LUHMANNschen Systemtheorie aus der Sicht der Praxis

Wir können damit zur zweiten Frage kommen, der des zentralen „blinden Flecks" in LUHMANNs Theorie aus der Sicht der Praxis. Dieser ist evident: obwohl der Begriff des *Sinnes* im theoretischen Gebäude LUHMANNs eine zentrale Stellung einnimmt – alle Systeme werden anhand des für sie charakteristischen Sinnes des jeweiligen Handelns definiert und abgegrenzt – bleibt dieser Sinn letztlich völlig unbestimmt und inhaltsleer.[442] Die fatalen Folgen für Therapeuten, Or-

---

442 Zu den Folgen dieses „blinden Flecks" in LUHMANNs Theorie vgl. auch BARBEN (1996: 239ff.).

ganisationsberater und –gestalter spricht GROTH (1996: 94) an, wenn er schreibt, daß man infolge der inhaltsleeren Fassung des Sinnbegriffs durch LUHMANN als Praktiker kaum mit seiner Theorie arbeiten könne. Der Sinn entrinnt dem Berater immer; trotzdem, so meint GROTH, sei Resignation nicht angebracht, da der Sinnbegriff das Eigenleben der Organisation unterstreiche und den Berater vor vorschnellen Kategorisierungen bewahre. Eine solche Argumentation kann schwerlich überzeugen. Alois HAHN hat in einer Anekdote die Leistungsfähigkeit der LUHMANNschen Theorie aus dieser Sicht an einem sarkastischen Beispiel[443] pointiert zum Ausdruck gebracht (eine ähnliche Aussage von SCHULTE wurde bereits in Abschnitt 5.3 zitiert):

„Der Versuch eines Therapeuten, einen suizidgefährdeten Philosophen mit Luhmanns Sinnbegriff von der These, das eigene Dasein sei sinnlos, abzubringen, zeigte deutliche Grenzen, da der Patient nach der Behandlung nicht vom Tötungsvorhaben abließ, aber seine Absicht inzwischen auf einem der Theorieentwicklung angemessenen höheren Begründungsniveau rechtfertig[t]e."

Eine solche Haltung kommt in der Tat einem Zynismus sehr nahe (DONATI 1992: 47). Was die faktische Realität betrifft, kann man LUHMANN in gewisser Weise sogar recht geben: kleine wie große soziale Systeme reproduzieren in der Tat meist immer wieder nur ihre eigenen Muster; gutwillige interne und externe Berater und Reformer können sich oft nur die Zähne ausbeißen, wenn sie wirkliche Verbesserungen erreichen wollen. Viele Partnerschaften und Ehen degenerieren im Laufe der Jahrzehnte zu inhaltsleeren, oder sogar latent feindseligen Beziehungen, die nichts anderes zusammenhält als die Furcht vor noch unangenehmeren Veränderungen im Fall einer Trennung (SOLHEIM 1993). Auch Organisationen können im Laufe der Generationen zu erstarrten, mehr für sich selbst als für ihre Klienten existierenden Bürokratien verkommen; Karl KAFKAs Romane *Der Prozeß* und *Das Schloß* vermitteln das Grauen, das von Bürokratien ausgehen kann, deren wichtigstes Prinzip die Einhaltung von routinisierten Abläufen ist, besser als jede soziologische Studie. Die älteste Organisation der Erde, die katholische Kirche, verkam im Spätmittelalter zu einer prinzipien- und skrupellosen Pfründegemeinschaft und würde heute vielleicht nicht mehr bestehen, wenn ihr nicht durch gewaltsame Anstöße von außen grundlegende Reformen aufgenötigt worden wären.

---

443 Ich weiß nicht, ob es sich hier um ein fiktives oder reales Beispiel handelt; zitiert wurde es nach GROTH (1996: 94).

Bei all diesen Fällen ist wichtig: der bloße Fortbestand einer Organisation besagt noch gar nichts über ihren Erfolg oder ihre Erfolglosigkeit. Der „Erfolg" einer Organisation kann nur an ihren Zielen gemessen werden (ENDRUWEIT 1981: 55ff.).[444] Eine Organisation kann erfolglos sein und trotzdem weiterbestehen; daher erscheint es auch sinnvoll – wie es die neuere Organisationsforschung tut – von „erfolgreich gescheiterten Organisationen" zu sprechen. Wenn Organisationen und andere soziale Einheiten also trotzdem oft radikal reformiert, erneuert und damit wohl auch vor dem verdienten Untergang gerettet werden, so geschah und geschieht dies in aller Regel durch massive Anstöße von außen, – Anstöße, die immer auch einen neuen Bezug zu den alten Zielen und Werten der Einheit herstellen, oder aber ihr neue Ziele und Werte setzen. Eine Partnerschaft kann Jahrzehnte nur überdauern, wenn die jugendliche Verliebtheit und Leidenschaft, die Ziele des Aufbaus eines Haushalts und einer Familie, abgelöst bzw. angereichert werden durch Werte und Ziele einer neuen Form der Partnerschaft im späteren Lebensalter (ROSENMAYR 1990; SHEEHY 1995). Ein marodes Wirtschaftsunternehmen wird in einer harten Marktkonkurrenz zugrundegehen, wenn es sich nicht auf seine zentralen betriebswirtschaftlichen Ziele zurückbesinnt; die katholische Kirche konnte nur reformiert und gerettet werden durch die wuchtigen (und oft das eigene Leben kostenden) Attacken protestantischer und anderer Reformer, die sich auf die von den Päpsten in Rom verratenen christlichen Werte der Bibel berufen konnten.

Es gibt einen berühmten Satz von Niklas LUHMANN, den er wohl in Anspielung an einen anderen großen deutschen Denker und Systembauer vor ihm („Die Eule der Minerva beginnt ihren Flug in der Dämmerung...") formuliert hat:

„Diese Theorieanlage erzwingt eine Darstellung in ungewöhnlicher Abstraktionslage. Der Flug muß über den Wolken stattfinden, und es ist mit einer ziemlich geschlossenen Wolkendecke zu rechnen. Man muß sich auf die eigenen Instrumente verlassen. Gelegentlich sind Durchblicke nach unten möglich – ein Blick auf Gelände mit Wegen, Siedlungen, Flüssen oder Küstenstreifen, die an Vertrautes erinnern; oder auch ein Blick auf ein größeres Stück Landschaft mit den erloschenen Vulkanen des Marxismus. Aber niemand sollte der Illusion zum Opfer fallen, daß diese wenigen Anhaltspunkte genügen, um den Flug zu steuern." (LUHMANN 1984: 12f.)

---

444 Bei PARSONS ist dieser Sachverhalt noch klar; vgl. PARSONS 1956.

Betrachten wir die eingeschränkten Möglichkeiten, die Konturen einer Landschaft aus einem Flugzeug über der Wolkendecke zu erkennen, so hat LUHMANN recht. Es gilt dies auch für die Realität sozialer Systeme: ein geschlossenes System eingefahrener Routinen läßt Hoffnungen auf praxis- und veränderungsrelevante Erkenntnisse in der Tat als ziemlich aussichtslos erscheinen. Auch ein systemtheoretisch verfremdeter Blick auf solche Systeme mag hieran wenig ändern. Dagegen sind scharfe Winde, ja Stürme und Gewitter, Blitz und Donner, in der Lage, die Wolken hinwegzufegen und die Aussicht auf die Landschaft unterhalb des Flugzeuges zu eröffnen. Auch deren Bewohnern wird es dann möglich, die Abgründe und Schluchten, aber auch die herrlichen Höhen und Tiefen der Landschaft, in der sie leben, wirklich zu „sehen".[445]

5.6 Resümee

Es steht außer Zweifel, daß Niklas LUHMANN eines der spektakulärsten Werke der deutschen Soziologie der Nachkriegszeit geschaffen hat. In seinem Allgemeinheitsanspruch, seiner Anwendung auf nahezu sämtliche Bereiche der sozialen Realität kann ihm höchstens das Werk von PARSONS zur Seite gestellt werden; in seiner sprachlich-stilistischen Finesse ist es diesem zweifellos überlegen. Und trotzdem läßt der Ansatz von LUHMANN noch stärker als jener von PARSONS

---

445 Wie groß die Frage der äußeren Bedingungen für die Wahrnehmung eines Sachverhalts ist, zeigt das folgende Beispiel. Theodor STORM charakterisierte seine Heimatstadt Husum in diesem Gedicht: „Am grauen Strand, am grauen Meer/und seitab liegt die Stadt;/der Nebel drückt die Dächer schwer/durch die Stille braust das Meer/eintönig um die Stadt./Es rauscht kein Wald, es schlägt im Mai/kein Vogel ohne Unterlaß;/die Wandergans mit hartem Schrei/nur fliegt in Herbstesnacht vorbei,/am Strande weht das Gras." In diesem Sommer (1998) gelang es mir erstmals, am Beginn einer Skandinavienreise mit zwei Söhnen, Husum zu besuchen. Husum präsentierte sich uns als ein sehr reizvolles, sonnendurchflutetes, buntes kleines Hafenstädtchen. Die Hervorhebung der düsteren Seite der Stadt ist für STORM im obigen Gedicht offensichtlich ein künstlerischer Trick, um seine Gebundenheit an die Stadt umso deutlicher hervortreten zu lassen. Es sei deswegen auch noch die letzte Strophe seines Gedichtes zitiert: „Doch hängt mein ganzes Herz an dir,/du graue Stadt am Meer;/der Jugend Zauber für und für/ruht lächelnd doch auf dir,/auf Dir, Du graue Stadt am Meer."

grundlegende Probleme offen bzw. zeigt Schwächen, die bei näherer Betrachtung eindeutig zu erkennen sind.

Wissenschaftstheoretische Mehrdeutigkeiten kommen deutlich zum Ausdruck schon in seiner ersten Schaffensphase, in der LUHMANN mit dem Konzept des „Äquivalenzfunktionalismus" den Begriff der Funktion in den Mittelpunkt stellte, und damit beanspruchte, ein umfassenderes, höheres und allgemeineres Erklärungsprinzip als das der „Kausalität" gefunden zu haben. Eine detaillierte Untersuchung einiger ausgewählter LUHMANNscher Anwendungen dieses Konzeptes – etwa in der Idee des Übergangs von vertikaler zu funktionaler Differenzierung – zeigten, daß der Erkenntnisgewinn dieses theoretischen Schemas bescheiden, seine Orientierungsfunktion eher ideologischverzerrend als aufklärend wirkt (SCHMID 1970).

Dasselbe gilt für die zweite Phase in LUHMANNs Denken, in der mit der autopoietischen Systemtheorie eine noch stärkere Abkehr von klassischen sozialtheoretischen Positionen vollzogen wird. Mit der damit verbundenen Idee der Komplexität, der vielfältigen Vernetztheit sozialer Realität, der begrenzten Steuerbarkeit komplexer systemischer Einheiten, liegt LUHMANN zwar im Trend einer breiten aktuellen Denk- (und Mode-) Strömung in verschiedensten Disziplinen. Mit der Radikalisierung dieser Idee – dem Verständnis aller sozialen Systeme als Kommunikationssystemen und der Annahme ihrer vollständig autonomen, autopoietischen Selbststeuerung – erlangt die Theorie einen Abstraktionsgrad, auf dem die empirische Analyse sozialer Realität weitgehend irrelevant wird. Man kann nicht umhin, auch für LUHMANN's System – wie schon für jenes von PARSONS – eine Folgerung zu ziehen, die der Philosoph O.F. GRUPPE (1914: 72) 1831 in bezug auf ähnliche spekulative Systeme seiner Zeit gezogen hat: „Wenn Empirie und Forschung überhaupt solcher Art ist, als ich sie darstellte[446], die Spekulation aber von jener ihrer Natur nicht lassen kann, dass sie gleich auf *einen* Sprung alles einsehen und erkennen und wohl gar mit Allgemeinheit und Notwendigkeit begriffsmässige Erkenntnis entwickeln will: dann ist ein Einverständnis beider für allezeit unmöglich". Eine spekulative Theorie dieser Art muß sich letzt-

---

446 Als Kennzeichen wissenschaftlicher Empirie sieht GRUPPE (1914: 47ff.) einerseits die Isolierung ganz bestimmter Effekte von allen Nebeneinflüssen, zum anderen (in der Geschichtsforschung, in der keine Experimente möglich sind), die akribische Erforschung der Originalquellen.

lich auch für Praktiker in unterschiedlichsten Disziplinen, für die sie zunächst als sehr attraktiv erscheint, bei näherer Betrachtung als unbrauchbar erweisen.

III. Teil:
Soziologie als Wirklichkeitswissenschaft

Bei der Gegenüberstellung und Beurteilung der verschiedenen sozialwissenschaftlichen Theorien haben wir uns an einem Verständnis der *Soziologie als Wirklichkeitswissenschaft* orientiert. In diesem letzten Teil soll nun explizit herausgearbeitet werden, wie soziologische Theorie nach einem solchen Verständnis zu konzeptualisieren ist. Die Idee der Soziologie als Wirklichkeitswissenschaft basiert auf den folgenden zentralen wissenschaftstheoretisch-epistemologischen Grundannahmen: (1) auf der kausalen und sinnverstehenden Erklärung sozialer Sachverhalte; die Bildung von *Idealtypen* ist hierbei ein essentielles Instrument; (2) auf einer systematischen Analyse der Beziehungen des Handelns zu Werten (*Zurechnungsproblem*); (3) auf einer angemessenen Erfassung der *Logik der Situation*, d.h. der situativen, kontextuellen Umstände, in denen Entscheidungen getroffen werden bzw. Handlungen stattfinden, sowie einer adäquaten Vorstellung vom Akteur und seinen Handlungszielen, wie sie im Begriff der *„Identität"* entwickelt wurde; und (4) auf einer systematischen Erfassung der Beziehungen zwischen unterschiedlichen Ebenen der sozialen Realität (*Mehrebenenanalyse*). Bei allen Problembereichen können wir an ältere Traditionen und neuere Entwicklungen in der Wissenschaftstheorie und soziologischen Theorie anknüpfen.

Die Idee der gleichzeitigen Berücksichtigung von kausal-statistischer und sinnverstehender Analyse bildet, zusammen mit der damit eng verknüpften Problematik der *Zurechnung von Ideen zu sozialem Handeln*, das zentrale Element eines Verständnisses der Soziologie als *Wirklichkeitswissenschaft*. Diese Auffassung von Soziologie wurde vor allem von Max WEBER herausgearbeitet, sie ist aber implizit enthalten auch in den Werken von Alexis de TOCQUEVILLE, E. DURKHEIM, N. ELIAS, E. GOFFMAN und anderen[447].

Die jüngeren Beiträge von Karl R. POPPER, insbesondere seine Idee der Abgrenzung zwischen drei Ebenen der Realität (hierbei können wir auch an N. ELIAS anknüpfen) und sein Konzept der *„Logik der Situation"*, stellen eine entscheidende Basis für die Einlösung der zweiten grundlegenden Forderung einer Soziologie als Wirklichkeitswissenschaft dar. Es ist im Rahmen dieses Konzeptes darüberhinaus auch möglich, den Stellenwert der zentralen DURKHEIMschen Idee vom objektiven und gebieterischen Charakter der sozialen Fakten neu zu bestimmen und mit der Idee der Soziologie als Wirklichkeitswissenschaft in Einklang zu bringen. Es zeichnet sich damit ein Weg ab zur Überwindung einer klassischen Antinomie der Soziologie zwischen ihren individualistischen Varianten einerseits, für die kollektive Phänomene immer nur aus individuellen Handlungen abgeleitet werden können, und den kollektivistischen Varianten, für die die Existenz der Gesellschaft Priorität vor dem Individuum hat (vgl. dazu VANBERG 1975; MOZETIC 1990; HOLLIS 1995). So wurde auch ein *adäquates Konzept des Akteurs* in den Grundlinien schon bei Klassikern der Soziologie bzw. Sozialpsychologie, wie George H. MEAD und Georg SIMMEL, angelegt; bedeutende neuere und zeitgenössische Autoren, an die wir hier anknüpfen können, sind Erik ERIKSON, Thomas SCHEFF und andere.

Bei der Frage der *Mehrebenanalyse*, der Beziehung zwischen der Ebene des individuellen sozialen Handelns in überschaubaren Kon-

---

447 Es gibt ein großes Werk des Soziologen Hans FREYER aus dem Jahre 1930, das den Titel *Soziologie als Wirklichkeitswissenschaft* trägt. Es ist hier nicht der Ort, sich damit ausführlich auseinanderzusetzen. Zum Verhältnis der FREYERschen Konzeption zu der von mir entwickelten Auffassung sei nur das folgende festgestellt. FREYER, der von der HEGELschen Philosophie ausgeht, schreibt der Soziologe letztlich – obwohl er nach einer recht objektiven Übersicht über die Soziologie seiner Zeit auch viele Begriffe von WEBER und anderen Soziologen aufnimmt – eine *geschichtsphilosophische* Aufgabe zu. So schreibt er u.a., die „gegenwärtige Gesellschaftsordnung als konkretes Geschehen erfassen, heißt, den Willensgehalt, der in ihr und über sie hinaus treibt, in ihren Strukturbegriff aufnehmen" (FREYER 1930: 303). Sehr deutlich ist hier ein holistisches Denken; noch deutlicher äußert sich dies in kulturphilosophischen u.a. Werken FREYERS (einer dieser Buchtitel heißt *Theorie des objektiven Geistes*; für eine kurze Charakterisierung seines Denkens siehe auch HARTFIEL/HILLMANN 1982: 224f.).

texten (*Mikrosoziologie*) und jener umfassenderer Kontexte wie Organisationen, Großgruppen und Gesamtgesellschaften (*Makrosoziologie*) steht, kann ich mich auf neuere wissenschaftstheoretische und soziologische Arbeiten von Mario BUNGE und Nicos MOUZELIS stützen.

Im Rahmen meines allgemeinen Konzepts der Soziologie als Wirklichkeitswissenschaft möchte ich mein Verständnis einer adäquaten Theorie hier vorläufig mit dem Begriff einer *problemzentrierten und praxisrelevanten soziologischen Tiefentheorie* bezeichnen. Dabei orientiere ich mich, neben Max WEBER, vor allem an C.W. MILLS, Robert K. MERTON und Norbert ELIAS.

6. Grundprinzipien einer erfahrungsbezogenen und praxisrelevanten soziologischen Theorie

„Nicht die ‚sachlichen‘ Zusammenhänge der ‚Dinge‘, sondern die gedanklichen Zusammenhänge der Probleme liegen den Arbeitsgebieten der Wissenschaften zugrunde: wo mit neuen Methoden einem neuen Problem nachgegangen wird und dadurch Wahrheiten entdeckt werden, welche neue bedeutsame Gesichtspunkte eröffnen, da entsteht eine neue ‚Wissenschaft‘". (WEBER 1973: 165f.)

Dieses Kapitel ist in drei Hauptabschnitte gegliedert: im ersten Abschnitt wird die Unterscheidung zwischen drei Ebenen der Realität (der natürlichen Welt, der sozialen Welt und der Welt der objektiven Ideen) eingeführt, die es ermöglicht, eine angemessene Unterscheidung zwischen naturwissenschaftlichen bzw. naturalistischen, sozialwissenschaftlichen und geisteswissenschaftlichen Theorien durchzuführen. Im zweiten Abschnitt werden die oben genannten vier zentralen Aspekte eines Verständnisses von Soziologie bzw. soziologischer Theorie als Wirklichkeitswissenschaft dargelegt. Im dritten Abschnitt komme ich nach einem Resümee nochmals zurück auf die im ersten Kapitel aufgeworfene Problematik der Leistungen der Soziologie für eine Gesellschafts- und Zeitdiagnose.

6.1 Die Abgrenzung zwischen drei Ebenen der Realität und die Beziehungen zwischen ihnen

Die Unterscheidung zwischen *drei Ebenen der sozialen Realität* wurde von K.R. POPPER in seinen späteren Arbeiten entwickelt[448]; auch Norbert ELIAS und Friedrich HAYEK haben sie mehrfach in sehr ähnlicher Weise angesprochen. Diese Unterscheidung ist von grundlegen-

---

448 Die Grundidee dazu hatte er schon mit 20 Jahren, wie er in seiner Autobiografie schreibt (vgl. MELEGHY 1997: 144).

der Bedeutung für die genaue Herausarbeitung dessen, was soziologische Theorie auszeichnet und welchen Stellenwert sie im Vergleich zu anderen Erklärungsansätzen einnimmt. Sie bildet daher die Basis der folgenden Überlegungen.

Die drei (fünf) unterschiedlichen Ebenen der Realität

Die Abgrenzung zwischen den drei Ebenen der sozialen Realität, von der auch die Differenzierung der wissenschaftlichen Disziplinen ausgehen muß, sieht nach POPPER (1973: 75f., 109ff.; vgl. dazu auch MELEGHY 1993, 1997; BUNGE 1996: 126ff.) folgendermaßen aus:

– die Welt der objektiven physikalischen und biologisch-organischen Objekte (*Welt 1*),
– die Welt der bewußten Gedankeninhalte (*Welt 2*),
– die Welt der objektiven, geistig-logischen Gehalte (*Welt 3*).

Die Grundidee dabei lautet, daß eine jede dieser Ebenen durch je spezifische Gesetzlichkeiten bestimmt ist und daher auch durch spezifische Theorien und Methoden zu erfassen und erklären ist. Die Einteilung in genau diese drei Welten ist nach POPPER allerdings nur grob und muß von Fall zu Fall weiter differenziert werden.[449] Eine analoge Abgrenzung zwischen der physikalischen, biologischen und sozialen Ebene trifft auch Norbert ELIAS (1971: 47).[450]

So unterscheidet POPPER selber innerhalb von *Welt 1* die *physikalische Welt* (1a) von der *biologischen Welt* (1b). Das Lebendige ist ein qualitativ neuer („emergenter"), nicht auf physikalische Vorgänge reduzierbarer Prozeß. Ein zentraler Aspekt aller lebenden Organismen ist das Problem des Überlebens: es geht hier um die Frage, wo sie sich Nahrung beschaffen, Unterkunft finden können usw. Biologische Organismen sind *problemlösende Strukturen*, wobei die Problemlösung meist von genetisch fixierten Präferenzen der Organismen bestimmt wird (POPPER 1979: 260; MELEGHY 1997: 148).

---

449 Ich folge hier auch der ausführlichen und systematischen Darstellung der 3-Welten-Theorie POPPER's in MELEGHY 1997: 147ff.
450 Bei ELIAS fehlt allerdings eine entsprechende klare Abgrenzung der Welt 3; damit hängt zusammen, daß ELIAS auch die Zurechnungsproblematik nicht so klar erkennt. (Eine systematische Auseinandersetzung mit ELIAS kann hier allerdings nicht geleistet werden.)

Welt 2, die Ebene der „*Bewußtseinszustände oder geistigen Zustände*" (POPPER 1973: 123) wird vom Körper und körperlichen Prozessen (vor allem Gehirnprozessen) beeinflußt bzw. getragen, ist aber keineswegs auf diese reduzierbar. Bewußtsein an sich ist nichts spezifisch Menschliches, sondern kommt auch im Bereich des Biologischen, vor allem bei höheren Tierarten vor. Aber erst beim Menschen gibt es eine ganz besondere Art von Bewußtsein, nämlich „*volles Ich-Bewußtsein*" (POPPER 1973: 279; MELEGHY 1997: 149). Dies ist ein ganz zentraler Gedanke; ich werde weiter unten zeigen, daß sich hier eine unmittelbare Anknüpfung an den modernen sozialpsychologischen Begriff der Ich-Identität ergibt, mit dessen Hilfe das Verhältnis zwischen Psychologie und Soziologie auf eine neue Art konzeptualisiert werden kann.

Welt 3 besteht für POPPER aus der Gesamtheit der *geistigen Erzeugnisse* der Menschen. Eine Unterabteilung davon (Welt 3a) sind Normen und Institutionen, wobei er den Begriff der „*Institution*" sehr weit faßt. Wenn POPPER hier feststellt: „Diese sozialen Institutionen bestimmen den eigentlichen Charakter unserer sozialen Umwelt" (ebenda), so formuliert er einen nahezu identischen Satz wie DURKHEIM, der „soziologische Tatbestände" als äußere Fakten bezeichnet, die auf den Menschen einen objektiven Zwang ausüben. Als wichtige soziale Institutionen und Teile von Welt 3a nennt POPPER die Sprache, die Demokratie und die Wissenschaft, sodann auch Werte, wie Wahrheit, Gerechtigkeit, Güte usw. (POPPER 1979: 284ff.).

Festzuhalten ist auch der Unterschied zwischen den Normen der Welt 3a und den Naturgesetzen von Welt 1. Beide sind in gewissem Sinne „Vorschriften"; Naturgesetze sind allerdings zwingende Vorschriften, Normen dagegen von Menschen selber gestaltet, daher auch übertretbar und veränderbar. Die Menschen sind für ihre Normen verantwortlich, auch wenn sie diese nicht immer in einem Prozeß bewußter Planung geschaffen haben (man denke etwa an die Sprache). Soziale Institutionen müssen also bereits *vor* der Entstehung des einzelnen Bewußtseins vorhanden gewesen sein. Wir haben allen Grund zu der Annahme,

„daß der Mensch, oder vielmehr sein Vorfahre, sozial war, bevor er ein Mensch war (überlegen wir doch z.B., daß die Sprache die Gesellschaft voraussetzt). Aber daraus folgt, daß die sozialen Institutionen und mit ihnen typische soziale Regelmäßigkeiten oder soziologische Gesetze, vor dem, was einige Leute die ‚menschliche Natur' zu nennen belieben, und auch vor der menschlichen Psychologie existiert haben müssen. Wenn schon reduziert werden soll, dann würde also der Versuch einer Reduktion der Psychologie oder der Versuch einer soziologischen Deutung der Psychologie wohl mehr Aussicht auf Erfolg haben als umgekehrt." (POPPER 1958: 117)

In dieser Hinsicht stimmt POPPER nicht nur mit DURKHEIM, sondern auch mit MARX überein, der die berühmte These aufstellte, daß es nicht das Bewußtsein der Menschen ist, das ihr Sein, sondern umgekehrt ihr gesellschaftliches Sein ist, das ihr Bewußtsein bestimmt.

Welt 3 beinhaltet noch eine zweite Abteilung, das Reich der *„objektiven Gedankeninhalte"*, die „Welt der logischen *Gehalte* von Büchern, Bibliotheken, Informationsspeichern, von Datenverarbeitungsanlagen und ähnlichem" (POPPER 1973: 88). POPPER nennt diese Welt auch „die sprachliche oder logische oder intellektuelle Provinz der Welt 3". Zu ihr gehören sprachlich formulierte Beschreibungen aller anderen Welten, sowie alle Theorien – nicht nur wahre, sondern auch falsche! (MELEGHY 1997: 151ff.). Ein Merkmal dieser Wissens- und Aussagensysteme ist ihre intersubjektive Kritisierbarkeit. Die Entstehung dieser Welt 3b beruht weitgehend auf der Evolution der *menschlichen Sprache*. Dabei sind vor allem zwei höhere Sprachfunktionen zentral: die *beschreibende* und die *argumentative Funktion*. Nur diese beiden Funktionen sind für menschliche Sprachen konstitutiv; die zwei anderen Sprachfunktionen – die *Ausdrucksfunktion* und die auslösende oder *Signalfunktion* – gibt es durchaus schon bei höheren Tierarten (MELEGHY 1997: 152ff.).

Tamás MELEGHY (1997: 154ff.) hat neuerdings eine weitere Differenzierung innerhalb von Welt 3, zwischen der Welt der Normen und Institutionen einerseits (Welt 3a), die *Vorschriften* beinhaltet, und der Welt der *geistigen Inhalte* (Welt 3b) andererseits, herausgearbeitet. Ein sehr wichtiger Unterschied besteht, wie bereits festgestellt, darin, daß Welt 3b aus Beschreibungen und Theorien besteht, die wahr oder falsch sein können, während Normen und Institutionen nur zweckmäßig oder unzweckmäßig sein können. Etwas komplizierter wird die Beziehung zwischen diesen beiden Ebenen dadurch, daß man jemandem auch normativ vorschreiben kann, daß er/sie an bestimmte Beschreibungen oder Theorien (also Bestandteile von Welt 3b) glauben solle. Oft werden Normen mit dem Hinweis auf ihren Ursprung gerechtfertigt; die Frage des Ursprungs ist jedoch eine Tatsachenfrage. Häufig sind Versuche zu solchen normativen Festlegungen bei Fakt-Fragen, die nur beschränkter empirischer Überprüfung zugänglich sind.

Die Beziehung zwischen den drei (fünf) Welten

Hinsichtlich der *Beziehungen zwischen den drei Haupt-Ebenen* gilt (POPPER 1973: 160ff.):

1. Eine *direkte Beeinflussung* ist nur möglich zwischen zwei benachbarten Ebenen (Welten), aber nicht von Ebene 1 auf Ebene 3 oder umgekehrt. Das bewußte Denken kann sich einerseits auf die physische Welt beziehen (indem ich etwa meine Körperfunktionen wahrnehme und bewußt darauf reagiere), es kann andererseits auch auf objektive geistige Gehalte (Normen, Werte, logische und wissenschaftliche Gesetze usw.) zurückgreifen oder diese weiterentwickeln.
2. Das *Bewußtsein* (Welt 2) schafft eine *indirekte Verbindung* zwischen Welt 1 und Welt 3. Welt 3 kann die physische Welt indirekt dadurch beeinflussen, daß z.B. wissenschaftlich-technische Erkenntnisse durch den Menschen auf die physikalische Welt angewandt werden. Das subjektive Bewußtsein vermittelt also zwischen Welt 1 und Welt 3.

Berücksichtigt man die interne Differenzierung innerhalb von Welt 1 und Welt 3, so kann man sagen, daß auch zwischen den Sub-Welten 1a und 1b bzw. 3a und 3b ähnliche Beziehungen hierarchischer Natur bestehen wie in den Verhältnissen zwischen Welt 1, Welt 2 und Welt 3 (MELEGHY 1997: 157ff.).

Im Falle von Welt 1a und 1b ist dies leicht einzusehen. Ich (d.h. das menschliche Bewußtsein) kann auf die physische Welt nur durch Vermittlung biologischer Prozesse (z.B. durch körperliche Tätigkeit) einwirken. Im Falle von Welt 3a und 3b ist der Vermittlungsprozeß nicht so leicht erkennbar. Ich schließe mich hier der Argumentation von MELEGHY (1997: 158) an, der diesen Punkt m. W. erstmals herausgearbeitet hat. Demnach muß man davon ausgehen, daß die Welt des Wissens (Welt 3b) nur unter *Vermittlung der Welt der Normen und Institutionen* auf das subjektive Bewußtsein einwirken kann. Beispiele dafür wären: der Wert der „Wahrheit" kann mein Bewußtsein nur beeinflussen, wenn ich aus diesem Wert bestimmte Normen ableite und diese als für mich verbindlich erachte (z.B. nicht zu lügen). Ein anderes Beispiel: der Wert der Schönheit musikalischer Klänge wird mir nur bewußt, wenn ich bestimmte Normen hinsichtlich eines bestimmten Musikstils internalisiert habe (vgl. etwa die an Glaubensbekenntnisse erinnernden unterschiedlichen Auffassungen von „schöner Musik" bei Anhängern von Volksmusik, klassischer Musik, Jazzmusik, hartem Rock usw.).

In umgekehrter Richtung gilt dasselbe: das Bewußtsein kann nur über Vermittlung der Welt der Normen auf die Welt des Wissens einwirken. Hier stellt die *Sprache* ein wesentliches Zwischenglied dar: nur durch sie kann ich geistige Sachverhalte zum Ausdruck bringen. Unterschiedliche Sprachen implizieren (durch ihre unterschiedliche Grammatik, ihren unterschiedlichen Wertschatz usw.) auch unterschiedliche Möglichkeiten für die Darstellung der sozialen Realität; man kann in gewisser Weise sogar sagen: „die Grammatik (einer Sprache) formt die Gedanken" (WHORF 1963: 12).

Bei den Beziehungen zwischen den drei bzw. fünf von POPPER unterschiedenen Welten handelt es sich also um eine *hierarchische Struktur*: die materielle Welt 1 bildet die Basis für Welt 2, diese die Basis für Welt 3. Die jeweils höher liegende Ebene könnte ohne die darunterliegende nicht existieren, sie wird von ihr aber keineswegs voll determiniert. Es besteht eine Wechselwirkung insoferne, als die höher liegenden Ebenen auch Effekte auf die tiefer liegenden ausüben. POPPER (1973: 265) spricht hier von *„plastischer Steuerung"*: die höheren Ebenen steuern die niedrigeren. Er gibt dafür ein schönes Beispiel:

„Nehmen wir als Beispiel eine Diskussion auf einer wissenschaftlichen Tagung. Sie kann erregend und befriedigend sein und Anlaß zu entsprechenden Symptomen und entsprechendem Ausdrucksverhalten geben, und dieses kann seinerseits entsprechende Symptome bei anderen Teilnehmern hervorrufen. Jedoch besteht kein Zweifel, daß diese Symptome und auslösenden Signale in gewissem Maße auf den wissenschaftlichen *Gehalt* der Diskussion zurückgehen und von ihm bestimmt sind; und da dieser *deskriptiver und argumentativer Art* ist, werden also die niedrigeren Funktionen von höheren bestimmt. Und obwohl ein guter Witz oder ein einnehmendes Lächeln kurzfristig zu einem Übergewicht der niedrigeren Funktionen führen kann, zählt doch auf lange Sicht das gute – das gültige Argument und das, was es beweist oder widerlegt. Mit anderen Worten, unsere Diskussion wird, wenn auch plastisch, gesteuert durch die regulativen Ideen der Wahrheit und der Gültigkeit". (POPPER 1973: 265)

Man sieht an diesem Beispiel auch sehr deutlich den Unterschied der POPPERschen Perspektive etwa zu jener von LUHMANN: für diesen ist der Kommunikationsprozeß als solcher ein sich selbst regulierender Prozeß, für sein Verständnis ist ein Bezug auf seine spezifischen Inhalte unnötig.[451]

So steuert auch das Bewußtsein, wenn es sich im Wachzustand befindet, die Bewegungen des biologischen Organismus; das Funktio-

---

451 Nötig wäre allenfalls, zwischen unterschiedlichen Typen kommunikativer Interaktionsprozesse zu unterscheiden, etwa einer zwanglosen Alltagsunterhaltung, einem Verkaufsgespräch, oder eben einer wissenschaftlichen Diskussion.

nieren des Bewußtseins selber ist aber abhängig vom Funktionieren des biologischen Organismus. Mit MELEGHY (1997: 160f.) kann man vier Aspekte in der Plastizität der Steuerung durch das Bewußtsein unterscheiden: (1) das Bewußtsein greift nur ein, wenn es „notwendig" wird, z.B. bei größeren Abweichungen der organischen Funktionen von einem „Sollwert"; (2) die biologische Basis „entlastet" das Bewußtsein (erlernte komplexe Fähigkeiten können quasi automatisch ausgeführt werden); (3) der Körper macht nicht immer genau das, was das Bewußtsein will; (4) zwischen Körper und Bewußtsein besteht eine Wechselwirkung, d.h., eine Steuerung mit Rückmeldung oder Rückkoppelung (z.B. lernt das Bewußtsein, daß man sich immer wieder mehr anstrengen muß, um eine schwierige Tätigkeit erfolgreich ausüben zu können).

In *Übersicht 6.1* werden die Beziehungen zwischen den fünf Welten zusammenfassend dargestellt. Die Abbildung bringt zum Ausdruck, daß (1) direkte *Kausalbeziehungen* nur zwischen jeweils zwei benachbarten Ebenen bestehen können; (2) die in der Hierarchie höher liegenden Welten jeweils von den darunter liegenden „getragen" werden (*hierarchische Struktur*); (3) die in der Hierarchie tiefer liegenden Welten von den höheren gesteuert werden (*plastische Steuerung*).

Übersicht 6.1: Die Beziehungen zwischen den fünf Ebenen der Realität nach K.R. POPPER

	mögliche Kausalbeziehungen	Hierarchische Struktur	Plastische Steuerung
Welt 3b (Welt der objektiven Gedankeninhalte)	↓ ↑	↑	←
Welt 3a (normative Welt)	↓ ↑		
Welt 2 (Bewußtseinswelt)	↓ ↑		
Welt 1b (biologische Welt)	↓ ↑		
Welt 1a (physikalische Welt)			↓

Quelle: MELEGHY 1997, S. 163.

Mit dieser Darstellung der Drei-Welten-Theorie von POPPER haben wir eine systematische Basis geschaffen, von der aus die Struktur der soziologischen Theorie genau bestimmt werden kann. Bevor wir darauf eingehen, soll die Grundidee DURKHEIM's darüber, was ein „sozialer Tatbestand" ist, dargestellt werden. Es zeigt sich hier eine erstaunliche und optimistisch stimmende Konvergenz mit den Ideen von POPPER und WEBER.

Die „soziologischen Tatbestände" von DURKHEIM als Normen der Welt 3

Im Rahmen der Drei-Welten-Theorie von POPPER eröffnet sich eine überraschende Möglichkeit, die DURKHEIMsche Idee von den „soziologischen Tatbeständen" als äußeren, objektiven Fakten, die vor dem Individuum da sind, in einem neuen Licht zu sehen. Aufgrund seiner beharrlichen These, daß der zentrale Gegenstand der Soziologie diese objektiven sozialen Tatbestände sind, und nicht das individuelle Handeln, wird DURKHEIM ja seit jeher von vielen als Vertreter eines überholten, aus der Sicht der methodologischen Individualismus unhaltbaren „Kollektivismus" gesehen.

Was ist ein „soziologischer Tatbestand" (*fait social*) nach DURKHEIM? In den *Regeln der soziologischen Methode* schreibt er:

„Wenn ich meine Pflichten als Bruder, Gatte oder Bürger erfülle, oder wenn ich übernommene Verbindlichkeiten einlöse, so gehorche ich damit Pflichten, die außerhalb meiner Person und der Sphäre meines Willens im Recht und in der Sitte begründet sind. Selbst wenn sie mit meinen persönlichen Gefühlen im Einklange stehen und ich ihre Wirklichkeit im Innersten empfinde, so ist diese doch etwas Objektives. Denn nicht ich habe diese Pflichten geschaffen, ich habe sie vielmehr im Wege der Erziehung übernommen.
..... Ebenso hat der gläubige Mensch die Bräuche und Glaubenssätze seiner Religion bei seiner Geburt fertig vorgefunden. Daß sie vor ihm da waren, setzt voraus, daß sie außerhalb seiner Person existieren. Das Zeichensystem, dessen ich mich bediene, um meine Gedanken auszudrücken, das Münzsystem, in dem ich meine Schulden zahle, die Kreditpapiere, die ich bei meinen geschäftlichen Beziehungen benütze, die Sitten meines Berufes führen ein von dem Gebrauche, den ich von ihnen mache, unabhängiges Leben." (DURKHEIM 1965: 15f.)

DURKHEIM nennt hier also ethisch-moralische Pflichten, rechtliche und religiöse Normen, ja sogar Phänomene wie die Sprache und die Währung. Aber nicht nur diese deutlich „auskristallisierten" Institutionen, sondern auch diffusere Phänomene, die er „*soziale Strömungen*" nennt, fallen darunter. Es kann dies der soziale Druck sein, der in Massenversammlungen auftritt (man könnte hier auch von „Massensuggestion" sprechen) oder „dauerhaftere Meinungsströmungen", die sich unabhängig vom Einzelnen in den Bereichen der Politik, Religion, Literatur, Mode usw. entwickeln (DURKHEIM 1965: 106-108).

Entscheidend dafür, diese Phänomene als „soziale Tatbestände" eigener Art bezeichnen zu können, ist die Tatsache, daß sie auf den Einzelnen einen klar empfindbaren Druck, ja Zwang ausüben. Soziale Tatbestände „sind auch mit einer gebieterischen Macht ausgestattet, kraft deren sie sich einem jeden aufdrängen" (ebenda, S. 106). Dieser Druck oder Zwang ist dadurch bedingt, daß ihre Übertretung von der Gesellschaft in mehr oder weniger scharfer Form geächtet wird: sei es, daß der Übertretende bestraft, sozial diskriminiert oder auch nur Objekt von Spott wird, sei es, daß er eine Kommunikation oder Interaktion ohne sie überhaupt kaum mehr zustandebringen kann. (Dies wäre z.B. der Fall, wenn er oder sie sich etwa weigern würde, die Sprache des Interaktionspartners oder die Währung eines Landes zu verwenden.)

DURKHEIM spricht hier also von nichts anderem als von objektiven sozialen Regeln oder Normen, also Elementen von Welt 3 (genauer: Welt 3a) im Sinne von POPPER. Was für DURKHEIM aber als „soziale Tatbestände" anzusehen ist, sind nur jene Normen, die in konkreten Gesellschaften oder sozialen Gruppen verankert sind und die daher – im Falle der Übertretung – von diesen Gesellschaften und Gruppen auch *sanktioniert* werden (vgl. dazu auch HALLER 1987a).[452]

Als entscheidenden Hinweis auf die Tatsache, daß diese Normen dem Individuum von außen *auferlegt*, ja *aufgezwungen* werden, sieht DURKHEIM den *Prozeß der Erziehung*. Diese besteht

„.... in einer ununterbrochenen Bemühung (....), dem Kinde eine gewisse Art zu sehen, zu fühlen und zu handeln aufzuerlegen, zu der es spontan nicht gekommen wäre. Von Geburt an zwingen wir es, regelmäßig zu bestimmten Stunden zu essen, zu trinken und zu schlafen, zwingen es auch zur Reinlichkeit, zum Stillsein und Gehorsam. Später zwingen wir es, Rücksicht zu nehmen, Anstand und guten Ton zu wahren, zwingen es zur Arbeit usw. Wenn mit der Zeit dieser Zwang nicht

---

452 Man könnte allerdings sagen, daß es auch einen *immanenten Zwang* gibt, der vom Norm- und Regelsystemen in Welt 3 auf das subjektive Bewußtsein ausgeübt wird. Dieser Zwang besteht darin, daß ein solches Regelsystem eine mehr oder weniger stark ausgeprägte innere Eigenlogik besitzt, an die man sich weitgehend halten muß, wenn man sich einmal auf ein solches System eingelassen hat. So muß ein Mathematiker im Rahmen der Arithmetik und Algebra klare Regeln beachten; dasselbe gilt für den Sprecher einer bestimmten Sprache oder für den Komponisten, der ein Werk in einer bestimmten Tonart verfaßt.

mehr empfunden wird, so geschieht dies deshalb, weil er nach und nach Gewohnheiten und innere Tendenzen zur Entstehung bringt, die ihn überflüssig machen; aber sie ersetzen ihn nur, weil sie ja von ihm herstammen." (DURHKEIM 1965: 108f.)

Es gibt nur zwei Aspekte, die man klarstellen bzw. vielleicht in gewisser Weise sogar berichtigen muß, um die Grundthesen von DURKHEIM mit der WEBER-POPPERschen Auffassung von soziologischer Theorie in Einklang zu bringen.

Der erste betrifft die Tatsache, daß DURKHEIM an keiner Stelle behauptet, „soziale Tatbestände" (im Falle von gesellschaftlichen Meinungsströmungen spricht er auch von „kollektiven Gewohnheiten", „Kollektivbewußtsein" oder „Kollektivgeist")[453] hätten zur Folge, daß die Individuen sich *immer ihnen entsprechend verhalten*. Was er betont, ist lediglich, daß sie einen *Druck* ausüben, den das Individuum verspürt; ob es diesem Druck nachgibt oder nicht, ist eine andere Frage. Erst in der Interpretation durch PARSONS wurden die sozialen Normen quasi zu einem Definitionselement von Gesellschaft überhaupt.[454] Nur gegen PARSONS, aber nicht gegen DURKHEIM, kann daher der Vorwurf erhoben werden, daß die Wirksamkeit sozialer Normen bereits vorausgesetzt werde, anstatt diese Frage selber als eine offene, empirisch zu untersuchende Problematik zu sehen.[455]

In einem zweiten Aspekt scheint eine gewisse Korrektur der Thesen von DURKHEIM notwendig zu sein. So erscheinen die folgenden Ausführungen über die „sozialen Fakten" doch in einem Punkt als mißverständlich:

„Hier liegt also ein Klasse von Tatbeständen von sehr speziellem Charakter vor: sie bestehen in besonderen Arten des Handelns, Denkens und Fühlens, die außerhalb der Einzelnen stehen und mit zwingender Gewalt ausgestattet sind, kraft de-

---

453 Französisch „conscience collective".
454 Zur Kritik der Postulierung eines normkonformen Sozialverhaltens bei PARSONS siehe u.a. CANCIAN 1975.
455 Dieser, meiner Meinung nach unzutreffende Vorwurf wurde von unterschiedlichsten Autoren erhoben (neuerdings vgl. z.B. COLEMAN 1990: 241). ESSER (1993: 20f.) unterstellt DURKHEIM dieVorstellung, daß die Gesellschaft ein eigenes „Wesen" habe und sieht eine konsequente Weiterführung dieser Idee in PARSONS' und LUHMANN's Arbeiten; ebenso wird die DURKHEIMsche These, die Gesellschaft stelle eine *spezifische Realität* dar, uminterpretiert in die – meiner Meinung nach unhaltbare – These, DURKHEIM habe sich die Gesellschaft als „ganzheitliches, holistisches Gebilde" vorgestellt (ebenda, S. 405).

ren sie sich ihnen aufdrängen. Mit organischen Erscheinungen sind sie nicht zu verwechseln, denn sie bestehen aus Vorstellungen und Handlungen, ebensowenig mit psychischen Erscheinungen, deren Existenz sich im Bewußtsein des Einzelnen erschöpft. Sie stellen also eine neue Gattung dar und man kann ihnen mit Recht die Bezeichnung ‚sozial' vorbehalten. Sie gebührt ihnen. Denn da ihr Substrat nicht im Individuum gelegen ist, so verbleibt für sie kein anderes als die Gesellschaft, sei es die staatliche Gesellschaft als Ganzes, sei es eine der Teilgruppen, die sie einschließt, Religionsgemeinschaften, politische oder literarische Schulen, berufliche Korporationen usw." (DURKHEIM 1965: 107)

Völlig im Einklang mit der Drei-Welten-Theorie stellt DURKHEIM fest, bei diesen Regeln und Normen handle es sich weder um organische noch um psychische Phänomene. Bei sämtlichen Beispielen für die deutlich „auskristallisierten" sozialen Fakten, die er explizit nennt –„Rechtsnormen, Moralgebote, religiöse Dogmen, Finanzsysteme" (DURKHEIM 1965: 107) – handelt es sich aber eindeutig um Phänomene von Welt 3 im Sinne von POPPER. Den Charakter des „Sozialen" besitzen diese Phänomene laut DURKHEIM aufgrund des Zwanges, den sie auf den Einzelnen ausüben. Hier differenziert er aber offensichtlich zuwenig: es sind nicht Wert-, Normen- und Regelsysteme an sich, die einen Zwang ausüben. Der soziale Druck entsteht erst dadurch, daß *bestimmte Gesellschaften* oder Gruppen ganz *bestimmte Regelsysteme für sich als verbindlich festgelegt haben*. Es kann auch ein sozial induzierter „Selbstzwang" vorliegen, wenn ein Individuum diese Normen in seinem „Gewissen" stark verinnerlicht hat (ELIAS 1976/II: 312ff.; vgl. auch KUZMICS 1987). Es gibt eine unübersehbare Fülle von Norm- und Regelsystemen, die im Lande der Menschheitsgeschichte in den verschiedensten Gesellschaften und Kulturen entwickelt worden sind. Nur ein geringer Teil davon ist uns heute überhaupt bewußt (man denke etwa allein an die Tausenden von Sprachen, die noch heute existieren) und ein noch geringerer Teil besitzt für uns Verbindlichkeit. Nur diese Teile sind es, die DURKHEIM als „Kollektivbewußtsein" oder „soziale Tatbestände" par excellence bezeichnet.

Wir gehen also davon aus, daß Norm- und Regelsysteme als geistige Gebilde einen Teil von Welt 3 darstellen und als solche noch keine „sozialen Fakten" sind. Zu solchen werden sie erst, wenn sie von einer konkreten Gesellschaft oder sozialen Gruppe als verbindlich angesehen werden. Damit ergibt sich als zentrale Folgerung für die soziologische Analyse, daß man nach diesen *sozial gültigen Regelsystemen* suchen und ihre Herkunft und Wirkungen erforschen muß.

Es zeigt sich hier eine deutliche Konvergenz von DURKHEIM mit dem Ansatz von WEBER. Diese Konvergenz ist umso auffallender, als auch DURKHEIM argumentiert, daß man zu einem theoretisch-soziologischen Verständnis der Vielfalt des sozialen Lebens nur kommen könne, indem man *typische Formen sozialen Handelns* in bestimmten Kontexten herausarbeitet; dabei müsse zwischen der Erklärung des Verhaltens und der Entwicklung dieser Typen ein enger Zusammenhang bestehen (DURKHEIM 1965: 167ff.). Jenen Zweig der Soziologie, der solche Typen und Klassifikationen bildet, nennt er *soziale Morphologie*. Wir werden auf diese Überlegungen DURKHEIMs noch zurückkommen.

Zwei Hauptarten von Problemen und drei Haupttypen von Theorien und Begriffen

Kehren wir zurück zur Frage nach den wissenschaftslogischen Grundlagen soziologischer Theorie. In engem Zusammenhang mit der Unterscheidung zwischen den drei Welten von POPPER steht jene zwischen *zwei Hauptarten von Problemen* (POPPER 1973: 116ff.). Es gibt demnach

– Probleme der *Herstellung* materieller oder geistiger Produkte (Probleme erster Art) und
– Probleme der *Erkenntnis* der Struktur geistiger Erzeugnisse, wissenschaftlicher Theorien usw. (Probleme zweiter Art).

Für die soziologische Analyse ist die Tatsache zentral, daß die Erkenntnis der objektiven Struktur wissenschaftlicher Theorien mithelfen kann, die Probleme ihrer Herstellung zu verstehen, nicht aber umgekehrt. Probleme zweiter Art sind fast in jeder Hinsicht wichtiger als Probleme erster Art; auch über das Herstellungsverhalten lernen wir mehr, wenn wir die *Struktur der hergestellten Produkte* untersuchen, als wenn wir das Herstellverhalten selber beobachten. Ein Hauptmangel vieler zeitgenössischer Theorien ist, daß sie nicht klar zwischen diesen beiden Typen von Problemen unterscheiden, ja, ihre Relevanz vielfach gar nicht erkennen.

POPPER gibt hier das Beispiel eines Vogelnestes oder einer Spinnwebe als objektiven Produkten der Tätigkeit dieser Tiere, aus deren Analyse man mehr über sie erfahren könne als aus der Beobachtung der Art und Weise, wie sie ihre Nester bzw. Spinnweben bauen. Analoge Beispiele aus dem Bereich menschlicher Gesellschaften wären die Grundrisse und Pläne von Wohnungen und Häusern, die räumliche Anordnung und Gliederung von Verkehrswegen und anderen objektiven Strukturen von Städten und Landschaften; ihre Analyse läßt die soziale Struktur der betreffenden Gesellschaften besser erkennen als die Beobachtung des Baus von Häusern und Städten, von Verkehrsströmen usw. Während etwa die Arbeitsmethoden beim Bau eines Wohnhauses, eines einfachen Einfamilienhauses und einer Luxusvilla sich nicht sehr unterscheiden, gibt es sehr wohl sozialwissenschaftlich signifikante Unterschiede darin, wie die Menschen in diesen unterschiedlichen Wohnungen leben (wobei diese Unterschiede nicht nur auf die Wohnungsform zurückzuführen sind). Ein anderes Beispiel: Friedhöfe in Italien weisen drei klar erkennbare, unterschiedliche Formen von Grabstätten auf: große, kapellenartige Begräbnisstätten reicher, ehemals meist adliger Familien, einfache Grabstätten bürgerlicher Familien, und Wandurnengräber eher ärmerer Bevölkerungsschichten. Dies weist deutlich auf die starke soziale Schichtung in der Gesellschaft Italiens hin (vgl. dazu HALLER 1978).

Wir können diese Unterscheidung auch auf die in den vorhergegangenen Kapiteln dargestellten Theorien anwenden. Hier haben wir insbesondere bei den strukturfunktionalistischen Theoretikern seit PARSONS immer wieder eine Tendenz gesehen, Aussagen unterschiedlicher Art – Definitionen, funktionale Hypothesen, Kausalgesetze usw. – durcheinanderzubringen. Wir konnten diese problematische Tendenz sehr eindeutig aus den Schriften dieser Autoren rekonstruieren, es war nicht nötig, dafür empirische Studien über die Arbeitsweise von PARSONS und seinen Nachfolgern anzustellen. Ein Fehlschluß der Art, daß man von der Untersuchung der Arbeitsweise auf die Produkte selber zurückschließt, wird auch in einer bestimmten Tradition der Wissenschaftssoziologie gemacht. Hier werden problematische Rückschlüsse von der Art der *"Fabrikation des Wissens"* – die zweifellos voll ist von Irrtümern, Vertuschungsmanövern und anderen gezielten Strategien zur Durchsetzung der eigenen Ansichten – auf die Gültigkeit dieses Wissens selber gezogen.[456]

---

456 So meint K. KNORR (1980: 277), „sowohl Pragmatismus als auch Skeptizismus" würden der Wissens*erzeugung* eine konstitutive Rolle zuschreiben: „nämlich darauf, daß der Experimentator [im naturwissenschaftlichen Labor] als kausale Ursache der erhaltenen Ereignisfolge gesehen werden muß und

Den oben unterschiedenen drei Ebenen der Realität entsprechend gibt es auch drei qualitativ unterschiedliche Formen wissenschaftlicher Erkenntnis, also drei unterschiedliche Formen von Theorien (POPPER 1973; vgl. auch *Übersicht 6.1*):

a) *Naturalistische Theorien:* diese versuchen, raumzeitlich allgemeingültige kausale Gesetzmäßigkeiten aufzustellen (Wenn – dann – Sätze). Das Modell ist hier die Naturwissenschaft. Beispiele in der Sozialwissenschaft sind die biologistische Verhaltensforschung und Biosoziologie, behavioristische Lern- und Gruppentheorien, naturalistische Sozialstruktur- und Gesellschaftstheorien, wie sie in Kapitel 2 besprochen wurden. Einflußreiche Theorien dieser Art gibt es nicht nur in der Soziologie, sondern auch in der Psychologie, Ökonomie und anderen Sozialwissenschaften.

b) *Geisteswissenschaftliche Theorien*: diese beschreiben und „erklären" ein geistiges Sinngebilde (den „objektiven Geist", wie er in Kunstwerken, philosophischen und juridischen Systemen, religiösen Dogmengebäuden, Verfassungen usw. enthalten ist) immanent, d.h. nach dessen eigener innerer Logik, seiner Entwicklung, seinen Haupttypen usw. Als Beispiele kann man hier nennen die Kunst- und Literaturgeschichte, die von „Stilen" und „Kunstepochen" spricht; oder die Rechtswissenschaft, insofern sie sich primär auf die Ebene der rechtlichen Normen und Syteme bezieht, deren innere Konsistenz, Logik, Vollständigkeit usw. untersucht (vgl. z.B. die „reine Rechtslehre" von KELSEN).

c) *Sozial- bzw. kulturwissenschaftliche Gesellschaftstheorien* als Elemente einer „*Wirklichkeitswissenschaft*": ihr Ziel ist es, „die uns umgebende Wirklichkeit des Lebens ... in ihrer Eigenart zu verstehen – den Zusammenhang und die Kulturbedeutung ihrer Erscheinungen in ihrer heutigen Gestaltung einerseits, die Gründe ihres geschichtlichen So-und-nicht-anders-Gewordenseins andererseits" (WEBER 1973: 212; aus einer staatswissenschaftlichen Perspektive HELLER 1934: 43f.).

---

daß die Ereigniszusammenhänge als von uns geschaffen – und nicht einfach als gegeben – zu betrachten sind". Hier wird m.M. nach die Tatsache, daß ein Experiment natürlich nur stattfindet, wenn es ein Forscher in Gang setzt, nicht klar getrennt von der Tatsache, daß die im Experiment dann beobachteten Prozesse sehr wohl durch Naturgesetze gesteuert werden (vgl. dazu auch BUNGE 1996: 208).

Man kann diese drei Typen von Theorien mit den vorne unterschiedenen drei Realitätsebenen zusammenbringen. Naturalistische Theorien verbleiben auf der Ebene von Welt 1, geisteswissenschaftliche auf jener von Welt 3. In wirklichkeitswissenschaftlich orientierten soziologischen Theorien geht es dagegen um die Art und Weise, wie wir in unserem Bewußtsein einerseits „natürliche" Bedürfnisse, Interessen usw. verarbeiten, andererseits unserem Handeln ideell-kulturelle Interpretationen geben.

Diesen drei Formen von Theorien entsprechen auch *unterschiedliche Typen von Begriffen*:

- In naturwissenschaftlichen Theorien bzw. naturalistischen sozialwissenschaftlichen Theorien geht es um ahistorische, raumzeitlich universell gültige Allgemeinbegriffe (Energie, Masse; Gruppe, Macht etc.).
- In den Geistes- und Kulturwissenschaften geht es um logische, ästhetische und historische Begriffe, die jedoch rein oder primär im Rahmen begrifflich-geistiger Kontexte stehen, wie z.B. Begriffe der Sprachwissenschaft, Philosophie oder Kunstgeschichte (Barock, Moderne).
- In der Soziologie als Wirklichkeitswissenschaft geht es um die Verbindung der beiden Ebenen der objektiven Realität, der Welt der geistigen Ideen und Wertsysteme einerseits und der Ebene der konkreten geschichtlich-sozialen Realität andererseits. Hier ist der von Heinrich RICKERT und Max WEBER (1973) entwickelte Begriff des „*Idealtypus*" unentbehrlich: Idealtypen sind Begriffe, die zwar gesellschaftlich-historisch konkrete Phänomene bezeichnen, jedoch versuchen, die „wesentlichen" Elemente dieses Phänomens herauszuheben, jene Elemente zu bezeichnen, die gewissermaßen „logisch" dazu gehören. Hierauf werde ich noch ausführlich eingehen.

6.2 Methodologische Grundprinzipien der Soziologie als Wirklichkeitswissenschaft

In diesem Abschnitt sollen nun die eingangs erwähnten Elemente der Soziologie als Wirlichkeitswissenschaft dargestellt werden: die Wechselwirkung Verstehen – Kausalerklärung; die Problematik der Zurechnung von Handeln zu Werten und die Bildung von Idealtypen; die

Analyse der Situation und der Begriff der Identität; schließlich der Aspekt der Mehrebenenanalyse. Alle diese Fragen kann man als Aspekte der *soziologischen Methodologie* im weiten Sinne, wie er in Kapitel 1 definiert wurde, verstehen. Es geht also nicht um die Entwicklung inhaltlicher Hypothesen und Theorien, sondern nur darum, welche Regeln man dabei speziell in der Soziologie beachten muß. Die Identität und Einheit der Soziologie ergibt sich meiner Meinung nach nur aus diesem Kanon gemeinsam geteilter und befolgter methodologischer Grundregeln, aber nicht aus einem bestimmten Objektbereich (der „Gesellschaft") oder aus einer umfassenden und einheitlichen Theorie. Wie schon mehrfach in diesem Band sollen diese Regeln auch hier am Beispiel herausragender Soziologen bzw. soziologischer Werke – in diesem Falle von A. de TOCQUEVILLE und E. GOFFMAN – illustriert werden. Der Fortschritt unseres Methodenbewußtseins ist nichts Selbständiges, sondern kann nur in dem Maße stattfinden, als in bahnbrechenden inhaltlichen Arbeiten neue, fruchtbare Wege konkret vorgezeigt werden.

a) *Die Komplementarität von Kausalerklärung und Sinnverstehen und die Bedeutung des Idealtypus*

Ausgangspunkt unserer Überlegungen zur Beurteilung der Reichweite der verschiedenen sozialwissenschaftlichen Theorien in Kapitel 1 war die Unterscheidung zwischen statistisch-kausaler und sinninterpretierender Erklärung. Diese grundlegenden Konzepte und ihr Verhältnis zueinander sollen nun genauer bestimmt werden.

Die wohl gängigste, in der Wissenschaftsgeschichte durchaus begründete Assoziation, die man mit den Begriffen „Erklären" und „Verstehen" verbindet, ist die eines grundlegenden Unterschiedes zwischen den *kausal denkenden, an experimenteller Überprüfung orientierten Naturwissenschaften* auf der einen Seite, und den an geistig-kulturellen Gebilden und Gehalten interessierten *sinninterpretierenden Geisteswissenschaften* auf der anderen Seite. Zwischen diesen beiden Zugangsweisen scheint es keine Möglichkeit der Vermittlung oder Verbindung zu geben. Kausal-gesetzmäßige Zusammenhänge beziehen sich auf scheinbar unumstößliche („ontologische"), möglicherweise deterministische Zusammenhänge zwischen ganz bestimmten Ursachen und Effekten. Ihre Basis ist das generelle „*Kausalitäts-*

prinzip", das besagt, daß jedes Geschehen seine Ursache hat.[457] Beim Sinnverstehen in den Geistes- und Kulturwissenschaften geht es dagegen um das Verständnis geistiger Gebilde, um die Interpretation von Kunstwerken, allenfalls auch um die einfühlende, „verstehende" psychologische Introspektion – also durchwegs um Bereiche, die frei zu sein scheinen von „naturbestimmten", deterministisch-kausalen Zusammenhängen.

Wenn man mit Max WEBER das Spezifikum der soziologischen Methode in der Kombination von Sinnverstehen und Kausalerklärung sieht, scheint dies auf den ersten Blick ein nahezu unmögliches Unterfangen zu sein. Im folgenden soll daher zunächst betrachtet werden, was unter der Einheit von Kausal- und Sinnerklärung zu verstehen ist. Im Anschluß daran sollen diese Begriffe sowie mögliche Mißverständnisse im Zusammenhang damit noch etwas näher diskutiert werden. Ich beziehe mich dabei vor allem auf die einschlägigen Ausführungen von Max WEBER.[458]

Der Ansatz WEBERs zur Methodologie der Sozialwissenschaften beinhaltet inbesondere drei Aspekte: zum ersten die wissenschaftstheoretischen und wissenschaftslogischen Fragen der Kausalerklärung und des Sinnverstehens und ihrer Beziehung zueinander; zum zweiten die Frage der Beziehung zwischen WEBERs individualistischem Ansatz und Karl POPPERS Konzept der „Logik der Situation"; und zum dritten die Problematik der Beziehung zwischen der individualistischen Handlungstheorie von WEBER und der Problematik der Erklärung makrosoziologischer Effekte. Betrachten wir zunächst Max WEBERs Verständnis von „soziologischen Gesetzen".

---

457 Meyers Enzyklopädisches Lexikon, Bd.13, S. 557 (Kausalität)
458 Die Sekundärliteratur zu Max WEBER ist kaum noch überschaubar, vor allem im deutschen und angelsächsischen Sprachraum (zum ersteren vgl. u.a. MOMMSEN 1974; WEISS 1975; BADER u.a. 1976; SCHLUCHTER 1988; KÄSLER 1995; zum letzteren BENDIX 1960; COLLINS 1986; ALBROW 1990; TURNER 1996). Der größte Teil dieser Ausführungen beinhaltet jedoch werkimmanente Zusammenfassungen und Interpretationen der Theorien und Befunde von WEBER. Dabei werden seine Studien oft sehr umfassend rekonstruiert, es wird jedoch viel weniger auf aktuelle, einschlägige inhaltliche und methodologische Forschung Bezug genommen und der WEBERsche Beitrag im Lichte dieser Forschung gewürdigt (und umgekehrt, diese in seinem Lichte bewertet).

Die Definition soziologischer Gesetze bei WEBER

In den „Soziologischen Grundbegriffen" des 1. Kapitels von *Wirtschaft und Gesellschaft* schreibt WEBER:

„Soziologie (...) soll heißen: eine Wissenschaft, welche soziales Handeln deutend verstehen und dadurch in seinem Ablauf und seinen Wirkungen ursächlich erklären will. ‚Handeln' soll dabei ein menschliches Verhalten (einerlei ob äußerliches Tun, Unterlassen oder Dulden) heißen, wenn und insofern als der oder die Handelnden mit ihm einen subjektiven *Sinn* verbinden...
‚Sinn' ist hier entweder a) der tatsächlich α. in einem historisch gegebenen Fall von einem Handelnden oder β. durchschnittlich und annähernd in einer gegebenen Masse von Fällen von Handelnden oder b) in einem begrifflich konstruierten *reinen* Typus von dem oder den als Typus *gedachten* Handelnden subjektiv *gemeinte* Sinn." (WEBER 1964: 3f.; hervorgehoben im Original)

Es geht den „empirischen Wissenschaften vom Handeln" hier, wie WEBER betont, um *den faktisch gemeinten* Sinn, nicht um irgendeinen objektiv „richtigen" oder „wahren" Sinn. Diesen letzteren zu erfassen ist Ziel „dogmatischer Wissenschaften" wie der Jurisprudenz, Logik, Ethik oder Ästhetik. Sinnhafte Deutung strebt nach „*Evidenz*", die *rationaler* Art sein kann (bei intellektuellem Verstehen (besonders klar beim Nachvollzug logischer oder mathematischer Zusammenhänge) oder *einfühlend-nacherlebend*, wenn es um das Verständnis von Gefühlszusammenhängen geht.

Zu differenzieren ist nach WEBER weiters zwischen zwei Formen des Verstehens: dem „*aktuellen Verstehen* des gemeinten Sinnes einer Handlung" (wir verstehen den Sinn des Satzes 2 + 2 = 4, oder die Tätigkeit des Holzhackens), und einem „*erklärenden Verstehen*" (wir verstehen motivationsmäßig, warum jemand jetzt den Satz 2 + 2 = 4 ausspricht, oder Holz hackt, etwa weil er damit aktuell etwas verdient). WEBER (1964: 6f.) spricht hier auch vom „Erklären" oder „Erfassen" eines Sinnzusammenhangs.

Generell gilt:

„Verstehen' heißt in all diesen Fällen; deutende Erfassung: a) des im Einzelfall real gemeinten (bei historischer Betrachtung) oder b) des durchschnittlich und annäherungsweise gemeinten (bei soziologischer Massenbetrachtung) oder c) des für den *reinen* Typus (Idealtypus) einer häufigen Erscheinung wissenschaftlich zu konstruierenden (‚idealtypischen') Sinnes oder Sinnzusammenhangs." (WEBER 1964: 7)

Wichtig ist nun: zwar strebt jede Deutung nach sinnhafter Evidenz. Ob die Deutung aber *zutreffend* ist, kann allein aufgrund des Verstehens letztlich nie definitiv bestimmt werden. „Vorgeschobene Motive" und „Verdrängungen" können dem Deutenden selber die wahren Motive verhüllen; äußerlich gleiche Handlungen können ganz unterschiedliche Sinngehalte haben; ein Handelnder kann oft unter widersprüchlichen Antrieben stehen. Wir können diese zwar alle vielleicht „verstehen", es läßt sich aber deutend allein nicht bestimmen, in welcher relativen Stärke diese verschiedenen Motive zueinander stehen.

Dies ist allein durch „den tatsächlichen Ausschlag des Motivenkampfes" zu ermitteln, das heißt, durch „die Kontrolle der verständlichen Sinndeutung durch den Erfolg". Empirisch-methodisch ist ein solches Resultat feststellbar durch ein psychologisches Experiment, näherungsweise durch die Statistik, oft aber nur durch *Vergleiche* verschiedener Vorgänge, die sich nur in einem Punkte – dem fraglichen Motiv – unterscheiden. Manchmal ist es überhaupt nur (hypothetisch) bestimmbar durch ein unsicheres „*gedankliches Experiment*", d.h. die Konstruktion eines wahrscheinlichen Verlaufs unter „Fortdenken einzelner Bestandteile der Motivationskette" (ebenda, S. 8).

Hieraus ergibt sich die folgende allgemeine Bestimmung einer soziologisch adäquaten Erklärung als Einheit von Sinn- und Kausalerklärung nach WEBER:

„‚Sinnhaft adäquat' soll ein zusammenhängend ablaufendes Verhalten in dem Grade heißen, als die Beziehung seiner Bestandteile von uns nach den durchschnittlichen Denk- und Gefühlsgewohnheiten als typischer (wir pflegen zu sagen ‚richtiger') Sinnzusammenhang bejaht wird. ‚Kausal adäquat' soll dagegen eine Aufeinanderfolge von Vorgängen in dem Grade heißen, als nach Regeln der *Erfahrung* eine Chance besteht: daß sie stets in gleicher Art tatsächlich abläuft...... Kausale Erklärung bedeutet also der Feststellung: daß nach irgendwie abschätzbaren, im – seltenen Idealfall – zahlenmäßig angebbaren, Wahrscheinlichkeits*regel* auf einen bestimmten beobachteten (inneren oder äußeren) Vorgang ein bestimmter anderer Vorgang folgt (oder mit ihm gemeinsam auftritt). (WEBER 1964: 8f.; hervorgehoben im Original)

Insbesondere für typisches soziales Handeln (das Hauptobjekt der Soziologie) gilt daher, daß der als typisch behauptete Vorgang *sowohl als sinnadäquat wie auch als kausaladäquat*, d.h. statistisch überproportional häufig vorkommend, *aufzuweisen ist*: „Nur solche statistische Regelmäßigkeiten, welche einem *verständlichen* gemeinten Sinn eines sozialen Handelns entsprechen, sind (...) verständliche Handlungstypen, also soziologische Regeln" (ebenda, S. 9).

Betrachten wir beide Teile, das sinnhafte Verstehen und kausale Erklären, etwas näher und versuchen wir, einige im Zusammenhang damit häufig auftretende Mißverständnisse auszuräumen.

Kausalgesetze: keine ontologisch-deterministischen, sondern statistisch-probabilistische Zusammenhänge

Was die *kausale Erklärung* betrifft, ist WEBER in den oben zitierten Ausführungen von einem essentialistischen Kausalverständnis, wie es der Naturwissenschaft häufig unterstellt wird, weit entfernt. Er spricht in diesem Zusammenhang ja nur von *statistischen Wahrscheinlichkeiten*. Kann man dabei aber überhaupt noch von Kausalität im Sinne der Naturwissenschaft sprechen? Ich möchte im Anschluß an einen Aufsatz von Erwin SCHRÖDINGER (*Was ist ein Naturgesetz?*) behaupten, daß dies sehr wohl der Fall ist.

SCHRÖDINGER (1962: 14) wendet sich entschieden gegen die Behauptung, die letzten Basis- oder Einzelprozesse in der Natur seien „streng kausal determiniert" in dem Sinne, daß es ganz bestimmte „elementare Gesetzmäßigkeiten" gebe, aus deren Zusammenwirken sich komplexere Prozesse erst ableiten ließen. Ein solches über die Erfahrung hinausgehendes „Kausalitätsprinzip" unterstelle, „daß ein jeder Naturvorgang absolut und quantitativ determiniert ist mindestens durch die Gesamtheit der Umstände oder physischen Bedingungen bei seinem Eintreten" (ebenda, S. 10). Man könnte hier auch von einem Gegensatz zwischen einem „Zusammenhang in den Dingen" oder einem bloß *funktionalen Zusammenhang* sprechen.[459] SCHRÖDINGER behauptet jedenfalls, daß die Vorstellung einer allgemein in der Natur wirksamen „Kausalität" im ersteren Sinne unhaltbar, „die gemeinsame Wurzel der beobachteten strengen Gesetzmäßigkeit – der *Zufall* ist" (ebenda, S. 10).[460]

---

459 Meyers Enzyklopädisches Lexikon, Bd. 13, S. 557 (Kausalität).
460 SCHRÖDINGER illustriert seine These am Beispiel der Gasgesetze. Im Gegensatz zur Behauptung, diese seien letztlich auf elementare Kausalprozesse zurückzuführen (etwa derart, daß beim Aufeinanderstoßen von Gasmolekülen Energie und Impulse bei jedem einzelnen Stoß erhalten blieben), gilt, daß sich diese Gesetze erst aus einer ungeheuer großen Zahl zusammenwirkender Einzelprozesse ergeben und zwar als Mittelwerte über Millionen von Einzelprozessen, über welche letzteren man im einzelnen nichts weiß oder wissen muß. Denn es sind nur diese *Mittelwerte*, die „ihre eigene, rein statistische

Die weite Verbreitung und Hartnäckigkeit der Vorstellung von so etwas wie „elementaren Kausalgesetzen" in der Natur erklärt SCHRÖDINGER folgendermaßen:

„Woher stammt nun der allgemein verbreitete Glaube an die absolute, kausale Determiniertheit des molekularen Geschehens und die Überzeugung von der *Undenkbarkeit* des Gegenteils? Einfach aus der von Jahrtausenden ererbten *Gewohnheit, kausal zu denken*, die uns ein undeterminiertes Geschehen, einen absoluten, *primären* Zufall als einen vollkommenen Nonsens, als *logisch* unsinnig erscheinen läßt.

Woher aber stammt diese Denkgewohnheit? Aus der jahrhunderte-, jahrtausende langen Beobachtung gerade *derjenigen* natürlichen Gesetzmäßigkeiten, von denen wir heute mit Sicherheit wissen, daß sie nicht – jedenfalls nicht unmittelbar – *kausale*, sondern *unmittelbar statistische* Gesetzmäßigkeiten sind. Für die Praxis werden wir sie zwar als unbedenklich beibehalten, weil sie ja im Erfolg das Richtige trifft. Uns aber *von ihr zwingen* zu lassen, *hinter* den beobachteten *statistischen*, absolut kausale Gesetze mit Notwendigkeit zu postulieren, wäre ein ganz offenbar fehlerhafter Zirkelschluß." (SCHRÖDINGER 1962: 15; hervorgehoben im Original)

Im gleichen Sinne sieht der Wiener Physiker Herbert PIETSCHMANN (1997) als Hauptergebnis der Einsteinschen Revolution der modernen Physik die Tatsache, daß sie über die von ihr experimentell erfaßbaren und meßbaren Daten hinaus keine „Wirklichkeit an sich" (etwa einen absoluten Raum oder eine absolute Zeit) mehr postulieren könne.[461]

An den oben zitierten Ausführungen von SCHRÖDINGER sind zwei Punkte bemerkenswert. Zum einen die Tatsache, daß er – ebenso wie DURKHEIM (vgl. oben) – zum Schluß kommt, daß wesentliche Elemente unseres Naturverständnisses auf menschliche und soziale Bedürfnisse des Weltverständnisses und der Weltinterpretation zurückzuführen sind, und nicht auf irgendwelche „objektiven" Fakten. Diese Folgerung erscheint besonders interessant auf dem Hintergrund der Tatsache, daß es auch in bedeutenden sozialwissenschaftlichen Theorien und Schulen die Tendenz gibt, von scheinbar „natürlichen" Prozessen zu sprechen, wo man sich in Wirklichkeit aber von menschlichen sozialen Verhaltensweisen inspirieren läßt. Deutlich waren diese

---

Gesetzmäßigkeit" zeigen. Das Verhalten der Gase und die darüber aufgestellte Molekulartheorie erklärt „alle ... Eigenschaften der wirklichen Gase, wie Reibung, Wärmeleitung, Diffusion ... *rein statistisch* durch den im einzelnen völlig unregelmäßigen Austausch der Moleküle zwischen den verschiedenen Teilen des Gases" (SCHRÖDINGER 1962: 10).

461 Vgl. dazu auch die Ausführungen von POPPER (1979: 125ff.).

Tendenzen in der Verhaltensforschung und in der strukturell-funktionalen Theorie (vgl. Kapitel 2 und 3).

Mit den angeführten Überlegungen steht SCHRÖDINGER in einer allgemeinen Tendenz der Wissenschaftslehre der Naturwissenschaften, die sich immer mehr von einer essentialistischen Interpretation von Naturgesetzen entfernt und stattdessen deren konventionellen Charakter betont. So wurde etwa nachgewiesen, daß die Anerkennung von naturwissenschaftlichen (z.B. physikalischen) Theorien durch die Fachwissenschaftler selber in erheblichem Maße eine Frage der *sozialen* Durchsetzung und Anerkennung bestimmter Theorien gegenüber anderen ist (KUHN 1967; KNORR 1980; vgl. auch Kapitel 1, Abschnitt 1.4). Ihre Entdeckung und Entwicklung ist stark von ökonomischen und kulturhistorischen Einflüssen bedingt, die man rational zu rekonstruieren versucht (BERNAL 1986).[462] Unhaltbar wäre es allerdings (wie bereits oben festgestellt), aus dem Einfluß sozialer und kultureller Faktoren auf den Prozeß der wissenschaftlichen Erkenntnis und Entwicklung zu schließen, diese sei grundsätzlich nur Sache einer *Konvention* zwischen Fachwissenschaftlern. Würde man auf den *Erfahrungsbezug* als wesentlichen Teil wissenschaftlicher Erkenntnis verzichten, könnten wissenschaftliche Aussagen weder von logisch-mathematischen Kalkülen und Gedankensystemen, noch von widerspruchsfreien Märchen unterschieden werden.[463]

---

462 MEYERS ENZYKLOPÄDISCHES LEXIKON, Bd. 16, S. 812 (Naturgesetz).
463 Vgl. STEGMÜLLER 1954: 258, 273. In der Wissenschaftstheorie wird die Problematik *objektive* versus *konventionelle Basis der Wissenschaft* vor allem im Zusammenhang mit der Problematik der *„Basissätze"* diskutiert. „Basissätze" sind Aussagen über die empirische Realität, also Beobachtungssätze, mit denen letztlich Hypothesen oder Theorien überprüft werden können. Von diesen Basissätzen selber darf man aber nicht annehmen, daß ihre Akzeptanz lediglich Sache eines Beschlusses der betreffenden Fachwissenschaftler sei, da es ansonsten keine Methode mehr gäbe, um die Richtigkeit einer Theorie zu überprüfen und „die ‚wirkliche Welt' von den ‚möglichen Welten' zu unterscheiden" (STEGMÜLLER 1954: 262). Allerdings entsteht hier eine *„Paradoxie der Erfahrungserkenntnis"*: es besteht ein unlösbarer Konflikt zwischen der Tatsache, daß es auf lange Sicht keine „untrügliche Erinnerungsevidenz" gibt (Aussagen über aktuelle Wahrnehmungen setzen immer auch Erinnerungen voraus, diese aber werden von anderen nicht mehr ohne weiteres akzeptiert, wenn sie länger zurückliegen), und der Tatsache, daß man die Richtigkeit der Verwendung sprachlicher Ausdrücke bei der Formulierung von Basissätzen voraussetzen muß. Der intersubjektive Prozeß der Wissenschaft beruht auf dem „irrationalen" oder „metaphysischen Glau-

Zum anderen ist die inhaltliche Aussage sehr wichtig, daß es auch Kausalität im naturwissenschaftlichen Sinne nur mit *statistischen Wahrscheinlichkeiten* zu tun hat. Es gibt hier also eine überraschende Parallele zwischen der Definition von „Kausalität" beim Soziologen WEBER und dem Naturwissenschaftler SCHRÖDINGER. Mit diesem Faktum entfällt auch ein weiterer, häufig vorgebrachter Einwand gegen die Anwendung des Kausalitätsprinzips in den Sozialwissenschaften, der besagt, daß die Annahme kausaler Zusammenhänge im sozialen Leben der Menschen mit Grundpostulaten wie der Existenz eines freien Willens unvereinbar sei. Es entfällt aber auch der Einwand, daß die empirische Sozialforschung in der WEBERschen Tradition mit ihrer Insistenz auf dem Kausalitätsprinzip noch auf einem selbst in der Naturwissenschaft schon überholten Prinzip beharre.[464]

Sozialwissenschaftliches Verstehen: nicht subjektiv-psychologische Einfühlung, sondern intellektuelles Erfassen objektiv-geistiger Sinngebilde

Einige klärenden Überlegungen sind auch notwendig hinsichtlich des Begriffes des „Verstehens". Heben wir zunächst nochmals die wichtigsten Arten des Verstehens hervor, wie sie in einem Lexikon unterschieden werden. „Verstehen" ist demnach[465]

„1. das *Erfassen von Zusammenhängen* (zwischen Dingen, Menschen und Gedanken), entweder unmittelbar zum Zeitpunkt des Erlebens (s. Aha-Erlebnis) oder durch Abrufung des aus früherem Erfassen resultierenden Wissens;
2. das *nachvollziehende*, sozusagen sich hineinversetzende *Begreifen seelischer Zustände* (Gefühle, Motivationen) anderer Menschen;

---

ben", daß „in der Regel keine Irrtümer in der Verwendung der in der Alltagssprache wie in der speziellen Wissenschaftssprache gebräuchlichen Ausdrücke eintreten ..." (STEGMÜLLER 1954: 269f.).
464 Dieser Einwand wird von Wissenschaftlern unterschiedlichster Provenienz vorgebracht, so von marxistisch inspirierten (vgl. etwa HAUCK 1984, der in Kapitel 1 ausführlich diskutiert wurde), und vor allem von Systemtheoretikern aus der Schule von LUHMANN, für die Kausalität ja keine wesentliche methodologische Kategorie darstellt.
465 MEYERS ENZYKLOPÄDISCHES LEXIKON, Bd. 24, S. 518 (Verstehen).

3. das *Erfassen einer Bedeutung*, besonders *eines Symbol- oder Regelsystems*, z.B. einer Sprache oder eines Spiels" (Hervorhebungen von mir)."

Was von „naiven" Vertretern des Konzeptes des Verstehens gemeint ist, ist wohl vor allem der zweite hier genannte Typ, der des „einfühlenden Verstehens". Diese Form des Verstehens hängt eng zusammen mit *„Introspektion"*, einer nach innen, auf das eigene Erleben gerichteten Beobachtung. In dieser Tradition steht auch die ältere, auf DILTHEY aufbauende Richtung der „verstehenden Psychologie", die ihren Schwerpunkt auf eine idiographische Beschreibung der Einmaligkeit eines Individuums in seiner Komplexität legte.

Gegen die Brauchbarkeit der Methode des „Verstehens" in den Sozialwissenschaften sind vielfache Einwände erhoben worden. Eine der pointiertesten Kritiken dieser Art stammt von Theodore ABEL (1964, *The Operation called Verstehen*). ABEL erhebt im wesentlichen zwei Einwände: (1) Verstehen sei in hohem Grade abhängig von einem nur individuell-persönlich fundierten Wissen wie auch von der Fähigkeit eines Beobachters, seine Erfahrungen zu verallgemeinern. Die meisten Interpretationen verblieben daher rein subjektive Meinungsäußerungen; allenfalls komme ihnen eine gewisse „Plausibilität" zu. (2) Das Verstehen stelle keine Verifikation eines tatsächlichen Zusammenhangs dar. Es könne nur mögliche Zusammenhänge angeben. Aus der Sicht des Verstehens ist jede mögliche Beziehung *gleich* wahrscheinlich; welche zutrifft, ist nur durch objektive Meßverfahren feststellbar, wie Experimente, statistische Auswertungen von Massendaten usw.

ABEL hat ohne Zweifel recht mit der These, daß das Verstehen *allein* noch nichts über die faktisch-statistische Wahrscheinlichkeit eines Zusammenhangs aussagt. Für die WEBERsche Tradition der Wirklichkeitswissenschaft rennt er damit aber offene Türen ein, da hier ja explizit betont wird, eine soziologische Erklärung müsse die Verstehenserklärung *immer ergänzen* durch die kausal-statistische Erklärung. Nicht zu bestreiten ist auch seine Behauptung, daß die Fähigkeit zum Verstehen von sozialen Prozessen bei verschiedenen Menschen (und Wissenschaftlern) unterschiedlich stark ausgeprägt ist. Dies ist aber kein Einwand gegen die Plausibilität der aus dem Verstehen abgeleiteten sinnhaften Erklärungen.

Sehr wohl werden durch den Einwand ABELs allerdings Vertreter einer verstehenden (interpretativen) Soziologie getroffen, die das einfühlende Verstehen *allein* als ausreichend für soziologische Erklärungen ansehen. Dies wird tendenziell von jenen Vertretern des symbolischen Interaktionismus und der von ihm inspirierten Forschungsrichtung der *Ethnomethodologie* (Harold GARFINKEL) behauptet, die diese Richtungen zu einem eigenständigen theoretischen Ansatz hochzustilisieren versuchten (wie z.B. BLUMER 1973; für einen kurzen Überblick zur Ethnomethodologie vgl. HARTFIEL/HILLMANN 1982: 185ff.; vgl. auch Kapitel 1).[466] Eine solche Auffassung scheint auch der sehr produktive Wiener Soziologe Roland GIRTLER zu vertreten. In seinem Lehrbuch *Methoden der empirischen Sozialforschung* heißt es zu dieser Thematik, der Ethnologe oder Soziologe, der mit Fragebögen arbeite, ohne sich die spezifischen Interpretationen einer Gruppe angeeignet zu haben, könne soziales Handeln nicht wirklich „verstehen" und deren Regeln „erklären". Der teilnehmende Beobachter, der die Interpretationen der Mitglieder einer bestimmten Subkultur übernimmt, sei hierbei in einer sehr viel günstigeren Situation:

„Durch das ‚Miterleben' des fremden Handelns vermag das andere Ich, z.B. der Forscher, das fremde Handeln in seinem Entwurf und seinen Konsequenzen mitzuerfahren...
 Ebenso hat auch der Soziologe als ‚teilnehmender Beobachter', der die betreffende soziale Einheit in ihrem ‚Wissensvorrat' bzw. ihren Regeln kennengelernt hat, durchaus die Möglichkeit, das Handeln zu ‚verstehen' und zu ‚erklären' bzw. es in einen Gesamtrahmen des Handelns einzuordnen....
 Hier stellt sich nun die wichtige methodologische Frage: wie kann der teilnehmende Beobachter gewiß sein, daß er auch die ‚richtigen' Regeln der Interpretation festhält, denn schließlich bringt er gerade durch seine Wissenschaft ein gewisses Vorverständnis mit, welches sein Erkennen behindern kann. Ein vollkommenes Ausschließen des Vorverständnisses läßt sich nicht durchführen... Schütz meint daher, daß der Beobachtende zumindest zeitweise seine wissenschaftliche Stellung aufgeben soll, d.h. er hat einen Kontakt mit der untersuchten Gruppe als ein Mensch unter Mitmenschen zu verwirklichen." (GIRTLER 1992: 22)

Durch möglichst enge und authentische teilnehmende Beobachtung (als „Mensch unter Mitmenschen"), die eine hohe Vertrautheit zwischen Forscher und Beforschtem herstellt, könne garantiert werden,

---

466 Dies gilt nicht für alle Vertreter des symbolischen Interaktionismus. Abgesehen von GOFFMAN, für den ich dies im Text noch ausführlich belege, gilt es z.B. auch nicht für A. ROSE (1962: 4), der in seiner Einführung zu einem schönen Reader mit Beiträgen zu dieser Tradition ausdrücklich feststellt, daß der symbolische Interaktionismus nur eine *Ergänzung* der verhaltensbezogenen Ansätze darstellt.

daß menschliches Handeln richtig interpretiert und auch „erklärt" werde. Eine quantitative, statistische Bestätigung sei nicht nur überflüssig, sondern sogar unmöglich, da „menschliches Handeln nicht gesetzmäßig abläuft und es wegen seiner Komplexität grundsätzlich nicht prognostizierbar ist"; „Gesetzmäßigkeiten sozialen Handelns" gebe es nur insofern, „als die Handelnden sich an bestimmten Regeln o.ä. ausrichten, was aber nicht heiße, daß die Menschen dies auch immer tun" (GIRTLER 1992: 23f.).

Diese Passage ist wohl nur zu verstehen als Ausfluß eines essentialistisch-ontologischen Gesetzesbegriffes, den ich weiter oben im Anschluß an SCHRÖDINGER grundsätzlich problematisiert habe.[467] Selbstverständlich halten sich Menschen nicht *immer* an die vorgegebenen sozialen Regeln. Dann wäre eine empirische Soziologie, auch im GIRTLERschen Sinne, ja überflüssig; wir könnten uns mit der Rechtswissenschaft, und vielleicht analogen Wissenschaften, die auch die informellen Regeln sozialen Verhaltens (Sitten, Gebräuche usw.) erfassen (wie z.B. die Volkskunde), begnügen. Worauf es soziologisch aber gerade ankommt, sind aber Fragen folgender Art: Wieviele unterschiedlichen, alternativen Regeln und Regelsysteme können zur Erklärung eines Verhaltens herangezogen werden? Wann, mit welcher Wahrscheinlichkeit und unter welchen Bedingungen folgen Menschen diesen Regeln und wann nicht? Wann sind die individuellen und sozialen Beweggründe, die Beteiligte für ihr eigenes Verhalten angeben, die „wirklichen" Beweggründe, wann werden sie als solche nur vorgeschoben, wann werden sie für glaubwürdige und ausreichende Erklärungen gehalten (von Beteiligten *und* Forschern) obwohl sie es nicht sind? Zu all diesen Fragen kann nur die systematische, d.h. auch

---

467 Daß bei GIRTLER (und anderen qualitativen Sozialforschern) ein solcher überholter Gesetzesbegriff zugrundeliegt, zeigt sich auch darin, daß er einen scheinbar unversöhnlichen Gegensatz postuliert zwischen „verstehenden Kulturwissenschaften" einerseits und einer „naturwissenschaftlichen Ausrichtung der Soziologie" andererseits, die standardisierend und quantifizierend vorgehe, dabei aber nur eine „Scheinobjektivität" erreiche (GIRTLER 1992: 16ff.). Trotz dieser methodischen Kritik soll hier keineswegs die inhaltliche Relevanz vieler Arbeiten von GIRTLER bestritten werden; mit seinen Studien über soziale Außenseiter und Randgruppen vertritt er ohne Zweifel eine sehr wichtige Tradition soziologischer Sozialkritik und Aufklärung im Interesse benachteiligter gesellschaftlicher Gruppen (vgl. dazu allgemein WOLFE 1989: 209).

quantitativ-statistische Beobachtung und Analyse sozialen Verhaltens Aufschluß geben.

Abzugrenzen ist der Begriff des „Verstehens" auch von einem *psychologistisch-idiosynkratischen Mißverständnis*. Würde das Verstehen tatsächlich in hohem Maße auf der „Einfühlungskraft" eines Wissenschaftlers beruhen, müßte man in der Tat den von ABEL erhobenen Vorwurf der mangelnden Verallgemeinerbarkeit erheben. Hierzu ist jedoch festzuhalten, daß selbst bei der Methode des Verstehens, die Wilhelm DILTHEY als grundlegend für die Geisteswissenschaften insgesamt herausgearbeitet hat, der Aspekt der *objektiven geistigen Struktur* des zu Verstehenden im Vordergrund steht, und nicht die Fähigkeit des subjektiv-psychologischen Einfühlungsvermögens. Wenn ich etwa unmittelbar Schmerz empfinde, stellt dies noch keine wissenschaftliche (Selbst-) Beobachtung dar; zu einer solchen komme ich erst, *wenn ich dem Schmerz durch Begriffe einen Ausdruck verleihe*. Im unmittelbaren Erleben, in direkter Erfahrung (wie sie etwa von der Lebensphilosophie thematisiert wird) „verschwimmt alles ineinander, und es lassen sich keine bestimmten Grenzen angeben…". In den Worten von DILTHEY: „Es ist, als sollten in einem beständig strömenden Fluß Linien gezogen werden, Figuren gezeichnet, die standhielten" (zit. nach BOLLNOW 1980: 177). Diese fließenden Grenzen können nur durch den „festen Gehalt des Ausdrucks" festgelegt werden, durch ihn entsteht erst ein „Verstehen". Genauer müßte man hier mit Helmuth PLESSNER (1970: 215ff.) von *sprach- und sinngeprägten Erlebnis- und Ausdrucksformen* sprechen. Typisch menschliche emotionale Ausdrucksformen, wie Lachen und Weinen, aber auch Musik, stellen für ihn eine Fortführung sprachlicher Intentionen mit anderen Mitteln dar.

Die Fixierung des flüchtigen Erlebens in einem begrifflichen Ausdruck enthält drei Elemente (BOLLNOW 1980: 178f.): (1) Das Erlebnis geht voll und ganz in den Ausdruck ein, der Ausdruck „repräsentiert es in seiner Fülle"; (2) Erlebnis und Ausdruck entsprechen einander, weil sie in Wirklichkeit eines sind; wir haben nicht zuerst ein Erlebnis und suchen dann nach einem Ausdruck dafür, es ist nichts im Erlebnis enthalten, was nicht auch im Ausdruck enthalten wäre; (3) der Ausdruck repräsentiert nicht nur das Erlebnis, sondern bringt auch *Neues* hervor. Man kann daher mit Recht von der *Intelligenz der Gefühle* sprechen (GOLEMAN 1997). Die schöpferische Leistung emotionaler Ausdrucksformen zeigt sich besonders deutlich bei Dichtern: „Denn das lyrische Genie liegt in einer erhöhten Macht des Erlebens und in der Erhebung des Erlebten zum Bewußtsein eben durch die Kraft, es auszudrücken... Eben hierin liegt die Leistung der Lyrik ..., daß sie das, was in den unbewußten Tiefen des Erlebnisses an Realität enthalten ist, auszuschöpfen vermag" (DILTHEY, zit. nach BOLLNOW 1980: 179). Der „*Ausdruck*" ist daher ein eigenständiges *geistiges Element*, das bei allen Formen des Verstehens eine zentrale Rolle spielt.

Geistig-wissenschaftliche Reflexion spielt für DILTHEY also auch beim Verstehen eine zentrale Rolle. Geht es beim „*elementaren Verstehen*" um eine einzelne Lebensäußerung, die quasi „aus sich heraus verständlich" ist, so richtet sich das „*höhere Verstehen*" auf „das Ganze eines Lebenszusammenhangs" oder eines geistigen Gebildes. Die Notwendigkeit für ein solches Verstehen erhebt sich dann, wenn elementares Verstehen an seine Grenze gelangt, wenn etwas Unerwartetes geschieht, Unsicherheit entsteht. Aus dieser Sicht verändert sich die Beziehung zwischen dem Verstehen einzelner Gefühlsäußerungen und dem Verstehen eines komplexeren Sinnzusammenhangs vollkommen:

„Es ist nicht mehr so, daß ich erst den einzelnen Menschen verstehe und von diesem her dann auch ein Verstehen der objektiven Gebilde möglich ist, sondern umgekehrt: Erst verstehen wir das Gemeinsame des uns umgebenden objektiven Geistes und erst dann, gleichsam durch diesen hindurch auch den andern einzelnen Menschen. Und damit verschiebt sich zugleich der Gesichtspunkt: Nicht mehr der einzelne Mensch wird verstanden, sondern die Welt und das Leben als Ganzes, die Welt, die den Menschen umgibt und in der er sich gemeinsam mit andern vorfindet. Wir sprechen besser von einem allgemeinen Welt- und Lebensverständnis." (BOLLNOW 1980: 196)

Als wesentlich ist festzuhalten, daß auch in DILTHEYs Begriff des „Verstehens" als Grundlage der geisteswissenschaftlichen Methode (1) der *objektive Sinngehalt* der zu verstehenden Prozesse eine zentrale Stellung einnimmt und (2) der *Akt des Verstehens* selbst als ein *komplexer Prozeß wissenschaftlicher Reflexion* gesehen wird, und nicht nur als individuell-idiosynkratischer Vorgang der individuellen „Einfühlung" in psychische Prozesse oder geistig-künstlerische Erzeugnisse.

Die Beziehung zwischen Kausalerklärung und Sinnverstehen: kein Gegensatz, sondern notwendige Ergänzung

Abschließend soll noch auf die Problematik der Beziehung zwischen Sinnverstehen und kausaler Erklärung eingegangen werden. Im Anschluß an Georg H. von WRIGHT (1991) möchte ich hier die These aufstellen, daß diese beiden Formen der Erklärung in den Sozialwissenschaften keineswegs unvermittelt nebeneinander stehen, sondern sich wechselseitig sogar befruchten können.

Ähnlich wie DILTHEY stellt auch WRIGHT (1991: 122ff.) fest, man müsse eine „Hierarchie von Verstehensakten" unterscheiden. Gewissermaßen die unterste Stufe ist das *intentionalistische Verstehen einzelner Verhaltensakte* eines bestimmten Menschen. Ich sehe etwa, wie sich Menschenmassen durch eine Straße bewegen und „verstehe" die einzelnen Verhaltensakte (sie schreien etwas im Chor, schwenken Fahnen usw.). Aber das „Ganze" des Prozesses ist mir noch nicht klar. Ist es eine Demonstration, ein Volksfest, eine religiöse Prozession? Welche dieser Interpretationen zutrifft, ist aus dem Verhalten der einzelnen Mitglieder nicht unbedingt erschließbar. Zur Erfassung solcher Prozesse benötige ich einen *Verstehensakt 2. Stufe*, in dem es darum geht, die Bedeutung des Ganzen zu verstehen, um eine Beantwortung der Frage: Was *ist* dies? Diese Frage ist klar zu unterscheiden von einer *Erklärung des Prozesses*, der Frage, warum die Demonstration stattfindet. Zwischen beiden Fragen aber besteht ein wichtiger Zusammenhang:

„Oft bahnt eine Erklärung auf der einen Ebene den Weg für eine Reinterpretation der Tatsache auf einer höheren Ebene. Wiederum besteht eine Analogie zu individuellen Handlungen. Wenn man den Akt, einen Knopf zu drücken, teleologisch erklärt, so kann dies dazu führen, daß wir das, was der Handelnde tat, neu beschreiben als einen Akt des Läutens, des Aufmerksam-Machens oder sogar Hereingelassen-Werdens. ‚Dadurch, daß er den Knopf drückte, tat er x.' Ähnliches gilt für kollektive Handlungen. Was man gewöhnlich für eine reformatorische Bewegung innerhalb der Religion hielt, kann sich mit tieferem Einblick in die Ursachen als ‚eigentlich' ein Klassenkampf für Landreform herausstellen. Mit dieser Reinterpretation der Tatsachen wird ein neuer Anstoß zu einer Erklärung gegeben. Eine Untersuchung der Ursachen eines Religionszwists kann uns dazu führen, dem Ursprung sozialer Ungleichheiten nachzugehen...

Mit jedem Akt der Interpretation werden die verfügbaren Tatsachen unter einen neuen Begriff gefaßt. Die Tatsachen nehmen sozusagen eine ‚Eigenschaft' an, die sie vorher nicht besaßen." (WRIGHT 1991: 123f.)

Man kann also sagen, daß kausale Erklärung und Sinninterpretation in einem *einander wechselseitig befruchtenden Verhältnis* stehen.[468] Verstehen im Sinne dessen, „was es anzeigt", ist eine Vorbedingung für eine kausale (oder teleologische) Erklärung.[469] Dies ist ein meiner Meinung nach äußerst wichtiger, bislang nur sehr selten gesehener Zusammenhang. Er macht einen Großteil der Debatte um den Vorrang der quantitativen vor den qualitativen Forschungsmethoden (oder umgekehrt) gegenstandslos.[470]

In einem Exkurs soll nun exemplarisch gezeigt werden, daß ein erstrangiger qualitativer Sozialforscher sich sehr wohl der Tatsache bewußt wer, daß eine angemessene soziologische Erklärung den Aspekt des Verstehens *und* der kausal-statistischen Wahrscheinlichkeit beinhalten muß. Der hier vorgestellte Soziologe ist Erving GOFFMAN.[471]

---

468 Nicht alle sind dieser Meinung. So sieht HOLLIS (1995: 332ff.) weiterhin einen nicht überbrückten Gegensatz zwischen Erklären und Verstehen. Mir scheint jedoch, daß er diesen Gegensatz etwas mit dem zwischen Holismus und Individualismus vermengt.

469 Völlig mißverstanden wird dieses Verhältnis zwischen kausaler und sinnhafter Erklärung von P. WINCH (1966: 145), der WEBER unterstellt, dieser habe die Sinnerklärung (Verstehen) als „etwas logisch Unvollständiges" gesehen und deshalb gefordert, sie durch die „ganz andere Methode" der „statistischen Anhäufung" zu ergänzen. Widerlegt die statistisch-kausale Analyse eine Sinnhypothese, so muß natürlich mit Hilfe des *Verstehens* nach einer *anderen* sinnhaften Erklärung gesucht werden; solange ein Sinnzusammenhang aber nicht auch statistisch nachgewiesen wird, bleibt er bloße Hypothese.

470 Auch Raymond BOUDON (1995) diskutiert mehrere klassische Beispiele soziologischer Theoreme, in denen Erklärung und Verstehen (im „objektiven Sinn") in eine enge Beziehung gebracht worden sind, wie etwa die Folgen administrativer Zentralisierung für eine Gesellschaft bei A. de TOCQUEVILLE.

471 Eine genaue Betrachtung gerade dieses Forschers ist auch deshalb von Interesse, weil „verstehende" Sozialforscher, die ihren Ansatz polemisch gegen positivistisch-quantifizierende Methoden absetzen, die konkrete Denk- und Forschungsweise dieses hervorragenden und kreativen Soziologen (den sie natürlich gerne als einen der „Ihren" reklamieren) zu kennen scheinen. Ein Indiz dafür ist jedenfalls die Tatsache, daß z.B. GIRTLER in seinem Lehrbuch *Methoden der qualitativen Sozialforschung* vor allem H. BLUMER als Kronzeugen nennt, der selber nicht durch empirisch-soziolo-gische Arbeiten hervorgetreten ist [in der Kurzdarstellung seiner Person und Arbeiten in HARTFIEL/HILLMAN 1982, S. 100, wird keine einzige erwähnt]. GOFFMAN wird zwar zitiert, aber mit falscher Namensschreibweise bzw. unvollständigem Buchtitel (vgl. GIRTLER 1992: 172, 176).

Exkurs: Erving GOFFMANs Theorie des „Stigma" als Beispiel für die Integration von Verstehen und Erklären

Der amerikanische Soziologe Erving GOFFMAN (1922-1982) kann ohne Zweifel als ein herausragender Vertreter der Forschungstradition des *symbolischen Interaktionismus* angesehen werden, der in einer Reihe von Werken die Bedeutung dieses Ansatzes überzeugend dargestellt hat. Wenn er sich auch selbst nur peripher zu den wissenschaftstheoretischen und -methodischen Prinzipien seines Forschens äußert, kann man doch aus seiner faktischen Vorgangsweise sehr viel darüber entnehmen.

Ich möchte hier die These aufstellen, daß sich GOFFMAN in seiner Arbeit von den folgenden vier Prinzipien leiten ließ:

1. Die allererste Aufgabe der Sozialforschung besteht darin, den Sinn des Handelns der Beteiligten, aber auch das faktische Handeln selber, zu erfassen;
2. physische und objektive soziale Fakten werden soziologisch erst relevant, wenn sie den Beteiligten bewußt und von ihnen als wichtig angesehen werden;
3. die Darstellung der individuellen Motive und Strategien des Handelns ist nicht ausreichend; wichtig ist vor allem die Herausarbeitung von gesellschaftlich verfestigten Handlungsstrategien, also institutionalisierten Handlungsmustern;
4. soziologische Erklärung erschöpft sich nicht im Verstehen und Darstellen dieses Sinns, sondern sie muß menschliches Handeln auch kausal-statistisch erklären durch Feststellungen über die Wahrscheinlichkeit des Auftretens bestimmter Phänomene und Verhaltensweisen, insbesondere in Abhängigkeit von anderen Gegebenheiten.

Alle vier Aspekte zusammen, so meine These, lassen es als voll gerechtfertigt erscheinen, die Arbeiten GOFFMANs als soziologische Theorie sensu strictu zu sehen. Daß GOFFMAN diese Prinzipien in seiner Forschung de facto befolgte, soll im folgenden anhand der Arbeit *Stigma. Über Techniken der Bewältigung beschädigter Identität* (1967) gezeigt werden.

Kaum näher zu belegen brauche ich hier wohl die These, daß GOFFMAN das Sinnverstehen als essentiell betrachtet. Den Hauptteil seiner Arbeit über das „Stigma" – wie auch seiner anderen Arbeiten –

bilden Überlegungen dazu, welchen *Sinn* die Handelnden mit bestimmten Handlungsstrategien verknüpfen, welche Absichten sie damit verfolgen. Dabei werden sowohl *kognitive* wie *emotionale Aspekte* als wichtig angesehen: es wird untersucht, was Menschen an sich und bei anderen wahrnehmen; wie sie mit der diesbezüglich relevanten Information umgehen; was sie von sich und anderen denken; welche Gefühle sie entwickeln, wenn andere bei ihnen jene Merkmale entdecken, die zu einer Stigmatisierung führen können; welche Techniken der Informationskontrolle sie einsetzen usw. Zunächst einige wörtlichen Auszüge, die mehr den emotionalen Aspekt betreffen:

„Die Haltungen, die wir Normalen einer Person mit einem Stigma gegenüber einnehmen, sind wohlbekannt, da es ja diese Reaktionen sind, die durch wohlwollende soziale Verhaltensweisen gemildert und verbessert werden sollen. Von der Definition her glauben wir natürlich, daß eine Person mit einem Stigma nicht ganz menschlich ist. Unter dieser Voraussetzung üben wir eine Vielzahl von Diskriminationen aus..." (S. 13)

„Wie antwortet eigentlich die stigmatisierte Person auf ihre Situation? In einigen Fällen wird es ihr möglich sein, einen direkten Versuch zu machen, das zu korrigieren, was sie als die objektive Basis ihres Fehlers sieht... Das stigmatisierte Individuum kann auch versuchen, seinen Zustand indirekt zu korrigieren...

Schließlich kann die beschämend andersartige Person mit dem, was Realität genannt wird, brechen und eigensinnig versuchen, eine unkonventionelle Auffassung von der Eigenart ihrer sozialen Identität durchzusetzen." (S. 18-20)

„Das stigmatisierte Individuum dürfte spüren, daß es sich unsicher fühlt, wie wir Normalen es identifizieren und aufnehmen werden... So entsteht in dem Stigmatisierten das Gefühl, nicht zu wissen, was die anderen Anwesenden ‚wirklich' über ihn denken." (S. 23f.)

„In sozialen Situationen mit einem Individuum, bei dem ein Stigma bekannt ist oder wahrgenommen wird, verwenden wir also wahrscheinlich Kategorisierungen, die nicht passen, und sowohl wir als auch der Stigmatisierte erfahren wahrscheinlich Unbehagen." (S. 30)

Das stigmatisierte Individuum wird „in den meisten Fällen finden, daß es teilnehmende Andere gibt, die bereit sind, sich seinen Standpunkt in der Welt zu eigen zu machen und mit ihm das Gefühl zu teilen, daß es trotz allen Anscheins ... normal ist." (GOFFMAN 1967, S. 30)

Bei den folgenden Auszügen steht der Aspekt der bewußten und mehr oder weniger gezielten Informationsverarbeitung und -kontrolle im Mittelpunkt:

Bei der Kooperation von Stigmatisierten mit Normalen ist das entscheidende Problem „nicht, mit der Spannung, die während sozialer Kontakte erzeugt wird, fertig zu werden, sondern eher dies, Information über ihren Fehler zu steuern." (S. 56)

„Mit dem Terminus *kognitives Erkennen* beziehe ich mich auf den perzeptiven Akt, ein Individuum als eines mit entweder einer bestimmten sozialen Identität oder einer bestimmten persönlichen Identität zu ‚setzen'. Das Erkennen sozialer Identitäten ist eine wohlbekannte Türhüterfunktion vieler Bediensteter." (S. 87)

„Techniken der Informationskontrolle": „Einige der üblichen Techniken, die das Individuum mit einem geheimen Defekt beim Handhaben kritischer Information über sich anwendet, können nun betrachtet werden..." (S. 117)

Ich-Identität ist „zuallererst eine subjektive und reflexive Angelegenheit." (S. 132)

„Wie aber Individuen, die plötzlich eine Transformation ihres Lebens von dem einer normalen zu dem einer stigmatisierten Person erfahren, die Wandlung psychologisch erleben können, ist sehr schwierig zu verstehen..." (GOFFMAN 1967, S. 163)

Objektiv gegebene Fakten, seien es physische oder soziale, werden aus soziologischer Sicht erst bedeutsam, wenn sie im Rahmen des sozialen Handelns eine Rolle spielen, also a) überhaupt wahrgenommen werden, und b) eine Bewertung erfahren. Die objektive Eigenschaft als solche ist dabei zunächst völlig irrelevant; gleiche objektive Eigenschaften können sozial sogar etwas völlig Unterschiedliches bedeuten. Dies ist eine völlig andere Perspektive als etwa jene der naturalistischen Theorien, die annehmen, daß die Betrachtung solcher objektiver Fakten für sich bereits soziologische Verallgemeinerungen erlaubt.[472] Zur GOFFMANschen Perspektive auch hier wieder einige Zitate aus *Stigma*:

„Ein- und dieselbe Eigenschaft vermag den einen Typus zu stigmatisieren, während sie die Normalität eines anderen bestätigt, und ist daher als ein Ding an sich weder kreditierend noch diskreditierend. Zum Beispiel zwingen einige Jobs in Amerika diejenigen ihrer Inhaber, die nicht die erwartete Collegeausbildung haben, diese Tatsache zu verheimlichen; andere Jobs jedoch können die wenigen Inhaber, die eine Hochschulbildung haben, dazu führen, gerade dies geheimzuhalten, um nicht als Versager oder Außenseiter gekennzeichnet zu werden." (S. 11)

„Drei kraß verschiedene *Typen von Stigma* können erwähnt werden. Erstens gibt es *Abscheulichkeiten des Körpers* – die verschiedenen physischen Deformationen. Als nächstes gibt es individuelle Charakterfehler... Schließlich gibt es die phylogenetischen Stigmata von Rasse, Nation und Religion... Jedoch werden in all diesen verschiedenen Stigmabeispielen... die gleichen soziologischen Merkmale gefunden: Ein Individuum ... besitzt ein Merkmal, das sich der Aufmerksamkeit aufdrängen und bewirken kann, daß wir uns bei der Begegnung mit diesem Individuum von diesem abwenden..." (S. 13)

„Die *Sichtbarkeit eines Stigmas* ist natürlich ein entscheidender Faktor..." Dabei ist „der Terminus Sichtbarkeit vielleicht nicht zu irreführend. Tatsächlich würde der allgemeine Terminus ‚Wahrnehmbarkeit' genauer sein, und ‚Evidenz' noch genauer" (S. 64)

---

[472] Wenn für GOFFMAN der „*Raum*" soziologisch erst über seine soziale Definition bestimmt wird, stellt dies einen deutlichen Unterschied dar z.B. zu GIDDENS (1984: 110ff.), für den Raum und Zeit an sich bereits als Grundkategorien jeder Vergesellschaftung gelten.

„Wenn ein Individuum ein stigmatisierendes Gebrechen besitzt, das niemandem, auch ihm selber nicht, bekannt ist, ... dann hat der Soziologe offensichtlich kein Interesse daran..." (S. 94)
„Genauso wie die Welt des Individuums räumlich aufgeteilt ist durch seine soziale Identität, so ist sie auch durch seine persönliche Identität aufgeteilt. Es gibt Orte, an denen es, wie man sagt, persönlich bekannt ist... Nachdem die Aufteilung der räumlichen Welt des Individuums in unterschiedliche Regionen gemäß der ihnen innewohnenden Gegebenheiten für das Management sozialer und persönlicher Identität festgestellt ist..." (GOFFMAN 1967, S. 105f.; Hervorhebungen von mir, M.H.)

GOFFMAN geht es weiters nicht nur um individuelle, wenngleich sozial determinierte Verhaltensstrategien, sondern es geht ihm vor allem auch um *gesellschaftlich verfestigte und institutionalisierte Muster.* Auch dazu einige Belege:

„Die Gesellschaft schafft die Mittel zur Kategorisierung von Personen und den kompletten Satz von Attributen, die man für die Mitglieder dieser Kategorien als gewöhnlich und natürlich empfindet. Die sozialen Einrichtungen etablieren die Personenkategorien, die man dort vermutlich antreffen wird." (S. 10)
„Personen, die ein bestimmtes Stigma haben, zeigen eine Tendenz, ähnliche Lernerfahrungen hinsichtlich ihrer Misere zu machen und ähnliche Veränderungen in der Selbstauffassung – einen ähnlichen ‚moralischen Werdegang' zu haben..." (S. 45; in der Folge werden vier solcher Muster dargestellt).
Es gibt „zwei Phasen in dem Lernprozeß der stigmatisierten Person ...: ihr Erlernen des normalen Standpunkts und ihre Erfahrung, daß sie, an ihm gemessen, disqualifiziert ist." (S. 103)
‚Verhaltensmaßregeln' für stigmatisierte Personen im Umgang mit Normalen." (GOFFMAN 1967, S. 152)

Bis hierher habe ich für Kenner der Arbeiten von GOFFMAN wohl kaum überraschend Neues gezeigt. Zutreffen könnte dies jedoch für die vierte der oben aufgestellten Thesen, nämlich jener, daß auch bei GOFFMAN die kausale Erklärung im Sinne von *Prognosen der statistischen Wahrscheinlichkeit des Auftretens* bestimmter Verhaltensmuster bzw. ihrer Abhängigkeit von bestimmten Ursachen eine zentrale Rolle spielt. Dem symbolischen Interaktionismus im allgemeinen und GOFFMAN im besonderen wird in Lehrbüchern kaum zugesprochen, daß er auf kausale Erklärungen in diesem Sinne abzielt; ja, man kann sogar häufig eine Charakterisierung seines Denkens als bloß an Situationen, deskriptiven Beschreibungen usw. interessiert finden.[473]

---

473 So schreibt etwa G. MIKL-HORKE (1989: 249), GOFFMAN beschäftige sich „nicht mit dauerhaften Strukturen, sondern mit Momentaufnahmen des Verhaltens von Menschen, die gemeinsam etwas tun. An die Stelle der Erklärung

GOFFMAN selber scheint dieses Urteil zu bestätigen, wenn er sich in der Einleitung zu seinem Werk *Das Individuum im öffentlichen Austausch* kritisch gegen die quantifizierende und hypothesentestende „Variablensoziologie" wendet. Ich zitiere zunächst diese Passage ausführlicher:

„Zweifellos hat also die Methode, auf die ich in diesem Buch häufig zurückgreife – unsystematische naturalistische Beobachtung –, deutliche Grenzen. Zu meiner Verteidigung möchte ich sagen, daß die traditionellen Untersuchungsverfahren .... ebenfalls von begrenztem Wert sind... Die auftretenden Variablen sind weitgehend Produkte solcher Untersuchungsverfahren und haben außerhalb des Raums, in dem die Instrumente und Versuchspersonen lokalisiert sind, keine Existenz... Konzepte werden in großer Eile ersonnen, damit man rasch zum Aufbau von Versuchsanordnungen übergehen und die Wirkungen kontrollierter Variationen der einen oder anderen Art messen kann. Die Wissenschaftlichkeit des Ganzen ist dabei durch die Verwendung von Laborkitteln und Regierungsgeldern sichergestellt. Die Arbeit beginnt mit dem Satz: ‚Wir stellen die Hypothese auf, daß...'; dann kommt eine eingehende Diskussion über die ... enthaltenen Unterstellungen und Grenzen, gefolgt von Gründen dafür, wieso die Versuche dadurch nicht sinnlos werden; das Ganze gipfelt schließlich in einer bemerkenswerten Anzahl von hinreichend signifikanten Korrelationen, die einige der Hypothesen weitgehend bestätigen – als ob die Aufdeckung von Strukturen des sozialen Lebens so einfach wäre." (GOFFMAN 1974: 18)

Seine eigene Vorgangsweise beschreibt er demgegenüber mit einer gewissen Selbstironisierung als weit weniger anspruchsvoll:

„In den Arbeiten dieses Bandes werden empirisch nicht abgesicherte Aussagen über das Vorkommen bestimmter sozialer Praktiken zu bestimmten Zeiten bei verschiedenartigen Leuten gemacht. In einer solchen Form der Beschreibung sehe ich ein notwendiges Übel. Um die Details und Fragmente des gegenwärtigen sozialen Lebens in einer umfassenden Analyse miteinander zu verknüpfen, muß man eine große Anzahl von Behauptungen aufstellen, die sich nicht auf solides quantitatives Beweismaterial stützen können." (GOFFMAN 1974: 15)

GOFFMAN beschreibt hier seine eigene Vorgangsweise ohne Zweifel zutreffend. Irreführend wäre es allerdings, aus seiner Tendenz zur Relativierung der Bedeutung quantifizierender und kausaler Aussagen zu schließen, diese letzteren würde er überhaupt nicht als wesentlich für

---

großer Strukturen wählt er einen ‚atomistischen Bezugsrahmen' und fragt nach dem, was in einer ganz bestimmten realen Situation ‚eigentlich' vorgeht. Auf dieser Grundlage erscheint der Mensch bei Goffman nicht durch Bezugnahme auf Kultur, Geschichte, Gesellschaftsstruktur bestimm- und erklärbar, sondern ist, was er gerade tut. Das Tun bestimmt das Sein oder ‚doing is being'".

Sozialforschung betrachten. Das Gegenteil ist der Fall. Anhand der Arbeit über *Stigma* möchte ich wieder belegen, daß Begriffe und Aussagen, die mit einer solchen kausal-statistischen Erklärungsintention, also der Behauptung von Ursache-Wirkungs-Beziehungen, zusammenhängen, bei ihm eine sehr große Rolle spielen. Es kommt dies zum Ausdruck in Begriffen und Wendungen wie „wahrscheinlich", „möglich", „im allgemeinen", „fast immer", ja sogar direkt quantifizierenden Aussagen wie „je mehr, desto eher". Alle diese Aussagen sind aus quantifizierender Perspektive natürlich nur vage; sie sind nichtsdestotrotz Aussagen über eindeutige Ursache-Wirkungszusammenhänge. Insofern unterscheidet sich GOFFMAN radikal nicht nur von den oben erwähnten, ausschließlich sinnverstehend-qualitativ vorgehenden Sozialforschern, sondern auch von der LUHMANNschen Theorie autopoietischer Systeme, die es grundsätzlich ablehnt, derartige Aussagen zu treffen. In den folgenden Zitaten aus *Stigma* habe ich die auf statistische Wahrscheinlichkeiten bzw. kausale Zusammenhänge bezogenen Begriffe und Wendungen durch Kursivschrift hervorgehoben:

„Wir versuchen *wahrscheinlich*, uns so zu betragen, als ob der Stigmatisierte tatsächlich gänzlich einem anderen Personentypus entspräche..." (S. 29)

„... dem Standpunkt der Mitglieder einer stigmatisierten Kategorie ... (wird*)* *aller Wahrscheinlichkeit nach* öffentlicher Ausdruck irgendwelcher Art gegeben..." (S. 37)

„... wenn eine Person mit einem bestimmten Stigma erst einmal eine hohe berufliche, politische oder finanzielle Position erreicht ... (wird) ihr *wahrscheinlich* eine neue Laufbahn aufgebürdet ..., nämlich die, die Kategorie zu repräsentieren." (S. 39)

„Personen, die ein bestimmtes Stigma haben, *zeigen eine Tendenz*, ähnliche Lernerfahrungen hinsichtlich ihrer Misere zu machen..." (S. 45)

„Die stigmatisierte Person wird *fast immer* davor gewarnt, zu versuchen, vollkommen zu täuschen. (...) Auch wird sie *im allgemeinen* davor gewarnt, die negativen Verhaltensweisen anderer ihr gegenüber völlig als ihre eigenen zu akzeptieren." (S. 137)

Für ein stigmatisiertes Individuum, das für seine es zurückstoßende Gesellschaft Verachtung empfindet, gilt, daß „*je mehr* es sich strukturell von den Normalen separiert, ihnen *um so mehr* kulturell gleich" wird. (S. 143)

„Man kann also sagen, daß Identitätsnormen sowohl Abweichungen wie Konformität *erzeugen*." (S. 159)

„Die lebenslangen Attribute eines bestimmten Individuums können *bewirken*, daß es als Typ festgelegt ist... Ihre bestimmten stigmatisierenden Attribute *determinieren* jedoch nicht die Natur der zwei Rollen normal und stigmatisiert, sondern bloß die *Häufigkeit*, mit der sie eine von ihnen spielt." (GOFFMAN 1967, S. 170; Hervorhebungen von mir, M.H.)

Alle diese Aussagen, so meine These, kann man als kausal-statistische Hypothesen betrachten, die mehr oder weniger direkt empirisch-quantifizierend (etwa durch Experimente, standardisierte Erhebungen und daraus folgende Vergleiche und Analysen) überprüft werden könnten.

Abschließend sei noch kurz auf das umfassende Werk GOFFMANs *Rahmen – Analyse* (1974) hingewiesen, in dem er auch seine methodologischen Prämissen näher ausformuliert, insbesondere was die Analyse „sozialer Situationen" betrifft. Ohne dies hier im Detail belegen zu können, möchte ich doch behaupten, daß die vorhin aufgestellten Thesen zu GOFFMANs sozialwissenschaftlichen Grundprinzipien auch für dieses Werk voll gültig sind. Zusätzlich sei auf einen weiteren, von GOFFMAN hervorgehobenen Aspekt verwiesen, der nochmals ein kritisches Licht auf eine naive qualitativ-verstehende Soziologie wirft.

In diesem Werk betont GOFFMAN, seine Arbeit sei „ein weiterer Anlauf zur Analyse von Betrug, Täuschung, Schwindelmanövern, verschiedenartigen Vorführungen usw." (GOFFMAN 1977: 23). Im Gegensatz etwa zu GIRTLER (siehe oben) geht er nicht davon aus, daß eine eingehende Befragung von Menschen ohne weiteres zur Kenntnis von deren „wirklichen" Motiven führt, sondern daß wir hier eher gerade mit dem Gegenteil rechnen müssen, nämlich vielfältigen Versuchen, diese „wirklichen" Motive zu verheimlichen. In diesem Zusammenhang betont GOFFMAN weiters, man müsse sich auf das *tatsächliche Handeln* der Menschen konzentrieren. Erst die Beobachtung des tatsächlichen „gewöhnlichen Handelns" und dessen Konfrontation mit „Täuschung, Experiment, Probe, Traum, Phantasie, Ritual, Demonstration" ergebe einen Einblick in die „stärkste Wirklichkeit" (GOFFMAN 1977: 602). Ein kodifizierter symbolischer Interaktionismus, der nur von Interpretationen, symbolischen Bedeutungen usw. spricht, aber diese Ebene des faktischen Verhaltens kaum erwähnt und auch nicht primär erforscht, wäre aus dieser Sicht also höchst einseitig und unfähig zu wirklichen soziologischen Erklärungen.

— • —

Kommen wir zurück zur Darstellung der zentralen Prinzipien einer Soziologie als Wirklichkeitswissenschaft. Als erstes Prinzip wurde herausgearbeitet, daß eine soziologische Analyse soziale Probleme sinnhaft interpretieren und zugleich statistisch-kausal erklären muß.

Die Einlösung dieses hohen Anspruchs setzt zwei Bedingungen voraus: Zum ersten gilt, daß die Analyse von handlungsrelevanten Ideen sich auf ganz klar definierte Werte beziehen muß, zum zweiten, daß man in der Begriffsbildung mit Idealtypen arbeiten muß. Betrachten wir zunächst den zweiten Aspekt genauer.

Der Idealtypus als essentielles Instrument zur kausalen Erfassung von Sinnzusammenhängen

Eine zunächst besonders schwer einsichtige, ja geradezu als paradox erscheinende Forderung der WEBERschen Auffassung von Soziologie als Wirklichkeitswissenschaft besteht darin, daß auch sinnhaftes Verstehen als *Erklärung* bezeichnet werden kann. Dies insoferne, als man bei einer Erklärung ja stets an eine allgemeine Aussage denkt, und nicht nur an eine „idiosynkratische" Zuschreibung des Handelns einer bestimmten Person auf eine (oder mehrere bestimmte) Ursache(n). Ich kann *verstehen*, warum Herr Müller an einem kalten Wintermorgen von seinem Haus in den Garten geht, um Holz zum Einheizen des Ofens zu holen oder warum Henri Dunant nach dem schrecklichen Erlebnis der Schlacht von Solferino über Möglichkeiten zur umfassenden Hilfe für Kriegsverletzte nachzudenken begann. Läßt sich ein solches Verstehen aber verallgemeinern, sodaß man nicht nur von einer konkreten Person und einem konkreten Umstand („Situation" nach POPPER) sprechen, sondern eine allgemeine kausale (sinninterpretierende) Beziehung herstellen kann? Diese Frage kann mit „Ja" beantwortet werden, wenn man den Begriff des „Idealtypus" dazu heranzieht; mit seiner – und nur mit seiner Hilfe – ist das Paradox einer Verbindung von einmaliger Situation und allgemeiner Aussage möglich.

Halten wir uns auch hier zunächst an den oben zitierten Objektivitätsaufsatz von WEBER. Er geht in diesem Zusammenhang aus von einer Diskussion des möglichen wissenschaftlichen Sinnes der *Abstraktionen der Wirtschaftstheorie* (WEBER 1973: 234), den Lehrsätzen der Nationalökonomie, die davon ausgehen, daß wirtschaftliches Handeln streng rational und gewinnorientiert ist, Regeln des Wettbewerbs befolgt usw. Bei diesen Lehrsätzen, so WEBER, handle es sich jedoch nur um *gedachte* Zusammenhänge; es werde nicht unterstellt, daß die Wirtschaftssubjekte tatsächlich immer oder auch nur meist so handeln. Wir können uns die Eigenart der (nur) marktabhängigen Vorgänge eben an einem Idealtypus „pragmatisch veranschaulichen und verständlich machen". Dazu führt WEBER aus:

„Diese Möglichkeit kann sowohl heuristisch wie für die Darstellung von Wert, ja unentbehrlich sein. Für die *Forschung* will der idealtypische Begriff das Zurechnungsurteil schulen: er *ist* keine ‚Hypothese', aber er will der Hypothesenbildung die Richtung weisen. Er *ist* nicht eine *Darstellung* des Wirklichen, aber er will der Darstellung eindeutige Ausdrucksmittel verleihen. Es ist also die ‚Idee' der *historisch* gegebenen modernen verkehrswirtschaftlichen Organisation der Gesellschaft, die uns da nach ganz denselben logischen Prinzipien entwickelt wird, wie man z.B. die Idee der ‚Stadtwirtschaft' des Mittelalters als ‚genetischen' Begriff konstruiert hat." (WEBER 1973: 234f.; Hervorhebungen im Original)

Idealtypen in diesem Sinne sind unverzichtbare Mittel der Erkenntnis. Sie stehen in engstem Zusammenhang mit der oben besprochenen Problematik der Zurechnung von sozialem Handeln zu konkreten Wertideen: nur mit ihrer Hilfe ist es möglich, die gesellschaftliche Bedeutung (man könnte auch sagen: die kausale Wirkung) bestimmter Kulturerscheinungen zu bestimmen. So schreibt WEBER (1973: 237) in bezug auf die Arbeit des Historikers, daß dieser immer dann, wenn er es unternimmt, „über das bloße Konstatieren konkreter Zusammenhänge hinaus die *Kulturbedeutung* eines noch so einfachen individuellen Vorgangs festzustellen, ihn zu ‚charakterisieren', „mit Begriffen arbeitet und arbeiten muß, welche regelmäßig nur in Idealtypen scharf und eindeutig bestimmbar sind". Begriffe, wie „Merkantilismus", „Feudalismus", „Individualismus", sind keineswegs voraussetzungslose, ahistorische Beschreibungen sozialer oder kultureller Phänomene. Jeder Historiker arbeite, oft auch nur implizit, mit solchen allgemeineren Begriffen. Die Sozialwissenschaft dürfe sich aber nicht mit einem solchen nur impliziten Verständnis begnügen, sondern müsse die Begriffe explizit und möglichst präzise definieren. Dies aber nicht nach dem Prinzip *genus proximum, differentia specifica* (d.h. durch Angabe der Zugehörigkeit zu einer allgemeinen Kategorie und einer zusätzlichen spezifischen Bestimmung)[474] sondern nach dem Prinzip der Bildung von Idealtypen.

Was ist nun ein Idealtypus? Lassen wir auch hierzu WEBER zu Wort kommen:

„Er wird gewonnen durch einseitige *Steigerung eines* oder *einiger* Gesichtspunkte und durch Zusammenschluß einer Fülle von diffus und diskret, hier mehr, dort

---

474 Z.B.: Ein „Student" ist ein Schüler, der eine Hochschule besucht.

weniger, stellenweise gar nicht, vorhandenen *Einzel*erscheinungen, die sich jenen einseitig herausgehobenen Gesichtspunkten fügen, zu einem in sich einheitlichen *Gedanken*bilde. In seiner begrifflichen Reinheit ist dieses Gedankenbild nirgends in der Wirklichkeit empirisch vorfindbar, es ist eine *Utopie*, und für die *historische* Arbeit erwächst die Aufgabe, in jedem *einzelnen Falle* festzustellen, wie nahe oder wie fern die Wirklichkeit jenem Idealbilde steht, inwieweit also der ökonomische Charakter der Verhältnisse einer bestimmten Stadt als ‚stadtwirtschaftlich' im begrifflichen Sinn anzusprechen ist." (WEBER 1973: 235; Hervorhebungen im Original)

Man kann in dieser Hinsicht auch von einem Kontinuum zwischen sehr generellen, begrifflich „reinen" Idealtypen auf der einen Seite, und empirienahen, aus der Forschung selber gewonnen (Durchschnitts-)Typen sprechen (HOPF 1991). WEBER (1973: 248) unterscheidet hier zwischen drei Formen:

— einem *rein statistischen Durchschnitt*, der noch keinerlei „Typus" darstellt;
— einem *Gattungsbegriff*, der gemeint ist, wenn man statistisch von „typischen" Größen spricht; man kann hier auch von einer „einfachen Klassifikation von Vorgängen" sprechen, die als Massenerscheinungen in der Wirklichkeit auftreten;[475]
— und schließlich dem *Idealtypus* im strengen Sinn des Wortes, bei dem bestimmte Phänomene oder historische Zusammenhänge nach ihrer kulturellen Eigenart oder Bedeutung begrifflich scharf auszuformen sind.

Bei der Konstruktion dieser „generellen Idealtypen" ist das Ziel, „die verschiedenen Handlungsorientierungen und Ordnungsarten in begrifflicher Reinheit zu fassen und sie unter den fiktiven Annahmen in begrifflicher Reinheit einander zuzuordnen" (SCHWINN 1993: 227). Gegenüber der empirischen Realität sind diese Idealtypen relativ inhaltsleer, sie bieten dafür optimale begriffliche Eindeutigkeit.

Wie kann nun das zentrale Ziel bei der Bildung von Idealtypen, ihrer Funktion der Hilfestellung für die Entwicklung kausaler Erklärungen, erreicht werden? Hier führt WEBER den wichtigen Begriff des *genetischen Idealtypus* ein:

„Der Idealtypus ist in dieser Funktion insbesondere der Versuch, historische Individuen oder deren Einzelbestandteile in *genetische* Begriffe zu fassen. Man nehme

---

475 Diese Form des aus statistischen Analysen abgeleiteten „Gattungsbegriffes" spielt in der empirischen Forschung eine sehr große Rolle.

etwa die Begriffe: ‚Kirche' und ‚Sekte'. Sie lassen sich rein klassifizierend in Merkmalskomplexe auflösen, wobei dann nicht nur die Grenze zwischen beiden, sondern auch der Begriffsinhalt flüssig bleiben muß. Will ich aber den Begriff der ‚Sekte' *genetisch*, z.B. in bezug auf gewisse wichtige Kulturbedeutungen, die der ‚Sektengeist' für die moderne Kultur gehabt hat, erfassen, so werden bestimmte Merkmale beider *wesentlich*, weil sie in adäquater ursächlicher Beziehung zu jenen Wirkungen stehen." (WEBER 1973: 239)

Im Idealtypus wird also quasi, so könnte man sagen, bereits *implizit auch eine inhaltliche Hypothese* entwickelt, die die Ursachen der Entstehung oder Veränderung eines bestimmten sozialen Phänomens (mit-) thematisiert.

In diesem Zusammenhang warnt WEBER (ebenda, S. 240ff.) jedoch eindringlich vor einer Gefahr, nämlich der „*Vermischung von Theorie und Geschichte*": man darf in den Idealtypen weder den „eigentlichen" Gehalt, das „Wesen" der geschichtlichen Wirklichkeit sehen, noch die Ideen als reale „Kräfte" betrachten, die den Gang der historischen Wirklichkeit bestimmt hätten. Dieses letztere Mißverständnis liegt oft nahe, weil „Ideen" oder „Ideale" die Menschen oder einflußreiche historische Persönlichkeiten und Eliten tatsächlich oft beherrschen oder beherrscht haben. Solche handlungsleitenden Ideen und die vom Wissenschaftler konstruierten Idealtypen sind jedoch zwei völlig unterschiedliche Dinge. Ja, man kann auch die praktisch relevant gewordenen Ideen letztlich wieder nur als „Idealtypen" begrifflich erfassen. Es ist, so meint WEBER (1973: 245) dezidiert, „*eine elementare Pflicht der wissenschaftlichen Selbstkontrolle* ..., die logisch *vergleichende* Beziehung der Wirklichkeit auf Ideal*typen* im logischen Sinne von der wertenden *Beurteilung* der Wirklichkeit aus *Idealen* heraus scharf zu scheiden".

Es sei hier nochmals darauf hingewiesen, wie wichtig die klare Unterscheidung zwischen einer *historisierend-beschreibenden Erklärung* und einer *systematischen soziologischen Erklärung*, ist. Es gilt dies aus zweierlei Sicht. Zum einen aus der Sicht einer klaren Trennung der beiden. Wir haben vor allem in der Diskussion von PARSONS und seinen Nachfolgern gesehen, daß hier immer wieder eine unhaltbare Vermischung erfolgt.

Zum zweiten ist dies notwendig, weil in den Sozialwissenschaften häufig eine Tendenz besteht, soziologisch-systematische Erklärungen zu ersetzen durch historische oder historisierende Erklärungen. Die soziologische Literatur ist voll von Aussagen und Verweisen der Art:

„dieses Phänomen kann zureichend nur durch historische Bedingungen erklärt werden". Genaugenommen „erklärt" ein derartiger historischer Verweis aber gar nichts. So schreiben beispielsweise BARTLETT/GHOSHAL (1990: 67) in der oben besprochenen Studie: „Das japanische kulturelle Erbe brachte – im Gegensatz zum europäischen Familienkapitalismus und zum amerikanischen Manager-Kapitalismus – eine Management-Form hervor, die Chandler als ‚Gruppen-Kapitalismus' bezeichnet." Diese Aussage erklärt nicht sehr viel, weil eine „Kultur" an sich nichts hervorbringen kann, da sie lediglich aus Werten, Ideen usw., aber nicht aus Akteuren besteht. Das Konzept der „Kultur" ist in diesem Fall auch viel zu umfassend und inhaltlich zu verschwommen, um als wirklicher „Erklärungsfaktor" dienen zu können.[476]

Zumindest ein Hinweis ist hier noch angebracht bezüglich der Art der Idealtypen, die man mit WEBER unterscheiden kann. Idealtypen können, wie in der Soziologie generell, auf zumindest drei unterschiedlichen Ebenen gebildet werden (ARON 1971: 195ff.; WEBER 1973: 97ff., 235ff.; vgl. auch SAEGESSER 1975; SCHÖLLGEN 1977: 73ff.; SCHWINN 1993):

– *Idealtypen historisch-gesellschaftlicher „Totalphänomene"* (analog zu den Begriffen von Feudalismus, Kapitalismus, Imperialismus usw. könnte man z.B. versuchen, einen Globalbegriff für die Form des weltweiten Konkurrenzkapitalismus zu bilden; vielleicht „Postfordismus"? Vgl. dazu HIRSCH/ROTH 1986);
– *Idealtypen historischer Individuen* oder *Kontexte* (WEBER nennt hier Begriffe wie Kirchen, Sekten, Stadt; um etwa den Prozeß der europäischen Integration „auf den Begriff zu bringen", müßte man einen idealtypischen Begriff für das neue politische Phänomen einer „Staatengemeinschaft" bilden);
– *Idealtypen sozialen Handelns* (hier wäre anzuschließen an die WEBERschen Begriffe des zweckrationalen, wertrationalen Han-

---

476 In der interkulturell vergleichenden Organisationsforschung wurden, um ein weiteres Beispiel zu nennen, von MAURICE et al. (1980), die interessante Unterschiede in der industriellen Arbeitsorganisation zwischen französischen und deutschen Unternehmen festgestellt hatten, diese auf einen „gesellschaftlichen" bzw. „kulturellen Effekt" zurückgeführt (zur Kritik vgl. HALLER 1989a: 119ff.).

delns usw. und zu bestimmen, welche Rolle diese bei verschiedenen Akteuren jeweils spielen).

Eine weitere zentrale Forderung an soziologische Analyse als Wirklichkeitswissenschaft lautet, daß man soziales Handeln immer sowohl auf Interessen wie auf Ideen und Werte beziehen muß. Der Bezug auf Werte erfordert, diese sehr genau zu spezifizieren, sodaß ihnen das konkrete Handeln zweifelsfrei zugerechnet werden kann.

Im folgenden wird die Zurechnungsproblematik zunächst allgemein expliziert. Im Anschluß daran werden drei aktuelle sozialwissenschaftliche Beispiele diskutiert, die zeigen, wie diese Problematik *nicht* adäquat behandelt werden sollte. Am Beispiel von Alexis de TOCQUEVILLE wird sodann gezeigt, wie diese Forderung in einer klassischen Gesellschaftsanalyse in einer bis heute beispielhaften Weise positiv eingelöst wurde. Abschließend wird noch ein anderer, sehr wichtiger Aspekt der Zurechnungsproblematik thematisiert, bei dem es darum geht, wie in sozialen Prozessen Werte und Normen *neu* geschaffen werden.

b) Die zwei Seiten der Zurechnungsproblematik: Realisierung und Schöpfung von Werten und Normen

Wir können uns hier auf die klaren Ausführungen in WEBERs Aufsatz *Die ‚Objektivität' sozialwissenschaftlicher Erkenntnis* (WEBER 1973: 186ff.) stützen. WEBER bestimmt dort die „Sozialwissenschaft" (eigentlich meint er damit die Soziologie) zunächst als *Wirklichkeitswissenschaft*:

„Die Sozialwissenschaft, die *wir* treiben wollen, ist eine *Wirklichkeitswissenschaft*. Wir wollen die uns umgebende Wirklichkeit des Lebens, in welches wir hineingestellt sind, *in ihrer Eigenart verstehen* – den Zusammenhang und die Kultur*bedeutung* ihrer einzelnen Erscheinungen ihrer einzelnen Erscheinungen in ihrer heutigen Gestaltung einerseits, die Gründe ihres geschichtlichen So-und-nicht-anders-Gewordenseins andererseits." (WEBER 1973: 212; Hervorhebungen im Original)

Was heißt es nun aber, die Kulturbedeutung bestimmter sozialer Phänomene zu erkennen und in ihren Wirkungen zu untersuchen? Zunächst hält WEBER fest, daß gewissermaßen als „Essenz" der Kultur die *Werte* zu betrachten sind:

"Der Begriff der Kultur ist ein *Wertbegriff*. Die empirische Wirklichkeit ist für uns ‚Kultur', weil und sofern wir sie mit Wertideen in Beziehung setzen; sie umfaßt diejenigen Bestandteile der Wirklichkeit, welche durch jene Beziehung für uns *bedeutsam* werden, und *nur* diese. Ein winziger Teil der jeweils betrachteten individuellen Wirklichkeit wird von unserm durch jene Wertideen bedingten Interesse gefärbt, er allein hat Bedeutung für uns; er hat sie, weil er Beziehungen aufweist, die für uns infolge ihrer Verknüpfung mit Wertideen wichtig sind." (WEBER 1973: 217; Hervorhebungen im Original)

Zurechnung von sozialem Handeln zu konkreten Normen, Werten und Ideen

Aus den vorhergegangenen Überlegungen ergibt sich die Forderung, die Dimension der „Werte" oder „Kultur" möglichst exakt zu spezifizieren; erst wenn dies geschehen ist, kann man darangehen, nach einem kausalen Effekt oder einem sinnhaften Zusammenhang zu suchen. Dies bezeichnet WEBER und die Forschungstradition in seiner Nachfolge (vgl. LEPSIUS 1988; TENBRUCK 1989) als das *Problem der Zurechnung*: nämlich die genaue Bestimmung eines sinnhaft adäquaten Zusammenhangs zwischen einer bestimmten Idee und einer bestimmten sozialen Handlung oder Handlungsstrategie. Zurechnung heißt also, ein ganz konkretes einzelnes Handeln auf eine konkrete Ursache, in diesem Fall auf einen Wert, zurückzuführen. Dies ist eine ganz andere Aufgabe als die kausal-statistische Erklärung, in der es darum geht, die objektive Wahrscheinlichkeit des (gemeinsamen) Auftretens bestimmter Prozesse nachzuweisen. Dazu nochmals WEBER:

"Nur diejenigen Ursachen, welchen die im Einzelfalle ‚*wesentlichen*' Bestandteile eines Geschehens *zuzurechnen* sind, greifen wir heraus: die Kausalfrage ist, wo es sich um die *Individualität* einer Erscheinung handelt, nicht eine Frage nach *Gesetzen*, sondern nach konkreten *Zusammenhängen*, nicht eine Frage, welcher Formel die Erscheinung als Exemplar unterzuordnen, sondern die Frage, welcher individuellen Konstellation sie als Ergebnis zuzurechnen ist: sie ist *Zurechnungsfrage*. Wo immer die kausale Erklärung einer ‚Kulturerscheinung' – eines ‚*historischen Individuums*' ... in Betracht kommt, da kann die Kenntnis von *Gesetzen* der Verursachung nicht Zweck, sondern nur *Mittel* der Untersuchung sein. Sie erleichtert und ermöglicht uns die kausale Zurechnung der in ihrer Individualität kulturbedeutsamen Bestandteile der Erscheinungen zu ihren konkreten Ursachen." (WEBER 1973: 220f.; Hervorhebungen im Original)

Die enge Verknüpfung, ja das Aufeinander-Angewiesensein von statistisch-kausaler und sinnhaft-verstehender Erklärung wird auch hier wieder deutlich. Die statistisch-kausale Analyse hat in diesem Falle allerdings eine andere Funktion. Erst dann, wenn ich gesetzesmäßig-kausale (wir könnten auch sagen: naturalistische) Bedingungszusammenhänge *ausgeschlossen* habe, gewinnen Interpretationen Plausibilität und Wahrscheinlichkeit, die Handeln durch Bezug auf Werte erklären. Würde man z.B. jedes Handeln, das an sich als „altruistisch" erscheint, tatsächlich als ein auf Werte bezogenes Handeln interpretieren, könnte man leicht in eine Falle tappen. Jemand kann – und tut es oft auch – ein äußerlich als „altruistisch" erscheinendes Handeln an den Tag legen, vielleicht aber aus reiner Gewohnheit oder sogar aus „egoistischen" Motiven handeln. Ob das Handeln tatsächlich altruistisch in dem Sinne, daß es rein am Interesse und Wohl eines Mitmenschen orientiert war, läßt sich nur indirekt erschließen, indem eben alle möglichen egoistischen oder anderen (Begleit-)Motive als unwahrscheinlich ausgeschlossen werden.

Ein Beispiel dafür: Wenn ein Student große Mühe dafür aufwendet, einem Kollegin oder einer Kollegin beim Lernen auf eine Prüfung zu helfen, könnte man dies natürlich als Ausdruck einer sehr positiven attruistischen Werthaltung sehen. Es könnten aber auch andere Ursachen dafür vorliegen: (1) dem Betreffenden ist ein solches Verhalten schon seit der früheren Schulzeit zur Gewohnheit geworden; (2) er findet den oder die Mitschülerin ausnehmend sympathisch; (3) er erwartet sich von diesem/dieser Hilfe in einem anderen Fach, in welchem er selber schwach ist. Empirisch könnte man alle diese anderen möglichen Ursachen erfassen; ist eine von ihnen gegeben, würde man nicht Attruismus als wichtigsten Erklärungsfaktor bezeichnen.

Für WEBER ist in diesem Zusammenhang vor allem die *Interaktion zwischen Interessen und Ideen* von Bedeutung. Werte sind für ihn „*Weichensteller*" des Handelns. So heißt es in einem berühmten Satz in den *Gesammelten Aufsätzen zur Religionssoziologie*:

„Interessen (materielle und ideelle), nicht: Ideen beherrschen unmittelbar das Handeln der Menschen. Aber: die ‚Weltbilder', welche durch ‚Ideen' geschaffen wurden, haben sehr oft als Weichensteller die Bahnen bestimmt, in denen die Dynamik der Interessen das Handeln fortbewegte." (hier zit. nach LEPSIUS 1988: 31)

Damit die Relevanz von Werten für soziales Handeln tatsächlich genau bestimmt werden kann, ist es also – um es nochmals zu betonen – notwendig, „inhaltlich bestimmte Ideen aus dem Konglomerat der Ideen, die die Kultur einer Zeit ausmachen, zu isolieren und in ihren sozialen Konsequenzen zu identifizieren" (LEPSIUS 1988: 32). Erst wenn man in der Lage ist, ganz konkrete Ideen zu benennen und deren Handlungsrelevanz aufzuzeigen, „erklären" sie überhaupt etwas; ansonsten bleibt die Rede von Kultur als einer Determinante von sozialem Verhalten unbestimmt und vage. Im Zusammenhang mit der ökonomischen Erklärung sozialen Verhaltens schreibt WEBER (1973: 211) etwa, es sei für „das Maß der Bedeutung, die wir ökonomischen Bedingungen beizumessen haben, entscheidend, welcher Klasse von Ursachen *diejenigen* spezifischen Elemente der betreffenden Erscheinung, denen wir im einzelnen Falle *Bedeutung* beilegen, auf die es uns ankommt, *zuzurechnen* sind": „Nur bestimmte *Seiten* der stets unendlich mannigfaltigen Einzelerscheinungen: diejenigen, welchen wir eine allgemeine *Kulturbedeutung* beimessen, sind daher wissenswert, sie allein sind Gegenstand der kausalen Erklärung" (WEBER 1973: 220; Hervorhebungen im Original).

Illustrieren wir diese Problematik am Beispiel von *Prozessen der Gruppenbildung*, die wir in Kapitel 2 diskutiert haben. „Naturalistische", verhaltenstheoretische Ansätze interpretieren z.B. die Tatsache, daß jemand eine Gruppe oder einen Verein gründet, mit seinem Interesse, später darin eine führende Stellung ausüben, Macht, Status und Anerkennung innerhalb – und in späterer Folge auch außerhalb – dieser Gruppe gewinnen zu können. Dies ist eine plausible und wahrscheinlich häufig zutreffende Hypothese. Man könnte ihr jedoch entgegenhalten, daß viele Vereinsgründer sicherlich stärker von ethischmoralischen Prinzipien geleitet wurden. Denken wir hier z.B. an Männer wie Henri Dunant, den Gründer des Roten Kreuzes; an Albert Schweitzer, den renommierten Religionsphilosophen und Musikwissenschaftler, der sich in den afrikanischen „Urwald" begab und das Lazarett von Lambarene errichtete; oder an Hermann Gmeiner, den Gründer der SOS-Kinderdorfbewegung. Ob in all diesen Fällen tatsächlich idealistisch-altruistische Motive ausschlaggebend waren, läßt sich nur durch eine sorgfältige Analyse der Beweggründe und des späteren Verhaltens (als Vereinsobmänner) dieser Gründer feststellen. In dieser Analyse müßte besonderes Augenmerk auf deren mögliche Macht-, Geltungs- und Anerkennungsbedürfnisse und darauf bezogene Verhaltensweisen gerichtet werden. (Hatten etwa Henri Dunant und Albert Schweitzer vielleicht daran gedacht, daß sie einmal den Friedens-Nobelpreis erhalten würden?) Jemand, der von vornherein und ohne empirische Untersuchung behaupten würde, diese Männer seien über jeden Zweifel erhabene, bewundernswerte Idealisten und Vorbilder der Menschheit gewesen, wäre ebenso naiv wie jemand, der ihnen von vornherein *nur* Macht- und Geltungsstreben unterstellen würde. Es ist auch denkbar, daß diese Persönlichkeiten weder von dem einen noch dem anderen Motiv angetrieben wurden.[477]

Man kann aus diesen Beispielen zweierlei ersehen: Zum einen die Tatsache, wie wichtig es ist, *die Wertideen genau zu bestimmen*, an denen sich soziales Handeln orientieren kann. Wären die beiden genannten Männer, Henri Dunant und Hermann Gmeiner, primär durch soziale Geltungsbedürfnisse angetrieben worden, so könnte man wahrscheinlich feststellen, daß sie im Laufe ihrer erfolgreichen Tätigkeit diese auch auf andere Bereiche ausgeweitet hätten; dies hätten durchaus andere karitative Bereiche sein können. Waren sie jedoch primär, ja ausschließlich an den Werten orientiert, die sie bei ihren Gründungen motiviert hatten – im Falle von Dunant Verabscheuung des Kriegs und Pazifismus, im Falle von Hermann Gmeiner die Liebe für elternlose Kinder – so könnte sich dies etwa in einer lebenslangen Beschäftigung mit dieser zentralen Thematik ausgedrückt haben.

Die zweite Konklusion, die man aus diesen Beispielen ziehen kann, betrifft den Unterschied zwischen der Mikro- und Makroebene. Das gegenseitige Sich-Aushelfen von Studentinnen und Studenten betrifft eher die Mikroebene. Die Problematik der Zurechnung wäre hier z.B. durch eine große Umfrage und die vergleichende Auswertung nach den Motiven für das Aushelfen usw. untersuchen. Im Falle von *historischen Persönlichkeiten* wie Dunant und Gmeiner handelt es sich um Ereignisse auf der Makroebene: durch ihre Ideen und Tätigkeit wurden Organisationen ins Leben gerufen, die heute weltweit tätig sind. Bei der Analyse ihrer Motive, Aktionen usw. kann man historische Dokumente verschiedenster Art benutzen (Briefe, Biographien, Reportagen usw.).

Kommen wir zurück zur außerordentlich großen Bedeutung der Herauskristallisierung ganz spezifischer Werte für die (kultur-) so-

---

[477] So war die Wirkung von Dunant auf die Öffentlichkeit zunächst auf seinen erschütternden Roman über die Grausamkeiten der Schlacht bei Solferino im Jahre 1859 (*Un souvenir de Solferino*) zurückzuführen; vielleicht war er einfach nur ein besonders empfindsamer Mensch mit großer schriftstellerischer Begabung.

ziologische Analyse. Dies hat auch Rainer M. LEPSIUS im Anschluß an WEBER sehr klar herausgestellt:

„Dabei gilt es, inhaltlich bestimmte Ideen aus dem Konglomerat der Ideen, die die Kultur einer Zeit ausmachen, zu isolieren und ihre sozialen Konsequenzen zu identifizieren. Das bedeutet für die Kultursoziologie die Zumutung, *nicht von Kultur in einem diffusen und unbestimmten Sinne zu reden, sondern von bestimmten Ideen*. Diese Ideen müssen in ihrer kognitiven Struktur entfaltet werden, um zunächst die in diesen Eigenschaften enthaltenen Handlungsrelevanzen zu erkennen. Erst wenn dies geschehen ist, kann ihre faktische Bedeutung für das Handeln von Individuen und Kollektiven und für seine Institutionalisierung festgestellt werden. In dem Maße, in dem die Ideen nur allgemein umschrieben werden, ihre innere Struktur nicht bestimmt wird, können auch ihre Folgen für soziales Handeln nicht genau angegeben, kann soziales Verhalten ihnen nicht zugerechnet werden. Es bleibt bei metaphorischen Umschreibungen einer ‚Wahlverwandtschaft' oder bei vagen Vermutungen. ‚*Kultur*' *wird dann gewissermaßen zu einer ‚black box', zu einer Residualkategorie*, der all das zugeschrieben wird, was nicht durch andere Faktoren gebunden erscheint." (LEPSIUS 1988: 32; Hervorhebungen von mir, M.H.)

Ganz allgemein wird man dieser grundlegenden Regel – der Notwendigkeit der Spezifizierung ganz konkreter Werte und Wertideen für die Zurechnung von sozialem Handeln auf sie – ohne weiteres zustimmen. So findet auch das zunächst nur von einzelnen WEBER-Nachfolgern propagierte Verständnis der *Soziologie als Kulturwissenschaft* (LEPSIUS 1988; TENBRUCK 1989) heute immer breitere Zustimmung. Diese verbale Zustimmung heißt aber noch lange nicht, daß man auch in der konkreten Forschungspraxis willens oder in der Lage ist, diese Idee zu realisieren. Praktisch wird in den zeitgenössischen Sozialwissenschaften insbesondere die Forderung nach der genauen inhaltlichen Bestimmung von Wertideen, denen man Handlungsrelevanz zuschreibt, vielfach nur unzureichend eingelöst. Betrachten wir dazu einige besonders bekannten Beispiele.

Bespiele für einen inflationären Gebrauch des Begriffes der „Kultur" in der zeitgenössischen Soziologie, Politikwissenschaft und Betriebswirtschaft

Ich möchte hier jeweils ein Beispiel aus dem Bereich der Politikwissenschaft, der international vergleichenden Sozialforschung und der Betriebswirtschaft besprechen. Alle drei Beispiele sind charakteristisch für ganze Gruppen von Forschern bzw. Forschungstraditionen.

Das erste Beispiel betrifft den Begriff der „*politischen Kultur*". Im Jahre 1963 legten die amerikanischen Politikwissenschaftler G. ALMOND und S. VERBA eine berühmt gewordene Studie über *The Civic Culture* vor, in der sie, unter Heranziehung empirischer Umfragedaten, drei Idealtypen politischer Kultur unterschieden: eine „parochiale Kultur", in der allgemein keine politische Systemsicht der Bürger vorliegt, eine „Untertanenkultur", in der die Bürger vornehmlich passiv bleiben und nur an den Ergebnissen der Politik interessiert sind, und eine „Beteiligungskultur", mit aktivem Interesse der Staatsbürger an politischen Vorgängen (hier nach der Zusammenfassung von FENNER 1995: 568). Empirisch glaubten sie feststellen zu können, daß die „civic culture" Großbritanniens und der USA einen Mischtyp mit einer integrierten, nichtentfremdeten und gemäßigt partizipativen Kultur darstelle. Demgegenüber sei Deutschland (seinerzeit) durch ein eher passives politisches Verhalten, Fehlen einer gefühlsmäßigen Bindung der Bürger an das System und geringes gegenseitiges Vertrauen der Bürger charakterisiert. In einem 17 Jahre später vorgelegten Band mit einigen Folgestudien (ALMOND/VERBA 1980) gelangten allerdings manche Autoren zu fast gegenteiligen Einschätzungen: während die englische politische Kultur sich als viel weniger positiv darstellte als in der ersten Studie, galt das Gegenteil für die Bundesrepublik Deutschland; hier erschienen die politischen Institutionen als eher stabil und das Vertrauen der Bürger in sie hoch; Deutschland sei geradezu zu einem „Modell liberaler Demokratie" aufgestiegen.

Es ist hier nicht der Ort, in eine detaillierte Diskussion dieser Studie einzutreten. Festzuhalten bleibt jedoch: eine so enorme Veränderung der politischen Kultur in weniger als einer Generation ist höchst unwahrscheinlich. Die inkonsistenten Befunde müssen darauf zurückgeführt werden, daß entweder die Erhebungsinstrumente unvergleichbar waren, oder daß – was ich im Zusammenhang mit unserer Diskussion über die Rolle von theoretischen Begriffen und Annahmen als wichtiger betrachte – die Konzepte und Hypothesen der Autoren inhaltlich unzureichend präzise waren. Letzteres scheint in der Tat der Fall zu sein. Zwar kann man konzedieren, daß der Begriff der „politischen Kultur" in einer recht allgemeinen und breiten Fassung – etwa als „die geschriebenen und ungeschriebenen Ideen und Wertcodes, die politisches Handeln der Gesellschaftsmitglieder regulieren" (FENNER 1995: 565) – durchaus eine gewisse Orientierungsfunktion besitzen mag. Für die Entwicklung inhaltlicher Hypothesen ist ein solcher Begriff aber ungenügend, weil nicht genau angegeben wird, worin nun die „Kultur" besteht. In dieser Hinsicht stellte die von ALMOND/ VERBA entwickelte Typologie unterschiedlicher politischer Kulturen zwar einen beachtenswerten Ausgangspunkt für theoretische Diskussion und empirische Forschung dar; die genaue Spezifizierung der einzelnen, konkreten Dimensionen dessen, woraus eine politische Kultur nun besteht, wurde weder von ihr selbst noch in Folgestudien geleistet.[478]

Stattdessen etablierte sich mit der *Theorie des Postmaterialismus* ein neuer dominanter Ansatz in der vergleichenden Politikforschung, der vor allem mit dem Namen des amerikanischen Sozial- und Politikwissenschaftlers Ronald INGLEHART verknüpft ist. In einer Reihe von Aufsätzen seit den 70er Jahren und dann im Buch *The Silent Revolution* (1977) entwickelte INGLEHART seine berühmt gewordene These über den *Aufstieg des Postmaterialismus*. Sie besagt, daß sich in den letzten Jahrzehnten in den fortgeschrittenen, wohlhabenden Gesellschaften des Westens neue gesellschaftliche und politische Werte durchgesetzt haben, die nicht mehr auf Sicherheit und materiellen Wohlstand hinzielen, sondern auf Autonomie und Selbstverwirklichung, politische Beteiligung und Mitsprache (vgl. dazu auch MÜLLER-ROMMEL in NOHLEN 1995: 871ff.). Zur Begründung werden zwei Theorien verwendet: eine *sozialpsychologische Bedürfnistheorie* (basierend auf MASLOWs Theorie von der Bedürfnishierarchie), die besagt, daß zunächst auf die Befriedigung physisch-materieller, dann sozialer, und schließlich kultureller und intellektueller Bedürfnisse Wert gelegt wird; sind die unteren Bedürfnisse erfüllt, wende man sich den nächsthöheren zu. Eine darauf basierende „*Mangelhypothese*" besagt, daß die in der entbehrungsreichen Nachkriegszeit aufgewachsenen Menschen in Westeuropa und Nordamerika in ihrer Jugend vor allem Sicherheits- und Wohlstandsbedürfnisse hatten. Heute, in der Wohlstandsgesellschaft, sehe dies ganz anders aus. Die zweite

---

478 Erwähnenswert ist hier insbesondere die große, international vergleichende Studie *Political Action* in fünf westlichen Demokratien, hrsg. von BARNES und KAASE (1979). Diese Studie erbrachte zwar eine Vielfalt an detaillierteren und interessanten Einsichten, sie verzichtete jedoch darauf, den – im Prinzip durchaus interessanten – NIE/VERBA-Ansatz einer Typologisierung der verschiedenen politischen Systeme systematisch weiterzuführen oder einen eigenen zu entwickeln. Die Folge ist, daß es schwer fällt, den doch notwendigen „roten Faden" darin auszumachen.

zentrale These von INGLEHART, die *Sozialisationshypothese*, besagt, daß Jugendliche, die in materiell gesicherten Verhältnissen aufwachsen, von vornherein stärker kulturelle und intellektuelle („postmaterialistische") Motivationen entwickeln, während die materiellen Bedürfnisse in den Hintergrund treten.

Schon aus dieser knappen Charakterisierung wird deutlich, daß Kultur im Sinne spezifisch bestimmbarer Werte bei INGLEHART nicht vorkommt. Dies trifft auch auf seine neuere, umfangreiche Studie *Kultureller Umbruch. Wertwandel in der westlichen Welt* (1989) zu. Er geht hier zunächst aus von der *Civic Culture*-Studie von ALMOND/ VERBA, erwähnt auch kurz konkrete „kulturelle Bewegungen", wie den Marxismus und die „Linke" der 60er Jahre, die neukonservative Bewegung von Thatcher und Reagan und interkulturelle Unterschiede zwischen den katholischen Ländern, der islamischen Welt und den konfuzianistisch geprägten ostasiatischen Staaten. In seiner empirischen, international vergleichenden Studie, die Daten aus fast allen diesen Ländern beinhaltet, finden sich diese eindeutig identifizierbaren kulturellen Einheiten aber nicht wieder. Die Studie beginnt mit der Konstatierung des empirischen Faktums, daß es relativ stabile Unterschiede im Niveau der Lebenszufriedenheit zwischen den verschiedenen Ländern Westeuropas gibt. Italiener und Franzosen liegen immer im unteren Bereich der Skala, Dänen und Niederländer im oberen; die Deutschen zeigen – trotz ihres hohen materiellen Lebensstandards – ein relativ niedriges Zufriedenheitsniveau. Dazu schreibt INGLEHART (1989: 419): „Unsere Schlußfolgerung aus diesen Daten ist ebenso einfach wie wichtig: Die Antworten der Befragten werden von einer dauerhaften kulturellen Komponente bestimmt." Worin diese Komponente nun besteht, wird nicht näher expliziert. Ich würde meinen, daß dies ein typisches Beispiel für die Erfindung einer neuen „Variable" ist, durch die im Grunde überhaupt nichts erklärt wird. Als Indikator für die „politische Kultur" wird im folgenden dann ohne viel Umschweife die Variable „zwischenmenschliches Vertrauen" herangezogen. Es zeigt sich, daß das Niveau der Zufriedenheit auf der Ebene der Länder hoch mit dem zwischenmenschlichen Vertrauen korreliert, dieses wiederum mit dem Niveau der wirtschaftlichen Entwicklung. Die Kontinuität der politischen Kultur, also des politischen Vertrauens, ist „erstaunlich größer als die Kontinuität der Wirtschaftsstruktur oder des sozialen Wohlbefindens" (INGLEHART 1989: 51).

„Zwischenmenschliches Vertrauen" mag durchaus Teil einer (politischen) Kultur sein – aber auch nicht mehr. Zentrale Werte jeder politischen Kultur – das relative Gewicht von Freiheit, von politischer Macht/Autorität bzw. Unterwürfigkeit, von politischer Partizipation usw. – kommen nicht zur Sprache. Warum „Lebenszufriedenheit" ein zentraler Aspekt von Kultur bzw. ein Indikator für deren Persistenz sein soll, wird nicht näher begründet. Problematisch ist auch die Analyse der Zusammenhänge, die nur auf der Makroebene erfolgt: die verglichenen Länder werden insgesamt gegenübergestellt nach dem jeweiligen wirtschaftlichen Entwicklungsstand, der durchschnittlichen Zufriedenheit und dem durchschnittlichen Vertrauen der Bürger zueinander.[479]

Als drittes Beispiel für eine nur sehr vage Bestimmung des Begriffes der „Kultur" möchte ich hier den Gebrauch des Begriffes der *Unternehmenskultur* aus dem Bereich der betriebswirtschaftlichen Organisationsforschung diskutieren. Im Zuge der Globalisierung und des steigenden Konkurrenzdruckes, in den Unternehmen in den Vereinigten Staaten und Westeuropa durch den wirtschaftlichen Aufstieg von Japan und den ostasiatischen „Tigerstaaten" gekommen sind, frägt man sich in der Betriebswirtschaftslehre und im speziellen in der Unternehmens- und Managementforschung, worauf der spektakuläre und unerwartete Aufstieg dieser Länder der ehemaligen „Dritten Welt" zurückzuführen sein könnte. Dabei entdeckte man u.a., daß die Formen der Betriebs-, Unternehmens- und Marktorganisation in diesen Regionen sich in vielem grundsätzlich von jenen in westlichen Ländern unterscheiden. Insbesondere stieß man im Zuge dieser Recherchen auf den Faktor der „Unternehmenskultur". Dieser Faktor, so erkannte man, spielt offenkundig auch innerhalb der westlichen Gesellschaften eine erhebliche Rolle und kann mit erklären, warum manche Unternehmen erfolgreicher, andere dagegen weniger erfolgreich sind. Wie wird „Unternehmenskultur" dabei definiert?

---

479 So zeigt sich dann unter anderem, daß Norwegen durch einen hohen Prozentsatz an Befragten charakterisiert ist, die den meisten Mitmenschen vertrauen und zugleich durch ein hohes Bruttosozialprodukt. Daraus ist aber weder ableitbar, daß materieller Wohlstand bei einem einzelnen Norweger zu höheren Vertrauen führt, noch, daß es die Steigerung des materiellen Wohlstands war, welche zur hohen Zufriedenheit der Norweger geführt hat. Beide Tendenzen können durch einen dritten, unbekannten Faktor verursacht worden sein.

In einer durchaus lesenswerten Studie über *Internationale Unternehmensführung. Innovation, globale Effizienz, differenziertes Marketing* schreiben die Autoren C.A. BARTLETT und S. GHOSHAL (1990), die von ihnen befragten Manager in den neun untersuchten, erfolgreichen multinationalen Unternehmen hätten sich selten Rechenschaft darüber abgelegt, warum sie bestimmte Entscheidungen treffen mußten. Diese seien oft nicht nur aus den Unternehmenszielen ableitbar gewesen, sondern aus einer „Vielzahl historischer und struktureller Faktoren", eben der „Unternehmenskultur." Dazu schreiben sie weiter, daß das interne Potential eines Unternehmens entscheide, „ob es in der Lage ist, auf die strategischen Herausforderungen der heutigen Bedingungen in der Weltwirtschaft angemessen zu reagieren. Das interne Potential wird durch die Kultur des Unternehmens geprägt; es entwickelt sich in einem langwierigen Prozeß und ist nicht kurzfristig durch Management-Entscheidungen zu verändern." (BARTLETT/GHOSHAL 1990: 56)

Man sieht, daß Unternehmenskultur hier als ein sehr *komplexes Bündel von Faktoren* definiert wird. Hierin widersprechen sich die Autoren aber wenige Seiten später selber, wo nur mehr von *einem Faktor* die Rede ist: „Die Unternehmenskultur stellte in allen drei Unternehmen einen wichtigen Einflußfaktor dar" (ebenda, S. 62). Gleich danach besteht sie aber wieder aus „drei Faktoren", nämlich der besonderen Einwirkung eines charismatischen Unternehmensgründers oder einer herausragenden Manager-Persönlichkeit, dem Einfluß der „nationalen Kultur" eines Landes (seiner „Geschichte, Infrastruktur und Kultur") und der Organisationsgeschichte. Während man sich beim ersten dieser drei Faktoren (und auch einzelnen Komponenten des zweiten) frägt, warum er überhaupt unter die Rubrik „Kultur" subsumiert wird, ist beim zweiten und dritten „Faktor" wieder evident, daß es sich um alles andere als eine einzige, auch nur annähernd präzise umgrenzbare Dimension oder Variable handelt.

Eher vage sind auch die Aussagen im Hinblick auf die praktische Veränderbarkeit und Steuerbarkeit der „Unternehmenskultur". So heißt es, die Unternehmenskultur stelle einen wichtigen Einflußfaktor dar: „Die strategischen Fähigkeiten eines Unternehmens werden über längere Zeit hinweg aufgebaut und lassen sich nicht von einem Tag auf den anderen beseitigen oder verändern" (BARTLETT/GHOSHAL 1990: 62). Am Ende des Buches liest man wiederum: „Die meisten Unternehmen besitzen überdies eine ausgeprägte *Organisations-Psy-*

chologie – eine Reihe expliziter und impliziter gemeinsamer Werte und Überzeugungen – die sich genauso wirkungsvoll entwickeln und steuern läßt wie ihre Anatomie und Physiologie..." (ebenda, S. 255). Was in der Sozialwissenschaft – und auch von den Autoren dieser Studie – ansonsten als Kern von „Kultur" angesehen wird – Werte – wird hier auf einmal wieder der Psychologie zugeordnet. Der von den Autoren weitgehend offen gelassene Widerspruch zwischen der Stabilität und Beharrungstendenz einer Kultur und ihrer Veränderbarkeit spiegelt sich auch in der These wieder, die Unternehmenskultur könne sich bei tiefgreifenden Veränderungen „als Vorteil oder auch als mächtige Fessel erweisen" (BARTLETT/GHOSHAL 1990: 56).

Auch diese Studie wurde hier nur exemplarisch angeführt um zu zeigen, wie verschwommen der Begriff der „Kultur" oft verwendet wird. Ich möchte auch nicht behaupten, daß der Begriff der „Unternehmenskultur" grundsätzlich unbrauchbar sei – ganz im Gegenteil. Er ist sicherlich nützlich als allgemeiner Orientierungsrahmen und es gibt inzwischen auch Studien, die gegenüber vagen Definitionen sehr kritisch sind, ihn daher genauer zu bestimmen versuchen und empirisch produktiv verwenden (z.B. SCHOENBERGER 1997; SCHREYÖGG 1992).

Ich möchte diesen Abschnitt beschließen mit einer kritischen Bemerkung von Friedrich TENBRUCK, der schrieb:

„Der Begriff der Kultur, dem 19. Jahrhundert so teuer, hat sich jüngst bis zur Unkenntlichkeit erweitert, zerfasert und entwertet. Mit seiner Bedeutung hat er seine Kraft, aber noch nicht seinen Zauber verloren. Denn aus dem Rest kann sich nun jeder die politische Kultur, die Stadtkultur, die Unternehmenskultur, die Freizeitkultur, die Alltagskultur oder was sonst herausschneiden, so daß niemand weiß, woran er mit dem Begriff ist." (TENBRUCK 1989: 7)

Nach diesen Beispielen, die illustrieren sollten, wie eine Zurechnung von sozialem Handeln und sozialen Prozessen auf kulturelle Werte *nicht* erfolgen soll, soll nun ein positives Beispiel dargestellt werden. Es ist dies Alexis de TOCQUEVILLEs berühmte, zuerst 1835 erschienene Studie *Über die Demokratie in Amerika*.

Exkurs über Alexis de TOCQUEVILLEs Theorie des Zusammenhangs zwischen der Durchsetzung von sozialer Gleichheit und politischer Demokratie

Alexis de TOCQUEVILLE als Klassiker der Soziologie

Die Arbeiten des französischen Juristen, Politikers, Historikers und Gesellschaftswissenschaftlers Alexis de TOCQUEVILLE (1805-1859) stellen meiner Meinung nach eines der bis heute herausragendsten Beispiele gelungener soziologischer Zeit- und Gesellschaftsdiagnosen dar. Dies gilt nicht nur deshalb, weil seine wichtigsten Zukunftsprognosen – etwa im Gegensatz jenen von MARX (vgl. dazu auch ARON 1971; BENDIX 1974; JARDIN 1991) – weitgehend eingetroffen sind. Es gilt auch deshalb, weil de TOCQUEVILLE in seinen Schriften und Analysen den Ansatz einer *Soziologie als Wirklichkeitswissenschaft* inhaltlich weitgehend vorweggenommen hat[480], wenngleich er sich –

---

480 In diesem Urteil kann ich mich auf eine Vielzahl bedeutender Autoren berufen. So soll Wilhelm DILTHEY de TOCQUEVILLE als „den größten Analytiker der politischen und sozialen Welt seit Aristoteles und Machiavelli" bezeichnet haben (Klappentext zur Ausgabe TOCQUEVILLE's Demokratie in Amerika" im Deutschen Taschenbuch Verlag, München 1976). Weithin anerkannt ist die Tatsache, daß sich die Zukunftsprognosen de TOCQUEVILLES über die moderne Massendemokratie bewahrheitet haben. J. P. MAYER schreibt im Nachwort zur vorhin zitierten Ausgabe: „Echter Soziologe, lange bevor Soziologie zur Modewissenschaft wurde, wandte sich sein Blick zurück, um uns im Paradigma des französischen Staates zu zeigen, wie der moderne Staat aus seinen feudalen Anfängen zu begreifen ist... Wie sein Blick in die Zukunft gewandt war, ist schon angedeutet worden. Tocqueville ist unser Zeitgenosse geworden, *weil seine Deutung dessen, was kommen mußte, zutreffend war.*" (S. 874f.; meine Hervorhebung, M.H.). Die Ausführungen des Politikwissenschaftlers Theodor ESCHENBURG im Nachwort zur gleichen Ausgabe nehmen die Zentralthese meines Beitrags vorweg: „Das Epochemachende der Tocquevilleschen Arbeit lag nicht nur in den von ihm aufgeworfenen Problemen, sondern auch in seinen wissenschaftlichen Methoden. Er hatte empirisch Tatbestände des gesellschaftlichen Lebens erfaßt und analysiert sowie die konkreten Wechselwirkungen zwischen diesen und den politischen Einrichtungen aufgezeigt. Ebenso bedeutsam war, *daß Tocqueville seine prinzipiellen Schlüsse und Prognosen aus der Überprüfung des empirischen Materials bezogen hatte.*" (S. 882; Hervorhebung von mir, M.H.) In diesem Beitrag zeigt ESCHENBURG systematisch den umfassenden Einfluß TOCQUEVILLES auf das staats- und gesellschaftswissenschaftliche Denken in Deutschland im 19. Jahrhundert, bis hin zur konkreten Ausge-

hierin ähnlich neueren Autoren wie Norbert ELIAS oder Erving GOFFMAN – kaum mit begriffsdogmatischen und wissenschaftstheoretischen Grundsatzdebatten befaßt und kein umfassendes, logisch geschlossenes, theoretisches System entwickelt hat.

In diesem Abschnitt möchte ich zweierlei zeigen: (1) daß de TOCQUEVILLE in seinen Arbeiten sowohl kausale wie sinnbezogene Deutungen gesellschaftlicher Prozesse geliefert hat; (2) daß er das Prinzip der Lokalisierung allgemeiner Ideen und Werte (in diesem Falle: Gleichheit und Demokratie) in bestimmten Institutionen und ihrer Zurechnung zu bestimmten Formen des sozialen Handelns exemplarisch vorgeführt hat; und (3) daß seine Gesellschaftsdiagnosen sich unmittelbar aus seinen theoretischen Überlegungen und empirischen Beobachtungen ableiten lassen und in der Tendenz als weitgehend zutreffend angesehen werden müssen.

Vergegenwärtigen wir uns als Einstieg, daß de TOCQUEVILLE selber daran interessiert war, aus seinen Untersuchungen *Zeit- und Gesellschaftsdiagnosen* in dem Sinne abzuleiten, wie sie in Kapitel 1 definiert wurden. So schreibt er in der Einleitung zu *Über die Demokratie in Amerika*, er habe die amerikanische Revolution „als eine fertige oder nahezu vollendete Tatsache hingenommen... um daraus die natürlichen Folgerungen zu ziehen und soweit wie möglich zu erkennen, wie sie den Menschen Nutzen bringen kann" (de TOCQUEVILLE 1976: 16); es genüge, „den gewohnten Gang der Natur und die anhaltende Richtung des Geschehens zu prüfen", um zu erkennen, „daß sich in der allmählichen und fortschreitenden Entwicklung zur Gleichheit die Vergangenheit und die Zukunft ihrer Geschichte in einem ausdrückt". Die Einleitung schließt mit den folgenden Sätzen: „Dieses Buch reiht sich in keinerlei Gefolgschaft ein; als ich es schrieb, wollte ich weder irgendeiner Partei dienen, noch sie bekämpfen; ich *trachtete danach*, nicht anders, aber *weiter zu schauen als die Parteien*; und während sich diese mit dem nächsten Tag befassen, *wollte ich an die Zukunft denken.*" Aber bei dieser Zukunftsschau „weigert er sich, große Synthesen zu erstellen, die den geschichtlichen Ablauf voraussagen sol-

---

staltung der Verfassung des geeinigten Deutschland. Ich teile auch das Urteil ARONS (1971: 201), daß man der Bedeutung des Werkes von TOCQUEVILLE Unrecht tut, wenn man ihn nicht unter die Begründer der Soziologie zählt; dasselbe Urteil findet sich schon bei DURKHEIM (1981a: 85ff.) im Rahmen einer hervorragenden Darstellung der Hauptideen von de TOCQUEVILLE.

len. Er ist nicht der Meinung, daß die Vergangenheit von unerbittlichen Gesetzen beherrscht wurde und daß die zukünftigen Ereignisse vorausbestimmt sind" (ARON 1971: 235).

Im folgenden möchte ich die drei vorhin aufgestellten Thesen anhand des Textes von TOCQUEVILLE belegen. Zeigen wir zunächst, daß er sowohl kausal- wie sinnbezogene Erklärungen im strengen Sinne verwendet hat. *Kausal orientierte Hypothesen* finden sich in seinem Werk an zahlreichen Stellen (vgl. dazu auch BOUDON 1995); im folgenden eine kleine Auswahl. Aus diesen Zitaten gehen auch einige seiner zentralen inhaltlichen Hypothesen hervor (alle Hervorhebungen von mir, M.H.):

„In dem Maße, wie ich die amerikanische Gesellschaft studierte, erkannte ich daher immer mehr die Gleichheit der Bedingungen als die *wirkende Ursache*, aus der jede einzelne Tatsache hervorgeht..." (de TOCQUEVILLE 1976: 5)

„Die amerikanische Revolution brach aus. Das Dogma der Volksherrschaft trat aus der Gemeinde heraus und griff auf die Staatsregierung über; alle Klassen setzten sich dafür ein; man kämpfte und siegte in seinem Namen, es wurde das Gesetz der Gesetze.

Ein fast ebenso rascher Wechsel vollzog sich im Innern der Gesellschaft. Das Erbrecht *löst die örtlichen Einflüsse vollends auf.*

Im Augenblick, da diese *Wirkung der Gesetze und der Revolution* allen deutlich zu werden begann, hatte die Demokratie bereits unwiderruflich gesiegt..." (S. 64)

Bemerkenswert ist auch, daß de TOCQUEVILLE in aller Regel nicht *deterministische*, sondern (genauso wie Max WEBER) *probabilistische Kausalgesetze* im Auge hat. So schreibt er an einer Stelle explizit, er sehe „manche Wahrscheinlichkeit", daß die Staatsausgaben steigen würden, wenn die unteren Klassen bestimmenden Einfluß auf die Gesetze gewinnen würden (Näheres dazu unten). Betrachten wir hierzu die zentrale Rolle, die er dem Trend zu gesellschaftlicher Gleichheit zuschreibt.

Der (strukturell-ideologisch und subjektiv verankerte) Trend zu mehr Gleichheit als machtvolle Determinante gesellschaftlicher Entwicklung

Die Grundannahme von TOCQUEVILLEs lautet, daß politische Regierungssysteme wie die Demokratie nicht nur aus staatsrechtlich-normativer Sicht, sondern in ihrem Zusammenhang mit den dahinterstehenden gesellschaftlichen Strukturen zu sehen sind. In dieser Hinsicht überwindet er die zu seiner Zeit noch weitgehend vorherrschend normativ-ideologische Betrachtung politischer Einrichtungen und gelangt zu einer eminent modernen, sozialwissenschaftlichen Position. Dies gelingt ihm nicht zuletzt deshalb, weil für ihn – wie für seinen großen Lehrer MONTESQUIEU – die *Unterschiede zwischen verschiedenen Gesellschaften* im Mittelpunkt stehen und nicht die Gemeinsamkeiten aller industriellen bzw. kapitalistischen Gesellschaften wie bei COMTE oder MARX (ARON 1971). De TOCQUEVILLEs zentrale inhaltliche Hypothese lautet: *die wichtigste sozialstrukturelle Ursache für die Entstehung und Durchsetzung der Regierungsform „Demokratie" ist die gesellschaftliche Gleichheit.* Diese These entfaltet er in geradezu episch-dramatischer Form in den Einleitungssätzen zu seinem Werk. Im folgenden Zitat kommt auch sein kausal orientiertes Denken mehrfach zum Ausdruck:

„Unter den neuen Erscheinungen, die während meines Aufenthalts in den Vereinigten Staaten meine Aufmerksamkeit erregten, hat keine meinen Blick stärker gefesselt als die Gleichheit der gesellschaftlichen Bedingungen. Ich entdeckte ohne Mühe den erstaunlichen Einfluß, den diese Tatsache auf die Entwicklung der Gesellschaft ausübt; sie gibt dem Denken der Öffentlichkeit eine bestimmte Richtung, den Gesetzen einen bestimmten Anstrich; den Regierenden neue Grundsätze und den Regierten besondere Gewohnheiten.

Bald erkannte ich, daß sich der Einfluß dieser Erscheinung weit über die politischen Zustände und die Gesetze hinaus erstreckt, und daß er auf die bürgerliche Gesellschaft nicht weniger als auf die Regierung einwirkt: er erzeugt Meinungen, ruft Gefühle hervor, zeitigt Gebräuche, und alles, was er nicht hervorbringt, wandelt er." (de TOCQUEVILLE 1976: 5)

De TOCQUEVILLE beschränkt sich aber nicht darauf, das Walten unpersönlicher Mächte und Gesetze herauszuarbeiten, er beachtet genauso die andere Seite, nämlich die *Sinnbezogenheit* der hierbei zur Rede stehenden Zusammenhänge. Man kann dies in doppelter Hinsicht aufzeigen. Zum einen hinsichtlich der Tatsache, daß der Trend zu mehr Gleichheit nicht nur strukturell zu verstehen ist, etwa als ein überpersönlicher Prozeß der kulturellen Interpenetration (wie man es in Begriffen von PARSONS und MÜNCH ausdrücken würde), sondern auch einen *subjektiven Aspekt* enthält. Dieser betrifft das Bewußtsein und die individuellen Bestrebungen von Menschen:

„Es gibt in der Tat eine kräftige und berechtigte *Leidenschaft* für Gleichheit, die die Menschen anspornt, stark und geachtet zu sein zu wollen. Diese Leidenschaft will die Kleinen in den Rang der Großen erheben; aber im menschlichen Herzen lebt auch eine entartete *Gleichheitssucht*, die die Schwachen reizt, die Starken auf ihre Stufe herabzuziehen; sie verleitet die Menschen, einer Ungleichheit in der

Freiheit die Gleichheit in der Knechtschaft vorzuziehen. Nicht als verachteten die Völker ... die Freiheit...

Aber die Freiheit ist nicht das wesentliche und ständige Ziel ihrer *Wünsche*. Was sie mit nie endender Liebe *lieben*, ist die Gleichheit... nie wären sie ohne Gleichheit *zufrieden*, und eher wären sie bereit zu sterben, als sie preiszugeben." (de TOCQUEVILLE 1976: 62; Hervorhebungen von mir, M.H.)

Es geht de TOCQUEVILLE also darum zu zeigen, daß der zentrale Trend zu gesellschaftlicher Gleichheit eine objektiv-strukturelle Tendenz darstellt[481], die zugleich auch subjektiv in den Menschen verankert ist; er sieht darin sogar eine *Leidenschaft* oder *Emotion* ersten Ranges. Daß das Streben nach Gleichheit eine so zentrale Emotion darstellen soll, mag auf den ersten Blick heute vielleicht ungewohnt erscheinen, spricht man in diesem Zusammenhang doch eher von Phänomenen wie Liebe und Haß, Materialismus oder Individualismus, Machtstreben, Nationalismus und ähnlichem. Was de TOCQUEVILLE jedoch anspricht, ist das Phänomen des *Statusvergleichs* zwischen Menschen, sozialen Gruppen und Schichten; in diesem hat in der Tat einer Reihe von Gesellschaftsanalytikern von Thorstein VEBLEN (1971) bis Vance PACKARD (1973), Fred HIRSCH (1980), Helmut SCHOECK (1966) und vielen anderen ein wesentliches, anthropologisch verankertes Merkmal des gesellschaftlichen Verhaltens des Menschen gesehen.

Die institutionelle Konkretisierung und Verankerung als Voraussetzung für die gesellschaftliche Wirksamkeit einer Idee

Für Alexis de TOCQUEVILLE spielt der Aspekt der *Sinnhaftigkeit* gesellschaftlicher Prozesse noch in einem zweiten Sinn eine zentrale Rolle, und er kann auch hierin als ein kongenialer Vorläufer von Max WEBER angesehen werden. So ist er stets bestrebt, die Eigenart und Wirkungskraft ganz *spezifischer sozialer Einrichtungen* oder *Institutionen* zu erfassen, die mehr sind als nur Aggregationen individueller Interessen oder Bestrebungen[482]. Dabei liegt die Essenz seines Argu-

---

481 In dieser Hinsicht nennt er neben der Nivellierung der Vermögensverteilung auch die relative Gleichheit der Bildung in den Vereinigten Staaten (TOCQUEVILLE 1976: 60).
482 In dieser Hinsicht ist er auch den Rational Choice-Ansätzen überlegen, die hier nur abstrakt von Normen und Rechten sprechen (wie z.B. COLEMAN 1990). Zu der äußerst differenzierten und modernen Position TOCQUEVILLES im Hinblick auf die kurz- und langfristigen Effekte einer demokratischen Verfassung vgl. ELSTER 1987, S. 195ff.

mentes darin, daß die allgemeine Idee der Gleichheit durch ihre Verankerung in konkreten Institutionen, wie z.b. Gesetzen, zu gesellschaftlicher Wirksamkeit gebracht wird. Als Beispiele möchte ich hier seine Behandlung der Institutionen des Erbrechts, des Wahlrechts und der politischen Verfassung darstellen. In bezug auf das *Erbrecht* schreibt de TOCQUEVILE unter anderem:

„Ich bin erstaunt, daß die alten und neuen Schriftsteller dem Erbrecht keinen größeren Einfluß auf die Entwicklung menschlicher Verhältnisse beimessen. Zwar gehören diese Gesetze zum bürgerlichen Recht, sie sollten aber an der Spitze aller politischen Einrichungen stehen, denn sie beeinflussen in unglaublicher Weise die Gesellschaftsordnung der Völker, die sich in den politischen Gesetzen ausprägt. Sie wirken ferner in bestimmter und gleichmäßiger Art auf die Gesellschaft ein; sie erfassen sozusagen die Geschlechter vor ihrer Geburt. Sie verleihen dem Menschen die Waffe einer fast göttlichen Gewalt über die Zukunft seiner Mitmenschen." (de TOCQUEVILLE 1976: 55f.)

Man sieht auch in diesen Sätzen wieder, wie eindeutig de TOCQUEVILLE von *kausalen Effekten* spricht („sie beeinflussen", „sie wirken", „sie erfassen die Geschlechter vor ihrer Geburt"!). De TOCQUEVILLE unterscheidet hier zwischen zwei Haupttypen von erbrechtlichen Regelungen: schreiben diese die *gleichmäßige Güterteilung* zwischen den Nachkommen vor, so zersplittert sich das Eigentum beim Tod eines Besitzenden in der Regel in viele kleine Teile – ein Prozeß, der einer Vermögenskonzentration in hohem Grade entgegenwirkt. Stanley LEBERGOTT (1976) hat in einer neueren Studie gezeigt, daß dieser Prozeß erklärt, warum die von MARX prognostizierte Konzentration des Vermögens in den USA (und ähnliches gilt wohl auch für Europa) nicht eingetreten ist. Anders bei Konzentration der Erbfolge auf den *Erstgeborenen*; hier wird das Familieneigentum fast unzerstückelt einem einzigen Erben weitergegeben. Dies wirkt sich nach de TOCQUEVILLE (1976: 17) auch auf „die Seele der Bürger" aus: Es bildet sich ein enger Zusammenhang zwischen „Familiengeist" und Boden: „der Boden verleiht dem Namen, dem Ursprung, dem Reichtum, der Macht und den Tugenden der Familie Dauer. Er ist ein unzerstörbarer Zeuge der Vergangenheit und ein kostbares Pfand künftigen Bestehens." Anders dagegen bei Erbteilung: „Legt das Erbrecht die gleichmäßige Verteilung auf alle Kinder fest, so zerstört es die enge Bindung zwischen Familiengeist und Boden; dieser verkörpert nicht mehr die Familie; er fällt nach ein oder zwei Generationen unvermeidlich der Zerstückelung anheim" (ebenda, S. 57) Nicht nur löst sich Großgrundbesitz bald wieder auf, die Großgrundbesitzer selber besitzen nur eine relativ geringe Bindung an ihren Boden und sind relativ rasch bereit, ihn zu verkaufen, wenn sich anderwärts bessere Anlagemöglichkeiten für das darin gebundene Kapital ergeben. Auch zum Beleg dieser These kann man eine Reihe sozialhistorischer und aktueller Fakten anführen. So hatten Erbschaftsregelungen oder, allgemein gesprochen, *Agrarverfassungen*, eine enorme Bedeutung für die Entwicklung von ländlichen Vermögens- und Verteilungsstrukturen und viele Bereiche des sozialen und demographischen Verhaltens.[483]

Eine andere gesetzliche Institution, der Alexis de TOCQUEVILLE weitreichende gesellschaftliche Folgewirkungen zuschreibt, ist das *Wahlrecht*. Hierzu schreibt er u.a.:

„Das ist eine der unveränderlichen Regeln gesellschaftlicher Entwicklung. Je weiter man die Grenzen des Wahlrechts zieht, desto mehr wächst das Bedürfnis, sie noch weiter zu ziehen; denn nach jedem Zugeständnis mehren sich die Kräfte der Demokratie, und ihre Ansprüche wachsen mit ihrer neu errungenen Macht. Der Ehrgeiz derer, die den Wahlzensus nicht erreichen, wird durch die steigende

---

483 In Westeuropa könnte etwa der auffallende Unterschied zwischen romanischen Ländern wie Frankreich oder Italien gegenüber den deutschsprachigen Ländern als Evidenz für TOCQUEVILLES These angeführt werden: die in den ersteren eher vorherrschende Realteilung hat zu einer viel stärkeren Entleerung des Landes, zu einem schärferen Gegensatz Stadt-Land, zu einer weniger konservativen Grundhaltung der ländlichen Bevölkerung geführt als in den letzteren. Der gleiche Unterschied zeigt sich innerhalb Österreichs zwischen den westlichen (Vorarlberg, Tirol) und den südlichen und östlichen Bundesländern (Burgenland, Kärnten, Südoststeiermark), die eine analoge Differenz in ihrer Agrarverfassung aufweisen. In Ländern bzw. Regionen, in denen ein Hof ungeteilt auf einen Nachkommen übergeht, gibt es großteils kleine bis mittlere Bauernhöfe mit wenig Landarbeitern (öfters arbeiteten früher unverheiratete Geschwister mit). Die Folge ist ein relativ hohes Selbst- und Standesbewußtsein der Bauern, gepaart mit politischem Konservatismus. In Regionen mit Realteilung gab es einerseits zahlreiche Kleinst- und Kleinbauern, andererseits starken Großgrundbesitz mit vielen Landarbeitern. Noch heute zeigt sich, daß in den westlichen Bundesländern Österreichs (aber auch in Oberbayern und in der Schweiz) konservativere Einstellungen vorherrschen (was sich auch in den unangefochtenen Mehrheiten der christlichsozial ausgerichteten Österreichischen Volkspartei zeigt), in gewisser Hinsicht aber auch offenere und unabhängigere Geisteshaltungen. In den östlichen und südlichen Bundesländern Österreichs findet sich häufiger eine zugleich obrigkeitskritische und untertanenhafte Geisteshaltung; Kärnten und das Burgenland sind (mit Ausnahme von Wien) die zwei einzigen österreichischen Bundesländer, in denen die Sozialdemokratische Partei Österreichs heute regelmäßig deutliche Mehrheiten erreicht.

Zahl der ihn überschreitenden gereizt. Schließlich wird die Ausnahme zur Regel; die Zugeständnisse folgen sich unaufhörlich, und man hält erst inne, wenn man beim allgemeinen Wahlrecht angelangt ist." (de TOCQUEVILLE 1976: 65)

Wie recht de TOCQUEVILLE mit dieser Prognose hatte, zeigt sich nicht nur in der inzwischen praktisch im größten Teil der Welt tatsächlich erfolgten, Durchsetzung des allgemeinen Wahlrechts – ein Faktum, das 1835 wohl noch weit jenseits der Vorstellungskraft der Menschen lag.[484] Selbst heute, nachdem sämtliche Reste von offenen Standes- und Besitzprivilegien im Wahlrecht beseitigt sind, ist dieser Trend noch nicht zu einem Abschluß gekommen. Mit der Diskussion um die Herabsetzung des Wahlalters, der Einführung von Demokratie und Wahlen in die verschiedensten gesellschaftlichen Institutionen (Schulen, Kirchen, Betrieben usw.) wirkt er immer noch weiter.[485]

Relevant und aktuell erscheinen auch die Überlegungen de TOCQUEVILLEs über den Zusammenhang zwischen der Durchsetzung der Demokratie und der Entwicklung der *Staatsausgaben*. In einem nur vierseitigen Abschnitt („Über die öffentlichen Lasten in der amerikanischen Demokratie", S. 239ff.) entwickelt de TOCQUEVILLE hierzu eine Reihe höchst aktueller Thesen. Ausgehend von einem Vergleich zwischen Despotien und Demokratien argumentiert er zunächst, daß weniger die Art und Höhe der Besteuerung von Bedeutung ist als die Tatsache, daß in freien Staaten die wirtschaftliche Entwicklung generell weit dynamischer sein wird:

„Gewiß richtet der Despotismus die Menschen zugrunde, mehr indem er sie hindert, Güter zu erzeugen, als indem er ihnen die erzeugten Früchte wegnimmt; er

---

484 Nicht fremd war diese Vorstellung jedoch weitblickenden Sozialtheoretikern, wofür – neben de TOCQUEVILLE und MONTESQUIEU – auch der Sozialphilosoph John LOCKE (1632-1704) ein herausragendes Beispiel ist. Er hatte in seinen *Treatises of Government* schon Ende des 17. Jahrhunderts Gleichheit und Freiheit als menschliche Grundrechte definiert und das allgemeine Wahlrecht gefordert. Auch John LOCKE'S Denken ist exemplarisch in zweierlei Hinsicht: (1) es zeigt eine ideenkritische und empiristische Geisteshaltung, die der Idee der Soziologie als Wirklichkeitswissenschaft kongenial ist. (2) Es zeigt die Geschichtswirksamkeit von Ideen und Werten; LOCKES Ideen zur demokratischen Verfassung wirkten auf die amerikanische Verfassung, auf die französische Revolution, bis hin zum deutschen Grundgesetz von 1949 (vgl. MEYERS, Bd. 15, S. 194f.).
485 Man könnte sagen, daß hier in gewisser Weise TOCQUEVILLE's eigene Voraussage durch die Realität widerlegt wurde, seine diesbezügliche Prognose allerdings seiner eigenen Theorie widersprach.

bringt die Quelle des Reichtums zum Versiegen und verschont oft den erworbenen Reichtum. Die Freiheit bringt im Gegenteil tausendmal mehr Güter hervor als sie deren zerstört, und bei den Völkern, die sie kennen, nimmt das Vermögen des Volkes immer schneller zu als die Steuern." (de TOCQUEVILLE 1976: 239f.)

Man kann wohl behaupten, daß diese These de TOCQUEVILLES auch in unserem Jahrhundert, durch 70 bzw. 40 Jahre Erfahrungen mit dem „Realsozialismus" in Osteuropa, schlagend bestätigt wurde. Die weit geringere Produktivität der staatssozialistischen Wirtschaft gegenüber der westlichen Marktwirtschaft war eine der Hauptdeterminanten für den Niedergang und Fall dieser ohne Zweifel als „totalitär" zu bezeichnenden Regimes.[486]

Die Frage, die sich de TOCQUEVILLE aber sodann stellt, lautet: „Ist die Regierung der Demokratie sparsam?" (S. 239). Hierzu geht er aus von einer Unterscheidung dreier sozialer Grundklassen, die seiner Meinung nach in jeder Gesellschaft vorkommen; jede dieser Klassen habe eine andere Einstellung zu den Staatsausgaben. Würden die *Reichen* herrschen, würden sie wenig sparen, aber wohl auch nicht an hohen Staatseinnahmen interessiert sein, da es ihnen ohnehin gut ginge. Würden die *mittleren Klassen* herrschen, wäre der Staat wahrscheinlich sparsam, da diese bald merken würden, daß sie mit hohen Steuern sich selbst treffen, „denn es gibt nichts Verheerenderes als eine hohe Steuer auf einem kleinen Vermögen" (S. 240). Was ist aber, wenn die unterste Klasse, die *Armen*, bestimmenden Einfluß auf die Gesetzgebung erlangen? Hierzu de TOCQUEVILLE:

„Nun stelle ich mir vor, die unterste Klasse allein erlasse das Gesetz; ich sehe manche Wahrscheinlichkeit, daß man die öffentlichen Lasten vermehrt statt sie zu vermindern, und dies aus zweierlei Gründen:

Da der größte Teil derer, die für das Gesetz stimmen, keinen besteuerbaren Besitz haben, scheint alles Geld, das man zum Besten der Gesellschaft ausgibt, nur ihnen zu nützen, ohne ihnen je schaden zu können; und die, welche ein Weniges ihr Eigen nennen, finden mit Leichtigkeit die Mittel, die Steuer so anzusetzen, daß sie die Reichen allein trifft und nur den Armen nützt...

---

[486] Einer der bedeutendsten westlichen Sowjetunion-Experten schreibt hierzu: „... relative economic decline was one of the main factors that impelled the reform program initiated by the Soviet leadership under Gorbachev" (LANE 1990: 23). In den mittelosteuropäischen Ländern, ganz besonders aber in der DDR, war der wirtschaftliche Rückfall für die Bevölkerung noch spürbarer und daher ein noch stärkerer Anlaß zu Unzufriedenheit als in der UdSSR, sah man hier die alternativen Möglichkeiten, die der Kapitalismus bot, doch geradezu vor der eigenen Haustür.

Die Länder, in denen die Armen [Man wird leicht verstehen, daß das Wort *arm* hier wie sonst in diesem Kapitel nur in einem verhältnismäßigen und nicht einem unbedingten Sinne zu verstehen ist. Die Armen Amerikas können im Vergleich zu denen Europas oft als Reiche erscheinen: dennoch ist es richtig, sie Arme zu nennen, wenn man sie ihren Mitbürgern gegenüberstellt, die reicher sind als sie; Anmerkung von A. de TOCQUEVILLE, M.H.] ausschließlich mit der Gesetzgebung betraut wären, könnten also keine großen Ersparnisse in den öffentlichen Ausgaben erwarten...

Anders ausgedrückt: die Regierung der Demokratie ist die einzige, wo derjenige, der für die Steuer stimmt, sich der Verpflichtung, sie zu entrichten, entziehen kann." (de TOCQUEVILLE 1976: 240)

In diesen Ausführungen hat de TOCQUEVILLE nicht nur die SCHUMPETER-GOLDSCHEIDSCHE Hypothese von der zentralen Stellung der Finanzsoziologie und dem *Kampf um Formen und Höhe der Besteuerung* als einem *latenten Klassenkampf* (GOLDSCHEID/SCHUMPETER 1976) vorweggenommen. Er hat offenkundig eine gerade in der zweiten Hälfte unseres Jahrhunderts immer stärkere hervorgetretene Tendenz vorausgesehen, nämlich die des enormen Wachstums der Staatsausgaben, und zwar insbesondere in jenen Ländern, in denen die politischen Vertretungen der unteren Schichten bzw. der Arbeiterklasse den größten politischen Einfluß hatten, wie in den skandinavischen Wohlfahrtsstaaten.

Kommen wir jedoch zum dritten institutionellen Element, dem de TOCQUEVILLE die größte Bedeutung zumaß, nämlich der *politischen Verfassung* einer Gesellschaft oder eines Landes, insbesondere seinem Grad der *politischen Zentralisierung*. Hier lautet seine These, daß eine stark zentralisierte Regierung und Verwaltung einer weniger zentralisierten, stärker föderalistisch geprägten eindeutig unterlegen ist:

„Aber ich glaube, daß eine zentralisierte Verwaltung zu nichts anderem taugt, als die ihr unterworfenen Völker zu schwächen, denn sie vermindert in ihnen ohne Unterlaß den Bürgergeist. Die zentralisierte Verwaltung vermag allerdings zu einer gegebenen Zeit und an einer gegebenen Stelle alle verfügbaren nationalen Kräfte zu sammeln, aber sie schadet der Erneuerung der Kräfte..." (de TOCQUEVILLE 1976: 99)

Demgegenüber stellt die durch ein föderalistisches System geförderte lokale Unabhängigkeit und Selbständigkeit der Bürger, insbesondere die Autonomie der Gemeinden, einen Hort für politische Unabhängigkeit und Selbständigkeit dar:

„... die Kraft der freien Völker (ruht) in der Gemeinde. Die Gemeindeeinrichtungen sind für die Freiheit, was die Volksschulen für die Wissenschaft sind; sie machen sie dem Volke zugänglich; sie wecken in ihm den Geschmack an ihrem freiheitlichen Gebrauch und gewöhnen es daran. Ohne Gemeindeeinrichtungen kann sich ein Volk eine freie Regierung geben, aber den Geist der Freiheit besitzt es nicht." (de TOCQUEVILLE 1976: 68).

Als eine der wichtigsten Wirkungen der politischen Dezentralisierung sieht de TOCQUEVILLE die Entstehung eines besonders ausgeprägten *Patriotismus*:

„In den Vereinigten Staaten spürt man allerorten das Vaterland. Es ist vom Dorf bis zur ganzen Union ein Gegenstand liebevoller Sorge. Dem Einwohner gilt jedes Anliegen des Landes so viel wie sein eigenes. Der Ruhm der Nation ist der seine; in ihren Erfolgen glaubt er sein eigenes Werk zu erkennen, und er ist stolz darauf; und er freut sich über das allgemeine Wohlergehen, das ihm zugute kommt. Er hegt für sein Vaterland ein gleiches Gefühl wie für seine Familie, und auch um den Staat kümmert er sich aus einer Art von Eigenliebe." (de TOCQUEVILLE 1976: 107)

Man kann in diesen Sätzen eine idealistische Überhöhung einer Gesellschaft sehen, die der Wirklichkeit kaum entspricht; zweifellos war die Liebe des Amerikaners zu seinem Vaterland, das im Jahre 1820 nur rund zwei Dutzend Staaten und 10 Millionen Einwohner hatte, etwas anderes als heute (1990), wo in 50 Bundesstaaten rund 250 Millionen Menschen leben. Tatsache ist, daß die Amerikaner heute bei einem internationalen Vergleich des Nationalstolzes unter 26 Nationen eine Spitzenstellung einnehmen; rund drei Viertel der Amerikaner sind auf ihr Land „sehr stolz", während die entsprechenden Anteile in den meisten westeuropäischen Ländern bei 40-60% liegen, in Deutschland gar nur bei rund 20% (HALLER u. Mitarb. 1996: 460).

Es ging mir hier nicht um eine umfassende Darstellung und Würdigung der Theorie Alexis de TOCQUEVILLE's. Seine Grundbegriffe und -thesen – so insbesondere die Begriffe der „Gleichheit" und der „Demokratie" – sind keineswegs frei von Ambiguitäten und Unklarheiten (vgl. ARON 1971: 202; POPE 1986). In einigen wenigen Aspekten sind auch seine Prognosen nicht eingetroffen.[487]

---

[487] Die erste davon betrifft seine These, daß Despotien bzw. zentralisierte Nationen in Krisenzeiten Demokratien bzw. föderalistischen Staaten überlegen seien (TOCQUEVILLE 1976: 193ff.). Dagegen spricht insbesondere die Erfahrung des Zweiten Weltkrieges, in dem letztlich die Demokratien Englands und Amerikas die Niederlage Hitlers bestimmt haben.
Eine zweite klare Fehlprognose war seine These, daß „die Indianerrasse Nordamerikas zum Untergang verurteilt ist" und „an dem Tage, da sich die

578 *Grundprinzipien einer soziologischen Theorie*

Die Unterlegenheit der Indianer und Neger Nordamerikas als Resultat gesellschaftlich-politischer Unterdrückung

Abschließend möchte ich noch die Betrachtungsweise de TOCQUEVILLEs im Hinblick auf eine zweite Thematik darstellen, nämlich die ethnischen bzw. rassischen Verhältnisse und Beziehungen in Nordamerika.

Diese Problematik konnte de TOCQUEVILLE bei seinem Aufenthalt in den Vereinigten Staaten schwer entgehen, war sie doch schon damals von größter Brisanz. So stellte das von Weißen besiedelte Land ja gerade erst den östlichsten Teil des riesigen Kontinents dar; auf den weiten Ebenen und in direkt angrenzender Nachbarschaft zu den vordringenden weißen Siedlern lebten noch Hunderttausende *Indianer* – wenn auch nur in dünner Besiedlung und verstreut auf ungeheure Flächen von Land. Ebenso war die Problematik der *Schwarzen* hochbedeutsam, da diese um die Mitte des 19. Jahrhunderts noch 16% der Gesamtbevölkerung darstellten und völlig im Sklavenstatus gehalten wurden; sie waren allerdings viel stärker auf den Süden konzentriert als heute.

De TOCQUEVILLE befaßt sich im Buch über die *Demokratie in Amerika* nur mit diesen beiden Rassen und ihrem Verhältnis zu den Weißen, sieht aber noch kaum die für die fernere Zukunft der USA so gewichtige Problematik der *ethnischen Pluralität*, wie sie sich Ende des 19., Anfang des 20. Jahrhunderts darstellen wird als Folge der massiven Einwanderung aus Süd- und Osteuropa, Asien und Lateinamerika. Dies ist ihm wohl kaum anzukreiden. Mir geht es hier darum, zwei Dinge zu zeigen: (1) daß auch die Behandlung der rassisch-ethnischen Problematik durch de TOCQUEVILLE völlig frei ist von Vorurteilen oder Rassismen aller Art (wie sie zu seiner Zeit noch weithin im Schwange waren) und (2) daß de TOCQUEVILLE argumentiert, daß die tatsächlich gegebene Unterlegenheit dieser beiden Ras-

---

Europäer an der Pazifischen Küste niedergelassen haben werden, verschwunden sein wird" (TOCQUEVILLE 1976: 378). Tatsächlich hat sich die Zahl der Indianer in den Vereinigten Staaten anders entwickelt: nachdem sie von rund 850.000 am Ende des 18. Jahrhunderts durch Kriege, Seuchen und Ausrottung auf nur mehr 26.000 Personen 1879 dezimiert worden waren, konnten sie sich bis 1970 wieder auf 793.000 vermehren, von denen aber bestenfalls 40% „reinrassig" waren (MEYERS ENZYKLOPÄDISCHES LEXIKON in 24 Bänden, Mannheim/Wien/Zürich 1979, Band 24, S. 257).

sen nahezu ausschließlich durch Prozesse gesellschaftlich-kultureller und politischer Unterdrückung zustandegekommen ist.[488]

Als erstes betont de TOCQUEVILLE (1976: 366ff.) hier, daß nicht nur zwischen Weißen einerseits, Indianern und Negern[489] andererseits die größten Unterschiede bestehen, sondern auch noch zwischen den beiden letzteren Gruppen selber: „Diese beiden Rassen haben weder Geburt noch Gestalt gemein, weder Sprache noch Sitten; sie sind ähnlich nur in ihrem Unglück" (S. 367). Am schlimmsten stehen die Neger da: „Die Unterdrückung hat die Nachkommen der Afrikaner auf einen Schlag fast aller Vorrechte des Menschengeschlechts beraubt!" (ebenda). Sie haben keine Bande mehr zu ihrer Herkunftskultur, sind aber auch nicht in die amerikanische Kultur integriert. Vor allem die lange Versklavung hat zu einer seelischen Veranlagung geführt, die die Neger ihr Unglück kaum mehr verspüren läßt:

„die Gewalt hat ihn zum Sklaven gemacht, die Gewöhnung an die Knechtschaft gab ihm eine Denkweise und einen Ehrgeiz des Sklaven; er bewundert seine Tyrannen noch mehr, als er sie haßt, er findet seine Freude und seinen Stolz darin, seine Unterdrücker knechtisch nachzuahmen. Seine Verstandeskräfte sind auf die Stufe seines Seelenlebens hinabgesunken." (de TOCQUEVILLE 1976: 368)

De TOCQUEVILLE beschreibt den geistigen und moralischen Zustand der Neger Amerikas also in den schwärzesten Farben; dabei hält er aber zugleich in nahezu jedem Satz fest, daß es sich hierbei um einen gesellschaftlich-kulturell erzeugten und keinen natürlichen, etwa durch biologische Anlagen, mitbestimmten Zustand handelt. Das größte Gewicht für den mißlichen Zustand der schwarzen Rasse – und hierin wird man ihm ohne Zweifel zustimmen können – sieht er in einer von Menschen geschaffenen *Institution*, nämlich der *Sklaverei*. Deren Folgen sind heute noch schlimmer als im Altertum; war sie damals eine Frage des Rechtes (als Freigelassene genossen Sklaven bald ein Ansehen wie die „alten" Freien), ist sie heute eine Frage der Sitten, die viel länger fortwirken:

---

488 Jedenfalls konnte ich im einschlägigen Kapitel in der „Demokratie in Amerika" keinen einzigen Hinweis auf so etwas wie eine „natürliche Basis" von Rassenunterschieden finden.

489 Ich verwende hier, wie de TOCQUEVILLE und der allgemeine Sprachgebrauch noch bis vor kurzem, den Begriff „Neger", obwohl dieser heute bereits eine pejorative Färbung erhalten hat und man ohne Zweifel das Wort „Schwarze" oder „Afroamerikaner" vorziehen sollte.

„... die nichtmaterielle und vorübergehende Tatsache der Sklaverei verbindet sich bei den Heutigen in der unheilvollsten Weise mit der körperlichen und fortdauernden Tatsache der Rassenverschiedenheit... Die Erinnerung an die Sklaverei entehrt die Rasse, und in der Rasse dauert die Erinnerung an die Sklaverei fort." (de TOCQUEVILLE 1976: 396)

So verhängnisvoll erscheint diese Verknüpfung, daß de TOCQUEVILLE (1976: 394ff.) zur Folgerung gelangt, eine wirkliche Aufhebung der Sklaverei und ein friedliches Nebeneinanderleben von Schwarzen und Weißen werde unmöglich sein, da das *Rassenvorurteil* gerade in den Vereinigten Staaten äußerst unduldsam sei. Es gebe nur die Alternative, daß sich die Weißen und Neger völlig vermischen oder daß sie sich trennen: „Ich denke nicht, daß die weiße und die schwarze Rasse irgendwo als Gleichberechtigte zusammen leben können" (S. 413). Hier würde ich meinen, sehen wir eine weitere Prognose de TOCQUEVILLES, die – in diesem Fall wohl zum Glück! – nicht in Erfüllung gegangen ist. Zwar wurde die empirisch belegte These des namhaften schwarzen amerikanischen Soziologen William J. WILSON (1980) über *The Declining Significance of Race* von anderen in Frage gestellt. Es steht aber doch außer Zweifel, daß die sozioökonomische und kulturelle Situation der Schwarzen Amerikas in diesem Jahrhundert bedeutende Fortschritte verzeichnet hat und ein friedliches und gleichberechtigtes Zusammenleben von Schwarz und Weiß nicht nur vorstellbar, sondern zum Teil bereits Realität geworden ist. De TOCQUEVILLEs pessimistischer Prognose über die Entwicklung der Lage der Schwarzen in Amerika kann aber seine eigene, optimistischere und realitätsgerechtere Prognose über die *Zukunft der Sklaverei* entgegengehalten werden:

„Die Sklaverei, auf eine einzige Stelle des Erdballs beschränkt[490], vom Christentum als unerlaubt, von der Volkswirtschaft als unheilvoll angegriffen, die Sklave-

---

490 Hier denkt er wohl an seine eigene These, die Schwarzen Amerikas würden im Süden immer mehr auf einen „armen und heimatlosen kleinen Stamm, verloren inmitten eines unermeßlichen Volkes" eingeschränkt. Hier sah de TOCQUEVILLE die folgenreiche Wanderung der Schwarzen aus dem wirtschaftlich-sozial und kulturell rückständigen Süden in die aufstrebenden Industriezentren des Nordostens der USA nicht voraus. Nicht zuletzt diese geographische Wanderung und – in deren Folge – die verstärkte territoriale Durchmischung von Weißen und Schwarzen, sowie auch die erweiterte berufliche und wirtschaftliche Integration der Schwarzen hat zu einer signifikanten Verbesserung ihrer Lage beigetragen. Dabei ist mir klar, daß dies alles nur relativ – in historisch-vergleichender Sicht – gilt, und erhebliche Diskriminierungen der Schwarzen fortbestehen bzw. neu entstanden sind. So ist

rei kann inmitten der demokratischen Freiheit und der Bildung unseres Zeitalters als Einrichtung nicht fortbestehen." (de TOCQUEVILLE 1976: 421)

Ganz anders stellt sich die Lage der *Indianer Nordamerikas* für de TOCQUEVILLE dar. Die Indianer traten den Weißen ursprünglich als Gleichberechtigte gegenüber, wurden von diesen jedoch sukzessive ihrer Lebensgrundlagen beraubt (durch Vertreibung von ihren Jagdgründen und Dezimierung ihres Jagdwildes), sodaß sie immer mehr von den Weißen und ihren Produkten (Eisenwerkzeugen, Feuerwaffen, Branntwein) abhängig wurden. Im Unterschied zu den Negern könnte sich der Indianer mit den Weißen vermischen, er lehnt es aus Stolz jedoch ab. So sind die Indianer gezwungen, immer weiter weg von den Weißen in neue Gegenden zu ziehen. Da diese aber immer unfruchtbarer und weniger ertragreich an Wild sowie überdies bereits von anderen Stämmen bewohnt sind, verschlimmert dies nur ihr Los. Ich möchte auch hier nochmals de TOCQUEVILLE mit seiner unvergleichlichen sprachlichen Ausdruckskraft zu Wort kommen lassen:

„Die schrecklichen Leiden, die diese erzwungene Auswanderung begleiten, kann man sich nicht vorstellen. Die Indianer waren schon im Augenblick, da sie die Felder ihrer Väter verließen, erschöpft und heruntergekommen. Die Gegend, in die sie ziehen, ist von Völkerschaften bewohnt, welche die Neuankömmlinge nur mit Eifersucht betrachten. Hinter ihnen lauert der Hunger, vor ihnen der Krieg, überall die Not. Um so vielen Feinden zu entgehen, trennen sie sich. *Jeder sondert sich ab, um im Verborgenen sein Leben zu fristen, und er haust in der unabsehbaren Wildnis wie der Verbannte inmitten von Kulturgesellschaften.*[491] Nunmehr zerreißt das seit langem schwach gewordene soziale Band. Für sie gab es schon keine Heimat mehr, bald wird es kein Volk mehr geben; kaum werden noch Familien übrigbleiben; der gemeinsame Name verliert sich, die Sprache wird vergessen, die

---

die hohe Arbeitslosigkeit, Armut und Kriminalität in vielen amerikanischen Großstädten bekanntlich zu einem großen Teil ein Problem, das in engstem Zusammenhang mit Rassendiskriminierungen steht.

491 Mir scheint, daß TOCQUEVILLE in dieser Passage geradezu seherische Fähigkeiten entwickelt hat. Viele der aus Geschichte und Romanen weltberühmt gewordenen Indianervölker sind tatsächlich ausgestorben und untergegangen, wie de TOCQUEVILLE es prophezeit hat. Die äußerst ergreifende Geschichte des letzten Überlebenden eines Indianerstammes beschreibt Theodore KAZIMIROFF in der romanhaften Erzählung *Der Letzte vom Stamme der Algonkin* (1983). In dieser Geschichte wird ein alter Indianer beschrieben, der im Jahre 1924 zufällig von einem New Yorker Jungen entdeckt wurde, wie er in einer Wildnis ganz nahe den Steinhäusern der neuen Siedler seine letzten Lebensjahre fristete. Seine Behausung und sein Dasein werden in de TOCQUEVILLES Zitat, das ich oben durch Kursivschrift hervorgehoben habe, fast wörtlich genau charakterisiert!

Spuren der Herkunft verschwinden. Das Volk hat zu bestehen aufgehört." (de TOCQUEVILLE 1976: 375; Hervorhebung von mir, M.H.)

Es ist ein schwacher Trost, daß wir hier einen der wenigen Fälle vor uns haben, in denen sich de TOCQUEVILLE mit seiner Prognose – zumindest zum Teil – geirrt hat. Nach einer zwischenzeitlich extrem starken Dezimierung ist die Zahl der Indianer in neuerer Zeit, wie bereits festgestellt, wieder angestiegen. Allerdings ist ihre Lage auch heute, insbesondere in den Indianerreservaten, alles andere als rosig zu bezeichnen.

Die Schöpfung von Werten, Normen und ethischen Verhaltensstandards als autonomer Prozeß von Individuen in ihrem sozialen Kontext

Die Problematik der Zurechnung von sozialem Handeln zu allgemeinen Werten und Normen wird in der Regel aus der Sicht der letzteren gesehen, d.h. man geht aus von bestimmten Grundwerten und untersucht, wie diese Werte in Institutionen umgesetzt wurden und wie sie im Verhalten der Menschen zum Ausdruck kommen. So stellte für Alexis de TOCQUEVILLE der Wert der Gleichheit bzw. der politischen Demokratie den Angelpunkt dar, von dem aus er in der Lage war, eine faszinierende Analyse der Institutionen und Verhaltensweisen der Amerikaner zu erarbeiten. Ich werde im letzten Abschnitt auf eine Reihe weiterer Arbeiten hinweisen, deren Öffentlichkeitswirkung ebenfalls darauf zurückzuführen ist, daß sie zu zeigen versuchen, wie neue Werte, kulturelle Ideale und daraus entspringende soziale Praktiken unser Verhalten in vielen Lebensbereichen neu bestimmen.

Es gibt einen zweiten Zugang zur Analyse der Beziehung zwischen sozialem Handeln und allgemeinen Ideen und Werten, der meiner Meinung nach diesen *top-down-Ansatz* (wie man ihn nennen könnte) notwendig ergänzen muß. Aus einer *bottom-up Perspektive* stellt sich die Frage, an welchen Werten Akteure sich in ihrem alltäglichen Handeln orientieren, insbesondere dann, wenn es sich um ethisch-moralisch sehr kontroversielle Fragen handelt. Ich kann mich in dieser Hinsicht auf die ausgezeichnete Arbeit des amerikanischen Sozialwissenschaftlers Alan WOLFE mit dem Titel *Whose Keeper? Social Science and Moral Obligation* stützen. WOLFE (1989: 19ff.). geht aus von der sehr wichtigen Beobachtung, daß in modernen Gesellschaften immer mehr Unsicherheit über die relevanten ethisch-moralischen Verhaltensstandards (moral codes) besteht, zugleich aber auch ein immer größerer Bedarf danach. Regionale Mobilität und Ausdifferenzierung aller Lebensbereiche, die abnehmende Verbindlichkeit religiöser und anderer „offizieller" Verhaltensstandards, die steigende Permissivität erweitern die Möglichkeiten zu gesellschaftlichem Trittbrettfahrer-Verhalten immer mehr. Die in den letzten Jahrzehnten in den Vordergrund getretenen Institutionen Markt und Staat sind keineswegs in der Lage, Menschen moralisch so zu verpflichten, daß sie auch dann an das Wohl ihrer Mitmenschen denken bzw. Ausbeutung und Schädigungen anderer zu unterlassen, wenn damit keine ökonomischen Gratifikationen oder staatlichen Sanktionen verbunden sind. Notwendig sei es, die ehedem im Rahmen enger Gemeinschaften noch wirksamen, heute aber immer mehr unterminierten Formen von Solidarität auszudehnen auf breitere soziale Kreise und auf „anonyme" Kategorien von Mitmenschen (z.B. alte Menschen, mit denen man nicht verwandt ist; Einwanderer und Flüchtlinge; hungernde Menschen in unterentwickelten Ländern; vgl. auch TÖNNIES 1995; NAROLL 1982).

WOLFE (1989: 187ff.) sieht nun die spezifische Aufgabe der Soziologie darin zu zeigen, daß neben den genannten Prinzipien der gesellschaftlichen Integration, der auf Eigennutz basierten Marktwirtschaft und dem Staat, der sich auf formelle gesetzliche Regelungen und Zwang stützt, eine dritte, sehr wichtige Form der Integration besteht. Ohne sie würden moderne Gesellschaften nicht funktionieren können. Sie ist das zentrale Objekt der Soziologie und umfaßt Phänomene wie *Vertrauen, Altruismus* und *Empathie mit anderen Menschen*. Phänomene dieser Art, so WOLFE, können sogar für den wirtschaftlichen Erfolg von Gesellschaften ausschlaggebend sein, und er nennt hier als Beispiele Österreich, Deutschland und Japan – alles wirtschaftlich erfolgreiche Ländern, in denen das wirtschaftliche Handeln durch starke soziale und kulturelle Bindungen reguliert wird. In der ökonomischen und politikwissenschaftlichen Theorie wird dieser „Zement" der Gesellschaft weithin übersehen, auch in originellen interdisziplinären Arbeiten[492]; in einflußreichen soziologischen Arbeiten werde er nicht zureichend konzeptualisiert.[493]

---

492 WOLFE (1989: 190) verweist hier auf HIRSCHMANs *Exit, Voice and Loyalty* (1970), der diesen Aspekt unter dem Begriff der „Loyalität" zwar mitthematisiert, ihn aber in seiner konkreten Analyse zugunsten von „Exit" und Protest vernachlässigt.
493 Hier diskutiert WOLFE (1989: 194) ausführlich Peter BLAUS Buch *Exchange and Power in Social Life* (1964), Morris JANOWITZ sowie Talcott PARSONS.

Tatsächlich jedoch, so WOLFE (1989, 212ff.) müsse man aus soziologischer Sicht davon ausgehen, daß Menschen in ihrem konkreten Handeln im Rahmen ihrer unmittelbaren sozialen Kontexte durchaus fähig sind, ethisch-moralische Prinzipien selbst zu entwickeln und danach zu handeln. Diese Prinzipien sind – gegenüber staatlich gesetzten Normen – durch zwei spezifische Merkmale charakterisiert.

Sie sind erstens in hohem Grade dem jeweiligen *Entscheidungs- und Handlungskontext angepaßt,* in dem sie entwickelt werden. WOLFE verweist hier auf die ethnomethodologischen Studien von H. GARFINKEL (1967), die gezeigt haben, daß in jeder sozialen Interaktion ein hohes Maß an gegenseitigem Vertrauen mitspielt, ein Vertrauen, das auch die Kenntnis ethisch-moralischer Prinzipien beinhaltet. Die Beteiligten nehmen dabei auch in starkem Maße auf allgemeine kulturelle Interpretationen bezug, wenn es sich hierbei auch nicht immer um eindeutig festgelegte Normen handeln muß. Ethisch-moralische Erwägungen sind den Handelnden nicht ständig bewußt, sondern treten eher episodisch, in Entscheidungs- und Konfliktsituationen, in den Vordergrund. Wichtig dabei ist, daß die Menschen in ihren konkreten Lebensumständen moralische Prinzipien nicht als bedingungslose Vorschriften sehen und befolgen, sondern die situativen Zwänge, die Bedürfnisse der eigenen Person wie ihrer Mitmenschen, vor allem der engsten Bezugspersonen, mit berücksichtigen. Das Grundprinzip der Beziehung zwischen sozialem Handeln und ethisch-moralischer Orientierung lautet, daß das erstere dem letzteren vorausgeht und nicht umgekehrt (vgl. auch HALLER 1987a):

„Wir sind nicht sozial, weil wir moralisch sind; wir sind moralisch, weil wir mit anderen zusammenleben und uns daher immer wieder fragen müssen, wer wir sind. Moralität ist wichtig, weil wir unsere Reputation bewahren müssen, weil wir gemeinsame Aufgaben durchführen müssen, Erbschaften hinterlassen, andere lieben und Karrieren verfolgen müssen." (WOLFE 1989: 215; Übersetzung von mir, M.H.)

BLAU ist laut WOLFE (und ich würde ihm hierin zustimmen) unfähig, den Aspekt der sozialen Solidarität zu erfassen, weil er ein im Grunde den ökonomischen Theorien ähnliches Verhaltensmodell entwickelt und Altruismus vor allem unter dem Aspekt betrachtet, welche Kosten und welchen Nutzen er den Beteiligten bringt. (Dieser theoretische Ansatz von BLAU liegt also durchaus in der Linie seiner „primitiven Sozialstrukturtheorie", die in Kapitel 2 kurz vorgestellt wurde.) PARSONS sei unfähig, solidarisches Verhalten und die Entstehung neuer Normen zu erfassen, weil er moralisch-normatives Handeln immer nur in bezug auf bestehende Rollenverpflichtungen sieht.

BUNGE (1996: 226) definiert als *moralisches Recht* den Anspruch eines Menschen auf die Befriedigung eines Grundbedürfnisses. Die Essenz all dieser Argumente kann so zusammengefaßt werden: die Menschen sind sehr wohl in der Lage, in ihrem konkreten Handeln in spezifischen sozialen Kontexten autonom ethisch-moralisch zu handeln, ihre Entscheidungen so zu treffen, daß dabei zwischen den verschiedenen Zielen und Folgen im Interesse aller Beteiligten abgewogen wird; dabei werden auch Interessen gegenüber moralischen Erwägungen in angemessener Weise berücksichtigt. Die Menschen sind also, so könnte man mit Max WEBER (1973: 174ff.) sagen, in hohem Maße fähig, *verantwortungsethisch* zu handeln, die Folgen ihres Handelns für andere mitzubedenken; sie orientieren sich dabei nicht immer oder nur an einem einzigen, unveränderlichen ethischen Grundprinzip, sondern schließen Kompromisse, die aber doch selber ethische Prinzipien beinhalten. WOLFE (1989: 220ff.) spricht hier von einer *nichtheroischen Moralität*. Die Soziologie sollte soweit als möglich versuchen (vor allem durch qualitative Forschungsmethoden), zu beobachten und verstehen zu lernen, wie individuelle, autonome Akteure in ihrem Handeln moralisch-symbolische Interpretationen entwickkeln, sie sollte „den gewöhnlichen Menschen eine Stimme verleihen" (ebenda, S. 234). Aus diesem Grunde sind soziologische Studien über Randgruppen, Kriminelle usw. auch theoretisch von besonderem Interesse, zeigen sie doch auf, daß auch scheinbar „asoziales Verhalten" nicht mutwillig zustandekommt oder manchmal sogar selbst noch an gewissen ethischen Prinzipien orientiert ist. Dies alles muß nicht heißen, daß die Soziologie die Moralvorstellungen der Durchschnittsmenschen (oder Außenseiter) nur wissenschaftlich reproduzieren soll. Wie diese Erfahrungen wissenschaftlich reflektiert und Folgerungen für neue, moderne ethische Prinzipien abgeleitet werden können, soll am Ende dieses Abschnitts an einem Beispiel erläutert werden.

Ein zweites Kennzeichen der spontan-autonomen Entwicklung ethisch-moralischer Prinzipien durch die Menschen in ihrem sozialen Feld ist ein hoher Grad an *Ambivalenz*. Diese bezieht sich zunächst darauf, daß die im alltäglichen Handeln entwickelten moralischen Prinzipien nicht nur kühle Verstandeslogik, Interessen oder Normen, sondern auch Maße Gefühle und Emotionen beinhalten (WOLFE 1989: 209ff.). Sie sind des weiteren ambivalent, weil oft nicht eindeutig ist, von welchen spezifischen ethisch-moralischen Grundprinzipien sich eine bestimmte, sehr wohl als verantwortungsbewußt und ethisch fundiert zu bezeichnende Handlung hat leiten lassen.

An zwei aktuellen Beispielen aus dem Bereich von Partnerschaft und Familienbeziehungen soll kurz illustriert werden, welche Bedeutung dieser Prozeß der Entstehung von Werten „von unten nach oben" für eine wirklichkeitssoziologische Perspektive besitzt und wie man ihn sich konkret vorstellen kann. Das erste Beispiel wird von A. WOLFE behandelt (1989: 238ff.) und betrifft die Problematik der *Abtreibung*. Kaum ein anderes Thema wurde in den letzten Jahren in vielen Ländern so heiß diskutiert, in kaum einem anderen scheint auch eine so hohe ethisch-moralische Unsicherheit zu bestehen wie in diesem. Man könnte sich bei dieser Problematik von strengen universellen moralischen Prinzipien leiten lassen, woraus sich jedoch ein scharfer Konflikt ergibt: das eine Prinzip besagt, daß das ungeborene Leben einen so hohen Wert darstellt, daß eine Frau unter keinen Umständen eine Abtreibung vornehmen darf; das andere, daß eine Frau das völlige „Recht auf ihren eigenen Körper" hat. Beide Prinzipien wurden und werden, wie man weiß, von einflußreichen Persönlichkeiten und Gruppen (dem derzeitigen Papst und „Fundamentalkatholiken" einerseits, radikalen Femministinnen andererseits) propagiert. Beide Prinzipien sind in der Realität aber auch nahezu unrealisierbar.

Wie verhalten sich die betroffenen Frauen selber? Für sehr viele von ihnen stellt eine solche Entscheidung einen tiefgehenden Gewissenskonflikt dar – ein erstes Indiz dafür, daß Frauen ethisch-moralische Überlegungen in dieser Frage sehr ernst nehmen. WOLFE berichtet über eine Reihe von Studien, die zeigten, daß Frauen sich bei ihrer Entscheidung oft lange und intensiv mit ihren engsten Angehörigen, mit Vertretern einschlägiger Professionen (Ärzten, Psychologen) oder mit Seelsorgern beraten. Mit WOLFE (1989: 240) kann man also sagen: *Konfrontiert mit Konflikten, in denen prinzipielle Richtlinien wenig helfen, konstruieren die Frauen in Gespräch und in der Interaktion mit relevanten Bezugspersonen moralische Regeln, wie sie sich zur Abtreibung verhalten sollen. Moralische Regeln ergeben sich als Resultat des Handelns der Betroffenen als „moralischen Agenten".*

Ganz allgemein kann man mit WOLFE weiters sagen, daß die „Zivilgesellschaft" – ein Begriff, der starke Ähnlichkeit mit HABERMAS' Konzept der „Lebenswelt" hat – eine Art „moralisches Laboratorium" darstellt, um ethisch-moralische Dilemmatas zu lösen, für die abstrakt-universelle Moralprinzipien unzureichend sind.

Die Entscheidung, die sich im Falle der Abtreibung aus einer verantwortungsvollen sozialen Entscheidung von Frauen ergibt, ist wahrscheinlich ein Kompromiß derart, daß vor allem die jeweiligen Umstände berücksichtigt werden, wenn eine Entscheidung dafür oder dagegen getroffen wird. Hier kann man also nicht sagen, daß sich aus der Entscheidungssituation direkt *neue* Normen oder ethisch-moralische Standards ergeben haben. Dies ist jedoch der Fall im folgenden Beispiel.

Hier geht es um die Frage der *Folgen einer Trennung oder Scheidung zweier (Ehe-) Partner für die Kinder*. Die zunehmende Scheidungsrate ist nicht nur einer der markantesten Trends in diesem Bereich, sie erzeugt auch neue, gravierende soziale Probleme. (Damit weist das Beispiel zugleich wieder auf die Tatsache hin, daß „gesellschaftlicher Fortschritt" nicht immer zu einer Verbesserung der tatsächlichen Lebensqualität der Menschen führen muß). In vielen Scheidungsfällen bedeutet dieses Ereignis auch für einen der beiden Partner (jenen, der die Scheidung nicht anstrebte) eine gravierenden Einschnitt (WALLERSTEIN/BLAKESLEE 1989), in Fällen, in denen Kinder vorhanden sind, für diese oft eine sehr lange nachwirkende Katastrophe (für ausführliche Literaturverweise vgl. HALLER u.a. 1996b). Nachdem inzwischen in manchen Ländern bis zu 40% aller Ehen geschieden werden, kann man ermessen, wie groß die quantitative Bedeutung dieses Problems ist.

Aus diesen dürren Fakten ergeben sich unmittelbar eine Reihe wichtiger ethisch-moralischer Überlegungen, die wohl alle ihren Ausgangspunkt von der Grundannahme nehmen müssen, daß das Wohl der schwächsten Glieder in diesem Prozeß – eben der Kinder – nicht vernachlässigt werden darf. So kann man zunächst fragen, ob die absolute Häufigkeit von Trennungen oder Scheidungen als ein mehr oder weniger unbeeinflußbarer „Naturprozeß" anzusehen ist. Dies ist keineswegs der Fall; die Bereitschaft, auf starke Konflikte in einer Partnerschaft mit der Alternative des *exit* zu reagieren, hängt ohne Zweifel von zahlreichen sozialen und normativen Bedingungen ab (Einbettung des Paares in umfassendere Freundes- und Verwandtschaftsnetzwerke, Schwere oder Leichtigkeit der rechtlichen Scheidung usw.); belegt wird dies durch die hohe Variabilität der Scheidungsquote im internationalen Vergleich (von wenigen Prozent in katholischen Ländern Südeuropas bis fast zur Hälfte aller Paare in Rußland und den USA). Schon hieraus könnte man ableiten, daß in manchen Fällen eine Scheidung durch intensive Beratung usw. hätte vielleicht verhindert werden können. Wird die Entscheidung zur Trennung getroffen, ergeben sich wieder wichtige Entscheidungen, deren ethisch-moralische Qualität außer Zweifel steht: Welcher der beiden Partner soll die Kinder aufziehen? Oder soll dies gemeinsam geschehen? Wer kommt zu welchen Anteilen für die Unterhaltskosten auf? Wie häufige und enge Kontakte hält der nicht mehr mit den Kindern zusammenlebende Partner mit diesen aufrecht?

Die soziale Realität zeigt, daß all diese Entscheidungen heute oft leider noch in einer Art und Weise getroffen werden, die vom Prinzip der besten Lösung im Interesse der Kinder (aber auch der Partner selber) weit entfernt ist. In 90% aller Fälle verbleiben die Kinder bei der Mutter, obwohl diese materiell in aller Regel schlechter gestellt ist als der Vater; in sehr vielen Fällen erlischt der Kontakt des Vaters zum Kind im Laufe der Zeit fast völlig; in nicht wenigen Fällen hintertreiben die Mütter aktiv die Aufrechterhaltung einer engen Bindung zwischen Vätern und Kindern; oft zahlen die Väter nur einen minimalen Beitrag zum Unterhalt der Kinder oder entziehen sich dieser Verpflichtung überhaupt (durch häufige Orts- und Berufswechsel, „Untertauchen" usw.); nicht selten (insbesondere in Deutschland, wo das Scheidungsrecht dies begünstigt) nützen die Mütter die Unterhaltsverpflichtung der Ex-Gatten zu ihren eigenen Gunsten aus (JÄCKEL 1997). Es liegt auf der Hand, daß in all diesen Aspekten ein enormer Bedarf an neuen moralisch-normativen Prinzipien gegeben ist. Sie beinhalten u.a. die Notwendigkeit einer neuen Regelung des Scheidungsrechts (die derzeit vorherrschenden „einvernehmlichen Scheidungen" verdecken die Tatsache, daß Scheidung immer noch primär von einem der beiden Partner angestrebt wird); einer klareren (und oft gerechteren) Regelung der materiellen Vereinbarungen nach der Scheidung; und vor allem einer positiven Verpflichtung beider Partner zur Aufrechterhaltung eines lebenslangen Kontaktes zu den Kindern. Nicht wenige getrennte Eltern finden hierbei sehr konstruktive Lösungen.[494]

---

494 An diesem Beispiel zeigt sich im übrigen wieder, daß man nicht von einer De-Institutionalisierung von Ehe und Familie sprechen kann, sondern vielmehr von einem hohen Bedarf an ethischen und normativ-rechtlichen Prinzipien neuer Art.

Es ist hier nicht der Ort, im Detail auf diese Fragen einzugehen. Das Beispiel sollte vor allem eines zeigen: durch die Analyse eines konkreten sozialen Kontextes bzw. einer bestimmten Entscheidungskonstellation wird man als Soziologe unmittelbar auf die Diskussion ethisch-moralischer Prinzipien verwiesen; mit Hilfe der Befunde kann man fundierte Vorschläge auch im Hinblick auf Defizite bestehender Normen und Gesetze sowie mögliche Reformen und Lösungen erstellen. In der Konzentration auf konkrete soziale Kontexte trifft sich die soziologische Analyse mit der sozialphilosophischen Theorie der Gerechtigkeit von WALZER (1992), die ebenfalls davon ausgeht, daß es notwendig ist, konkrete gesellschaftliche „Sphären", wie Familie, Arbeitswelt, Politik usw. ins Auge zu fassen, um zu relevanten Aussagen zu gelangen.

Mit diesen Ausführungen haben wir die zentralen Elemente einer „Soziologie als Wirklichkeitswissenschaft" im Sinne von WEBER dargestellt. Diese Elemente sind nun zu ergänzen durch das POPPER'sche Konzept der „Situationslogik" bzw. „Situationsanalyse".

c) Die „Logik der Problemsituation" (POPPER) und das Konzept der Identität

Beim Verstehen geht es um die Interpretation objektiver geistiger Gehalte, was immer schon als *theoretischer Akt* zu sehen ist. Mit POPPER (1973: 171) gehe ich davon aus, daß „die Tätigkeit des Verstehens im wesentlichen dieselbe ist wie jedes Problemlösen": es ist eine geistige Tätigkeit, ein Arbeiten mit objektiven Gegebenheiten der Welt 3, also der Welt der Ideen, Werte und geistigen Inhalte. Man kann sagen: „jede intellektuell wichtige Analyse der Tätigkeit des Verstehens muß ... untersuchen, wie wir Strukturelemente und Werkzeuge der Welt 3 handhaben" (ebenda).[495]

Zentral in diesem Zusammenhang ist die Analyse von „*Problemsituationen*" und ihrer Logik (POPPER 1973: 171). Die Analyse der Logik einer Situation ist „eine bestimmte vorläufige mutmaßliche Erklärung einer menschlichen Handlung aufgrund der Situation des Handelnden", es ist eine „idealisierte Rekonstruktion" der konkreten

---

[495] Für eine ausführliche, eher kritische Analyse der hier dargestellten Ideen von POPPER vgl. SCHMID 1996.

Problem- und Entscheidungssituation, in der sich ein Handelnder befindet (ebenda, S. 184). Die Situationsanalyse ist auf Probleme konzentriert, nicht auf Theorien. Menschliche Handlungen können immer als Problemlösungen verstanden werden, das heißt, als Rekonstruktionen von Entscheidungen, die sich aus bestimmten objektiven Gegebenheiten nahezu „logisch" ableiten lassen. Ein Rekurs auf individuelle Motivationen, Bedürfnisse usw. als unabhängigen, aus sich allein heraus wirksamen Antrieben des Verhaltens ist dabei unnötig. Auf diese weitreichende These komme ich noch zurück.

Hauptziel des *historischen Verstehens* ist „die hypothetische Rekonstruktion einer Problemsituation" (POPPER 1973: 176). Durch die Explikation der Problemstellung eines Wissenschaftlers, der eine neue Theorie aufstellt, kann ich sein Verhalten viel besser erklären als durch eine psychologische Analyse seiner Motivationen.[496] Psychologische Erklärungen sozialen Handelns sind tatsächlich oft sehr trivial im Vergleich zu einer detaillierten Analyse der Logik einer Situation (HEDSTRÖM et al. 1997: 8). Durch die Explikation der Problemstellung werden psychologische Erklärungen überflüssig; sie werden ersetzt durch Situationsanalysen auf der Ebene von Welt 3, die primär logischen Charakter haben. Wir werden im folgenden an einem konkreten Beispiel sehen, was dies bedeutet.

Definition der „Situationsanalyse" und ihre Zentralität für die sozialwissenschaftliche Erklärung

Nach POPPER ist die Analyse sozialer Situationen der Angelpunkt jeder sozialwissenschaftlichen Erklärung. Er schreibt dazu:

„The fundamental problem of both the theoretical and the historical social sciences is to explain and understand events in terms of human actions and social situations. The key term here is ‚social situation'.

In my view, the idea of social situations is the fundamental category of the methodology of social sciences. And the ‚models' of the theoretical social scien-

---

496 POPPER (1973: 176) beschreibt hier das Beispiel GALILEIS, der hartnäckig an einer – wissenschaftlich falschen – Theorie der Gezeiten festhielt. Dies erklärt er aufgrund der Tatsache, daß die von GALILEI entwickelte Gezeitentheorie mit bestimmten herrschenden Auffassungen der katholischen Kirche besser übereinstimmte als andere Theorien; damit konnte GALILEI zumindest in diesem Bereich einem starken Konflikt ausweichen.

ces are essentially descriptions or reconstructions of typical social situations." (POPPER 1994b: 168)

Ein zentrales Element der sozialen Umwelt in einer Situation sind – neben den unmittelbaren Interaktionspartnern – *soziale Institutionen*. POPPER (1994: 166f.) beschreibt als Beispiel einer Situationsanalyse den Fußgänger Richard, der schnell eine vielbefahrene Straße überqueren möchte. Neben den parkenden und fahrenden Autos, anderen Fußgängern usw. wird sein Verhalten durch Verkehrsregeln, Verkehrszeichen usw. determiniert; all dies sind *soziale Institutionen* und sie bestimmen Richards Verhalten ebenso wie physische Hindernisse und Objekte.

Eine Situationsanalyse beinhaltet nach FARR zwei wesentliche Elemente (FARR 1985: 1088ff.; grundsätzlich dazu POPPER 1973: 184ff.). Das erste ist die *Modellierung der Situation*, die ihrerseits wieder besteht aus einer detaillierten Beschreibung a) der natürlichen Umwelt, b) der sozialen Umwelt (der relevanten weiteren Handelnden und der sozialen Beziehungen zwischen den Handelnden), und c) der Problemsituation, in der sich der Handelnde selber befindet. Die letztere stellt das zentrale Element dar: sie wird konstituiert durch seinen Rückgriff auf Traditionen unterschiedlicher Art, auf Theorien, Ideen, Regeln, Normen und Verfahrensweisen.

Der erste Schritt des Analytikers besteht also darin, eine *Problemsituation so, wie sie der Handelnde selber sieht*, möglichst exakt und vollständig zu rekonstruieren. (FARR nennt dies die „hermeneutische Dimension" der Situationsanalyse.) Der Analytiker darf dabei aber nicht stehenbleiben. Oft sind die Wahrnehmungen, Urteile und Erklärungen der Handelnden über ihre Situation und ihre Motive selber begrenzt, teilweise unrichtig und verzerrt, wie bereits oben im Anschluß an GOFFMAN betont wurde (vgl. auch WEBER 1964: 7). Der Theoretiker muß auch diese Verzerrungen herausarbeiten; er muß dabei aber immer auf die Eigeninterpretationen der Akteure Bezug nehmen, andernfalls wird er sich diesen (etwa als Politikberater) nicht mehr verständlich machen können.[497]

Eine zentrale Rolle bei der Analyse einer Situation spielt das *Prinzip der Rationalität*; diese stellt das zweite Grundelement der Situati-

---

[497] Einer der wenigen deutschsprachigen Beiträge zur soziologischen Theorie, in dem der Begriff der „Situation" einen wichtigen Stellenwert einnimmt, ist die Studie *Rollenanalyse als kritische Soziologie* von Uta GERHARDT (1971).

onsanalyse dar. Eine Analyse der Situation aus der Sicht des Handelnden postuliert immer, daß *der Handelnde aus seiner Sicht rational*, d.h. „der jeweiligen Situation gemäß" (POPPER 1973: 185; 1994b: 169) *gehandelt hat*. Dies ist keine psychologische Annahme über die Natur des Menschen (HEDSTRÖM et al. 1997: 8), sondern ein grundlegendes *methodologisches Postulat*, das selber nicht mehr hinterfragt oder überprüft werden kann. Rationales Handeln im engeren Sinne – die Anwendung der optimalen Handlungsstrategie angesichts gegebener Ziele, Ressourcen und Umstände – ist ein wichtiger Grenzfall, an dem man das tatsächliche Handeln „messen" kann (WEBER 1964/I: 4ff.).[498] Die Methode der rationalen Rekonstruktion von Situationen ist auch die zentrale Methode der Ökonomie (HEDSTRÖM et al. 1997: 9f.). Dieses Postulat postuliert also nur das Prinzip einer „*begrenzten Rationalität*" (*bounded rationality*) des Handelnden. Dies ist aber nicht in dem Sinn zu verstehen, daß der Handelnde nicht genügend Information zur Verfügung hätte, sondern nur in dem Sinn, daß das Handeln deshalb als rational zu bezeichnen ist, weil es der jeweiligen Situation als *angepaßt* bezeichnet werden kann (POPPER 1994: 169). Diese Annahme – daß sich Menschen bemühen, der Situation angepaßt zu handeln – ist die einzige „psychologische Triebkraft", die angenommen wird.

Spielt das Prinzip der *empirischen Falsifikation* in der Analyse der Logik der Situation noch eine Rolle? Dies ist sehr wohl der Fall. Falsifikation heißt hier, daß die Hypothesen eines Theoretikers über die für einen Akteur relevante Situationsdefinition durch die Analyse empirischer Daten widerlegt werden können (FARR 1985: 1092). Empirische Daten können hier von vielerlei Art sein: persönliche Interviews mit Beteiligten oder ihren Interaktionspartnern; schriftliche Dokumente der Beteiligten (Berichte, Tagebücher, Briefe, Memoiren

---

498 Aus dieser Sicht läßt sich auch eine adäquate Interpretation der (klassischen) ökonomischen Theoriebildung gewinnen, die zu einem großen Teil in der Anwendung des Prinzips der ökonomischen Rationalität auf wirtschaftliches Handeln besteht. Es werden komplexe Verhaltenszusammenhänge und -konsequenzen herausgearbeitet unter der Annahme, daß die Wirtschaftssubjektive die Prinzipien rationalen ökonomischen Handelns befolgen. Aus dieser Sicht ergibt sich der starke Formalisierungsgrad und die vielbewunderte hohe Komplexität der ökonomischen Theorien und Modelle ebenso wie ihr – aus soziologischer Sicht – oft unbefriedigender Realitätsbezug und ihre Unverbindlichkeit im Hinblick auf wirtschaftspolitische Empfehlungen.

usw.) oder externer Beobachter und Berichterstatter (Zeitungsberichte, wissenschaftliche Studien usw.); qualitative und quantitative Beobachtungen des tatsächlichen Verhaltens usw.

Was bietet die Situationsanalyse wirklich Neues für die soziologische Erklärung? In einem interessanten Beitrag zu dieser Frage argumentieren die schwedischen Soziologen HEDSTRÖM, SWEDBERG und UDEHN (1997), das POPPERsche Konzept der Logik der Situation sei zwar grundsätzlich sehr nützlich für die Soziologie, es enthalte jedoch einige fragwürdige Annahmen. Ich möchte auf einen ihrer Einwände eingehen. Er lautet, daß in der POPPERschen Situationsanalyse ein seit jeher zentrales Element der Sozialtheorie, die Interessen von Individuen, nicht beachtet würden.

Die fehlende Berücksichtigung von Interessen als Mangel der Situationsanalyse? Das Beispiel des Einkaufsverhaltens

Meiner Meinung nach liegt diesem Kritikpunkt von HEDSTRÖM et al. ein grundsätzliches Mißverständnis zugrunde. Hinter der Frage, *was ein Individuum in einer bestimmten Situation „antreibt"*, steht letztlich die altbekannte *individualistisch-psychologische Erklärungsstrategie*, die POPPER mit seiner Situationsanalyse ja genau überwinden will, weil sie das Etikett „soziologisch" nicht wirklich verdient.

HEDSTRÖM et al. zitieren als Kronzeugen für die Annahme, Menschen seien letztlich immer durch *Interessen* geleitet, Autoren wie David HUME, Adam SMITH, James COLEMAN oder Paul SAMUELSON. Alle diese individualistisch-rationalistisch argumentierenden Autoren sind aber von der problematischen Annahme ausgegangen, soziales Handeln müsse und könne man (nur) durch Rekurs auf individuelle Motive und individuelle Interessen zureichend „erklären". Tatsächlich sind die meisten Thesen über die angeblichen individuellen Triebkräfte und Interessen nichts anderes als ungeprüfte, oft recht naive psychologische Annahmen, die zur Erklärung sozialer Prozesse im Grunde wenig oder überhaupt nichts beitragen.[499]

---

499 So führt Adam SMITH am Beginn seiner klassischen Abhandlung über *Natur und Ursachen des Volkswohlstandes* die industrielle Arbeitsteilung auf die menschliche „Neigung zum Tausche, zum Tauschhandel und zum Austauschen einer Sache gegen eine andere" zurück (SMITH 1933: 15). Hierzu ist zweierlei festzuhalten. Zum ersten: eine derartige Neigung gibt es ganz gewiß, wie die Ubiquität des Tauschens in allen bekannten, einfachen wie

Da es sich hier jedoch um eine sehr vertraute, immer wiederkehrende Argumentationsweise handelt, soll das einschlägige Argument von HEDSTRÖM et al. näher betrachtet werden. Sie schreiben:

„The word ‚interest' does not occur once in ‚Models, Instruments, and Truth'; and the closest one gets is that Richard the Pedestrian has an ‚aim': he wants to cross the street, so he can catch a train. Popper also uses a perfectly free market as an example of a situational analysis, and again he speaks of ‚the situational logic' as driving the actors, and not ‚interest' [Popper 1994b: 170]. To buy and sell in a market presumably represents ‚appropriate' behavior – though most of us would have thought that it rather was propelled by the interests of the actors." (HEDSTRÖM et al. 1997: 20)

Dies scheint ein sehr einleuchtendes Argument zu sein: die Behauptung, man verhalte sich auf einem Markt „entsprechend der Logik der Situation", trage zur Erklärung dieses Verhaltens wenig bis nichts bei – wohl jedoch die Tatsache, daß man das *Interesse* verfolgt habe, etwas einzukaufen. Stimmt diese scheinbar durchaus plausible Behauptung aber wirklich? Betrachten wir dazu das Beispiel des Einkaufsverhaltens etwas näher.

Das Interesse hinter einem Einkauf auf einem Markt ist der Bedarf an Lebensmitteln. Ist die Erwähnung dieses „Bedürfnisses" oder „Interesses" aber wirklich eine soziologische Erklärung? Ich würde sagen: nein! Denn jeder Mensch, der Lebensmittel für seinen Haushalt braucht, muß sich die Lebensmittel auf einem Markt besorgen, da Selbstversorgung heute nicht mehr möglich ist. Das heißt, alle Menschen, die in einem fortgeschrittenen, mitteleuropäischen Land für die Führung des Haushalts und die Beschaffung der Lebensmittel verantwortlich sind, müssen irgendwann einkaufen und sich zu diesem Zweck auf einen Markt begeben. Das, was alle Menschen tun, ist aber

---

hochkomplexen und fortgeschrittenen Gesellschaften, belegt. Zum zweiten: für die Erklärung des Aufstiegs der industriellen Gesellschaft ist der Hinweis auf diese Neigung weitgehend nutzlos. Mit ihrer Hilfe kann ich weder erklären, warum die industrielle Revolution in England begann und sich von dort auf die ganze Welt ausbreitete, noch, warum in anderen, kulturell ebenso hochentwickelten Gesellschaften dieser Epoche sich keine industrielle Gesellschaft entwickelte. Sozialwissenschaftlich relevant wird der Tausch erst, wenn man ihn als historisch-kulturell jeweils unterschiedlich ausgeprägtes und relevantes *Strukturprinzip* wirtschaftlichen Handelns betrachtet, das die einzelnen Wirtschaftssubjekte zu einer bestimmten Form des Verhaltens zwingt (BUSS 1985: 104ff.). Ähnliche psychologische Annahmen wie bei SMITH finden sich in der Geschichte der Wirtschaftstheorie immer wieder, so z.B. auch bei KEYNES.

gar nicht mehr erklärungsbedürftig, ein „Interesse", das so allgemein und vage ist, kann nichts erklären.[500]

Obwohl hinsichtlich der grundsätzlichen Marktteilnahme also wenig zu erklären ist, bleiben trotzdem eine Reihe von Fragen offen. Zu diesen gehören z.B. die folgenden:

Kauft man die Lebensmittel selbst ein oder konsumiert man sie in zubereiteter Form? Um mein Nahrungsbedürfnis zu stillen, kann ich auch in eine Restaurant gehen und die dort zubereiteten Speisen zu mir nehmen; ich könnte mir auch von einer Fast-Food Restaurant die fertigen Speisen ins Haus liefern lassen.

Hat man sich dafür entschieden, die Lebensmittel selbst einzukaufen, so stellt sich die Frage: *Auf welchen Märkten werden sie gekauft?* Es gibt hier durchaus eine große Auswahl. So kann ich beim Greißler ums Eck kaufen; ich kann aber auch in den nächsten Supermarkt, in einen entfernteren Großmarkt, auf einen Bauernmarkt oder sogar direkt zu einem Bauern (z.B. Milch oder Fleisch) fahren und sie dort kaufen. Die Beantwortung all dieser Fragen ist soziologisch wie ökonomisch von größtem Interesse; wirtschaftlicher Konkurrenzkampf und wirtschaftliche Entwicklung besteht nicht zuletzt darin, die Kunden von einem Typ auf einen anderen Typ von Markt zu locken. Dieser Wettbewerb spielt sich heute, im Zeitalter der Europäischen Integration, ab zwischen den vielen kleinen Detail-Lebensmittelgeschäften auf der einen Seite, und den großen Supermärkten und Handelsketten, die EU-weit vertreten sind, auf der anderen Seite.

Eine weitere Frage, die auf das engste mit der „Logik der Situation" verknüpft ist, lautet: *Wann und in welcher Menge werden die Lebensmittel gekauft?* Auch dies ist ein Problem, das unterschiedliche Konsumenten sehr unterschiedlich lösen können. So kann man täglich einkaufen, und hat dabei den Vorteil, relativ frische Waren im Haushalt zu haben – allerdings auch den Nachteil eines erheblichen Zeitaufwandes; man kann seltener, nur einigemale pro Woche, einkaufen; dafür benötigt man entweder entsprechende Kühl- und Lagermöglich-

---

500 Es ist ein besonderes Verdienst der Ethnomethodologie, daß sie diese Offenheit der Bedürfnisse und Interessen der Menschen betont; alle unsere Präferenzen, selbst biologisch scheinbar so stark fixierte wie die auf Sexualität bezogene, verändern sich in dem Maße, wie sich unsere Umwelt verändert (GARFINKEL 1967; WOLFE 1989: 47).

keiten oder man muß auf länger haltbare, konservierte Lebensmittel ausweichen.

Eine weitere Frage, die für Produzenten und Konsumenten, Betriebswirte und Ökonomen an allererster Stelle steht, lautet: *In welcher Qualität und zu welchen preislichen Bedingungen wird gekauft?* Auch hierüber sagen die individuellen „Bedürfnisse" und „Interessen" der Käufer wenig aus. Jeder Konsument würde natürlich am liebsten Lebensmittel bester Qualität und Delikatessen aller Art einkaufen. Ob er es tut oder nicht, hängt nicht nur von seinem Geldbeutel (seinen „Ressourcen", wie es die Rational Choice-Theoretiker ausdrücken würden) ab, sondern in hohem Maße eben wieder von der spezifischen Situation, in der sich ein Käufer auf einem bestimmten Markt oder in einem bestimmten Geschäft findet. Gut ausgestellte Waren, ein sympathischer Verkäufer, ja vielleicht auch eine momentane Hochstimmung des Käufers, die mit seinem Lebensmittelkauf nicht das mindeste zu tun haben mag, mögen oft dafür den Ausschlag geben, daß er eine sehr teure Ware kauft, deren Kauf er in anderen Umständen gar nicht in Betracht gezogen hätte.[501] Eine ganze Branche und Wissenschaftsdisziplin, die spezielle Betriebswirtschaftslehre Marke-

---

501 Ich möchte auch hierzu ein Beispiel geben, das mir persönlich die Bedeutung der situativen Faktoren nachdrücklich vor Augen geführt hat. Im Zuge des hier schon einmal erwähnten Besuchs von New York im Jahre 1995 schlenderten wir den Broadway hinunter, wobei ich vor allem die Auslagen von Fotogeschäften betrachtete, da ich mich schon lange mit der Absicht trug, eine neue Kamera zu erwerben. Ich hatte auch schon recht konkrete Vorstellungen davon: Es sollte eine Spiegelreflex-Kamera mit abnehmbarem Objektiv sein, sodaß man Fotos wechselweise mit Weitwinkel- und Teleobjektiv machen könnte. Tatsächlich erschienen die Preise für die Kameras in den Auslagen als sehr günstig und so begab ich mich schließlich in ein Geschäft, um mich über das Angebot näher zu informieren. Mein Verkäufer entpuppte sich rasch als ein Österreich-Fan und gab sogar an, Niki Lauda sei sein ständiger Kunde. Der Mann war so eloquent und überzeugend, daß ich schließlich meine Kreditkarte zückte und in den Kauf einwilligte, vor allem auch deshalb, weil der Verkäufer behauptete, am folgenden Tag nicht im Geschäft sein zu können (um mir seinen speziellen Nachlaß gewähren zu können). Bis heute ist es mir unbegreiflich, warum ich in diesen Kauf einwilligen konnte, nicht nur deshalb, weil die Kamera (eine Minolta Autofocus) technisch gar nicht meinen Vorstellungen entsprach, sondern weil ich später feststellen mußte, daß ich die gleiche Kamera in anderen Geschäften erheblich billiger hätte erwerben können. Daß der Verkäufer am nächsten Tag, als ich mich beschwerte, zu meiner Überraschung doch wieder im Geschäft war, zeigte mir auch, was von seiner Behauptung über Österreich und Lauda zu halten war.

ting, lebt von dem Faktum, daß in den heutigen „Käufermärkten" die situativen Umstände oft ausschlaggebend sind, wenn es um die Frage geht, ob man einen Kunden gewinnen kann oder nicht. Marketing-Fachleuten ist dies ebenso bekannt[502] wie Schriftstellern, die einschlägige Situationen schildern.[503]

Betrachtet man all diese Möglichkeiten, die einem Akteur offenstehen, der nichts anderes will, als seine Grundbedürfnisse nach Lebensmitteln (Nahrung) zu stillen, so wird evident, daß die These völlig unhaltbar ist, man könne aus den Vorstellungen und Interessen von Individuen bereits weitgehend ableiten, wie sie sich in einer Situation verhalten würden, wie HEDSTRÖM et al. (1997: 23) meinen.

Die vorhin dargelegten Beispiele und Argumente sollten klargemacht haben, daß die Vorstellungen und Interessen der Individuen oft unklar sind und die Situation ausschlaggebend dafür ist, ob man eine bestimmte Handlung setzt oder nicht. Der Rekurs auf individuelle Moti-

---

502 Allerdings tendiert die betriebswirtschaftliche Theorie des Käuferverhaltens dazu, die Situation nur aus individualistischer bzw. motivtheoretischer Sicht zu konzeptualisieren (vgl. BÄNSCH 1998: 24ff., wo von „Zeitersparnis-", „Sicherheits-" u.a. Motiven die Rede ist). In der Ablehnung rein nutzentheoretisch-rationalistischer Modelle trifft sie sich jedoch mit der Soziologie (BÄNSCH 1998: 1ff., 96ff.).

503 Eine sehr treffendes und köstlich erzähltes Beispiel dafür findet sich in Hans FALLADA'S Roman *Kleiner Mann – was nun?* Es wird darin dargestellt, wie es der junge Verkäufer Pinneberg (die Hauptperson des Romans) schafft, zuerst einem resoluten Studenten einen ganz anderen Trenchcoat zu verkaufen, als den, den dieser ursprünglich gewünscht hatte (weil ein solcher nicht auf Lager war), und dann einem Herrn in Begleitung zweier nörglerischer Damen einen teuren Anzug, obwohl diese beiden Damen zunächst völlig unterschiedliche Vorstellungen darüber hatten und eine davon sich überhaupt nur abfällig über das Geschäft, in dem Pinneberg arbeitete, äußerte (FALLADA 1950: 107-115). Sehr bemerkenswert ist die folgende Äußerung, die Pinneberg nach dem Abgang der schwierigen Kunden zu seinem Kollegen macht: „Ich muß immer wieder in die Leute reinkriechen, muß raten, was sie wollen. Darum weiß ich auch so gut, was die eben für ‚ne Wut haben werden, daß sie den teuren Anzug gekauft haben. Jeder auf den anderen und *keiner weiß mehr so richtig, warum sie ihn gekauft haben.*" (FALLADA 1950: 115; Hervorhebung von mir, MH). Im Gegensatz zu Pinneberg (oder Fallada?) selber würde ich allerdings meinen, daß es nicht seine Fähigkeit war, die „wahren" Wünsche der Kunden zu erkennen (beim männlichen Käufer des Anzugs gab es gar keine klaren Vorstellungen), die zum erfolgreichen Verkauf führte, sondern seine Fähigkeit, eine zunächst aussichtslose Situation für alle Beteiligten so umzudefinieren, daß die angebotene Ware schließlich doch als eine gute, ja optimale Befriedigung der (angeblichen) Käufer-Wünsche erschien.

ve und Interessen als entscheidenden „Ursachen" für soziales Handeln setzt darüberhinaus eigentlich im Grunde ein recht *mechanisches Menschenbild* voraus, nämlich einen Menschen, den man fast als eine Marionette seiner Bedürfnisse und Interessen bezeichnen könnte.

Das Konzept der „Identität" als Instrument zur systematischen Berücksichtigung der Rolle des Individuums in der „Logik der Situation"

Im Vorschlag von HEDSTRÖM et al., die subjektiven Interessen der Beteiligten als wichtigen Faktor einer Situationsanalyse zu berücksichtigen, werden drei ungeklärte Probleme aufgeworfen:

– die Frage, ob subjektive Bedürfnisse oder Interessen ein mehr oder weniger direktes Objekt soziologischer Analyse darstellen;
– die Frage, in welchem Verhältnis subjektive Interessen zu anderen Aspekten der Persönlichkeit, insbesondere ihren Werthaltungen und Normen, stehen;
– die Frage, in welchen Situationen Interessen überhaupt und – wenn ja – in welchem Ausmaß zum Tragen kommen.

Ich möchte im folgenden zeigen, daß das sozialpsychologische und soziologische Konzept der „Identität" eine Möglichkeit bietet, die Rolle des Individuums in einer befriedigenderen und mit der Logik der Situationsanalyse konsistenten Weise zu erfassen.

Der Begriff der „Identität" hat seit seiner erstmaligen systematischen Verwendung durch Erik ERIKSON in den 40er Jahren (deutsch ERIKSON 1957, 1971) eine erstaunlich erfolgreiche Karriere in Psychologie und Sozialwissenschaften, aber auch in der allgemeinen Öffentlichkeit, hinter sich (WEIGERT et al. 1986). Schon diese Tatsache weist darauf hin, daß mit ihm ein zentrales Problem der Menschen am Ende des 20. Jahrhunderts angesprochen wird.

Die Grundannahmen der Theorie der Identität lassen sich wie folgt zusammenfassen (vgl. dazu u.a. GOFFMAN 1967, 1969, 1974; BERGER/ LUCKMANN 1969; MEAD 1968, 1976; KRAPPMANN 1975; WEIGERT et al. 1986; GIDDENS 1991; JENKINS 1996; hier folge ich der Zusammenfassung in HALLER u. Mitarbeiter 1996a: 38ff.):

1. Identität stellt die Gesamtheit der einem Individuum mehr oder weniger deutlich bewußten Ordnungs- und Bezugspunkte dar, die

seine Orientierung und sein Handeln in bezug auf die soziale Umwelt bestimmen. Es wird also angenommen, daß ein Individuum ein bestimmtes Bild von sich selber, von seinen Mitmenschen und von der Welt insgesamt entwickelt; dieses Bild beeinflußt in entscheidener Weise sein Denken und Handeln sowie sein Bild von den eigenen Interessen, Fähigkeiten und Ressourcen.
2. Wesentliche Aspekte der Identität sind einerseits die eigene *Körperlichkeit* und *geistig-seelischen Anlagen und Fähigkeiten* eines Menschen, andererseits seine *Beziehungen* zu anderen Menschen. Ich erkenne mich selbst und meine Eigenheiten (als Mann oder Frau, als Kind oder Erwachsener, als Facharbeiter oder Wissenschaftler) erst „durch die Brille der anderen". Man kann sogar so weit gehen zu sagen: „Identität ist eine Definition, die ein rein biologisches Wesen in ein menschliches Individuum transformiert" (WEIGERT et al. 1986: 31).
3. Man muß unterscheiden zwischen zwei Aspekten der Identität, dem „*Ich*" („I" nach MEAD 1968, 1976) als der vom Individuum im Zusammenhang mit seinen höchst persönlichen körperlichen und geistigen Antrieben, Fähigkeiten und Erfahrungen erlebten „*persönlichen Identität*", und der „*sozialen Identität*" („*Me*"), dem Selbstbild, das durch die Sichtweise von anderen und durch die verschiedenen Rollen vermittelt ist, die man innehat.
4. Identität enthält nicht nur kognitive, sondern auch *bewertende* und *emotionale Elemente*. Die Problematik der Entfaltung und Sicherung von Identität ist in engster Weise verbunden mit den beiden menschlichen Grundemotionen (master emotions) „*Stolz*" und „*Scham*" (PLESSNER 1970: 24; SCHEFF/RETZINGER 1991). So wie Furcht eine physische Lebensbedrohung signalisiert, deutet Scham auf eine Bedrohung des sozialen Selbst hin; ihr Erleben löst unmittelbar körperliche Empfindungen, Reaktionen und Gefühle aus (Erröten, hastiges Sprechen, Wunsch sich zu verstecken usw.; SCHEFF 1994: 39ff.). Das gleiche gilt für Stolz, der auf sichere, vertrauensvolle Beziehungen hinweist.
5. Identität ist nichts Monolithisches, ein- für allemal Festgelegtes, sondern stark *situations- und kontextabhängig* und in ständiger *Entwicklung* befindlich. Ich kann und muß meine Identität anderen gegenüber „präsentieren" und darstellen (GOFFMAN 1969). Ich-Identität als *Balance* (MENNINGER 1974) zwischen dem Akzeptieren der Erwartungen anderer und dem Festhalten an der eigenen Individualität

ist kein fester „Besitz" eines Individuums, sondern muß ständig neu formuliert und in sozialen Interaktionen und Beziehungen bestätigt werden (MCCALL/SIMMONS 1966; KRAPPMANN 1975: 208).
6. Man kann *mehrfache (multiple) soziale Identitäten* besitzen, die in unterschiedlichen Kontexten in unterschiedlichem Grade aktualisiert werden. Georg SIMMEL (1923: 305ff.) betrachtete es geradezu als ein Definitionsmerkmal des modernen Menschen, daß er zugleich verschiedenen, voneinander unabhängigen *sozialen Kreisen* angehören und durch die einmalige Kombination solcher Mitgliedschaften eine besondere Individualität entwickeln könne.
7. Der Begriff der Identität ist auf *Individuen* ebenso anwendbar wie auf *Gruppen*, *Organisationen* und *globale Einheiten* (Gesellschaften, Staaten, Nationen). Auch diese Einheiten stehen vor der Notwendigkeit, Identitäten zu entwickeln und sich unter wandelnden Umweltbedingungen zu behaupten und zu transformieren. Zwischen individuellen und kollektiven Identitäten besteht eine *Analogie*. Genauso wie individuelle Identität nichts ein- für allemal Festgelegtes, keine individuelle „Eigenschaft" ist, sondern stets als Teil eines Prozesses zu sehen ist, entsteht auch die Identität von Gruppen und anderen kollektiven Einheiten aus der Interaktion mit anderen Einheiten, in der Wechselwirkung zwischen kulturell vorgegebenen normativen Vorstellungen und Bildern und den Vorstellungen und Interessen der jeweiligen Einheit selber. Man kann mit SIMMEL, WEBER und Mannheim auch von *„Wahlverwandtschaften"* zwischen Identitäten auf verschiedenen Ebenen (auf individueller und kollektiver Ebene) bzw. zwischen verschiedenen Bereichen (Wirtschaft, Kultur usw.) sprechen.

Die *Grundthese* der Theorie der Identität lautet, daß *Menschen danach streben, ein möglichst positives Selbstbild von sich selbst zu entwickeln*. Ein Individuum wird erst dann zu einem wirklichen Menschen, wenn es eine sozial und kulturell sinnhaft definierte Identität entwickelt hat, die ihm von seinen Mitmenschen in der alltäglichen Interaktion quasi immer wieder bestätigt wird. Psychisch erkrankte Menschen sagen oft, daß sie „auseinanderzufallen" oder „in Stücke zu gehen drohen" (MENNINGER 1974: 79). Sie verlieren das Gefühl ihrer Einheit, ihr Gleichgewicht. Der Tod einer geliebten Person bedeutet den Verlust eines Teiles von sich selbst: „Ein integrales Stück seiner selbst, seines ‚Ich-und-Wir'-Images ist weggebrochen" (ELIAS 1971:

148). Eine als ungerecht empfundene Behandlung durch andere führt zu Ärger und Scham; dabei spielt wieder die jeweilige Situation eine wichtige Rolle (MIKULA et al. 1998).

Die mit Identität verknüpften Emotionen „*Stolz*" und „*Scham*" spielen in all diesen Prozessen eine zentrale Rolle: Scham signalisiert Nichtanerkennung, Zurückgestoßenwerden, Trennung von anderen. Das positive Gefühl Stolz entsteht, wenn man eine Leistung erbracht hat, die besondere Anerkennung erfährt; man fühlt sich dadurch anderen besonders verbunden. Sichere soziale Beziehungen und Bindungen sind verbunden mit Zugehörigkeits- und Stolzgefühlen und führen zu „funktionaler zwischenmenschlicher Kommunikation" (einer Kommunikation, in der die Partner einander richtig verstehen und erwartungsgemäß reagieren); unsichere, bedrohte und ambivalente Beziehungen führen zu unterdrückten Schamgefühlen, dysfunktionaler Kommunikation und permanenten Konflikten (SCHEFF 1994).

Es besteht ein *enger Zusammenhang zwischen Selbstbild und Gruppenzugehörigkeit*: die Identität eines Menschen leitet sich geradezu aus der Zugehörigkeit zu verschiedenen Gruppen ab. Ein Individuum wird dazu neigen, Mitglied jener Gruppen zu werden (und zu bleiben), die positiv zu seiner Identität beitragen, und Gruppen eher zu verlassen, zu meiden oder – falls dies nicht möglich ist – abzuwerten, die weniger geschätzte Merkmale besitzen (TAJFEL 1982; MUMMENDEY 1985). Auch die Entstehung sozialer Vorurteile und Stereotypen ist durch diesen Mechanismus erklärbar.

In dieser Hinsicht erscheint auch der Begriff der *Figuration*, den Norbert ELIAS (1971: 146ff., 1987) geprägt hat, sehr nützlich. Er verweist auf drei wesentliche Aspekte sozialer Beziehungen, die für die individuelle Identität wesentlich sind: (1) die Komplexität der Gesamtheit der Beziehungen einer Person oder eines Kontextes; (2) die relative Dauerhaftigkeit dieser Beziehung und (3) die starken emotionalen Komponenten, die mit ihnen verknüpft sind. (ELIAS definiert Figurationen als „affektive Valenzen", die von einem Menschen auf andere gerichtet werden.)

Schon aus dieser allgemeinen Darstellung der Theorie der „sozialen Identität" sollte klar geworden sein, daß „Identität" auf das engste mit der sozialen Situation und dem sozialen Kontext verknüpft ist. Die Grundthese der Identitätstheorie lautet ja, daß ich mein Selbstbild vor allem in der direkten Interaktion mit anderen – also in der paradigmatischen „sozialen Situation" – bestätigen kann und muß. Wie sich ein

Individuum in einer Situation verhält, hängt in allererster Linie davon ab, (a) welche Bedeutung eine Situation für ein Individuum überhaupt hat, und (b) ob es sich dabei um eine positiv oder negativ bewertete Situation handelt.

Es läßt sich daraus die folgende allgemeine, auch empirisch überprüfbare Hypothese ableiten: Individuen werden (1) solche Situationen suchen, die die Möglichkeit zu einer positiven Bestätigung der eigenen Identität bieten; (2) sie werden Situationen gegenüber, die ihre Identität nur peripher betreffen, eher neutral sein; und sie werden (3) solche Situationen eher meiden, in denen eine Infragestellung der eigenen Identität droht. Allgemein kann man auch sagen: die Identität einer Person und ihre Verankerung in unterschiedlichen sozialen und institutionellen Kontexten bestimmt die *Verpflichtungs-* bzw. *Relevanzstruktur* einer Person („commitment structure", WEIGERT et al. 1986: 53), also das relative Gewicht bzw. die Bedeutung, die sie verschiedenen Lebensbereichen (z.B. Arbeit, Familie, Freizeit) oder verschiedenen Aktivitäten beimißt.

Man kann diese allgemeinen Überlegungen am vorhin besprochenen Beispiel der Teilnahme und dem Verhalten auf einem (Lebensmittel-) Markt sehr gut illustrieren. Wir können nun sagen: die „(materiellen) Interessen" einer Person, ihr Bedarf an Nahrungsmitteln, bestimmt das konkrete Einkaufsverhalten keineswegs unmittelbar. Auf welchen Markt (Greißler, Supermarkt, Bauernmarkt usw.) ich mich begebe, hängt unter anderem ab von:

– Meinen kulturell mitgeprägten Vorstellungen über Ernährung, Essen und Trinken (sehe ich dies eher als ein „notwendiges Übel"? Ist Kochen vielleicht mein Hobby? Welche Vorstellungen habe ich hinsichtlich einer „gesunden Ernährung"? Möchte ich vielleicht meinen Gästen ein mexikanisches Spezialgericht vorsetzen?);
– Meinem täglichen Zeitbudget und der Präferenz für unterschiedliche Aktivitäten (ein beruflich stark engagierter oder gestreßter Mensch – Mann oder Frau – wird kaum viel Zeit für den Lebensmitteleinkauf „verschwenden");
– Der Relevanz des Einkaufens als sozialer Aktivität im Ablauf des Alltags (Kenne ich die Verkäuferinnen und Verkäufer persönlich? Kann ich im Geschäft oder auf dem Markt Bekannte oder Freunde treffen? Arbeite ich vielleicht den größten Teil des sonstigen Tages allein?);

– Last but not least: Der Verfügbarkeit unterschiedlicher Einkaufsmöglichkeiten und Märkte (steht ein Supermarkt direkt vor meinem Haus? usw.).

Man kann aus diesen Überlegungen leicht ersehen, daß bei all diesen Faktoren, die die Entscheidung für die Wahl eines bestimmten Marktes oder Einkaufszentrums ganz entscheidend mitbestimmen, das „unmittelbare" Bedürfnis bzw. Interesse des Individuums, die Notwendigkeit der Beschaffung von Lebensmitteln, allenfalls als „Hintergrundinteresse" relevant ist, für die praktische Entscheidung aber kaum eine Rolle spielt.

Wir haben in den vorhergehenden Überlegungen bereits mehrfach das für jede sozialwissenschaftliche Theorie zentrale Problem der Beziehungen zwischen verschiedenen Ebenen der Analyse angesprochen. Dies ist die letzte Frage, die wir klären müssen, um zu einer adäquaten Vorstellung der Soziologie als Wirklichkeitswissenschaft zu gelangen. Sie soll abschließend behandelt und ein neuer Vorschlag dazu entwickelt werden, der dem Konzept einer Soziologie als Wirklichkeitswissenschaft entspricht.

d) Ein dynamisches Modell der Mehrebenenanalyse

Die Frage der Beziehungen zwischen verschiedenen Ebenen der sozialen Realität wird vor allem im Rahmen der Rational Choice-Theorien ausführlich diskutiert (vgl. Kapitel 4).[504] Es ist auch verständlich, daß Vertreter dieser Theorien diesem Problem besondere Beachtung widmen müssen, da sie ja explizit davon ausgehen, daß alles Soziale nur durch Rekurs auf individuelle Entscheidungen zu erklären sei; makrosoziale, kollektive Phänomene müssen für sie daher ein Problem darstellen. Das Verdienst ihrer Beiträge ist ohne Zweifel, daß sie die Bedeutung dieser Problematik deutlich gemacht haben. Inhaltlich sind ihre Lösungen jedoch unbefriedigend, wie in Kapitel 4 herausgearbeitet wurde; vor allem deshalb, weil sie nicht in der Lage sind, Makrophänomene adäquat zu erfassen.

---

504 Hier geht es nicht um die im ersten Teil des Kapitels unterschiedenen drei „ontologischen" Ebenen der Natur, des Bewußtseins und der Ideen, sondern um Ebenen innerhalb des Bewußtseins bzw. des Sozialen.

Bei dem folgenden Vorschlag zur Neukonzeptualisierung dieser Beziehungen kann ich mich auf zwei bereits mehrfach erwähnte neuere Arbeiten stützen: die Studie zur Philosophie der Sozialwissenschaften von Mario BUNGE (1996) und die Monographie zur soziologischen Theorie von Nicos MOUZELIS (1995). Drei allgemeine Vorfragen sind in diesem Zusammenhang zunächst zu klären: (1) jene der Art und Anzahl der zu unterscheidenden Ebenen; (2) jene der zu betrachtenden Einheiten auf den verschiedenen Ebenen; (3) jene der jeweils relevanten Zeit- und Raumperspektive.

Basiselemente der Mehrebenenanalyse: Abgrenzung der Ebenen, Identifikation der relevanten Akteure

Betrachten wir zunächst kurz die Frage, welche bzw. wieviele Ebenen der sozialen Realität man unterscheiden kann bzw. soll. Nach einer sehr differenzierten Unterscheidung könnten dies zumindest fünf Ebenen sein (BUNGE 1996: 278f.):

– die *Individualebene* (BUNGE spricht hier von der Nano-Ebene); typische Fragestellungen auf dieser Ebene betreffen die Effekte individueller Merkmale auf soziales Verhalten und soziale Erfahrungen von Individuen (z.B. von Geschlecht, Alter, Ausbildung auf Karrieren, Einstellungen usw.);
– die *Mikroebene* von Gruppen und anderen kleinen sozialen Systemen; typische Fragestellungen sind hier Mechanismen von Gruppenbildung und –konflikt; die Abhängigkeit der Situation einer Familie von der Einkommenslage usw.;
– die *Mesoebene* mittelgroßer sozialer Systeme (eines Dorfes, einer Verwandtschaftsgruppe, einer Organisation); typische Fragen hier betreffen die interne Struktur solcher Systeme, ihre Beziehungen zur Umwelt, ihre Konkurrenz untereinander usw.;
– die *Makroebene* großer sozialer Systeme (eines Großunternehmens, einer Stadt, einer Region); typische Fragen sind hier die Kohärenz und Stabilität des Systems, Prozesse der internen Untergliederung, Effekte technologischer Innovationen usw.;
– die *Megaebene* (Gesamtgesellschaft, multinationale Unternehmen, ein Kontinent, das Weltsystem); typische Fragen hier lauten: Bewahrung oder Veränderung der sozialen Ordnung, Stabilisierung internationaler Beziehungen usw.

Methodologische Grundprinzipien der Soziologie

Diese recht differenzierte Unterscheidung ist sicherlich für manche Zwecke nützlich; man sieht aber auch, daß die Unterscheidungskriterien oft nicht ganz eindeutig sind. Es wird eher eine Frage der Zweckmäßigkeit bezogen auf die jeweilige Problemstellung sein, wieviele solcher Ebenen man unterscheidet. Ich möchte mich im folgenden, um die Diskussion zu vereinfachen, auf die in der Soziologie meist übliche Unterscheidung von nur zwei Ebenen – einer Mikro- und einer Makroebene – beschränken. Als Mikroebene wird dabei das Individuum und sein unmittelbarer sozialer Kontext (Familie, Arbeitsgruppe usw.) verstanden, als Makroebene alle größeren Einheiten von Organisationen aufwärts bis zu nationalen (Gesamt-) Gesellschaften und zur Weltgesellschaft.

Die zweite zu klärende Vorfrage betrifft jene der *handelnden Einheiten*, der *Akteure* auf den verschiedenen Ebenen. Hier gehe ich davon aus, daß es sich bei solchen Einheiten (1) um konkrete, identifizierbare Akteure handeln muß (dies im Gegensatz zu bestimmten Varianten der Systemtheorie, bei denen Akteure überhaupt nicht auftauchen), und (2), daß solche Akteure nicht nur individuelle Personen sein können, sondern auch „*korporative Akteure*" (COLEMAN 1982, 1990), wie Organisationen oder Staaten, die analog zu Individuen handeln können. In der Rechtssprache wird hiefür der treffende Terminus „juristische Persönlichkeiten" verwendet. Eine solche kollektive Einheit handelt durch jene Personen, die dafür befugt sind, wie handlungs- und zeichnungsberechtigte Manager eines vergesellschafteten Unternehmens, oder die gewählten Repräsentanten einer politischen Körperschaft.

Zeit und Raum als zentrale Aspekte der Mehrebenenanalyse

Eine dritte Vorfrage betrifft die Bedeutung der soziologischen Grundbegriffe *Zeit und Raum*. Die explizite Einführung dieser beiden Dimensionen scheint mir für die adäquate Bestimmung des Verhältnisses zwischen den verschiedenen Ebenen essentiell zu sein; soweit ich sehe, wurde dies bisher noch überhaupt kaum explizit erkannt und herausgearbeitet.

Was etwa die *Zeit* betrifft, ist ganz allgemein erst in jüngerer Zeit deutlich geworden, daß diese Dimension für jede soziologische Fragestellung von zentraler Bedeutung ist. Durch die Zuordnung zu einem bestimmten Zeitpunkt oder Zeitraum werden soziales Handeln, Ereignisse und Prozesse erst in einen übergreifenden Zusammenhang eingeordnet. Die Vorstellungen von Zeit und das Zeitbewußtsein wandeln sich historisch und sie unterscheiden sich interkulturell grundlegend.[505] Norbert ELIAS (1984) hat in seiner Studie *Über die Zeit* argumentiert, daß erst das spezifisch menschliche Zeitbewußtsein mit seiner Fähigkeit, Vergangenheit, Gegenwart und Zukunft miteinander zu verknüpfen, die Vorstellung von *Geschichte* als Konstruktion eines sinnhaften Ablaufes von Geschehnissen erzeugt. Zeitbewußtsein ist auch ein wesentliches Element einer verantwortungsbewußt handelnden Persönlichkeit. Moralisches Handeln bezieht sich auf ein unsterbliches Ich: eine Person, die auch nach ihrem Tod noch gesellschaftlich wertvoll bleibt (WOLFE 1989: 217). Auch Künstler, Schriftsteller und Wissenschaftler wollen über den Tod hinaus wirken; sie vertreten nur in besonders ausgeprägter Form einen Wunsch, den jeder hat, nämlich sich selbst an einem in Zukunft zu realisierenden Idealbild zu orientieren. Für GOFFMAN (1972) stellt der Lebenslauf einer Person eine *Karriere* mit einer Abfolge sinnhafter, aufeinander bezogener Ereignisse dar (vgl. auch SEVE 1973).

Ähnliches gilt in bezug auf den *Raum*. Auch dessen grundlegende soziologische Bedeutung wurde bislang kaum zureichend gewürdigt[506], wenngleich Georg SIMMEL (1923: 460ff.) mit seiner Abhandlung *Der Raum und die räumlichen Ordnungen der Gesellschaft* schon vor über zwei Generationen einen klassischen Beitrag dazu vorgelegt hat. In diesem Aufsatz argumentiert er, daß nicht der Raum als solcher „Wirkungen" auf die Gesellschaft ausübe, sondern daß die Gesellschaft selber es ist, die den (sozialen) Raum erst definiert. Für SIMMEL liegt eine zentrale Funktion des Raumbegriffs darin, daß dieser Grenzen setzt, die dem sozialen Leben einen Rahmen geben. Auch hier liegt die Beziehung zur Problematik der Mehrebenenanalyse auf der Hand, ist doch mit der Unterscheidung zwischen Mikro- und Makroebene impliziert meist auch eine solche zwischen unterschiedlich großen Räumen gemeint. Auch der enge Bezug zwischen *Raum und sozialer Identität* liegt auf der Hand, die Notwendigkeit der Verortung des individuellen Lebens in Räumen unterschiedlicher Größe und Qualität, vom unmittelbaren Wohn- und Lebensraum über eine Regi-

---

505 Vgl. dazu ENDRUWEIT/TROMMSDORFF 1989, Stichwort „Zeit", Bd. 3, S. 834ff.; ferner auch GIDDENS 1984: 110ff.; NOWOTNY 1992.
506 ENDRUWEIT/TROMMSDORFF 1989, Stichwort „Raum", 2. Band, S. 524.

on bis zur Nation. Die Konzepte der „Ortsgebundenheit", der regionalen und nationalen Identität bringen dies zum Ausdruck (HALLER u.a. 1996a; RACK 1998).

Es ist nun nicht die bloße Zeitdauer, der Umfang oder die Größe von Räumen, die konstitutiv dafür sind, ob man von der Mikro- oder Makroebene sprechen kann. Von der Mikroebene spreche ich vielmehr dann, wenn es um die „*Privatzeit*" und „*private Räume*" geht, von der Makroebene dann, wenn es um *öffentliche Räume* und *historische Zeit* geht. Diese Unterscheidung korreliert zwar stark, aber keineswegs perfekt mit der Dauer der Zeit bzw. der Größe des sozialen Raumes.

Charakteristische Beispiele für die *private Zeit* sind die individuelle Lebensgeschichte (Biographie) eines Menschen (zur soziologischen Forschung vgl. LEVY 1977; BERTAUX/KOHLI 1984; KOHLI 1985; MAYER 1990), oder die Geschichte einer Familie. An der Grenze zwischen privat und öffentlich liegt vielleicht die Geschichte eines (kleinen) Betriebes oder Unternehmens (für schöne empirische Beispiele dazu vgl. BERTAUX/BERTAUX-WIAME 1991) oder auch die Geschichte mehrerer Generationen von prominenten Unternehmer-, Künstler- oder Politikerfamilien. Von einer *historischen Zeit* kann man immer dann sprechen, wenn es um klar definierte kulturelle und politische Einheiten geht: um politische Gemeinschaften (von der Gemeinde aufwärts bis zu Staaten), um religiöse Gemeinschaften, um kulturelle Epochen und Erzeugnisse.

Analog dazu kann der *Privatraum* umschrieben werden als der unmittelbare Lebensbereich eines einzelnen Menschen oder kleiner sozialer Einheiten; der *öffentliche Raum* als jener Bereich, der durch institutionelle Normen (Mitgliedschaft in einem Unternehmen, administrative und politische Grenzen) als solcher definiert wird. Der private Raum kann je nach sozialer Stellung und beruflicher Tätigkeit sehr unterschiedlich umfassend sein: für einen Bauern, Arbeiter oder einfachen Angestellten mag er nicht weit über die Wohn- und Arbeitsstätte und die unmittelbare Lebenswelt hinausreichen, für Manager oder hochqualifizierte technische Angestellte großer Konzerne, für Diplomaten, Wissenschaftler oder Künstler mag er sich über Kontinente erstrecken.

Ein wirklichkeitssoziologisches Mehrebenenmodell adäquater Komplexität

Nach diesen Vorklärungen können wir direkt auf die Frage der Beziehungen zwischen den verschiedenen Ebenen der soziologischen Analyse eingehen. Ein vereinfachtes Modell dazu enthält *Übersicht 6.2*[507].

Dieses Modell, dessen Grundstruktur Nicos MOUZELIS (1995: 138) entnommen, jedoch in einigen wichtigen Punkten weiterentwickelt wurde, unterscheidet sich in mehreren Aspekten signifikant von jenem Modell der Mikro-Makrobeziehungen, wie es z.B. J. COLEMAN (vgl. Kapitel 4) vorgestellt hat. Wir können als seine Charakteristika drei Aspekte hervorheben: eine neue Sicht der Rolle von Akteuren und Strukturen bzw. Institutionen auf der Mikro- und Makroebene; die Unterscheidung zwischen vier unterschiedlichen Typen von Effekten; eine je nach Ebene differenzierte Zeitperspektive.

In dem in *Übersicht 6.2* dargestellten Modell wird zunächst festgehalten, daß die Unterscheidung zwischen Mikro- und Makroebene nicht so zu sehen ist, daß es auf der Mikroebene Akteure, auf der Makroebene institutionelle Strukturen gibt. Vielmehr wird angenommen, daß sowohl Akteure wie institutionelle Strukturen auf der Mikro- und auf der Makroebene vorkommen. Ein Akteur auf der Mikroebene ist jede (natürliche) Person und ihr soziales Handeln in ihrem unmittelbaren Umfeld. Auf der Makroebene gibt es zweierlei Typen von Akteuren: (1) *kollektive Akteure* (juristische Persönlichkeiten), wie Korporationen, Staaten usw.; (2) *individuelle Personen*, die jedoch für eine kollektive Einheit handeln; ihre Entscheidungen können unmittelbare und weitreichende Folgen für Makroprozesse und Makroinstitutionen und –strukturen haben.

---

507 In *Übersicht 6.2* wurden nur die grundlegendsten Formen von Beziehungen bzw. Effekten eingetragen, jedoch könnte das Modell ohne weiteres auf komplexere Muster (z.B. Unterscheidung von mehr als zwei Ebenen) erweitert werden.

Übersicht 6.2: Ein dyanamisches Modell der Beziehungen zwischen Mikro- und Makroebene

Öffentliche Räume und historische Zeit (Wirtschafts- und Sozialgeschichte, politische Geschichte, Kulturgeschichte)

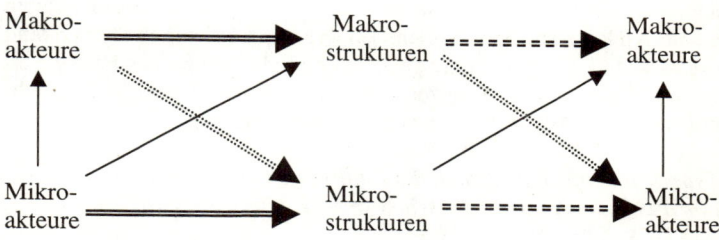

Private (Klein-) Räume und persönliche Lebensgeschichte (Biographie, Familiengeschichte, Dorfgeschichte, Firmengeschichte)

Zeichenerklärung:

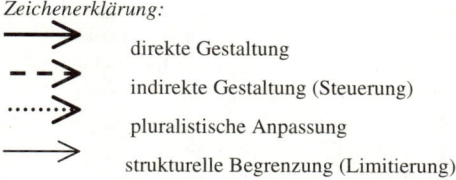

direkte Gestaltung

indirekte Gestaltung (Steuerung)

pluralistische Anpassung

strukturelle Begrenzung (Limitierung)

Die Relevanz der Rolle von individuellen Akteuren auf der Makroebene ist in den Sozialwissenschaften bislang noch kaum gesehen worden. Ein hervorragendes Beispiel dafür ist die Studie *Bloody Revenge* von Thomas SCHEFF (1994), in der der Autor die Persönlichkeit und das Verhalten von Adolf Hitler und dessen verhängnisvolle Folgen für Deutschland untersucht. Die zentrale These lautet, daß Hitler es hervorragend verstand, kollektive Gefühle der Scham, unter denen viele Deutsche nach dem 1. Weltkrieg und den Verträgen von Versailles litten, für seine Zwecke der Erlangung der Herrschaft und der Aufrüstung und Kriegsvorbereitung zu instrumentalisieren. Hitler als Person selbst wurde in hohem Maße von verdrängter Scham dieser

Art bestimmt. Ein anderes Beispiel: Man kann aus dieser Sicht auch die entscheidende Rolle politischer Führerpersönlichkeiten beim Wiedererwachen des Nationalismus in Osteuropa nach dem Zusammenbruch der kommunistischen Regimes erkennen und untersuchen. Es zeigt sich auch hier, daß die individuellen Lebenserfahrungen dieser Führer und das kollektive Schicksal dieser Nationen engstens miteinander verwoben sind und die dabei hervortretenden Persönlichkeiten sich in vielen Aspekten in allen Ländern außerordentlich ähnlich sind (vgl. HALLER 1996a). Es eröffnet sich hier also ein breites Feld für eine *soziologische Theorie großer Persönlichkeiten*, die nicht der Metaphysik des Begriffs vom einsamen „Genie" verfällt.

Typen von Effekten: direkte und indirekte Gestaltung,
pluralistische Anpassung, strukturelle Begrenzung

Was nun die Beziehungen zwischen Akteuren und Strukturen, der Mikro- und Makroebene betrifft, werden vier Typen von Effekten unterschieden:

a) Die *„direkte Gestaltung"*, die von Mikro- und Makroakteuren auf die Strukturen und Institutionen auf ihrer jeweiligen Ebene ausgeübt wird. Ein junger Mensch kann durch die Entscheidung, einen gemeinsamen Haushalt oder eine Familie zu gründen (oder auch: aufzulösen), seine unmittelbare Umwelt (Mikrostruktur) entscheidend gestalten; ein politischer Abgeordneter kann durch Arbeit an einem Gesetz die Rahmenbedingungen für das soziale Handeln aller Staatsangehörigen signifikant verändern; ein Staatsmann kann durch die Entscheidung, sein Land in einen Krieg zu führen, dessen Schicksal (und vielleicht auch sein eigenes) besiegeln.[508]

---

[508] Nicht nur aus österreichischer, sondern auch aus gesamteuropäischer Sicht war eine der historisch folgenreichsten individuellen Entscheidungen dieser Art die Unterschrift Kaiser Franz Joseph I. unter die Kriegserklärung an Serbien, die er in seinem Sommerurlaub in Bad Ischl am 28. Juli 1914 gab; damit setzte er einen Schritt, der schließlich zum Untergang seines Herrscherhauses und der Doppelmonarchie führte und in der Folge die politische Ordnung in Europe von Grund auf umstürzte. Ohne die (sicherlich naive) Annahme treffen zu müssen, der alte Kaiser hätte allein über Krieg und Frieden entscheiden können, wird man doch nicht bestreiten können, daß er sehr wohl als Person eine zentrale Rolle dabei spielte.

b) Die „*indirekte Gestaltung*" oder „*Steuerung*", die von Makroakteuren auf die Strukturen der Mikroebene und – vermittelt über sie – auch auf die Mikroakteure ausgeübt wird. Der Gesetzgeber oder Politiker darf nicht direkt in das Verhalten der Bürger eingreifen; indem er Gesetze erläßt, kann er jedoch die Rahmenbedingungen so ändern, daß sich jeder einzelne Bürger neu orientieren und verhalten muß.

c) Die „*pluralistische Anpassung*", die durch das untereinander nicht notwendig koordinierte Verhalten der Mikroakteure auf die Makrostrukturen und in der Folge auch auf die Makroakteure ausgeübt wird. Gemeint ist mit „pluralistischer Anpassung" die Tatsache, daß durch die Aggregation des Verhaltens vieler Einzelner im Laufe der Zeit völlig neue Fakten und Strukturen geschaffen werden können.[509] Die individuelle Entscheidung vieler junger Menschen, nicht zu heiraten oder nur sehr wenige Kinder zu bekommen, führt im Laufe der Jahrzehnte zu einer völlig neuen demographischen Struktur der Gesellschaft mit massiven Konsequenzen für Wirtschaft, Gesellschaft und (Wohlfahrts-) Staat.

d) Die *strukturelle Begrenzung (Limitierung)*, die vom Vorhandensein institutioneller Strukturen auf der Makro- und Mikroebene auf das Handeln der individuellen und kollektiven Akteure ausgeübt wird. In einem Land mit einem sehr liberalen Scheidungsrecht (wie z.B. in den USA) werden Ehepaare, die sich in einer Beziehungskrise befinden, viel rascher an eine Trennung denken als in einem Land (wie z.B. Irland), in dem Scheidung nur schwer möglich oder gar verboten ist. In einem Land, dessen politische Verfassung seinen Präsidenten einem starken System von Kontrolle und Gegen-Mächten (checks and balances) unterwirft (wie z.B. den USA), wird dieser viel seltener zu Machtmißbrauch neigen als in einem Land wo dieser über weitreichende Machtbefugnisse verfügt (wie z.B. im heutigen Rußland).

Man kann ganz allgemein festhalten, daß dieses Modell der Mikro-Makrobeziehungen viel komplexere, der Realität entsprechendere Formen von Beziehungen zwischen verschiedenen Ebenen vorsieht: Mikroakteure können in unterschiedlicher Weise Makroakteure und – strukturen beeinflussen, und ebenso umgekehrt. Das Modell ließe sich

---

509 Der Begriff der „pluralistischen Anpasssung" wurde in der neomarxistischen Klassenanalyse eingeführt (vgl. WRIGHT 1985; HALLER 1983).

kturen beeinflussen, und ebenso umgekehrt. Das Modell ließe sich auch leicht erweitern durch Einführung einer Mesoebene.[510]

Die Überlegenheit des Modells gegenüber individualistischen und strukturalistischen Konzeptionen der Mikro-Makro-Beziehung

Mit diesen Begriffen können wir die Beziehungen zwischen der Mikro- und Makroebene meiner Meinung nach viel adäquater erfassen als dies bislang der Fall war und es lassen sich auch eine Reihe von „Puzzles", die sowohl der strukturell-funktionalen Theorie wie den Rational Choice-Theoretikern immer wieder zu schaffen machen, sehr leicht lösen.

Die strukturell-funktionale Systemtheorie (PARSONS, MÜNCH) hat zwar zu Recht darauf hingewiesen, daß es zwischen verschiedenen Einheiten (Systemen bzw. Subsystemen) und Ebenen der Analyse unterschiedliche Typen von Effekten gibt. Sie unterscheidet hier hauptsächlich zwischen „steuernden" und „dynamisierenden" Systemen, wobei die Kultur als steuernd, die Ökonomie als dynamisierend bezeichnet wird. Dies ist theoretisch jedoch unbefriedigend aus zwei Gründen: zum ersten, weil weder „die Ökonomie" noch „die Kultur" an sich „Effekte" ausüben, sondern jeweils nur ganz spezifische Akteure bzw. Prozesse und Mechanismen innerhalb dieser Teilsysteme; zum zweiten, weil die Begriffe bzw. die Unterscheidung zwischen „steuernd" und „dynamisierend" zu diffus ist. Durch unsere Terminologie dagegen wird sehr deutlich gemacht, welche Art von Einfluß die jeweiligen Einheiten ausüben können. In unserem Ansatz wird auch klar, daß es nur konkrete menschliche Akteure sind, welche Effekte bewirken können, aber nicht Systeme an sich, die andere „interpenetrieren".

Im Rahmen der Rational Choice-Theorie wird, wie wir in Kapitel 4 gesehen haben, immer wieder das (Schein-) Problem diskutiert, warum Menschen Verhaltensweisen zeigen, aus denen sie anscheinend keinen oder nur sehr geringen Nutzen für sich selber ziehen können. Ein Beispiel war die (relativ hohe) Beteiligung an politischen Wahlen, in denen die Stimme eines Einzelnen nur einen minimalen Effekt auf den Ausgang hat. Andere Phänomene, wie etwa der niedrige Grad an

---

510 Vgl. auch BUNGE 1996: 277ff. für eine ausführliche Diskussion aller hier möglichen Beziehungen und Effekte.

aktiver politischer Teilnahme des Durchschnittsbürgers, scheinen dagegen klar zu belegen, daß Menschen sich nur dort beteiligen, wo sie auch einen Nutzen aus ihrem Handeln ziehen können. In diesen Argumenten steckt ein richtiger Kern, jedoch ist die Begründung irreführend.

Zunächst muß man sagen (wir haben dies bereits in Kapitel 4 ausführlich dargestellt), daß sich zahlreiche scheinbar „nutzlose" Verhaltensweisen von Menschen leicht erklären lassen, wenn man die von der RC-Theorie nicht berücksichtigte Dimensionen der Emotionen, Wertorientierungen usw. einbezieht. So ist auch politische Beteiligung eine grundlegende und unverzichtbare *positive Norm* demokratischer Gesellschaften.[511] Was jedoch das Faktum der geringen politischen Partizipation des Durchschnittsbürgers betrifft – das die RC-Annahmen scheinbar bestätigt – ist zu sagen, daß auch dieses Verhalten auf eine befriedigendere Weise erklärt werden kann, wenn man nicht den individuellen Nutzen, sondern – wie im obigen Modell der Mikro-Makro-Beziehungen – den *Gestaltungsspielraum* als die entscheidende Größe in Betracht zieht. Die meisten Menschen haben einen solchen eben in ihrem unmittelbaren Mikrokontext, nicht jedoch im Makrobereich. Meine Familienbeziehungen, meine Beziehungen in der Arbeitsgruppe oder in der Freizeit, meine Wohnung oder mein Heim kann ich nicht nur selber mitgestalten, sondern ich muß es sogar; daher werde ich mich hier auch voll engagieren (oder mich daraus zurückziehen und mir andere Kontexte suchen, wenn ich keinen solchen mehr sehe). Für Verhältnisse auf der Ebene einer Gemeinde oder Stadt, noch viel mehr für jene auf der nationalen (um gar nicht zu reden europäischen) Ebene gilt dies in viel geringerem Grade. Wenn man daher entscheiden muß, wo man seine knappe Zeit und Energie einsetzt, wird dies für 90% aller Menschen zugunsten ihrer überschaubaren Mikrobereiche ausfallen.

---

511 Erst in jüngster Zeit beginnt man in Wissenschaft und Politik die zentrale Bedeutung *positiver Verpflichtungen und Normen* als notwendiger Ergänzung zu den *Ansprüchen und Rechten* der Menschen in demokratischen Gesellschaften zu diskutieren. (So etwa im Rahmen der UNO über einen Katalog von menschlichen „Grundpflichten"). Ich würde meinen, daß ein implizites Bewußtsein von der Existenz *positiver* Normen und Verpflichtungen in diesem Sinne immer schon vorhanden war (für Autoren, die diese Problematik thematisieren, vgl. SCHWEITZER 1981; WOLFE 1989; DONATI 1992, 1993; ETZIONI 1994).

Aber auch das Verhalten jener kleinen (Ausnahme-) Gruppe von hochmotivierten und -aktiven Menschen, die sich politisch, sozial oder sonstwie engagieren, kann durch die hier entwickelte Perspektive weit besser erklärt werden als durch Nutzentheorien aller Art. Nach diesen müßten sich ja jene Menschen am stärksten politisch engagieren, die am stärksten benachteiligt sind oder die die dringendsten Bedürfnisse nach staatlicher Hilfeleistung oder Versorgung aufweisen. Genau das Gegenteil ist der Fall: Studien zur politischen Beteiligung zeigen einhellig, daß öffentliche soziale und politische Partizipation signifikant steigt, je höher das Bildungsniveau, je besser die sozioökonomische Lage von Menschen ist (HONDRICH/KOCH-ARZBERGER 1992); wirtschaftlich und politisch klar benachteiligte gesellschaftliche Gruppen, wie z.B. Arbeitslose, sind politisch eher durch Apathie gekennzeichnet (vgl. PRISCHING 1988). Es gilt dies bis hin zur persönlichen, körperlich-physischen Verfassung und Befindlichkeit von Menschen: politisch aktiv sind vor allem leistungsfähige, gesunde, auch in vielerlei anderer Hinsicht sehr aktive Menschen – also wieder solche, die ohnehin eher in der Lage wären, auch ohne Politik ihre Interessen durchsetzen zu können. In dem oben dargestellen Modell wird die politische Beteiligung erklärt durch den politischen Gestaltungsspielraum, den ein Mensch oder eine soziale Gruppe subjektiv sieht und objektiv hat: wenn dieser hoch ist, wird er sich eher engagieren, als wenn dieser gering oder null ist. Zentrale Faktoren für politische Durchsetzungsfähigkeit und politischen Erfolg sind: verbale Ausdrucksfähigkeit, Möglichkeit zur Aufwendung von Zeit, Beharrungsvermögen; all dies haben höher Gebildete, materiell abgesicherte, körperlich und geistig robuste Menschen in viel höherem Maße als andere. Die politische Aktivität solcher Menschen führt sehr oft zu keinem direkten materiellen Nutzen für sie selber[512]. Es ist in hohem Maße ihre Lust an der aktiven Mitgestaltung des politischen Gemeinwesens, ihre Freude über da und dort erreichte Erfolge, die sie antreibt und motiviert, trotz immer wiederkehrender Mißerfolge und Rückschläge im Umgang mit desinteres-

---

512 Bei politischen Funktionsträgern und Mandataren ist dies natürlich der Fall, jedoch gibt es in jeder Partei und politischen Bewegung einen sehr großen Anteil von freiwilligen Mitarbeitern und Aktiven, die aus ihrer Tätigkeit keinen direkten materiellen Nutzen beziehen.

sierten Mitbürgern, bremsenden Behörden, viel versprechenden und wenig einhaltenden Politikern weiterzumachen.

Aus dieser Sicht werden auch die sog. „Brückenhypothesen" überflüssig, zu denen die RC-Theoretiker Zuflucht nehmen müssen, um eine Beziehung zwischen ihren künstlich isolierten Individuen und dem sozialen Kontext herstellen zu können. Hier wird gar nicht versucht, zuerst Erklärungen nur für das Handeln von Individuen zu entwickeln und diese dann mit dem Kontext zu verbinden, sondern es wird dieses Handeln von vornherein auf jene Strukturen und Institutionen bezogen (typisiert).

Ein drittes Charakteristikum des hier vorgestellten Modells der Mikro-Makro-Beziehungen betrifft die Zeitperspektive. Im Gegensatz zu den meisten Modellen dieser Art habe ich diese Dimension ganz bewußt in *Übersicht 6.2* mit aufgenommen. Es sollte damit klargestellt werden, daß es bei der Darstellung der Mikro-Makro-Beziehungen um keinerlei *Gleichgewichtsmodell* geht, nach dem sich soziale Systeme immer wieder reproduzieren. Solche Vorstellungen stehen letztlich sowohl hinter dem strukturfunktionalistischen Denken[513] wie hinter den Rational Choice-Theorien[514], wo sie vor allem in den neoklassischen wirtschaftstheoretischen Modellen am deutlichsten zum Ausdruck kommen.[515]

Aus dieser Sicht läßt sich auch eine adäquate Bestimmung des Verhältnisses zwischen der psychologischen und soziologischen Betrachtungsweise vornehmen.

---

513 Es sei hier an PARSONS' Insistieren auf der These erinnert, daß es in der Soziologie in erster Linie um die Entdeckung von „Strukturmustern" gehe und man erst in einem nächsten Schritt der Theoriebildung auf dynamische Entwicklungs- und Veränderungsprozesse eingehen könne (vgl. Kapitel 3, Abschnitt 3.1c). Ich habe argumentiert, daß man mit einem solchen Ansatz die Analyse und Erklärung von Wandlungsprozessen von vornherein ausschließt.
514 Über die autopoietische Systemtheorie brauchen wir hier keine Worte zu verlieren, so offenkundig ist diese Implikation bei ihr.
515 Die soziologischen RC-Theoretiker machen ihre diesbezüglichen Annahmen wohl nur nicht so explizit wie die Wirtschaftstheoretiker.

6.3 Soziologische Theorie als Wirklichkeitswissenschaft. Rückblick und Ausblick

Ich hoffe, mit den Überlegungen in diesem Kapitel zumindest in groben Zügen gezeigt zu haben, was gemeint ist, wenn man die Soziologie mit WEBER als „*Wirklichkeitswissenschaft*" bestimmt. Lassen wir dazu nochmals WEBER selbst zu Wort kommen:

„Die Sozialwissenschaft, die *wir* treiben wollen, ist eine *Wirklichkeitswissenschaft*. Wir wollen die uns umgebende Wirklichkeit des Lebens, in welches wir hineingestellt sind, *in ihrer Eigenart* verstehen – den Zusammenhang und die Kultur*bedeutung* ihrer einzelnen Erscheinungen in ihrer heutigen Gestaltung einerseits, die Gründe ihres geschichtlichen So-und-nicht-anders-Gewordenseins andererseits." (WEBER 1973: 212; hervorgehoben im Original)

Für die Soziologie sind also, um diesen zentralen Punkt nochmals zu betonen, in erster Linie jene Phänomene von Interesse, die eine *kulturelle Bedeutung* besitzen, d.h. einen Bezug zu allgemeinen gesellschaftlichen Werten, also zur Kultur im allgemeinsten Sinne aufweisen: „Ziel der Soziologie ist die „Erkenntnis der Wirklichkeit in ihrer Kulturbedeutung" (WEBER, ebenda, S. 215; vgl. auch LEPSIUS 1988; TENBRUCK 1989). Dies heißt nicht, daß gesellschaftliche Phänomene, die zunächst nichts mit Kultur in diesem Sinne zu tun haben, für die Soziologie irrelevant oder gar irreal oder inexistent („Nichtwirklichkeit") wären. Sie sind für die Soziologie aber nur relevant als „Rahmenbedingungen".

Hier sollen abschließend noch zwei weitere Aspekte einer wirklichkeitswissenschaftlichen Definition der soziologischen Theorie diskutiert werden: die Bedeutung strenger methodologischer Prinzipien und die Reichweite bzw. Allgemeinheit derartiger Theorien.

Die grundlegende Bedeutung strenger methodologischer Prinzipien für die Soziologie und ihre unzureichende Beachtung in den großen soziologischen Theorieentwürfen der Gegenwart

Eine Grundthese dieser Studie lautet, daß bei der Bestimmung dessen, was soziologische Theorie ist, methodologische Prinzipien eine zentrale Rolle einnehmen. *Methodologie* wird hierbei in einem umfassenden Sinne verstanden, nicht nur als Lehre von der Entwicklung und Anwendung spezifischer soziologischer Erhebungs- oder Auswertungstechniken wie Interview, Beobachtung, statistische Datenanalyse usw., sondern als Gesamtheit der Regeln, nach denen die Problemformulierung, die Umsetzung einer Fragestellung in ein Forschungsdesign, die Anwendung und Weiterentwicklung geeigneter Erhebungs- und Auswertungsinstrumente und die Interpretation der Daten erfolgt (vgl. dazu allgemein KAPLAN 1964; ATTESLANDER 1969: 285ff.; KÖNIG 1973: 1ff.; KRIZ 1981; KERN 1982; HAGE/FOLEY-MEEKER 1988; SCHÄFERS 1995: 203ff.; BUNGE 1996). Man kann auch im Bereich der soziologischen Theorie, so die These, nur dann von einem Fortschritt sprechen, *wenn in allen diesen Aspekten zugleich Verbesserungen zu verzeichnen sind*, d.h. zugleich neue Problemstellungen, Begriffe, Hypothesen und neue Methoden und Verfahren entwickelt und angewandt werden.[516]

Die Beobachtung, daß die Soziologie genau in diesem Bereich große Defizite aufweist, haben bedeutende Vertreter unserer Disziplin schon seit jeher immer wieder gemacht, ohne daß ihre kritischen Stimmen allerdings viel Erfolg gehabt hätten. Schon Emile DURKHEIM hat in seinen ersten Vorlesungen von 1887 bis 1892 (DURKHEIM 1981b), und dann ausführlich in seinen *Regeln der soziologischen Methode* (DURKHEIM 1965, zuerst 1894) betont, daß die Begründer der Soziologie, die zugleich vielgelesene Autoren ihrer Zeit waren[517], es an methodologischer Sorgfalt und Präzision vielfach mangeln ließen. Er kritisiert insbesondere Herbert SPENCER und Auguste COMTE; für den letzteren habe sich „die Menschheit als Ganzes in gerader Linie entwickelt", wobei verschiedene aufeinanderfolgende Gesellschaften nur

---

516 Hieraus folgt, daß Erörterungen über die Methodologie der Soziologie auch in allgemeinen Einführungen und Lehrbüchern einen wichtigen Stellenwert einnehmen sollten. Dies ist keineswegs immer der Fall. Beispiele, in denen solche Erörterungen stattfinden, sind u.a. WISWEDE 1985: 39ff. und GIDDENS 1995: 713ff. Einführungsbücher, die zwar viel Detailwissen vermitteln, aber wenig „Information aus erster Hand", können die Neigung von Studierenden reduzieren, sich selber an der Quelle zu informieren (FÜRSTENBERG 1992: 29). Mir schiene es am wichtigsten, Studierenden zu vermitteln, *wie* man zu soziologischem Wissen kommt – eben durch Heranziehung vor allem zweier Elemente, nämlich von *Theorien* und *Methoden*.

517 Auch in diesem Faktum kann man eine starke, keineswegs zufällige Parallele zur zeitgenössischen öffentlichen Rezeption verschiedener Soziologen sehen: Damals wie heute sind in der allgemeinen Öffentlichkeit vor allem Autoren gefragt und diskutiert, die sich nicht scheuen, große, spekulative Entwürfe, oft vermengt mit nicht klar reflektierten normativ-wertenden Aussagen, und angereichert mit empirischen Befunden unterschiedlichster Art zu entwickeln (vgl. dazu den folgenden Abschnitt).

Etappen dargestellt hätten. So stelle dessen Soziologie „weniger ein spezielles Studium von sozialen Seinsweisen" dar als „eine philosophische Meditation über die menschliche Vergesellschaftung im allgemeinen" (DURKHEIM 1981: 35). Das gleiche gelte für SPENCER (und ebenso für dessen österreichischen Zeitgenossen und Anhänger Ludwig GUMPLOWICZ), obwohl SPENCER schon mit weit größerer historischer und empirischer Fundierung und Präzision unterschiedliche Gesellschaftstypen und konkrete soziale Einrichtungen dargestellt und miteinander verglichen habe:

„Er [SPENCER] beobachtet die Tatsachen, aber auf eine übereilte Weise, angetrieben, weil es gilt, das Ziel zu erreichen, das ihn lockt [nämlich ‚zu demonstrieren, daß die Gesellschaften sich wie die übrige Welt nach den universellen Entwicklungsgesetzen entwickeln']. Er schneidet eine große Anzahl von Problemen an, hält sich aber bei jedem nur kurz auf, obgleich sich keines darunter befindet, das nicht große Schwierigkeiten mit sich brächte. Seine ‚Soziologie' kommt einer *Sicht von Gesellschaften aus der Vogelflugperspektive* gleich." (DURKHEIM 1981: 39; Hervorgehoben von mir, M.H.)[518]

Demgegenüber lobt DURKHEIM – meiner Meinung nach völlig zu Recht – MONTESQUIEU, da dieser nicht durch eine „Sorglosigkeit gegenüber methodologischen Fragen" gekennzeichnet gewesen sei wie COMTE, SPENCER und andere Sozial-, Geschichts- und Staatstheoretiker seiner Zeit (DURKHEIM 1965: 103; 1981: 199).[519] MONTESQUIEU habe Fragen politischer Einrichtungen nicht mehr als normative Fragen behandelt; er habe klar zwischen natürlichen und sozialen Gesetzen unterschieden und erstmals Typen von Gesellschaften entwickelt, die die alte, aristotelische Klassifizierung von Herrschaftstypen soziologisch fundiert und durch den empirischen Vergleich von konkreten Gesellschaften angereichert hätten. Vor allem war sich MONTESQUIEU – so DURKHEIM – erstmals der Bedeutung der methodischen Fragen voll bewußt. Die zentrale Methode der Soziologie aber war für MONTESQUIEU – wie für DURKHEIM (1981: 19, 1965: 205ff.)

---

518 In Kapitel 5 habe ich einen Ausspruch von N. LUHMANN zitiert, in dem dieser die soziologische Analyse mit einem „Flug über den Wolken" vergleicht!
519 Eine sehr hohe Bewertung von MONTESQUIEU aus soziologischer Sicht vertritt auch Raymond ARON (1971: 23). Auch ihm stimme ich zu, wenn er schreibt, COMTE sei zwar der „Namensgeber" der Soziologie gewesen, die Deutung der Soziologie in MONTESQUIEU's Werk *Vom Geist der Gesetze* sei jedoch moderner gewesen als die COMTES (obwohl MONTESQUIEU rund 100 Jahre vor COMTE lebte!). MONTESQUIEU inspirierte im übrigen Alexis de TOCQUEVILLE sehr stark.

selber – der *Vergleich*, nachdem die experimentelle Methode in der Sozialwissenschaft nur begrenzt anwendbar ist. In der Heraushebung der zentralen Bedeutung der vergleichenden Methode ist DURKHEIM – wie MONTESQUIEU und Alexis de TOCQUEVILLE – ein kongenialer Vorläufer und Mitbegründer der WEBERschen Auffassung von der Soziologie als Wirklichkeitswissenschaft.

Eine große Bedeutung hatten methodologische Fragen bekanntlich im Werk von Max WEBER. Auch wenn sich WEBER selber weit mehr für inhaltliche Forschungsfragen interessierte, gewannen seine methodologischen Überlegungen doch nach und nach einen fast ebenso zentralen Stellenwert. Der bedeutende Weber-Forscher der Nachkriegszeit, Eduard BAUMGARTEN, hatte ohne Zweifel recht, wenn er schrieb, WEBER sei neben einem „schier grenzenlosen historischen Wissen" vor allem durch „höchste systematisch-analytische Denkschärfe" ausgezeichnet gewesen (Einleitung zu WEBER 1973: XI). Die drei wichtigsten Elemente der methodologischen Überlegungen von WEBER – pragmatische, multikausal orientierte Analyse der sozialen Realität, der Begriff des „Idealtypus" und das Prinzip der Wertfreiheit (BAUMGARTEN, ebenda, S. XVIII) – können als zentrale Grundsteine der Soziologie bis heute gelten, auch wenn ihre Bedeutung in der zeitgenössischen soziologischen Theorie vielfach noch immer nicht wirklich erkannt wird.[520]

So wurde insbesondere die Forderung nach methodologischer Sauberkeit und Strenge, die DURKHEIM und WEBER als ein entscheidendes Element für die Existenzfähigkeit und –berechtigung der neuen Disziplin betrachteten, von vielen Soziologen bis heute nicht eingelöst. Zu Beginn der zweiten Hälfte des 20. Jahrhunderts, nach Etablierung der Soziologie als universitäres Lehrfach in einer Reihe westlicher Länder, konstatierte Robert K. MERTON (1967) in seinem berühmten Aufsatz *On sociological theories of the middle range* noch immer – oder schon wieder – dasselbe Problem. Seine kritischen Feststellungen betreffen vor allem die damals dominierende strukturellfunktionale Gesellschaftstheorie von PARSONS. Er sieht darin – und man kann ihm nach unserer kritischen Analyse in dieser Bewertung

---

520 Angesichts zahlreicher zeitgenössischer Anfeindungen gegen das Prinzip der Wertfreiheit machte WEBER nach 1912 hierzu die sarkastische Bemerkung, er habe es „absolut satt, stets erneut als Don Quixote eines angeblich undurchführbaren Prinzips aufzutreten und peinliche Szenen herbeizuführen" (zit. in FÜGEN 1985: 90).

nur voll zustimmen (vgl. Kapitel 3) – eine direkte Fortsetzung der alten, umfassenden, sehr stark spekulativen Staats- und Gesellschaftstheorien (oder besser: -philosophien) des 19. Jahrhunderts. Diese, so MERTON, waren von strengen Prinzipien kontrollierbarer und nachvollziehbarer wissenschaftlicher Methodik wenig angekränkelt:

„....this search for a total system of sociological theory, in which observations about every aspect of social behavior, organization, and change promptly find their preordained place, has the same exhilarating challenge and the same small promise as those many all-encompassing philosophical systems which have fallen into deserved disuse. The issue must be fairly joined. Some sociologists still write as though they expect, here and now, formulation of *the* general sociological theory broad enough to encompass the vast ranges of precisely observed details of social behavior, organization and change and fruitful enough to direct the attention of research workers to a flow of problems for empirical research." (MERTON 1967: 45)

Mit MERTON kann man die Erwartung, es lasse sich schon heute eine umfassende, alles erklärende soziologische Theorie entwickeln, als einen „verfrühten und apokalyptischen Glauben" bezeichnen. Umso erstaunlicher ist es, daß die Soziologen der Versuchung zur Entwicklung derartiger Theorien immer wieder erliegen.

Autoren wie Jeffrey ALEXANDER, Richard MÜNCH und andere versuchen bis heute, die „große Theorie" von PARSONS, den Strukturfunktionalismus, weiterzuentwickeln und zu „modernisieren". Die Beziehung zwischen theoretischen Aussagen, wertenden Elementen, kausalen Hypothesen, empirischen Daten, Erklärungen und Prognosen bleibt, wie wir in Kapitel 3 gesehen haben, allerdings auch bei ihnen unbestimmt und verschwommen wie schon bei PARSONS selber. Niklas LUHMANN, zunächst ebenfalls ein Anhänger des PARSONSchen Strukturfunktionalismus, hat dieses Paradigma in Form der „autopoietischen Sytemtheorie" auf eine eigenwillige, durchaus originelle Weise auf eine noch viel höhere Ebene der Abstraktion und Allgemeinheit gehoben und ein Opus vorgelegt, das in seinem Umfang und seinem Anspruch direkt an die großen philosophischen Systeme des 18. und 19. Jahrhunderts erinnert. Die Problematik einer systematischen und sorgfältig kontrollierten Beobachtung der empirischen Realität spielt bei LUHMANN allerdings eine noch geringere Rolle als bei PARSONS und seinen Nachfolgern; empirische Sozialforschung betrachtet er überhaupt weitgehend als trivial und für seine große Theorie als irrelevant.

Einen nicht geringeren Anspruch bezüglich Originalität, Allgemeingültigkeit und inhaltlicher Reichweite erheben seit einigen Jahrzehnten von einer ganz anderen Perspektive her auch die Vertreter der Rational Choice-Theorie, wie James COLEMAN, Hartmut ESSER und andere. Auch bei ihnen ist aber – trotz des auf den ersten Blick hohen Grades an logischer Rigorosität und Geschlossenheit der Konzepte und Modelle – bei genauerer Betrachtung eine nur schwache Beziehung zwischen theoretischen Konzepten, Kausalhypothesen und empirischer Evidenz festzustellen. Zentrale theoretische Begriffe, wie „Ressourcen", „Erwartungen", „Nutzen", bleiben inhaltlich-soziologisch weitgehend unbestimmt; die Anwendung der Theorie auf konkrete soziale Problemfelder hat mit der formalisierten Modellwelt der Basistheorie nicht mehr viel gemein; die herangezogenen Beispiele erscheinen nicht selten als konstruiert.

Zu nennen ist in diesem Zusammenhang auch die Verhaltensforschung und Biosoziologie, die es an methodischer Reflektiertheit in ihren Aussagen über menschliche Gesellschaften ebenfalls oft in grober Weise mangeln läßt. Die weitreichenden Spekulationen, die etwa Konrad LORENZ zur Diagnose moderner Gesellschaften angestellt hat, haben nur eine äußerst schwache Fundierung in entsprechenden systematischen Forschungen über solche Gesellschaften. Ihn und andere Ethologen haben die bewundernswert innovativen Leistungen in der Beobachtung und theoretischen Erfassung tierischer Verhaltensweisen und Sozietäten dazu verleitet, Hypothesen und Befunde unkritisch und vorschnell auf menschliche Gesellschaften zu übertragen.

Über die Gründe für die erstaunliche Fortdauer und das Neuaufleben großer, abstrakter Theorientwürfe in der Soziologie haben wir an verschiedenen Stellen dieser Arbeit bereits Überlegungen angestellt (vgl. vor allem Kapitel 1). Einer davon liegt darin, daß die Gesellschaft selber – Politiker und Praktiker, Verleger, Medien, Studierende usw. – offenkundig besonderes Interesse an einer ganz spezifischen Art von soziologischem „Wissen" hat und die dafür empfänglichen und begabten Vertreter unserer Disziplin ermuntert und motiviert, derartige Systeme und Gesellschaftsinterpretationen immer wieder neu zu produzieren (MERTON 1967: 48ff.).

Rückblick auf das Paradoxon der negativen Korrelation zwischen Diagnosefähigkeit und Legitimationskapazität sozialwissenschaftlicher Theorien

Ich bin in dieser Arbeit durchgehend davon ausgegangen, daß sozialwissenschaftliche Theorien ein hohes Potential zur Legitimierung gesellschaftlicher Verhältnisse und Einrichtungen besitzen, auch wenn sich ihre Vertreter dessen oft gar nicht bewußt sein mögen. In Kapitel 1 (Abschnitt 1.4) habe ich konkret argumentiert, daß zwischen der Legitimationskapazität von sozialwissenschaftlichen Theorien und ihrer Rezeption in der Öffentlichkeit ein stark positiver Zusammenhang besteht, während zwischen diesen beiden Aspekten und ihrer wissenschaftlichen „Dignität", erfaßbar etwa in ihrer Fähigkeit zur korrekten Diagnose gesellschaftlicher Trends, tendenziell eher ein umgekehrter Zusammenhang besteht. Das Argument war, daß wissenschaftlich sehr fundierte, die Realität adäquat darstellende und erklärende Theorien eher in Konflikte mit bestehenden, etablierten Interessen und Machtgruppen geraten.[521]

Nach unserem *Tour d'horizon* durch die einflußreichsten zeitgenössischen Theorietypen in den Sozialwissenschaften Sinne kann man diese These wohl einigermaßen als bestätigt ansehen. Ohne hier eine systematische, auch quantitativ fundierte Untersuchung durchführen zu können, würde ich doch tentativ die folgenden Zuordnungen treffen (vgl. *Übersicht 6.3*). In dieser Übersicht werden neben Autoren und Werken, die in dieser Arbeit ausführlich diskutiert werden, auch einige weitere angeführt, um die zentrale These eines nur schwachen oder sogar negativen Zusammenhangs zwischen Diagnosefähigkeit und Legitimationskapazität besser illustrieren zu können. Die für die einzelnen Autoren genannten Werke haben eher exemplarischen Charakter; in der Regel stehen sie für das ganze Werk des jeweiligen Autors. In zwei Fällen werden zwei Werke *eines* Autors genannt, womit gezeigt werden soll, daß auch ein einzelner Wissenschaftler in unterschiedlichen Kontexten manchmal höchst unterschiedliche Arten von Arbeiten vorlegen kann.

---

521 (vgl. auch REYNOLDS 1998).

Übersicht 6.3: Tentative Zuordnung paradigmatischer soziologischer Autoren und Arbeiten nach den Kriterien ihrer soziologischen Diagnosefähigkeit und ihrer gesellschaftlichen Legitimationskapazität

Diagnose-fähigkeit	Legitimationskapazität		
	hoch	mittel	niedrig
hoch		de TOCQUEVILLE, Demokratie in Amerika (1835) GOFFMAN, Stigma (1963) COLEMAN et al., Equality of Educational Opportunity (1966) ELIAS, Humana Conditio (1985)	WEBER, Wirtschaft u. Gesellschaft (1921) ELIAS Prozeß der Zivilisation (1939) MILLS, The Sociological Imagination (1959)
mittel	WEBER, Nationalstaat und Volkswirtschaftspolitik (1885)	COLEMAN, Foundations of Social Theory (1990) ESSER, Soziologie (1993) MÜNCH, Projekt Europa (1993) PARSONS/SMELSER, Economy and Society (1956)	
niedrig	LORENZ, Sieben Todsünden der zivilisierten Menschheit (1973) LUHMANN, Wirtschaft der Gesellschaft (1988)		

Die Zahlen in Klammern geben das Erstescheinungsjahr der Werke an.

Der erste Blick auf die Übersicht zeigt, daß die These eines negativen Zusammenhangs zwischen wissenschaftlicher Dignität (Erklärungs- und Diagnosefähigkeit und Legitimationskapazität) klar bestätigt wird.[522] Betrachten wir die Zuordnung der Autoren und Werke im einzelnen.

Als drei Werke mit sehr hoher wissenschaftlicher Aussagekraft und Diagnosefähigkeit werden Max WEBER's Hauptwerk *Wirtschaft und Gesellschaft,* Norbert ELIAS' *Theorie der Zivilisation* und C.W. MILLS

---

[522] Wobei klar ist, daß dieser Zusammenhang durch meine Auswahl und Zuordnung der Arbeiten bedingt ist. Die obige Analyse beansprucht jedoch, wie bereits gesagt, nicht mehr zu sein als eine erste, sehr grobe Annäherung an eine sicherlich höchst komplexe Thematik.

The Sociological Imagination genannt. Über das wissenschaftliche Gewicht der beiden erstgenannten Arbeiten braucht man wenig Worte zu verlieren; WEBERs Hauptwerk stellt inzwischen vielleicht *den* wichtigsten Klassiker der Soziologie überhaupt dar, was sich sowohl in der Häufigkeit des Zitierens, der Verwendung als Basistext, wie auch der Einschätzung durch die *scientific community* zeigt. In einer 1997 durchgeführten Umfrage *der International Sociological Association* unter ihren Mitgliedern über jene soziologischen Bücher, die im 20. Jahrhundert den größten Einfluß ausgeübt haben, wurde WEBERs Werk an erster, Norbert ELIAS' Buch an siebter Stelle genannt (MEYER 1998). ELIAS' Zivilisationstheorie gehört inhaltlich zu den am meisten diskutierten Arbeiten der letzten Jahrzehnte. Was diese beiden (wie andere) Arbeiten von WEBER und ELIAS auszeichnet, sind zwei Aspekte: (1) die Entwicklung ganz neuer Fragestellungen, Begriffe und Theorien, die heute vielfach zum Grundbestand der Soziologie gehören; (2) eine weitgehende Unumstrittenheit auch der wichtigsten inhaltlichen Befunde der Werke. Das dritte genannte Werk, MILLS' *The Sociological Imagination*, hat insofern anderen Charakter, als es keine inhaltliche Untersuchung darstellt. Dieses Buch hat die Zielsetzung einer humanistischen und kritischen Soziologie, wie auch ich sie hier vertrete, so prägnant formuliert, daß es von der internationalen Soziologengemeinschaft als das zweitwichtigste Buch dieses Jahrhunderts eingestuft wurde. Man hätte hier auch eine inhaltliche Studie von MILLS, etwa jene über die Machtelite (MILLS 1956), anführen können. Auch dies ist eine brillante Analyse und Synthese von Daten und Fakten, die schwer aus den Angeln zu heben ist. Von diesem Werk gilt für die Öffentlichkeitswirksamkeit wohl ähnliches wie für die meisten Werke von WEBER und ELIAS, nämlich daß sie – bis auf eine gewisse Schicht von intellektuell Interessierten – nicht sehr stark in das öffentliche Bewußtsein gedrungen sind. Dies gilt vor allem, was das Bewußtsein einflußreicher und mächtiger Klassen und Gruppen betrifft. Der Grund dafür ist auch klar, sind sie doch allesamt eher für eine Kritik bestehender (Macht-) Verhältnisse geeignet als für deren Legitimation.[523]

---

523 Meine Dimension „gesellschaftliche Legitimationsfähigkeit" wäre im Grunde genauer zu spezifizieren, nämlich als „Fähigkeit zur Legitimation bestehender Herrschaftsverhältnisse". Kritische Bücher können sehr wohl als wichtige Legitimationsbasis für reformerische und revolutionäre Bewegungen dienen;

In der Spalte „mittlere Legitimationskapazität" wurden als soziologisch sehr aussagekräftige, politisch-praktisch weniger folgenreich gewordene Arbeiten vier genannt: das Buch von de TOCQUEVILLE über Amerika und die Untersuchung *Stigma* von GOFFMAN (hier hätte man auch irgendein anderes Werk von GOFFMAN anführen können); sie wurden bereits im vorhergehenden Text ausführlich besprochen. Weiters werden hier angeführt Norbert ELIAS' *Humana Conditio* und COLEMANs große Studie *Equality of Educational Opportunity*. Aufgrund der großen Diskussionen um dieses letztere Werk ist die Zuordnung zur Rubrik einer nur mittleren Legitimationskapazität vielleicht überraschend. Ich würde sie damit begründen, daß es zwar eine sehr große Rolle in der öffentlichen Diskussion um die Rassentrennung und Bildungsreform in Amerika spielte, daß von den maßgeblichen politischen Kräften aber nicht die entscheidenden Befunde der Arbeit rezipiert wurden, sondern vor allem selektiv jene (vor allem auf die räumliche Segregation der Rassen in den USA bezogenen) Aspekte herausgegriffen wurden, die ihren politischen Zielsetzungen entsprachen.[524]

Eine herausgehobene Position unter all den angeführten Werken, erreicht vielleicht nur von de TOCQUEVILLEs Amerika-Studie, nimmt meiner Meinung nach das kleine Büchlein von Norbert ELIAS *Humana Condition. Beobachtungen zur Entwicklung der Menschheit am 40. Jahrestag eines Kriegsendes* ein. Dies ist deshalb der Fall, weil in diesem Werk am deutlichsten eine Gesellschaftsdiagnose bzw. Zukunftsprognose vorgenommen wird, die sich erstens systematisch aus dem theoretischen Ansatz des Autors ergibt und die zweitens fast durchgehend zutreffend und von höchster Aktualität ist. ELIAS (1985) knüpft darin an seine Theorie des kontinuierlichen Wettkampfes aufsteigen-

---

MARX' Werke sind hiefür das Paradebeispiel (zumindest solange, als der Marxismus noch nicht selber zur „herrschenden Ideologie" aufgestiegen war).

524 Der Hauptbefund des COLEMAN-Reports war der Hinweis auf die allgemeine, von der Hautfarbe unabhängige große Bedeutung der schichtspezifischen sozialen Herkunft für die Schullaufbahn der Kinder; die Rassentrennung selber ergab sich nicht als ein vorrangiger Faktor. Dies entsprach nicht den Erwartungen der Auftraggeber der Studie (Bürgerrechtskämpfer, liberale Abgeordnete usw.). COLEMAN kritisierte selbst später auch die in der Folge des Reports getroffene Zwangsmaßnahme der Durchmischung der Schulen durch ein Bustransportsystems, wofür er selber wiederum von Professionskollegen angefeindet wurde (vgl. HUNT 1991: 67ff.).

der Reiche und Nationen – von den Griechen und Römern bis zu den französischen Königen und dem Deutschen Reich – um immer mehr Einfluß und Macht an. Dabei stellt er fest, daß sich die dabei involvierten Mächte immer wieder getäuscht haben und täuschen:

> „Jedes bisherige Bemühen eines Volkes, durch die Hegemonie über alle nur möglichen Rivalen absolute Sicherheit zu gewinnen, scheiterte letzten Endes daran, daß hinter jeder Grenze, die ein erfolgreicher Nationalstaat erreicht hatte, – durch Niederkämpfung des jeweils letzten Gegners, der die eigene Sicherheit möglicherweise gefährden konnte – immer wieder neue, bisher noch nicht besiegte Menschengruppen auftauchten, die dann in der Vorstellung des erobernden Volkes eine mögliche Gefährdung der eigenen Sicherheit bedeuteten." (ELIAS 1985: 29)

Er zeigt sodann die verhängnisvollen Folgen dieses Prozesses für die Nachkriegszeit, die – nach Niederschlagung des gemeinsamen Gegners „Faschismus" – zu einer neuen Rivalität zwischen Rußland und Amerika führten, einem menschheitsbedrohenden Wettrüsten, verbunden mit tiefem gegenseitigen Mißtrauen. Man könnte ELIAS' Analyse geradezu linear fortschreiben und kritisch auf die herrschende Ideologie im europäischen Einigungsprozeß anwenden, die besagt, daß durch steigende Größe, wirtschaftliche und letztlich auch militärische Macht dieser Kontinent so sicher sein werde wie nie zuvor. Man braucht keine (relativ platte) Theorie von einem neuen Kampf der Kulturen (HUNTINGTON 1998) zu bemühen, um zu sehen, daß diese Ideologie wieder auf der alten Illusion aufbaut.

In der gleichen Spalte (mittlere Legitimationskapazität), aber mit geringerer soziologischer Erklärungs- und Diagnosekraft) werden die Hauptwerke der Rational Choice-Theoretiker (COLEMAN, ESSER) sowie das im Text besprochene Werk von Richard MÜNCH über Europa genannt. Die geringste Erklärungskraft scheint mir aus dieser Perspektive die Untersuchung *Economy and Society* von PARSONS/ SMELSER zu besitzen, von der wir feststellten, daß sie sich eher nur mit abstrakten Begriffen und theoretischen Taxonomien denn mit wirklichen sozialen oder wirtschaftlichen Problemen befaßt.

Als Arbeiten mit mittlerer Erklärungskraft und Diagnosefähigkeit, aber sehr hoher Legitimationskapazität werden Ulrich BECKs Buch über die *Risikogesellschaft* und Max WEBERs Antrittsvorlesung *Der Nationalstaat und die Volkswirtschaftspolitik* angeführt. Das Buch von BECK muß hier genannt werden, obwohl ich es im Text nicht besprechen konnte, da es vermutlich die in der deutschen Nachkriegssoziologie von der Öffentlichkeit am stärksten überhaupt rezipierte Arbeit darstellt; es gab wohl keine Zeitung, Zeitschrift oder Kultursendung, die BECK's Thesen nicht mehr oder weniger ausführlich diskutierten. Zugleich ergibt sich der eigentümliche Sachverhalt, daß die professionelle Kollegenschaft das Buch weit kritischer aufgenommen hat. Der Grund für diese Diskrepanz scheint mir recht eindeutig zu sein. Er besteht darin, daß Ulrich BECK in seinem Werk eine Reihe wichtiger neuer Trends – die Relativierung der traditionellen Klassen- und Ungleichheitsstruktur, die Individualisierung von Lebenslagen, die Entstehung neuer Risiken usw. – sehr prägnant und sprachgewaltig formuliert hat, dabei aber in mancherlei Hinsicht zu erheblichen Vereinfachungen und Vereinseitigungen tendiert. Kaum haltbar ist auch seine Grundthese eines epochalen Strukturbruches zwischen der Industrie- und der Risikogesellschaft (BROCK 1991). In BECKs Thesen sind vielfach, wenn auch auf den ersten Blick schwer erkennbar, Elemente einer konservativen Gesellschaftskritik enthalten, wie eine an die Romantik erinnernde Beschwörung des Individualismus, die Überpointierung der „Risiken", die eigentlich die Kontrastfolie eine heilen, sicheren Welt voraussetzt usw. (MÜHLFELD 1996). All dies soll keine Abwertung der Leistung von BECK bedeuten. Der positive Wert der Arbeit scheint mir durchaus auf der Hand zu liegen; er besteht darin darin, daß BECK mit großer Phantasie und Sprachgewalt versucht hat, neue gesellschaftliche Trends aufzuspüren, „auf den Begriff zu bringen" und sowohl mit sozialstrukturellen wie kulturellen Trends zusammenzubringen.

Es gibt eine ganze Reihe neuerer soziologischer Arbeiten, die ähnlich vorgegangen sind und ebenfalls empirisch fundierte, mehr oder weniger facettenreiche und auf jeden Fall vieldiskutierte Gesellschafts- und Zeitdiagnosen vorgelegt haben. Einige davon wurden in diesem Band diskutiert, wie z.B. die Theorie des Übergangs *zu postmaterialistischen Gesellschaften* von Ronald INGLEHART (1977, 1989). Nennen könnte man hier auch die These von der *Macdonaldisierung* moderner Gesellschaften von George RITZER (1993) und die These von der Durchdringung des Alltagslebens durch ästhetisch-hedonistische Prinzipien in Gerhard SCHULZEs *Erlebnisgesellschaft* (1992). Anzuführen wären hier auch Vertreter der ersten Soziologengeneration der Nachkriegszeit. So Helmut SCHELSKY in Deutschland, der seinen auch in der Öffentlichkeit stark beachteten Arbeiten über Sexualität und Familie, Betriebe und Hochschulpolitik meist pointierte

Leitthemen zugrundelegte,[525] oder Leopold ROSENMAYR in Österreich, der in seinen jugend- und alterssoziologischen Studien immer wieder einprägsame, griffige Formeln zur Umschreibung wichtiger Trends des Struktur- und Wertwandels fand.[526]

All diesen Autoren ist mit BECK gemeinsam, daß sie versuchen herauszuarbeiten, wie sich neue Werte und kulturelle Ideale ausbreiten und wie sich im Zusammenhang damit auch objektive Lebensverhältnisse und Lebensstile wandeln. Unabhängig von den inhaltlichen und methodischen Schwächen mancher davon muß man Arbeiten dieser Art zugestehen, daß sie wichtige Ansätze dazu sind, eine zentrale Forderung einer Soziologie als Wirklichkeitswissenschaft einzulösen, nämlich soziales Handeln und gesellschaftliche Entwicklung auf dem Hintergrund des Wandels kultureller Leitthemen „auf den Begriff zu bringen".

In *Übersicht 6.3* wird auch eine Arbeit von Max WEBER, seine Freiburger Antrittsvorlesung über *Nationalstaat und Volkswirtschaftspolitik,* als eine Arbeit mit einer begrenzten Diagnosefähigkeit, aber hoher Legitimationskapazität genannt. In dieser Rede präsentierte WEBER in äußerster Offenheit, ja „Brutalität" (so seine eigenen Worte) sein Bekenntnis zum deutschnationalen Machtstaat Bismarckisch-Wilhelminischer Prägung. Die zentrale These lautet, daß die Volkswirtschafts*lehre* zwar eine wertfreie Wissenschaft sei, die Volkswirtschafts*politik* jedoch eine politische Wissenschaft, die im Interesse der deutschen Nation stehen und einen Beitrag zum „ewigen Kampf um die Erhaltung und Emporzüchtung unserer nationalen Art" leisten müsse. Abgesehen von diesen massiv wertenden Aussagen ist die Vorlesung weder inhaltlich sehr stringent, noch werden die einzelnen Thesen fundiert begründet. Der Vortrag entsprach jedoch sehr gut den deutschnational-konservativen geistigen Strömungen im Wilhelmini-

---

525 Am treffendsten formuliert vielleicht in seinem Buchtitel *Die skeptische Generation* (SCHELSKY 1957). Dieser nicht nur praxisbezogenen, sondern auch auf die gesellschaftliche Aufklärungsfunktion der Soziologie ausgerichteten Orientierung von SCHELSKY entsprechen auch seine kritischen Analysen der Professionalisierungstendenzen der Disziplin, in denen er schon 1959 (*Ortsbestimmung der deutschen Soziologie*) eine große Gefahr sah und die ihn letztlich zu einer völligen Abwendung und Abrechnung mit der Zunft als solcher führte (SCHELSKY 1975).

526 Die vielleicht bekannteste davon – das Streben alter Menschen in den Beziehungen zu ihren Kinder nach „*Intimität auf Distanz*" – fand Eingang in die internationale Alterssoziologie (vgl. ROSENMAYR/ROSENMAYR 1978; vgl. dazu auch NAVE-HERZ 1988).

schen Deutschland und wurde in der Öffentlichkeit stark rezipiert – wohl weit mehr als jede andere der eigentlich soziologischen Arbeiten von WEBER (FÜGEN 1985: 57ff., 74).[527]

Über die beiden in der Rubrik „hohe Legitimationskapazität/niedrige Diagnosefähigkeit" genannten Werke, LORENZ' *Sieben Todsünden der zivilisierten Menschheit*, und LUHMANNs *Wirtschaft der Gesellschaft* (hier hätte man auch manch anderes Werk von LUHMANN nennen können), brauche ich nicht mehr viel Worte zu verlieren. Beim spektakulären Erfolg von LORENZ' Pamphlet steht außer Zweifel, daß dieser zum größten Teil auf seiner drastischen, konservativ-reaktionären Kulturkritik beruht. Was LUHMANNs Arbeiten betrifft, wird vielleicht erst bei näherem Hinsehen deutlich, wie gut sich die Grundidee der Ausdifferenzierung moderner Gesellschaften in autonome, von außen praktisch unbeeinflußbare autopoietische Systeme auch für Legitimationszwecke eignet, insbesondere für „die Wirtschaft", die staatliche und andere „Eingriffe" zurückdrängen will.

Das Charakteristikum soziologischer Theorie: mittlere Reichweite, aber historisch-kulturelle Tiefe

Versuchen wir, abschließend soziologische Theorie in der Tradition von WEBER und POPPER genauer in die vorliegenden Typen sozialwissenschaftlicher Theorien einzuordnen und damit nochmals zu umreißen. Wie verhält sich soziologische Theorie insbesondere zu den zwei Hauptparadigmen sozialwissenschaftlicher Theorien, die wir in dieser Studie kennengelernt haben, nämlich zu den sehr abstrakten, universell anwendbaren Theorien des Sozialverhaltens, wie den naturalistischen Ansätzen oder den Rational Choice-Theorien einerseits, und zu jenen umfassenden Gesellschaftstheorien, die inhaltliche Aussagen über alle Bereiche der gesellschaftlichen Realität machen zu können glauben (wie dem PARSONSschen Strukturfunktionalismus oder der Systemtheorie)?

Einen sehr fruchtbaren Ansatzpunkt liefert hier immer noch das Konzept der *Theorien mittlerer Reichweite (theories of middle range)*, das Robert K. MERTON in Auseinandersetzung mit dem PARSONS-

---

527 GUIBERNAU (1996: 31ff.) argumentiert mit guten Argumenten, daß WEBER bis zu seinem Tode ein überzeugter (Deutsch-) Nationalist geblieben sei (vgl. auch MOMMSEN 1959).

schen Strukturfunktionalismus entwickelt hat. Der Vorschlag von
MERTON (1967: 45ff.) richtet sich explizit gegen alle Versuche, „umfassende, totale Systeme soziologischer Theorie" zu entwickeln, in denen jeder empirische Befund zum sozialen Verhalten, zur sozialen Organisation und zum Wandel eingeordnet werden kann.[528] Vor solchen
Versuchen warnt MERTON zum einen mit Hinweis auf die Vor- und
Frühgeschichte der Soziologie. Die soziologischen Gründerväter,
COMTE, SPENCER usw., ließen sich von den umfassenden, philosophischen Systemen ihrer Zeit inspirieren und hofften, in der Soziologie
etwas Ähnliches entwickeln zu können. Da jeder Soziologe, der etwas
auf sich hielt, sein eigenes System entwickelte, Schüler und Anhänger
zu rekrutieren versuchte, differenzierte sich die Soziologie immer
stärker aus, allerdings im Sinne einer wissenschaftlich problematischen Zersplitterung und „Balkanisierung".

Einen zweiten Antrieb für die Tendenz zum „system building" bei
den frühen Sozialtheoretikern sieht MERTON in deren Versuch, die
schon seinerzeit als weiter fortgeschritten angesehenen naturwissenschaftlichen Theorien nachzuahmen. Auch dies war jedoch ein Irrweg,
weil ihm ein *falsches Verständnis von naturwissenschaftlicher*, insbesondere *physikalischer Theorie* zugrundelag. Es galt dies in dreierlei
Hinsicht. Zum ersten glaubte man, Theorien entwickeln zu können,
bevor eine Vielzahl an empirischen Experimenten und Befunden vorlag. Tatsache ist jedoch, daß die Entwicklung neuer Theorien in den
Naturwissenschaften sich immer in enger Beziehung mit der Akkumulierung des empirischen Wissens vollzog, und nicht als Weiterentwicklung älterer Theorien. Viele ältere Theorien in der Physik, der
Biologie oder Medizin (z.B. Krankheitstheorien) wurden oft überhaupt völlig fallengelassen, weil sie sich als grundsätzlich unbrauchbar erwiesen. In den Sozialwissenschaften dagegen „entspringen theoretische Systeme oft voll ausgebildet dem Geist eines einzigen Wissenschaftlers". Sie mögen dann, wenn sie Aufmerksamkeit erregen,
zwar viel diskutiert werden, selten ist jedoch, daß ihre fortschreitende
Ausformulierung und Anpassung durch die vereinten Bemühungen

---

528 Sehr treffend und mit meiner Interpretation in Kapitel 3 übereinstimmend ist
der Hinweis von MERTON, daß es bei umfassenden Theorieschemata, wie der
strukturell-funktionalen Theorie, in erster Linie um ein *Einordnen*, aber nicht
nur ein wirkliches *Erklären* empirischer Befunde geht.

vieler Männer erfolgt" (MERTON 1967: 47; er zitiert hier den Biochemiker L.J. HENDERSON).

Das zweite Mißverständnis hinsichtlich der Naturwissenschaften liegt nach MERTON darin, daß viele Soziologen fälschlicherweise annehmen, alle zu einem bestimmten Zeitpunkt existierenden Kulturprodukte befänden sich im gleichen Entwicklungsstadium. Dies betreffe auch die jeweiligen Wissenschaftsdisziplinen: während um die Mitte des 20. Jahrhunderts in der Physik schon Generationen und Tausende von Wissenschaftlern viele Millionen Arbeitsstunden in disziplinierte, kumulative Forschung investiert hätten, sei die *Soziologie* noch eine *sehr junge Wissenschaft*: „Vielleicht ist die Soziologie für ihren Einstein deshalb noch nicht reif, weil sie noch nicht einmal ihren Kepler gefunden hat – um von ihrem Newton, Laplace, Gibbs, Maxwell oder Planck gar nicht zu sprechen." (MERTON 1967: 47).[529]

Ein drittes Mißverständnis über den aktuellen Stand der Theorie in den höchstentwickelten Naturwissenschaften wie der *Physik* ist die Tatsache, daß diese keineswegs ein strenges, geschlossenes System darstellt, sondern *eine Ansammlung von spezifischen Theorien* größerer oder geringerer Reichweite, die nur mehr oder weniger lose miteinander zusammenhängen; die Entwicklung eines einheitlichen, geschlossenen Systems ist auch bei führenden Physikern nicht mehr als eine vage Hoffnung. MERTON führt hier Aussagen einer Reihe namhafter Physiker an, darunter auch Albert EINSTEIN: „Der größere Teil der physikalischen Forschung widmet sich den verschiedenen Teilbereichen der Physik, wobei in jedem das Ziel das Verständnis eines mehr oder weniger engbegrenzten Feldes der Erfahrung ist" (MERTON 1967: 48).

Es ist erstaunlich – und spricht nicht für eine mittlerweile deutlich gestiegene Reife der Soziologie –, wie aktuell die Thesen von MERTON über die negativen Konsequenzen des krampfhaften Bemühens vieler der sog. „großen" Soziologen um die Entwicklung einmalig-eigenständiger Paradigmen auch heute noch sind:

„The road to effective general schemes in sociology will only become clogged if, as in the early days of sociology, each charismatic sociologist tries to develop his own general system of theory. The persistence of this practice can only make for the *balkanization of sociology*, with each principality governed by its own theoretical system." (MERTON 1967: 51; Hervorhebung von mir, MH)

---

529 Im Vergleich mit den Naturwissenschaften gilt dies wohl für sämtliche Sozial- und Wirtschaftswissenschaften.

Anstelle dieser ambitionierten, aber beim derzeitigen Stand unseres Wissens wenig erfolgversprechenden Versuche schlägt MERTON vor, die Soziologie soll sich auf die Entwicklung von *Theorien mittlerer Reichweite* konzentrieren, die in der Mitte liegen zwischen sehr umfassend-allgemeinen, von konkreten Problem- und Forschungsfeldern aber viel zu weit ab liegenden Gesellschaftstheorien einerseits, und von konkreten Beschreibungen alltäglicher Phänomene andererseits, die überhaupt keine Verallgemeinerungen enthalten. Theorien mittlerer Reichweite, – wie etwa die Theorie der Bezugsgruppen, die Theorie sozialer Mobilität, die Theorie des Rollenkonflikts, aber auch eine Preistheorie, eine kinetische Gastheorie – konzentrieren sich demgegenüber auf begrenzte Ausschnitte sozialer (oder physischer) Realität. Im einzelnen sind sie charakterisiert durch die folgenden Merkmale und Zielsetzungen (MERTON 1967: 68):

1. eine begrenzte Anzahl von Annahmen, aus denen spezifische Hypothesen logisch abgeleitet werden, die dann durch empirische Forschung überprüft werden;
2. diese spezifischen Theorien sollen nicht isoliert für sich stehenbleiben, sondern zu breiteren „Netzwerken von Theorien" verknüpft werden; (so könne man etwa Theorien der Aspiration, die Bezugsgruppentheorie und Theorien von Opportunitätsstrukturen miteinander verknüpfen);
3. diese Theorien sollen ausreichend abstrakt und allgemein formuliert sein, sodaß sie auf unterschiedliche Bereiche des Sozialverhaltens und der gesellschaftlichen Organisation angewandt werden können; die Theorie des sozialen Konflikts ist etwa anwendbar auf ethnische Beziehungen, Klassenkonflikte oder internationale Konflikte; damit überschneidet dieser Typ von Theorie die übliche Trennung zwischen Mikro- und Makrosoziologie;
4. Theorien mittlerer Reichweite sind durchaus vereinbar mit unterschiedlichen „großen" Theorieschemata, die eher als allgemeine Orientierungsrahmen zu bezeichnen sind, denn als wirkliche „Theorien".[530] Was sie diesen gegenüber jedoch voraus haben, ist, daß sie auch *das Nichtwissen spezifizieren*: statt zu prätendieren, daß man im Rahmen seines großen Schemas über alles etwas aussagen kann, geben sie explizit an, wo noch *Wissenslücken* bestehen.

---

530 Genau diese Interpretation lag auch meiner Darstellung dieser Theorien in den Kapiteln 3 bis 5 zugrunde.

MERTONs Konzept der „Theorien mittlerer Reichweite" wurde von vielen Zeitgenossen kritisiert, wobei vor allem auf ihre mangelnde Generalisierbarkeit und den Verlust eines umfassenden Bezugsrahmens, hingewiesen wurde. Seither ist die Diskussion darüber eher eingeschlafen. Ich gebe MERTON darin recht, daß die Kritiker seines Konzeptes diesem kaum gerecht wurden, daß selbst viele Untersuchungen klassischer Autoren wie DURKHEIM und WEBER mit seinem Konzept durchaus vereinbar sind. Einige dieser Studien (so jene über den Selbstmord von DURKHEIM, oder die Studie über die protestantische Ethik von WEBER) wurden im vorhergehenden Kapitel ja bereits exemplarisch dargestellt und es sollte evident geworden sein, daß keine einzige dieser Studien so große, umfassende Ambitionen verfolgte wie später ein PARSONS oder LUHMANN, oder auch ein COLEMAN oder GIDDENS.

Mir scheint es notwendig, nur einen zusätzlichen Aspekt zu betonen, der in MERTONs Konzept nicht enthalten ist (oder vielleicht auch nur nicht deutlich ausgesprochen wurde), um das Konzept der „Theorie mittlerer Reichweite" für die Konzeption der Soziologie als Wirklichkeitswissenschaft im Sinne von WEBER fruchtbar zu machen. Dieser Aspekt betrifft die *historisch-kulturelle Tiefe* soziologischer Theorien. Wenn MERTON als Beispiel für eine Theorie mittlerer Reichweite etwa die Bezugsgruppentheorie anführt, könnte man sagen, daß hierbei ein wichtiges Element fehlt, nämlich der Bezug auf die Normen bzw. Werte, die in einem bestimmten gesellschaftlichen Kontext und zu einem bestimmten historischen Zeitpunkt relevant sind. Als Grundcharakteristikum soziologischer Analyse wurde oben ja die *Zurechnung des sozialen Handelns zu Ideen und Werten* bezeichnet; dieser Aspekt muß daher auch in jeder einzelnen soziologischen Theorie eines bestimmten Kontextes oder Phänomens enthalten sein. Durch diesen Bezug, so könnte man sagen, gewinnt auch eine soziologische Theorie mittlerer Reichweite jenen Charakter der *Allgemeinheit* zurück, den sie nach Meinung ihrer Kritiker verloren hat. Eingeschlossen ist hier auch die Notwendigkeit jeder guten soziologischen Theorie, immer eine *Mehrebenenperspektive* einzunehmen. BUNGE (1996) spricht hier auch von sozialwissenschaftlichen *Tiefentheorien*.[531] Bei

---

531 „Tiefe" hat hier also nicht unbedingt etwas zu tun mit dem „Unbewußten" in der menschlichen Psyche; überhaupt scheint mir (um dies hier nur anzudeuten) die psychoanalytische Theorie (insbesondere in der Version des späteren

Berücksichtigung dieser Dimensionen kann auch eine begrenzte „Teiltheorie" eines bestimmten sozialen Verhaltens oder eines spezifischen gesellschaftlichen Bereiches einen Beitrag zur allgemeinen soziologischen Theorie leisten. Es wurde bereits darauf hingewiesen, daß man solche auf konkrete gesellschaftliche Problemfelder bezogenen Tiefentheorien auch sehr gut mit bereichsspezifischen Theorien sozialer Gerechtigkeit (Walzer 1992) verbinden kann.

Am Beispiel der Bezugsgruppentheorie wäre diese Anforderung etwa folgendermaßen umzusetzen: ausgehend von der These, daß die Bezugsgruppen eines Menschen für sein Verhalten in unterschiedlichsten Bereichen von zentraler Bedeutung sind, wäre nicht nur zu fragen, wer diese Gruppen jeweils sind, sondern etwa auch: welche Werte vertreten die verschiedenen Bezugsgruppen? Wie verhalten sich diese Werte zueinander? Ergeben sich aus ihrer immanten Analyse objektiv konstatierbare Wertkonflikte? Wie verhalten sich die Werte der Bezugsgruppen zu jenen ihrer alten und neuen Mitglieder? Wie haben deren Werte die Wahl der verschiedenen Bezugsgruppen gesteuert? Es ist evident, daß man bei all diesen Fragen bezug nehmen muß nicht nur auf abstrakte Ideen und Werte, sondern auf die konkreten, historisch-kulturellen Ausformungen dieser Werte in einer bestimmten Zeit und an einem bestimmten Ort. Werte, Erwartungen und mögliche Bezugsgruppen von Studenten, etwa in Deutschland am Ende des 20. Jahrhunderts, sehen erheblich anders aus als noch ein halbes Jahrhundert früher oder die Werte eines Studenten zur gleichen Zeit, aber an einem ganz anderen Ort, etwa in den Vereinigten Staaten von Amerika. Das Ziel einer solchen Analyse wäre dann nicht nur die charakteristischen Merkmale und Wertorientierungen dieser neuen Gruppen zu beschreiben, sondern auch historisch-kulturell (mit Max WEBER könnte man sagen „genetisch") verankerte Typen von Bezugsgruppen zu entwickeln, die dann wiederum die Basis für Hypothesen zu ihrer Entstehung bilden könnten.

FREUD) nicht unbedingt ein guter Anknüpfungspunkt für eine wirklichkeitssoziologische Theorie zu sein.

Kritische Aufklärung und humanistisch-lebenspraktische Orientierung als zentrale Aufgaben der Soziologie

Versuchen wir, uns abschließend nochmals pointiert das zentrale Anliegen einer Soziologie klarzumachen, die sich als kulturbezogene Wirklichkeitswissenschaft in der Tradition von WEBER, POPPER, ELIAS und anderen versteht.

Ausgangspunkt unserer Überlegungen war die POPPERsche Unterscheidung zwischen drei (bzw. fünf) Welten, in denen jeweils unterschiedliche Gesetzmäßigkeiten herrschen. *Welt 1* umfaßt physikalische und biologische Prozesse, *Welt 2* Prozesse im menschlichen Bewußtsein, *Welt 3* Normen, Werte und Ideen. Diese drei Welten sind nicht aufeinander reduzierbar: Prozesse in der untersten Ebene, der physikalischen und biologischen Welt, können nur auf die darüberliegende Ebene, die Welt des Bewußtseins, direkte kausale Effekte ausüben (und umgekehrt), aber nicht auf die Welt der Ideen; diese kann nur durch das Bewußtsein beeinflußt werden. Umgekehrt können Ideen das Bewußtsein „steuern" und das Bewußtsein kann die physische und biologische Welt beeinflussen.

Im Rahmen dieser Matrix der Realität läßt sich verorten, was soziales Handeln und soziale Prozesse sind und wie sie erklärt werden können. Zunächst gilt: menschliches Handeln, also bewußtes, zielgerichtetes und „reflexives" Tun, kann man nicht nur – wie naturwissenschaftliche Vorgänge – kausal-statistisch *erklären*, d.h. man kann hier nicht nur Aussagen über regelmäßig auftretende Zusammenhänge zwischen bestimmten Ursachen und Wirkungen machen. Menschliches Handeln kann man auch „*verstehen*", d.h. geistig-logisch nachvollziehen, warum es zustandegekommen ist. *Erklären und Verstehen bedingen sich gegenseitig*: wenn ein Handeln in einer bestimmten Situation „angemessen" ist, wird es – völlig unabhängig von der individuellen Person, die darin involviert war – auch mit hoher Wahrscheinlichkeit wieder auftreten. Die Rekonstruktion derartiger Situationen, die *Situationsanalyse*, ist das spezifische Instrument der soziologischen Erklärung.

Menschliches Handeln ist gegenüber dem Verhalten von Tieren, das durchaus auch intelligent und situationsangemessen sein kann, dadurch ausgezeichnet, daß es sich *an Normen und Werten orientiert*, also einen kulturellen Bezug aufweist. Ein zweites zentrales Element der soziologischen Analyse ist daher die Untersuchung dieses Bezuges des sozialen Handelns auf Werte und Normen (*Zurechnungsproblematik*). Zurechnung von Handlungen zu Normen und Werten erfordert, daß sämtliche anderen möglichen Determinanten des Handelns – Zufall, Gewohnheit, Interessen – als mögliche Ursachen mitbedacht und (als alleinige oder hauptsächliche Ursachen) ausgeschlossen werden können. Ein soziales Handeln wurde sinnhaft „erklärt", wenn diese Zurechnung auf die verschiedenen möglichen Ursachen geschehen ist und eine (einige) davon als ausschlaggebend erkannt wurde. Es kann auch als kausal erklärt betrachtet werden, wenn sein Auftreten in bestimmten Situationen als „typisch" nachgewiesen werden kann.

„Typisch" bedeutet zum einen, daß eine empirisch-statistische Untersuchung aufweisen kann, daß bestimmte Formen des Handelns in bestimmten Typen von Situationen überdurchschnittlich häufig auftreten (oder – im Extremfall – zumindest einmal aufgetreten sind). „Typisch" bedeutet zum anderen, daß die Ursachenkonstellationen, wie sie in der „Logik der jeweiligen Situation" gegeben sind, als intellektuell verständliche, „logische" Zusammenhänge (also Konstruktionen der Welt 3) verstanden werden können. Die wirkliche soziologische Erklärung beginnt daher mit der Bildung von idealtypischen Begriffen und schreitet von diesen und mit Hilfe dieser fort zu einer empirischen, verstehenden und kausalstatistischen Analyse der Realität. (Im Forschungsprozeß kann die Abfolge auch umgekehrt sein bzw. in Wechselwirkung erfolgen.) Individualpsychologische Bedürfnisse, Motive und Interessen werden nicht als spezifische „Ursachen" sozialen Handelns betrachtet. Auf der Ebene des Individuums gilt dasselbe wie auf der makrosozialen Ebene, bei kollektiven Akteuren: alleinige „Antriebskraft" ist das Bestreben der Akteure, sich konsistent und in Einklang mit den im Laufe seiner Lebensgeschichte erworbenen Handlungsstrategien, mit den eingegangenen Verpflichtungen (commitments), Werten und Zielen zu verhalten, also seine *Identität* in verschiedenen Situationen und unter verschiedenen Umständen zu sichern und zu bestätigen.

Kann eine solche Analyse noch den Anspruch erheben, *Aussagen allgemeiner Art zu treffen*, wie sie ja jede Theorie beabsichtigt, oder handelt es sich hier lediglich um spezifische Beschreibungen der Ursachenkonstellationen einzelner Handlungen und Prozesse? Die Frage muß mit „Nein" beantwortet werden, wenn man unter „Allgemeinheit" generalisierte, raum-zeitlich unabhängige Gesetzesaussagen versteht. Soweit derartige Aussagen auf menschliches Verhalten zutreffen – was durchaus der Fall ist – handelt es sich nicht um menschliches *Handeln*, sondern lediglich um *Verhalten*, das von (physikalischen, biologischen und sozialen) Naturprozessen bestimmt ist.

Die Frage nach der Allgemeinheit wirklichkeitssoziologischer Erklärungen kann jedoch mit „Ja" beantwortet werden, wenn man unter „allgemeinen Aussagen" solche versteht, die von einer Situation auf eine oder mehrere andere übertragen werden können – wenn auch begrenzt auf einen historisch-kulturell klar definierten Raum. Jeder Mensch, der in einer bestimmten Zeit und in einer bestimmten Gesellschaft lebt, findet sich immer wieder in ähnlichen Problemsituationen, die er oder sie schon früher erlebt hat, oder die andere Menschen in ähnlicher Form erleben. Dasselbe gilt für soziale Gruppen, Organisationen, Nationen und andere kollektive Einheiten und Akteure. Die „Anwendung" eines (allgemeinen) wirklichkeitssoziologischen Theorems (d.h. einer Aussage über typisches Handeln unter typischen Ursachenkonstellationen) auf eine konkrete Situation erfordert lediglich, genau zu untersuchen, ob die Rahmenbedingungen tatsächlich die gleichen sind. Unter diesem Aspekt hat die Soziologie eine eminent *gesellschaftskritisch-aufklärerische Funktion*. Sie muß herausarbeiten, welches die offenen und versteckten, bewußten und unbewußten Zielsetzungen der verschiedenen Akteure sind, ob und wie sich ihr Verhalten darauf bezieht, welches die Mittel sind, die ihnen dabei zu Gebote stehen.

Aus diesen Überlegungen ergeben sich auch Folgerungen für die *lebenspraktische Relevanz* wirklichkeitssoziologischer Aussagen. Sie können folgendes aussagen: War (ist) ein Handeln oder eine Handlungsstrategie auf bestimmte Werte und Normen bezogen? Wenn ja – welches waren diese Werte und Normen? In welcher Beziehung stehen diese Werte und Normen zu anderen Werten? Wie groß waren die Restriktionen und Zwänge, unter denen das Handeln jeweils erfolgte? Wie schwierig war – oder ist es – unter solchen Umständen diese Werte zu vertreten und zu verwirklichen? Was kann man praktisch tun, um unter gegebenen Restriktionen bestimmte Werte zu realisieren?

In diesem Sinne glaube ich sagen zu können, daß eine wirklichkeitssoziologische Theorie genau jene Forderung einlöst, die C. W. MILLS in seinem Buch *The Sociological Imagination* in treffender Klarheit als zentrale Aufgabe der Soziologie formuliert hat.[532] Er geht

---

532 Wie so oft, muß man auch bei der deutschen Übersetzung dieses Buches feststellen, daß im Titel seine Intention völlig verkehrt wird: Aus einer positi-

aus von der Tatsache, daß die meisten Menschen heute das Gefühl haben, daß ihr privates Leben unter vielfachen Zwängen abläuft, sich in einer Reihe von „Fallen" befindet, und daß sie nicht ihn der Lage sind, diese persönlichen Probleme mit umfassenderen Prozessen des gesellschaftlichen Wandels in der Welt in Zusammenhang zu bringen. Tatsache sei jedoch, daß weder das private Leben und die kleine Geschichte des Einzelnen noch die Weltgeschichte im großen verstanden werden können, wenn man sie *nicht aufeinander bezieht*. Er schreibt dann, und mit seinen Worten möchte ich meine Untersuchung abschließen:

„Die Geschichte verläuft heute selber schneller als die Fähigkeit der Menschen, sich in Übereinstimmung mit hochgehaltenen Werten zu orientieren. Und welcher Werte? Auch wenn sie nicht gerade in Panik geraten, haben die Menschen doch oft das Gefühl, daß die älteren Formen des Fühlens und Denkens zusammengebrochen sind und neuere zweideutig bis hin zu einem ‚Moralstau' bleiben.....

Was sie brauchen, ist nicht nur Information – in diesem Zeitalter der Fakten beherrscht Information oft ihre Aufmerksamkeit und überwältigt ihrer Fähigkeiten zu ihrer Assimilation...

Was sie brauchen, und was sie auch fühlen, daß sie es brauchen, ist eine Qualität des Geistes, die ihnen hilft, Informationen sinnvoll zu verwenden und Ideen zu entwickeln, um eine einleuchtende Interpretation all dessen entwickeln zu können, was in der Welt vor sich geht und was mit ihnen selber geschehen mag. Ich möchte behaupten, daß Journalisten und Forscher, Künstler und Publikum, Wissenschaftler und Herausgeber genau jene Fähigkeit erwarten, die man *soziologische Phantasie* nennen kann...

Die soziologische Phantasie ermöglicht es ihrem Inhaber, die Bedeutung der größeren historischen Abläufe für das innere Leben und die äußere Karriere einer Vielfalt von Individuen zu verstehen... Die soziologische Phantasie hilft uns, Geschichte und Biografie und die Beziehungen zwischen ihnen in der Gesellschaft zu verstehen. Das ist ihre Aufgabe und ihr Programm." (MILLS 1959: 5f.; Übersetzung und Hervorhebung von mir, M.H.)

---

ven, programmatisch-prägnanten Bezeichnung (wörtlich etwa: Die soziologische Vorstellungskraft) wurde der die Soziologie eigentlich abwertende Titel „*Kritik der soziologischen Denkweise*"(1963) gemacht. Er unterstellt, soziologisches Denken sei generell zu kritisieren, während MILLS doch nur die negativen Auswüchse, wie die abstrakte große Theorie, theorielosen Empirismus usw. meint.

Literatur

ABEL, Theodore (1964), „The Operation called *Verstehen*", in: H. ALBERT, Hrsg., *Theorie und Realität. Ausgewählte Aufsätze zur Wissenschaftslehre*, Tübingen: Mohr, S. 159-176

ACHAM, Karl (1983a), *Philosophie der Sozialwissenschaften*, Freiburg/München: K. Alber

ACHAM, Karl, Hrsg. (1983b), *Gesellschaftliche Prozesse. Beiträge zur historischen Soziologie und Gesellschaftsanalyse*, Graz: Akademische Druck- und Verlagsanstalt

ACHAM, Karl (1984), „Schumpeter – The Sociologist", in: C. SEIDL, ed., *Lectures on Schumpeterian Economics. Schumpeter Centenary Memorial Lectures, Graz 1983*, Berlin etc.: Springer-Verlag, S. 155-172

ACHAM, Karl (1995), *Geschichte und Sozialtheorie. Zur Komplementarität kulturwissenschaftlicher Erkenntnisorientierungen*, Freiburg/München: K. Alber

ACHAM, Karl (1997), „Wissenssoziologie und Zeitdiagnostik bei Max Scheler und Karl Mannheim", in: P. KOSLOWSKI/R. SCHENK, Hrsg., *Jahrbuch für Philosophie des Forschungsinstituts für Philosophie Hannover*, Bd. 8, S. 68-93

Aiginger, Karl/Gunther TICHY (o.J.), *Die Größe der Kleinen. Die überraschenden Erfolge kleiner und mittlerer Unternehmungen in den achtziger Jahren*, Wien: Signum

ALBERT, Hans (1964), „Probleme der Theoriebildung. Entwicklung, Struktur und Anwendung sozialwissenschaftlicher Theorien", in: ders., *Theorie und Realität. Ausgewählte Aufsätze zur Wissenschaftslehre der Sozialwissenschaften*, S. 3-70

ALBERT, Hans (1967), *Marktsoziologie und Entscheidungslogik. Ökonomische Probleme in soziologischer Perspektive*, Neuwied/Berlin: Luchterhand

ALBERT, Hans (1973), „Probleme der Wissenschaftslehre in der Sozialforschung", in: R. KÖNIG, Hrsg., *Handbuch der empirischen Sozialforschung*, Bd. 1: Geschichte und Grundprobleme, Stuttgart: Enke/dtv, S. 57-102

ALBROW, Martin (1990), *Max Weber's Construction of Social Theory*, Houndsmill, Basingstoke/London: MacMillan

ALEXANDER, Jeffrey (1982a), *Theoretical Logic in Sociology*, vol. 1: *Positivism, Presuppositions, and Current Controversies*, London/Melbourne/Henley: Routledge & Kegan Paul

ALEXANDER, Jeffrey (1982b), *Theoretical Logic in Sociology*, vol. 2: *The Antinomies of Classical Thought: Max and Durkheim*, London/Melbourne/Henley: Routledge & Kegan Paul

ALEXANDER, Jeffrey (1983), *Theoretical Logic in Sociology*, vol. 3: *The Classical Attempt at Theoretical Synthesis: Max Weber*, London/Melbourne/Henley: Routledge & Kegan Paul

ALEXANDER, Jeffrey (1984), *Theoretical Logic in Sociology*, vol. 4: *The Modern Reconstruction of Classical Thought: Talcott Parsons*, London/Melbourne/Henley: Routledge & Kegan Paul

ALEXANDER, Jeffrey C. (1985), *Neofunctionalism, vol. 1: Key Issues in Sociological Theory*, Beverly Hills/London/New Delhi: Sage

ALEXANDER, Jeffrey C. (1992), „Shaky foundations. The presuppositions and internal contradictions of James Coleman's Foundations of Social Theory", *Theory and Society* 21:203-217

ALEXANDER, Jeffrey C. (1995), „How ‚National' is Social Theory?", *Schweizerische Zeitschrift für Soziologie* 21:541-546

ALLERBECK, Klaus (1982), „Zur formalen Struktur einiger Kategorien der verstehenden Soziologie", *Kölner Zeitschrift für Soziologie und Sozialpsychologie* 34:665-676

ALMOND, George/Sidney VERBA, eds. (1980), *The Civic Culture Revisited*, Boston/Toronto: Little, Brown & Co

ALTHALER, Karl S. u.a., Hrsg. (1995), *Sozioökonomische Forschungsansätze. Historische Genese, Methoden, Anwendungsgebiete*, Marburg: Metropolis

AMANN, Anton (1986), *Soziologie. Ein Leitfaden zu Theorien, Geschichte und Denkweisen*, Wien/Köln: Böhlau

AMANN, Anton (1989), *Die vielen Gesichter des Alters*, Wien: Verlag der Österreichischen Staatsdruckerei

ANDRESKI, Stanislaw (1977), *Die Hexenmeister der Sozialwissenschaften. Mißbrauch, Mode und Manipulation einer Wissenschaft*, München: Deutscher Taschenbuch Verlag

ARCHER, Margaret (1982), *Culture and Agency*, Cambridge: Cambridge Univ. Press

ARDREY, Robert (1974), *Der Gesellschaftsvertrag. Das Naturgesetz von der Ungleichheit der Menschen*, München: dtv (amerik. 1970)

ARENDT, Hannah (1963), *Eichmann in Jerusalem*, München: Piper

ARENDT, Hannah (1974), *Über die Revolution*, München: Piper (engl. 1963)

ARENDT, Hannah (1981), *Vita activa oder Vom tätigen Leben*, München/Zürich: R. Piper & Co. (engl. 1958)

ARMSTRONG, J. Scott (1998), „Management Science: What Does it Have to do with Management or Science?", *Marketing Bulletin* 9:1-15

ARNDT, Helmut (1979), *Irrwege der Politischen Ökonomie. Die Notwendigkeit einer wirtschaftstheoretischen Revolution*, München: Beck

Literatur

ARNDT, Helmut (1980), *Wirtschaftliche Macht. Tatsachen und Theorien*, München: Beck

ARON, Raymond (1971), *Hauptströmungen des soziologischen Denkens*, 2 Bde, Köln: Kiepenheuer & Witsch

ATTESLANDER, Peter (1969), *Methoden der empirischen Sozialforschung*, Berlin: W. de Gruyter

AUSCH, Karl (1968), *Als die Banken fielen. Zur Soziologie der politischen Korruption*, Wien/ Frankfurt a.M./Zürich: Europa

AXELROD, Robert (1984), *The Evolution of Cooperation*, New York: Basic Books

BADER, Veit Michael u.a. (1976), *Einführung in die Gesellschaftstheorie. Gesellschaft, Wirtschaft und Staat bei Marx und Weber*, Frankfurt a.M./New York: Campus

BAECHLER, Jean (1975), *The Origins of Capitalism*, Oxford: Blackwell (franz. 1971)

BALOG, Andreas (1989), *Rekonstruktion von Handlungen. Alltagsinstitutionen und soziologische Begriffsbildung*, Opladen: Westdeutscher Verlag

BALOG, Andreas (1997), „Handlungsrationalität und Nutzenkalkül", in: T. MELEGHY u.a., *Soziologie im Konzert der Wissenschaften*, S. 91-110

BÄNSCH, Axel (1998), *Käuferverhalten*, München/Wien: Oldenbourg

BARBEN, Daniel (1996), *Theorietechnik und Politik bei Niklas Luhmann. Grenzen einer universalen Theorie der modernen Gesellschaft*, Opladen: Westdeutscher Verlag

BARKEY, Karen/Sunita PARIKH (1991), „Comparative Perspectives on the State", *Annual Review of Sociology* 17:523-549

BARNES, Samuel H./Max KAASE (1979), *Political Action. Mass Participation in Five Western Democracies*, Beverly Hills/London: Sage

BARTLETT, Christopher A./Sumantra GOSHAL (1990), *Internationale Unternehmensführung. Innovation, globale Effizienz, differenziertes Marketing*, Frankfurt a.M./New York: Campus (amerik. 1989)

BAUBÖCK, Rainer (1994), *Transnational Citizenship. Membership and Rights in International Migration*, Aldershot, Hants: E. Elgar

BEARD, Charles (1941), *An Economic Interpretation of the Constitution of the United States*, New York: Macmillan (zuerst 1913)

BEBEL, August (1895), *Die Frau und der Sozialismus*, Stuttgart: Dietz

BECK, Ulrich (1986), *Risikogesellschaft. Auf dem Weg in ein eandere Moderne*, Frankfurt a.M.: Suhrkamp

BECKER, Gary S. (1974), „A Theory of Marriage", in: T.W. SCHULTZ, ed., *Economics of the Family*, Chicago/London: The University of Chicago Press, S. 299-351

BECKER, Gary S. (1976), *The Economic Approach to Human Behavior*, Chicago: Chicago University Press

BECKER, Gary S. (1979), „Economic analysis and human behavior", in: Louis LÈVY-GARBOUA, ed., *Sociological Economics*, London/Beverly Hills: Sage Publ.

BELL, Daniel (1975), *Die nachindustrielle Gesellschaft*, Frankfurt a.M./New York: Campus (amerik. 1973)
BELL, Daniel (1976), *Die Zukunft der westlichen Welt. Kultur und Technologie im Widerstreit*, Frankfurt a.M.: S. Fischer (amerik. 1976)
BELL, Daniel (1991), *Die kulturellen Widersprüche des Kapitalismus*, Frankfurt a.M./New York: Campus
BENDER, Christiane (1998), „Macht – eine von Habermas und Luhmann vergessene Kategorie?", *Österreichische Zeitschrift für Soziologie* 23:3-19
BENDIX, Reinhard (1960), *Max Weber. An Intellectual Portrait*, London: Methuen
BENDIX, Reinhard (1974), „Inequality and Social Structure. A Comparison of Marx and Weber", *American Sociological Review* 39:149-161
BENDIX, Reinhard (1980), *Könige oder Volk. Machtausübung und Herrschaftsmandat*, Frankfurt a.M.: Suhrkamp (2 Bde.)
BENEDICT, Ruth (1946), *Pattern of Culture*, New York: The New American Library
BERGER, Peter/Brigitte BERGER/Hansfried KELLNER (1987), *Das Unbehagen an der Modernität*, Frankfurt a.M./New York: Campus (amerik. 1973)
Bericht über die menschliche Entwicklung 1994, veröffentlicht für das Entwicklungsprogramm der Vereinten Nationen, hrsg. von der Deutschen Gesellschaft für die Vereinten Nationen, Bonn
BERGER, Peter/Thomas LUCKMANN (1969), *Die gesellschaftliche Konstruktion der Wirklichkeit. Eine Theorie der Wissenssoziologie*, Frankfurt a.M.: S. Fischer
BERGER, Peter L./Brigitte BERGER/Hansfried KELLNER (1987), *Das Unbehagen in der Modernität*, Frankfurt a.M./New York: Campus
BERGHE, Pierre van den (1981), *The Ethnic Phenomenon*, New York/Westport, Conn./London: Praeger
BERNAL, John Desmond (1986), *Die soziale Funktion der Wissenschaft*, hrsg. von H. STEINER, Köln: Pahl-Rugenstein (engl. 1939)
BERTAUX, Daniel/Martin KOHLI (1984), „The Life Story Approach: A Continental View", *Annual Review of Sociology* 10:215-237
BERTAUX, Daniel/Isabelle BERTAUX-WIAME (1991), „‚Was du ererbst von deinen Vätern...'. Transmissionen und soziale Mobilität über fünf Generationen", *Bios* 4:13-40
BERTELSMANN NEUES LEXIKON (1996), hrsg. vom Lexikon-Institut der Bertelsmann Lexikon Verlag, Gütersloh
BEZZEL, Erhard (1967), *Verhaltensforschung. Das Verhalten der Tiere*, München: Kindler
BILGER, Harold (1976), *Südafrika in Geschichte und Gegenwart*, Konstanz: Universitätsverlag Konstanz
BIRNBAUM, Norman (1971), *Toward a Critical Sociology*, London/Oxford/New York: Oxford University Press
BISCHOF, Norbert (1991), *Gescheiter als alle die Laffen. Ein Psychogramm von Konrad Lorenz*, Hamburg: Rasch und Röhrig

BLAU, Peter M. (1964), *Exchange and Power in Social Life*, New York: Wiley
BLAU, Peter M. (1974), „Presidential Address: Parameters of Social Structure", *American Sociological Review* 39:615-635
BLAU, Peter M. (1977), *Inequality and Heterogeneity. A Primitive Theory of Social Structure*, New York/London: Free Press/MacMillan
BLAU, Peter M./Otis D. DUNCAN (1967), *The American Occupational Structure*, New York: J. Wiley
BLOSSFELD, Hans-Peter (1996), „Macro-sociology, Rational Choice Theory, and Time. A Theoretical Perspective on the Empirical Analysis of Social Processes", *European Sociological Review* 12:181-206
BLOOR, David (1980), „Klassifikation und Wissenssoziologie: Durkheim und Mauss neu betrachtet", in: STEHR/MEJA, *Wissenssoziologie*, S. 20-51
BLUMER, Herbert (1973), „Der methodologische Standort des symbolischen Interaktionismus", in: Arbeitsgruppe Bielefelder Soziologen, Hrsg., *Alltagswissen, Interaktion und gesellschaftliche Wirklichkeit. 1. Symbolischer Interaktionismus und Ethnomethodologie*, Reinbek: Rowohlt, S. 80-146
BOCHENSKI, I.M. (1965), *Die zeitgenössischen Denkmethoden*, München/Bern: Francke
BOCK, Michael (1980), *Soziologie als Grundlage des Wirklichkeitsverständnisses. Zur Entstehung des modernen Weltbildes*, Stuttgart: Klett-Cotta
BOCK, Michael (1984), *Kriminologie als Wirklichkeitswissenschaft*, Berlin: Duncker & Humblot
BOGNER, Horst W. (1986), *Der empirische Gehalt der Austauschtheorie von George Caspar Homans*, Berlin: Duncker & Humblot
BOLLNOW, Otto F. (1980), *Dilthey. Eine Einführung in seine Philosophie*, Schaffhausen: Novalis
BOUDON, Raymond (1980), *Die Logik des gesellschaftlichen Handelns. Eine Einführung in die soziologische Denk- und Arbeitsweise*, Darmstadt/Neuwied: Luchterhand
BOUDON, Raymond (1995), „How Can Sociology ‚Make Sense' Again", *Schweizerische Zeitschrift für Soziologie* 21:233-241
BOUDON, Raymond (1996), „‚The Cognitivist Model': A Generalized ‚Rational Choice Model'", *Rationality and Society* 8:123-150
BOURDIEU, Pierre (1970), *Zur Soziologie der symbolischen Formen*, Frankfurt a.M.: Suhrkamp (franz. 1970)
BOURDIEU, Pierre (1987), *Die feinen Unterschiede. Kritik der gesellschaftlichen Urteilskraft*, Frankfurt a.M.: Suhrkamp (franz. 1979)
BOWLBY, John (1973), *Mütterliche Zuwendung und geistige Gesundheit*, München: Kindler
BRECHT, Bert (1972), „Fünf Schwierigkeiten beim Schreiben der Wahrheit", in: *Das Bertolt Brecht-Buch*, Frankfurt a.M.: Suhrkamp (Lizenzausgabe bei Bertelsmann und Europäische Druckgemeinschaft), S. 529-542
BRENNER, Charles (1967), *Grundzüge der Psychoanalyse*, Frankfurt a.M.: S. Fischer (amerik. 1955)

BROCK, Ditmar (1991), „Die Risikogesellschaft und das Risiko soziologischer Zuspitzung", *Zeitschrift für Soziologie* 20:12-24
BUNGE, Mario (1996), *Finding Philosophy in Social Science*, New Haven/London: Yale University Press
BURAWOY, Michael (1979), *Manufacturing Consent. Changes in Labor Process under Monopoly Capitalism*, Chicago/London: The University of Chicago Press
BURGER, Thomas (1986), „Multidimensional Problems: A Critique of Jeffrey Alexander's Theoretical Logic in Sociology", *The Sociological Quarterly* 27:273-292
BURGESS, Ernest W./Paul WALLIN (1943), „Homogamy in Social Characteristics", *American Journal of Sociology* 49:109-124
BURGESS, Ernest W./Hawey J. LOCKE/Mary M. THOMES (1953), *The Family. From Institution to Companionship*, New York: American Book Company
BUSS, Eugen (1985), *Lehrbuch der Wirtschaftssoziologie*, Berlin/New York: W. de Gruyter
CAMIC, Charles (1992), „Reputation and Predecessor Selection: Parsons and the Institutionalists", *American Sociological Review* 57:421-445
CANCIAN, Francesca (1975), *What Are Norms? A Study of Beliefs and Action in a Maya Community*, London: Cambridge University Press
CARTER, Hugh/Paul C. GLICK (1970), *Marriage and Divorce*, Cambridge, Mass.: Harvard University Press
CASPI, Aushalom et al. (1998), „Early Failure in the Labor Market: Childhood and Adolescent Predictors of Unemployment in the Transition to Adulthood", *American Sociological Review* 63:424-451
CHANDLER, Alfred D. (1962), *Strategy and Structure*, Cambridge, Mass.: M.I.T. Press
CICOUREL, Aaron V. (1970), *Methode und Messung in der Soziologie*, Frankfurt a.M.: Suhrkamp
CLARK, Jon, ed. (1996), *James S. Coleman*, London/Washington, D.C.: Falmer Press
CLEMENZ, Manfred (1970), *Soziologische Reflexion und sozialwissenschaftliche Methode*, Frankfurt a.M.: Suhrkamp
COHEN, Percy (1968), *Moderne soziologische Theorie. Erklärungsmodelle zwischenmenschlichen Verhaltens*, Wien/Köln/Graz: Böhlau (engl. 1968)
COLEMAN, James S. (1964), *Introduction to Mathematical Sociology*, New York: Free Press
COLEMAN, James S. (1974), *Power and the Structure of Society*, New York: Norton
COLEMAN, James S. (1982), *The Asymmetric Society*, Syracuse: Syracuse University Press
COLEMAN, James S. (1990), *Foundations of Social Theory*, Cambridge, Mass./London: The Belknap Press of Harvard University Press

COLEMAN, James S. (1991), *Grundlagen der Sozialtheorie, Bd. 1: Handlungen und Handlungssysteme*, München: Oldenbourg
COLEMAN, James S. (1992), *Grundlagen der Sozialtheorie. Bd. 2: Körperschaften und die moderne Gesellschaft*, München: Oldenbourg
COLEMAN, James S. (1993), „The Role of Rights in a Theory of Action", *Journal of Institutional and Theoretical Economics*, 149/1:213-232
COLEMAN, James S. et al. (1966), *Equality of Educational Opportunity*, Washington, D.C.: U.S. Government Printing Office
COLLARD, David (1981), *Altruism and Economy. A study in non-selfish Economics*, Oxford: Martin Robertson
COLLINS, Randall (1986), *Max Weber. A Skeleton Key*, Beverly Hills/London/New Delhi: Sage Publications
COLLINS, Randall (1996), „Can Rational Action Theory Unify Future Social Science?", in: CLARK, *James S. Coleman*, S. 329-349
CONNELL, R.W. (1997), „Why is Classical Theory Classical?", *American Journal of Sociology* 102:1511-1557
DAHEIM, Hansjürgen (1967), *Der Beruf in der modernen Gesellschaft. Versuch einer soziologischen Theorie beruflichen Handelns*, Köln/Berlin: Kiepenheuer & Witsch
DAHRENDORF, Ralf (1962), *Gesellschaft und Freiheit. Zur soziologischen Analyse der Gegenwart*, München: Piper
DAHRENDORF, Ralf (1974), *Pfade aus Utopia. Arbeiten zur Theorie und Methode der Soziologie. Gesammelte Abhandlungen I*, München: Piper
DALLMANN, Hans-Ulrich (1994), *Die Systemtheorie Niklas Luhmanns und ihre theologische Rezeption*, Stuttgart/Berlin/Köln: Kohlhammer
DARLINGTON, C.D. (1980), *Die Wiederentdeckung der Ungleichheit*, Frankfurt a.M.: Umschau
DARWIN, Charles (o.J.), *Die Entstehung der Arten durch natürliche Zuchtwahl*, Stuttgart: Kröner
DAVID, Claude (1959), *Von Richard Wagner zu Bertolt Brecht. Eine Geschichte der neueren deutschen Literatur*, Frankfurt a.M.: Fischer Bücherei (franz. 1959)
Das Institut für Soziologie an der Karl-Franzens-Universität Graz (1996), Geschichte – Mitarbeiter – Lehr- und Forschungsschwerpunkte, Graz (hektographiert)
DEANE, Phyllis (1978), *The Evolution of Economic Ideas*, Cambridge etc.: Cambridge Uni–versity Press
DEFOE, Daniel (o.J.), *Robinson Crusoe*, Wien: Kaiser
DEUBNER, Christian/Leo KISSLER/René LASSERRE, Hrsg. (1990), *Modell Japan? Die Bundesrepublik Deutschland und Frankreich vor der Herausforderung der japanischen Sozialbeziehungen*, Frankfurt a.M./New York: Campus
Die Steiermark. Brücke und Bollwerk (1986), Katalog der Landesausstellung, Veröffentlichungen des steiermärkischen Landesarchivs, Band 16, Graz

DIEKMANN, Andreas (1995), *Empirische Sozialforschung. Grundlagen, Methoden, Anwendungen*, Reinbek: Rowohlt

DITTRICH; Eckhard J./Frank-Olaf RADTKE, Hrsg. (1990), *Ethnizität. Wissenschaft und Minderheiten*, Opladen: Westdeutscher Verlag

DJERASSI, Carl (1991), *Cantors Dilemma. Ein Nobelpreis-Roman*, Zürich: Haffmans

DOGAN, Mattei (1997), „The new social sciences: cracks in the disciplinary walls", *International Social Science Journal* 153:429-443

DONATI, Pierpaolo (1984), *Risposti alla crisi dello Stato Sociale*, Milano: F. Angeli

DONATI, Pierpaolo (1989), *La famiglia nella società relazionale*, Milano: F. Angeli

DONATI, Pierpaolo (1992), *Teoria relazionale della società*, Milano: F. Angeli

DONATI, Pierpaolo (1993), *La Cittadinanza Societaria*, Roma/Bari: Laterza

DOWNS, Anthony (1968), *Ökonomische Theorie der Demokratie*, Tübingen: Mohr

DUBY, Georges (1977), *Krieger und Bauern. Die Entwicklung von Wirtschaft und Gesellschaft im frühen Mittelalter*, Frankfurt a.M.: Syndikat (zuerst 1973)

DUMONT, Louis (1972), *Homo hierarchicus*, London: Paladin

DURKHEIM, Emile (1965), *Die Regeln der soziologischen Methode*, Neuwied/Berlin: Luchterhand

DURKHEIM, Emile (1973), *Der Selbstmord*, Neuwied/Berlin: Luchterhand (franz. 1897)

DURKHEIM, Emile (1981), *Die elementaren Formen des religiösen Lebens*, Frankfurt a.M.: Suhrkamp

DURKHEIM, Emile (1981a), *Frühe Schriften zur Begründung der Sozialwissenschaft*, Darmstadt/Neuwied: Luchterhand

DUSS, Viktor, Hrsg. (1954), *Die österreichische Pflichtschule. Die wichtigsten Gesetze, Verordnungen und Bestimmungen*, I. Teil, Graz/Wien: Leykam

EDWARDS, Richard (1981), *Herrschaft im modernen Produktionsprozeß*, Frankfurt a.M./New York: Campus

EDWARDS, R.B. (1995), „Behaviorism: Philosophical Issues", in: W.T. REICH, ed., *Encyclopedia of Bioethics*, New York: Macmillan, vol. 1, S. 233-238

EGGER, Marianne/Alberto de CAMPO (1997), „Was Sie schon immer über das Verhalten in sinkenden U-Booten wissen wollten. Eine Replik zu Hartmut Essers Aufsatz ‚Die Definition der Situation'", *Kölner Zeitschrift für Sozioloige und Sozialpsychologie* 49:306-317

EIBL-EIBESFELDT, Irenäus (1967), *Grundriß der vergleichenden Verhaltensforschung. Ethologie*, München: Piper

EIBL-EIBESFELDT, Irenäus (1973), *Der vorprogrammierte Mensch. Das Ererbte als bestimmender Faktor im menschlichen Verhalten*, Wien/München/Zürich: F. Molden

EIBL-EIBESFELDT, Irenäus (1995), *Die Biologie des menschlichen Verhaltens. Grundriß der Humanethologie*, München: Seehamer (zuerst 1984)
EINSTEIN, Albert (1981), *Mein Weltbild*, hrsg. von C. SEELIG, Frankfurt a.M./Berlin/Wien: Ullstein
EISENSTADT, S. N. (1963), *The Political Systems of Empires*, New York: Free Press
EISERMANN, Gottfried, Hrsg. (1958), *Die Lehre von der Gesellschaft. Ein Lehrbuch der Soziologie*, Stuttgart: Enke
ELIAS, Norbert (1971), *Was ist Soziologie?*, München: Juventa
ELIAS, Norbert (1976), *Über den Prozeß der Zivilisation. Soziogenetische und psychogenetische Untersuchungen*, 2 Bde., Frankfurt a.M.: Suhrkamp (zuerst 1939)
ELIAS, Norbert (1984), *Über die Zeit. Arbeiten zur Wissenssoziologie II*, Frankfurt a.M.: Suhrkamp
ELIAS, Norbert (1985), *Humana conditio. Beobachtungen zur Entwicklung der Menschheit am 40. Jahrestag eines Kriegsendes (8. Mai 1985)*, Frankfurt a.M.: Suhrkamp
ELIAS, Norbert (1987), *Engagement und Distanzierung. Arbeiten zur Wissenssoziologie I*, Frankfurt a.M.: Suhrkamp (zuerst 1983)
ELSTER, Jon (1987), *Subversion der Rationalität*, Frankfurt a.M./New York: Campus (engl. 1979)
ELSTER, Jon (1989), „Social Norms and Economic Theory", *Journal of Economic Perspectives* 3:99-117
ENDRUWEIT, Günter (1981), *Organisationssoziologie*, Berlin/New York: Walter de Gruyter
ENDRUWEIT, Günter/Gisela TROMMSDORFF, Hrsg. (1989), *Wörterbuch der Soziologie*, 3 Bde, Stuttgart: Deutscher Taschenbuchverlag/Ferdinand Enke
ERIKSON, Erik (1957), *Kindheit und Gesellschaft*, Zürich/Stuttgart: Pan-Verlag
ESSER, Hartmut (1984), „Determinanten des Interviewer- und Befragtenverhaltens: Probleme der theoretischen Erklärung und empirischen Untersuchung von Interviewereffekten", in: K.U. MAYER/P. SCHMIDT, Hrsg., *Allgemeine Bevölkerungsumfrage der Sozialwissenschaften*, Frankfurt a.M./New York: Campus, S. 26-71
ESSER, Hartmut (1988), „Ethnische Differenzierung und moderne Gesellschaft", *Zeitschrift für Soziologie* 17:235-248
ESSER, Hartmut (1991), *Alltagshandeln und Verstehen. Zum Verhältnis erklärender und verstehender Soziologie am Beispiel von Alfred Schütz und „Rational Choice"*, Tübingen: Mohr
ESSER, Hartmut (1993), *Soziologie. Allgemeine Grundlagen*, Frankfurt a.M./New York: Campus
ETZIONI, Amitai (1994), *Jenseits des Egoismus-Prinzips*, Stuttgart: Schäffer-Poeschel (*The Moral Dimension. Toward a New Economics*, New York/London: Free Press/Colier Macmillan)

ETZIONI, Amitai (1996), *Die faire Gesellschaft. Jenseits von Sozialismus und Kapitalismus*, Frankfurt a.M.: Fischer Taschenbuch

EYSENCK, Hans Jürgen (1989; *Die Ungleichheit der Menschen. Ist Intelligenz erlernbar?*, Berlin: Ullstein (engl. 1973)

FALLADA, Hans (1950), *Kleiner Mann – was nun?*, Hamburg: Rowohlt (zuerst 1932)

FARR, James (1985), „Situational analysis: Explanation in Social Science", *The Journal of Politics* 47:1085-1107

FASSMANN, Heinz/Rainer, MÜNZ (1995), *Einwanderungsland Österreich? Historische Migrationsmuster, aktuelle Trends und politische Maßnahmen*, Wien: Jugend & Volk

FAVELL, Adrian (1996), „Rational Choice as Grand Theory: James Coleman's Normative Contribution to Social Theory", in: CLARK, *James S. Coleman*, S. 285-298

FEHR, Ernst/Simon GÄCHTER (1998), „Unfreiwillige Arbeitslosigkeit und die institutionellen Bedingungen des Arbeitsmarktes", in: HALLER/SCHACHNER-BLAZIZEK, *Beschäftigung in Europa*, Graz: Leykam

FENNER, Christian (1995), „Politische Kultur", in: NOHLEN, *Wörterbuch Staat und Politik*, S. 565-571

FILIAS, Wassilios (1960), *Das Verhältnis sozial wirksamer Faktoren in der Soziologie Max Webers*, Dissertation an der Wirtschafts- und Sozialwissenschaftlichen Fakultät der Universität Hamburg, Hamburg

FINDL, Peter (1982), „Schichtspezifische Prozesse der Bildung, Erweiterung und Auflösung von Familien", in: HALLER u.a., *Klassenbildung und soziale Schichtung in Österreich*, S. 325-367

FISCHER WELTALMANACH 1995, Frankfurt a.M.: Fischer Taschenbuch Verlag

FLAM, Helena (1990a), „Emotional 'Man': I. The Emotional 'Man' and the Problem of Collective Action", *International Sociology* 5:39-56

FLAM, Helena (1990b), „Emotional 'Man': II. Corporate Actors as Emotion-Motivated Emotion Managers", *International Sociology* 5:225-234

FLEISCHER, Michael (1987), *Hund und Mensch. Eine semiotische Analyse ihrer Kommunikation*, Tübingen: Stauffenburg

FRANK, Robert H. (1992), „Melding Sociology and Economics: James Coleman's ,Foundations of Social Theory'", *Journal of Economic Literature* XXX:147-170

FREUD, Sigmund (1958), *Der Witz und seine Beziehung zum Unterbewußtsein*, Frankfurt a.M.: Fischer Bücherei (zuerst 1940)

FREUD, Sigmund (1961), *Die Traumdeutung*, Frankfurt a.M.: Fischer Bücherei (zuerst 1900)

FREY, Bruno S. (1980), „Ökonomie als Verhaltenswissenschaft. Ansatz, Kritik und der europäische Beitrag", *Jahrbuch für Sozialwissenschaft* 31:21-35

FREY, Bruno S. (1992), *Economics as a Science of Human Behavior*, Boston: Kluwer

FREYER, Hans (1930), *Soziologie als Wirklichkeitswissenschaft. Logische Grundlegung des Systems der Soziologie*, Leipzig/Berlin: Teubner

FROMM, Erich (1956), *Die Kunst des Liebens*, Frankfurt a.M.: Ullstein

FUKUYAMA, Francis (1989), „The End of History?", *The National Interest*, Summer 1989, S. 3-18

FURMANIAK, Karl (1972), *Der Einfluß der Ideen auf das Handeln in der Theorie Max Webers*, Dissertation an der Wirtschafts- und Sozialwissenschaftlichen Fakultät der Freien Universität Berlin, Berlin

FÜGEN, Norbert (1985), *Max Weber mit Selbstzeugnissen und Bilddokumenten*, Reinbek: Rowohlt

FÜRSTENBERG, Friedrich (1992), „Länderbericht Österreich: Integrationsgewinn oder Identitätsverlust?", *Soziologische Revue* 15:21-30

GALBRAITH, John Kenneth (1968), *Die moderne Industriegesellschaft*, München/Zürich: Droemer/Knaur

GANZEBOOM, Harry B.G. (1991), „Comparative Intergenerational Stratification Research: Three Generations and Beyond", *Annual Review of Sociology* 17:277-302

GARDNER, Howard (1991), *Abschied vom IQ. Die Rahmen-Theorie der vielfachen Intelligenzen*, Stuttgart: Klett-Cotta (amerik. 1985)

GARFINKEL, Harold (1967), *Studies in Ethnomethodology*, Englewood Cliffs/N.J.: Prentice-Hall

GARTMAN, David (1991), „Culture as Class Symbolization or as Reification? A Critique of Bourdieu's *Distinction*", *American Journal of Sociology* 97: 421-447

GASSER-STEINER, Peter (1998), *Jugendlicher Drogenkonsum und Drogenaffinität. Epidemiologische Befunde und sozialwissenschaftliche Modelle zur Verbreitung des Konsums illegaler Drogen in der Steiermark*, Habilitationsschrift an der Karl- Franzens-Universität Graz

Gehlen, Arthur (1956), *Der Mensch, seine Natur und seine Stellung in der Welt*, Bonn: Athenäum

GEISSLER, Rainer (1996), „Kein Abschied von Klasse und Schicht. Ideologische Gefahren der deutschen Sozialstrukturanalyse", *Kölner Zeitschrift für Soziologie und Sozialpsychologie* 48:319-338

GERHARDT, Uta (1971), *Rollenanalyse als kritische Soziologie. Ein konzeptueller Rahmen zur empirischen und methodologischen Begründung einer Theorie der Vergesellschaftung*, Neuwied/Berlin: Luchterhand

GERHARDT, Uta (1989*), Ideas about Illness. An Intellectual and Political History of Medical Sociology*, London: Macmillan

GERHARDT, Uta (1996), „Talcott Parsons and the Transformation of German Society at the End of World War II", *European Sociological Review* 12:303-325

GERSHUNY, Jonathan (1981), *Die Ökonomie der nachindustriellen Gesellschaft. Produktion und Verbrauch von Dienstleistungen*, Frankfurt a.M./New York:Campus

GIDDENS, Anthony (1979), *Die Klassenstruktur fortgeschrittener Gesellschaften*, Frankfurt a.M./New York (engl. 1973)

GIDDENS, Anthony (1984), *The Constitution of Society. Outline of the Theory of Structuration*, Cambridge: Polity Press (dt. 1986)

GIDDENS, Anthony (1991), *Modernity and Self-Identity. Self and Society in the Late Modern Age*, Cambridge: Polity Press

GIDDENS, Anthony (1995), *Soziologie*, hrsg. von C. FLECK und H.G. ZILIAN, Graz/Wien; Nausner & Nausner (engl. 1989)

GIESEN, Bernhard (1980), „Gesellschaftliche Identität und Evolution. Ein Vergleich soziologischer Theorietraditionen", *Soziale Welt* 31:311-332

GIRTLER, Roland (1992), *Methoden der qualitativen Sozialforschung. Anleitung zur Feldarbeit*, Wien/Köln/Weimar: Böhlau

GOETHES Werke in zwei Bänden (1957), Zweiter Band, Buchgemeinde Alpenland

GOFFMAN, Erving (1967), *Stigma. Über Techniken zur Bewältigung beschädigter Identität*, Frankfurt a.M.: Suhrkamp (amerik. 1963)

GOFFMAN, Erving (1969), *Wir alle spielen Theater. Die Selbstdarstellung im Alltag*, München: Piper (amerik. 1959)

GOFFMAN, Erving (1972), *Asyle*, Frankfurt a.M.: Suhrkamp

GOFFMAN, Erving (1974), *Das Individuum im öffentlichen Austausch. Mikrostudien zur öffentlichen Ordnung*, Frankfurt a.M.: Suhrkamp (amerik. 1971)

GOFFMAN, Erving (1977), *Rahmen-Analyse. Ein Versuch über die Organisation von Alltagserfahrungen*, Frankfurt a.M.: Suhrkamp

GOLDHAGEN, Daniel (1996), *Hitlers willige Vollstrecker. Ganz gewöhnliche Deutsche und der Holocaust*, Berlin: Siedler

GOLDSCHEID, Rudolf/Joseph SCHUMPETER (1976), *Die Krise des Steuerstaates*, Hrsg. von R. HICKEL, Frankfurt a.M.: Suhrkamp

GOLDTHORPE, John H. (1996), „The Quantitative Analysis of Large-Scale Data-Sets and Rational Action Theory: For a Sociological Alliance", *European Sociological Review* 12:109-126

GOLDTHORPE, John H. (1997), *Rational Action Theory for Sociology*, Manuskript, Nuffield College, Oxford

GOLEMAN, Daniel (1997), *Emotionale Intelligenz*, München: Emotionale Intelligenz, München: Deutscher Taschenbuch Verlag (New York/Bantam Books 1995)

GOODE, William J. (1978), *The Celebration of Heroes. Prestige as a social Control System*, Berkeley/Los Angeles/London: University of California Press

GOULDNER, Alwin W. (1974), *Die westliche Soziologie in der Krise*, 2 Bde, Reinbek: Rowohlt

GORER, Geoffrey (1956), *Die Amerikaner. Eine völkerpsychologische Studie*, Hamburg: Rowohlt

GRANOVETTER, Mark (1985), „Economic Action and Social Structure: The Problem of Embeddedness", *American Journal of Sociology* 91:481-510

GRIMM, Klaus (1974), *Niklas Luhmanns „soziologische Aufklärung" oder Das Elend der apriorischen Soziologie*, Hamburg: Hoffmann und Campe

GROETHUYSEN, Bernhard (1978), *Die Entstehung der bürgerlichen Welt- und Lebensanschauung in Frankreich*, 2 Bde., Frankfurt a.M.: Suhrkamp (zuerst 1927)

GROTH, Torsten (1996), *Wie systemtheoretisch ist „Systemische Organisationsberatung"? Neuere Beratungskonzepte für Organisationen im Kontext der Luhmannschen Systemtheorie*, Münster: LIT

GRUNER, Wolf D./Günter TRAUTMANN, Hrsg. (1991), *Italien in Geschichte und Gegenwart*, Hamburg: Krämer

GRUPPE, O.F. (1914), *Philosophische Werke. I. Antäus*, München: Georg Müller

GUIBERNAU, Montserrat (1996), *Nationalisms. The Nation State and Nationalism in the Twentieth Century*, Cambridge: Polity Press

GUNZ, Josef (1986), *Handlungsforschung. Vom Wandel der distanzierten zur engagierten Sozialforschung*, Wien: Wilhelm Braumüller

GUTTENTAG, M./P.F. SECORD (1983), *Too Many Women? The Sex Ratio Question*, Beverly Hills: Sage

HABERMAS, Jürgen (1962), *Strukturwandel der Öffentlichkeit*, Neuwied: Luchterhand

HABERMAS, Jürgen (1968), *Erkenntnis und Interesse*, Frankfurt a.M.: Suhrkamp

HABERMAS, Jürgen (1981), *Theorie des kommunikativen Handelns. Band I: Handlungsrationalität und gesellschaftliche Rationalisierung, Band II: Zur Kritik der funktionalistischen Vernunft*, Frankfurt a.M.: Suhrkamp

HADLER, Markus (1998), *Akzeptanz ohne Wissen? Eine soziologische Studie über den Informationsstand und Einstellungen zum Euro*, Diplomarbeit am Institut für Soziologie der Universität Graz

HAGE, Jerald/Barbara FOLEY MEEKER (1988), *Social Causality*, Boston: Unwin Hyman

HAHN, Alois (1981), „Funktionale und stratifikatorische Differenzierung und ihre Rolle für die gepflegte Semantik. Zu Niklas Luhmanns ‚Gesellschaftsstruktur und Semantik'", *Kölner Zeitschrift für Soziologie und Sozialpsychologie* 33:345-360

HALLER, Max (1973), „Social Stratification and the Life Cycle of Young Families", Paper presented at the 13th International Family Research Seminar, Paris

HALLER, Max (1974), „Lebenszyklus und Familientheorie. Bericht über das XIIIth International Family Research Seminar", *Kölner Zeitschrift für Soziologie und Sozialpsychologie* 26:148-166

HALLER, Max (1978), „Klassenstrukturen und soziale Ungleichheit in Italien. Ein Literaturbericht", *Österreichische Zeitschrift für Soziologie* 3:4-18

HALLER, Max (1980), „Das Heiratsinserat: Ein Beispiel für die Interdependenz von Statushierarchie und Heiratsmarkt", *Österreichische Zeitschrift für Soziologie* 5/2-3:62-65

HALLER, Max (1981a), "Marriage, Women and Social Stratification. A Theoretical Critique", *American Journal of Sociology* 86:766-795

HALLER, Max (1981b), *Gesundheitsstörungen als persönliche und soziale Erfahrung. Eine soziologische Studie über verheiratete Frauen im Beruf* (mit einem Vorwort von Leopold Rosenmayr), München/Wien: Oldenbourg/Verlag für Geschichte und Politik

HALLER, Max (1982), "Auf dem Weg zur Dienstleistungsgesellschaft?", *Wirtschaft und Gesellschaft* 8/3:607-654

HALLER, Max u.a., (1982), *Klassenbildung und soziale Schichtung in Österreich. Analysen zur Sozialstruktur, sozialen Ungleichheit und Mobilität*, Frankfurt a.M./New York: Campus

HALLER, Max (1983), *Theorie der Klassenbildung und sozialen Schichtung*, Frankfurt a.M./New York: Campus

HALLER, Max (1986), "Sozialstruktur und Schichtungshierarchie im Wohlfahrtsstaat. Zur Aktualität des vertikalen Paradigmas der Ungleichheitsforschung", *Zeitschrift für Soziologie* 15:167-187

HALLER, Max (1987a), "Soziale Normen und Gesellschaftsstruktur", in: T. MELEGHY u.a. (Hrsg.), *Normen und soziologische Erklärung*, Innsbruck/Wien: Tyrolia, S. 39-64.

HALLER, Max (1987b), "Empirische Sozialforschung als Basis für die gesellschaftliche Relevanz der Soziologie", *Österreichische Zeitschrift für Soziologie* 12:11-17

HALLER, Max (1989a), *Klassenstrukturen und Mobilität in fortgeschrittenen Gesellschaften. Eine vergleichende Analyse der Bundesrepublik Deutschland, Österreichs, Frankreichs und der Vereinigten Staaten von Amerika*, Frankfurt a.M./New York: Campus

HALLER, Max (1989b), "Klassenbildung und Schichtung im Wohlfahrtsstaat. Ein Beitrag zur Aktualisierung der klassischen Theorie sozialer Ungleichheit", *Annali di Sociologia/ Soziologisches Jahrbuch* 5:125-148

HALLER, Max (1992a), "Zur Rolle von Ethnizität und nationaler Selbstbestimmung im Prozeß der Einigung Europas", in: O. BUSON/H. ATZ, Hrsg., *Interethnische Beziehungen in einer mehrsprachigen Gesellschaft*, Bozen: Landesinstitut für Statistik, S. 25-49 (gekürzte Fassung in: *Europäische Rundschau* 20:29-42)

HALLER, Max (1992b), "Class and nation as competing bases for collective identity and action", *International Journal of Group Tensions* 22:229-264

HALLER, Max (1993a), "Klasse und Nation als komplementäre und konkurrierende Grundlagen kollektiver Mobilisierung", *Soziale Welt* 44:30-51

HALLER, Max (1993b), "Zur Relevanz empirischer Arbeiten in soziologischen Zeitschriften", *Österreichische Zeitschrift für Soziologie* 18:3-9

HALLER, Max (1994a), "Auf dem Weg zu einer europäischen Nation?", in: HALLER/SCHACHNER, *Europa wohin?*, S. 363-385

HALLER, Max (1994b), "Über die Notwendigkeit einer objektiven und kritischen Aufklärung über den Prozeß der europäischen Integration", in: HALLER/SCHACHNER, *Europa wohin?*, S. 11-39

HALLER, Max (1995), „Gesellschaftliche Bedingungen und Träger demokratiegefährdender Einstellungen und Verhaltensweisen", in: H. KONRAD u.a., Hrsg., *Staat = Fad. Demokratie heute*, Graz: Leykam, S. 135-177

HALLER, Max (1996a), „The dissolution and building of new nations as strategy and process between elites and people. Lessons from historical European and recent Yugoslav experience", *International Review of Sociology* 6:231-247

HALLER, Max (1997), „Kritik oder Rechtfertigung sozialer Ungleichheit. Eine wissenssoziologische Analyse der These vom Ende der Klassengesellschaft in historischer und vergleichender Perspektive"" in: M. KOHLI/W. ZAPF, Hrsg., *Gesellschaft ohne Klassen? Entstehung, Verlagerung, Auflösung und Neubildung einer Vergesellschaftungsform*, Opladen: Leske + Budrich

HALLER, Max/Franz Heschl (1993), „Wirtschaftlicher Aufstieg – Verfall beruflicher Leistungsorientierung?, Teil I: Theoretische Fragestellung und Hypothesen, Teil II: Empirische Befunde über die Arbeitsorientierungen der Bevölkerung in elf Ländern", *SWS – Rundschau* 33, Teil I: Heft 2:139-151, Teil II: Heft 3:283-322

HALLER, Max/Peter SCHACHNER-BLAZIZEK, Hrsg. (1994), *Europa wohin? Wirtschaftliche Integration, soziale Gerechtigkeit und Demokratie*, Graz: Leykam

HALLER, Max/Rudolf RICHTER, Hrsg. (1994), *Toward a European Nation? Political Trends in Europe, East and West, Center and Periphery*, Armonk, N.Y.: Sharpe

HALLER, Max u. Mitarbeiter (1996a), *Identität und Nationalstolz der Österreicher. Gesellschaftliche Ursachen und Funktionen – Herausbildung und Transformation seit 1945 – Internationaler Vergleich*, Wien/Köln/Weimar: Böhlau

HALLER, Max u.a. (1996b), *Kinder und getrennte Eltern. Voraussetzungen und Strategien zur Bewältigung der Ehescheidung im Lichte neuer sozialwissenschaftlicher Studien*, Wien: Österreichisches Institut für Familienforschung

HALLER, Max/Franz HÖLLINGER/Annerose PINTER/Birgit RAINER unter Mitarbeit von Silvia MILLNER (1998), *Gewalt in der Familie. Ergebnisse einer soziologischen Studie in Zusammenarbeit mit Sozialeinrichtungen, Polizei und Gericht*, Graz: Leykam

HALLER, Max/Peter SCHACHNER-BLAZIZEK, Hrsg. (1999), *Beschäftigung in Europa*, Graz: Leykam

HAMILTON, Peter, Hrsg. (1992), *Talcott Parsons, Critical Assessments*, 4 Bde, London/New York: Routledge & Kegan Paul

HANDL, Johann/Karl Ulrich MAYER/Walter MÜLLER (1977), *Klassenlagen und Sozialstruktur. Empirische Untersuchungen für die Bundesrepublik Deutschland*, Frankfurt a.M./New York: Campus

HANSEN, Klaus P. (1992), *Die Mentalität des Erwerbs. Erfolgsphilosophien amerikanischer Unternehmer*, Frankfurt a.M./New York: Campus

HARRIS, Marvin (1989), *Kulturanthropologie. Ein Lehrbuch*, Frankfurt a.M./New York: Campus (amerik. 1987)

HARTFIEL, Günter (1968), *Wirtschaftliche und soziale Rationalität. Untersuchungen zum Menschenbild in Ökonomie und Soziologie*, Stuttgart: Enke

HARTFIEL, Günter/Karl-Heinz HILLMANN (1982), *Wörterbuch der Soziologie*, Stuttgart: Krämer

HATTENHAUER, Hans (1980²), *Die geistesgeschichtlichen Grundlagen des deutschen Rechts. Zwischen Hierarchie und Demokratie – Eine Einführung*, Heidelberg/Karlsruhe: C.F. Müller Juristischer Verlag

HAUCK, Gerhard (1984), *Geschichte der soziologischen Theorie. Eine ideologiekritische Einführung*, Reinbek: Rowohlt

Hauptwerke der amerikanischen Literatur. Einzeldarstellungen und Interpretationen (1995), München: Kindler

HAYEK, F.A. von (1991), *Die Verfassung der Freiheit*, Tübingen: Mohr (engl. 1960)

HECKMANN, Friedrich (1992), *Ethnische Minderheiten, Volk und Nation. Soziologie inter-ethnischer Beziehungen*, Stuttgart: Ferdinand Enke

HEDSTRÖM, Peter/Richard SWEDBERG (1996), „Rational Choice, Empirical Research, and the Sociological Tradition", *European Sociological Review* 12:127-146

HEDSTRÖM, Peter/Richard SWEDBERG/Lars UDEHN (1997), The relevance of Popper's situational analysis to contemporary sociology, Paper presented at the Workshop Popper's Situational Analysis and the Social Sciences, Vienna, 23-25 October 1997

HEGEL, G.W.F. (1967), *Phänomenologie des Geistes*, Berlin: Akademie (zuerst 1807)

HEINEMANN, Klaus, Hrsg. (1987), *„Soziologie wirtschaftlichen Handelns*, Sonderheft 28 der *Kölner Zeitschrift für Soziologie und Sozialpsychologie*

HEINSOHN, Gunnar (1995), *Warum Auschwitz? Hitlers Plan und die Ratlosigkeit der Nachwelt*, Reinbek: Rowohlt

HEINSOHN, Gunnar/Rolf KNIEPER (1974), *Theorie des Familienrechts: Geschlechtsrollenaufhebung, Kindesvernachlässigung, Geburtenrückgang*, Frankfurt a.M.: Suhrkamp

HELD, David/John B. THOMPSON, eds., (1989), *Social Theory of Modern Societies: Anthony Giddens and His Critics*, Cambridge: Cambridge University Press

HELLER, Agnes (1987), „Sociology as the Defetishisation of Modernity", *International Sociology* 4/2:391-401

HELLER, Hermann (1927), *Die Souveränität. Ein Beitrag zur Theorie des Staats- und Völkerrechts*, Berlin/Leipzig: W. de Gruyter

HELLER, Hermann (1934), *Staatslehre*, hrsg. von G. NIEMEYER, Leiden: Sijthoffs Uitgeversmatschappij

HENDRICHS, Hubert (1973), *Modell und Erfahrung. Ein Beitrag zur Überwindung der Sprachbarriere zwischen Naturwissenschaft und Philosophie*, Freiburg/München: Alber

HESSE, Hermann (1970), *Das Glasperlenspiel. Versuch einer Lebensbeschreibung des Magister Ludi Josef Knecht samt Knechts hinterlassenen Schriften*, Frankfurt a.M.: Suhrkamp (= Hermann Hesse, Gesammelte Werke, Neunter Band)

HEY, J.D. (1994), *Experimental Economics*, Heidelberg: Physica

HILLMANN, Karl-Heinz (1986), *Wertwandel. Zur Frage soziokultureller Voraussetzungen alternativer Lebensformen*, Darmstadt: Wissenschaftliche Buchgesellschaft

HIRSCH, Fred (1980), *Die sozialen Grenzen des Wachstums. Eine ökonomische Analyse der Wachstumskrise*, Reinbek: Rowohlt (engl. 1976)

HIRSCH, Fred/John H. GOLDTHORPE, eds. (1978), *The Political Economy of Inflation*, Oxford: Martin Robertson

HIRSCH, Joachim/Roland ROTH (1986), *Das neue Gesicht des Kapitalismus. Vom Fordismus zum Post-Fordismus*, Hamburg: VSA-Verlag

HIRSCH, Paul/Stuart MICHAELS/Ray FRIEDMAN (1990), „Clean models vs. dirty hands: why economics is different from sociology", in: S. ZUKIN/P. DIMAGGIO, eds., *Structures of Capital. The Social Organisation of the Economy*, Cambridge etc.: Cambridge University Press, S. 29-56

HOFSTEDE, Geert (1984), *Culture's Consequences. International Differences in Work-Related Values*, Beverly Hills/London/New Delhi: Sage

HÖHN, Charlotte (1989), „Demographische Trends in Europa seit dem II. Weltkrieg", in: R. NAVE-HERZ/M. MARKEFKA, Hrsg., *Handbuch der Familien- und Jugendforschung*, Bd. 2: Familienforschung, Neuwied/Frankfurt a.M.: Luchterhand, S. 195-209

HÖLLINGER, Franz/Max HALLER (1990), „Kinship and social networks in modern societies: a cross-cultural comparison among seven nations", *European Sociological Review* 2:103-124

HOLLIS, Martin (1995), *Soziales Handeln. Eine Einführung in die Philosophie der Sozialwissenschaften*, Berlin: Akademie

HOMANS, George C. (1958), „Social behavior as exchange", *American Journal of Sociology* 65:597-606

HOMANS, George C. (1968), *Elementarformen sozialen Verhaltens*, Köln/Opladen: Westdeutscher Verlag (hier zitiert nach: *Social Behavior. Its Elementary Forms*, 1973, London: Routledge & Kegan Paul)

HONDRICH, Karl-Otto (1978), „Viele Ansätze – eine soziologische Theorie", in: HONDRICH/MATTHES, *Theorienvergleich in den Sozialwissenschaften*, S. 314-330

HONDRICH, Karl-Otto/Joachim MATTHES, Hrsg. (1978), *Theorienvergleich in den Sozialwissenschaften*, Darmstadt/Neuwied: Luchterhand

HONDRICH, Karl-Otto/Claudia KOCH-ARZBERGER (1992), *Solidarität in der modernen Gesellschaft*, Frankfurt a.M.: Fischer Taschenbuch

HOPF, Christel (1991), „Regelmäßigkeiten und Typen. Das Durchschnittshandeln in Max Webers Methodologie", *Zeitschrift für Soziologie* 20:124-137

HOUT, Mike/Clem BROOKS/Jeff MANZA (1993), „The persistence of classes in post-industrial societies", *International Sociology* 8:259-277

HRADIL, Stefan (1987), *Sozialstrukturanalyse in einer fortgeschrittenen Gesellschaft. Von Klassen und Schichten zu Lagen und Milieus*, Opladen: Leske + Budrich

HUBER, Josef (1984), *Die zwei Gesichter der Arbeit. Ungenutzte Möglichkeiten der Dualwirtschaft*, Frankfurt a.M.: Fischer

HUIZINGA, Johan (1956), *Homo Ludens. Vom Ursprung der Kultur im Spiel*, Hamburg: Rowohlt

HUNT, Morton (1991), *Die Praxis der Sozialforschung*, Frankfurt a.M./New York: Campus

HUNTINGTON, Samuel (1980), *Kampf der Kulturen*, Berlin: Siedler (amerik. 1996)

HUSSERL, Edmund (1950), *Ideen zu einer reinen Phänomenologie und phänomenologischen Philosophie. Erstes Buch: Allgemeine Einführung in die reine Phänomenologie*, Haag: Martinus Nijhoff

ILLICH, Ivan (1978), *Fortschrittsmythen*, Reinbek: Rowohlt

IMMELMANN, Klaus (1983), *Einführung in die Verhaltensforschung*, Berlin/Hamburg: Paul Parey

IMMERFALL, Stefan/Peter FRANZ (1998), *Standort Deutschland. Seine Stärken und Schwächen im weltweiten Strukturwandel*, Opladen: Leske + Budrich

INGLEHART, Ronald (1977), *The Silent Revolution: Changing Values and Political Styles Among Western Publics*, Princeton: Princeton University Press

INGLEHART, Ronald (1989), *Kultureller Umbruch. Wertwandel in der westlichen Welt*, Frankfurt a.M./New York: Campus

JAECKEL, Ursula (1980), *Partnerwahl und Eheerfolg. Eine Analyse der Bedingungen und Prozesse ehelicher Sozialisation in einem rollentheoretischen Ansatz*, Stuttgart: Enke

JÄCKEL, Karin (1997), *Der gebrauchte Mann. Abgeliebt und abgezockt – Väter nach der Trennung*, München: dtv

JANSER, Harald (1987), *„Die Rückseite des Spiegels"* – *Chancen und Grenzen der evolutionären Erkenntnistheorie für das menschliche Selbstverständnis bei Konrad Lorenz*, Diplomarbeit an der Theologischen Fakultät der Karl-Franzens-Universität Graz

JARDIN, André (1991), *Alexis de Tocqueville. Leben und Werk*, Darmstadt: Wissenschaftliche Buchgemeinschaft (frz. Paris 1984)

JENKINS, Richard (1996), *Social Identity*, London/New York: Routledge & Kegan Paul

JENSEN, Stefan (1976), „Einleitung", in: Talcott PARSONS, *Zur Theorie sozialer Systeme*, S. 9-67

JENSEN, Stefan (1984), „Aspekte der Medien-Theorie: Welche Funktion haben Medien in Handlungssystemen", *Zeitschrift für Soziologie* 13:145-164

JOAS, Hans (1992), *Die Kreativität des Handelns*, Frankfurt a.M.: Suhrkamp
JONAS, Friedrich (1968), *Geschichte der Soziologie I. Aufklärung, Liberalismus, Idealismus*, Reinbek: Rowohlt
JONAS, Friedrich (1969), *Geschichte der Soziologie III. Französische und italienische Soziologie*, Reinbek: Rowohlt
JORDAN, Terry (1988), *The European Culture Area. A systematic geography*, New York: Harper & Row
KAASE, Max (1983), „Sinn oder Unsinn des Konzepts Politische Kultur für die vergleichende Politikforschung", in: M. KAASE/D. KLINGEMANN, Hrsg., *Wahlen und politisches System*, Opladen: Westdeutscher Verlag, S. 144-172
KANN, Robert (1993), *Geschichte des Habsburgerreiches 1526 bis 1918*, Wien/Köln/Weimar: Böhlau
KANT, Immanuel (1968), *Kritik der Reinen Vernunft*, Darmstadt: Wissenschaftliche Buchgesellschaft (Erstaufl. 1781)
KAPLAN, Abraham (1964), *The Conduct of Inquiry. Methodology for Behavioral Science*, Srancton, Penns.: Chandler
KÄSLER, Dirk (1995), *Max Weber. Eine Einführung in Leben, Werk und Wirkung*, Frankfurt a.M./New York: Campus
KAZIMIROFF, Theodore (1983), *Der Letzte vom Stamme der Algonkin*, München: Dianus-Trikont Buchverlag (engl. 1982)
KELLERMANN, Paul (1967), *Kritik einer Soziologie der Ordnung. Organismus und System bei Comte, Spencer und Parsons*, Freiburg/Br.: Rombach
KELLERMANN, Paul (1976), „Herbert Spencer", in: D. KÄSLER, Hrsg., *Klassiker des soziologischen Denkens*, 1. Bd., München: Beck, S. 159-200
KELLERMANN, Paul (1993), „A Reconsideration of Capitalism and Socialism as Theoretical Concepts", *Schweizerische Zeitschrift für Soziologie* 19:535-544
KERN, Horst (1982), *Empirische Sozialforschung. Urspünge, Ansätze, Entwicklungslinien*, München: Beck
KEYNES, John M. (1955), *Allgemeine Theorie der Beschäftigung, des Zinses und des Geldes,* Berlin: Duncker & Humblot
KISS, Gabor (1972), *Einführung in die soziologischen Theorien I. Vergleichende Analyse soziologischer Hauptrichtungen*, Opladen: Westdeutscher Verlag (UTB)
KLAGES, Helmut (1984), *Wertorientierungen im Wandel. Rückblick, Gegenwartsanalyse, Prognosen*, Frankfurt a.M./New York: Campus
KLAMER, Arjo/David COLANDER (1990), *The Making of an Economist*, Boulder etc.: Westview Press
KLIEMT, Hartmut (1985), *Moralische Institutionen. Empiristische Theorien ihrer Evolution*, Freiburg/München: Alber
KLIEMT, Hartmut (1986), *Antagonistische Modelle spontaner Ordnungsentstehung*, Freiburg/München: Alber

KLINKENBERG, Tillmann (1993), *Der folgsame Hund. Seine artgerechte Erziehung ohne Zwang*, Augsburg: Weltbild
KNEER, Georg/NASSEHI Armin (1993), *Niklas Luhmanns Theorie sozialer Systeme. Eine Einführung*, München: Fink
KNORR, Karin (1980), „Die Fabrikation von Wissen. Versuch zu einem gesellschaftlich relativierten Wissensbegriff", in: STEHR/MEJA, *Wissenssoziologie*, S. 226-245
KNORR, Karin/Max HALLER/Hans-Georg ZILIAN (1981), *Sozialwissenschaftliche Forschung in Österreich. Produktionsbedingungen und Verwertungszusammenhänge*, Wien/München: Jugend & Volk
KOHLI, M. (1985), „Die Institutionalisierung des Lebenslaufs", *Kölner Zeitschrift für Soziologie und Sozialpsychologie* 85:1-29
KOHR, Leopold (1983), *Die überentwickelten Nationen. Rückbesinnung auf die Region*, München: Goldmann
KOLLER, Peter (1993), „Formen sozialen Handelns und die Funktion sozialer Normen", in: A. AARNIO u.a., Hrsg., *Rechtsnorm und Rechtswirklichkeit. Festschrift für Werner Krawietz zum 60. Geburtstag*, Berlin: Duncker & Humblot, S. 265-293
KOLLER, Peter (1994a), „Gesellschaftsauffassung und soziale Gerechtigkeit", in: G. FRANKENBERG, Hrsg., *Auf der Suche nach der gerechten Gesellschaft*, Frankfurt a.M.: Fischer Taschenbuch, S. 129-150
KOLLER, Peter (1994b), „Rationales Entscheiden und moralisches Handeln", in: J. NIDA-RÜMELIN, Hrsg., *Praktische Rationalität. Grundlagenprobleme und ethische Anwendungen des ‚rational choice'-Paradigmas*, Berlin/New York: W. de Gruyter, S. 282-311
KOLLER, Peter (1997), „Soziale Ordnung und Recht", in: W. DEUTSCH/M. WALCHER, Hrsg., *Volkskultur, Ordnungen, Spiele*, Wien: Österreichisches Volksliederwerk, S. 80-99
KOLLER, Peter (1997a), *Theorie des Rechts. Eine Einführung*, Wien/Köln/Weimar: Böhlau
KOLLER, Peter (1998), „Grundlinien einer Theorie gesellschaftlicher Freiheit", in: J. NIDA-RÜMELIN/W. VOSSENKUHL, Hrsg., *Ethische und politische Freiheit*, Berlin/New York: W. de Gruyter, S. 476-508
KORTE, Hermann (1997), *Über Norbert Elias. Das Werden eines Menschenwissenschaftlers*, Opladen: Leske + Budrich
KÖNIG, René (1969), „Soziologie der Familie", in: ders., *Handbuch der empirischen Sozialforschung*, 2 Bde, Stuttgart: Enke, S. 172-305
KÖNIG, René (1973), „Einleitung", in: ders., Hrsg., *Handbuch der empirischen Sozialforschung, Bd. 1: Geschichte und Grundprobleme der empirischen Sozialforschung*, Stuttgart: Enke, S. 1-20
KRAPPMANN, Lothar (1975), *Soziologische Dimensionen der Identität. Strukturelle Bedingungen für die Teilnahme an Interaktionsprozessen*, Stuttgart: Klett
KRECKEL, Reinhard (1992), *Politische Soziologie der sozialen Ungleichheit*, Frankfurt a.M./New York: Campus

KRIELE, Martin (1980), *Einführung in die Staatslehre. Die geschichtlichen Legitimitätsgrundlagen des demokratischen Verfassungsstaates*, Opladen: Westdeutscher Verlag

KRIZ, Jürgen (1981), *Methodenkritik empirischer Sozialforschung*, Stuttgart: Teubner

KRIZ, Jürgen (1999), *Systemtheorie für Psychotherapeuten, Psychologen und Mediziner*, Wien: Facultas Verlag (UTB)

KUHN, Thomas (1967), *Die Struktur wissenschaftlicher Revolutionen*, Frankfurt a.M.: Suhrkamp

KÜBLER, Friedrich u.a., Hrsg. (1985), *Verrechtlichung von Wirtschaft, Arbeit und sozialer Solidarität*, Frankfurt a.M.: Suhrkamp

KÜNZLER, Jan (1987), „Grundlagenprobleme der Theorie symbolisch generalisierter Kommunikationsmedien bei Niklas Luhmann", *Zeitschrift für Soziologie* 16:317-333

KÜNZLER, Jan (1989), *Medien und Gesellschaft. Die Medienkonzepte von Talcott Parsons, Jürgen Habermas und Niklas Luhmann*, Stuttgart: Enke

KURZ, Heinz D., Hrsg. (1991), *Adam Smith (1723-1790). Ein Werk und seine Wirkungsgeschichte*, Marburg: Metropolis

KURZ, Heinz-Dieter (1998), „Was können Adam Smith und David Ricardo von der ‚neuen' Wachstumstheorie lernen?", in: Lutz BEINSEN/Heinz-Dieter KURZ, Hrsg., *Ökonomie und Common Sense. Gunther Tichy zum 60. Geburtstag*, Graz: Leykam, S. 163-193

KURZ, Karin/Walter MÜLLER (1987), „Class Mobility in the Industrial World", *Annual Review of Sociology* 13:417-442

KUTSCH, Thomas/Günter WISWEDE (1986), *Wirtschaftssoziologie. Grundlegung-Hauptgebiete-Zusammenschau*, Stuttgart: Enke

KUZMICS, Helmut (1987), „Civilization, State and Bourgeois Society: The Theoretical Contribution of Norbert Elias", *Theory, Culture & Society* 4:515-531

KUZMICS, Helmut (1989), *Der Preis der Zivilisation. Die Zwänge der Moderne im theoretischen Vergleich*, Frankfurt a.M./New York: Campus

LAATHS, Erwin (1953), *Geschichte der Weltliteratur*, Band 2, München/Zürich: Kindler

LAKATOS, Imre/Alan MUSGRAVE, eds. (1970), *Criticism and the Growth of Knowledge*, London: Cambridge University Press

LAMNEK, Siegfried (1988), *Qualitative Sozialforschung*, Band 1, München/Weinheim: Psychologie Verlags Union

LANDMANN, Salcia (1981), *Die Juden als Rasse*, Olten/Freiburg: Limes

LANE, Christel (1989), *Management and Labour in Europe. The Industrial Enterprise in Germany, Britain and France*, Aldershot: Elgar

LANE, David (1990), *Soviet Society Under Perestroika*, Boston etc.: Unwin Hyman

LANGBEIN, Kurt u.a. (1981), *Gesunde Geschäfte. Die Praktiken der Pharma-Industrie*, Köln: Kiepenheuer & Witsch

LANGER, Josef, Hrsg. (1988), *Geschichte der österreichischen Soziologie. Konstituierung, Entwicklung und europäische Bezüge*, Wien: Verlag für Gesellschaftskritik

LASH, Scott (1990), *Sociology of Postmodernism*, London/New York: Routledge & Kegan Paul

LAUERMANN, Manfred (1991), „Die fröhliche Wissenschaft des Professors Luhmann", in: *Das Denken des Widerspruchs als Wurzel der Philosophie*, Kolloquium zum 60. Geburtstag von Camilla Warnke, hrsg. vom Zentralinstitut für Philosophie, Berlin, S. 32-46

LEACH, Gerald (1973), *Medizin ohne Gewissen? Macht und Ohnmacht der Ärzte*, München/Zürich: Droemer-Knaur (engl. 1970)

LEBERGOTT, Stanley (1976), *The American Economy. Income, Wealth and Want*, Princeton: Princeton University Press

LEE, David J. (1994), „Class as a social fact", *Sociology* 28:397-415

LEMENNICIER, Bertrand (1979), „The Economics of Conjugal Roles", in: Louis LÉVY-GARBOUA, ed., *Sociological Economics*, London/Beverly Hills: Sage Publ., S. 189-217

LENSKI, Gerhard (1973), *Macht und Privileg. Eine Theorie der sozialen Schichtung*, Frankfurt a.M.: Suhrkamp

LENSKI, Gerhard (1978), „Marxist experiments in destratification: An appraisal", *Social Forces* 57:364-383

LEPSIUS, Rainer M. (1988), *Interessen, Ideen und Institutionen*, Opladen: Westdeutscher Verlag

LÉVI-STRAUSS, Claude (1971), *Strukturale Anthropologie*, Frankfurt a.M.: Suhrkamp (franz. 1958)

LEVY, R. (1977), *Der Lebenslauf als Statusbiographie*, Stuttgart: Enke

Lexikon der Biologie in acht Bänden, Band 6 (1986), Freiburg/Basel/Wien: Herder

LEYHAUSEN, Paul (1979), „Der Weg der vergleichenden Verhaltensforschung", in: *Meyers Enzyklopädisches Lexikon in 24 Bänden*, Bd. 24, S. 467-472

LIDZ, Victor M. (1986), „Parsons and Empirical Sociology", in: Samuel Z. KLAUSNER/Victor M. LIDZ, eds., *The Nationalization of the Social Sciences*, Philadelphia: University of Pennsylvania Press, S. 141-182

LINCOLN, James R. (1987), „Japanese Industrial Organization in Comparative Perspective", *Annual Review of Sociology* 13:289-312

LINDENBERG, Siegwart (1985), „An Assessment of the New Political Economy: Ist potential for the Social Sciences and for Sociology in Particular", *Sociological Theory* 3:99-111

LINDENBERG, Siegwart (1990), „Homo Socio-Economicus: The Emergence of a General Model of Man in the Social Sciences", *Journal of Institutional and Theoretical Economics* 146:727-748

LINDENBERG, Siegwart (1993), „Rights to Act and Beliefs", *Journal of Institutional and Theoretical Economics* 149:233-239

LINDENBERG, Siegwart (1996), „Constitutionalism versus Relationalism: Two Versions of Rational Choice Theory", in: CLARK, *James S. Coleman*, S. 299-311

LINDENBERG, Siegwart/Bruno S. FREY (1993), „Alternatives, Frames, and Relative Prices: A Broader View of Rational Choice Theory", *Acta Sociologica* 36:191-205

LIPSET, S.M./M.A. TROW/J.S. COLEMAN (1956), *Union Democracy*, New York: Free Press

LIPSEY, Richard G. (1972), *An Introduction to Positive Economics*, London: Weidenfeld and Nicolson

LOEWENSTEIN, Karl (1975), *Verfassungslehre*, Tübingen: Mohr

LORENZ, Konrad (1940), „Durch Domestifikation verursachte Störungen arteigenen Verhaltens", *Zeitschrift für angewandte Psychologie und Charakterkunde* 59:2-81

LORENZ, Konrad (1963), *Das sogenannte Böse. Zur Naturgeschichte der Aggression*, Wien: Borotha-Schoeler

LORENZ, Konrad (1965), *Über tierisches und menschliches Verhalten*, 2 Bde, Stuttgart/Hamburg: Deutscher Bücherbund

LORENZ, Konrad (1973), *Die acht Todsünden der zivilisierten Menschheit*, München/Zürich: Piper (hier zit. nach Taschenbuchausgabe 1996)

LORENZ, Konrad (1973a), *Die Rückseite des Spiegels. Versuch einer Naturgeschichte menschlichen Erkennens*, München/Zürich: Piper

LORENZ, Konrad (1986), *Der Abbau des Menschlichen*, München/Zürich: Piper

LORENZ, Konrad/Paul LEYHAUSEN (1968), *Antriebe tierischen und menschlichen Verhaltens*, München: Piper

LÖWITH, Karl (1969), *Von Hegel zu Nietzsche. Der revolutionäre Bruch im Denken des neunzehnten Jahrhunderts*, Frankfurt a.M.: Fischer

LUDWIG-MAYERHOFER, Wolfgang (1998), „Disziplin oder Distinktion? Zur Interpretation der Theorie des Zivilisationsprozesses von Norbert Elias", *Kölner Zeitschrift für Soziologie und Sozialpsychologie* 50:217-237

LUHMANN, Niklas (1972), *Soziologische Aufklärung. Aufsätze zur Theorie sozialer Systeme*, Band 1, Opladen: Westdeutscher Verlag

LUHMANN, Niklas (1975), *Soziologische Aufklärung 2. Aufsätze zur Theorie der Gesellschaft*, Opladen: Westdeutscher Verlag

LUHMANN, Niklas (1977), „Differentiation of society", *Canadian Journal of Sociology* 2:29-53

LUHMANN, Niklas (1980), *Gesellschaftsstruktur und Semantik. Studien zur Wissenssoziologie der modernen Gesellschaft*, Frankfurt a.M.: Suhrkamp, 2 Bde (im Text zitiert: Bd. 1)

LUHMANN, Niklas (1982), *Liebe als Passion. Zur Codierung von Intimität*, Frankfurt a.M.: Suhrkamp

LUHMANN, Niklas (1983), „Interdisziplinäre Theoriebildung in den Sozialwissenschaften", in: C. SCHNEIDER, Hrsg., *Forschung in der Bundesrepublik Deutschland. Beispiele, Kritik, Vorschläge*, Weinheim: Chemie, S. 155-159

LUHMANN, Niklas (1983a), *Rechtssoziologie*, Opladen: Westdeutscher Verlag
LUHMANN, Niklas (1984), *Soziale Systeme. Grundriß einer allgemeinen Theorie*, Frankfurt a.M.: Suhrkamp
LUHMANN, Niklas (1985), „Zum Begriff der sozialen Klasse", in: ders., Hrsg., *Soziale Differenzierung. Zur Geschichte einer Idee*, Opladen: Westdeutscher Verlag
LUHMANN, Niklas (1987), *Soziologische Aufklärung 4. Beiträge zur funktionalen Differenzierung der Gesellschaft*, Opladen: Westdeutscher Verlag
LUHMANN, Niklas (1988), *Die Wirtschaft der Gesellschaft*, Frankfurt a.M.: Suhrkamp
LUHMANN, Niklas (1990), *Die Wissenschaft der Gesellschaft*, Frankfurt a.M.: Suhrkamp
LUHMANN, Niklas (1991), „Die Form ‚Person'", *Soziale Welt* 42:166-175
MACPHERSON, C.B. (1973), *Die politische Theorie des Besitzindividualismus. Von Hobbes bis Locke*, Frankfurt a.M.: Suhrkamp
MANN, Michael (1994), *Geschichte der Macht*, 3. Band: *Die Entstehung von Klassen und Nationalstaaten*, Frankfurt a.M./New York: Campus (engl. 1986)
MANNHEIM, Karl (1970), *Wissenssoziologie. Auswahl aus dem Werk*, Neuwied/Berlin: Luchterhand
MANTEUFEL, Andreas/Günter SCHIEPEK (1998), *Systeme spielen. Selbstorganisation und Kompetenzentwicklung in sozialen Systemen*, Göttingen: Vandenhoeck & Ruprecht
MARCUSE, Herbert (1967), *Der eindimensionale Mensch. Studien zur Ideologie der fortgeschrittenen Industriegesellschaft*, Neuwied/Berlin: Luchterhand (amerik. 1964)
MARKO, Josepf/Tomislav BORIC, Hrsg. (1991), *Slowenien – Kroatien – Serbien. Die neuen Verfassungen*, Wien/Köln/Graz: Böhlau
MARSHALL, G. (1982), *In Search of the Spirit of Capitalism*, London: Hutchinson
MARTIN, Hans-Peter/Harald SCHUMANN (1996), *Die Globalisierungsfalle. Der Angriff auf Demokratie und Wohlstand*, Reinbek: Rowohlt
MARTINDALE, Don (1961), *The Nature and Types of Sociological Theory*, London: Routledge & Kegan Paul
MARWICK, Arthur (1980), *Class. Image and Reality in Britain, France and the USA since 1930*, Glasgow: Fontana/Collins
MARX, Karl (1971), *Das Kapitel. Kritik der politischen Ökonomie*, 1. Band, Berlin: Dietz (zuerst 1867)
MATTHES, Joachim (1978), „Die Diskussion um den Theorienvergleich in den Sozialwissenschaften seit dem Kasseler Soziologentag 1974", in: K.O. HONDRICH/J. MATTHES, *Theorienvergleich in den Sozialwissenschaften*, S. 7-20
MATURANA, Humberto R. (1985), *Erkennen: Die Organisation und Verkörperung der Wirklichkeit. Ausgewählte Arbeiten zur biologischen Epistemologie*, Braunschweig/ Wiesbaden: Vieweg

MATURANA, Humberto R./Francisco J. VARELA (1984), *Der Baum der Erkenntnis. Die biologischen Wurzeln des menschlichen Erkennens*, München: Goldmann

MATZNER, Egon (1994), „Instrument-Targeting or Context Making? A New Look at the Theory of Economic Policy", *Journal of Economic Issues* XXVIII:461-476

MATZNER, Egon (1997), *The Socioeconomic context: A way to decipher the Logic of Situation*, Paper presented at the Workshop on Popper's Situational Analysis and the Social Sciences, Vienna, 23-25 October 1997

MATZNER, Egon/Wolfgang STREECK, eds. (1991), *Beyond Keynesianism. The Socioeconomics of Full Production and Employment*, Aldershot: Elgar

MAURICE, Marc et al. (1980), „Societal differences in organizing manufacturing units: A comparison of France, West Germany and Great Britain", *Organization Studies* 1:59-86

MAYER, Karl Ulrich (1987), „Zum Verhältnis von Theorie und empirischer Forschung zur sozialen Ungleichheit", in: B. GIESEN/H. HAFERKAMP (Hrsg.), *Soziologie der sozialen Ungleichheit. Beiträge zur sozialwissenschaftlichen Forschung*, Band 101, Opladen: Westdeutscher Verlag, S. 370-392

MAYER, Karl-Ulrich, Hrsg. (1990), „Lebensverläufe und sozialer Wandel", *Sonderband 31* der *Kölner Zeitschrift für Soziologie und Sozialpsychologie*, Opladen: Westdeutscher Verlag

MAYER, Karl-Ulrich (1997), „James Colemans Untersuchungen zum amerikanischen Bildungswesen und ihr Verhältnis zu seiner Handlungs- und Gesellschaftstheorie", *Berliner Journal für Sozialforschung* 7:347-356

MAYNTZ, Renate/Fritz W. SCHARPF (1995), *Gesellschaftliche Selbstregelung und politische Steuerung*, Frankfurt a.M./New York: Campus

MCCALL, George J./J.L. SIMMONS (1966), *Identities and Interactions*, New York: Free Press (rev. ed. 1978)

MCEVEDY, Colin/Richard JONES (1978), *Atlas of World Population History*, Harmondsworth: Penguin

MCKENZIE, Richard/Gordon TULLOCK (1984), *Homo Oeconomicus. Ökonomische Dimensionen des Alltags*, Frankfurt a.M./New York: Campus (engl. 1978)

MCKINLEY, D.G. (1964), *Social Class and Family Life*, New York:

MEAD, George Herbert (1968), *Geist, Identität und Gesellschaft aus der Sicht des Sozialbehaviorismus*, Frankfurt a.M.: Suhrkamp

MEAD, George Herbert (1976), *Sozialpsychologie*, Darmstadt: Wissenschaftliche Buchgesellschaft (amerik. 1964)

MELEGHY, Tamás (1993), „Karl Poppers evolutionäre Erkenntnistheorie und die drei Gegenstandsbereiche soziologischen Denkens", *Österreichische Zeitschrift für Soziologie* 18:18-35

MELEGHY, Tamás (1997), *Soziologie als Sozial-, Moral- und Kulturwissenschaft. Untersuchungen zum Gegenstandsbereich, zur Aufgabe und zur Methode der Soziologie auf Grundlage Karl Poppers Evolutionärer Er-

kenntnistheorie, Habilitationsschrift, Sozial- und Wirtschaftswissenschaftliche Fakultät der Universität Innsbruck

MELEGHY, Tamás u.a., Hrsg. (1997), *Soziologie im Konzert der Wissenschaften. Zur Identität einer Disziplin*, Opladen: Westdeutscher Verlag (Sonderband der *Österreichischen Zeitschrift für Soziologie*)

MENNINGER, Karl (1974), *Das Leben als Balance. Seelische Gesundheit und Krankheit im Lebensprozeß*, München: Kindler

MERTON, Robert K. (1967), *On Theoretical Sociology*, New York/London: Free Press/Collier-Macmillan

MEYER, Klaudia (1998), „Scoop – Elias in World Top Ten", *Figurations* 9:1-2

MEYER, Willi (1979), „Ökonomische Theorien und menschliches Verhalten. Zwischen theoretischen Fiktionen und empirischen Illusionen", in: H. ALBERT/K.H. STAPF, Hrsg., *Theorie und Erfahrung. Beiträge zur Grundlagenproblematik der Sozialwissenschaften*, Stuttgart: Klett-Cotta, S. 269-311

MEYERS – *Meyers Enzyklopädisches Lexikon in 24 Bänden*, Mannheim/Wien/Zürich: Bibliographisches Institut, 1980ff.

MICKLETHWAIT, John/Adrian WOOLDRIDGE (1998), *Die Gesundbeter. Was die Rezepte der Unternehmensberater wirklich nützen*, Hamburg: Hoffmann und Campe (amerik. 1996)

MIKL-HORKE, Gertraude (1989), *Soziologie, Historischer Kontext und soziologische Theorie-Entwürfe*, München/Wien: Oldenbourg

MIKULA, Gerold et al. (1998), „The Role of Injustice in the Elicitation of Differential Emotional Reactions", *Personality and Social Psychology Bulletin* 24:769-783

MILGROM, Paul/John ROBERTS (1992), *Economics, Organization and Management*, Englewood Cliffs, N.J.: Prentice Hall

MILLS, C. Wright (1956), *The Power Elite*, London/Oxford/New York: Oxford University Press

MILLS, C. Wright (1959), *The Sociological Imagination*, London/Oxford/New York: Oxford University Press

MITTELSTRASS, Jürgen (1980), *Enzyklopädie der Philosophie und Wissenschaftstheorie*, Band 1, Mannheim/Wien/Zürich: Bibliographisches Institut

MOMMSEN, Wolfgang (1959), *Max Weber und die deutsche Politik 1890-1920*, Tübingen: Mohr

MOMMSEN, Wolfgang (1974), *Max Weber. Gesellschaft, Politik und Geschichte*, Frankfurt a.M.: Suhrkamp

MOORE, Barrington (1982), *Ungerechtigkeit. Die sozialen Ursachen von Unterordnung und Widerstand*, Frankfurt a.M.: Suhrkamp (engl. 1978)

MOREL, Julius/Tamás MELEGHY/Max PREGLAU (1980), *Führungsforschung. Kritische Beiträge*, Göttingen/Toronto/Zürich: Verlag für Psychologie, Hogrefe

MOREL, Julius u.a. (1989), *Soziologische Theorie. Abriß der Ansätze ihrer Hauptvertreter*, München/Wien: Oldenbourg
MORRIS, Desmond (1987), *Der nackte Affe*, München: Droemer-Knaur
MORRIS, Desmond (1987a), *Dogwatching – Die Körpersprache des Hundes*, München: W. Heyne
MOSER, Anna (1992), *Männerkirche, Priesteramt und Zölibat. Eine Einzelfallstudie*, Diplomarbeit am Institut für Soziologie der Karl-Franzens-Universität Graz
MOUZELIS, Nicos (1995), *Sociological Theory: What went wrong? Diagnosis and Remedies*, London/New York: Routledge & Kegan Paul
MOZETIC, Gerald (1985a), „'Die Soziologie, diese unglückliche Wissenschaft ....'. Überlegungen zu Helmut Schelskys Kritik der Soziologie", in: Ota WEINBERGER/Werner KRAWIETZ, Hrsg., *Helmut Schelsky als Soziologe und politischer Denker*, Wiesbaden: Steiner, S. 23-56
MOZETIC, Gerald (1985), „Ein unzeitgemäßer Soziologe: Ludwig Gumplowicz", *Kölner Zeitschrift für Soziologie und Sozialpsychologie* 37:621-647
MOZETIC, Gerald (1987), *Die Gesellschaftstheorie des Austromarxismus. Geistesgeschichtliche Voraussetzungen, Methodologie und soziologisches Programm*, Darmstadt: Wissenschaftliche Buchgesellschaft
MOZETIC, Gerald (1990), „Individualismus und Kollektivismus. Eine methodologische Kontroverse und ihre pragmatische Valenz", in: Karl ACHAM/Winfried SCHULZE, *Teil und Ganzes. Zum Verhältnis von Einzel- und Gesamtanalyse in Geschichts- und Sozialwissenschaften*, München: Deutscher Taschenbuch Verlag, S. 240-277
MOZETIC, Gerald (1998), „Wieviel muß die Soziologie über Handlungen wissen? Eine Auseinandersetzung mit der Rational Choice-Theorie", *Österreichische Zeitschrift für Soziologie*, Sonderband 4, hrsg. von Andreas BALOG/Manfred GABRIEL, *Soziologische Handlungstheorie, Einheit oder Vielfalt*, Opladen: Westdeutscher Verlag, S. 199-226
MÜHLFELD, Claus (1996), „Risikogesellschaft als zeitdiagnostisches Mythologem oder die Revitalisierung konservativer Deutungsmuster", in: Kurt SALAMUN, Hrsg., *Geistige Tendenzen der Zeit. Perspektiven der Weltanschauungstheorie und Kulturphilosophie*, Frankfurt a.M.: Peter Lang
MULDER, M. (1977), *The daily power game*, Leyden: Nijhoff
MULKAY, Michael (1981), „Wissen und Nutzen. Implikationen für die Wissenssoziologie", in: Nico STEHR/Volker MEJA, Hrsg., *Wissenssoziologie*, S. 52-72
MÜLLER, Hans-Peter (1992), *Sozialstruktur und Lebensstile. Der neuere theoretische Diskurs über soziale Ungleichheit*, Frankfurt a.M.: Suhrkamp
MÜLLER, Walter (1975), *Familie-Schule-Beruf*, Opladen: Westdeutscher Verlag
MÜLLER, Walter (1998), „Klassenstruktur und Parteiensystem. Zum Wandel der Klassenspaltung im Wahlverhalten", *Kölner Zeitschrift für Soziologie und Sozialpsychologie* 50:3-46

MÜLLER-ARMACK, Alfred (1944), *Genealogie der Wirtschaftsstile*, Stuttgart: Kohlhammer

MÜLLER-ARMACK, Alfred (1981), *Religion und Wirtschaft. Geistesgeschichtliche Hintergründe unserer westlichen Lebensform*, Bern/Stuttgart: Haupt

MUMMENDEY, Amelie (1985), „Verhalten zwischen sozialen Gruppen: die Theorie der sozialen Identität", in: D. FREI/M. IRLE, Hrsg., *Theorien der Sozialpsychologie, Bd. II: Gruppen- und Lerntheorien*, Bern/Stuttgart/Toronto: Huber, S. 185-216

MÜNCH, Richard (1976), *Theorie sozialer Systeme. Eine Einführung in Grundbegriffe, Grundannahmen und logische Struktur*, Opladen: Westdeutscher Verlag

MÜNCH, Richard (1980a), „Talcott Parsons und die Theorie des Handelns II: Die Kontinuität der Entwicklung", *Soziale Welt* 31:3-47

MÜNCH, Richard (1980b), „Über Parsons zu Weber: Von der Theorie der Rationalisierung zur Theorie der Interpenetration", *Zeitschrift für Soziologie* 9:18-53

MÜNCH, Richard (1982), *Theorie des Handelns. Zur Rekonstruktion der Beiträge von Talcott Parsons, Emile Durkheim und Max Weber*, Frankfurt a.M.: Suhrkamp

MÜNCH, Richard (1986), *Die Kultur der Moderne, Bd. I: Ihre Grundlagen und Entwicklung in England und Amerika, Bd. II: Ihre Entwicklung in Frankreich und Deutschland*, Frankfurt a.M.: Suhrkamp

MÜNCH, Richard (1993), *Das Projekt Europa. Zwischen Nationalstaat, regionaler Autonomie und Weltgesellschaft*, Frankfurt a.M.: Suhrkamp

MURPHY, Raymond (1988), *Social Closure. The Theory of Monopolization and Exclusion*, Oxford: Clarendon Press

MUSIL, Robert (1970), *Der Mann ohne Eigenschaften*, Hamburg: Rowohlt

MYRDAL, Gunnar (1980), *Asiatisches Drama. Eine Untersuchung über die Armut der Nationen*, Frankfurt a.M.: Suhrkamp (engl. 1971)

NAKANE, Chie (1970), *Die Struktur der japanischen Gesellschaft*, Frankfurt a.M.: Suhrkamp

NAROLL, Raoul (1982), *The Moral Order. An Introduction to the Human Situation*, Beverly Hills/London/New Delhi: Sage

NASSEHI, Armin (1990), „Zum Funktionswandel von Ethnizität im Prozeß gesellschaftlicher Modernisierung", *Soziale Welt* 41:261-282

NAVE-HERZ, Rosemarie, Hrsg. (1988), *Wandel und Kontinuität der Familie in der Bundesrepublik Deutschland*, Stuttgart: Enke

NEDELMANN, Brigitta/Piotr SZTOMPKA, eds. (1993), *Sociology in Europe: In Search of Identity*, Berlin/New York: W. de Gruyter

NOHLEN, Dieter, Hrsg. (1995), *Wörterbuch Staat und Politik*, Bonn: Bundeszentrale für politische Bildung

NOWOTNY, Helga (1989), *Eigenzeit. Entstehung zur Strukturierung eines Zeitgefühls*, Frankfurt a.M.: Suhrkamp

NOWOTNY, Helga (1992), "Time and Social Theory. Towards a social theory of time", *Time & Society* 1:421-454

O'CONNOR, Walter (1979), *Socialism, Politics, and Equality. Hierarchy and Change in Eastern Europe and the USSR*, New York: Columbia University Press

OPASCHOWSKI, Horst W. (1997), *Einführung in die Freizeitwissenschaft*, Opladen: Leske + Budrich

OPP, Karl-Dieter (1978), "Das ökonomische ‚Programm' in der Soziologie", *Soziale Welt* 29:129-154

OPP, Karl-Dieter (1979), *Individualistische Sozialwissenschaft. Arbeitsweise und Probleme individualistisch und kollektivistisch orientierter Sozialwissenschaften*, Stuttgart: Enke

OPP, Karl-Dieter/Reinhard WIPPLER, Hrsg. (1990), *Empirischer Theorienvergleich. Erklärungen sozialen Verhaltens in Problemsituationen*, Opladen: Westdeutscher Verlag

PALGRAVE DICTIONARY (1987), *The New Palgrave Dictionary of Economics*, ed. by J. EATWELL/M. MILGATE/P. NEWMAN, vol. 2, London/Basingstoke: MacMillan

PARKIN, Frank (1979), *Marxism and class theory: A bourgeois critique*, London: Tavistock Publications

PACKARD, Vance (1973), *Die ruhelose Gesellschaft. Ursachen und Folgen der heutigen Mobilität*, München: Droemer-Knaur (engl. 1972)

PARSONS, Talcott (1949), *The Structure of Social Action*, New York: Free Press (zitiert nach Ausgabe 1968)

PARSONS, Talcott (1951), *The Social System*, London: Routledge & Kegan Paul

PARSONS, Talcott (1956), "Suggestions for a Sociological Approach to the Theory of Organizations – I", *Administrative Science Quarterly 1:63-85*

PARSONS, Talcott (1956), "Suggestions for a Sociological Approach to the Theory of Organizations – II", *Administrative Science Quarterly 1:225-239*

PARSONS, Talcott (1964), *Beiträge zur soziologischen Theorie*, hrsg. von D. RÜSCHEMEYER, Darmstadt/Neuwied: Luchterhand (amerik. 1954)

PARSONS, Talcott (1965), "Struktur und Funktion der modernen Medizin, eine soziologische Analyse", *Kölner Zeitschrift für Sozioloige und Sozialpsychologie*, Sonderheft 3, hrsg. von R. KÖNIG und M. TÖNNESMANN, *Probleme der Medizin-Soziologie*, S. 10-57

PARSONS, Talcott (1972), *Das System moderner Gesellschaften*, München: Juventa (amerik. 1971)

PARSONS, Talcott (1975), *Gesellschaften. Evolutionäre und komparative Perspektiven*, Frankfurt a.M.: Suhrkamp (amerik. 1966)

PARSONS, Talcott (1976), *Zur Theorie sozialer Systeme*, hrsg. von S. JENSEN, Opladen: Westdeutscher Verlag

PARSONS, Talcott/Eduard SHILS, eds. (1951), *Toward a General Theory of Action*, Cambridge, Mass.: Harward University Press

PARSONS, Talcott/Edward SHILS/Paul F. LAZARSFELD (1975), *Soziologie = autobiographisch. Drei kritische Berichte zur Entwicklung einer Wissenschaft*, Stuttgart: Enke

PARSONS, Talcott/Neil J. SMELSER (1984), *Economy and Society. A Study in the Integration of Economic and Social Theory*, London etc.: Routledge & Kegan Paul (zuerst 1956)

PETSCHENIG, Michael/Franz SKUTSCH (1958), *Der kleine Stowasser. Lateinisch-deutsches Schulwörterbuch*, München/Wien/Zürich: G. Freytag/Hölder-Pichler-Tempsky/Orell Füßli

PFÄFFLIN, Friedrich (1977), *Hermann Hesse 1877-1977. Stationen seines Lebens, des Werkes und der Wirkung*, München: Kösel

PIERENKEMPER, Toni (1980), *Wirtschaftssoziologie*, Köln: Bund

PIETSCHMANN, Herbert (1997), *Die großen Paradigmenwechsel der Physik in unserem Jahrhundert und ihre Konsequenzen*, Ringvorlesung Intergeneratives Lernen an der Karl-Franzens-Universität Graz (Sonderdruck)

PLESSNER, Helmuth (1970), *Philosophische Anthropologie. Lachen und Weinen: Das Lächeln. Anthropologie der Sinne*, Frankfurt a.M.: Fischer

POLANYI, Karl (1977), *The Great Transformation. Politische und ökonomische Ursprünge von Gesellschaftssystemen*, Wien: Europaverlag

POPE, Whitney (1986), *Alexis de Tocqueville. His Social and Political Theory*, Beverly Hills/London/New Delhi: Sage

POPPER, Karl R. (1957), *Die offene Gesellschaft und ihre Feinde. 1. Band: Der Zauber Platons*, Bern: Francke AG

POPPER, Karl R. (1958), *Die offene Gesellschaft und ihre Feinde. 2. Band: Falsche Propheten. Hegel, Marx und die Folgen*, Bern: Francke AG

POPPER, Karl R. (1963), *Conjectures and Refutations. The Growth of Scientific Knowledge*, London/Henley: Routledge & Kegan Paul

POPPER, Karl R. (1964), „Naturgesetze und theoretische Systeme", in: Hans ALBERT, Hrsg., *Theorie und Realität. Ausgewählte Aufsätze zur Wissenschaftslehre der Sozialwissenschaften*, S. 87-102

POPPER, Karl R. (1969), *Logik der Forschung*, Tübingen: Mohr

POPPER, Karl R. (1970), „Die Logik der Sozialwissenschaften", in: ADORNO u.a., Hrsg., *Der Positivismusstreit in der deutschen Soziologie*, Neuwied/Berlin, Luchterhand, S. 103-123

POPPER, Karl R. (1973), *Objektive Erkenntnis. Ein evolutionärer Entwurf*, Hamburg: Hoffmann und Campe

POPPER, Karl R. (1979), *Ausgangspunkte. Meine intellektuelle Entwicklung*, Hamburg: Hoffmann und Campe

POPPER, Karl R. (1992), „Wie ich die Philosophie sehe", in: K. SALAMUN, *Was ist Philosophie?*, S. 218-233

POPPER, Karl R. (1994a), „The Logic of the Social Sciences", in: T.W. ADORNO et al., eds., *The Positivist Dispute in German Sociology*, London: Heinemann, pp. 87-104

POPPER, Karl R. (1994b), *The Myth of the Framework. In defence of science and rationality*, ed. by M. A. NOTTURNO, London/New York:Routledge & Kegan Paul, pp. 154-184

POPPER, Karl R. (1994c), *Alles Leben ist Problemlösen. Über Erkenntnis, Geschichte und Politik*, München/Zürich: Piper

PORTMANN, Adolf (1964), *Das Tier als soziales Wesen*, Freiburg: Herder

PREGLAU, Max (1983), „Betriebswirtschaftslehre als Theorie ‚kapitalistischer' Rationalität. Versuch einer wissenssoziologischen Rekonstruktion", in: E. KAPPLER, Hrsg., *Rekonstruktion der Betriebswirtschaftslehre als ökonomische Theorie*, Spardorf: Wilfer, S. 191-223

PREISENDÖRFER, Peter (1985), „Das ökonomische Programm in der Soziologie", *Angewandte Sozialforschung* 13:61-72

PRISCHING, Manfred (1988), *Arbeitslosenprotest und Resignation in der Wirtschaftskrise*, Frankfurt a.M./New York: Campus

PRISCHING, Manfred (1992), „Joseph Alois Schumpeter", in: Wolfgang MANTL, Hrsg., *Politik in Österreich. Die Zweite Republik: Bestand und Wandel*, Wien/Köln/Graz: Böhlau, S. 739-765

PRISCHING, Manfred (1996), *Die Sozialpartnerschaft. Modell der Vergangenheit oder Modell für Europa? Eine kritische Analyse mit Vorschlägen für zukunftsgerechte Reformen*, Wien: Manz

PRISCHING, Manfred (1990), *Soziologie. Themen – Theorien – Perspektiven*, Wien/Köln: Böhlau

RACK, Peter (1998), *Räumlich-territoriale Verbundenheit und Mobilitätsbereitschaft. Eine vergleichende Arbeit für Österreich, Deutschland und die USA auf Grundlage der ISSP-Studie 1995*, Diplomarbeit am Institut für Soziologie der Universität Graz

RAMSAY, Harvie (1996), „Management Fashions: An Agenda for Explanation and Exorcism", *Österreichische Zeitschrift für Soziologie*, Sonderband 3, hrsg. von Jörg FLECKER/Johanna HOFBAUER, *Vernetzung und Vereinnahmung. Arbeit zwischen Internationalisierung und neuen Managementkonzepten*, S. 195-208

RAUB, Werner (1993), „The Role of Rights in a Theory of Social Action", *JITE* 149/1:240-251

REESE-SCHÄFER, Walter (1996), *Luhmann zur Einführung*, Hamburg: Junius

REHBERG, Karl-Siegbert (1994), „Ein postmodernes ‚Ende der Geschichte'?", in: Michael Th. GREVEN u.a., Hrsg., *Politikwissenschaft als Kritische Theorie. Festschrift für Kurt Lenk*, Baden-Baden: Nomos, S. 257-285

REICHER, Dieter (1998), *Modelle rationaler Akteure und ihr Bezug zur Wirklichkeit*, Diplomarbeit am Institut für Soziologie der Karl-Franzens-Universität Graz

REIMANN, Horst u.a. (1977^2), *Basale Soziologie: Theoretische Modelle*, Opladen: Westdeutscher Verlag

REX, John (1970), *Grundprobleme der soziologischen Theorie*, Freiburg: Rombach (engl. 1961)

REY, Karl G. (1969), *Das Mutterbild des Priesters. Zur Psychologie des Priesterberufes*, Zürich/Einsiedeln/Köln: Benziger

REYNOLDS, Larry T. (1998), „Two Deadly Diseases and One Nearly Fatal Cure: The Sorry State of American Sociology", *The American Sociologist* 29:20-37

RIEHL, Wilhelm Heinrich (1976), *Die bürgerliche Gesellschaft*, Frankfurt a.M./Berlin/Wien: Ullstein (zuerst 1851)

RITZER, George (1992), *Contemporary Sociological Theory*, New York etc.: McGraw-Hill

RITZER, George (1993), *The McDonaldization of Society. An Investigation Into the Changing Character of Contemporary Social Life*, Thousand Oaks/London/New Delhi: Pine Forge Press

RÖD, Wolfgang (1997), *Die Arten des Wissens und ihr Wozu*, Vortrag auf dem Forum Alpbach 1997 (Manuskript)

ROHRACHER, Hubert (1965a), *Einführung in die Psychologie*, Wien/Innsbruck: Urban & Schwarzenberg

ROHRACHER, Hubert (1965b), *Kleine Charakterkunde*, Wien/Innsbruck: Urban & Schwarzenberg

ROSE, Arnold M. (1962), *Human Behavior and Social Processes. An Interactionist Approach*, London: Routledge & Kegan Paul

ROSE, Michael (1985), *Re-Working The Work Ethic. Economic Values and Socio-Cultural Politics*, London: Batsford

ROSENMAYR, Leopold (1976), *Jugend, Band 6: Handbuch der empirischen Sozialforschung*, hrsg. von R. KÖNIG, Stuttgart: Enke

ROSENMAYR, Leopold (1983), *Die späte Freiheit. Das Alter – ein Stück bewußt gelebten Lebens*, Berlin: Severin & Siedler

ROSENMAYR, Leopold (1990), *Die Kräfte des Alters*, Wien: Edition Atelier

ROSENMAYR, Leopold (1998), „'Generationenbeziehungen'. Alt und jung – Gegensatz oder Ergänzung?", in: *Alterskultur*, Tertianum 1/98 (Zürich), S. 17-30

ROSENMAYR, Leopold/Eva KÖCKEIS/Henrik KREUTZ (1966), *Kulturelle Interessen von Jugendlichen*, Wien/München: Juventa

ROSENMAYR, Leopold/Hilde ROSENMAYR (1978), *Der alte Mensch in der Gesellschaft*, Reinbek: Rowohlt

ROUTH, Guy (1975), *The Origin of Economic Ideas*, London/Basingstoke: Macmillan

RUDOLPH, Hedwig (1996), „Transformationen. Lösungen auf der Suche nach ihren Problemen", *Soziologische Revue*, Sonderheft 4, hrsg. von B. HODENIUS/G. SCHMIDT, *Transformationsprozesse in Mittelost-Europa – Zwischenbefund*, S. 7-15

RUNCIMAN, Steven (1995), *Geschichte der Kreuzzüge*, München: Beck (engl. 1950-54)

RUNCIMAN, W.G. (1966), *Relative Deprivation and Social Justice. A Study of Attitudes to Social Inequality in Twentieth-Century*, London: Routledge & Kegan Paul

RUNCIMAN, W. G. (1983), *A treatise on social theory. Volume 1: The Methodology of Social Theory*, Cambridge etc.: Cambridge University Press

RYLE, Gilbert (1969), *Der Begriff des Geistes*, Stuttgart: Reclam

SALAMUN, Kurt, Hrsg. (1992), *Was ist Philosophie? Neuere Texte zu ihrem Selbstverständnis*, Tübingen: Mohr

SAMUELSON, Paul A. (1981), *Volkswirtschaftslehre. Eine Einführung*, Köln: Bund (2 Bde)

SAEGESSER, Barbara (1975), *Der Idealtypus Max Webers und der naturwissenschaftliche Modellbegriff. Ein begriffskritischer Versuch*, Dissertation an der Philosophisch-Historischen Fakultät der Universität Basel

SCAGLIA, Antonio (1997), *La scienza del sociale. Nascita e sviluppo della sociologia*, Milano: F. Angeli

SCHÄFERS, Bernhard, Hrsg. (1995), *Grundbegriffe der Soziologie*, Opladen: Leske + Budrich

SCHARSACH, Hans-Henning (1992), *Haider's Kampf*, Wien: Orac

SCHEFF, Thomas (1990), *Microsociology. Discourse, Emotion and Social Structure*, Chicago/London: The University of Chicago Press

SCHEFF, Thomas J. (1994), *Bloody Revenge: Emotions, Nationalism & War*, Boulder/San Francisco/Oxford: Westview Press

SCHEFF, Thomas J./Suzanne M. RETZINGER (1991), *Emotions and Violence. Shame and Rage in Destructive Conflicts*, Massachusetts/Toronto: Lexington Books

SCHEFOLD, Bertram (1994), *Wirtschaftsstile. Band 1: Studien zum Verhältnis von Ökonomie und Kultur*, Frankfurt a.M.: Fischer Taschenbuch

SCHELSKY, Helmut (1957), *Die skeptische Generation*, Düsseldorf/Köln: Diederichs

SCHELSKY, Helmut (1959), *Ortsbestimmung der deutschen Soziologie*, Düsseldorf/Köln: Diederichs

SCHELSKY, Helmut (1975^2), *Die Arbeit tun die anderen. Klassenkampf und Priesterherrschaft der Intellektuellen*, Opladen: Westdeutscher Verlag

SCHILLER, Friedrich (o.J.), *Gesammelte Werke in fünf Bänden*, 1. Band, Gütersloh: R. Mohn/Europäische Bildungsgemeinschaft/Buchgemeinschaft Donauland

SCHIMANK, Uwe (1985), „Der mangelnde Akteurbezug systemtheoretischer Erklärungen gesellschaftlicher Differenzierung", *Zeitschrift für Soziologie* 14:421-434

SCHLEICHER, Stefan/Manfred DEISTLER (1984), „Maße und Modelle: Empirischer Befund der österreichischen Wirtschaft", in: H. ABELE u.a., Hrsg., *Handbuch der österreichischen Wirtschaftspolitik*, Wien: Manz, S. 53-76

SCHLEIDT, W.M., Hrsg. (1988), *Der Kreis um Lorenz. Ideen, Hypothesen, Ansichten*, Berlin/Hamburg: Parey

SCHLUCHTER, Wolfgang (1988), *Religion und Lebensführung, Band 1: Studien zu Max Webers Kultur- und Werttheorie*, Frankfurt a.M.: Suhrkamp

SCHLUCHTER, Wolfgang (1998), "Max Webers Beitrag zum Grundriß der Sozialökonomik. Editionsprobleme und Editionsstrategien", *Kölner Zeitschrift für Soziologie und Sozialpsychologie* 50:327-343
SCHMID, Günther (1970), "Niklas Luhmanns funktional-strukturelle Systemtheorie: Eine wissenschaftliche Revolution?", *Politische Vierteljahresschrift* 31:186-218
SCHMID, Michael (1996), *Rationalität und Theoriebildung. Studien zu Karl R. Poppers Methodologie der Sozialwissenschaften*, Amsterdam/Atlanta: Rodopi
SCHMIDT, Peter u.a. (1997), "Modellierung und Dokumentation sozialwissenschaftlicher Theorien und Operationalisierungen mit dem ZUMA-Informationssystem (ZIS): Ein Systementwurf", *ZUMA-Nachrichten* 41:73-97
SCHMIDT-KITTLER, N./K. VOGEL, eds. (1991), *Constructional Morphology and Evolution*, Berlin: Springer
SCHMITT, Eberhard (1982), *Indien. Politik, Ökonomie, Gesellschaft*, Berlin: Express Edition
SCHOECK, Helmut (1966), *Der Neid und die Gesellschaft*, Freiburg/Basel/Wien: Herder
SCHOENBERGER, Erica (1997), *The Cultural Crisis of the Firm*, Cambridge, Mass./Oxford: Blackwell
SCHÖLLGEN, Gregor (1977), *Handlung und Arbeit. Untersuchungen am Werk Max Webers*, Dissertation im Fachbereich Philosophie der Johann Wolfgang Goethe-Universität zu Frankfurt a.M.
SCHÖNPFLUG, Wolfgang/Ute SCHÖNPFLUG (1995), *Psychologie. Allgemeine Psychologie und ihre Verzweigungen in die Entwicklungs-, Persönlichkeits- und Sozialpsychologie*, Weinheim: Psychologie Verlags-Union
SCHREYÖGG, Georg (1992), "Organisationskultur", in: E. FREESE, Hrsg., *Enzyklopädie der Betriebswirtschaftslehre, Band 2: Handwörterbuch der Organisation*, Stuttgart: Poeschel
SCHRÖDINGER, Erwin (1962), "Was ist ein Naturgesetz?", in: ders., *Was ist ein Naturgesetz? Beiträge zum wissenschaftlichen Weltbild*, München/Wien: Oldenbourg, S. 9-17
SCHÜLEIN, Johann A./Karl-Michael BRUNNER (1994), *Soziologische Theorien. Eine Einführung für Amateure*, Wien/New York: Springer
SCHULTE, Günter (1993), *Der blinde Fleck in Luhmanns Systemtheorie*, Frankfurt a.M./New York: Campus
SCHULZ, Wolfgang (1983), "Von der Institution ,Familie' zu den Teilbeziehungen zwischen Mann, Frau und Kind", *Soziale Welt* 4:401-419
SCHULZE, Gerhard (1992), *Die Erlebnisgesellschaft. Kultursoziologie der Gegenwart*, Frankfurt a.M./New York: Campus
SCHÜTZ, Alfred (1960), *Der sinnhafte Aufbau der sozialen Welt. Eine Einleitung in die verstehende Soziologie*, Wien: Springer
SCHWAGERL, H. Joachim (1993), *Rechtsextremes Denken. Merkmale und Methoden*, Frankfurt a.M.: Fischer Taschenbuch

SCHWANENBERG, Enno (1970), *Soziales Handeln. Die Theorie und ihr Problem*, Bern/Stuttgart/Wien: Huber

SCHWANITZ, Dietrich (1990), *Systemtheorie und Literatur. Ein neues Paradigma*, Opladen: Westdeutscher Verlag

SCHWEITZER, Albert (1981), *Kultur und Ethik*, München: Beck

SCHWINN, Thomas (1993), *Jenseits von Subjektivismus und Objektivismus. Max Weber, Alfred Schütz und Talcott Parsons*, Berlin: Duncker & Humblot

SCHWINN, Thomas (1993), „Max Webers Konzeption des Mikro-Makro-Problems", *Kölner Zeitschrift für Soziologie und Sozialpsychologie* 45:220-237

SCHWINN, Thomas (1996), „Zum Integrationsmodus moderner Ordnungen: Eine kritische Auseinandersetzung mit Richard Münch", *Schweizerische Zeitschrift für Soziologie* 22:253-283

SEIBEL, Hans Dieter (1980), *Struktur und Entwicklung der Gesellschaft. Ein sozialwissenschaftliches Lehrbuch*, Stuttgart: Kohlhammer

SEN, Amartya K. (1970), *Collective Choice and Social Welfare*, San Francisco: Holden-Day/Oliver & Boyd

SÈVE, Lucian (1973), *Marxismus und Theorie der Persönlichkeit*, Frankfurt a.M.: Marxistische Blätter

SHEEHY, Gail (1995), *Die neuen Lebensphasen. Wie man aus jedem Alter das Beste machen kann*, München/Leipzig: List (amerik. 1995)

SHELDRAKE, Rupert (1985), *Das schöpferische Universum: Die Theorie des morphogenetischen Feldes*, München: Meyster (engl. 1981)

SHILS, Edward (1982), „Center and Periphery", in: ders., *The Constitution of Society*, Chicago/London: The University of Chicago Press, S. 92-109

SICA, Alan (1992), „The social world as a countinghouse. Coleman's irrational worldview", *Theory and Society* 21:243-262

SILLS, David L., ed. (1968), *International Encyclopedia of the Social Sciences*, New York/London: Macmillan/Free Press.

SIMMEL, Georg (1907), *Philosophie des Geldes*, Leipzig: Duncker & Humblot

SIMMEL, Georg (1923), *Soziologie. Untersuchungen über die Formen der Vergesellschaftung*, München/Leipzig: Duncker & Humblot

SIMON, Herbert A. (1982), *Models of Bounded Rationality*, Cambridge, Mass.: MIT Press

SMELSER, Neil J. (1972^2), *Soziologie der Wirtschaft*, München: Juventa

SMITH, Adam (1933), *Natur und Ursachen des Volkswohlstandes*, Leipzig: Kröner (engl. 1776)

SMITH, Adam (1994), *Theorie der ethischen Gefühle*, hrsg. von W. ECKSTEIN, Hamburg: Meiner (zuerst 1757)

SMITH, Tom W. (1985), „Atop a Literal Plateau? A Summary of Trends since World War II", *Reseach in Urban Policy* 1:245:257

SOLHEIM, Eva Maria (1993), *Älter werden wir später. Frauen um 50*, München: Knaur (norwegisch 1991)

SOMBART, Werner (1919), *Der moderne Kapitalismus, 1. Band/1. Halbband*, München/Leipzig: Duncker & Humblot

SPENCER, Herbert (1875), *Einleitung in das Studium der Soziologie, 2. Teil*, Leipzig: Brockhaus

SPENGLER, Oswald (1980), *Der Untergang des Abendlandes. Umrisse einer Morphologie der Weltgeschichte*, München: Beck (zuerst 1917)

SPINOZA (1955), *Die Ethik. Schriften und Briefe*, hrsg. von C. BÜLOW, Stuttgart: Kröner (zuerst 1677)

SPITZ, Rene (1960), *Die Entstehung der ersten Objektbeziehungen*, Stuttgart: E. Klett (franz. 1954)

SRUBAR, Ilja (1992), „Grenzen des ‚Rational Choice'-Ansatzes", *Zeitschrift für Soziologie* 21:157-165

SRUBAR, Ilja (1994), „Die (neo-)utilitaristische Konstruktion der Wirklichkeit", *Soziologische Revue* 17:115-121

STARLINGER, Peter (1989), „Zur sozialen Funktion der Biologie", in: H. STEINER, Hrsg., *J.D. Bernal's The Social Function of Science*, Berlin: Akademie-Verlag, S. 205-227

STAUBMANN, Helmut (1995), *Die Kommunikation von Gefühlen. Ein Beitrag zur Soziologie der Ästhetik auf der Grundlage von Parsons' Allgemeiner Theorie des Handelns*, Berlin: Duncker & Humblot

STEGMÜLLER, Wolfgang (1954), *Metaphysik, Wissenschaft, Skepsis*, Frankfurt a.M./Wien: Humboldt

STEGMÜLLER, Wolfgang (1960), *Hauptströmungen der Gegenwartsphilosophie. Eine kritische Einführung*, Stuttgart: Kröner

STEHR, Nico/Volker MEJA, Hrsg. (1981), „Wissenssoziologie", *Kölner Zeitschrift für Soziologie und Sozialpsychologie*, Sonderheft 22, Opladen: Westdeutscher Verlag

STEIN, Peter G. (1996), *Römisches Recht und Europa. Die Geschichte einer Rechtskultur*, Frankfurt a.M.: Fischer Taschenbuch

STEINER, Bernhard (1938), *Der Schöpfungsplan. Wesen und Bedeutung organischer Homologie*, Luzern/Leipzig: Räber

STERBLING, Anton (1991), „Erkenntnis ohne Interesse? Häresie, Wissenspluralismus, Konstruktivismus. Zur Wissenschaft der Soziologie", Beitrag zu ‚Zweite Freiburger Arbeitstage für Soziologie' gemeinsam mit der Theoriesektion der Deutschen Gesellschaft für Soziologie (hektografiert)

STERN, Erich (1962), „Die Unverheirateten", in: Ch. ZWINGMANN, Hrsg., *Zur Psychologie der Lebenskrisen*, Frankfurt a.M.: Akademische Verlagsgesellschaft, S. 103-121

STIGLITZ, Joseph E. (1988), *Economics of the Public Sector*, New York/London: Norton

STINCHCOMBE, Arthur (1968), *Constructing Social Theories*, New York etc.: Harcourt, Brace & World

STINCHCOMBE, Arthur (1992), „Simmel systematized. James S. Coleman and the social forms of purposive action in his Foundations of Social Theory", *Theory and Society* 21:183-202

STORM, Theodor (o.J.), *Am grauen Meer. Gesammelte Werke*, Hamburg: Mosaik
STÖRIG, Hans J. (1969), *Kleine Weltgeschichte der Philosophie*, 2. Band, Frankfurt a.M.: Fischer Taschenbuch
STRASSER, Hermann (1976), *The normative structure of sociology. Conservative and emancipatory themes in social thought*, London/Henley/Boston: Routledge & Kegan Paul
STRASSER, Hermann (1985), „Was Theorien sozialer Ungleichheit wirklich erklären", in: H. STRASSER/J.H. GOLDTHORPE, eds., *Die Analyse sozialer Ungleichheit. Kontinuität, Erneuerung, Innovation*, Opladen: Westdeutscher Verlag, S. 155-172
STREISSLER, Erich und Monika (1986), *Grundzüge der Volkswirtschaftslehre für Juristen*, Wien: Manz
STURN, Richard (1997a), *Individualismus und Ökonomic. Modelle, Grenzen, ideengeschichtliche Rückblenden*, Marburg: Metropolis
STURN, Richard (1997b), *Finanzwissenschaft*, Skriptum, Institut für Finanzwissenschaft an der Karl-Franzens-Universität Graz
SVALASTOGA, Kaare (1957), *Prestige, Class and Mobility*, Copenhagen: Glydendal
SWEDBERG, Richard (1991), „Major Traditions of Economic Sociology", *Annual Review of Sociology* 17:251-276
SWEDBERG, Richard (1996), „Analyzing the Economy: On the Contribution of James S. Coleman", in: CLARK, *James S. Coleman*, S. 313-328
SWEDBERG, Richard/Ulf HIMMELSTRAND/Göran BRULIN (1990), „The paradigm of economic sociology", in: S. ZUKIN/P. DIMAGGIO, eds., *Structures of Capital*, Cambridge: Cambridge University Press, S. 37-86
TAJFEL, Henri(1982), *Gruppenkonflikt und Vorurteil. Entstehung und Funktion sozialer Stereotypen*, Bern: Huber
TAX, Sol/Larry S. KRUCOFF (1968), „Social Darwinism", in: D.L. SILLS, ed., *International Encyclopedia of the Social Sciences*, vol. 13, pp. 402-405
TAYLOR, Overton H. (1960), *A History of Economic Thought*, New York etc.: McGraw-Hill
TENBRUCK, Friedrich H. (1984), *Die unbewältigten Sozialwissenschaften oder Die Abschaffung des Menschen*, Graz/Wien/Köln: Styria
TENBRUCK, Friedrich H. (1989), *Die kulturellen Grundlagen der Gesellschaft. Der Fall der Moderne*, Opladen: Westdeutscher Verlag
THOMAE, Hans (1968), *Das Individuum und seine Welt. Eine Persönlichkeitstheorie*, Göttingen: Verlag für Psychologie C.J. Hogrefe
TIMASHEFF, Nicholas S. (1955), *Sociological Theory. Its Nature and Growth*, New York: Random House
TISCHNER, Herbert, Hrsg. (1959), *Völkerkunde*, Frankfurt a.M.: Fischer Bücherei (Fischer Lexikon)
TOCQUEVILLE, Alexis de (1976), *Über die Demokratie in Amerika*, München: Deutscher Taschenbuch Verlag (franz. 1835)

TÖNNIES, Ferdinand (1963), *Gemeinschaft und Gesellschaft. Grundbegriffe der reinen Soziologie*, Darmstadt: Wissenschaftliche Buchgesellschaft (zuerst 1887)
TÖNNIES, Sybille (1997), *Der westliche Universalismus. Eine Verteidigung klassischer Positionen*, Opladen: Westdeutscher Verlag
TOPITSCH, Ernst (1958), *Vom Ursprung und Ende der Metaphysik. Eine Studie zur Weltanschauungskritik*, Wien: Springer
TREIBEL, Annette (1997[4]), *Einführung in soziologische Theorien der Gegenwart*, Opladen: Leske + Budrich
TSIAKALOS, Georgios (1990), „Der Beitrag von Ethologie und Anthropologie zur Bildung gesellschaftsrelevanter Kategorien", in: DITTRICH/RADTKE, *Ethnizität*, S. 227-243
TUCKER, Robert (1963), *Karl Marx. Die Entwicklung seines Denkens von der Philosophie zum Mythos*, München: Beck
TURNER, Bryan S. (1996), *For Weber. Essays on the Sociology of Fate*, London/Thousand Oaks/New Delhi: Sage Publications
TURNER, Jonathan H. (1984), *Societal Stratification. A Theoretical Analysis*, New York: Columbia University Press
TURNER, Jonathan H. (1994), „A General Theory of Motivation and Emotion in Human Interaction", *Österreichische Zeitschrift für Soziologie* 19:20-35
TURNER, Stephen (1998), „Who is afraid of the history of sociology?", *Schweizerische Zeitschrift für Soziologie* 24:3-10
TYRELL, Hartmann (1978), „Anfragen an die Theorie der gesellschaftlichen Differenzierung", *Zeitschrift für Soziologie* 7:175-193
UNDP – Entwicklungsprogramm der Vereinten Nationen (1994), *Bericht über die menschliche Entwicklung 1994*, Bonn: Deutsche Gesellschaft für die Vereinten Nationen
UNIVERSAL-LEXIKON in zwei Bänden (o.J.), Köln: Alpha
VANBERG, Viktor (1975), *Die zwei Soziologien. Individualismus und Kollektivismus in der Sozialtheorie*, Tübingen: Mohr
VEBLEN, Thorstein (1971), *Theorie der feinen Leute. Eine ökonomische Untersuchung der Institutionen*, München: dtv (engl. 1899)
VOLAND, Eckart (1993), *Grundriß der Soziobiologie*, Stuttgart/Jena: Fischer (UTB)
WALLERSTEIN, Immanuel (1996), „Sociology at an Intellectual Crossroad", *ISA-Bulletin* 71:1-2
WALLERSTEIN, Judith/Sandra BLAKESLEE (1989), *Gewinner und Verlierer. Frauen, Männer, Kinder nach der Scheidung*, München: Droemer-Knaur
WALTER, Elmar (1963), *Kapitalismus im Übergang. Die freie Wirtschaft auf dem Weg zum Volkskapitalismus*, München: Rütten + Loening
WALZER, Michael (1992), *Sphären der Gerechtigkeit. Ein Plädoyer für Pluralität und Gleichheit*, Frankfurt a.M./New York: Campus (amerik. 1983)
WARFIELD RAWLS, Anne (1992), „Can rational choice be a foundation for social theory?", *Theory and Society* 21:219-241

WATERS, Malcolm (1994), *Modern Sociological Theory*, London/Thousand Oaks/New Delhi: Sage Publications
WEBER, Max (1905), „Die protestantische Ethik und der ‚Geist' des Kapitalismus", Teil I und II, *Archiv für Sozialwissenschaft*, 20. Band, S. 1-54, 21. Band, S. 1-110
WEBER, Max (1964), *Wirtschaft und Gesellschaft. Grundriß der verstehenden Soziologie*, 2 Bde, Köln/Berlin: Kiepenheuer & Witsch (zuerst 1921)
WEBER, Max (1973), *Soziologie. Universalgeschichtliche Analysen – Politik*, Stuttgart: Kröner
WEBER, Max (1988a), *Gesammelte Aufsätze zur Religionssoziologie*, 2 Bde, Tübingen: Mohr
WEBER, Max (1988b), *Gesammelte politische Schriften*, hrsg. von Johannes WINCKELMANN, Tübingen: Mohr
WEHLING, Peter (1992), *Die Moderne als Sozialmythos. Zur Kritik sozialwissenschaftlicher Modernisierungstheorien*, Frankfurt a.M./New York: Campus
WEIGERT, Andrew J./J. SMITH TEITGE/Dennis W. TEITGE (1986), *Society and Identity. Toward a sociological psychology*, Cambridge: Cambridge University Press
WEILER, Bernd (1997), *Die Kulturanthropologie von Franz Boas im ideengeschichtlichen und wissenssoziologischen Kontext*, Diplomarbeit am Institut für Soziologie der Karl-Franzens-Universität Graz
WEISE, Peter (1989), „Homo oeconomicus und homo sociologicus. Die Schreckensmänner der Sozialwissenschaften", *Zeitschrift für Soziologie* 18:148-161
WEISS, Hilde (1993), *Soziologische Theorien der Gegenwart. Darstellung der großen Paradigmen*, Wien/New York: Springer
WEISS, Johannes (1975), *Max Webers Grundlegung der Soziologie. Eine Einführung*, München: Dokumentation
WHORF, Benjamin L. (1963), *Sprache, Denken, Wirklichkeit. Beiträge zur Metalinguistik und Sprachphilosophie*, Reinbek: Rowohlt
WICKERT, Johannes (1972), *Albert Einstein in Selbstzeugnissen und Bilddokumenten*, Reinbek: Rowohlt
WICKLER, Wolfgang (1969), *Sind wir Sünder? Naturgesetze der Ehe*, München/Zürich: Droemer-Knaur
WIETHÖLTER, Rudolf (1968), *Rechtswissenschaft*, Frankfurt a.M.: Fischer Bücherei
WILLI, Victor J. (1966), *Grundlagen einer empirischen Soziologie der Werte und Wertsysteme*, Zürich: Orell Füssli
WILLI, Victor J. (1983), *Überleben auf italienisch*, Wien/München/Zürich: Europaverlag
WILLIAMSON, Oliver E. (1985), *The Economic Institutions of Capitalism. Firms, Markets, Relational Contracting*, New York: Free Press

WILLKE, Helmut (1987), *Systemtheorie. Eine Einführung in die Grundprobleme*, Stuttgart/New York: Fischer

WILLKE, Helmut (1996), *Ironie des Staates. Grundlinien einer Staatstheorie polyzentrierter Gesellschaften*, Frankfurt a.M.: Suhrkamp

WILSON, E.O. (1975), *Sociobiology. The New Synthesis*, Cambridge etc.: Belknap Press

WILSON, William J. (1980), *The Declining Significance of Race. Blacks and the Changing American Institutions*, Chicago/London: The University of Chicago Press

WINCH, Peter (1966), *Die Idee der Sozialwissenschaft und ihr Verhältnis zur Philosophie*, Frankfurt a.M.: Suhrkamp

WINGEN, Max (1997), *Familienpolitik. Grundlagen und aktuelle Probleme*, Stuttgart: Lucius & Lucius (UTB)

WISWEDE, Günter (1985), *Soziologie. Ein Lehrbuch für den wirtschafts- und sozialwissenschaftlichen Bereich*, Landsberg/Lech: Moderne Industrie

WOLFE, Alan (1989), *Whose Keeper? Social Science and Moral Obligation*, Berkeley/Los Angeles/London: University of California Press

WOMACK, James P./Daniel T. JONES/Daniel ROOS (1994), *Die zweite Revolution in der Autoindustrie. Konsequenzen aus der weltweiten Studie aus dem Massachusetts Institute of Technology*, Frankfurt a.M./New York: Campus

WRIGHT, Erik Olin (1985), *Classes*, London: Verso

WRIGHT, Georg H. von (1991), *Erklären und Verstehen*, Meisenheim: Anton Hain (engl. 1971)

WUKETITS, Franz M. (1990), *Konrad Lorenz. Leben und Werk eines großen Naturforschers*, München/Zürich: Piper

YOUNG, Michael (1961), *Es lebe die Ungleichheit*, Düsseldorf: Econ (engl. 1958)

ZAPF, Wolfgang (1977), „Gesellschaftliche Dauerbeobachtung und aktive Politik", in: H.J. KRUPP/W. ZAPF, Hrsg., *Sozialpolitik und Sozialberichterstattung*, Frankfurt a.M./New York: Campus, S. 210-230

ZAPF, Wolfgang, Hrsg. (1991), *Die Modernisierung moderner Gesellschaften*, hrsg. im Auftrag der Deutschen Gesellschaft für Soziologie, Frankfurt a.M./New York: Campus

Zentralarchiv für empirische Sozialforschung, Empirische Zentralforschung (erscheint jährlich), Frankfurt a.M./New York: Campus

ZETTERBERG, Hans L. (1973^3), „Theorie, Forschung und Praxis in der Soziologie", in: René KÖNIG, Hrsg., *Handbuch der empirischen Sozialforschung, Band 1: Geschichte und Grundprobleme der empirischen Sozialforschung*, Stuttgart: Enke, S. 103-160

ZIPPELIUS, Hanna-Maria (1992), *Die vermessene Theorie. Eine kritische Auseinandersetzung mit der Instinkttheorie von Konrad Lorenz*, Braunschweig: Vieweg

Sachregister

Abduktion 459
Abstraktionsgrad 176
Abtreibung 584
Adaptation, Funktion der 218
Adel 363
Adoleszenz, verlängerte 140
Affektivität 251
Agenten, moralische 585
Aggregatbeziehungen 377
Aggregatphänomene 311
Aggression 117, 121, 122, 135
Aggression, intraspezifische 158
Aggressionshandlungen 156
AGIL-Schema 285, 292, 302
Agrarverfassung 571
Akteur 250, 279, 463, 510, 602, 606,
Akteur, rationaler 400
Akteur, individueller 232
Akteure, kollektive 232, 607
Akteur, korporativer 335, 359, 603
Akteur, sozialer 284
Aktionsforschung 494
Aktivismus 253
Aktivität, politische 612
Alltagsleben 76
Altfahrzeugverschrottung 349
Altruismus 312, 394, 581
Amerikaner 254, 427
Analogien, biologische 165
Analogisierungsstrategie 456
Analyse, dynamische 235
Analyse, dynamisch-kausale 218
Analyse, experimentelle 476

Analyse, semantische 411
Analyse, strukturelle 235
Anatomie 182
Anerkennung 173
Anerkennung, freiwillige 340
Anerkennungsbedürfnis 557
Angebot und Nachfrage 220
Anlagen, geistig-seelische 597
Annahmen, soziologische 308
Anpassung, pluralistische 608, 609
Ansatz, systemtheoretischer 233, 297
Ansatz, verhaltenstheoretischer 178
Ansatz, wirklichkeitssoziologischer 323
Ansätze, naturalistische 91, 194
Ansätze, sozialwissenschaftliche 67
Anthropologie 124, 198, 238
Anthropologie, solipsistische 404
Anwendbarkeit 399
Anwendung wissenschaftlicher Befunde 495
Apartheid 326
Äquivalente, funktionale 456
Äquivalenzfunktionalismus 452, 453, 507
Arbeitsfähigkeiten 439
Arbeitslager 149
Arbeitslosigkeit 225
Arbeitsteilung 424
Arbeitsteilung, funktional- horizontale 246
Arbeitsteilung, organisatorische 187
Arbeitsteilung, physiologische 249

Arbeitsteilung, vertikal- hierarchische 246
Aristokratie, höfische 422
Artenvielfalt, kulturelle 268
Ärzte 258
Aspekt, emotionaler 542
Aspekt, symbolischer 38
Aspirin 496
Assoziationen, intermediäre 290
Ästhetik 477
Aufklärung, kritische 633
Ausbeutung 62
Ausbeutungsbeziehungen 365
Ausdruck 538
Ausführungen, anthropomorphe 157
Ausländer 119, 291
Auslese, natürliche 248, 455
Aussage, funktionalistische 455
Aussagen, inhaltsleere 269
Aussagen, wirklichkeitssoziologische 635
Aussagesysteme, unvollständige 398
Austausch 334
Austauschprozesse 334
Auswahl, genetische 111
Autopoiesis 456, 466
Autorität 172, 174, 176, 183
Autoritätsbeziehungen 335, 336
Autoritätsstrukturen 173

Basis, biologische 517
Bedarfsdeckungswirtschaft 221
Bedeutung, kulturelle 614
Bedürfnis, ideologisches 134
Bedürfnisse 221, 232
Bedürfnistheorie 561
Befinden, gesundheitliches 127
Befreiungsideologien 324
Begrenzung, strukturelle 608, 609
Begriffe 231, 316, 450
Begriffe, theoretische 194
Begriffsschema, heuristisches 399
Begriffsschemata 298
Begriffssysteme 203
Begriffsverschiebung 178
Behaviorismus 91
Belohnungsmaximierung 176

Beobachter, teilnehmender 535
Beobachtung, kontrollierte 619
Beobachtung, naturalistische 545
Beratungstätigkeit 492
Bereitschaft an Wahlen teilzunehmen 355
Berlin 368
Berufsethos 260
Berufsethos, ärztliches 258, 259
Berufsorientierungen 252
Berufsrollen 254
Berufsstruktur 253
Beschäftigung, Theorie der 224
Beschäftigungstheorie 225
Bescheidenheit 469
Beschreibung 204, 448, 449
Besitzindividualismus 249
Besteuerung 574, 230
Betrachtung, strukturalistische 204
Betriebsberater 502
Betriebswirtschaft 559, 74
Betriebswirtschaftslehre 17, 88
Betriebswirtschaftslehre Marketing 595
Bevölkerungsdichte 116, 120
Bevölkerungsexplosion 272
Bevölkerungswachstum 142
Bewegung, ethnische 327
Bewegung, ökologische 352
Bewegungen, neokonservative 134
Bewegungen, regionalistische 329
Bewegungen, separatistische 318
Bewegungen, sozialrevolutionäre 67
Bewertung, monetäre 350
Bewertung, ökonomische 219
Bewußtsein 515, 324
Bewußtsein, öffentliches 622
Bewußtseinszustände, Ebenen der 513
Beziehung 287, 597
Beziehung, kausale 418
Beziehung, soziale 285, 286, 292, 405
Beziehungen, funktionale 313, 374
Beziehungen, sexuelle 326
Beziehungen, zwischenstaatliche 424
Bezug, empirischer 449
Bezugsgruppentheorie 632
Bildung 329
Bildung, allgemeine 423

Bildungschancen 330
Biochemie 182
Biologen 130, 161, 464
Biologie 83, 106, 158, 198, 209, 235, 236, 239, 242, 247, 249, 455, 463, 464
Biophysik 182
Biopsychologie 182
biosociology 93, 95
biosozial 324
Biosoziologen 111
Biosoziologie 93, 619
Biotops 117
Blutsverwandtschaft 113
Bosnien 278
Botanik 238
bounded rationality 316
Brasilien 273
Brückenhypothesen 309, 313, 613
Bruttosozialprodukt/Kopf 350
Buddhismus 213, 214
Bürgerkrieg, amerikanischer 326
Bürgerrechte 326
Bürgerrechtler 318
Bürokratie 407
Bürokratien 505

Calvinismus 216
Chaos 490
China 273
Christentum 215, 216
Computersimulationen 493
Crusoe, Robinson 438
Daten, empirische 273

Deduktion 459
Definitionen, operationale 64
Defizite, biologische 195
Degenerationserscheinungen 101
Delegitimationskapazität 73
Demokratie 137, 568, 576
Denken, evolutionistisch- funktionalistisches 198
Denken, homologisierendes 106
Denken, interdisziplinäres 300
Denken, konservatives und Soziologie 22

Denken, multidisziplinäres 300
Denken, sozialdarwinistisches 247
Denken, soziologisches 371
Denken, strukturfunktionalistisches 613
Denkmuster, biologisches 234
Deskription, empirische 313
Despotien 576
Destruktivität 158
Deutschland 262, 275, 559, 582
Deutung, funktionale 210, 257, 529
Diagnose, soziologische 67
Diagnosefähigkeit 67, 70, 79, 413, 620, 621
Differenzierung 214, 245, 278, 413
Differenzierung, ethnische 100, 318, 319
Differenzierung, funktionale 319, 412, 416, 417, 426, 435
Differenzierung, gesellschaftlich-strukturelle 415
Differenzierung, horizontale 189
Differenzierung, segmentäre 416
Differenzierung, soziale 264
Differenzierung, sozialstrukturelle 419
Differenzierung, stratifikatorische 416
Differenzierung, vertikale 416
Diffusion, kulturelle 213
Distanz, emotionale 175
Distanz, soziale 184
Disziplinen, wissenschaftliche 281
Dokumente, schriftliche 591
Domestikation 138
Domestikationsschäden 139
Dominanzstreben 122
Dreiständetheorie 364
Drei-Welten-Theorie 40, 521

Dritte Welt 46, 321
Drittes Reich 150
Drogengebrauch 44

Ebenen der Wirklichkeit 323
economies of scale 384
Effekt, unerklärter 495
Effekt, externer 345
Effekt, kausaler 324

Effizienz 347
Effizienz, ökonomische 346
Effizienz, soziale 353
Effizienzprinzip 354
Egoismus 259
Ehe 117, 118
Ehe, ökonomische Theorie der 382
Ehegründung, kindorientierte 387
Eheschließung 382, 383, 387
Ehezufriedenheit 386
Eigeninteresse 346
Eigennutzen 395
Eigenschaften, emergente 301
Einbildungskraft 476
Einfluß 172
Einfühlung, subjektiv- psychologische 533
Einfühlungskraft 537
Einheit von Körper und Seele 182
Einigung, europäische 231, 265, 624
Einigungsprozeß, europäischer 624
Einkauf 593
Einkaufsverhalten 591, 600
Einkommen 226, 229, 230
Einsamkeit 440
Einstellungsforschung 183
Elemente, emotionale 597
Eliten 322, 421
Eliten, gesellschaftliche 325, 380
Eltern- Kind-Beziehungen 145
Emergenz von Wahlnormen 370
Emotion 569
Emotionen 108, 599, 611
Empathie 581
England 592, 246
Entlastungsfunktion 502
Entscheidungen, kollektive 340
Entscheidungsrationalität 356
Entscheidungstheorie 460
Entspezialisation, somatische 155
Entwicklung 160
Entwicklung ethisch-moralischer Prinzipien 584
Entwicklung neuer Technologien 496
Entwicklung, gesellschaftliche 319
Entwicklung, medizintechnische 104
Entwicklung, organisch- biologische 245
Entwicklung, semantische 415
Entwicklungsländer 442
Entwicklungsniveau, technologisches 191
Entwicklungsszenarien 268
Entwicklungstheorien 67, 191
Erbrecht 570
Ereignisse, kritische 322
Erfahrung 463
Erfahrungsbezug 532, 459
Erfahrungswissenschaften 203
Erfolg einer Organisation 505
Erkenntnistheorie 465
erklären, kausal-statistisch 633
Erklärung 38, 448, 451, 455, 539
Erklärung, funktionale 452
Erklärung, funktionalistische 122, 241, 263, 318
Erklärung, historisierend- beschreibende 552
Erklärung, kausale 50, 165, 210, 214, 257, 311, 530, 545
Erklärung, kausal-statistische 535
Erklärung, sozialwissenschaftliche 589, 452
Erklärung, soziologische 169, 552
Erklärung, systematische 552
Erklärung, ultimate 163
Erklärungen, funktionalistisch-teleologische 162, 163
Erklärungen, ökonomische 371
Erklärungen, sinnverstehende 50
Erklärungen, verhaltenswissenschaftliche 176
Erklärungsleistung 447
Erklärungsmethode, kausalwissenschaftlich und funktionalistische 453
Erklärungsstrategie, individualistisch-psychologistische 591
Erlebnis- und Ausdrucksformen, sprach- und sinngeprägte 537
Ernährung 601
Ersatzhandlungen, aggressive 147
Erstarrung, institutionelle 495
Erwartungen 315
Erwerbswirtschaft 221

Sachregister

Erziehung 520
Esoterik 352, 481
esteem 170
Ethik 143
Ethnisch-nationale Konflikte 274
Ethnomethodologie 535, 593, 52
Ethnozentrismus 61, 109, 112
Eugenik 101
Europa 215, 247, 269, 423, 427
Europäische Union 274, 425
Europäische Zentralbank 425
Evidenz 528
Evolution 162, 234, 237, 240, 246, 432, 455, 466
Evolution, biologische 236, 249, 236, 249
Evolution, gesellschaftliche 415
Evolution, historische 260
Evolution, kulturelle Logik 130
Evolution, natürliche 160
Evolution, soziokulturelle 212, 236, 461, 483
Evolutionismus 60, 61, 62
Evolutionsprozess 235
Evolutionstheorie 97, 206, 234, 243, 434
Evolutionstheorie, biologische 239
Evolutionstheorie, darwinistische 242
Evolutionstheorien 46
Existenzfähigkeit, globale 362
Experiment 462
Experiment, falsififzierendes 49
Experimente, kritische 47
Externalitäten 336, 345

Fabrikation des Wissens 524
Fähigkeiten, geistig- seelische 597
Fakten, soziale 521
Faktoren, technologische 187
Faktortheorien 459
Falsifikation, empirische 591
Falsifizierbarkeit 457
Familie 128, 129, 286
Familienbeziehungen 584
Familiengeschichten 156
Faschismus 322
Fehlschluß, naturalistischer 107, 247

Feindseligkeit 175
Feld, morphogenetisches 236
Feudalgesellschaft 361, 363
Feudalwesen 364
Figuration 600
Finanzsoziologie 574
Fleck, blinder 504
Fluktuationen, kritische 491
Folgen einer Scheidung 585
Folgerungen, normative 338
Forschung, angewandte 495
Forschung, empirische 194, 200, 294, 462
Forschung, kulturvergleichend 156
Fortschritt 160
Fortschritt, wissenschaftlicher 46, 142
Fortschrittsglauben 246
Frankreich 262, 275, 414, 571
Frauenbewegung 318, 352
Freiheit 160
Freiheitliche Partei Österreich 149
Freiheitskämpfe 323
Fremdeln von Kleinkindern 104
Fremdenfeindlichkeit 119, 134
Fremdenfurcht 105
Fremdengesetze 153
Frieden 364
Führerpersönlichkeiten, politische 608
Führung 172
Führungsmodelle 186
Führungspersönlichkeiten 421
Führungsqualifikation 173
Funktion 237, 240, 237, 240, 436
Funktion, gesellschaftskritisch- aufklärerische 635
Funktionalisten 198
Funktionen 435
Funktionen für die Arterhaltung 157
Funktionen von Normen 343
Funktionen, latente 460
Funktionsprimat 417

Gastarbeiterwanderungen 321
Geburtenkontrolle 118
Geburtenrückgang 349
Gedankeninhalte, objektive 514
gedankliches Experiment 529

Gefährtenschaft 388
Gefangenendilemma 346
Gefangenenlager 119
Gefühle 542, 108, 344
Gegenstandsbereich von Theorien 87
Gehirnvorgänge 179
Gehorsam 174
Geistes- und Kulturwissenschaften 525
Geisteswissenschaften 527, 73
Geld 284, 286, 377, 444
Geldnachfrage 227
Geldverkehr 424
Geltungsstreben 557
Gemeinschaft 258
Gemeinschaft, politische 323
Gemeinschaften, wirtschaftsregulierende 222
Gemeinschaftsbeziehungen, ethnische 320
Gemeinschaftsbildung, ethnische 98, 109, 319, 322, 328
Genauigkeit, semantische 449
Gene 110, 111
Genetik 112, 182
Geologie 209
Gerechtigkeit 174, 342, 364
Gerechtigkeit, distributive 356
Gerechtigkeitsgefühl 129
Geschichte 409, 429, 551, 604, 636
Geschichte der Wirtschaftstheorie 592
Geschichtsforschung 434
Geschichtskonstruktion, idealistische 278
Geschichtsphilosophie 21
Geschichtsschreibung 21
Geschichtswissenschaften 315
Geschlechtsproportion 190
Geschwindigkeitsbeschränkungen 353
Gesellschaft 258, 301, 352, 435
Gesellschaft, amerikanische 243
Gesellschaft, europäische 262
Gesellschaft, Funktionsbereiche der 419
Gesellschaft, Religion einer 420
Gesellschaft, Zweidrittel- 271
Gesellschaften, einfache 253, 254
Gesellschaften, fortgeschrittene 253

Gesellschaften, funktional differenzierte 417
Gesellschaften, geschichtete 417
Gesellschaften, industrielle 246
Gesellschaften, komplexe Steuerungsfähigkeit 430
Gesellschaften, militärische 246
Gesellschaften, moderne 256, 430
Gesellschaften, pluriethnische 189
Gesellschaften, postmaterialistische 625
gesellschaftliche Wirksamkeit einer Idee 569
Gesellschaftsbürgerschaft 289
Gesellschaftsdiagnosen 566, 623
Gesellschaftskritik, konservative 625
Gesellschaftslehre, biologistische 249
Gesellschaftslehre, katholische 22
Gesellschaftstheorie 448
Gesellschaftstheorie, kulturwissenschaftliche 525
Gesellschaftstheorie, strukturellfunktionalistische 618
Gesellschaftstheorien, sozialwissenschaftliche 525
Gesellschaftstypen 616
Gesetz 373
Gesetz der abnehmenden Nachfrage 373
Gesetz der Knappheit 372
Gesetz, psychologisches 226, 228
Gesetz, soziologisches 377
Gesetze 206, 237
Gesetze, allgemeingültige 307
Gesetze, ökonomische 372, 373
Gesetze, soziologische 528, 373
Gestaltung, direkte 608
Gestaltung, indirekte 609
Gestaltungsspielraum 611
Gesundheit 127, 182
Gesundheitsversorgung 351
Gewerkschaften 446
Gewissen 521, 344
Gewohnheit 172
Gleichgewicht, soziales 337
Gleichgewichtslagen 375
Gleichgewichtsmodell 613

Sachregister

Gleichheit 566, 567, 576
Gleichheit, gesellschaftliche 568
Gleichheit, soziale 291
Globalisierung 280
Globalisierungsprozesse 329
goldene Regel der Biologie 112
Golfkrieg 425
Gottesfrieden 364
Gradationsparameter 188
grand theory 87
Grenze 430
Großbritannien 46, 248, 262, 275, 559
Großunternehmen 187
Grundbedürfnisse 229
Grundklassen, soziale 573
Grundlagenforschung 494
Grundvertrauen 144
Gruppe, ethnische 322
Gruppen, militärische 174
Gruppenbildung 556
Gruppenselektion 111
Gruppenzugehörigkeit 599
Gültigkeit 524, 64
Güterknappheit 441
Güternachfrage 227

Habitus 84
Hackordnung von Hühnern 172
Handeln 547, 283
Handeln, emotionales 402
Handeln, ethisch- moralisches 583
Handeln, kommunikatives 474
Handeln, moralisches 129
Handeln, Motive des 351
Handeln, rationales 357
Handeln, soziales 357, 403
Handeln, soziales Sinnhaftigkeit des 308
Handeln, traditionsgeleitetes 402
Handeln, verantwortungsethisch 583
Handeln, wertrationales 339
Handeln, wirtschaftliches 438, 440, 549
Handeln, zweckrationales 220
Handlung, elementare 282
Handlungen, private 336
Handlungsbegriff 357

Handlungsorientierung 250
Handlungspräferenzen 316
Handlungsrechte 339
Handlungsstrategie 542
Handlungsstrategien 317, 333, 634
Handlungssystem 203
Handlungstheorie 306, 309, 313
Haushalt 212
Haushaltsproduktion 383
Haushaltsproduktionsfunktion 384
Haushunde 107
Hautfarbe 325
Heirat 386
Heiraten 118
Heiratsalter 390
Heiratsinserate 391
Heiratsmarkt 388, 393
Heiratsmodell, markttheoretisches 386
Heiratsmuster 113
Heiratsverhaltens, Theorie des 383
Helfersysteme, psychosoziale 487
Herkunft, soziale 623
Herrschaftsformen, Klassifikation von 367
Herrschaftssysteme 125
Herrschaftsverhältnisse 501
Herstellverhalten 523
Heterogamie 385
Heterogenität 189
Heterogenität, multiforme einer Gesellschaft 190
Hierarchie 423
Hierarchie, gesellschaftliche 422
Hierarchie, kybernetische 283
Hierarchien 124, 181, 192
Hitler 608
Hochhäuser 120
Holismus 221
homo aestheticus 403
homo clausus 404
homo oeconomicus 309, 310, 402
homo rationalis 402
homo sociologicus 309, 310
Homogamie 385, 389
Homologie 283
Hospitalisierung 145
Hospitalismus 119, 155

Humanethologie 91, 93, 95, 118, 131, 154
Humanpsychologie 154
Humanwissenschaften 199
Humor 475, 484
Hypothese, kausal orientierte 567
Hypothesen 39, 194, 316
Hypothesen, forschungsleitende 426
Hypothesen, Geltungsbereich von 43
Hypothesen, Verifikation von 39
Hypothesen, Verwertbarkeit von 43

Ich-Bewußtsein 513
Ich-Identität als Balance 598
Ideale, kulturelle 626
Idealtypen 257, 313, 550, 552
Idealtypen historischer Individuen oder Kontexte 553
Idealtypen historisch- gesellschaftlicher "Totalphänomene 553
Idealtypen politischer Kultur 559
Idealtypen sozialen Handelns 553
Idealtypus 525, 526, 548, 549, 550
Idealtypus, genetischer 551
Idee der Gleichheit 256
Ideen 324
Identität 266, 276, 403, 587, 596, 599, 634
Identität, persönliche 597
Identitäten, multiple, soziale 598
Ideologie, nationalsozialistische 150
Ideologien 132
Imperien 214
Indianer Nordamerikas 576, 579
Indien 126, 273
Indifferenzkurven, soziale 350
Individualebene 602
Individualismus 625, 221
Individualismus, methodologischer 308, 310, 317, 400
Individuen, historische 207
Induktion 459
Induktivismus 215
Inflation 380, 454
Information 309
Informationsgehalt 454
Informationskontrolle 543

Informationsverarbeitung 543
Inklusion, universelle 417
Instinktausstattung des Menschen 116
Instinktbasiertheit des menschlichen Verhaltens 158
Instinkte 98, 160
Institut für Höhere Studien 306
Institution 513, 578
Institutionen 159, 169, 245, 407, 570, 606
Institutionen, soziale 589, 126, 407
Integration 264, 284
Integration Europas 279
Integration, europäische 322, 329
Integration, normative 284
Integration, soziale 271
Integrationsprozesse, nationalstaatliche 428
Intellektuelle 102
Intelligenz 350
Intelligenz der Gefühle 538
Interaktionismus, symbolischer 51, 91, 541, 545, 548
Interaktion zwischen Interessen und Ideen 555
Interdependenz, evolutionäre 333
Interdependenz, strukturelle 332
Interdisziplinarität 59
Interesse 334, 404, 591, 592
Interessen, normative 58
International Sociological Association 622
Interpenetration 262, 264, 270, 278, 303
Interventionen, paradoxe 493
Interview 64
Irland 323
Ironie 484
Italien 275, 571

Japan 582
Juden 114, 115
Judentum 216
Jugend 137
Jugendliche 140
Juristen 503

Kampf 445

Kapazitätslinie 372
Kapitalismus 216, 294
Kapitalzinsen 230
Karriere 604
Karriereorientierung 260
Kastensysteme 125, 172
Kategorisierung von Personen 544
kausaladäquat 530
Kausalauffassung, ontologische 457
Kausalbeziehungen 517
Kausalerklärung 526, 527, 539, 232
Kausalerklärungen 164, 499
Kausalgesetze, elementare 531
Kausalgesetze, probabilistische 567
Kausalitätsprinzip 454, 533
Kausalitätsvorstellung 162
Kausalzusammenhänge 499
Kernwaffen 77
Kindes- und Jugendalter 140, 585
Kirche, katholische 505
Klagezeremonien 171
Klasse, herrschende 421
Klassen, herrschende 425
Klassenkampf 540, 60
Klassenkampf, latenter 574
Klassenstruktur 363
Klassifikation 106
Klassifikation von Typen 237
Klassifizierung von Herrschaftstypen 617
Klassiker 85, 266
Klassiker der Soziologie 60, 85, 293
Klatsch 355
Kleingruppenbeziehungen 485
Kleingruppenforschung 493
Kleinkinder 145
Knappheit 374, 375, 441
Kodifikation des bestehenden Wissens 295
Kognitionssysteme 465
Kollektivbewußtsein 520
Kollektivismus 221
Kommunikation, wissenschaftliche 34
Kommunikationsmedien, symbolisch generalisierte 471, 443
Kommunikationsmedien, verallgemeinerte, symbolische 284
Kommunikationsprozeß 517
Kommunikationssysteme bei Tieren und Menschen 109
Kommunikationswissenschaft 68, 88
Kommunismus 48, 277
Kommunitarismus 258
Komplementarität 384
Komplexität 460, 487, 500
Komplexität und Systemdifferenzierung 461
Komplexitätsniveau 415
Komplexitätsreduktion 498
Konflikt 445, 455
Konflikte in Osteuropa, ethnisch-nationale 276
Konflikte, ethnisch-nationale 280
Konflikte, Funktionalität von 492
Konflikttheorie, konservative 58
Konflikttheorie, radikale 58
Konformität 166
Konfuzianismus 214
Konkurrenz 424, 437, 445
Konnotationen, positive 493
Konsens 343
Konsolidierung sozialer Ungleichheiten 189
Konstrukte 45
Konstruktionen, idealtypische 376
Konstruktivismus 202
konstruktivistisch 201
konstruktivistisches Verständnis von sozialwissenschaftlicher Theorie 451
Konsum 229
Konsument 218, 594
Kontext, bürokratischer 174
Kontrapunkt 472
Kontrolle 334
Kontrolle, industriell-bürokratische 187
Kontrollinteresse 207
Konvention 532
Konzepte 45
Kooperation, interdisziplinäre 381
Koordination 487
Körperlichkeit 597
Kosten 176

Kranke, chronisch 289
Krankenrolle 302
Krankheit 127
Kreativität 477
Kreise, soziale 598
Kreiskausalität 489
Kriegsmoral 364
Kriminelle 149
Kriminologie 148
Kritikfunktion 498
Kroatien 277, 323
Kultur, 129, 159, 270, 283, 556, 558
Kultur, politische 559
Kulturanthropologie 239, 240
Kulturbedeutung 549
Kulturelement, universales 169
Kulturkritik, konservativ- reaktionäre 627
Kunst der Fuge 472
Kwakiutl-Indianer 240
Kybernetik 2. Ordnung 492

Lagen, soziale 191
Länder, deutschsprachige 571
Lateinamerika 329
learning by doing 163
Leben, privates 636
Lebenserwartung, durchschnittliche 142
Lebensgemeinschaften 387
Lebensgeschichte 605
Lebensmittel 593
Lebenswelt 585
Ledigbleiben 388
Legitimation 279, 498
Legitimationsbasis 255
Legitimationsfähigkeit, gesellschaftliche 622
Legitimationskapazität 620, 621
Legitimationswissenschaften 380
Legitimität 72, 364
Lehrbücher 54, 412
Lehrbuchsoziologie 295
Lehrmeinungen, ökonomische 81
Leidenschaft für Gleichheit 569
Leistung 255, 436
Leistungsorientierung 254, 260

Lerntheorie 39, 66, 168, 180
Liebe 130, 137, 393, 405, 474
Liebesbeziehungen 382
Limitierung 609
Logik 48
Logik der Aggregation 309
Logik der Problemsituation 587
Logik der Selektion 309
Logik der Situation 594, 309
London School of Economics 245
Luxusbedürfnisse 229

Macdonaldisierung moderner Gesellschaften 625
Macht 284, 292, 405, 423
Macht, relative 340
Machtelite 622
Machtstaat, deutschnationaler 626
Machtstreben 557
Macht- Strukturen 361
Machtstrukturen, politische 422
Machtverhältnisse 273
Machtverteilung, asymmetrische 356
Makroebene 311, 324, 327, 557, 603
Makrophänomene 345
Makrosoziologie 511
Managementberatung 486
Managementschriftsteller 186
Manager 477
Manchester- Liberalismus 48
Mangelhypothese 561
Männlichkeit 477
Markt 62
Marktbeziehungen 336
Märkte 231
Marktgemeinschaft 264
Marktteilnahme 593
Marxismus 33, 78, 92
Massenkommunikation 329
Maßnahmen, eugenische 103, 150
Mathematik 48, 467
Maximierung 315
Maximizing 310
Medien 54, 81, 134, 619
Medizin 127, 495
Megaebene 603
Mehrebenenanalyse 510, 601, 602

Sachregister

Mehrebenenmodell 606
Mehrebenenperspektive 631
Mehrheitswahlsystem 360
Meinungsbildung, öffentliche 137
Meinungsforschung 141
Menschen- und Gesellschaftsbild, individualistisches 312
Menschenbild, mechanisches 596
Menschenbild, naturwissenschaftliches 146
Menschenrechte 324, 325
Merkmale, physische 160
Mesoebene 603
Metaphysik 445
Methode 305
Methode des "Verstehens" 534
Methode, äquivalenzfunktionalistische 459, 473
Methode, dialektische 470
Methode, experimentelle 156, 194, 617
Methode, funktionale 454
Methode, kausalwissenschaftliche 457
Methode, naturwissenschaftliche 408
Methode, scholastische 483
Methode, vergleichende 194
Methode, wissenschaftliche 305
Methodologie 615
Methodologie, soziologische 526
Migrationen 320
Mikroebene, 324, 327, 557, 602
Mikro-Makro- Beziehung 606, 610
Mikro-Makro- Problem in der Soziologie 406
Mikrosoziologie 511
Milieu 191
Minderheiten 327
Minderheitsrechte 277
Mitgefühl 344
Mittelalter 215, 422
Mitteleuropa 275
Mobilisierung 320
Mobilisierung, ethnische 320, 326, 328
Modell 279, 305, 308, 398
Modelle, ökonomische 396
Modelle, statistische 379
Modellierung der Situation 589
Modellwissenschaft 374

Modernisierung 85, 319, 327
Modernisierungsprozeß 328
Modernisierungstheorie 61
Möglichkeitssinn 434, 473
Monogamie 117
Moral 143
Moralität 583
Moralität, nichtheroische 583
Morphologie 237, 238, 239
Morphologie, soziale 522
Motivation des menschlichen Handelns 407
Motivationsforschung 183
Motive, ästhetische 477
Motivforschung, psychologische 147
Musik 467, 472
Muster, institutionalisierte 544
Mutationen 455
Mutter 586

Nachfragefunktion 375
Nation 423
Nationalgesellschaften 423
Nationalhaß 137
Nationalökonomie 19, 223, 444
Nationalsozialismus 101, 137
Nationalstaat 114, 327
Nationalstaaten 276, 422, 423
Nationalstaatsbildung 274
Nationalstolz 575
naturalistisch 91
Naturgesetz 530
Naturgesetze 143, 342, 513
Naturgesetze menschlicher Evolution 159
Naturhaftigkeit des Menschen 161
Naturprozesse 490
Naturwissenschaften 36, 45, 63, 83, 84, 206, 207, 527, 532, 629
Naturwissenschaftler 37
naturwissenschaftlich- neurophysiologisch 179
Neger 576
Neoevolutionismus 198
Nepotismus 111
Netzwerk 443
Netzwerke, soziale 320, 354

Netzwerken von Theorien 630
Netzwerkinterventionen 288
Netzwerkmodelle 288
Neue Rechte 146
Neugierverhalten 155
Neurosen 147
New Deal 226
New York 594, 368
Nobelpreis 305
Nobelpreisträger 306
Nominalparameter 188
Norm 170, 252
Norm, ethische 128
Normativismus 341
Normen, 159, 284, 339, 343, 353, 354, 401, 407, 513, 514, 519, 553, 580, 633
Normen und Institutionen 515, 310
Normen und Rechte 331
Normen, biologische 129
Normen, disjunkte 346
Normen, konjunkte 346
Normen, Realisierung von 354
Nutzen 170, 309, 317, 350
Nutzenkonzept 315
Nutzenmaximierung 358
Nutzenmaximierung, Prinzip der 357
Nutzentheorie 612, 44

Objektivität, wissenschaftliche 212
Öffentlichkeit 81, 280
Ökonomen 16, 244
Ökonometrie 379
Ökonomie 33, 35, 59, 209, 219, 220, 245, 312, 315, 338, 339, 351, 357, 370, 371, 375, 381, 397
Ökonomie des Haushalts 383
Ökonomie, angewandte 381
Ökonomie, elementare 168
Ökonomie, institutionalistische 378
Ökonomie, Lust-Unlust 136
Ökonomie, neoklassische 217, 224, 217, 224, 307, 374
Ökonomie, verhaltenswissenschaftlich orientierte 306
Ökonomie, wirtschaftshistorisch fundierte 378

ökonomische Erklärungen sozialen Verhaltens 370
Optimalität 361
Optimum, soziales 337, 338, 346, 353
Ordnung, dynamische 491
Ordnung, ständische 426
Ordnungsschema 314
Ordnungsschema, begriffliches 305, 311, 315
Ordnungsschema, heuristisches 299
Organisation 492, 505
Organisationsberater 502, 504
Organisationsberatung 486
Organisationsberatung, betriebswirtschaftliche 497
Organisationsberatung, systemische 492
Organisations- Entwicklungen 493
Organisations- Psychologie 564
Organisationsstrukturen 187
Organisationstheoretiker 186
Organismus 283
Orientierung, ethisch-moralische 583
Orientierung, humanistisch- lebenspraktische 633
Orientierung, motivationale 251
Orientierungen, expressiv-ästhetische 352
Österreich 571, 582
Österreicher 102
Österreichische Volkspartei 571
Österreich-Ungarn 275
Osteuropa 274, 277, 322, 573

Panglossianismus 339
Paradigmen 35, 206
Paradigmen, sozialwissenschaftliche 82
Paradoxie der Erfahrungserkenntnis 533
Parameter 188, 192
Parameter, horizontale 188
Parameter, strukturelle 187
Pareto-Optimum 347
Parlament 366
Parteien 359
Parteien, neofaschistische 153
Parteienstruktur 360

Sachregister

Partizipation, politische 612
Partnerschaft 584, 505
Partnerschaft, neue Formen 70
Partnerwahl 382, 383
Patriotismus 575
pattern variables 252, 256, 257
Pensionen 441
Person 287
Personen, individuelle 607
Persönlichkeit 179, 283, 322, 402
Persönlichkeiten, autoritäre 110
Persönlichkeiten, historische 558
Persönlichkeitsforschung, psychologische 147
Persönlichkeitspsychologie 180
Persönlichkeitstheorie 219
Persönlichkeitstheorie, lerntheoretische 180
Perspektive, analytisch-epistemologischen 40, 86
Perspektive, evolutionstheoretische 96
Perspektive, funktionalistische 252
Perspektive, multidisziplinäre 84
Perspektive, systemtheoretische 283
Perspektive, wissenssoziologische 16
Phänomene, destruktive 157
Phänomene, kollektive 311, 317
Phänomene, makrosoziale 406
Phänomenologie 444, 471
Phantasie, soziologische 636, 71
Philosophen 462
Philosophie 408, 445
Philosophie und soziologische Theorie 20
Philosophie, englische 308
Physik 209, 408, 531, 629
Physiker 462
Physiologie 182
Plan- und Systemspiele 493
Pluralität, ethnische 577
Politik 265
Politikwissenschaft, 68, 88, 350, 409, 559
Positivismus 63
Potential, gesellschaftsdiagnostisches 185
Präferenzen 309

Präferenzordnungen 351
Prägung 98
Prägung menschlichen Verhaltens 161
Praxis 461, 504
Praxis, soziale 491, 498
Praxisbezug 185, 484
Preußen 275
Primärerfahrung, verwissenschaftlichte 369
Primärform, soziale 288
Primärtriebe, physiologische 181
Primärtugend 153
Primat der Politik 480
Primaten 154
Prinzip der Iteration 488
Prinzip der Rationalität 590
Prinzip, naturwissenschaftlich- kausales 94
Prinzipien, ethisch- moralische 587
Privatisierung 231
Privatzeit 605
Problembewußtsein 23
Probleme 203
Problemsituation 588
Problemverlagerung 177
Produktionsstätten 212
Produzenten 594
Prognose 494
Prognosen, demographische, ökonometrische 67, 68
pro et contra-Methode 480
Protestantismus 216, 294
Prozesse, biologische 515
Prozesse, kausale 408
Prozesse, naturbedingte 195
Prozesse, nichtlineare 488
Psychogramm 151
Psychologie 35, 59, 83, 84, 95, 151, 178, 180, 183, 312, 350, 499
Psychologie, deutschsprachige 179
Psychologie, kognitive 307
Psychologie, soziale 315
Puritanismus 208, 216, 208, 216

Quasi-Kasten 189

Rahmen- Analyse 547
Rangordnungen 121, 122, 125, 172, 351
Rassenbeziehungen 110
Rassendiskriminierungen 579
Rassenpolitik 100
Rassenvorurteil 578
Rassismus 114, 324, 325
ratio 402
Rational Choice Erklärung 317, 318, 321
Rational Choice-Theorie 50, 66, 74, 308, 330, 356, 399, 611, 619
Rational Choice-Theorien 602, 79, 230, 305, 371
rationale Rekonstruktion von Situationen 590
Rationalismus 22, 260
Rationalität 53, 306, 333
Rationalität, begrenzte 590
Raum 543, 604, 605
Räume, öffentliche 605
Räume, private 605
Realität, Ebenen der 512
Realitätsbezug 454
Realsozialismus 573
Recht 214, 342, 366
Recht, formales 340
Rechte, Allokation von 340
Rechte, neue 150
Rechte, Verteilung von 341, 401
Rechtsberufe, professionalisierte 215
Rechtsgefühl 137, 148
Rechtsphilosophie 160
Rechtsrealismus 341
Rechtssystem 148, 503
Rechtswissenschaft 21, 68, 183, 339, 497, 503
Reflexe, physiologische 180
Reflexion 466
Regeln, instrumentelle 185
Regeln, kulturelle 251
Regeln, naturwüchsige 184
Regeln, soziale 519
Regelsysteme, sozial gültige 522
Regionalgesellschaften 427
Reichtum, Konzentration des 192

Reichweite, mittlere 627
Relationseigenschaft 288
Relativitätstheorie 32, 39
Relevanz, kausale 369
Relevanz, lebenspraktische 635
Relevanzstruktur einer Person 600
Religion 540, 213
Ressourcen 310, 315, 333, 334, 404
Ressourcenknappheit 143
Ressourcenverteilungen, pareto- optimale 347
Revier 115
Reziprozität aller Beziehungen 289
Risiken 625
Risikogesellschaft 624
Riten 156
Ritualisierung 171
Römisches Reich 214
Routinehandlung 316
RREEMM- Modell 309

Saatbett-Gesellschaften Israel 212, 213
Saatbett- Gesellschaften, Griechenland 212, 213
Sanktionen 343
Sanktionierung 354
Säugetiere 154
Schadstoffe 348
Scham 598, 599
Scheidung 585
Schema, analytisches 263
Schemata, begriffliche 298
Schichtstruktur 417
Schichtung, soziale 189
Schichtungsparameter 188
Schichtungstheorie 255
Schichtungstheorien, naturalistische 191
Schimpansen 161
Schließung, soziale 223, 254
Schmerz 537
Scholastik 479, 480, 481, 482
Schriftsteller 132, 440, 472, 473
Schulbildung 480, 481
Schule 361, 366
Schulen, theoretische 32
Schulverfassung 366

Sachregister

Schwangerschaft 387
Schwarze 576, 326
Schwarze in Amerika 326
Schweiz 571, 103
science collective 294
scientific community 33, 81, 280, 281, 296, 622
Segregation der Rassen, räumliche 623
Segregation, räumlich-soziale 326
Segregationsprozesse 140
Sekundärtugend 153
Selbstbeobachtung 288
Selbstbild 599
Selbstinterpretation, gesellschaftliche 426
Selbstkontrolle, wissenschaftliche 551
Selbstliebe 395
Selbstorganisation 464, 485
Selbstorganisation, Theorie der 485
Selbstorientierung 251
Selbstreferentialität 466, 489
Selbstreflexion, gesellschaftliche 71
Selbstzwang 521
Selektion, natürliche 96, 241
Selektion, biologische 110
Selektionsprozeß 140, 162
Semantik 426, 474
Semantik der Liebe 450
Semantik einer Gesellschaft 414
Semantik, gepflegte 415
Semiotiker 450
Serben 323
Sexualität 128, 129, 147, 474
Sicherheit 440
Sinn 465
Sinn, typifizierter 414
sinnadäquat 530
Sinnkomponente 232
Sinnverstehen 526, 527, 539, 542
Situation 250, 306
Situationen 316, 317
Situationsanalyse 15, 588, 589, 591, 633
Sklavenhaltergesellschaft 324, 325
Sklaverei 578, 324, 325
Slowaken 276
Slowenien 277

Souveränität 367
Sowjetunion 446
Soziabilität 405
Sozialanthropologie 239
Sozialdarwinismus 245, 248
Sozialdarwinist 198, 243, 246
Sozialdemokraten 103
Sozialdemokratische Partei Österreichs 572
sozialen Realität, Ebenen der 512
Sozialforschung 541, 546
Sozialforschung, empirische 63, 65, 267, 458
Sozialisationshypothese 561
Sozialismus 22, 62
Sozialität 405
Sozialparasiten 150
Sozial- Parasiten 147
Sozialphilosophie 21, 53, 339
Sozialpsychologie 312, 397, 499
Sozialstruktur 188
Sozialstrukturtheorie, primitive 187
Sozialsystem 205, 222
Sozialtheorie 90, 331, 332
Sozialtheorie, kognitiv- rationale 331
Sozialverhalten, elementares 165
Sozialverhaltens, Normen des 127
Sozialwissenschaften 36, 72, 133, 155, 207, 247, 397, 408, 464
Sozialwissenschaften, Geschichte der 89
Sozialwissenschaften, Methodologie der 528
Sozialwissenschaftler 244
Soziobiologen 159, 162
Soziobiologie 95, 164
Soziologie 15, 16, 63, 68, 85, 87, 95, 183, 242, 249, 266, 312, 397, 399, 409, 474, 482, 483, 499, 513, 528, 559, 628, 629, 633
Soziologie als Kulturwissenschaft 558
Soziologie als universitäres Lehrfach 618
Soziologie als Wirklichkeitswissenschaft, 15, 24, 45, 71, 73, 82, 87, 143, 183, 192, 195, 217, 313, 348, 359, 509, 525, 565, 572, 626

Soziologie, amerikanische 75
Soziologie, Aufgabe der 635
Soziologie, deutsche 307
Soziologie, Didaktik 17
Soziologie, europäische 75, 76
Soziologie, historische 21
Soziologie, Klassiker der 359
Soziologie, kritische 622
Soziologie, nationale Einbettung 75
Soziologie, Orientierungsfunktion 17
Soziologie, österreichische 22, 307
Soziologie, phänomenologische 52
Soziologie, relationale 281, 285
Soziologie, symbolisch-
  ineraktionistische 309
Soziologie, verstehende 316, 317
Soziologiegeschichte 84
Soziologien, spezielle 307
SoziologInnen, österreichische 23
soziologische Tatbestände 513
Spezialisierung 245
Spezialisierung, wissenschaftliche 18, 32, 89
Spezialisierungstendenzen 21
Spezifizität 252
Spiel 470, 475
Spieltheorie 488
Sprache 161, 237, 474, 514, 516, 519, 522
Sprachgrenzen 323
Sprachminderheit 323
Sprachspiel 460, 467, 483
Sprachwissenschaften 473
Sprachwissenschaftler 474
Staaten, multinationale 274
Staatlichkeit 428
Staatsausgaben 573
Staatsbürgerschaft 289
Staatslehre 367
Staatsreligion 215
Staatswissenschaften 21, 22
Stadien 205
Standards 251
Ständestrukturen 365
Statussicherung 229
Statussysteme 171
Statusvergleich 569

Steuerung 609, 431
Steuerung, plastische 516, 517
Steuerung, politische 431
Stigma 541, 544
stigmatisieren 543
Stolz 598, 599
Strategien sozialen Handelns 313
Stringenz, logische 399
Strömungen, soziale 519
Struktur, effiziente soziale 351
Struktur, hierarchische 516, 517
Struktur, soziale 523
Strukturen, latente 460
Strukturfunktionalismus 58, 74, 197, 452
Strukturierung 84
Strukturkategorien 205
Strukturmuster 203, 240, 203, 240
Strukturtheorie 297
Studien, ethnomethodologische 582
Studienbetrieb 34
Südafrika 326
Südtirol 322, 323
Supertheorien 41, 299
Surplus 192
Surveyforschung 457
Symbole 52
Sympathie 175, 358, 395
Symptomverschreibung 493
Synergetik 489
System 286, 419, 443, 464
System, autopoietisches 443, 463
System, axiomatisches 201
System, dynamisierendes 263
System, soziales 37, 250, 283, 332
Systematisierung von Aussagen 201
Systematisierung von Begriffen 202
Systematisierung von Variablen 367
Systemdifferenzierung 415
Systeme psychosozialer Versorgung 486
Systeme, autopoietische 500
Systeme, biologische 444
Systeme, komplexe 488
Systeme, organische 465
Systeme, spekulative 507
Systemepistemologie 301

Sachregister

Systemimperative 219
Systemkomplexität 456
Systemmodell 282
Systemtheorie 258, 303, 448, 451, 459, 462, 464, 465, 476, 487, 499
Systemtheorie, autopoietische 50, 66, 81, 130, 411, 463, 481, 482
Systemtheorie, soziologische 489
Systemtheorie, strukturell- funktionale 197, 293, 297, 610
Systemtherapeut 460
System- Umwelt-Verhältnis 456

Tatbestände, soziologische 518
Täuschung 547
Tautologisierung 177
Technik 220
Technologie 193
Teilsysteme 430, 461
Terminologie, biologisch- rassistische 132, 146
Territorialverhalten 115, 117, 119
Theoreme 316
Theorie 79, 225, 294, 296, 463
Theorie autopoietischer Systeme 447, 484
Theorie der Demokratie, ökonomische 360
Theorie der Identität 597
Theorie der Persönlichkeit 180
Theorie der Selbstorganisation 491
Theorie der sozialen Identität 600
Theorie des Handelns 262
Theorie des Käuferverhaltens 595
Theorie des Postmaterialismus 560
Theorie großer Persönlichkeiten 608
Theorie mentaler Inkongruenzen 44
Theorie, Funktionen von 200
Theorie, geisteswissenschaftliche 524
Theorie, marxistische 46
Theorie, monetaristisch- marktliberalistische 305
Theorie, naturalistische 524
Theorie, neoklassische 375
Theorie, normative 342, 357
Theorie, ökonomische 381
Theorie, physikalische 628

Theorie, psychoanalytische 631
Theorie, psychologische 312
Theorie, soziale Schichtung 192
Theorie, soziologische 15, 330, 411, 511, 618, 631
Theorie, strukturell- funktionale 33, 48, 50, 79
Theoriebildung 211, 418
Theoriebildung, interdisziplinäre 458
Theoriekerne, metaphysische 47
Theorien 15, 41, 82, 83, 203, 476
Theorien der Selbstorganisation 487, 488, 500
Theorien mittlerer Reichweite 627, 630, 631
Theorien sozialer Gerechtigkeit 632
Theorien, Allgemeinsheitsgrad von 35
Theorien, empirischer Vergleich von 42
Theorien, hierarchische 38
Theorien, Klassifizierung der 56
Theorien, kryptonormative 54
Theorien, naturalistische 187
Theorien, naturwissenschaftliche 525
Theorien, normative 53, 497
Theorien, Reichweite und Grenzen 24, 56
Theorien, sozialwissenschaftlicher Typen 49
Theorien, Typen von 38
Theorien, umfassende 307
Theorien, verknüpfte 38
Theorienvergleich 31, 36, 38, 59
Theorienvergleich, wissenssoziologische u. ideologiekritische Funktion 78
Theorienvergleiche, empirische 45
Theorienwettstreit 32
Therapeuten 501, 502, 504
Tiefe, historisch- kulturelle 627
Tiefentheorie, soziologische 299, 511, 631
Tiere 247
Tierversuche 155
Trachten 138, 140
Traditionen, tierische 172
Traditionsbildung 159

Tranformationsprozeß in Osteuropa 69
Transfer der Ressourcenkontrolle 335
transitional systems theory 58
Triebleben 178
Triebtheorie, biologische 146
Tschechen 276
Tschechoslowakei 104, 276
Typen 261
Typen soziologischer Analyse 56
Typen von Begriffen 525
Typen von Theorien 298
Typenbildung 51
Typenbildung, morphologische 261
Typenbildung, soziologische 314

Überbehütung und -versorgung 143
Übereifer 354
Überlieferungen, kulturelle 172
Übertragung von Rechten 335
Übervölkerung 141
Umweltbelastung 271
Umweltfaktoren 110
Umwelttheoretiker 109
Ungleichheit 121, 191
Ungleichheit, gesellschaftliche 248
Ungleichheit, ökonomische 230
Ungleichheit, soziale 121, 124, 353, 374
Ungleichheiten 329
Ungleichheiten, soziale 126
Uniformen 138
Universalien, kulturelle 130
Universalismus 252
Universalität 468
Universität Harvard 376
Unrechtsempfinden 341
Unregierbarkeit 289
Unsicherheit 463, 502
Unsicherheit, existentielle 462
Unterdrückung, gesellschaftlich- politische 576
Unternehmen, multinationale 563
Unternehmenskultur 562, 563, 564
Unternehmer 226
Ursache- Wirkungsketten 495
Ursache- Wirkungszusammenhänge 546

USA 226, 248, 273, 275, 318, 363, 559, 577, 579
US- Amerikaner 353
Utilitarismus 136, 501

Variablensoziologie 312, 313, 545
Vasallität, System der 363
Vater 586
Verallgemeinerung, Ebene der 40
Verallgemeinerungen, empirische 373
Verantwortungsbewußtsein, soziales 344
Verantwortungsethik 396
Verbraucher 218
Vereine 122
Vereinigte Staaten 243, 262, 329, 446
Vereinsamung 135
Vererbung 110
Verfahren 306
Verfahren, standardisierte 64
Verfassung 360, 362, 401
Verfassung, disjunkte 360
Verfassung, konjunkte 360
Verfassungen, optimale 361
Verfassungslehre 367
Verflechtungen, internationale 270
Verfügungsrechte 340
Vergemeinschaftung 319
Vergleich 617
Verhalten, aggressives 158
Verhalten, beobachtbares 167
Verhalten, elementares soziales 166, 172
Verhalten, ethisch- moralisches 130
Verhalten, Free- Rider 354
Verhalten, instinktiv- emotionales 130
Verhalten, instrumentell- zweckrationales 352
Verhalten, komplexes 181
Verhalten, konditioniertes 168
Verhalten, kooperatives 396
Verhalten, soziales 168, 396
Verhalten, sprachliches 473
Verhalten, umweltschädigend 369
Verhaltensforscher 162, 165
Verhaltensforschung 90, 92, 93, 131, 154, 619

Sachregister

Verhaltensforschung (Humanethologie) 94
Verhaltensforschung, tierische 97, 155, 171
Verhaltensinterdependenz 333
Verhaltensmuster 125
Verhaltensperspektive 170
Verhaltenspsychologie 168
Verhaltenspsychologie, behavioristische 168
Verhaltensstandards, ethisch- moralische 580, 581
Verhaltenstheorie 496
Verhaltenstheorien 39, 193
Verhaltenstheorien, naturalistische 79, 165
Verhaltenstherapie 496
Verifikation, empirische 462
Verläßlichkeit 64
Verleger 619
Vermassung 135
Verrechtlichung 401
Verschiedenartigkeit 122, 123
Versklavung 577
Verstehen 314, 528, 537, 539, 633
Verstehen, elementares 538
Verstehen, historisches 588
Verstehen, höheres 538
Verstehen, intentionalistisches 539
Verteilung 227, 230
Vertragstheoretiker 331, 339
Vertragstheorie 329
Vertrauen 581
Vertrauen, zwischenmenschliches 562
Vertrauensbeziehungen 336
Vokabular sozialer Erklärung 57
Völkermord 150
Volkskunde 88
Volkswirtschaftslehre 305
Volkswirtschaftspolitik 626
Vollbeschäftigung 227
Vorschriften 514
Vorsorgebedürfnisse, wirtschaftliche 437
Vorsorgen 441
Vorstellungen, rassenbiologische 100
Vorstellungen, räumliche 155

Vorurteile 120

Wachstum der Wirtschaft 274
Wachstumstheorie, neue 379
Waffen 221
Wahlen, soziometrische 167, 169
Wahlparadox 355
Wahlrecht 572, 363
Wahlsysteme 314, 360
Wahlverhalten 359
Wahlverwandtschaft 222
Wahlverwandtschaften 224
Wahrheit 470
Wahrheit als regulative Idee 49
Wahrscheinlichkeiten, statistische 530, 533
Währung, europäische 425
Wandel, sozialer 204
Wandel, technologischer 191
Wärmetod des Gefühls 152
Wechselwirkung zwischen Menschen 286
Wehrpflicht, allgemeine 423
Weiße 326
Welt, biologische 513
Welt, organische 234
Welt, physikalische 513
Welt, physische 515
Weltanschauung 72, 73
Weltanschauungstotalität 414
Weltgeschichte 636
Weltgesellschaft 419, 427, 428, 429
Weltregierung 428
Weltsicht, genozentrische 111
Weltstaat 430
Werbeforschung 141
Werbung 141, 271
Werkzeuge 439
Wert 170
Wert einer Aktivität 177
Wert von Kindern 391
Wertbeziehung 207
Werte 159, 284, 407, 553, 554, 580, 633
Werte, neue 626
Werte, universale 170
Wertepluralismus 501

Wert-Erwartungs-Theorie 310
Wertfreiheit 63, 212
Werthaltungen, postmaterialistische 442
Wertideen 557
Wertinteresse 208
Wertorientierung 251
Wertschätzung 170, 173
Wertsystem 208, 221, 421
Wertungen 54
Werturteile 256, 344
Wertwandel 561
Wesensschau, phänomenologische 445
Westeuropa 321
Wettbewerb, perfekter 348
Wettbewerb, selbstorganisierter 489
Wettbewerbsdenken 136
Wettkampf aufsteigender Reiche und Nationen 624
White Anglosaxon Protestants 275
Wiederverheiratung 392
Wirklichkeitsbezug 451
Wirklichkeitswissenschaft 553, 614
Wirtschaft 217, 220, 225, 265, 435, 441, 443
Wirtschaft als autopoietisches System 447
Wirtschaft als Nullsummenspiel 441
Wirtschaft und Gesellschaft 217
Wirtschaft, Funktion der 443
Wirtschaft, Steuerung der 445
Wirtschaftsbeziehungen, geschlossene 223
Wirtschaftsbeziehungen, offene 223
Wirtschaftsethik 445
Wirtschaftsforschung, empirische 378
Wirtschaftsforschung, experimentelle 380
Wirtschaftsgemeinschaft 222, 393
Wirtschaftskrise 226
Wirtschaftssoziologie 444
Wirtschaftsstile 223
Wirtschaftssysteme 447
Wirtschaftstheoretiker 440
Wirtschaftstheorie 75, 217, 549
Wirtschaftstheorie, neoklassische 375
Wirtschaftsunternehmen 505

Wirtschaftswachstum 442
Wirtschaftswissenschaften 21, 68, 83, 183, 194
Wirtschaftswissenschaftler 244
Wissen 76, 220
Wissen über gesellschaftliche Zusammenhänge 77
Wissen, kausales 432
Wissen, naturwissenschaftlich-technisches 76
Wissen, technokratische Anwendung des 499
Wissen, transzendentales 41
Wissenskodifikation 200
Wissenschaft 476, 484
Wissenschaft, historische 39
Wissenschaft, moderne 35
Spielcharakter 476
Wissenschaften, analytische 209
Wissenschaften, empirische 39
Wissenschaften, individualisierend-historische 209
Wissenschaftler, herausragende 102
Wissenschaftspublizisten 74
Wissenschaftssoziologie 34
Wissenschaftstheorie 192
Wissenslücken 630
Wissens-Produktion 34
Wissenssoziologie 78, 413
Wissenssysteme, typisierte 317
Wohlfahrtsökonomie 347
Wohlfahrtsökonomie, utilitaristische 337
Wohlfahrtsstaat 290

Zahlungen 444
Zeit 604, 408, 442
Zeit, historische 605
Zeitbudget 601
Zeitdiagnose, soziologische 71, 79
Zeitdiagnosen 566, 77, 131
Zeitgeist 73
Zeitknappheit 73, 442, 487
Zelle 464
Zentralisierung, politische 423, 574
Zentrum 419, 420
Zielerreichung der Gesellschaft 221

Sachregister

Zinssätze 227
Zivilgesellschaft 290
Zivilisationstheorie 622
Zoologie 106, 238
Zufall 162
Zugang, induktiver 194
Zukunftsprognosen 67, 328
Zukunftsszenarien 70
Zuneigung, positive 170
Zuni-Indianer 240
Zurechnung des sozialen Handelns zu Ideen und Werten 554, 631
Zurechnungsproblematik 292, 413. 634
Zusammenhänge, funktionale 256, 376, 530
Zusammenhänge, kausale 93, 214, 546
Zuschreibung 255
Zustand, sozial effizienter 346
Zwangslager 149
Zwangssterilisierung 103
Zweckrationalität 316
Zwillingsstudien 156
Zynismus 501, 504

Die deutsche Gesellschaft in sozialwissenschaftlicher Sicht

**Bernhard Schäfers
Wolfgang Zapf (Hrsg.)
Handwörterbuch zur
Gesellschaft Deutschlands**

1998. 776 Seiten.
Geb. 98,- DM
ISBN 3-8100-1758-2

Das Handwörterbuch stellt in 65 Artikeln Grundlagen und Grundstrukturen des gesellschaftlichen Systems Deutschlands dar.

Es ist ein umfassendes, zuverlässiges Grundlagenwerk für alle, die sich in Studium oder Beruf mit der Gesellschaft Deutschlands auseinandersetzen.

Jedem Beitrag liegt folgende Gliederung zugrunde: Definition und Abgrenzung; sozialgeschichtlicher Hintergrund; gegenwärtige sozialstrukturelle Ausprägung; sozialpolitische Relevanz.

Das Gewicht liegt auf der gegenwärtigen sozialstrukturellen Ausprägung des betrachteten Gegenstandes – z.B. Alltag; Arbeitslosigkeit; Armut; Eigentum; Familie und Verwandtschaft; Öffentlichkeit; Verkehr; Wohnen.

■ **Leske + Budrich**